江苏通史

中华人民共和国卷（1978—2000）

JIANGSUTONGSHI

总主编　宋林飞
本卷主编　贾轸　唐文起

凤凰出版社

扬子石化公司

金陵石化建成千万吨级炼油基地

仪征大化纤

沪宁高速公路

连云港港区

丰县大沙河果园

句容下蜀茶场

高速插秧机作业现场

盐城海堤达标工程

赣榆县农村路、沟、林新三网农田园林化一瞥

南京大学

江苏省人民医院新门诊、急诊大楼

第三届全国城市运动会入场式

江苏南京广播电视塔

目　录

导　论

《江苏通史》中华人民共和国卷(1978—2000)起自1978年12月召开的中共十一届三中全会,迄于2000年"九五"计划胜利完成,即江苏进入改革开放新时期。本卷以马列主义、毛泽东思想、邓小平理论和"三个代表"重要思想为指导,以科学发展观统领全局,以中国特色社会主义在江苏的实践为主线,遵循以时为经,以事为纬的编写体例,全面系统地展示江苏建设初步小康的奋斗历程,充分体现通史特性。本卷以邓小平发表"南方谈话"和中共十四大召开为界,划分为两段:1978—1991年改革开放初期,共分3章,主要记叙"五五"计划后期、"六五"、"七五"计划期间,江苏改革开放起步、拓展和社会主义建设全面展开;1992—2000年由计划经济体制向社会主义市场经济体制转变时期,共分5章,主要记叙"八五"、"九五"计划期间,江苏经济、政治、文化的改革发展和社会事业的全面进步,同时对本卷前面尚未涉及的内容,如区域发展、城市化、资源、环境、民族、宗教、地方军事、生活方式等作了追叙。

22年来,江苏是中国发展变化最快的省份之一,是新中国成立后历史上经济增长最快、发展最平稳、生机最为旺盛的时期。这一时期,江苏人民以自己的勤劳和智慧,在朝着经济繁荣、科教发达、生活小康、社会文明的目标迈进的征程中,写下了灿烂夺目的篇章。

经济实力显著增强　2000年,江苏地区生产总值达8582.73亿元,比1978年增长33.4倍,年平均增长17.45%。财政收入865.13亿元,比1978年增长13.16倍,年平均增长12.8%。22年来,江苏共向中央财政上缴2656亿多元,支持了全国的现代化建设。产业结构逐步走向优化,三次产业结构由1978年的27.6∶52.6∶19.8调整为2000年的12.0∶51.7∶36.3。江苏以占全国1.06%的国土,占3.9%的耕地,生产了占全国6.7%的粮食,创造了占全国9.6%的经济总量。

改革开放不断向广度和深度拓展　社会主义市场经济体制基本框架初步形成,市场运行机制初步建立,开放型经济蓬勃发展。到2000年,江苏进出口总额达456.38亿美元,其中出口为257.70亿美元。进出口总额和出口总额分别是1978年

的107倍、61.7倍。工业制成品、机电产品和高新技术产品出口比重逐步增加。1985年以来，全省累计实际利用外资493亿美元，总投资超亿美元的大项目有65个，世界500强中有120多家来江苏投资了450多个项目。全省11个国家级开发区和69个省级开发区，共开发面积387.3平方公里，累计实际到账外资225亿美元，开发区建设进入收获期和新的成长期。

基础设施建设取得重大成就 22年来，全省累计完成固定资产投资总额19966.5亿元。特别是“八五”时期以来，以交通为重点的基础设施建设进入历史上投入最多、规模最大、成效最显著的时期。到2000年，全省已形成比较完备的公路、铁路、水路、航空现代化交通的主骨架。是年，全省高速公路总里程达到1088公里，在建的有1141公里。高速公路和二级以上公路密度分别位居全国第2、第3位。铁路总里程达748公里。内河航道总里程占全国1/5。全省有8个省辖市建有航空港，南京禄口国际机场开通多条国际航线。电力、通讯发展迅速。全省电力装机总容量达到1895万千瓦，居全国第3位。城乡局用电话交换机总容量达1724.7万门，电话普及率达到每百人24.9部。

科技、教育等社会事业全面发展 科技事业迅猛发展，科技成果向现实生产力转化进程加快。2000年末，全省共有科研与技术开发机构2173个，从事科技活动人员38.2万人，居全国第2位。科技进步对全省工业、农业增长的贡献率，2000年分别达到41.6%、51.7%。教育事业成绩显著。1996年，江苏在全国率先基本普及九年义务教育和基本扫除青壮年文盲。高中阶段教育规模扩大；职业技术教育全面推进；高校总数和高校在校学生数均居全国第一。文化事业日益繁荣，全省创作了一大批优秀作品，培养了一批优秀人才，广播、电视、文博、新闻等文化设施都有较大改善。城乡卫生条件不断改善，创建了一批国家级和全国卫生城市。全省人口平均期望寿命(1995年)72.66岁。群众体育活动进一步普及，竞技体育水平不断提高。

人民物质文化生活不断改善 在发展经济、扩大就业的基础上，努力增加城镇居民特别是中低收入居民的收入，多方面开辟农民增收新途径。2000年，全省在岗职工平均工资10299元，城镇居民人均可支配收入6800.23元，农民人均纯收入3595.1元，分别比1978年增长19.08倍、22.61倍和22.19倍，年平均增长14.6%、15.5%和15.4%。城镇和农村居民人均居住面积分别达到12.15平方米和33.7平方米。消费领域不断拓宽，文化生活日益丰富，生活质量明显提高。2000年，全省总体实现初步小康的目标，苏南和沿江部分地区提前向第三步战略目标迈进。

22年来，江苏之所以取得前所未有的辉煌成就，经济社会领域发生历史性变化，最根本的原因是在中国特色社会主义伟大旗帜指引下，中共江苏省委、省政府带领全

省人民坚持解放思想、实事求是的思想路线。盖因如此，才冲破“两个凡是”的禁锢，排除“姓资姓社”的干扰，逐步摆脱发展的体制性束缚，不断开拓改革开放和现代化建设的新局面；才能创造比较宽松的改革、发展的大环境，在实践中认识和尊重事物发展客观规律，尊重群众首创精神，不断探索创新，把中共十一届三中全会以来形成的基本理论、基本路线、基本纲领同江苏的实际结合起来，把中央在各个阶段做出的战略部署和方针政策转化为具体的实践，牢牢把握改革、发展和稳定的大局，正在走出一条既体现中国特色社会主义道路要求又具有江苏特点的社会主义现代化建设的路子。

回顾江苏 22 年历程，考察其发展路径，可以看到，始终坚持了以下几点：

一、对小康社会奋斗目标的不懈追求。邓小平提出的小康社会宏伟目标是基于对中国国情的科学判断和社会主义现代化建设“三步走”发展战略的必经阶段，是江苏人民新时期为之奋斗的行动纲领。中共江苏省委、省政府始终以实现小康作为谋划全局的目标，并据此提出各个发展阶段的任务要求，团结带领全省人民开拓前进。1983 年邓小平视察江苏，他对苏州地区欣欣向荣发展形势的充分肯定，极大地鼓舞了江苏人民奔小康的热情。经过全省人民的团结奋斗，江苏于 1986 年实现第一个翻番，基本解决温饱问题，创造了实现小康必要的前提条件。又经过 6 年的加快发展，提前于 1992 年实现第二个翻番，为实现小康目标奠定了坚实的经济基础。① 针对全省实现小康程度的不平衡性，1994 年中共江苏省第九次代表大会提出，到 20 世纪末，以县为单位实现小康的目标，着力加快苏北地区奔小康的进程。2000 年，目标如期实现。22 年从贫困到温饱再到总体初步小康的历史性跨越，集中体现了邓小平规划的小康目标的巨大感召力和江苏人民执着的追求。

二、以经济建设为中心坚定不移的把握。中共十一届三中全会作出把全党工作的着重点和全国人民的注意力转移到社会主义现代化建设上来的决策，为江苏经济建设创造了根本政治前提。江苏上下秉持“发展是硬道理”的理念，坚决贯彻邓小平、江泽民对江苏提出的加快发展的要求，无论是国际风云变幻、国内政治风波，还是特大自然灾害，江苏都坚持发展不动摇，全省呈现集中精力谋发展，各项工作围绕经济建设这个中心开展的生动局面。加快发展是与抢抓机遇紧密联系在一起的。通过抢

---

① 中共第十二次全国代表大会提出，在不断提高经济效益的前提下，从 1980 年到 2000 年，力争使全国工农业的年总产值翻两番，使人民生活达到小康水平。1987 年，中共第十三次全国代表大会决定以国民生产总值代替工农业总产值，提出“三步走”的经济发展战略部署，即：第一步，实现国民生产总值比 1980 年翻一番，解决人民的温饱问题。这个任务当时已基本实现。第二步，到 20 世纪末，使国民生产总值再增长一倍，人民生活达到小康水平。第三步，到 21 世纪中叶，人均国民生产总值达到中等发达国家水平，人民生活比较富裕，基本实现现代化。

抓机遇,不断形成新优势,推动全省经济隔几年上一个台阶。20 世纪 80 年代,乡镇企业异军突起,全省经济实现“农转工”的历史跨越。90 年代,抓住上海浦东开发开放的机遇,及时主动呼应,大力发展开放型经济,江苏经济实现了“由内到外”的重大转变。中共十五大前后,面对亚洲金融危机的冲击,江苏提出把经济结构调整作为发展的新机遇,促进产业结构优化和升级,全省经济迈开了“由低转高”的步伐,整体素质有了提高。

三、改革的坚持和深化。江苏的改革与全国一样,首先在农村突破。家庭联产承包责任制的普遍推行,统分结合的双层经营体制的建立与完善,调动了农民的生产经营积极性,提高了农业劳动生产率,与乡镇企业蓬勃发展形成合力,为农业、农村经济持续发展奠定了基础,为经济体制改革提供了经验。针对“以加工工业为主,集体经济为主,中小企业为主”,“两头在外”(能源、原材料和销售市场)的省情,中共江苏省委、省政府采取有力措施,主动扩大市场调节比重,突破生产资料不是商品、工不经商等框框,大力发展横向经济联合与协作,较早建立以市场定价为主的价格形成机制,通过市场组织生产要素,形成江苏独具的优势,推动了 20 世纪 80 年代江苏城乡经济的发展。1992 年以来,江苏围绕建立社会主义市场经济体制的目标,改革在微观与宏观两个层面、经济和社会两个领域全面展开。国企改革不断深化,一批大型骨干企业朝着建立现代企业制度方向前进,组建企业集团,提高规模效益。中共十五大前后,加大企业产权制度改革的力度,在发展个体私营企业的同时,对乡镇企业和大量国有中小企业采取多种形式进行改制,所有制结构得以大幅度调整,形成以公有制为主体、多种所有制经济共同发展的新格局。这是进入新时期以来,江苏经济社会中最深刻的变化之一。多元独立的经济利益主体构成市场经济的微观基础。非公经济成为新的经济增长点。初步形成以商品市场为基础,以资本、劳动力、人才、技术、土地等要素市场为重点的市场体系,为资源优化配置和结构调整提供体制支持。与此同时,计划、投资、财税、金融等方面的改革配套进行。党政机构和干部人事制度的改革,促进政府职能开始转变。各方面情况表明,市场在配置资源中明显地发挥着基础性作用。改革的全面推进,促成了社会主义市场经济体制基本框架初步形成,为解放和发展生产力开辟了道路,成为全省经济社会发展的动力源泉。

四、发展开放型经济的创造性实践。对外开放基本国策的确立,打开了江苏对外开放的大门。江苏紧随国家开放的步伐,在 20 世纪 80 年代,首先以对外贸易为主导,揭开了开放型经济的序幕。通过改革外贸体制,实施市场多元化战略,不断优化外贸商品结构,对外贸易取得长足发展。进入 90 年代,江苏积极主动呼应上海浦东开发开放,实施“三沿”(沿海、沿江、沿陇海线)战略,贯彻执行“三外”(外贸、外资、外

经）齐上的方针，尤其是作为江苏三大发展战略之一的经济国际化战略的实施，基本形成全方位、多层次、宽领域对外开放的格局，把开放型经济提高到一个新水平。这一时期，赋予一部分经济发达市、县（市）和活力强的企业与省同等利用外资的审批权，掀起利用外资的高潮。各种类型的开发区、工业园区，群星灿烂的工业小区成为吸收外资的重要载体，也是江苏对外开放富有创造性的实践。大量外资的进入，促进了外贸高速增长，弥补了建设资金的不足，引进了较为先进的技术和管理经验，直接带动了全省经济驶入快车道。实践表明，“三外”联动并进的开放型经济，构筑了江苏经济的新优势，成为经济发展的重要推动力。

五、重视科技、教育关键作用的发挥。在邓小平关于科技、教育、人才等一系列重要思想的指引下，江苏于1988年在全国率先提出“科技兴省”（1994年充实为“科教兴省”）的战略。在这一战略的引领下，全省上下坚持第一把手抓第一生产力，加强对科技教育的领导，增加投入；深化企业和科技体制改革，努力打通科技、教育与经济相结合的中间环节，促进产学研结合和科技成果的转化；以高新技术开发区为基地，加快高新技术产业化的步伐，高新技术产值在经济总量中的比重逐年攀升。各类企业技术中心、工程中心、博士后工作站纷纷建立，提升了企业自主创新能力。科技进步对全省经济发展的促进作用明显增强。

在推进“科教兴省”战略的进程中，江苏努力打造适应全省经济社会发展需要的教育体系，各级各类教育蓬勃发展。1996年以来，全省完成每年扩招1万名大学生的计划，把高等教育推向大众化的新阶段。针对省内教育发展水平的差异，分别推进苏南教育现代化（后发展为江苏教育现代化）和苏北教育促小康工程。在教育战线输送大量各类、各个层次人才，提高劳动者素质的同时，深化人才管理体制改革，逐步建立人才资源优化和公平竞争的用人制度，着力调动各类人才的积极性和创造性，尤其是实施“333工程”①，为大批中青年骨干人才脱颖而出创造良好的条件。培养和开发使用并重，双管齐下，使江苏人才总量增加，结构逐步优化，有力地支撑了全省经济社会的发展。

六、积极应对区域发展差距扩大的挑战。就经济社会发展水平而言，全国有一个东西问题，江苏有一个南北问题。苏南地区与苏北地区发展的不平衡性，严重制约着江苏现代化的进程，也是江苏历届领导层心中的隐忧。为解决这个问题，1984年1月省里提出和执行“积极提高苏南，加快发展苏北”的重大战略方针，取得了一定成绩，但由于历史的、现实的种种原因，区域发展的不平衡性没有根本扭转。1994年中

---

① 即《江苏省跨世纪学术和技术带头人培训工作“九五”计划和2010年规划纲要》，详见本卷第340页。

共江苏省第九次代表大会在制定全省发展目标和战略时，明确区域共同发展战略是全省三大发展战略之一，把20世纪80年代制定和实施的方针提升到一个新的高度。实施这一战略，一方面苏南和沿江地区抓住经济市场化、国际化的机遇，在保持经济总量较快增长的同时，大力发展开放型经济，加快经济结构调整的步伐，重点支持高新技术产业和新兴支柱产业的发展，使苏南和沿江地区继续引领全省现代化进程；另一方面，重点帮扶淮北地区，实施扶贫攻坚计划和淮北致富工程，推进徐连经济带和"海上苏东"建设，投入巨资改变苏北苏中地区交通等基础设施滞后的状况。至2000年，淮北地区扶贫攻坚阶段性目标如期实现，经济社会面貌发生可喜变化，实施区域共同发展战略取得明显成效。

七、全面协调可持续发展的探索。全面协调可持续发展是小康社会的重要内涵，也是新时期江苏在实现总体初步小康道路上努力探索的目标之一。江苏在加快经济发展的同时，政治上坚持和完善人民代表大会根本政治制度和中国共产党领导的多党合作和政治协商基本政治制度，加强基层民主政治建设，全省呈现出政通人和、团结奋进的局面；妥善处理改革发展中各种矛盾，积极推进依法治省，保持了全省社会稳定。思想文化上，坚持"两手抓，两手都要硬"的方针，把精神文明建设纳入现代化建设总体布局之中并扎实推进。理论武装、思想道德建设、文化大省建设硕果累累，先进典型不断涌现，人们的思想不断解放，精神状态奋发向上，为全省经济社会发展提供了精神动力和文化条件。社会建设上，大力发展各项社会事业，努力推动社会全面进步；建立社会保障体制框架，实施就业再就业工程，帮助扶持贫困群体；特别是自20世纪80年代起，依托乡镇企业"以工补农、以工建农"，持续促进农村劳动力转移和农民增收。世纪之交城市化战略启动，开辟了城乡互动发展的广阔前景。生态建设上，20世纪90年代后期把可持续发展战略提上重要日程，提出"既要金山银山，又要绿水青山"，加大环保力度，从农村生态建设起步，踏上了生态文明建设的新征程。江苏在经济与政治、文化、社会、生态全面协调可持续发展方面所做的努力和探索，为进入21世纪贯彻落实科学发展观打下了基础。

八、加强党的领导与发挥人民群众积极性、创造性的有机结合。推进中国特色社会主义伟大事业，关键在中国共产党。一部江苏新时期史实质上是中国共产党在江苏的为民执政史。中共江苏省委和各级党组织的领导核心作用贯穿于江苏改革开放和现代化建设的全过程和各个领域。为了加强党的领导，中共江苏省委和各级党组织自觉推进自身建设这一新的伟大工程，从严治党，深入开展党风廉政建设和反腐败斗争，坚持群众路线，不断提高各级领导班子总揽全局，依法、民主、科学执政的能力和水平，从而改善党的领导，增强中国共产党的凝聚力和战斗力，有效保证各项决

策和政策措施的贯彻执行，同时也赢得人民群众的信任和拥护，焕发起对中国特色社会主义事业的热情和支持。新时期江苏乡镇企业蓬勃发展、昆山之路、张家港精神、“江阴板块”现象、苏州工业园区经验，还有数以百计在全国各行各业中的“率先”、“首次”、“第一”，大批为改革探求新路、发展破解难题的举措和典型，不仅是江苏广大基层干部和人民群众智慧和力量的展现，也是党的领导和人民群众积极性、主动性和创造性互动融合、有机统一的生动诠释和有力证明。

22 年来，江苏取得的历史性成就，为全省社会主义现代化建设全面迈向 21 世纪奠定了坚实的基础。然而也要看到，中国处在并长期处于社会主义初级阶段，江苏 22 年来的成就只是一个阶段性成果，它必然带有阶段性特征：经济总量较大，发展速度很快，二者均位居全国前列，同时为支持发展也付出了沉重的资源和环境代价，自主创新能力不强，消费明显不足，长期形成的结构性矛盾和粗放型增长方式尚未根本改变；社会主义市场经济体制基本框架初步建立，同时影响发展的体制机制的束缚有待突破，改革进入攻坚阶段，任务繁重而艰巨；开放型经济对江苏经济发展贡献显著，同时出口依存度偏高，外贸增长方式和利用外资方式急需创新；人民生活显著改善，以县为单位总体达到初步小康，同时人民富裕程度与经济发展速度的差距，人民生活水平的城乡差距和区域之间的差距，不同群体收入差距依然较大，相对贫困人口数量不小，就业、医疗、教育、住房等民生问题和矛盾开始凸现；民主法制建设不断发展，同时依法治省和政治体制改革需深入扎实推进；精神文明建设富有成果，同时仍不能满足人民群众精神文化需求，尤其是思想道德建设任务艰巨。

对于上述江苏发展的阶段性特征，江苏在制定第十个国民经济和社会发展五年计划时进行了科学分析，提出了富民强省新的奋斗目标，努力开创江苏有中国特色社会主义事业的新局面。

第一章　历史性的伟大转折

1978 年 12 月 18 日至 22 日中国共产党在北京召开的十一届三中全会，是新中国成立以来中国共产党历史上具有深远意义的伟大转折，是中国改革开放的标志。这次全会坚决批判了“两个凡是”的错误方针，充分肯定了必须完整地、准确地掌握毛泽东思想的科学体系；高度评价了关于真理标准问题的讨论，确定了解放思想、开动脑筋、实事求是、团结一致向前看的指导方针；果断地停止使用“以阶级斗争为纲”这个不适用于社会主义社会的口号，作出了把工作重点转移到社会主义现代化建设上来的战略决策；提出了要注意解决好国民经济重大比例严重失调的要求，制订了关于加快农业发展的决定；审查和解决了中国共产党历史上一批重大冤假错案和一些重要领导人的功过是非问题。这一切，使中国共产党掌握了拨乱反正和经济建设的主动权，也使全国各地在政治上和经济上都出现了喜人的形势。① 中国当代史进入一个新的耀目时期，江苏当代史也不例外。

第一节　江苏全省上下学习贯彻中共十一届三中全会和十二大精神

一　解放思想，拨乱反正

中共江苏省委于 1978 年 12 月发出的电话通知指出：中共十一届三中全会公报是全党在新的历史时期的一个重要文献，必须认真学习，要以马列主义、毛泽东思想为指导，解放思想，努力研究新情况，解决新问题，保证实现党的工作重点的转移。1979 年 1 月，中共江苏省委召开工作会议，传达、学习和贯彻执行中共十一届三中全

---

① 《中国共产党中央委员会关于建国以来党的若干历史问题的决议》，见中共中央文献研究室编：《三中全会以来重要文献选编》（下），人民出版社 1982 年版，第 821 页。

会和中央工作会议精神，讨论如何及时、顺利实现全省工作重点的转移。会议充分发扬民主和中国共产党实事求是、群众路线、批评和自我批评的优良传统。与会同志解放思想，畅所欲言，联系自己的认识和江苏的实际，回顾、总结江苏20多年来特别是粉碎“四人帮”后两年多来正反两方面的经验，提出了实现工作重点转移过程中应当注意的问题，并对中共江苏省委的工作提出了建议和批评。省委常委研究了与会同志的意见和建议后，认为从江苏当前的实际情况出发，要保证迅速而又顺利地实现党的工作重点的转移，必须善始善终地结束揭批林彪、“四人帮”的群众运动，认真处理好“文化大革命”中和历史上的遗留问题，以调动干部、群众的积极性，巩固和发展安定团结的政治局面。①

1979年2月，中共江苏省委召开地、市委书记会议，研究进一步贯彻落实中共十一届三中全会和中央工作会议精神，实现工作重点转移问题。会议指出，目前正处在伟大的历史性转变关头，领导干部首先要端正思想路线，解放思想，振奋革命精神，实事求是地研究新情况，总结新经验，解决新问题，以积极的、全力以赴的态度去迎接和完成大转变中的各项任务，切实做到既好又快地实现工作重点的转移。各地、市委相继召开工作会议，贯彻中共江苏省委召开的地、市委书记会议精神，要求各级领导和广大干部群众一道，迅速把工作重点转移到社会主义现代化建设上来。

为了把工作重点迅速转移到社会主义现代化建设上来，中共江苏省委决定，从1979年1月开始，分期分批轮训全省城乡100万名基层干部，进行形势、任务、政策、作风、管理等方面的教育。学习的主要内容是中共十一届三中全会公报，以及中共中央关于农业问题和农村工作的文件。轮训对象包括：全省农村公社、大队、生产队、社队企业的领导干部，以及城市企业车间以上的干部。这次城乡百万基层干部的轮训，对适应工作重点的转移，收到了较好的效果。从1979年12月份开始，又对全省城乡200万名基层干部和中共党员分期分批进行轮训，对他们进行思想路线、政治路线、党规党纪和党的优良传统作风的教育，以适应社会主义四个现代化建设的要求。

同年2月18日—20日，江苏省革命委员会召开五届四次全体会议。会议根据中共十一届三中全会、中央工作会议精神以及中共江苏省委工作会议的部署，学习和讨论全省工作重点转移问题。

在学习贯彻中共十一届三中全会精神过程中，中共江苏省委宣传部于1979年1月18日—4月19日召开理论工作务虚会，对干部群众在学习中提出与工作重点转移

---

① 《新华日报》1979年2月12日。

等有关的一系列理论问题进行清理和研讨，对广大干部群众深入学习中共十一届三中全会精神和真理标准问题的讨论起到了有力的促进作用。会议分3个阶段进行：第一阶段(1979年1月18日—2月12日)，全省理论工作务虚会，参加会议的有省级机关及在宁高校、外地部分高校的理论工作者，共62人。第二阶段(1979年3月1日—12日)，南京地区经济理论工作务虚会，参加会议的有南京地区部分高校、理论研究单位和经济工作部门的同志，共50人。第三阶段(1979年4月14日—19日)，再次召开全省理论工作务虚会，学习邓小平在全国理论工作务虚会上的讲话，传达全国理论工作务虚会精神，讨论理论工作的任务。与会同志解放思想，畅所欲言，敢于冲破过去的思想理论禁区，一致认为，把实践是检验真理的唯一标准的讨论引向深入，就要用实践标准来检验历史经验，特别是1957年以来的历史经验。凡是实践证明是正确的，就要坚持；凡是实践证明是不正确的、错误的就要纠正。与会同志一致认为，邓小平在全国理论工作务虚会上阐述的四项基本原则，是中国共产党长期以来所一贯坚持的，与中共十一届三中全会路线是完全一致的，也是进一步贯彻中共十一届三中全会各项方针政策的根本保证。①

在贯彻中共十一届三中全会精神过程中，遇到来自“左”的和“右”的两方面的干扰，主要是“左”的干扰。1979年7月29日，邓小平在接见中共海军委员会常委扩大会议全体同志的讲话中指出：“真理标准问题的讨论是基本建设，不解决思想路线问题，不解放思想，正确的政治路线就制定不出来，制定了也贯彻不下去。”“对于实践是检验真理的唯一标准的论点，开始的时候反对的人不少，但全国绝大多数干部群众还是逐步接受了的。这个争论还没有完，海军现在考虑补课，这很重要。”②同年8月，中共江苏省委常委会连续开会研究讨论理论工作。中共江苏省委[1979]91号文件批转省委宣传部下半年工作要点，强调要深入开展实践是检验真理标准问题的学习和讨论，端正思想路线，提高执行中共十一届三中全会精神的自觉性。全省各级领导、各条战线、各行各业，理论联系实际，不搞空洞表态，对真理标准问题进行深入讨论。全省上下重视的程度，触及问题的深度，都超过了1978年开始讨论时的情况。一部分领导干部中那种遇事观望、等待，“一看二慢三通过”的精神状态得到改变，很多地、市、县委主要负责同志下农村、进工厂，调查研究，实事求是地研究新情况，解决新问题，积极实现工作着重点的转移。

1981年6月，中共十一届六中全会通过《关于建国以来党的若干历史问题的决议》，“标志着党胜利地完成了指导思想上的拨乱反正”。

---

① 中共江苏省委党史工作办公室编：《拨乱反正(江苏卷)》，中共党史出版社1998年版，第15—17页。

② 《邓小平文选》第2卷，人民出版社1994年版，第190—191页。

二　彻底平反冤假错案，落实各项政策

中共十一届三中全会以后，全省中共各级组织通过真理标准问题的学习和讨论，逐步解放思想，提高认识，加快平反冤假错案，解决历史遗留问题，落实各项政策的步伐，从而增强了中国共产党内外的安定团结，调动了广大干部、群众的积极性，为贯彻执行中共十一届三中全会精神提供了组织保证。

（一）加快平反冤假错案

据 1979 年全省 7 个地区的统计，在“文化大革命”中受审查和处理的生产大队、生产小队干部和中共党员约 30 多万人。省级机关在“文化大革命”中立案审查的案件达 9767 件。

“文化大革命”期间，江苏省因刘少奇冤案而被立案审查和点名批判的共 13931 人，其中脱产干部 11176 人，基层不脱产干部 357 人，一般群众 2398 人。13931 人中，有三种情况：1. 拘捕判刑、戴“反革命分子”帽子的 1387 人，其中有 12 人被判处死刑。2. 受党纪、政纪处分的 8017 人，其中开除中共党籍的 6688 人，开除公职的 88 人。3. 经领导机关批准在中共党报、党刊和中共的文件或大会点名批判的 4527 人，其中有江渭清、陈光等省委负责人，陶白、吴天石等省级机关部、厅、局负责人，匡亚明、孙叔平等高等院校和科研所负责人，共 30 余人，在“文化大革命”初期，因所谓“执行刘少奇资产阶级反动路线”在中共党报、党刊上被点名批判。

中共十一届三中全会以后，在中共江苏省委统一领导下，全省集中组织 1.83 万多名党性强、作风正派的中共党员干部，组成专门班子，对“文化大革命”中的冤假错案本着“实事求是，有错必纠，全错全纠，部分错部分纠，不错不纠”的方针，进行全面复查和清理。在复查和清理工作中，对一切诬蔑不实之词，一切不正确的结论，一切错误的处理，坚决纠正，不留“尾巴”，改变那种所谓“没有大问题，也有小问题，没有小问题，也有个态度问题”的错误做法。

对“文化大革命”期间江苏省冤假错案中的大案要案，由中共江苏省委直接负责进行平反纠正。

1978 年 12 月 15 日，中共江苏省委决定为江渭清、陈光同志平反，恢复名誉。

同年 12 月 30 日，中共江苏省委决定为在南京“一・三事件”中遭受迫害的干部群众进行平反：“凡因‘一・三事件’强加于各级党委、广大干部群众和赤卫队等群众组织的一切诬蔑不实之词，应予全部推倒；因‘一・三事件’而遭受迫害的干部群众，

应予一律平反,恢复名誉。"①

同年12月30日,中共江苏省委在五台山体育馆召开万人大会,对"陈(光)、包(厚昌)、张(志强)案件"及受此案牵连的高俊杰、陶云霞、张梅杰等同志宣布平反,推倒一切诬陷不实之词,恢复名誉,消除影响。

同日,中共江苏省委分别作出决定,对在"文化大革命"中被错误在报刊上公开点名批判的江渭清、陈光、包厚昌、洪沛霖,以及匡亚明、陶白、钱静人、吴天石、马莹伯、周邨、李进、吴白匋、孙叔平、陈嘉、陈瘦竹、曹汶、张一之等人宣布平反,恢复名誉。

同日,中共江苏省委作出《关于对在报上公开点名批判"老人串联会"是"江渭清、陈光之流复辟资本主义的御用工具"进行平反的决定》,为李士英、包厚昌、陈扬等彻底平反。

1979年3月13日,中共江苏省委作出《关于为江渭清、惠浴宇、李英士、洪沛霖等同志被诬陷为"通敌"等假案进行平反的决定》,并为因此案受到株连或迫害的同志彻底平反。

1980年5月,中共江苏省委发出《关于贯彻执行中共中央〈关于为刘少奇同志举行追悼会的通知〉的意见》。同时,中共江苏省委批转省委政法委员会《关于做好刘少奇同志冤案受株连案件平反工作的请示报告》。按照中共江苏省委的部署,为受刘少奇冤案株连的近1.4万人进行平反。1982年4月2日,在1978年5月为苏州市图书馆副馆长陆兰秀②平反昭雪的基础上,中共江苏省委、省政府作出《关于追认陆兰秀为革命烈士的决定》,并由中共苏州市委举行追悼大会。

据1983年统计,江苏省在"文化大革命"中被当作敌我矛盾立案审查的案件达95154件。其中,全错和部分错的案件85639件,占立案审查总数的90%;不错和基本不错的案件9515件,占立案审查总数的10%。全省原被定为敌我矛盾性质的7403人,平反纠正了7232人;原受刑事处分的247人,撤销刑事处分的245人;原被

① 中共江苏省委党史工作办公室编:《拨乱反正(江苏卷)》,中共党史出版社1998年版,第401—403页;江苏省发展计划委员会编:《"五五"时期的江苏经济(1976—1980)》(上册),苏出准印字JSE—0000106,2003年版,第435—437页,均编入《中共江苏省委关于南京"一·三事件"的平反决定》一件,并说明此件标题为编者重拟。笔者认为,此件重拟标题不妥。因为:1967年1月3日发生于南京的一场武斗,即"一·三事件",是林彪、陈伯达、"四人帮"出于篡党夺权的阴谋而蓄意制造的严重事件。中共江苏省委没有必要,也不可能为南京"一·三事件"平反。此件标题应改为:中共江苏省委关于为在南京"一·三事件"中遭受迫害的干部群众平反的决定。

② 陆兰秀1917年生于苏州。1940年春加入中国共产党。新中国成立后,她先后任中央煤炭工业部财务科长、理论教员,中国科学技术协会科普图书馆副馆长,苏州市图书馆副馆长。她因拒不承认刘少奇是"叛徒、内奸、工贼",不承认"打倒一切"、"全面夺权"是革命行动,义正辞严地从理论上系统地批判"文化大革命"的错误,以现行反革命罪于1970年3月25日被逮捕,1970年7月4日被判处死刑,英勇牺牲。这里陆兰秀"英勇牺牲"时间,与《江苏省大事记》,江苏人民出版社1988年版,第438页;《拨乱反正(江苏卷)》第557页的记载不一致。

开除中共党籍和公职的 282 人，一并恢复党籍和公职的 280 人；原被开除中共党籍的 1426 人，恢复党籍的 1400 人；原被开除公职的 1873 人，恢复公职的 1872 人；原受其他纪律处分的 1014 人，撤销处分的 938 人。对 3140 名非正常死亡干部予以平反昭雪，并照顾安排他们的子女 1780 人的工作。对 9256 名国家干部被停发、扣发的 1965 万元工资，按照有关政策规定，悉数予以补发；对 4911 名县属大集体单位干部被停发、扣发的 831 万元工资也进行补发或立据分期补发。对"文化大革命"中形成的 571.96 万余份审查材料，进行认真鉴别处理。其中，归档的约占 7%，退还本人的约占 13%，销毁的约占 80%。此外，对江苏全省城乡不脱产中共党员干部和群众的 24 万多件案件进行复查复议。冤假错案基本上得到平反纠正。

1979 年 8 月，中共江苏省委下发《关于贯彻执行〈中共中央关于对被定为右倾机会主义分子平反、改正问题的通知〉的意见》。对"反右倾"中被错定为"右倾机会主义错误"的 5700 名干部和被错定为"右倾机会主义分子"的 257 名干部进行复查，一律平反纠正。同时，对"四清"运动中及"文化大革命"前的历史遗留问题亦进行复查处理。①

（二）右派分子的摘帽和错划右派的改正

对错划右派分子的摘帽和改正工作，江苏分 3 个阶段进行。第一个阶段是全部摘掉右派分子的帽子。到 1964 年，江苏省先后摘掉 10748 名右派分子的帽子。1978 年 4 月，中共中央批准中央统战部、公安部《关于全部摘掉右派分子帽子的请示报告》，要求各地摘掉所有右派分子的帽子。江苏省在尚未摘掉右派分子帽子的 4586 人中，②于 1 个月内摘掉了 3831 人的右派分子帽子；到是年 10 月，累计摘掉 4365 名右派分子帽子，所剩 200 余人不久也摘掉右派分子帽子。第二阶段为普遍复查改正。1978 年 11 月底至 12 月初，中共江苏省委召开会议，贯彻中共中央批准的《关于全部摘掉右派分子帽子决定的实施方案》。1979 年 1 月，中共江苏省委发出《关于摘掉右派分子帽子人员安排问题的补充意见》；同月，中共江苏省委批转组织部等 6 部门《关于错划右派改正工作中若干问题的处理意见》，要求各地、各单位对所划右派分子不论本人是否申诉，现在是否在本单位，是否健在，都要进行复查，错划了的应主动做好改正工作，落实好政策。3 月，中共江苏省委召开改正错划右派工作会议，交流改正错划右派工作情况和经验，研究部署改正、安置工作。第三阶段为坚决复查纠正结论中的"尾巴"。在对错划右派分子复查改正结论中，由于各地同志认识的局限，或多或少留有一些"尾巴"，如"认识片面"、"言论偏激"、"有严重错误"、"确有右派言论，但不

① 中共江苏省委党史工作办公室编：《拨乱反正（江苏卷）》，中共党史出版社 1998 年版，第 48—53 页。

② 江苏省被错定为"右派分子"15334 人（10748 人＋4586 人）中不包括外省转来的，特此说明。

是从根本上反党反社会主义,故予以改正”等等。据一些市、县调查,留有这类“尾巴”的一般占总数的35%左右,有的地方高达70%。1983年5月,中共江苏省委统战部长在各市政协主席、统战部长座谈会上要求各地坚决复查纠正,绝不再留“尾巴”。

到1987年,江苏省错划的19160名右派分子(包括由外省转入的),错定的“中右”和“反党反社会主义分子”15000余人,全部得到改正,其中有8000人去掉了改正结论中的“尾巴”。①

(三)区别原工商业者中的劳动者

1956年在对资本主义工商业实行社会主义改造中,江苏省有一批小商、小贩、小手工业者以及其他劳动者被带进公私合营企业,并被作为资产阶级工商业者看待,混淆了阶级界限。中共中央于1979年11月批转中央统战部等6部门《关于把原工商业者中的劳动者区别出来问题的请示报告》,要求把在社会主义改造中带进的小商、小贩、小手工业者(简称“三小”)以及其他劳动者从原资产阶级工商业者中区别出来,恢复他们原来的劳动者身份。1980年3月18日,中央统战部等6部门召开13个省市会议,会议明确有无雇工和雇工多少是区别劳动者的主要标准。江苏省的区别工作分四步:1. 建立组织,调配干部,学习文件,制订工作计划;2. 搜集有关材料,提出需要区别的名单,召开职工、私方人员积极分子座谈会,听取意见,核实情况;3. 由单位领导确定区别劳动者名单,内部填表,上报审批;4. 审批后召开区别出来的劳动者座谈会,鼓励他们为四个现代化服务。江苏全省从57199名原工商业者中区别出小商、小贩、小手工业者和其他劳动者共43184人,占原工商业者的75.49%,其中在职者13425人。②

(四)落实知识分子政策

“文化大革命”期间,广大知识分子历经磨难,被诬称为“臭老九”,不少专家、教授被戴上“反动学术权威”的帽子,造成大量冤假错案。据南京大学统计,该校在所谓深挖“五·一六”运动中,被列入“五·一六”分子名单的1156人,被打成“五·一六”分子的389人,被关押审查的158人,被点名批判的248人,受迫害致死的12人。

中共十一届三中全会后,江苏各地开始全面落实知识分子政策,对“文化大革命”中的冤假错案以及“文化大革命”前的历史老案进行复查。在培养、选拔、使用优秀人才方面,江苏省采取了不少措施。1980年1月,中共江苏省委决定:1. 通过建立分学科考核的制度,大胆地选拔、重用冒尖的人才;2. 积极为中青年科技人员出国进修或工作创造条件;3. 建立初、高中学生单科考试竞赛活动的制度,全省每年举行一次,

---

① 中共江苏省委党史工作办公室编:《拨乱反正(江苏卷)》,中共党史出版社1998年版,第106—107页。

② 中共江苏省委党史工作办公室编:《拨乱反正(江苏卷)》,中共党史出版社1998年版,第110—111页。

名列前茅者可免试升学；4. 高考中总分落选的学生单科成绩卓著者，可选送到大学有关专业培养，或者当科研、教学的辅助人员；5. 允许少数确实另有志趣的在校大学生，根据自己的爱好和专长，在本院校内转系深造，发挥他们的专长；6. 像中国科技大学那样，选择一所高等院校开办少年班，探索快速培养人才的经验；7. 改进现行的给老专家分配助手的办法，让老专家自己挑选符合条件、称心满意的助手；8. 建立省科技干部管理局，负责统一制订科技干部的培养、考核、调配和使用的规划，贯彻执行有关科技人员政策等工作。① 同年，中共江苏省委在6月底至7月初召开的组织工作会议上强调提出：大胆地把那些政治思想路线端正，具有一定组织领导能力和专业知识、年富力强、有发展前途的优秀中青年干部，选拔到各级领导岗位上来。1982年7月，中共江苏省委决定为知识分子办好14件实事，改善知识分子工作条件。中共十一届三中全会以后到1982年间，江苏全省共计为知识分子中11427件冤假错案平反，完成了右派分子摘帽和错划右派改正工作，复查解决了一批历史遗留问题。有11.8万多名科技干部评定、晋升专业技术职称，其中晋升中、高级职称的2.6万多名。有1.8万多名中、高级知识分子的居住条件得到改善，1万多名知识分子夫妻分居两地的问题得到解决。②

（五）落实宗教政策

江苏省是全国宗教工作重点省（市）之一。新中国成立后，江苏省佛教保留的重点寺庙占全国的1/4。“文化大革命”期间，宗教信仰自由政策遭到严重破坏，宗教工作机构被取消，宗教工作干部被戴上修正主义、投降主义等帽子；教堂、寺庙全部被占用或封闭，一些有文物价值的建筑和雕塑等遭到严重破坏；正常的宗教活动被迫停止或转入地下；宗教界人士以至有些信教的群众也被当作“专政对象”加以打击。

中共十一届三中全会后，中共江苏省委在整顿“文化大革命”期间宗教工作中造成的严重混乱、落实宗教政策方面做了大量工作。首先是进行宗教政策教育，在思想上拨乱反正，恢复工作机构。1979年7月、1982年7月，两次在南京召开全省民族宗教工作会议，贯彻中共中央关于社会主义时期宗教问题的基本观点和基本政策的精神；在全省各级干部中进行宗教政策的教育，正确执行宗教信仰自由的政策。1979年2月，江苏省革命委员会民族宗教事务局成立；1980年1月改称江苏省民族宗教事

① 中共江苏省委：《关于选拔、培养人才的八项决定》（1980年1月28日）。

② 中共江苏省委党史工作办公室编：《拨乱反正（江苏卷）》，中共党史出版社1998年版，第63—64页。《江苏省志·中共志》，江苏人民出版社2003年版，第339页载：至1980年，江苏省有4万多件科技人员的冤假错案得到平反，2.4万名用非所学的科技人员调整归队，36.6万名科技人员评定了专业技术职称，2.8万多名科技人员解决了夫妻两地分居问题，7万多名科技人员的家属由农业户口转为城镇户口。录此供参考。

务局。其次是全面落实宗教政策。第一,建立健全爱国宗教组织。1979 年,开始逐步恢复各爱国宗教组织的活动。1980 年,中共江苏省委发出“关于恢复省一级宗教团体和爱国组织的批复”,同意恢复江苏省基督教三自爱国会、天主教爱国会、佛教协会、伊斯兰教协会。1980 年 12 月,江苏省伊斯兰教召开第一届代表大会,基督教召开江苏省三自爱国会第三届代表大会和江苏省第一届基督教协会大会。1981 年 1 月,江苏省天主教召开第四届代表大会。1981 年 3 月,江苏省佛教协会召开第一届代表大会。有关市县也成立相应的爱国宗教组织。第二,开放寺观教堂。“文化大革命”前,江苏省共有寺观教堂 707 所。其中,佛教 400 所,道教 10 所,天主教 36 所,基督教 200 所,伊斯兰教 61 所。“文化大革命”期间,寺观教堂关闭或被占用。从 1979 年开始,寺观教堂逐步开放。对在“文化大革命”期间遭到破坏的寺观教堂,江苏省人民政府拨专款进行修缮。第三,落实宗教神职人员政策。从 1979 年开始,江苏对宗教界人士中的冤假错案进行甄别平反。1957 年错划的 111 名右派分子全部摘帽改正。“文化大革命”期间被立案审查的 68 名宗教人士,66 人得到平反。“文化大革命”期间被迁散的宗教职业人员凡愿返回的均被安置到有关寺观教堂,被扣发的生活费全部补发。“文化大革命”中被抄走的物资、字画、宗教用品基本上得到清退或赔偿。宗教界上层人士,有的被安排为各级人大代表、政协委员。①

(六) 落实原国民党起义投诚人员政策

从 1979 年起,中共江苏省委根据中共中央关于落实对国民党起义、投诚人员的政策,会同省人民法院、公安、人事、民政、财政、劳动部门和省军区政治部对原国民党起义、投诚人员进行政策落实工作。经过认真细致的工作,全省共认定起义、投诚人员 7707 余名,其中起义 5794 人,投诚 1913 人,并给 7261 人发给起义、投诚人员证明书,有的被安排为各级人大代表和政协委员。②

三　社会主义民主制度的恢复

(一) 恢复地方各级人民代表大会制度,扩大选民直接选举人大代表的范围

“文化大革命”期间,中国的民主政治建设,人民参与国家事务管理的权利,经历了严重挫折,留下了沉痛教训。从 1966 年开始,江苏省地方各级人民代表大会制度

---

① 中共江苏省委党史工作办公室编:《拨乱反正(江苏卷)》,中共党史出版社 1998 年版,第 113—115 页。《江苏省志·中共志》,江苏人民出版社 2003 年版,第 521 页载:在“文化大革命”期间被审查的 68 名宗教神职人员全部得到平反。

② 《江苏省志·中共志》,江苏人民出版社 2003 年版,第 513—514 页。

被迫中断10年。1977年12月，召开江苏省第五届人民代表大会第一次会议。① 由于当时全省各级人民代表大会制度尚未恢复，出席这次大会的人大代表是征求各有关方面和群众的意见后，由各地、市革命委员会全体委员会议或革委会扩大会议协商选举产生的。会议听取和审议了《江苏省革命委员会工作报告》、《关于江苏省第五届人民代表大会代表资格的审查报告》，选举许家屯为江苏省革命委员会主任※②，胡宏、周泽等14人为江苏省革命委员会副主任。会议选出的新的省级政权机构仍沿用革命委员会的名称。会议还选举了出席第五届全国人民代表大会代表131人。这次会议受"左"的指导思想影响，不顾条件地要求"奋战三年，到一九八〇年基本实现农业机械化，建成比较完整的工业体系"；"奋战八年，到一九八五年基本建成高产稳产的农业基地和农轻重全面协调发展的、具有自己特点的社会主义工业省"；"奋战十年到十五年，在江苏建成比较强大的燃料、钢铁等工业基地，建立起比较完整的工业体系。在这个基础上，继续向四个现代化进军"。③ 这就导致长期以来形成的江苏经济比例失调现象更趋严重。

中共十一届三中全会以后，人民代表大会制度逐步恢复和完善，进入一个新的重要历史时期。根据全国人大五届二次会议通过的《地方各级人民代表大会和地方各级人民政府组织法》的规定，从分设权力机关和行政机关两个方面对省级政权体制进行改革：改变以往历届人民代表大会不设常设机关的规定，1979年12月召开的江苏省第五届人民代表大会第二次会议选举产生省人大常委会，在大会闭会期间行使其权力，充分发挥地方国家权力机关的作用，使人民代表大会制度进一步完善；撤销省革命委员会，恢复和重建江苏省人民政府、江苏省高级人民法院和江苏省人民检察

---

① 1974年12月，江苏省革命委员会第九次全体会议选举丁光训、刘国钧、李执中、陈永康、金逊、彭冲等93人为第四届全国人大代表。1977年12月24日至28日，遵照《中共中央关于召开五届人大的通知》精神，江苏省召开"文化大革命"后的第一次省人民代表大会。考虑到"文化大革命"这一特定的历史原因，1977年10月中共中央召开的各省、自治区、直辖市组织部长和统战部部长会议确定：1967年、1968年成立的革命委员会作一届人民代表大会计算。据此，江苏省革命委员会算作江苏省第四届人民代表大会。1977年12月24日至28日召开的江苏省人民代表大会，则为江苏省第五届人民代表大会第一次会议。

② ※新华社北京[1991年]3月3日电　经中共中央政治局批准，中央顾问委员会常务委员会、中央纪律检查委员会常务委员会讨论决定，撤销许家屯中央顾问委员会的委员职务、开除其党籍。中顾委常委会、中纪委常委会通过的决定指出，中共中央顾问委员会委员、原新华社香港分社社长许家屯，无视党的纪律，于1990年4月30日晚私自出走国外。党组织曾多次对他进行耐心的教育和挽救工作，但他执迷不悟，至今不归，且与反共势力混在一起。许家屯身为党的高级干部，他的行为背离了党和人民，在国内外造成了极坏的影响，完全丧失了共产党员的条件。为了纯洁党的组织，严肃党的纪律，中共中央顾问委员会常务委员会、中共中央纪律检查委员会常务委员会决定，撤销许家屯的中共中央顾问委员会委员职务、开除其党籍，提请下一次中共中央顾问委员会全体会议追认。《人民日报》1991年3月4日。

③ 许家屯在江苏省第五届人民代表大会第一次会议上作的《江苏省革命委员会工作报告》，《新华日报》1978年1月10日。

院。选举许家屯为江苏省第五届人大常委会主任,张仲良、钟国楚、辛少波等12人为副主任。丁可则、丁光训等56人为委员;选举惠浴宇为省长,周泽、宫维桢等11人为副省长;选举省高级人民法院院长和省人民检察院检察长,以及7个地区的中级人民法院院长和7个检察分院检察长。

到1981年底,江苏全省由点到面依法选举产生不设区的市和县、乡三级人大代表及其国家机关的组成人员和领导人员,改变了"文化大革命"时期各级革命委员会党政不分、以党代政,集党政和公安、审判、检察权于一身的"一元化"领导体制,开始实行权力机关和行政机关分开,行政机关与审判、检察机关分开。

依照宪法和《地方各级人民代表大会和地方各级人民政府组织法》的规定,1984年上半年,江苏省乡、镇一级由原来的政社合一体制改为政社分设,全部建立乡、镇人民代表大会和乡、镇人民政府。至此,江苏省地方各级人民代表大会制度全部恢复。

1979年7月1日,全国人大五届二次会议修改通过的选举法规定,直接选举人大代表的范围,从人民公社、镇、市辖区和不设区的市扩大到县一级。1979年第四季度,江苏省在太仓和金湖两县进行县级直接选举的试点工作。1980年9月,全省有7个县、1个不设区的市和6个市辖区,完成县级直接选举的扩大试点工作。1980年10月起,江苏省县级直接选举工作先后分批推开。在县级直接选举的同时,结合进行社、镇级的选举。到1981年底,江苏省101个县(市、区)和2036个社、镇的直接选举人大代表工作结束。这是新中国成立以来进行的第一次县、乡(社)两级同时直接选举。选举工作严格依法办事,基本上是成功的。但也有少数地方工作不深入,走过场,出现选民漏登、代表名额分配不合理、不尊重选民意愿等违法现象。这些问题,在选举过程中一经发现,一般都作了纠正。对6起破坏选举的事件进行了严肃查处。①

(二)政协工作的恢复

粉碎"四人帮"反革命集团后,经过一段时间的酝酿,江苏省政协开始恢复工作。1977年12月,政协江苏省第四届委员会首次全体委员会议在南京召开。委员中有:中共代表、江苏省各民主党派、工商联、各人民团体和各个界别代表人士,以及各条战线先进人物,共616人。会议听取和审议上届省政协的工作报告,选举产生政协江苏省第四届委员会常务委员129名,许家屯当选为本届省政协主席,刘顺元、宫维桢等

---

① 《江苏省志·议会　人民代表大会志》,江苏人民出版社1999年版,第535—538页。中共党史出版社1990年出版的《江苏改革开放纪事(1979—1988)》第73—74页说:至1982年1月,江苏省68个县(市)、33个市辖区以及2023个公社(镇)分别选出县(市、区)社(镇)两级人民代表,并召开人民代表大会。这与以上的记述有两个地方不一致:1. 直接选举结束时间不一致,一个是1981年底,一个是1982年1月;2. 公社(镇)的数量不一致,一个是2036个,一个是2023个,两者相差13个。存疑。

18 人当选为副主席。会后，省政协根据当时工作的需要，成立学习、对台宣传工作、文史资料工作 3 个委员会和教育、科技、医卫、社会科学、法制、民族、宗教、妇女、文艺、工商等 10 个工作组。各委员会和工作组多次组织座谈会、报告会及参观、调查、视察等活动，委员们对以上各方面的工作提出不少意见和建议。真理标准问题讨论在全国和全省开展后，省政协组织政协委员、各民主党派、工商联负责人和各界知名人士进行学习和讨论。

在中共江苏省委的领导下，江苏省政协积极配合全国政协落实政策检查组和省有关部门，为江苏省各级政协委员中蒙受冤假错案的 1783 人进行平反改正，并按规定适当安排工作，补发被扣减的工资，清理剔除档案中的不实之词和歧视性材料。归还“文化大革命”中 1350 户被查抄的财物；对被挤占和没收的私房，作了发还处理。

对江苏省改革开放、经济建设和社会发展中的重大问题，省政协开始有计划、有重点地开展协商活动，提出实事求是的意见和建议。1982 年 6 月，省政协组织委员、专家到南京化工厂和长江石油化工厂实地察看燕子矶“十里长沟”严重污染的情况，同有关单位和部门负责人共商综合治理措施。南京市人民政府对此十分重视，专门召开市长办公会，对治理“十里长沟”作了部署。

四　学习贯彻中共十二大精神，全面整顿党的作风和组织

中共十一届三中全会以来，江苏省各级中共组织和广大党员通过学习和贯彻中共中央《关于党内政治生活的若干准则》、《关于建国以来党的若干历史问题的决议》等一系列重要文件，发扬了中国共产党实事求是的优良传统，活跃了民主生活，批判了各种错误的思想倾向，初步整顿了党的组织和作风，党的状况有所改变，党内的团结有所增强，党群关系有所改善，党的威信有所提高，社会主义现代化事业开始走上健康发展的轨道。但现实中仍然存在着一系列需要不失时机地加以迅速解决的重大问题，要求中共中央委员会提前召开第十二次全国代表大会。

1982 年 9 月 1 日，中共第十二次全国代表大会在北京召开。邓小平在开幕词中提出的关于建设有中国特色的社会主义的思想，是中共十二大的指导思想，也是整个中国新的历史时期改革开放和现代化建设的指导思想。

中共十二大总结了拨乱反正的经验，制定了全面开创社会主义现代化建设新局面的正确纲领，制定了新的完善的党章，是中共历史上一次重要的代表大会。

1982 年 9 月 19 日，中共江苏省委召开省级机关党员处以上干部大会，传达中共十二大精神。9 月 21 日—25 日，省委召开地、市、县委书记会议，传达中共十二大精神，对全省贯彻十二大精神作出部署。会议根据中央的安排和江苏的实际，强调做好

以下几项工作:(1) 动员广大干部群众,继续以提高经济效益为中心,进一步贯彻“调整、改革、整顿、提高”的八字方针,深入开展群众性的增产节约活动,争取全面完成全年的国民经济计划,并为下一年的稳步发展做好准备工作。(2) 通过学习和宣传中共十二大文件,深入进行共产主义和爱国主义思想教育,继续开展“五讲四美”活动。(3) 继续抓好打击经济领域内严重犯罪活动的斗争,抓紧大案要案的查处。同时,坚决打击破坏社会主义的犯罪活动和其他刑事犯罪活动,维护社会安定。(4) 根据中共中央关于省和地市二级机构改革精神,抓紧机构改革。(5) 根据中共中央总的部署,抓好整党试点,逐步推开整党工作。

从江苏全省来看,中共的主流是好的。但是,由于“文化大革命”的危害,中共的肌体受到严重创伤,而中共各级组织为清除十年内乱的流毒和影响所作的努力还很不够;在实行对外开放,对内搞活经济的新的历史条件下,对资产阶级以及其他剥削阶级腐朽思想和封建主义残余思想对中共的影响和侵袭腐蚀,缺乏应有的警惕;在新的历史任务面前如何加强中共的思想建设、作风建设和组织建设,缺乏高度的重视和自觉。这就使江苏省中共党内存在的许多问题不能得到及时解决,思想不纯、作风不纯、组织不纯的情况还相当严重:有些中共党员对拨乱反正的伟大意义缺乏认识,对以经济建设为中心,实行改革开放政策态度不坚决;有些中共党员个人主义严重,甚至恶性膨胀,为谋求个人和小团体利益走上犯罪道路;有些中共党员组织观念淡薄,纪律松弛,精神不振,无所作为,不起模范带头作用;有些中共组织软弱涣散,甚至处于瘫痪状态,丧失战斗堡垒作用。总而言之,党风还没有根本好转。中共中央决定,从 1983 年下半年开始,用 3 年时间分期分批对党的作风和党的组织进行一次全面整顿。这次整党的基本任务是:统一思想,整顿作风,加强纪律,纯洁组织。

1982 年 9 月,根据中共中央的部署和要求,中共江苏省委决定,省、地、市各选择 2 至 3 个单位,立即开展调查研究,拟定试点方案,进行整党试点工作。9 月 30 日,中共江苏省委成立整党试点工作领导小组。10 月 23 日,省委整党试点工作领导小组组织 7 个调查组分别到扬州、常州、无锡和省农林厅、财政厅、南京医学院、南京炼油厂进行整党准备工作的调查。同时,各地、市委也相继抽调 360 名干部进行整党准备工作的调查。11 月下旬,各调查组的工作陆续结束。1983 年 1 月,中共江苏省委部署整党试点工作。9 月,整党试点工作结束。

1983 年 3 月,经中共中央批准,韩培信任中共江苏省委书记。

1983 年 11 月召开的中共江苏省六届七次全委(扩大)会议,遵循 1983 年 10 月中共十二届二中全会讨论通过的《中共中央关于整党的决定》和中央整党工作指导委员会的部署,紧密联系江苏的实际情况,讨论了开展全面整党的部署。11 月 22 日,中共

江苏省委发出《关于贯彻执行〈中共中央关于整党的决定〉的部署意见》，按照自上而下的原则，分期分批进行整党。在全省范围内，先从省委常委、省部委厅局开始整党。在一个市的范围内，整党先从市委和市级机关做起，再在县级党组织以至基层党组织中逐步进行。从一个部门、一个单位来说，整党先从领导班子、领导干部开始，然后再到党员群众。在具体安排上，分二期五批进行整党。

第一期省级机关整党从1983年10月至1984年12月，大体用了1年时间。分两批进行，第一批从1983年10月开始，第二批从1984年5月开始。

第二期整党从1985年1月开始，至1987年5月，先市后县而后城乡基层党组织，分三批进行。各市级机关和市级企业事业单位和党组织关系在市实行双重领导的其他企事业单位，仪征化纤工业联合公司、省丝绸总公司、华东地质勘探公司和省政府驻上海办事处，省厅局所辖的直属单位等，从1985年1月开始，为第一批；各县级机关、县级企事业单位和党组织关系在县实行双重领导的其他企事业单位，未参加第一批整党的市级单位，从1985年7月开始，为第二批；参加这次整党的所有城乡基层党组织，从1986年1月开始，为第三批。① 全省共有251万多名党员参加整党，历时3年半，到1987年5月整党工作全部结束。

为了加强对整党工作的领导，做到边整边改，实现党风的根本好转，1984年1月12日，中共江苏省委决定：省委常委用20天时间，到市、县基层调查研究，帮助解决坐在机关里难以解决的问题。中共江苏省委还先后召开省级机关第一批开展整党的40个单位的党员大会（1983年12月）、第二期整党工作会议（1985年1月）、各市整党工作座谈会（1985年7月）、城市基层整党工作座谈会（1986年3月）等。农村整党工作开展后，1986年2月，中共江苏省委派出农村整党巡视组，各市县派出4.6万多名干部下乡协助指导整党工作。

在这次整党中，广大中共党员和党员领导干部认真学习中央规定的整党文件，重温了中共十一届三中全会以来的路线、方针和政策，特别是整党转入市县和基层组织后，普遍进行理想宗旨教育、党风党纪教育、形势教育、彻底否定"文化大革命"教育和党的基本知识教育。在提高思想认识的基础上，对照检查，开展批评与自我批评，提高了执行中国共产党的基本路线、同中共中央保持一致的自觉性。在深入进行党风党纪教育的基础上，揭露和解决了党内存在的思想作风不纯和组织严重不纯的问题，保证了改革的顺利进行。江苏省整党中受党纪处分的党员占党员总数的0.37%。其

---

① 《江苏省志·中共志》，江苏人民出版社2003年版，第346页。江苏省全面整党的开始时间和结束时间，与中共江苏省委党史工作办公室编：《新时期江苏改革发展实录》，江苏人民出版社2008年版，第70页；《江苏省志·中共志》第12页的记载，不完全一致。特此说明。

中,清除出党的占 0.1%,另有 0.19%的党员缓期登记。[①] 在整党中还对全省“文化大革命”中发生的重大事件及其主要责任者进行了调查摸底,基本上搞清了全省县以上造反组织的网络体系和主要造反头头的问题;搞清了对制造重大事件、冤假错案负有主要责任的人的问题;搞清了在清队、“整党”、深挖“五·一六”等运动中,搞刑讯逼供、摧残人身,情节严重,负有主要责任的人的问题。整党中全省立案审查了 3409 人,定为“三种人”(即造反起家的人、帮派思想严重的人、打砸抢分子)的 171 人、“严重错误”的 1277 人。其中,地师级党员干部 7 人,县团级党员干部 47 人。采用结论写实处理的农民党员 508 人、“记录在案”的 476 人。加上查处了一批其他危害党的分子,基本上达到了纯洁组织的目的。在整党过程中,对全省县以上机关、企事业单位的 36 万名干部进行了全面考察,基本上弄清了他们在各个时期(包括“文化大革命”时期)的主要表现和思想、业务素质状况。在此基础上,建立了省、市、县三级“第三梯队”名单,进一步加强了各级领导班子建设;在整党中,广大中共党员和党员干部还进一步克服了因循守旧、墨守成规的陈腐观念,解放了思想,振奋了精神,提高了党组织的战斗力,保证并促进了改革开放和经济建设的顺利进行。

毋庸讳言,这次整党工作发展是不平衡的。有些单位没有充分揭露实际存在的消极现象和阴暗面;有些单位没有认真纠正和克服严重的以权谋私、严重的官僚主义、严重的无组织无纪律的现象;有些单位在组织处理和党员登记中存在偏宽偏松的现象,有的甚至是走过场,以致影响和损害了整党工作在群众中的声誉。必须坚持四项基本原则(必须坚持社会主义道路,必须坚持无产阶级专政,必须坚持共产党的领导,必须坚持马列主义、毛泽东思想)的教育,普遍抓得不够。[②]

第二节 国民经济的新调整

一 江苏国民经济比例关系状况

随着揭批“四人帮”反革命集团斗争的深入,农业学大寨、工业学大庆运动高潮的掀起,江苏各地积极开展社会主义劳动竞赛,出现了你追我赶、生气勃勃的新局面,经济建设和社会事业得到迅速恢复和发展。1977、1978 年两年,全省工农业总产值分

---

① 《江苏省志·中共志》,江苏人民出版社 2003 年版,第 349 页载:全省整党中受党纪处分的党员占党员总数的 0.37%,其中清除出党的占 0.19%。0.19%与上述的 0.1%相差 0.09%。录此供参考。

② 中共江苏省委:《整党工作总结》。江苏省档案馆藏,省委办公厅,永久,572 卷。

别达到 386.28 亿元（当年价，下同）、443.52 亿元，分别比上年增长 10.9% 和 14.8%。[①] 财政收入，1977 年达 51.65 亿元，比 1976 年增加 7.63 亿元，增长 17.3%；1978 年达 61.09 亿元，比 1977 年增加 9.44 亿元，增长 18.3%。[②] 与此同时，江苏还新建、扩建一批骨干工程。于 1974 年 9 月动工兴建的栖霞山化肥厂，1978 年 10 月建成投产。该厂拥有引进的现代化大型化肥生产装置，可年产化肥 114 万吨，约占全省化肥总产量的一半。

但在发展国民经济的指导思想上，当时的中共江苏省委主要负责人再三强调高速发展经济的重要性，致使 1977 年、1978 年两年江苏国民经济建设中不合理、不协调、不平衡的状况进一步加剧。例如：农业内部，粮食生产和多种经营比例失调。工业内部，动力、原材料工业和加工工业的矛盾比较突出：动力、原材料工业满足不了加工工业的要求；加工工业发展过猛，其中相当一部分带有盲目性，而原料工业有些产品却多年徘徊。电力的缺口比较大，苏南电网有的缺电 30%，有的至少缺 20%，许多企业因缺电停停开开；农业用电也很紧张，尽管工业让路，还得不到满足。工业与农业之间的比例关系也不协调，电力、农用产品都还满足不了农业的需要；农业为工业提供的原材料，特别是副食品，也不能满足工业的需要。[③]“骨头”与“肉”的矛盾也长期没有得到解决，单是 7 个省辖市就有 21 万户缺房以至无房，江苏省中小学危险房屋达 200 多万间，商业、饮食服务网点严重不足，就业问题更为尖锐。[④] 积累率过高，投资规模过大，基本建设战线过长，物资和资金供应过于紧张。1978 年，江苏省基本建设投资达 17.78 亿元，比 1977 年增长 39.45%（详见表 1—1）。[⑤] 1978 年，国民收入中的积累率高达 34.6%（详见表 1—2，按当年价计算），超越了当时物力、财力所能承受的程度。

表 1—1 江苏省历年基本建设投资额比较表

年　份	基本建设投资完成额（亿元）	年　份	基本建设投资完成额（亿元）
1965	4.47	1972	9.15
1966	4.16	1973	10.00
1967	3.10	1974	8.61

① 以上数字是笔者根据夏鸣主编的《江苏五十年》，中国统计出版社 1999 年版，第 408—411 页的数字计算得出的。

② 夏鸣主编：《江苏五十年》，中国统计出版社 1999 年版，第 404 页。财政收入增加数、增长百分比数是根据以上数字计算得出的。

③ 顾定祥在全省计划会议上做的《关于一九七九年江苏省国民经济计划安排的说明》（1979 年 2 月 22 日）。

④ 《中共江苏省委关于传达贯彻中央工作会议精神给中共中央的报告》（1979 年 6 月 8 日）。

⑤ 夏鸣主编：《江苏五十年》，中国统计出版社 1999 年版，第 403 页。

续表

年　份	基本建设投资完成额(亿元)	年　份	基本建设投资完成额(亿元)
1968	2.68	1975	10.75
1969	3.46	1976	12.44
1970	6.00	1977	12.75
1971	7.56	1978	17.78

表 1—2　江苏省历年国民收入中积累和消费比例比较表(单位:亿元)

年份	积累基金	积累率(%)	消费基金	消费占国民收入省内使用额的比重(%)
1965	15.20	23.8	48.60	76.2
1970	27.07	30.5	61.62	69.5
1975	41.20	31.6	89.13	68.4
1976	42.32	30.4	97.05	69.6
1977	44.80	31.0	99. 89	69.0
1978	62.07	34.6	117.16	65.4

二　贯彻“八字”方针,调整国民经济比例关系

1979 年 4 月中央工作会议结束后,中共江苏省委常委对会议精神进行了学习,同时向省级机关局以上干部和南京军区师以上干部进行传达。接着,于 5 月召开省委工作会议,各地市也相继召开县委书记和市委工作会议。通过学习,大家一致拥护中共中央关于调整国民经济的重大决策,并联系思想实际和工作实际,对调整国民经济的方针问题进行讨论,取得了比较一致的看法。

为了进一步摸清江苏省国民经济比例关系状况,制定符合江苏实际情况和切实可行的调整国民经济比例关系的实施方案,1979 年 6 月,中共江苏省委决定组成由省委常委、省革委会副主任和有关部、委、办负责人率领的 9 个调查组,分赴全省各地进行为期 1 个月左右的调查研究,着重调查研究如何进一步加强农业,加速发展轻纺工业和轻型制造业;发展电力、煤炭和建材工业;缩短基本建设战线,集中力量打歼灭战;适当扩大企业自主权,正确处理国家、地方企业和职工的关系;以及经济管理体制改革等问题。各地市也都由负责同志带队到基层进行调查研究,具体分析经济工作中的矛盾和问题。在此基础上,于 1979 年 11 月,中共江苏省委召开工作会议,讨论、制定今后 3 年“调整、改革、整顿、提高”方针的实施方案。《方案》经过试点逐步推开。

江苏国民经济的调整，主要围绕以下 4 个方面进行。

1. 大力发展农业

新中国成立以来，江苏农业虽然有所发展，但劳动生产率、商品率、积累率都还比较低，与工业发展的速度相比很不相称，同城乡人民改善生活的要求不相适应。以 1978 年与 1949 年相比，江苏工业总产值增长 27 倍※[①]，而丰收的 1978 年，全省农业总产值仅比 1949 年增长 2.34 倍。农业发展速度过慢，影响了以农副产品为主要原料的轻工业和食品工业的发展，即使实行凭票供应，某些日用消费品和副食品仍供不应求。农业机械动力虽然有所发展，但不配套，实际机械化程度并不高，机电排灌只占 60%，田间运输和栽插、收割基本上还是靠手工操作。种 1 亩水稻，要花 30—40 个工，在三熟制地区，即使人多地少，劳动力还是很紧张，精耕细作和多种经营受到很大限制。科学种田虽然有所进展，有所提高，但同稳产高产的栽培技术要求，还有很大距离。相当一部分社队只能维持简单再生产，没有力量添置农业技术装备和建设稳产高产的高标准的农田。[②]

在这次调整中，江苏采取 4 项措施，大力发展农业生产。第一，适当增加对农业的投资。1979—1983 年，省财政平均每年对农业的投资占总投资的比例，由 1978 年前 5 年平均的 21.6%提高到 24.3%。农业投资主要用于水利和农田基本建设，使已经建成的水利主体工程发挥效益，有效地增强了抵御自然灾害的能力。第二，调整粮棉等主要农产品的价格，增加农民收入，提高农民生产的积极性。1979 年，江苏农产品提价的有粮食、油料、棉花、生猪、水产等 80 个品种。据江苏省统计局汇总的材料显示，1979 年江苏全省农产品收购牌价总水平比调价前提高 17.1%，如包括粮、油、棉超购加价和议价收购，提价幅度达到 23.1%。1979 年的农产品提价总金额，按执行日期（如生猪收购从 4 月 1 日起开始提价）计算，共 11.3 亿元，平均每个农民受益 22 元多一点。1979 年，每个农民从集体分得的收入增加到 99.43 元，比上年增加 14 元，主要是农产品提价增加的收入。社员自留地和家庭副业收入，由于生猪、禽、蛋等提价，也有了增加。[③] 第三，结合工业内部的调整，充分发挥省、地（市）、县的积极性，发展农用机械、化肥、农药等工业，为农业的发展提供物质技术条件。第四，调整农村经济结构，积极扶持和促进社队企业的发展。沿江高沙土地区发展“粮、猪、油、酒”和“农、副、工、商”的综合经济，恢复发展花生种植。尤其注意结合改变穷社穷队面貌，

---

① ※ 符号表示按可比价计算得出的增长率。以下各章节有※符号的百分比，都是这个含义。

② 中共江苏省委：《关于加快农业发展速度问题的报告》（1978 年 3 月 23 日）。

③ 《关于贯彻执行中共中央、国务院“关于加强物价管理，坚决制止乱涨价和变相涨价的通知”的情况汇报》——省物价委员会杨巩同志（1980 年 6 月）。

帮助这些地方把社队企业搞上去;着重发展种植业、养殖业、捕捞业、采掘业、建筑业、运输业和其他以劳务收入为主的服务性行业,在这个基础上发展以加工农副产品为主的加工工业,使社队企业建立在更加稳妥可靠的基础上持续发展,使其向农业提供大量资金,实行"以工补农"。1979—1983年,江苏社队工业利润用于购买农机具、农田基本建设的资金达6.73亿元,接近同期省财政对农林、水利、气象事业投资总额,从而加快了农业的发展,使农业与工业不协调的状况得到改善。1979—1983年,江苏省农业总产值由145.25亿元增长到206.86亿元(当年价),平均每年增长5.5%※,比1965—1979年间农业总产值平均每年增长4.5%※,提高1个百分点。

2. 优先发展轻工业

江苏重工业的底子差,在一定时期内适当强调发展重工业是必要的。但在1979年以前的许多年内,江苏工业的发展存在着重工业偏重,轻工业偏轻的不协调状况。1978年与1949年相比,重工业平均每年递增20.2%※,轻工业平均每年递增9.3%※。轻重工业之间不协调的发展,使能源、原材料短缺的矛盾更为突出,基础较好的轻工业的优势得不到充分发挥,市场上轻工业品供应紧张。针对这些情况,在工业调整期间,除集中力量提高工业水平,主要抓产品的质量水平、工艺技术水平、花色品种水平和为用户服务的经营水平,发展高档、精密、精巧、时新、美观、价俏产品,向高、精、尖、新、轻的方向突进外,还采取以下4个措施:第一,改变工业投资比例,协调轻重工业的发展。1979—1983年,轻工业投资平均每年占投资总额的比重由前30年的9.2%上升到15.3%,而重工业由前30年的47.7%降至38.9%。第二,在计划、物资、资金、基建等方面优先保证轻工业的发展。第三,重点发展轻纺、食品、电子、化工、轻型机械制造、工艺美术和建材工业,有计划地建立农副产品原料基地。一方面积极抓好老产品的更新换代,发展经久耐用、价廉物美、薄利多销的内销产品;一方面花大力气抓好新工艺、新产品的设计和制造,争取打入国际市场。第四,相应地调整重工业发展方向,突出燃料、动力和原材料工业的发展,为农业和轻工业生产服务。抓紧电力、煤炭工业建设,搞好石油勘探,增加钢铁产品规格、品种,提高其产品质量。经过调整,江苏省轻重工业的比例趋向协调。1978年,全省轻工业产值为176.94亿元,占全省工业总产值的52.4%;重工业产值为160.71亿元,占全省工业总产值的47.6%。1983年,全省轻工业产值为348.56亿元,占全省工业总产值的58.03%,与1978年相比,上升5.63个百分点;重工业产值为252.14亿元,占全省工业总产值的41.97%,与1978年相比,下降5.63个百分点。①

---

① 1978年、1983年轻工业和重工业产值均为当年价。夏鸣主编:《江苏五十年》,中国统计出版社1999年版,第411页。百分比数是笔者根据以上数字计算得出的。

3. 适当调低积累率

积累与消费的关系是决定国民经济发展主要比例关系的关键。长期以来，在国民收入中积累率过高，消费率过低。消费率偏低，职工工资偏低，农民收入更低，使全国潜在的大市场难以启动，宏观经济难以摆脱投资拉动的格局，在一定程度上压抑了群众的生产积极性，影响了生产的发展。经过调整，职工和农民的收入有了一定的提高。江苏省职工年平均工资由 1978 年的 513 元，提高到 1983 年的 723 元，增长 40.9%；农村居民人均纯收入由 1978 年的 154.95 元，增加到 1983 年的 356.6 元，增长 130.14%。① 国民收入中的积累基金由 1978 年的 62.07 亿元，增加到 1980 年的 72.9 亿元，积累率却由 1978 年的 34.6%下降到 1980 年的 31.6%。消费基金由 1978 年的 117.16 亿元增加到 1980 年的 157.45 亿元，消费率由 1978 年的 65.4%提高到 1980 年的 68.4%（按当年价格计算）。经过调整，积累与消费不协调的状况得到一定的改善，城乡居民消费水平有了不同程度的提高。

4. 控制基本建设规模

在调整期间，江苏在财力、物力和施工力量综合平衡的基础上，分别轻重缓急，把基本建设投资的重点放在加强农业、轻纺工业、科教事业上，放在引进配套设备、出口换汇和人民急需的生活设施上。根据国务院对清理在建项目的要求和规定，江苏停建、缓建了一批暂时不具备建设条件，预计建成后不能投产或投产效益很差以及现有财力、物力无法安排的项目，切实加强对自筹基建和技措项目的管理。经过 3 年的清理，共停建、缓建 1631 个项目，削减投资额 20 亿元②，乱铺摊子、乱上项目的现象得到纠正，资金、物资紧张的状况趋向缓解。1979—1983 年，由省统筹的基本建设投资占江苏省财政支出的比例从 36%压缩到 16%左右。同时，适当增加了科学、教育、文化、卫生事业和市政建设等方面的投资。1982 年，江苏省用于科学、教育、文化、卫生等方面的事业经费 8.69 亿元，比 1979 年增长 64.9%；占全省地方财政支出的比重，由 1979 年的 17.6%提高到 34.6%。3 年来，江苏新建教学用房 134 万平方米，增加病床 6700 多张，增添了一批科研、教学和医疗设备。城镇居民住宅建设，全民所有制部分 3 年共完成 1320 万平方米。③ 住宅建设占基本建设投资的比重，1980 年为

---

① 夏鸣主编：《江苏五十年》，中国统计出版社 1999 年版，第 427 页。

② 江苏省发展计划委员会编：《"五五"时期的江苏经济（1976—1980）》，苏出准印字 JSE—0000106（上册），2003 年版，第 15 页。

③ 代省长韩培信在江苏省第六届人民代表大会第一次会议上作的《政府工作报告》（1983 年 4 月 22 日）。据《江苏五十年》第 403 页载，1979 年竣工住宅面积 382.47 万平方米，1980 年为 515.32 万平方米，1981 年为 4945.00 万平方米，1982 年为 6227.62 万平方米，1983 年为 8751.96 万平方米，5 年共计 20822.37 万平方米。

20.6%,1981年和1982年分别提高到29.6%和26.2%。[①] 1983年预算拨款和预算外资金用于城市维护费的开支6.07亿元,比上年增加1.765亿元。[②]"骨头"与"肉"的关系得到一定的改善。

三 经济管理体制改革的试点

在这期间,江苏在处理调整与改革的关系时,坚持调整是中心,改革服从于调整,充分发挥计划调节与市场调节相结合的作用,特别是在围绕发展轻工业、大力增产日用消费品方面,按照专业化协作和经济合理的原则,打破地区、部门和行业的界限,积极进行企业改组和联合。江苏先后在以下6个方面进行经济管理体制改革试点。

1. 进行企业经济联合的试点,以求突破条块旧体制的束缚,合理组织生产

企业经济的联合,在江苏起步较早。早在1962年,常州市就搞过生产灯芯绒的一条龙协作线。后来,经过逐步发展和完善,到1978年建成16条协作线。这是按专业化协作原则改组工业的成功尝试。1978年后,南京、常州、无锡、苏州等市,根据《工业三十条》和中共江苏省委指示精神,陆续进行改革工业管理、组建专业公司的工作。到1979年11月,南京等4市已建立了81个专业公司,省工交各局也批准组建了27个专业公司,其中工业生产公司17个,供应、服务性公司10个。1979年11月召开的中共江苏省委工作会议关于改革工业管理,试办企业性公司(总厂)的意见(修改稿),对专业公司的作用给予了充分肯定。由于这些公司基本仍然是行政性质的,不能发挥经济作用,决定在各市已建立的81个公司中,确定在常州拖拉机公司、南京纺织工业公司、无锡橡胶工业公司进行企业性公司试点;全省性企业性公司的试点,准备在轻工局的宜兴、徐州两个陶瓷工业公司,纺工局的纺机纺器公司,化工局的化肥矿山服务公司,交通局的汽车运输公司进行;另外,还准备组建部、省合营公司的试点。其他已建立的公司,进行整顿提高,为逐步过渡到企业性公司创造条件。[③] 1981年,江苏参加全国和江苏自己组建的跨部门、跨行业的联合公司(总厂)共267个。[④]

2. 扩大企业自主权的试点,探索搞活企业需要具备的条件

计划经济下的工业管理体制管得过多,统得过死,严重束缚了企业和职工的生产积极性。因此,"扩大厂矿企业和生产队的自主权,使每一个工厂和生产队能够千方

---

① 《江苏省国民经济和社会发展第六个五年计划》。江苏省发展计划委员会编:《"六五"时期的江苏经济(1981—1985)》(下册),苏出准印字JSE—0000025,2003年版,第201页。

② 姜其温在江苏省第六届人民代表大会第二次会议上作的《关于一九八三年财政决算和一九八四年财政预算草案的报告》(1984年6月20日)。

③ 中共江苏省委工作会议:《关于改革工业管理,试办企业性公司(总厂)的意见(修改稿)》(1979年11月10日)。

④ 惠浴宇在江苏省第五届人民代表大会第四次会议上作的《政府工作报告》(1982年3月31日)。

百计地发挥主动创造精神”，是当时最迫切的工作。[①]

江苏从 1979 年第一季度就开始酝酿扩大企业自主权的试点工作。在国家财政部等有关部门的指导下，常州拖拉机公司、常州东风印染厂、无锡市树脂厂等单位曾先后作过扩大自主权试点的设想。1979 年 6 月，中共江苏省委负责同志带领一部分人到常州市就扩大企业自主权进行了为期 1 个月的调查研究。7、8 月，省经济委员会根据全省工交系统增产节约工作会议和国务院有关文件精神，反复组织讨论、测算，听取各方面的意见，经中共江苏省委研究，确定了扩大企业自主权试点实施办法。8 月下旬到 9 月初，确定了试点单位，制订了试点方案。9 月下旬，江苏扩大企业自主权试点方案被国家经委和财政部正式批复核准。

江苏全省第一批扩权试点单位共 131 个，其中专业工业公司 3 个（含全民所有制工厂 29 个），工厂企业 128 个。江苏扩权试点工作起步虽然晚了一点，但 3 个多月的试点效果却不错。第一，推动了生产的发展，实现了增产增收。据统计，全省 131 个试点单位，1979 年全年总产值比上年增长 19%，增幅比全省平均增长 13.2%高 5.8%；应交利润比上年增长 32%，增幅比全省平均增长水平高 10%以上。试点单位全年应交利润达 9.93 亿元，比 1979 年 8 月份预测上报方案增加 1.8 亿元。第二，国家、企业、职工都得到了好处，国家得的更多。国家多得 1.03 亿元；企业多得 0.6622 亿元；个人奖金平均 115 元，相当于 2.4 个月的标准工资。第三，改善了经营管理，加强了经济核算。许多试点企业进一步建立、健全、改革各项管理制度，在企业内部明确了企业、车间、班组和个人应负的经济责任和应得的经济利益，有效地扭转了企业内部“吃大锅饭”的状况，初步形成了人人都当算账派，个个关心经济成果的良好风气。第四，改进了奖励制度，调动了职工的积极性。试点工作开展后，各单位在加强经济核算的基础上，把利润指标、利润分成指标、职工从利润分成中所得的奖金指标和其他各项经济技术指标一起下达到车间、班组或个人，把评奖改为计奖，月月兑现，使职工看得见、拿得到。第五，企业面貌发生显著变化。苏州市试点企业普遍反映：扩大企业自主权后，闹调动、小病大养、迟到早退、上班“磨洋工”等现象大为减少。过去“停电停水哈哈笑”，现在变成“停电停水双脚跳”。人心安定，精力集中，情绪高涨，干劲倍增。[②] 总之，扩大企业自主权，不仅可以多为国家提供积累，为社会多创造财富，而且还将突破多年来束缚生产力发展的经济体制，使死气沉沉的、完全处于被动

① 《邓小平文选》第 2 卷，人民出版社 1994 年版，第 146 页。

② 江苏省经济委员会：《关于全省扩大企业自主权试点工作情况报告》（1980 年 1 月 28 日）。江苏省革命委员会经济委员会、财政局《关于我省第一批扩大企业自主权试点工作情况简报》中说：1979 年 9 月下旬，国家经委和财政部正式批复核准我省试点企业 126 个。

状态的经济生活,变得生气勃勃,工人也真正成为企业主人翁,推动企业沿着社会主义道路向前发展。[①]

1980年,江苏全省地方国有工业交通系统扩大经营、管理自主权的试点单位达459个,占财政预算内2006个地方国有企业的23%,产值和利润都占60%左右。试点的情况表明,扩大企业自主权方向是正确的,企业有了发展生产、改善经营管理的内在动力,调动了企业和职工对增产节约、讲求经济效益的积极性。[②] 1981年,省对地、市、县实行财政收入试行全面包干,其目的主要是授权各地实事求是地处理好国家财政收入和企业经济利益之间的关系,促使各行业、各企业积极推行经济责任制,从而改善经营管理,讲究经济效益,做到增产增收。从此,扩大企业自主权工作在全省推开。据不完全统计,至1981年,江苏省预算内企业1958户(不包括交通),已实行各种形式的经济责任制的达1860户,占95%。其成效显著。

3. 进行农村供销合作社体制改革试点,探索搞活农村商品流通的新途径

1982年1月,中共中央批转的《全国农村工作会议纪要》指出:"农村供销合作社是城乡经济交流的一条主要渠道,同时也是促进农村经济联合的纽带。要恢复和加强供销社组织上的群众性、管理上的民主性和经营上的灵活性,使它在组织农村经济生活中发挥更大的作用。供销合作社要逐步进行体制改革。"[③]1981年底,中共江苏省委派出工作组,在江都、江宁两县进行农村体制改革试点工作中,把恢复农村供销合作社集体所有制性质的体制改革列为工作重点之一。[④] 根据《全国农村工作会议纪要》精神,江都、江宁两县农村供销合作社体制改革试点工作始终将供销社的经营活动与农业生产、农民的经济利益紧密地结合起来,把更好地促进农业生产、发展多种经营、发展农村商品生产、扩大商品交换,帮助农民劳动致富,搞活农村市场,方便群众生活作为改革的指导思想和目的。试点工作由点到面,由基层供销社到县联社,逐步展开。试点工作时间虽然不长,却收到了比较明显的效果。

首先,恢复和加强了"三性"(即群众性、民主性、灵活性),密切了供销合作社与农民的关系。通过清股、扩股,把多年没有分配的红利分给群众,重新赢得了广大农民的信任。群众说:"我们的供销社又回来了。"

其次,通过改革恢复了群众监督和民主管理。职工服务态度有了较大改善,企业

---

① 汪海粟:《在全省计划会议结束时的发言(记录摘要)》(1980年3月11日)。

② 田蓝田在江苏省第五届人民代表大会第三次会议上作的《关于一九八〇年国民经济计划执行结果和调整一九八一年国民经济计划的报告》(1981年4月3日)。

③ 中共中央文献研究室编:《三中全会以来重要文献选编》(下),人民出版社1982年版,第1069页。

④ 《江苏省志·供销合作社志》,江苏人民出版社1994年版,第8页。

管理水平有了较大提高，劳动纪律得到加强，经营作风有了明显转变。

第三，领导班子得到调整和加强，为企业整顿打下了良好基础。

第四，增设农业生产资料和农副产品收购等商业网点，方便了群众，逐步解决了卖难买难问题。在支持多种经营方面，过去只注意支持集体，两个改革试点县开始注意支持个体户、专业户发展商品生产，有的还组织联营，密切与农民的经济联系。①

江都、江宁两县农村供销社体制改革试点经验为全省农村供销合作社体制改革探索了路子，提供了办法。

4. 进行计划经济管理体制改革的试点，探索在计划经济为主的前提下如何发挥市场调节的作用

中共九届二中全会批准了1970年全国计划会议关于改革经济管理体制的报告。此后，国务院决定在江苏省进行计划经济管理体制改革的试点。但试点工作步履维艰，很不顺利。1976年11月在国务院副总理余秋里、谷牧亲自主持下，讨论了江苏财政、物资等管理体制改革。江苏在试行财政、物资管理体制改革的同时，在实际经济工作中突破了当时计划管理的许多规定：第一，突破"生产资料不是商品"，不得进入市场的规定，利用经济协作的形式，以双方认可的方式和条件，到原料产区向生产和经营单位购进所需要的原料。第二，突破生产企业必须经省级计划部门批准列入计划，才能供应原料，定点生产的规定，乡镇企业可由各市、县自行平衡供销，自行审定项目。第三，突破"工不经商"的规定，以1980年经济调整中出现的市场疲软、商品压库为契机，允许工业部门自销产品。第四，突破"公有制企业内全民所有制职工和集体所有制职工不准'混岗'的规定"，不少市、县以集体所有制企业的名义招工（当时全民所有制企业招工指标控制很严）到全民所有制企业工作，出现了"全民的庙请集体的神"的组合格局。第五，突破"不同企业不准交叉经营"的界限，出现了不少行业兴办机械、电子和各种轻工等企业的现象。第六，突破不准"弃农经商"的规定，允许农村多余劳动力向非农产业转移，可出县出省从事建筑业、商业和服务业等生产经营活动。② 第七，突破公有制企业不能搞竞争的界限，出现了比优质低耗，比物美价廉，比适销对路，比服务周到，比经济效益的现象，改变以往"只此一家"，"别无分店"的状况。有的企业感到"皇帝女儿"也要"愁嫁了"。③ 部分工业品由工商企业协商定价，改变了过去"产品多了不能降价，产品少了不能提价，质量不好的产品不少卖钱，质量高

---

① 江苏省供销合作社：《关于扩大基层供销合作社体制改革试点的报告》。江苏省档案馆藏，省委办公厅，长期，案卷顺序号：92。

② 《江苏省志・综合经济志》（下），江苏古籍出版社1999年版，第569页。

③ 汪冰石：《解放思想，把工交生产搞活》（1980年4月）。

的产品不多卖钱”的状况，调动了工商企业的积极性。[①] 这些突破性措施促进了江苏经济的发展。

为了组织全省的经济技术协作，搞好综合平衡，搞活经济，促进生产的发展和技术的进步，1978 年成立江苏省物资协作办公室，由江苏省物资局代管。1981 年成立江苏省经济协作办公室，由省计划委员会代管。1983 年成立江苏省经济协作委员会，由省政府领导。各市、县也相应成立物资协作办公室或经济协作委员会；江苏省各有关经济部门也设专管或兼管机构，逐步形成全省经济协作工作管理系统。

江苏根据 1979 年 5 月召开的全国第五届人民代表大会第二次会议《政府工作报告》中关于“我国国民经济在调整中必须进行必要的改革，逐步建立起计划调节与市场调节相结合的体制，以计划调节为主，同时充分重视市场调节的作用”的精神，提出：要解放思想，改进经济计划管理工作。要“充分发挥计划调节和市场调节相结合的作用，搞好综合平衡工作。无论在生产领域还是流通领域，也无论是对生活资料，或者是对生产资料，都要发挥两个调节的作用。”“生产上所需煤炭、木材等缺口较大，要继续搞好省际协作，尽量多协进一些，以满足农用工业和轻纺工业生产的需要。”[②]1980 年协进煤炭 516 万吨、木材 67.6 万立方米、钢材 52 万吨。[③] 协进的煤炭、木材、钢材相当于江苏全省计划分配数的 1/4 到 1/2，所创造的工业产值约在 100 亿元左右。[④] 1981 年，协进煤炭 688 万吨、钢材 25 万吨、木材 60 万立方米、焦炭 26 万吨。1982 年，协进煤炭、钢材、木材、毛竹等 18 个品种，价值 8.4 亿元。其中，煤炭 808 万吨，相当于全省计划分配数的 73.1%；钢材 66 万吨，相当于全省计划分配数的 88%；木材 60.6 万立方米，相当于全省计划分配数的 79.73%；焦炭 43 万吨，比 1981 年增长 65%。[⑤] 这种调节，开始以猪肉、粮食去交换江苏所需要的煤炭、木材，后来发展到以手表、缝纫机、自行车、化纤等工业品去进行交换，再后来发展到有的省要江苏省向他们输出技术和管理办法，有的省提出要和江苏合办企业。[⑥] 实践证明，市场调节在缓解江苏能源和材料供需矛盾，促进国民经济发展方面的作用日益显著。不过，

---

① 中共江苏省委党史工作委员会、江苏省经济体制改革委员会编：《江苏改革开放纪事(1979—1988)》，中共党史出版社 1990 年版，第 89 页。

② 汪海粟在江苏省第五届人民代表大会第二次会议上作的《关于一九七八、一九七九年国民经济计划执行结果和一九八〇、一九八一年国民经济计划安排的报告》(1979 年 12 月 27 日)。

③ 《江苏省志·综合经济志》(上)，江苏古籍出版社 1999 年版，第 455 页。

④ 田蓝田在江苏省第五届人民代表大会第三次会议上作的《关于一九八〇年国民经济计划执行结果和调整一九八一年国民经济计划的报告》(1981 年 4 月 3 日)。

⑤ 江苏省经济协作办公室：《关于一九八二年经济协作情况和一九八三年工作意见的报告》(1983 年 2 月 23 日)。

⑥ 《汪冰石在全省综合财政、经济协作工作会议上的讲话》(1981 年 10 月 15 日)。

这时的“市场调节只能在计划经济允许的范围内活动，绝不能超出这个范围。”①

5. 进行城市经济所有制结构改革的试点，探索如何在商业、服务业领域发展个体经济

“文化大革命”期间，江苏经济所有制结构中公有制单一化的倾向达到了极点。到 1978 年，江苏工业总产值中，全民工业占 61.5%，乡以上集体工业占 31.2%，村及村以下工业占 7.3%；江苏全省社会商品零售额中，全民商业占 42.24%，集体商业占 55.88%，个体商业占 0.17%，农民对非农业居民零售占 1.71%。个体商业户大部分在农村，城市近乎绝迹。② 由于林彪、“四人帮”极“左”路线的破坏，以及体制方面的原因，不少政策方面的规定对集体企业是不公正的。在一些地方沿用过去对私改造的“利用、限制、改造”的政策，使部分集体企业“吃不饱、饿不死、长不大”。对集体企业资财“一平二调三收款”的情况相当严重。集体企业职工工资福利等待遇的规定政出多门，标准偏低。有的集体企业职工的工资福利与同类型同工种同等级的全民职工相比，每月差额竟达 10 多元。针对这些问题，在国家尚未作出有关政策规定的情况下，中共江苏省委和省革委会在组织专人调查研究的基础上，进行多次认真研究，对集体所有制企业生产任务的安排、物资的供应、产品的销售和价格、收益的分配与使用、职工工资福利与劳保待遇等作了调整③，并于 1979 年 12 月由省革委会印发《关于发展城镇集体所有制企业若干问题的意见》。《意见》对城镇集体企业的性质和作用、发展方针和组织形式、生产任务的安排和物资的供应、产品的销售和价格、利润的分配和使用、职工工资福利、职工的管理以及企业的管理等问题，分别提出具体意见。《意见》还指出，城镇集体所有制企业应“发扬自力更生艰苦奋斗的精神，因地制宜，大中小并举，以中小为主，同全民所有制企业长期共存，互为作用，竞相发展，共同提高”。“集体所有制企业的生产经营收入，按国家规定纳税后，绝大部分应由集体所有制企业自己支配使用”。要求“各部门要积极扶持集体所有制企业”。④

为了发展生产，繁荣市场，改善服务，扩大就业，中共江苏省委、省政府于 1981 年 9 月就发展城镇集体经营的商业、服务业、饮食业、修理业和手工业，适当发展个体经营户的若干政策性问题作出试行规定。试行规定指出：城镇集体企业和个体户从业人员都享有全民所有制职工一样的政治待遇和社会地位，各级人民代表大会和政治协商会议，应有他们的代表参加。对经营商业、服务业的集体企业和个体户，试行规

① 惠浴宇在江苏省第五届人民代表大会第四次会议上作的《政府工作报告》(1982 年 3 月 31 日)。
② 《江苏省志·综合经济志》(上)，江苏古籍出版社 1999 年版，第 220—221 页。
③ 汪冰石：《解放思想，把工交生产搞活》(1980 年 4 月)。
④ 江苏省革命委员会印发：《〈关于发展城镇集体所有制企业若干问题的意见〉的通知》(1979 年 12 月 5 日)。

定在经营范围和经营方式、营业场地和房屋、信贷、供货渠道、价格、税收、工商行政管理等方面,给予许多优惠待遇,并要求各级政府依法保护集体所有制企业和个体经营户的正当业务活动、合法经济收入和财产,任何部门和单位不得干涉和平调。① 从此,集体所有制企业,特别是个体经营户迅速增加。到 1981 年底,零售商业、饮食业、服务业领域个体经营户的人数达 73437 人,比 1979 年增加 65040 人(详见表 1—3)。

表 1—3　1979—1981 年江苏零售商业、饮食业、服务业人数比较表(单位:人)

	1979 年	1980 年	1981 年	1981 年比 1979 年增(+)减(—)数(%)
1. 零售商业	395192	440702	471545	19.32
全民所有制	153831	98855	228279	48.40
集体所有制	234956	329702	209673	—10.76
个　　体	6405	12145	33593	424.48
2. 饮食业	86184	122851	132018	53.18
全民所有制	24010	18553	23787	—0.93
集体所有制	61506	100371	97423	58.40
个　　体	668	3927	10808	1517.96
3. 服务业	55920	78471	106297	90.09
全民所有制	23686	21530	26121	10.28
集体所有制	30910	50895	51140	65.45
个　　体	1324	6046	29036	2093.05

集体所有制零售商业、饮食业、服务业人数包括供销合作社的人数。

资料来源:1983 年《江苏统计年鉴》,第 159 页;1985 年《江苏统计年鉴》,第 191 页。

6. 试行财政包干,改变依赖上级拨款的状况,调动各级财政的积极性

新中国成立后,中央对各省市长期实行高度集中的财政管理体制。从 1977 年开始,江苏财政试行比例包干的办法,即根据江苏省历史上地方财政支出与收入的比例,确定一个收入上缴、留用的比例,一定 4 年。上缴国家的部分由国家安排;留给地方的部分由江苏省根据中央的方针和本省的实际情况统筹安排。具体的留缴比例是:1977 年暂按 58%上缴,留用 42%;1978 年至 1980 年上缴 57%,留用 43%。除特大自然灾害等重大变化外,上述比例一般不作调整。年度执行过程中,如企、事业单

① 中共江苏省委、江苏省人民政府:《关于发展城镇集体与个体经济的若干规定》(1981 年 9 月 9 日)。

位隶属关系有变动，在年度决算时，通过上缴或补助办法另行结算。江苏省财政预算要报国家审批。① 1977年，江苏省也对地、市、县试行“收入按固定比例留成和增长分成”的办法，鼓励各地、市、县增产增收，节约支出。其办法是：各地、市、县固定留成比例，仍按原来的规定执行。收入增长部分的分成，以1976年实际收入为基数（苏州市以1975年实际收入为基数），当年收入增长部分，南京、无锡、苏州、常州市按15%；扬州、南通、镇江、苏州地区的地、市、县及徐州、南通、连云港、清江4个市、南京市所属3个县按25%；徐州、淮阴、盐城地区的地、县按40%留成。② 由于按比例包干的办法，没有制订具体的实施细则，在包干范围、对新追加的支出由谁承担等问题上有不同的看法，试点工作遇到很大的困难。1977年6月，中共江苏省委派胡宏同志带队进京向国务院和有关部门汇报请示。国家计委对江苏提出的与有关部门的不同意见进行协调后，于1977年7月26日发出《国家计划委员会关于江苏财政、物资管理体制改革试点工作中几个问题的讨论纪要》。《纪要》建议今后三年仍按1977年留缴比例（江苏留用42%，上缴58%）继续执行。计划确定后，追加支出由国家另行拨款。③ 但在实际试行过程中，按比例包干的办法常常被各个年度财政经济形势所左右，按比例包干变成“包而不干”、“年年变化”。1978年，江苏财政收入留成比例由42%调整为39%，上缴比例由58%调整为61%。1981年，江苏财政收入留成比例由39%调整为37%，上缴比例由61%调整为63%。为了平衡国家财政收入，是年中央决定对地方财政收入留成中借款20%，向江苏借款4.2584亿元（实际借款4亿元）。

1981年9月，江苏省对地、市、县全面试行“财政收入包干”办法。对各地、市、县财政收入的包干定额，一律以省人民政府下达各地的1981年财政收入预算必成数63亿元为包干基数（不含盐税），包干范围内的收入分成仍然按1981年的“按固定比例留成和增长分成”的办法执行。超过1981年预算收入部分的分成比例是：南京、无锡、苏州、常州4个市为20%，徐州、淮阴、盐城地区为40%，其他地、市（包括清江市和南京所属3个县）为30%。④

1982年，国家对江苏继续实行“总额分成”的财政体制。国家财政部将江苏省收入留成比例由上年的37%调整为38%，上缴比例由63%调整为62%，另向江苏借款3.5亿元。同年，江苏各地、市、县的财政管理体制改为“全额比例包干”。

江苏财政体制改革的试点，对当时调动地方增收节支，增产节约的积极性起过积

---

① 国家计划委员会印发：《〈关于改革江苏省财政、物资管理体制问题的讨论纪要〉的通知》（1976年12月28日）。

② 江苏省革命委员会：《关于下达一九七七年财政预算和调整财政体制的通知》（1977年5月23日）。

③ 国家计划委员会：《关于江苏省财政、物资管理体制改革试点工作中几个问题的讨论纪要》（1977年7月26日）。

④ 江苏省人民政府：《关于全面试行财政收入包干的通知》（1981年9月10日）。

极作用,使地方有较多的财力安排农田水利和原材料工业的建设。但这项试点工作仅仅是当时中央和地方政府之间、省和各市县之间在财政分配上的一个改革的尝试,有待于进一步完善和规范。①

四 全面整顿工业企业

搞好企业的全面整顿,对巩固、发展经济调整与改革所取得的成果,提高经济效益,促进国民经济的根本好转,有着重大作用。

1977年以来,在揭批林彪、"四人帮"的斗争中,江苏工业交通战线开展工业学大庆运动,分期分批整顿企业,基本完成恢复性整顿工作。十年创伤,已见初愈,成效不小,多数企业逐步恢复了正常的生产秩序和工作秩序。但企业管理中的问题仍然不少,少数企业的生产秩序仍然处于混乱状况,连起码的工时定额、消耗定额都不健全,产品质量差、生产成本高、利润积累少、资金周转慢、工作效率低等现象比较普遍。据1979年底1980年初对6339个县属以上企业的排队分析:第一类企业(即大庆式企业)为832个,占13.12%;第二类企业(即一般企业,其中包括学大庆的先进企业)为4794个,占75.63%;第三类企业(即管理混乱的企业,亦即后进企业)为713个,占11.25%。江苏省人民政府在《关于印发〈全省工交企业整顿提高的方案〉的通知》中指出,整顿现有企业,是全面贯彻执行"调整、改革、整顿、提高"方针的一个重要方面。对第三类企业的整顿,首先要把领导班子整顿好;其次是对职工群众加强思想政治工作;第三是限期扭亏为盈。这类企业至迟1980年底以前整顿好。第二类企业的整顿,重点抓好质量管理,提高企业管理水平与产品质量,进一步加强领导班子和职工队伍的建设。第一类企业,要学会现代化的经营管理方法,不停顿地前进。②

1982年开始,江苏贯彻中共中央、国务院关于集中力量,用两三年时间,有步骤地、点面结合地、分期分批地对所有国有工业企业进行全面整顿、实行综合治理的决定。此次全面整顿是在前几年恢复性整顿的基础上进行的建设性整顿,其内容是:1. 整顿和建设企业领导班子。2. 整顿和完善经济责任制,加强基础管理,提高经营管理水平。3. 整顿劳动组织,搞好企业定员工作。4. 整顿和加强劳动纪律,严格奖惩制度。5. 整顿财务纪律,健全财务制度。

---

① "试行财政包干"参考了宋文敏整理的《率先试行财政物资包干体制的改革尝试》,见江苏省发展计划委员会编:《五五时期的江苏经济(1976—1980)》(上册),苏出准印字JSE—0000106,2003年版;宋林飞、张步甲主编:《江苏改革与发展20年(1978—1998)》,南京大学出版社1998年版,《9. 财政体制改革》。

② 江苏省人民政府:《关于印发〈全省工交企业整顿提高的方案〉的通知》(1980年1月24日)及《全省工交企业整顿提高的方案》。

按照中共中央、国务院分期分批在两三年时间内完成国有工业企业全面整顿任务的要求，中共江苏省委、省政府对全省工交系统2153个国有企业，准备分4批进行整顿，每批花半年多时间，1984年底以前完成整顿任务。对全国、全省工农业生产和财政收入有重大影响、问题较多、潜力较大，以及生产重点名牌产品的98个大中型骨干企业列为第一批重点整顿对象。其中属于省财政预算以内的84个企业，它们的工业总产值占全省预算内工交企业的31.08%，实现利润占38.62%，上缴利润占46.52%。① 1983年，企业整顿工作全面展开。企业领导班子的整顿，进度较快；劳动组织、劳动纪律和财经纪律整顿的效果也比较好。企业整顿验收工作坚持了标准，保证了质量。不少验收合格的企业的素质也有了提高。② 到1984年9月底，县属以上企业整顿验收合格的累计达3873个，占规划企业总数的48.3%。其中工交企业累计验收合格2914个，占规划总数的50.4%；国家考核的104个大中型骨干企业，累计验收合格94个，占91%。由于对改革与整顿的关系缺乏正确理解，整顿工作有放松的现象。在进度上，地区、行业之间发展很不平衡，差距较大。1984年10月，在南京召开的全省企业整顿工作例会上提出，要实现1984年度全省整顿规划（工交企业验收合格累计达70%，非工交企业验收合格累计不低于60%）；有条件的市、县（如南通市、无锡县等）要争取在1984年基本上把现有企业整顿一遍③，确保所有企业到1985年都整顿一遍。

1977年至1983年，江苏在中共十一届三中全会制定的路线、方针、政策的指引下，调整了国民经济中存在的不协调的比例关系，贯彻了中共中央、国务院的各项政策，因而有效地促进了工农业生产和商品交换的发展，使各方面的经济效益开始上升，并保持了一定的发展速度，社会事业受到了各方面的重视，城乡人民的物质文化生活也有了不同程度的改善。1983年，全省工农业总产值达807.56亿元，比1977年的386.28亿元增长109.06%，平均每年增长13.08%。工业生产总值，1983年达600.7亿元，比1977年的297.12亿元增长102.17%，平均每年增长12.45%。轻工业有了较大的发展，重工业提高了为农业、轻工业生产服务的比重。农业生产在调整中开创了新局面，出现了农林牧副渔全面增长的好形势。1983年，江苏农业总产值达206.86亿元，比1977年的89.16亿元增长132%，平均每年增长15.06%。粮食、

---

① 中共江苏省委、江苏省人民政府批转省经委《关于贯彻中共中央、国务院〈关于国营工业企业进行全面整顿的决定〉的意见》（1982年4月28日）。江苏省档案馆藏，中共江苏省委办公厅，长期，案卷顺序号：92。

② 中共江苏省委：《关于1984年经济工作的意见》（1983年11月22日）。

③ 《关于全省企业整顿工作情况的报告》（1984年10月30日）。国家考核的大中型骨干企业验收合格者占90.4%，不是占91%。

棉花、油料、肉类、水果、水产品、蚕茧、茶叶产量都连创历史纪录。其中,粮食产量1983年达3052.75万吨,比大丰收的1979年增加478.05万吨;棉花达66.29万吨,比大丰收的1982年增加8.69万吨。财政收入,1983年达73.63亿元,比1977年的51.65亿元增加21.98亿元。①

以上所取得的成绩,为顺利完成江苏省第六个五年计划奠定了良好的基础,也为城乡经济体制改革积累了一定的经验。但在贯彻"调整、改革、整顿、提高"方针的过程中,在指导思想上还程度不同地存在着注意产值速度多,注意经济效益少;注意依靠扩大生产能力增加产量多,注意依靠技术进步发展生产少;对固定资产投资规模控制不力,盲目建设、重复建设现象还在发展。在计划方法上综合平衡做得不够,有些问题计划不周,决策不当。② 1984年下半年,江苏国民经济又出现新的不平衡,工业生产尤其是乡镇工业发展"超高速",第三产业落后于第一、二产业的发展,职工工资的增长超过劳动生产率的提高,货币投放超量。对这些新的不协调现象,在国务院的统一部署下,江苏又及时作了调整和控制。

---

① 夏鸣主编:《江苏五十年》,中国统计出版社1999年版,第408—409、411、404页。

② 《江苏省国民经济和社会发展第六个五年计划》(1983年4月30日)。

第二章 改革开放的起步与江苏进入发展的新时期

中共十一届三中全会以后，江苏省工作重点开始转移到社会主义现代化建设上来。农村家庭联产承包责任制普遍推行，乡镇企业异军突起，城市经济体制改革逐步展开，单一的公有制经济模式开始变化，对外开放开始实行，社会各项事业进一步发展。所有这些，给江苏经济的发展增添了生机和活力，促进了经济社会的发展。

第一节 以家庭联产承包责任制为突破口的农村改革

一 家庭联产承包责任制在全省逐步推行①

江苏农村和全国农村一样，在高级农业生产合作社的基础上联合组成的农村人民公社，经过不断整顿和调整，实行以公社、生产大队、生产队三级所有，以生产队为基本核算单位的直接组织生产、组织收益分配的制度。这种集中劳动、按劳动日（工分）分配的制度，带来了干活"大呼隆"、分配吃"大锅饭"的弊端，抑制了农民生产劳动的积极性，严重影响了劳动生产率的提高和农村经济社会的发展。这种脱离当时生产力发展水平，违背经济规律、自然规律的管理体制，既解决不了贫困社队的脱贫问题，也满足不了先进社队的致富要求。

1. 从20世纪60年代困难时期"包产到户"说起

为了克服"共产风"和生产上"瞎指挥风"及连续几年的严重自然灾害造成的经济困难，江苏省有些地方曾采取"借地"、"包产到户"的办法，帮助社员度荒。据镇江地区11个县中的金坛、宜兴、溧水、高淳、丹徒、溧阳、句容等7个县的统计，有136个生产队公开和半公开地实行"包产到户"。到1962年7月，全省已有5102个生产队"包

① 本目参考了刘云飞的《农村的经济体制改革》一文，见1986年《江苏经济年鉴》。

产到户”或分田到户，占生产队总数的 1.66%。凡是推行这种生产责任制的地方，对调动农民积极性，战胜困难，恢复生产，起到了积极的作用。①

“文化大革命”期间，江苏农村曾一度以“大寨式记工”代替以定额包工为主要内容的评工记分制度，把社员家庭经营的自留地和各种副业当作“资本主义尾巴”割掉，把发展乡镇企业说成是挖社会主义墙脚，致使 1967 年至 1969 年连续 3 年粮食减产，干部群众发展生产的积极性受到严重挫伤。

收成较好的 1976 年，江苏全省平均每个农业劳动力创造的产值还不到 500 元，生产的粮食不过 2100 多斤；全省平均每亩耕地才积累 11 元左右，而且地区之间很不平衡；全省农村每人平均收入 71 元，比 1966 年只增加 8 元。② 大丰收的 1978 年，粮食商品率也只有 20%左右，生产队平均积累只有 1800 元。全省还有 2 万多个生产队分配水平不到 40 元③，维持简单再生产和生活还较困难的生产队约占 12%，人口约占 13%。④ 不少地方存在着“吃粮靠返销，用钱靠救济，生产靠贷款”的“三靠”现象。一向比较贫穷的泗洪县是当时江苏省最穷的县。⑤ 该县上塘公社是全县最穷的公社。从 1969 年到 1978 年的 10 年间，国家给上塘公社的财政经费支持，包括农田水利经费、抗旱经费、扶贫款、救济款在内，共达 138 万元，国家供应粮食 1000 多万斤，但上塘依然摆脱不了贫穷。

1978 年，上塘公社遭到了历史上罕见的大旱灾，全社处于人缺粮、牛缺草、地无种子的严重困境，80%的生产队无力进行简单再生产。⑥ 1979 年 1 月 11 日，中共中央下发了《关于加快农业发展若干问题的决定(草案)》⑦和《农村人民公社工作条例(试行草案)》。这两个文件，突出规定了尊重生产队的自主权、实行包工到组、联产计酬责任制等内容。上塘公社的干部和社员群众在学习、讨论的基础上，在近邻安徽省包产到户和包干到户的鼓舞下，决定因地制宜地实行联产计酬责任制，以挽救濒临灾

① 《江苏省志·农业志》，江苏古籍出版社 1997 年版，第 75 页。

② 中共江苏省委：《关于加快农业发展速度问题的报告》(1978 年 3 月 23 日)。

③ 汪海粟在江苏省第五届人民代表大会第二次会议上作的《关于 1978、1979 年国民经济计划执行结果和 1980、1981 年国民经济计划安排的报告》(1979 年 12 月 27 日)。

④ 顾定祥在全省计划会议上作的《关于 1979 年江苏省国民经济计划安排的说明(纪录稿)》(1979 年 2 月 22 日)。

⑤ 1978、1980 年，泗洪县农民人均纯收入分别为 44 元、42 元，在江苏各市县中列倒数第一。列倒数第二的是沭阳县，这两年该县农民人均纯收入也只有 45 元、49 元。见夏鸣主编：《江苏五十年》，中国统计出版社 1999 年版，第 544 页。

⑥ 王孔诚、周昭先：《春到上塘》，《人民日报》1981 年 3 月 4 日。

⑦ 中共十一届四中全会公报说：“全会一致通过了《中共中央关于加快农业发展若干问题的决定》。党的十一届三中全会原则上通过的这个决定草案，经过九个月来全国范围的学习、讨论和试行，深受亿万农民群众的欢迎，收到了很好的效果。”见中共中央文献研究室编：《三中全会以来重要文献选编》(上)，人民出版社 1982 年版，第 205 页。

难的集体经济。其中有包产到组的，有包产到劳的，也有包产到户的。1979 年，上塘公社农业获得大丰收。1980 年，这种责任制进一步得到推广和完善，并逐步扩大到林、牧、副、渔等方面。1981 年初，上塘公社有 85%的生产队搞了单项作物联产到户，15%左右的生产队搞了全面包产到户。①

然而，任何改革都不可能一帆风顺。上塘的干部和群众在因地制宜实施联产计酬责任制的过程中，曾遇到很大的阻力，遭到从省到县各级领导中一些人的非议、指责和阻拦。实事求是地说，在中共内部，特别是在领导干部中间，对包产到户问题统一认识，需要有个过程。

然而，历史的教训坚定了上塘干部、群众实行联产计酬责任制的决心，中共中央的政策更给了他们无穷的力量②，使他们信心百倍地沿着中共十一届三中全会路线继续前进。

2. 家庭联产承包责任制在全省逐步推行

就全省情况来看，中共十一届三中全会以后，江苏按照中共中央的部署，结合各地农村实际情况，逐步推行以联产承包责任制为主要内容的改革，大致经历了三个阶段。

第一个阶段，从中共十一届三中全会后到 1980 年，主要是摸索、试点。

1979 年 2 月 10 日—12 日，中共江苏省委召开地、市委书记会议，进一步贯彻落实中共十一届三中全会和中央工作会议精神。会议研究进一步调整和落实农村政策时强调："要促使干部和社员从物质利益上关心生产成果，建立和健全生产责任制，要尽可能地实行定额管理。有的地方，试行责任到组，联系产量，有奖有赔的计酬办法，要及时总结，进行比较，但不要急于全面推开。大农具不能分，更不能搞包产到户。如果发生这种情况，要坚决纠正过来。"③在这一思想的影响下，1979 年，江苏省只有 13.1%的生产队（约五、六万个）进行粮、棉等大宗作物联产计酬的试点。这些生产队大多集中在产棉区和杂谷地区，联产计酬的形式主要是联产到组，计酬的方法是以工分进行分配。在试点的生产队中，到年终结算时只有 37%的生产队按联产计酬的方法进行分配。④

第二阶段，从 1981 年到 1982 年夏，多种形式的生产责任制由点到面逐步推开，取得突破性进展。

1980 年 9 月 27 日，中共中央印发的《关于进一步加强和完善农业生产责任制的

①② 王孔诚、周昭先：《春到上塘》，《人民日报》1981 年 3 月 4 日。

③ 《新华日报》1979 年 2 月 19 日。

④ 《江苏省志・农业志》，江苏古籍出版社 1997 年版，第 77 页。

几个问题》中指出：在那些边远山区和贫困落后地区的生产队，“群众对集体丧失信心，因而要求包产到户的，应当支持群众的要求，可以包产到户，也可以包干到户，并在一个较长的时间内保持稳定。”“在生产队领导下实行的包产到户是依存于社会主义经济，而不会脱离社会主义轨道的，没有什么复辟资本主义的危险，因而并不可怕。”[①]1980 年 12 月 26 日—1981 年 1 月 7 日，省人民政府召开有各地、市、县领导干部和农委、农业银行、社队企业局等部门负责人参加的全省农村人民公社经营管理工作会议。会议围绕进一步贯彻落实中共中央 1980 年 9 月 27 日印发的文件和农村经济调整工作，分析形势，交流经验，研究措施，作出了部署。会议要求要原原本本向社员群众宣读文件，使文件精神家喻户晓，要向群众介绍各种生产责任制的做法，发动群众讨论，尊重群众意愿，选择和确定适合本队的生产责任制形式。“凡有利于增加生产，增加收入，增加商品，有利于鼓励生产者最大限度地关心集体生产的责任制形式，都是好的和可行的，都应加以支持，不能一刀切，搞一个模式。”[②]到 1981 年 3 月，据徐州、淮阴、盐城、扬州、南通、镇江等 6 个地区和南京市的统计，已经实行各种形式生产责任制的生产队，占生产队总数的 75.8%。其中，各种联产计酬责任制占一半以上，有力地促进了春耕生产。[③] 但中共江苏省委、省政府于 1981 年 2 月 4 日《关于转发〈全省农村人民公社经营管理工作会议纪要〉的通知》及《会议纪要》对包产到户问题仍持谨慎态度：“至于个别队已经搞了全队单干性质的包产到户的，也不要硬纠，今后通过做好工作，在适当的时候，再把他们组织到集体生产中来。改变穷队面貌，不要只限于用包产到户一种办法”。[④]这对农业生产责任制的推行产生了一定的负面影响。有些人片面强调江苏经济发展的特殊性，认为搞联产到组容易拆散集体经济，搞联产到劳容易滑向单干；经济比较发达地区的一些人认为，联产承包责任制不一定适合高产地区。

后来，江苏各地领导对要不要实行联产计酬责任制的认识虽逐步统一，但对经济发达地区是联产到组还是联产到劳动力，仍有争论；对淮北地区要不要搞包产到劳动力和大包干(即包干到户，在生产队统一计划和组织领导下，以户为单位，由社员自行安排各项生产活动，实行“保证国家的，留够集体的，剩下都是自己的”)的认识也不尽一致。少数地方对联产到劳和大包干一度作了不适当的限制，致使生产责任制的发展出现了一些曲折和反复。

1981 年 8 月 23 日，《人民日报》曾刊登《江苏一农民要求支持实行责任制》的信。

---

① 中共中央文献研究室编：《三中全会以来重要文献选编》(上)，人民出版社 1982 年版，第 547 页。

②④ 《全省农村人民公社经营管理工作会议纪要》(1981 年 1 月 16 日)。

③ 《新华日报》1981 年 3 月 11 日。

写信人说，他所在的沭阳县音伊公社高庄五队是小段包干，他准备实行分组作业，定产到组，却遭到有些人的压制，要他写检讨，还要给他留党察看处分。这封信公开发表后，在沭阳县干部思想上引起很大震动。中共沭阳县委重新学习中共中央有关文件，认真调查研究，进一步坚定了实行大包干的决心，根据宜统则统、宜分则分的原则，总结经验，在全县组织推广农业生产责任制。①

江苏家庭联产承包责任制的推行，起步较晚，从 1982 年起才普遍推行。②

1982 年 1 月 1 日，中共中央批转的《全国农村工作会议纪要》充分肯定包产到户、包干到户的社会主义性质："目前实行的各种责任制，包括小段包工定额计酬，专业承包联产计酬，联产到劳，包产到户、到组，包干到户、到组，等等，都是社会主义集体经济的生产责任制。不论采取什么形式，只要群众不要求改变，就不要变动。"③惠浴宇在 1982 年 3 月 31 日作的《江苏省人民政府工作报告》中，要求全省各地按照中共中央批转的《全国农村工作会议纪要》精神，对现有各种形式的生产责任制进行认真的总结和完善，抓紧解决当前存在的实际问题，因队制宜，正确处理好统与包的关系，坚持宜统则统，宜包则包，统包得当。从此，江苏省农业生产责任制取得突破性的进展。大包干在淮北地区全面推开，苏中大部分和苏南一部分地区实行联产到劳的步伐也逐步加快。1982 年夏季统计，全省有 80.2%的生产队实行不同形式的生产责任制，其中实行包产到户、包干到户的占 61.9%，是这一时期多种形式生产责任制中的主要形式。

第三阶段，从 1982 年下半年到 1984 年，联产承包责任制迅速发展，开始转入总结、完善、稳定阶段。

中共江苏省委书记、代省长韩培信在 1982 年 12 月省政府召开的市长、专员、县长会议上的讲话中强调指出：在农业方面，要继续解放思想，进一步完善农业生产责任制。不管哪类地区，凡是群众要求搞大包干或包干分配的，都可以搞。④ 1982 年，宜兴县实行农、副、工统一经营、按户联产、包干分配责任制。全县粮食总产量 12.4 亿斤，比去年增产 3.1 亿斤，增产 33.3%；油菜籽比去年增产 1.1 倍。《新华日报》为此发表评论员文章《经济发达地区也可以实行大包干》。⑤ 从当时江苏的实际情况来看，经济发达地区与不发达地区的社队都没有摆脱人畜动力、手工操作和传统农艺的生产状况，经济发达地区也同样存在着"大锅饭"、"大呼隆"、统得过死和集中过多等弊

---

① 《沭水扬波——沭阳县农村巡礼》，《新华日报》1982 年 12 月 23 日。

② 凌启鸿著：《十年回顾》，江苏人民出版社 1994 年版，第 7 页。

③ 中共中央文献研究室编：《三中全会以来重要文献选编》(下)，人民出版社 1982 年版，第 1063—1064 页。

④ 《新华日报》1982 年 12 月 20 日。

⑤ 《新华日报》1982 年 12 月 18 日。

病,同样需要调整生产关系,不仅可以、而且也需要实行包干到户的生产责任制。包产到户、包干到户迅速从淮北平原推广到苏南乡村。苏南地区一些社队在联产到劳的基础上,经过探索和改进,创造出一种适合当地特点的“专业承包、包干分配”的形式。1983年3月,无锡市实行“统一经营,专业承包,包干分配”的生产队已占总数的99.2%。[①]“专业承包,包干分配”与淮北地区的大包干的共同点是:分户承包,包干上交,取消工分,结算简便,利益直接。不同之处在于:第一,经营方式不同。经济发达地区的包干分配,大多数是农副工综合经营,分工分业,专业承包;而淮北地区的大包干,多数是单一经济,一家一户“小而全”经营。第二,划田方法不同。实行包干分配的地区,除按人口划分口粮田外,责任田原则上按务农劳力划分,有的地区是人分口粮田,劳动力分责任田,猪分饲料田;淮北地区一般都是按人口平均划田。第三,分配办法不同。苏南包干分配,仍由集体采取以工补农或以副补农的办法,平衡农副工各业人员的劳动报酬,即农户除分户经营所得收入外,还有数量不等的统一分配(一般队营收入分配部分占农民全年收入的20—30%,高的达50—60%),农民称之为“大包干,小分配”或“大包干,再分配”;淮北地区实行的包干到户,基本上是分户经营,自劳自得,很少有队营收入的分配。1984年,江苏全省实行家庭联产承包责任制的生产队占98.6%。其中,包干分配占50.9%,包干到户的占46.8%,联产到劳的占0.9%;坚持原有的经营形式,如生产大队统一核算或生产队统一核算的占1.4%,但在具体经营管理方法上都作了改进。可以说,江苏省在实行农业生产责任制过程中,充分考虑原有的基础,也正视其中存在的主要弊端,坚持该统则统,该分则分,最大限度地保护和发展已经形成相当规模的集体经济,尊重群众自己的选择。

家庭联产承包责任制既有集体统一作物布局、统一农田基本建设、统一机耕、统一排灌等“统”的层次,又有承包户自主经营“分”的层次,但它的核心是一个“包”字。它把劳动者的劳动同生产成果紧密地联系起来,把责、权、利结合起来,有效地克服平均主义和干活大呼隆、瞎指挥的弊病,把集体的经济组织(包出的一方)和农民(承包的一方)放到了平等的地位上,而且用合同制的契约关系固定下来,这就更有利于贯彻各尽所能、按劳分配的社会主义原则,做到“人尽其才,地尽其力,物尽其用”。换句话说,农民多劳多得,一下子打破了平均主义,效率和活力都提高了。因此,家庭联产承包责任制实行后的效果十分明显,粮食产量大幅度增加:低产区增产30%—100%,高产区增产10%—20%。从江苏全省粮食产量来看,1981—1984年连年增加,人均占有粮食突破千斤。同时,节约农本20%—30%,提高了经济效益。节约了劳动时

---

① 《新华日报》1983年3月30日。

间，农户们有更多时间从事家庭副业和多种经营，人均纯收入每年增加 15%—20%[①]；农业经营体制的改革，也为林牧渔业和社队企业发展提供了机遇。1984 年与 1978 年相比，江苏农副产品收购额增收 153.8%，农副工三业商品率由 50%提高到 70%左右。农村经济的发展，不仅为工业提供越来越多的原料，扩大市场容量，推动整个国民经济的发展[②]，而且还为农村社会稳定奠定了物质基础。家庭联产承包责任制是当时江苏发展农业生产力的合理形式，这是历史的结论。

一切事物都具有二重性。家庭联产承包责任制的经营个体性必然带来一系列的困难和问题。一是无力进行大规模的治水改土工作；二是无力对自然资源进行大规模的开发；三是无力抗御各种自然灾害；四是无力购置配套的农机具；五是难以大规模、系统地推广和使用先进的农业科学技术，不利于农业现代化的实施。在推行家庭联产承包责任制初期，重“分”轻“统”，有的地方连集体的农机具和集体设施也拆零分给农户。有的地方一户几亩耕地竟分成一二十块，最大的不足一亩，最小的只有几厘。在家庭联产承包责任制实行之后的一段时间内，农业基础建设没有新的投入，没有形成和增加新的综合生产力。[③] 一些地方出现了“种田难”的问题，经济发达地区有些农民甚至抛荒不种。重新建立集体合作经济，加强双层经营中“统”的一层的功能，成为农业生产和农村经济发展中一种必然趋势，成为完善和巩固家庭联产承包责任制，深化农村改革的必然要求。[④]

3. 继续稳定和完善家庭联产承包责任制

在以家庭联产承包责任制为中心的第一步农村改革取得举世瞩目的成果后，第二步怎么走？[⑤] 这是江苏各级党政领导和广大农民群众急盼解决的重大问题。

首先，稳定和完善家庭联产承包责任制。

1984 年，江苏曾规定农村土地承包期一般应放长到 15 年以上，以鼓励农民增加投入，培养地力。农户在提高粮、棉生产水平，保证完成包干上交任务和不影响水旱作物统一布局的前提下，有权在承包耕地上自主种植。荒山、荒滩、荒水、滩涂等开发性生产，承包期限可以放长到 30 年、50 年。[⑥]

---

① 宋林飞、张步甲主编：《江苏改革与发展 20 年(1978—1998)》，南京大学出版社 1998 年版，第 50 页。

② 顾秀莲在江苏省第六届人民代表大会第三次会议上作的《政府工作报告》(1985 年 5 月 8 日)。

③ 凌启鸿著：《十年回顾》，江苏人民出版社 1994 年版，第 7—8 页。

④ 凌启鸿著：《十年回顾》，江苏人民出版社 1994 年版，第 139 页。

⑤ 通常认为，中共十一届三中全会以后，农村改革分两步走：第一步，以推行联产承包责任制为主要内容，包括农村政社分设，供销社、信用社体制的初步改革；第二步，以改革农副产品统购派购制度和调整农村产业结构为主要内容。本目主要记述家庭联产承包责任制的进一步完善。农产品统购派购制度改革和农村产业结构调整分别在第二目、第四目记述。

⑥ 中共江苏省委、江苏省人民政府：《关于大力发展农村商品生产的若干政策规定》(1984 年 4 月 26 日)。

到1987年,中共江苏省委、省政府根据联产承包责任制实践中出现的“统”的作用发挥不够,许多内外关系尚待进一步理顺的新情况、新问题,作出新的规定:坚持家庭联产承包责任制长期不变。① 如土地太零碎,人口有变动,可在适当时间,本着“大稳定、小调整”的办法,作局部调整,但承包者不得擅自把种植粮食、棉花的责任田改种其他经济作物,更不得利用良田挖鱼池,或修筑永久性生产、生活建筑物。土地承包期内,不得抛荒。对故意抛荒,经教育不改者,要予以经济处罚。② 这些措施进一步巩固了“统分结合,户为基础”的双层经营体制。

其次,积极探索适度规模经营。

农业适度规模经营是实行家庭联产承包责任制之后出现的新生事物之一,是农村改革和发展的必然趋势,是农业实现专业化、商品化、现代化的必由之路。江苏省从1984年就开始进行农业适度规模经营的试点。由于江苏各地商品经济发展的水平很不平衡,基层干部和农民群众的认识不尽一致,实践经验还不够丰富,适度规模经营的情况也不尽完全相同,到1987年,全省实行适度规模经营的情况大体上有三类。

一是苏、锡、常地区,农村商品经济比较发达,不少乡、村劳动力已大部分转向非农产业,有的已经出现全村甚至全乡范围的“责任田”基本上实行规模经营的情况。从耕地规模经营的形式来看,苏州地区大体有这样几种:一种是转接包双方自愿协商,一部分农户将原耕种的责任田转给种田能手承包,形成种田大户和家庭农场;另一种是由几个种田能手根据自身的经营能力联合承包若干耕地,或是由某个能手牵头,联合或雇请若干帮手,承包一定数量的属于开发性质的荒滩次地,形成开发性的家庭农场或联办农场;再一种是由地区性合作经济组织,一般是由村经济合作社将部分或全部责任田,分给一部分劳力专门经营,组成合作农场或村办专业队;还有一种是乡村工厂确定适量劳力,专门分工经营一部分土地,有的作为农副产品基地,成为厂办农业车间等。据1987年统计,苏州市农村已形成各种规模经营单位2034个,其中种粮、植棉的规模经营单位630个,经营耕地2.89万亩。耕地适度规模经营最显著的作用:一是大幅度提高了农业劳动生产率和商品率。吴县37户种粮专业户平均每个劳动力生产粮食12232斤,商品率达86%,比一般农户高2—4倍。二是为经营者带来较高的收益,缩小务农者与务工者的收入差距,解决离农倾向。无锡县东埄镇83个农民承包全镇73%的商品粮田,1986年户均纯收入4871元,其中33户超过5000元,1户超过万元。

---

① 中共江苏省委农村工作部:《关于健全乡、村合作组织的意见》(1987年3月20日)。

② 中共江苏省委、江苏省人民政府:《关于深化农村改革若干问题的意见》(1987年5月9日)。

二是沿江地区，农村商品经济相对发达，不少村及部分乡的劳动力已转移一半以上。这类地区，既有比较巩固的种粮大户，又有少数全组甚至全村“责任田”实行适度规模经营的试点。

三是苏北尤其是淮北地区，大多数地方农村商品经济发展水平较低，劳动力向非农产业转移较少，绝大部分农民还没有实行适度规模经营的要求，但某些户因人口较多，承包土地已形成一定规模，以及少数农户因种种原因转让部分责任田等，也出现一些种粮大户。

就全省农村来说，多数地方基本上是户户平均承包耕地，农业适度规模经营还处于“积极试点”的阶段。①

二　农副产品统购派购制度的改革与农村商品经济的发展

江苏在生产领域以推行家庭联产承包责任制为主要内容的第一步改革取得成功后，从 1985 年起，在改革农副产品统购派购制度方面跨出了重要的一步。

1953 年 10 月 16 日，中共中央作出《关于实行粮食的计划收购与计划供应的决议》后，江苏和全国一样，逐步形成对农副产品实行分类管理，以统购统销为主的农副产品流通体制。1980 年，江苏农副产品收购总额 70.18 亿元，占农业总产值 191.57 亿元(老口径)的 36.6%。其中生猪、粮食、棉花、食油、薄荷油、蚕茧、鲜蛋、水产品等 8 个产品收购额为 57.9 亿元，占收购总额的 82.5%。② 长期实行统购、派购、定购政策，虽然勉强保证了供给，却使农民将绝大部分农副产品低价卖给国家，影响了农业自身的积累，严重地挫伤了农民生产的积极性，也无法满足城乡居民对农副产品日益增长的需求。

随着家庭联产承包责任制的推行，农业生产力得到进一步解放，农民生产积极性进一步提高，有力地促进了农村生产的发展。农村生产发展了，农副产品增加了，流通问题更加突出，“卖难”问题不断发生，引起农民的强烈反响。1979 年 7 月 31 日，新华通讯社以《江苏扬州地区和浙江嘉兴地区因粮食丰收出现仓满之患》为题，向中央反映江苏邗江、江都在丰收之后，社队多卖超购粮，要经粮管部门批准。为此，李先念副总理当即给粮食部长陈国栋作了指示：“我看这是个好消息！不能认为现在粮食多

---

① 中共江苏省委农村工作部：《关于稳步发展农业适度规模经营的意见》(1987 年 3 月 20 日)。

② 中共江苏省委、江苏省人民政府转发的省计委《关于农副产品收购现状和今后调整意见》(1981 年 9 月 15 日)说：1980 年农副产品收购总额 70.18 亿元，占农业总产值的 38.6%。编者根据 1986 年《江苏经济年鉴》Ⅲ—17 页 1980 年农业总产值(老口径)191.57 亿元和Ⅲ—52 页江苏社会农副产品收购总额 70.18 亿元进行计算，结果江苏农副产品收购总额占农业总产值的 36.6%，不是 38.6%。另外，生猪等 8 个产品收购额 57.9 亿元，占收购总额 70.18 亿元的 82.5%，不是 84.3%。

了,而是少了。因此,必须大力收购粮食,个别地方出现不收购的现象是错误的,必须及时纠正。"农副产品流通体制的改革势在必行。江苏农副产品流通体制的改革,分三步施行。

第一步,提高农副产品的收购价格。

国务院根据中共十一届三中全会建议,从 1979 年 3 月起,陆续提高 18 种主要农副产品的收购价格。提价的幅度是:

粮食从 1979 年夏粮上市时起,全国平均提高统购价格 20%。油脂、油料统购价格全国平均提高 25%。棉花统购价格,全国平均提高 15%。生猪、菜牛、菜羊、鲜蛋、甜菜、桑蚕茧等,统购或收购价格提高 20%—50%不等。①

江苏从本省实际情况出发,遵照中共十一届三中全会精神,1979 年对粮食、油料、棉花、生猪、水产等 80 个品种提高收购价格,并适当减少粮食征购任务。据有关资料统计,江苏省 1979 年 4 月提高生猪收购价以后,每百斤生猪出售价可达 63.87 元。养猪有利可得,激发了农村社员和集体养猪的积极性。

第二步,对完成统购、派购任务的农副产品,允许多渠道经营。

从 1979 年起,江苏省粮食部门认真贯彻计划调节与市场调节相结合的方针,在完成国家粮食和油料统购计划以后,积极开展粮油议购议销活动。

从 1980 年夏粮上市开始,江苏放宽粮油议购议销政策,取消粮油贸易中原来统得过死,掌握偏紧的一些规定,在保证完成国家粮油统购计划的前提下,利用市场调节,进一步把粮油工作搞活。这对补充国家计划市场的不足,促进工农业生产的发展,市场的繁荣和人民群众生活的改善,起到了积极的作用。

1982 年,进一步疏通农副产品进城渠道。凡属统购统销、统一收购和派购的农副产品,在完成国家收购、调拨计划之后,可以由生产者直接推销,或通过贸易货栈推销。②

1984 年,江苏省进一步调整农副产品购销政策,继续减少统购、派购的品种和数量,扩大自由购销的范围。生猪、鲜蛋继续实行派购。水产品只限于对国营渔业公司、水产养殖场、渔业专业队和国家投资建设的商品鱼基地实行派购,并减少派购品种,调低派购比例。其他鲜活产品一般不搞派购。凡属向农民统购、派购或计划收购的农副产品,有关部门都要在产前签订农商购销合同;违反合同的,应承担经济责任。农民完成统购、派购和计划收购任务以后多余的产品,可以继续出售给当地收购部门,可以在市场销售,也可以售给外地收购部门。外贸出口的农副产品,在完成合同

---

① 《新华日报》1979 年 10 月 25 日。

② 江苏省人民政府:《关于改善商品流通状况,减少商品流通环节的规定》(1982 年 2 月 19 日)。

收购任务后，允许多渠道、多口岸经营。①

第三步，取消农副产品统购派购制度，对粮食、棉花实行合同收购，合同收购外的粮食、棉花可以自由出售，其余的农副产品，逐步放开，自由贸易。

1985 年，粮食、棉花取消统购，改为合同定购。定购合同以外的粮食自由上市，多渠道经营，价格随行就市。如果市场粮价低于原统购价，粮食部门仍按原统购价敞开收购，保护农民生产粮食的积极性。

定购以外的棉花随行就市，实行多渠道经营。

生猪取消派购，放开价格，实行有指导的议购议销。水产品全部放开，不再下达派购或平价上调任务。②

农村经济的发展，为农副产品统购派购制度的改革提供了物质基础。农副产品统购派购制度的改革，不仅保证国家掌握一定数量的主要农副产品，又活跃了农村市场，缓解了农民生产经营中“买难”、“卖难”的问题，而且出现了“百万家禽过大江”、“百万杆秤下江南”的农副产品大流通，密切了生产者与消费者的联系，增强了生产者按市场需要组织生产的意识，进一步促进了农村商品生产的发展、产业结构的调整、综合经济效益的提高和农村经济的繁荣。1985 年，江苏农村社会总产值达 770 亿元，比上年增长 38.5%；全年农业总产值（包括村及村以下工业产值）405.39 亿元，比上年增长 25.3%；扣除村及村以下工业产值后的农业总产值达 231.96 亿元，比上年增长 2.9%。粮食、棉花由于自然灾害、面积调减和部分地区的管理有所放松等原因，比上年减产；其他主要经济作物都有不同程度的增产；畜牧业、渔业由于放开、搞活，都有较大的发展，仅大牲畜有所减少。其中禽蛋产量比上年增产 27.5%，水产品产量增加 18.7%，牛奶产量增加 15.4%，猪牛羊肉产量增加 12.4%，猪圈存量增加 7.7%。③

后来，江苏出现农业发展后劲不足，粮食上新台阶的难度较大，乱占耕地现象较为严重，棉花面积减少较多，产量下降，供求矛盾尖锐的状况。1987 年，中共江苏省委和省政府对稳粮增棉规定了若干措施：对国家核定的粮食定购部分，实行比例价；定购以外的实行议价收购；根据实际可能，逐步增加定购合同中经济挂钩内容；国家规定同粮食挂钩的化肥、柴油等生产资料和预付定金，要纳入合同，确保兑现，不得挪作他用；定购合同应在生产季节前，同农民协商签订。1987 年，提高棉花收购加价比例，北方棉区由“倒四六”恢复到“倒三七”比例价，南方棉区也执行“倒三七”比例价。生猪购销价格继

---

① 中共江苏省委、江苏省人民政府：《关于大力发展农村商品生产的若干政策规定》（1984 年 4 月 26 日）。

② 中共江苏省委、江苏省人民政府：《关于贯彻执行中共中央、国务院〈关于进一步活跃农村经济的十项政策〉的若干政策规定》（1985 年 4 月 29 日）。

③ 江苏省统计局：《关于 1985 年江苏省国民经济和社会发展的统计公报》。

续执行有指导的议购议销;销价实行"补冻活鲜"的办法,逐步放开。这些措施,对调动农民群众种粮、种棉的积极性,促进农村商品经济的发展,都起了积极的作用。①

三 适时改革人民公社三级管理体制

政社合一的人民公社,对加强农村集体经济的领导,起过一定作用,但容易发生单纯用行政命令的办法去管理经济,侵犯集体经济组织的所有权和自主权,不利于发挥集体经济组织的积极性、主动性和创造性,也不利于发挥基层政权的作用。为了改变这个状况,中华人民共和国宪法修改草案按照政社分开的原则,规定设立乡政权,把人民公社原来兼负的政权职能分出去,保留人民公社作为农村集体经济组织。这样,既有利于改进和加强农村基层政权工作,密切政权同群众的联系,也有利于农村集体经济组织的发展。然而,政社分开是一件很复杂、很细致的工作,是一项重要的体制改革,江苏各县社没有匆匆忙忙,草率从事,轻易变动,更没有一轰而起,而是有领导、有步骤地进行试点,逐步推开。

江苏省按照统一规划,从1981年底开始在江都县砖桥公社、江宁县禄口公社等地进行政社分设试点,摸索经验。② 1983年1月,中共江苏省委召开农村体制改革座谈会,会上交流了9个县、52个人民公社实行政社分设试点的情况和经验。会议确定:在搞好现有政社分设试点的基础上,夏收前各县都要进行试点,下半年分批推开。会议对政社分设的一些政策性问题提出了意见:基本上以原有公社的规模建乡,个别特大的公社作适当的调整;基本上以大队建村,设立村民委员会,作为群众性的自治组织;乡人民政府行使政权的职能,管理本乡的经济、行政、文化教育等工作;保留人民公社作为集体所有制的合作经济组织;在政社分设过程中保护好集体所有财产不受损失;按照革命化、知识化、年轻化、专业化的要求,建立乡一级党、政、社三套领导班子,机构人员设置要符合提高工作效率、经济效益和精干的要求,妥善处理好新老干部的合作和交替问题;力求减轻农民群众的负担等。③ 1983年3月,江苏省第五届人民代表大会常务委员会第十八次会议通过《关于我省农村人民公社有准备、有步骤地实行政社分设的决议》,要求各地从实际出发,遵照宪法和中共中央、国务院有关方针、政策的规定,继续搞好试点工作,认真总结经验,有准备、有步骤地分批进行,力争在1984年上半年基本完成政社分设工作。

到1984年6月,江苏省所有乡镇都完成了政社分设工作,建立了1888个乡人民

① 中共江苏省委、江苏省人民政府:《关于深化农村改革若干问题的意见》(1987年5月9日)。

② 1982年5月14日,周泽副省长接见江苏电视台记者,就政社分开问题发表谈话。《新华日报》1982年5月19日。

③ 《新华日报》1983年1月17日。

政府，59 个镇人民政府（连同改革前的 133 个镇，当时全省共有 192 个镇），3.5 万多个村民委员会。① 按规定，乡镇建立党委会，而人民公社作为经济组织保留。乡镇集体经济组织一般称经济联合委员会或经济管理委员会，少数经济发达的乡镇也有叫农工商联合总公司或实业总公司。有的乡还从本地经济发展的特点和优势出发，分别增设建筑、运输、花木、水产等专业公司。乡镇的规模平均约 45 平方公里，人口 2.4 万。大体上是一社改为一乡，大队改为行政村，生产队成为村民小组。

政企分设后，乡镇经济联合委员会及其所属各公司有人财物、产供销的自主权，实行自主经营，独立核算，自负盈亏，成为在乡镇政府领导下相对独立的经济联合组织。

由于思想认识不一致，缺乏工作经验，全省大约有 80％以上的乡镇相继撤销了经联会、经管会，一部分村经济合作社或合作联社也形同虚设，使集体经济主体缺位，一定程度上影响了集体经济的发展。为此，中共江苏省委和省政府专门批准下发文件，明确其性质和职能。②

“废除人民公社，又不走土地私有化道路，而是实行家庭联产承包为主，统分结合、双层经营，解决了我国社会主义农村体制的重大问题。”广大“农民获得对土地的经营自主权，加上基本取消农产品的统购派购，放开大部分农产品价格，从而使农业生产摆脱长期停滞的困境，农村经济向着专业化、商品化、社会化迅速发展，广大城乡人民得到显著实惠，带动了整个改革和建设事业。”这“是中国农民的伟大创造”。③

四　农村产业结构调整迈出重要步伐

“文化大革命”期间，“以粮为纲”的方针被推向极端，江苏农村的产业基本上是以种植业为主的单一化结构。1978 年，全省农林牧渔业总产值中，林业产值仅占 1.4％，渔业产值占 2.3％，牧业产值占 15.85％。④ 这样的产业结构，不仅将大量农村劳动力束缚在有限的耕地上从事粮食种植业，“一稻一麦，种到头发白”，而且地力下降，化肥、农药以及电力、柴油使用量成倍增加，生产成本加大⑤，三熟制劳动强度大，

---

① 《当代中国的江苏》编委会、江苏省档案局编：《江苏省大事记》，江苏人民出版社 1988 年版，第 493 页。

② 详见中共江苏省委农村工作部：《关于健全乡、村合作组织的意见》（1987 年 3 月 20 日）。

③ 江泽民：《加快改革开放和现代化建设步伐，夺取有中国特色社会主义事业的更大胜利——在中国共产党第十四次全国代表大会上的报告》（1992 年 10 月 12 日）。

④ 根据夏鸣主编的《江苏五十年》，中国统计出版社 1999 年版，第 408 页数字计算而得。

⑤ 1978 年江苏省每亩耕地平均使用化肥 90 斤，比 1965 年的 18.8 斤增加 3.8 倍；每亩耕地使用农药 5.6 斤，比 1965 年的 1.8 斤增加 2.1 倍。全省农业生产费用占农业收入的比重，1966 年为 25％，1978 年上升到 38％。《新华日报》1979 年 10 月 24 日。

农业增产不增收,农民生产积极性不高,农村经济发展缓慢。

中共江苏省委和省政府根据中共中央、国务院 1981 年 3 月转发国家农委《关于积极发展农村多种经营的报告》的通知中提出的“决不放松粮食生产,积极开展多种经营”的方针,从江苏的实际情况出发,积极而又稳妥地调整农村产业结构,正确处理粮食生产与经济作物,农业和工、副业的关系,坚持以农为主,农、副、工协调发展,全省农村产业结构发生了显著变化,农村经济得到较快的发展。

（一）种植业内部,从“以粮食为主”向粮食、经济作物合理布局转变

江苏是全国的重要粮食产区,发展粮食生产是江苏的一大优势。人多地少的省情,决定了江苏省在调整农村产业结构中必须始终把粮食生产放在第一位,稳定粮食种植面积,合理安排作物布局,充分利用荒山、荒地,因地制宜,发展蚕桑、竹木、茶叶、干果。关于这一点,全省上下,各级领导的认识是一致的。1983 年 3 月,江苏省的涟水、泗洪、沭阳、东海、邳县、铜山 6 县被国家列入商品粮基地建设试点县。国家与地方共同投资,主要用于农田水利的挖潜配套,改善排灌条件,建设良种繁育和农业科学技术推广体系等与发展粮食生产直接有关及增产效果显著的项目。① 到 1984 年,江苏省粮食产量达到历史最高水平的 3353.60 万吨(同时,江苏省亦出现第一次卖粮难),比 1978 年增加 39.7%。1984 年,棉花种植面积增加到 1082.0 万亩,比 1978 年增加 22.26%;棉花产量达 66.59 万吨,比 1978 年增加 40.07%。1985 年,油料种植面积达 886.75 万亩,总产量达 108.78 万吨,总产量比 1978 年增加 190.5%。经济作物种植面积逐渐扩大,产量不断增加。

1985 年,由于种植业结构的调整,粮食播种面积比 1984 年减少 201 万亩,加之自然灾害的影响,粮食总产量下降到 3126.52 万吨,比特大丰收的 1984 年减少 227.08 万吨,下降 6.8%。1986 年粮食产量虽然比 1985 年增加 213.04 万吨,但仍未达到 1984 年的水平。1987 年,因气候异常,灾害频繁,农用物资紧缺,江苏粮食产量比上年又减少 81.86 万吨。棉花生产连续三年不如 1984 年。江苏油料种植面积 1987 年达 945.3 万亩,是历史上最多的一年,总产量达 121.1 万吨。另据统计,1987 年,江苏省在占全国 1.1%的国土和 4.7%的耕地上,生产了占全国总产量 8%的粮食和油料、10%的棉花、20%以上的蚕茧。② 江苏农业在全国的地位,可见一斑。但需要指出的是,1987 年江苏省净减耕地 33 万亩,超过国家控制指标的 34%。全省人均耕地第一次降到 1.1 亩以下的 1.08 亩。③

① 《新华日报》1983 年 3 月 25 日。

② 《新华日报》1988 年 3 月 17 日。

③ 《新华日报》1988 年 3 月 28 日。

淮北粮食

(二) 农业生产内部从以种植业为主向农林牧渔业并举转变

人多地少的江苏,要使农民较快地富裕起来,必须抓好多种经营。穷队要迅速改变面貌,更必须积极发展多种经营。① 中共十一届三中全会后,随着联产计酬责任制在多种经营中的推行,江苏的多种经营迅速得到恢复和发展。曾经是缺树少林的江苏大地,森林覆盖率大幅度提高;畜牧业持续稳定发展;水产业获得了新的生机和活力;园艺生产蓬勃发展。江苏省农业产值在农林牧渔业总产值中的比重,由 1978 年的 80.45%下降为 1987 年的 67.83%,下降 12.62 个百分点。林、牧、渔业产值所占比重由 1978 年的 1.4%、15.85%、2.3%上升到 1987 年的 1.58%、23.13%、7.46%,分别上升 0.18、7.28、5.16 个百分点。其中渔业和牧业发展速度最快。1987 年与 1978 年相比,江苏省农业产值增加 2.03 倍,林业产值增加 3.07 倍,牧业产值增加 4.24 倍,渔业产值增加 10.63 倍(详见表 2—1)。农林牧渔各业逐步走上协调发展的轨道。

---

① 惠浴宇在江苏省第五届人民代表大会第三次会议上作的《政府工作报告》(1981 年 3 月 31 日)。

里下河地区的林牧场

表 2—1 江苏省农林牧渔业总产值及其构成(单位:亿元)

年份	农林牧渔业总产值(当年价)	农业		林业		牧业		渔业	
		产值	占总产值比重(%)	产值	占总产值比重(%)	产值	占总产值比重(%)	产值	占总产值比重(%)
1978	105.87	85.17	80.45	1.48	1.40	16.78	15.85	2.44	2.30
1979	145.25	114.26	78.66	2.03	1.40	25.77	17.74	3.19	2.20
1980	138.45	105.98	76.55	1.94	1.40	26.65	19.25	3.88	2.80
1981	153.62	119.90	78.05	2.00	1.30	27.11	17.65	4.61	3.00
1982	188.11	145.69	77.45	1.96	1.04	35.80	19.03	4.66	2.48
1983	206.86	160.38	77.53	3.30	1.60	36.66	17.72	6.52	3.15
1984	253.82	193.28	76.15	4.33	1.71	47.17	18.58	9.04	3.56
1985	288.55	201.85	69.95	4.63	1.61	66.54	23.06	15.53	5.38
1986	332.66	235.07	70.66	5.15	1.55	69.83	20.99	22.61	6.80
1987	380.25	257.90	67.83	6.02	1.58	87.95	23.13	28.38	7.46

资料来源:1995 年《江苏统计年鉴》,第 144 页。各业占总产值之比重是笔者根据各年产值计算得出的。

(三)传统的第一产业比重缩小,二、三产业比重逐渐加大

1978 年以前,江苏农村产业结构基本以农业为主。乡镇企业"异军突起"后,江苏农村经济结构发生了质的变化。农业产值在农村社会总产值中的比重逐渐下降,

而非农产值的比重迅速提高，特别是农村工业产值所占比重大幅度地上升。1983年，江苏农村非农产值首次超过农业产值；1985年，农村工业总产值超过农业总产值。1987年与1978年相比，农业产值在农村社会总产值中的比重下降27个百分点，而农村工业产值在农村社会总产值中的比重提高22.1个百分点。农村产业结构出现重大转折，一、二、三次产业形成“二、一、三”的新格局（详见表2—2）。农工商的有机结合，促进了农村经济的良性循环，农村商品生产的综合规模逐步扩大，经济效益明显提高。千百年来江苏农村以农业为主的传统产业结构，宣告终结。

表2—2 江苏农村产业结构变动表（各业所占比重%）

年份	第一产业	第二产业	工业	建筑业	第三产业	运输业	商业饮食业
1978	57.55	37.09	33.93	3.16	5.36	1.39	3.97
1980	50.51	45.19	39.88	5.31	4.30	1.12	3.18
1981	49.10	47.15	39.89	7.26	3.75	0.95	2.80
1982	52.29	44.25	36.74	7.51	3.46	0.99	2.47
1983	48.26	47.54	37.24	10.30	4.20	1.55	2.65
1984	45.64	48.85	41.54	7.31	5.51	2.79	2.72
1985	37.20	57.53	49.70	7.83	5.27	2.51	2.76
1986	34.66	59.83	51.81	8.02	5.51	2.65	2.86
1987	30.54	63.99	56.01	7.98	5.47	2.65	2.82

五 农业基础设施建设投入改革的起步和农业科学技术的推广

1979年至1984年，江苏农业的发展，有人称之为新中国成立以来江苏农业发展的“黄金时期”。这个时期江苏农业的较快发展，除农村经济体制的改革，从根本上改变了束缚农业生产力发展的旧体制这个主要原因外，几十年来建立起来的农田水利、农用物资和农机工业等基础设施发挥了作用，也是一个很重要的原因。江苏省在第五个五年计划以前，用于农业的投入是不断增加的。但自第六个五年计划以来，由于对农村经济水平和农民的富裕程度估计过高，出现经济政策上的非农性倾斜，各级财政用于农业的经费占财政支出的比例大幅下降，绝对量也明显减少。① 第六个五年计划期间，江苏省财政用于农林基建和农业的各项事业费比第五个五年计划时期减少15.7%，农用工业投资比第五个五年计划时期每年平均减少1.23亿元；集体积累用

① 凌启鸿著：《十年回顾》，江苏人民出版社1994年版，第13页。

于支农的资金,1985 年比 1980 年减少 70.7%;劳动积累用于兴修水利的,只及第五个五年计划时期的 60%。① 另据江苏省 1515 个农村固定观察点调查,1986 年,1515 户农户用于水利建设的工日和完成的土石方数分别比 1984 年下降 44.30%和 24.94%。户均用于生产性的投资比 1984 年下降 26.71%,只占全年经济总收入的 24.04%。农村大部分地区使用的农具基本上仍是沿袭 20 世纪五六十年代的犁、耙、锄头、锹,甚至有的村庄已退化到"刀耕火种"的时期。② 江苏省对农业投入的减少,影响了农业生产的发展。

为了使农业持久发展,江苏对农业的投入进行了改革。

(一) 按照"谁受益谁负担"的原则,实行"分级负担,受益部门分摊,多渠道集资,共同兴办"的办法,解决水利建设资金问题

长期以来,水利工程靠国家建,国家管,不讲究投入、产出,不注意经济上的良性循环,工程建设越多,国家的包袱越重。省政府曾于 1982 年 4 月批转《江苏省水利工程水费收缴使用和管理实施办法(试行)》,但两年来贯彻执行情况不理想,在现行水费标准很低的情况下,1982、1983 年只收到应收水费的 1/4。③ 1985 年,江苏全省实收水费 1750 万元,只比上年增收 16.6%。1986 年,全省实收水费 2100 万元,比上年增长 20%。

经过 1985 年一年的努力,水利建设方面的改革取得了较大进展。全省 26 项地方水利基本建设,有 22 项实行投资包干,占 84.6%。长江南京、镇扬河段整治及太湖防洪应急工程等,由受益工矿企业及有关市县集资 1456 万元。农田水利建设,在提倡适当的劳动积累的同时,普遍实行"几定一奖"责任制和集资建设的办法,全省共集资 6066 万元。1986 年,按照受益和保护范围,省、市、县、乡、村各级多方集资联办,除基本建设继续控制投资规模外,农田水利建设投入有了增加。1986 年度,中央和省投资补助水利经费共 1.46 亿元。市县自筹经费 4445 万元,乡村自筹及乡镇企业"以工补农"水利经费 7162 万元,两项共 1.1607 亿元,比上年增长 33.4%。长江南京、镇扬河段的整治,1986 年集资 1884 万元;至 1987 年,已集资 5748 万元,完成工作量 4425 万元。1987 年,在农田水利建设,水利基本建设,分级负担、合作办水利等方面,坚持改革,做了大量工作,为江苏农业上新台阶和促进农村经济的发展,提供了水利条件。

(二) 从"以工补农"向"以工建农"方向发展,设立"建农基金"制度,增加农业投入,改善农业生产条件

---

① 凌启鸿著:《十年回顾》,江苏人民出版社 1994 年版,第 106 页。

② 《新华日报》1988 年 1 月 14 日。

③ 江苏《全省水利工作会议纪要》(1984 年 12 月 23 日)。

早在20世纪70年代初，苏南地区就实行“以工补农”政策，即从乡镇企业的利润中划出一部分，直接用于农田基本建设、购置农业机械和支援贫困生产队生产。为此，1981—1985年全省乡镇企业累计拿出12.09亿元，平均每年2.42亿元；还划出一定比例的利润直接分配给农民，增加农民收入，1981—1985年累计6.39亿元，平均每年1.28亿元。这对缩小务工社员与务农社员收入上的差距，稳定民心起了很大作用。但这样做，不利于从根本上发展农业生产力，也不利于鼓励农民增加投入。因此，一些经济较为发达的地区，乡镇企业支持农业的形式，开始从“以工补农”向“以工建农”转变，也就是从产后的补助开始转向产前的投入，把资金重点用在提高农业生产的物质技术装备上。这对进一步改善农业生产条件，加强农业社会化服务体系，扩大农业的适度规模经营，增加农业自身的活力，促进农业的商品化和现代化，都有着重要的现实意义。从1986年7月起，除亏损和微利的外，其余有盈利的乡镇企业的职工，原则上每年都要缴纳不超过120元的“建农基金”，设立“建农基金”制度。①

（三）大力推广先进适用的科学技术

江苏农业发展“黄金时期”的形成，与先进适用的农业科研成果的应用和推广是分不开的。1981年，凌启鸿、苏祖芳等创建了水稻叶龄模式高产栽培技术。② 1978年，由江苏省农业科学院张郅政、董百舒和江苏省农林厅陈子威等主持组织协作组，研究稻田少、免耕种麦技术。这种技术与耕翻种麦相比，每亩节省人工2—5个，节省柴油1—2.5公斤，增产10%左右。20世纪80年代初，江苏省农林厅黄署生等建议省政府推广免耕种麦。1984—1985年，黄署生等多次在全省各地组织免耕机条播现场示范。1987年，江苏省稻茬少、免耕种麦面积达到1600多万亩，其中免耕机条播面积1000多万亩。③ 1978年，生猪人工授精技术开始在全省推广。1985年，江苏省有60个县67万头母猪实行统一人工授精，普及率达55.6%，平均受胎率85%以上。④ 1978年，赣榆县开创工厂化对虾育苗试验；1979年，该项试验获得了技术性突破。1984年，连云港进行对虾精养高产试验。1985年开始，赣榆县等开展万亩对虾精养高产技术开发试验。⑤ 1973—1974年，江苏开始进行人工培育蟹苗的试验；1984年，蟹苗培育取得生产性突破，育成大眼幼体2122.8万只，每立方米平均出苗6.26万只，最高的达15.5万只，列全国之首。⑥ 这些科研成果的应用与推广，对农业、牧业、

① 中共江苏省委、江苏省人民政府:《关于增加农业投入，改善农业生产条件的若干规定》(1986年11月3日)。
② 江苏省科学技术志编纂委员会编:《江苏科学技术志》，科学技术文献出版社1997年版，第22页。
③ 江苏省科学技术志编纂委员会编:《江苏科学技术志》，科学技术文献出版社1997年版，第32页。
④ 江苏省科学技术志编纂委员会编:《江苏科学技术志》，科学技术文献出版社1997年版，第133页。
⑤ 江苏省科学技术志编纂委员会编:《江苏科学技术志》，科学技术文献出版社1997年版，第156页。
⑥ 江苏省科学技术志编纂委员会编:《江苏科学技术志》，科学技术文献出版社1997年版，第161页。

渔业生产的发展起了极大的推动作用。据估计,20 世纪 80 年代中后期,江苏农业新增产值中,依靠科技进步而增加的部分约占 40%左右。①

第二节　异军突起的乡镇企业与苏南模式

一　乡镇企业发展的新高潮

中共十一届三中全会后,江苏乡镇企业的发展出现过两个高潮。

(一) 乡镇企业发展的第一个高潮与国家机械委的调查

1979 年 4 月召开的中央工作会议决定,对各种比例关系严重失调的国民经济实行"调整、改革、整顿、提高"的方针。"八字"方针贯彻后,江苏乡镇企业遇到了原材料和动力的严重不足、销售渠道不畅、某些厂社挂钩关系中断等困难,发展速度大大低于 1978 年上半年增长 40%的幅度。社会上有些人认为,调整就是要"乱中取胜"的社队工业给大工业让路,在"治中淘汰";有些人认为,"社队工业的黄金时代已经过去,从此要走下坡路了"。② 为此,中共江苏省革委会县社工业局党组认真分析江苏社队工业发展趋势和面临的新情况,对如何加强领导,进一步发展社队工业的问题向省委提出了报告。中共江苏省委在 1979 年 6 月 22 日转发这个报告时指出:当前,进一步发展社队工业,实行农副工结合,对于高速度地发展农业生产,胜利实现调整国民经济的任务,使整个国民经济纳入持久的、按比例的、高速度发展的轨道,有着重要意义。各级领导同志务必对此要有足够的认识,适应调整国民经济的新情况和新要求,区别不同地区和不同行业,采取积极措施,把社队工业的发展、提高同调整、整顿很好地结合起来。各行各业要继续大力支持社队工业,使全省社队工业在调整国民经济的过程中能够有一个新的发展和提高。③

根据这个精神,江苏各地千方百计整顿和办好现有社队企业,积极探索把农业联产承包责任制引入社队企业的生产经营中,改变"劳动在厂、评工记分、回队分配"的平均主义劳动计酬方式,以提高企业经济效益。1979 年,苏州地区首先在社办企业由点到面推行定人员、定任务(产量、产值)、定资产(固定资产、流动资金)、定利润(包括上缴利润)、定消耗,超额利润则大部分留在企业作为对企业的鼓励,使企业盈亏与企业干部职工利益挂钩,调动企业的积极性。1979 年 10 月召开的全省社队企业第一

---

① 凌启鸿著:《十年回顾》,江苏人民出版社 1994 年版,第 246 页。

② 莫远人主编:《江苏乡镇工业发展史》,南京工学院出版社 1987 年版,第 177 页。

③ 中共江苏省委转发省县社工业局党组《关于当前社队工业的情况和意见的报告》(1979 年 6 月 22 日)。

次经营管理工作座谈会，交流推行"几定一奖"责任制典型经验，与会人员参观了效果显著的企业。1980年初，"几定一奖"责任制迅速在全省推开。

由于各地社队企业充分发挥市场调节机制的作用，充分发扬想尽千方百计，说上千言万语，吃尽千辛万苦，走遍千山万水的精神，引进先进技术和人才，努力开展与国营工业、商业企业的联合，积极推行"几定一奖"责任制，大大推动了全省社队企业的发展。1980年，江苏社队工业总产值突破百亿元大关，达到109.33亿元，比上年增长45.21%。这是中共十一届三中全会以来江苏社队企业发展的第一个高潮。更值得提出的是，经过这段时间的调整和发展，社队工业开始突破"围绕农业办工业，办好工业促农业"的格局，建立起一系列新的行业，其门类几乎遍及工业生产的所有领域。

1980年，与江苏社队工业的高速发展相比，城市工业发展相对较慢，只比上年增长15.4%，城市工业在全省工业中的比重下降了。在社队工业中，社队机械工业的增速更快。是年，全省社队机械工业总产值33.84亿元，占整个社队工业产值的30%，占全省机械工业产值的20%。由此，有些人认为，社队机械工业是以小挤大，以新厂挤老厂，以落后挤先进。有人指责社队企业凭关系、凭感情、凭手段，把许多适合于大厂干的机械工业的任务揽跑了。[①] 有人说，社队工业过去是"光明灿烂的希望"，现在成了批评的对象。再次将矛头指向社队工业，引起国务院领导的重视。

根据国务院副总理薄一波的建议，国家机械委、一机部、农机部、四机部和农业部共17人组成调查组，从1981年2月中旬到3月中旬，到江苏省的无锡、江阴、常熟、武进、宜兴、高淳、南通、启东、海门等9个县的107个社、镇办的企业和国营企业，对社队机械工业（包括农机、电子）进行调查。薄一波副总理亲临南京听取调查组的汇报。调查组得出的结论是："总的来说，社队机械工厂的产品，对国营大厂有挤有补，目前补的多一些，挤的少一些"，应"疏其不通，导其滥流，使其健康地发展。"调查报告还对社队工业在国民经济中的地位和作用作了充分肯定，认为它促进了农业的发展，安排了大量农村剩余劳动力，增加了社员的分配收入和国家的财政收入，促进了农村小集镇建设，为发展轻纺工业提供了许多设备，并生产了部分城乡人民需要的消费品，已成为大工业的补充和助手。同时，调查报告还指出了江苏省社队工业和社队机械工业存在的主要问题：一是社队工业利润用于扩大再生产的比例过高，基本建设的摊子太大；二是重复生产、重复布点严重，存在着一定的盲目性；三是一部分企业经营不善，资金管理混乱，财务制度不严，不正之风比较普遍；四是社队工业发展过快过

---

① 《江苏省志・乡镇工业志》，方志出版社2000年版，第7、448—449页。莫远人主编的《江苏乡镇工业发展史》第188页和《江苏省志・乡镇工业志》第448页说：1980年，江苏省社队工业总产值为107.70亿元，比上年增长43.90%。录此供参考。

猛,同农业、副业的发展不够协调;五是计划调节与市场调节如何结合的问题尚未解决等。对社队企业今后的发展,调查报告指出,要引导社队企业发展经济联合,适当进行改组。在从中心城市入手,按行业进行调整改组时,应对城乡统筹安排,不能只注意城市,不注意农村,只注意国营、大集体企业,不注意社队企业。各级经济计划部门应该加强市场调查和预测,对社队企业进行指导,以减少盲目性。要运用各种经济杠杆对社队企业进行引导,该限制的限制,该扶植的扶植。社队工业利润的分配使用要兼顾国家、集体和个人利益,并且要加强财务资金管理,禁止铺张浪费,纠正不正之风。对社队企业要进行整顿,提高管理水平和生产技术水平。要加强经济立法,研究制定社队企业的基本政策,明确社队企业的发展方向等等。① 这些意见对江苏社队企业是个有力的鼓舞,对其今后的健康发展是个有力的支持。

1981 年 9 月,省人民政府在下发《关于贯彻执行国务院〈关于社队企业贯彻国民经济调整方针的若干规定〉的通知》中,要求各地社队企业在调整产品发展方向,压缩基本建设规模,注意压缩长线产品,推动经济联合和专业化协作的同时,一定要同抓好当前生产,挖掘生产潜力,增加对国家的贡献,增加社队集体和社员个人的收入紧密地结合起来。结果,社队企业的调整、整顿,既服从了国民经济发展的全局,又提高了自身的素质,控制了发展速度。1981 年,江苏省社队工业总产值增长 14.14%;1982 年社队工业产值增幅虽然有所下降,仍增长 5.9%。

(二)“一包三改”经验的推广和乡镇企业发展的第二个高潮

1983 年春节前后,邓小平在视察江苏等地回北京后的谈话中说:江苏从 1977 年到 1982 年 6 年时间,工农业总产值翻了一番。“我问江苏的同志,你们的路子是怎么走的? 他们说,主要是两条。一条是依靠了上海的技术力量,还有一条是发展了集体所有制,也就是发展了中小企业。江苏吸收了不少上海的退休老工人。这些老工人有本事,请来工作所费不多,只是给点工资,解决点房子,就很乐意干,在生产上发挥了很好的作用。”②后来,他进一步把乡镇企业的发展称誉为“异军突起”。③

1983 年至 1985 年,中共中央连续 3 年以一号文件的形式下发的关于农村工作的文件中,都明确指出发展社队企业的重要性。1984 年 3 月,中共中央、国务院在下发四号文件《转发农牧渔业部和部党组〈关于开创社队企业新局面的报告〉的通知》中,充分肯定了社队企业的地位和作用,对发展社队企业的方针、政策和任务作了具体规定,并同意将社队企业改名为乡镇企业,乡镇企业的范围也从过去的社队企业扩展到

---

① 国家机械委赴江苏省社队机械工业调查组:《关于江苏省社队机械工业调查报告》(1981 年 4 月 10 日)。

② 《邓小平文选》第 3 卷,人民出版社 1993 年版,第 25 页。

③ 《邓小平文选》第 3 卷,人民出版社 1993 年版,第 238 页。

乡、村、组、联户、个体企业。

江苏省无锡县堰桥乡在贯彻中共中央[1983]一号文件，继续完善农业联产承包责任制的同时，针对乡镇企业中干部"终身制"和"大锅饭"、"铁饭碗"的弊端，进行了以"一包三改"为主要内容的经济改革。"一包"就是所有乡镇企业和经济实体全面实行经济承包责任制；"三改"就是改干部任免制为选聘制，改工人录用制为合同制，改固定（补贴）工资制为浮动工资制。"一包三改"的实行，在乡镇企业管理体制上，有效地革除了不适应生产力发展的生产关系中的主要弊端，"鼓了勤人能人的劲，治了懒惰人的病，革了'大锅饭'的命，调动了干四化的积极性"，促进了生产力的解放，堰桥全乡出现了经济腾飞的好势头。1983 年，全乡农副工三业总产值为 6828 万元，比上年增长 74%；农副工三业商品销售总额为 6404 万元，比上年增长 80.7%。社员人均收入（包括自营部分）504.51 元，比上年增长 1.03 倍。乡村工业总产值达 4471 万元，比上年增长 55.3%；实现利润 913 万元，比上年增长 72.8%；上缴国家税收 472.6 万元，比上年增长 74.5%。① 1984 年 5 月 25 日，中共江苏省委发出通知，号召全省各地乡镇企业学习和推广堰桥乡乡镇工业"一包三改"的基本经验。

中共中央[1984]一号、四号文件的贯彻执行，"一包三改"经验在江苏乡镇企业中的推行，使乡镇企业的活力增强了，发展的步伐加快了，产品品种增加了，产品质量也提高了。1984 年，在庆祝新中国成立 35 周年时，农牧渔业部和江苏省人民政府在北京联合举办"江苏乡镇企业展览会"，展出乡镇企业生产的高、精、尖、名、特、优等产品。万里、习仲勋、李鹏、田纪云等领导人以及 60 多个国家和地区的驻华使节、商务机构代表 400 多人前往参观。这个展览会扩大了江苏乡镇企业及其产品在国内外的影响，鼓舞了乡镇企业干部和职工的士气。

1985 年 6 月 4 日—8 日，省人民政府在常熟召开全省乡镇企业工作会议。会议提出：发展乡镇企业要坚持"因地制宜、分类指导"的原则；要继续推行和完善"一包三改"；坚持产品上质量、上技术、上管理，产品创优、出口创汇，提高社会经济效益（简称"三上两创一提高"）；要大力加强城乡之间，企业之间，生产单位与科研、教育单位之间，在资金、物资、技术和人才等方面的横向联系，促进其合理流动和优化组合；要积极发展户办、联户办企业，实行"五个轮子"一起转。在服从宏观控制方面，要加强基建规模的控制和做好资金的融通工作；要大力压缩非生产性基本建设；要逐步增加企业内部积累；必须十分注意节约用地，保护环境。这是在关键时刻召开的关键性会议，对江苏省乡镇企业实现持续稳步增长有重要意义。②

---

① 中共无锡市委：《关于总结和推广无锡县堰桥乡乡镇工业"一包三改"经验的报告》（1984 年 5 月 17 日）。

② 《全省乡镇企业工作会议纪要》（1985 年 6 月 22 日）。

在1984—1987年的4年里,乡镇企业不仅外部环境大大改善,企业内部活力也不断增强,形成了江苏乡镇企业发展的第二个高潮。1985年,全省乡村两级各类企业猛增到98567个,从业人员627.09万人,总产值352.12亿元。其中乡村两级工业企业81560个,从业人员511.66万人,实现产值310.34亿元,比1984年增长60.84%。①

由于市场的急剧变化,给1986年江苏乡镇企业的发展造成了种种困难。许多市、县领导亲自抓供销工作,围绕市场需求,调整产品结构,努力应其所变,供其所需,以求更快的发展、更好的效益。1986年,江苏省乡村两级工业企业8.71万个,比上年增加7.9%;职工563.26万人,比上年增加10.1%;产值459.8亿元,比上年增加28.8%。②

1987年,江苏乡镇企业发扬开拓精神,深化企业改革,广泛开展"增产节约、增收节支"运动,继续推进"三上两创一提高",千方百计克服原材料价格上涨、电力不足和资金紧缺等困难,积极发展外向型经济,取得了新成就。乡镇企业较为发达地区认真总结经验,转变发展战略,把"两头"在省外的市场逐步转向国际市场,外贸收购额大幅度增长。处于乡镇企业起步阶段的苏北地区,户办、联户办企业发展势头很猛,实行"五轮齐转",在发展中求提高。淮阴、连云港两市乡镇企业产值分别比上年增长72.2%和43.1%,其增速超过全省平均增长幅度。1987年,全省乡村两级工业企业达10.74万个,比上年增长23.4%;职工人数617.97万人,比上年增长9.2%;完成产值636.10亿元,比上年增长38.49%;乡村两级工业产品销售收入比上年增收33.2%。乡村工业产值在全省工农业总产值中的比重,由上年的31.54%上升到36.25%;在全省工业总产值中的比重,由上年的37.98%上升到42.42%,超过全民所有制工业产值100多亿元;在全省农村社会总产值中的比重,由上年的55.43%上升到60.78%。1987年,全省乡镇工业直接出口产品收购额为22.9亿元,比上年增长82.3%,相当于全省外贸收购额的23%。另有间接出口产品收购额9.5亿元。无锡、江阴、吴江、常熟、张家港等5县(市)的乡镇工业产品出口收购额均超过1亿元,其中张家港市达2.18亿元。出口创汇企业增加到1658家,出口产品品种增加到1572种。③ 无锡县前洲镇西塘村1987年工农业总产值提前30天突破亿元大关,达到1.14亿元,其中外贸产值3600万元,成为江苏省第一个亿元村。④

---

① 江苏省统计局编:1985年《江苏统计年鉴》,第88—89页。比上年增长速度数是笔者根据数据计算得出的。

② 1987年《江苏经济年鉴》,南京大学出版社1987年版,Ⅳ—65页。这些数字与上文1985年全省乡村两级工业企业数、职工人数、产值数相比,其增加百分比数不完全相同。特此说明。

③ 1988年《江苏经济年鉴》,南京大学出版社1988年版,Ⅳ—70—71页。有的增长数与编者的计算稍有出入。

④ 《新华日报》1987年12月4日。1988年《江苏经济年鉴》Ⅶ-48页说,1987年该村工农业总产值1.03亿元。

乡镇企业在江苏经济发展中举足轻重，对农村经济由单纯依靠农业发展格局的改变和新型城乡关系的形成发挥着日益重要的作用；“离土不离乡，进厂不进城”，“为农村剩余劳动力从土地上转移出来，为农村致富和逐步实现现代化，为促进工业和整个经济的改革和发展，开辟了一条新路。”这“是中国农民的又一个伟大创造”。① 但有些地方乡镇企业素质不高，管理水平较低，经营思想与商品生产不相适应，企业经济效益较差；有些地方乡镇企业系统内的主管部门不够健全，服务手段不够有力；有些地方“增产节约、增收节支”运动开展得不够深入、不够实在。这些问题有待在深化改革中解决。②

二　乡镇企业的发展与小城镇建设

明清以来，江苏地区，特别是商品经济比较发达的苏南地区的小城镇比较繁荣，相继涌现出一些手工业型、交通枢纽型城镇和一批商业型城镇。鸦片战争后，江苏地区小城镇的发展，和整个民族经济一样，步履维艰，困难重重。1937 年日本帝国主义发动全面侵华战争后，小城镇一蹶不振，昔日“商贾云集”、“万家灯火”的繁荣景象荡然无存。

新中国成立初期，江苏地区的小城镇曾出现欣欣向荣的繁荣景象。第一个五年计划期间，江苏省建制镇曾达 437 个③，但好景不长。后来，在“左”的思想影响下，实行关闭集市、取缔个体工商户、下放城镇居民等限制小城镇发展的政策，国营商业统揽购销，集镇店铺所剩无几，小城镇长期处于萧条甚至萎缩的状况。20 世纪 70 年代初期，乡镇企业的兴起，曾给小城镇的发展带来新的生机，但也没有得到应有的发展，环境污染却开始向小城镇蔓延。④ 1978 年，江苏省建制镇只有 114 个。⑤

中共十一届三中全会以后，随着“以城市为中心，以小集镇为纽带，以广大农村为基础，发展城乡经济、科技、文化网络”方针的实施和以乡镇企业为标志的农村商品经济的发展，改变了过去农村只供应城市农副产品和原料、城市工业品下乡的单向交流的流通格局，发展成为消费工业品、农副产品、生产资料以及包括资金在内的商品、生产要素在城乡之间双向交叉流通的新格局。同这个变化相适应，“离土不离乡，进厂不进城”的亦工亦农人员的集聚，带动了小城镇的建设，集镇经济在农村经济中的地

---

①　江泽民：《加快改革开放和现代化建设步伐，夺取有中国特色社会主义事业的更大胜利——在中国共产党第十四次全国代表大会上的报告》(1992 年 10 月 12 日)。

②　1987 年《江苏经济年鉴》，南京大学出版社 1987 年版，Ⅳ—67—68 页；1988 年《江苏经济年鉴》，南京大学出版社 1988 年版，Ⅳ—73 页。

③⑤　刘定汉主编：《当代中国的江苏》(上册)，中国社会科学出版社 1989 年版，第 563 页。

④　江苏省基本建设委员会：《江苏省城市规划工作会议纪要》(1981 年 1 月 3 日)。

位和作用亦日益突出。据统计,到 1987 年,江苏共有 1946 个集镇,其中建制镇 374 个,比 1986 年增加 82 个。全省集镇上的乡镇办企业达到 36457 个,比 1986 年增加 1340 个,平均每个集镇 18.7 个;集镇上的乡镇办企业总产值达到 436.02 亿元,比 1986 年增长 33.92%。乡镇上乡镇办企业产值分别占乡、村两级企业产值的 61.1% 和农村社会总产值的 41.66%。1987 年,江苏省集镇上亦工亦农职工达 411.81 万人,占乡、村两级企业劳动力的 56.4%。同年,江苏省集镇建设总投资达 30.29 亿元,比上年增加 5.98 亿元,增长 24.60%。其中完成生产性建筑面积 1107 万平方米,公共建筑面积 511.04 万平方米,集镇面貌明显改观(详见表 2—3)。集镇上不仅有工厂,还有学校、商店、邮局、银行、医院,不少集镇还建起了影剧院、文化活动中心、成人教育学校、幼儿园、农贸市场等公共文化福利设施,不少集镇已发展成为当地政治、经济、科技、文化和生活服务的中心,成为城乡经济文化交流的桥梁和纽带,逐步由过去集散手工业品、农副产品为主的商业型集镇向以工业为主体的工、商、建、运、服等各业齐全的小城镇转化。尤其是乡镇企业比较发达的地区,不仅小城镇规模迅速扩大,而且基础设施条件大为改善,初步呈现出现代化小城镇的风貌。

表 2—3　1985—1987 年江苏省集镇发展情况统计表

年份	集镇(个)	建制镇(个)	集镇上的乡镇办企业(个)	乡镇上乡镇办企业总产值			集镇上亦工亦农人员(万人)	集镇建设总投资(亿元)	完成公共建筑面积(万平方米)	完成生产性建筑面积(万平方米)
				总产值(亿元)	占乡村企业总产值百分比(%)	占农村社会总产值百分比(%)				
1985	2150	189	33541	252.94	62.0	32.8	363.4	19.49	625.23	973.46
1986	2041	292	35117	325.57	62.5	34.0	392.8	24.31	611.23	1052.26
1987	1946	374	36457	436.02	61.1	41.66	411.81	30.29	511.04	1107.00

资料来源:1986、1987、1988 年《江苏经济年鉴》。1985 年的建制镇数为县属镇。1985、1986 年集镇上亦工亦农人员包括乡、镇企事业单位职工。

乡镇企业的发展,给集镇经济带来活力,但环境的污染也给小城镇生态环境和人民群众的健康造成了危害。集镇建设中的资金不足,基础设施差,管理工作不力等问题比较突出,苏北地区尤为突出。

三　苏南模式及其意义

农村经济发展模式,或曰发展路径,由于各地资源禀赋不一,不会也不应该是一种模式。人多地少、城镇密集、交通便利、农业较为发达的苏南地区的乡镇企业持续

快速发展，引起理论界、经济学界的专家学者和政府官员的关注。他们纷纷到这里进行考察或调查，有的撰写文章，有的发表谈话，将该地区中共十一届三中全会以来经济社会发展道路概括为“苏南模式”。① 由于各人看问题的角度不一，对“苏南模式”的表述也不尽完全相同，而以集体经济为主体，以乡村工业为主导，以中心城市为依托，以市场调节为主要手段被多数人公认为“苏南模式”的四大主要特征。

“苏南模式”是苏南地区广大干部、群众在从自给半自给经济向较大规模商品生产转化、传统农业向现代化农业转化的过程中，对实现农业现代化、农村城市化、农民共同富裕等问题进行积极探索的产物。苏南地区历来商品经济比较发达，人民勤于农桑、精耕细作、善理财货，生产经营意识较强。1958 年人民公社化后，农村集体经济得到了一定的发展。所有这些，为“苏南模式”的形成和发展提供了有利的基础条件。乡镇企业就是在集体经济的旗帜下，由星星之火发展成燎原之势的。乡村工业的发展带动了农村的分工分业，促进了农、林、牧、副、渔、工、商、运、建、服等行业的全面振兴，农村产业结构发生了显著变化，其次序由“一、二、三”变为“二、一、三”（详见表 2—4）。

表 2—4　1986 年苏州、无锡、常州农村社会总产值构成

	农村社会总产值	农业（%）	工业（%）	建筑业（%）	运输业（%）	商业、饮食业（%）
苏州	100	18.14	68.73	8.61	2.12	2.40
无锡	100	11.95	78.14	6.14	1.68	2.09
常州	100	24.82	61.98	8.67	2.45	2.08

此表各业所占百分比数根据 1987 年《江苏经济年鉴》Ⅲ—37 页的数字计算而得。

苏南地区有苏、锡、常等大中城市，又靠近中国工商业中心上海。得天独厚的区位优势及其与城市工商业的天然联系，使乡镇企业可以充分运用市场调节这个手段，与城市大企业、高等学校和科研单位进行横向联系和联合，广泛吸引和组合社会资

① “苏南模式”这个词首先由费孝通提出。他在《对中国城乡关系问题的新认识——四年思路回顾》一文中说：“‘苏南模式’这个词是我在 1983 年所写的《小城镇，再探索》中提出的。那时我刚从苏北四市调查回来，感觉到苏南这个地区在农村经济发展上自成一格，可以称为一个‘模式’。至于其特点是什么，和其他地区有什么不同等等，在我的认识上还不很明确，所以也没有具体地交代明白。”“1986 年当我在温州看到了和苏南不同的另一种在农村里发展工业的路子时，就警觉到我所提出的‘苏南模式’的概念不够明确，而且带有成为‘样板’的危险性，所以着重提出‘因地制宜、不同模式’的主张。”“自从我接触到了‘珠江模式’后，我对发展模式的概念又有了深化，在多少带着一种静态意味的‘因地制宜、多种模式’上加了个‘随势应变、不失时机’的动态观点。”（费孝通、[日]鹤见和子等著：《农村振兴和小城镇问题——中日学者共同研究》，江苏人民出版社 1991 年版，第 4、11 页。）

源,加速物资、资金、技术、人才市场的培育。通过联合与协作,乡镇企业的结构日趋合理。

苏南地区,历来是全国人口最稠密的地区之一。新中国成立初期,江苏省人均耕地不到1.4亩,苏南很多县人均耕地不足1亩。20世纪70年代初,苏州、无锡、常州约有1/3农业剩余劳动力,20世纪80年代初达到1/2以上。人多地少的矛盾十分突出。乡镇企业的发展,吸纳农业剩余劳动力就业,不仅缓解了人多地少的矛盾,而且促进了苏南农村非农化的进程,使农村劳动力在一、二、三产业中的分布格局发生了很大的变化。到1987年,苏南农林牧副渔业劳动力占农村劳动力的37.78%,比上年下降2.95%;乡村办及村以下办工业、建筑业劳动力占48.08%,比上年增加2.25%;商业、饮食业劳动力占1.16%,比上年增加0.04%(详见表2—5)。在全国较早地走出了一条农村剩余劳动力转移的路子。

表2—5 1985—1987年苏州、无锡、常州农村劳动力情况(单位:万人)

年份	乡村劳动力总数	其中											
		农业劳动力		林牧副渔业劳力		乡办工业劳动力		村及村以下办工业劳动力		建筑业劳动力		商业、饮食业劳动力	
		劳动力数	%	劳动力数	%	劳动力数	%	劳动力数	%	劳动力数	%	劳动力数	%
1985	564.37	219.20	38.84	34.82	6.17	107.55	19.06	104.56	18.53	33.55	5.95	—	—
1986	566.31	199.44	35.22	31.20	5.51	115.02	20.31	108.25	19.12	36.26	6.40	6.35	1.12
1987	571.77	186.75	32.66	29.27	5.12	121.42	21.24	115.19	20.15	38.25	6.69	6.65	1.16

资料来源:1986、1987、1988年《江苏经济年鉴》,《国民经济统计资料》Ⅲ—17、Ⅲ—36、Ⅲ—35页。

在苏南地区,随着乡镇企业的发展和大批农村剩余劳动力的转移,农民的收入大幅度增加,生活水平有了很大提高。1978年,苏州市农民人均纯收入204元,无锡市181元,常州市103元。1987年,苏州市农民人均纯收入增加到944元,比1978年增加3.63倍;无锡市农民人均纯收入增加到925元,比1978年增加4.11倍;常州市农民人均纯收入增加到855元,比1978年增加7.3倍。① 不仅如此,苏南地区农民的收入是普遍增加的,基本实现了共同富裕。据对"苏南模式"主要发源地的无锡农村

① 夏鸣主编:《江苏五十年》,中国统计出版社1999年版,第486页。增加倍数是编者根据此页的数字计算而得的。

320户的抽样调查，亦证明了这一点。

人均收入1000元以上的家庭，1982年只占总户数的0.6%，1985年上升到15.3%，1988年为63.1%；

人均收入500—1000元的家庭，1982年占总户数的17.6%，1985年增加到55.9%，1988年为31.6%；

人均收入200—500元的家庭，1982年占总户数的78.2%，1985年下降到26.6%，1988年下降到3.8%；

人均收入200元以下的贫困家庭，1982年占总户数的3.6%，1985年下降到2.2%，1988年只占1.5%。①

简言之，被调查的320户中，到1988年，人均收入1000元以上和500—1000元的家庭占94.7%。农民共同富裕，不言自明。

在经济体制转轨过程中形成和发展着的"苏南模式"，是中国特色社会主义在苏南农村的成功实践。当时，它对江苏乃至中国其他地区农村剩余劳动力的转移，对实现农业现代化、农村工业化、农村城镇化和农村现代化起了很大作用。从这个意义上讲，"苏南模式"在当时是值得肯定的。

随着经济体制改革的深化和乡镇企业的发展，乡村集体企业产权关系不明、权责不清、政企不分的弊端逐渐凸现，致使"穷庙富和尚"、低价拍卖集体企业资产以及承包经营中"个人负盈、集体负亏、银行负债、政府负责"等现象相继发生，"苏南模式"需要进一步发展和完善。

第三节　城市经济和管理体制改革逐步展开

一　"市管县"体制的实行

1953年1月1日省人民政府正式成立后，江苏省的行政区划经过多次变动，到1983年3月1日前，有镇江、苏州、扬州、淮阴、盐城、南通、徐州7个地区，南京、无锡、苏州、常州、南通、徐州、连云港7个省辖市。经过30多年来的建设，特别是进入20世纪80年代后，城市经济发展速度明显加快，对周围地区的经济辐射功能不断增强，每个城市一般都已发展成为附近地区政治、经济、金融、科学、文化、教育、卫生的中心，一批小城镇则成为大中城市和农村联系的纽带，形成了网络。而当时的地市、市

① 朱通华：《中国"苏南模式"与日本"大分模式"的研究》。见费孝通、[日]鹤见和子等著：《农村振兴和小城镇问题——中日学者共同研究》，江苏人民出版社1991年版，第118页。

县分治的行政体制是“地区主要管农业,市主要管工业”,有的县机关与地市机关设在同一个市,各有一套管理机构,各有自己的地盘和产权,机构重叠,部门林立,工作互相扯皮,这就把“中心”和“网络”人为地分割开来,把商品经济要求城乡互为联系、互为依存并相互促进发展的内在联系人为地分割开来。为了改变地市分设、城乡分割、条块分割、流通堵塞的局面,按经济区统一规划,统一经营城乡经济建设和社会发展,实现优势资源最佳组合,中共江苏省委和省政府根据中共中央、国务院要求在江苏省试行“市管县”体制的指示精神,于 1982 年 11 月开始,组织干部认真学习中央有关机构改革的文件,学习借鉴辽宁省实行“市管县”的经验,统一思想,提高认识。起初,设想江苏省建 9 个市,保留淮阴、盐城两个地区。后来,考虑到这两个地区虽然城市规模不大,但工业比重也已达 45%以上;加之农村多种经营发展很快,也需要通过发挥城市的作用进一步搞活经济,促进城乡商品生产的发展,因而改变了原来的设想,确定全省建立 11 个省辖市(南京、无锡、徐州、常州、苏州、南通、连云港、淮阴、盐城、扬州、镇江市),根据地理位置、历史关系、经济联系等条件,划分了各市管辖的范围。①

1983 年 1 月 18 日,国务院批准江苏省人民政府为实行市管县的新体制制定的关于改革地市体制调整行政区划的报告。行政区划的调整是:

一、撤销苏州地区行政公署,撤销常熟县,改设常熟市。将原苏州地区的吴县、吴江、昆山、太仓、沙洲、常熟 6 县(市)划归苏州市;江阴、无锡 2 县划归无锡市。

二、撤销镇江地区行政公署,将原镇江地区的高淳、溧水 2 县划归南京市;宜兴县划归无锡市;武进、金坛、溧阳 3 县划归常州市;丹徒、丹阳、扬中、句容 4 县划归镇江市。镇江市改由省管辖。

三、撤销南通地区行政公署,将原南通地区的南通、海门、启东、如东、如皋、海安 6 县划归南通市。

四、撤销徐州地区行政公署,将原徐州地区的铜山、丰县、沛县、邳县、睢宁、新沂 6 县划归徐州市;东海、赣榆 2 县划归连云港市。

五、撤销扬州地区行政公署,将原扬州地区的泰州(市)、江都、邗江、泰县、高邮、靖江、宝应、泰兴、兴化、仪征 10 县(市)划归扬州市。扬州市改由省管辖。并将邗江县的汤汪、西湖、湾头 3 个公社划归扬州市。

六、撤销盐城地区行政公署,撤销盐城县,改设盐城市,由省管辖。将原盐城地区的建湖、射阳、阜宁、大丰、滨海、东台、响水 7 县划归盐城市。

七、撤销淮阴地区行政公署,将原淮阴地区的灌云县划归连云港市;淮阴、沭阳、

① 中共江苏省委:《关于实行市管县体制的情况报告》(1983 年 6 月 6 日)。

洪泽、灌南、泗洪、涟水、宿迁、淮安、泗阳、盱眙、金湖等11县划归清江市。清江市更名为淮阴市，改由省管辖。①

1983年春节前后，中共江苏省委常委分头到各地检查地市合并和市县交接工作准备情况；1983年2月，中共江苏省委、省政府组织10个调查组，到各市协助工作。整个交接工作进行得比较顺利，各市均按中共江苏省委部署，于1983年3月1日正式按新的体制开始工作。

在实行新体制后召开的江苏省第六届人民代表大会第一次会议上，顾秀莲当选为省长。

本应于1982年底举行的中共江苏省第七次代表大会，由于当时省、市、县党政机构改革，各级领导班子正处于新老交替过程中，推迟到1984年12月举行。会议选举产生了中共江苏省第七届委员会、省顾问委员会、省纪律检查委员会。在随后召开的省委、省顾委第一次会议上，韩培信当选为省委书记，柳林当选为省顾问委员会主任。

对于"市管县"体制实行后的运行情况，中共江苏省委和省政府十分重视。1984年2月，省政府召开"市管县"体制改革座谈会，顾秀莲省长到会讲话，对这一新体制运行情况给予充分肯定。它符合江苏省省情，符合经济发展的客观规律，促进了城乡经济的发展和宏观经济效益的提高。其具体表现为：

首先，加强了城乡间的经济联系，加快了新型城乡关系建立的步伐。"市管县"体制实行后，市县广大干部逐步树立起市县一家、城乡一体的观念，在组织上从市里派一些干部到县里工作，从县里选调一些干部到市里工作，这就从行政体制和经济体制上把人为分割的城乡间的自然联系和内在的经济联系融合起来了；要求各市对以城市为中心，农村为基础，小城镇为纽带的全局，进行全面规划，统筹安排，互相开放，互相服务，协调发展，达到共同繁荣。如1985年，苏州市6个县(市)的乡镇企业和个体户，在市区建立办事处、经销部或经营点近2000个，从事建筑业、运输业、服务业的有5万多人；市区为各县(市)企业和乡镇企业提供科技服务，累计完成3000多个项目。

其次，推动了城市功能作用的发挥，城乡经济网络逐步形成。"市管县"体制实行后，城乡各自取长补短，扬长避短，发挥自己的优势，为城市各行各业的发展拓宽了空间和领域。在中心城市辐射能力扩大的同时，小城镇的规划和建设得到进一步的加

---

① 《人民日报》1983年1月23日。江苏省计划与经济委员会、《江苏年鉴》杂志社合编：《江苏的"七五"(1986—1990)》(下册)，苏出准印字JSE—002542，1999年版，第509页说：1987年12月15日至22日，国务院分别批准撤销宿迁县、丹阳县、东台县、兴化县、淮安县，设立宿迁市、丹阳市、东台市、兴化市、淮安市，均为县级市。至此，江苏省共有11个省辖市；加上常熟市、泰州市、仪征市(1986年4月设立)、张家港市(1986年10月设立)、江阴市(1987年8月设立)，共有10个县级市。中共江苏省委党史工作委员会、江苏省经济体制改革委员会编：《江苏改革开放纪事》(1979—1988)，中共党史出版社1990年版，第282、289—290页对宿迁等5县撤县设市的时间的记载，与此处的记载稍有差异。

强,农村产业结构发生了很大的变化,以城市为依托的城乡一体的经济网络逐步形成。至1986年底,全省已有1100多个各种形式的城乡联合体,参加的企业达3500多个,其中乡镇企业占2/3;全省共建立工业品贸易中心52个,农村土特产品等各类专业贸易中心、批发市场、贸易货栈上千个。

第三,加强了城乡间科技、信息的交流,促进了农村商品经济的发展。"市管县"体制实行后,各市都组织科技人员下乡,开展科技协作、技术攻关、技术咨询等服务活动;建立人才开发和人才交流服务机构,为农村培训、输送各类技术和管理人才;传递科技情报和经济信息,为农村引进项目、资金,开辟资源和市场,牵线搭桥,促进了农村商品经济的发展。

"市管县"体制在实行的初期,并不是很完善。区域的划分、机构的设置不尽符合经济发展的客观要求,各市的发展也不平衡,总的来看,还处于探索阶段。其中比较突出的问题有:一是思想认识不适应,城乡一体化的观念还不够强。在工作中重城轻乡,重工轻农,有的市的一些部门与县争利、争项目、争能源、争材料,矛盾较大。二是管理体制不适应,城乡脱节、条块分割、领导多头、互相牵制的状况还没有完全改变。有些市仍按原来的行政层次进行管理,市县之间经济关系还没有理顺,市级领导机关不能很好地总揽城乡全局,既管好城市,又管好农村。三是领导的工作作风和方法不适应,有的还是按老办法办事。"市管县,领导不见面"。有的干部坐在城里发号施令,深入农村调查研究少,面对面地具体指导工作少。所有这些都有待于经济体制以至行政管理体制改革的深化来解决。①

二　城市综合改革和单项改革的试点

由于所有制形式不同、生产力发展水平和社会化程度不同,城市经济体制的改革要比农村改革复杂得多。因此,无论是城市综合改革,还是单项改革,凡是需要和能够进行试点的,都是先试点,取得经验,然后逐步推广。

1982年3月,经国务院批准,常州市列为全国经济体制综合改革试点城市。本着为提高经济效益服务、为开发优势产品和形成优势行业服务、为实现城市经济发展战略目标服务的要求,抓住搞活企业这一中心环节,重点对政企不分、条块分割,对企业统得过死、生产和流通的内在经济联系被阻断等旧体制的弊端进行改革试点。按照改革试点的规划,条件比较成熟的先行一步,由点到面,先易后难,分期分批,逐步展

---

① "市管县"体制实行后的运行情况,是根据江苏省经济体制改革委员会的《实行市领导县体制,开拓城乡结合的新路子》(载1987年《江苏经济年鉴》)和中共江苏省委研究室的《加快城乡协调发展的有效模式——关于"市领导县"体制的调查报告》(原载《调查与研究》[增刊之一]1985年12月5日)编写的。

开。经过几年的实践，常州城市经济体制改革试点取得了明显的进展，全市经济增添了活力。

但在计划经济体制下，一个城市孤立地进行经济体制改革，要打破部门之间、地区之间、城乡之间的分割，发展横向经济联系，发挥中心城市的作用是有限的。

1984 年 7 月 13 日，国务院正式批准南京市进行经济体制综合改革试点。为什么要在南京市进行经济体制综合改革试点，国务院办公厅在通知中说得很清楚：南京是长江下游的重要港口，同长江三角洲经济区和整个苏皖地区有着密切的经济联系。经过 35 年的建设，南京已成为一个以重工业为主，门类比较齐全，科学、教育比较发达的综合工业城市。但是，由于经济管理体制多头，条块分割、部门分割，南京的上述优势得不到充分的发挥。多年来南京的生产发展速度和主要经济指标，不仅低于苏南的工业城市，而且低于全省平均的发展水平。为了更好地调动各方面的积极性，充分发挥南京的优势，为江苏的经济翻番增加后劲，国务院决定在南京进行经济体制综合改革试点。其改革试点的主要内容有：改革企业管理体制，充分发挥全地区的综合生产能力；改革计划体制，发挥中心城市组织生产和流通的作用；改革财政、金融体制，改革流通体制；扩大引进技术；实行对外开放；充分利用南京的科技、智力优势，组织科技协作网络；充实和完善"市管县"的新体制。

南京经济体制综合改革试点，围绕搞活企业、搞活经济、搞活南京这个主题，在增强大中型企业活力，促进整个城市经济发展；推进联合，发展多形式、多层次的横向经济联系；搞活城区，增强城市综合服务功能；搞活流通，增强城市的辐射力和吸引力等方面进行了一系列探索，并获得初步成效。南京市对不同类型企业制定了相应的放宽搞活政策，财政、金融、税务、劳动、人事等部门也为搞活企业进行配套改革，制定放权措施。还对企业所有权与经营权分离进行改革试点。1984 年以来，南京有 112 家企业进行厂长（经理）负责制试点，其中大中型企业 52 家，占全市大中型企业总数的 50%。到 1985 年底，有 367 家小型国营商业企业实行"转、改、租"，占总数的 91.75%。1986 年，南京在横向经济联系，发挥中心城市综合开发作用方面，也从本地区、本部门、本系统向跨地区、跨部门、跨所有制发展；从单一生产要素联合向多种生产要素组合发展；从生产领域的联合向流通领域和科技领域的联合发展；从短期的、松散的联合向稳定的、紧密的联合方向发展。到该年年底，南京全市经济联合体已发展到 682 个，参加联合的单位达 1576 个，占全市工业企业（含村办）总数的 21%。其中，科研生产联合体 91 个，与大专院校、科研单位建立合作关系的企业 570 多家。1986 年 6 月，在国务院上海经济区规划办公室的倡议和江苏、安徽、江西省人民政府

的支持下,由南京、合肥市发起,共 16 个地、市,成立南京区域经济协调会。[①] 协调会成立一年多来,各地市之间达成的协作项目 1500 多项,产生效益的约 700 项,年新增产值 5 亿多元,融通资金 10 亿元,物资调剂成交额达 4 亿元,初步打破南京经济封闭的状态,增强了南京这个中心城市的辐射力和吸引力。

在常州、南京进行城市经济体制综合改革试点的同时,中共江苏省委、省政府确定常熟、海安、铜山 3 县(市)为综合改革试点县。另外,国家还在江苏进行了一些单项改革试点。如 1986 年 5 月,经国务院同意,江苏的苏州、无锡、常州与全国其他 13 个中等城市为全国首批机构改革试点城市。中共江苏省委决定在常熟、扬中、宿迁、东台 4 县(市)进行机构改革试点。1986 年初,常州市被列入全国金融体制改革试点的 5 个城市之一;经国家体改委和中国人民银行总行批准,南京、苏州、无锡先后成为全国金融体制改革试点城市。1986 年 11 月,无锡市被国务院确定为大中型企业经营责任制试点的 6 个城市之一。国家确定在苏州、无锡、常州进行物资体制改革试点。1982 年 4 月,常州被国务院列为补贴出售公有住房改革试点的 4 个城市之一。1986 年 3 月,国家决定常州、镇江两市参加全国按"提高房租、增加工资,促进个人买房"的构思进行试点。1987 年 5 月,国家科委等 6 个部门同意将南京列为科技体制改革试点城市。

三 以搞活国有大中型企业为重点的企业改革

1979 年 8 月下旬,江苏省国营工交企业扩大自主权试点后,各地、各部门、各行业进行了一系列试点和探索,积累了一定经验。1984 年 10 月,中共十二届三中全会通过《中共中央关于经济体制改革的决定》。自此,江苏城市经济体制改革进入全面展开的新阶段。

大中型企业是国家财政任务的主要承担者,是社会生产力发展和经济技术进步的主导力量。江苏省大中型企业的数量不多,1984 年占全省企业总数还不到 1%,但固定资产却占 41.5%,产值占 27.3%,上缴税利占 56.1%。当时多数大中型企业的发展不如小型企业,全民所有制企业不如集体企业。这与大中型企业缺乏活力有很大关系。[②] 因此,在搞活小型企业的同时,简政放权,着重搞活大中型企业,把大中型企业的潜力挖掘出来,对江苏省经济发展具有重要意义。

和全国一样,江苏城市经济体制改革也是从搞活企业,特别是从搞活大中型企业这

---

① 该协调会后来增加江西省的南昌、景德镇两个市。

② 顾秀莲在江苏省第六届人民代表大会第三次会议上作的《政府工作报告》(1985 年 5 月 8 日)。

一中心环节入手，对企业外部和内部两个方面进行改革①，改变企业经营好坏一个样，职工干多干少一个样的状况，使企业做到不吃国家"大锅饭"，职工不吃企业"大锅饭"。

对企业外部方面的改革，首先是调整、改革国家和企业的分配关系，对国营企业试行多种形式的利润留成制度。1983 年 4 月开始的利改税的第一步改革，较好地处理了国家和企业的关系。在实行利改税的企业中，1611 户地方国营工业企业，1983 年实现利润总额（扣除企业归还专项贷款）为 22.6605 亿元。其中，上缴国家 17.6801 亿元，占 78.02%；留给企业 4.9804 亿元，占 21.98%。在企业留利中，用于职工奖金部分 1.8494 亿元，占实现利润总额的 8.16%。这充分体现"国家得大头，企业得中头，个人得小头"的原则。② 从 1984 年 10 月起，江苏省对 7645 户地方国营企业实行第二步利税改革，以税代利，结合税制改革，将企业上缴财政收入改为征收所得税和调节税。税后利润由企业自主安排使用，并允许企业在征收所得税之前，从利润中归还银行技改措施贷款。通过第二步利改税改革，7645 户地方国营企业每年可增加税后利润留成 2 亿多元。1984 年，江苏省地方国营企业利润留成总额达 11.9 亿多元。这对增强企业活力，支持生产发展，发挥了很大的作用。③ 其次是各级政府简政放权，放宽政策，逐步扩大企业自主权，使企业向着相对独立的经济实体的目标迈进。在贯彻落实国务院《关于进一步扩大国营工业企业自主权的暂行规定》过程中，中共江苏省委、省政府根据江苏实际情况，先后共制订 28 个简政放权具体规定，陆续下放近 700 个省属企业，各市、县也相应配套放权，使企业在生产经营计划、产品销售、产品价格、物资选购、资金使用、资产处置、机构设置、人事劳动管理、工资奖金、联合经营等方面有了一定的自主权。

在企业内部进行配套改革，逐步推行各种形式的经济责任制。

一是改革企业领导体制，推行厂长（经理）负责制。1984 年开始，江苏省对厂长（经理）负责制进行试点，然后逐步推行。1985 年，江苏推行厂长负责制试点的企业有 1729 个，其中工交企业 1393 个，占全省列入整顿计划的县以上工交企业总数的

---

① 有人将企业的改革概括为"一包五改"，即：层层实行各种形式的经济承包责任制；改革企业的领导体制，党政分开，实行厂长（经理）负责制；改革经济核算制度，划小核算单位，实行分灶吃饭；改革奖金分配制度，实行奖金与经济效益挂钩；改革企业内部机构设置，精简虚设的机构和行政人员；改革用人制度，实行干部聘任制和工人合同制。

② 姜其温在江苏省第六届人民代表大会第二次会议上作的《关于一九八三年财政决算和一九八四年财政预算草案的报告》（1984 年 6 月 20 日）。这里的数字与 1986 年《江苏经济年鉴》、《利改税工作》一文中的数字略有出入。其百分比 78.02%、21.98%和 8.16%是编者根据数据计算得出的。

③ 姜其温在江苏省第六届人民代表大会第三次会议上作的《关于一九八四年财政决算和一九八五年财政预算草案的报告》（1985 年 5 月 8 日）。

26%。① 到1987年底,在全省6091个全民所有制企业中,企业的生产指挥、经营管理由厂长(经理)全权负责的达4000个,占65.67%,其中有2179个企业还结合推行了厂长(经理)任期目标责任制。

二是改革企业内部分配制度,逐步完善各种形式的经济责任制。按照所有权和经营权适当分离的原则,大多数企业都因地、因时制宜地实行一种形式为主,兼用其他形式的分配方法。据1988年调查,无锡市企业内部分配形式,归纳起来有12种:浮动工资制、计件工资制、结构工资制、工资总额包干制、工资含量包干制、岗位工资制、计分计酬制、单项承包工资制、专项奖金制、内部价格结算收入制、按股分红、基本工资加奖金。据说,无锡市企业虽然有这么多分配形式,但不是固定不变地机械地采用某种形式。哪一种形式能带来更好的效益,更能调整好人们的利益关系,就会有更多企业主动试行。②

三是划小核算单位。许多大中型企业根据本企业实际情况,扩大车间、分厂的权限,改厂部集权管理为分级分权管理,使企业的"权利层层有,责任层层负,利害层层担,层层不吃大锅饭。"③

四是全面推行承包经营责任制。无锡市政府根据国务院确定进行大中型企业经营责任制试点工作的精神,于1987年1月上旬在无锡无线电厂等6家工商企业先行一步,进行试点。在总结6家试点企业经验,分析本市企业改革情况的基础上,无锡市政府在96家市属全民大中型企业推行经营承包责任制。1987年6月以后,江苏全省开始大面积推行以承包经营为主要形式的经营责任制,探索企业所有权与经营权分离的路子。由于承包经营责任制赋予企业自主经营的经济权力、自负盈亏的经济责任和独立核算的经济利益,增强了企业自我发展机制的活力,较好地解决了当时国家与企业的责权利关系,受到企业的欢迎。1987年,苏州市254家全民工业企业中,实行承包经营的252家,占99.21%;无锡市实行承包的企业占全市预算内全民企业的99.42%。到1987年底,全省1964家预算内工业企业中,实行各种形式承包经营责任制的1802家,占总数的91.8%;在按第二步利改税口径统计的897家大中型企业中,实行承包经营责任制的达852家,占总数的95%。④ 从各地推行承包经营责任

---

① 中共江苏省委党史工作委员会、江苏省经济体制改革委员会编:《江苏改革开放纪事(1979—1988)》,中共党史出版社1990年版,第206页。

② 胡福明、李真主编:《无锡市情综合考察》,上海人民出版社1990年版,第104—105页。

③ 江苏省经济体制改革办公室:《关于上半年经济体制改革情况和下半年工作意见的报告》(1985年7月21日)。

④ 1988年《江苏经济年鉴》,南京大学出版社1988年版,Ⅵ—1页。1988年1月22日姜其温在江苏省第七届人民代表大会第一次会议上作的《关于1987年财政预算执行情况和1988年财政预算安排意见的报告》中说:到1987年底,江苏省已有783户大中型工业企业实行承包经营责任制,占国营大中型企业总数的87%。录此供参考。

制的实践来看，它不仅调动了经营者的积极性，挖掘了企业内部潜力，而且对其他各项改革措施带来良好的连锁反应。承包企业普遍反映："层层搞承包，个个扛指标，风险人人有，重担大家挑。"但这种经营形式实践的时间还不长，有待于今后进一步完善。

四　扩大市场调节，促进横向经济联合

能源和原材料严重短缺一直是江苏经济发展的"卡脖子"问题，而江苏的产品又大部分销往省外和出口国外，这就是人们通常所说的江苏经济两头在外。敞开大门，广泛开拓市场，按照各个城市的不同性质和特点，有计划、有步骤地开辟有辐射能力的商业、物资、金融、技术、人才、信息和劳务市场，让更多的企业走出厂门，走向市场，见市场的世面，经竞争的风雨，大力发展各种横向经济联合，是江苏城市经济体制改革的一个重点，是江苏经济发展的必然要求，是社会化大生产的必然趋势，是对条块分割格局的有力冲击。从 1984 年起，江苏省将横向经济联合推进到新的阶段，突破了生产资料不是商品、工不经商、全民所有制企业不搞竞争等框框，打破地区之间、部门之间、行业之间、军工和民用之间的界限，省、市、县、企业层层发展多形式、多渠道的广泛联系。1986 年，江苏省人民政府为贯彻执行国务院《关于进一步推动横向经济联合若干问题的规定》，结合江苏省的具体情况，提出 50 条实施办法，进一步促进了横向经济联合的健康发展。江苏横向经济联合的形式，归纳起来大体上有 4 种。

一是以名优新特产品为"龙头"，以大中型骨干企业为依托，组建企业联合体。

企业之间的联合，是横向经济联合的核心问题，也是横向经济联合的基本形式。在企业经济联合的实践中，先后涌现出部省企业与地方企业、军工企业与民用企业、城市企业与乡镇企业、生产企业与科研院校、本省企业与外省企业的联合。企业联合形式大致又有两种：企业群体和企业集团。企业群体较松散，带有过渡性；企业集团较紧密，是生产专业化和社会化发展的必然趋势。到 1985 年底，全省共组建各种形式的企业联合体 3300 多个，其中组织上比较紧密、经济效益和社会效益比较明显、规模比较大的企业群体、企业集团 350 多个，参加的企业 1900 多家。常州东风印染厂前联纺织、后联服装，联合 16 家企业，分布在 3 省 7 市，共有 22 万纱锭、8000 台布机、20 条印染生产线，形成年产 50 万件服装生产能力。据南京、常州、无锡等市计算，1986 年，企业群体或企业集团的产值、利税总额约占当地工业总产值、利税总额的 1/4和 1/3，日益成为各市经济的重要支柱。

到 1987 年，江苏各种经济联合体增加到 8000 多个，参加的企业达 2.2 万多家，其中跨省的联合体达 1100 多个。企业群体、企业集团增加到 384 个。以熊猫牌电视

机、金狮牌自行车、香雪海电器、长城牌电扇等名牌产品为“龙头”组建的公司都是当时名闻遐迩的企业经济联合体。

二是以发挥省内外地区经济优势，组织区域经济联合和协作。

跨省市的联合协作有：1986 年，以徐州为中心，由苏、鲁、豫、皖边境的 16 个地市、110 多个县组成的“淮海经济区”成立。① 1986 年 6 月，由南京、合肥等市发起，苏、皖、赣 16 个地市(后来增加到 18 个地市)组成的“南京区域经济协调会”宣告成立。江苏宜兴、浙江长兴和安徽广德也成立 3 县“经济协作区”等。此外，江苏各市县与上海市联合协作的形式更是多种多样，联合协作的内容更加丰富，联合协作的范围更加广泛。1986 年一年，江苏全省与上海联合协作的项目达 2340 个，占全省联合协作项目总数的 30%左右。在江苏省内，先后成立苏、锡、常，宁、镇、扬，通、盐、泰(州)和徐、淮、盐、连 4 个经济技术协作区。以大中城市为依托的区域经济协作关系的扩大，对搞活全省经济起了积极的作用。但多数经济区域的经济活动往往停留在金融部门的资金拆借和物资的流通方面；工业企业双边的、多边的联合多，群体联合的少；中小企业联合的多，大企业联合的少；松散型的联合项目多，紧密型的联合项目少，能形成拳头产品或骨干企业的联合项目更少。经济区域的组织机构不健全，区域工作缺少统一规划，特别是江苏省内的一些区域，许多工作没有能深入开展，有的仅局限于一年一次的例会，有的连一年一次例会也不能保证，经济区域只是挂个空名而已。

三是以开发和建立原料基地为重点的联合协作。

江苏的物资协作工作起步于 20 世纪 50 年代初期，当时协作的物资数量有限。第三个五年计划时期(1966—1970 年)，物资协作规模逐步扩大。中共十一届三中全会以后，经济协作范围进一步拓宽。江苏协出的物资有机床、汽车和二、三类机电产品等生产资料，继而扩大到轻工产品、农副产品等生活资料。第六个五年计划时期(1981—1985 年)，协作的步伐加快，领域扩大，形式更加多样，并开始从单纯的物资协作向经济技术协作发展。按照扬长避短，形式多样，互利互惠，共同发展的原则，江苏先后同山西、河南、江西、内蒙、广西、四川、新疆等 28 个兄弟省、市、自治区建立了协作关系。据不完全统计，1982—1985 年，江苏与兄弟省、市、自治区签订经济技术协作项目 3513 个，其中 1985 年签订 2214 个，占 63%；协进、协出资金 11.7 亿元；协进、协出物资折成货币为 71.3 亿元。1986 年，全省协进、协出物资折成货币达 51.6 亿元。其中协进的主要物资有：煤炭 1335 万吨，钢材 160.5 万吨，木材 79 万立方米。协进的煤炭、钢材分别占国家分配数的 107%和 268%。全省生产消耗的燃料、原材

---

① 1987 年《江苏经济年鉴》，南京大学出版社 1987 年版，Ⅳ—124 页说，苏、鲁、豫、皖接壤地区的 26 个地、市，100 多个县成立了“淮海经济区”。录此供参考。

料有一半以上是通过协作来解决的。1987年，江苏全省共达成协作项目5774个，协进资金4.5亿元，协进协出物资折成货币79亿元。这些协进的物资平衡了江苏资源的缺口，保证了经济建设的顺利发展。实践证明，经济协作已成为江苏省国民经济中重要的组成部分。

五　非公有制经济的兴起

在积极促进国有经济和集体经济发展的同时，江苏的个体、私营、外资等非公有制经济逐步发展壮大，逐渐成为国民经济的重要力量。

（一）个体私营经济的兴起

1981年9月，中共江苏省委、省政府《关于发展城镇集体与个体经济的若干规定》颁布后，零售商业、饮食业、服务业领域个体经营迅速恢复。1981年底，全省个体工商户发展到9.25万户，从业人员9.9万人，分别比1978年增长3.02倍和2.3倍。在中共十二大报告中提出的要鼓励劳动者个体经济适当发展的号召下，江苏省工商行政管理局于1983年进一步放宽农村个体工商业的经营登记范围，允许农村个体零售商业经营三类小商品和完成国家计划任务后的工业消费品以及国家计划没有规定的其他商品等。据统计，1983年，江苏省零售商业、饮食业、服务业中个体从业人员达306717人，比1979年的8397人增加35.5倍。① 1984年6月，江苏省工商行政管理局按照“国家、集体、个人一齐上”的方针，进一步放宽政策，决定取消过去关于发展个体工商业必须“行业配套”等不适当的提法，根据社会需要来决定发展什么和发展多少。放宽对个体工商业只能经营三类商品的限制，允许个体工商户走街串巷，为居民服务；允许个体工商户向零售商店进货；允许并鼓励农民到集镇、县城和附近的工矿区务工、经商、办服务业；鼓励农民从事贩运活动，简化登记手续，随到随批，经营范围不限，运输工具不限，运销地点不限，放手发展。1984年11月，江苏省个体劳动者在南京召开第一届代表大会，会上成立了江苏省个体劳动者协会。这对个体劳动者是个极大的鼓励。同年，江苏省个体工商户猛增到71.22万户，从业人员猛增到92.9万人，个体工商业营业额达23.18亿元。② 1985年，江苏省个体工商业又有了新的发展。在继续扶持个体工商业的工作中，重点引导发展以劳务为主的、为人民生产生活服务的饮食、修理、加工和运输等行业，同时切实加强管理。是年，全省个体工商户增加到79.8万户，比上年增长12%；从业人员增加到108.68万人，比上年增长16.99%；共有资金7.73亿元，比上年增长26%；全年营业额43.77亿元，与1980年

---

① 这三个数字是根据1986年《江苏经济年鉴》，江苏人民出版社1986年版，Ⅲ—53页的数字进行计算得出的。

② 《江苏省志·工商行政管理志》，江苏古籍出版社1995年版，第136页。

相比,增长近56倍,占社会商品零售额比重由0.3%上升到8.9%。在流通领域出现国营、集体、个体互相竞争、共同发展的兴旺景象。从行业结构上看,江苏省个体工商业从事的主要是第三产业。1985年,纯商业占总户数的43.79%,贩运占6.21%,工业手工业占14.82%,运输业占13.06%,饮食业占7.36%,服务业占5.06%,修理业占8.59%,其他占1.11%。从城乡分布上看,1985年,农村个体工商户占全省个体工商户总数的89%,从业人员占总人数的90%。1985年后,江苏省个体经济进入相对稳定的发展时期。到1987年,在工商行政管理部门登记注册的个体工商户有866782户,从业人员120.36万余人,商品零售额40.83亿多元;雇工8人以上的私营企业有4573家,从业人员70944人,其中雇工56911人。① 个体私营经济已从“拾遗补缺”发展成为“公有制经济的必要的、有益的补充”。它在活跃江苏城乡市场,方便群众生活,缓解就业压力等方面发挥了积极作用。

(二) 外资企业的兴起

关于外资企业的兴起和发展,详见第二章第四节第二目。

第四节 对外实行开放和经济技术开发区的创建

一 对外贸易的新发展

1974年1月1日前,江苏省没有正式建立对外贸易口岸。在国家统一经营下,江苏省将收购或调拨的出口货物,由上海、天津、广州、大连、青岛等口岸组织出口。经国务院批准,1974年1月1日,江苏省正式建立对外贸易口岸,直接对外开展进出口业务,从而结束了江苏省长期作为货源调拨省份的历史,揭开了对外贸易的新的一页。按照国家外贸部的意见,江苏省口岸的业务范围,本着边经营边建设的方针,由小到大,先易后难,逐步发展。经营地区,先经营对香港、澳门、新加坡、马来西亚、日本以及朝鲜、越南、蒙古、苏联的出口业务;在经过实践和总结经验的基础上,根据具体情况逐步过渡到全面经营。经营的商品,开始时以本省货源为主,兼顾陇海铁路沿线的部分货源;后来根据外贸计划任务的需要和连云港的建设情况,逐步增加经营品种。② 是年,全省外贸收购总值为13.55亿元,出口额为7689万美元。开口岸伊始,江苏省重建对外贸易局,先后成立纺织品、粮油食品、土畜产品、轻工业品、五金化工

① 《江苏省志·工商行政管理志》,江苏古籍出版社1995年版,第137、40页。

② 国家外贸部《关于江苏省建立外贸口岸问题的意见》(1973年8月1日)。《江苏省志·对外经济贸易志》,江苏古籍出版社1997年版,第428页。

机械矿产品、包装储运6个进出口公司。1978年，江苏开始开展地方进口业务，当年进口额为903.33万美元。随着对外贸易的发展，海关、商品检验、银行、保险、贸易促进等相关机构、组织也逐步建立和完善。①

中共十一届三中全会后，江苏省对外贸易由起步阶段进入发展阶段。1979年，外贸收购值达到253660万元，比1978年增长41.13%；出口额为61898万美元，比1978年增长47.92%；进口值为5777万美元，比开始开展地方进口业务的1978年增长539.76%。1980年8月23日—9月14日，江苏省外贸局首次在香港举办"江苏省出口商品展卖会"，展卖会以展为主，展卖结合，展出商品5000多件，吸引各界观众约25万人次，共出口成交5108万美元。② 到1980年底，江苏省除大米等少数品种继续调拨上海口岸出口外，其余各类出口商品均由江苏口岸直接出口，基本实现自营。是年，江苏省外贸收购总值达309609万元，比1979年增长22.06%；出口值达85401万美元，比1979年增长37.97%，占全国出口总值的4.73%，居第6位；进口值为9208万美元，比1979年增长59.39%（详见表2—6）。

表2—6　1978—1987年江苏省外贸商品收购总值、出口值、进口值统计表③

年份	外贸商品收购总值（万元）		出口值（万美元）		进口值（万美元）	
	收购总值	比上年增加（%）	出口值	比上年增加（%）	进口值	比上年增加（%）
1978	179738	13.51	41846	51.73	903	
1979	253660	41.13	61898	47.92	5777	539.76
1980	309609	22.06	85401	37.97	9208	59.39
1981	354872	14.62	109685	28.44	9638	4.67
1982	406678	14.60	119536	8.98	8368	−13.18
1983	431633	6.14	137242	14.81	7894	−5.66
1984	457570	6.01	148704	8.35	14446	83.00
1985	531092	16.07	155851	4.81	29492	104.15

① 《江苏省志·对外经济贸易志》，江苏古籍出版社1997年版，第4页。

② 《江苏省志·对外经济贸易志》，江苏古籍出版社1997年版，第4、406页。1982年7月30日至8月14日，江苏省外贸局在澳门举办《江苏省出口商品展销会》。这是江苏省首次在澳门举办大型综合展销会，有3700多种样品陈列，4万多人次中外客商到会。

③ 《江苏省志·对外经济贸易志》，江苏古籍出版社1997年版，第67、153、201页。表内比上年增加的百分比数是笔者根据本表的数字计算得出的。另据1989年《江苏经济年鉴》，南京大学出版社1989年版，Ⅲ—79页的注释说：本表所列的外贸收购总值，按计划价格计算，为直接出口商品收购口径，不包括兼营商品。如按实际收购价格计算，外贸收购总值要大一些。

续表

年份	外贸商品收购总值(万元)		出口值(万美元)		进口值(万美元)	
	收购总值	比上年增加(%)	出口值	比上年增加(%)	进口值	比上年增加(%)
1986	699817	31.77	171990	10.36	36175	22.66
1987	897641	28.27	211865	23.18	58380	61.38

1982年11月,全国人大常委会批准南通港、张家港对外籍船舶开放。1983年1月,江苏省人民政府决定,从本年起,外贸计划管理试行指令性计划、指导性计划和市场调节三种办法,允许本省收购的超计划出口商品到其他口岸推销。这是江苏省在国家现行外贸计划体制没有改变的情况下,率先试行的改革。试行三种管理办法的目的,是打破"计划是铁饭碗"的观念,促进企业真正关心国际市场需求,关心技术进步,关心产品质量,以增强江苏出口商品在国际市场的竞争力,确保国家下达的出口创汇任务的完成。1983年8月,在南京召开的江苏省利用外资、对外贸易工作会议,总结利用外资和对外贸易工作的经验,强调要千方百计控制外贸亏损,增强出口商品在国际市场上的竞争力。1984年4月,中共中央书记处和国务院联合召开的沿海部分城市座谈会建议,南通、连云港市和全国其他12个沿海城市进一步对外开放,作为中国实行对外开放的一个新的重要步骤。1984年5月,全国人大六届二次会议的《政府工作报告》提出:"进一步开放大连、秦皇岛……连云港、南通……等十四个沿海港口城市和海南岛,实行经济特区的某些特殊政策,扩大它们的权力。"同年12月,经国务院批准,连云港市、南通市设立经济技术开发区,实行经济特区某些优惠政策和灵活措施,集中兴办以开发新技术和新兴产业为主的中外合资合作企业、外商独资企业、中外合作科研机构等项目。1985年2月,苏州、无锡、常州3市及所属12个县(市)列为长江三角洲经济开放区组成部分,对外开放。同年12月,经江苏省人民政府批准,苏州、无锡、常州3市所辖12个县(市)的29个镇(乡)为长江三角洲苏锡常经济开放区的重点工业卫星镇。它们在商品进出口、利用外资等方面享受经济开放区市区和县(市)的城关镇的同等优惠待遇。

在这样优越的条件下,江苏省的外贸企业运用各种办法扶植和培育了一批在国际市场上享有较高声誉的、具有江苏特色的骨干商品。各外贸进出口公司采取"走出去,请进来"等办法,在有关方面的帮助、支持下,逐步拓宽对外销售渠道,促进了江苏省对外贸易的发展。除个别年份外,江苏省外贸商品收购值、出口值、进口值逐年增加,品种逐年增多。1987年,全省外贸商品收购值达897641万元,出口值达211865

万美元，进口值达58380万美元，分别比1978年增加3.99倍、4.06倍、63.65倍（详见表2—6）。到1987年，收购值在1亿元以上的大宗商品有12个，收购金额达315167万元，占全省外贸收购总值的35.11%；收购值在5000万元至1亿元的商品有19个，收购金额达141532万元，占全省外贸收购总值的15.76%。两项合计，收购值在5000万元以上的大宗商品的收购金额在全省外贸收购总值中占50.87%。①到1987年底，江苏已与167个国家和地区的11000户客商有贸易往来，其中贸易往来较稳定的基本客户有5000多户。商品主要出口到港澳地区、日本、苏联和东欧、欧共体、美国及加拿大。1987年，商品出口到港澳地区的出口值占23.95%，出口到日本的占18.72%，出口到欧共体的占15.87%，出口到美国和加拿大的占12.69%，出口到苏联和东欧国家的占10.2%。②

二　利用外资和对外经济技术合作的良好开端

对外贸易、利用外资和对外经济技术合作，即外贸、外资、外经“三外齐上”的格局，到1987年已见雏形，为江苏省进一步对外开放奠定了基础。

（一）积极利用外资

在改革开放的起步阶段，江苏省利用外资的形式主要是兴办“三资”企业（即中外合资经营、中外合作经营、外商独资经营）和补偿贸易，其次是国际租赁、外国银行和国际金融组织贷款。在“三资”企业中，初始时期以中外合资为主，中外合作经营较少，外商独资还是空白。中外合资企业，是外商与江苏企业在平等互利、互守信用的基础上共同兴办的企业，双方共同投资、共同经营、共担风险、共负盈亏。合作经营企业，一般是中方（江苏）提供土地和人力，外方提供资金、设备，合同期内双方的权利和义务按合同条款规定执行。通常中方按一定的产品销售作为中方利润偿还外方资本的本息。合同期满，企业为中方所有。为了适应吸收、利用外资工作的需要，1980年4月，江苏省进出口管理委员会正式成立，负责审批外资利用项目。1984年，江苏省负责审批中外合资经营、合作经营和补偿贸易项目的权限，由1983年的300万美元放宽到500万美元。为了调动地方利用外资的积极性，江苏省逐步扩大各市利用外资审批权限。③

江苏省最早的补偿贸易项目是国家外贸部于1978年10月批准，由香港溢达企业有限公司和江苏省纺织品进出口分公司合作的12条服装生产线（无锡6条、

---

① 《江苏省志・对外经济贸易志》，江苏古籍出版社1997年版，第70页。

② 《江苏省志・对外经济贸易志》，江苏古籍出版社1997年版，第163—164页。

③ 《江苏省志・对外经济贸易志》，江苏古籍出版社1997年版，第306页。

常州 4 条、苏州 2 条),外资金额为 240 万美元,年产各类服装 65 万打,补偿年限为 3 年。

江苏省中外合资经营始于 1981 年。是年 4 月,经江苏省进出口管理委员会批准,由江苏省轻工业品进出口分公司、无锡市无锡家具总厂、无锡县轻工公司与菲律宾维德集团有限公司合资建立“中国江海木业有限公司”。该公司投资总额 389 万美元,注册资本 298 万美元。其中,中方占 60%,179 万美元;外方占 40%,119 万美元。经营范围是生产胶合板。合营期限为 20 年。① 1982 年 2 月,省人民政府召开的全省进出口工作会议提出,全省利用外资的方向是以发展轻纺消费品生产为重点,搞好现有企业的技术改造,使企业获得新的活力。

江苏省最早的中外合作经营项目是 1984 年 11 月批准,由香港金陵实业有限公司和南京光明电器厂合作经营的南京金光实业公司。投资总额为 25 万美元,全由外方出资。经营范围是生产太空须刨。合作经营期限为 10 年。

为了贯彻落实国务院《关于鼓励外商投资的规定》,进一步改善投资环境,更好地鼓励外商来江苏省投资,引进先进技术,扩大出口创汇,加快经济发展,江苏省人民政府结合江苏实际,特制订《关于鼓励外商投资的若干规定》。之后,到江苏各地洽谈投资的外商纷至沓来,江苏利用外资的规模不断扩大。仅中外合资经营项目,1987 年一年就增加 71 项,超过以往任何一年。到 1987 年底,全省共批准利用外资项目 740 项(详见表 2—7),协议金额 86281 万美元,实际使用金额 64664 万美元。其中,外商直接投资的 193 个项目(合资企业 162 个,合作经营企业 31 个)中,来自 13 个国家和地区:香港 122 项,美国 27 项,日本 20 项,澳门 8 项,菲律宾 3 项,新加坡、法国、意大利、加拿大、澳大利亚各 2 项,瑞典、德国、泰国各 1 项。以上外资分别投向省内 15 个行业。② 这些投资对江苏产业结构的调整、新兴行业的开发和新产品的增加等方面起了积极的促进作用;在出口创汇、企业利润和国家税收等方面,均取得明显的效果。

由于江苏省利用外资的时间不长,管理经验有限,利用外资的规模较小,技术含量不高,前进的步伐不快,因而在全国利用外资中所占的比重不高,重复引进、重复布点的状况有待克服,投资环境需要进一步改善。

---

① 《江苏省志·对外经济贸易志》,江苏古籍出版社 1997 年版,第 282—283 页。笔者认为,如按照各方所占百分比计算,中方为 178.8 万美元,外方为 119.2 万美元。

② 《江苏省志·对外经济贸易志》,江苏古籍出版社 1997 年版,第 302 页。

表 2—7　1978—1987 年江苏省利用外资情况表①（金额单位：万美元）

年份	外国政府贷款		国际金融组织贷款		中外合资经营		中外合作经营		补偿贸易		国际租赁	
	项目（个）	贷款额	项目（个）	贷款额	项目（个）	外商投资金额	项目（个）	外商投资金额	项目（个）	外商投资金额	项目（个）	金额
1978	—	—	—	—	—	—	—	—	2	245	—	—
1979	—	—	—	—	—	—	—	—	9	2747	—	—
1980	—	—	—	—	—	—	—	—	9	458	—	—
1981	—	—	—	—	2	241	—	—	11	323	—	—
1982	—	—	—	—	1	600	—	—	9	3789	5	259
1983	4	355	12	1256	—	—	—	—	13	931	20	1098
1984	6	940	26	2565	19	3229	3	67	33	2380	23	1299
1985	1	250	41	5128	32	4751	13	4884	31	2244	27	2502
1986	2	1286	11	1887	37	3862	10	1170	40	2531	79	5064
1987	1	1020	14	1509	71	6280	5	955	54	2840	58	4671
合计	14	3851	104	12345	162	18963	31	7076	211	18488	212	14893

注：另外，1983 年至 1987 年，江苏省有 6 个项目通过国际金融市场，向日本、新加坡等外国银行贷款，共计 14719 万美元。

（二）积极开展对外经济技术合作

江苏省对外经济技术合作工作，始于 20 世纪 60 年代承担国家下达的对外经济技术援助项目。江苏承担的第一个对外援助项目是从 1961 年开始建设到 1964 年建成投产的越南灯泡、热水瓶综合性工厂。在对外经济技术合作中，江苏省坚持“薄利、保质、重义、守约”的原则，在国际市场的不同层次、不同门类上，发展对外承包工程和劳务合作业务。到 1987 年底，江苏省共承担对外经济技术援助项目 131 项，其中建成 99 项，停建 25 项，有 7 项在 1987 年以后继续进行援助。按援建门类划分，131 个项目中有工厂 81 个，其中中途停建 22 个；农场及农业方面 22 个；水利工程 2 个；蚕种场 2 个；电信工程 2 个；医院 7 个，其中中途停建 2 个；体育场 8 个；打井 1 个；交通方面修路造桥 3 个；学校 2 个，其中中途停建 1 个；会议大厦 1 个。②

---

① 本表根据《江苏省志·对外经济贸易志》第 282—284 页的数字制作。该志第 282—284 页利用外资的项目和金额相加的结果是：全省共批准利用外资的项目为 740 项，协议金额为 90335 万美元，比该志第 281 页的协议金额 86281 万美元多 4054 万美元。本表利用外资的项目数和金额与 1989 年《江苏经济年鉴》，南京大学出版社 1989 年版，Ⅲ—82 页的数字也不一致。特此说明。

② 《江苏省志·对外经济贸易志》，江苏古籍出版社 1997 年版，第 309—311 页。

江苏省对外承包工程和劳务合作业务始于 1978 年 11 月正式签约的美国纽约“江苏明轩园”项目,由苏州市园林局承担。1978 年至 1987 年,江苏省对外承包工程和劳务合作中,共签订项目 249 个,合同金额 14578.17 万美元,实际营业额 19300.56 万美元,共派出劳务人员 15178 人次(详见表 2—8)。

表 2—8 1978—1987 年江苏省对外承包工程和劳务合作业务统计表①

年份	对外签订合同		营业额(万美元)	当年派出人数
	项目数(个)	金额(万美元)		
1978	1	131.34	—	—
1979	4	484.75	—	39
1980	6	616.00	131.34	1028
1981	12	921.38	544.00	1
1982	18	894.72	1194.00	1489
1983	21	1914.01	2638.66	2820
1984	41	1003.02	3963.65	2082
1985	88	2965.76	3783.80	1699
1986	30	2934.67	3250.83	2533
1987	28	2712.52	3794.28	3487
合计	249	14578.17	19300.56	15178

江苏省举办海外非贸易企业,始于 1984 年 11 月由经贸部批准,1985 年 3 月开始试生产,由江苏省丝绸进出口分公司和香港致惠投资有限公司合资,生产和销售染色绸的香港通益印染厂有限公司。至 1987 年底,江苏省在海外共投资创办 12 家非贸易企业,其中亚洲 4 家、非洲 1 家、美洲 3 家、澳洲 3 家、欧洲 1 家。12 家企业共投资 1605.61 万美元,其中中方(即江苏省)投资 731.75 万美元,占投资总额的 45.57%。除澳门钉丝厂外,其余的已经开业或正在建厂。参与投资的中方企业(即江苏省的企业)有国营企业和乡镇企业,包括纺织、丝绸、石化、饮食、农牧、外贸和外经等行业。②

三 南通、连云港、昆山经济技术开发区的创建

1984 年,中国对外开放迈出了重要的一大步。该年 12 月 9 日,经国务院批准,14

① 《江苏省志·对外经济贸易志》,江苏古籍出版社 1997 年版,第 337 页。

② 《江苏省志·对外经济贸易志》,江苏古籍出版社 1997 年版,第 340 页。

个沿海港口城市实行对外开放。南通、连云港市设立的经济技术开发区是中国第一批 14 个国家级开发区中的两个开发区，也是当时江苏省仅有的先批牌后开发的两个开发区。

南通经济技术开发区位于南通市东南方的富民港地区，于 1985 年 9 月动工兴建。① 起初，该开发区作为一个工业小区来建设。建区初期仅以兴办短、平、快小型项目为主。到 1986 年，只批准建立 4 家中外合资企业。1987 年，开发区基本形成生产与生活相配套的投资环境。

连云港经济技术开发区，1985 年 9 月 30 日正式动工建设。② 开发区的工作按照“从小到大，逐片开发，开发一片，收益一片”的原则，逐步由以基础设施建设为主向工业项目建设为主转移。到 1987 年底，开发区生产性项目已签合同 15 项，其中利用外资项目 3 项，内联和引进技术项目 12 项，总投资 12963 万元，利用外资 276.25 万美元。在以上 15 项生产性项目中，1987 年建成投产的 8 项，总投资 3743 万元；开工建设的 7 项，总投资 9222 万元。③

昆山经济技术开发区创建于 1985 年，最初称昆山自费开发工业新区。④ 是年 1 月，开发区领导小组及其办事机构成立。在 20 世纪 80 年代初，昆山还是一个产业结构单一的农业县，靠种水稻、蔬菜为主，工业很落后，在苏州市所辖 6 县中排名最后，被称为“小六子”。但昆山人不甘落后，他们受国家在沿海开放城市兴办经济开发区的启发，果断决策：仿效沿海开放城市举办经济技术开发区的做法，自费创办开发工业新区。没过多久，有些人对昆山的做法议论纷纷，甚至有人说，昆山要做上海的“殖民地”了。但也有人说，昆山做得对。昆山人没有被困难唬住，克服重重困难，四面出击，主动寻找联营伙伴。⑤ 他们坚持边规划、边筹资、边建设、边生产，脚踏实地，艰苦创业，取得了引人瞩目的成绩。昆山经济技术开发区建设的总体思路是：“东依上海，西托‘三线’，内联乡村，面向全国，走向世界”，成为江苏省扩大出口、发展外向型经济的东大门。自费兴办占地 3.75 平方公里的昆山经济技术开发区，在开发模式选择上，采取依托城区，开发新区，从整体上增强昆山对外开放和经济发展的实力与活力。

---

① 南通经济技术开发区第一条道路——通州路，于 1985 年 9 月 15 日破土动工；开发区第一项建设工程——开发区邮电公司，于 1985 年 12 月 20 日破土动工。见周钟通、顾汉初主编：《江苏的国家级开发区》，当代中国出版社 1999 年版，第 23—24 页。

② 周钟通、顾汉初主编：《江苏的国家级开发区》，当代中国出版社 1999 年版，第 38 页。

③ 1988 年《江苏经济年鉴》，南京大学出版社 1988 年版，Ⅵ—32 页。此处的 3743 万元加 9222 万元等于 12965 万元，比 12963 万元多 2 万元。原文如此，特此说明。

④ 昆山经济技术开发区，最初称昆山自费开发工业新区；1988 年 6 月，正式更名为经济技术开发区；1991 年，被江苏省人民政府列为省级重点开发区；1992 年 8 月，经国务院批准，成为国家级开发区。

⑤ 韩培信：《昆山发展的起步》，《新华日报》2008 年 10 月 28 日。

在开发方针上，坚持“富”规划，“穷”开发，即在规划上的高要求、严标准，力求设计新、功能全、配套齐；在开发过程中勤俭节约，艰苦创业，少花钱多办事，花小钱办大事。在开发步骤上，做到滚动发展，循序渐进；在服从总体规划的前提下，先建生产区，后建生活区；在项目建设上，先搞主体工程，后搞辅助设施；在企业内部建设上，先造厂房，后造宿舍、办公用房，尽可能利用老城区原有的生活设施。开发区的资金来源，采取“开发费收一点、向银行贷一点、向外地借一点、有关部门筹一点”的办法自筹。自筹资金主要用于改善投资环境等公用设施建设。在项目选择上，注重出口创汇，生产名特优产品。在 17 家联营企业中，能出口创汇的有 12 家。经过两年建设，到 1986 年底，开发区基本达到通电、通路、通讯、通供排水的要求。1986 年，开发区的产值达到 1.3 亿元，创汇 448 万美元。两年来，上缴税金 739 万元，社会综合效益较好。到 1987 年，开发区已办起 17 家联营企业。其中，与外商、港商合资企业 4 家；与上海联营企业 5 家，与“三线”联营企业 5 家，省内联营企业 3 家。是年，开发区工业产值达 2.72 亿元，实现利润 837 万元，上缴税金 738 万元，创汇 1550 万美元，利税总额超过投资额的总和。①

第五节　社会事业的恢复和发展

一　教育事业的恢复和发展

中共十一届三中全会后，江苏省的教育事业在调整中前进，在发展中提高，取得了可喜的成绩，为今后的继续发展奠定了比较好的基础。

（一）教育事业的恢复和发展

江苏省教育系统按照中共中央提出的“调整、改革、整顿、提高”的方针，积极进行调整、整顿工作，努力恢复被“四人帮”破坏的教育秩序，各级各类教育事业在调整中协调发展，逐步形成自己的优势和特色。1983 年 10 月 1 日，邓小平关于“教育要面向现代化，面向世界，面向未来”的题词发表后，江苏省的教育工作者积极探索教育如何按照“三个面向”的指示进行改革。1985 年 5 月，《中共中央关于教育体制改革的决定》颁布后，中共江苏省委于是年 6 月提出《关于贯彻执行〈中共中央关于教育体制改革的决定〉的意见》，要求各级党委、政府按照“教育必须为社会主义建设服务，社会主义建设必须依靠教育”的指导思想，坚定地改革教育体制，积极调整有关政策，切实克

---

① 《昆山县经济新发展》，1987 年《江苏经济年鉴》；《昆山县自费开发工业新区》，1988 年《江苏经济年鉴》；《昆山之路更宽广》，周钟通、顾汉初主编：《江苏的国家级开发区》，当代中国出版社 1999 年版，第 71—74 页。

服现行体制的弊端，促使教育事业有一个较快的发展和较大的提高，开创教育事业的新局面。从此，江苏的基础教育进一步加强，职业技术教育有了较大发展，高等教育在调整中稳步发展，成人教育在整顿、改革中前进。

1. 实施义务教育的初步设想

中共十一届三中全会以后，经过调整和整顿，江苏省小学教育很快得到恢复和发展；破旧教室逐渐减少。中共江苏省委 1985 年 6 月下发的《关于贯彻执行〈中共中央关于教育体制改革的决定〉的意见》和江苏省人民政府 1985 年 11 月批转省教育厅关于《江苏省实行九年制义务教育的意见》，对江苏省九年制义务教育作出了规划，要求在改革教育体制，努力提高小学教育质量，进一步巩固和发展普及初等教育成果的基础上，着重抓紧抓好普及初级中等教育的工作。1984 年，全省未能普及初等教育的有 23 个县，其中泗洪、洪泽、盱眙、泗阳、沭阳、宿迁、邳县、灌云、高淳等 9 个县困难较大。为实现全省 1985 年基本普及初等教育的要求，省政府采取特定措施，帮助这些县普及初等教育。① 1985 年，江苏省有小学 33988 所，在校学生 677.92 万人；入学率达 99.45%，年巩固率达 98.9%，毕业率达 96.7%，12—15 周岁学龄少年儿童初等教育的普及率达 97%；有初中 5177 所，在校学生 240.01 万人；小学毕业生升入初中的升学率达 74.27%，有 9 个市的市区和 13 个县的升学率达 90%以上。

1986 年 9 月，根据《中华人民共和国义务教育法》，结合江苏实际，江苏省第六届人大常委会第 21 次会议通过的《江苏省实施〈中华人民共和国义务教育法〉办法》，号召全省人民积极实施九年制义务教育。在对全省各地进行调查研究的基础上，制订了九年制义务教育规划：经济、文化比较发达的地区，在 1990 年实现九年制义务教育；经济、文化中等发展程度的地区，在 1992 年实现；少数经济、文化基础薄弱的地区，可以到 1995 年或稍长一点时间实现。1987 年 12 月，省人民政府颁发《江苏省基础教育分级管理暂行规定》，明确了省、市、县、乡以及村管理基础教育的职责权限，改变过去基本由国家包下来的状况，进一步调动各级政府和广大群众办学的积极性，促进基础教育进一步发展和提高。1987 年，全省共有小学 32872 所，在校学生 653.48 万人；小学入学率达 99.89%，毕业率达 97.69%，12—15 周岁学龄少年儿童初等教育的普及率达 99.01%；在校初中生 234.68 万人，小学毕业生升入初中的升学率为 79.7%。宜兴市小学、初中的入学率和年巩固率均达 100%。

幼儿教育。拨乱反正后，江苏幼儿教育秩序亦得以恢复，幼儿教育事业走上健康发展的轨道，逐步形成公办与集体办园并举，单独办园与企事业单位联合办园的办园

---

① 《新华日报》1984 年 12 月 8 日。

形式以及教育、妇女、卫生等部门齐抓共管的特点。1979 年 10 月,中共中央、国务院转发《全国托幼工作会议纪要》;教育部颁发《城市幼儿园工作条例(试行草案)》,将幼儿园学制改为 3 年,招收 3—6 周岁幼儿入园,按年龄分班。1983 年,江苏省教育厅转发教育部《关于发展农村幼儿教育的几点意见》,并于当年 12 月在武进,次年 12 月在昆山召开全省幼儿教育工作会议,着重研究农村幼儿教育等问题。从此,江苏农村幼儿教育事业得到较快发展。1986 年 6 月,江苏省第六届人大常委会第 20 次会议通过《江苏省幼儿教育暂行条例》。这是江苏省乃至全国第一个由省人大常委会颁布的幼儿教育地方法规。全省幼儿教育开始实行依法治园。到 1987 年,江苏省有幼儿园 24658 所,在园幼儿 177.12 万人。①

2. 合理调整农村中小学布局

在"学制要缩短,教育要革命""左"的思想影响下,"文化大革命"期间,江苏省中学"三三制"改为"二二制",并提出农村每个公社要有高中,每个大队要有初中,结果教师层层上调,农村中小学一度设点过多,布局较乱,不少小学戴帽办初中班,造成全省中等教育严重"浮肿",比例严重失调。据 1978 年统计,江苏全省 13632 所小学附设初中班,占小学总数的 1/3,学生达 146 万人。由于小学骨干教师被抽调担任初中教师,既严重削弱小学教学质量,又使初中班教学质量无法达到应有水平。完全中学有 2942 所,其中 2350 所在农村,平均每个公社 1.3 所。有的地区只有高中和"戴帽初中",却没有 1 所独立的初级中学,原来比较合理的布局全被打乱。从 1979 年起,江苏各地着手对盲目发展的高中进行调整,由 1978 年的 2942 所压缩到 1985 年的 1078 所,压缩 63.36%。1979 年全省戴初中帽的小学 12132 所,有初中班 27834 班,至 1985 年摘帽 90%。② 经过调整,学校布局逐渐趋于合理,教育内部关系逐渐趋于正常。到 1986 年,江苏近 2000 个乡镇均有 1 所办学条件较好、师资力量较强、教育质量较高的中心初级中学。③ 学校布局的调整还促进了教师的优化组合和办学水平的提高。

3. 积极发展中等职业技术教育

中等职业技术教育是教育体系中的重要组成部分,它包括就业前的中等专业学校(普通中专和职业中专)、技工学校和职业高中等学校教育,以及其他形式的高中阶段的职业技术培训。④

---

① 《江苏省志·教育志》(上册),江苏古籍出版社 2000 年版,第 110 页;《教育志》(下册),第 1293、1304 页。

② 《江苏省志·教育志》(上册),江苏古籍出版社 2000 年版,第 240—242 页。

③ 《江苏省志·教育志》(上册),江苏古籍出版社 2000 年版,第 246 页。

④ 《江苏省中等职业技术教育条例》(1987 年 11 月 6 日江苏省第六届人民代表大会常务委员会第 28 次会议通过)。

中共十一届三中全会后，江苏省开始对中等职业技术教育结构进行改革，逐步形成适应江苏经济和社会发展需要的中等职业技术教育体系。

江苏省高教局根据教育部1980年召开的全国中等专业教育会议精神，草拟《江苏省中等专业学校领导体制和管理的几个问题》、《江苏省中等专业学校调整意见》。1981年8月，江苏省高教局在南京召开全省中等专业教育工作会议，布置贯彻省高教局草拟的上述两个文件。上述两个文件的贯彻执行，促进了全省中等专业学校的恢复和发展。1985年，江苏省中专学校达125所(不含38所中等师范学校)，比1980年增加35所。其中，部属学校17所，省属学校58所，市属学校40所，县办中专学校10所。1987年，全省中等专业学校达154所(不含37所中等师范学校)，比1986年增加6所，招生3.3万人，在校学生8.94万人，招生数和在校学生数均居全国首位。

中共十一届三中全会后，为了适应经济建设的需要，提高职工的技术水平，国务院决定技工学校的综合管理工作由教育部门划归劳动部门。到1981年底，江苏省技工学校增加到88所，但部分学校办学条件较差。其主要问题是：办学情况很不稳定，生产实习手段不足，教学达不到目标。[①] 从1985年开始，全省技工学校有较大发展；1987年，全省技工学校增加到138所，在校学生增加到3.75万人。

农、职业中学，在“文化大革命”后得到初步恢复。1982年11月，省人民政府在扬州召开全省中等教育结构改革和中小学勤工俭学会议。会议全面总结了前几年改革中等教育结构和发展中等职业技术教育的经验。会后，江苏省农、职业中学在1982年消灭空白县的基础上有了新的突破。1983年，江苏全省农、职业中学在校学生和新招学生人数，比1982年分别增加77.3%和67.5%。1985年，江苏省农、职业中学招生6.11万人。[②] 1986年5月，江苏省教育厅召开全省农村职业技术教育经验交流会，专题探讨农村职业教育的发展路子。到1987年，江苏省农、职业中学达335所，比上年增加26所；在校学生16.05万人，比上年增加1.25万人。中等职业学校(包括中专、技工学校、农职业高中)与普通高中在校学生的比例已由上年的1∶1.6调整到1∶1.5。

4. 合理调整布局，优化高等教育

为适应社会主义现代化建设和改革开放后对高级技术人才的需要，从1977年起，江苏省在“文化大革命”期间被撤销的本科院校相继恢复；一些在1958年创办的有一定基础的专科学校，因1962年贯彻“调整、巩固、充实、提高”方针而停办的，相继复办；此外，还新建了一批本、专科院校。从1980年起，江苏省开始创办职业大学；到1985年，江苏的职业大学曾发展到18所(含筹建)。职业大学的兴起，开创了中等城

---

① 《江苏省志·教育志》(上册)，江苏古籍出版社2000年版，第384页。

② 《江苏省志·教育志》(上册)，江苏古籍出版社2000年版，第407页。

市创办高等教育的新体制,改变了高等学校教育经费来源单一的局面,改变了高等学校指令性招生计划的管理体制,改变了江苏高校培养人才层次的结构比例。① 1985年,江苏省普通高等学校发展到70所,比1980年增加24所;招收学生4.53万人,比1980年增加1.56倍;在校学生达11.96万人,比1980年增加44.9%。

1980年以来,江苏省高教事业发展偏快,办学条件跟不上,规模较小,效益不高。全省省属26所高校中,规模不足千人的有8所;市属17所高校中,规模不足千人的就有13所。针对这种情况,江苏适当控制了高教事业发展的速度。1987年,全省普通高校71所(其中省属高校26所、市属高校17所),招收新生44194人,比1986年略有增长;在校学生14.02万人。是年,江苏省教委专门抽调力量组成4个调查组,到全省11个市,55所普通高校和成人高校进行全面调查,初步确定了调整全省地方高校布局的基本原则,为下一步组织实施、促进联合办学奠定了良好基础。

5. 大力发展成人教育

中共十一届三中全会以后,农村产业结构发生变化,农民迫切需要提高政治、文化、技术水平。在这种形势下,江苏农民教育的专职干部和教师逐步归队,各级管理机构也逐渐恢复。1980年9月,江苏省教育厅公布《农民业余初等学校暂行办法(试行草案)》。是年,全省农民参加业余小学学习23.6万人,参加业余中学学习1.5万人。江苏省教育厅顺应农村经济体制改革的潮流,适应农村产业结构、劳动力结构的调整和发展商品经济的需要,于1983年推广江阴县申港乡举办乡镇成人教育中心的经验。② 1984年,江苏省乡镇成人教育中心学校达489所,1985年为896所,1986年增加到1065所,1987年增加到1386所,比1984年增加1.83倍。1984—1987年,全省参加乡镇成人教育中心文化班学习的达574357人,参加中专班学习的93828人,参加大专班学习的16505人,参加技术培训班学习的2457982人。③

"文化大革命"耽误了对一代青年的正常教育,造成职工队伍文化水平低,技术水平低、管理水平低和工程技术人员少的"三低一少"的严重状况。1982年,江苏省对1968—1980年进入工厂的初、高中毕业的青壮年职工进行文化普测,普测结果表明,各地青壮年职工"有文凭、无水平"的状况相当严重。各级教育行政部门及有关业务部门、企事业单位对此十分重视,采取多种措施,对青壮年职工进行"初中文化、初级技术"补课。据1985年统计,江苏省青壮年职工"初中文化、初级技术"补课合格人数

---

① 《江苏省志·教育志》(上册),江苏古籍出版社2000年版,第474页。

② 《江苏省志·教育志》(下册),江苏古籍出版社2000年版,第853页。

③ 《江苏省志·教育志》(下册),江苏古籍出版社2000年版,第856—857页。参加各种班次学习的学员人数是根据第856—857页《江苏省乡镇成人教育中心校历年办学情况表》内的数字计算得出的。

分别达到134万多和101万多人，合格率分别为82%、73%，超额完成国家下达的“双补”任务。[①] 广大青壮年职工在完成“初中文化、初级技术”补课的基础上，积极参加以中级技术业务培训为重点的各项培训。职工全员培训率，1986年为26.4%，1987年达28.5%。为克服成人高校、中专校“小而散”，功能单一，效益不高的不足，全省各地、各部门采取措施，对成人高校、成人中专校开展多种形式的联合办学与横向联合，积极举办非学历教育；职工大学和职工中专开办大专教育和中专教育专修班；扩大在职职工业余学习招生比例等。江苏成人教育在深化改革中健康发展。

6. 加快扫盲步伐

据1982年全国第三次人口普查，江苏省文盲、半文盲有1624.35万人(15周岁及以上不识字或识字很少的人，下同)，占人口总数的26.84%。[②] 到1984年，江苏省的文盲率仍高于全国平均水平，文盲之多列全国第9位。据当时统计，全省64个县(市)中，有32个县平均每3个农民中就有1个文盲。大量材料证明：在基本相同的自然条件下，农民有没有科学文化知识，对于生产经营的好坏起着重要的作用。

为此，中共江苏省委、省政府对扫盲工作极为重视。1984年6月，江苏省六届人大二次会议通过《江苏省扫除文盲暂行条例》。这是全国率先制订的扫盲地方法规。各级政府认真贯彻落实《江苏省扫除文盲暂行条例》，加强对扫盲工作的领导，增加扫盲经费投入，鼓励农村小学教师参加扫盲工作，积极组织农民参加文化学习。1985年，全省扫除文盲29万人，使农村少、青、壮年中的文盲比例从1984年的12.3%下降到9.2%，并给47个县和市属16个郊区颁发基本扫除文盲合格证。为了巩固扫盲成果，江苏省组织14万脱盲学员参加业余高小班学习。1986年，江苏农村扫除文盲11万人，又有12个县达到扫除文盲标准。1987年，全省农村少、青、壮年中的文盲率下降到8.6%。1987年，江苏省64个县(市)和省辖市的18个郊区中，有59个县(市)和17个郊区的青壮年非文盲率达到85%以上，达到基本扫除青壮年文盲的标准。[③]同年，江苏各地组织239万农民参加学习，其中17万青壮年农民参加业余高小和业余中学文化学习，135万青壮年农民参加实用技术培训，87万乡镇企业职工参加技术业务培训，以巩固扫盲成果。

另据1987年全国1%人口抽查时统计，江苏省15周岁以上文盲总数占人口总数的22.82%，比全国同口径的20.6%高出2.22个百分点。[④]造成这种状况的主要原因

---

① 《江苏省志·教育志》(下册)，江苏古籍出版社2000年版，第862—863页。

② 根据1982年全国第三次人口普查所得的江苏省总人口6052.11万人和15岁以上不识字或识字很少的人数计算而得。

③④ 《江苏省志·教育志》(下册)，江苏古籍出版社2000年版，第844页。

是，江苏省中老年文盲人口多，比重大，而这部分文盲人口又属非扫盲对象。比如，1982年第三次全国人口普查时，江苏省45岁及以上各年龄组，半数以上是文盲、半文盲人口。1990年第四次全国人口普查时，江苏省55岁及以上三个年龄组，文盲、半文盲人口占同龄人口比例分别为56.32%、63.34%、75.52%。①

（二）教育体制的初步改革和办学条件的改善

随着经济建设的发展和经济体制改革的开展，教育体制改革势在必行。1984年10月，中共江苏省委转发江苏省教育厅拟定的《普通教育改革试点纲要》下发后，全省各地对教育改革积极进行试点。《中共中央关于教育体制改革的决定》颁布后，江苏根据“把发展基础教育的责任交给地方”的原则，从教育体制改革入手，在加强宏观管理的同时，实行简政放权，分级办学、分工管理：农村的小学和初中（含初级职业中学）由乡（镇）办；完全中学、实验小学和教师进修学校由县办；市教育学院、中等师范学校由市办；市区的完中、初中也实行市、区分级办学。省教育部门除办好直属学校外，主要加强宏观管理，抓好规划和指导工作，研究制订各级地方办学和管理的具体政策及规定。在学校内部，改革管理方式的试点逐步展开，部分学校试行校长选任制、教师聘任制和岗位责任制。② 农村小学和初中由乡镇来办，实际上是农民出钱来办，在一定程度上增加了他们的负担。

职业中学也开始走出联合办学的新路子。1985年，江苏省根据经济社会发展的需要，合理调整职业中学布局和专业设置，实行长短结合的学制，受到各方面的欢迎和支持。在城市出现业务部门、厂矿企业单位自办，几个单位联办，有的与教育部门合办职业中学的新气象。全省城市联办职业中学占80%以上，苏州城区达90%以上。在农村，随着乡镇企业的发展，业务部门和乡镇也积极联合办学，培养乡镇企业急需人才。针对中等职业技术教育在城市发展较快，农村发展较慢的情况，1987年，江苏省城市中等职业技术学校着重抓巩固提高，调整专业，优化专业结构；农村在巩固提高的基础上着重抓发展。是年，农村职业高中在校生比上年增长12%。

高等学校在以下5个方面积极进行改革。一是进行校内领导体制的改革，逐步实行党政分工，强化行政组织职能。二是改革招生计划和毕业生分配制度。招生计划分解为指令性计划、委托培养和自费生3种形式；毕业生分配，大部分高校进行多种改革尝试，逐步改变统招统配的办法。三是改革教学工作。在专业教学中强调不断充实科研成果，部分高校试行主辅修制和学分制。四是加强科研工作。建立跨学

---

① 《江苏省志·人口志》，方志出版社1999年版，第311页。

② 《江苏省志·教育志》(上册)，江苏古籍出版社2000年版，第29页。

科的科研中心和博士后科研流动站，扩大国内外学术交流，积极承担国家和省的科研任务。五是对外交流合作日益发展。①

师资队伍素质明显提高。办好教育事业，关键在于建设一支高水平的教师队伍。江苏基本形成从幼师、中师到高师专科和本科的师范教育体系，为全省各地培养和输送了大批新师资。在职教师通过多层次的进修培训，素质也明显提高。到1987年，江苏高校（包括中央部委属和地方属院校，下同）相继进行了教师职称评审工作，改善了教师职称结构和高级职务的年龄结构。1985年，江苏省高等学校只有教授319人，副教授2018人；1986年，教授增至549人，副教授增至2626人；1987年，教授增至733人，副教授增至4291人。普通高校副教授以上教师占专任教师总数的比例，由1985年的10.5%增至1987年的19.84%。普通高中教师达到本科毕业及以上学历的比例，由1980年的40.1%提高到1985年的45.8%，1987年增至46.0%；初中教师达到大专毕业以上学历的，由1980年的18.6%增至1985年的40.4%，1987年增至49.99%；小学教师达到中师和高中毕业以上学历的，由1980年的55.8%提高到1985年的64.8%，1987年增至69.7%。②

办学条件显著改善。教育经费基本做到逐年有所增长，并坚持多渠道筹措教育经费。1985年，江苏省属高校、普教、中专经费支出9.2440亿元，比1984年增长22%；1987年增至11.2495亿元。③ 是年，江苏城乡共征收教育事业附加费3.1555亿元，比上年增加7412万元。教育事业有了比较稳定可靠的经费来源。1987年，全省修建校舍面积310万平方米，比上年增长50%，添置更新双人课桌凳40万套，危房面积由年初的214万平方米下降到160万平方米。该年，新建农村初中实验中心400个，加上前几年建的970个，共1370个。办学条件有了较为明显的改善。

---

① 《江苏省志·教育志》（上册），江苏古籍出版社2000年版，第30页。

② 1986年、1987年、1988年《江苏经济年鉴》Ⅳ—168—169页、Ⅳ—200页、Ⅳ—218页；1988年江苏省教育委员会编：《江苏省教育事业统计资料汇编》（1987年），第17、25、131页。

③ 江苏省计划经济委员会、江苏省统计局编：《江苏社会发展15年》，江苏人民出版社1994年版，第181页。

表 2-9 1978—1987 年江苏省各级学校在校学生和毕业生数比较表

年份	高等学校			中等专业学校			技工学校			普通中学			小学		
	学校数(所)	在校学生数(万人)	毕业生数(万人)	学校数(所)	在校学生数(万人)	毕业生数(万人)	学校数(所)	在校学生数(万人)	毕业生数(万人)	学校数(所)	在校学生数(万人)	毕业生数(万人)	学校数(所)	在校学生数(万人)	毕业生数(万人)
1978	35	6.05	1.51	93	3.84	0.24	53	0.74	0.10	5866	385.85	161.72	39703	868.90	136.12
1979	36	7.39	0.08	111	5.21	0.81	73	1.30	0.05	4638	347.90	151.72	39033	855.76	129.83
1980	46①	8.41	1.07	116	6.11	1.25	87	1.53	0.65	4994	320.49	116.04	38143	836.90	122.25
1981	50	8.52	1.72	118	4.87	3.08	88	1.35	0.74	5529	294.09	103.55	38213	785.93	127.42
1982	52	7.20	3.34	117	4.58	2.13	88	1.35	0.59	5955	284.62	84.84	36933	736.71	129.36
1983	58	7.90	1.91	122	5.77	1.19	92	1.52	0.55	6062	285.84	74.61	35608	706.24	123.04
1984	69	9.57	1.81	135	7.17	1.80	104	1.92	0.50	6175	285.01	74.09	34736	690.56	110.05
1985	70②	11.96	2.19	163	9.25	2.39	122	2.46	0.60	6255	284.73	78.42	33988	677.92	105.68
1986	71	13.27	2.76	185	10.79	2.58	135	3.23	0.64	6299	284.23	81.85	33390	670.65	100.06
1987	71	14.02	3.65	191	11.74	3.19	138	3.75	0.90	6288	281.17	81.17	32872	653.48	100.93

资料来源：1988 年《江苏统计年鉴》，第 336—340 页。

说明：① 从 1980 年开始，高等学校包括职业大学；高等学校学生数不包括在校研究生。

② 1986 年《江苏经济年鉴》Ⅳ—169 页说，1985 年江苏省有普通高等学校 71 所。

从适应现代化建设需要的角度来看，当时江苏省的教育事业也还存在着许多亟待解决的问题。比如，现有教育发展水平与经济发展水平还很不相称，难以使江苏形成人才优势、技术优势和智力优势（据1987年资料，江苏第一产业劳动者人均受教育年限4.4年，低于全国人均5.2年的水平；第二产业劳动者人均受教育年限8.1年，低于全国人均8.4年的水平；第三产业劳动者人均受教育年限9.1年，低于全国人均9.5年的水平），这是一。第二，思想教育薄弱的状况尚未根本扭转。第三，教育结构不尽合理，不适应经济结构、产业结构、技术结构、就业结构的需要。第四，教育投入仍然不足，不适应教育事业发展的需要。第五，师资队伍建设面临新的挑战。全省还约有1/2的中学教师没有达到师范专科毕业以上的学历要求，约有1/5左右的小学教师没有达到中等师范毕业的学历要求。①

二　加快科技进步，促进经济社会发展

1978年全国科学大会后，江苏迎来了科学技术的第二次大发展。科技人才辈出，科技成果数量增加、水平提高、推广率明显增长。科学技术进步逐渐成为经济社会发展的主要动力。

（一）科技事业的新成就

在1978年3月召开的全国科学大会上，邓小平深刻阐明了科学技术是生产力、科技人员是工人阶级的一部分的马克思主义观点，从政治上、理论上彻底澄清了林彪、“四人帮”制造的混乱，为科学技术事业拨乱反正和改革创新提供了强大的思想武器和精神力量。同年5月，在南京召开江苏省科学技术大会。大会讨论了《1978—1985年江苏省科学技术发展规划纲要》（草案）。从此，江苏科学技术在改革中前进，在前进中发展，有力地促进了江苏经济社会的发展。

据统计，截至1978年6月30日，江苏省自然科学技术人员为26万人，占全省职工总数的3.8%，占全省人口的0.45%。全民所有制单位科技人员22.6万人（其中从事科技工作的18.88万人），占全民所有制职工总数的7.7%，占全省自然科学技术人员总数的86.9%。集体所有制单位科技人员3.3万人，占集体所有制职工总数的13.1%。全省有高级科技人员1100人。② 后来，在1978年对科技人员进行全面普查的基础上，对用非所学科技人员的调整归队，省内各地做了大量工作。到1985年，江苏省全民、集体所有制自然科学技术人员增加到46.1万人，比1981年增加13.2万

---

① 中共江苏省委党史工作办公室编：《拨乱反正（江苏卷）》，中共党史出版社1998年版，第245—246页。

② 夏鸣主编：《江苏五十年》，中国统计出版社1999年版，第183页。22.6万人+3.3万人=25.9万人，与26万人相比，差0.1万人。原文如此。

人,增长40%。[①] 1987年,全省自然科学技术人员增至57.17万人,比1985年增长24%,比1978年增长119.9%。其中,中央部属单位10.24万人,地方全民所有制单位37.57万人,地方集体所有制单位9.36万人。1978—1987年,江苏省自然科学专业技术人员平均每年增长12.10%。[②]

科研经费逐年增加。1980年,江苏省科技三项费用金额为4460.75万元,科研事业费423万元,科研基建费550万元。到1987年,科技三项费用增加到5634.51万元,科技事业费4244万元,科研基建费1605万元[③],比1980年分别增长26.3%、9.03倍和1.92倍。

1978年5月召开的江苏省科学大会表彰了413个先进集体和541名先进科技工作者,奖励1228项科技成果。1978年以后,江苏省涌现出一批水平高、效益好的科技成果。据统计,1979—1987年,江苏省共获国家发明奖53项,其中一等奖1项,二等奖2项,三等奖26项,四等奖24项。1982年获国家自然科学奖18项,其中二等奖5项,三等奖6项,四等奖7项。至1987年,获国家科技进步奖(江苏为第一完成单位的项目)117项,其中一等奖10项,二等奖39项,三等奖68项。1978—1987年,江苏省人民政府授予科技进步(成果)奖3536项,其中特等奖1项,一等奖21项,二等奖245项,三等奖1093项,四等奖2176项。[④] 许多科技成果迅速转化为生产力,促进了经济社会的发展。

(二)积极稳妥地推进科技体制改革

1985年之前,江苏省科技管理体制改革处于局部的、分散的探索之中。1985年7月,省人民政府召开全省科技工作会议,传达贯彻《中共中央关于科学技术体制改革的决定》,部署全省科技体制改革工作。准备首先在运行机制、组织结构和科技人员管理体制方面进行改革,打破原有高度集中的计划管理体制,在科技运行和科技管理中引进市场机制。

科研单位内部机制改革逐步展开。到1987年,在全省县以上政府部门属科研机构中,有83个所实行所长负责制和任期目标责任制,134个所实行科研责任制或课题承包责任制,170个所实行课题经济核算。科研机构所有权与经营权分离的改革已经起步。

---

① 1986年《江苏经济年鉴》,南京大学出版社1986年版,Ⅳ—153页。据该年鉴Ⅲ—57页的数字计算,1985年全省全民、集体所有制自然科学技术人员应为46.21万人,与46.1万人,相差0.11万人。

② 夏鸣主编:《江苏五十年》,中国统计出版社1999年版,第183页。

③ 江苏省科学技术志编纂委员会编:《江苏科学技术志》,科学技术文献出版社1997年版,第9页。

④ 江苏省科学技术志编纂委员会编:《江苏科学技术志》,科学技术文献出版社1997年版,第853、856、857、864页。

拨款制度改革积极稳妥地在全省展开。1986 年，江苏各级自然科学研究与技术开发机构的事业费划归各级科委归口管理。对从事开发研究为主的单位逐步削减事业费；对基础性和公益性科研单位，在原有事业费的基础上，有重点地增加专项投资。1987 年，对拨款制度进行深化改革，按不同类型科研单位和科技活动特点，实行新的事业费拨款办法。是年，江苏省有 79 个研究所实现经济自主，比上年增长 31.67%；110 个研究所不同程度削减了事业费，比上年增长 168%。

积极发展技术市场和科研生产联合组织。1986 年，江苏省科委组织 8 个市、103 个单位、350 项科技成果参加全国适用新技术和科技新产品展销会，签订协议书 110 份，成交金额 1200 万元。在技术市场逐渐形成和发展的基础上，科研生产联合出现了新的局面，涌现出一批新的科研生产联合组织。据统计，1986 年，南京、苏州、常州、徐州、扬州、南通 6 市已有各类科研生产联合体 800 多个。1987 年，不同层次、不同类型的科研生产联合开始向广度和深度发展。据全省县以上政府部门属科研机构统计，有 19 个研究所进入大、中型企业或企业集团，10 个研究所领办承包中、小企业，19 个研究所参加或成为行业技术开发中心，11 个研究所与设计院、企业联合组成工程或技术成套公司，55 个研究所和企业联合开发技术，共投入 1.23 万人，其中科技人员 0.7 万人。技术市场的发展促进了科技成果的推广和应用。据统计，1987 年，全省各种技术交易活动共签订合同 2.5 万项，成交金额达 2 亿元。

科研单位和科技人员的竞争意识增强，积极进入经济建设主战场，贡献自己的智慧和才能。1987 年，到省内各级人事部门和人才交流中心登记要求流动的科技人员 1.53 万人，流动成功的 1.19 万人，占 78%。其中，到乡镇企业工作的 3922 人，到“三资”企业和重点工作单位的 1426 人，有力地支援了江苏的经济建设。

（三）积极组织实施“星火计划”①，促进地方经济振兴

根据国家对“星火计划”的总体要求，结合江苏的实际情况，确定了 1986—1987 年度“星火计划”39 项，共 90 个子项。其经费实行国家、省、市、县和企业匹配，总投资 7408 万元（其中国家投资 1830 万元，省投资 2050 万元，市、县匹配和企业自筹 3528

---

① 1985 年 5 月，国家科委向国务院报送的《关于抓一批“短、平、快”科技项目，促进地方经济振兴的请示》中，提议国家拨专款部署“促进地方经济，振兴技术开发计划”（即“星火计划”）。1985 年 5 月以后，中央领导同志对“星火计划”多次作出重要指示。8 月，国务院领导批准了这个计划。国务院领导在批示中指出，这是一项既有现实意义又有长远利益的事业。农业结构调整，不发展乡镇企业不行。发展乡镇企业不依靠科技就不会有前途。两者结合将可能闯出适合中国国情的新路。因此，应作为一项基本政策长期坚持下去。这样做，必有意想不到的效果。拨款方式实行“匹配拨款”制度，即经过充分论证后的项目，由地方财政和承担项目的企业分别集资 1/3 以后，国家才给以“匹配支持”1/3 的投资或贷款。对合同的执行由银行监督。成功的，国家投资分期收回；失败的，风险均摊。1985 年 10 月，在扬州市召开了全国第一次“星火计划”工作会议。后来，“星火计划”正式写进中共中央、国务院《关于 1986 年农村工作的部署》，并列入《国民经济和社会发展第七个五年计划（1986—1990）》。

万元)。省内各地还自行安排市、县级“星火计划”89项,投资3978.6万元。全省计划安排和自行安排的“星火计划”项目,总共179项,总投资为11386.6万元。由于该计划具有“短、平、快”的特点,有些项目见效快。如如东县生化厂承担的生物工程新产业开发项目“味精废液制单细胞蛋白”,在原来实验工作的基础上,仅用7个月时间就完成了全部基建安装任务,被列为全国第一个完成的“星火计划”项目。1987年,江苏省共安排国家和省级“星火计划”16大项、51个子项,有2/3的项目已经完成或取得阶段性成果。“星火计划”的实施,为省内各地新兴产业的发展奠定了良好的基础。

众所周知,江苏省的科学技术工作为全省经济社会的发展做出了重要贡献。但与江苏省经济社会发展的实际需要相比,科学技术工作仍存在不少问题和困难。如,在经济建设中,以科技为先导的思想尚未深入人心,技术结构、产品结构不尽完全合理,产品档次较低;相当一部分企业尚缺乏依靠科学技术进步的内在动力和活力;技术进步对工业经济增长的贡献份额呈下降趋势;科技投入不足,投向不够集中的问题有待在深化改革中解决,等等。

三　文化、卫生、体育事业的恢复和发展

中共十一届三中全会后,江苏的文化、卫生、体育等各项事业都得到恢复,并取得了新成就。文化艺术事业坚持社会主义方向,创作了一批思想性强、艺术性高的文艺作品,繁荣了文艺舞台和银幕。卫生事业队伍不断壮大,医疗条件逐步改善。运动员在国内外重大体育比赛中取得优异成绩,群众性体育活动广泛开展,大中小学生达到《国家体育锻炼标准》占应测适龄学生总数的90%以上。

(一) 文化艺术事业的恢复和发展

中共十一届三中全会以后,江苏文化艺术界经过拨乱反正,落实政策,平反冤假错案,批判极“左”思潮,文化艺术事业得到了恢复、发展和提高,出现了新的繁荣局面。

1. 文学创作繁荣

中共十一届三中全会以后,江苏文学事业出现了空前繁荣的局面。小说、诗歌、散文、报告文学等,在题材的选择上都有新的开拓。不仅老作家重新拿起了笔,一大批中、青年作家也如雨后春笋般地涌现出来。1979—1987年,江苏作家的作品获得中国作协优秀短篇小说奖的有:《内奸》、《李顺大造屋》、《记忆》、《献身》、《被爱情遗忘的角落》(作者将之改编成电影,获文化部1981年优秀影片奖,中国影协第二届电影金鸡奖最佳编剧奖)、《小贩世家》、《陈奂生上城》、《卖驴》、《漆黑的羽毛》、《围墙》、《秋雪湖之恋》、《清高》。获全国优秀中篇小说奖的有:《射天狼》(1982年,同时获首届解放军文艺奖)、《美食家》、《凝眸》。获全国优秀报告文学奖的有:《无声的浩歌》、《路的

呼唤》、《两用人才的开发者们》、《法兮归来》。获新时期全国优秀散文奖的有:《云梦断忆》(1984年获荣誉奖)、《荷上珠小集》。获中国作家协会1979—1980年全国优秀新诗奖的有:《我爱》、《探求》、《寻觅》。电影的获奖作品有:《心在跳动》(1979年获文化部优秀影片奖)、《二泉映月》(获文化部1979年度优秀影片奖及中国电影百花奖音乐奖)、《风雨下钟山》(获文化部1982年优秀影片奖)、《16号病房》(获文化部1983年优秀影片二等奖、第七届百花奖最佳故事片奖)、《雷场相思树》(获广播电影电视部1986年优秀影片奖、第七届金鸡奖特别奖)。电视剧的获奖作品有:《秋白之死》(获第七届"飞天奖"一等奖、"飞天奖"最佳编剧奖、大众电视"金鹰奖"特别奖),《严凤英》(15集连续剧,获第八届"飞天奖"一等奖)。此外,江苏还有不少作家的作品分别获得《雨花》、《青春》、《钟山》文学奖,南京军区创作奖,全国作协少年文学奖和江苏及全国其他一些出版社举办的文学奖。真可谓彩灯遍地,繁星满天,充分显示出江苏文学创作的兴旺发达景象。①

2. 艺术生产的新气象

中共十一届三中全会以后,江苏文艺界坚持贯彻中央的文艺方针政策,传统戏、新编历史剧和现代戏"三并举"的方针得到全面贯彻执行,出现了前所未有的新气象。1977—1983年,江苏省举行9次全省性的戏剧调演,调到省里演出的剧目有100多个,其中有经过认真整理的优秀传统剧目,如《李慧娘》、《红楼夜审》;有反映古代生活题材的剧目,如老剧作家陈白尘精心创作的《大风歌》,还有昆剧《吕后篡国》,扬剧《包公自责》、《朱洪武与马娘娘》,越剧《莫愁女》,京剧《宝烛记》,锡剧《三夫人》,等等。这些剧目都曾在文艺界、史学界和广大观众中产生了广泛的影响。在坚持"三并举"方针的前提下,注重现代戏创作是新时期江苏发展戏剧艺术的基本原则。在这几年中涌现出一批思想性较强、艺术性较高的表现现代生活的剧目,如话剧《阿Q正传》、《孙中山伦敦蒙难记》、《无情世界有情人》、《妻儿老小》,柳琴戏《小燕和大燕》,淮剧《打碗记》、《离婚记》、《金色的教鞭》、《一字值千金》,淮海戏《十里香》,锡剧《三亲家》,扬剧《三把刀》,滑稽戏《我肯嫁给他》、《小小得月楼》等,都是思想上、艺术上获得较高成就的剧目。它们从各个方面反映了丰富多彩的现实生活,表达了人民群众的心愿、感情、要求和理想。② 1985年,淮剧《奇婚记》获全国戏曲观摩演出剧本、演出、音乐设计、主演(2个)、配演(2个)7个一等奖,3个二等奖,2个单项奖,共12个奖项。这是新中国成立以来,在历届会演、调演中江苏省第一次获得这样好的成绩。1986年,江

---

① 文学创作繁荣是根据江苏古籍出版社2003年出版的《江苏省志·文学志》,《概述》和《大事年表》的有关部分编写的。

② 中共江苏省委宣传部编:《建国三十五年来的江苏》,江苏人民出版社1984年版,第376—377页。

苏各地搬上舞台的新剧目达 70 多个,相继举行的第二届锡剧节(首届锡剧节 1984 年在无锡举行)、首届柳琴戏节、首届淮剧节,有力地推动了地方剧种艺术的发展和剧目的创新。是年年底,江苏举办全省新剧目观摩演出,评选出京剧《荣辱鉴》、滑稽戏《土裁缝与洋小姐》、淮海戏《果园风情》等一批具有较高思想性和艺术性的剧目。

在表演艺术方面,江苏也培养造就了不少优秀演员,如江苏昆剧院的张继青、苏州市京剧团的胡芝凤、淮阴市京剧团的宋长荣等,都是驰誉海内外的表演艺术家。他们在继承传统,改革创新方面,成绩突出,深受老一辈艺术家和广大观众的赞扬和喜爱。1984 年,以满票名列首届中国戏剧"梅花奖"榜首的江苏昆剧院的张继青,是尤为突出的一个。

据 1987 年底统计,江苏省尚有昆剧、苏剧、锡剧、扬剧、淮剧、淮海戏、柳琴戏、江苏梆子、京剧、话剧、滑稽戏、越剧、木偶戏、海门山歌剧、丹剧、沪剧、吕剧、黄梅戏、泗洲戏等 20 个剧种,101 个剧团,从业人员 6294 人。①

在曲艺、杂技、音乐舞蹈、绘画、电影等方面也取得了不小成绩。

20 世纪 80 年代开始,江苏曲艺进入新的发展阶段。至 20 世纪 80 年代中期,江苏有大小曲种近 40 个、24 个演出团体、600 余名专业演员和数以千计的半农半艺演员以及分布在全省城乡的故事员,演出的曲(书)目,通过书场、广播、电视遍及城乡,出现了前所未有的曲艺大普及。

新中国成立后,江苏组建了杂技表演团体,杂技表演搬上了舞台,杂技成了真正的表演艺术。到 1987 年,江苏省有杂技团 6 个,从业人员 340 人。②南京市杂技团演出的"手技"在法国巴黎举行的第九届世界明日杂技比赛上获得金奖——法兰西共和国总统奖,赢得了中外杂技艺术界的高度赞扬。③

江苏省于 1956 年正式组建江苏省歌舞团(1987 年改建为江苏省歌舞剧院)。之后,有 8 个市 3 个县先后组建歌舞团或歌剧团。至 1987 年,江苏有歌舞团(院)12 个,演职人员 1249 人。④ 从 20 世纪 80 年代开始,江苏有多项音乐舞蹈节目在全国和华东地区的音乐舞蹈比赛中获奖。1986 年,江苏省歌舞团的顾欣在全国第二届青年歌手电视大奖赛中夺得美声唱法第一名;同年,他在第十六届巴黎国际声乐大赛中获皮埃尔·梅斯迈特别奖,这是中国声乐演员第一次在巴黎国际声乐比赛中获奖,引起国际声乐界人士的瞩目。

1977 年 4 月,江苏省国画院和江苏省美术馆恢复建制后,各市和部分县(市)也相

---

①② 《江苏省志·文化艺术志》,江苏古籍出版社 2003 年版,第 19 页。

③ 《江苏省志·文化艺术志》,江苏古籍出版社 2003 年版,第 144 页。

④ 《江苏省志·文化艺术志》,江苏古籍出版社 2003 年版,第 20 页。

继成立画院或书画院，个人艺术馆、纪念馆亦纷纷成立：宜兴有徐悲鸿纪念馆（其前身徐悲鸿书画陈列馆 1982 年开馆，1985 年筹建新馆，1986 年土建落成，1988 年 10 月 26 日开馆）；南京有傅抱石纪念馆（1985 年 9 月成立）；徐州有李可染旧居（1985 年 10 月开放）；丹阳有吕凤子纪念室（1985 年 11 月成立）；无锡有钱松喦藏画室（1987 年 6 月成立），等等。[①] 同时，一批有才华的中青年画家正在崛起。1987 年，江苏省 126 位中年画家的 230 余件作品在北京中国美术馆展出后，在美术界引起了强烈的反响。首都美术界人士认为，这是近年来各省市在京举办的中国画展规模最大、质量较高的一次。

1958 年建立的江苏电影制片厂，1962 年国民经济调整时被撤销。1971 年成立江苏新闻电影制片组，1976 年扩建为江苏新闻电影制片厂，生产新闻纪录片和科教片。1979 年恢复江苏电影制片厂名称，1981 年更名为南京电影制片厂，开始生产故事片。1972 年至 1987 年，南京电影制片厂共摄制故事片 12 部、新闻片 25 本、科教片 12 部、美术动画片 2 部、戏曲艺术片 6 部。到 1987 年，江苏省有电影发行放映管理机构 81 个（省级 1 个、市级 11 个、县级 68 个、其他部门 1 个），电影放映单位 5136 个，影（剧）院 1301 座，形成一个遍布城乡、布局合理、管理有序的发行放映网，基本上解决了农民看电影难的问题。同时，江苏还培养了王馥荔等在全国有影响的电影演员。[②]

3. 群众文化事业蓬勃开展

中共十一届三中全会后，随着农村经济的发展，农民群众对文化生活的需求也越来越迫切。除电影、电视和剧团的演出丰富了农村文化生活外，农村集镇还纷纷建立文化中心。据统计，1985 年，江苏建立文化中心的农村集镇达 70%，在全国处于遥遥领先地位。在 1985 年文化部举办的首届全国农民戏剧创作评奖中，江苏的淮剧《三放吊桥》、淮海剧《花大姑说媒》获得一等奖，锡剧《财发新传》获三等奖。1986 年，江苏省有群众艺术馆 11 个、文化馆 108 个、文化站 2310 个、农村集镇文化中心 1346 个。它们在满足群众业余文化生活需要方面发挥了很大的作用。海安、武进等县文化馆，苏州、扬州、无锡等市群众艺术馆充分发挥现有设施的作用，积极开展多种经营、综合服务，为发展群众文化事业、开展群众文化活动扩大了财源。常州及南京市秦淮区、苏州市平江区的文化企业组织，积极组织文化与经济“联姻”，文化与企业互惠，闯出了一条城市文化工作的新路子。苏北地区农村文化中心建设也加快了速度。从 1987 年起，江苏省文化厅每年拨给苏北 13 个财政补贴县 3 万元，以支持这些地区改善农村文化设施，争取尽快改变某些乡镇文化建设的落后状况。

---

① 《江苏省志·文化艺术志》，江苏古籍出版社 2003 年版，第 320—321 页。

② 《江苏省志·文化艺术志》，江苏古籍出版社 2003 年版，第 21—22、664、666 页。

4. 文物、图博事业得到发展

江苏是六朝[①]政治、经济、文化的中心,历史悠久,人文荟萃,历史文物、革命文物十分丰富。到 1985 年,全省共有省级文物保护单位 263 处(其中近现代历史遗迹及革命纪念建筑物 62 处,古建筑及历史纪念建筑物 93 处,古墓葬 40 处,古遗址 9 处,石刻及其他 59 处),全国重点文物保护单位 11 处。

中共十一届三中全会后,国家拨专款,分期分批对江苏的重点文物建筑进行修缮。1983 年底,省人民政府成立文物普查领导小组,于 1984 年和 1985 年对全省文物进行普查。在文物普查期间,各地举办黑板报、墙报、文物流动展览,广泛宣传文物保护法和保护文物的重大意义。"保护文物,人人有责"的口号深入人心。考古发掘工作成绩显著。仅 1985 年,江苏在旧石器时代、新石器时代、商周及汉唐考古方面就取得了可喜的收获。1987 年,江苏有关考古人员会同国家文物局考古检查组对丹徒县的青龙山、武进县的淹城、扬州市的唐城等考古发掘工作进行了检查。同时,还对新沂花厅遗址进行了抢救性的发掘。这些考古发掘,对江苏历史的研究,以至对中国和全世界人类文明史的研究,都有不可忽视的意义。

1985 年,江苏省有图书馆 90 个(其中儿童图书馆 3 个),藏书 1816.3 万册;1986 年,图书馆增加到 91 个,藏书增加到 1924.9 万册;1987 年,图书馆虽未增加,藏书却增加到 1989 万册。其中南京图书馆藏书量,1987 年达 641.258 万余册,在全国图书馆中居第 3 位;南京大学图书馆藏书量,1987 年达 280 万余册。此外,全省农村图书馆(室)1769 个,其中藏书万册以上的乡图书馆(室)53 个。[②]

1985 年,江苏新增设 10 个博物(纪念)馆,全省博物(纪念)馆达 31 个,藏品达 61.3 万余件,比 1984 年多 1.4 万件;1986 年,全省博物(纪念)馆增加到 34 个;1987 年增加到 37 个。作为民族文化的结晶和民族历史纪念碑的博物馆,在江苏人民精神文化生活中的地位和作用日益显著,越来越多的观众把博物馆看作是接受文化熏陶、学习历史知识的场所。1986 年,江苏 34 个博物(纪念)馆举办各种陈列活动 47 次,各类展览 120 次,观众达 273.6 万人次。1987 年,仅南京博物院就举办各类展览 17 次,接待观众 13.9 万多人次。

总之,改革开放以后,江苏广大文艺工作者辛勤耕耘,奋力拼搏,人才辈出,成果累累,文化艺术界呈现出一派欣欣向荣的景象。但与江苏经济迅速发展相比,江苏文艺界在全国具有重大影响的文化精品还不够多,管理体制落后,人才队伍不能完全适应文化事业发展的需要,公益性文化设施建设亦难以满足人民群众的需求,等等。这

① "六朝"是指三国的吴,东晋,南朝的宋、齐、梁、陈,它们都以建康(今南京)为首都。

② 《江苏省志·文化艺术志》,江苏古籍出版社 2003 年版,第 431、442、461 页。

些都是江苏省文化事业在改革和发展中需要解决的重大问题。

（二）卫生事业稳步发展

中共十一届三中全会以后，江苏省各级卫生部门针对卫生工作中存在的“左”的思想影响，进行拨乱反正，平反冤假错案，落实知识分子政策，整顿卫生工作秩序，把工作重点转移到卫生事业现代化建设上来，卫生事业得到较大发展。从 1985 年开始，江苏试行改革与社会主义现代化建设不相适应的卫生事业管理体制和规章制度。如逐步改变过去单纯依靠国家举办卫生事业的模式，调动国家、地方、部门、集体和个人办医的积极性；在医疗卫生机构内部实行院、所、站、校长负责制，进行人事、劳动和分配制度改革的探索；在农村合作医疗管理中，对医药费包得过多、经费使用不合理等弊端进行了改革，试行群众保健保偿、医疗保险等多种形式的医疗保健保障制度。所有这些改革促进了全省卫生事业的发展。到 1987 年，全省卫生事业机构发展到 11934 个，床位增加到 153827 张，比 1978 年分别增长 28.6%、25.2%；在职人员 250613 人，其中卫生技术人员 191790 人，分别比 1978 年增长 43.6%、36.9%。人民健康水平不断提高，人均期望寿命 1987 年提高到 70 岁。[①]

医疗设备亦有较大改善。1976 年江苏开始使用 B 型超声波，1987 年经济发达地区已普及到乡镇卫生院。1983 年开始使用 CT（南京军区总医院在省内率先引进全身 CT），1987 年江苏省已有 18 个医院设立 CT 室。不少医院开展了在 B 超和 X 线引导下，经皮穿刺、活检、动脉造影、栓塞与扩张成形以及药物灌注等介入性诊断、治疗。医疗技术有多项已达到或超过全国水平，纤维胃镜等内窥镜技术、心内直视手术等已达到全国水平。急性非淋巴性白血病的综合化疗完全缓解率达到国际水平。预激综合症的治疗、小听神经瘤早期诊断和显微外科治疗达到国际先进水平。[②]

1. 积极推行多种形式医疗保健制度

新中国成立后，江苏各级卫生部门依靠国家、集体和个人的共同努力，在全省范围内初步形成了以大中城市医院为依托，由县（区）医院、乡镇（街道）卫生院、行政村（居委会）卫生室组成的层次分明、功能齐全、布局基本合理的城乡三级医疗卫生保健网，缓解了人民群众看病难、住院难的矛盾，取得了较好的社会效益和经济效益。

到 1987 年，江苏省有医院 2482 个，医院卫生技术人员 13.63 万人，床位 13.59 万张。卫生防疫站发展到 128 个，卫生技术人员 5477 人。县以上专科防治所（站）98 个，卫生技术人员 1610 名，床位 1144 张。妇幼保健院（所、站）124 个，卫生技术人员

---

① 《江苏省志・卫生志》（上），江苏古籍出版社 1999 年版，第 5—6、33 页。

② 《江苏省志・卫生志》（上），江苏古籍出版社 1999 年版，第 7 页。

3386 人,床位 1986 张。乡镇卫生院从无到有,发展到 1996 所,卫生技术人员 60518 人,床位 60629 张。此外,乡村保健医生(员)达 68992 人。曾使农村初步解决看病难、吃药难的农村合作医疗和各种保健保障制度,1980 年覆盖全省 29711 个行政村,占全省行政村总数的 98.7%。① 人民公社解体后,农村合作医疗制度失去了资金筹集的基础,面临着"网破、线断、人散"的局面。

在全民所有制卫生机构进一步发展的同时,集体性质和联合性质的卫生机构、各种形式的民办卫生机构以及个体开业行医亦有较快的发展。1987 年,全省集体所有制性质的医疗卫生机构发展到 1986 个;批准个体开业行医的人数达到 2519 人,比 1986 年增加 163 人。全省发展多种形式的医疗联合体 409 对。

2. 积极贯彻"预防为主"的方针,大力开展爱国卫生运动,控制和消灭严重危害人民健康的疾病

新中国成立初期,江苏省急性传染病和寄生虫病流行十分严重。对此,各级政府认真贯彻"预防为主"的方针,建立健全各级卫生防疫防治机构,组织大批医务卫生人员深入基层,摸病情,开展科学研究,坚持不懈地进行查病治病和卫生宣传教育工作。1985 年起,在省、市、县、乡四级建立健全冷链及疫苗运输系统,有 80%的县(市、区)推行计划免疫保偿制,57%的乡镇实行计划免疫规范化门诊,接种技术和管理工作不断改进,保证了免疫质量,效果显著。经联合国儿童基金会和国家卫生部 1987 年评审验收,江苏省提前 1 年实现国家规定的以省和县为单位儿童免疫接种目标。②

中共十一届三中全会以后,江苏的爱国卫生运动和精神文明建设密切相结合,将工作的重点从一般的环境清理逐步转移到卫生治本建设上来,全省城乡卫生面貌进一步改善。经过逐级推荐、审核,江苏省爱国卫生运动委员会审议批准,1986 年命名表彰了 247 个爱国卫生先进单位。③

对急性传染病防治工作,成绩显著。到 1987 年,江苏省法定传染病总发病率降到 496.96/10 万,较 1978 年下降 78.67%,死亡率下降到 0.81/10 万。④ 全省传染病总发病人数,1987 年比上年减少 19.71%。全省计划免疫实现"流脑、麻疹、白喉、百日咳、破伤风、脊髓灰质炎"接种覆盖率提前达到国家卫生部"七五"规划指标(85%)的要求,其中有 9 个省辖市达到 90%,85 个县、区达到 85%以上,以省为单位达到了 86.1%,居全国前 4 位。另据统计,白喉、脊髓灰质炎、麻疹、百日咳、流行性脑脊髓膜

---

① 《江苏省志·卫生志》(上),江苏古籍出版社 1999 年版,第 6—7 页。

② 《江苏省志·卫生志》(上),江苏古籍出版社 1999 年版,第 9 页。

③ 《江苏省志·卫生志》(上),江苏古籍出版社 1999 年版,第 179 页。

④ 《江苏省志·卫生志》(上),江苏古籍出版社 1999 年版,第 9—10 页。

炎发病率均有大幅度下降，1987 年比 1978 年分别下降 99.89%、98.64%、98.09%、92.95%、95.95%。钩端螺旋体和炭疽等传染病基本得到控制。

慢性传染病和寄生虫的防治工作也取得了比较显著的成绩。江苏省继 1976 年基本消灭血吸虫病后，疟疾发病率 1987 年下降到 20.2/10 万，有 10 个县、区达到国家卫生部规定的基本消灭的指标。麻风病经过长期防治，已有 49 个县(市)达到国家卫生部规定的控制指标，有 9 个县(市)已基本消灭。结核病患病率和病死率有明显下降，碘缺乏病和地方性氟中毒病情也有所减轻。①

3. 振兴中医事业，发展传统医学

“文化大革命”期间，江苏省的中医事业遭到严重破坏。中共十一届三中全会后，特别是 1979 年国家卫生部提出“中医、西医、中西医结合三支力量要长期并存，共同发展”的方针，号召要“振兴中医”事业后，中医事业得到进一步的恢复和发展。1985 年，省人民政府和部分市、县人民政府先后召开振兴中医工作会议，拨专款发展中医事业，加快中医基地建设和人才培养。1986 年，省人民政府决定成立省中医管理局，对中医工作实施全面规划、加强领导、积极发展等措施，使中医事业进入较快发展的新时期。1986 年，江苏新建中医院、中医门诊部和所共 10 个，有 33 个市、县中医院完成或正在进行改造和扩建任务。全省中医院床位发展到 6569 张，比 1985 年增加 412 张。到 1987 年，江苏省中医机构已由中共十一届三中全会前的 39 所发展到 76 所，病床增加到 7314 张；除无锡、武进、吴县正在筹建中医院外，江苏省其他各县均有中医院，中医医疗机构在全省基本普及。中医临床技术也有了长足进步，有一批中医专科进入全国先进行列。仅 1987 年国家中医药管理局表彰的全国 13 项有突出疗效的中医临床科研成果中，江苏就有 3 项。

4. 加强卫生法制建设，卫生执法工作成效明显

在贯彻执行国家卫生法律、法规的同时，省人民政府及各市人民政府和有关部门颁布一批地方性卫生法规和卫生管理条例。如根据《食品卫生法》的规定，结合江苏实际情况，省人民政府先后颁发《江苏省食品卫生管理实施细则》(1981 年 10 月 4 日)、《江苏省食品商贩和城乡集市贸易食品卫生管理办法》(1885 年 5 月 26 日)等，部分市、县亦相应制订颁布《食品卫生法》实施办法，初步形成三级食品卫生管理网络。1985 年，江苏省食品卫生合格率由 1984 年的 68.2%上升到 72.1%；1987 年，江苏省各类食品平均卫生合格率达 80.29%，比 1986 年提高 6.36%。卫生法制宣传教育工作、公共卫生和行业卫生的管理工作进一步加强。环境卫生、劳动卫生、放射卫生、学

① 《江苏省志 · 卫生志》(上)，江苏古籍出版社 1999 年版，第 10 页。

校卫生、药品管理工作等也都有明显改善。

中共十一届三中全会以来,江苏卫生事业得到长足发展,但也存在一些薄弱环节,特别是卫生资源不足制约着卫生事业的发展。条块分割、部门所有的旧体制使现有卫生资源不能得到更加优化的利用,结构有待调整;医疗保障制度已不适应经济和社会发展的需要。城乡卫生事业发展不平衡,全省南北差距比较大,部分乡镇卫生院比较困难;经济的发展,人口的流动,给疾病防治工作提出了新的课题;健康教育设施和手段还不能满足人们的实际需要。农村合作医疗体制解体后,农民看病医疗保障是个大问题。

表 2—10 1978—1987 年江苏省卫生事业机构及卫生技术人员、床位数统计表

年份	卫生机构(个)		卫生机构床位数(万张)		卫生技术人员(万人)		每万人拥有医生数(人)	每万人拥有医院床位数(张)
	合计	其中:医院	合计	其中:医院	合计	其中:医生		
1978	9277	2428	12.29	11.07	14.00	5.70	9.7	19.0
1979	9650	2453	12.54	11.40	14.58	5.71	9.6	19.3
1980	9943	2457	12.75	11.62	15.04	6.10	10.2	19.6
1981	10563	2483	13.28	11.96	16.23	6.52	10.8	19.9
1982	10787	2502	13.21	12.01	16.93	7.16	11.7	19.7
1983	10745	2515	13.49	12.25	17.22	7.36	11.9	20.0
1984	11154	2523	13.93	12.50	17.68	7.50	12.1	20.3
1985	11515	2460	14.29	12.65	18.28	7.65	12.3	20.4
1986	11743	2470	14.71	13.07	18.90	7.88	12.5	20.8
1987	11934	2482	15.38	13.59	19.18	7.84	12.3	21.4

资料来源:1991 年《江苏统计年鉴》,第 308—309 页。

(三) 体育事业在发展中前进

随着改革开放的深入和人民群众物质、文化生活水平的提高,江苏体育事业在社会主义物质文明和精神文明建设中的地位与作用,越来越被人们理解,积极参与体育活动的人越来越多,体育运动技术水平不断提高。江苏省的体育事业逐步进入全面振兴的新的历史时期。

1. 体育运动水平不断提高,在国内外重大比赛中取得优异成绩

中共十一届三中全会以后,体育的春天回到神州大地。江苏省体育事业在拨乱反正中逐步恢复和发展,并很快出现走向社会,走向世界的新形势。1979 年至 1987

年，是江苏省体育事业新的发展时期，涌现出一批优秀运动员，运动成绩大幅度提高，有些项目接近或达到世界水平。1982 年，参加第九届亚洲运动会的中国体育代表团中，有江苏选手 17 人，教练员 1 人，裁判员 1 人。在比赛中，有 16 人在 6 个项目中进入前 3 名，获金牌 6 枚、银牌 5 枚、铜牌 4 枚，为中国体育代表团夺得本届亚洲运动会金牌总数第一做出了贡献。1984 年，江苏省有 15 名运动员、2 名教练员、1 名裁判员参加在美国洛杉矶举行的第二十三届奥运会。参赛运动员有 12 人得分，其中栾菊杰夺得女子花剑金牌。1986 年，江苏有 18 名运动员、3 名教练员参加第十届亚洲运动会，共获得金牌 10 枚、银牌 8 枚、铜牌 1 枚。1979—1987 年，江苏运动员在国内比赛中，有 50 人(队)、72 次破 50 项全国纪录。至 1987 年末，共有 21 人、28 次获得世界冠军称号，他(她)们是：孙晋芳、张洁云、殷勤(女子排球)、栾菊杰(女子花剑)、孙志安、杨阳、赵剑华(男子羽毛球)、徐蓉、吴建秋(女子羽毛球)、蔡振华、惠钧(乒乓球)、胡星刚、王沛、赵杰、王立友、周传彪(男子技巧)、周培顺(举重)、朱幼南(航空模型)、杨伊明(射击)、邵震中(围棋)、吕伟(女子跳水)等；同时，也涌现出一批著名教练员：袁伟民(女子排球)、文国刚(击剑)、黄益冲、尤广礼(羽毛球)、杨光炎(乒乓球)等。①

2. 群众体育蓬勃发展

中共十一届三中全会以后，随着政治、经济生活的巨大变化，江苏城乡积极锻炼身体的人多了，关心和参加体育活动的家庭多了，购买体育器材的人多了，观看体育表演和比赛的人多了，各行各业和群众办体育的人多了。参加体育锻炼的，不仅有青少年，还有中老年、妇女和儿童；不仅有身体健全的人，也有伤残病弱者。体育运动的形式，既有民间传统项目，又有近代新兴项目。群众性的体育活动呈现出一派欣欣向荣的新景象。20 世纪 80 年代中期，江苏省参加体育锻炼的人达 2000 多万。其中，坚持锻炼的职工发展到 200 多万人，比 20 世纪 70 年代末增长 4 倍。20 世纪 80 年代初，江苏省有 1200 多个厂矿企业建立了工前操、工间操制度；全省有 8200 多个职工运动队，参加县以上职工体育比赛的在 10 万人次以上。

改革开放后，江苏农村体育的发展也十分迅速。特别是在苏南地区，随着乡镇企业的发展，农村体育活动丰富多彩。江苏还相继涌现出一批“篮球之乡”、“田径之乡”、“武术之乡”。到 1987 年末，江苏农民体育人口已近 1000 万人，占全省农村人口总数的 1/5②；丹阳、东台、淮安、太仓、建湖、沛县、启东、常熟等 8 个县(市)被国家体

---

① 《江苏省志・体育志》，江苏古籍出版社 1998 年版，第 472、474、477、7、631—632、7 页。其中江苏运动员在第九、第十届亚洲运动会上获奖牌数与该志第 315—316 页记载不完全一致。特此说明。

② 《江苏省志・体育志》，江苏古籍出版社 1998 年版，第 6 页。

委命名为第一批全国体育先进县。① 是年,全省有 60 个县(市)举办农民单项体育比赛,30 个县(市)举办综合性农民运动会。

江苏学校体育工作也比较活跃,成绩也较为显著。20 世纪 80 年代中期,江苏省有近两万所学校基本做到“两课、两操、两活动”(即每周两节体育课,每天一次早操、一次眼保健操,每周两节课外体育活动)。② 施行《国家体育锻炼标准》的学校和“达标”人数逐年增加。1985 年,全省有 32432 所学校施行“标准”,比 1984 年增长 20.6%,占全省各级各类学校总数的 87.9%;“达标”人数 524.92 万人,比 1984 年增长 29.9%,占全省应测适龄学生总数的 80%。1987 年,施行“标准”的学校总数达 36410 所,比 1986 年增加 525 所,施行面达 98.55%;“达标”人数 651.87 万人,比 1986 年增加 50 多万人,“达标”人数占全省应测适龄学生总数的 90.68%。到 1987 年,江苏省有初级训练形式的普通业余体校 99 所,中级训练形式的重点体校、体育中学 14 所,高级训练形式的体育运动学校 12 所。它们为国家和江苏省培养、输送了大批体育后备人才。

总的来说,江苏省的体育事业是不断发展的,体育运动成绩是显著的。但与体育先进的省、市相比,尤其是与广东、上海、辽宁、山东等兄弟省市相比,江苏体育改革开放、体育社会化和科学化的步子还迈得不够大;高水平的后备力量不足,缺乏优势项目、“拳头”项目,特别是田径等重点项目还相当薄弱,运动技术水平向下波动。③ 另据 1986 年江苏省教育厅、省体委、省卫生厅对全省中、小学生体质、健康状况的调查,7—18 岁的中、小学生身体机能、形态较好,但身体素质较差。在身体素质的 240 项指标中,低于全国平均值的有 179 项,占 74.58%,在全国处于中下游到下游的水平,差于邻近的上海市、浙江、安徽、山东省。④ 所有这些,与江苏经济、科技、文化教育事业在全国所处的地位很不相称,需要在体育事业的改革中逐步解决。

四　人口与计划生育工作成效显著

(一) 人口发展概况

在江苏经济社会发展过程中,人口问题始终是一个极为重要的问题。江苏各地

---

① 《江苏省志·体育志》,江苏古籍出版社 1998 年版,第 479 页。

② 《江苏省志·体育志》,江苏古籍出版社 1998 年版,第 6 页。

③ 在第四届全国运动会(1979 年 9 月 15 日—30 日)上,江苏运动员获金牌 19 枚、银牌 19 枚、铜牌 33 枚,总分列全国第 7 位;在第五届全国运动会(1983 年 9 月 18 日—10 月 1 日)上,江苏运动员获金牌 13 枚、银牌 17 枚、铜牌 11 枚,总分、金牌和奖牌数均列全国第 6 位;在第六届全国运动会(1987 年 11 月 20 日—12 月 5 日)上,江苏运动员获金牌 9 枚、银牌 16 枚、铜牌 17 枚,总分和奖牌数均列全国第 8 位(见《江苏省志·体育志》附录,大事年表)。

④ 《江苏省志·体育志》,江苏古籍出版社 1998 年版,第 753 页。

认真贯彻执行中共中央、国务院和省委、省政府有关计划生育的指示精神，在统一干部思想认识，宣传教育群众，制定人口计划，稳定生育政策，落实节育措施以及实行分类指导等方面做了大量艰苦细致的工作。江苏省的人口再生产由 20 世纪 50、60 年代的高出生率、低死亡率、高自然增长率向 20 世纪 70、80 年代的低出生率、低死亡率、低自然增长率转变。1982 年第三次人口普查时，江苏省总人口为 60521114 人，其中男性为 30767366 人，女性为 29753748 人。1981 年，全省共出生 1103418 人，出生率为 18.47‰；死亡 364165 人，死亡率为 6.10‰；自然增长率为 12.37‰。[①] 据 1987 年江苏省 1%人口抽样调查推算，1987 年 7 月 1 日的江苏省总人口比 1982 年 7 月 1 日第三次人口普查时的总人口增加 252.25 万人，平均每年增加 50.45 万人，年平均增长率为 0.82%，低于同期全国 1.24%的年平均增长率。

1972 年江苏省推广实施计划生育政策后，出生人口和出生率在波动中下降，死亡率比较稳定，每年死亡人数波动较小。1984 年，江苏出生人口为 64.09 万人，出生率为 10.42‰，自然增长率为 4.52‰。1985 年，出生人口为 67.11 万人，出生率为 10.84‰，自然增长率为 4.97‰。这两年是江苏省新中国成立后出生人数比较少的两年，是江苏省人口出生率和自然增长率的低谷。

1978—1987 年间，江苏也两次出现出生人口数、出生率和自然增长率反弹的现象：一次是 1981、1982 年，这两年出生人数分别为 100.58 万人和 99.42 万人，人口出生率分别反弹至 16.83‰、16.43‰，自然增长率分别反弹至 10.61‰、10.68‰；一次是 1986、1987 年，这两年出生人数分别为 82.38 万人、97.27 万人，人口出生率分别反弹至 13.20‰、15.42‰，自然增长率分别反弹至 7.40‰和 9.63‰。[②] 1986 年，江苏省开始进入第三次人口生育高峰期。

江苏省人口出生率回升，究其原因主要有：第一，受 20 世纪 60 年代（1962—1971）第二次人口生育高峰的影响。生育旺盛年龄的妇女人数急剧增加，出生人数和出生率急剧回升，势不可挡。1986 年末，江苏省已婚育龄妇女 1134.38 万人，比上年增加 64.13 万人，女性初婚 64.19 万人，比上年增加 8.99 万人，出生人数增加势所必然。第二，按政策照顾再生育一个孩子的人数增加。1986 年照顾生育孩子 6.81 万人，比上年增加 3.34 万人；1987 年照顾生育 8.1 万人，比上年增加 1.3 万人。第三，计划外出生人数增加。在苏南农村的一些地方，有人认为，“家庭收入高了，多个把小囝负担得起”。因而人口出生率也出现了回升。1987 年，江苏省计划外出生 11.67 万人，比上年增加 6.13 万人。第四，早婚早育人数增加。据江苏省 1%人口抽样调查推

---

① 《江苏省志·人口志》，方志出版社 1999 年版，第 422 页。

② 《江苏省志·人口志》，方志出版社 1999 年版，第 140、142 页。

算,1987年不到法定婚龄而早育的达4万人以上。

(二) 计划生育工作成效显著

计划生育是关系到中国社会主义现代化建设的大事。对于人多地少①、资源相对匮乏的江苏省来说,实行计划生育,控制人口增长,则更为重要。中共江苏省委、省政府根据中共中央、国务院有关文件和指示,从江苏人口实际出发,从20世纪70年代初开始全面开展计划生育工作,严格控制人口增长;实行分类指导,把计划生育工作的重点放在农村,尤其是经济欠发达的苏北农村。其主要做法是:

1. 加强对计划生育工作的领导,完善计划生育政策

中共十一届三中全会以后,江苏省加大了计划生育工作的力度。

1979年4月,中共江苏省委要求坚持书记挂帅,全党动手,统一思想,发挥各有关部门的作用,切实做好计划生育工作。1979年7月,省革委会发文强调,计划生育要做到"晚、少、稀"。② 一对夫妇终身只生一个孩子的,要给予表扬和奖励。后来,江苏省曾于1980年、1982年、1984年、1985年4次调整、完善计划生育工作的具体政策,使之更加适应经济社会发展的需要。1982年6月,在太仓县召开的全省计划生育工作会议,要求大力提倡一对夫妇只生一个孩子,把全省的人口出生率迅速降下来。是月,中共江苏省委和省政府提出:要坚定不移地控制人口增长,坚定不移地实行一对夫妇只生一个孩子,坚定不移地提倡晚婚晚育。同时要求各级宣传部门宣传计划生育、晚婚晚育等方面的先进经验和好人好事,使计划生育成为广大干部群众的自觉行动。③ 经过大量的、细致的、耐心的宣传教育工作,人们传统的生育观念逐渐改变,晚婚晚育、少生、优生开始成为新的风尚。省人民政府分别于1980年11月、1982年12月、1986年12月在南京召开全省计划生育先进集体和先进个人授奖大会、全省计划生育先进集体和先进工作者代表大会、全省计划生育先进集体和先进个人表彰大会,对计划生育工作中涌现出的先进地区、先进集体和先进个人进行表彰与奖励。1985年12月,中共江苏省委主要领导针对苏北等后进地区计划生育现状,提出发展经济、控制人口是两个轮子,缺一不可。1986年和1987年,省人民政府领导就提高苏南、苏中各县(市)区计划生育工作水平,提出了加强精神文明建设、工作重点放在孕前、加

---

① 1987年末,江苏省人口达6348万人,人口密度每平方公里达619人,有的市县超过1000人,人均耕地1.08亩,苏南有些地方仅有0.3亩左右。详见《江苏省志·计划生育志》,江苏古籍出版社1999年版,第282页。

② 晚,即提倡农村男25周岁、女23周岁,城市男26周岁、女24周岁结婚;少,即每对夫妇生育的子女数,最好一个,不得超过两个,杜绝生三个;稀,即第一个孩子满3周岁以上始得安排生育计划。详见《江苏省革命委员会关于计划生育若干问题的暂行规定》(1979年7月31日)。

③ 中共江苏省委、省人民政府:《关于贯彻执行中共中央、国务院〈关于进一步做好计划生育工作的指示〉的意见》(1982年6月24日)。

强领导等意见。① 针对干部、群众等待政策放宽、左顾右盼的思想，中共江苏省委、省政府再次重申：要继续提倡晚婚晚育、少生优生和一对夫妇只生一个孩子；有计划、按政策照顾确有实际困难的群众再生一个孩子；严禁计划外生育二孩和多孩；严禁未到法定婚龄的青年提前婚育；要落实计划生育奖惩政策，支持和鼓励只生一个孩子的夫妇。要继续加强对计划生育工作的领导，常抓不懈，把工作重点放到农村、基层，特别是后进地区。②

2. 积极开展宣传教育工作

1980年9月25日，中共中央《关于控制我国人口增长问题致全体共产党员、共青团员的公开信》（以下简称《公开信》）发表后，江苏各地根据《公开信》的精神，按照“宣传教育为主，经常工作为主，避孕节育为主”的“三为主”方针，对计划生育工作进行广泛深入地宣传。后来，中共江苏省委、省政府结合江苏实际，要求各地在计划生育方针、政策和法规方面，向全体人民进行长期的、深入的、有针对性的、坚持不懈的宣传教育，使大家懂得控制人口问题的重要性和紧迫性，懂得实行计划生育是每个公民应尽的责任，了解“晚婚、晚育、少生、优生”的具体要求，掌握节育和优生的科学知识，真正做到“两种生产一起抓”，在“计划”二字上狠下功夫。江苏还在人口理论宣传、纪念中央《公开信》发表、纪念“世界50亿人口日”和宣传计划生育先进典型等方面宣传计划生育工作，提高干部、群众实行计划生育的自觉性。另外，省和各市县报刊，省广播电台、电视台，各地市县广播台（站）在宣传中共中央和中共江苏省委和省政府关于计划生育的方针、政策和法规等方面，发挥了传播迅速、覆盖面广的作用，做了大量的宣传报道工作。

在先进典型宣传方面，如东县很值得一提。该县是全国计划生育工作起步较早的县份之一，是全国农村实现由人口增长型转变为稳定型的县之一。该县多次被评为江苏省计划生育先进集体。1986年3月，如东县被国务院命名为“计划生育红旗单位”，授予锦旗一面、金质奖章一枚，并被国家计划生育委员会和《半月谈》杂志推荐为全国十个计划生育先进县之一。该县岔北乡土山村农民季方珍是全县计划生育战线突出的先进模范人物。季方珍一家四代独女单传，代代招婿。1967年她婚后生了一个女儿后，主动采取避孕措施，实行间隔生育。1972年计划安排她生二胎，她又主动推迟生育期，继续服药避孕。1979年，中共中央、国务院发出提倡一对夫妇只生一个孩子的号召后，她耐心说服全家，在全大队第一个领取独生子女证。季方珍及其一家在计划生育上的模范带头作用，对如东县乃至江苏省的计划生育工作起了很大的推

① 《江苏省志·计划生育志》，江苏古籍出版社1999年版，第6页。

② 中共江苏省委、江苏省人民政府：《关于进一步加强计划生育工作的通知》（1987年4月3日）。

动作用,在全国也有一定影响。1979 年她被评为全国劳动模范,并多次出席国家、省、市、县计划生育先进集体、先进个人代表大会。1983 年,她当选为全国六届人大代表。①

3. 加强节育技术和科研工作,大力提倡优生优育

进入 20 世纪 80 年代初、中期,江苏省计划生育工作日益深入。各市、县开始建立计划生育指导所(站)及乡、村计划生育服务站(室)。至 1987 年,江苏省采取各种节育措施者达 1059 万人,综合避孕节育措施得到全面推广。20 世纪 80 年代初,开始提倡优生优育,宣传生命科学,推行婚前检查和优生遗传咨询,加强妇女孕期保健等,受到广大育龄夫妇的欢迎。计划生育科研力量逐步加强,科学技术研究工作进展良好。②

总之,1978 年以来,江苏人口控制效果比较明显(详见表 2—11),特别是“六五”时期人口控制效果更为理想。1985 年与 1981 年相比较,计划生育率由 74.6%增加到 92.37%,上升了 17.77%;一孩率由 71.99%增加到 87.20%,上升了 15.21%;多孩率由 6.4%降为 1.06%,下降了 5.34%。人口年平均增长率为 9.1‰,人口增长基本上得到控制。从 1971 年到 1985 年,江苏省共少出生人口约 1400 万人。③ 1986 年,江苏省出生人数、出生率、自然增长率均完成了控制指标。由于南京、徐州、淮阴、盐城、连云港 5 市人口出生率均不同程度地突破计划,1987 年全省人口各项指标均有上升,突破了计划数。④ 江苏省计划生育工作又面临着严峻的形势,丝毫松懈不得。同时,人口老龄化问题也开始显现。至 1986 年,江苏省 60 岁以上老年人达 629 万人,占户籍人口的 10.03%。根据联合国标准,江苏省人口的年龄结构已由成年型转向老年型,开始进入人口老龄化社会。⑤

表 2—11 1978—1987 年江苏省人口状况表(单位:万人)

年份	年末总人口	按户口性质分		按性别分		人口出生率(‰)	人口死亡率(‰)	人口自然增长率(‰)
		农业人口	非农业人口	男	女			
1978	5834.33	5106.22	728.11	2950.45	2883.88	15.63	6.09	9.54
1979	5892.55	5067.50	825.05	2981.05	2911.50	14.63	5.85	8.78

① 《江苏省志·计划生育志》,江苏古籍出版社 1999 年版,第 110—112 页。

② 《江苏省志·计划生育志》,江苏古籍出版社 1999 年版,第 128、147、189 页。

③ 《江苏省志·计划生育志》,江苏古籍出版社 1999 年版,第 70 页。

④ 《江苏省志·计划生育志》,江苏古籍出版社 1999 年版,第 73 页。

⑤ 江苏省老龄协会编:《江苏省应对人口老龄化挑战研究》,江苏人民出版社 2009 年版,第 2 页。

续表

年份	年末总人口	按户口性质分		按性别分		人口出生率(‰)	人口死亡率(‰)	人口自然增长率(‰)
		农业人口	非农业人口	男	女			
1980	5938.19	5085.67	852.52	3003.75	2934.44	14.69	6.57	8.12
1981	6010.24	5134.42	875.82	3047.66	2962.58	16.83	6.22	10.61
1982	6088.94	5175.97	912.97	3093.60	2995.34	16.43	5.75	10.68
1983	6134.99	5196.00	938.99	3122.06	3012.93	11.97	5.95	6.02
1984	6171.43	5202.66	968.77	3143.01	3028.42	10.42	5.90	4.52
1985	6213.48	5199.87	1013.61	3168.25	3045.23	10.84	5.87	4.97
1986	6269.90	5127.26	1142.64	3199.18	3070.72	13.20	5.80	7.40
1987	6348.00	5172.72	1175.28	3241.71	3106.29	15.42	5.79	9.63

资料来源：1989 年《江苏统计年鉴》，第 66、70 页。

第三章　改革开放的拓展和江苏社会主义建设的全面展开

1988—1991 年，江苏城乡经济体制改革继续深入进行，为经济发展注入生机和活力。农村以家庭联产承包为主的责任制进一步完善，有条件的地方，有步骤、有重点地推行种植业适度规模经营，苏南部分农村进行农业现代化试点取得初步成效，农村经济继续发展。城市以增强企业活力为中心环节，在各方面进行不同程度的改革，并在调整中继续发展和提高；治理整顿效果明显；国民经济持续发展，经济实力显著增强，经济总体水平不断提高。流通领域进一步搞活，财政收入继续增长。科技、教育、文化、体育事业继续发展。城乡居民生活有了较大改善。

第一节　全面推进改革开放，城乡经济持续发展

一　学习贯彻中共十三大精神

中国共产党第十三次代表大会于 1987 年 10 月在北京召开，江苏省出席这次大会的代表 69 人。大会比较系统地论述了中国社会主义初级阶段的理论，明确概括和全面阐发了中国共产党的“一个中心、两个基本点”（即以经济建设为中心，坚持四项基本原则和坚持改革开放）的基本路线。大会高度评价中共十一届三中全会以来开始找到建设有中国特色社会主义道路的伟大意义，这是继找到中国新民主主义革命道路、实现第一次历史性飞跃之后的第二次历史性飞跃。十三大以来的 5 年，是中国沿着有中国特色社会主义道路继续前进的 5 年，整个国民经济提高到一个新的水平。同时在前进中也出现了一些问题，主要是物价波动大了一点，重复建设比较严重。中共中央决定用一段时间治理经济环境、整顿经济秩序，以利于更好地推进改革和建设。1989 年春夏之交发生了一场政治风波，中国共产党和政府依靠人民，旗帜鲜明地反对动乱，平息在北京发生的这场政治风波，捍卫了社会主义国家政权，维护了人

民的根本利益，保证了改革开放和现代化建设继续前进。中共的基本路线和十三大的决策是正确的，绝不因为发生这场政治风波而动摇。①

十三大之后，中共江苏省委于 1987 年 11 月召开七届六次全委（扩大）会议，传达和学习中共十三大和十二届七中全会、十三届一中全会精神，统一思想认识，紧密联系实际，深入讨论江苏省社会主义现代化建设和改革中的一些方向性、战略性问题，研究贯彻落实十三大精神的部署和 1988 年的工作。会议决定，在当前和今后一个时期，中共江苏各级组织的首要任务，就是组织好中共十三大文件的学习和宣传，在广大中共党员中深入开展基本路线的教育，使之深入人心，落到实处。在经济建设方面，以提高经济效益为中心，加快改革开放步伐，努力发展外向型经济，大力推进科技进步，加强农业的基础地位，切实优化经济结构，努力实现集约经营，不断增强发展后劲，保持经济建设持续、稳定、协调发展。会议要求各地积极稳妥地开展政治体制改革，逐步实现党政职能分开和政企分开，并强调各地要适应改革开放新的形势，从严治党，用十三大精神统一思想，指导工作。

1988 年 10 月，中共江苏省委召开七届七次全委（扩大）会议，传达学习中共十三届三中全会精神。会议要求各级党委和政府要突出工作重点，坚决治理经济环境，大力整顿经济秩序，坚持全面深化改革，保证中共中央决策和中共江苏省委部署顺利实施，促进江苏经济和社会的繁荣与发展。

1989 年春夏之交发生的政治风波也影响到江苏省部分城市。在中共江苏省委领导下，全省各级党组织和广大党员干部坚决拥护中共中央的正确决策，团结广大群众，自觉维护安定团结的政治局面，保持了全省局势的相对稳定。同年 6 月 29 日至 7 月 1 日，中共江苏省委召开七届八次全委（扩大）会议，传达和贯彻中共十三届四中全会精神。会议号召全省各级党组织、全体共产党员和广大干部群众，更加紧密地团结在中共中央的周围，在十三届四中全会精神的指引下，继续以经济建设为中心，坚持四项基本原则，坚持改革开放，巩固和发展爱国统一战线，调动一切积极因素，同心同德，团结一致，为振兴江苏、振兴中华，继续努力奋斗。

同年 12 月 20 日—25 日，中共江苏省第八次代表大会在南京召开。出席大会代表 824 名（实到 795 名），代表全省 267 万名共产党员。省委书记韩培信代表七届省委作了工作报告，对今后 5 年江苏的工作提出了奋斗目标：坚持中共的基本路线，聚精会神抓好党的建设，加强和改善党的领导；团结和依靠全省人民，振奋精神，艰苦奋斗，坚持改革开放，大胆创新，努力实现全省经济长期持续稳定协调发展，为提前实现

---

① 江泽民：《加快改革开放和现代化建设步伐，夺取有中国特色社会主义事业的更大胜利——在中国共产党第十四次全国代表大会上的报告》（1992 年 10 月 12 日）。

国民生产总值翻两番,人民生活达到小康水平这一宏伟目标奠定基础;努力把江苏建设成为经济比较发达、文化更加繁荣、城乡协调发展、社会文明昌盛的省份。大会选举产生了中共江苏省第八届委员会,正式委员 41 名,候补委员 8 名;中共江苏省顾问委员会委员 12 名;中共江苏省纪律检查委员会委员 35 名。在随后召开的省委、省顾委、省纪委第一次全体委员会议上,沈达人当选为省委书记,陈焕友、邓鸿勋、孙家正、曹鸿鸣为省委副书记;周泽当选为省顾委副主任(主持工作);曹克明当选为省纪委书记。

到 1991 年底前,中共江苏省委相继召开八届二次全委(扩大)会议、八届三次全委和全委(扩大)会议、八届四次全委(扩大)会议,分别学习《中共中央关于加强党同人民群众联系的决定》,讨论贯彻《决定》的实施意见;学习中共十三届七中全会精神,审议通过《中共江苏省委关于制订江苏省国民经济和社会发展十年规划和"八五"计划的建议》;传达中共十三届八中全会文件和江泽民总书记在会上的讲话,审议通过《中共江苏省第八届委员会第四次全体会议决议》和《中共江苏省委关于贯彻党的十三届八中全会精神,进一步加强农业和农村工作若干问题的决定》,要求各级党委和政府结合本地实际,采取切实措施,加强农业和农村工作,深化农村改革,发展农村经济,紧紧抓住经济建设这个中心不放,以调整经济结构、提高经济效益为重点,努力开创江苏改革和建设事业的新局面。

二 深化农村改革,稳定发展农村经济

20 世纪 80 年代末,江苏 80%的人口居住在农村,近 60%的社会产值由县以下的广大农村来实现。① 因此,深化农村改革,推进农村产业结构合理调整,促进农村经济持续协调发展,加快农村经济的商品化和现代化,是江苏国民经济长期稳定发展的基础。

(一) 完善双层经营体制,深化农村改革

1. 稳定和完善"统分结合,户为基础"的双层经营体制

中共江苏省委、省政府《关于深化农村改革若干问题的意见》1987 年 5 月下发后,各地按照"大稳定、小调整"的原则,在试点的基础上对承包土地分批进行了小调整。到 1990 年底,江苏省由市或县统一部署的土地承包"小调整"基本完成;全省有一半左右的村实行"双向承包"责任制。其主要特点是:把承包方应完成的产量指标、定购任务、上交集体提留、培肥地力以及发包方应提供的各种服务纳入承包合同,明确双

---

① 中共江苏省委、江苏省人民政府:《关于 1988 至 1995 年发展农村经济的意见》(1988 年 5 月 27 日)。

方的责权利。同时,集体统一经营职能亦得到加强。农户承包土地畸多畸少、定购任务畸轻畸重和承包土地零碎、插花等问题基本得到解决,在促进连片种植、方便统一服务,增强集体观念等方面收到了明显效果。

1991 年江苏发生特大水灾后,灾区有些农民提出要重分土地,重新承包。秋播时,苏北、苏中少数地方又出现农民退包、不愿种地的现象。中共江苏省委和省政府曾先后两次发文指出:以家庭联产承包为主的责任制和统分结合的双层经营机制,是中国乡村集体经济组织的一项基本政策,应当长期稳定,并不断充实和完善。现有的土地承包状况基本是合理的,今明两年,各级一般不要再全面部署"小调整",生产发展中出现的一些突出问题,要实事求是地进行个别处理。要防止打乱重分、无人承包、土地抛荒等现象的发生。因此,大灾之年,江苏省土地承包关系未出现大的波动。各地进一步加强承包合同管理,规范有关制度,促进了双层经营两个层次的有机结合。实行"集体包服务、农户包任务"双向承包的村进一步扩大,扬州、镇江市推行面已达 90%以上。有 4 个市、28 个县(市)颁发了《农业承包合同管理办法》,23 个县(市)建立了合同管理委员会,571 个乡镇建立了合同管理组织。据 11 个县抽样调查,承包合同达到规范化要求的占 87.8%。

充实、健全集体统一经营职能,是完善双层经营体制的重点。各地在统一制订生产、发展规划和安排主要农作物布局,组织农田水利和其他基础设施建设;开展产前、产中、产后服务;兴办集体企业和公益事业;加强经营管理和健全各项管理制度等方面都有了明显的加强。1990 年,能够提供综合服务的村的比重达 24%,提供机耕、脱粒、植保、管水、供种等四五项基本服务的村近 50%。

2. 指导不同地区发展多种形式的合作经济

努力健全具有社区性、综合性特点的乡、村合作组织,加强服务职能、管理协调职能和资产积累职能,是深化农村改革的一项重要任务。从 1987 年开始,中共江苏省委、省政府就健全地区性合作经济组织作出了部署。① 1988 年 5 月,中共江苏省委、省政府明确指出:当前,健全地区性合作经济组织的重点应放在村一级。乡一级要在村社比较健全的基础上,进行建立和健全乡级合作经济组织的试点,并逐步推开。专业性合作经济组织,坚持自愿参加,形式多样,民主管理,强化服务,互助互利。② 到 1990 年底,江苏全省有 78%的村健全了合作经济组织,其中苏州、镇江、南通、扬州、

---

① 1987 年 4 月 25 日,中共江苏省委办公厅、江苏省政府办公厅转发省委农村工作部《关于健全乡、村合作组织的意见》;1987 年 5 月 9 日,中共江苏省委、江苏省人民政府《关于深化农村改革若干问题的意见》,均对乡、村合作组织的共同性问题提出了意见。

② 中共江苏省委、江苏省人民政府《关于 1988 至 1995 年发展农村经济的意见》(1988 年 5 月 27 日)。

南京均占村总数的90%以上。这些合作组织的名称,90%的村称经济合作社或联社,10%的村称农工商实业公司或总公司。同时,乡级合作经济组织也有所发展,有37%的乡设置了合作经济组织。到1991年,常州、连云港等市90%以上的村也建立了经济合作社(农工商公司或联社)。苏州市166个乡镇全部成立了农工商总公司,组建董事会。由此,合作经济组织在生产服务、管理协调、资产积累和资源开发等方面的基本职能得到充分发挥,增强了农村基层组织的凝聚力和战斗力。

3. 大力加强农业社会化服务体系的建设

1986年以来,江苏各地针对农村改革中出现的新形势、新情况,对乡、村农业服务体系建设进行了积极探索。1990年,中共江苏省委、省政府提出,争取用3到5年时间逐步形成以村合作组织服务为主体,乡以上部门服务为依托,联户和农户服务为补充的农林牧副渔综合服务的农业社会化服务网络。① 到1990年底,全省约有70%以上的村建立了单项或多项服务专业队(组),31%的村建有常年性专业服务队,34%的村建有季节性的专业服务队,24%的村建立了综合服务站。② 县、乡两级为农服务机构不同程度地得到充实和加强。各地因经济发展水平不一,社会化服务体系建设水平有高有低。经济比较发达的苏南地区由乡村集体经济组织建立的社区服务已形成网络,乡有农业服务公司,村有综合服务站,实行"五统"(统一布局、统一机械作业、统一排灌、统一供种、统一植保)服务。③ 1991年,常州市有1120个村建立"五统"服务队,占总村数的58%。经济基础薄弱的地区主要是搞好机耕、植保、供种、排灌、脱粒等5项基本服务,逐步向综合服务过渡。

4. 深化农村流通体制改革

随着农村商品生产的发展,推进农村流通体制改革,疏通和拓宽农村商品流通渠道的工作也在有计划、有步骤地进行。"七五"期间,江苏除农村国营商业和供销社进行改革外,还推进了以下几个方面的改革:一是农村合作经济组织从组织农副工生产到创办流通组织,开拓多渠道流通,使农民有组织地进入流通领域。据不完全统计,江苏省乡镇企业供销人员大约有20多万人。他们的努力奋斗,使"两头在外"的乡镇企业在激烈的市场竞争中得以生存并迅猛发展。江苏全省各类以流通为主的专业合

---

① 中共江苏省委、江苏省人民政府:《关于加快乡、村农业服务体系建设的通知》(1990年5月24日)。

② 1991年《江苏年鉴》,南京大学出版社1991年版,第492页。这里几个百分比数字相加远远超过100%。1992年《江苏年鉴》第316页说,村级农业综合服务站由1990年的15.5%发展到1991年的33%,专业服务队由1990年的30%发展到37%。"24%的村建立了综合服务站"与"15.5%的村级农业综合服务站",是个不小的差异;专业服务队也由31%变成了30%。存疑。

③ 江苏省计划与经济委员会、《江苏年鉴》杂志社合编:《江苏的"七五"(1986—1990)》(上册),苏出准印字JSE—002542,1999年版,第102—103页。

作社、专业协会达1.93万个。如江都县60个专业合作组织将276个加工企业、30多个供销社、1239个专业户组织起来，连接流通与生产，发挥了很大作用。二是农村各类专业市场纷纷建立。除农贸市场不断完善和发展外，还出现了常熟招商市场、吴江东方丝绸市场、邗江杭集牙刷市场等规模较大、有相当知名度的一大批专业市场和批发市场。它们活跃了城乡商品流通，成为农民学习商品经济知识、锻炼经营本领的场所。三是个体商业稳步发展。江苏农村有证个体商业有72.29万户、108.7万人，分别占全省个体商业的86.1%和86.5%。农村流通领域的拓宽，流通渠道的增多，突破了国营商业、供销社经营的格局，形成了以国营商业、供销社、合作经济组织办流通为主体，个体办流通为补充的新格局。①

（二）改善农业生产条件，进行农业现代化试验

在深化农村改革的同时，江苏把发展农业生产的着眼点和着力点放在增加生产性投入，改善农业生产条件，提高技术装备水平，推进农业现代化试验等方面。

"七五"期间，江苏省预算内安排用于支援农业生产支出和农林水事业费支出达32.46亿元，年支出由1985年的4.05亿元，增加到1990年的8.45亿元，②1991年达10.47亿元，比上年增加2.02亿元，增长23.9%。1989年，江苏各地还通过建立各级农业发展基金，支持农业和多种经营的发展。1990年和1991年，各筹集农业发展资金3.2亿元、2.5亿元③，支持农业资源的综合开发和粮棉油生产。1988年，还推行了以建农基金和公积金为主体的农业合作发展基金制度。到1990年，全省已有68%的乡镇、57%的村建立了农业合作发展基金制度，共筹集农业合作发展基金15.3亿元，年均5.1亿元；共支出农业合作发展基金12.6亿元，年均4.2亿元。农户对农业的生产投入也有所增加，劳动积累制度得到进一步健全。一个多渠道、多层次筹集农业资金，增加对农业投入的积累机制初步形成。④

随着农村产业结构的调整和多数务农劳动力向非农产业的转移，江苏农村面临着如何推进不同地区农业现代化的新课题。1987年，根据中央关于有计划建立农村改革试验区的要求，经中央有关部门与江苏省共同商定，在苏南的无锡县、吴县和常

---

① 江苏省计划与经济委员会、《江苏年鉴》杂志社合编：《江苏的"七五"（1986—1990）》（上册），苏出准印字JSE—002542，1999年版，第103—104页。

② 江苏省计划与经济委员会、《江苏年鉴》杂志社合编：《江苏的"七五"（1986—1990）》（上册），苏出准印字JSE—002542，1999年版，第368页。

③ 具体筹集办法详见江苏省人民政府《贯彻国务院关于建立农业发展基金，增加农业资金投入的通知》（1989年4月10日）。

④ 江苏省计划与经济委员会、《江苏年鉴》杂志社合编：《江苏的"七五"（1986—1990）》（上册），苏出准印字JSE—002542，1999年版，第107页。

熟市进行社会主义农业现代化试验,列入全国10个农业现代化试验区,重点探索土地适度规模经营和农业现代化建设问题。这3个县(市)农村商品经济尤其是乡镇企业比较发达,乡村集体经济实力较强,农业基本建设基础较好,客观上需要通过农业现代化试验,把联产承包责任制解放出来的生产力和农民的致富积极性及时引向实现农业现代化的新目标上来。1987年秋,上述3县(市)以土地适度规模经营为中心的农业现代化试验,确定了10个乡(镇)、126个村的336个土地规模经营单位进行试点,并将其中的33个村列为示范村。到1990年,试验区发展到93个乡(镇)、680个经营单位,经营土地3.89万亩,平均每个经营单位经营57.2亩。3县(市)土地适度规模经营的试点,摸索和总结了不同经济水平乡村、不同类型土地、不同经营者素质条件下发展土地适度规模经营的路子。试验表明,土地适度规模经营者拥有适度劳动对象进行专业化生产,劳动生产率、土地产出率和商品生产率均有显著提高。试验区土地规模经营形式主要有3种类型、5种形式,即家庭经营型(有独户经营、联户经营两种形式),集体经营型(包括集体承包经营、统一分配和集体承包、对内分户经营两种形式),服务过渡型(统一服务、分户经营)等。这些经营形式各有特色和长处,适应苏南不同类型乡村的生产力特点,为试验区提供了完善联产承包责任制的多种形式选择。

通过土地适度规模经营的试验,对农业生产经营方式的改革路子,解决进一步发展农业生产中的新问题、新矛盾的途径,进行了有益的探索。

在无锡、常熟、吴县3县(市)试点的基础上,省人民政府于1990年10月27日在常熟召开"江苏省农业现代化试验区工作会议",总结交流第一阶段试验的基本经验,讨论和确定了第二阶段试验的任务和范围,从开始试验的苏州、无锡市的3个县(市)的部分乡(镇)、村,扩大到苏州、无锡、常州、镇江、扬州5个市的189个乡(镇)、506个村。从1991年起,试验区第二阶段试验的总体要求是:一是在制订和完善农业现代化发展规划的基础上,根据建设高产稳产粮田的要求和标准,大力搞好农田水利和农业基础设施建设,建设农田保护区,改造中低产田,应用农业先进科学技术,使农业生产走上高产、高质、高效益和良性循环的发展路子;二是在完善农村双层经营体制中,大力发展和壮大集体经济,强化集体"统"的功能,建立和健全农业社会化服务体系,推进农机化建设和"科技兴农"措施的落实;三是积极创造条件,发展适度规模经营,推进农业经营体制改革,增强农业自身的积累和发展机制。

经过一年的实践,试验区各市在农业规模经营、高产稳产粮田建设、农田保护区建设、农机化建设、服务体系建设等方面均有一定的突破,其中苏、锡、常3市的发展步伐较快。据不完全统计,1991年底,苏、锡、常有劳动力平均15亩以上的农业规模

经营单位 3465 个，经营耕地 12 万亩。其中无锡、吴县和常熟 3 县（市）有农业规模经营单位 1149 个，经营土地 6.2 万亩，约占粮食责任田面积的 8%。试验区现有农业规模经营单位平均规模为 50.6 亩，劳动力平均经营规模 17.3 亩。其中最大的经营规模为 280 亩，最大的劳动力平均经营规模为 56 亩。

（三）苏北成为江苏农业生产的重要基地

江苏农业生产始终贯彻“决不放松粮食生产，大力发展多种经营”的方针，采取一系列保粮、增棉政策措施，取得了较好的收成。如 1988 年，江苏省又决定提高粮油收购价格：红小麦每 50 公斤提高 2.3 元，白、花小麦每 50 公斤提高 1.7 元，油菜籽每 50 公斤提高 5.2 元。1988、1989 年，粮食产量虽然没有达到 1984、1986 年的水平，但仍连续保持人均占有粮食超千斤。1990 年，江苏秋熟作物遇到台风、洪涝等多种自然灾害。1991 年，又发生百年罕见的特大洪涝灾害，农业受灾严重，有 700 多万亩农作物绝收。由于灾后补救措施及时、得力，加上后期气候有利，全年农业生产状况比预料的要好，粮食总产只比 1990 年减产 228.64 万吨，下降 7%，比 1987 年下降 6.8%。棉花产量扼制住下降的势头，1991 年达 55.71 万吨。油料作物稳定发展，1991 年总产达 114.06 万吨，但与大丰收的 1987 年的 121.10 万吨相比，尚差 7.04 万吨。猪牛羊肉产量增加，1991 年达 163.32 万吨，比 1987 年增加 28.38 万吨，增长 21.03%。水产品 1991 年达 117.45 万吨，比 1987 年增加 25.26 万吨，增长 27.4%（详见表 3—1）。

表 3—1　江苏省 1987—1991 年农业主要产品统计表

年份	粮食（万吨）	棉花（万吨）	油料（万吨）	猪牛羊肉（万吨）	水产品（万吨）	大牲畜年末头数（万头）
1987	3257.70	44.38	121.10	134.94	92.19	85.75
1988	3243.36	56.22	98.67	148.62	102.83	88.57
1989	3282.80	48.47	99.91	151.22	110.52	90.25
1990	3264.15	46.42	112.39	158.38	118.25	92.50
1991	3035.51	55.71	114.06	163.32	117.45	93.26

资料来源：夏鸣主编：《江苏五十年》，中国统计出版社 1999 年版，第 409 页。

以往，江苏粮食生产主要靠苏南。1957 年，苏南地区（包括现在的南京、苏州、无锡、常州、镇江等市）粮食产量 413.32 万吨，占全省粮食产量的 38.86%；1965 年增加到 631.27 万吨，占全省粮食产量的 43.75%。20 世纪 80 年代，苏北粮食生产崛起并稳步发展，日益成为江苏粮食生产的支撑点。苏南地区粮食产量所占比重逐步下降，

1980年下降为32.10%，大丰收的1984年下降为29.52%，1988年下降为26.80%，1991年下降为26.65%。这标志着江苏省内由南到北不同地区的粮食生产优势得到合理的均衡发挥，标志着苏北农业的新崛起和农业南北的协调发展，江苏粮食生产面貌发生了根本性的变化。

在“决不放松粮食生产”的同时，农、林、牧、渔全面发展(详见表3—2)。1991年，江苏农、林、牧、渔业总产值580.93亿元，比1987年增长52.8%。1991年，淮北的徐、淮、连3市的农业总产值占全省农业总产值的32.14%，如包括盐城、扬州、南通3市在内，整个苏北农业总产值则占全省的70.57%。① 苏北农业的崛起预示着江苏农业发展的潜力主要在苏北地区。

值得指出的是：农业投入不足，农业基础仍然比较薄弱，粮食、棉花生产仍然不够稳定，耕地面积逐年减少，种粮效益偏低，又逢生育高峰，人地矛盾更加突出，给江苏农业稳定发展带来许多新矛盾、新问题。全省人均占有粮食在1984年达1087斤后，呈持续下降之势，1990年重新跌入千斤以内，1991年人均占有粮食只有892.2斤。因此，在把握江苏省情的基础上，主动适应新形势的变化，认真探讨农业持续稳定发展的最佳对策，使工农业协调发展，才能保证今后江苏国民经济健康发展。

表3—2　江苏省农林牧渔总产值及其构成(当年价格)(单位:亿元)

年份	农林牧渔业总产值(当年价)	农业		林业		牧业		渔业	
		产值	占总产值比重(%)	产值	占总产值比重(%)	产值	占总产值比重(%)	产值	占总产值比重(%)
1988	497.95	310.20	62.30	7.29	1.46	140.49	28.21	39.97	8.03
1989	522.25	325.02	62.24	7.02	1.34	148.13	28.36	42.08	8.06
1990	580.53	362.46	62.44	7.94	1.37	160.78	27.69	49.35	8.50
1991	580.93	354.42	61.01	7.55	1.30	168.30	28.97	50.66	8.72

资料来源:夏鸣主编:《江苏五十年》，中国统计出版社1999年版，第408页。各业占农林牧渔总产值比重，由笔者根据各业产值计算而得。

(四) 乡镇企业开始进入新的发展阶段

“七五”后期，江苏乡镇企业经历了治理整顿的严峻考验。

1988年，江苏乡镇工业实现产值944.79亿元(按1980年不变价计算)，比上年增长37.62%，其中乡村两级工业的产值862.18亿元，比上年增长35.54%，占乡镇工

① 根据1992年《江苏年鉴》第766、818页数字计算而得。

业总产值91.26%，占全省工业产值的比重由上年的42.42%上升到47.61%。乡村两级工业实现销售收入729.44亿元，比上年增长48.93%，超过产值增长幅度13.39个百分点。乡村两级工业企业实缴两税30.29亿元，比上年增长37.43%，占当年江苏省财政收入的26.22%。乡镇企业，在中外合资、工贸联营方面也有新发展，机电产品出口亦有长足进步，形成了一批出口创汇的骨干企业和重点产品。

1988年，江苏乡镇企业虽然取得了新成就，但也存在不少问题。根据中共十三届三中全会提出的治理、整顿的精神和江苏乡镇企业发展过程中出现的问题，中共江苏省委和省政府于1988年12月召开全省乡镇企业工作会议，会议进一步明确了以效益求生存、以效益求发展和以调整为中心的指导思想，在战略上实现“五个转向”：从注重产值增长转向注重提高经济效益；从铺摊子、注重外延扩大为主转向巩固提高现有企业、注重内涵挖潜为主；从粗放经营为主转向集约经营为主；从负债经营为主转向以自我积累为主；从内向型为主转向内外结合型为主。由于宏观经济紧缩，前几年在相当一部分乡村企业中存在的过量的基建规模、过度的负债经营、管理水平低下、企业素质不高等问题集中暴露；资金奇缺、利率提高、能源和原料供应紧张、价格上涨、销售疲软，使1989年乡镇企业的生产经营活动遭到重重困难。1989年，江苏省乡镇企业（包括村以下企业）1078964个，比上年减少50154个。其中工业企业比上年减少26118个，占企业减少总数的52.08%。该年，全省乡镇企业总产值、乡镇工业产值、乡村企业（乡办企业和村办企业）产值、乡村工业产值分别比上年只增长5.13%、5.07%、3.57%、3.94%，不少企业开工不足，治理整顿的任务非常艰巨。

江苏乡镇企业稳不住，不仅农业稳不住，而且全省经济也难以稳定。在中共中央关于“积极扶持，合理规划，正确引导，加强管理”方针的指引下，江苏加强对调整结构的具体指导，进一步增强乡镇企业的竞争能力和应变能力，发挥其自主灵活经营机制的优势，克服市场持续疲软、资金紧张等困难，经受住了乡镇企业发展史上最为严峻的考验；同时以外向开拓为新的启动力，大力发展外向型经济，引进外资，发展合资合作企业，把产品转向国际市场，取得了新的进展。1990年，全省乡村企业出口产品金额106.59亿元，比上年增长35.39%。“三资”企业比上年增加183个，达423个；利用外资总额6.41亿元，比上年增加4亿元，增长1.66倍。

1991年6月，中共江苏省委组织部、农村工作部和省乡镇企业管理局举办培训班，推广吴江县铜锣镇实行“生产要素承包，资产滚动增值”的承包经营责任制和无锡县东亭镇“一调二改三提高”（即调整结构、技术改造、企业改革，提高工业组织程度、提高管理水平、提高经济效益）的经验。1991年下半年，各地在调查研究的基础上，

选择条件适宜的407个乡镇、6715个企业进行学习、推广两镇经验的试点。

1991年,江苏乡镇企业克服了特大洪涝灾害造成的重重困难,进入了以提高为主的发展新阶段。该年,全省乡镇企业82.84万个,比上年减少23万个;职工人数865.57万人,比上年减少30.6万人;总收入却比上年增加241.63亿元,达1369.67亿元,增长21.42%。全省乡镇企业总产值达1732.58亿元,比上年增加261.10亿元,增长17.74%。其中乡镇工业(含村以下工业)企业虽比上年减少12.54万个,职工人数比上年减少4.89万人,产值却达1595.90亿元,比上年净增273.51亿元,增长20.68%。①

江苏乡镇企业在克服困难,调整结构,稳定发展的同时,产品质量、技术档次、企业素质以及市场开拓能力也有明显提高。一大批乡镇企业进行了技术改造,技术设备更新。1988年,乡村两级工业30万元以上技术改造项目6193个,资金38.61亿元,占当年新增固定资产投入的68.53%。1990年,技改项目3680个,比上年增加561个。1991年,技改项目6173个,比上年增加2493个,占建设项目总数的33.87%;用于技改项目的投资23.11亿元,占当年实际完成投资额的34.41%。许多乡镇企业重视智力开发,除从社会上吸纳技术力量、引进专业人才外,开始由企业出资,采取多种形式培训技术和管理人员。1990年,据9个市(不含南京市、连云港市)的统计,全年接受岗位培训的职工达7.4万多人次,接受各种短训的33万人次,参加专业证书教学班学习的有4400多人。企业规模逐步扩大。1988年,每个乡村两级工业企业平均60.3个职工、21.6万元固定资产(原值)、82.2万元产值②;到1991年,全省平均每个乡村工业企业职工增加到64.3人,平均拥有固定资产原值增加到41.94万元,平均每个企业完成产值增加到157.58万元。是年,全省工业产值500万元以上的乡村企业6017个,比上年增加2328个。这部分企业只占全省乡镇工业企业总数的1.29%,但其产值、固定资产原值、税金、利润却分别占全省乡镇工业的49.99%、47.34%、49.48%、51.77%。它们是江苏乡镇企业的中坚。

外向型经济持续以较快的速度发展。1991年,全省乡村工业出口创汇企业4515个,比上年增加307个;出口产品总额150.53亿元,比上年增长41.22%;注册登记"三资"企业1015个,比上年增加532个;利用外资总额20.11亿元,比上年增加13.7亿元。全省乡村工业企业举办的境外非贸易企业达11个。

乡镇企业已发展成为江苏经济的重要支柱,财政增长的重要来源,出口创汇的生

---

① 1992年《江苏年鉴》,南京大学出版社1992年版,第773、363页。根据1992年《江苏年鉴》第773页数字的计算,1991年全省乡镇工业企业职工人数比上年减少5.39万人(717.70万人—712.31万人),不是4.89万人。

② 根据1989年《江苏经济年鉴》,南京大学出版社1989年版,Ⅳ—63页数字计算而得。

力军，城市工业的坚强“同盟军”。

三　扩大企业自主权，增强企业活力

企业改革，尤其是国有企业改革是整个经济体制改革的中心环节。1988—1991年，江苏省围绕搞活国有企业这个中心环节，点面结合，积极推进，不断探索搞活企业的经验和办法，成效显著。

（一）推行和完善企业承包经营责任制

1987年6月以后，江苏省开始大面积推行企业承包经营责任制。到1988年底，全省预算内工业企业的承包面超过90%（其中大中型企业全部实行承包），并逐渐扩大到集体所有制企业和商业、物资等行业。之后，社会上对承包制等一系列改革措施是否继续推行产生了众多议论。在复杂的形势面前，淮阴、南京、盐城等市较早地明确宣布厂长负责制、承包责任制不变，放给企业的权不收，消除了人们的顾虑，保持了改革政策措施的稳定性、连续性，较好地维护了承包合同的严肃性。

从1989年第四季度开始，在总结第一轮承包经验和教训的基础上，江苏企业转入第二轮承包。1990年第一、二季度，江苏省体改委会同有关部门分别提出了完善工交企业承包制的20条意见和完善流通企业承包制的10条意见。南京、盐城、扬州等市率先选择部分企业进行滚动承包、延长承包期和新一轮承包的试点。在各地试点的基础上，第二轮承包工作从1990年下半年起全面推开。各地从实际出发，本着“大稳定、小调整”的精神和“先易后难，突出重点”的原则，较好地解决了第一轮承包中出现的问题，如不少地方对原有的承包形式进行相应的调整，改“包死基数，超收全留”为“基数递增或基数利润包干，超基数分档分成”；健全考核体系，合理使用企业留利，建立风险基金；强化民主管理，改进奖惩办法，推行“共保合同”①，改变企业收入过分向个人倾斜的倾向②等。到1990年底，江苏省县以上企业已有7700多户签订了新的承包合同，占应承包企业的78%。1991年，江苏省有8000多家企业实行“共保合同”制，占全省县属以上第二轮承包企业的80%。实践证明，企业承包制是当时发展

---

① “共保合同”，是企业在完善承包经营责任制中，由厂长代表行政、工会主席代表职工、书记代表党组织，为实现企业发展目标，明确企业与职工之间的权利、义务和利益关系而签订的企业内部契约。“共保合同”的内容主要有：1. 共保目标；2. 保证措施；3. 奖罚办法；4. 合同的确立、变更、解除和合同纠纷调解处理的办法与程序；5. 合同双方代表以及监督等签字，签字日期。详见《中共江苏省委办公厅、江苏省人民政府办公厅转发省总工会、体改委、计经委〈关于在实行承包经营的企业中推广共保合同的意见（试行）〉的通知》（1989年1月15日）。

② 按照奖惩对等的原则，完成承包合同好，在治理整顿期间，经营者全年收入（包括各种津贴、单项奖等在内的所有收入），一般控制在不高于本企业职工全年平均收入的一至二倍的范围内，成效特别突出的少数企业，最多不得超过三倍；未完成承包合同的要根据不同情况相应扣减经营者收入，直到保留本人工资的一半。详见《江苏省人民政府批转省体改委、计经委、财政厅〈关于完善工交企业承包经营责任制的意见〉的通知》（1990年6月23日）。

生产、提高效益、稳定企业、稳定经济的重要措施之一,成效显著。第一,企业生产得到发展。承包后的1987年至1990年,江苏省预算内工业企业共完成工业总产值1621亿元,实现利税216亿元。承包后与承包前相比,人均创利税提高15%,全员劳动生产率提高18%。第二,国家利益得到保证。3年中预算内工业企业上缴利税103亿元,加上能(源)交(通)基金、预算外调节基金和税前还贷部分,合计为146亿元,占全部企业实现利税总额的80%以上。第三,企业发展后劲增强。全省预算内工业企业近3年企业留利比承包前3年平均增长11.4%,企业留利中生产发展基金年平均增长9.9%。1990年与1986年相比,固定资产原值与净值的比重分别增长70%和75%。全省物资、商业系统固定资产、自有资金均增长了1倍以上。同时企业内部改革逐步深化,企业管理有所加强。需要指出的是,企业承包工作中还存在一些矛盾和问题,如承包基数缺乏科学性,静态的承包基数与动态的外部环境相矛盾,企业发展后劲难以得到保证等等,需要今后进一步加以完善。

(二) 巩固和发展企业集团

江苏省企业集团的组建起步早,发展较快。其发展大致经历了3个阶段:

1. 1984—1986年为探索起步阶段。江苏省加工工业多,而能源、原材料短缺;中小企业多,而组织程度较低;经济发展较快,而地区之间不平衡,特别是沿海和沿江地区,对外开放区域大,需要加快外引内联的步伐。这就在客观上要求发展各种形式的横向经济联合,以开拓新的资源基地,扩大与兄弟省市的经济联合和协作,提高专业化协作的技术水平,扩大出口创汇能力。企业的经济联合,开始以松散协作、互助合作为主,逐步发展成为各种不同形式的经济实体。① 随着城市经济体制改革的深入,江苏各地横向经济联合的范围越来越广,层次不断提高,内容不断丰富。据统计,1986年底,江苏组建各种形式的联合体已由1985年的3300多个发展到5760个,参加的企业由原来1万多家发展到2万家左右,其中跨省区的联合体有1000多个,规模较大、组织上比较紧密的企业集团235个。

2. 1986—1989年为深化发展阶段。1986年7月,省人民政府颁布《贯彻执行国务院〈关于进一步推动横向经济联合若干问题的规定〉的实施办法》后,促进了江苏省与外省之间,本省地区、部门之间,特别是企业之间,多形式、多层次的横向经济联合的发展。到1988年,江苏省规模较大的企业群体和企业集团达424个。企业集团开始向推进技术进步、开发高层次产品方向发展,向经营、资产一体化方向发展,向外向型发展。

---

① 《江苏省人民政府批转省经济研究中心〈关于企业经济联合中若干问题的意见〉的通知》(1984年7月19日)。

3. 从1989年下半年起进入完善提高阶段。在不少企业集团面临着市场疲软、原材料涨价、能源紧张、资金短缺等困难的情况下，江苏各地抓紧调整产业和产品结构，对部分陷入困境而又符合产业政策要求的中小企业进行联合改组。江苏省人民政府《关于推进和发展企业集团的意见》印发后，各地对现有企业集团进行梳理，促进企业集团向规范化方向发展。到1990年，江苏经省辖市以上政府和部门批准成立、初步形成紧密型的企业集团有232家。这些企业集团不仅经济实力和应变能力不断提高，而且正在成为地区经济的主要支柱。如，1990年，无锡市已有10个企业集团形成销售额5亿元以上，年创利税3000万元以上的经营规模。华晶集团公司已拥有固定资产原值16.8亿元，职工7.2万多人，成为全国最大的集成电路生产基地。常州金狮集团的金狮樱花、金狮皇后等新产品，市场供不应求。南京熊猫电子集团在深圳等特区和沿海开放城市开办合资企业，在美国建立经营公司，积极参与国际竞争，形成了新的经济格局。1991年，在强化企业集团内部资产的联结纽带，壮大集团企业的核心层，完善集团公司的领导制度，构造企业集团的规范化运行机制等方面做了大量工作；同时，又新组建企业集团29个，其中省级企业集团有陶瓷、华宁电子等7个。这些集团的组建与完善，对于提高企业组织程度、合理配置资源、优化组合，扩大名优产品生产规模，增强在国内外市场的占有率和竞争力发挥了积极作用。但这些企业集团还处于初创阶段，在发展中还存在一些亟待解决的问题。有些企业集团对内部组合机制的建设重视不够，管理工作也没有纳入法制化轨道，集团投资功能不强，融资功能尤为薄弱。

（三）以仪征化纤工业联合公司、扬子石油化工公司为代表的一批大中型企业相继建成

据1990年底统计，江苏省共有大中型企业1237户，占全省独立核算工业企业数虽然只有3.3%，实现工业产值却占40%，销售收入占46%，实现利税占59%。大中型企业是江苏经济的重要支柱和骨干力量，是财政收入的主要来源。“六五”、“七五”期间，江苏新建、扩建的国家重点项目有：

1. 仪征化纤工业联合公司——中国最大的化纤原料生产基地

仪征化纤工业联合公司（以下简称仪化公司）原称江苏石油化纤总厂，1981年10月改称现名，由纺织工业部和中国国际信托投资公司联合建设经营。仪化公司自1978年7月成立筹建领导小组和筹建指挥部起，经过建设方案的调整和1980年11月至1981年6月的缓建，一期工程于1982年1月破土动工，到1990年10月二期工程涤纶三厂的最后一条聚酯生产线建成投产，前后历时10余年。工程总投资达29亿元。这是中国在改革开放新时期首次依靠借债集资建设经营的特大型化纤骨干

企业。

仪化一期工程以涤纶一厂为主体,包括热电厂、给排水厂、动力厂、供销公司、运输公司、生活区等配套工程,总面积为72.32万平方米。涤纶一厂生产规模为年产涤纶短纤维12万吨,聚酯切片6.3万吨,共有3条聚酯生产线和8条纺丝生产线。3条聚酯生产线从德国吉玛公司成套引进。这套设备单系列生产能力为日产200吨,在国内同类装置中是最大的。8条纺丝线的工艺技术和其中2条的主要设备从日本东洋纺绩株式会社引进,其他6条是根据同时引进的图纸软件由中国纺织机械总公司组织国内厂家制造的。到1987年2月,涤纶一厂所有生产装置全部打通,进入全面试生产阶段。是年年底,一期工程全部达到预期的建设目标。①

仪化二期工程建设与一期工程交叉进行。二期工程项目包括涤纶二厂、三厂、四厂(原研究所中间试验车间)和相应的水、电、气等公用工程及辅助配套工程。1990年10月,仪化二期工程全部生产装置建成。一、二期工程建成后,其生产能力为聚酯切片25.2万吨/年,占全国生产能力的44.7%;涤纶短纤维24万吨/年,占全国生产能力的30%。② 是当时中国最大的化纤和化纤原料生产基地。

仪化公司的整套装置具有20世纪70年代末、80年代初的国际先进水平,在国内处于技术领先地位。1985—1991年,仪化公司累计生产聚酯切片、涤纶短纤维和中空立体卷曲纤维182.2728万吨,实现工业总产值180.5176亿元(1990年不变价),销售收入129.5747亿元,创利税30.5891亿元,其中利润18.5811亿元。产品畅销全国各地并打入国际市场,在国内外都赢得了良好信誉。仪化公司积极发展横向经济联合,与国内24家大型化纤纺织企业、4所高校和科研单位组建成有紧密层、松散层联系,集生产、科研、外贸为一体的全国大型企业集团。③ 同时,大力加强国际经济技术合作,兴办中外合资企业,增强了仪化公司在国际化纤行列的影响,为进一步发挥行业规模优势,扩大出口创汇,走国际化道路,打下了良好基础。

2. 扬子乙烯——中国20世纪80年代最大的石油化工引进工程之一

扬子乙烯是扬子石油化工公司的通称。该工程是国家"六五"、"七五"期间的重点工程,是当时中国石油化工工业一次性投资规模最大的企业,总概算为70.79亿元。

这项工程由10套生产装置及相应的公用、辅助工程组成。其中有6套从联邦德国、日本、美国成套引进;2套采取从日本买进专利技术和关键设备,合作设计、合作

① 任传俊主编:《全国百家大中型企业调查——仪征化纤》,当代中国出版社1994年版,第7—8、15、18—22页。
② 任传俊主编:《全国百家大中型企业调查——仪征化纤》,当代中国出版社1994年版,第19—20、84页。
③ 任传俊主编:《全国百家大中型企业调查——仪征化纤》,当代中国出版社1994年版,第373—374、362页。

采购材料、合作制造设备的“一买三合作”方式引进；2 套国内配套。工程从 1978 年开始筹建。整个乙烯工程建设分两个阶段进行，前后历时 5 年零 5 个月。10 套装置均实现一次投料试车成功，并顺利地转入试生产。1991 年 10 月 18 日，扬子 30 万吨乙烯工程通过国家竣工验收，标志着该工程全部建成并正式交付生产。①

3. 徐州铁路枢纽——全国路网性的铁路枢纽之一

该工程是国家“六五”、“七五”期间的重点项目。该工程总投资 8.4841 亿元，至 1991 年底累计完成投资 7.4101 亿元，累计新增固定资产 6.8442 亿元。该工程 1984 年 12 月开工建设，1990 年 9 月 28 日全部建成投产，1991 年 12 月 11 日正式通过国家验收。该工程改造后，打通了陇海、京沪干线进入华东的咽喉，增强了铁路运输能力。②

4. 大屯煤电公司孔庄矿扩建及选煤厂——国家“七五”期间重点项目

该矿井扩建工程 1989 年 1 月开工，选煤厂同年 9 月开工建设，皆于 1991 年 11 月建成投产，同年 12 月 14 日竣工验收。总投资 1.1441 亿元。投产后，孔庄矿原煤生产能力由 45 万吨/年增加到 105 万吨/年，净增 60 万吨/年，入选原料能力 105 万吨/年，年产精煤 88.07 万吨和副产品 16.9 万吨。

20 世纪 80 年代后期建成的国家重点项目还有：1986 年 7 月 1 日开工建设的南京新生圩二期工程，1990 年 12 月 26 日通过国家正式验收。南京化学工业公司 1987 年 6 月 1 日开工建设的国内第一套年产 24 万吨磷铵生产装置，1989 年 4 月投料试车，1990 年底通过国家验收。机电部南京第五十五所半导体微波技术扩建工程，历时 5 年半，于 1990 年 11 月正式通过国家验收。③ 1990 年 3 月，江苏省第一家中外合资的现代化大型火电厂华能南通电厂一期工程两台 35 万千瓦机组全部建成，投入生产性运行。④ 1987 年开始建设的途经南京的 214 数字微波工程，1989 年下半年开始进行安装，1990 年 8 月开始试运行，1991 年 1 月 18 日通过国家验收，并正式全线开通。宁汉光缆工程于 1991 年 1 月 13 日通过邮电部验收。它是中国第一条采用单模长波长光纤通信技术建设的长距离通信干线系统工程，也是横贯中国东西的第一条

---

① 1992 年《南京年鉴》，江苏古籍出版社 1992 年版，第 215 页。

② 1992 年《江苏年鉴》，南京大学出版社 1992 年版，第 367、388 页。1992 年《江苏年鉴》第 594 页说：该工程 1986 年下半年正式开工，总投资 5.88 亿元。第 789 页说：该工程自开始建设累计完成投资 66853 万元，自开始建设累计新增固定资产 47637 万元。数字出入较大，特录于此，供参考。

③ 1991 年《南京年鉴》，江苏古籍出版社 1991 年版，第 295、227、238 页。

④ 1990 年《江苏经济年鉴》，南京大学出版社 1990 年版，Ⅶ—32 页。江苏省计划与经济委员会、《江苏年鉴》杂志社合编：《江苏的“七五”(1986—1990)》(下册)，苏出准印字 JSE—002542，1999 年版，第 544—545 页说：该电厂 1989 年 1 月 10 日并网发电。

大容量通信干线。① 1990年通过国家验收或全部建成投产的国家重点项目还有:连云港庙岭二期2个木材泊位、连云港碱厂等。

四 全方位对外开放格局的初步形成

1988年—1991年,江苏省努力贯彻沿海地区经济发展战略,多渠道、多形式地推进同许多国家和地区的经济技术合作与交流,对外开放迈出了较大的步伐,取得了可喜的成绩。

(一) 对外开放格局的初步形成

1988年是江苏省实施沿海地区发展战略的第一年。

江苏省的连云港市、南通市和苏州、无锡、常州3市及其所辖的12县(市)相继对外开放后,在1988年1月召开的省人代会上,省人民政府正式确定在南京市浦口区建立"浦口高(新)技术、外向型开发区"。② 不久,南京市及其所辖的江宁等3县,镇江市及其所辖各县(市),扬州市及其所辖的泰州等7县(市),盐城市及其所辖的射阳等5县以及南通市及其所辖各县,连云港市及其所辖各县,也于1988年3月经国务院批准列入沿海经济开放区。至此,江苏省对外开放面积达到59.5%,人口达到64%,工农业总产值占全省的84.5%,外贸收购额占全省的93%。③ 到1991年,江苏省40个开放县(市)共有1196个镇(乡)批准为对外开放重点工业卫星镇。④ 这样,在江苏全省初步形成了一个"沿海开放城市——沿海经济开放区——重点工业卫星镇"的多层次、有重点的对外开放格局。

1990年4月,中共中央批准上海浦东开放开发。这给江苏的开放提供了新的历史机遇。1990年6月21日—27日,中共江苏省委、省政府派陈焕友省长率代表团访问上海,就开发浦东和加强经济技术联系问题,与上海市人民政府进行商谈,并签署了会谈纪要。江苏方面提出了"坚决支持,主动服务,迎接辐射,促进发展"的方针,并相应的作了新的部署。全省的对外开放逐步向沿江、沿海、沿东陇海线发展,重点开发建设沿江经济带,带动全省经济发展。

---

① 1992年《南京年鉴》,江苏古籍出版社1992年版,第275、274页。

② 南京市人民政府《关于建立浦口高(新)技术、外向型开发区的请示》。1988年4月11日,国家科委征得国务院特区办同意,批准建立南京浦口高新技术外向型开发区;1991年3月6日,南京市高新技术产业开发区被国务院正式批准为国家高新技术产业开发区。

③ 《新华日报》1988年4月8日。

④ 1985—1988年1月,江苏省共有391个重点工业卫星镇(乡)对外开放。1988年7月28日、1989年1月4日、1991年,江苏省人民政府又相继批准湖熟等242个、上峰等326个和大桥乡等237个重点工业卫星镇(乡)对外开放。至此,江苏省共有1196个镇(乡)为对外开放重点工业卫星镇。1992年《江苏年鉴》,南京大学出版社1992年版,第303页说:至1991年,江苏省共有1199个乡镇批准为对外开放重点工业卫星镇。两者相差3个镇(乡)。抄录于此,供参考。

（二）出口贸易多元化发展

江苏省按照“自负盈亏，放开经营，工贸结合，推行代理制”的方针，从1988年开始推行外贸体制改革，实行外贸切块承包经营责任制。在新旧体制交替过程中，江苏各级经贸部门丝毫没有放松外贸出口工作。该年，进出口总额达31.65亿美元，比1987年增长17.14%；出口总额为234987万美元（均为本省自营进出口总额），比1987年增长10.91%，占全国出口总额的5.78%，居全国第五位；进口总额达81511万美元，比1987年增长39.62%。进口的主要产品为化工原料、轻工机械、羊毛、电视机及音响设备散件、合成纤维、木材、钢材、成套设备、电子计算机等。1989年，江苏在对外贸易工作中遇到国内物价上涨、资金短缺、原材料供应紧张、出口成本加大等问题；同时又遭到某些西方国家对中国的经济制裁。是年，江苏省外贸工作遇到了1974年建立口岸以来从未有过的困难。

对此，中共江苏省委、省政府把发展对外贸易作为全省经济发展的战略方针，采取一系列积极措施，保证出口稳定增长。省市县外贸部门运用多种经济手段扶持发展出口商品生产，积极开展以进养出业务，整顿外贸秩序，加强宏观管理，深入开展“双增双节”运动，强化对外推销，扩大出口成交。在上述各项措施的作用下，1990年，江苏省进出口额比1989年增长11.73%，其中出口额比1989年增长20.84%，进口额比1989年下降13.99%。

1991年是国家取消出口亏损补贴，实行自负盈亏外贸新体制的第一年。全省各级各类外贸企业采取一系列切实有效的措施，进行综合运筹，积极调整出口商品结构和出口地区结构，开发新品种，开辟出口新渠道，克服以美国为首的西方国家制造的一系列贸易磨擦和限制，以及前苏联、东欧市场剧变和长江中下游洪涝灾害的影响，外贸企业的经济效益得到提高，外贸出口大幅度增加。1991年，江苏省出口总额达346052万美元，比1990年增长17.31%，净增5.1亿美元，为1974年建立对外贸易口岸以来出口增值最多的一年。出口总额占当年江苏省国民生产总值的12.83%。在对外贸易中乡镇企业逐渐成为生力军。1991年，江苏省乡镇企业完成外贸收购额157.36亿元，比1990年增长48.05%。1991年，江苏省进口额达104378万美元，比1990年增长40.19%（详见表3—3）；进口商品主要是生产资料，占进口总额的99.99%。

表3—3　1988—1991年江苏省外贸商品收购总值、出口值、进口值统计表

年份	外贸商品收购总值（亿元）		出口值（万美元）		进口值（万美元）	
	收购总值	比上年增加（%）	出口值	比上年增加（%）	进口值	比上年增加（%）
1988	134.52	35.00	234987	10.91	81511	39.62

续表

年份	外贸商品收购总值(亿元)		出口值(万美元)		进口值(万美元)	
	收购总值	比上年增加(%)	出口值	比上年增加(%)	进口值	比上年增加(%)
1989	169.51	26.01	244111	3.88	86563	6.20
1990	226.40	33.56	294995	20.84	74457	—13.99
1991	270.88	19.65	346052	17.31	104378	40.19

注:本表外贸商品收购总值按实际收购价计算。出口值、进口值均为本省自营进出口总额。

江苏出口商品结构逐步趋向合理。按国际贸易标准分类,江苏初级产品出口占出口总额由1989年的21.70%下降为1991年的18.27%;工业制成品出口占出口总额由1989年的78.30%上升到1991年的81.73%。

出口市场向多元化发展。1990年,江苏出口商品销往的国家和地区有148个,比1989年增加9个,1991年仍达146个。其中,江苏出口商品销往港澳地区和日本最多。1991年,江苏出口到港澳的商品占出口总额的24.92%,日本占21.38%,欧洲占16.60%,美国占14.22%,东盟六国占5.50%,前苏联和东欧国家占2.03%,加拿大占1.72%,澳大利亚和新西兰占1.52%(详见表3—4)。

表3—4 1988—1991年江苏省商品出口到主要国家或地区情况表

国别或地区	1988年		1989年		1990年		1991年	
	出口额(万美元)	占比重(%)	出口额(万美元)	占比重(%)	出口额(万美元)	占比重(%)	出口额(万美元)	占比重(%)
港澳	54414	23.16	51807	21.22	65363	22.16	86245	24.92
日本	46674	19.86	54895	22.49	58791	19.93	73993	21.38
欧洲共同体	36544	15.55	37126	15.21	46312	15.70	57460	16.60
美国、加拿大	28064	11.94	33255	13.62	38544	13.07	55163	15.94
前苏联东欧五国	20861	8.88	19877	8.15	18793	6.37	7013	2.03

注:本表1990年江苏出口到美国和加拿大的出口额中,不包括出口到加拿大的出口额。

1988年,江苏根据国务院加快和深化对外贸易体制改革的有关决定,实行为期3年的外贸切块承包经营责任制:由省政府向国家承包,然后切块到各市,由各市政府向省政府承包;各市承包后,分别采取切块自营(代理)、切块联营的经营形式。实行切块自营的有苏州、无锡、南通、南京等4市,其余7个省辖市与省外贸公司分别联营。其中,

轻工、工艺、针棉织品、服装、陶瓷等5个行业外贸公司实行自负盈亏改革试点。与此同时，先后批准常州自行车、宜兴陶瓷公司等20家生产企业和企业集团直接对外经营。1989年，省人民政府《关于稳定完善我省外贸承包经营责任制的通知》下发后，“切块承包”体制进一步完善，适销货源外流的矛盾有所缓解。1990年，省人民政府又下发《关于加强出口商品货源管理的意见》，批准全省外贸3年承包期盈亏运筹方案和外贸企业试行出口奖励办法。各市、县还制订鼓励发展外贸的各项具体措施，都收到明显效果。1991年，国家通过调整汇率、出口退税，取消外贸出口亏损补贴，建立自负盈亏的外贸运行机制，结束了外贸长期“吃补贴”的历史。江苏省先后制订了出口退税、出口外汇核销、有偿上缴中央外汇额度人民币补偿、出口奖励金、市县公司全额利润留成、全省综合运筹等配套文件，理顺了各方面的关系，保证了外贸新体制的正常运行。外贸体制这些改革对外贸发展都有一定的促进作用，但初期主要着眼于中央和地方、条条与块块分权的改革，后期的外贸包干和放权的办法，并未能解决外贸生产企业从国家计划执行者向自主经营者的转变，以及贸易管理从行政手段为主向以经济、政策、法律手段为主的转变等根本问题。外贸体制的改革有待于进一步深化。

（三）利用外资和引进技术的步伐加快

江苏不仅对外贸易持续发展，利用外资亦逐年增长。1988年，江苏省利用外资工作呈现出良好的发展势头，特别是吸引外商直接投资方面取得新的突破。该年，江苏省共批准利用外资项目401项，合同外资金额72991万美元；项目数和合同外资金额分别比1987年增长84.8%和221.7%，实际使用外资26873万美元，比1987年增长15.6%。江苏省还发挥劳动力资源丰富和廉价的优势，特别是利用乡镇企业发达、机制灵活、开拓意识强、交货快的长处，大搞“三来一补”（来料加工、来样生产、来件装配和补偿贸易），以进养出，扩大利用外资的范围。

1989年，一些西方国家对中国延迟或暂停援助和贷款，江苏利用外资工作也受到一定影响；一部分正在洽谈合作的外商犹豫观望，延期或取消洽谈；已经签约批准的合资项目，有的推迟出资，或要求修改合同条款；少数外资企业的出口订单也相应减少。经过省、市人民政府、经贸主管部门及有关单位深入细致地宣传解释工作和必要的斗争，全年利用外资的实绩比预期的要好。1990年，江苏省明确提出外贸、外资、外经“三外”一起抓，共同迈大步的奋斗目标，全省各地吸引外资的积极性空前高涨，新批“三资”企业392家，协议外资金额2.77亿美元。① 1991年，江苏省利用外资

---

① 1991年《江苏年鉴》，南京大学出版社1991年版，第579页。该年鉴第366页说：1990年新批“三资”企业393家，合同外资金额28559万美元。《江苏五十年》第419页说，1990年江苏新批外商直接投资企业395家，外商直接投资2.44亿美元。

工作取得突破性进展。是年,全省新批“三资”企业1142家(详见表3—5),超过前10年批准“三资”企业的总和,合同外资金额为前10年合同外资总额的70%多。苏州、无锡、常州、南通、南京是江苏省吸引外资最活跃的地区。1991年,以上5个市新批“三资”企业和合同外资金额均占全省的80%。其中,苏州市居全省第一,新批“三资”企业占全省的36.2%,合同外资金额占全省的39.3%。苏中、苏北发展势头也很好。与1990年相比,新批“三资”企业,扬州增长230%,连云港增长633%,淮阴增长55%,徐州增长317%,盐城增长86%,镇江增长73%。[①] 外资的利用,不仅缓和了江苏资金不足的矛盾,还带来了先进的生产技术和管理方法。

表3—5 1988—1991年江苏省利用外资对外签订合同情况表(金额单位:万美元)[②]

	1988年		1989年		1990年		1991年	
	项目(个)	金额	项目(个)	金额	项目(个)	金额	项目(个)	金额
一、对外借款	40	35503	226	25751	42	9759	34	40342
1. 外国政府贷款	23	9510	28	8055	23	7144	6	2556
2. 国际金融组织贷款	17	4668	177	8425	14	1878	27	37686
3. 外国银行现汇贷款	—	21325	18	7409	3	326	1	100
4. 买方信贷	—	—	2	1852	2	411	—	—
5. 对外发行证券	—	—	1	10	—	—	—	—
二、外商直接投资	247	30190	291	19575	392	27710	1142	78727
1. 合资经营	233	29376	280	18484	354	22456	1046	59628
2. 合作经营	11	664	8	805	11	2767	32	11454
3. 独资经营	3	150	3	286	27	2487	64	7645
三、外商其他投资	114	7298	76	3734	53	2066	115	4678
1. 补偿贸易中客商作价提供设备	75	3517	57	2170	33	454	36	743
2. 加工装配中客商作价提供设备	12	160	6	97	3	56	66	939

① 1992年《江苏年鉴》,南京大学出版社1992年版,第307页。

② 本表是根据1990年《江苏经济年鉴》,南京大学出版社1990年版,Ⅲ—79页;1991年《江苏年鉴》,南京大学出版社1991年版,第579页;1992年《江苏年鉴》,南京大学出版社1992年版,第800页的数字制成的。

续表

	1988年		1989年		1990年		1991年	
	项目(个)	金　额	项目(个)	金　额	项目(个)	金　额	项目(个)	金　额
3. 国际租赁	27	3621	13	1467	17	1556	13	2996
总　计	401	72991	593	49060	487	39535	1291	123747

外资来源：1988年来江苏投资办企业的国家和地区，港澳地区居首，有163家；其次是美国29家，日本21家，台湾省商人7家。1989年，来江苏投资办企业的国家和地区的位次虽然没有变化，但来投资的台商增加到22家。1991年，江苏新办台资企业远远超过美国和日本商人办的企业数(详见表3—6)。从20世纪90年代开始，“三资”企业成为江苏省出口创汇的一支生力军。

表3—6　世界主要国家和地区的企业来江苏投资办“三资”企业情况(1988—1991)

国家和地区	1988年		1989年		1990年		1991年	
	外商投资企业数(个)	占外商投资企业总数比例(%)	外商投资企业数(个)	占外商投资企业总数比例(%)	外商投资企业数(个)	占外商投资企业总数比例(%)	外商投资企业数(个)	占外商投资企业总数比例(%)
港澳地区	163	65.99	190	68.59	233	59.28	688	60.46
美　国	29	11.74	24	8.66	31	7.89	100	8.79
日　本	21	8.50	23	8.30	36	9.16	83	7.29
台湾省	7	2.83	22	7.94	60	15.27	187	16.43
外商来江苏投资企业总数	247		277		393		1138	

注：本表1989、1990、1991年外商来江苏投资企业数与表3—5的数字有点出入。

外资投向生产性项目占绝对多数。1988年，江苏新批准的247家外商投资企业中，生产性项目为240个，占97.2%；非生产性项目7个，仅占2.8%。已经开业或投产的合资、合作企业中，产品出口型企业137家，技术先进性企业20家。先进的技术设备已经在同行业中显示出优势。1989、1990年，新批准的外商投资企业中生产性项目所占比重高达99.28%和98.73%。1991年，生产性企业的比重虽然有所下降，但仍高达96%。如按行业划分，外商投资企业多数是轻工、纺织服装、电子电器、金属制品、医药化工等，部分投向农牧渔业、房地产。另外，江苏在新批“三资”企业时注意

结合本省产业结构的调整,坚持走以老企业嫁接改造为主的方针。1991 年,新批准的 1075 家(表 3—5 中为 1078 家)中外合资、中外合作企业中,有 865 家是在老企业的基础上建立的,占 80.5%。县级以下特别是乡镇企业也越来越成为外商投资兴趣之所在。在 1988 年批准的 247 家外商投资企业中,属于县或县以下举办的,基本上是由老企业改造和乡镇企业举办的就有 140 家,占外商投资企业总数的 56.7%。到 1991 年,新批准的 1138 家"三资"企业中,由县或县以下乡镇企业举办的达 740 家,占 65.03%。①

利用外资除外商直接投资以外,对外借款也是一个重要来源。1988—1991 年,江苏实际对外借款共 80371 万美元。其中,外国政府贷款 25572 万美元,占 31.82%;国际金融组织贷款 13499 万美元,占 16.79%;外国银行现汇贷款 36522 万美元,占 45.44%;买方信贷 3814 万美元,占 4.75%;对外发行证券 964 万美元,占 1.20%。②

这一时期,外商投资规模和项目的技术含量,正经历着一个逐步发展和提高的过程。1988 年,江苏省投资总额在 1000 万美元以上的项目有 9 个,其中南京华东电子管厂与荷兰菲利浦公司合资建设和经营的华飞彩色显示系统有限公司总投资达 1.8 亿美元;年产 5 万吨已内酰胺的南京东方化工有限公司总投资达 1.97 亿美元。1990 年,合同外资金额在 1000 万美元以上的项目只有 3 个,比 1989 年少 7 个,500—1000 万美元的也只有 11 个,比往年明显下降。1991 年,合同外资金额超过 1000 万美元的项目有 8 个。1990—1991 年度中国规模最大的 300 家外商投资工业企业排序(以 1990 年企业销售额为基础)中,江苏省 31 家企业榜上有名,占总数的 10%以上。但总的来看,江苏利用外资工作存在重复引进、重复布点的情况,企业规模过小、技术含量过低的问题还有待解决。1991 年合同外资金额在 100 万美元以下的有 1010 家,占 88.75%。其中 50 万美元以下的有 872 家,占 76.63%。1991 年,江苏新确认先进技术企业只有 5 家,仅占新办 1138 家"三资"企业的 0.44%;新办"三资"企业平均每个项目的合同外资金额仅为 64.76 万美元。③

(四) 对外经济技术合作领域不断扩展

从 1988 年开始,江苏省对外经济技术合作有了长足的发展。1989 年,是江苏省对外开展承包劳务合作 10 年来实现合同金额和营业额最好的一年。当年新签对外

---

① 1992 年《江苏年鉴》,南京大学出版社 1992 年版,第 306 页。该年鉴第 800 页说,1991 年新批"三资"企业 1142 家,比 1138 家,多 4 家。

② 根据 1992 年《江苏年鉴》,南京大学出版社 1992 年版,第 800 页《实际利用外资情况》表中各年数字计算而得。

③ 1992 年《江苏年鉴》,南京大学出版社 1992 年版,第 306—307 页。64.76 万美元是由 1991 年江苏合同外资金额 73702 万美元除以新办"三资"企业 1138 家而得出的。但新办"三资"企业 1138 家、合同外资金额 73702 万美元与本书第 134 页表 3—5 中的 1142 家、78727 万美元不一致。特此说明。

承包工程和劳务合作合同 123 个，比上年增加 167.39%；合同金额 7763 万美元，比上年增长 89.30%；完成营业额 7735 万美元，比上年增长 69.48%。1990 年，国内资金紧缺和国际上的海湾战争给江苏的对外承包工程、劳务合作带来严重影响。该年，江苏新签对外承包工程、劳务合作的合同项目和合同金额均比上年有所下降。经过各方的努力，1991 年江苏省对外承包工程和劳务合作取得了突破性进展，合同额和营业额双双突破 1 亿美元大关。全年对外共签订承包工程和劳务合作合同项目比上年增加 40.50%；合同金额比上年增长 40.43%；实现营业额比上年增长 19.45%；年末在外劳务人员比上年增长 70.22%（详见表 3—7）。

表 3—7　1988—1991 年江苏省对外承包工程和劳务合作情况

年份	对外签订承包工程和劳务合作合同				营业额（万美元）		年末在外劳务人数
	项目数（个）		金额（万美元）				
	项目数	比上年增长（%）	金 额	比上年增长（%）	营业额	比上年增长（%）	
1988	46	53.33	4101	46.68	4564	20.29	近 1 万人（派出人数）
1989	123	167.39	7763	89.30	7735	69.48	7368
1990	121	−1.63	7589	−2.24	8389	8.46	2965
1991	170	40.50	10657	40.43	10021	19.45	5047

1980 年 12 月，经国务院批准成立的中国江苏国际经济技术合作公司（以下简称中江公司），是 20 世纪 80 年代江苏省唯一有对外承包工程和劳务合作签约权的法人企业。① 他们坚持“一业为主，多种经营”的方针，不仅搞承包劳务、办独资合资企业，而且从 1988 年开始经营省三类商品的进出口业务，为各市县发展外向型经济服务。1991 年，中江公司还结合省内的抗洪救灾和扶贫工作，把承揽到的劳务名额分配给灾区和贫困地区，并提供优质高效的一条龙服务。是年，中江公司利用自己以往在科威特经营多年的基础，积极组织力量，成为中国重返科威特的第一家国际经济技术合作公司。

江苏省对对外经援工作一直很重视。1988、1989 年江苏省各执行了 8 个国家的 11 个对外经援项目。1990 年承担了分布在 9 个国家的 13 个对外经援项目，全年完成投资 7078 万元人民币，是近 10 年完成援助项目投资最多的一年。1991 年，江苏承

① 江苏省发展计划委员会编：《“五五”时期的江苏经济（1976—1980）》（上册），苏出准印字 JSE—0000106，2003 年版，第 135 页。

担的经济技术援助项目增加到分布在15个国家的20个。

1988年后,江苏海外非贸易企业发展速度明显加快。1988年共批准海康有限公司、长城有限公司、孔雀电器有限公司等8家企业,连同往年批准的12家,共有境外投资企业20家。1989年受国内治理整顿、银根紧缩的影响,江苏省只批准了3个境外投资企业,投资总额也只有50.1万美元,中方投资31.45万美元。1991年,是历年来江苏新批准境外非贸易企业数量最多的一年,达10家,协议金额达292万美元,中方投资167万美元,占协议金额的57.19%。到1991年底,江苏省共批准境外非贸易企业40家,其中正式开业的27家,多数经营状况良好。这些企业投资规模虽然比较小,但见效快;同时对扩大江苏对外贸易出口,在更大范围内参与国际交换和分工,都是一个良好的开端。

(五)对外交流和旅游业出现空前活跃的局面

中国实行对外开放政策以后,江苏省的对外交往出现了空前活跃的局面。1966年前,江苏省仅有3市(南京、苏州、无锡)1港(连云港)对外国人开放。到1986年,江苏省11个省辖市全部对外开放,外国人持有效签证或居留证件即可前往旅行游览。20世纪80年代末,江苏已与130多个国家和地区发展友好交流活动,涉及政治、经贸、科技、文化、教育、卫生、体育等领域。许多基层单位也广泛发展与国外同行之间的多层次、多行业、多类型的合作关系。到20世纪80年代末已有10个国家和地区的公司、商社在江苏设立30多家常驻机构。每年有40多所院校、科研单位、培训中心聘请200多名外国专家、外籍教师任教或进行合作研究。1991年,江苏共接待各类外宾近2万人,比1990年增加50%。民间友好交往继续发展,广结新朋友,深交老朋友,积极发展与国外友好组织和友好人士的合作关系,并在经济、技术、贸易、文化、体育、卫生等领域进行了多层次、多方面的实质性友好交流活动。1978年12月21日,在日本名古屋举行南京和名古屋结成友好城市签字仪式。这是中日和平友好条约正式生效以后第一个结成的友好城市。到1991年,江苏对外友好城市总数增加到34对。

江苏的旅游业兴起于20世纪50年代中期,起步较早,但发展缓慢。1978年以前,江苏接待海外旅游者累计不到40万人次。中共十一届三中全会以后,在中共江苏省委、省政府的高度重视下,在各级旅游部门的努力下,6000多年丰厚的历史文化底蕴,无数美丽动人的神话传说,多姿多彩的民俗风情,得天独厚的自然地理环境,自然清新的田园风光,令人陶醉的美酒佳肴,逐渐融合成丰富的旅游资源。在此基础上,江苏旅游业逐渐走上健康发展的轨道。“六五”期间,江苏接待外国旅游者、华侨、外籍华人、港澳台同胞170万人次,平均每年增长14%。江苏旅游部门认真贯彻中共

中央治理整顿的方针，深化企业内部改革，大力加强旅游市场秩序的治理整顿和旅游行业的管理，全省旅游业持续稳步发展。1988 年，共接待海外旅游者 74.58 万人次，比上年增长 35.62%。1989 年，旅游业首次出现严重滑坡，接待海外旅游者人数急剧下降。1990 年，江苏旅游业恢复较快，接待海外旅游者人数接近 1988 年的水平。

1991 年，特大的洪涝灾害和多年未遇的寒冬大雪及海湾战争，给江苏的旅游业造成了很大影响。尽管如此，全省旅游战线的广大职工，为实现旅游业“管理上轨道，招徕上措施，服务上水平，创汇上台阶”的目标，努力工作，取得了较好的成绩。1991 年，江苏接待海外旅游者 62.91 万人次，只比上年下降 13.2%，旅游创汇 49621 万元（外汇券），创历史最高水平（详见表 3—8）。

为了适应旅游市场和’92 旅游年对外招徕旅游者的需要，江苏新建和充实了一批新景点、新设施，推出了一批新的旅游线路和节庆活动。其中新的景点有：南京秦淮河游览线，扬州乾隆皇帝水上游览线、扬州汉墓博物馆，镇江赛珍珠故居，宜兴陶瓷村，常州篦箕巷，无锡民俗村，苏州丝绸博物馆，淮安周恩来纪念馆，连云港花果山，常熟翁同龢故居，徐州汉画像石博物馆等。

表 3—8　1978—1991 年江苏省旅游业发展情况①

年份	旅游人数总计（万人次）	外国人	华侨	港澳台同胞	旅游外汇收入（外汇券万元）	商品性收入	非商品性收入	接待国内旅游人数（万人次）
1978	11.33							
1979	18.52							
1980	26.28	19.42	0.62	6.24	3808	1691	2117	
1981	32.83	24.29	0.75	7.79	5504	2357	3147	
1982	33.42	24.74	0.76	7.96	5122	2197	2925	
1983	35.47	27.15	1.20	7.12	5919	2242	3677	
1984	42.04	33.05	1.05	7.94	7854	3344	4510	
1985	50.71	40.32	0.99	9.40	13282	6188	7094	
1986	52.35	40.33	0.82	11.20	17599	8677	8922	
1987	54.99	38.90	0.84	15.25	23482	11553	11929	

① 《江苏省志·旅游业志》，江苏古籍出版社 1996 年版，第 235 页；1987 年《江苏经济年鉴》，南京大学出版社 1987 年版，Ⅲ—86 页；1988 年《江苏经济年鉴》，南京大学出版社 1988 年版，Ⅲ—85 页；1990 年《江苏经济年鉴》，南京大学出版社 1990 年版，Ⅲ—78 页、Ⅳ—243 页；1991 年《江苏年鉴》，南京大学出版社 1991 年版，第 580、466 页；1992 年《江苏年鉴》，南京大学出版社 1992 年版，第 801、506 页。

续表

年份	旅游人数总计(万人次)	外国人	华侨	港澳台同胞	旅游外汇收入(外汇券万元)	商品性收入	非商品性收入	接待国内旅游人数(万人次)
1988	74.58	37.16	0.57	36.85	29418	15003	14415	
1989	47.53	16.94	0.46	30.13	25230	12199	13031	1915
1990	72.48	21.92	1.65	48.91	33837	15214	18624	2431
1991	62.91	30.05	1.72	31.14	49621	23467	26154	2465

注:从 1987 年开始旅游人数中不包括不过夜人数。1988 年《江苏经济年鉴》Ⅲ—85 页载,1987 年江苏省旅游人数为 59.51 万人次。其中外国人为 44.44 万人次,华侨 0.77 万人次,港澳台同胞 14.3 万人次。本表有的年份的旅游总人数与《江苏省志·旅游志》第 235—236 页的旅游总人数不一致。特此说明。

第二节 "科技兴省",教育为本

一 "科技兴省"战略的提出和科技环境的改善

进入 20 世纪 80 年代中期以后,由于多年来形成的数量增长型经济惯性的影响,江苏省经济总量失衡、结构失调和技术低度化的态势日趋严峻,经济运行质量不高,资金利税率、产值利税率等主要经济指标呈逐年下降趋势。全省全部独立核算工业企业百元产值实现利税(按 1980 年不变价计算),1985 年为 16.37 元,1986 年为 13.41 元,1987 年为 12.84 元;百元资金实现利税,1985 年为 29.69 元,1986 年为 22.55 元,1987 年为 20.73 元;百元固定资产原值实现净产值,1985 年为 60.37 元,1986 年为 55.10 元,1987 年为 52.47 元。许多产品物质消耗多,技术水平低,缺乏国际竞争力。

为此,江苏省科委早在 1986 年就组织力量对江苏科技与经济、社会总体发展战略进行研究。1987 年夏,他们在江苏省人民政府经济研究中心组织召开的全省经济和社会发展战略研讨会上提出"技术立省"的研究报告。与此同时,中共江苏省委研究室也组织人员深入基层对科技与经济结合的现状和政策进行了较系统地研究。从 1988 年 3 月开始,中共江苏省委、省政府组织省委研究室、省政府经济研究中心等 10 多个部门,分成 3 个小组进行调查研究,着手起草关于依靠科技进步,振兴江苏经济的决定。经过 1 年多全省科技界、经济界、教育界、理论界和各级领导部门的广泛研究和讨论,对确定"科技立省"的战略思想取得了一致的认识。中共江苏省委、省政府综合研究了各方面的意见,认为"科技兴省"的提法比"科技立省"更切合当时的实际,有利于规划和实施。1988 年 12 月 25 日,江苏省第七届人大常委会第六次会议通过

《关于依靠科技进步，振兴江苏经济的决议》。1989 年 1 月 5 日，中共江苏省委、省政府颁布《关于依靠科技进步，振兴江苏经济的决定》，正式确立了“科技兴省”的发展战略。《决定》提出 1995 年前“科技兴省”的主要目标和工作方向是：

1. 大力推进科学技术向生产力转化，使全省在经济增长中，科技进步贡献份额有较大幅度提高；2. 大力加强科技开发，加强引进技术的消化、吸收、推广、创新，加快工业企业的技术改造，切实调整产业结构和产品结构；3. 大力研究、开发和推广适用性强、见效快的农业科技成果；4. 加快高(新)技术产业化的进程，有选择地开发一批附加值高的高(新)技术战略产品；5. 提高全省科技能力的综合水平；6. 运用现代科学技术，加速社会事业现代化的进程；7. 加强国际科技合作；8. 形成一支在素质上与江苏经济社会发展相适应，以应用研究和技术开发为主体、结构合理的科技队伍；9. 加快建立适合江苏经济、科技和社会事业发展需要的现代化的社会教育体系，努力提高劳动者素质；10. 逐步建立强有力的科技进步政策保证体系，加强科技立法工作。

为了贯彻落实《决定》，积极创造有利于科技进步的良好环境，1989 年 2 月 1 日，江苏省科委等 9 个部门联合制订《关于贯彻省委、省政府〈关于依靠科技进步，振兴江苏经济的决定〉的若干政策措施》(共 33 条，以下简称 33 条)。“科技兴省”工作在全省逐步推开。

——各级党政领导的科技意识逐渐增强。1989 年，各省辖市和 60 个县(市)先后召开科技工作会议，贯彻省委、省政府《决定》精神，扬州等 9 个省辖市和大多数县(市)颁发贯彻《决定》的实施意见和政策措施。“科技兴省”开始成为各级领导干部的共识和实施行动，地方和部门的主要负责人不仅亲自调查了解本地区、本部门科技发展情况，主持制订、动员部署实施“科技兴省”战略方案，而且注意协调科技与经济结合的重大问题，着手研究事关全局的重点科技项目。

——科技进步的政策措施逐渐完善。为了将“科技兴省”战略落到实处，继省里 33 条政策措施颁布之后，省科委于 1989 年会同有关部门或单独逐步制订了《江苏省火炬计划开发基金管理办法》[①]、《关于加强市、县科技发展基金管理的意见》和《江苏省科学技术成果鉴定办法》等 8 个实施细则，增强了有关政策措施的可操作性。“结构趋同”是江苏省工业发展中的一大弊端。1990 年 12 月 30 日，省人民政府批转的省科委、省计经委、省政府经济研究中心组织有关厅局研究制订的农业、机械、电子等 17

---

① “火炬”计划经国务院批准，于 1988 年 8 月正式开始实施。“火炬”计划主要是为全国研究机构、高等学校和具有较强技术开发能力的大中型企业、军工企业及数十万科技人员进入沿海发展战略领域，发展高技术、新技术产业提供政策性保护，进行组织指导，培训干部，疏通技术、资金、人才合理组合和流动渠道，创造有利的国内外社会环境，以形成适宜的大气候。“火炬”计划的侧重点是运用灵活的运行机制，推动广大科技人员把科技成果与千家万户的中小型企业结合起来，为推动外向型产品服务。“火炬”计划是国家和地方两级管理的指导性的开发计划。

个领域的技术政策要点,明确提出了优先开发、重点推广应用、需要加以限制和应立即淘汰的技术目录,为产业结构调整起了积极的导向作用。与此同时,江苏省第七届人大常委会于同年12月27日公布了《江苏省技术市场管理条例》。"科技兴省"战略实施工作逐步纳入法制轨道。

——科技工作与经济结合的路子逐渐拓宽。许多科研机构通过与生产单位的联合,以多种形式进入经济建设的主战场。到1990年,已有24个科研机构进入企业或企业集团,8个科研机构领办承包中小企业,29个科研机构参加或发展成为行业技术发展中心或技术成套公司,全省已组建了以大中型骨干企业和科研院所为主体的科技先导型企业集团60个。由科技人员按照自筹资金、自愿结合、自主经营、自负盈亏原则创办的民办科技机构也发展到1062家,从业人员9900多人。① 技术市场已发展成为科技成果推广的重要渠道。1991年,全省技术市场合同成交总金额达43699.45万元,比1990年增长24.58%;每份技术合同平均交易额由1990年的2.07万元上升到2.53万元。

——尊重知识,尊重人才的社会氛围正在形成。据调查,1990年,全省企、事业单位专业技术人员约111.4万人,比1985年增加27%。其中高级专业技术人员3.3万人(1989年底统计)。1991年,江苏有12位著名科学家新当选为中国科学院学部委员。是年,江苏共有中国科学院学部委员33名(毕德显教授于1992年1月12日逝世)。② 到1991年,江苏先后选拔国家有突出贡献专家4批56名,省有突出贡献专家267名,享受国务院批准的政府特殊津贴科技人员206名(以上均为在江苏工作者)。科技人员的劳动和价值越来越得到全社会的理解和承认。

二 高新技术产业开发区和"火炬"带的建设

发展高科技,实现产业化,促进经济结构、产业结构的调整和优化,是振兴江苏经

---

① 江苏省计划与经济委员会、《江苏年鉴》杂志社合编:《江苏的"七五"(1986—1990)》(上册),苏出准印字JSE—002542,1999年版,第288—289页。

② 1992年《江苏科技年鉴》,科学技术文献出版社1992年版,第485—489页;1992年《江苏年鉴》,南京大学出版社1992年版,第906—907页。到1991年,在江苏省工作的中国科学院学部委员是:李庆逵(农业化学)、赵其国(土壤地理)、周立三(经济地理、农业区划、国情分析)、施雅风(地貌学、冰川学)、卢衍豪(地层古生物学)、顾知微(地层古生物学)、李星学(古植物学、地层学)、盛金章(古生物学、地层学)、陈彪(太阳物理)、熊大闰(天体物理)、苏定强(天文光学)、曲钦岳(高能天体物理)、魏荣爵(声学)、张淑仪(声学、光声学)、冯端(凝聚态物理)、闵乃本(晶体物理)、王业宁(物理(内耗与相变))、戴安邦(无机化学、胶体化学)、游效曾(无机化学)、高济宇(有机化学)、高鸿(电分析化学)、程镕时(高分子物理、物理化学)、江元生(物理化学、理论化学)、徐克勤(地质学、矿床学)、任美锷(地貌学、海洋沉积学)、孙钟秀(计算机科学)、严恺(海岸工程、水利工程)、徐芝纶(工程力学)、窦国仁(泥沙及河流动力学)、时钧(化学工程)、钱钟韩(热工过程动态学及热工自动化)、毕德显(雷达、信息论)、业治铮(沉积学、沉积岩)。

济的必由之路。1988 年 4 月国家科委批准同意建立南京“浦口高(新)技术、外向型开发区”(1991 年 3 月被国务院正式批准为国家高新技术产业开发区)后，1991 年 4 月又批准建立南通高新技术产业开发区。从 1990 年开始酝酿建立的苏锡常火炬带，也于 1991 年 5 月由国家科委正式批准建立。这是继国务院批准建立 27 个高新技术产业开发区之后，国家科委批准的全国第一个火炬开发带。苏锡常火炬带高新技术产业开发区，由苏州高新技术产业开发区、无锡高新技术产业开发区、常州城北高新技术产业开发区和宜兴环保科技工业园 4 个火炬密集区组成。[①] 1991 年 6 月 6 日，省人民政府在南京浦口召开江苏省建设高新技术产业开发区(带)动员大会，号召全省上下积极行动起来，向新科技革命进军，努力办好高新技术产业开发区(带)，大力发展高新技术产业，并对高新技术产业开发区(带)建设提出了“起点要高、机制要新、管理要严、领导要强”的四点要求。会后，南京、苏州、无锡、常州、南通等市召开相应的动员大会，举办高新技术成果展示会，动员社会各界投入开发区(带)建设。

南京高新技术产业开发区在项目的选择上坚持起点高、效益好、有竞争力的原则，坚持外向型方向，坚持特区特事特办，经济效益明显。到 1991 年进区企业达 36 家，其中中外合资企业 10 家。是年实现技工贸收入 1 亿元，创利税 2000 万元，创汇 100 万美元。

南通高新技术产业开发区进区正常生产运行的 5 家高新技术企业共引进外资 409.5 万美元；1991 年总产值 6490 万元，利税总额 1154 万元，出口创汇总额 338 万美元。[②]

苏锡常火炬带建立后，着手将大批成熟的高新技术成果及时转化为现实生产力。1991 年下达的 55 个项目已全部启动，平均每个项目投资达 400 万元以上。为了确保这些项目顺利实施，省和苏锡常 3 市共投资金 1.25 亿元。这些项目分布在机电一体化、信息与微电子、新材料和生物技术等高新技术领域，技术水平普遍达到国内领先水平乃至 20 世纪 80 年代国际水平。[③]

1991 年，江苏高新技术产业开发区(带)进入全面实施阶段。是年共落实高新技术项目 76 项(包括苏锡常火炬带 55 项)，总投资 2.05 亿元。

---

① 为了使“两区一带”连点成线，加强高新技术辐射、渗透功能，形成与沿江经济带相衔接的高新技术产业布局，1992 年经国家科委批准，镇江、扬州两市加入火炬带。

② 1992 年《江苏科技年鉴》，科学技术文献出版社 1992 年版，第 180—181、189 页。

③ 1992 年《江苏科技年鉴》，科学技术文献出版社 1992 年版，第 184 页。

三　企业科技进步与科技兴农

工业企业尤其是大中型企业的技术进步，不仅决定着自身的生存和发展，还在很大程度上决定着整个国民经济的实力和素质。企业开发和吸引新技术能力的增强，一方面是靠与科研单位、高等院校建立多种形式的联合，一方面是企业自己的开发机构职能的发挥。1991 年，全省大中型企业已建立技术开发机构 900 个；在技术开发机构中，从事技术开发人员达 29501 人；全省大中型工业企业组织技术开发项目 7875 项。高新技术开发项目遍及各个领域，经济效益明显。1991 年，有关电子计算机、计算机软件、大规模集成电路、人工智能和机器人、办公自动化、新材料、航空、激光、遥感等方面的项目达 1045 项，占技术开发项目总数的 24.1%；新产品实现利税 17.65 亿元，比上年增长 69.3 个百分点。①

“科技兴农”是“科技兴省”战略中极其重要的内容。早在着手研究酝酿“科技兴省”战略之初，省人民政府就在 1988 年 1 月召开全省农业科技工作会议，共商“科技兴农”大计，对全省农业科技进步作出部署，并相继制定《1988—1995 年江苏省农业技术推广重点项目规划》(1988 年 4 月)、《1988—1990 年江苏省农业科技攻关重点项目规划》(1988 年 4 月)、《关于深化农业科技体制改革的若干政策规定》(1988 年 4 月)。1990 年 2 月，省人民政府召开大会，动员全省开展 1990 年农业科技推广年活动。大多数市县制订“科技兴农”的实施意见，确定了近期农业科技成果重点推广项目，提出了加强农业科技工作的有关政策措施。“科技兴农”的气候逐渐形成。农业科技攻关、技术开发和成果推广在全省各地大规模、多层次地展开，为农业生产获得好收成打下了基础。“七五”期间，全省推广了农业科技新成果近 500 项，培育成粮、棉、油及果树、蔬菜、牧草等农作物新品种 77 个。作物高产模式栽培技术已在稻、麦、玉米、棉花、油菜、花生等重要作物上全面应用，少免耕配套技术的大面积推广促进了耕作技术水平的提高。在病虫防治、畜禽杂交优势利用、低山丘陵和沿海滩涂开发等方面都取得了突破性进展。根据不同区域农业发展的实际情况和需要，1990 年建立的宁镇丘陵资源开发(溧水、句容基地)、太湖农区稻麦生产机械化(无锡、昆山基地)、淮北中低产区农业技术(东海、沭阳基地)、沿海盐碱土改良及滩涂资源开发利用(响水、射阳基点)、大水面资源开发利用(兴化、泗阳基点)②，1991 年建立的沿江高沙土培肥及多熟制配套技术(如皋、泰县基点)③等 6 个综合试验示范基地和 12 个综合试

---

① 1992 年《江苏科技年鉴》，科学技术文献出版社 1992 年版，第 114 页。

② 1991 年《江苏科技年鉴》，科学技术文献出版社 1991 年版，第 227 页。

③ 1992 年《江苏科技年鉴》，科学技术文献出版社 1992 年版，第 142—143 页。

验示范基点克服 1991 年特大洪涝灾害造成的困难，相继启动实施，共有 500 多名科技人员到基地第一线工作，实施了近 100 个试验示范项目，投入经费及物资共 400 多万元，试验示范的核心区和辐射推广区达 20 万亩。1988—1990 年，共选派 90 名科技人员兼任副县（市、区）长。① 到 1990 年，各市县共建立科技示范乡 227 个，示范村 2000 多个，示范户 15 万多个。② 全省科技进步在农业总产值增长中的贡献份额，由“六五”期间的 40%上升到 1990 年的 45%。③ 省市县都制订一系列具体实施办法，鼓励科技人员深入农业第一线，推广科技成果，开展技术培训。据统计，仅 1990 年，全省共签订农业技术承包合同 7200 份，参加技术承包人员 2.7 万人次。④ 通过多种形式的技术承包和技术服务，促进了农业生产技术在农村大面积地推广和应用。在贫困地区，则积极探索科技扶贫的路子。1991 年，全省有 21 个县科委确定了扶贫挂钩乡，19 个县科委抓了依靠科技脱贫致富的典型乡镇，组织科技人员 100 多人次到贫困乡蹲点，实施科技开发项目 54 个。

四　教育事业的调整、改革和发展

教育是科技进步的前提和基础。实施“科技兴省”战略，更应优先发展教育事业。1988—1991 年间，江苏各级各类教育事业在调整和改革中协调发展。

（一）教育事业在调整中稳步协调发展

从 1988 年起，江苏各地积极、稳妥、合理地调整中小学布局，中小学校的结构逐步趋向合理；幼儿教育事业在巩固中逐步发展，在改革中逐步提高；中等教育结构单一的局面逐步改观；职业技术教育有了较大的发展；高等教育办学条件逐步改善，布局逐步调整，结构逐渐优化，效益不断提高。分述如下：

1. 基础教育进一步加强

1988 年以后，江苏各县乡根据各自的实际情况，坚持因地制宜、就近入学、讲求效益、统一规划、分步实施等原则，先后调整了农村中小学布局，使之趋向合理。到 1991 年，江苏省共有小学 29770 所，比 1988 年减少 2663 所；在校小学生 594.80 万人，比 1988 年减少 47.09 万人。学龄儿童入学率为 99.68%，比 1988 年下降 0.09 个百分点；年巩固率为 99.26%，比 1988 年高 0.51 个百分点。小学毕业生升学率为

---

① 根据 1989、1990、1991 年《江苏科技年鉴》，科学技术文献出版社 1989、1990、1991 年版，第 363、504、534 页的数字计算而得。1988 年 5 月 10 日苏组发(1988)27 号文规定，科技副县长一般任期两年。

② 1991 年《江苏科技年鉴》，科学技术文献出版社 1991 年版，第 6 页。

③ 《新华日报》1990 年 12 月 29 日。

④ 1991 年《江苏科技年鉴》，科学技术文献出版社 1991 年版，第 7 页。

84.21%,比1988年高5.23个百分点。初中4593所,比1988年减少523所;在校学生247.03万人,比1988年增加17.89万人;毕业生升学率为40.0%,比1988年高3.2个百分点。普通高中(含完中)995所,比1988年减少54所;在校学生41.61万人,比1988年减少2.22万人。结果,学校管理加强,经费开支节省,教师组合优化,教学质量和投资效益提高。1991年,江苏3至6周岁幼儿在园人数达187.72万人,比1989年增加31万人。① 城市学龄前三年的幼儿教育已基本普及,农村幼儿的入园率达54%。特殊教育发展也比较快。

2. 职业技术教育有较大发展

江苏省城市中等职业技术教育的成绩一直比较显著,农村职业技术教育的发展也比较活跃。1991年,江苏省有中等职业技术学校740所,比1988年的690所增加了50所;在校学生36.69万人,比1988年增加3.50万人。② 从是年全省75个市、县中等教育结构改革和中等职业技术教育发展情况的比较分析来看,南京、无锡、苏州、常州等市(含所属县)职业教育事业发展较快,县(市)以邗江、仪征、昆山、太仓等职业技术教育发展较迅速。中等教育结构日趋合理。

3. 成人教育事业在整顿中继续发展,各类培训教育成效显著

1987年以后,江苏成人教育按照"一要改革,二要发展"的方针,有步骤、有准备地转向以提高劳动者本职工作能力为重点,注重培养外向型、复合型人才,以便更直接有效地为经济建设和社会发展服务。各类成人中等专业学校,1991年达249所,在校学生10.30万人,与1988年在校学生相比,减少1.05万人。成人中学、成人技术培训学校、成人初等学校等达1.55万多所;在校学生240.34万人,比1988年增加55.26万人。③ 全省乡镇成人教育中心校由1988年的1555所,增加到1991年的1871所;有成人教育中心校的乡镇占全省乡镇总数的比例,也由1988年的78%增加到1991年的91%。④ 在推广农业生产科学技术,培训乡镇企业职工,进行初、中级文化技术教育等方面,乡镇成人教育中心校发挥了重要作用。

---

① 《江苏省志·教育志》(下册),江苏古籍出版社2000年版,第1293、1304页;1989年《江苏经济年鉴》,南京大学出版社1989年版,Ⅳ—193—194页;1992年《江苏年鉴》,南京大学出版社1992年版,第463页。

② 根据《江苏省志·教育志》(下册),江苏古籍出版社2000年版,第1293、1304—1305页数字计算而得。1989年《江苏经济年鉴》,南京大学出版社1989年版,Ⅲ—91页载,1988年江苏省有技工学校141所,比《江苏省志·教育志》(上册),江苏古籍出版社2000年版,第384页的138所多出3所。抄录于此,供参考。

③ 《江苏省志·教育志》(下册),江苏古籍出版社2000年版,第1293、1304—1305页。

④ 1989年《江苏经济年鉴》,南京大学出版社1989年版,Ⅳ—197页;1992年《江苏年鉴》,南京大学出版社1992年版,第471页。1990年《江苏经济年鉴》,南京大学出版社1990年版,Ⅳ—213;1991年《江苏年鉴》,南京大学出版社1991年版,第426页说:1989、1990年,全省乡镇成人教育中心校各为1731、1807所。问题是:1991年《江苏年鉴》第476页说:1990年新建成人教育中心校63所,1731所加63所为1794所,与1807所相比,差13所。

江苏省在贯彻国务院颁布的《扫除文盲工作条例》、扫除文盲方面做了大量的、细致的工作，取得了不小的成绩。扫盲任务较重的市县建立联合扫盲机构，层层分解扫盲指标，实行扫盲责任制，增加扫盲经费投入，鼓励农村普通学校和教师参加扫盲工作。1988—1991 年，全省共扫除文盲 43.5 万人。[①] 为此，1991 年底江苏省的扫盲工作曾得到国家教育委员会的奖励。另据 1990 年第四次全国人口普查统计，江苏省文盲、半文盲人口（指 15 岁及以上不识字或识字很少的人）1162.68 万人，占总人口的 17.34%，与 1982 年第三次全国人口普查同口径相比，文盲人口减少 461.67 万人，文盲率下降 11.05 个百分点。但净文盲率（占同龄人口比例）为 22.74%，仍高于全国 22.21%的水平[②]，是全国文盲在千万人以上的 5 个省份之一。扫盲任务依然任重道远。

4. 高等教育在调整中稳步发展

1988 年 3 月召开的江苏省高校工作会议提出，高等教育的发展要综合考虑需要与可能，实事求是地确定发展速度与规模，重点要放在高等学校办学条件的改善、布局的调整、结构的优化和效益的提高上。从此，江苏省高等教育事业朝着比较稳定、健康和协调的目标发展。1991 年，全省有普通高校 71 所，比 1988 年减少 1 所；在校本科、专科学生 14.47 万人，比 1988 年减少 0.30 万人。1988—1991 年，普通高校向社会输送毕业生达 16.88 万人（详见表 3-9）。

表 3—9　1988—1991 年江苏省各级学校、在校学生和毕业生数比较表

年份	高等学校			中等专业学校			技工学校			普通中学			小学		
	学校数（所）	在校学生数（万人）	毕业生数（万人）	学校数（所）	在校学生数（万人）	毕业生数（万人）	学校数（所）	在校学生数（万人）	毕业生数（万人）	学校数（所）	在校学生数（万人）	毕业生数（万人）	学校数（所）	在校学生数（万人）	毕业生数（万人）
1988	72	14.77	3.94	196	12.78	3.47	141	4.18	0.96	6165	272.97	81.80	32433	641.89	104.76
1989	71	14.79	4.18	194	13.56	3.49	143	4.49	1.40	5979	274.52	78.38	31496	631.49	106.53
1990	70	14.69	4.34	195	13.99	3.84	114	4.96	1.42	5808	281.97	76.45	30557	612.29	103.78
1991	71	14.47	4.42	194	14.18	4.30	144	5.64	1.52	5588	288.64	79.89	29770	594.80	102.50

资料来源：1990 年《江苏经济年鉴》Ⅲ—87—89 页；1992 年《江苏年鉴》第 808 页。

本表高等学校在校生、毕业生数不包括研究生。

《江苏省志·教育志》（下册），第 1300 页载，1988 年中等专业学校毕业生为 3.74 万人。经过核对、计算，这个数字有误，应为 3.47 万人。该志第 1305 页说，1991 年技工学校在校学生 5.47 万人，比本表的 5.64 万人少 0.17 万人。

---

① 此数字是根据 1989 年《江苏经济年鉴》，南京大学出版社 1989 年版，Ⅳ—197 页；1990 年《江苏经济年鉴》，南京大学出版社 1990 年版，Ⅳ—212 页；1991 年《江苏年鉴》，南京大学出版社 1991 年版，第 426 页；1992 年《江苏年鉴》，南京大学出版社 1992 年版，第 471 页记载的扫盲人数相加而得。

② 《江苏省志·人口志》，方志出版社 1999 年版，第 310 页。

(二) 教育体制改革逐步深入

1988—1991 年,江苏省教育体制改革,由单项的教育改革逐渐向配套的教育改革发展。

1. 加强对实施义务教育的宏观指导和决策

1988 年 9 月,省人民政府颁发《关于加快普通教育事业发展和改革的决定》,对义务教育提出以乡(镇)为单位,分步实施的意见。第一步,实施小学阶段的义务教育;第二步,实施初中阶段的义务教育。一些经济和教育基础较好的地区,也可以一步实施八年或九年义务教育。1989 年,全省 78%的乡镇分两步走,22%的乡镇一步实施九年义务教育。是年,全省依法实施义务教育的乡镇 418 个,约占乡镇总数的 22%,其中实施九年义务教育的乡镇 80 个,实施五年或六年义务教育的 338 个。1990 年,江苏各地对本地区的经济、文化和教育状况、人口出生状况进行调查分析,对实施义务教育所需师资、经费、校舍设备,逐乡、逐校、逐项进行测算和论证,在此基础上进行反复酝酿,制订本地区实施义务教育规划。是年底,全省共有 994 个乡镇依法宣布实施义务教育。其中,实施六(五)年义务教育的有 774 个乡(镇),人口覆盖率为 33.67%;实施九(八)年义务教育的有 250 个乡(镇),人口覆盖率为 9.97%。1991 年 5 月,省教委制订的《关于实施初级中等义务教育的意见》,从 10 个方面提出加强初中教育的具体意见。到 1991 年底,江苏省又有 634 个区、乡(镇)和场(圃)具备规定的义务教育办学条件,依法实施一定年限的义务教育,其中实施九(八)年义务教育的有 196 个。至此,江苏省共有 1479 个区、乡(镇)和场(圃)依法实施一定年限的义务教育,占规划实施义务教育单位总数的 69.7%,其中实施九(八)年义务教育的 444 个,占规划总数的 20.98%。①

无锡县、张家港市经过努力,提前 1 年,即于 1991 年在全省率先全面实施九年义务教育。江宁县、江阴市等 14 个县(市)也于 1991 年实施了六(五)年义务教育。

几年来,在实施义务教育工作中,各级政府建立了实施义务教育任期目标责任制,建立义务教育汇报制度,履行宣布实施一定年限义务教育的法律程序,建立义务

---

① 1990 年,江苏省依法宣布 994 个乡(镇)实施一定年限义务教育,与江苏省计划与经济委员会、《江苏年鉴》杂志社合编:《江苏的"七五"(1986—1990)》(上册),苏出准印字 002542,1999 年版,第 301 页说的 995 个乡镇,相差 1 个乡(镇)。实施九年义务教育的 250 个乡(镇),与《江苏的"七五"(1986—1990)》(上册)第 301 页的 249 个乡(镇),也相差 1 个乡(镇)。另外,1990 年实施六(五)年和九(八)年义务教育乡(镇)数相加(即 774+250)为 1024 个乡镇,与 994 个乡(镇)相比,多出 30 个乡(镇),不知哪个数字搞错了?1991 年底,江苏共有 1479 个区、乡(镇)和场(圃)依法实施一定年限的义务教育,这个数字也有点疑问。1990 年底江苏省依法宣布实施义务教育的有 994 个乡(镇),加 1991 年底依法宣布的 634 个区、乡(镇),共 1628 个区、乡(镇)、场(圃),与 1479 个区、乡(镇)、场(圃)相比,多出 149 个区、乡(镇)、场(圃)。

教育档案管理制度，义务教育工作逐步走上规范化、科学化、依法治教的轨道。

实施义务教育的根本目的是提高整个中华民族的素质。1991 年 1 月，江苏省教委颁发《关于当前小学教育改革的意见（试行）》，提出素质教育的概念。素质教育首先在城乡小学逐步推开。到 1991 年底，江苏绝大部分县、区教育行政部门根据本地实施情况制订了全面实施素质教育的规划或改革方案，一些地区还建立了素质教育实验区或选定了试点学校。是年，江苏省 11 个省辖市的市区全部取消小学毕业生的升学考试，不同程度地实行就近入学。苏州、扬州、镇江、无锡、常州等 5 个市的小学毕业生已不再举行升学考试，全部就近直升初中。

2. 普通中学的改革继续深化

多年来，以应试为主的升学教育模式严重困扰着普通中学的教育。1990 年 8 月，省教委在南京召开全省改革试点中学研讨会，总结了“七五”期间高中教育改革经验，指出了教育改革存在的现实问题。省教委在总结“七五”期间高中教育改革经验的基础上，于 1990 年 10 月提出了深化高中教育改革的意见。意见包括：转变教育观念，增强改革意识，全面培养人才；突出课程改革这个重点，逐步形成整体改革方案；努力创造良好的改革环境；切实加强对教育改革的领导等。教育改革的深化，促进了教育质量的提高。在 1990 年全省统一组织的高中毕业会考中，9 门学科均达到及格以上成绩的占 60%多，有的学科达到 90%以上。经省人民政府同意，省教委决定对江苏全省 95 所重点高中进行全面系统的检查验收，重新加以确认。1990 年对 31 所重点中学进行检查验收，29 所为首批合格重点高中，2 所为基本合格重点高中。1991 年对第二批 18 所重点高中进行检查验收，全部合格。在全国举办的各学科竞赛活动中，江苏也取得了较好成绩。海安县中学高三学生王庆根，在 1990 年 7 月于法国巴黎举行的有 28 个国家、112 名选手参加的第二十二届国际奥林匹克化学竞赛中获得金奖，受到江泽民、李鹏等国家领导人的接见和赞扬。

3. 中等职业教育教学改革逐步深化

1988 年 11 月召开的江苏省中等专业学校工作会议，确定了中专校教育改革方向。为了贯彻这次会议精神，1989 年 4 月，省教委与省计委等有关部门联合下发《关于加强和深化中等专业教育教学改革的意见》，对中专教育管理体制、办学体制、招生和毕业生分配制度、学校内部管理体制等方面的改革，教育质量的提高，都作了具体规定。中等专业教育稳步发展。城市中等职业技术教育，充分调动经济部门办学的积极性，扩大社会参与度，形成“职业技术教育大家办”的新格局。1990 年，按照国家统一制订的标准进行验收的苏州电子职业中学等 14 所职业中学，被国家教委认定为全国首批省级重点职业中学；1991 年，省级重点职业中学由 14 所增加到 40 所。

根据江苏农村各地的经济水平、劳动力结构、农业基础和自然资源,农村职业技术教育在积极探索和实践的基础上,形成了适合不同区域特点的职教模式,即:亦工亦农模式、专业户模式、农村综合经营模式。这三种办学模式比较符合江苏农村经济和社会发展的需要,得到较快的发展。

到1991年,中等职业技术学校(包括中专、中师、技工学校、职业高中)在校学生数占整个高中阶段在校学生总数的46.8%,与普通高中的招生数、在校生数之比分别由1989年的1∶1.12、1∶1.24提高到1991年的1∶1.02、1∶1.14。

4. 成人教育在深化改革中前进

成人教育由过去单一的文化、学历教育为主逐渐转到以岗位培训为重点的轨道上来。1989年,职工中专、干部中专、电视中专学历教育招生数与非学历的各类培训招生数之比为1∶2;职工大学、管理干部学院的学历教育招生数与非学历教育入学数之比为1∶2.36。非学历教育的比重逐年增加。江苏省教委根据国务院批转的国家教委《关于改革和发展成人教育的决定》精神,于1989年1月会同省委组织部等6个部门联合下发《关于进一步开展岗位培训工作的意见》,各地、各部门积极进行试点,培训规模逐步扩大。是年,参加岗位培训的职工猛增到188万人。1990年,全省参加岗位培训的职工增加到217万人,占参加各类文化技术学习的254.8万职工的85%。1991年,全省676.6万职工中,参加50学时以上学习的职工达290.4万人,比1990年增加35.6万人;全员培训率达42.8%,比1990年增长3.8%。

1989年,南京汽车制造厂等5个企业被国家教委列入百家企业教育综合改革实验单位。1991年,江苏省教委又选定金陵石化公司等14个企业作为省级企业教育综合改革实验单位。苏州、无锡、常州、南京4市也选择若干企业作为地方教育综合改革试点单位。从而形成国家—省—市三级企业教育综合改革实验网络。

江苏农村中,1990年参加各类实用技术培训的人数达249万人次,比1989年增加47万人次。1991年参加各类实用技术培训的达332万人,2238人的技术革新成果受到县级以上奖励。

5. 高校体制改革逐步向配套改革、深层次改革发展

1988年3月召开全省高校工作会议后,高教事业的发展逐步由外延增量性向内涵提高性转变,其重点是改善办学条件、调整布局、优化结构、提高效益。各高校内部管理改革也由单项改革逐步向配套改革、浅层次改革逐步向深层次改革发展。校长负责制、教师聘任制、岗位责任制等陆续在各高校推开。根据江苏经济和社会发展的需求,从1986年起,陆续进行高校调整,缩减一批长线专业的招生数,开设财经、政法、外贸等10多个省内短缺专业。"七五"期间,江苏省教委投资600万元专项经费,

在省属本科院校建设自然科学类重点学科 36 个。文科重点学科建设也得到重视。经评审，省教委在 5 所省属重点高校确定了 21 个文科重点学科。

在师资队伍建设，培养和造就青年学术接班人方面，省教委和各高校都采取了一些积极的措施。在职称评聘中，省教委规定，省属高校 35 岁以下的青年教师晋升副教授、40 岁以下的教师晋升教授，均不占各校高级技术职称指标。1991 年，江苏高校专任教师 27551 人。其中，教授 1116 人，副教授 5972 人。[①]

各高校还加强政治理论课的改革，克服理论脱离实际的现象。1988 年秋，江苏省 70 所高校皆开设《中国革命史》课，50 多所高校开设《中国社会主义建设》课，20 余所高校开设《马克思主义原理》课。1989 年 3 月，江苏省教委在全国率先颁布《江苏省大学生行为准则》，以此规范学生的政治行为、学习行为、道德行为和基础文明行为，引导大学生健康成长。1989 年，江苏省高校内部普遍开展治理整顿校园秩序、教学秩序、生活秩序的"三整顿"工作，并在全面系统地回顾、反思近几年政治理论教育等方面工作的基础上，着重对学生进行人生观教育。[②] 1990 年，江苏省 70 所高校开设"人生哲理"课，教育学生树立正确的世界观、人生观。是年暑假，组织 10 万余名大学生参加社会实践活动，引导学生走与工农相结合，与实践相结合的道路。1990 年，全省 50 多所高校建立了 300 多个校外社会实习基地；1991 年底，实习基地增加到 430 个。

高校与苏北地区的科技协作稳步发展。协作的形式由单纯的技术转让、成果转让向联合开发、承担引进项目的消化吸收，承包技术改造项目等方面发展。部分高校还与苏北一些地方联合办学、联合办所、联合办厂，共担风险、共享利益，进行长期协作。在江苏"科技兴省"战略的实施中，各高校发挥了自己的优势，作出了应有的贡献。

第三节　国民经济在治理整顿中持续发展

一　国民经济的治理整顿和"七五"计划的完成

（一）国民经济的治理整顿

1. 治理整顿的缘由

1984 年以来，江苏经济迅速发展，经济实力明显增强。但在江苏经济社会生活

---

① 1992 年江苏省教育委员会编：《江苏省教育事业统计资料汇编》(1991 年)，第 22—23、28—29 页。这里包括中央部委属院校、地方属院校的专任教师和正副教授。

② 《江苏省志・教育志》(上册)，江苏古籍出版社 2000 年版，第 32 页。

中,从1985年以来就出现经济过热、需求过旺、固定资产投资规模偏大、通货膨胀明显、物价暴涨等问题。如果不进行治理整顿,不仅经济无法稳定和发展,各项改革也无法深入下去。

经济过热、需求过旺、物价暴涨,具体表现在以下几个方面:

(1) 工业高速增长,农业发展相对迟缓

1985年,江苏省工业总产值为1036.67亿元,比上年增长39.08%。1986年,工业生产稳定增长,没有出现“过热”状态,但集体工业仍保持旺盛的发展势头。1987年,全省工业增速加快,1988年增速达到35.38%。① 工业企业经济效益却不断下降。全部独立核算工业企业百元资金实现利税,1989年比1985年下降45.77%。1985—1989年,粮食、棉花产量均没有达到1984年的水平。

(2) 固定资产投资规模过大,投资结构不合理

1985年,江苏省固定资产投资规模开始膨胀,全民和城镇集体固定资产投资完成额比上年增长57.5%。1986年增长速度虽有所减缓,但仍比上年增长24.6%,投资规模仍然偏大。为此,从1987年起,江苏省控制固定资产投资规模。是年,全省停建、缓建和缩小建设规模的项目有919项,压缩投资规模8.3亿元,其中当年停建、缓建216个项目,压缩当年投资1.7亿元。尽管如此,全年全民和城镇集体固定资产投资仍比上年增长25.8%,1988年又比1987年增长20.1%(详见表3—10)。

表3—10　1985—1991年江苏省全民和城镇集体固定资产投资完成额统计表

年份	全民和城镇集体固定资产投资完成额(亿元)	比上年增长(%)	其中			
			全民所有制单位(亿元)	比上年增长(%)	城镇集体所有制单位(亿元)	比上年增长(%)
1985	100.03	57.5	80.43	49.4	19.60	102.5
1986	124.67	24.6	100.97	25.5	23.70	20.9
1987	156.85	25.8	128.43	27.2	28.42	19.9
1988	188.36	20.1	154.04	19.9	34.32	20.8
1989	147.45	−21.7	124.16	−19.4	23.29	−32.1
1990	155.65	5.6	134.86	8.6	20.79	−10.7
1991	199.55	28.2	172.09	27.6	27.46	32.1

注:全民所有制中包括其他投资在内。

投资结构不合理。农业、能源、交通和重要原料生产等部门投资所占比重较低。

① 根据1990年《江苏经济年鉴》,南京大学出版社1990年版,Ⅲ—35页记载的数字计算而得。

农、林、牧、渔、水利业固定资产投资完成额占固定资产投资完成总额的比重：1985 年为 1.71%、1987 年为 1.47%、1988 年为 1.42%，逐年下降。交通运输、邮电通讯业固定资产投资完成额占固定资产投资完成总额的比重，1985 年为 9.96%、1987 年为 10.15%，1988 年下降为 7.98%。[1] 楼堂馆所在非生产性基本建设投资中所占比重不小，仅 1988 年就停建、缓建 134 个楼堂馆所项目，压缩投资 7.98 亿元。

（3）货币信贷管理偏松，货币投放过多

早在 1986 年，江苏金融工作中就出现贷款增长过多的问题。是年，全省银行贷款增长 33%，大大超过工农业产值增长的幅度。其中，工业流动资金贷款增长 47.7%，超过全国增长 37.8%的水平；乡镇企业贷款比上年增长 62.5%，增幅居全国第一位；外贸贷款比上年增长 43.6%，超过出口创汇增长幅度的 4.8 倍。百元产值贷款由 1985 年的 18.55 元猛升到 1986 年的 73.71 元。这些亟待认真研究解决的问题没有引起决策者的重视。

到 1988 年，货币投放量、市场货币流通量猛增。是年，江苏省净投放货币 65.5 亿元，比上年多投放 48.3 亿元，投放量相当于 1984—1987 年 4 年累计投放量的总和，占全国货币投放的比重由上年的 7.3%上升到 9.6%。年末，江苏市场货币流通量 167 亿元，比上年增长 62%，超过全国货币流通量增长 46.7%的幅度。城乡居民手持现金 142.45 亿元。银行工资性支出和行政管理费支出达 207.3 亿元和 55 亿元，比 1987 年分别增长 32.2%和 55.6%，大大超过国民收入和劳动生产率的增长。为之，居民对通货膨胀的心理预期加剧，1988 年 4、6、8 月份连续 3 次出现群众挤提存款，抢购商品的风潮。

（4）物价指数逐月上升，物价上涨过猛，超出普通百姓、企业和财政承受能力

1985—1987 年，江苏社会零售物价总指数虽呈不断上升趋势，但没有超过两位数。到 1988 年，零售物价总水平迅猛上涨，比 1987 年上升 21.7%。分城乡来看，城镇上升 23.5%，农村上升 20.7%。分商品类别来看，食品类价格上升 28.4%，其中肉禽蛋上升 44.4%，鲜菜上升 44.5%，水产品上升 26.2%；衣着类上升 15.2%；日用品类上升 11.7%；药及医疗用品类上升 27.5%；燃料类上升 14.7%；农业生产资料上升 19.2%。物价不断上涨，不仅使生产难以为继，改革受阻，而且使相当一部分人因物价上涨造成实际生活水平有所下降，人心不稳，客观上诱发了不利于社会安定团结的因素。

造成这些问题的原因，虽有客观因素，但领导者工作中的缺点和失误是主要的。

---

① 根据 1989 年《江苏经济年鉴》，南京大学出版社 1989 年版，Ⅲ—55 页数字计算而得。

首先,在经济工作的指导思想上急于求成。在工业生产上,偏重产值、速度,主要靠铺摊子扩大再生产,对调整结构、提高效益和综合平衡抓得不够,加剧了国民经济内部比例关系的不协调和供求总量的不平衡。在价格改革上,有些措施未能全面考虑各方面的承受能力,对市场稳定带来了不利影响。

其次,对农业基础地位的认识不足。对改革中出现的新矛盾,粮棉产品比较利益下降,由此影响到农民种植粮棉的积极性,缺乏足够的估计和相应的对策,以致粮食生产徘徊,棉花生产波动。对增强农业发展后劲,缺乏重大的得力措施。

再次,未能很好处理放权搞活与管理制约的关系。有些该放的权没有真正放下去,有些权虽然放了,但没有及时采取相应的宏观管理措施,对生产、流通领域出现的某些现象缺乏调控手段。

第四,作风不够扎实。对实际情况缺乏经常的、深入系统的调查分析,以致制定的政策措施不尽切合实际。会议多,文件多,工作具体指导少,帮助下边解决实际困难少。①

2. 坚决贯彻执行中共中央治理经济环境、整顿经济秩序的决定

1988 年 9 月,中共十三届三中全会提出治理经济环境、整顿经济秩序、全面深化改革的方针,确定了 1989、1990 年两年要把建设和改革的重点放到治理整顿上来的部署。1989 年 11 月 9 日,中共十三届五中全会又通过《中共中央关于进一步治理整顿和深化改革的决定》,要求继续坚定不移地执行治理整顿和深化改革的方针,以实现国民经济持续、稳定、协调发展。江苏省坚决贯彻执行中共中央的决策,采取得力措施,做了大量工作,收效显著。

——大力压缩固定资产投资规模。1989 年,江苏省全社会固定资产投资完成 320.23 亿元,比上年下降 13.9%,压缩投资 51.65 亿元。其中地方固定资产投资 272.81 亿元,比上年下降 12.5%,压缩投资 38.89 亿元。全民和城镇集体固定资产投资完成 147.45 亿元,比上年下降 21.7%。其中全民所有制下降 19.4%,城镇集体所有制下降 32.1%。1990 年,在坚持总量控制的前提下,适当松动宏观控制的力度,固定资产投资逐步回升,剔除物价因素,投资额与上年基本持平。投资结构得到进一步调整。在全民所有制单位投资中,生产性建设投资比上年增长 2.8%,非生产性建设投资比上年增长 26.7%。能源、运输、邮电等部门建设得到加强。到 1991 年,全省固定资产投资开始明显回升。

---

① 陈焕友在江苏省第七届人民代表大会第二次会议上作的《政府工作报告》(1989 年 4 月 20 日)。顾秀莲省长在江苏省第六届人民代表大会第三次会议上作的《政府工作报告》(1985 年 5 月 8 日)中曾对江苏省在 1984 年第四季度出现银行贷款增加过猛,消费基金增加过快,货币投放过多,固定资产投资规模过大等问题产生的原因作过详尽的分析。

——控制信贷规模，调整信贷结构，储蓄增加，金融稳定。1989 年，江苏着力调整信贷结构，集中资金保证重点资金需要。1989 年，重点工业企业贷款、农业贷款、农副产品收购资金及外贸贷款共增加 87 亿元，比上年增加 30.93 亿元，一般性贷款、固定资产贷款和信托贷款比上年少增加 16.4 亿元。是年，全省各级银行积极采取措施，大力发展城乡居民储蓄和企业存款，年末全省各项存款余额比年初增加 130.64 亿元，各项贷款余额比年初增加 100.11 亿元，是 1984 年以来全省当年存款增加额大于贷款增加额的第一个年头。银行存款大幅度增长，充实了银行信贷资金来源，增强了银行信贷资金实力，对货币回笼、货币流通量减少、物价稳定也起了极为重要的作用。

——压缩社会集团购买力。社会集团消费品零售额，1988 年为 49.65 亿元，比上年增长 28.7%；1989 年降为 47.58 亿元，下降 4.2%。下降幅度不大。

——整顿流通领域秩序，控制物价上涨。商业、物资、工商、税收、物价等部门积极行动，采取措施，各自强化本部门的管理，流通领域秩序大为改善，物价上涨的势头得到控制。1989 年，江苏省零售物价总指数平均升幅为 18%，比 1988 年的升幅低 3.7 个百分点，比年初确定的 18.7%的控制目标低 0.7 个百分点。从城乡来看，城镇比 1988 年下降 7.8 个百分点，农村下降 1 个百分点。从商品类别来看，食品类价格指数比上年回落 15 个百分点。其中，鲜菜价格水平下降 1.5%，肉禽蛋上升 13.9%，水产品上升 8.3%。

——清理整顿公司成效显著。1989 年，全省共撤并公司 4007 个（撤销 3904 个，合并 103 个），占全省各类公司的 19.7%，其中撤并党政机关所办公司（企业）1158 个（撤销 1139 个，合并 19 个），占全省撤并公司的 28.9%。全省共查处公司违法违纪案件 2917 起（其中大案要案 183 起），已结案 2445 起，共罚、没收款 8480 万元。流通领域混乱状况得到初步解决，市场秩序明显好转。

经过一年多时间集中精力治热、治胀、治乱，过大的社会需求得到压缩，过热的经济明显降温，过乱的市场秩序得到治理，过高的物价涨势受到遏制，治理整顿取得初步成效。但又出现市场疲软、效益下降、资金紧张、工业生产速度回落过猛等新情况、新矛盾、新问题。如，1989 年，江苏国民生产总值增长 1.4%，国民收入增长 0.4%。再如，1989 年，江苏社会商品零售总额 597.32 亿元，比上年增长 8.9%，扣除物价上涨因素，则实际下降 7.7%；全省社会商业商品库存 275.42 亿元，比上年增长 14.6%；生产资料市场受紧缩影响，需求有所减弱。1989 年，全省物资系统销售生产资料 365.50 亿元，比上年增长 6.0%，扣除价格因素，实际为负增长。其中煤炭销售下降 2.6%；钢材下降 10.3%；烧碱下降 5.7%；水泥下降 27.6%。全省预算内国营

工业企业实现利税比上年下降10.2%,定额流动资金周转天数由上年的84.5天增加到97天,而亏损企业亏损额却上升104.0%,企业可比产品成本上升25.6%。部分企业开工不足,有的甚至停产或半停产。新旧矛盾交织在一起,经济生活中矛盾仍然很多,困难并未减少。江苏经济发展出现了大起大落。

3. 市场启动与经济复苏

针对市场疲软、生产滑坡的严峻局面,中共江苏省委、省政府根据中共中央、国务院陆续提出的若干政策措施,结合本省实际,在进一步搞好治理整顿和深化改革,坚持执行"双紧"(紧缩财政和信贷)方针的前提下,大力开展"双增双节"(增产节约、增收节支)运动,并于1990年4月提出和实施启动生产消费,引导生活消费;适度松动银根,改善金融控制;搞活流通,启动市场;适应消费需求,调整工业结构;扩大对外贸易,开拓国外市场等5条措施,使整个经济逐步回升,全年实现了适度增长。

经过3年多的艰苦努力,到1991年底,江苏基本完成治理整顿的主要任务,其表现是:

一是通货膨胀得到控制,城乡市场稳中见旺。1991年,江苏实现社会商品零售总额比上年增长11.1%;城市市场全年零售额比上年增长18.6%;县及县以下市场零售额比上年增长6.6%,扭转了连续两年下降的局面。银行货币投放由1988年投放65.5亿元,1989年降为22.2亿元,1990年再降为10.76亿元,1991年反弹到36.8亿元,比上年增加26.04亿元。①

二是工业生产逐步回升,产品结构有所调整。1991年,全省工业总产值比上年增长14.38%。适销产品产量持续增长,机电产品生产回升,主要能源、原材料和支农产品生产有较大增长,对没有销路、效益差、消耗高、污染严重的产品进行限制和淘汰。1991年,首批提出全省88个限制产品、51个淘汰产品和24类淘汰技术、工艺,有的要求立即淘汰,有的要求限期淘汰。通过工业产品的调整,逐步调整工业结构。

三是固定资产投资摆脱下降的局面,投资结构有所改善。1991年,在适当扩大最终需求的宏观政策调控下,全省投资环境有所改善,固定资产投资摆脱了近两年下降的局面,开始明显回升。是年,全民和城镇集体所有制单位固定资产投资比上年增长28.2%,其中全民所有制单位投资增长27.6%,城镇集体所有制单位投资增长32.08%。② 在全民所有制单位投资中,生产性建设投资比上年增长33.1%;非生产

---

① 1990年《江苏经济年鉴》,南京大学出版社1990年版,Ⅳ—160页;江苏省计划与经济委员会、《江苏年鉴》杂志社合编:《江苏的"七五"(1986—1990)》(上册),苏出准印字JSE—002542,1999年版,第37页;1992年《江苏年鉴》,南京大学出版社1992年版,第426页。

② 根据1992年《江苏年鉴》,南京大学出版社1992年版,第781页的数字计算得出。

性建设投资增长 20.5%，增幅比上年下降 6.2 个百分点。在国家重点倾斜政策的支持下，农业、水利、能源、交通、邮电等部门的投资增长较快。其中农林牧渔业投资增长 13%，能源工业投资增长 46.1%，运输、邮电、通讯业投资增长 21.9%。大中型建设项目建设进度加快，一批重点工程建成投产。

四是经济秩序有较大好转，经济环境大为改善。在市场趋于活跃的同时，通货膨胀得到控制，市场物价渐趋平稳，经济秩序好转，煤炭、运输、建设等市场的倒买倒卖、非法经营的情况明显减少。社会商品零售物价总指数平均升幅从 1988 年的 21.7% 下降到 1991 年的 4.4%。其中城镇物价指数升幅下降为 7.8%，农村升幅下降为 1.7%。清理整顿各类公司的工作进展较快，成绩显著。流通领域各种混乱现象大多得到纠正。①

（二）“七五”（1986—1990）计划基本实现

江苏省全面超额完成“六五”计划规定的主要指标后②，“七五”时期，经济社会又出现了蓬勃生机，经济实力显著增强，社会面貌发生深刻变化。据统计，1990 年，全省地区生产总值达到 1314.39 亿元，比 1985 年增长 101.6%（当年价，下同），平均每年增长 15.06%；工农业总产值 3344.63 亿元，比 1985 年增长 152.38%，平均每年增长 20.3%。与“六五”计划相比，绝大多数经济指标完成计划，教育、文化、卫生和体育等各项社会事业都取得了新成绩。

生产建设取得重大进展，主要工农业产品产量和生产能力有了较大增长。

1990 年，江苏农业总产值 580.53 亿元，比 1985 年增长 1.01 倍，平均每年增长 15%，超过计划水平。1990 年，主要农产品产量与 1985 年相比，除棉花外，都有不同程度的增长，粮、棉、油产量由于受灾严重没有达到计划水平。水产品产量，1988 年突破 100 万吨大关，提前两年超额完成“七五”计划，跨入全国渔业大省的行列，解决了过去长期未能解决的城镇居民“吃鱼难”问题。

“七五”期间，江苏工业经济在调整中得到发展。1990 年，全省工业总产值 2764.10 亿元，比 1985 年翻一番，提前两年实现“七五”计划。在乡以上工业产值中，1990 年全民所有制工业产值 948.40 亿元（当年价，下同），比 1985 年增长 1.2 倍；集体所有制工业产值 1094.82 亿元，比 1985 年增长 1.63 倍（其中乡办工业 642.00 亿

---

① 关于清理整顿各类公司、纠正流通领域的混乱现象，详见第三章第四节第六目。

② “六五”时期，江苏省社会总产值由 1980 年的 701.46 亿元，增加到 1985 年的 1539.24 亿元；工农业总产值由 1980 年的 606.27 亿元，增加到 1985 年的 1325.22 亿元，国内生产总值由 1980 年的 319.80 亿元，增加到 1985 年的 651.82 亿元；国民收入由 1980 年的 270.89 亿元，增加到 1985 年的 578.74 亿元（均为当年价）。详见《江苏省志・综合经济志（上）》，江苏古籍出版社 1999 年版，第 33 页。

元,比 1985 年增长 2.03 倍);其他经济类型工业产值 104.66 亿元,比 1985 年增长 4.58 倍。从 1987 年起,乡镇工业总产值超过国有企业工业总产值,成为江苏工业的"半壁江山"。①

固定资产投资继续增长,重点建设得到进一步加强。

1986—1990 年,江苏全社会固定资产投资总额达 1606.76 亿元。其中,全民所有制单位投资 642.46 亿元,集体所有制单位投资 377.21 亿元。② 建成投产一批大中型项目和更新改造工程,形成一批新的生产能力,为江苏经济发展增添后续力量。

对外开放的规模和领域不断扩大,对外经济技术交流与合作进展较快。

"七五"时期,江苏省外贸进出口总额 149.55 亿美元,比"六五"时期增长 1.02 倍,其中出口额 115.79 亿美元,比"六五"时期增长 72.6%,提前 1 年实现"七五"计划。农副产品出口比重有所下降;机电产品出口比重逐年上升。江苏利用外资规模不断扩大:累计签订外资协议项目 1876 项,协议外资金额 20.5 亿美元,分别比"六五"时期增长 2.9 倍和 4.3 倍;实际利用外资 14.98 亿美元,比"六五"时期增长 7 倍;累计批准新建"三资"企业 1053 家,合同外资金额 8.87 亿美元,分别比"六五"时期增长 14 倍和 7.4 倍。

"七五"期间,江苏向 40 多个国家和地区派出工程管理技术人员和劳工 2 万多人,直接签订对外承包工程和劳务合作项目 243 个,合同金额 1.76 亿美元,实际完成营业额 2.6 亿美元。与"六五"时期相比,项目增加 164 个,合同金额增加 1 亿多美元,营业额增加 2 亿多美元。

财政收入继续稳步增长,金融事业迅速发展。

1990 年,江苏省财政收入 134.32 亿元,比 1985 年增长 50.9%,超额完成"七五"计划。财政支出有所扩大。1990 年,江苏省财政支出 99.09 亿元,比 1985 年增长 96.1%。5 年累计支出 402.11 亿元,占同期财政收入的 69.4%,比"六五"时期提高 23.1 个百分点。财政支出的扩大,特别是财政补贴过重,使不少市县的财政成为"吃饭财政"。

1990 年,江苏省金融机构年末存款余额 858.54 亿元,比 1985 年增长 2.47 倍;贷款余额 1009.04 亿元,比 1985 年增长 1.61 倍。存、贷款增长速度均快于"六五"时

---

① 江苏省计划与经济委员会、《江苏年鉴》杂志社合编:《江苏的"七五"(1986—1990)》(上册),苏出准印字 JSE—002542,1999 年版,第 5 页。

② 根据《江苏的"七五"(1986—1990)》(下册),第 629 页各年投资额相加而得。

期。1986—1990 年货币投放量累计 130.38 亿元，为“六五”时期的 3.1 倍。①

智力开发不断增强，科技、教育、文化、卫生、体育等事业继续发展。

“科技兴省”战略实施，“科技兴农”取得了实质性进展，科技进步对江苏农业增长的贡献份额，从“六五”时期的 40%上升到“七五”末期的 45%。企业科技进步步伐加快，企业开发和吸收新技术的能力增强。1990 年，江苏大中型企业建立技术开发机构和拥有的技术人员比 1985 年增长 364%和 383%。“七五”期间，江苏推广新材料、新工艺、新技术 1 万多项，新产品 6245 个，其中高新技术产品占 1/4。

“七五”期间，江苏教育事业继续发展。基础教育得到进一步加强，义务教育有计划地积极实施；职业技术教育有较大的发展；普通中学、高等教育在调整中稳步前进；成人教育在整顿中继续发展；各类教育培训的规模不断扩大。各级各类学校办学条件有了较大改善。②

文化事业进一步繁荣。1990 年，江苏省有文化馆 109 个，公共图书馆 91 个，博物馆 51 个。是年，江苏有广播电台 22 座，比 1985 年增加 10 座；电视台 24 座，比 1985 年增加 12 座。

卫生事业不断发展，医疗条件进一步改善。1990 年底，江苏有各类卫生机构 12366 个，比 1985 年增长 7.4%；拥有病床 16.45 万张，比 1985 年增长 15.1%；专业卫生技术人员 21.35 万人，比 1985 年增长 16.79%。

体育事业蓬勃发展。“七五”期间，在国内外重大比赛中，江苏运动员共获得金牌 254 枚，银牌 221 枚，铜牌 210 枚。1990 年，在北京召开的第十一届亚运会上，江苏运动员共获得金牌 26 枚，银牌 8 枚，铜牌 3 枚，并刷新 1 项世界纪录，打破 6 项亚洲纪录和 6 项亚运会纪录。

居民消费水平明显提高，生活条件有较大改善。

1990 年，江苏省职工工资总额达 184.6 亿元，比 1985 年增长 1 倍多，平均每年增长 16.4%。1990 年职工年平均工资 2129 元，比 1985 年增长 87.6%，平均每年增长 13.4%；农民人均纯收入 883.8 元，比 1985 年增长 79.4%。1990 年，居民储蓄存款达 470.86 亿元，比 1985 年末增长 3.74 倍。其中城镇储蓄增长 4.72 倍，农村储蓄增长 2.37 倍。③

---

① 肖竞华、黄乐年：《我省“七五”计划目标基本实现》，载 1991 年《江苏年鉴》。江苏省计划与经济委员会、《江苏年鉴》杂志社合编：《江苏的“七五”(1986—1990)》(下册)，苏出准印字 JSE—002542，1999 年版，第 636 页说：1990 年末，银行各项存款额 645.68 亿元，经计算，比 1985 年增长 1.96 倍；贷款余额 821.89 亿元，经计算，比 1985 年增长 1.3 倍。

② 《江苏的“七五”(1986—1990)》(上册)，苏出准印字 JSE—002542，1999 年版，第 12—14 页。

③ 肖竞华、黄乐年：《我省“七五”计划目标基本实现》，载 1991 年《江苏年鉴》。

“七五”期间,江苏国民经济和社会发展取得了显著成绩,但经济运行中还存在不少问题。比如,5年中经济发展出现两次较大波动,通货膨胀一度明显。农业基础薄弱,粮棉产量徘徊。对农业改革和农民收入形势估计过高。农民还没有站稳脚跟,又开始向他们索取,负担加重,农业比较效益下降,农业投入减少。经济结构不合理,经济效益下降。城镇待业人员逐年增加,就业形势严峻等。特别要指出的是平衡财政收支的难度加大。“六五”期间,江苏财政年年结余,平均每年净结余2.49亿元。“七五”前3年财政收支勉强持平(每年有40—70万元的结余)。1988年,中央对地方开始实行“收入递增包干”的财政体制。江苏基数内的收入留用比例只有41%,是全国各省中留成比例最低的省份。1989、1990年,江苏财政收入上缴中央的部分分别占全国上缴总额的15.01%、14.37%。加之从1988年起,连续三年遭受自然灾害,工业经济效益不断恶化,企业亏损增加,收入下降,财政收支出现赤字。1989年,江苏财政发生赤字10356万元;1990年,财政赤字又扩大到41987万元。是年,江苏有9个省辖市区、49个县发生财政赤字。徐州、淮阴、连云港、南通市所属县全部收不抵支,甚至在收入超亿元的县中也有14个县发生财政赤字。1990年,江苏人均财政支出不足150元,居全国第22位。一个收入“大省”、“富省”,却过着“吃饭财政”、少数县连“吃饭”也很困难的日子①,值得深思。这是第一个特别要指出的问题。第二个问题是农民收入不平衡的情况依然存在,且有扩大之势。1985年,江苏农民人均纯收入在全省平均纯收入492.6元以下的县(市)有41个,最低的是泗阳县,为235元;最高的是锡山市,为819元。人均收入最高的县(市)是最低的县(市)的3.49倍。1990年,江苏农民人均纯收入在全省平均纯收入883.8元以下的县(市)仍有39个,最低的是沭阳县,为416元;最高的是锡山市,为1564元。平均纯收入最高的县(市)是最低的县(市)的3.76倍。最高与最低收入的差距,1990年比1985年扩大了0.27倍。

二　江苏省十年(1991—2000)规划和“八五”计划的制定

(一) 十年规划和“八五”计划的形成过程

早在1987年省人民政府就召开全省经济和社会发展战略研讨会。是年底,省人民政府委托省经济研究中心、省计经委、省科委等有关部门联合建立“江苏省产业政策研究协调小组”,对全省产业结构的现状、产业结构调整的目标与设想、优化产业结

① 《江苏省志·财政志》,江苏古籍出版社1996年版,第22、34、553页。

构的政策措施等问题，开展系统研究。1989 年初，省人民政府委托省科委等有关部门对江苏省外向型经济的科技发展规划进行研究。在国家计委的指导下，省人民政府又委托省计经委组织有关厅局和大专院校、科研单位，在对江苏国土资源调查的基础上，编制了到 2000 年的国土规划。所有这些，为编制江苏国民经济和社会发展的中长期规划作了前期准备工作。

1990 年 2 月，根据中共江苏省委的部署，省人民政府提出以调整和发展相结合的精神，编制“八五”计划。后来，江苏省计经委根据省内各地、各部门的意见，结合研究机构已经形成的研究成果，综合形成了《江苏省国民经济和社会发展十年规划和“八五”计划的基本思路》。这个《思路》在省内广泛征求意见的同时，由陈焕友省长和 16 个经济部门的负责人赴京分别征求国家 24 个部委、总公司对《思路》的意见，并对有些计划指标和项目作了衔接。同时，还多次赴各兄弟省市考察和学习。1990 年 8 月，中共江苏省委召开工作会议，对调整工业结构和加快外向开拓这两个战略重点进行了认真讨论，使《思路》的内容进一步充实。在此基础上，中共江苏省委常委和省政府党组对江苏十年规划和“八五”计划问题进行了讨论。1990 年 12 月，中共十三届七中全会通过中共中央《关于制定国民经济和社会发展十年规划和“八五”计划的建议》后，根据其精神，结合江苏实际，组织起草《关于制定江苏省十年规划和“八五”计划的建议》。中共江苏省委常委对《建议》曾讨论过两次，在指导思想、战略重点等方面作了反复修改，并征求了各市和省有关部门、部分老同志、民主党派、工商联和无党派人士的意见。① 1991 年 1 月 30 日至 2 月 4 日召开的中共江苏省八届三次全委（扩大）会议审议通过了《建议》。省人民政府在过去工作的基础上制定的《江苏省国民经济和社会发展十年规划和第八个五年计划纲要》（草案），在省七届人大四次会议上（1991 年 3 月10 日—16 日）审议通过。

（二）十年规划和“八五”计划的主要内容

关于十年规划的目标。

关于江苏省 1991—2000 年的奋斗目标是：实现现代化建设的第二步战略目标，把国民经济整体素质提高到一个新水平，努力把江苏建设成为经济繁荣、科教发达、生活小康、社会文明的省份。其基本要求是：

1. 在大力提高经济效益和优化经济结构的基础上，到 2000 年，地区生产总值按 1980 年不变价格计算平均每年增长 6%左右，提前实现翻两番。

2. 人民生活达到小康水平。生活资料更加丰富，消费结构趋于合理，居住条件

---

① 陈焕友：《关于制定江苏省十年规划和“八五”计划建议的说明》（1991 年 2 月 1 日在中共江苏省八届三次全会上）。

明显改善,文化生活进一步丰富,健康水平继续提高,环境质量进一步改善,社会服务设施不断完善。

3. 发展教育事业,推动科技进步,改善经济管理,调整经济结构,加强重点建设,完善基础设施,为下一个世纪初江苏省经济和社会的持续发展奠定物质技术基础。

4. 坚持以公有制为基础,发展多种经济成份,初步建立适应社会主义有计划商品经济发展的、计划经济与市场调节相结合的经济体制和运行机制。

5. 社会主义精神文明建设达到新的水平,人民群众的思想道德水平和科学文化素质明显提高,社会主义民主和法制建设进一步健全,经济和社会稳定的局面更加巩固。

为了实现1991—2000年的奋斗目标,必须坚持走建设有中国特色社会主义道路,坚定不移地实行改革开放,继续实施“科技兴省”、外向开拓、优化结构、集约经营的经济发展战略,保持国民经济持续稳定协调发展,把经济素质和经济效益提高到一个新水平。①

关于“八五”计划的主要指标。

“八五”时期,江苏省经济和社会发展的主要计划指标是:

地区生产总值平均每年增长6%,国民收入平均每年增长5%,工业总产值平均每年增长8%,农业总产值平均每年增长3%,财政收入平均每年增长5%,外贸出口总值平均每年增长9.5%,城镇待业率控制在3%以下,人口平均自然增长率控制在12‰以下,人口总数1995年控制在7150万人。

围绕完成“八五”计划主要指标,主要应抓以下5个方面的工作:

1. 调整结构,提高效益,保持经济适度增长

调整产业结构是经济发展战略重点之一。针对江苏人多地少,“两头在外”和“两小一大”(基础产业总量小、高新技术产业规模小,加工工业摊子大)的特点,“八五”计划从以下6个方面入手,加大调整力度:加强农业,全面发展农村经济;加强基础工业和基础设施建设;大力改造、改组和提高加工工业;培育高新技术产品,推进高新技术产业化;积极发展、提高建筑业,加快发展第三产业;合理布局生产力,促进地区经济优势互补。通过这些调整,促进产业结构的合理化,并逐步走向现代化。

2. 深化经济体制改革

在积极稳妥地推进经济体制改革,促进生产力的发展和社会的进步方面,要实行和深化5个方面的改革:一是以坚持稳定和完善家庭联产承包责任制为重点,不断深化农村改革;二是以搞活大中型企业为中心环节,深化城市经济体制改革;三是培育、

---

① 中共江苏省委:《关于制定江苏省国民经济和社会发展十年规划和“八五”计划的建议》(1991年2月4日中共江苏省八届三次全会通过)。

发展市场体系;四是加强宏观经济调控体系建设;五是积极稳妥地实行住房制度和社会保障制度改革。

3. 把发展科技、教育放在重要战略地位,进一步繁荣社会主义文化事业

在科技事业方面,充分发挥科学技术作为第一生产力的作用,以经济建设为主战场,统筹安排基础研究、应用研究和开发研究三个层次的科技工作,合理配置力量,推动经济和科学技术的全面发展。在教育事业方面,调整和优化教育结构,全面提高教育质量,争取多出人才、快出人才,更好地为江苏经济社会发展服务。在文化事业方面,鼓励和引导文化艺术工作者创作反映时代主旋律、健康向上、为群众所喜闻乐见的优秀作品。振兴地方剧种,弘扬优秀文化。新闻出版系统坚持把社会效益放在首位,努力多出版一些优秀读物。改善广播电视传输条件,提高节目制作能力和质量。加强图书馆、文化馆、博物馆等设施的建设,保护好各类文物,办好各类文化活动场所,丰富人民群众的文化生活。

4. 扩大对外开放

在进一步贯彻沿海地区经济发展战略,增强开放意识,用好各项政策的同时,大力增加出口创汇,积极扩大利用外资,拓宽对外经济技术合作领域,使江苏的经济素质在参与国际交换和竞争中得到提高。

5. 改善人民生活和健全社会保障体系

在生产发展和国民收入增长的基础上,提高人民的收入水平,大力提高人民的生活质量。坚持贯彻"预防为主"的方针,进一步健全医疗卫生网,改善医疗卫生设施条件,搞好妇幼卫生工作。大力开展爱国卫生运动和创建卫生城市活动。广泛开展群众性体育活动,提高竞技运动水平,增强人民体质。继续做好计划生育工作。完善养老保险制度,并着手建立待业保险制度。

江苏十年规划和"八五"计划,符合全局要求,符合江苏实际,代表江苏人民的愿望,其思路清晰、简单明了,切实可行。

第四节 加强民主政治和精神文明建设,维护安定团结①

一 地方各级人民代表大会制度的完善

中共十一届三中全会以后,中国社会主义民主和法制建设不断加强。江苏各级

① 本节第一、二目是根据《当代江苏简史》,当代中国出版社 1999 年版,第七章第二、三节;《江苏省志·议会 人民代表大会志》,江苏人民出版社 1999 年版;《江苏省志·政协志》,江苏人民出版社 2003 年版有关部分编写的。

人民代表大会制度在坚决贯彻执行宪法和有关法律的基础上不断完善，步入正规化、制度化的阶段。

（一）按期换届，民主选举各级国家机关领导人员

1983—1991 年，全省各级人大代表和地方各级国家机关组成人员及领导人员，依照宪法和地方组织法定期换届选举，其中省人民代表大会经历第六、七两届。

江苏省第六届人民代表大会第一次会议于 1983 年 4 月召开。会议选举储江为江苏省第六届人大常委会主任，辛少波、匡亚明、陈德先等 7 人为副主任及 47 名委员；选举顾秀莲为省长，金逊、陈焕友等 6 人为副省长。选举省高级人民法院院长和省人民检察院检察长。会议还选举韦钰、孙颔、吴仁宝、汪冰石、顾秀莲、韩培信等 140 人为省出席第六届全国人民代表大会代表。

江苏省第七届人民代表大会第一次会议于 1988 年 1 月召开。会议选举韩培信为江苏省第七届人大常委会主任，李执中、邢白等 4 人为副主任及 54 名委员；选举顾秀莲为省长，金逊、陈焕友等 7 人为副省长；选举省高级人民法院院长和省人民检察院检察长。会议还选举曲钦岳、张继青、张耀华、陆文夫、费孝通、储江等 138 人为省出席第七届全国人民代表大会代表。

1983—1991 年，省人大常委会共依法任免国家机关工作人员 735 人次，其中任命 525 人次，免职 210 人次。

全省 11 个设区的市的人民代表大会分别于 1983 年、1988 年进行换届，选举本级人大常委会组成人员和人民政府、人民法院、人民检察院的领导人员。县（区）乡两级分别在 1984 年 8 月、1987 年 5 月、1990 年 5 月进行全省第二、三、四次直接选举代表，召开新一届人民代表大会，依法选举产生县级人大常委会组成人员、县级人民政府主要负责人、县（区）人民法院院长、县（区）人民检察院检察长，以及正、副乡镇长。

（二）依法行使地方国家权力机关的职权，审议决定重大事项

1983—1991 年期间，江苏省的地方各级人民代表大会，每年都依法召开一次例会，听取和审议本级人民政府和人民法院、人民检察院等各项工作报告，讨论、决定本行政区域内的政治、经济、教育、科学、文化、卫生、民政、民族工作等重大事项，依法行使地方国家权力机关的职责。

1983 年 4 月到 1987 年 4 月，省六届人大共召开五次会议。期间，会议先后审查批准江苏省国民经济和社会发展第六、七个五年计划，并确定“积极提高苏南，加快发展苏北”的战略方针；决定继续抓好农村改革，加快城市改革的步伐，坚持对外开放方针，促进全省经济持续稳定协调发展。

1988 年 1 月至 1991 年 3 月，省七届人大共召开四次会议。期间，会议主要围绕实现中共十三大确定的第二步奋斗目标，要求以提高经济效益为中心，巩固和加强农业的基础地位，在发展外向型经济、推动科技进步方面有所突破，不断优化产业结构，经济增长方式逐步由粗放型向集约经营型转变，确定实施科技兴省的战略。同时，会议强调要把稳定作为压倒一切的任务，巩固和发展安定团结的政治局面，为治理经济环境、整顿经济秩序和全面深化改革创造良好的社会环境；审查批准《江苏省国民经济和社会发展十年规划和第八个五年计划纲要》，提出要在 20 世纪 90 年代末把江苏建设成为经济繁荣、科教发达、生活小康、社会文明的省份的目标。

此外，从 1983 年 4 月省六届人大一次会议到 1991 年 3 月省七届人大四次会议期间，省人大代表向会议提出建议、批评和意见 6531 件，积极反映人民群众的意见和要求，依法行使人民代表的职权。

（三）县级以上地方各级人民代表大会常务委员会依法行使各项职权

1983—1991 年，省人大常委会除对全省的政治、经济、教育、科学、文化等重大事项作出决定和决议外，还制定经济方面地方性法规和具有法规性的决定 20 项，科教文卫方面的法规 8 项，政法方面的法规和具有法规性质的决定 14 项，人大制度建设方面的法规 9 项；批准南京市、无锡市人大常委会制定的地方性法规 20 项。这些地方性法规的制定和实施，有力地保障了全省改革开放、经济建设和其他有关方面工作的顺利开展。

依法对政府和法院、检察院实施监督，是地方各级人大常委会的又一项重要职权。江苏省地方各级人大常委会不断强化监督职能，改进监督方法，突出监督重点，有力地推进本级人民政府、人民法院和人民检察院的工作。省人大常委会主要是通过听取和审议省人民政府、省高级人民法院和省人民检察院的工作汇报和法律、法规实施情况的汇报，办理代表议案和建议、批评意见，组织省人大代表和常委会组成人员视察等形式，行使监督职责。仅省第六届人大常委会就先后听取和审议省人民政府汇报 39 次，省高级人民法院汇报 3 次，省人民检察院汇报 4 次。1988 年，金坛县一些农药厂非法生产伪劣农药，在省内外造成恶劣影响。省人大常委会组织调查组赴金坛实地调查和督促查处。1988 年 10 月，省七届人大常委会第五次会议听取和审议省政府关于金坛县假农药事件查处情况的汇报，推动查处工作的顺利进行。1984 年 12 月下旬到 1985 年 3 月中旬，全省省、市、县三级人大代表及政府有关部门负责人 2008 人，对城乡地表水和 935 个县属以上企业及乡镇企业的水污染防治情况进行视察，了解了水污染防治工作情况，提出了治理的各项具体意见和建议，推动了《水污染

防治法》的贯彻实施。

(四) 乡镇人大主席团在大会闭会期间设立常务主席,进一步加强基层政权建设

为加强乡、镇人大的建设,更好地发挥乡、镇人大的作用,省人大常委会对常熟、江阴、无锡、射阳等地在乡、镇人民代表大会闭会期间设立乡、镇人大主席团常务主席这一新事物进行调查、总结后,于 1989 年 8 月作出《关于乡、镇人民代表大会主席团在大会闭会期间设立常务主席的决定》。根据这一决定,1990 年县、乡人大换届选举时,在全省 2037 个乡镇中,选出 2026 个乡、镇人大主席团常务主席(其余 11 个乡、镇未设乡、镇人大主席团常务主席),同时还相应地配备专职或兼职工作人员。1991 年 3 月,省第七届人大常委会第十九次会议审议通过《江苏省乡、镇人民代表大会主席团工作暂行条例》,对主席团的产生,大会和闭会期间职责,常务主席职责作出明确规定。这就使江苏省乡、镇人大及其主席团和常务主席的工作有了法律和组织的保证。

二 人民政协工作开创新局面

1983 年 4 月 20 日至 30 日,政协江苏省第五届第一次会议召开,省政协副主席吴贻芳致开幕词,省政协副主席王昭全作省四届政协常委会工作报告。会议选举钱钟韩为省第五届政协主席,吴贻芳、韦永义等 13 人为副主席。1988 年 1 月 20 日至 29 日,政协江苏省第六届委员会第一次会议召开,钱钟韩致开幕词,中共江苏省委书记韩培信到会讲话,罗运来代表省五届政协常委会做工作报告。会议选举钱钟韩为省第六届政协主席,罗运来、丁光训等 11 人为副主席。1989 年 4 月,政协江苏省第六届第二次会议选举孙颔为主席。

省五届、六届政协围绕经济建设这个中心,以政治协商、民主监督为基本职能,积极开展各项活动。

(一) 组织和推动委员学习

组织和推动委员学习,是人民政协的优良传统,也是人民政协的一项重要工作。省政协采取多种形式组织和推动委员学习。在学习过程中,始终坚持自愿原则,贯彻理论联系实际的方针,采取学习和参观考察相结合、辅导和座谈相结合的方法,提倡实事求是、解放思想、畅所欲言、各抒己见、共同追求真理的风气,取得了良好的效果。特别是中共中央《关于坚持和完善中国共产党领导的多党合作和政治协商制度的意见》发布后,省政协及时组织委员认真学习。通过学习,委员们进一步提高认识,统一了思想,增强了各级政协组织和委员的政治责任感。同时,省政协还及时组织委员学习邓小平建设有中国特色社会主义理论和中共重大决策,召开学习座谈会,交流学习

体会，以求加深理解，提高贯彻执行中共的基本路线的自觉性。

（二）推进政治协商和民主监督的经常化、制度化

政治协商主要是通过例会形式进行。每次全委会议是最广泛、最主要的政治协商活动。省政协历次全委会议，中共江苏省委书记到会作重要讲话，对政协工作提出要求。中共江苏省委、省政府领导和有关部门负责人应邀到会，直接听取委员的意见和建议，使下情上达，上情下达。对一些全局性的重要决策，如省政府每年向省人民代表大会所作的政府工作报告、制定国民经济和社会发展规划和五年计划的建议、加快改革开放和经济发展的重大政策措施、加强农业和农村工作的意见、科教兴省的实施方案、住房制度改革方案、加强统一战线工作的意见等，都通过多种形式向委员们通报情况，认真听取他们的意见和建议。

1989 年，中共中央批转了《政协全国委员会关于政治协商、民主监督的暂行规定》，中共江苏省委也批转了省政协的《实施办法》。全国政协的《暂行规定》和省政协的《实施办法》对协商监督应遵循的原则、主要内容、主要形式和基本程序等，都作了较为具体的规定，使政治协商、民主监督逐步走上经常化、制度化的轨道。省政协还鼓励委员在各种例会、调查视察活动和提案中，对省内的工作不仅提出建议，同时还提出意见和批评，并如实向中共江苏省委、省政府及有关部门反映。

省政协还为参加政协的各民主党派、工商联、人民团体和各界代表人士参政议政创造条件。省政协各专门委员会与有关民主党派和人民团体加强联系，互通情况，交流信息，共同商讨委员调查视察活动计划，并鼓励他们以组织名义提出提案。

（三）加强对市县政协工作的指导

1987 年，全省政协各级组织增加到 113 个。省政协进一步密切与市县政协的联系，加强对市、县政协工作的指导。历次省政协常委会议都邀请各市政协负责人列席，多次召开各市政协主席座谈会等会议。组织工作经验交流，推进市县政协工作的开展。组织调查视察的协作，以便更广泛地掌握全省各地的情况，使提出的意见和建议更加全面和符合实际情况。

（四）发挥优势，积极推进祖国和平统一大业

从 20 世纪 80 年代中期开始，随着国际国内形势的变化，省政协着重宣传中国共产党的“一国两制”与和平统一的方针政策，开展“三胞”（台湾同胞、港澳同胞、海外侨胞）联谊。省五届政协共接待“三胞”78 批、750 多人次，省六届政协接待“三胞”121 批、360 多人次。通过接待，不仅在宣传政策、消除误解、增进共识、广交朋友等方面做了不少工作，还增进了“三胞”对祖国、对家乡的了解和情谊。

三 社会主义精神文明建设的新发展

社会主义精神文明建设,是关系社会主义兴衰成败的大事。① 江苏在精神文明建设上,强调贯彻“两手抓,两手都要硬”的方针,进一步改善和加强对精神文明建设的领导,充分发挥教育、理论、文艺、新闻、出版、广播、电视的作用,着力提高人民群众的科学文化素质,激发人们自尊、自律、自强的开拓进取精神,开创社会主义精神文明建设的新局面。

精神文明建设的一个侧面,是理论研究和理论宣传。中共十一届三中全会后,针对经济、社会发展中出现的新情况、新问题和江苏经济的特点,江苏先后召开农业经济、工业经济和财贸经济理论讨论会,对计划调节、市场调节和价值规律的作用等问题进行了讨论。1984 年 5 月、6 月和 12 月,分别召开“公元 2000 年的江苏”、“加快发展苏北”和“积极提高苏南”等讨论会;1987 年,先后召开“苏北经济发展战略讨论会”、江苏省经济和社会发展战略研讨会,将江苏经济、社会发展战略的研究逐步引向深入。中共十三大召开后,江苏省于 1988 年连续两次召开社会主义初级阶段理论讨论会。20 世纪 80 年代下半期,广大理论工作者、经济研究工作者对乡镇企业、农业现代化和规模经营,对城市经济、外向型经济和搞活大中型企业的研究,有力地推动了城乡改革和对外开放的发展。在著名社会学家费孝通教授的指导下,江苏省社会科学院和省委研究室联合开展了对小城镇的研究,取得了显著成就,出版了《小城镇 大问题》和《小城镇 新开拓》等著作。中共中央《关于社会主义精神文明建设指导方针的决议》发表后,江苏围绕精神文明建设中的重大问题开展了热烈的讨论,有力地推动了社会主义精神文明建设。

江苏历来有“人文荟萃”的美誉。进入改革开放的新时期,江苏广大哲学社会科学工作者,以马克思主义、毛泽东思想和邓小平建设有中国特色的社会主义理论为指导,概括实践经验,总结历史文化遗产,评价国内外重要思潮,开展各种学术研讨活动。据不完全统计,1979—1990 年,江苏省具有一定规模和影响的社会科学研讨活

---

① 中共十一届三中全会后,中共中央多次强调社会主义物质文明和精神文明一起抓的战略方针。叶剑英《在庆祝中华人民共和国成立三十周年大会上的讲话》中指出:要“建设高度的社会主义精神文明。”不久,邓小平《在中国文学艺术工作者第四次代表大会上的祝词》中号召广大文学艺术工作者,“为建设高度发展的社会主义精神文明做出积极的贡献。”(《邓小平文选》第 2 卷,人民出版社 1994 年版,第 209 页)。1980 年 12 月 25 日,邓小平在中共中央工作会议上的讲话中指出:“我们要建设的社会主义国家,不但要有高度的物质文明,而且要有高度的精神文明。所谓精神文明,不但是指教育、科学、文化(这是完全必要的),而且是指共产主义的思想、理想、信念、道德、纪律,革命的立场和原则,人与人的同志式关系,等等。”“没有这种精神文明,没有共产主义思想,没有共产主义道德,怎么能建设社会主义?”(同前,第 367 页)。胡耀邦在中共第十二次全国代表大会上的报告中和中共十二届六中全会通过的《中共中央关于社会主义精神文明建设指导方针的决议》中都指出,“社会主义精神文明建设,是关系社会主义兴衰成败的大事。”

动共有 4000 余次，累计参加人数 20 余万人次，其中省一级机构与团体组织的共有 1000 次，市一级机构与团体组织的共有 3000 余次。① 各个学科领域涌现出一批有学术价值的科研成果。为了检阅成绩，表彰先进，省人民政府决定从 1984 年起，每隔 4 年开展一次哲学社会科学优秀成果评奖活动，到 1991 年评奖活动进行了 3 次，获奖成果累计 892 项，其中荣誉奖 19 项，一等奖 16 项，二等奖 105 项，三等奖 752 项。② 这种有领导、有组织的评奖活动，调动了社会科学工作者的积极性，促进了全省社会科学事业的发展和繁荣。

这一时期精神文明建设的另一个侧面，是思想道德建设。在社会主义精神文明建设活动中，中共江苏省委始终坚持把加强思想道德建设放在突出位置，倡导宪法规定的"五爱"（爱祖国、爱人民、爱劳动、爱科学、爱社会主义），培育"有理想、有道德、有文化、有纪律"的"四有"社会主义新人。在纪念中国共产党成立 60 周年和 70 周年、新中国成立 40 周年、"五四"运动 70 周年和马克思逝世 100 周年的时候，充分利用江苏历史文化积淀深厚、近现代革命史料丰富的优势，激发广大群众特别是青少年热爱中国共产党、热爱祖国、热爱社会主义、热爱江苏的热情；运用改革开放后江苏经济社会发展的巨大成就，坚定干部群众的社会主义信念，引导人们树立正确的世界观、人生观和价值观。20 世纪 80 年代上半期，江苏开始开展"五讲四美三热爱"活动。③ 1982—1983 年，连续两年开展"全民文明礼貌月活动"。在这个基础上，20 世纪 80 年代下半期，又广泛开展创建文明单位、文明村镇、五好家庭、双文明户的活动。苏州市组织精神文明建设十佳新闻人物评选；无锡市深入宣传《无锡市民守则》；淮阴、扬州等市开展季度和月度文明新事评选；连云港市开展"文明在连云港"系列活动等，效果明显。在 1991 年的文明单位评比中，有 682 个单位获得 1988—1990 年度省级文明单位称号，3900 个村镇被省、市、县命名为"文明村镇"，占全省开展文明村镇建设活动的 3.4 万个村镇的 11.5%。④ 在 1991 年的抗洪救灾中，江苏许多领导干部和共

---

① 《江苏省志 · 社会科学志》，江苏古籍出版社 1998 年版，第 479 页。

② 在江苏省首次举办的哲学社会科学优秀成果评奖活动中（1984 年 7 月—12 月），申报成果共 1400 余项，正式获奖成果共 459 项，其中荣誉奖 13 项，一等奖 5 项，二等奖 49 项，三等奖 392 项。在江苏省第二次哲学社会科学优秀成果评奖活动中（1987 年 7 月—1988 年 3 月），各申请单位共推荐成果 604 项，评出获奖成果 193 项，其中荣誉奖 5 项，一等奖 6 项，二等奖 29 项，三等奖 153 项。在江苏省第三次哲学社会科学优秀成果评奖活动中（1990 年 7 月—1990 年底），共接受申报成果 4143 项，评出获奖成果 240 项，其中荣誉奖 1 项，一等奖 5 项，二等奖 27 项，三等奖 207 项。

③ 1981 年 3 月，响应中共中央的号召，江苏省广泛开展以"五讲四美"为主要内容的文明礼貌活动。1983 年 6 月 28 日，江苏省"五讲四美三热爱"（即讲文明、讲礼貌、讲卫生、讲秩序、讲道德；心灵美、语言美、行为美、环境美；热爱祖国、热爱社会主义、热爱中国共产党）活动委员会成立。

④ 1992 年《江苏年鉴》，南京大学出版社 1992 年版，第 21 页。是年《江苏年鉴》第 211 页说："在省委、省政府召开的省级文明单位命名表彰会上，对全省 1989—1990 年度 628 个省级文明单位进行命名表彰。"

产党员，身先士卒，无私奉献；顾全大局、团结协作；自力更生，艰苦奋斗；舍己为人，始终把群众的利益放在第一位。人们称之为“抗洪精神”。这是江苏人民在精神文明建设中逐渐积聚起来的一笔宝贵的精神财富。[①]

精神文明建设的再一个侧面，是繁荣文艺创作、新闻出版和广播电视事业。这一时期，[②]江苏在文艺创作方面涌现出不少优秀作品。小说方面有：《追月楼》[③]、《顾氏传人》[④]、《妻妾成群》[⑤]、《青天在上》[⑥]、《莽昆仑》、《人民子弟》。[⑦] 突出主旋律，增强现实性，是1988—1991年间戏剧、影视创作和演出的显著特点。其优秀剧目有：京剧《红菱艳》、《宝烛记》和《端午门》[⑧]，话剧《琼斯皇》[⑨]，昆剧《血冤》[⑩]，扬剧《上访专业户》(又名《皮九辣子》)，滑稽剧《多情的小和尚》[⑪]、《快活的黄帽子》[⑫]，淮剧《难咽的苦果》[⑬]等。优秀影视片有：《豆蔻年华》[⑭]、《裤裆巷风流记》[⑮]、《玲珑女》[⑯]、《屠城血证》。[⑰] 另外，《焦裕禄》、《柳亚子》、《陈毅与阿英》、《龙年》、《哑女恨》等在群众中也有相当的影响。江苏省歌舞剧院的《木棉花开了》，南京杂技团的《小顶碗》也都获得了大奖。[⑱]

在美术创作方面，江苏省文化厅重点组织创作和筹办的大型漆壁画《今日大运

---

① 1992年《江苏年鉴》，南京大学出版社1992年版，第20、21页。

② 这一时期是指1988—1991年，下同。

③ 《追月楼》获《人民日报》与《小说选刊》主办的1987—1988年优秀中篇小说奖。

④ 《顾氏传人》1990年获《钟山》“新写实小说大联展”奖。

⑤ 《妻妾成群》获《小说月报》第四届“百花奖”，列入“二十世纪中文小说一百强”(香港《亚洲周刊》邀请全球各地华文作家、专家投票选出)。根据此篇小说改编的电影《大红灯笼高高挂》获奥斯卡最佳外语片奖提名。

⑥ 《青天在上》获上海市第三届长中篇小说优秀作品奖。

⑦ 《莽昆仑》、《人民子弟》获1990—1991年全国优秀报告文学奖，《人民子弟》还获《昆仑》荣誉奖。

⑧ 《红菱艳》荣获1988年文化部举办的京剧新剧目汇演优秀剧目奖，主演黄孝慈荣获优秀表演奖。《宝烛记》、《端午门》在纪念徽班进京200周年演出中被选调进京演出。《宝烛记》获文化部第一届“文华奖”新剧目奖。

⑨ 《琼斯皇》被推荐为全国首届戏剧节剧目。

⑩ 《血冤》获文化部第一届“文华奖”新剧目奖。

⑪ 《上访专业户》、《多情的小和尚》获1988—1989年度全国优秀剧本奖。

⑫ 《快活的黄帽子》获1991年“全国戏曲现代戏观摩演出”优秀剧目奖、优秀编剧奖、优秀导演奖、优秀表演奖、优秀配角奖等5类7个大奖；获文化部第二届“文华奖”新剧目奖。

⑬ 《难咽的苦果》荣获1991年“全国戏曲现代戏观摩演出”新剧目奖和优秀青年演员奖。

⑭ 《豆蔻年华》根据程玮小说《走向十八岁》改编，获广播电影电视部1989年优秀影片奖、全国第二届哈尔滨冰雪电影艺术节一等奖、第10届金鸡奖最佳儿童片奖。

⑮ 《裤裆巷风流记》获第9届“飞天奖”二等奖。

⑯ 《玲珑女》获1991年度全国戏曲片一等奖。

⑰ 《屠城血证》1991年参加在日本东京举行的“世界和平电影节”，荣获“世界和平电影节奖”。

⑱ 《木棉花开了》获1990年全国歌剧观摩演出优秀演出奖第1名，获文化部第一届“文华奖”新剧目奖；《小顶碗》荣获第三届世界“未来”杂技节金奖(1988年)。

河》、《江苏省山水画写生团作品特展》，1989 年先后于北京中国美术馆展出，其浓郁的时代气息、鲜明的民族风格、突出的江苏特色和精湛的艺术技巧，赢得了美术界权威人士的热情称誉。

在表演艺术方面，在此期间，江苏涌现出不少优秀演员。继张继青（首届）、张寄蝶（第四届）、石小梅（第五届）3 位昆剧演员荣获戏剧梅花奖后，常州市滑稽剧团的张克勤荣获第六届戏剧梅花奖，江苏省京剧院的黄孝慈以全票荣列第七届戏剧梅花奖榜首，江苏省昆剧院的林继凡、胡锦芳荣获第八届戏剧梅花奖。在文化部举行的首届“文华奖”评选中，省京剧院的沈小梅、省昆剧院的胡锦芳、省歌舞剧院的顾欣和袁晓虹获“文华表演奖”。

1988—1991 年，江苏群众文化活动也出现了新的发展势头。1988 年，扬州市举办首届琼花艺术节，徐州市举办首届艺术节，宜兴市举办首届陶瓷艺术节，无锡市举办首届国际旅游电影节。1990 年，常州市举办第五届兰陵音乐会，南京市举办第四届金陵百花艺术节，南通市举办第二届民间艺术节，无锡市先后举办“家庭文化节”、“家庭文化活动周”、“快乐家庭社区文化活动周”等家庭文化活动。这些群众性的文化活动，不仅形式多样，丰富和活跃了群众文化生活，而且内容健康，有力地推动了群众性精神文明建设活动的深入开展。江苏不仅在丰富群众文化生活方面做了不少工作，而且在文化设施、队伍建设方面的投入也不少，使集镇文化中心、农村和街道文化站得到了巩固和提高。到 1991 年，江苏有群众艺术馆 12 个，文化馆 109 个，文化站 2269 个，农村集镇文化中心 1528 个。各地在开展争创群众文化先进县（市）、区及群众文化先进乡（镇）、街道活动中，涌现出一批先进县（市）、集体和个人。1991 年，常熟市和无锡县被文化部、人事部授予“全国文化工作先进地区”称号，南京市秦淮区文化馆、海安县文化馆、张家港市兆丰乡文化站、睢宁县儿童画活动中心同时被授予“全国文化工作先进集体”称号，有 5 位群众文化工作者荣获“全国文化系统先进工作者”称号。

按照中共中央宣传部的统一部署，江苏在实施 1991 年度精神产品生产“五个一工程”（一本好书，一台好戏，一部优秀影片或电视剧，一篇或几篇有创见、有说服力的文章）活动中，各有关部门和部分市组织作家、艺术家深入生活，深入实际，亲身感受改革开放、经济建设的时代脉搏，出了一批优秀作品。在全国 1991 年度精神文明建设“五个一工程”评奖中，江苏电视台摄制的 10 集电视连续剧《红蜻蜓》，苏州滑稽剧团创作演出的大型滑稽戏《快活的黄帽子》，江苏人民出版社出版的经济理论专著《我的经济观（一）》荣获入选作品奖。

江苏新闻出版工作坚持“一手抓整顿，一手抓繁荣”的方针，把社会效益放在首

位,各项工作都取得了较大发展。1991 年,江苏省有出版社 14 家,比 1988 年增加 2 家。其中,省出版总社直属出版社 8 家,大学出版社 4 家,市级出版社 2 家。另有广陵古籍刻印社和苏州桃花坞木刻年画社 2 家。1991 年江苏共出版各类图书 3440 种,比 1988 年增加 1726 种,增加 1 倍多;图书总印数 35483 万册,比 1988 年增加 8039 万册;出版系统销售总收入 14.23 亿元,比 1988 年增加 5.98 亿元。全省共出版公开发行报纸 71 种、期刊 307 种,内部发行报纸 273 种、期刊 432 种。

广播电视在引导社会舆论,推进改革,促进两个文明建设方面发挥了积极作用。广播电视节目质量不断提高。金陵之声电台在海内外的影响进一步扩大。1991 年,全国广播电视节目评选中,江苏广播获一等奖 5 个,二等奖 2 个;电视获一等奖 1 个,二等奖 6 个。1991 年,江苏广播人口覆盖率达 89%,电视人口覆盖率达 90.4%。

在一手抓繁荣的同时,一手抓整顿。1989 年以来,江苏对书刊、演出、电影、娱乐、音像等文化市场进行了清理整顿。到 1990 年,江苏各地收缴、封存黄色书刊 82 万多册,黄色音像制品 5.5 万盒,取缔非法印刷企业 604 家、无证经营书刊批发和经销单位 530 家,吊销营业执照 22 家,责成停业整顿 136 家;查处"制黄"、"贩黄"、传播淫秽物品案件 2256 起,查处违法犯罪分子 8236 人,取缔一批"制黄"、"贩黄"和从事非法出版活动的犯罪窝点。1991 年,全省"扫黄"斗争进一步深入开展,取得了较大成果。全年各地共收缴、封存非法书刊 20 多万册,非法年画 30 多万张、印刷品 8 万多张、音像制品近 4000 万盒,取缔非法书刊网点 92 个、音像网点 6 个。各地还根据中共中央、国务院和有关部门颁布的法规、法令和政策,以及江苏省人大常委会制定的条例,结合实际情况,制订了一系列管理规章、制度,使出版物市场的管理逐步走上法制化和规范化的轨道。

这一时期,图书文博考古事业亦取得长足发展。通过开展创建文明图书馆活动,推动了图书馆界的各项建设,提高了服务质量。1989 年,江苏省文化厅委托南京图书馆筹办的"江苏省公共图书馆服务成果大联展",是新中国成立以来江苏省图书馆界第一次大规模的展览,展览历时 15 天,接待观众近万人,形象生动的事例显示了江苏省公共图书馆在为两个文明建设服务中发挥的积极作用。到 1991 年,江苏已建成乡镇万册图书馆 286 个。其中苏州市 73 个,占当地乡镇图书馆总数的 50%。扬州市图书馆被文化部、人事部授予"全国文化系统先进集体"称号。

文物、博物馆的安全问题一直是文物、博物馆工作的重点。对此,江苏省极为重视,在组织、人力、物力、制度、设施等方面加大防卫力度,1989 年没有发生重大案件。南京博物院、苏州博物馆等单位及 13 名文博工作者受到文化部、公安部的表彰。1990 年,全省各地还利用文物向广大群众进行爱国主义、社会主义教育,在观众中引

起强烈反响，取得了很好的社会效益。

在考古发掘方面，江苏省在这一时期也有一些重大发现。1988 年，江苏 18 处场地考古发掘出土了大量文物，特别是沭阳万北出土的文物，为研讨江苏早期人类的生产、生活提供了丰富的实物资料。1989 年，高淳朝墩头新石器时代遗址发掘出土的人形饰物玉雕，在江苏尚属首次发现，具有重要的史料价值。新沂花厅遗址的发掘，为探索研究中国古代人殉制度的发生、发展提供了资料。1991 年，对镇江古京口城等 11 个考古项目进行了发掘。

四　1989 年的政治风波在江苏

1989 年，江苏不仅克服了投资、消费需求膨胀造成的严重经济困难，也经受住政治风波的严峻考验。是年春夏之交，北京发生政治风波，江苏部分地区也受到波及。南京和徐州一度发生动乱，给治理整顿增加了困难，使经济建设遭受损失。

受北京及全国一些城市非法集会和示威游行的影响，江苏的南京和其他省辖市也出现了局部动乱的现象，主要是一些高等学校的学生停课上街游行。4 月 26 日，《人民日报》发表社论，号召全党和全国人民团结起来，旗帜鲜明地反对动乱，坚决维护得来不易的安定团结的政治局面，维护宪法，维护社会主义民主和法制，为坚决、迅速地制止这场动乱而斗争。①

5 月 16 日，南京近两千名大学生上街游行；5 月 17 日，南京上街游行的学生增至 10 余所高校 2 万多人；5 月 18 日，游行人数增加到 10 余万人。少数机关干部、工人、教师、新闻工作者也参加了 5 月 18 日的南京游行。

据《新华日报》5 月 19 日报道，徐州、无锡、苏州、常州、镇江、南通、扬州、盐城、淮阴、连云港等地高校的部分学生、教师也走上大街游行。② 南京、徐州街头还出现反动标语、传单、大小字报，制造谣言。5 月 21 日以后，徐州、连云港和安徽等地的部分大学生，在徐州拦查火车，冲击车站，强行乘车去京，严重干扰了铁路运输的正常进行。从 5 月 26 日开始，车站乱哄哄的局面才得到扭转。③

中共江苏省委、省政府和各地党政机关及有关部门对游行学生进行劝说，希望事态尽快平息下去。针对某些人策划罢课、"空校"的图谋，广大教师严守教学岗位，坚持授课，使高校复课率一度大幅度上升。5 月 20 日，中共江苏省委召开省级机关负责干部大会，坚决拥护中共中央、国务院为制止动乱所采取的坚决、果断的措施，号召广

---

① 《必须旗帜鲜明地反对动乱》，《人民日报》1989 年 4 月 26 日。

② 《新华日报》1989 年 5 月 17 日、18 日、19 日。

③ 《新华日报》1989 年 5 月 31 日。

大共产党员、干部、群众学习李鹏、杨尚昆5月19日在首都党政军干部大会上的重要讲话，统一思想，提高认识，自觉地同中共中央保持一致。广大共产党员、党政机关工作人员必须严守纪律，坚守岗位，决不要听信谣言，不容许再搞声援活动，不许上街游行，不准串联，不准张贴大小字报。[①] 5月25日，江苏省教委发出《关于组织高校复课的紧急通知》。为制止学生去北京参加所谓声援，省教委组织人员对聚集在南京火车站的学生进行劝阻、堵截，并派出12人工作小组赶赴天安门广场劝说江苏高校学生返校。6月1日，非法组织"南京高校学生自治联合会"(简称"南京高自联")组织所谓的"南京高校学生北上民主长征队"，从南京徒步出发。在省政府领导亲自部署下，江苏省教委、省公安厅、高校工委和高校的干部一道，连续几昼夜，跟随队伍进行劝说、阻拦。通过艰苦的说服教育工作，参加"长征队"的学生回到南京。6月4日以后，少数"南京高自联"头头策划组织堵塞交通的违法活动。6月7日，部分高校400余名学生在南京长江大桥设置路障，在中央门铁路桥上静坐、设障，阻拦车辆和列车正常通行，使南北公路、铁路大动脉中断7小时，广大旅客无法成行，心急如焚，怨声不断。[②] 6月8日，一些大学生和社会闲散人员再次冲击铁路，在长江大桥和中央门附近铁路上静坐、设障，铁路运输再度中断了7个多小时。[③] 为此，6月9日《新华日报》发表评论员文章《坚决制止破坏交通的违法行为》。期间，江苏省教委曾组织高校领导、骨干教师分赴南京火车站、南京长江大桥，对学生进行劝阻，将动乱造成的经济损失控制在最小的范围内。6月9日，中共江苏省委、省政府致电中共中央、国务院、中央军委，表示坚决拥护平息在首都发生的反革命暴乱。南京市公安局从9日下午起至10日凌晨，取缔了非法组织"南京工自联"、"工人纠察队"。[④] 13日凌晨，依法取缔"南京高自联"。[⑤] 由于对卷入动乱的人始终坚持教育、劝阻、疏导的方针，帮助他们提高觉悟，做了大量艰苦细致的工作，全省的局面相对稳定，避免了大的损失。

从6月10日起，中共江苏省委、省政府相继召开一系列会议，要求共产党员和广大干部、职工认真学习邓小平于6月9日下午在接见首都戒严部队军以上干部时的重要讲话，进一步统一思想，提高认识，坚守岗位，搞好工作，为稳定江苏，稳定大局作贡献。中共江苏省委根据中共中央的部署，结合江苏的实际，深入开展清查清理工

---

① 《新华日报》1989年5月21日。

② 《新华日报》1989年6月8日。

③ 《新华日报》1989年6月9日。

④ 《新华日报》1989年6月11日。

⑤ 《新华日报》1989年6月14日。

作，重点清查策划、组织、指挥动乱的为首的骨干分子和其他刑事犯罪分子，认真解决极少数党政机关、要害部门存在的严重不纯的问题。在清查清理工作中，各地严格区分两类不同性质的矛盾，扩大教育面，缩小打击面，注意掌握政策界限，区别对待。对卷入政治风波的绝大多数学生、教师和群众坚持正面教育和疏导的方针，做耐心细致的思想政治工作，稳定学生情绪，加强校园管理，尽快恢复正常教学秩序。各高校利用暑假培训骨干队伍，秋季开学后集中时间进行形势政策教育，使广大学生受到了一次比较系统和深刻的坚持四项基本原则、反对资产阶级自由化的教育，思想认识逐步统一，从而使高校局势趋于稳定。

11 月，根据中共中央部署，中共江苏省委决定在省级机关各部门、各单位和有关团体，以及南京、徐州两市党政机关和大专院校，组织进行中共党员重新登记，从思想上、组织上纯洁党的队伍。参加党员重新登记的共有 433 个单位、4359 个党支部、66352 名党员。

值得指出的是，南京、徐州等地相继发生政治风波时，企业的领导和广大职工不受干扰，坚守岗位，保证生产正常进行。

这场政治风波一个很深刻的教训，就是中国共产党和政府一定要强化对意识形态工作的领导，用马克思主义去指导理论、宣传、教育、新闻、出版和文学艺术等部门的工作，占领思想文化阵地和舆论阵地。早在 1983 年，邓小平在中共十二届二中全会上就提出“思想战线不能搞精神污染”的问题，可是在一些地区和部门贯彻不力。在资产阶级自由化思潮的影响下，一些高校在教学中存在着放松政治方向教育，淡化马克思主义批判的本质以及阶级观念和阶级分析方法强调不够，极少数教师政治信念不够坚定，散布了一些资产阶级自由化的观点等方面的问题。为了吸取这次教训，中共江苏省委进一步重视坚持四项基本原则和反对资产阶级自由化的教育，加强思想政治工作，组织广大干部群众认真学习中共十三届四中全会、五中全会精神，统一思想，提高认识，坚信中国共产党的领导，坚定地走社会主义道路。文化主管部门迅速传达贯彻中共中央、国务院和中共江苏省委、省政府关于整顿书刊、“扫黄”、除“六害”①等方面的文件精神，从 1989 年冬季起，大张旗鼓地整顿文化市场，整顿新闻出版部门。在揭露资产阶级新闻自由虚伪性和解决新闻的党性原则的基础上，强调坚持正确的舆论导向，严格遵守宣传纪律。在继续强调文艺要坚持为人民服务、为社会主义服务的基础上，坚持“百花齐放，百家争鸣”的方针，继续繁荣文艺创作和艺术生产，创作更多更好的精神产品。总之，江苏在加强社会主义精神文明建设，加强社会主义民主和法制建设，全面

---

① “六害”是指卖淫嫖娼、制作贩卖传播淫秽物品、拐卖妇女儿童、私种吸食贩运毒品、聚众赌博、利用封建迷信骗财害人等社会丑恶现象。

落实社会治安综合治理等方面做了大量工作,为改革开放和现代化建设提供了良好的舆论环境。

五 社会治安的综合治理①

对社会治安实行综合治理,是中共中央于20世纪80年代初提出的。其基本精神是:在各级党委、政府的统一领导下,通过社会各界的共同配合和广大群众的积极参与,综合运用思想的、政治的、经济的、行政的、法律的、文化的和教育的多种措施和方法,努力提高人们的道德和法律意识,抵制和消除各种诱发犯罪因素,缓解可能危及治安的社会矛盾,防范和减少违法犯罪现象的发生,为改革开放和社会主义现代化建设事业创造良好的社会环境,保障人民群众安居乐业。一句话,社会治安综合治理,是精神文明建设的一个组成部分。

江苏省社会治安综合治理工作亦是从20世纪80年代初开始的。1980、1981年,中共江苏省委要求各级党政领导要把打击犯罪、整顿治安作为保障社会安定和经济调整的一件大事来抓。1981年6月,江苏省五届人大常委会第九次会议作出《进一步加强社会治安工作的决议》。1981年10月,省人民政府和南京市人民政府召开继续整顿治安大会。大会要求各级政府和基层单位,对社会治安工作层层建立责任制,一级抓一级,切实抓出成绩来。但作为一项基础性的社会系统工程,起初一、二年社会治安综合治理的效果尚不明显。有的地方,作风粗糙,下指标,造成了不少新的冤假错案。

社会治安综合治理实质上是一项教育人、改造人和挽救人的系统工程。它包含"打、防、教、管、建、改"等内容,即依法严厉打击各类刑事犯罪分子;加强各种治安防范工作,开展多种形式的"群防群治",防止矛盾激化;对广大公民进行法制宣传教育,依靠社会力量对违法和轻微犯罪人员落实帮教措施;依法严格各种治安管理;强化治安工作的基层基础建设;做好对犯罪分子的改造工作。社会治安综合治理的首要环节是严厉打击刑事犯罪活动,打防并举,标本兼治,重在治本,多做教育人、改造人的工作。

根据中共中央关于严厉打击严重刑事犯罪活动的指示和六届全国人大常委会第二次会议《关于严惩严重危害社会治安的犯罪分子的决定》,针对当时社会治安出现的非正常状况,从1983年9月开始,江苏各地开展了"三年为期,三个战略"的严厉打击刑事犯罪活动的斗争,到1986年底告一段落。1984年11月,中共江苏省委在盐城

---

① 第五、六目是根据《当代江苏简史》,当代中国出版社1999年版,第七章第六、七节编写的,编者只是对个别资料稍作补充。特此致谢。

市召开社会治安综合治理工作座谈会，对这项工作的全面推开作了系统部署。此后，江苏很快出现了社会治安综合治理的新局面。1985—1987年3年的刑事案件立案数较之“严打”前3年下降36%。从1990年5月开始，江苏针对社会治安方面出现的问题，又集中力量、集中时间开展一场严厉打击刑事犯罪活动的斗争，破获一批重大刑事案件，摧毁一批危害严重的犯罪团伙，端掉一批犯罪窝点，抓获一批在逃犯，依法从重从快严惩一批作恶多端的犯罪分子。重大刑事犯罪案件连续5年大幅上升的势头初步得到遏制，一些治安秩序混乱的地区和单位的面貌明显改观。

在集中“严打”取得显著成绩的基础上，1990年10月，中共江苏省委、省政府在苏州召开全省社会治安综合治理工作会议。会议强调要加强领导，依靠群众，切实搞好社会治安综合治理。中共苏州、镇江市委等25个单位在会议上介绍了深入开展社会治安综合治理工作的经验。以重点治理为“突破口”，按照“哪里治安问题多就治那里，什么治安问题突出就治什么”的精神，1991年江苏各省辖市共确定79个重点地段和单位，进行集中整治，效果明显。特别是在特大洪涝灾害期间，各地针对灾区社会治安中出现的突出问题，采取严厉举措，进行重点治理，对维护灾区治安稳定，保证救灾工作和恢复生产的顺利进行，发挥了重要作用。

中共江苏省委和省政府根据中共中央、国务院的要求，于1991年9月撤销“江苏省社会治安综合治理领导小组”，成立“江苏省社会治安综合治理委员会”（简称“综治委”）。1991年12月，江苏省第七届人大常委会第二十四次会议审议修改通过《江苏省社会治安综合治理条例》。《条例》对综合治理的方针原则、组织领导，政法、司法等主要机关、部门和群众团体及其他部门、团体的职责，对企事业单位、居民委员会、村民委员会、基层治保调解组织的任务以及公民的权利和义务都作了明确规定。该《条例》的公布施行，为江苏社会治安综合治理走上法制化轨道奠定了基础。

到1991年底，江苏省县（区）以上和80%以上的乡镇、街道都建立了社会治安综合治理办公室，并挂牌办公，初步形成了综合治理工作网。是年，中共江苏省委还决定从公安、司法行政部门抽调干警到乡镇、街道担任副职领导人，专抓社会治安综合治理。领导体制的健全，为社会治安综合治理工作提供了组织保证。

六　端正党风，反腐倡廉

提倡艰苦奋斗，反对腐败，历来是中国共产党坚持从严治党，加强党风建设的重要内容。中共十一届三中全会以来，江苏省各级党组织和政府以邓小平建设有中国特色社会主义理论和中共的基本路线为指导，坚持以经济建设为中心，坚持从严治

党,加强党风廉政建设,深入开展反腐败斗争,取得了明显成效。

(一)学习贯彻《准则》,积极开展党风党纪教育

1980年3月召开的中共江苏省六届三次全会,要求全省各级党委组织广大党员、干部学习贯彻执行中共十一届五中全会通过的《关于党内政治生活的若干准则》,进一步清除林彪、"四人帮"在"文化大革命"期间散布的流毒,提高对端正党风问题的认识,认真检查自己的工作和作风,发扬成绩,克服缺点,特别是党员领导干部要从自己做起,从现在做起,从每件事做起,端正党风。1980年12月下旬,中共江苏省委常委召开座谈会,交流学习《准则》的体会,提出端正党风要从省委做起,从省级机关做起。1981年1月召开的中共江苏省六届四次全委扩大会议,要求全省各级组织继续贯彻执行《准则》,加强和改善党的领导,进一步整顿党风。随后,全省各级党委主要领导亲自给广大党员、干部上课,进行端正党风教育。在广大农村通过冬训,组织党员和积极分子学习《准则》,使他们受到比较系统的党风党纪教育。为了进一步贯彻落实《准则》,由中共江苏省纪委、省委组织部和宣传部主要领导组成的联合检查组,深入基层,检查《准则》贯彻执行情况。

1982年9月中共十二大召开后,江苏各地举办党员学习班、冬训班,分批轮训党员,对党员进行以学习新党章为主要内容的党风党纪教育,力争尽快实现党风的根本好转。

1985—1989年,针对改革开放形势的新发展,江苏各级党委继续对党员进行党风党纪教育。其主要内容是:一、进行遵守党的政治纪律的教育,要求党员坚持四项基本原则,在政治上、思想上、行动上同中共中央保持一致;二、进行坚持改革开放、搞活经济与遵守纪律相统一的教育,强调一手抓经济,一手抓党风,克服那种"经济要上,党风要让"、"政策放宽,纪律松绑"的错误认识和做法;三、进行坚持以民主集中制为主要内容的组织纪律教育,要求党员特别是党员领导干部讲党性,守纪律,识大体,顾大局;四、进行保持廉洁、反对腐败、发扬艰苦奋斗、密切联系群众的优良传统的教育。在开展党风党纪教育中,江苏各地还充分运用正反两方面的典型进行榜样和鉴戒教育,从而取得比较好的效果。

(二)采取措施,大力纠正不正之风

1978—1984年上半年,按照中共中央的统一部署,中共江苏省委、省政府、省纪委①集中力量,大力纠正不正之风。其重大举措有:处理纠正违反规定搞"农转非"、请客送礼和违反财经纪律的人和事;严肃处理在实行市领导县体制的机构改革过程中,

---

① 1977年12月,根据中共十一大通过的党章规定,重新恢复建立中共江苏省委纪律检查委员会。1983年10月,按照中共十二大通过的新党章规定,改为中共江苏省纪律检查委员会(简称省纪委)。

一些地区趁机突击提拔干部，突击发展中共党员和突击分钱分物的人和事；坚决纠正部分干部违纪违章建造私房，或超标准建造私房；查处纠正有的干部利用职权，以婚丧喜庆为名大操大办，广收财礼，以及搞所谓“福利产品”、试用、试穿等特殊化问题；还揭露查办了一批严重不负责任，使国家和人民生命财产造成重大损失的人和事。

从 1984 年下半年开始，社会上出现了党政机关经商办企业，乱发奖金、实物和补贴，乱涨物价牟取暴利，利用职权倒买倒卖紧缺物资，以及用公款请客送礼、行贿受贿等新的不正之风。这股新的不正之风，不仅败坏改革的信誉，妨碍改革的顺利进行，而且破坏社会主义物质文明和精神文明建设。中共江苏省委、省政府对此明确指出，改革开放要坚定不移，新的不正之风要坚决刹住，做到令行禁止；并要求全省各级党政机关认真学习贯彻国务院《关于进一步清理和整顿公司的通知》(1985 年 8 月)、中共中央和国务院《关于进一步制止党政机关和党政干部经商办企业的规定》(1986 年 2 月)、中共中央《关于社会主义精神文明建设指导方针的决议》(1986 年 9 月)、中共中央《关于加强党同人民群众联系的决定》(1990 年 3 月)等一系列文件精神，向广大党员干部进行端正党风，拒腐防变的教育。中共江苏省委、省政府、省纪委还派员到各单位督促检查纠风工作。这一时期纠风的重点是：

1. 全面清理整顿公司，坚决制止党政机关和党政干部以权经商

由于传统体制的沿袭，在中国商品不丰富、部分商品暂时实行计划调节与市场调节的双轨制的情况下，从 1984 年以来，政企不分、官商不分的各类公司(中心)相继产生。其中，有些公司(中心)无视国家政策法令，从事违法活动，侵害消费者的利益，妨碍社会经济秩序，不利于经济体制改革的顺利发展。省人民政府曾于 1985 年 10 月发出《关于贯彻执行国务院〈关于进一步清理和整顿公司的通知〉的通知》。1986 年，对这些公司(中心)虽进行过清理整顿，但收效不大，且有进一步发展之势头。

从 1988 年 6 月起，到年底，江苏省首先集中解决政企不分、官商不分和党政机关干部经商办企业的问题。全省先后清理出在人、财、物方面与党政机关有联系的企业 2046 户，其中属于党政机关直接办的 1026 户，学会、协会等团体办的 882 户，离退休干部办的 138 户；共检查出在企业兼职的党政干部和离退休干部 2178 名，其中在职市级干部 76 名，市级以下 1077 名，离退休市级以上干部 28 名，市级以下干部 997 名；撤销企业 639 户，合并 39 户，与党政机关脱钩的 1156 户，与财政挂钩的 878 户，1959 名党政干部退出了企业，170 名辞去党政机关职务。① 1989 年，江苏先后撤并了

① 1989 年《江苏经济年鉴》，南京大学出版社 1989 年版，Ⅳ—127 页。陈焕友代省长在《江苏省人民政府工作报告》(1989 年 4 月 20 日)中说：大力清理公司……“与党政机关脱钩的 1188 个”。比这里的 1156 户多 32 户。

2966家不具备公司条件、没有存在价值以及进行违法经营活动的公司。[1] 到1990年,江苏共撤并6213个公司,占全省公司总数的30.2%,其中党政机关办的公司(中心)已全部撤销或转交其他部门经营。在企业兼职、任职的党政机关干部和离退休干部,已按照规定全部作了处理。到1991年底,江苏省清理整顿公司的任务已基本完成。截至是年12月底,共撤并各类公司6435个,占公司总数的31.3%;查处案件4600余件,罚没款12760余万元[2],同时查处了江苏振华轻化实业公司倒买倒卖和贪污受贿案,并带出了十几个"案中案"。这是个典型的无注册资金、无经营场所、无正当货源渠道、专事倒买倒卖的"三无"公司。[3] 江苏清理整顿公司领导小组还排除干扰,顶住压力,撤销中国康华总公司1988年以来在江苏成立的3个二级公司、36个三级公司。

2. 进一步纠正不正之风

为了保证改革开放和经济建设的顺利进行,中共江苏省委和省政府按照中共中央的规定,在纠正不正之风方面,还制定了一些新的规定,并采取了一些新的措施。如规定副省级以上干部的子女及其配偶不得从事流通领域的经营活动,不得在流通领域内的公司任职或兼职;禁止县以上党政机关购买进口豪华汽车;规定领导干部出国按干部管理权限严格审批,并由纪检等部门加强监督;严禁党政干部利用职权或工作上的便利谋取私利;严禁用公款请客吃喝、送礼和收受礼品;党政机关、党政干部要带头杜绝公费旅游;要带头节约开支,严格执行压缩社会集团购买力的规定。[4] 1990年,江苏对建造私房的76059户干部进行了清理。到1991年底,全省共清理查出机关部门单位"空关房"7165套(处),收回6099套,其中92.4%重新分配给无房户、特困户居住。从1990年到1991年,共清欠公款8.57亿元,累计收回5.83亿元。[5] 1990年,还纠正并清退不符合政策规定的"农转非"户口1363人。

3. 整顿行业不正之风,带动社会风气好转

行业不正之风,也是腐败的一个重要方面,是群众反映最强烈的一个问题。为了

---

① 1990年《江苏经济年鉴》,南京大学出版社1990年版,Ⅳ—127页。1990年《江苏经济年鉴》Ⅵ—2页说:1989年,全省在清理整顿公司中,根据中央多撤少并的精神,已撤销各类公司4099个,其中党政机关办的公司已撤并1165个,占总数的56%;参与经商办企业的党政干部共2348人,已回机关2190人,转入企业144人,经批准继续兼职7人。

② 1992年《江苏年鉴》,南京大学出版社1992年版,第864页。1992年《江苏年鉴》第213页说,1991年江苏省共撤并公司6433家。此数与以上所载的6435家,相差2家公司。特此说明。

③ 《新华日报》1989年8月29日。

④ 中共江苏省委、省人民政府批转省工商局《关于对党政机关和党政干部经商办企业问题的意见》的通知(1988年5月28日);中共江苏省委、省人民政府《关于党政机关保持廉洁作风的若干规定》(1988年5月28日)。

⑤ 1992年《江苏年鉴》,南京大学出版社1992年版,第213页;《江苏省志·中共志》,江苏人民出版社2003年版,第560页。

切实纠正行业不正之风，江苏各地相继建立了纠正行业不正之风办公室。行风整顿的重点对象是与人民群众生活密切而群众意见多、反映大的行业和部门，如电力、公安、教育、工商、税务、邮电、卫生等部门。其中，利用职业特权刁难企业和群众，利用岗位特权吃、拿、卡、要、索贿受贿等问题，是行风整顿的重要内容。1990 年，全省监察机关共受理案件线索 7460 件，立案查处 1015 件，结案 961 件，给予 834 名干部政纪处分，55 人移送司法机关处理，其中 11 人为县处级干部。各地在清理整顿行风的同时，还广泛开展了职业道德教育。公安、交通、工商等 18 个部门和行业的风气开始好转，各行业也分别建立责任制，进行分类指导，制度逐步健全。

（三）查办大案要案，严厉打击经济领域内的犯罪活动

江苏省在加快经济建设，深化改革，扩大对外开放和搞活经济的过程中，经济领域的严重犯罪活动也日益猖獗。1982 年 4 月，中共中央、国务院发出《关于打击经济领域中严重犯罪活动的决定》后，中共江苏省委成立了经济案件领导小组及其办公室，各地市委也建立相应的组织机构，具体领导这场斗争。到 1982 年 4 月底，全省共有 5251 名经济犯罪人员投案自首，交代非法所得 703 万元。其中非法所得万元以上的 61 人，5000 元至 1 万元的 162 人；共清退赃款 267 万元。①

经济领域里这场雷厉风行的斗争，初步遏制了经济犯罪活动的猖獗势头。但斗争的发展不够平衡，存在着“死角”和“死面”。中共江苏省委、省政府再次强调，一手抓经济建设，一手抓打击经济犯罪，两手都要硬，并抓住典型案件，对领导干部进行教育。对少数有“死角”、“死面”的部门和单位，由上级派人帮助，限期打开局面；实行定领导、定任务、定人员、定时间、定措施和包干负责制度，抓紧大案要案的查处；重点查处那些破坏大、腐蚀性大、影响大，身居要职，利用职权直接犯罪或包庇犯罪，以及在要害部门中执法犯法的案件，坚决克服软弱涣散，从重从快严惩经济罪犯，绝不允许徇私枉法。

经过各有关部门的共同努力，打击经济领域中严重犯罪的斗争取得很大进展。至 1984 年 10 月底，江苏共立案查处千元以上的经济犯罪案件 12355 件，处理结案 10793 件，依法惩处 5445 人，给予党纪政纪处分的 51118 人，追缴赃款赃物折合人民币 2862 万元。

按照中共中央部署，中共江苏省委成立了端正党风领导小组，采取切实措施，狠抓大案要案的查处。1986 年上半年，江苏省立案查处的各类经济案件比上年同期增加 95.5%，其中由省立案的大案增加 5.2 倍，贪污受贿案占立案总数的 57.5%，省直

① 中共江苏省委党史工作办公室编：《五十年探索与辉煌——中共江苏地方史大事记（1949—1999）》，中央文献出版社 1999 年版，第 315 页。

接查处大案要案23起。同年11月,全省省、市、县三级立案查处大案要案403件,涉及县处级以上干部27人,查处工作取得明显进展。1985—1989年9月,江苏各级纪检机关查处违纪案件30425件,处分党员26024人,其中开除党籍的3790人;全省共处分市厅级以上党员干部26人,县处级党员干部252人。1990年,江苏省人民检察院立案查处各类经济犯罪案件2728件3113人,其中贪污、贿赂案件2127件2457人。全省立案侦查重大、特大案件652件,立案侦查县处级以上干部犯罪案件21件。反腐倡廉的力度不断加大,江苏各级党组织从严治党,对违纪党员进行严肃处理。1990年,全省共查处违纪党员8530人,其中省级干部1人,厅局级干部3人,县处级干部102人;给予开除党籍处分的1321人,撤销党内职务的216人。[①] 1991年度,全省各级纪委共查案8735件,处分党员7378人,其中开除党籍1397人,留党察看1656人,撤销党内职务228人,严重警告2372人,警告1725人。

(四)加强监督,不断推进党风廉政制度建设

加强党内外监督,是促进党政机关廉洁高效,保证政治稳定、经济发展的一项战略措施。

在积极推行以保持清正廉洁、艰苦奋斗,切实加强党风建设和廉政建设方面,江苏逐步走上了制度化、规范化的轨道。中共江苏省七届六次全委(扩大)会议提出"各级党委要继续建立健全党风责任制",贯彻中共中央、中央纪委关于县以上党政领导干部党风廉政责任制的要求,一级抓一级,综合治理,坚持全党抓党风,层层建立党风责任制。1988年5月,中共江苏省委、省政府颁发《关于党政机关保持廉洁作风的若干规定》。1989年8月,中共江苏省委、省政府又作出《关于近期做几件群众关心的实事的决定》。此外,省里还制定有关会议、宴请、接待、外事、公务出国、制止公费旅游、党政机关配备行政用车以及党风检查等制度。为了确保廉政制度的实行,还普遍建立和实行以下5项监督制度:

党内民主生活会制度。支持和鼓励党员在党内民主生活会上对党的工作、党员领导干部提出意见、建议,进行批评,维护党员的民主权利。县以上党员领导干部执行每年两次民主生活会制度。由上一级纪委、组织部派员参加领导班子民主生活会。

评议、监察党员干部制度。建立纪委对同级党委管理的干部有关作风、纪律情况的考察、登记制度,每半年向上级纪委和同级党委汇报一次,并向同级党委组织部门通报。

党政机关县(处)级以上领导干部收入申报制度。党政机关工作人员在国内交往

---

① 中共江苏省委党史工作办公室编:《五十年探索与辉煌——中共江苏地方史大事记(1949—1999)》,中央文献出版社1999年版,第422页。

中，收受礼品实行登记制度。有的市、县和部门还建立了干部个人重大事项报告制度。

党风联络员制度。从1989年8月起，中共江苏省纪委聘请8位民主党派、工商联成员为党风联络员；省监察厅建立特邀监察员制度，聘请19名特邀监察员，每年定期召开座谈会，听取意见，通报情况，受到社会各界的好评。省辖市和部分县(市)也建立党风联络员、特邀监察员制度，较好地发挥了民主监督作用。

“两公开、一监督”制度(即公开办事制度、公开办事结果、依靠群众监督)。1989年3月，中共江苏省委、省政府印发了《关于推行“两公开、一监督”，促进廉政制度建设的意见》，决定在试点的基础上，在较大范围和较高层次上推行“两公开、一监督”制度，从群众最关心，同群众关系最密切和屡禁不止的突出问题抓起，接受群众监督，方便群众办事，密切党群、干群关系。各地、各单位从实际出发，公开办事原则、办事程序、办事结果，接受监督。①

1988年1月，江苏省监察厅重新恢复组建。此后，市、县两级监察机构相继建立。省市政府有关部门和直属单位设立监察室，同纪检机构合署办公。江苏各级监察机构恢复后，认真贯彻“以廉政监察为重点，全面开展监察业务”的工作方针，围绕发展经济，加强监督检查，认真开展纠正行业不正之风工作，广泛进行廉政宣传教育，社会效果明显。

第五节　抗御严重自然灾害

江苏地处长江、淮河、沂河、沭河、泗水下游和南北冷暖及海陆气候过渡地带，85%的面积是平原洼地。特殊的地理位置和气候条件决定了江苏不仅易受长江、淮河等河流洪灾影响，而且极易受台风海潮侵袭；不仅水旱灾害频繁发生，而且地震灾害也比较突出。据统计，新中国成立后的50年，江苏遭遇受灾面积在66.67万公顷以上的洪涝有15年，干旱10年，水旱交错19年，正常年景仅6年。这些灾害对江苏人民的生命财产和工农业生产造成了一定的危害。本节主要记述江苏省境内发生的5级以上的地震和1991年的大水灾。

---

① 《江苏省志·中共志》，江苏人民出版社2003年版，第562页。

一　抗震救灾,重建家园

地震是威胁人类的自然灾害。

江苏省地跨华北准地台与下扬子准地台两个大地构造单元,第四系覆盖面积在90%以上。境内由展布方向与切割深度不同的断裂及其由它们控制的断陷和隆起相交织,地质构造较为复杂。新构造和现代构造运动比较活跃,形式多种多样,以大面积的块断升降运动为主,具有较好的整体性和渐变性,从而决定了江苏省的地震活动:无论是强度,还是频度,在全国均处于中等水平。① 根据史料和近代地震仪器记录分析,江苏境内(包括部分黄海海域),自公元前179年至1990年共发生Ms>4 3/4级地震62次。其中,陆地33次,最高震级6 1/4级;海域29次,最高震级7.0级。新中国成立后,江苏境内相继发生几次破坏性地震,标志着江苏进入一个新的地震活动时期。② 由于江苏人口密度高,经济比较发达,地震灾害损失及社会影响十分突出,是全国防震减灾的重点地区之一。

(一) 1979年溧阳县的抗震救灾工作

1979年7月9日18时57分,溧阳县上沛、上兴、庆丰一带发生6.0级地震,震中位置为北纬31°28′,东经119°15′。据震后调查统计,死亡42人,重伤681人,轻伤2413人;房屋倒塌86117间,严重破坏79844间,轻微损坏352459间;桥梁震损11座,多处小水库土坝出现顺坝轴裂缝,直接经济损失1.945亿元。③ 这次地震是新中国成立以来江苏省最大的一次,损失比较严重。地震发生的当晚,中共江苏省委常委召开紧急会议研究抗震救灾措施。中共江苏省委负责人及镇江地区领导干部和有关部门负责人,立即赶赴灾区,指导抗震救灾工作。中共溧阳县委和县革命委员会当夜作出抗震救灾部署,30多名部、委、办、局负责人和60多名机关干部分赴灾区组织抗灾。南京军区、省军区连夜组成抗震救灾指挥部,组织抢险、维修、运输、医疗等工作。地震发生的当晚,南京军区就派出700多名指战员和医务工作者;省、地、县及邻近市县也先后派出医疗队赶赴灾区,抢治受伤人员。各级领导在积极安置灾民生活,进行

---

① 《江苏省志·地震事业志》,江苏古籍出版社1994年版,第5页。

② 新中国成立后至1977年,江苏境内发生Ms>4.0级地震5次:1950年2月22日大丰4.5级地震,1974年4月22日溧阳5.5级地震,1975年9月2日黄海5.3级地震,1976年11月2日盐城4.5级地震,1977年5月10日溧水4.1级地震。

③ 《江苏省志·地震事业志》,江苏古籍出版社1994年版,第55—56页。据该志第180页说,另有5名心血管病患者,由于地震的刺激,致使原疾病突然发作,或并发其他病症而死亡;轻伤2436人,比2413人多23人。另外,江苏省革委会地震局在1979年12月4日发表的《溧阳地震及其经验教训》一文中说:这次地震,死亡41人,重伤654人,轻伤2305人(1979年12月4日《新华日报》)。其死亡人数,重伤、轻伤人数均比以上所列的数字少一些。

物资救济的同时，还及时进行慰问和宣传教育工作，以安定民心。

7 月 13 日，中共中央、国务院给溧阳灾区人民发来了慰问电，号召灾区人民“一面抗震救灾，一面抓好生产”。7 月 14 日下午 4 时许，中共中央政治局委员、全国人大常委会副委员长乌兰夫为团长、国务院民政部长程子华为副团长的中央慰问团抵宁。15 日上午到达灾区，视察灾情，了解困难，慰问受灾群众，看望正在治疗的受伤人员。当天下午 4 时，中央慰问团在溧阳举行慰问大会，乌兰夫在慰问大会上作了重要讲话，鼓励大家自力更生，奋发图强，发展生产，重建家园，迅速战胜地震所造成的灾害。①

这次溧阳地震后，截止 7 月 11 日 20 时，共发生余震 290 多次，其中 11 日 16 时 49 分的一次达 4.8 级，但人心安定，秩序井然，坚持重建家园和恢复生产。经过全县人民的共同努力，工农业生产迅速得到恢复和发展，粮棉获得了大丰收。据统计，当年全县工农业总产值较 1978 年增长 12.9%。为了帮助溧阳地震灾区人民恢复生产，重建家园，中央和省向溧阳拨给救济款 3930 万元，其中中央财政部和民政部拨款 1870 万元，江苏省财政厅拨款 400 万元，省各系统拨款 1660 万元。此外，还调拨了钢材、木材、水泥、玻璃、砖、瓦、石灰、煤等物资。中央和省所拨救济款的 90%用于修复学校校舍、受灾群众的房屋和集体仓库，10%用于修复农村医院、广播、桥梁和集镇居民房屋。② 经过两年零 8 个月的艰苦努力，至 1982 年 3 月，溧阳县需要重建和大修的房屋已完成了 99%以上，搬进新居的农户有 9.9 万多家。③

（二）1984 年南黄海发生地震

1984 年 5 月 21 日，南黄海发生 Ms6.2 级地震，震中距陆地 30 公里，没有造成人、畜的直接伤亡，损失不大，仅如东县沿海一带个别房屋遭到损坏。但有震感的范围相当大，特别是人口稠密的上海市、南通市均有强烈的震感，引起老百姓的惊慌，在争先恐后的外逃中，有的跳楼，造成一些间接伤亡。据事后统计，因这次地震共死亡 8 人，伤 263 人，社会影响很大。江苏省地震局根据历史地震资料、地震序列和中期预报意见及所掌握的前兆资料，作出“近期在黄海海域再发生更大地震的可能性不大，江苏省陆地部分近期没有发生破坏性地震的迹象”的趋势判断。江苏省人民政府听取省地震局关于地震情况和趋势判断意见后，于 5 月 22 日通过广播向全省广播了震情及趋势，要求广大人民群众不必惊慌，安心生产，照常工作，及时解除了群众的忧

---

① 《新华日报》1979 年 7 月 14 日、16 日。

② 《江苏省志·地震事业志》，江苏古籍出版社 1994 年版，第 183—184 页。

③ 《当代中国的江苏》编委会、江苏省档案局编：《江苏省大事记（1949—1985）》，江苏人民出版社 1988 年版，第 383 页。

虑,制止了谣言的扩散,社会秩序迅速稳定。5 月 22 日上午,江苏省人民政府派出办公厅、民政厅和地震局负责人带领工作人员赴南通沿海地区,实地察看灾情,配合当地政府进行宣传教育,安定民心。国家地震局局长亦深入震区如东、南通等地进行考察和慰问,并召开会议,传达国务院的指示,帮助地方采取措施,安定群众情绪。[①]

(三) 1990 年常熟、太仓发生地震

1990 年 2 月 10 日凌晨 1 时 57 分,江苏省常熟市和太仓县之间发生 5.1 级地震,震中位置在北纬 31°41′,东经 120°00′,宏观震中位于太仓县沙溪乡,震中烈度为 6 度,6 度区面积 23 平方公里,5 度区面积 277 平方公里。地震中死亡 2 人(因地震惊吓引起心脏病复发致死),重伤 4 人,轻伤 20 人,房屋受损 10 万余间(其中部分倒塌近百间),造成直接经济损失 1.3 亿元。这次地震是中国 5 级地震中直接经济损失最严重的一次。这次地震前,江苏省地震局曾做出较好的中期预测,并向省政府作了报告。地震发生后,中共江苏省委、省政府迅速对防震减灾工作作出部署,省领导赶到震区,慰问受灾群众,检查防震减灾工作。

为了加强对防震减灾工作的领导,保障国家建设和人民生命财产安全,1990 年 5 月,省人民政府在南京召开全省地震工作会议。同年 6 月,成立江苏省防震抗震领导小组;6 月 30 日,省人民政府发出《关于加强防震抗震工作的通知》,对防震抗震工作作出周密部署。

二　1991 年抗洪救灾,再兴水利建设

1991 年夏天,在江苏大地上展开了一场空前激烈、震撼人心的抗洪救灾斗争。经过全省军民团结拼搏,肆虐一时的洪水终于被征服,但也给人们留下了许多值得思考的问题。

(一) 1991 年的特大洪涝灾害

1991 年,江苏遭遇了一场百年未遇的特大洪涝灾害。这一年的梅雨季节比往年提前了 1 个月,梅雨期长达 56 天,其间暴雨频繁,在 6 月 28 日—7 月 14 日,就下了 13 天暴雨。在江苏省 64 个县(市)中,有 60 个县(市)雨量超过 400 毫米,其中 30 个县(市)超过 800 毫米,6 个县超过 1000 毫米。[②] 雨区主要集中在里下河、太湖湖西、秦淮河、滁河地区。在特大暴雨袭击下,江苏淮河以南地区河、湖、库、塘水位猛涨。太湖平均水位 7 月 7 日突破历史最高纪录 4.65 米,7 月 14 日最高水位达 4.79 米,在历

---

① 《江苏省志・地震事业志》,江苏古籍出版社 1994 年版,第 184—185 页。

② 1992 年《江苏年鉴》,南京大学出版社 1992 年版,第 81 页。《江苏省志・水利志》,江苏古籍出版社 2001 年版,第 753 页说,江苏降雨超过 1000 毫米的有 7 个市、县。

史最高水位以上持续 14 天，在警戒水位 3.5 米以上持续 101 天之久。无锡、常州及宜兴、溧阳、金坛等地的水位都超过历史最高纪录 0.2—0.8 米。里下河地区[1]兴化市 5 月 21 日—7 月 15 日 55 天累计降雨 1310 毫米，是正常梅雨量 229 毫米的 5.7 倍。7 月 15 日兴化水位达 3.35 米，超过 1954 年最高水位 0.26 米。里下河地区顿成泽国。[2] 建湖、盐城及射阳湖水位自 7 月 7 日起相继突破历史最高纪录。京沪铁路滁河晓桥水位于 6 月 14 日和 7 月 10 日分别达到 12.33 米和 12.63 米，超过历史最高水位 0.26 米和 0.56 米。秦淮河东山水位 7 月 11 日达 10.75 米，超过历史最高水位 0.27 米，其流域境内的 6 座中型水库及赤山湖水位也出现了历史最高纪录。长江干流南京站 7 月 13 日最高水位达 9.69 米（1954 年最高水位为 10.22 米、1983 年最高水位为 9.99 米），是 20 世纪以来第三个高水位。淮河 7 月 10 日入洪泽湖流量超过 10000 秒立方米。经实施洪泽湖水“南下入江、东调入海、北分入沂”的决策后，7 月 17 日洪泽湖蒋坝水位仍高达 14.06 米，是仅次于 1954 年的第二个高水位。淮河以南大部分城镇处在洪水包围之中。

这次特大洪涝灾害，给江苏人民生命财产构成极大的威胁，对经济社会造成严重损失。有人形象地称之为苏南漂走个“钱庄”，苏北淹了个“粮仓”。全省城乡因洪涝灾害造成的直接经济损失高达 233.53 亿元，城市的损失占全部直接经济损失的一半。全省工业企业进水 4.2 万家，停产、半停产 3.57 万家。全省 1237 家大中型企业中，停产、半停产的占一半。工业企业直接经济损失达 32.38 亿元。苏锡常地区受淹企业达 1.81 万家，占全省受淹企业的 43%；因水灾停产、半停产企业 1.3 万家，占全省的 36.4%，直接经济损失 29.3 亿元。全省工业企业因停产、半停产减少的利润及其他收入达 16.37 亿元。省内有 6 条国道、34 条省道先后中断。洪水冲毁路基 830 公里、路面 3484 公里。全省 32 条主要干线航道，先后有 12 条因岸坡坍塌、水位高、桥梁净空低等原因被迫断航。城镇居民住房进水的有 120 多万户。全省可耕面积的 70%，即 4500 万亩农田被淹，其中成灾面积 3200 万亩。[3] 全省农村被水围困或水淹的村庄 32191 个，691.58 万人。农村房屋受灾 188.28 万户，倒塌 57.37 万间，有危险房屋 125.2 万间。9100 所中小学校和 1200 所农村卫生院受淹，倒塌损坏房屋 28 万

---

① 里下河地区北至苏北灌溉总渠、南迄江淮分水线、西抵里运河、东界通榆河，面积 11892 平方公里。境内湖荡密布，沟河纵横，为四周高中间低的碟形洼地，真是“登堤而望，内若釜底，外若建瓴”。详见《江苏省志 · 水利志》，第 207 页。

② 1992 年《江苏年鉴》，南京大学出版社 1992 年版，第 76、80 页。《江苏省志 · 水利志》，江苏古籍出版社 2001 年版，第 753 页说：5 月 21 日至 7 月 15 日的 56 天内，兴化降雨为 1302 毫米，与这里的 55 天降雨 1310 毫米，稍有出入；又说，1991 年 7 月 15 日兴化水位达 3.34 米，与这里的 3.35 米，相差 0.01 米。录于此供参考。

③ 沈达人：《沧海横流显伟力——从江苏抗洪救灾斗争看社会主义优越性》，《求是》杂志 1991 年第 18 期。

多间;交通、通讯、水利等设施都遭到严重破坏。

(二) 震撼人心的抗洪救灾斗争

大灾发生之后,中共中央、国务院对江苏人民生命财产的安全极为关注。江泽民总书记、李鹏总理和其他一些中央领导同志,不仅多次打电话询问灾情,还亲临江苏抗洪救灾第一线,视察灾区,慰问灾民。江泽民总书记视察了吴江县太浦闸、苏州市胥门变电站等地方,并勉励江浙沪三省市人民继续以局部服从全局,齐心协力,团结治水,共同夺取抗洪斗争的新胜利。李鹏总理实地考察洪涝灾害严重的兴化市、常州市,深入工厂、灾民安置点,详细了解灾民生活、生产情况,与当地干部群众商谈做好救灾工作。国务院派来抗洪救灾工作组,了解灾情,帮助解决抗洪救灾工作中的突出问题。中央军委、三总部、南京军区、省军区大力支援江苏人民抗洪救灾。6 月 13 日—7 月 18 日,南京军区、南京军区空军、省军区和驻宁军事院校出动兵力 12 万人次,组织民兵 324 万人次,车辆 3500 台次,舟艇 650 艘次,飞机 12 架次参加抢险救灾。共转移群众 19 万人,抢运物资 35 万吨,加固堤坝 517 公里,挖运土石方 120 万立方米。此间,江苏武警部队出动兵力 3 万余人次,车辆 2215 台次,抢运物资 2000 余吨,疏散营救灾民 1.29 万人。

中共江苏省委书记沈达人、省人大常委会主任韩培信、省长陈焕友,以及省委常委、省人大常委会、省政府的其他负责人,分别深入重灾区,调查研究,听取各方面的意见,及时、果断、正确地作出各个阶段抗洪救灾工作的重大决策,要求各部门负责人深入抗洪救灾第一线,服从命令听指挥,带领全省人民打一场抗洪救灾的人民战争,确保人民生命安全。整个抗洪救灾斗争都是围绕保卫人民生命安全高于一切这条主线展开的。

1. 保堤坝、涵闸和抗洪设施

江苏独特的地理位置、水系状况,形成了许多地方都是“堤在一枝花,堤倒全冲垮”。因此,保人民的生命安全,首先就要保堤坝、保涵闸,保抗洪设施。

1991 年夏季遭受特大洪涝灾害的地区中,里下河首当其冲。该地区拥有耕地 1000 多万亩,地势低洼平坦,四周高,中间低,是全省的“锅底洼”。整个“锅洼”的平均高程只有 2 米,而里下河地区西北角上的高邮湖底海拔即达 4.5 米,再加上 1991 年湖水水位高达 9.21 米,成为悬在里下河地区百姓头上的一把利剑。江泽民总书记指示:“里下河地势低洼,必须尽快地采取果断措施,确保群众生命安全。”保住维系里下河地区人民安全的运河大堤,就成了扬州市压倒一切的任务。整个里下河地区总长 4000 公里的圩堤,成为抵御洪水的生命线。坚守运河大堤和众多圩堤的几十万军民,在湍流激浪之中,用自己的血肉之躯,筑成一道道“人墙”,运河大堤岿然不动,圩

堤不断加固；但是暴雨不止，客水横流，不得不组织百万灾区人民大转移。

太湖地区的"大包围"和"小包围"，在抗洪救灾中同样发挥了重要作用。大水围困的无锡市，硬是把市区 85 公里的围堤加高了 30 公分。乡镇企业密集的玉祁镇，用自己生产的 3 米多长、600 吨钢管打进堤坝，筑成一条长达 8 公里的"钢铁大堤"，保卫着父老乡亲的生命安全。① 苏州的城墙是古人留下的"大包围"，但特大洪水还是不时灌入市区，市政府就提出"大包围套小包围"的方案，在苏州城"大包围"之中又筑起了一道道"小包围"的防御堤坝，"小包围"发挥了大作用。尽管城外水位高达 4.31 米，城内的水位一直控制在 3.2 米以下，保住了古城区 14.2 平方公里内 40 亿元固定资产和大量的园林文物，使 33 万人免受水患。古城出现了"重灾不见灾"，"城外一片汪洋，城内安然无恙"的奇迹。

洪泽湖大堤的安全维系着淮阴地区，也维系着里下河地区人民生命财产的安全。1991 年洪泽湖湖区降雨量高达 1400.08 毫米，湖水水位猛升到 14 米，高出警戒线 0.5 米，而堤外居住着 2000 万人的 4 万平方公里以内，地面高程只有 8 米。淮阴市领导和沿湖市县各路抗洪大军都登上了洪泽湖大堤，几十万洪泽湖儿女日夜守卫着大堤。7 月中旬，淮河洪峰压境，洪泽湖水位超过 14.2 米。7 月 17 日，炸开邵伯湖入口阻水滩地；7 月 26 日傍晚和 28 日，分别炸开高邮市湖滨乡新民滩南坝和北坝，保证入江水道畅通。淮沭新河首次分淮入沂，灌溉总渠行洪 800 秒立方米。使出湖水量大于入湖量，有效地控制了洪泽湖最高水位，确保洪泽湖周边和里下河地区的安全，没有决堤，没有淹死人。江苏的淮河保卫战，既减轻了江苏的损失，又支持了上中游地区的抗洪斗争。

长江干流在江苏境内全长 425 公里。7 月 7 日，两岸 800 多公里的江堤水位全面超过警戒线，激浪滔天，惊涛拍岸。为了保卫江堤，对江中 12 个洲岛无一例外地作了检查安排。尤其是四面环江，地势低洼的长江第二大岛——扬中县的雨情、汛情、险情均超过历史记录。7 月中旬，南京下关水位 9.69 米。7 月 13、14 日，扬中水位高达 7.47 米和 7.53 米，分别超过 1954 年最高水位 0.03 米和 0.09 米。洪涝夹击，形势严峻。扬中人民不畏艰难，奋力抗灾。全县组织巡逻队 153 个，抢险队 172 个，预备队 153 个，县人武部组织县乡 1200 多名基干民兵集中居住，突击抢险。7 月 12 日，草包告急，取土困难。扬中县防汛指挥部要求全县 7 万多农户将 15 万只装满土的编织袋送到抗洪前沿。就是这 15 万袋土和万吨治坍石料，挡住了超过历史最高水位的江浪，保住了扬中。②

---

① 《新华日报》1991 年 7 月 30 日。

② 《新华日报》1991 年 7 月 21 日。

2. 保交通运输安全

保交通运输最突出的是保卫京沪铁路大动脉的“晓桥战”。江浦县晓桥周围,6条铁路防护堤圩纵横交错,历来是防洪要地。1991年7月11日,晓桥最高水位达12.65米,超过警戒水位3.15米,62公里长的铁路堤圩出现大小险情200多处,贯穿中国东部的大动脉京沪铁路到了最危急的关头。驻宁解放军部队,各军事院校师生,在南京军区司令员固辉等39位将军的率领下赶到晓桥,与公安干警、武警官兵、城市民兵一起,同洪水展开了英勇的搏斗。先是围堤护路,滁河水位上涨到13米后,7月10日炸开江浦县的孟家圩、小熊圩,为滁河泄洪,以当地农民家园的一片汪洋换取了京沪铁路的安全畅通。

3. 430万灾区人民大转移

当洪水肆虐,灾区人民处于万分危急的关头,江苏省各级政府把保护人民生命安全放在第一位。兴化水位达到3.32米时,方圆12.7平方公里的兴化城已大部被淹没,仅剩下1.7平方公里成为城中的孤岛。为了群众的安全,全市组织灾民大转移。随之,里下河6个县、100多个乡镇也把受灾群众撤离险区。为了使洪泽湖顺利进行分洪,盱眙县也转移了10多万人。高邮湖畔10多万人,在高达9米的圩外湖水与圩内屋顶相平时,也迅速进行了转移。长江中的洲岛也撤离了部分群众。为了加大太湖泄洪量,降低太湖水位,确保大中城市和铁路干线安全,7月5日傍晚,中共江苏省委、省政府根据国家防汛总指挥部的命令,炸开吴县大鲇鱼坝;7月11日上午,破除望虞河口沙敦港坝,并转移沿河乡镇群众、仓库物资、机器设备,力争把加大行洪后的损失降到最低限度。这样,江苏省有计划、有秩序地组织436万灾民转移,迅速、安全撤离险区,脱离险境。对撤离险区的灾民,采取借住公房、对口安置、投亲靠友、寄居舟楫、搭建简易棚舍等多种措施,进行安置。人民子弟兵在转移灾民中发挥了突击队的作用,承担了最艰险的任务。在这次大水灾中,包括抗洪救灾牺牲的烈士在内,前后共死亡307人,但在几百万灾民转移过程中,却没有淹死一个人,没有饿死一个人。

江苏军民经过两个多月的连续作战,终于取得了这场抗洪救灾的胜利。全省5000多公里的江海河湖堤防无一决口,1000多座大中小型水库无一垮坝,300多座大中型水闸无一出险,并有效地发挥了调蓄功能,减轻了损失。城市、交通大动脉以及重要基础设施安然无恙。社会安定,群众情绪稳定,没有出现大批人员外流和灾后疫病流行,经济损失减少到最低限度。能在短时期内动员大批的人力、物力、财力投入抗洪救灾斗争,这是几十年来,特别是改革开放10多年来生产力迅速发展,经济实力增强的结果,也是中国共产党各级党组织对广大党员、干部进行责任感和使命感教育的结果。在抗洪救灾斗争中,共产党员和各级干部身先士卒,冲锋陷阵,为保卫人

民的生命财产，连续作战，不顾个人安危，舍己为人，甚至献出了自己宝贵的生命。镇江市句容县葛村乡农民周宜顺、泰县兴泰乡基干民兵营副营长李德宏，解放军驻徐州某部见习排长周丽平等人，就是这样的英雄人物。无数抗洪抢险军民可歌可泣的先进事迹，凝结成伟大的“抗洪精神”。

（三）减灾建设和大灾之年无大疫

6、7月份的江苏，本应是绿荫芳草，一片郁郁葱葱，可是随着茫茫大水的退缩，留下的却是一片毫无生机的黄色土地。中共江苏省委、省政府及时对恢复生产作出部署，坚持一手抓抗洪救灾，一手抓恢复生产。首先抢救在田的秋熟作物，抢排田间积水，抢种、补种、改种，抢抓田间管理，加强对病虫害的防治。江苏补种、改种的农田共700多万亩，分别补种、改种晚季稻、晚山芋、绿豆和荞麦等作物。帮助受灾农民恢复、发展多种经营和工副业生产，广开生产门路，开发“短、平、快”副业项目，实行优惠扶持政策，使灾民增加收入。1991年大灾之后，由于抢种、补种及时，加上后期气候有利，全年农业生产状况比预期的要好。江苏粮食产量仍达3035.51万吨，比1990年只下降7%，棉花产量增长20%，油料产量增长1.5%。广大灾民生产自救成果超过21亿元。

城市受灾工厂，由于及时抢运出大批重要设备、原材料，80%的工厂在最短时间内恢复了生产。乡镇企业在恢复经济中发挥了重要作用。在厂门外还围着挡水的堤防时，就突击抢排厂内积水，抢修机器设备，在较短时间内恢复运转，确保城乡人民必需品的生产，积极扶持受灾农户生产自救。1991年，江苏省乡及乡以上完成工业产值2464.4亿元，比1990年增长14.9%。

全省参加考试的9.23万名考生无一因水灾缺考，几十万份试卷无一损失。各灾区还做到不延误中小学校开学，不让一个孩子失学。灾后开学的第一天，从省委书记、省长到受灾地区的市、县、乡的党政领导全部到灾区学校参加开学典礼，检查学校工作。到1991年底，江苏省已修复、重建水毁校舍344.45万平方米（不含扩建面积12.83万平方米），累计投入修建资金44418万元。江苏遭灾后，兄弟省市广大师生纷纷伸出友谊之手，捐赠钱物。北京市少年儿童捐赠222万元、110万公斤粮票、200多万件文具用品。福建省捐赠358.2万元、114.5万公斤粮票及一批文（教）具。上海、陕西、广西、新疆等省、市、自治区教育行政部门也寄来了捐款。江苏省内，市、县之间也开展了向灾区进行对口支援活动。

1991年8月中旬，灾情有所缓解，江苏省就把为灾民建房作为救灾工作的突击任务来抓。先在大丰、金坛、张家港、淮安等县（市）进行灾民修建住房的试点，积累经验，然后在全省全面展开。重灾乡村实行统一规划、统一集资、统一施工、统一验收。

在具体实施中,坚持“区别对待,分类指导,统筹安排,确保重点”。在很短的时间内,迅速建成一批灾民住房。到年底,江苏已新建永久性住房 56.51 万间,占倒塌房屋数的 99.7%;修复受损房屋 84.49 万间,占损坏房屋的 90%。

由于秋熟作物受灾面积较大,灾民口粮严重短缺。秋后到来年新粮上场前,江苏省缺粮人口达 1138 万人,缺口粮 8.5 亿公斤,其中需要救济的灾民为 510 万人。各级政府区别不同情况,采取多种方法,一一作了安排。到 12 月,省里又下拨 1800 万元救灾款,重点解决五保户和特重灾民的生活困难。到 1991 年 12 月底,全省共安排落实 906 万灾民的口粮 6.7 亿公斤,国家救济 2 亿公斤,基本解决了灾民来年 3 月底前的缺粮问题。另外,还拨出救灾款 1032 万元,制作棉衣 31 万件,棉裤 23 万条,棉被 11 万条,帮助灾民御寒过冬。

1991 年江苏遭到特大洪涝灾害,引起海内外人士的关注,纷纷向灾区捐赠钱物。7 月 12 日,成立江苏省接收救灾捐赠办公室,负责接收国内外捐赠的救灾资金和物资;8 月 5 日,成立江苏省定向募捐委员会(1992 年《江苏年鉴》第 82 页说,省定向募捐委员会成立于 8 月 6 日),动员各地开展以援助重灾区、贫困地区重建家园为宗旨的定向募捐活动。从 1991 年 7 月初至年底,省接收救灾捐赠办公室共收到国内外捐赠的各种救灾物资 50596 吨(折合人民币 7033 万元),收到各方面捐款 22359.64 万元,其中中国国际减灾十年委员会转拨的海内外捐款 13343.05 万元,省直接接收港澳台地区同胞和海外侨胞捐款 3601.89 万元,国家机关和兄弟省区市捐款 1869.64 万元,省内募捐款 3545.06 万元。另外,各市县自行开展募捐活动,收到捐款达 5000 多万元。这些捐赠款物都及时下拨到各重灾市县。对捐款实行专户存储,专账核算,捐赠物资有专人管理,建立完整的档案,确保捐赠款物用到最困难的灾民身上。所有这些,都为不饿死一个人,不冻死一个人,不出现灾民成批外流乞讨,提供了物质保证。

1991 年抗洪救灾中另一个奇迹,是广大卫生工作人员在物质和工作条件十分困难的情况下,奋力拼搏,改写了“大水之后,必有大疫”的历史,实现了大灾之后没有发生疫病流行的目标。在解放军驻江苏部队和群众的支持下,在物质条件和生活条件非常困难的情况下,广大卫生工作人员开展了群众性的救灾防疫工作。特别是农村三级医疗预防保健网和广大基层卫生人员在救灾防病工作中发挥了很大作用,人自为战,村自为战,承担了疫情侦察、卫生宣传、饮水消毒、疫点处理等工作。他们送医送药到被洪水围困的村庄和灾民集中的圩堤上,做到哪里有灾情,那里就有乡村保健医生和卫生员。洪水退走后,各灾区立即清运垃圾杂物,打捞河道漂浮物,掩埋禽畜尸体,修复基础卫生设施,对室内外进行消毒杀虫,开展群众性灭鼠活动。搞好饮水

消毒，确保灾区群众的饮水消毒饮用率、有效率在90%以上。对食品卫生开展大检查，防止肠道传染病的暴发和流行。

在1991年大水灾中，江苏共派出2500多支疫病防治工作队、4万余名医疗防疫专业人员和9万余名乡、村卫生人员，分赴重灾区，为群众防病治病达300多万人次。许多医务人员不顾家庭受灾，坚守岗位，坚持工作，有的甚至献出了宝贵的生命。常熟市女乡村保健医生姚明华，就是其中的杰出代表。

（四）大灾后反思，反思后大干

1991年江苏人民战胜了特大洪涝灾害，但也有许多问题值得深思。中共江苏省委、省政府及时提出“大灾后反思，反思后大干”的口号，号召全省上下认真总结经验，针对暴露出来的问题采取必要的措施。

新中国成立以来，江苏省对水利建设事业极为重视，一直把它作为治国兴邦的一件大事来抓。40多年来，江苏水利建设总投入达188亿元，完成土石方250亿立方米，新建和整修江海堤防5300多公里，开挖疏浚骨干河道420条，兴建水库1140座，建成大中型抽水站2800多座，小型机电排灌站60000多座，湖库蓄水能力达到190亿立方米，抽引江水能力3000秒立方米，初步形成了防洪、排涝、灌溉、降渍、挡潮的五大水利工程体系。正是这些大规模的水利建设，极大地改善了农业生产条件，提高了防汛抗灾能力，特别是在抗御1991年的特大洪涝灾害中发挥了巨大的作用。① 里下河地区利用4港（射阳港、新洋港、黄沙港、斗龙港）排水入海，利用江都水利枢纽抽排水入江，大大缩短了积涝时间。1954年，兴化水位从3.08米降至警戒水位2米用了96天，1991年从3.34米降至2米只用了28天。太湖地区，1954年大水后，在沿江港口建闸控制，对阳澄、锡澄地区水系进行治理，加固环湖大堤，提高湖泊调蓄和防洪能力。这些水利设施在1991年特大洪涝灾害中充分发挥了效益，加之国家防汛总指挥部采取“扩大外排、中滞太湖、全面防守”的得力措施，大大缩短圩区积水受淹的时间，争得了农作物补种的时机，最大限度地减少苏州、无锡、常州等大中城市因水灾所造成的损失。“大雨大灾，小雨小灾，无雨旱灾”的淮河流域洪水出路，在新中国成立前只有8000秒立方米。据金陵大学《金陵学报》调查统计，1931年的洪水灾害，里下河地区即淹没耕地1330万亩，倒塌房屋213万间，灾民达350万人，死于洪水的7.7万人。② 经过大规模的治理，大大提高了淮河流域排泄洪水的能力。1991年汛期，洪泽湖承泄洪水555亿立方米，接近1954年洪水量，经及时采取“早抽底水，清障增泄，滞洪削峰”的决策，确保了洪泽湖周边和里下河地区的安全。

---

① 《求是》杂志1991年，第18期。

② 《江苏省志·水利志》，江苏古籍出版社2001年版，第451页。

抗洪斗争的实践充分说明,40 多年来建成的大量水利工程设施,10 多年来改革开放和现代化建设中增强的集体经济实力,是战胜 1991 年特大洪涝灾害的重要物质基础。如果没有这个物质基础,这次洪涝灾害的后果不堪设想。

在抗御这次特大洪涝灾害中,也暴露出不少问题和薄弱环节,特别是农业高产和工业较发达地区更是淹不得,淹不起。值得认真总结,从中吸取教训。

增强水患意识,坚持不懈地进行水利建设,是造福后代、惠及子孙的大事。水利不仅是农业的命脉,而且还是国民经济和社会发展的基础产业,必须从人口、经济和环境协调发展的战略高度来认识水利建设的重要性,把水利建设搞得更好。

水利建设必须有稳定的投入。近些年对水利建设由于投入不足,原来规划的许多骨干治理项目无力上马,不少工程老化,设备陈旧,无力更新改造,年久失修。1991 年抗洪中暴露出的这些薄弱环节,如不及时更新改造,后果将是严重的。今后要依靠全社会的力量,不断增加投入,分级负担,建立国家、地方、百姓多方投入的稳定机制。

必须正确处理资源开发和行洪、蓄洪的关系。水事活动必须尊重客观自然规律。在行洪道、出水口、湖荡滩地盲目围垦开发,与水争田,破坏水系和生态平衡,降低蓄洪区的调蓄能力,盲目蛮干,必然受到大自然的报复和惩罚。

必须加强城镇防洪设施建设。城镇防洪排涝设施是市政建设的重要组成部分。从这次水灾中暴露出来的问题来看,城镇防洪工程十分薄弱。一些城镇建设没有考虑防洪问题,既不设防,又无排涝设施,一旦洪水袭来,势必付出高昂代价。还有一些城镇不按《水法》办事。苏州、无锡、常州等几个主要城市过量开采地下水,造成地面严重沉降,形成漏斗,也是城市受灾严重的一个重要原因。城市防洪,关系大局,科学、合理地制定城市防洪标准,提高排涝能力,才能做到有备无患,有御则安。

大灾后的反思,已成为大干的动力。根据国务院进一步治理淮河和太湖的决定,从国民经济发展的全局需要出发,江苏重新修订"八五"时期水利规划,设立防洪保安资金①,并从 1991 年秋冬开始,掀起了以治理淮河、太湖为重点的大规模水利建设的高潮。

---

① 该资金设立于 1991 年,其来源由全省各企业按销售收入或国家资产的一定比例缴纳,每个在岗职工每年缴 10 元,每年能筹集水利建设资金 6 亿元左右。这对增加水利建设投入起到了重要作用。

第四章　改革开放和现代化建设进入新阶段

1992年以来，江苏人民在邓小平南方谈话和中共十四大精神的指引下，解放思想，凝聚共识，以建立社会主义市场经济体制为目标，以贯彻中共江苏省第九次代表大会精神为动力，改革取得新突破，开放进一步扩大，经济发展驶上快车道，超额完成"八五"计划，全省改革开放和社会主义现代化建设进入新阶段。

第一节　解放思想，凝聚加快发展的共识

一　认真学习贯彻邓小平南方谈话和中共十四大精神

进入20世纪90年代，中国特色社会主义事业经历国际国内政治风波的严峻考验，涉及改革开放是姓资姓社等长期束缚人们思想的许多重大问题的认识没有完全解决。江苏同全国一样，治理整顿刚刚结束，战胜1991年特大洪灾后经济正处于恢复发展阶段，干部群众也受到一些错误认识尤其是"左"的思想的影响和困扰。在这个重大历史时刻，1992年初邓小平到南方视察，发表了著名的南方谈话。当年2月20日，邓小平在从上海返京途经南京时作短暂停留。"在南京火车站同沈达人、陈焕友等谈话，说：要抓住时机，把经济搞上去，步子可以快一点。我现在就怕丧失时机。当听到江苏经济去年的增长幅度高于全国平均数时说：江苏应该比全国平均速度快一点。"①邓小平南方谈话，是"坚持十一届三中全会以来的理论和路线，深刻回答长期

---

① 《邓小平年谱》(1975—1997)(下)，中央文献出版社2004年版，第1341页。沈达人、陈焕友分别时任中共江苏省委书记、省人民政府省长。对这次谈话，沈达人在回忆文章中记述："我们说：看到您在深圳、上海的重要指示，提出要加快开放，我们很高兴。小平同志说：你们听哪些感到高兴？我们说：加大改革力度，扩大对外开放，集中力量搞经济建设、重视科技……小平同志说：要抓住时机，搞得快一点，把经济搞上去，步子可以快点。在交谈中，我和焕友同志简要地汇报了过去一年江苏的经济情况。当讲到我省去年国民生产总值增长6.3%时，小平同志说：6.3%，不快嘛，你们这个数字低了。……当我们汇报到江苏经济过去一年增长幅度高于全国平均数时，小平同志说：江苏应该比全国平均速度快一点。如果江苏和其他发展比较好的地方不比全国平均数高一点，那全国和其他地方就更不行了。"引自2008年10月14日《新华日报》。

束缚人们思想的许多重大认识问题,把改革开放和现代化建设推进到新阶段的又一个解放思想、实事求是的宣言书”①,极大地震撼、鼓舞了江苏干部和群众。尤其是关于江苏经济发展的指示和要求,不仅仅是对江苏发展的殷切期待,更进一步指明了江苏今后努力的方向。

中共江苏省委于 3 月 2 日发出《关于认真传达学习邓小平同志重要谈话的通知》。此后,省委多层次、多形式组织学习邓小平南方谈话和中央政治局全体会议精神,引导干部和群众分析形势,解放思想,统一认识。在省委常委、省级机关厅局级和处级以上干部传达和动员中,以及在先后召开的省委常委扩大会议和八届五次全委会议上,要求全省党员干部特别是各级领导干部,克服偏重求稳、怕冒风险的思想,树立敢闯敢试的观念;克服满足现状的思想,树立不断进取的观念;克服“左”的影响,强化发展生产力的观念;克服墨守成规的思想障碍,强化求实创新的观念。这些要求,贴近各级领导干部受“左”的影响,胆子不大闯劲不足的思想实际,符合当时江苏加快发展紧迫感不强、步伐不快的现状。通过联系实际深入的学习和讨论,普遍树立“发展是硬道理”的观念,形成对“江苏应该比全国平均速度快”的共识,振奋起敢试敢闯敢冒的精神,为江苏抓住机遇,落实省委、省政府确定的改革开放和经济发展的各项措施,打下了思想基础。

在学习中,省委提出学习先进找差距,重新认识江苏的经济形势。5、6 月间,省委、省人大、省政府主要负责人带领两个学习考察团,分别赴广东、海南、福建和山东四省参观考察,学习取经。这次南下北上的学习考察,从兄弟省贯彻落实邓小平南方谈话的思想认识和实践中,感到思想观念不如他们新,敢闯敢试的胆子不如他们大,开放开发的办法不如他们多,从而找到了思想观念上的差距,增强了加快江苏经济发展的紧迫感,也进一步拓宽了思路,学到了放开搞活、放宽政策,促进生产力发展的经验和作法,这是一次生动具体、虚实结合的思想解放的活动。

中共十四大,对邓小平建设有中国特色社会主义理论作了新的全面概括,确立了这一理论在全党的指导地位,同时确定建立社会主义市场经济体制为经济体制改革的目标。中共十四大之后,11 月 16—20 日中共江苏省委召开八届六次全委(扩大)会议,学习和贯彻十四大精神,并动员和组织广大党员、干部和群众,运用各种形式认真学习邓小平建设有中国特色社会主义理论。省委要求在学习中要突出重点,紧紧围绕建立社会主义市场经济体制展开,从三个方面把解放思想引向深入:一是进一步深化对“三个有利于”标准的认识;二是进一步强化与市场经济相适应的竞争意识、开放

① 《十五大以来重要文献选编》(上),人民出版社 2000 年版,第 10—11 页。

意识、风险意识、效益意识和法制意识；三是对经济发展中的一些重要问题的认识有新的突破。

从学习邓小平南方谈话到学习贯彻中共十四大精神，是江苏继真理标准大讨论以来又一次思想大解放，为江苏20世纪90年代深化改革，扩大开放，加快发展提供了强大的精神动力，逐步形成集中精力抓经济、加快发展的良好氛围。

二　加快发展的新部署

解放思想是加快发展的先导，而要加快改革开放，还要有新的思路、部署和政策措施。

邓小平南方谈话、中央政治局全体会议精神和邓小平途经南京谈话精神传达学习后，中共江苏省委、省政府进一步增强加快发展的紧迫感。省委常委分头下去作调查研究，形成贯彻落实邓小平南方谈话精神的政策措施意见。4月中旬，中共江苏省委召开工作会议，研究部署如何进一步抓住当前有利时机，加快改革开放和经济发展。作为这次会议的成果，省委、省政府作出了《关于加快改革开放，促进经济发展若干问题的决定》，提出“三个为主”、“四个加快”的发展战略，即以市场调节为主，以外向型经济为主，以高新技术为主。加快改革，形成以市场调节为主的经济运行新机制；加快对外开放，形成以外向型经济为主的新优势；加快科技进步，形成以高新技术为主导的新格局；加快结构调整，推进经济发展。在深化企业改革、扩大对外开放、搞好配套改革、加快基础设施建设、发展科技教育事业、简政放权等方面提出了18条政策和措施。7月，省委、省政府又召开了省辖市市委书记、市长座谈会，结合南下北上学习考察的体会，从放宽搞活、加大改革开放力度出发，对上述《决定》进行完善和充实，工作重点更加明确，政策措施更加具体，思想解放的“亮点”频现。比如进行企业股份制改革试点，放开价格（少数涉及国计民生的重要商品除外），授予昆山开发区相当于南通、连云港开发区的权力，争取国家批准徐州、淮阴两市和20多个尚未对外开放的县对外开放，授予常熟、泰州、昆山、江阴、张家港、无锡、吴县、武进等8个县（市）省辖市经济管理权限等。这些举措在江苏改革开放史上都是新的突破。

在11月召开的中共江苏省八届六次全委（扩大）会议上，进一步明确20世纪90年代全省的奋斗目标。确定江苏经济在提高效益、优化结构的基础上，要保持高于全国平均水平的发展速度，地区生产总值平均每年递增由原定的6%提高到10—12%，提前实现翻两番和到2000年翻三番的目标。这个目标坚决贯彻了邓小平对江苏经济发展的指导和要求，体现了江苏勇于承担对全国发展大局责任的决心。在这次会议上，中共江苏省顾问委员会作工作报告，回顾总结了自成立以来的工作。全会同意

省顾委的报告和不再设立顾委的建议。

1993年4月,江苏省第八届人民代表大会第一次会议举行,这是一次回顾总结七届人大5年来的工作,确定今后5年重要目标和基本任务的重要会议。会议认真贯彻中共十四大和中共江苏省八届六次全委(扩大)会议精神,要求各级政府和全省人民继续解放思想,紧紧抓住机遇,在加快改革开放和经济发展的进程中,努力做到经济发展速度和经济效益高于全国水平,科技教育处于全国领先地位,人均收入居于全国前列,人口自然增长率低于全国平均水平,确保江苏国民经济再上一个新台阶。

1993年9月20日,中共中央决定:陈焕友任中共江苏省委书记。

1993年12月,中共江苏省委召开八届七次全委(扩大)会议,传达中共十四届三中全会精神,着力贯彻落实《关于建立社会主义市场经济体制若干问题的决定》,提出到20世纪末,江苏实现两大目标:一是改革目标,用5年以至更长的时间建立社会主义市场经济体制的基本框架;二是发展目标,地区生产总值在预计1993年提前实现翻两番的基础上,到本世纪末实现第三个翻番,使江苏经济整体素质和综合实力再上新台阶,人民生活提前实现小康。

江苏所作的上述部署,特别是1992、1993年国民经济的快速发展得到邓小平的赞许。1994年2月19日,邓小平由上海返京途中,在南京火车站再次作短暂停留并同陈焕友等谈话。当陈焕友汇报到江苏省地区生产总值已经提前7年实现翻两番时,邓小平说:好,好,祝贺你们。指出:现在是机会啊,这个机会很难得呀!……你们要很好抓住。……还指出:你们发展经济,能快则快,不要搞快呀慢呀的争论。① 邓小平的这次谈话,对江苏干部群众是又一次巨大的鼓舞,进一步坚定了省委、省政府抓住机遇,加快发展的决心和信心。

三　中共江苏省第九次代表大会举行

中共江苏省第九次代表大会于1994年12月21—25日在南京隆重举行。出席会议的代表840名,代表全省313万多名党员。自中共江苏省第八次代表大会特别是1992年以来,全省经济建设快速发展,改革与开放呈现新局面,各项社会事业和党的建设取得新进展。在这样的新形势下,动员全省各级党组织、广大党员和人民群众加快改革开放和现代化建设的步伐,胜利迈向21世纪是这次党代会面临的主要任务。大会听取和审议了省委书记陈焕友代表中共江苏省第八届委员会所作的题为《加快改革开放,加强党的建设,为实现社会主义现代化宏伟目标而努力奋斗》的报

① 中共中央文献研究室编:《邓小平年谱》(下)(1975—1997),中央文献出版社2004年版,第1369页。

告。大会在总结过去5年工作及其基本经验的基础上，讨论确定了今后一个时期经济建设、社会发展的目标和任务以及加强党的建设的措施。大会确定今后一个时期新的奋斗目标和任务：团结带领全省人民，提前建成社会主义市场经济体制基本框架，提前实现地区生产总值翻三番，到本世纪末，全面实现小康①，苏南和沿江有条件的地方初步实现现代化。在实现第二步战略目标的基础上，不失时机地向第三步战略目标迈进，到2010年基本实现现代化，努力把江苏建设成为经济繁荣、科教发达、生活富裕、法制健全、社会文明的省份。需要指出的是，省九次党代会提出的全面实现小康、初步现代化和基本实现现代化等阶段性目标，是与当时的认知水平和依据的指标体系联系在一起的，存在着不确定性。尽管如此，这个奋斗目标的提出，是1992年以来江苏为加快发展多次所作出的部署的总结和整体提升，是中共江苏各级党组织团结和带领全省人民把邓小平实现现代化"三步走"发展战略转化为江苏具体实践而制定的一幅宏伟蓝图，它对于动员和凝聚全省的力量为实现社会主义现代化的目标将发挥重要作用。

为实现上述奋斗目标，省党代会提出必须大力实施三大发展战略：一是"科教兴省"战略，加速科技进步，加速高新技术产业化进程，加速优化经济结构，加速培养跨世纪人才和提高劳动者素质；二是经济国际化战略，在更广领域、更高层次上扩大对外开放，大力发展开放型经济，逐步做到资源优势互补，技术双向交流，经济运作方式、企业经营管理和涉外政策法规等基本同国际相衔接，基础设施基本适应经济国际化要求，以沿江地区为重点，带动淮北地区，形成全方位、多层次的开放格局；三是区域共同发展战略，加强分类指导，突出解决好两大问题：一是南北共同发展，重点是加快发展苏北；二是城乡协调发展，重点是加快城市化步伐，重视农村的建设和发展。三大发展战略并列一起提出，这在江苏现代化进程中是第一次，是认真总结江苏改革和发展的经验，科学估量全省现代化建设的现状和发展趋势，听取各个方面和专家学者意见作出的重大决策。它的实施，对于实现省九次党代会确定的奋斗目标，走出一条具有江苏特色的现代化道路至关重要。

中共江苏省第九次代表大会选举产生了新一届中共江苏省委员会和中共江苏省纪律检查委员会。在中共江苏省九届一次全委会上，差额选举产生了省委常务委员会，选举陈焕友为书记，郑斯林、曹克明、顾浩、许仲林为副书记。

在江苏实现现代化的历史进程中，这次省党代会具有里程碑意义。

---

① 全省全面实现小康，一是全省所有县全部实现小康；二是全面达到小康的各项指标。引自中共江苏省第九次代表大会的工作报告。

第二节 围绕建立社会主义市场经济体制加快改革步伐

一 农村改革继续深化

按照中共十四大确定的建立社会主义市场经济体制的新要求和中央的部署,江苏1992—1995年近4年间,农村改革主要是在稳定和完善农村基本经营制度的同时,把农业和农村经济的发展转入社会主义市场经济的轨道。

稳定完善家庭联产承包责任制,积极稳妥地推进农业适度规模经营。中共中央、国务院多次重申,家庭联产承包责任制是农村基本经营制度,必须长期坚持并不断完善。然而农民怕变的心理,一些地方基层组织改变土地承包关系现象的发生,仍然给农业生产带来人为的不确定性,也不利于农村社会的安定团结。稳定和完善家庭联产承包责任制成为深化农村改革的首要任务。对此,中共江苏省委、省政府反复重申稳定和完善家庭联产承包责任制的重要性和严肃性,采取措施加强农业承包合同的管理。各地根据中央提出的"在原定的耕地承包到期之后,再延长三十年不变"①的政策,积极做好土地承包合同的签订和续订工作,到期一批,续订一批,承包期再延长三十年,对开发性项目和山林、桑园、鱼塘的承包期更长些。仅1995年,全省农村合作经营系统签订各类承包合同2127万份,其中土地承包合同1400多万份。

在"稳定"的同时,各地积极探索"完善"的办法。许多县(市)有组织地进行了承包土地的转包和调整。通州、江浦等县进行了搞活土地使用权的尝试,开始探索承包土地流转机制,即在坚持集体所有的前提下,允许土地使用权依法有偿转让。在苏南和沿江经济发达地区,符合非农劳动力占70%以上、集体经济实力较强、农业服务体系比较健全、农业机械化水平较高等条件的地方,本着群众自愿的原则,引导农民将土地相对集中,积极稳步推进农业适度规模经营,创办了一批村办、站办、厂办农场和家庭农场。1994年全省适度规模经营单位11万多个,经营面积260万亩。其中土地规模经营单位(每个单位15亩以上)近2万个,经营面积110万亩,是1991年的4.35倍;多种经营和开发性农业的规模经营单位9万多个,经营面积150万亩。从区域来说,不仅苏州、无锡、常州、镇江、扬州等地发展较快,在淮北地区也出现了农业适度规模经营的乡镇。不少地方还进行"四荒"(荒山、荒坡、荒水、荒滩)地使用权的拍卖。

---

① 《中共十四大以来重要文献》(上),人民出版社1996年版,第481页。

加快农产品购销体制的改革，促进农业经济的市场化，是建立社会主义市场经济体制的客观要求，也是深化农村改革的重要内容。进入 20 世纪 90 年代以来，国家对农产品购销的管理方式由单纯依靠行政手段向越来越多的运用经济、法律手段转变。1991、1992 年国家两次提高城镇居民口粮销价，大体实现了粮食经营由购销倒挂向购销同价的转变，1992 年停止使用实行了近 40 年的粮票。1994 年国家大幅度提高粮食收购价，1995 年取消指令性的议价粮收购任务，扩大市场调节范围。然而，由于各种利益割据很难突破，全国农产品流通体制改革几经反复，农业经济市场化艰难前行。江苏在国家宏观政策范围内，在全国率先放开了水产品、生猪、油的生产经营；为保证国家农产品购销政策的顺利实施，抓紧落实配套措施，建立粮棉风险基金和粮食储备制度；同时，在粮食定购任务完成后及时放开市场，但总体上，实行的仍是“双轨制”。棉花购销实行国家统一定价，统一经营，棉花市场没有放开，而是积极试点，为放开价格和经营创造条件。对蚕茧购销体制，将经营权下放到县，县与县之间、县与省市之间通过签订经济合同衔接产销，代替原有的行政调拨关系。

在农产品购销体制改革的带动下，各地农村积极引导农民以市场为导向，合理配置和使用农业资源，“增产适销对路的农副产品，大力发展多渠道的产销直流和多形式的资金融通，初级市场和农贸市场遍及全省城乡。1995 年全省农副产品商品率达 65%，比 1990 年增加 6 个百分点。”①农民及多种形式的经营组织和中介组织在农产品流通中发挥着越来越重要的作用。

90 年代以来，江苏按照大农业的思路和工农业协调发展的要求，明确在稳定粮棉生产的前提下，调整农村经济结构，大力发展二、三产业，优化资源配置，全面发展农村经济。与此同时，在保证大宗农产品总量平衡的基础上，把积极发展多种经营作为调整农业结构的主攻方向，尤其是苏中、苏北地区普遍把它作为农民致富的突破口，从资金、技术、物力上大力予以支持。1993 年，全省经济作物种植面积突破 3000 万亩，占整个播种面积的1/4。涌现了一批商品猪、牛及蔬菜、果品、水产等商品生产基地。多种经营产值占农业总产值的比重由 1990 年 44.7% 上升到 1995 年的 58.8%。② 多种经营的长足发展，预示着发展高产优质高效农业的良好前景。

随着农村经济以市场取向改革的深化，广大农民迫切要求把农业生产的社会化服务体系延伸、拓展到流通领域。各类产供销一条龙、贸工农一体化的经营形式应运而生，即以加工和商贸企业为龙头，市场、企业、基地和农民结合起来，共同参与市场

---

① 刘定汉主编：《当代江苏简史》，当代中国出版社 1999 年版，第 428 页。

② 江苏省计划与经济委员会编：《“八五”在江苏（1991—1995）》（上册），苏出准印字 JSE—002026，1998 年版，第 34 页。

竞争。如高邮、大丰、泰兴、睢宁、句容、丹徒等县(市)建立以当地特色农业为主的商品基地,形成加工、销售一体化经营的新机制,促进农业生产向区域性专业化方向发展。连云港如意食品公司先后带动30万农户、20万亩蔬菜走向国际市场。据不完全统计,1994年全省销售收入亿元以上的贸工农一体化经营组织近100个,千万元以上的超过1000个,各类农副产品生产基地面积达700多万亩,吸纳劳动力80多万人,农民每年获得收入人均90元左右。基层在实践中创造出来的,能把农民的分散经营与市场需求有机结合起来的经验和典型,为农业生产逐步实现产业化经营指明了发展方向,省委、省政府都及时进行了总结和推广。

二　国有企业改革探索前进

经过20世纪80年代以放权让利、承包经营责任制为主要内容的国有企业改革虽然取得一定进展①,然而现行企业体制的弊端依然存在,集中表现为亏损严重,国有企业面临着很大的困难。面对这种情况,国家于1992年7月颁布《全民所有制工业企业转换经营机制条例》(下文称《条例》),目的是转变国有工业企业经营机制,使《企业法》赋予企业的经营权真正得到全面落实,让国有企业尽快摆脱困境。

《条例》公布后,江苏先后制定了贯彻《条例》的《意见》和转换经营机制的《实施办法》两个文件,重点是确保《企业法》赋予企业的14项自主权的落实。《意见》从投资立项、生产计划、产品价格、进出口经营等10个方面提出放权政策,《实施办法》提出了37条措施。在跟踪调查中发现,多数企业认为有8、9项自主权落实较好,其他如投资决策权、进出口权、拒绝摊派权等落实难度较大。针对这种情况,有的市将难以落实的措施分解到相关部门,限期拿出具体的办法,予以解决。各地、各部门加大落实的力度,废止了与《企业法》、《条例》相抵触的相关文件,为企业走向市场创造条件。

在企业内部管理方面,1992年,徐州率先进行了三项制度改革,即改革干部管理制度,搬掉"铁交椅",干部能上能下;改革用工制度,端掉"铁饭碗",职工能进能出;改革工资分配制度,撤掉"铁工资",职工收入能高能低。对徐州的经验,中共江苏省委、省政府及时进行总结和推广,对全省企业形成岗位靠竞争、收入靠贡献的激励机制起了促进作用。三项制度改革方向是正确的,然而由于当时相应的法律法规不健全、社会保障体系尚未建立等原因,使得改革的成果难以巩固和发展。

在贯彻《条例》的同时,各地围绕搞活企业,促进经营机制的转换,改变以往单一的承包责任制,选择适合不同企业特点的多种形式,如投入产出总承包、模拟"三资"

---

① 1993年3月,全国八届人大一次会议对宪法进行修正,其中的一项就是将宪法第16条原"国营企业"的提法改为"国有企业"。

企业、利税分流、引进乡镇企业机制等，把企业改革引向深入。“但是，由于《条例》没有从根本上跳出承包制的框架，没有从根本上跳出放权让利的总思路，仍然只是对企业经营管理方式的变革，而没有触及整个传统企业制度本身，因此，长期困扰着国有企业的政企不分、产权不清、自我约束和自我积累机制不健全等问题仍然没有得到根本解决，国有企业经济效益低下、亏损严重的现象仍然存在，甚至更为严重。”①中共十四大确立建立社会主义市场经济体制的目标后，承包制更加不能适应社会主义市场经济体制的基础构造的需要。在这种情况下，1993 年 11 月中共十四届三中全会通过的《中共中央关于建立社会主义市场经济体制若干问题的决定》（下文简称《决定》）中正式提出：建立“产权清晰、权责明确、政企分开、管理科学”的现代企业制度，是发展社会化大生产和市场经济的必然要求，是国有企业改革的方向；而国企实行公司制，则是其有益的探索。1994 年 7 月正式实施的《中华人民共和国公司法》（下文称《公司法》），为国有企业股份制改革和建立现代企业制度提供了法律依据和保障。

在《公司法》颁布实施前，1992 年 2 月，国家体改委召开股份制企业试点工作座谈会。会后，国务院 13 个部门共同制定并经国务院批准下发 11 个法规。江苏积极贯彻，允许 20 个国营企业进行规范化股份制试点，发行内部股票，并争取有两到三个企业的股票上市。当年 10 月，全省首个规范化股份制企业——镇江百货股份有限公司正式成立。是年底，实际批准股份制试点企业 148 家，其中股份有限公司 35 家，有限责任公司 113 家。1993 年，全省试点企业达 742 家，其中股份有限公司 115 家，有限责任公司 627 家。随着《决定》的深入贯彻和《公司法》的实施，进行股份制改造的企业越来越多，呈蓬勃发展之势，截至 1995 年底，全省累计进行股份制改造的企业达 8000 家，其中股份有限公司 345 家，有限责任公司 7655 家。昆山三山、无锡太极、南京天龙、春兰制冷、常柴等 9 家公司分别在上海、深圳证券交易所上市，拓宽了通过市场筹集资金的渠道。股份制的蓬勃发展和企业股票上市，不仅募集了大量资金，缓解了企业投入不足的困难，而且也突破产权制度改革的禁区，对于探索能够同市场经济相结合的公有制包括国有制的有效实现形式起到积极作用。

进行股份制改造的企业，一般都是符合产业政策和准入条件的国有大中型企业。对于面广量大的国有小企业，根据《决定》的精神，各地积极推行承包、改组、转让、租赁、兼并、出售或破产等多种形式的改革。特别是 1995 年 9 月中央对国企改革明确了“抓大放小”的改革战略后，国有小企业改革的步伐大大加快。截至 1995 年底，全省共有 19378 家企业实行租赁经营，1552 家企业被兼并；2236 家企业的资产被出售

① 董辅礽主编：《中华人民共和国经济史》（下），经济科学出版社 1999 年版，第 374 页。

或拍卖;4000家企业实行股份合作制;1200家企业进行了先售后股的试点;141家企业破产。

在省内一批国有大中型企业进行公司制改制的过程中,1994年,按照国务院统一部署,省人民政府决定进行建立现代企业制度试点。[①] 确定为第一批国家级试点企业4家(徐州工程机械集团、南京电瓷总厂、无锡威孚股份公司和南京晨光机器厂)、省级试点企业127家、市级试点企业181家。试点企业当年的工作主要是落实组织领导,制定实施意见和有关配套改革措施,进行舆论宣传和干部培训。当年举办培训班35期,培训7000多人次。1995年,试点工作围绕公司制改制、增资减债、兼并破产、分离社会职能、分流富余人员、强化管理、政企分开等方面展开调查研究、制定试点方案。是年底,4家国家级试点企业和87家省级试点企业的方案获得批准,进入组织实施阶段。省政府确定的10个配套文件有7个正式下发。这些文件要求把改组、改制、改造和加强管理有机地结合起来,全面推进现代企业制度的试点工作。

在深化企业改革的过程中,"八五"期间各地为发挥区域经济优势,提高规模效益,继续组建以产品为龙头,以资产关系为纽带,以骨干企业为核心的企业集团。特别是《决定》明确提出这方面要求后,企业集团的数量每年不断增加。在大力发展和壮大企业集团的过程中,为提高全省经济整体素质,增强发展后劲和竞争力,1995年4月,中共江苏省委、省政府制定了《关于推动经济联合,促进生产力发展的意见》,确立了实施大公司、大集团的发展战略,重点抓了跃进汽车集团、春兰集团、小天鹅集团、亚星客车集团、常柴集团、宏图电子信息集团、金城集团、熊猫电子集团、徐州机械工程集团、南化集团等十大集团的组建和完善工作。各地企业集团的发展和壮大,对于全省规模经济的发展,产业集中度和技术水平的提高,起到了促进作用,但是急于求成,搞"拉郎配"的现象并不鲜见,如何把集团的发展同建立现代企业制度紧密结合起来,还有许多问题没有很好解决。

三 市场体系加快建设

市场经济要有效地配置资源,就必须有一个完整的市场体系,它不仅包括商品市场,而且包括资本、劳动力、技术、土地等要素市场。1992年至1995年近4年间,江苏进入市场体系建设成效最显著的时期。

培育商品市场主体,初步形成多元、开放、竞争的格局。1992年,省人民政府

---

① 试点的主要内容:(1) 完善企业的法人制度,使企业享有法人财产权。(2) 确定试点企业国有资产的投资主体。(3) 确立试点企业的公司组成形式。(4) 完善企业领导体制和组织管理体制。(5) 改革企业劳动人员工资制度。(6) 健全企业财务会计制度。

制定《关于培育和建设商品市场的若干意见》，这是江苏第一个指导市场建设的规范性文件，它把商品市场的建设摆上了各级政府的重要日程。建设商品市场，培育市场主体，首先进一步放开价格。至 1995 年，全省工农业生产已基本取消指令性计划，市场定价的商品的比重高达 92.8%，特别是试行粮食放开经营，结束了粮食统购统销的历史，其影响深远。农副产品、小商品、工业消费品价格逐步放开，结果是“放到哪里，活到哪里”。商品价格一旦放开由市场调节，市场供应越来越丰富多彩，老百姓直接从中得到实惠。为培育市场主体，全省积极推进流通企业体制改革，促进政企分开。1992 年有 44 家大中型商业企业被定为“四放宽”（经营、价格、分配、用工）的试点单位，到 1995 年这类企业占企业总数的 80%以上。同时对大中型流通企业实行公司制改造，建立股份有限公司 44 家，流通企业集团 110 个，其中省级集团有 16 个。商品流通的优势和经济效益正向大型企业集团集聚，营业额在 10 亿元以上的企业集团有 17 家。苏州物资贸易集团公司年销售额达 16.8 亿元，居全国物资系统之首。对小型国有流通企业采用拍卖、国有民营、股份合作等多种形式放开。

在培育商品市场主体中，全省还大力发展集体、个体私营商业，调整商业所有制结构，初步形成多种经济成份并存的商业流通格局。1995 年，全省社会消费品零售总额中，国有经济占 30.11%，集体经济占 32.23%，个体、私营及其他经济占 37.66%。

市场发展水平提高。随着流通领域放开搞活，国民经济的快速发展以及各级政府的主动促进，1992 年以来，全省商品市场的发展极为迅速。至 1995 年，全省累计建设各类商品市场 7000 多个，其中工业品批发市场 446 个，农副产品批发市场 1049 个，生产资料市场 200 多个。

市场规模持续扩大。全省年交易额亿元以上的市场 230 多个，其中 10—50 亿元 20 个，50—100 亿元 5 个，超 100 亿元 1 个。以常熟招商城为例，1995 年，该商城营业面积近 2 平方公里，营业用房 12 万平方米，拥有 26 家批发各类商品专业市场，门店、摊位 2 万多家，5 万多名来自全国各地的经商人员落户商城，日人流量 15 万人次以上，商品辐射全国 1000 多个县（市），商品交易额 1995 年超过 80 亿元。① 当年上缴税收 9000 万元，占常熟市财政收入的 1/10。

市场建设档次提升。1995 年全省国家级市场 12 个，省级市场 60 多个，零售商场向现代化、大型化发展，硬件设施普遍有了改善，服务质量和水平也在提升。

---

① 常熟招商城商品交易额 1997 年、2000 年分别达 105 亿元、126 亿元。

消费品市场的经营方式有很大变化。一批连锁商店、小型超市、便民店、总经销、总代理等形式开始出现。江阴鞋帽公司为 14 家外国名牌的总代理,成为全国的"鞋商大王"。生产资料市场出现了配送中心。无锡市物资配送中心全年为 400 多家企业配送物资达 8.2 亿元,零库存配送企业达 91 家。商品市场为经济的发展和人民生活服务的功能进一步增强。

生产要素市场逐步发展,市场化配置资源进程加快。全省生产要素市场在 20 世纪 90 年代初相继萌生的基础上逐步发展。"八五"期间,建立了省、市、县三级联网的资金拆借中心和解汇调剂中心;各类技术贸易机构发展到 5272 个,从业人员 7 万人,1995 年共签订技术合同 2.24 万项,技术贸易成交额 18.2 亿元。遍布全省的 1700 多个职业介绍所和 100 多家人才市场已成为全省人才、劳动力资源配置的主渠道。① 各类期货市场,如苏州商品交易所、南京石油交易所和南京金属交易所先后建立,在南京、无锡还试建了一些期货经纪公司。期货市场在探索发展的同时,它的巨大风险和投机性亦表现得很充分,在国家统一部署下正开始加强监督和规范。此外,市场中介组织逐步建立。各类事务所(会计、审计、律师、经纪人)和各类机构(公证和仲裁、计量和质检认证、建筑工程监理、信息咨询、科技中介、资产评估)等有 6000 多个。② 中介组织在社会经济生活中开始发挥愈来愈重要的作用。

四 宏观管理体制改革全面推进

与社会主义市场经济发展相适应,必须尽快建立宏观调控体系,全面推进政府机构和宏观管理体制改革。

进入 20 世纪 90 年代,中国的行政管理体制和机构设置,基本上保持着 1983—1984 年间机构改革的格局。在加快构建社会主义市场经济过程中,现行行政管理体制和政府机构不适应的问题逐渐暴露,突出表现为政企不分、关系不顺、机构臃肿,效率低下,迫切要求进行改革。1993 年 3 月,中共十四届二中全会通过的《关于党政机构改革的方案》指出,机构改革应以适应社会主义市场经济发展为目标,转变职能,理顺关系,精兵简政,提高效率。根据中央的指示精神,江苏是年 11 月召开全省机构改革工作会议,根据由上而下,由点到面,逐步推开,三年内完成的总体思路,部署试点和各项准备工作。随后,省机构编制委员会及其办公室对省级党政 90 个部门和单位

---

① 江苏省计划与经济委员会编:《"八五"在江苏(1991—1995)》(上册),苏出准印字 JSE—002026,1998 年版,第 301—302 页。

② 江苏省计划与经济委员会编:《"八五"在江苏(1991—1995)》(上册),苏出准印字 JSE—002026,1998 年版,第 302 页。

的职能、机构设置、编制情况进行调查和 22 个机构改革的难点、重点单位进行专题分析，经过论证协调、反复修改，初拟了改革方案。经省委、省政府讨论于 1994 年 10 月上报中央。1995 年 9 月中央正式批准《江苏省党政机构改革方案》。按照方案的要求，省级机关各部门制定“三定”（职能、机构设置、编制人员和领导职数）方案并认真组织实施，于 1996 年底，省级党政机构改革任务基本完成。省委在认真总结宜兴、沭阳、海门等地县级机构和江都县等地乡镇机构试点经验的基础上，于 1995 年 11 月下发《江苏省市县乡镇党政机构改革指导意见》。全省市、县、乡镇的机构改革随之逐级展开。

这次历时 3 年多的机构改革是改革开放以来规模最大的一次改革。通过改革，财政、计划综合经济部门和与市场经济健康发展关系密切的税务、工商行政管理等职能部门的加强，使政府对宏观经济运行调控的能力得到强化，政府职能开始转变。通过下放权力，合理划分职责权限，理顺部分关系，解决了一些长期交叉扯皮的问题，促进了机关效率的提高。通过改革，精简了机构和人员。省级党政机构由原来的 85 个减为 56 个，精简 34.1%，人员精简 24.9%；省辖市党政机构平均精简 24%，人员平均精简 20.4%；县级党政机构平均精简 45%，人员平均精简 16.3%。通过“三定”，对各部门的职责、内设机构等作出了明确的规定，初步完善了行政程序和运行机制，迈开了科学管理和高效行政的步伐。但这次改革，只解决了当时比较迫切而条件相对成熟的问题，而政企分开等根本性问题尚未解决，因此是一次过渡性的改革。

在党政机构改革的同时，江苏在财税、金融、外汇外贸、计划投资等方面进行了一系列体制性改革，初步建立宏观调控体系的框架，宏观经济运行机制也发生了深刻变化。

为了进一步理顺国家与地方的分配关系，调动两个积极性，更好地发挥国家财政职能作用，1993 年 12 月国务院发布《关于实行分税制财政管理体制的决定》，要求从 1994 年 1 月 1 日起，各地正式实行。这次改革的主要内容是，按照“存量不动，增量调整，逐步提高中央的宏观调控能力，建立合理的财政分配机制”的原则，在原来地方上解和中央补助基本不变的情况下，实行“两分一返”，即税种划分中央和地方财政收入；中央和地方分设税务机构，分别收税；中央对地方实行税收返还和转移支付。在工商税制改革方面，建立以增值税为主体，消费税和营业税为补充的流转税制，同时实行统一的内资企业所得税，调整个人所得税，强化税收征管。

根据国家分税制财政管理体系方案的要求，江苏进行广泛调研，听取意见。1994 年 7 月，省人民政府正式发出《关于分税制财政体制实施办法》的通知，对收入的划分和基数的确定以及税收的返还，原则上按中央对省的办法执行，并具体由省定到市，

测算到县。国税、地税机构分别建立,新的财政体制开始运转,积极稳妥地实现了向新的财税管理体制的过渡。

至1995年底,全省县及县以上财政全部实行分税制的财政体制,大多数乡镇也完成了这项改革。新财税体制的实行,提高了中央财政收入占总收入的比重,强化了中央财政宏观调控的能力,同时增强地方财政自求平衡的意识,调动了全省各地培植财源,加强税收征管、组织财政收入的积极性。1990年,江苏财政累计赤字4.20亿元。1991年的特大洪涝灾害使当年财政收入减少和支出陡增,赤字猛增到10.05亿元,11个省辖市本级财政均出现赤字,64个县(市)中有57个县(市)财政出现赤字。1992年底,省财政累计赤字达16.60亿元。财政税收体制改革提供了扭转这一状况的契机。1995年,省政府召开全省财政平衡工作会议,提出各市县当年做到收支平衡,并用3年时间逐步消除历年赤字。由于财税体制改革的推进,调动了各地自求平衡的积极性,省政府提出的目标当年即取得明显成效,不仅实现了当年收支平衡,还消化老赤字6.37亿元(详见表4—1)。

表4—1 江苏省"八五"时期财政平衡状况(计算单位:亿元)

	总收入	支出	赤字(余额)
1991年	125.43	128.18	10.05
1992年	152.31	125.86	16.60
1993年	228.68	168.87	12.69
1994年	293.41	200.17	15.12
1995年	350.08	253.49	8.75

资料来源:1991—1995年江苏省财政决算。总收入中含上划中央收入。

1993年12月,国务院发布《关于金融体制改革的决定》。根据《决定》的要求,江苏积极协助国家有关部门,把金融体制的改革推向前进。

首先,强化中央银行的作用,转换人民银行的职能。人民银行分支行不再办理具体金融业务,而把工作中心转移到执行货币政策和对各级金融机构的监管上来。江苏各级人民银行认真转换职能,强化金融调控和监管,把贯彻全国统一货币政策与支持地方经济发展较好地结合起来,积极组织、推动金融系统筹资,支持和保证重点建设项目。

其次,银行业的企业化改革。实行政策性金融和商业性金融的分离,中国农业发展银行在江苏普遍设立分支机构,中国进出口银行在南京设立代表处,中国投资银行并入国家开发银行后,其原南京分行转为开发银行南京分行。商业银行组织体系进

一步健全，除原有的工、农、中、建、交5行外，中信、华夏、浦发等银行相继在江苏设立分支机构。专业银行积极转换经营机制，实行资金负债管理，调整负债结构和资产结构，向商业银行转变。外资银行也开始进入江苏，1992年，渣打银行南京分行成立，1992年和1994年，南京和苏州被国务院先后批准为金融对外开放城市。合作金融体系经过不断改革走上规范发展道路。农村信用社的资金、计划业务逐步与农业银行分开，并于1990年前后普遍建立了统辖农村信用社的县级农村信用联社。同时，现设在省辖市的城市信用社大都参加组建城市商业银行。1992年后，江苏商业保险机构、非银行金融机构发展迅速，金融组织体系更加丰富。

第三，贯彻执行1993年12月国务院发布的《关于进一步改革外汇管理体制的决定》，实行汇率并轨、外汇收入结汇和银行售汇制。这项改革进展顺利，外汇交易市场不断规范，市场供汇大于售汇，黑市交易消失，人民币汇率出现等值的趋势，促进了江苏对外经贸交流和合作的发展。

金融体制改革虽然迈出了重要步伐，但是由于历史的原因，银行尤其是国有商业银行巨额呆坏账的存在，银企关系的扭曲，银行的粗放经营、管理松弛等问题仍很突出，金融体制改革还有很长的路要走。

在计划投资体制改革方面，1992年，江苏主动采取措施，下放项目审批权限，简化项目审批程序，使1989年以来在治理整顿期间集中起来的权限再一次分散。比如，规定将3000万美元以下生产型外资企业项目的审批权下放到省辖市和计划单列市。这项改革措施，以及企业投资决策权的落实和金融市场的发展，全省逐步形成投资主体多元化、资金来源多渠道的格局。在这种形势下，培育并强化投资主体的自我约束和投资风险责任约束机制成为投资体制改革的重点。根据国家计委印发的《关于建设项目实行业主负责制的暂行规定》，改以往先有项目后定业主为先有业主后上项目。工程项目业主具有项目筹划、资金筹措、组织建设和生产经营的自主权，并要承担投资风险和还贷责任。江苏根据国家计委投资目标实行分类管理的规定，将投资项目分为竞争性、基础性和公益性三类，界定政府和企业投资的领域。政府逐步退出竞争性项目，转而由企业为投资主体。推行企业法人负责制，强化项目投融资市场调节的力度，并大力发展中外合资、中中合资、地方合资等投资方式，努力拓宽投资融资渠道。基础性项目，加大政府投资力度，并广泛吸收地方、企业参与，各地普遍重视地方投资公司在地方基础性融资中的主体作用。公益性项目一般由政府财政资金安排。与此同时，进一步强化投资风险约束机制，推行与企业法人责任制相配套的建设项目资本金制度。

宏观管理体制改革的整体推进，宏观调控体系基础框架的建立，初步显示社会主

义市场经济的特征,为江苏经济健康发展创造了较好的体制性环境。

五　经济运行在宏观调控中实现“软着陆”

1992年以来,中国改革开放和经济建设取得巨大成就的同时,经济生活中出现了一个突出的问题,即通货膨胀严重,物价上升幅度较大,经济运行环境绷得很紧,交通、能源、原材料已呈“瓶颈”制约。江苏的情况大体也是如此。商品零售价格指数1993年较上年上涨15.4%,1994年又比1993年上升23.6%。这是江苏自1951年有物价指数记载以来升幅最高的年份,比经济治理整顿前的1988年还高出1.9个百分点。来势凶猛的通货膨胀的势头如不能有效遏制,必将影响改革开放和经济的健康发展,影响社会的稳定。

1993年6月,中共中央(1993)6号文件《关于当前经济情况和加强宏观调控的意见》,揭开了新一轮宏观调控的序幕,其主要目的是通过治乱达到降温的目的。接着,国家实行从紧的财政和货币政策,并从1994年底起,明确把治理通货膨胀作为宏观调控的首要目标。江苏紧紧围绕全国的工作大局,把改革、发展、稳定作为一个整体来把握,自觉坚持局部利益服从全局利益,为贯彻6号文件及其后的宏观调控政策精神,从1993年下半年起,采取了一系列严控物价过快上涨,坚决抑制通货膨胀的措施。

这次通货膨胀的主要原因是投资膨胀,特别是固定资产过高的投入,而这又同信贷失控、金融秩序混乱有关。江苏1993年“一些地方和企业为上项目、争资金,一度出现了乱发债券、乱集资现象,有的利率高达20%—30%,全省集资曾达100亿元。”[①]金融秩序混乱导致社会资金严重分流,储蓄滑坡。1993年上半年全省储蓄存款仅增加29.92亿元,同比少增37.42亿元。同时,金融系统乱提高利率、超业务范围经营以及非法设立金融机构等行为也影响了金融正常秩序。针对上述问题,1993年,省人民政府先后两次发出加强集资管理的通知;人民银行和其他各金融机构采取坚决措施进行清理、整顿,对清理出的问题按政策分别作出处理。同时根据国家“堵邪门,开正门”的要求,大力组织存款,干预和平抑外汇价格,规范金融市场,千方百计缓解支付困难,支持重点资金的需要,使金融形势迅速扭转,趋向正常。

江苏坚决贯彻国务院关于控制固定资产投资规模的各项措施,按照产业政策的要求,清理在建项目,压缩一般项目,保证重点项目,严格控制盲目铺新摊子,固定资产投资增长过快的势头得到了有效控制。1993年,全省固定资产投资比上年增长

---

① 1994年《江苏年鉴》,《江苏年鉴》杂志社1994年编辑出版,第243页。

60.8%，而1995年比上年增长26%，接近年增长20%的正常幅度。银行信贷规模大幅压缩，1993年全省货币净投放116.01亿元，到了1995年净投放缩减为60.1亿元。与此同时，江苏把宏观调控作为调整结构和提高经济发展水平的机遇，使资金更多地流向重要基础设施和重点基础产业建设项目，加大技术改造投入，呈现出增速合理、结构改善、效益提高的良好势头。同时，认真贯彻国务院《关于严格控制消费基金过快增长和加强现金管理的通知》精神，严肃财经纪律，加强支出管理，严格控制社会集团购买力，并进行消费基金的检查，抑制了消费基金的过快增长。

江苏在严格执行国家宏观调控各项措施的同时，努力增加市场有效供给，为稳定物价提供必要的物质基础。具体分析物价上涨的结构，"涨幅大、涨势强的商品主要集中在生活必需品上。其中食品类物价涨幅最大，占总指数的60%左右。"①江苏各级政府认识到，要有效地治理通货膨胀，控制物价上涨的幅度，必须加强农业。从1994年起，各地都把抓好"米袋子"、"菜篮子"工程，落实各项政策措施，加强副食品生产基地建设作为一项重要任务来抓。财政加大对农业的支持力度，同时，征收新菜地建设费、粮食和副食品风险基金。1994、1995年的农业投入比1992年分别增长1.45倍、1.83倍。两年间全省粮食、油料、水果、肉、禽蛋、水产品都有较大幅度的增长，对市场食品供应提供了保障。

这几年，江苏各级政府认真落实物价控制目标，实行行政首长负责制，加强物价管理和监控。1994年出台了《江苏价格管理监督条例》，完善价格监审办法，依法加强各类收费管理和物价检查，打击价格欺诈、牟取暴利、欺行霸市等违法行为。由于采取严格控制物价遏制通货膨胀的措施，社会商品零售物价指数1995年降到14.3%，1996年又降到6.8%，较最高峰的1994年回落了16.8个百分点。这意味着治理通货膨胀取得了实质性成效，物价大体稳定下来，经济运行"软着陆"可望实现。

这次宏观调控是在宏观经济管理体制改革整体推进中进行的。除了前已提到的财税、金融、投资等领域体制改革逐步深化外，还先后出台了原油、成品油、煤炭、电力等价格改革措施，对关系国计民生的大宗农副产品粮食、棉花、油料、蚕茧等也进行了调价。这些价格改革的措施虽然是导致当时物价上涨的因素之一，但通过经济、法律、行政等手段综合运用，不是"一刀切"、"急刹车"，而是"点刹车"，不仅巩固了宏观经济管理体制改革的成果，初步建立起宏观调控体系的框架，而且避免了经济的大起大落。在宏观调控中江苏经济逐步降温，地区生产总值由1992年增长27.7%回落到1995年15.4%、1996年12.2%，进入平稳持续增长的区间，为继续推进改革创造了

① 1995年《江苏年鉴》，《江苏年鉴》杂志社1995年编辑出版，第41页。

较为宽松的环境,实现了既加强和改善宏观调控又发挥市场机制作用相统一的目标。这使得江苏各级干部在实践中加深了对社会主义市场经济体制的全面认识,增强了在市场经济条件下适应宏观调控,破解发展经济难题的能力。

六 新的社会保障制度框架的建立和住房制度的改革

中共十一届三中全会以后,江苏恢复了新中国成立后建立起来的社会保障制度。这一传统的社会保障制度,在特定的历史条件下,对社会主义事业的巩固与发展,保障广大干部职工生活,维护社会安定,发挥了重要作用,是社会主义制度优越性的一个具体体现。然而,它毕竟是计划经济体制的组成部分,存在着社会保障企业(单位)化、覆盖面窄、失业保险缺失等局限性,与改革开放形成的新的环境不相适应。因此,传统的社会保障制度必须进行改革。从 1984 年起,特别是 1992 年社会保障体系明确成为社会主义市场经济的重要组成部分以来,江苏加快了建立新的社会保障制度的步伐。

养老保险。城镇保障对象覆盖面逐步扩大。1984 年,全省集体所有制企业劳动合同制工人参照人寿养老保险办法开展了养老保险。1991 年,根据国务院有关文件要求,农民合同制工人和临时工视同城镇劳动合同制职工参加社会养老保险。养老保险费计交办法进行改革。1984 年,无锡、泰州两市率先在全国试行固定工职工退休费以社会统筹为主要形式的养老保险制度改革,得到国务院的充分肯定并在全省推广。1986 年后,全省逐步恢复社会保障基金社会统筹,省政府成立“省退休人员劳动保险费统筹委员会”,统一管理和协调合同制职工、固定职工退休养老保险统筹工作,标志着养老保险从企业自我保险步入社会保险的轨道。

1993 年颁布《江苏省企业补充养老保险和个人储蓄养老保险规定》,初步建立起多层次养老保险制度。1995 年,江苏根据国务院有关文件规定制定符合本省实际的社会统筹和个人账户相结合的养老保险制度。至此,全省消除了养老保险所有制和职工身份的界限,全方位、多层次、一体化的养老保险体系初步形成。1995 年底,全省参加养老保险的单位 48201 户,职工 607.7 万人。

与此同时,江苏农村劳动者的社会保障制度也有了发展。1986 年以来,在苏南和苏中部分富裕乡(镇)开展农村养老保障试点工作。到 1990 年,全省有 27 个县(市)的 307 个乡(镇)、3870 个村,建立了养老金补助和养老保险制度,约 70 多万人参加养老保险。1992 年 3 月,省人民政府印发《关于我省农村养老保险事业的意见》,并先后在 86 个县(市、区)开展试点工作。至 1995 年底,全省有 776.68 万人参加农村养老保险,当年已有 1.2 万多人领取保险金。

失业保险。1986 年 7 月，国务院颁布了《国营企业职工待业保险暂行规定》，标志着失业保险制度正式建立。同年 10 月，江苏所有国有企业职工和国家机关、事业单位、群众团体的合同制工人开始实行失业保险制度。

随着市场取向改革的深化和劳动制度的调整，以往认为不是问题的失业问题显现出来。1992 年 7 月，省人民政府印发《关于深化职工待业保险制度改革的意见的通知》，在全国率先扩大了失业保险基金筹集比例的基数和保险对象。1995 年 8 月，江苏颁布实施《江苏省职工失业保险规定》，完善失业保险制度。当年，全省失业保险覆盖的职工达 637 万人，占城镇职工总数的 87%；并为 32.4 万名失业职工（含部分困难企业富余职工）发放失业救济金 6728 万元，安置城镇失业人员 21 万人就业。失业保险制度对于保障失业职工的基本生活，促进失业、下岗职工再就业发挥了重要作用。

工伤保险。20 世纪 80 年代末，江苏开始进行改革试点，并逐步完善、规范。至 1996 年，全省新的具有统一性和强制性的工伤保险制度初步建立。

生育保险。1989 年 2 月，省政府发布《江苏省女职工劳动保护办法》后，省劳动行政部门和各市、县生育保险制度改革的举措不断出台，覆盖面不断扩大，且执行较好，保证了女职工在生育期间得到必要的经济补偿和医疗保健。

医疗保险。新中国成立以来，江苏同全国一样，一直实行公费医疗和劳保医疗两种制度。改革首先从改革免费医疗制度入手，实行公费、劳保医疗费用与个人挂钩、个人适当负担部分医疗费用的新制度。至 1991 年底，全省 90%以上的企业不同程度实行了这一新制度。1992 年试行职工大病医疗费用社会统筹的办法，至 1994 年全省已有 12 个市县的 30.66 万名职工和 6.19 万多名离退休职工试行企业职工大病医疗保险办法。在上述两项改革的基础上，着手建立社会统筹和个人账户相结合、覆盖城镇全体职工的医疗保险制度。1994 年，国务院决定在江苏镇江市进行职工医疗保障制度改革试点，按照“统账结合”的模式，制定医改方案，1995 年 1 月正式实施。其他各市的医疗改革暂时停止。在城镇职工医疗保险制度改革深入的同时，农村合作医疗体制改革进展缓慢。

中共十一届三中全会以后，社会救助、社会福利和社会优抚工作得以恢复，并且在改革中不断发展。进入 90 年代，江苏社会救助坚持“依靠群众、依靠集体、生产自救、互助救济、辅之以国家必要的救济和扶持的社会救济”工作方针，坚持与市场经济相适应的原则，加快社会救助制度规范化、法制化步伐，加大与国际社会救助工作合作的力度，取得了救灾救济的显著成效，在战胜灾害，保证灾民基本生活中发挥了重要作用。1994 年国务院颁布《农村五保供养工作条例》，促进农村五保供养工作走向法制化。1995 年江苏依法开展五保户普查工作，摸清了底数。当年落实供养政策的

有139675户、150467人,全省人均年供养标准709.3元。是年,全省农村社会办敬老院1857所,有床位35274张。随着全省城乡“双拥”工作的卓有成效的开展,社会优抚工作得到不断加强。90年代初,全省绝大部分地区优抚对象的“生活难、住房难、治病难”的问题基本得到解决,不少地方制定带领优抚对象奔小康的计划,坚持和扩大对义务兵家属群众的优待,定期发放优待金。政府、社会、群众三结合的优抚工作制度逐步形成。

总之,“八五”期间社会保障体系框架在改革中初步建立,但还面临着扩大覆盖面、资金筹集机制创新等方面进一步充实和完善的任务。

住房制度改革。城镇住房制度改革没有现成的模式和经验可供借鉴,江苏从1982年起,用了近10年时间进行试点探路,摸索前进。1982年4月,常州市被国务院列为补贴出售公有住房改革试点的9个城市之一。1983—1985年3年里,共出售新建住房1478套,计8.2万平方米。这项改革虽然对原有住房制度和人们的观念有所触动,但因单位补贴过多,个人出资偏少①等原因难以继续进行下去,1985年10月被叫停。当年,曾在常州和镇江两市(市区)按照“提高房租,增加工资,促进个人买房”的思路设计方案,但未付诸实施。在综合、全面改革条件不成熟的情况下,各地进行了提租补贴、有偿分房、出售公房、集资建房和合作建房等多种形式的单项改革试点,为全省房改积累经验。1988年前后,省里成立房改领导机构,召开会议,出台文件,试图通过各方面的准备和各个层次的试点,以点促面,3年在全省推开,然而终因市县阻力较大,陷入僵局,说明以点带面而非整体推进的设想行不通。

1991年10月,全国召开房改工作会议。江苏在总结经验的基础上,作出首先从11个省辖市市区联动起步,然后带动各县(市)全面展开的决策,并于1991年11月下达《江苏省城镇住房制度改革实施意见》,要求各市迅速制定本市实施方案,于1992年7月1日由900万人参加的全省省辖市房改方案全面实施。省辖市市区联动起步的房改主要内容是:建立住房公积金;分步提租发补贴;新租公房交定金、职工买房给优惠;实行住房基金制,采取多种办法建住房,加速解决职工住房问题等。全省符合缴存住房公积金的368万职工一年可筹集住房资金7亿多元,用于改善城镇居住条件。由于各级领导重视,工作较细,措施得力,省辖市市区房改联动起步顺利,运行正常,社会平稳,效果良好。同年11月,省里又下发了县(市)住房制度的改革实施意见,使住房制度改革由省辖市扩展到县(市)城镇。根据国务院1994年7月作出的《关于深化城镇住房制度改革的决定》的精神,江苏省人民政府于次年3月下发《关于

① 不论新建成或原有住宅,售价由房屋所有权单位补贴2/3,个人付售价的1/3。

城镇住房制度改革的方案》(下文简称《方案》),要求全面推行住房公积金制度,积极推进租金改革,逐步增加职工住房在工资中的含量,稳步出售公有住房,加快经济适用住房建设,加大企业房改力度。《方案》的出台和实施,标志着江苏房改进入深化改革、稳步推进的新阶段,向着住房商品化、社会化,满足城镇居民住房要求不断增长的目标前进。

第三节　抓住机遇,发展开放型经济

一　开发区建设的推进和苏州工业园区合作开发建设

1992年以来,江苏把发展开放型经济置于经济工作的突出位置,以苏南和沿江经济带为重点,加快与浦东开发开放接轨。1993年,中共江苏省委、省政府批准徐州、淮阴两市及其所辖县(市)全部自费对外开放。至此,江苏全境对外开放,全方位对外开放的格局基本形成。为了培育开放型经济为主的新优势,中共江苏省委、省政府1994年11月发布《关于扩大开放的若干意见》,从10个方面,提出40条政策措施,其首要的工作着力点是大力推进开发区建设。

浦东开发开放后,主动接受辐射、走在建设开发区前列的是苏南地区,在邻近上海的昆山、太仓、吴江等地形成了一个联接上海的接轨带,并逐步延伸至苏锡常地区,开始接受了一批在上海暂时顾不上的中小型项目。面对这个新形势,为加快开发区建设,1992年3月,省人民政府发出《关于加快开发区建设若干问题的通知》,对开发区的管理机构、劳动人事与工资、外商投资项目审批、土地审批、资金筹集渠道、进出口业务、出国组团审批等问题作出具体规定。这个通知下放了诸多权力,支持开发区建设的力度加大。

1992年4月,在中共江苏省委、省政府《关于加快改革开放促进经济发展若干问题的决定》中,授予昆山经济技术开发区"相当于南通、连云港开发区的权力",同时提出"统筹规划,在沿江经济带再办几个类似昆山自费开发区。争取国家批准,设立张家港加工贸易保税区,有条件的开放地区可设保税仓库。加强旅游设施建设,试办旅游开发区"。苏州、无锡、常州等地积极响应决定提出的设想,主要负责人亲自抓,组织和协调各个部门的力量,对兴办开发区、旅游度假区进行规划论证、筹建机构,并着手起步阶段的基础设施建设。

是年8月,国务院批准昆山经济技术开发区正式进入国家级开发区的序列。此时的昆山开发区经过7、8年的建设,入驻企业数、工业产值、利税总额已跃居全国沿

海开发区的前列,在全省开发区建设中开始发挥示范和导向作用。

10月、11月,国务院先后批准设立张家港保税区、太湖国家旅游度假区(包括无锡马山度假中心和苏州胥口度假中心)和苏州、无锡、常州三个高新技术产业开发区以及宜兴环保高科技工业园。至此,包括以往国务院批准设立的开发区在内,江苏共有11个国家级各种类型的开发区,批准规划面积为86.52平方公里。

在这期间,各地为抢抓机遇,发展开放型经济,掀起争办省级开发区的热潮。至1992年底,仅市、县两级即自办开发区103个。经初步调查,其中有相当部分是缺乏基本条件,没有基础设施、没有项目的开发区。除此而外,还有一些乡镇一哄而起,占用良田,挂起开发区的牌子,浪费耕地资源。为改变这种良莠并存的状况,促进开发区健康有序发展,严格准入标准十分重要。在调查研究的基础上,1993年省人民政府制定了审批标准,包括办区条件、总体规划、基础设施、土地、项目审批、项目建设、引进资金、经济规模、领导班子等,经检查验收,对符合条件的分期分批批准为省级开发区。坚持"成熟一个、审批一个、建成一个"的方针,至1995年底,经国务院授权,省人民政府共批准省级经济开发区45个、港口开发区3个、旅游开发区4个、外向农业开发区8个①,共60个,占申报总数的58.2%。

开发区选址大都是城市郊区,动迁安置任务大,也有的是苇滩洼地或丘陵僻壤,这些地方除了"茅草系腰带,野兔比车快"荒凉旷寂外,毫无基础设施可言,开发建设难度极大。各级开发区学习借鉴昆山经验,自力更生,艰苦创业,在总体规划框架内,小块起步,滚动发展,力求少花钱,多办事,花小钱,办大事。至1995年,全省各级各类开发区投入开发建设资金累计达176.5亿元,基本完成"五通一平"或"七通一平"②,投资环境得到较大改善,在开发区建设中创造了许多动人的奇迹。张家港保税区设在该市中兴镇,需要动迁5个行政村,41个村民小组,共1284户村民,拆迁面积达23.58万平方米。但保税区仅用了45天时间就完成了动迁任务,而拆迁户半年后全部住上了新居。苏州旅游度假区用6个月建造了沿太湖旅游专线公路;投资1亿元,从设计到竣工,仅用不到2年时间,实现了吴县人在太湖上造桥的百年梦想,亚洲内湖第一座长桥——太湖大桥建成通车。我国著名社会学家费孝通兴奋地题词:"五洲四海第一桥,美景美色在吴中。"

国家对兴办经济技术开发区的目的和任务是,要大力利用外资,集中举办外商投资企业,开发新产品,增加出口创汇,加快与国际经济互接互补。江苏在开发区建设初期,"就明确把'以工业为主,利用外资为主,出口创汇为主'的'三为主'之路,作为

① 周钟通、顾汉初主编:《江苏的国家级开发区》,当代中国出版社1999年版,第312—314页。

② "五通"系指路、水、电、气、通讯;"七通"增加供热、排污排水;"一平"系指土地平整。

1992 年 12 月正式运营的张家港保税区

太湖大桥

办区的指导思想和奋斗目标”。[①] 因此，各地开发区在加强基础设施建设的同时，把产业开发，招商引资作为重中之重的任务，树立“亲商”观念，强化内部管理，建立健全规章制度，提高服务质量和办事效率，努力改善投资的软环境。至 1995 年，全省国家级、省级开发区开发面积近 200 平方公里，累计批准进区项目 16907 个，其中外商和

① 周钟通、顾汉初主编:《江苏的国家级开发区》，当代中国出版社 1999 年版，第 11 页。

港澳台商投资企业 3631 家，合同外资金额达 164.4 亿美元，占全省合同外资总额的 39.8%；利用外资 51.4 亿美元，占全省实际利用外资总额的 36.7%。[①] 开发区吸纳外资的成绩表明，它已成为发展开放型经济的重要载体。

在江苏开发区建设发展中值得大书一笔的是中国政府和新加坡共和国政府合作开发建设的苏州工业园区。

从 1992 年国庆开始，中新双方经过长达 16 个月的频繁会晤、参观考察和艰苦谈判，在中新两国领导人的关心和支持下，达成中新合作开发建设苏州工业园区的协议。1994 年 2 月 11 日，国务院对江苏省人民政府报送的《关于苏州工业园区项目建议书》、《关于苏州工业园区项目建议书中软件方面若干问题的补充报告》，下达了《关于开发建设苏州工业园区有关问题的批复》。批复指出：苏州工业园区要按照建立社会主义市场经济体制的要求，建设成为与国际经济发展相适应的高水准的工业园区。经过积极探索和努力，既出物质文明成果，又出精神文明成果。同年 2 月 26 日，中国国务院副总理李岚清和新加坡内阁资政李光耀分别代表中新两国政府在北京签署《关于合作开发建设苏州工业园区的协议》，中国国务院总理李鹏和新加坡总理吴作栋出席了签字仪式。协议明确苏州工业园区的目标是在苏州建设一个高新技术为先导、现代工业为主体、第三产业和社会公益事业相配套的、具有一定规模的现代化工业园区。根据协议，在开发合作形式上，由中方财团和新加坡财团合资组建苏州工业园区开发有限公司，统一负责工业园区开发，同时双方齐心协力，发挥各自优势，联合对外招商，以吸引国际资本大规模投资；对工业园区的管理，在坚持和维护中国国家主权的前提下，园区自主地、有选择地借鉴吸收新加坡发展经济和公共管理方面对中方适用的经验。为了保证园区项目的成功，中新两国政府成立了由两国政府副总理共同主持的、两国有关方面负责人组成的联合协调理事会。江苏省建立了以中共江苏省委书记陈焕友任组长的苏州工业园区领导小组。由两国政府合作举办一个工业园，在国内还是第一次，而在开发建设和管理上带有探索和创造性的举措，对于江苏在更大范围内、更高层次上加快改革开放的步伐，促进江苏经济国际化进程具有重要意义。

苏州工业园区规划面积 70 平方公里，首期开发面积 8 平方公里，启动区面积为 2.75 平方公里。1994 年 5 月破土动工，7 个月内投入基础设施资金 4 亿元，启动区土地平整基本结束。至 1995 年底，园区累计吸引投资总额 20.1 亿美元，实现合同外资 14.5 亿美元，到账外资 2.7 亿美元。进入园区的跨国公司投资项目在 1000 万美元以

---

① 江苏省计划与发展委员会编：《“八五”在江苏(1991—1995)》(上册)，苏出准印字 JSE—002026，1998 年版，第 48 页。

上的有40家,其中超过3000万美元的有20家,超过1亿美元的有5家,有40%的高新技术产品填补了国内空白。这表明,苏州工业园区的开发建设已经有了良好的开端。

二 对外贸易高速增长和外贸体制改革的深化

江苏对外贸易经过20世纪70年代的起步期和80年代的成长期后,1992—1995年,随着发展开放型经济和经济国际化战略的确立与实施,进入快速增长的阶段(详见表4—2)。

表4—2 1992—1995年江苏外贸进出口额增长情况表

指 标	单 位	1992	1993	1994	1995
进出口总额	亿美元	69.62	91.28	117.59	162.78
比上年增幅	百分比	31.11	31.11	28.82	38.43
出口总额	亿美元	40.01	46.52	66.86	97.81
比上年增幅	百分比	16.82	16.27	43.72	46.29

资料来源:夏鸣主编:《江苏五十年》,中国统计出版社1999年版,第419页。

从表4—2可看到,1992年至1995年4年间,江苏外贸进出口总额、出口规模都以超常规的速度增长。1994年外贸进出口额首次突破百亿美元大关。1995年外贸进出口总额占当年全省地区生产总值的26.1%,外贸依存度较1991年提高了8.1个百分点。在全国范围内横向比较,1995年出口额占全国外贸出口额的7.46%,出口规模从全国第五位升至第三位,列广东、上海之后。发展开发型经济的战略已初见成效。

这一期间,江苏外贸继续实施“多元化”和“以质取胜”的战略。省人民政府和外贸部门采取“走出去”、“请进来”的方式,在南京和海外举行江苏商品展销会、洽谈会,努力扩大海外市场。在巩固和扩大传统出口市场的同时,积极开拓东南亚、中东、北非、南美等海外市场。至1995年,与江苏有外贸关系的国家和地区已发展到180个,比1991年增加了34个。在传统海外市场中,日本上升至第一位,港澳地区降至第二位,与东盟、韩国和中国台湾地区的贸易比重上升。在出口产品结构上,工业制成品出口比重比1990年提高了6个百分点,达到90%。在出口商品质量上,由于建立和健全产品质量管理体系,质量和档次都有明显提高。1995年全省出口商品检验合格率已达98.7%。

对外贸易的快速增长,其原因一方面得益于进入改革开放和现代化新阶段的江

苏经济蓬勃发展，给外贸提供了日趋雄厚的物质基础，同时江苏经济“两头在外”的特点，客观上也迫切要求开拓海外的市场和资源；另一方面也同外贸体制改革的不断深化，注入新的活力有关，突出表现在外贸经营主体不断壮大，外贸经营单位逐年增多。自 1991 年实行自负盈亏外贸新体制后，从 1992 年开始，省辖市、计划单列市和县(市)外贸公司的机构设置、人员编制、劳动工资、财务关系等分别划归市、县管理，市、县外贸公司彻底与省脱钩成为独立经营主体。在此期间，市级外贸公司进行了清理整顿，县级外贸公司符合条件的才被赋予进出口权。经外经贸部批准，苏州、无锡、常州、南京、昆山 5 个开发区的外贸公司、江苏在上海浦东建立的兴江公司和在深圳建立的苏源经济发展公司都先后获得了进出口权。全省商业物资供销系统流通领域的 14 家企业获得了进出口权。至 1995 年底，全省除省(部)属外贸公司和三资企业外，共有 402 家生产企业、10 个科研院所、18 家市级外贸公司、47 家县级外贸公司获得进出口权。省级外贸企业有 10 家改制为股份制企业，加快了转换经营机制的步伐。1995 年 7 月，组建了江苏海外企业集团股份有限公司，统一协调、管理江苏驻海外的经贸企业，标志着全省外贸企业正向着“集团化、实业化、国际化、综合化”的目标迈进。

经过上述改革，全省组成了由省、市县外贸公司、出口生产企业、科研院所以及“三资”企业五路大军组成的外贸队伍，共同推动江苏对外贸易的快速增长。尤其是市县外贸公司、外商投资企业，出口生产企业的出口增长能力令人注目。1995 年，按当年汇率计算，市县外贸、外商投资企业自营出口总额分别占全省出口总额的 30.54%和 36.72%，成为江苏扩大出口的一支重要力量。

这几年外贸的高速增长及其对江苏经济社会发展的积极推动作用，是可喜的。然而也要看到，量的急速扩张，是同粗放型外贸增长方式紧密联系在一起的。虽然工业制成品出口 1995 年已占出口的 90%以上，但出口商品大多数仍为粗加工品，技术含量不高，附加值低，需求弹性小；众多企业在低层次争原料、争客户、争市场，影响了企业经济效益和市场占有能力。同时，外贸企业经营机制的改革也刚刚起步，进一步深化改革的空间仍很大。

三 利用外资的新成就及其特点

吸引和利用外资是发展开放型经济的基本方式之一，也是各级开发区的第一要务。“八五”时期，为了主动有效地吸引外资，江苏各级政府和开发区，一方面高度重视和加强投资环境的建设，改善电力、交通、通讯等基础设施和生活服务设施，增强对外商的吸引力，在江苏被称之为“筑巢引凤”；另一方面，不断加强同世界各国和地区

的交流合作，通过各种途径和方式引进外资，从而在全省掀起兴办“三资”企业、利用外资的高潮（详见表4—3）。

表4—3　1991—1995年江苏利用外资主要指标统计表

	新签利用外资协议		新签利用外资协议金额		实际利用外资总额（万美元）
	项目（个）	其中直接投资	（万美元）	其中直接投资（万美元）	
1991年	1291	1142	123747	78727	47498
1992年	8276	8194	779641	769010	172226
1993年	10289	10032	1010991	1005589	328735
1994年	5212	5023	882741	852135	446822
1995年	4292	4056	1302271	1296951	528701

资料来源：江苏省统计局编《江苏对外经济》（1990—1996）。

据统计，1992年新签利用外资项目是1991年的6.4倍，为1978年至1991年13年的总和的3.62倍。1992年至1995年4年间实际利用外资147.64亿美元，其中直接投资在90%以上，间接融资不到10%。1995年，江苏实际利用外资和外商直接投资两项仅次于广东，列全国第二位。“八五”期间实际利用外资的总量已占全社会固定资产投资额的1/4，成为全省经济的重要组成部分，这对于因宏观调控信贷规模压缩、建设资金紧张而又处于正在起飞阶段的江苏经济来说，起到了助推作用。利用外资的快速发展，说明江苏广大干部和群众在邓小平南方谈话和中共十四大精神指引下，解放思想，排除“左”的思想干扰，已经取得实实在在的成果。

投资环境的改善，有效地吸引了越来越多的国家和地区把目光投向江苏。1995年，来江苏投资的国家和地区达68个。在外商投资的热潮中，呈现了新的特点。一是项目规模扩大，跨国公司投资增多。1995年平均每家企业的合同外资金额达169.6万美元，比1991年增加104.9万美元。其中，投资1000万美元以上的项目有1200个。跨国公司在江苏的投资，从小规模、试探性转向产业关联性方向发展。投资项目从1992年11个、1993年29个、1994年56个，猛增到1995年107个。世界著名跨国公司，包括荷兰飞利浦、美国美孚石油、日本松下、德国西门子、韩国三星等在内的59家都已来江苏投资兴办企业。二是技术含量有所提高，投资领域扩展。如荷兰飞利浦公司先后投资13个项目，主要集中在电子和轻工业。德国西门子公司投资的6个项目，涉及电子、机械、电站设备制造等。至1995年底，全省累计确认先进技术的“三资”企业共84家。电力、化工、石油、交通等资金、技术密集性项目也有较多增加。三是投资领域不仅在第二产业结构优化，而且第一产业利用外资开始起步，第

三产业利用外资得到较快发展。投资地域也由东向西展开,沿江 7 市通过利用外资,发挥原有工业基础和经济优势的特点,在长江两岸开始形成有特色的产业群。上述特点和趋势,表明江苏利用外资的水平有了提高,有利于江苏经济结构和布局的调整,有利于沿江经济发展目标的实现。

四 对外经济技术合作步伐加快

进入 20 世纪 90 年代以来,江苏对外经济技术合作经营主体不断壮大,一批综合型窗口公司和有实力的实体企业先后成立并开始走向海外市场。1994 年,江苏 11 个省辖市都有对外经济技术合作公司。到 1995 年底,全省有外经经营权的企业发展到 26 家,省、市联动互补,推动了江苏省对外承包工程和劳务输出事业的发展。新签对外承包工程和劳务合作的合同由 1992 年的 263 个增加到 1995 年的 700 个,4 年累计合同金额已达 17.28 亿美元,每年增幅平均在 40%以上。实际完成对外承包劳务营业额累计达 12.86 亿美元,平均每年增幅也在 40%以上。1995 年末,全省境外承包劳务人员 23556 人,比 1991 年增加近 3.67 倍(详见表 4—4)。

表 4—4 "八五"期间江苏对外经济技术合作主要指标统计表

年份	新签合同情况		完成营业额(万美元)	年末在外人数(人)
	合同(份)	合同额(万美元)		
1991	170	10657	10021	5047
1992	263	21734	14664	7626
1993	418	33225	25889	14308
1994	590	51002	37030	19000
1995	700	66854	51100	23556
"八五"期间年平均增长率(%)	42.06	54.58	43.53	54.28

资料来源:江苏省统计局编《江苏对外经济》(1990—1996)。

外经合作的区域不断扩大,由 1990 年的 57 个国家和地区发展到 1995 年的 120 个国家和地区。在继续巩固和发展中东市场的同时,拓展了东南亚市场,并迅速进入前苏联、东欧地区和北非市场。对外承包工程的领域,从建筑、交通行业拓展到电子、机械、矿产等行业,"已形成建筑、农林、水电、建材、道路桥梁、石油化工、煤炭等行业的专业优势";对外劳务合作派出人员中,技术型、管理型等人才输出的比重增加,"形成建工、纺织、服装、轻工、电力、机械、船舶、农田水利、地质勘探、海运、渔业捕捞、商

业服务等行业优势。"[1]对外承包工程和劳务项目增多和领域的拓宽，不仅带动了国产设备和材料，如机电、船舶、建材等产品的出口，促进了相关行业的发展，而且开辟了新的就业渠道，培养、锻炼了一批从事外经工作的人才，外经企业从"借船出海"向直接自营承揽项目转变，这对江苏对外经济技术合作事业发展意义深远。

海外投资起步。1992 年以来，江苏明确鼓励有进出口权的国有大中型骨干企业和乡镇企业走出国门，到海外设立窗口或创办加工企业，直接参与国际市场竞争。截至 1995 年末，已在 70 多个国家和地区兴办了 421 家非贸易企业，总投资额 1.83 亿美元，其中以设备和技术为主的投资 0.92 亿美元。

不过，在总体上，江苏对外经济技术合作方面，对外承包的工程技术含量和有机构成不高，劳务输出大量的还是以体力型劳务为主；海外投资的步子不大，低于发展中国家平均水平，与江苏经济、贸易大省的地位还不相称。

东起连云港，经中国境内的陇海、兰新铁路出新疆阿拉山口，在哈萨克斯坦边境同德鲁西站连接，西跨哈、俄、波、德等国抵达荷兰的鹿特丹港口，全程 10800 公里的国际运输线，被称之为新亚欧大陆桥。1992 年 12 月 1 日，首列国际集装箱过境车从连云港发出，标志着新亚欧大陆桥工程全线竣工。这条国际运输线，在江苏境内长 259 公里。它的开通，对连云港的经济发展和对外开放，改善苏北地区的投资环境，促进外向型经济发展带来了新的机遇。

五　对外交流和涉外旅游业的新发展

江苏各级外事部门和民间友好组织确立并坚持为全省经济建设和社会事业发展服务的指导思想，扩大对外交流，积极开展引资、引智活动，促进开放型经济的发展。1991 年至 1995 年 5 年间，先后促进合资、合作项目近 400 多个，配合举办各类国际学术会议，对外经贸洽谈会、展览、展销会等 200 多次。引进大批外国高级专门人才来江苏工作，仅 1995 年就有 600 多位外国经济科技专家在引进项目企业中工作，各高等院校聘用外国专家 980 多人。5 年间，省内部分高校分别与国外 250 多所高校建立交流合作关系；省、市、县三级与国外缔结友好城市，总数达 68 对，列全国第一位。截至 1995 年底，江苏已同 150 多个国家和地区发展友好交往和经贸关系，外商常驻江苏代表机构达 574 家。文化、卫生、体育等方面的对外交流也不断扩大，江苏在国外的影响和知名度有所提高。

"八五"期间，全省各级侨务部门努力为对外开放服务，依靠发动全省 70 万归侨、

---

① 《江苏省志・对外经济贸易志》，江苏古籍出版社 1997 年版，第 10 页。

侨眷,加强与海外华侨、华人、港澳台同胞的友好合作交流,邀请、接待人数累计超过100万人次,同时走出国门,进入华侨、华人社会开展工作。在全省外商投资企业中,华侨、华人和港澳同胞投资的企业数、投资总额均占到总数的70%左右,这其中很多是通过侨务系统牵线搭桥促成的。

"八五"期间,全省接待海外游客近370万人次,其中外国人207.61万人次,创汇约8亿美元,接待游客数和创汇金额分别比"七五"期间增长22.9%和1.4倍。随着国内旅游业的兴起,不少地方把旅游业作为发展开放型经济的一项新兴产业来发展,因此,景点设施建设步伐加快,旅游商品大量涌现,重视吃、住、行、游、购、娱综合配套能力的建设,旅游接待能力不断扩大。

第四节 经济快速发展,"八五"计划提前完成

一 农业和农村经济稳步发展

"八五"时期,江苏在深化农村体制改革,积极调整农村经济结构的同时,多渠道筹集农业资金,建立农业发展基金和农村合作发展基金,强化企业以工补农和建农措施,开征防洪保安资金和农业重点建设资金,使得农业投入呈回升的状态,农田水利建设共投入资金71.9亿元,改造中低产田1127万亩,旱改水300多万亩;各地还加强了农业科技成果的开发、应用和推广工作,实施"星火"和"丰收"计划。农业科技进步有力地支持和促进了农业和农村经济的发展。

在战胜1991年特大洪涝灾害之后,江苏自然灾害仍较频繁,尤其是1994年旱灾之严重,为历史所少见,但由于各方面齐心努力,全省农业生产仍然取得较好收成。"八五"期间,粮棉油的平均年产量分别为3209.2万吨、50.6万吨和132.2万吨,与"七五"时期平均年产量相比,分别下降2.1%、增长7.5%和20.3%。人均占有量,粮食比全国高出100公斤左右,棉花比全国高出1倍左右。农村多种经营有了快速发展。1995年实有绿地面积达51.87万公顷,实现了省人民政府1992年提出的"八五"期间建成平原绿化省的目标。同年,肉类总产316.9万吨、水产品219.5万吨、蚕茧18.6万吨、水果101.3万吨,分别比1990年增长63.3%、85.6%、55%和105.4%。人均猪肉、禽蛋、蔬菜、果品等产量均居全国首位。①

"八五"期间,乡镇企业抢抓机遇,乘势而上,投入大幅增长,开放促进发展,在发

① 江苏省计划与经济委员会编:《"八五"在江苏(1991—1995)》(上册),苏出准印字JSE—002026,1998年版,第148页。

展中提高水平。这一期间，乡村企业共投入 1497.65 亿元，比"七五"增长 6 倍多。1995 年乡镇工业企业数 57.66 万个，从业职工 759.33 万人；乡镇工业总产值从 1990 年的 1322.4 亿元增加到 1995 年的 8104 亿元，年均递增 43.7%；"八五"期间，乡村企业实现利税从 55.2 亿元增加到 332.4 亿元，年均递增 43.2%；对农村社会贡献总额从 12.6 亿元增加到 60.8 亿元，年递增 37.04%(按 1990 年不变价计算)。1992 年全省乡镇工业产值已占据全省工业的"半壁江山"，1995 年占全省工业产值的比重超过了 65%，形成了"三分天下有其二"的格局。苏北、苏中乡村工业平均发展速度高于苏南。[①] 这是进入新时期以来乡镇企业发展最快的 5 年。

"八五"时期，整个农村经济发生显著变化，综合实力提升，产业结构趋于优化。1995 年实现农村社会总产值首次突破 1 万亿元，达到 10567.60 亿元，其中农林牧渔业总产值 1686.78 亿元、工业总产值 7703.2 亿元、建筑工业总产值 498.77 亿元、运输业总产值 229.84 亿元、批零贸易餐饮业总产值 448.96 亿元，按可比口径比较，分别比 1990 年增长 3.5 倍、58.5%、4.8 倍、1.9 倍、3.2 倍和 5.8 倍。农村社会总产值中一、二、三产业之比由 1990 年的 28∶67∶5 变为 16∶78∶6。[②]

在农业、农村经济稳步发展的同时，江苏农业基础仍较薄弱，对农业的投入仍然不足；"八五"时期，耕地减少过快，全省减少耕地 191.49 万亩，平均每年减少 38.29 万亩，比"七五"时期每年多减少 17.5 万亩，人地矛盾不断加剧；受价格因素影响，粮棉种植面积不稳定，对生产冲击较大。"八五"时期，粮食年平均产量下降，1994 年全省粮食人均产量不足 450 公斤，降到 1985 年以来的最低点，造成一定程度上的供求平衡的困难。[③] 乡镇企业特别是乡镇工业主要依靠资金的大量投入形成的粗放型扩张和高速发展背后潜伏着危机。

二　工业快速增长

"八五"时期，江苏把工业结构调整工作置于重要的位置。1991 年制定《江苏省"八五"期间工业结构调整实施规划》，提出主要围绕产品结构、技术结构和企业组织结构调整的总体思路，并与此相配套制定了比较完善的政策措施和按年度滚动的实施意见。此后每年都根据深化改革和不断向市场经济转变的现实要求，提出结构调

---

① 1996 年《江苏年鉴》，第 239—241 页。此处数字为江苏省乡镇企业局统计资料。江苏省统计局《江苏统计年鉴》所反映的乡镇企业产值等数字按统计规定已作调整。

② 江苏省计划与经济委员会编：《"八五"在江苏(1991—1995)》(上册)，苏出准印字 JSE—002026，1998 年版，第 147 页。

③ 江苏省计划与经济委员会编：《"八五"在江苏(1991—1995)》(上册)，苏出准印字 JSE—002026，1998 年版，第 152—153 页。

整的重点,作出具体部署。

经过持续多年步步深入的努力,江苏工业在结构调整的过程中保持了快速、稳定的增长势头。1995年,全省工业总产值(按1990年不变价)达9747.95亿元,工业增加值达2467.63亿元,比1990年分别增长了2.5倍和1.73倍。"八五"期间,工业总产值、工业增加值平均年增速分别为28.7%和22.2%,分别比"七五"时期提高了12.8和12.9个百分点。工业总产值在1980年的基数上于1993年实现了翻三番,工业增加值于1992年实现了翻两番。①

"八五"时期,主要产品产量大幅增加,生产门类不断扩大。投资类产品迅猛增长,1995年生产钢360.40万吨,钢材787.89万吨,原煤2650.72万吨,水泥3966.42万吨,比1990年分别增长近1倍、3倍、10%、1.5倍。机电产品也实现了快速增长,1995年生产汽车12.52万辆,摩托车120万辆,空调器115万台,分别比1990年增长2倍、翻四番和三番以上。程控交换机从无到有,1995年达100万线。②

工业技术水平不断提高。"八五"期间,全社会技术改造投资比"七五"时期增长了2.2倍。全省引进具有20世纪80年代和90年代初国际先进水平的技术和关键设备20多万台套。1995年国有工业有1/3的设备达到了国内同类设备的先进水平;技术进步对工业总产值增长的贡献份额达40%,比1990年上升了13.09个百分点。高新技术产业化取得新进展。自1992年开始认定高新技术企业以来,至1995年,认定达432家;1995年全省高新技术产业产值、利税所占比例在全国处于前列。③

工业结构有所优化。工业内部重工业发展较快,1995年工业总产值中,轻、重工业比由1990年的54.64∶45.36调整为1995年的50.44∶49.56。长期以来江苏工业以轻纺工业为主的格局正在改变。工业组织结构调整,涌现出包括十大集团在内的一大批大型企业和企业集团,其中有36家进入1995年中国500强工业企业行列。

产品结构有所改善。自1993年开始认定高新技术产品以来,截至1995年共认定高新技术产品909项,确认为国家级新产品926项,形成了熊猫电子、春兰空调、小天鹅洗衣机、徐州工程机械、跃进汽车、金城摩托车等一批名牌产品,机械、纺织、食品等产业优势明显,发展后劲增强。

---

① 江苏省计划与经济委员会编:《"八五"在江苏(1991—1995)》(上册),苏出准印字JSE—002026,1998年版,第36页。

② 江苏省计划与经济委员会编:《"八五"在江苏(1991—1995)》(上册),苏出准印字JSE—002026,1998年版,第37页。1995年汽车产量系《江苏统计年鉴》公布数字。

③ 江苏省计划与经济委员会编:《"八五"在江苏(1991—1995)》(上册),苏出准印字JSE—002026,1998年版,第38页。高新技术企业认定数引自1996年《江苏年鉴》,第376页。

江苏油田生产现场

在工业经济发展中，值得一提的是江苏原油产量突破百万吨。“邓小平早在1958年2月，在听取石油工业部汇报时，曾对江苏石油工业作过重要指示：‘苏北如果找到油，年产100万吨，就值得大搞。’经过较长时间的酝酿筹划，于1975年4月报经国务院批准成立了江苏石油勘探开发会战指挥部，江苏油田会战开始。”“江苏油田广大职工发扬‘铁人’精神，克服重重困难，解决了江苏复杂小断块油田勘探开发难度的工艺技术和理论，终于找到了20个油气田”。① 原油产量由1978年的27.40万吨，逐年上升，1990年达到86万吨，1995年产油101.41万吨，实现了邓小平30多年前的殷切期望。

“八五”时期，江苏工业快速发展，结构有所改善的同时，还存在不少问题，主要是过度依赖增加投入铺摊子的经济增长方式，低水平重复建设现象严重，尤其是国有大中型企业发展困难；企业组织程度低，“小而散”、“小而全”、“小而低”的弊端仍较严重；区域发展不平衡，南北差距拉大；基础工业滞后，“瓶颈”制约突出等。

三　基础设施建设力度加大

“七五”时期，江苏已把基础设施建设提上日程，但在治理整顿的大环境下，受到资金的约束，规模不是很大，交通、能源、通讯等基础设施对经济和社会发展的“瓶颈”制约并未根本缓解。“八五”时期，在国家宏观调控下，突出重点，向基础设施建设倾

① 引自刘定汉主编：《当代江苏简史》，当代中国出版社1999年版，第442—443页。

斜,江苏历史上大规模基础设施建设拉开了帷幕,并取得了较好的成绩。“八五”期间全社会固定资产投资完成5307.18亿元(当年价),平均年增长36.4%(扣除物价上涨因素,平均年实际增长18.7%)。① 从1993年起,全省固定资产投资首次突破千亿元大关。基本建设投资中,投向基础设施的资金占相当大的比重。

交通运输建设:“八五”期间,交通基础设施总投入达227亿元,为1949年至1990年41年投资总和的8.75倍、为“七五”时期投资的11.6倍。至1995年底,全省公路总里程达25970公里,比1990年增加1198公里,其中一、二级公路5486公里,比1990年末增加68%,居全国第六位。市、县公路建设突飞猛进,地方投资额占全省交通建设总投入的37.2%。各地发挥自身优势建成或基本建成了南京绕城公路、苏沪机场路、扬中长江大桥、吴县太湖大桥、徐州外环路及徐州至所属县(市)一级公路等一批地方交通等级较高的基础设施,初步完成了以南京为中心、支干相连、四通八达的公路网。全省有22个县(市)实现了县乡公路灰(水泥)黑(沥青)化。列入省重点建设的六大交通工程:江苏第一条高速公路——沪宁高速公路②、宁连、宁通一级公路③、苏南运河整治④、南京新机场高速公路,江阴长江公路大桥进展顺利。⑤ 至1995年末,内河通航里程23803公里,居全国第一位,其中五级以上航道1613公里,占通航总里程的6.8%;全省拥有年吞吐量10万吨以上港口271个,万吨级以上深水泊位104个。张家港、南通狼山港、连云港庙岭港二期工程已建成投产。全省已有10个对外开放的一类江、海港口岸、2个二类口岸。

“八五”期间,江苏境内的国家铁路——沪宁铁路复线改造、徐州铁路枢纽改扩建工程、东陇海铁路徐连段复线等较大规模的技术改造已经完成。新中国成立以后,江苏铁路新线建设一直处于停滞状态。随着江苏现代化建设进程加快,苏北、苏中地区的崛起,迫切需要兴建地方铁路。1992年省人民政府成立“江苏省地方铁路领导小

---

① 江苏省计划与经济委员会编:《“八五”在江苏(1991—1995)》(上册),苏出准印字JSE—002026,1998年版,第83页。

② 沪宁高速公路是国家和省重点工程。该路西起南京马群,经镇江、常州、无锡、苏州,东至上海,全长274公里,其中江苏段248.2公里,占总长的90%。另建10.25公里支线连接镇江市。该路双向四车道,江苏段设互通式立交20座,桥梁427座,通道294座,涵洞616道,停车服务区6处。工程总投资47亿元,江苏自筹为主、国家适当补助,于1992年6月14日在昆山正式破土动工。

③ 宁连一级公路长306.6公里,总投资32.69亿元;宁通一级公路长243公里,总投资29.1亿元。

④ 苏南运河四级航道整治工程,整治航道全长156公里,按500吨驳航标准通航,改造导航桥梁42座,同时实施护岸完善工程和标准化、美化工程,总投资27亿元。1992年8月开工。

⑤ 江阴长江大桥,南起江阴,北至靖江,桥型采用大跨度钢悬索桥,主跨1385米,开工建设时为中国第一、世界第四。大桥全长2888米,总投资39.74亿元。1994年11月22日开工建设。

组”。由铁道部、浙江省、江苏省合资建设的新长铁路①，“八五”期间已完成新沂至沭阳铁路铺轨。此外，全线长 25 公里的镇江大港地方铁路、12.5 公里南京城北环线地方铁路正线分别于 1995 年和 1992 年通车运营。

“八五”期间，地方机场建设和航空事业开始起步。1995 年南京禄口机场，徐州观音山机场开工建设。在中国人民解放军空军的支持与配合下，对部分军用机场进行改造，成为军地合用机场，开辟了联航与民航航班。到 1995 年底，全省已有民用和军民合用机场 9 个。新增一类对外开放的航空港口岸一个。1993 年，江苏组建了东方航空公司江苏股份有限公司，做到当年组建、当年投入营运、当年承飞地区航线。

能源工业建设：“八五”期间能源工业基本建设投资达 190 亿元，形成了一批新的生产能力，技术水平也有了提高。“八五”期间，煤炭工业生产原煤 10554 万吨，平均年产量 2110.8 万吨，是江苏煤炭生产的最好时期。电力工业“八五”时期新增装机容量 483 万千瓦，占同期全国新增容量的 8.12%。相继建成投产常熟、利港、华能南京、戚墅堰、华能淮阴等一批大中型电厂和 30 万千瓦级发电机组。1995 年全省 500 千瓦以上电力装机容量由 1990 年的 752 万千瓦，增加到 1232 万千瓦，平均每年新增近百万千瓦，年发电量达 700.93 亿千瓦时。②

邮电通信建设：“八五”期间全省邮电通信部门解放思想，多渠道筹措资金，加大投入，实现了高速度、高标准、高质量的发展，5 年共完成投资 170 亿元，是“七五”时期的 10.7 倍。③ 1991 年建成国内第一个全覆盖型省级公用数据通信网，1993 年实现全省县以上电话传输交换数字化，1994 年建成省辖市以上城市电视电话会议系统，1995 年建成全省无线寻呼网。截至 1995 年底，全省城乡电话交换机达 596.77 万门，比 1990 年增长 7.5 倍，总规模居全国第二位；长话业务电路数达 6.4 万条，长途程控交换机容量达 27.1 万路端，分别比 1990 年增长 5.2 倍、21.6 倍。到“八五”期末，邮件的处理和运输基本实现机械化和自动化，长、市话已实现数字程控交换，农话已实现自动化，全省已形成以光缆为主、数字微波为辅的长途传输网络，移动通讯已全国联网，数据通信覆盖全省，无线寻呼实现省内联网；电话可直拨世界 190 多个国家地区和国内 900 多个城市。1995 年末，城乡住宅电话 254.5 万户，比 1990 年增加 7.2

---

① 新长铁路是由铁道部、江苏省、浙江省合资建设的地方铁路，北起江苏徐州市的新沂，途径江苏的宿迁市、盐城市、南通市、泰州市、无锡市的 19 个县（市），南至浙江的长兴，全长 573 公里，其中江苏境内 547 公里。它的建设对于加快苏北、苏中地区经济建设，实现苏南、苏北经济合作互补等具有重要作用。

② 江苏省计划与经济委员会编：《“八五”在江苏（1991—1995）》（上册），苏出准印字 JSE—002026，1998 年版，第 107—108 页。

③ 江苏省计划与经济委员会编：《“八五”在江苏（1991—1995）》（上册），苏出准印字 JSE—002026，1998 年版，第 110 页。

倍。话机普及率达到每百人 7.5 部,比 1990 年增加 6.1 部,其中城市每百人 26.5 部,农村每百人 2.8 部。移动电话用户达 23.2 万户,无线寻呼用户达 109.5 万户。全省邮路总长度达 303648 公里,农村投递线路总长度达 226241 公里。邮电服务水平进一步提高,邮电业保持快速增长。1995 年与 1990 年相比,邮电业务总量增长 6.2 倍,平均年增长 48.6%。

水利建设:1991 年特大洪涝灾害后,江苏认真贯彻落实国务院《关于进一步治理淮河太湖的决定》,掀起了以治淮治太为中心的新中国成立以来第三次水利建设高潮。"八五"期间,全省水利建设投入 200 多亿元,完成治淮治太及省重点水利工程建设投资 32.4 亿元,兴建了一批防洪骨干工程和水源工程。治淮工程洪泽湖大堤加固、入江水道加固和分淮入沂续建工程进入收尾阶段;沂沭泗洪水东调南下和怀洪新河江苏境内工程进展顺利;治太工程望虞河、太浦河已全线贯通,环太湖控制线初步形成,湖西引排工程已竣工,治理太湖已完成全部工程的 70%的工作量;水资源工程方面,通榆河工程完成了射阳至响水 52.3 公里河道。徐洪河、泰州引江河①等一批工程加快建设。

四 第三产业发展较快②

江苏随着工农业生产的发展和人民生活的改善,为其服务的运输、邮电、商品流通、金融保险、房地产以及其他新兴服务行业也都快速增长、全面发展。1995 年,全省实现第三产业增加值 1591.64 亿元,占地区生产总值的比重达到 30.9%,较 1990 年提高 4.9 个百分点;从业人员达 813.25 万人,占全社会劳动者人数的 22.3%。"八五"期间,第三产业增加值年平均增长 19.2%,高出江苏地区生产总值年平均增长率 2.2 个百分点。

第三产业中,交通运输和邮电通信业 1995 年的增加值为 253.52 亿元,"八五"期间平均年递增 21.9%。

商品流通业保持旺盛的发展势头。1995 年全省社会消费品零售总额达 1650 亿元,"八五"期间平均年增长 26.2%。

金融业稳步增长。1993 年全省金融机构首次出现存款总量大于贷款。1995 年末各项存款余额达到 3500.49 亿元,比 1990 年末增加 2641.95 亿元,平均年增长

---

① 泰州引江河南起长江边的高港枢纽,北接泰东河、通榆河,全长 24 公里,总规模引水量 600 立方米/秒,分两期实施,一期工程先按 300 立方米/秒高港枢纽装 100 立方米/秒规模实施,总投资 11.43 亿元。泰州引江河建成后,不仅可以引长江水冲刷沿海大片滩涂,解决苏北部分地区水源问题,还可以进一步改善里下河洼地排涝,形成从高港到灌云 300 公里的三级内河航道,是一项跨世纪工程。

② 本目数字引自江苏省计划与经济委员会编:《"八五"在江苏(1991—1995)》(上册),苏出准印字 JSE—002026,1998 年版,第 39—41、192—195 页,其中部分数字根据《江苏统计年鉴》进行修正。

32.4%；各项贷款余额达到2875.39亿元，比1990年末增加1866.35亿元，平均年增长23.3%。1995年末，保险业全省人民保险系统承保金额达5472.66亿元。

房地产开发“八五”期间累计投资554.92亿元，商品房销售268.64亿元，房地产业的增加值平均年增速25.1%。

江苏第三产业在“八五”时期与“七五”纵向比较发展迅速，但横向与先进省份比，差距仍较大，总体处于发展滞后的局面。

五　人民生活水平提高①

“八五”期间，随着经济的快速发展，城乡居民收入逐年提高，人民生活继续改善。1995年城镇居民家庭人均可支配收入4634.4元，比1990年的1463.79元增长2.16倍，平均年增长25.9%，创新中国成立以来年增长率最高纪录。农民人均收入的增长摆脱了前几年的徘徊局面，呈现高增长的态势。1992年至1995年农民人均收入比上年增长分别达15.2%、19.4%、44.6%、34.1%。1995年农民人均纯收入2456.9元，“八五”期间平均年增长22.7%。尤其可喜的是，徐州、淮阴、盐城、连云港4市农民收入增长超出全省平均增幅7.1个百分点。1995年末城乡居民储蓄存款2721亿元，比1990年增长2.91倍。

“八五”期间城乡居民收入迅速增长，主要得益于改革开放推动经济建设的快速发展，就业渠道拓宽，收入呈多元化。据统计，1992—1995年4年间，全省通过各种渠道安置85.76万城镇待业人员就业。1995年末，全省城镇待业率2%。② 同时，职工工资大幅增加，其他劳动收入和财产性收入（如购买有价证券获息获利）增长也是城镇居民收入增加的重要原因。在农村，从事乡镇企业、第三产业和劳务输出的劳动力增加。1995年，全省农村劳动力中，从事农业劳动的有1541.33万人，占55.6%，比1991年下降了5.6个百分点。这5.6个百分点，向第二产业和第三产业分别转移了2.4和3.2个百分点，因而工资性收入在农民收入中比重上升。比如，乡村企业工资总额（不含福利）由1990年的73.5亿元增加到266.8亿元，年递增29.41%。当然，国家大幅度提高农产品收购价格，实施扶贫政策，帮助166万人脱贫，也是农民收入增长的原因。

“八五”期间，城乡居民生活质量和水平有了较明显的提高。表现在食品消费质量提高，主食消费下降，副食品增加；衣着趋向成衣化、高档化；家庭耐用消费品拥有

---

① 本目数据引自江苏省计划与经济委员会编：《“八五”在江苏（1991—1995）》（上册），苏出准印字JSE—002026，1998年版，第346—355页。

② 当时公开统称待业，进入“九五”时期改称失业。

量增加、档次提高;特别要指出的是,住房条件明显改善,1995 年,城镇居民人均居住面积达 8.6 平方米,比 1990 年增加 1.25 平方米,同时,居住质量显著提高,配套设施进一步改善,如独用厨房、煤气或液化气、空调拥有率等大幅上升,建成城区绿化覆盖率为 30.8%。农民居住房继续改善,1995 年人均生活用房面积为 25.7 平方米,比 1990 年增加 3.4 平方米。城乡居民预期寿命 71.6 岁,高出全国平均水平 2.78 岁。

六 “八五”计划完成和翻两番任务提前实现

1990 年,江苏制定“八五”计划和 1990 年代 10 年发展规划时,正是 3 年治理整顿工作将要结束,经济发展处于恢复性增长阶段,新一轮经济增长高潮尚未到来,计划指标要求不高。但“八五”计划执行的头两年,特别是在邓小平南方谈话和中共十四大精神的鼓舞和指引下,各方面工作都取得了很好的成绩,经济发展的速度比计划预计的要快得多。1992 年,地区生产总值 2136.02 亿元,比上年增长 33.4%,大大高于“八五”计划指标要求的地区生产总值平均年增长 6%的指标。据分析预测,“八五”计划确定的经济社会发展指标可能提前 2 至 3 年完成。因此有必要对“八五”计划适时进行修订。在 1992 年 11 月中共江苏省八届六次全委会议的决议和 1993 年召开的江苏省第八届人大第一次会议批准的政府工作报告中,修改了原订的江苏 1990 年代和“八五”计划经济和社会发展的主要指标,确定 1990 年代江苏经济要在提高效益、优化结构的基础上,地区生产总值平均每年递增 10—12%的要求。

“八五”期末,修订后“八五”计划的各项经济和社会发展的主要指标超额完成。地区生产总值以平均每年 17%的速度递增,1995 年达到了 5155.25 亿元。财政收入以平均每年 21.12%的速度递增(修订后的指标为 7—8%),1995 年达到 350.08 亿元,较 1990 年增长 1.61 倍;财政收入超亿元的县已达 46 个,比 1990 年增加 22 个。外贸自营出口总额以平均每年 31.9%的速度递增(修订后的指标为 26%),1995 年达到 117.92 亿美元。教育、卫生等社会事业都有了新的发展。“八五”时期是江苏改革开放以来经济和社会发展最快,成绩突出的时期。

“八五”时期,江苏经济中三次产业序位发生了重大的变化。在 1972 年至 1991 年近 20 年中,江苏三次产业的序位是二、一、三次序,这表明第一、第二产业都有了较大发展,但第三产业滞后。在“八五”期间,第三产业加快了发展步伐,第三产业增加值超过了当时江苏国民经济的第一产业,从 1992 年起,三次产业的位序转变为二、三、一次序,1995 年二、三、一次产业占地区生产总值的比例为 52.67∶30.87∶16.46,实现了产业结构新的飞跃和进步。

“八五”期间,江苏提前实现地区生产总值翻两番的战略任务。根据邓小平现代

化建设分“三步走”的发展战略，国家提出以1980年为基数，到2000年国民生产总值实现翻两番。1980年江苏地区生产总值319.80亿元，按可比价格计算（下同），1986年地区生产总值达到744.94亿元，实现第一个翻番；1992年地区生产总值达到2136亿元，提前8年实现了翻两番的战略目标；1980年人均地区生产总值541元，1993年达4308元，提前7年实现翻两番。

按照国家统计局1992年颁布的“农村小康综合评价”指标体系进行评估，1995年江苏农村小康综合得分为91.98分。① 按90分为基本实现小康来判断，江苏农村亦即全省总体上基本实现小康。当然，这仅仅是低水平的、地区发展水平不平衡的小康。

七　“九五”计划和2010年远景目标的制定

1995年9月中共中央召开十四届五中全会，通过《中共中央关于制定国民经济和社会发展“九五”计划和2010年远景目标的建议》，这个建议明确了未来5年和15年国民经济和社会发展的奋斗目标、指导方针、主要任务和重大政策措施，是指导全党和全国各项工作的纲领性文件。这次中共中央全会后，为了制定江苏省“九五”计划和2010年远景目标，中共江苏省委、省政府在中共江苏省第九次代表大会确定的“九五”和2010年现代化建设初步部署的基础上，对江苏经济社会发展中重大问题的现状、未来发展思路，组织专门力量进行调研，为在江苏贯彻落实中共十四届五中全会精神进行准备。当年12月召开的中共江苏省九届三次全委（扩大）会议，实事求是地分析江苏形势，总结经验，围绕今后一个时期改革开放、经济建设和社会发展等重大问题，深入进行讨论，审议并通过《中共江苏省委关于制定江苏省国民经济和社会发展“九五”计划和2010年远景目标的建议》。省人民政府根据这个建议，在以往工作的基础上形成了《江苏省国民经济和社会发展“九五”计划和2010年远景目标纲要》（草案），提交1996年2月召开的省人代会八届四次会议审议。省长郑斯林在《政府工作报告》中对这个《纲要》草案作了说明，获得了大会的批准。

《纲要》提出了江苏“九五”和到2010年的奋斗目标。主要是：到2000年地区生产总值达到9000亿元（1995年价格，按1990年不变价计算为5800亿元），年均增长12%；人均地区生产总值12000元（1995年价，按1990年不变价计算为8000元），实现翻三番；三次产业结构调整为11∶53∶36。全省全面实现小康，部分地区初步实现现代化；初步形成社会主义市场经济运行机制。在全面完成现代化建设第二步战略

① 储东涛等：《奔向小康与现代化的江苏》，江苏人民出版社1998年版，第17页。

目标的基础上,再经过10年时间的努力,全省基本实现现代化,人均地区生产总值在“九五”实现第三个翻番的基础上再翻一番半(3倍),达到中等发达国家的水平;形成比较完善的社会主义市场经济体制;人民生活由小康走向富裕。

为了实现“九五”奋斗目标,《纲要》从江苏经济和社会发展的实际出发,尤其是针对存在的突出问题和薄弱环节,提出了加强农业基础地位、工业经济要着力上规模上水平等10个方面的任务。这个《纲要》贯彻了中共十四届五中全会精神,体现了邓小平关于江苏经济发展要比全国平均速度快的要求,坚持发展不动摇这个主题;坚持大力推进经济体制和经济增长方式“两个根本转变”;坚持科教兴省、经济国际化和区域共同发展三大战略;坚持走可持续发展道路和“两手抓,两手都要硬”的方针,促进经济、社会、环境协调发展和精神文明、物质文明共同进步。《纲要》的制定和批准,为鼓舞、团结、动员全省人民共同奋斗指明了方向,是“九五”时期江苏迈向新世纪,推进现代化进程的一个纲领性文件。然而,也要指出的是,人们对建设中国特色社会主义规律的认识,对基本实现现代化尤其是区域实现现代化的认识,对建立社会主义市场经济体制的认识,是随着实践不断深化和丰富的,因而《纲要》提出的在某个时段实现初步现代化、基本现代化等目标存在某种不确定性,有待实践的检验。

第五章　市场化、经济国际化进程加快和经济结构的调整

“九五”时期，江苏全面执行省人代会八届四次会议批准的《纲要》，认真学习、贯彻中共十五大精神，进一步解放思想，统一认识，大力调整和完善所有制结构，国有企业改革和各项配套改革深化，乡镇企业全面改制，个私经济迅猛发展，初步形成社会主义市场经济运行机制。同时，努力实施经济国际化战略，开放型经济经受亚洲金融危机的考验，迈上了新台阶。适应宏观经济环境的变化，把挑战变为机遇，加快经济结构调整的步伐，基础设施建设取得重大进展。

第一节　企业改革进一步深化和所有制结构的调整

一　国有企业改革的深化和三年基本脱困目标的实现

进入“九五”时期，江苏国有企业改革全面展开，以建设现代企业制度为方向，把改革、改组、改造同加强管理紧密结合起来，着眼于搞好整个国有经济，加快抓大放小步伐。

1996 年，全省首批 124 户（国家级 4 户、省级 120 户，较原定计划少 7 户）建立现代企业制度试点企业的试点方案经过批准，进入实施阶段。试点工作首先围绕探索解决“负债高”、“富余人员多”、负担重等企业普遍存在的问题展开。针对试点中的问题，是年 7 月，中共江苏省委、省政府在无锡召开企业工作会议，并出台《关于搞好国有企业改革的意见》（试行），从增资减债、兼并破产、减人增效、扭困解困、减轻负担、产权流动等 6 个方面提出 25 条政策措施，支持现代企业制度试点，推动搞活面上企业。到 1997 年，首批试点企业中有 100 户完成改制、挂牌和工商登记。124 户试点企业的资产总额增长 49.65%，净资产增长 79.7%，平均资产负债率由 71%下降到 61%，分流富裕人员 10.65 万多人，分离企业办社会职能 246 项，取得了阶段性成果。是年，全省第二批 100 户国有大中型企业建立现代企业制度试点工作进入组织实施

阶段。与此同时,国有大中型企业掀起公司制改制的热潮。至1998年底,全省1062户(按1997年底统计口径)国有大中型企业,改制面达47.6%。1999年9月,中共中央召开十五届四中全会,作出《关于国有企业改革和发展若干重大问题的决定》。中共江苏省委为贯彻执行全会和决定精神,召开九届十一次全委(扩大)会议,着重解决全省国企改革与发展中存在的稳重有余、开拓不够的问题,进一步解放思想,认清形势,坚定信心,把全省国有企业以建立现代企业制度为方向的各项改革全面推进,要求在全国率先实现十五届四中全会确定的目标。中共十五届四中全会精神的学习和贯彻,给全省国企改革和发展注入新的动力。省里又相继发布《关于深化我省国有企业改革的若干意见》和《江苏省企业经营者年薪试行办法》、《江苏省国有企业内部职工持股暂行办法》、《江苏省关于鼓励科技成果参与效益分配的暂行规定》,进一步从政策上支持建立现代企业制度的创新。1999年,国有大中型企业整体改制的有699家,改制面提高到60.21%。至2000年底,全省有860户国有大中型企业完成改制,改制面达80.2%;第二批试点建立现代企业制度的100户国有大中型企业中有84户初步建立现代企业制度。改制的企业中,在股权结构、法人治理结构、内部分配、人事、劳动三项制度改革等方面都有进展。通过公司制股份制改革,这些企业逐步成为自主经营、自负盈亏的市场主体和法人实体,市场竞争力增强。2000年,国有和国有控股大中型企业实现销售收入2896.19亿元,利税281.03亿元,其中利润102.12亿元。与1997年相比,国有大中型企业数量减少16.1%,但销售收入、利税、利润分别增长55.23%、83.87%和209.64%,国有企业运行质量和效益明显回升,使人们看到了搞好国有企业的希望,增强了深化国企改革的信心。

国有经济结构调整和国有企业战略改组是国有企业改革的一项重大任务。江苏如同全国一样,存在着国有经济战线过长、配置效率低、结构和布局不合理的问题。进入"九五"时期,根据国家对国有经济实施"有所为,有所不为"的调整方针,江苏国有经济开始从食品加工业、饮料制造业、纺织业、非金属矿制品业、普通机械等传统行业和劳动密集型产业部分或全部撤出,加强石油化工、电子及通信设备制造、医药制造等产业,同时在关系国民经济命脉的关键领域和重点行业继续保持支配地位。对国有企业战略改组从三个方面着手,一是以省重点企业集团和优秀企业为龙头进行资产重组,仅1997年、1998年两年盘活存量资产超过300亿元。① 二是与结构调整相结合,积极稳妥地推进企业兼并破产,1997—1999年全省共实施300多个项目,核销呆坏账准备金68.15亿元。② 三是淘汰落后生产能力。详细情况在本书第275—

① 根据1998年、1999年《江苏年鉴》披露的数字整理。

② 根据1998年《江苏年鉴》第144页、1999年《江苏年鉴》第135页、2000年《江苏年鉴》第132页资料整理。

277 页将有论述。在结构调整和企业重组中，1998 年以来，全省共有 1456 家国有企业通过改制、兼并、破产等途径退出了单一的国有经济领域。811 家国有企业进行重组，其规模达 500 多亿元。通过调整和重组，国有企业的资产质量明显改善，规模和实力有所增强。

在集中主要力量推进国有大中型企业改革、改组的同时，进一步放开搞活国有小企业。对国有小企业的改革普遍重视两点：一是按照"三个有利于"的标准，实事求是，因企制宜，选择适合自身特点和发展需要的形式改制；二是坚持走好"四步"（领导层拿出改革方案、地方领导论证方案、职代会讨论方案、实施方案），把好"六关"（方案制定、职工统一思想、清产核资、资产剥离、债权债务处理、职工安置），稳妥有序地进行改制。至 2000 年底，采取公司制、股份合作制、兼并、租赁、破产、出售、合资合伙等多种形式，3068 家国有小企业完成改制，改制面达 95.55%。①

长期以来，江苏国有企业为全省经济社会发展作出了巨大贡献，是国民经济的重要基础和财政税收的主要来源，也是劳动就业的主渠道，但在从计划经济体制向市场经济体制转换的过程中，由于企业体制、机制和历史、社会诸多原因，部分国有企业生产经营状况恶化，其中国有大中型企业（指国有和国有控股单位）亏损问题较为突出。1997 年，全省实有大中型国有企业 1425 户，其中发生亏损的企业有 555 户，亏损面达 39%。这些亏损企业相对集中在市、县层次和南京、无锡、常州、南通等老工业基地，而以竞争性行业较严重和经营性亏损比重居高。国家部署从 1998 年起用 3 年时间使大多数国有大中型亏损企业走出困境，江苏确定 372 户企业为重点脱困考核对象，这是国有企业改革中一项攻坚克难的任务。

为了实现 3 年脱困目标，江苏首先以纺织行业扭亏解困为突破口，淘汰压缩陈旧落后的棉纱锭；对 29 户重要纺织脱困企业核销呆账达 21.8 亿元；对计划内国有纺织行业兼并破产了 48 个企业。到 1999 年底，全省纺织行业在全国率先实现了脱困目标。同时，对全省其他重点脱困的企业采取以下 4 个方面的措施：

一是实行脱困目标责任制。

二是因企制宜进行分类指导，一厂一策制订实施解困方案。

三是加大政府帮扶力度。1999 年省政府制定《关于做好全省国有大中型重点亏损企业脱困工作的意见》，明确核销呆坏账、债转股等 10 条帮扶政策措施。全省列入国家计划核销银行呆坏账款 60.1 亿元，涉及 217 户企业；对南京熊猫电子集团公司、扬州柴油机厂等 29 户重点脱困企业实行债转股，总金额达 110.12 亿元。

---

① 2001 年《江苏年鉴》，第 132 页。江苏省统计局关于 2000 年国民经济和社会发展的统计公报称改制面为 90%以上。

四是组织企业法人学习先进企业的管理经验,推广扭亏脱困的经验。

对重点脱困企业按照扭亏增盈、改制为非国有、破产淘汰和解体销号四种类型操作。至2000年底,372户被考核的脱困企业中有323家完成了脱困任务,脱困率达86.8%。全省国有大中型企业亏损面降至17.5%,与1997年相比,下降了21.5个百分点。三年脱困目标基本实现,主要得益于扶持政策措施,大大减轻了企业负担;制度创新,着力推进企业改制;同时企业自身的努力,市场意识增强,对管理、技改和营销的重视,效益提高,也是重要原因。

为了推进国有企业改革、改组、改造同加强管理紧密结合,中共江苏省委、省政府于1996年11月作出《关于在全省经济战线开展向春兰集团和小天鹅公司学习的决定》,把学习全国先进单位——邯郸钢铁公司同本省先进典型结合起来,促进企业加强管理,降本增效。1998年底在全省国有企业中推行比价采购制度,对降低成本也起到一定作用。

在深化国企改革过程中,中共江苏省委、省政府1999年11月召开会议,对江苏国有企业领导班子建设和人事制度改革推出一系列新举措:其重点是在进行公司制改造时,应着力规范企业法人治理结构;力争3年内使有条件的大型企业和大多数国有中小型企业选拔任用经营者都实行竞争上岗,择优录用;对企业和企业负责人不再确定行政级别;进一步建立健全国有企业经营者管理者的激励约束机制,积极推行年薪制和持股、期股制,试行财务总监、稽察特派员制等。

"九五"期间,国企改革在通过制度创新、结构调整和亏损企业脱困的艰苦工作继续深化,取得一定成绩,不过仍然存在一些突出问题,主要是原有困难企业基本脱困,而新增亏损企业多;企业改制不规范,国有资产流失的现象开始出现;改制不到位,过多的企业改为国有独资公司,仅仅换牌而已,法人治理结构、经营机制等问题并没有根本解决;企业管理理念、制度、手段落后,缺乏自我管理的内在动力和外部压力等。因此,贯彻落实中共十五届四中全会的精神,搞好整个国有经济,还要继续探索和努力。

二　乡镇企业的全面改制和关于苏南模式的争论

"八五"时期,江苏乡镇企业在高速、超常规发展的过程中,根据建立社会主义市场经济体制目标的要求,适应宏观经济环境的变化,针对乡镇企业出现的新矛盾、新问题,不断推出改革的新举措。1992年,开始以产权制度改革为重点的新的探索,进行以股份合作制为主的改革试点工作。至1993年底,全省实行股份合作制企业7630家,占乡村集体企业总数的6.8%,资本总金额74.99亿元,其中新增股本金21.7亿元。

1994 年 5 月，全省乡镇企业工作会议上提出“五个一批”的改革思路：即一是直接改制成股份合作制一批；二是对“小微亏”企业，采取兼并、租赁、出售等形式转让一批；三是以现有企业资产或其他资产，积极发展与外商、国内优势企业嫁接（合资、合作、联合）一批；四是组建一批企业集团；五是进行公司制规范改造一批。采取“五个一批”的改革形式，拓宽了乡镇企业改革与发展的思路，适应大、中、小和盈利、亏损等企业的不同特点，有利于改革的深化和展开。这期间，改革的主要形式仍然是推行股份合作制。当年 6 月，中共江苏省委办公厅、省政府办公厅下发了《关于乡镇企业推行股份合作制若干问题的通知》，第一次对推行股份合作制的改革进行部署和提出明确要求，确定改制企业在确保集体控股的前提下，可设置共享股。经过从 1992 年起的试点和改革的实践，以股份合作制为主的改革，逐步形成三种形式：增资扩股、存量转股、合股兴办，其中以存量转股形式所占比例最高。当时不论采取哪种形式，旨在巩固和壮大集体经济。截至 1995 年底，按照“五个一批”改革的部署和要求，全省乡村企业的改制面达 50%，其中股份合作制企业达 2 万多家，实行拍卖、租赁、兼并的企业 2 万多家，中外合资、合作和内资联营嫁接企业 1.5 万多家，还组建省、市级企业集团 810 家和一批股份制公司。①

推行以股份合作制为主的多种形式的乡镇企业改革，揭开了以产权制度改革为重点的新的一页。推动这场改革的动因，一方面是社会主义市场经济体制改革整体目标确立，市场配置资源的作用日益增强，宏观环境的变化客观上要求包括乡镇企业在内的企业以独立的市场主体投身于市场经济大潮之中；另一方面是，“乡办乡有、村办村有”乡村集体企业体制、机制方面积累起来的矛盾和弊端逐步暴露：产权不明，政企不分，所有者主体缺位，而社区政府和组织对企业的过度干预，又使企业“四有”经营机制不落实，所谓“厂长负盈、企业负亏、银行负债、政府负责”成为企业经营状况的常态；监督机制不健全，分配不合理，集体资产流失现象日渐严重，所谓“穷庙富方丈”的现象屡见不鲜；民主管理差，职工主人翁意识减弱，企业缺乏凝聚力等。这些深层次矛盾制约着乡镇企业的健康发展，也推动着全省上下积极探索、促进乡镇企业的改革，特别是来自基层变革的声音日趋强烈，但事物矛盾的暴露是需要一个过程的，人们对它的认识也有一个不断深化的过程。“八五”时期，江苏乡镇企业高速发展，对全省国民经济特别是农村经济的发展贡献巨大，社会各界的赞誉不绝于耳，然而在高速发展的背后却存在着隐忧。由于投资主体单一和政府政绩冲动，片面追求高速增长，

① 江苏省计划与经济委员会编：《“八五”在江苏（1991—1995）》（上册），苏出准印字 JSE—002026，1998 年版，第 173 页。另据 1996 年《江苏年鉴》第 169 页记载，至 1995 年底，全省实行多种形式改制的乡村集体企业达 6.57 万家，占总数的近 60%，其中股份合作制企业 3.1 万家。与此注有出入，存疑。

在乡镇工业发展中重复建设现象严重,投资项目失误屡有发生;区域间差距拉大;企业亏损面和亏损额增大,1995 年乡村集体工业亏损额高达 25.16 亿元,比上年增加 25%;企业社会负担日益加重,资产负债率及两项资金占用居高不下等等。江苏乡镇工业的发展潜伏着深刻危机。① 乡镇企业的“高投入、高负债、高亏损、低效益”的状况说明,改革势在必行。

1996 年 5 月,中共江苏省委、省政府召开全省乡镇企业工作会议,对“八五”时期的乡镇企业发展和改革进行回顾和总结,明确“九五”时期乡镇企业的发展“围绕两加快(发展、提高)、立足两转变(经济体制和增长方式),扬长补短,再造优势”的指导思想,要求进一步解放思想,大胆探索,坚持“五不”(不划框框、不搞争论、不戴帽子、不抓辫子、不打棍子)精神,加快改革进程。1996 年,在国家加强宏观调控,经济过热的势头有所抑制的新形势下,市场供求关系出现历史性变化,由卖方市场变为买方市场,乡镇企业产品销售困难,产销率下降,资金周转发生困难。这种变化使一向以市场为舞台的乡镇企业,进一步增强了改革的紧迫感。各地按照省的部署,把乡镇企业的改制向纵深推进。改制中,股份合作制仍然是主要形式,但在新增股本中,个人股则占优势。公司制成为大中型骨干企业改革的主要取向。企业被整体拍卖、产权转让成为乡镇村集体工业企业改制的重要形式,租赁制企业有所减少。截至 1996 年底,全省乡镇企业改制面上升到 70%,其中实行股份合作制企业为 24710 家,有一半为集体控股企业;拍卖、转让企业 9673 家;组建公司制企业 3028 家和企业集团 1412 家。

中共十五大报告在所有制问题上的理论创新,使全省在乡镇企业改革问题上进一步解放思想。较长时期里,一些地方部分干部和群众对发展个私经济存在较多疑虑,甚至采取歧视、排斥的态度,压缩了乡镇企业发展的空间,这也是乡镇企业改革步伐迟缓的一个重要原因。通过十五大精神的学习和贯彻,广大干部群众对乡镇企业以产权制度改革为重点的改革认识逐步深化,“早改早主动,晚改要被动,不改走不通”成为多数人的共识。1997 年 10 月,中共江苏省委、省政府召开全省乡镇企业改革工作会议,11 月下发《关于进一步深化乡镇企业改革的意见》,提出产权改革的主要任务是:改革单一的集体所有制结构,形成多元投资主体和产权主体,积极探索集体经济的有效实现形式,大力发展股份制、股份合作制;加快非公有制经济的发展,使乡镇企业所有制结构更加适应市场经济的要求。在工作部署上,全省重点抓好 320 家大中型乡镇企业(全省实有大中型乡镇企业 1300 多家),以建立现代企业制度为目

① 《江苏省志·乡镇工业志》,方志出版社 2000 年版,第 9 页。

标，实现规范化的公司制改革，部分有条件的企业组建有限责任公司，对面广量大的中小型企业，采取类似国有企业改革“抓大放小”的办法，通过联合、兼并、股份合作制、租赁、出售、拍卖等多种形式放开搞活。由此，包括产权结构改革（股份有限公司、有限责任公司、股份合作制）、所有制改革（公转私、兼并、破产）、经营责任制（租赁企业、风险抵押承包企业）等多种形式的乡镇企业改革在江苏农村全面展开。截至当年底，全省乡镇企业进行不同形式改革的企业达 7.4 万多家，占当年乡镇企业总数的 79%。在各种改革形式中，公司制逐步取代股份合作制成为企业制度创新的主要形式，股份合作制由人人持股向部分人持股、经营者持大股甚至控股转变，实行租赁承包责任制的企业继续减少，产权拍卖、公转私进一步升温。

1998 年 4 月，江泽民在江苏视察乡镇企业并发表重要讲话。是年 5 月，中共江苏省委、省政府召开乡镇企业工作会议，传达学习江泽民的讲话，进一步明确今后一个时期乡镇企业改革、调整和发展的思路，会后下发《关于乡镇企业改革和发展的意见》。在贯彻落实中共十五大精神和这次会议精神过程中，全省乡镇企业改革的力度进一步加大。实行各种形式改制的企业数共 84931 家，约占 1996 年末原企业总数（94185 家）的 90.2%，比上年提高 11.2 个百分点。当年产权结构改制工业企业 30949 家，占企业总数的 32.9%，比上年提高 4.2 个百分点；所有制改革工业企业 36561 家，占企业总数的 38.82%，比上年提高 17 个百分点，其中公转私营企业 34120 家，比上年净增 19970 家，分别占全省乡村工业企业和全部改制企业总数的 36.2%和 40.17%；经营责任制改革的工业企业合计 17421 家，减少 7687 家，占全省乡村工业企业总数 18.5%，比上年下降 7.4 个百分点。1998 年全省乡镇企业特别是乡村工业企业改革中，“公转私”受到各地的青睐，逐渐成为主要形式。这有它的合理性，但也不排除与把“改制”片面理解为“改私”有关。

1999、2000 年乡镇企业改革继续沿着 1997、1998 年开始的改制取向发展。各地对以往改革“回头看”，进行“第二次改制”，股份合作制中经营者控股或转为私营企业成为重要趋势，有些地方加快集体资本从改制企业中退出的步伐，股权集中度提升，兼并、转让、破产力度加大，使私营企业数猛增，同时大中型骨干企业普遍进行公司制改造，大力发展外向型经济，产权多元化的混合型经济应运而生。1999 年，乡村工业企业改制面达到 92.4%，其特点是公司制企业明显增加，股份合作制企业明显减少，而公转私企业大幅增加，经营责任制企业大幅减少（详见表 5—1）。乡村工业资本金总额中非集体资本金（包括法人、个人、外商资本金）占到 52.1%，比重首次超过集体资本金，标志着乡村工业中投资主体多元化的格局初步形成。2000 年，乡镇企业特别是乡村工业企业的改革延续 1999 年“两升两降一快”的特点，即公司企业数、公转

私营企业数上升,股份合作制、经营责任制企业数下降,大中型企业改革步伐加快。当年乡村工业改制企业 84140 家,占乡村工业企业总数 90233 家的 93.2%。2000 年列入统计的大中型企业 1530 家,当年涉及产权结构和所有制结构变革的企业 1416 家,占总数的 92.5%,说明全省乡村大中型企业的改革取得突破性进展。

从 1998 年至 2000 年,乡村工业企业各种改革形式在企业总数中所占比重发生了巨大的变化(如表 5—1)。

表 5—1 1998—2000 年江苏乡村工业企业各种改革形式变化情况(单位:个/%)

年份	公司制企业		股份合作制企业		公转私营企业		兼并、转让、破产企业		经营责任制企业	
	总数	占乡村工业企业总数的比重	总数	占乡村工业企业总数的比重	总数	占乡村工业企业总数的比重	总数	占乡村工业企业总数的比重	总数	占乡村工业企业总数的比重
1998	7030	7.4	23919	25.4	34120	36.2	2441	2.6	17421	18.5
1999	8920	9.9	22824	25.0	38573	42.9	2615	2.9	11316	12.4
2000	9419	10.4	19686	21.8	44210	49.0	3507	3.9	7318	8.1

资料来源:根据 1999、2000、2001 年《江苏年鉴》有关资料整理。

从表 5—1 可看出,三种改革形式占乡村工业企业总数的比重,2000 年与 1998 年比较,产权结构改革由 32.8%降为 32.2%,经营责任制改革由 18.5%降为 8.1%,而所有制改革由 38.8%上升至 52.9%,尤其是公转私已近一半。

由于产权结构和所有制结构的巨大变化,乡村工业企业的资本结构也随之发生变化。2000 年,全省乡村工业企业实收资本 978.2 亿元,其中乡村集体资本金 360.6 亿元,比上年减少 150.74 亿元,占实收资本总额的 36.86%;非集体资本金(法人资本金、个人资本金和外商资本金)合计 617.6 亿元,占实收资本金总额的 63.14%。2000 年与"八五"期末的 1995 年相比,乡村集体资本金所占比重由 71.59%下降至 36.87%。至此,经过"九五"时期特别是 1997 年中共十五大以来不断深化的改革,乡镇企业集体单一产权结构已经彻底改变,代之以产权多元化、多种经济形式并存的新型的结构,政企关系开始理顺,企业经营机制转换的步伐加快,运行质量也有了起色。

这场以产权制度和所有制结构调整为重点的乡镇企业改革,涉及江苏广大农民和基层干部多年辛勤劳动积累起来的庞大集体资产的命运。中共江苏省委、省政府对此高度关注。省政府 1997 年提出用两年时间完成乡村两级集体资产清产核资的任务,目的在于确保集体资产的安全。1998 年底,这一任务已完成,确认全省农村集体总资产 3800 多亿元,净资产 1050 亿元,其中乡级占 56.5%,村级占 43.5%。随后

颁布了《江苏农村集体资产管理办法》，以加强对集体资产的监管工作。在乡镇企业改革过程中，明确要求各地要切实抓好八个环节：资产清理和资产评估，产权界定，选择改制形式和优选经营者，股权设置，企业债权、债务处理和资产剥离，集体资产的管理和监督工作，企业变更工商登记，社会保障。这些重要政策和措施，对于保障改革平稳、顺利进行，防止集体资产流失发挥了重要作用。然而，由于改制涉及到集体资产在农村各个利益集团之间重新分配的博弈，任务繁重、情况复杂、监管体系建立相对滞后，一些地方在具体操作中低价出售、随意设置优惠条件和幕后交易的做法，以及集体资金回收抓得不紧、处置不当等原因，导致集体资产流失的现象在一些地方不同程度地存在着，特别是为数不少地方硬性规定集体公有资本（包括不动产）限定时间全部退出乡镇企业的做法，乃至形成一股暗流，干部群众和理论界很多人表示忧虑，提出异议。不过也有一些村如常熟的蒋巷村、张家港的长江村、永联村，高淳的武家嘴村等坚持从本地实际出发，把集体资产转化为企业股本金，继续保值增值。实践证明，这是有远见的做法。

“九五”时期，全省乡镇企业按照“三改一加强”的总体思路，在不断深化改革的同时，以市场为导向，加强产业、产品的结构调整，发展高新技术产业；促进企业的重组和联合，发展规模经济；加强企业管理，提高营销水平。通过多方面的努力，克服市场变化以及亚洲金融危机的冲击带来的种种困难，逐步走出前两年的增幅持续回落、产值和利税甚至出现负增长的困境，从 1998 年起连续三年稳步回升。2000 年，完成增加值 2441 亿元，营业收入 9545 亿元，交税金 244 亿元，与“八五”期末的 1995 年相比，增加值增长 47.8%，年均增长 8.14%；营业收入增长 63.2%，年均增长 10.3%；交税金增长 50%，年均增长 8.46%。① 与此同时，在结构调整中，形成了一批具有比较优势的产品、企业和产业；投资和企业集聚速度加快，开发区、乡镇工业园区成为重要的发展载体，全省有各类乡镇企业园区 88 个，进区企业 16808 家；开放型经济保持稳步发展态势，5 年累计完成出口交货值 6617 亿元，比“八五”时期增长 82%，引进外资水平有所提高。

关于苏南模式的争论。进入 20 世纪 90 年代中后期，苏南乡镇企业发展速度放缓，经营中出现了困难，苏南各地开始了以产权制度改革为重点的乡镇企业全面改制。与此同时，邻近苏南的以个私经济为主体的浙江乡镇企业产值逐渐逼近、超过江苏。这一情况引起各方关注，名闻遐迩的苏南模式遇到了挑战。新闻媒体、经济界、理论界纷纷发表见解，展开了一场关于苏南模式的热烈的争论。这场争论，从褒扬温州模式开始，而不少论者又以温州模式为参照系，与苏南模式进行比较分析、论述，一

---

① 引自 2001 年 6 月 15 日《新华日报》。据 2001 年《江苏统计年鉴》第 169 页载：2000 年实交税金为 279.67 亿元。

时间,形成了一股“扬温抑苏”的舆论,在江苏乃至全国产生了影响。

这场争论涉及的内容较多,如经济模式的界定及其价值取向、模式研究的方法论,苏南模式的孕育、形成、发展的过程、基本内涵及其特征,苏南模式、温州模式的历史贡献、各自优长及其局限性,苏南乡企改革与苏南模式的关系,苏南模式发展前景的预测,模式研究、宣传的反思等等。这场争论,大体上可概括为两种观点①:苏南模式终结论和发展创新论。

苏南模式终结论理论分析的框架或出发点是生产关系、特别是所有制决定经济模式及其特征。据此认定,苏南模式的内核或基本特征是集体经济,而温州模式是个体私有经济,珠江模式是外资经济,它们之间的本质区别在于所有制的不同。苏南改革开放以来的高速发展和所取得的成就的载体、基础就是乡镇集体企业。但正是这种模式的基本特征形成了苏南模式的弊端,不可避免地引发自身机制的退化,这是90年代中期苏南经济增速放缓,效益下降的内在原因。而如今,乡镇企业全面改制,集体经济为主的乡镇企业被个体私营企业为主体的乡镇企业所代替,原有苏南模式的载体和基础将不复存在,因而苏南模式的历史使命亦将完成。苏南模式的终结和被舍弃是必然的趋势。

苏南模式发展创新理论分析框架是生产力和生产关系共同决定经济模式的性质和特征。苏南模式不仅是指乡镇企业,也不单是集体所有制,而是农村经济发展的模式。这种模式的特征具体地反映在决定生产力水平的产业结构、经济运行机制等方面。苏南模式的基本内涵即是反映在农村产业结构以工业为主,经济运行以市场调节为主,所有制结构以集体为主,分配关系以社区农民共同富裕为目标。

创新论者认为,任何一种经济模式都是一定历史条件的产物。随着条件变化,模式也在不断完善、创新和提升。苏南模式和温州模式都是如此。苏南模式有其孕育、形成和发展的过程,从而显示出不同阶段的特征。苏南农民最早冲破计划经济体制和城乡二元结构的束缚,以市场为导向,率先在办工业的伟大创造中自我崛起,而现在又适应市场经济发展需要,围绕发展在排除制度障碍中自我突破,其间贯穿着一条与时俱进、不断创新的演进脉络。应以历史的、辩证的、发展的观点去观察和研究它。有的论者认为,同早期苏南模式内涵相比,进入20世纪90年代以后,苏南农村经济中出现了外向型、股份制、城乡一体化的新特征,这应属于苏南模式的范畴。在乡镇企业产权制度改革中冲破了过去“集体为主”的产权制度格局,个私经济有了空前的发展,过去那种产权模糊、政企不分的体制特征应该说已经终结,但通过改革,产权多

---

① 两种观点的划分,只是从总体上、价值取向上考虑的,两种观点外还有其他观点,每种观点内容论述上还有差异,这里都未作详细考察,特此说明。

元化、投资主体多元化的股份制、股份合作制企业的涌现，混合经济的产生，使苏南乡镇企业走向现代企业发展层次，这种体制转换、制度创新，为苏南模式注入新的内容和活力，其意义不可低估，如“江阴板块”的出现，即代表了一种方向，也有论者认为体制转换远未到位。

关于苏南模式历史作用和贡献的分析是如何评价苏南模式不可或缺的重要方面。大多数创新论者从苏南农村经济社会全面发展的视角进行系统的梳理和分析，从中揭示苏南模式发展创新的根据和脉络。大多数终结论者对此也都给予程度不同的肯定，但认为这是“昨日辉煌”。对苏南模式发展中的局限性或弊端，两种观点分歧较大。创新论者没有回避，在进行客观全面的具体分析的同时，探索研究改革创新的思路，而很多终结论者，则以现代西方产权理论为工具，对苏南模式移用对国有经济和国有企业的批判，集中于产权不清和政企不分，突出对产权公有的责难。对于必须解决苏南经济中所有制单一、集体经济产权模糊和政企不分的弊端，两种观点接近，但对于如何做到产权明晰、发挥政府推动经济发展的作用，两种观点也不一致，分歧明显。

对苏南模式的评价，涉及苏南模式与温州模式的比较分析，这方面发表的文章很多，争论也很激烈。终结论者认为以私营经济为主的温州模式与市场经济天然接轨，具有很强的生命力。苏南今后的发展很大程度上要依赖个私经济的发展，在这一点上，温州模式要优于苏南模式，呼吁苏南应向温州模式“投降”。创新论者认为，苏南改革开放以来形成的产业结构、企业产品技术含量、企业组织、城乡面貌和社会文明等可以与其他模式相媲美，并在某些方面有过之而无不及。苏南模式在新的历史条件下有了新的发展，与苏南长期发展积累的优势相结合，将在新的起点上前进。有的论者认为，温州模式在新的历史条件下，同样存在着局限性，必须改革才能前进。与上述两种观点不同，有的论者认为，苏南模式与温州模式是在特定区位、制度环境条件下发展起来的，两种模式走的是不同道路，都解决了农村工业、商业发展、资本原始积累的问题，都是向着建设有中国特色社会主义现代化目标迈进的，因而都是成功的。20 世纪 90 年代中期前把苏南模式抬得很高，看作是唯一的社会主义现代化道路，把温州模式贬得很低；现在又把温州模式抬得很高，把苏南模式贬得很低，这种绝对化倾向，都是不可取的，尤其是作为理论研究，是十分有害的。还有的论者认为，关于苏南模式之争，或明或暗，关键和本质在于对公有与私有的否定和肯定。过去“苏南模式”常常被视为对“唯私有论”有说服力的证伪；现在，温州模式又常常作为对“唯私有论”有说服力的证明。这都是片面的。对于受“私有偏好”的影响，产生“私有化崇拜”的观点要予以澄清和纠正。

关于苏南模式今后的走向，有三种预测。

一是模式趋同。他们认为,模式之间的差别正在缩小、淡化、逐渐趋同。无论是苏南还是温州都在转向股份制的现代企业制度。明晰的产权和规范的竞争行为,将成为各地共同遵循的游戏规则。混合所有制、统一的市场、产业升级与城市化将成为近期发展的重要走向。

二是温州模式替代苏南模式。苏南模式终结论者认为,在所有制问题上温州模式要优于苏南模式。苏南模式命里注定不可能持久。他们主张,苏南乡镇企业要重走温州模式的路子,实行"公退私进"、"以退为主"的所有制变革。必须打破地方政府的地方产权制度。

三是苏南模式的创新发展。创新论者认为,20 世纪 90 年代以来,苏南模式有了新发展,表现出新的特征,要以此为基础,继续完善创新。有的论者具体提出新的发展思路:运用集体资本相对雄厚的优势,促进、引导乡镇企业提升转型;运用苏南模式已有的产、学、研结合的相对优势,形成一批创新型的乡镇企业;运用改制中股份化程度较高的相对优势,加快建立现代企业制度。有些论者认为笼统地提集体企业改制方向为"公退私进",不符合产权多元化、社会化的趋势。改制势在必行,但不等于变相搞私有化,而是走股份制的道路。社区共有制也可以实现产权优先。还有的论者提出新世纪苏南模式进入创新发展的新阶段,可称为新的苏南模式,但新苏南模式仍是对苏南模式的继承、创新、发展。

正如苏南乡镇企业的改革和发展到 2000 年没有结束一样,这场关于苏南模式的争论仍在进行,各种观点都将接受历史和实践的检验。①

---

① 关于苏南模式的争论的参考文献:(1) 顾建平:《"苏南模式"反思》,《浙江社会科学》1998 年 11 月;(2) 薛家骥:《"苏南模式"改制与创新》,《中国农村经济》1998 年第 7 期;(3) 刘远征:《"苏南模式"的历史终结》,《经济·科技·社会》2000 年第 8 期;(4) 新望:《江苏经济学家"集体失语"?》,《经济学消息报》2000 年 11 月 10 日;(5) 宋林飞:《"苏南模式"的重大理论与实践问题》,《中外企业》2001 年第 2、3 期;(6) 顾松年:《苏南模式:是已经历史终结,还是在创新演进?》,《江南论坛》2000 年第 12 期;《向区域经济模式拓展延伸——再论苏南模式的创新演进》,《现代经济探讨》2001 年第 7 期;(7) 吴祥钧:《"苏南模式"的历史功绩及其终结》,《现代经济探讨》2001 年第 7 期;(8) 史易、赵小剑、常征:《苏南寓言》,《财经》2001 年第 5 期;(9)《苏南模式的历史终结》,《经济管理文摘》2001 年第 292 期;(10) 薛家骥:《谈谈"苏南模式"的演进和再演进》,《中外企业》2001 年第 2、3 期;(11) 张曾芳、张钦军:《再创"苏南模式"发展新阶段》,《中外企业》2001 年第 2、3 期;(12) 黄胜平、沈立人:《从三个代表高度审视"苏南模式"》,《中外企业》2001 年第 2、3 期;(13) 徐伟荣、朱黎:《中国特色的农村工业化城市化道路——苏州乡镇企业的创业与再创业》,《中外企业》2001 年第 2、3 期;(14) 赵袁生:《苏南模式的内涵和苏南经济发展新思路》,《中外企业》2001 年第 2、3 期;(15) 沈立人:《苏南模式之争勾起的深思》,《中外企业》2001 年第 2、3 期;(16) 葛守昆:《"苏南模式"面临的挑战与创新》,《中外企业》2001 年第 2、3 期;(17) 洪银兴、陈宝敏:《"苏南模式"的新发展——兼与温州模式的比较》,《中外企业》2001 年第 2、3 期;(18) 李富阁:《舍弃"苏南模式"》,《中外企业》2001 年第 2、3 期;(19)《"苏南模式"新跳跃——"中国经济 50 人论坛"的热门话题》,《新华日报》2001 年 6 月 20 日;(20)《"苏南""温州"模式的比较研究》,《经济参考报》2001 年 6 月 20 日;(21) 新望:《苏南模式的终结》,三联书店 2005 年版。

三　个体、私营经济迈开新的发展步伐

在邓小平南方谈话和中共十四大精神指引下，省人民政府于 1992 年 10 月批转省工商局《关于鼓励支持我省个体私营经济进一步健康发展的意见》，全省个体私营经济的发展出现了转机，在苏北地区个私经济发展呈现了较快的势头，但囿于个体私营经济“必要补充”的定位和认识，江苏个体私营经济总体上发展并不快。

中共十五大报告中关于非公有制经济地位、作用的明确定位和引导发展的新方针，推动全省个体私营企业发展进入一个新的发展阶段。

1997 年 11 月，中共江苏省委、省政府根据中共十五大精神，召开了全省个体私营经济工作会议，成立了党委、政府主要负责人挂帅的领导机构；12 月出台了《关于进一步加快发展个体、私营经济的意见》（以下简称《意见》）。《意见》指出，江苏个体私营经济虽然有很大发展，但是“总体规模较小，水平不高，占国民经济的比重偏低”。①这个估价是实事求是的。1997 年，江苏个体工商户和私营经济企业户数分别居全国第 9 位、第 5 位②，这同江苏作为一个经济大省是不相称的。发展个体私营经济不仅潜力空间大，而且对实现全省“九五”计划和 2010 年远景目标至关重要。《意见》要求各地解放思想、更新观念，把大力推进个体私营经济作为全省改革和发展的一项重要战略措施，切实摆上位置。《意见》还对发展个体私营经济放宽市场准入、简化审批程序、完善经营机制、发展外向型经济、企业科技进步等方面提出支持鼓励、引导性意见；对个体工商户、私营业主生产经营中的诸如贷款、税收、水电气等具体问题规定了扶持性的政策措施。这次会议的召开和文件的发布，全省上下形成放手发展个体、私营经济的良好氛围和政策环境。一方面乡镇企业以产权制度为重点的改革，国企改革的深化，大批企业公转为私，进入私营经济行列，或个体私营经济加大资本参股集体、国有企业；另一方面，直接创办个体私营企业。两个渠道的汇集，使个私经济在 1998 年后，获得跳跃式的发展。至 1998 年底，全省个体工商户发展到 155.66 万户，从业人员 281.72 万人，注册资金 151.32 亿元，较上年分别增长 14.15%、19.98%和 32.1%；私营企业 10.71 万户，从业人员 133.7 万人，注册资金 491.95 亿元，较上年分别增长 54%、67.15%和 52.78%。私营企业户数在全国的位次也上升到第 3 位。

1998 年 12 月，江苏省人大常委会颁布《江苏省发展个体私营经济条例》，为大力

---

① 1996 年，江苏个体私营经济实现工业产值占全省工业总产值 4.2%；实现一、二、三产业增加值占全国国内生产总值的 2.4%；缴纳税金占全省工商税收的 8%；从业人数占全省社会劳动者总数的 7.3%。

② 1996 年底，江苏个体工商户为 1287882 户，列山东、河北、四川、湖南、湖北，浙江、河南、广东之后居全国第 9 位；私营企业有 51247 个，列广东、浙江、山东、上海之后居全国第 5 位。

发展个体私营经济提供法律保障。1999 年,省委、省政府针对私营个体经济发展中的问题,又一次提出加快发展的意见。全省各地采取多种措施引导、扶持和促进个体私营经济加快发展,提高发展质量;同时加强监督管理,使全省个体私营经济保持健康发展的良好势头。截至 2000 年底,全省有个体工商户 149.08 万户,从业人员 281.71 万人,注册资本 203.71 亿元;私营企业达 17.41 万家,从业人员 234.34 万人,注册资金 948.63 亿元,其中科技型企业 8304 家,获得进出口经营权企业 47 家。这两年个体私营企业发展速度和质量都处于全国前列。

由于私营个体经济总量规模不断扩大,发展层次提高,私营个体经济在全省经济社会发展中的地位与作用日益凸现。2000 年,私营个体经济创造的地区生产总值达 1872.99 亿元,占当年全省地区生产总值比重 21.8%;全省私营个体经济上缴税收达 103 亿元,为当年全省税收的 11.21%;城镇私营个体企业从业人员 177.75 万人,占城镇在岗职工的 26.4%。"九五"期间,全省私营个体经济吸纳安置城镇失业人员和企业下岗职工 70 多万人,用于各类公益事业的捐款近 3 亿元。

江苏私营个体经济发展虽然较快,但从全国私营个体经济发展态势和江苏迈向 21 世纪发展的要求分析,仍然存在差距:一是总量不大。私营企业和个体工商户注册资本分别仅居全国的第 5 位和第 7 位。二是规模不大。私营企业全国户均注册资本 72.1 万元,而江苏只有 52.34 万元;注册资本千万元以上的企业全省只有 323 户,仅占全国的 2.94%。三是层次不高。传统行业、劳动密集型企业、加工企业多,而新兴行业、科技、资金密集企业、高新技术企业少,更没有如"联想"、"华为"等"航空母舰"。为推动全省私营个体经济的发展,省委、省政府于 2000 年 12 月召开私营个体经济工作会议,研究部署全省私营个体经济发展的主要目标和任务,讨论修改《关于加快发展私营个体经济的意见》,要求进一步解放思想,营造社会环境,采取更加切实有力的措施,开创全省私营个体经济发展的新局面。

第二节　各项配套改革同步推进

一　劳动就业制度的改革和再就业工程的实施

改革开放以来,江苏积极推行劳动就业制度的改革,全省劳动就业工作稳步前进。

劳动就业制度改革的第一步,即实行"在国家统筹规划和指导下,劳动部门介绍就业、自愿组织起来就业和自谋职业相结合"的"三结合"就业方针,推出了劳动服务

公司这一新型的社会劳动力管理组织，打破了计划经济体制下统包统配的劳动就业政策。这一方针的积极认真的贯彻执行，大大缓解了由于10年“文化大革命”造成的沉重的就业压力，全省城镇登记失业率由1979年的5.4%降到了1984年1%以下。

第二步是突破固定用工制度，推行劳动合同制。这一改革的意义在于初步确立劳动者与企业双向选择的劳动关系，促进劳动力市场的形成与活跃。江苏早于全国两年，于1984年开始在全民所有制企业新招工人中，实行劳动合同制。为了推动固定工制度向劳动合同制过渡，解决所有固定工与新招合同工“双轨制”所带来的种种矛盾，1992年，江苏在总结盐城经验的基础上，积极推进企业劳动人事、工资分配、社会保险三项制度改革，逐步建立以全员劳动合同制为核心的新型用工制度和以岗位技能工资为主要形式的内部分配制度，对促进企业转换经营机制产生了良好作用。1995年，国家《劳动法》颁布实施后，江苏在全省各类企业、个体私营经济组织以及国家机关、事业组织、社会团体的工勤人员中全面推行劳动合同制度。1997年底，全省国有企业、集体企业、外商投资企业90%以上职工都签订了劳动合同，私营企业、个体工商户职工签订劳动合同人数也大幅度增加。

随着社会主义市场经济体制的建立和发展，国家就业指导方针也发生深刻变化，由“三结合”转向“在国家政策指导下，劳动者自主择业，市场调节就业，政府促进就业”的新的就业方针，这意味着培育发展劳动力市场，促进就业再就业，成为劳动就业制度改革的主要方向。作为市场体系重要组成部分的劳动力市场，“八五”中后期，江苏已着手建设，并开始发挥作用。进入“九五”时期，省人民政府每年都把“培育发展劳动力市场”列为要办的实事之一。全省各地按照市场化、社会化的原则积极构建劳动力市场的框架，完善和提高市场就业服务体系的内容与水平。

(1) 大力发展职业介绍机构，发挥其在配置社会劳动力方面的重要作用。到2000年，全省各级各类职业介绍机构发展到1810家，初步形成了多形式、多层次、覆盖城乡的职业介绍网络。“九五”期间每年通过职介机构介绍服务成功的有40—50万人次左右。

(2) 建设劳动力市场信息网络。1996年，全省实现省与省辖市劳动力市场信息联网。2000年，省辖市劳动力市场信息同城区实时联网全部正式开通运行。现代化手段的运用，为全省劳动力资源共享提供了科技支撑。

(3) 就业服务方式不断完善，有效性增强。全省城镇普遍推行劳动预备制，开始建立新生劳动力就业前必须培训的新制度；与此配套，从2000年7月起，大规模推行就业准入制度，即从业人员必须经过培训，取得相应的资格证书，方可上岗。这种“先培训后就业”的制度，是劳动力市场走向成熟的重要标志。

“九五”时期,实施下岗职工再就业工程,是全省劳动就业工作的重中之重,也是各级党委和政府的一件大事。长期以来,计划经济体制下对公有制企业尤其是国有企业实行行政性安置就业,大大超过了企业本身的有效需求,形成了企业中“一个人的活两个人干,三个人的饭五个人吃”的状况。在向社会主义市场经济体制转轨过程中,伴随经济结构调整和国有企业改革的深化,企业内部不充分就业人员从工作岗位上分离出来,隐性失业变为公开失业,产生了大量下岗、失业人员。这是进入1990年代以来造成下岗失业形势骤然严峻起来的重要原因。

1992年以来,江苏国有企业下岗失业职工逐渐增多,到1996、1997年出现高峰,据不完全统计,分别达到80多万人和近70万人。中共江苏省委、省政府高度重视解决城镇职工下岗和待业问题,从1995年起实施再就业工程。“再就业工程是运用政策扶持和就业服务手段,充分发挥政府、企业、劳动者和社会各方面的作用,实行企业安置、个人自谋职业和社会帮助安置相结合,重点帮助失业6个月以上的职工和生活困难的企业富余职工实现再就业。”①为了促进这项工作迅速开展,省里先后制定下发了多个文件。在推进再就业工程中,省及各地采取的政策措施主要有:

(1) 有下岗职工的企业成立再就业中心,对下岗职工实行托管。中心的主要功能是保证下岗职工基本生活费的发放,代缴社会保险费,提供职业介绍、职业培训等服务,帮助下岗职工再就业。这就是当时概括的“进中心,保生活,再就业”。1999年底,全省有下岗职工的9千多户企业全部成立再就业服务中心,当年全省28.7万下岗职工全部进入中心。

(2) 筹措再就业资金,加大投入。省人民政府拨专款建立了再就业基金,同时采取“三三制”(财政预算、企业、社会筹集三方各负担1/3)的办法,筹集用于发放保障下岗职工生活费。仅1998至2000年3年间用于保障下岗职工基本生活费和代缴各项社会保险费的资金达41.49亿元。② 国有企业下岗职工100%领到基本生活费。同时,根据国家“两个确保”③的要求,发放企业离退休人员养老金。

(3) 鼓励有条件的企业发展多种经营,向主业以外的产业转移,兴办经济实体,分流安置本企业下岗职工,开展生产自救。

(4) 鼓励发展第三产业、小企业、个体私营企业,努力开发社区服务与其他就业

① 董辅礽主编:《中华人民共和国经济史》(下),经济科学出版社1999年版,第481页。

② 据1999—2001年《江苏年鉴》记载,1998—2000年三年筹集的下岗职工基本生活保障资金和代缴各项社会保险费分别为12.3亿元、15.79亿元、13.40亿元。

③ “两个确保”:确保企业离退休人员养老金和国有企业下岗职工基本生活费按时足额发放。

岗位。

(5) 通过简化工商管理手续、减免税费和实行银行信贷支持，鼓励下岗职工自己创业，鼓励企业吸纳更多的下岗职工就业。

(6) 加快劳动力市场建设，完善劳动就业社会化服务体系，特别是抓好职业技能培训，政府购买培训岗位，促进下岗职工再就业。

(7) 适度控制下岗数量，每年不超过在职职工总数的10%等等。

通过再就业工程的实施，“九五”期间，每年失业、下岗职工再就业率均超过50%，并逐步实现再就业人数大于新增下岗人数。2000年全年新增下岗职工10.04万人，比上年25.68万人下降了60.90%。再就业工程的实施，对于保证国有企业改革、经济结构调整和维护社会稳定发挥了重要作用。

改革开放以来，在城镇就业基本稳定的同时，农村劳动力开发就业也有序稳步进行。乡镇企业的发展，促进农村剩余劳动力大规模地向非农产业转移。“自1978—1998年，江苏农村从事非农业的劳动力平均每年以10.5%的速度递增；进入90年代，全省农村劳动力年均转移的规模近100万人。”①1995年5月开始在吴江、昆山、武进、江阴等15个县(市)开展全省农村劳动力开发就业试点，后扩大到28个县(市)。试点促进了全省农村劳动力的有序流动，疏通了城乡劳动力合理流动、互为补充的正常渠道。省劳动行政部门还积极开展“百镇百万”农村劳动力培训计划，认真做好省际间、区域间的劳务协作。仅1998年为168万外来劳力，77万外出务工人员提供就业服务。农村劳动力向非农产业的转移和向城市的流动逐步扩大，促进了城市化进程。

在全省经济持续快速发展推动下，劳动就业制度改革不断深化，市场机制日渐成熟，全省劳动就业产业分布出现了新的变化(详见表5—2)。

表5—2　三次产业的从业人数(单位：万人)

年　份	从业人数	第一产业		第二产业		第三产业	
		人　数	比　重	人　数	比　重	人　数	比　重
1978	2777.72	1937.06	69.7	544.57	19.6	296.09	10.7
1990	3569.13	1745.12	48.9	1208.00	33.8	616.01	17.3
1991	3600.27	1770.76	49.2	1200.37	33.3	629.14	17.5
1992	3613.90	1722.00	47.6	1220.76	33.8	671.14	18.6
1995	3649.69	1564.70	42.9	1271.74	34.8	813.25	22.3
1996	3647.09	1551.79	42.5	1246.84	34.2	848.46	23.3

① 夏鸣主编：《江苏五十年》，中国统计出版社1999年版，第210页。

续表

年　份	从业人数	第一产业		第二产业		第三产业	
		人　数	比　重	人　数	比　重	人　数	比　重
1997	3658.05	1554.22	42.5	1219.15	33.3	884.68	24.2
1998	3570.60	1550.38	43.4	1104.67	31.0	915.55	25.6
1999	3533.28	1523.26	43.1	1075.11	30.4	934.91	26.5
2000	3504.87	1497.70	42.7	1057.32	30.2	949.85	27.1

资料来源:2001 年《江苏统计年鉴》,第 63 页。从 1998 年起城镇单位职工人数为在岗职工人数,不包括离开本单位仍保留劳动关系的职工。

从表 5—2 看到,2000 年同 1978、1990 年相对照,劳动力三次产业结构不断优化,第一产业劳动力大量向二、三产业转移。进入 20 世纪 90 年代,第三产业的较快发展,发挥了较多吸纳劳动力的作用,它也是今后劳动就业的主要渠道。

统计资料表明,就业渠道拓宽,非公有制单位吸纳劳动力能力增强。1978 年国有单位、城镇集体单位从业人员占城镇从业人员比重分别为 62.8%和 36.9%,到 2000 年则下降到 48.34%和 13.49%,而城镇私营企业从业人员和个体劳动者所占比重从 1978 年的 0.027%上升为 2000 年的 26.40%。① 此外,劳动者择业观念变化,自谋职业显著增多。随着再就业中心保障与社会失业保险并轨,人们对劳动就业市场化、社会化的承受和适应能力增强。

二　社会保障体系的建设和住房制度改革的深化

企业改革的深化,大批隐性失业人员走向社会,进一步凸现了社会保障体系建设在市场经济体制构建中的重要地位与作用。“九五”期间,江苏把“两个确保”放在社会保障工作的头等重要位置,全面深化以城镇职工养老、失业、医疗保险为重点的社会保障制度改革,社会保障体系进入全面建制实施阶段。

城镇职工养老保险。城镇企业职工养老保险制度改革几乎每年都有新举措,以制度创新促进全省养老保险制度的完善。1996 年元月起,为每位参加基本养老保险的企业职工和个体经济组织从业人员,建立基本养老保险个人账户,按职工个人账户储存额的多少,计发基本养老金,从而形成企业为职工、职工为自己缴纳养老保险费的新机制。是年,为了使全省养老保险制度逐步走上规范化的轨道,省人民政府颁布了《江苏省城镇职工养老保险规定》,以后又两次进行修订,使之不断完善,从而推进

① 据 2001 年《江苏统计年鉴》,第 63 页表 3—10 从业人数整理。

基本养老金计发办法的改革，统一全省企业缴纳保险费的比例，实现了全省基本养老金保险制度的平稳过渡。

1998年，对全省各类企业职工实行基本养老保险基金实行省级统筹，建立新的省级调剂金，用于适当调剂各市当年基本养老保险基金的应收应支的余缺。这项制度的执行，增强了保险金的支付能力。当年还顺利完成了铁路、电力、邮电、交通等13个行业67家单位40万职工、8万离退休人员的养老保险整体移交地方管理，并纳入地方统一的基本养老保险体系。

1999年以来，养老保险制度改革和建设着力于解决两个问题：一是加强保险基金的征缴和清欠。近几年养老保险基金拖欠严重。1998年，养老保险基金征缴率为93.56%，欠缴额达8.4亿元，历年欠缴累计达30亿；当年底，全省77个县（市）中已有59个养老保险基金出现倒挂，其余县（市）大多数备付月数已低于警戒线（6个月）以下。① 为解决一部分企业蓄意少报或拖欠保险费，从2000年7月起，实行社会保费（含养老等）由税务部门强制征收，到年底收缴率接近100%；同时，南京、无锡、常州、苏州、连云港、扬州、镇江7市实现当期和历史均无拖欠，其他几个市拖欠额也在降低。但养老保险基金收支倒挂问题至2000年底尚未彻底解决。二是扩大保险覆盖面。在抓好国有企业、城镇集体企业100%参加养老保险的同时，重点放在要求“三资”企业、私营企业、个体经济的从业人员、外埠员工、农民合同制职工按规定参加所在地的养老保险。

至2000年底，全省参加城镇养老保险的职工达648万人，覆盖率达到93.2%；有200.19万企业离退休人员领取养老金，比1995年增加了61万人。为避免少数企业由于经营发生困难或其他原因，挪用、挤占、拖欠离退休职工养老金问题的出现，从2000年开始，建立由企业发放改为社会化发放的保障制度，同时改“差额缴拨”为“全额缴拨”。当年社会化发放的企业离退休人员有175.02万人，社会化发放率达87%。

1997年7月，省政府出台《江苏省农村社会养老保险办法》，农村养老保险由试点逐步推广到全省所有乡（镇）。2000年，全省农村参加养老保险人数达803万人，比1995年增加26.03万人。虽然参保面扩大了，但参保净增人口不多。

城镇企业失业保险。“九五”时期，江苏在努力推进失业下岗职工再就业工程的同时，还致力于失业保险制度的完善工作。1996、1997年继续贯彻执行1995年颁布的《江苏省职工失业保险规定》，覆盖面扩大，参保人数增加。1998年，省里下发《关于提高失业保险基金征缴比例和实行个人缴费的通知》，筹资比例由原来的1%提高

---

① 宋林飞主编：（2000年）蓝皮书《江苏经济社会形势分析与预测》，江苏人民出版社2000年版，第311页。

到 3%(企业和单位按照全部职工工资总额的 2%,职工本人按照上年度月均工资 1%缴纳失业保险基金)。当年全省征缴的失业保险基金较上年增长了 65.5%。这一规定的执行,增强了失业保险的功能和支持企业改革、帮助企业解困、促进下岗职工再就业的作用。1999 年 1 月,国务院颁布了《失业保险条例》,将失业保险覆盖到除国家公务员以外的城镇所有从业人员。省人民政府为贯彻《条例》精神,于当年 5 月下发《关于对事业单位全面实施失业保险的通知》。这样,城镇各类所有制和各种组织形式的企业、事业单位都纳入失业保险范围,初步形成不分企业、事业单位和所有制性质和组织形式、不分隶属关系、不分职工身份的统一的失业保险制度。至 2000 年末,参加失业保险的人数达 764 万人,比 1998 年初增加 125 万人,覆盖率达 96%。根据国家的统一部署,江苏从 1999 年开始积极稳妥地推动下岗职工由单位的再就业中心保障基本生活和再就业向失业保险和市场就业转变,逐步实现下岗保障和失业保险"并轨"。至 2000 年底,全省在再就业中心的下岗职工已从 1998 年末的 41.16 万人降至 21.88 万人,而全省领取失业保险金的人数从 1998 年末的 6.34 万人上升到 23 万人。失业人员的增加和"并轨"带来了统计口径的变化,至 2000 年城镇登记失业率为 3.4%,较 1999 年和 1995 年年底分别上升了 0.5 和 1.4 个百分点。当年失业人数为 59.88 万人,就业 27.01 万人,年末尚有失业人数 30.36 万人,劳动就业形势仍不容乐观。

城镇职工医疗保险。继镇江市作为全国医疗保险改革试点城市以来,苏州、无锡、南通、盐城 4 市 1997 年先后进入医保改革试点城市行列。当年镇江市职工参保率达 95%,基金收缴率为 92%,医疗保险基金收支相抵,略有结余。① 扩大试点的 4 个市基金收支也基本平衡。5 市试点表明:城镇职工医疗保险改革取得了阶段性成果,在较好地保障职工基本医疗的同时,初步构建起一套筹资、医疗费用共同负担、制约、管理等运行机制,有效地遏制了医疗费用增长的势头。试点城市也暴露出一些实际问题,最突出的是大病患者超过报销封顶线的医疗费用患者难以承受。为解决这个问题,镇江市推出了基本医疗保险以外的大病统筹办法,效果较好。

在总结试点经验的基础上,1999 年 9 月,根据国务院统一部署,省人民政府批转《关于江苏省城镇职工医疗保险制度改革的实施意见》(以下简称《实施意见》)。《实施意见》规定江苏行政区域用人单位及其职工都要参加基本医疗保险。以省辖市或县(市)为统筹单位,实行统一政策。以《实施意见》为依据,至 1999 年底,有 8 个省辖市的实施方案先后出台。为了使医疗保险改革实施方案得到顺利贯彻执行,2000 年 8 月,省体制改革办公室等 9 部门联合制定了《关于全省城镇医药卫生体制改革的实

① 宋林飞主编:(1998 年)蓝皮书《江苏经济社会形势分析与预测》,江苏人民出版社 1998 年版,第 339 页。

施意见》和相配套的9个文件。其意图是，医药卫生体制改革①与全省基本医疗保险制度改革相互配合、同步推进。至2000年底，全省13个市、58个县(市)的医改方案出台并先后组织实施，参加基本医疗保险的职工和退休人员有323.6万人。医疗卫生体制改革涉及卫生行政、医疗单位、药品生产、供销以及医疗保险制度改革的深化，情况比较复杂，改革步入"深水区"。

工伤、生育保险改革深入进行。至2000年11月底，全省有63个县(市)实行企业职工工伤保险，参保职工近452万人；67个县(市)实行企业女职工生育保险，参保职工455万多人。②

"九五"期间，社会福利、社会救济、优抚安置工作继续发展。2000年，全省城乡各级各类社会福利院共2804个，由于乡镇撤并等原因，总数减少，但床位由1995年的74047张增加到84959张。城镇社区服务中心和设施每年都大幅度增加。全省社会福利企业保持在6000个左右，占全国福利企业总数的14%；安置残疾人就业16万人左右，占全国福利企业安置残疾人就业总数的22.5%。社会救济总人数因各年份受灾情况不一而有所不同，但社会救济福利费呈总体上升趋势，保证了定期救济、补助供养的需要，使遭受自然灾害的群众及时得到救助。优抚安置工作进一步落实，各类抚恤、补助的优抚对象生活得到改善。③

城乡困难群众生活最低保障。"八五"后期到"九五"时期，城镇除传统的民政保障对象外，一批在职、下岗、失业、企业离退休等低收入家庭浮出水面，成为令人关注的生活困难的群体。对这个群体最低生活保障摆上了各级党委、政府和劳动保障部门重要工作日程。从"八五"后期开始，对城镇居民最低生活保障经过试点探索、建章立制、全面实施和提高完善4个阶段，逐步走上了制度完善、措施配套、运作有序的轨道，保障对象扩大，保障水平逐步提高(详见表5—3)。

表5—3　1997—2000年江苏城镇居民最低生活保障人数、资金

年份 / 类别	1997	1998	1999	2000	合计
纳入保障人数(万人)	2.5	5.1	6.65	7.34	21.59
保障资金(万元)	1451	3103	6390	7283	18227

资料来源：凌航主编：《跨世纪的中国民政事业(1994—2002)》(江苏卷)，中国社会出版社2002年版，第3页。

---

① 医药卫生体制改革指医疗机构和药品生产流通体制改革。

② 宋林飞主编：(2001年)蓝皮书《江苏经济社会形势分析与预测》，江苏人民出版社2001年版，第365页。

③ 本段数字引自凌航主编：《跨世纪的中国民政事业(1994—2002)》(江苏卷)总论和附表，中国社会科学出版社2002年版。

表5—3显示,2000年全省城镇居民最低保障人数是1997年的2.94倍,保障资金增长了4倍,这使得保障对象涵盖城镇所有非农业人口的低收入家庭,即“应保尽保”,同时保障标准得到提高,涉及保障对象的水、电、气、房租、子女入学学杂费、医疗等优惠扶持政策逐步完善。[①] 由于加大社会保险征缴力度,财政大力支持和社会各方面共同努力,城镇最低生活保障同失业保险、下岗职工基本生活三条保障线,“九五”期间运转正常。农村最低生活保障工作在管理上借鉴城市最低生活保障的经验,向前迈进。2000年底,全省农村最低生活保障对象17.8万人,发放保障金6008万元。

住房制度改革。进入“九五”时期,全省住房制度改革首先以全面贯彻落实省人民政府1995年颁布的《方案》的各项要求为重点,继续深化,并在此基础上向货币化、商品化目标推进。

(1) 全面建立住房公积金制度,加强住房基金(含公积金和公有住房售房款)的管理和使用。各县(市)在1995年基本建立住房公积金制度的基础上,1996、1997年先后开展住房基金管理年和达标活动,有效地促进了住房基金的归集和管理的规范。截至2000年底,全省共有615万名职工建立了住房公积金,基金收集余额达238.19亿元。住房基金量的不断扩大,为整个房改特别是住房供应体系的建立提供了有力的支撑。江苏创造的关于住房基金“中心负责,银行办理,财政监督,税务支持,领导小组决策”的管理体制得到朱镕基总理和国务院房改领导小组的肯定并在全国推广。

(2) 加快经济适用房建设。据统计,“九五”期间,全省各地共建设经济适用房(含早期安居工程房)2030万平方米,数十万住房困难户和中低收入家庭住上新房。

(3) 根据企业自身特点和具体情况,加大企业房改力度,使企业房改赶上社会房改的步伐。

(4) 改革住房分配制度,房改进入新阶段。1998年9月省人民政府发布《关于进一步深化城镇住房制度改革的实施方案》,要求从当年12月1日起,全省停止实行住房实物分配,逐步实行住房分配货币化。这是住房制度改革的一项重大的实质性突破,大大加快了商品化的进程。截至2000年底,共为8.5万多名职工发放住房补贴11.18亿元;全省共出售公房13876.8万平方米,占可售公房的92.07%;已购公房上市交易4万余户,成交面积250多万平方米;全省公积金个人贷款余额37亿多元。根据实施方案要求,住房的金融服务,住房专业化物业管理也逐步建立和发展起来。

随着住房商品化进程加快,如何在市场取向改革与必要的住房社会保障之间求

---

① 1997年刚建立城镇居民最低生活保障制度时,保障标准每月苏南140元,苏中120元,苏北100元;2000年,南京、苏州200元,无锡、常州180元,镇江、南通、扬州、泰州156元,徐州、淮安、盐城、连云港、宿迁130元。

得平衡，是一个必将要面对的问题。

三　新一轮机构改革和政府职能的初步转变

“八五”期间一轮的党政机构改革中的一些深层次矛盾和问题仍未得到根本解决。政企、政事、政社不分，部门权力利益化的倾向，机构设置、职能配置与社会主义市场经济发展的矛盾日益突出。这些问题与矛盾的存在不仅直接妨碍经济健康顺利的发展，而且滋生官僚主义，助长贪污腐败和不正之风，影响党、政府与人民群众的关系和社会稳定。中共十五大把推进机构改革作为一项战略任务提上日程。

1999 年 1 月，中共中央、国务院发出《关于地方政府机构改革的意见》（以下简称《意见》）。江苏针对机构改革，首先是对省级党政机构改革进行调查研究、方案和配套文件的拟定等一系列准备工作。2000 年 3 月、5 月，中共中央、国务院先后批准江苏省报送的省级党委和政府机构改革两个方案，省级党政机构改革全面展开。省级机关各部门组织广大干部认真学习中央《意见》和省级党政机构改革方案的实施意见，加强思想政治工作，提高党员和机关干部认识，树立大局意识，增强纪律观念，服从组织安排。在组织实施改革方案过程中，省级机关本着“态度要坚决，准备要充分，步子要稳妥”的精神，逐步有序展开。首先对不予保留的部门做好机构撤并调整、职能划转和行政编制分配工作；接着对保留、加强和新建机构，进行“三定”方案的上下磋商、初步审核、最后报批工作。省级党政机关各部门根据省委、省政府批复的方案，精心组织实施，到 2000 年底，改革工作基本完成，少数未来得及实施“三定”方案的部门都在 2001 年上半年全部完成任务。

在省级党政机构改革推进的同时，省属科研机构体制改革、省级被撤销的专业经济部门管理的事业单位的调整划转、经济鉴证类社会中介机构的脱钩改制和事业单位登记管理等各项工作，也按照政事、政社分开的改革原则，有条不紊地进行。

2000 年 12 月，中共江苏省委、省政府下发《江苏省市县乡机构改革的指导意见》，对转变职能、调整机构设置、精简人员编制以及改革的配套政策措施等作了明确的规定。各地按照省委、省政府的部署积极稳妥地推进市、县、乡的机构改革。

省级机构改革，同上一轮改革相比较，在转变职能，实行政企、政事、政社分开方面有新突破。一批工业、商业等专业经济部门不再保留，将机械、冶金、轻工、石化，国防工业、贸易、建材以及纺织总会、物资总会、茧丝绸行业总会等部门承担的原行政管理职能划入省经贸委，原部门就地转为资产管理公司或集团公司，履行国有资产管理监督职责；解除政府经济管理部门与所办经济实体和直属企业的行政隶属关系，明确政府部门今后不再兴办经济实体，已办的要在人、财、物等方面全部脱钩；政府部门不

再直接管理企业,切实落实企业经营自主权;以往政府部门管理的辅助性、服务性、事务性工作从政府职能中分离出来,交给事业单位和社会中介组织去做。在这轮机构改革中,力促政府职能转变,改进行政审批制度,政府直接审批事项大幅减少。省级40个部门原有审批总事项(含审批、审核、核准、备案)共1083项,2000年减少397项,总减幅36.7%。对保留审批事项,也着眼于提高行政效率,减少环节,简化手续,规范程序。有的市试行设立行政审批服务窗口,提供审批一站式服务。行政审批制度的初步改革对于突破部门利益的束缚,转变职能,依法行政,提高效率有着重要意义。

在理顺关系、减少职能交叉重复方面有了新进展。通过改革,组建劳动和社会保障厅,将原来分散在各个部门的社会保险职能统一交给该厅承担;组建药品监督管理局,统一管理药品监督管理职能;组建质量技术监督局,将原来分散在各个专业经济部门的产品质量监督管理职能交给该局承担;组建信息产业厅,承担全省电子信息产品制造、软件业的行政管理职能。类似这种省政府部门之间调整的职能有246项,并将41项职能下放给省辖市,进一步理顺省级机关各部门之间以及与市县的事权关系。

同时,在精简机构和人员编制方面迈出了新步伐。通过改革,省级党委部门精简31.6%,其行政编制精简20%。省政府部门精简30%,其行政编制精简49%。各部门内设机构精简21.5%,处级领导职数精简25.5%。人员分流是机构改革能否顺利实施的一个关键。省里出台了省级机关人员分流实施办法,立足优化干部队伍结构,通过定岗定编分流,改变机关干部队伍结构不合理的状况。

四　宏观经济环境的变化与财政金融的改革和发展

“九五”时期,中国宏观经济形势和宏观调控的任务发生了阶段性变化。从“八五”中期开始为遏制经济过热,以治理通货膨胀为宏观调控的首要任务,到“九五”初期完成,成功地实现了经济的“软着陆”。1997年下半年以来,宏观经济环境出现了新的变化。一方面多年来“短缺”局面基本结束,社会产品由卖方市场变为买方市场,由传统的供给型制约转变为市场需求型制约;另一方面亚洲金融危机,产品出口受阻,加剧了国内市场供大于求的矛盾。市场物价连年大幅回落,经济增长驱动力减弱,出现通货紧缩的趋势。为防止经济增长继续下滑的趋势,国家宏观调控上采取扩大内需的方针,实行积极的财政政策和稳健的货币政策。江苏的财政与金融业适应宏观经济环境的变化,认真积极贯彻执行国家宏观调控政策和措施,自身也得到了发展。

财政方面："九五"时期，全省各级政府和财政税务部门，根据国家适度从紧的财政政策的要求，加大平衡力度，加强税收征管，严格控制支出，在1995年基本实现当年财政收支平衡的基础上，逐年消化老赤字，到1997年赤字额尚有2.7亿元，全省各市县财政结余和赤字相抵，基本实现财政平衡的目标，为经济的"软着陆"发挥了积极作用。从1997年下半年起，江苏市场物价开始了长达两年多时间的持续下降，通货紧缩的压力逐渐增强。各级财税部门认真实施国家积极的财政政策，参与国家宏观调控的统一行动。省财政为配合增发国债及时落实配套资金，扩大投资，刺激需求，同时为拉动投资，及时停征了固定资产投资方向调节税；为启动房地产，对房地产业给予一定的税收减免；为促进利用外资，适当调整了涉外税收；为促进出口，三次提高出口退税率；为鼓励技术创新和高新技术产业化，对增值税、营业税、企业所得税给予优惠措施；此外，财政为增加机关、事业单位人员工资、对苏北欠发达地区转移支付提供了支持。这些扩张性财税政策的实施，对全省投资、出口、消费的回升，对经济的发展起到了重要的促进作用。

财税体制改革，大大调动了各级财政税收部门组织财政收入的积极性。"九五"期间，江苏财力逐年增强(详见表5—4)。2000年财政总收入达865.13亿元，比1995年提高1.47倍，占地区生产总值的比重达10.07%，比1995年的6.79%，提高了近3.3个百分点；1996年地方财政收入首次超过了上划中央收入，其比重为52.1%，到2000年上升到57.9%。地方财力的增加，为"九五"推进国企改革，支持再就业工程，加大农业和工业结构调整投入，促进社会事业发展，提供了支持。

表5—4　"九五"时期江苏财政收入增长情况

指　标	单位	1996	1997	1998	1999	2000	"九五"平均增速(%)
财政总收入	亿元	427.99	512.90	579.90	680.23	865.13	19.8
＃地方财政收入	亿元	223.17	273.20	308.20	384.78	501.33	23.8

资料来源：2001年《江苏统计年鉴》彩插图表。

金融方面："九五"初期，江苏金融业界特别是银行系统认真贯彻执行国家适度从紧的货币政策，严格控制货币总量和信贷规模，加强现金的管理与回笼，继续整顿、规范金融秩序，为抑制通货膨胀发挥了重要作用。"九五"中后期，针对通货紧缩趋势，金融业界根据国家扩大内需，实行稳健的货币政策宏观决策的要求，采取了一系列措施。为刺激内需，适当增加货币供应量，广义货币供应量增速高于经济增速和物价上涨之和，保证了江苏经济建设的需要。优化货币投向结构，加大对农业、开放型经济、基础产业、支柱产业重点项目以及私营个体经济的信贷投入。自1996年起，按照中

国人民银行统一部署,7 次下调存贷款利率,两次下调存款准备金率;积极开办住房、汽车、耐用消费品、助学等消费信贷业务。这一系列信贷政策措施的实施,扩大了消费需求,对经济全面回升发挥了积极作用。

"九五"期间,金融体制改革取得了重要进展。

按照国家统一部署,成立了跨省的一级分行——中国人民银行南京分行,在江苏、安徽两省行使央行的职能;成立了中国银监会江苏银监局、中国保监会南京特派员办事处、中国证监会南京特派员办事处。银行、保险、证券业新的监管体制的确立,有利于增强金融监管部门的独立性、专业性和监控能力。1997 年以来,金融监管部门对城乡信用社、农村合作基金会进行清理整顿,严厉查处金融机构违规行为,整顿金融秩序,打击非法集资活动,解决证券回购中的债务清偿问题,认真查处了保险业中的违规经营问题,全省金融秩序明显好转。

为推动国有独资银行向商业银行的转变,把主要为农业、重点项目建设和机电设备进出口提供金融服务的政策性金融业务从国有独资银行中分离出来,成立中国农业发展银行江苏省分行、国家开发银行南京分行和中国进出口银行南京办事处;同时,4 大国有独资银行在 1997 年与所办信托投资公司脱钩。

"九五"期末,除 4 大国有商业银行外,交通银行、中信实业银行、上海浦东发展银行、华夏银行、招商银行、广东发展银行、中国光大银行等也都在江苏设立了分支机构;为更好地支持农村经济的发展,1996 年农村信用社正式与农业银行脱钩,成立在人民银行直接监管下的独立体系;1997 年以来,各市还成立了主要为地方经济发展服务的城市商业银行。"九五"期间,各商业银行以效益为中心,全面实行资产负债比例管理,撤并效益差、潜力小的机构网点,减少、优化从业人员,加强资金规范和集中管理,促进了全省金融业务的发展。2000 年末,全省金融机构各项存款余额 8400.75 亿元,比 1995 年增长近 1.4 倍;贷款余额达 5967.66 亿元,是 1995 年的 2.08 倍,全省金融业稳健运行。

"九五"期间,除国有独资的中国人民保险公司外,一批股份制保险公司在江苏设立分支机构。中国人民保险公司、太平洋保险公司实现了产业险与寿险的分业经营。全省有中国人民保险公司、中国人寿保险公司、太平洋保险公司、平安保险公司、天安保险公司、大众保险公司、华寿保险公司和新华人寿保险公司等 8 家保险公司的 700 多个保险分支机构。2000 年,各主要保险公司保费收入达 132.03 亿元。

此外,1996 年以来,日本富士银行、日本东京三菱银行、日本住友银行等在江苏分别设立办事处,表明江苏金融业对外开放迈开步伐。

五　市场在资源配置中明显地发挥基础性作用

市场在资源配置中发挥基础性作用是社会主义市场经济体制的本质内容，也是初步建立起社会主义市场经济体制的主要标志之一。江苏经济体制市场取向改革不断深化，到“九五”期末，市场机制在资源配置中的作用发生了根本性的变化。

市场决定产品生产和基本决定商品、服务价格。经过多年的改革，农产品生产的指令性计划已全部取消，工业品生产的指令性计划只局限于国家规定的木材、黄金、卷烟、食盐和天然气 5 种。“九五”期间，商品市场供求格局发生了根本性变化，全省市场上主要商品供求平衡或供大于求的已达 100%，供不应求的一般商品基本没有，困扰人们几十年的卖方市场格局转变为人们所乐见的买方市场格局。实践证明，在绝大多数领域由市场配置资源比由计划配置资源更有效率。这种买方市场格局的形成，促使生产者、投资者按市场需求进行生产，选择投资的方向和规模，市场的导向作用得以充分发挥。绝大多数商品进入市场自由流通，价格由市场决定，国家只对不到 5%的商品和服务价格实行计划管理。消费者购买商品选择性大大增强，逐步占据市场的主导地位。

利用资本市场步伐加快。①“八五”期末上市公司有 12 家，到“九五”期末达 62 家，发行股票 62 只，累计募集社会资金达 373.5 亿元。1998 年江苏上市公司的产值占江苏地区生产总值的 13.65%，资本市场在江苏经济发展中的作用越来越大，不过同全国上市公司总产值占国内生产总值的 50%以上（2000 年数字）相比，规模仍然偏小。江苏上市公司平均经营业绩的走势大体是，1996、1997 年两年处于滑波阶段，1998 年甚至落后于全国平均水平，直到 1999 年中期绩优公司比例上升到 44%，高于全国 22.4%的水平，但有相当数量上市公司业绩平平，3 家公司亏损。经营业绩的两极分化，推动上市公司利用资本市场的特殊功能，实行资产重组，以优化资源配置。2000 年底，有 14 家上市公司控股权发生转移，但效果尚不明显。全国资本市场的发展，使江苏各地资本运作意识增强，加快了企业公司改制步伐，积极推出优质企业，为上市作准备。但也有一些上市公司和准备上市的公司，把上市当作“圈钱”的机遇，千方百计进行“包装”，社会责任和职业操守意识不强。

技术市场活跃。为贯彻落实“科技兴省”战略，促进产学研联合和科技成果的转化，江苏技术交易一直保持活跃态势。至 2000 年，技术贸易机构、技术中介、经纪机构达 7500 余家，从业人员 10 万多人。当年，技术合同项目 2.8 万多项，交易额达

① 宋林飞主编：(2001)蓝皮书《江苏经济社会形势分析与测》，江苏人民出版社 2001 年版，第 128—135 页。上市公司、发行股票、募集资金数，根据(2001 年)《江苏省情手册》修正。

44.96亿元,是1995年的2.47倍,居全国首位。[①] 在交易手段上,除常设市场外,注意发挥展示交易会、中介服务体系和电子信息网络的综合功能。在服务范围上,立足江苏,辐射全国,与周边省市和经济发达地区技贸关系日益密切。技术经纪人由初期的特约、聘用性质转向形成专职队伍。2000年,江苏与国家科技部联合成功举办世界科技城市联盟大会暨2000年中国南京高新技术成果展示交易会。

人才市场在人才资源配置中发挥主渠道作用。从1992年9月首家人才市场成立以来,全省省、市、县三级人才市场网络已经形成,每年要举办成百上千次的人才集市、专业人才交流活动。近年人才市场服务形式有所创新,开展网上人才服务,高层次人才服务,大中专毕业生专场服务;"江苏人才网"主页2000年访问人数近36万人次。服务规模不断拓展,从1998年起,全省80%流动人才,80%"三资"企业和非公企业人才、80%的大中专毕业生都通过人才市场实行双向选择。进场招聘单位、参加交流人数、达成洽谈意向人数逐年较大幅度增加。人事代理工作范围扩大,服务内涵丰富。

产权交易市场方兴未艾。适应国企改革深化的需要,江苏省产权交易中心市场,1997年9月正式运行。当年全省实现产权交易额8亿元。2000年,全省有产权交易市场11个,通过挂牌交易,处置国有资产的兼并、拍卖、出售等,成交项目264项,实现成交金额36亿元。国有资产进入市场交易及其监管是一项复杂的工作,法律、法规不健全,尚待进一步探索和规范。

建筑工程招投标市场不断完善。1995年,省人民政府发布《江苏省建设工程招投标管理办法》,标志着建筑工程招投标市场正式建立。几年来,市场建设取得重大进展。2000年,全省已建立市、县级有形建筑市场70个,其中县(市)级57个。全省工程项目报建率、招投标率均达到100%,公开招标率98.95%,邀请招标率1.05%,工程造价降低10多亿元。全省通过公开选聘、考核录用的各专业类招评标专家2000多名,《江苏工程建设网》于年底开通运行,进一步提高招投标市场效率的公正性。

市场环境不断改善。在积极推进市场取向改革的同时,市场基础设施建设继续得到加强。"九五"期间,许多商业企业,尤其是规模以上企业都进行了翻建和装修,充满时代气息和多种服务功能的商业设施纷纷出现。不仅一大批年交易额超10亿元、50亿元、100亿元大型现代化商业交易市场成为沟通产销、城乡的重要渠道,而且现代化的物流中心、配送中心和电子商务也有了一定发展。与此同时,市场法规逐步健全,市场监督机构和认证机构逐步完善,全省连续多年组织开展打击制售假冒伪劣

① 2001年《江苏科技年鉴》,方志出版社2001年版,第36页。

商品行为、商标侵权行为、虚假广告行为、走私贩私和传销、变相传销行为，整治各类专业批发市场，查处各种不正当竞争行为，并针对群众反映强烈的热点、难点问题，开展专项整治。“3・15”成为消费者的节日，消协的作用进一步发挥。仅2000年，全年查处各类经济违法案件10.4万多件，罚没款3.73亿元，促进了市场秩序的好转和市场环境的改善。

第三节　开放型经济经受亚洲金融危机考验

一　亚洲金融危机对江苏开放型经济的挑战

“八五”时期，江苏开放型经济有了长足发展。中共江苏省第九次代表大会把发展开放型经济提升为全省经济国际化战略，赋予开放型经济丰富的内涵和特殊的意义。进入“九五”时期，江苏积极实施这一战略，把发展开放型经济置于更加突出的位置。省委召开的历次全委（扩大）会议报告、省人代会上的政府工作报告都对全省开放型经济的发展作出部署，尤其是坚持每年召开一次对外开放工作会议，总结工作，分析形势，找出差距，理清思路，提出新要求、新举措，力促开放型经济向广度和深度拓展。省人大常委还修订了经济技术开发区管理条例、外资企业劳动管理办法、外资企业土地使用管理条例、外商投资财产鉴定条例等地方性法规，为开放型经济发展提供良好的法制环境。

“九五”头两年对外经贸总体上继续保持良好发展的运行态势。1996、1997年外贸进出口分别达到206.88亿美元、236.21亿美元，与上年比较增幅为27.1%和14.1%。这两年实际利用外资分别达到55.02亿美元、67.85亿美元，比上年增长4.1%和11.2%。对外经济技术合作也取得良好业绩。然而从1997年下半年开始并逐步漫延的亚洲金融危机，使东亚各国和地区经济受到巨大冲击，引发了经济严重衰退。江苏的对外经济贸易交流与合作同东亚国家和地区联系密切，进入江苏的外资约78%来自港台地区和东亚国家，亚洲金融危机的爆发，不可避免地影响到江苏的经济发展。这个冲击，1997年下半年已开始露头。1998年，由于周边国家、地区货币贬值和市场萎缩，许多商品出口订单锐减，有些商品外销价格跌幅近50%。同年，来自这些国家和地区的投资项目数和协议金额比1997年分别下降了24%和38%。如何应对亚洲金融危机的挑战，是江苏开放型经济“九五”后3年必须面对的问题。为应对亚洲金融危机，国家出台了一系列扶持出口和利用外资的政策措施，从宏观上对江苏开放型经济给予了支持。与此同时，江苏从实际出发，采取了一系列措施，克服了

亚洲金融危机带来的负面影响,开放型经济进入量态扩张与质态提高并重的新阶段,成为促进江苏经济发展主要推动力之一。

二 对外贸易发展呈现新的特点

全省坚持“大经贸、以质取胜、市场化和科技兴贸”四大战略,继续深化外贸体制改革,壮大经营主体,优化贸易结构,特别是应对亚洲金融危机有针对性地采取了一系列措施,如培育新的出口增长点,调整出口产品的市场布局,实现市场重心适度西移;落实出口退税、出口商品贴息、出口信贷、发展基金等鼓励政策,促进对外贸易持续快速发展。虽然在 1998 年受到亚洲金融危机的冲击,全省完成进出口总额仍达 264.3 亿美元,较上年增长 11%,下降幅度不大。1999 年,应对危机的措施逐步到位,对外贸易出现恢复性增长,全年完成进出口总额达 312.6 亿美元,较上年增幅达 17%。到了 2000 年,形势继续好转,全年完成进出口总额达 456.4 亿美元,较上年增长 46%,已基本消除危机的影响,其中出口 257.7 亿美元,年出口额在全国出口额中的比重首次突破 1/10。全省进出口总额已相当于当年地区生产总值的 44%。江苏对外贸易规模不断扩大,表明江苏经受住了亚洲金融危机的考验。“九五”期末与“八五”期末相比,进出口总额、进口额都有近两倍的增长,出口年均增速 21.4%,高于全国同期 10.5 个百分点。“九五”期间,对外贸易呈现 4 个显著特点:

(1) 商品结构优化,形成了以机电、轻纺产品为主,具有一定科技含量和比较优势的出口商品体系。2000 年,工业制成品出口比重已由 1995 年的 91.7%提高到 96.7%,其中机电产品出口比重由 25.2%上升到 46.3%,高新技术产品占全省出口总额的 20.8%。当年出口 1 亿美元以上的商品按出口额大小依次为:服装、显示器、硬盘驱动器、手提电动工具、鞋类、液晶显示装置、集成电路、玩具、棉布、复印机、集装箱等。

(2) 加大对欧盟、美国、拉美和东欧等地区市场的开拓力度,市场多元化战略得到较以往更有力的实施,促使多元化布局基本形成。2000 年,日本、美国、欧盟和香港是江苏出口主销市场。

(3) 外贸经营主体发展壮大,形成了以省市县外贸公司、“三资”企业、自营进出口生产企业为主的多层次、多渠道的经营格局。“九五”以来,全省先后组建了 10 家大型外贸集团,实行规模化、集约化经营,形成了抵御市场风险的优势。市县外经贸体制改革以解困搞活,提高效益为目标取得阶段性成果。生产企业出口增幅最快,外贸企业出口额所占比重大幅提升,外贸体制改革成效显现。“三资”企业出口额迅速增加,2000 年所占比重高达 56.1%,成为江苏对外贸易的主要增长点。

（4）贸易方式逐步由一般贸易为主转向以加工贸易为主。1980 年代江苏对外贸易方式总体是以一般贸易为主。1990 年代外资大量进入，带动了加工贸易的迅猛发展。2000 年，全省加工贸易出口额占全省出口额由 1995 年的 39.3%提高到 52.98%，一般贸易额由 1995 年的 60.7%降至 47.02%左右。

三　利用外资保持增长态势

"九五"期间，全省贯彻执行"积极、合理、有效"利用外资的方针，扩大利用外资的规模和领域，在抓好制造业特别是高新技术招商引资的同时，鼓励外资投向农业、基础设施和第三产业，重视现有外资企业增资扩股，发行 B 股、H 股筹集外资。进一步改进招商方式，建立招商网络，加大对欧美国家、跨国公司和台湾地区的招商引资力度，从被动全部吸收转向有选择、有重点地吸收，提高利用外资质量。进一步改善投资环境和对外资企业的服务，发挥开发区招商引资的基地作用，保障外资的合法权益。这些措施的实行，降低了亚洲金融危机给利用外资带来的不利影响，新批外资项目虽然减少，但实际利用外资基本保持平稳增长态势，质量和水平不断提高（详见表 5—5）。

表 5—5　"九五"期间江苏利用外资情况

指　标	单　位	1996	1997	1998	1999	2000	"九五"平均增速（%）
新签利用外资协议金额	亿美元	101.97	98.13	76.86	90.19	106.23	−4.0
实际利用外资金额	亿美元	55.03	67.85	69.57	66.40	65.95	4.5

资料来源：2001 年《江苏统计年鉴》，彩插图表。

"九五"期间，全省累计协议利用外资 473.4 亿美元，比"八五"时期的 409.9 亿美元增长 15.5%，而实际利用外资为"八五"时期的 2.13 倍。20 世纪 90 年代近 10 年间，全省实际利用外资金额占全社会固定资产投资完成额由 4.5%跃升到 25.5%。2000 年完成涉外税收 246 亿元，占全省当年财政总收入的 28.4%，涉外税收成为支持地方财政税收增长的重要来源。外资的利用，对于处于工业化中期、急需资本要素投入和积累的江苏来说，是支持经济发展的重要动力。从 1999 年起，全省协议外资总额已连续两年列全国第 1 位，实际利用外资总额也从 1995 年的第 3 位提升到列广东之后的第 2 位。2000 年来江苏兴办外商投资企业的国家和地区由 1990 年的 17 个扩大为 70 多个。投资额排在前 5 位的是香港、英属维尔京群岛、德国、台湾地区和美国，不过来自英属维尔京群岛的投资方基本上是国内的离岸公司。

“九五”与“八五”比较,利用外资出现了一些新的变化。

投资方式逐步由中外合资为主转向以外商独资为主。以 2000 年为例,新批独资企业项目 1413 个,协议外资额 66.05 亿美元,实际到账外资 38.1 亿美元,分别占全省外商投资总量的 53.4%、62.2%和 59.3%。在新批增资项目中,外商独资企业 409 个,增资协议金额 16.7 亿美元,分别占全省增资项目的 55.6%和 68.8%。外商独资企业已经成为江苏吸引外商直接投资的主要方式,合资、合作形式已降至次要地位。这种变化也使得利用外资的技术溢出效应随之缩小,外资的市场占有率提升。

投资单体规模扩大,水平提高。“九五”期间,新批外商直接投资企业累计 11175 家,平均每家企业合同金额达 423.6 万美元,比“八五”时期高出 2.8 倍,其中投资 1000 万美元以上的大项目(含增资项目)1286 个。截至 1999 年底,135 家著名跨国公司投资资本和技术密集项目 425 家。2000 年,新批总投资 1 亿美元以上项目(含增资项目)12 个,其中包括德国巴斯夫公司与中方合资建设的扬子石化——巴斯夫有限责任公司,计划总投资高达 26.5 亿美元。

外资投向有所转变。虽然仍以制造业为主,但对化学原料、电力、煤气及水的生产和供应等原材料和基础设施投资小幅增长;第一产业投资比重略有上升,由 1995 年的 0.3%提高到 1999 年的 0.8%。

上述变化说明,江苏的投资环境和结构不断优化,同时外商投资江苏的主动性、积极性显著增强。

四　外经工作发展迅猛①

“九五”期间,对外经济技术合作发展迅猛,进一步巩固和发展亚洲主营市场,积极开拓非洲、南美等地市场,累计签订对外承包劳务合作、设计咨询合同额 32.6 亿美元,比“八五”时期增长 3.18 倍,累计营业额达到 26.1 亿美元(国际公司口径,下同),比“八五”时期增长 3.31 倍。外经合同额、营业额由 1995 年居全国第 8 位、第 5 位,1999 年全部升至全国第 2 位。“九五”时期,外经队伍不断壮大,竞争实力不断增强。至 2000 年底,全省具有对外承包劳务经营权企业达 142 家,数量居全国首位,在外劳务和工程技术管理人员共 43051 人。中国江苏国际经济技术合作公司入选美国《工程新闻记录》杂志世界 225 家最大工程承包商第 100 位。“九五”期间,全省签订 1000 万美元以上承包劳务工程 50 个,是“八五”时期的 4 倍多,表明合作层次不断提升,业务领域进一步拓宽,项目经营和管理能力提高,实力明显增强。

---

① 本目涉及的数据引自 2000 年《江苏年鉴》第 242 页;2001 年《江苏年鉴》第 242 页;叶坚:《继往开来,再创辉煌》,《新华日报》2001 年 2 月 12 日。

“走出去”是实施经济国际化战略的重要方面。从“八五”时期开始酝酿，进入“九五”时期，随着境外加工贸易政策的落实，境外事业起步。“九五”期间，全省共举办境外非贸易企业 89 家，中方累计投资 6542.22 万美元，项目规模平均投资额由“八五”时期的 50 万美元上升为 130 万美元，涉及电子、机械、纺织、轻工等领域。海外经贸网络建设步伐加快。在海外相对集中的投资领域设立江苏经贸代表机构工作已经启动。

五　开发区建设整体水平提升

“九五”期间，为了吸引外资投向农业、高新技术等产业，服务于全省经济结构调整和完善开发区地区布局，省人民政府新批准设立省级开发区 9 个，其中外向农业开发区 4 个，高新技术开发区 2 个，其他 3 个。截至“九五”期末，江苏共有国家级开发区 12 个，省级开发区 68 个，在数量上较“八五”时期稍有增加，呈现出类型多、整体规模大、发展快的特点。“九五”时期，开发区的发展已由基本上从普遍创立、数量扩张为主转向以加强建设、质量提高为主的阶段，继续加大基础设施建设投入力度，努力改善投资环境。至 2000 年底，累计开发和正在开发的面积约 300 平方公里，投入的基础设施建设资金 493.74 亿元，做到“五通一平”乃至“七通、九通一平”，一些外商投资企业集中的开发区还陆续建设为外商服务的学校、幼儿园、医院等设施。在硬环境不断完善的同时，各类开发区还学习苏州工业园区、昆山开发区的经验，十分重视体制创新、软环境的建设，努力按国际惯例办事，不断改进服务方式，提高服务水平，普遍建立外商服务中心，实行一个窗口审批，一个口子收费，全过程一条龙服务，即项目洽谈引进、项目实施、项目竣工投产后的常规性全过程服务。建立海关“绿色通道”，提高通关时效，降低物流成本。此外，一批为外商投资提供信息咨询、技术咨询、产品营销策划、产权交易的中介机构也逐步建立起来。硬软投资环境的改善，提升了江苏开发区的形象，赢得了外商的广泛赞誉，引来群凤筑巢经营，产业集聚现象显现，招商引资的成果逐年扩大。截至 2000 年底，累计批准进驻外商投资企业 7288 家，合同外资 417.85 亿美元，实际到账 224.7 亿美元，分别占全省利用外资合同金额的 88.2% 和实际到账金额的 69%。累计已建成投产企业 23927 家，其中外商投资企业 3968 家。各类开发区已成为外商投资的高度密集区和主要载体。

随着外商投资大多数落户开发区并陆续进入产出期，开发区在全省开放型经济中的地位和作用越来越突出。2000 年，开发区完成自营进出口总额 227.9 亿美元，占全省外贸进出口总额的 49.9%。外贸出口中的加工贸易产品特别是技术含量较高的高新技术产品大多来自开发区外商投资企业。同年，开发区实现业务总收入 4040.81 亿元，其中工业产品销售收入 2951.92 亿元，占同期全省工业品销售总额的 73.05%。

苏州工业园区一隅

业务总收入超过10亿元的有56个,其中超过100亿元的有14个,超过200亿元的有6个,超过300亿元的有2个(苏州工业园区373.6亿元,苏州高新区364亿)。同年,开发区实现财政收入124.47亿元,占全省财政总数的14.4%。经过"九五"的进一步开发和建设,全省开发区正朝着开放型经济聚集区、高新技术产业的密集区、经济发展的高增长区和现代化新城区的目标迈进。

"九五"期间,江苏加快推进经济国际化进程,努力克服亚洲金融危机的影响,开放型经济迈上了一个新台阶,但面对即将"入世"的新形势,仍然存在一些值得重视和认真解决的问题。外贸出口商品中高新技术产品比重虽有了提高,不过从主要出口商品看,年出口量较大的仍然是服装及衣着附件、纺织纱线、织物及其制品、鞋类和玩具等技术含量不高的产品;加工贸易一般处于价值链低端,技术、品牌自主创新相当薄弱,服务贸易尚未开展;利用外资偏重于吸引资金和加工工业,引进先进技术、现代化管理、优秀人才步伐不快;为了吸引和利用外资,地区、城市间展开恶性竞争,付出了土地、水资源、环境的巨大代价;外资投向的行业和地区过于集中。承包劳务业务规模小,全省获得外经经营权的企业不少,但仍有30%左右的企业未开展业务。开发区开发建设发展不平衡,有些开发区业务总收入不足一亿元,个别开发区一年未引进一家外资企业。

围绕实施经济国际化战略,发展开放型经济,推进现代化建设,江苏对外合作和友好交流也不断扩大。"九五"期间,全省接待邀请外宾19.3万人次,派遣因公出国团组人员26.14万人次,比"八五"时期分别增长48%和45%。省、市、县三级与国外

缔结友好城市达 148 对，其中“九五”时期新结友城 70 对，这一时期友城互访活动，实质性交往成果显著。①

第四节　调整经济结构，提高国民经济整体素质

一　转变经济增长方式起步与产业结构调整

中共十四届五中全会明确提出，实现“九五”计划和 2010 年的主要奋斗目标，关键是实行两个具有全局意义的根本性转变，一是经济体制从传统的计划经济体制向社会主义市场经济体制转变；二是经济增长方式从粗放型向集约型转变。江苏前一个转变已经并正在付诸实施，后一个转变虽然以往已提出过，但并没有取得实质性进展。“九五”期间，江苏以贯彻中共十四届五中全会精神和贯彻执行《纲要》为契机，把经济增长方式的转变，首先是经济结构的调整提上重要日程。

改革开放以来，江苏经济保持了多年的快速增长，综合实力显著增强。这种增长从总体上讲主要还是靠资金、原材料等要素的大量投入支持的。实行这种粗放型的增长方式，在当时的发展阶段上不仅是必要的，甚至是唯一的选择。不过在高速增长中，也逐渐暴露出一些突出问题。一是投入产出率偏低。苏南地区在“八五”时期“最高年份是以 40%以上的投资增长率支撑 20%左右的经济增长率，投资效益下降”。“有的地区和有的年份，产值或销售利税率从两位数跌到一位数，再从 5%以上跌到 5%以下”。② 二是结构性矛盾比较突出。农业基础相对薄弱，一般加工工业能力过剩，第三产业偏轻。产业集中度低，产业结构雷同和重复建设现象还比较普遍。三是技术进步步伐不快，技改投入不足，高新技术产业比重低，科技成果转化率仅为 30%。四是资源消耗过大，浪费严重，耕地减少过快，环境污染特别是水污染日益严重。这些问题集中起来，说明转变经济增长方式已是一项十分紧迫的任务，到了非加快步伐不可的时候了。

1996 年 4 月，中共江苏省委为深入贯彻中共十四届五中全会精神，在扬州召开发展规模经济经验交流会，对转变经济增长方式的必要性、紧迫性及其重大意义统一思想认识，更新发展思路。1997 年 3 月在全国“两会”上，时任中共江苏省委书记陈焕友提出把经济结构调整作为江苏经济发展第三次机遇的观点，认为结构性矛盾是制约

---

① 本段数字系根据 1997—2001 年《江苏年鉴》外事工作栏目相关数字整理。

② 胡福明等：《苏南现代化》，江苏人民出版社 1996 年版，第 280—281 页。另根据 2001 年《江苏统计年鉴》第 51 页提供的数据，1993 年全省投资率（资本形成总额/GDP）高达 53.0%。GDP 按支出法计算。

江苏经济发展的主要矛盾，当前各方面的条件正是进行重大结构调整的有利时机。这个观点得到江苏代表的普遍赞同。同年6月，省委召开为选举产生江苏省出席中共十五大代表的省党代表会议。这次会议对省委提出的全省经济发展的工作思路，即把加大结构调整力度作为江苏经济发展的第三次发展机遇，通过3—5年乃至更长一个时期的全局性战略性调整，全面提高江苏经济的整体素质和竞争力，进一步形成跨世纪发展新优势，进行了集中深入讨论，并形成共识。

省党代表会议和1998年2月举行的省九届人大第一次会议通过的政府工作报告确定的经济结构调整的目标，一是"优化"，即全面优化一、二、三次产业结构，使之尽快达到一个比较合理的比例；二是"升级"，即全面实现产业升级，促进三次产业内部结构特别是工业结构的高度化，形成新的产业优势。为了实现这个战略目标，要求全省经济结构调整着重围绕经济规模化、产业高度化、经营国际化、布局合理化来进行，在体制创新、技术创新和育人用人机制创新上下功夫，通过加强领导，提高组织程度认真落实。这次经济结构调整是江苏20世纪90年代以来的调整的延续，但在总体思路上与此前的调整相对照向前跨了一大步。此前的调整侧重于以市场为导向，满足市场的需求，进行产品适应性调整，而这次调整的目标着眼于全省经济整体素质的提高，同转变经济增长方式结合在一起，从产业结构的全面优化和产业内部结构高度化来谋划发展；与改革开放结合在一起，依靠制度、技术创新来促进发展。

从1997年开始，全省上下目标一致，形成合力，加快了经济结构调整的进程。特别是1998年中央实施扩大内需的方针，江苏把扩大内需与结构调整紧密结合，优化投资方向，重点支持优势产业，大力发展服务业和特色经济；深化企业改革，增强企业活力和竞争力；实施技术创新工程，加快高新技术产业化步伐；探索依靠大集团带动结构调整，带动中小企业，促进区域经济发展的路子。到2000年，三次产业结构调整取得积极进展。第一产业在江苏地区生产总值中的比重下降幅度较大，由1995年的16.8%下降到12.0%。第三产业上升较快，由1995年的30.5%提高到35.3%，"三产"比重较低的状况有所改善。第二产业的比重由52.7%调整为51.7%，基本上在51%上下波动，反映了以工业为主的二产保持平稳发展，与江苏经济发展处于同步水平。三次产业结构相对优化，经济效益也有所提高。据省统计局统计分析资料称，2000年单位投入获得的产出比1994年提高了5%，单位产出所需要素投入减少，但比较有限，不到2%。① 就总体而言，"九五"时期产业结构调整只是破题起步，实现产业结构全面优化和升级的目标，转变经济增长方式仍是一项长期的战略任务。

---

① 江苏省统计局：《统计分析资料》2001年第64期。

二　农业、农村经济结构的调整和农业、农村现代化的推进

江苏的农业和农村经济在"八五"期间虽然有了较快的发展，但是集约化水平不高，其基础地位仍然薄弱。随着市场化改革的深入，传统农业发展模式受到挑战。市场需求制约凸现，农产品卖难、价格下跌，直接影响到农民增收和农村的稳定。面对新的挑战，进一步发展优质、高产、高效农业，加快农业的商品化、产业化和集约化的进程，转变农业发展模式，农业和农村经济的战略性调整势在必行。"九五"期间，江苏坚持把农业放在经济工作的首位，紧紧围绕中央提出的"农业增效、农民增收、农村稳定"的目标，以市场为导向，加快调整农业和农村经济结构的步伐，取得新的成效。

农业结构调整包括农村经济结构和农业内部结构两个层面。农村经济结构的调整，"九五"期间，以产权制度改革为重点的乡镇企业改革取得重大突破，给乡镇企业注入新的活力，个私经济发展迅速，农村二、三产业继续保持较快发展势头，促进了农村产业结构的进一步优化，农业份额缩小，二、三产业份额扩大。在农村社会总产值中，农业所占比重，由1995年的15%下降到2000年的13.2%，农村工业的比重保持在70%以上，农村建筑业、运输业、批零贸易饮食业分别占4.7%、2.6%和6.0%[①]，二、三产业产值占农村社会总产值的86.8%，稳固地占据农村经济的主体地位，成为农村现代化强大的基础。

农业内部的结构调整，从三个层面展开：

(1) 农业内部粮食作物比重下降，经济作物和其他农作物上升。

表5—6　1995、2000年江苏农作物播种面积比较表（单位：千公顷）

年　份	播种面积				
	合　计	粮食作物	经济作物	其他农作物（蔬菜、瓜类、绿肥）	
1995	7909.01	5755.15	1268.75	885.11	
2000	7944.93	5304.37	1227.97	1412.59	其中 蔬　菜　1056.01 瓜　类　104.02

资料来源：(2001)《江苏统计年鉴》，第156、157页。

从表5—6可见，2000年粮食播种面积5304.37千公顷，比1995年调减450.78千公顷，粮食与其他作物播种面积之比，已由1995年的72.77：27.23调整到

---

① 江苏省统计局：《统计分析资料》2001年第63期。

66.76∶33.24。经济作物结构变化,蔬菜、瓜类生产已成为除粮食以外的全省面积最大的作物。此外,园艺业逐步从种植业中分离出来,成为一门新兴产业,花卉业显现出跨越式发展好势头,果、茶业栽植面积稳中有升。

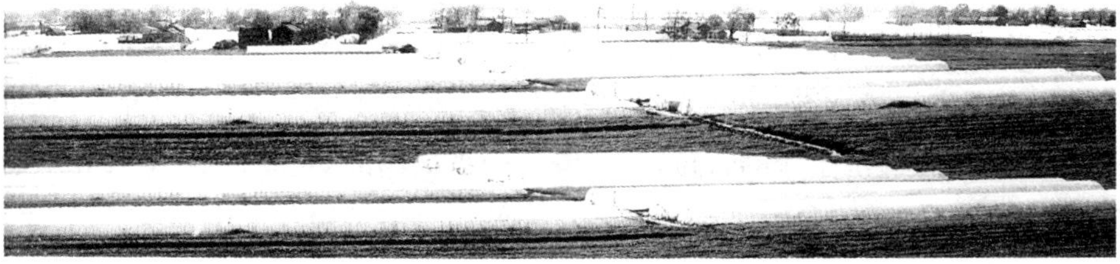

淮阴市万亩连片蔬菜大棚

(2) 养殖业内部常规品种养殖比重下降,特种养殖比重上升。畜牧业已成为农村支柱产业,食草性动物饲养和家禽规模经营取得突破性进展;渔业生产方式继续由传统向现代渔业方向转变,全省水产品增加的绝对量中80%来自养殖业,而海洋养殖业产量占海洋渔业总量超过1/4。稻田养殖面积达196.53千公顷,为渔业发展开辟了新的领域。内陆养殖品中,效益较好的特种水产品养殖面积如螃蟹、甲鱼、河虾、鳗鱼等都有大幅度增长,还从国外引进了许多优良品质的水产品。从1993年以来,内陆渔业生产产值连续8年居全国第一位。

(3) 农产品品种结构优化,优质品种比重提高。2000年全省优质水稻、专用小麦、"双低"油菜、高品质棉等播种面积和三元杂交瘦肉型商品猪、优质地方家禽的比例都有不同程度的提高。

农业结构经过调整,2000年与1995年相比,农业主要产品产量有升有降。受宏观经济和市场环境影响,大宗农产品除粮棉等产量下降外,油料、水果、肉类、水产品等市场需求量大的产品都有较大幅度增长。农业结构调整市场化方向明确,已经跳出农村、农业的视野,关注和研究城市需求,调整的空间进一步扩大(详见表5—7)。

表5—7 1995、2000年江苏主要农产品产量比较表(单位:万吨)

年　份	粮　食	棉　花	油　料	水　果	猪牛羊禽肉	水产品
1995	3286.30	56.15	159.46	101.35	316.95	219.47
2000	3106.63	31.45	225.65	176.44	328.87	308.79

资料来源:2001年《江苏统计年鉴》,第158—160、162、163页。

在农业结构调整过程中，培育了一批有地域特色的优势主导产业。淮北地区的设施蔬菜、出口创汇蔬果、经济林果和意杨；沿海地区的特色经济作物、海水养殖；里下河、洪泽湖和太湖周边地区的特种水产品生产；丘陵地区的经济茶果、草食畜禽等已形成一定规模和特色。优质米、专用小麦、“双低”油菜、高品质棉、苏太猪、波杂肉羊、奶业、无公害特色创汇蔬菜、林木种苗、花卉、意杨等 15 个产业的优势开始显现，涌现了一大批专业乡(镇)村。优势主导产业的形成，对于发展优质、高效农业起到了积极促进的作用。

大力实施农业产业化经营，是推进农业结构调整的重要途径和环节。早在 1995 年，中共江苏省委、省政府就召开了实施龙头企业带动战略会议；1997 年，又专门召开了全省农业产业化经营工作会议，先后两次下发关于全面推进农业产业化经营，加快发展高效农业的文件。针对农业产业化经营中涉及的龙头企业、专业合作经济组织、大型农副产品专业批发市场的税收、信贷、财政贴息、用水用电、部门之间的协调等，省人民政府或有关部门出台了一系列文件，采取了优惠的政策措施。通过几年的努力，一批规模较大、市场占有份额较高、带动农户覆盖面较广的农产品加工销售、服务龙头企业迅速崛起。2000 年，全省有龙头企业近 2 千家，销售收入在亿元以上的有 88 家。农村专业合作经济组织成为农村经营管理体制创新的亮点。是年，全省专业合作社有 1943 个，入社人数 79 万人；专业协会 3634 个，入会会员 62 万人；农民经纪人(运销大户)90 万人。农产品市场体系不断完善。同年，已建成各类农产品专业市场 1408 个，全省第一家江苏沿海商品交易市场已经建成，网上交易品种达 200 多种。龙头企业、专业市场、专业合作经济组织和农民经纪人队伍“四位一体”，相互促进，提高了农民进入市场的组织程度，促进了产品销售，为农业结构调整作出了积极贡献。2000 年，全省农民通过农业产业化经营新增收入近 50 亿元。

农业综合开发与农业结构调整，是互相依托和包含的两个方面。农业综合开发从加强农业基础层面上，以改造中低产田、改善农业基本条件为主要内容和任务，直接支持和促进农业的结构调整。进入 20 世纪 90 年代，江苏完成了国家共 4 期农业综合开发项目的任务，并通过利用世界银行贷款项目，增加财政投入，使农业综合开发规模不断扩大，取得了显著成效。据统计，仅“九五”期间，完成总投资 47.7 亿元，累计改造中低产田 76.67 万公顷，开垦宜农荒地 2.8 万公顷，新围滩涂 3.67 万公顷，植树造林 3.6 万公顷。在项目实施区域内粮经比例达到 56 ∶ 44，主要农牧产品的生产能力大幅度提高，农民人均增收 300 元。

1992 年以来，江苏农业现代化试验区的改革和建设持续深入地进行。1992 年，试验区努力贯彻第二阶段农业现代化试验方案并取得阶段性成果。1993 年起，试验

农业综合开发项目区高标准农田

区一些乡镇把农业现代化试验项目与农村现代化结合起来进行探索，丰富和发展试验主题的内涵。中共江苏省委、省政府关注并肯定这些乡镇的积极、主动的探索，在1994年9月试验区工作通过国家专家组评估验收后，省人民政府向国务院报送《关于建立苏南农村现代化试验区的请示》，1996年9月农业部经国务院同意正式批复。是年12月，在张家港召开的苏南及沿江农业现代化工作会议，标志着以农业现代化为重要内容和基础的农村现代化试验正式启动。试验的内容和目标是农业现代化、农村现代化、乡村城镇化、服务社会化、农民知识化5个方面。1997年8月，全省农村现代化试验区工作会议召开，明确国家级试验区范围由无锡、吴县、常熟3市(县)扩大到苏州、无锡、常州3个地区，增加武进为国家级试验基点县，江苏省同时确定除苏锡常3市12个县(市)为省级试验基点县外，还增加扬中、江都、泰兴、江宁、启东5个县(市)。试验区的改革和建设在遵循试验目标要求展开工作的过程中，紧密结合全省农业、农村经济结构调整，所有制结构调整，农业产业化经营，农业综合开发，科教兴农，乡(镇)村撤并和小城镇建设等农村的各项重大任务，充分发挥试验区的导向、示范作用，使农业、农村现代化试验取得扎实有效的成果。主要是：

(1) 农田基础设施继续改善。至2000年底，投入大量人力、物力、财力，全省除建成一批骨干和重点工程外，坚持高起点、高标准，实行“沟、渠、田、林、路、桥、涵、闸、站、岸”综合配套建设，做到“旱能灌、涝能排、渍能降”，建成稳产高产田100万公顷，其中试验区占80%左右。

(2) 农机装备水平和作业水平大幅度提高。至 2000 年底，全省农机总动力达 2900 多万千瓦，每百亩农机动力 39 千瓦。全省农机化综合水平达 70%，实现从人畜动力和手工工具为主的传统农业到基本机械化这一历史性跨越。① 耕耙、灌溉、植保、粮食、饲料加工和运输实现机械化，"三麦"生产基本实现全程机械化，水稻机械化种植、收获技术取得了突破。试验区 17 个国家和省级基点县(市)基本达到省定县级基本实现农业机械化的考核标准。

(3) 农业适度规模经营成绩稳定。农业适度规模经营是试验区工作重要内容。在粮食价格下跌、劳动力出现回流的情况下，试验区土地适度规模经营仍稳定在 10.67 万公顷左右，占全省适度规模经营面积的 90%以上，部分县(市)土地适度规模经营面积已占责任田面积的 80%。不过从全省看，适度规模经营的势头减弱。

(4) 工业化步伐加快，规模经济快速成长，这一趋势在试验区尤为明显。乡镇企业已成为试验区经济社会发展的支柱力量，实现农业现代化的重要依靠。

(5) 村镇建设档次明显提高。试验区建制镇已达 764 个，占全省乡(镇)的 69.2%。按照"育特色、优环境、聚人气、兴产业、强经济、富民众"的思路，加大基础设施建设的投入，促进社会事业快速发展。

三　工业经济结构的调整和建筑业的发展

进入"九五"时期，工业结构的调整与优化被放到更加突出的位置，成为江苏经济结构战略性调整的核心内容。针对江苏工业结构的现状和存在的突出问题，1996 年 2 月省八届人大四次会议通过的《纲要》从 6 个方面阐述了调整工业结构的具体目标和要求：(1) 培育和壮大机械、电子、化工、汽车和建筑业；(2) 应用高新技术改造传统支柱产业；(3) 适当发展原材料工业；(4) 选择"有限目标"培植新兴产业；(5) 提高工业组织化程度和整体素质；(6) 实施名牌战略。根据确定的上述目标和要求，从 1996 年开始，省政府制定或批转有关部门提出的工业发展规划、支柱产业发展规划、工业结构调整实施方案，陆续出台了有关保证重点项目建设实施的产业政策、鼓励科技成果转化、高新技术产业化、发展规模经济等方面的文件，对工业结构的调整给予指导和政策支持。同时，从 1997 年开始，连续 3 年开展"工业结构调整年"活动，根据每个年度的具体情况和不同要求，提出实施意见，不断强化工作的力度。

工业结构调整工作面广量大，头绪复杂。在具体工作中，除了坚持和发扬"八五"时期形成的好的作法，如加强领导、配套政策；统一规划、分级实施；突出重点，加强行

---

① 以上各项成果的数字引自 2001 年《江苏年鉴》，第 183 页。其中全省农业机械总动力，2001 年《江苏统计年鉴》第 165 页为 2925.20 万千瓦。

业管理等以外,着重采取了以下措施。

(1) 调整投资结构。“九五”期间,全省固定资产投资 12426.2 亿元,其中用于工业的投资,占固定资产投资的 31%(含城镇集体及以上)。这部分投资进一步向支柱产业、高新技术产业和基础产业倾斜,重点投向电子工业、轻纺工业、机电工业、原材料工业以及技术改造项目。这一举措对于壮大支柱产业、重点企业集团扩能增产,以及增加品种,扩大出口起到了积极作用。

(2) 调整技术结构。省人民政府批转了省计委制定的《江苏省“九五”产业发展技术政策》,引导全省产业、产品技术结构的优化与升级。从 1996 年开始实施技术创新工程。“九五”期间,围绕发展高新技术及其产业化,以电子信息、机电一体化、新材料、生物工程和医药等领域为重点,共组织实施 128 项科技攻关项目,其中 70%以上以企业为主体,产学研联合方式进行。同时推进高新技术园区建设,发挥沿江火炬带技术创新作用。为培育企业技术创新,加快了企业技术研发机构建设,积极组建一批国家和省工程技术研究中心以及企业技术中心;强化生产力中心建设(全省已建 45 个),为中小企业提供共性技术推广、大型科研仪器协作共用等服务;积极推荐国家中小企业技术创新基金项目,推进中小企业技术创新。

应用高新技术尤其是电子信息技术,改造传统产业是以信息化带动工业化,走新型工业化道路的重要方面,“九五”期间取得重要进展。在原材料工业中,重点应用单机、单元自动控制和机器人,推进了冶金、化工、建材行业生产、管理过程的自动化;在机械等行业中,组织 65 家企业实施 CAD(计算机辅助设计)的应用推广,21 家 CIMS(计算机集成制造系统)应用示范试点,实施企业上网工程;在纺织行业中,大力开发和应用“五新”(化纤、纺纱、织机、染整、成衣)等纺织新技术;在医药行业中,重点推进“三药”(新医药、新农药、新兽药)工程,累计实施“三药”创新项目 300 多项,并重点开发了 26 个具有自主知识产权的新药;在轻工业中,大力推广应用家电模糊控制、新型模具、塑料改性等技术,提高了产品的档次和质量。高新技术在传统产业中的应用和推广,促进了传统产业的升级和结构调整。①

(3) 调整产品结构。以市场为导向,技术创新为支撑,高新技术和产品认定工作进一步规范化,特别是“九五”后期高新技术产品群的培育工程的加强,产品结构调整步伐加快。开发市级以上新产品 1996 年 6000 多项,至 2000 年增加到 8800 多项,新产品产值率不断提高。当年组织实施 15 个高新技术产品群的培育工程,认定省级高新技术产品 832 项,认定首批 76 家软件企业和 185 个软件产品,高新技术产业化步

① 本书编写组著:《富民强省在江苏》,江苏人民出版社 2002 年版,第 248—249 页。

伐加快。为提高江苏产品在国内外市场的竞争力，多年来坚持实施名牌战略，集中培育一批国内著名品牌，鼓励企业提高产品质量和技术水平。2000 年认定 483 个江苏名牌产品，其中 48 个产品为江苏重点名牌产品，江苏被国家工商总局认定的“中国驰名商标”19 件。名牌产品集中体现了江苏工业经济实力和技术水平，其销售总额约占全省经济总量的 25%左右。

（4）调整组织结构，整顿“五小”企业。江苏重视发展规模经济，提高企业的组织程度，实施大公司、大集团战略是从“八五”开始的。1996 年 4 月，中共江苏省委、省政府在扬州召开的贯彻落实中共十四届五中全会精神的经验交流会，重点总结交流扬州等地发展规模经济的经验，并出台文件，要求把深化国企改革同组建、完善企业集团结合起来。已组建的省十大重点工业集团着力完善组织、规范运作、技术开发和提高资本运营能力，同时在冶金、电子、纺织等行业中新组建南钢、沙钢、阳光、华容、宝胜、红豆 6 个省重点工业企业集团。至 1999 年底，全省组建列入统计的各类企业集团达 145 家。对 200 多个技术较先进、高附加值、带动作用大、市场占有率高的成长性企业给予政策扶持。对面广量大的中小型企业，积极引导与大集团、大企业进行配套，走“小而专”、“小而强”的路子。一批技术落后、浪费资源的“五小”企业被淘汰和关闭。到 2000 年底，全省共关闭小煤矿 120 处；关停小电炉 39 座，淘汰炼钢生产能力 75.2 万吨；关停横列式和复二重轧机生产线 19 条，淘汰轧钢生产能力 202 万吨；关停土烧结 2 套，淘汰生产能力 13.6 万吨；压缩落后棉纺锭 94.7 万锭，毛纺锭 6 万锭，超额完成国家下达的压锭任务；关闭小水泥生产线 147 条，淘汰落后生产能力 580 万吨；兼并小炼油厂 3 家，关闭 1 家。这些关、停和淘汰措施，对于全省工业组织程度和集约化水平的提高产生了积极作用。

经过“八五”、“九五”工业结构的调整，已经取得阶段性成效。

首先，传统产业收缩，高新技术产业崛起。纺织业是江苏的传统产业，2000 年全省纺织业完成的总产值占规模以上工业总产值的 11.8%，与 1990、1995 年所占比重 21.9%、18.1%（当年价）相比已明显下降。食品工业在全省工业经济中一直占有相当地位，2000 年所占比重已降到 3.5%。高新技术产业发展较快。1995 年，全省高新技术企业 432 家，到 2000 年底，发展到 1223 家，占全省规模以上工业企业的 6.7%，拥有资产 1677.03 亿元，占 27.1%。高新技术产业的增加值、销售收入、利税分别占规模以上工业的 17.1%、17.1%和 19.7%[①]的份额，其中增加值比 1995 年提高了 11 个百分点。高新技术产业正成为经济发展新的增长点。

---

① 江苏省统计局：《统计分析资料》，2001 年第 66 期。

其次,四大支柱产业迅速壮大。机械、电子、石化、汽车四大支柱产业除机械行业因部分技术含量低的企业收缩外,总体发展较快。2000年,四大支柱产业共完成工业增加值占全部工业增加值的比重为50%,比1995年提高5个百分点,增长速度依次为电子、石化、汽车和机械工业。

第三,企业组织结构改善。至2000年底,全省有大中型企业2081个,小型企业16227个,大中、小型企业数之比为1∶7.8,而1995年为1∶19.2。① 当年底,平均每个大中型企业创造的利税由1994年的1028万元增加到2198万元。按销售收入排列前100家的工业企业实现销售额2837.73亿元,占规模以上工业的28.4%;年创造利润148.05亿元,占规模以上工业的40.3%。②

"九五"期间,全省工业生产在国内市场供求关系发生重大转折和亚洲金融危机冲击的背景下,总体上保持了平稳增长,总量规模不断壮大。全部工业增加值按可比价算,1996年为2754.80亿元,2000年达3848.52亿元,"九五"平均增速11.3%,是全国增速较快的省份之一。全省全部工业增加值占全国的9.7%,实现销售收入占全国的12.1%,均居广东之后列全国第二。一些主要产品产量大幅度提高,经济效益也先抑后扬。1996年,全年工业经济效益处于低谷,1997年开始有所好转,但1998年遇上亚洲金融危机和长江流域特大洪涝灾害,经济效益又明显下滑。1999年立足于扩大内需的国家宏观调控政策开始见效,亚洲金融危机影响逐步缩小,出口增加,国有企业3年脱困目标逐步实现,从2000年起全省经济出现重要转机,工业经济效益有力攀升。

总之,江苏工业经济无论规模还是结构在"九五"期间都有平稳发展和积极改善,但总量规模已从1994年前居全国首位降至次席。工业结构,仍以劳动密集型和部分资本密集型为主,高新技术产业比重偏低,这种传统产业与高新技术产业之间的二元结构对经济发展的阻滞作用继续存在,工业结构高度化任重道远。

改革开放以来,建筑业逐步成长为江苏的支柱产业之一。"八五"时期,除1991年受治理整顿低谷徘徊外,从1992年起,每年都以47—48%的幅度高速增长,累计完成施工产值2228亿元,是"七五"时期的4倍。进入"九五"时期,充分利用国家加大固定资产投资力度,扩大内需的良好机遇,在队伍建设上练好"内功",技术装备上加强自身实力,凭借良好的思想作风,健全的行业管理,优良的工程质量,努力树立"江苏建筑铁军"的企业形象,赢得了国内外良好信誉。自1989年开评至1998年,获建筑工程最高质量奖——"鲁班奖"44项。江苏建筑业正由"建筑大省"向"建筑强省"目标迈进。据统计,1998年建筑施工企业实收资金,拥有机械设备,单位承接工程个

①② 江苏省统计局:《统计分析资料》,2001年第66期。

数均居全国第一。建筑业已成为部分县(市)的支柱产业。2000 年 11 月,省人民政府授予通州、海门、江都等 17 个县(市)“建筑之乡”的称号。

表 5—8　1995、2000 年江苏建筑施工企业概况

指标 年份	企业单位数(个)	全部职工平均人数(万人)	建筑业总产值(亿元)	施工房屋面积(万平方米)	竣工房屋面积(万平方米)	房屋建筑面积竣工率(%)	建筑技术装备率元/人
1995	3348	212.17	998.11	16646.14	8739.38	52.5	
2000	3948	222.80	1546.17	21287.10	12329.65	57.9	5718

资料来源:2001 年《江苏统计年鉴》,第 219—221 页。

从表 5—8 看到,“九五”期末和“八五”期末相比,全省建筑施工企业主要经济技术指标,除个别指标无数据比较外,都有不同幅度的提升。2000 年,全省建筑业企业总产值在亿元以上的企业有 317 家,其中超过 10 亿元的企业有 13 家;出省、出境施工人数分别达到 87.3 万人和 2.38 万人,遍及全国 31 个省、市、自治区和海外 40 多个国家和地区。同年,有资质建筑企业施工工程优良品率达 50%,全员劳动生产率 7 万元/人,均居全国前列。当年,全省建筑业增加值 587.37 亿元,占全省国内生产总值的 6.84%,比 1995 年的 4.8%,提高 2 个多百分点,支柱产业地位和“建筑强省”的态势显现。

海门建筑工人承建的新加坡警察训练营

四 第三产业加快发展步伐

第三产业的兴旺发达是现代经济的一个重要特征,也是产业结构优化和升级的努力方向。“八五”期末,全省第三产业占地区生产总值的比重虽然上升到30.8%,但同江苏经济总量在全国的地位相比,同国内一些先进省、市相比,比重仍然偏低。第三产业发展不足的矛盾,制约着国民经济现代化的进程。因此,在省人大八届四次会议通过的《纲要》中,明确要求“科学规划,加大投入,调动各方面积极性,大力发展第三产业”,“力争本世纪末,第三产业占国内生产总值的比重达到36%,年均递增16%”,强调在发展商品流通传统行业的同时,要着力发展房地产业、旅游业等现代服务业,提升第三产业的整体水平。

商贸流通业。“九五”中期,买方市场的出现,政府采取刺激消费需求增长的措施,居民消费呈多层次、多样化的态势,以及个体私营经济大举进入第三产业领域等多种因素,对商贸流通业的发展提供了机遇,也形成了竞争的新格局。在激烈的市场竞争中,具有江苏特色的商品流通体系框架初步形成。

商品流通网点和从业人员增加。1999年全省共有贸易及餐饮业网点123.1万个,从业人员279.5万人,分别比1995年增加26.9万个和37.3万人。四通八达的商品流通体系,使居民生活日益便利。①

各类商品交易市场空前发展,基本形成了以综合市场为主、综合市场和专业市场相互结合的市场体系。根据第一次商品交易市场快速调查,全省乡镇以上现货交易市场共计4679个,其中有各类综合市场2796个,各类专业市场1883个,各占59.8%和40.2%;批发市场、零售市场分别为905个和3774个,所占比重分别为19.3%和80.7%。调查年度全省城乡市场交易额占全省同期贸易业商品销售总额的一半。②

在整个商品流通体系中一批大型骨干市场已经成长起来。2000年底,全省年成交额超亿元的市场有450个,占全国的13.5%,成交额占全省同期市场成交额的75%以上。其中10亿元以上的有58家,50亿元以上的有6家,100亿元以上的有3家。这批大型市场交易规模大,辐射能力强,对整个商品流通影响很大。如吴江东方丝绸市场,已成为全国最大的丝绸化纤薄型织物集散中心和价格形成中心,薄型织物交易量已占国内市场总量的20%以上,国内贸易局将该市场14个主要产品的价格信息作为“基准价”定期向全国发布。

商贸流通业的发展还表现在流通体制从封闭向开放转变,企业机制创新加快,产

①② 江苏省统计局:《江苏统计分析资料》2000年第79期。

业化、现代化程度提高。“九五”期间流通体制改革继续深入，个体私营经济大量进入，各类商业企业通过收购、兼并、转产等方式，优化组织结构和资产结构，涌现出南京新百、无锡商厦等一批具有一定竞争力的流通企业集团。不仅如此，国内众多商家，如北京华联、上海联华等纷纷进入江苏市场；外商投资的商贸企业 1999 年达 68 家。麦德龙、家乐福等企业沿沪宁线布点，销售额接近 10 亿元。①

改革和开放相互促进，商业竞争日趋激烈，推动了传统商业转型，企业业态和经营方式开始发生变化。分业经营、连锁经营、商品配送、品牌经营等先进流通方式迅速推广，不仅大型百货公司与遍布城乡的商业网点同台竞争，而且大量的连锁超市、仓储式大卖场、专卖店、便利店也加入流通领域。苏果超市集团 2000 年连锁经营销售额超 50 亿元，连锁网点发展到 400 多家。在扩大内需的方针和流通体制改革的推动下，消费品市场稳中趋活。2000 年，全省实现社会消费品零售额 2604.1 亿元，比 1995 年增长 57.8%。但“九五”期间，年平均增长速度较“八五”时期下降较大，经济效益不理想，这是消费需求仍然不旺的反映。

进入“九五”时期，发展旅游业越来越受到重视，从省到各市都把它作为产业结构调整和提高人民群众生活质量的重要领域来认识和对待。1997 年，全国开展中国旅游年活动，当年 10 月，出境旅游拉开序幕。这一年，中共江苏省委召开常委会议，破例专题研究全省旅游业发展问题，提出“要放手发展旅游经济，要把旅游业作为全省经济发展新的增长点来培育，作为加快结构调整，推动江苏经济再上新台阶的战略措施来抓”，“把旅游业发展成为国民经济的支柱产业”。

现实的定位，长远的目标，加之“假日经济”、“黄金周”的兴起，扩大内需，鼓励消费的政策措施的落实，推动了全省各地以更大的热情和努力发展旅游业。各地以创建“中国优秀旅游城市”为目标，围绕每年的旅游主题，举办丰富多彩、地域特色鲜明的节庆活动，参加各种旅游交易会，向海内外展示、推销江苏的“青山衬秀水，名园依古城”，“名城、古镇、吴韵、汉风”旅游资源和现代化建设的新形象。1999 年，南京、苏州、无锡、扬州、镇江等 8 市入围第一批“中国优秀旅游城市”。次年，徐州等 8 个城市进入第二批“中国优秀旅游城市”行列。在全省大旅游战略的指导下，旅游产品不断推陈出新，形成旅游观光、休闲度假、生态旅游、专项旅游等系列产品，新开发了苏州乐园、周庄、大上海高尔夫俱乐部，无锡灵山胜境、水浒城，淮安周恩来纪念馆，连云港海滨浴场，常州中华恐龙园，徐州环城森林公园等一批景点。原有景区(点)档次提高，吸引力增强，全国首批 AAAA 级旅游景区(点)评定中，江苏有 13 个列入其中，占

---

① 江苏省统计局:《江苏统计分析资料》2000 年第 79 期。

全国总量的7%。

旅游配套设施和接待能力上了一个新的台阶。至2000年底,全省有各类住宿设施2万家,床位58万张,其中涉外饭店400家,客房4.7万间,比“八五”期末增加了189家和2.2万间。旅行社503家。[①] 适应旅游业的快速发展,建立了依靠院校培训旅游专业人员和从业人员的体系,加强了对全行业服务质量、饭店、安全、产品等方面的监督和管理,维护旅游业健康、文明、有序环境和市场秩序。

旅游市场迅速扩大,旅游经济快速发展。1997年,全省接待海外旅游者首次突破百万人次大关,达101.7万人次;2000年接待海外旅游者达160.9万人次。“九五”期间,累计接待海外旅游者634.7万人次,创汇26.01亿美元,比“八五”时期分别增长1.71倍和3.17倍;接待国内旅游者2.22亿人次,收入达2098.89亿元。仅2000年,接待国内旅游者7193.5万人次,旅游收入587.5亿元。江苏中国公民自费出境旅游,1995年8207人,1999年达到6.5万人。[②] 国际旅游、国内旅游、出境旅游“三旅”共同发展的良好局面在江苏出现。2000年旅游业增加值占“三产”比重由1995年的3.7%上升到8.3%。江苏旅游资源丰富,进一步发展旅游业还须针对存在问题,与城市总体建设规划相协调,搞好整体规划,加强项目论证,提高文化含量,坚持旅游资源的利用、开发和保护的统一。

房地产业。“九五”时期,江苏房地产业发展经历了两个发展阶段。第一阶段,1996、1997两年,在国家宏观调控的指导下,房地产业总量失控、盲目膨胀、炒卖房地产的势头受到遏制,进入消化盘整期。在跌宕起伏的市场变化中,一些不具备开发资质或经营不善的企业退出房地产开发领域,多数企业趋于理性发展。这期间房地产施工面积下降,投资增速减缓。第二阶段,1998年至2000年,在国家深化城镇住房制度改革,加大经济适用住宅建设力度,发展住房金融、开放住房二级市场等一系列政策推动下,房地产业迅速升温,发展步伐加快,从1998年起房地产业无论企业数,还是投资额、施工面积都较1997年大幅攀升。住宅的投资与开发继续居房地产业的主体地位。经济适用房由于国家政策的推动,投资增幅较大。商品房销售价格逐年攀升。总的来说,“九五”期间房地产业不断发展壮大,2000年,房地产业增加值占当年全省地区生产总值的3.47%,城镇人均居住面积达12.15平方米。

第三产业除上述各业有了较大发展外,信息、金融保险、会计、咨询、法律等服务行业也都取得了良好的成绩。2000年,第三产业增加值3118亿元,占地区生产总值

---

① 宋林飞主编:(2001年)蓝皮书《江苏经济社会形势分析与预测》,江苏人民出版社2001年版,第204页。

② “九五”时期数据以及与“八五”时期比较数据系根据1996—2001年《江苏年鉴》、2001年《江苏统计年鉴》有关栏目提供的数据整理。

的 36.3%；从业人数 949.85 万人，占全社会劳动者比重的 27.1%，比 1995 年提高 4.8个百分点。第三产业对经济增长贡献率也由 1995 年的 26%，提高到 29.8%。

第五节　基础设施建设大规模展开

一　扩大内需方针助推基础设施建设

“八五”时期，江苏基础设施建设的大幕已经拉开，开工建设了一大批重点项目。这些项目中有些已经竣工，对缓解“瓶颈”制约开始发挥作用，但总体滞后的状况并没有根本改变。江苏“两头在外”的省情，决定了必须不断加强和完善基础设施，才能提高自身的竞争力。“八五”时期，开放型经济蓬勃发展，对以基础设施为主要内容的投资硬环境提出了更高的要求；区域共同发展战略的实施，要求改善苏中、苏北地区基础设施滞后状况的呼声十分强烈，省人大、政协“两会”上的议案、提案不断；频繁发生的自然灾害，提醒人们对水利建设不能掉以轻心。在这样的背景下，“九五”计划除了要求完成在建项目外，又安排了一批新建项目，投资力度和建设规模比“八五”时期继续加强和扩大。

从 1998 年开始的扩大内需方针的实施，给江苏加快基础设施建设带来机遇。中共江苏省委、省政府在分析经济形势时认为，全省生产资料和消费品的买方市场已经出现，新的市场消费热点一时难以形成，外贸出口受亚洲金融危机的影响，经济增长拉动力减弱。在促进经济增长三大动力（投资、消费、出口）中，最现实的选择是扩大投资需求，加大基础设施的投入，这是启动市场，扩大就业，迅速带动经济增长的直接而有效的途径。因此，决定调整“九五”计划后 3 年基础设施建设的任务，要求加快在建项目进度，同时采取一系列措施，努力筹措建设资金，争取国债项目，积极招商引资，引导和调动社会各方面投资的积极性，新上一批带动全局、影响长远的大项目，重点是加强交通和水利建设。这些大项目的建设都列入省政府每年重点抓好的实事公布于众，实行目标责任制，并向省人代会报告执行结果。这样，一个以政府为主导的大投入、大规模、高起点、高标准的基础设施建设的高潮在全省掀起。“九五”时期，全社会固定资产投资达 12426.20 亿元，是“八五”时期的 2.34 倍，其中基本建设投资达 3350.78 亿元，是“八五”时期的 3.05 倍，而基础设施投资又占其中相当大的比重。由于基础设施投资大、产业关联度高等，直接带动了制造业、建筑业、运输业和材料工业、电力能源等相关产业，扩大了劳动就业。2000 年全省投资率（资本形成总额/GDP）达 45.96%。

二 构造现代化综合交通运输体系骨架

交通运输建设一直是江苏基础设施建设的重中之重。“九五”期间,全省交通运输基础设施建设形成高潮,总投入达700亿元,是“八五”时期的3倍。

一批“八五”时期开工、“九五”时期续建项目先后竣工。

被列为全省第一位工程的沪宁高速公路江苏段,提前两年零三个月,于1996年9月15日建成试营运,11月28日正式通车。这条高速公路工程宏大,共征地4万多亩,拆迁房屋46万平方米,填挖路基石4100多万立方米,全线有1300多座桥梁、涵洞、通道。技术标准要求高,通过不断调整和优化设计方案,解决了软土沉降、桥头跳车、沥青路面铺筑等关键技术问题,确保工程质量达到设计要求。专家们认为,该路段“在我国已建成的高速公路中处领先地位,达到了国际先进水平”。沪宁高速公路江苏段获得1998年度中国建筑工程鲁班奖(国家优质工程)。沪宁高速公路建设期间,近十位中共中央和国家领导人前来视察,给予高度关注。沿线五市的干部群众顾全大局,齐心协力支援;全体建设者艰苦奋斗,全力以赴是该工程优质高速建成的重要原因。沪宁高速1991年启动时,人们对“要不要建高速”认识并不统一,对建设标准、投资、未来的车流都存在疑问。沪宁高速建成通车后车流量猛增,为沪宁及其沿线城市经济社会蓬勃发展提供强有力的支撑。实践回答了当初人们的疑问,也为后来江苏高速公路联网建设开辟了道路。

苏南路网改造工程①、宁连一级公路、宁通一级公路、宁盐、宁徐一级公路(半幅)、南京机场高速公路等先后建成通车。

南京禄口国际机场一期工程,经过两年零四个月的建设,于1997年7月1日香港回归祖国之日正式通航。

全长208.2公里的苏南运河四级航道整治工程,经过7万余名建设者历时5年的努力,于1997年9月完工,10月26日正式通航。苏南运河的全面整治改善了通航条件,能通航500吨级的船舶,而且兼具防洪、灌溉、排涝、城镇改造、土地开发利用、旅游等综合效益,使古运河重新焕发青春。

江阴长江大桥经过全体建设者近5年的顽强奋战,于1999年9月28日正式通车,江泽民参加了通车典礼。

一批“九五”前期开工建设的项目,“九五”期间先后竣工。这些项目是:宁马(南京至安徽马鞍山)、宁高(机场高速公路南京至高淳)、广靖(南连江阴长江大桥,北接

---

① 苏南路网改造工程,包括沪宁二级公路等在内共计541公里,从1989年以来陆续开工,总投资13亿元。

南京禄口国际机场

苏南运河整治后的新航道

江阴长江大桥

宁通线)、锡澄(北接江阴长江大桥,南与沪宁高速公路相交)、雍六(雍庄至六合马汉河西岸)高速公路,宁连、宁通一级公路高速化改造工程等。

在交通基础设施建设中,1998 年,中共江苏省委、省政府作出了一个重要决策,即在继续加快苏南交通建设的同时,“奋战五年,决战苏北,确保全省高速公路联网畅通”。这是实施区域共同发展战略,全省交通现代化建设的大手笔。根据这个决策,苏北近千公里高速公路建设全面启动,其主要项目有:沂淮江(新沂—淮阴—江都)、宁宿徐(南京—宿迁—徐州,新建宿迁至盱眙段)、宁靖盐(南京—靖江—盐城,南接广靖线和江阴大桥,北接 204 国道盐城北路,其中盐城至广陵为新建路段)、连徐(连云港—徐州)、汾灌(苏鲁交界的汾河—灌云)等高速公路,还有宁通、宁连两条一级公路高速化完善工程。这些项目建成后,苏北的交通面貌将全面改观,并且将形成连接 13 个省辖市的全省高速公路网络,半天之内汽车可抵达南京,全省 64 个县城到主干线之间的行车时间仅需半小时,“千里江苏一日还”的情景近在眼前。

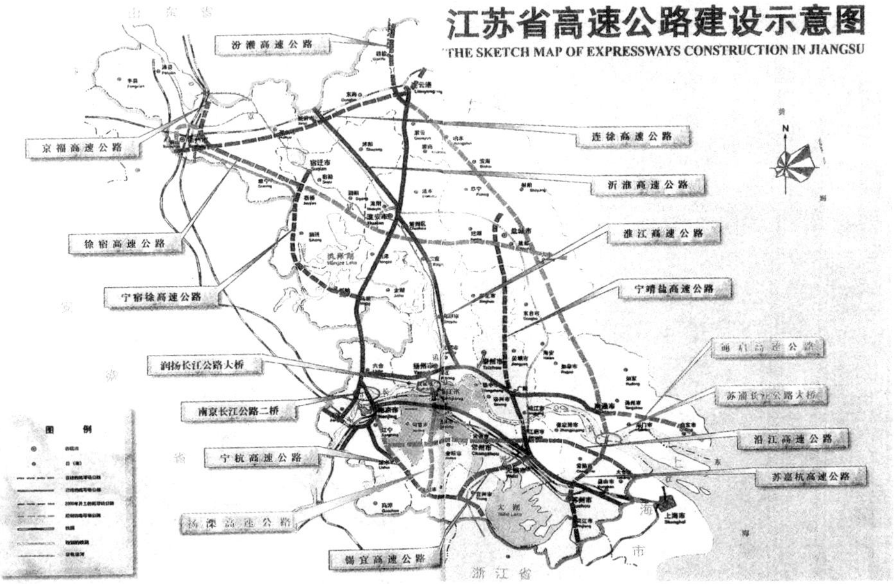

江苏省高速公路建设示意图

1998、1999、2000 年公路建设投资逐年加大,分别为 134.75 亿元、158.32 亿元、183.03 亿元。截至 2000 年,上述项目中沂淮江高速公路已建成,其他项目部分路段已建成。至此,全省高速公路通车里程已突破 1000 公里,达 1088 公里,高速公路密度在全国居第二位。同时,于 1997 年 10 月 1 日开工建设的南京长江第二大桥也全

线贯通。[1] 润扬长江公路大桥2000年10月20日开工建设[2],江泽民出席大桥开工奠基典礼。

在交通建设中,还实施了两项重点工程,一是全省干线公路网改造工程,至“九五”期末完成投资38.8亿元,建成、改善一、二级公路突破2000公里;二是县乡村公路“通达工程”,到“九五”期末,县(市)到乡(镇)公路100%灰黑化,基本实现村村通公路或航道的目标。

航道建设,除苏南运河整治工程外,谏壁、虞山等一批复线船闸和苏南干线航道整治工程,按计划完成任务。刘河复线船闸通过竣工验收,正式通航,从根本上解决了苏北运河原来通航不畅的状况,保证了京杭运河江苏段669公里水道的进一步畅通。港口建设,连云港墟沟一期、庙岭三期、南通狼山港二期、太仓港中远国际城港区、大丰港等一批重点工程已先后建成投产或部分投产。南京港龙潭港区集装箱工程等也已启动。

铁路建设中,新长铁路建设进展顺利,到2000年6月,总长302公里的苏北段全线贯通;至当年底,开工累计完成投资41亿元,占总投资的66%;累计铺轨406公里,占设计总长度的77%。宁启铁路前期的准备工作正紧张有序地进行。[3]

经过“八五”、“九五”持续10年大规模交通基础设施的建设,已基本形成综合交通运输体系的骨架,交通对国民经济和社会发展“瓶颈”制约已明显缓解,从根本上改善了供求状况,交通运输能力已由滞后转向总体适应。人流、信息流、物流的加速,江苏的整体形象和投资环境大为改善,受到人民群众的充分肯定和外商的欢迎。2000年,全社会客运量10.72亿人次,分别是1990年的2.21倍和1995年的1.26倍;全社会货运量9.04亿吨,分别是1990年的1.83倍和1995年的1.11倍。在交通基础设施超常发展中,也出现了某些重复建设、资源浪费的问题。比如民航系统正式运营的5个机场中,有4个连年亏损。至1999年底,全省年吞吐量万吨以上的港口753个、万吨泊位118个,但平均每个港口年吞吐量仅51.96万吨。长江南岸每个县(市)都在积极建设港口,腹地重叠,货源不足,设施闲置严重。

---

① 南京长江第二大桥由“两桥一路”组成,全长12.517公里,其中主跨为628米钢箱梁斜拉桥,桥型跨度为中国第一、世界第三。概算静态总投资超过30亿元。2001年3月26日正式通车。

② 润扬长江公路大桥,南起沪宁高速公路,北接扬州绕城公路,全长35.66公里,总投资57.8亿元,由北接线、北汊桥、世业州互通、南汊桥、南接线延伸段等部分组成。南汊桥采用主跨1490米单孔双铰钢箱梁悬索桥,时为“中国第一、世界第三”;北汊桥采用(76+406+176米)的三跨双塔双索面钢箱斜拉桥,计划于2005年5月建成。

③ 宁启铁路西起南京,东至启东,横贯宁、扬、泰、通4市6个县(市),线路总长351公里,由铁道部和江苏省合资建设,是国家“十五”计划建设项目。

三　邮电通信高速度、高水平发展和信息化的推进

江苏通信建设在“八五”时期快速发展的基础上，经过“九五”时期的努力，一个规模宏大、技术先进、地空一体的现代化电信网络建成，全省综合通信能力显著增强。

以埋式光缆为骨干的大容量、数字化传输网络和本地电话网覆盖了全省所有市、县和发达乡镇。截至2000年底，建成11条省际光缆干线，23条省内长途光缆，省内光缆总长度达7万多公里，同时采用世界先进的同步数字系列传输技术形成10个环路系统，把全省各市县紧密联结在一起。

从1989年起，开始建设的数据网和多媒体通信网，“九五”期间有了新的发展。1996年建成江苏省公用计算机互联网，1997年建成南京卫星通信地面站，1998年建成江苏宽带多媒体通信网。1999年建成全省“信息港湾”到县工程，建立了覆盖全省、连通国内外的公众高速信息传输与交换平台，因特网的核心节点延伸到所有县(市)，使每个县(市)都具备了信息采编、检索和发布的能力，把江苏与世界拉得更近。公用信息网、智能网、光纤接入网、数字同步网、NO.7信号网、电信管理网等先进的电信网络的技术已得到广泛应用，开发和推广了50多个网上应用系统。到2000年，全省局用电话交换机总容量达到1500万门，移动通信网可容纳700万用户，计算机互联网拨号端口达16万个，宽带信息网已建网络节点151个。①

先进的技术装备和现代化的电信网络，为信息化的拓展和满足人民群众的需求提供了物质技术支持。“九五”期末，全省固话用户达1138.1万户，移动电话用户达619.5万户，电话普及率达到26.68部/百人。国际互联网用户达183.3万户。政府上网、企业上网、主要新闻媒体上网、学校上网工程呈迅速扩展的态势，电子商务、会议电视、网上购物、网上学校、远程医疗、网上教学等也投入使用。全省人才交流网、家政服务网、社保信息网极大地方便了广大劳动者。银行系统积极推进银行卡联网建设，网上银行对公业务开始试点；省级以上酒店、区级以上医院、中等以上规模商场、连锁超市等普遍使用计算机网络进行管理。在通信建设中，农村受到高度关注。1997年随着东海县安峰乡杨村最后一个行政村通话后，全省35649个行政村全部通上了程控电话，并成为全国第一个实现村村通电话的省份，比全国确定的2010年的村村通电话的目标提前了12年。

“九五”后期，按照发展社会主义市场经济的要求和国家的统一部署，通信业市场化改革迈出了坚实的步伐。1999年邮政与电信正式分营，对电信专业实行资产重

---

① 2001年《江苏年鉴》，第226页。2001年《江苏统计年鉴》第237页载，2000年全省市话、长话交换机容量为1724.72万门。

组，将移动通信、无线寻呼两个专业资产剥离，分别成立江苏移动有限责任公司和江苏国信寻呼有限责任公司。电信部门实行政企分开，成立中国电信集团江苏分公司。中国联通公司、中国网通公司、吉通公司也先后进入江苏电信市场，形成了以电信、移动、联通、网通、吉通为主，250 多家从事通信服务企业参与的市场竞争格局，促进了江苏电信建设的高速发展和电信通信的综合效能的发挥。

邮政建设。“九五”时期，江苏邮政建设以现代化为目标，不断加大投入，依靠科技进步，深化改革，提高邮政网络综合通信能力。以火车、汽车、飞机等多种运输手段相结合的实物传递网络不断完善，邮路四通八达，2000 年达到 35.92 万公里；网点遍布城乡，全省有 5091 处邮政局所，与世界上 200 多个国家和地区通邮。邮政科技含量不断增加，以计算机为标志的新技术在邮政各工种广泛应用，60.6%城乡支所实现电子化；邮政绿卡工程进展顺利，建成省内互联互通、满足金融业务电子化要求的金融计算机网；基本建成覆盖全省二、三级中心局的综合计算机网。邮政系统立足深化改革，挖掘潜力，扩大和改善服务，多元经营，特别得益于国家特许的邮政储蓄的收入，使全省邮政系统由 1998 年亏损 5.7 亿元，到 2000 年实现扭亏为盈。2000 年与 1995 年相比，全省邮政业务总量增长 119.1%，邮政业务总收入增长 210.3%，年平均增长分别为 17%和 25.4%。

四　电力建设及其结构调整

电力工业作为基础性产业，经过“八五”时期的高速发展，有效缓解了供需之间的矛盾，至 1997 年，全省已告别了电力严重短缺的局面，电力供应基本适应经济发展和人民生活日益增长的需求。“九五”时期，全省电力建设按照“电网建设与电源建设协调发展，重点加快电网建设”的思路，继续加大投入，5 年累计投入 389.3 亿元，相当于“八五”时期 2.66 倍。在电源建设及其内部结构调整的同时，电网建设也取得了突破。

电源建设。利港电厂 4 号机组、彭城电厂 2 号机组、张家港电厂 1 号机组、扬州二电厂 1 号机组、华能南通电厂二期工程、苏州工业园区华能电厂等相继建成或加快建设。到 2000 年底，全省发电装机容量达到 1882 万千瓦，最大单机容量达 60 万千瓦，发电量 970.3 亿千瓦时。装机容量、发电量比 1995 年分别增加 382 万千瓦、269.9 亿千瓦。

电源结构的调整迈出了重要步伐。把电源建设重点放在大容量、高参数机组的同时，重视对国产 20 万、30 万千瓦机组进行技术改造，进一步提高发电设备运行可靠性、可调性和经济性，并加快一批小火电的关停工作，发电生产由单一以煤为一次能

源向使用清洁能源转变。由中俄合作兴建的田湾核电站一期工程,2台100万千瓦核电机组建设于1998年10月开工建设。作为与田湾核电站配套的宜兴铜官山顶100万千瓦抽水蓄能电站工程也在抓紧进行前期准备工作。1997年江苏共有66个县(市、区)实现县级电网调度自动化实用化,居全国之首。

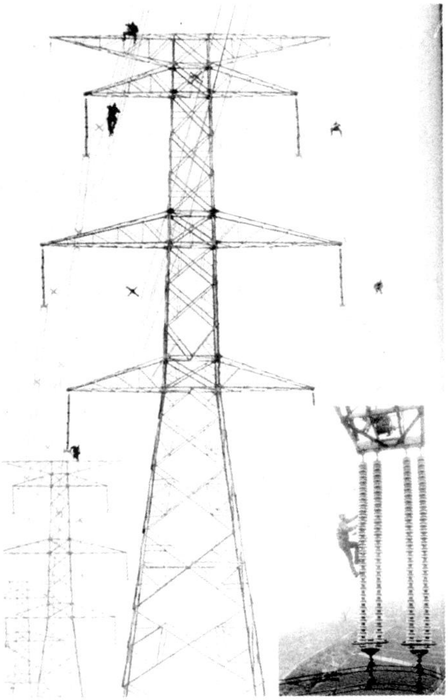
电力工人高空作业

电网建设。"九五"期间,为解决城乡电力输送顺畅问题,并为适应江苏电力总量由区内平衡向区外来电平衡转变,加大对电网建设的投入。为建设500千伏输变电工程及其配套的220千伏输电项目投资150亿元。其中山西阳城至江苏淮阴,途经山西、河南、山东、安徽、江苏等5省的25个县(市)的输变电工程,线路总长1706公里,1998年开工建设,至2000年底,双回路1459公里线路已移交生产,第三回路247公里线路已基本建成。华东江苏500千伏输变电工程,在省内建设与500千伏输变电工程配套的一批220千伏输变电项目,全面投入建设。

至2000年底,全省已初步形成500千伏电网网架,投入运行的线路达3095公里;分布在全省各地的220千伏线路达7898公里。1996年5月27日,全省实现行政村村村通电目标;1997年,全省99.99%的农户用上了电。① 2000年江苏电网供电最高负荷和年供电量分别为1484.3万千瓦和908.64亿千瓦时,比"八五"期末增加了1.57倍和1.41倍。

"九五"期间,城市、农村电网进行了建设和改造。1998—2000年13个省辖市城网建设改造工程全面开工,其中苏州、徐州两市于"九五"期末基本完成。通过近3年的城网建设与改造,原来严重影响供电稳定和供电质量的"卡脖子"现象明显缓解。由于高压电网得到改善,向城市居民开放一户一表有了可能。农村电网改造是得到国债支持的一个项目。1998年11月国家计委下达投资计划,12月开始实施,到2000年底累计完成投资115.7亿元。首批36个竣工县(市)10千伏及以下农村电网建设

① 宋林飞、张步甲主编:《江苏改革与发展20年(1978—1998)》,南京大学出版社1998年版,第277页。

建设中的田湾核电站

与改造项目，全部完成并通过验收。农网通过建设与改造，低压电网线损率下降10多个百分点，全省农村从2000年3月开始实行统一销售价格（以往是一乡一价、一村一价），年减轻农民负担10亿多元，农村工农业生产生活用电因此大幅度增加，对拉动需求，促进经济发展，提高农民生活质量，产生了明显的效应。

五　水利建设掀起新高潮

1991年江淮流域发生特大洪涝灾害后，全省掀起了新中国成立后的第三次水利建设高潮，水利建设成绩斐然，但江苏决策层对"水害是全省心腹之患"的省情始终保持清醒的认识，对"水利是人民赖以生存的基础，是国民经济的命脉，是可持续发展基本条件"的认识也不断深化。"九五"期间，江苏坚持把水利建设作为基础设施建设的首要任务，在工作指导上，切实总结经验教训，不断查找薄弱环节，完善综合治理的规划，果断决策，超前实施有全局影响的重点水利工程，把第三次水利建设高潮继续推向前进。加强水利建设关键在资金到位。中共江苏省委、省政府下定"宁可少上几个其他项目，宁可借贷款，宁可节衣缩食，也要把水利重点工程优先建设好"①的决心，在继续征收防洪保安资金和争取国家投资的同时，明确要求省、市、县每年按可用财力的2—4%用于水利建设，并加快水利产业化进程，挖掘自身潜力，多渠道筹集资金，

---

① 中共江苏省委党史工作办公室编：《陈焕友话江苏》，中共党史出版社1998年版，第838页。

加大投入。"九五"时期,累计投入水利建设资金 240 亿元,一大批治淮、治太工程的续建和跨世纪工程的兴建,使江苏朝着"建设国内一流、国际先进的水利基础设施体系"的目标迈出坚实的步伐。

治淮、治太和水资源系列工程完成或加紧进行。"八五"期间开工建设的洪泽湖大堤等三项治淮工程,1997 年通过验收。沂沭泗洪水东调南下一期工程,1999 年基本完成。怀洪河江苏境内工程接近尾声。太浦河、望虞河工程,1999 年全面建成。武锡澄引排和湖西引排工程等治太工程正加快建设。通榆河工程已完成射北射南段、东台北段土方挖掘任务。徐洪河全面建成并发挥效益。泰州引江河工程经过 4 年多的奋战,于 1998 年 9 月 28 日竣工。

泰州引江河工程竣工投运

跨世纪国家重点工程——淮河入海水道动工建设。① 由于历史上黄河改道,打乱原有水系,使得淮河洪水出路受阻,数百年来淮河下游平原水灾不断。新中国成立后,经过大规模整治,使安徽淮北地区淮河洪水经洪泽湖调蓄入江入海,但过境客水出路不足的问题仍未根本解决,威胁着淮河下游 2000 万人口、3000 万亩耕地的安全。兴建淮河入海水道工程,解决淮北洪水出路问题,是江苏人民百年的夙愿。经过充分的前期准备工作,终于 1998 年 10 月 28 日正式破土动工。这一总投资高达 42.6 亿

① 淮河入海水道工程西起洪泽湖二河闸,东至扁担港入黄海,全长 163.5 公里,堤距 750 米,整个工程分二期进行,先行实施的近期工程设计排洪量 2270 秒立方米,将洪泽湖及淮河下游地区的防洪标准提高到百年一遇,兼顾环保、航运、旅游综合效益,计划到 2005 年建成投入运行。远期工程设计标准提高到 300 年一遇。

元的跨世纪工程是江苏水利史上规模最大的项目。动工以来，近期工程全面加快实施，淮安枢纽、滨海枢纽、淤土段河道工程已正式开工。

安澜造福的防洪抗灾的“钢铁长城”——江堤达标工程和海堤重点达标工程进展迅速。进入 20 世纪 90 年代以来，长江和沿海水患威胁日益增加，防洪问题日见紧迫。1997 年 11 号台风袭击江苏后，中共江苏省委、省政府果断决策，于当年 10 月全面实施江海堤达标工程，计划用 3 年时间完成江堤达标建设（江苏境内 800 多公里的长江主江堤全部砌成块石护坡或混凝土浇筑护坡），用 5 年时间完成海堤重点部位达标。整个工程计划投资 41 亿元。这一决策，得到沿江 8 市 21 个县（市）的拥护并立即行动。至 1998 年汛前“全省已完成江堤土方工程 635 公里，完成块石护坡 335 公里，加固病险涵闸 256 座，完成投资 10 亿多元，超额完成了年度建设任务。”①这一成果在 1998 年抗洪斗争中发挥了立竿见影的屏障作用。洪灾之后，中共江苏省委、省政府作出了关于进一步加强防洪保安基础设施建设的决定，要求江堤达标工程“三年任务两年完成”。各地虽然感到资金紧张压力很大，还是坚决贯彻省里的决定，加快建设步伐，到 1999 年汛前，基本完成江堤护砌工程。海堤达标工程也完成各年度计划任务。

“九五”时期，农田水利建设以中低产田改造、高标准农田建设、山区小流域治理为重点，取得显著成绩。5 年来，持续不断的资金投入和劳动工日积累，全面完成淮北重点地区中低产田改造任务，全省累计治理水土流失 1430 平方公里，新建防渗渠道 21963 公里，推广节水灌溉面积 402.73 多万公顷，建立吨粮田 30.3 万公顷，发展旱改水 22.32 多万公顷。②

至“九五”期末，全省已初步形成了具有江苏特色的防洪、排涝、灌溉、降渍和挡潮五大水利工程体系，在抗御自然灾害，改变农业生产条件，发展国民经济，保障社会安定，提高人民生活水平方面发挥了显著效益。

六　1998 年长江抗洪斗争③

1998 年，长江发生了自 1954 年以来的全流域的特大洪灾。由于长江上中游洪水量大，洪峰接踵而至，加之海潮顶托，江苏长江段汛情十分严峻。汛情不仅来得早，涨势猛，而且来量大，高水位持续时间长。据记载，大通流量 7000 立方米每秒有 69 天，超过 8000 立方米每秒有 13 天；南京、镇江超警戒水位持续时间分别为 92 天和 95

---

① 中共江苏省委党史工作办公室编：《陈焕友话江苏》，中共党史出版社 1998 年版，第 833—834 页。

② 以上数据根据 1997—2001 年《江苏年鉴》水利工作栏目的有关记载整理，其中新建防渗渠道、吨粮田的数字系 4 年累计。

③ 本目主要参考 1999 年《江苏年鉴》江苏概况 · 长江防汛抗洪，第 76—77 页。

天,两地最高水位仅比1954年最高水位低0.08米、0.01米。长江两岸江堤在汹涌而至的洪水冲击和长时间浸泡下随时都有坍塌的危险。

中共江苏省委、省政府未雨绸缪,立足于防大汛、抢大险、抗大灾,在汛前做了周密的部署和充分的准备工作。层层建立防汛工作行政首长负责制,同时各有关部门、单位,长江江堤每一项工程,每一段堤坊、每一处险工患段都明确责任,落实到人。在汛前抢做防汛急办工程,除险、加固险工江堤。分级储备大量防汛抢险必备的块石、"三袋"、土工布等。组织市、县抢险队伍1.4万个,抢险人员110万人,构成了长江两岸抢险网络。这种严阵以待的态势,为夺取抗洪斗争的胜利作了精神的、物质的和组织的充分准备。

长江流域严重汛情和特大洪灾发生后,中共中央、国务院发出了一系列的指示。江泽民、朱镕基多次打电话询问江苏汛情并作出指示。温家宝①和中央有关部门负责人到江苏现场检查指导防汛工作。

中共江苏省委、省政府认真贯彻中共中央、国务院的指示精神,多次对全省防汛抗洪斗争进行了研究部署,明确提出"三防",即主动防、积极防、高标准防,"五保",即要确保人民生命财产安全、确保长江大堤安全、确保大中小城市安全、确保交通大动脉畅通、确保大中型企业安全的防汛工作方针和目标。落实省、市、县、乡、村(企事业单位)五级防洪责任制,省和各级领导干部深入一线,坐镇指挥调度。全省120万干部群众紧急动员起来迎战洪峰。驻苏部队、武警官兵主动参战,总人数达35万人次,有8000多人长时间坚守在第一线。投入抗洪抢险的干部群众,在江堤上24小时拉网式日夜巡查,发现隐患,及时排除。汛期共发生180多起险情,其中重大险情48起,由于抢险及时,处置有力,均化险为夷。据统计,这次防汛抗洪斗争,治坍抢险抛石达200多万吨,用"三袋"1000多万只,土工布近百万平方米。南京、镇江、扬州等地将2.7万多老弱病残及儿童转移至安全地带。历时数月的江苏长江抗洪斗争,由于各级党委、政府领导有力,指挥有方,驻苏部队和武警官兵同广大干部群众团结一致,严密防守,共同奋斗,取得了全面的胜利。全省境内1547公里江、港、洲堤无一决口、无一破圩,水利工程无一失事,也没有因洪水死一人,长江沿线生产、生活秩序井然。

1998年抗洪斗争胜利的原因,有一点至关重要,即汛前长江江堤达标工程取得的进展成为战胜洪魔的可靠屏障。水利基础设施建设巨大的经济和社会效益在此得到印证。据测算,这次抗洪斗争胜利的减灾效益达250亿元。"九五"期间兴建一大批防洪抗旱骨干工程,减灾效益达1300多亿元。

---

① 时任中共中央政治局委员、国务院副总理。

第六章　推进区域共同发展、城市化和可持续发展

江苏进入改革开放和现代化建设新阶段以来，区域发展不平衡、城市化水平滞后于工业化发展、环境日趋恶化三个关系全省实现小康和基本现代化全局性问题凸现出来。中共江苏省委、省政府审时度势，从战略高度采取有力政策措施，大力推进区域共同发展，加快脱贫致富步伐；积极推进城市化进程，努力改变城市发展滞后的状况；切实贯彻执行计划生育、珍惜土地、环境保护三项基本国策，应对可持续发展面临的挑战。"九五"期间，把城市化、可持续发展提升为全省经济社会发展战略，与已确定的三大发展战略构成一个整体，引领江苏现代化建设前进。

第一节　区域经济的发展

一　区域经济发展差距的历史演变

江苏经济发展中南北不平衡，苏南、苏中、苏北①区域经济发展梯度明显，是江苏省情基本特点之一。促进区域经济共同发展，重点加快发展苏北，是关系全省实现小康和基本现代化重要而紧迫的任务。

三大经济区域中，就经济发展水平而言，苏南是经济发达地区，苏北是欠发达地区，苏中是介于两者之间的地区。形成这种差距，首先是江苏历史长期变迁的结果。苏北地处淮、沂、沭、泗诸河下游，在古代曾是全国著名的粮食产区之一。但 1194 年（宋光宗绍熙五年）黄河改道，侵淮夺泗，淮北地区水旱涝灾害频仍。虽然在 1855 年（清咸丰五年）黄河北徙，仍回山东入海，但淮北大地却留下了"是田皆斥卤有地但蓬蒿"的荒凉景象，陷入多灾多难的困境。自明末清初以来，资本主义在长江下游萌芽。

---

① 除另有解释说明外，本节苏南地区指苏州、无锡、常州三市及其所辖县级市，苏中地区指南京、镇江、扬州、南通、泰州五市及其所辖县（市），苏北地区指徐州、淮安、盐城、连云港、宿迁五市所辖县级市。

江苏近代工业也主要集中于无锡、南通、常州、苏州等城市。1908年沪宁铁路和1912年津浦铁路先后通车后,更加促进了苏南商品经济的发展。这一时期,苏北地区,虽然徐州也兴办了煤矿,陇海铁路亦于1925年通车,但工业经济发展未能形成气候,仍然以农业为主。苏南先进的工业与苏北传统农业并存的格局,对经济社会的发展产生了深远影响。1952年,江苏经济发展不平衡已相当突出。苏南、苏中、苏北人均工农业总产值之比为2.2∶1.4∶1,呈南高北低态势。

从1952年到1978年改革开放前的26年间,全国实行高度集中的计划经济体制。在全国的大棋盘中,江苏不是投资的重点地区。26年间,全省固定资产投资总和仅为178.25亿元,年均6.86亿元。由于投资力度弱,带动作用强的大项目少,全省经济发展不快,低于全国平均水平。而国家的投资主要是兴建一批水利骨干工程,各地建设了农田水利的配套设施,全省主要是苏北农业生产条件显著改善,促进了农业生产的发展。工业方面,苏南、苏中、苏北各自兴办了一批工业企业,新增加了一些工业门类。与计划经济体制紧密结合的是区域经济实行均衡发展战略,江苏也不例外,三大经济区域的发展基本上以齐步走的步伐向前迈进。26年中,工农业总产值每年平均增长速度:苏南为6.5%,苏中为6.4%,苏北为6.3%,呈现出均衡发展的态势。[①] 这只意味着原来的不平衡状态没有进一步扩大。

中共十一届三中全会以后,国家改革开放方针的实施,使江苏区域经济的格局发生了深刻的变化。区域经济发展战略由以往追求平衡为目标的均衡发展转向以效率为目标的倾斜发展。苏南沿江临海,紧邻上海的区位优势,交通等基础设施较好,人才和劳动者素质较高,人们市场意识强,市场发育快,这些以往潜在的发展市场经济的积极因素凸现出来,自然使苏南及沿江地区成为以效率优先为前提的改革开放的先行地区。国家在投资、金融、财政、税收、贸易等方面的优惠政策和改革措施,也使苏南及沿江地区首先获益,乡镇企业的迅猛崛起就是最充分的证明。相对而言,苏北地区的发展要受到经济结构单一、工业比重小,企业经营管理水平低,人才缺乏等因素制约,经济发展水平不高,财政入不敷出,城乡人民特别是农民生活水平大大低于全省平均水平。尽管进入改革开放新时期,全省各地经济纵向比较都有了很快发展,但横向比较区域经济发展的不平衡开始加剧,使原有南北地区差距扩大。

针对“南高北低”生产力和人民生活水平的状况,1984年1月,中共江苏省委、省

① 张锋等著:《江苏“三大战略”与政策研究》,江苏人民出版社1998年版,第223页。

政府提出“积极提高苏南，加快发展苏北”①的方针，力图在执行政策、安排财力、企业布点、人才培养等方面，根据不同的情况和特点，把南部发展与北部开发结合起来，促进全省各地共同前进。为贯彻执行这一方针，1985 年 4 月，省政府召开苏北地区 13 个县②经济发展座谈会，随后，省委、省政府批转《苏北 13 个县经济发展座谈会纪要》，确定苏南 10 个县和苏北 13 个县在提高企业经营管理水平，加强技术改造，交流信息，开发新产品等方面加强合作，建立对口挂钩协作关系。1986 年 3 月、4 月省委先后决定从省级机关抽调 600 多名干部和一批处、科级干部，厅局、处级后备干部到苏北 4 市加强农村基层工作。1986 年 3 月、1987 年 3 月，省政府又先后召开苏北 13 个县经济工作会议，总结交流过去的工作，确定经济合作由工业项目为主向种、养、加、销等方面延伸，出台优惠的税收政策，要求从苏南抽调干部到苏北担任实职，定期轮换。经过几年的努力，13 个县的经济有了一定的发展。但是，由于地区倾斜“梯度转移”的趋势没有改变，江苏区域经济差距仍然在扩大。研究分析表明，1979 年至 1993 年，地区生产总值平均年增长速度，苏南为 20.3%、苏中为 16.8%、苏北为 15.8%。三大经济区域人均地区生产总值之比由 1978 年的 2.8∶1.6∶1 扩大为 1993 年的 4.4∶2.1∶1。③ 三大经济区域之间的不平衡状态更突出了。

区域经济发展差距的加剧和扩大，不可避免地给全省特别是苏北地区经济和社会发展带来负面影响。不仅在经济上造成产业布局劣化，生产要素的不合理的流动和集聚，总体效率的下降，直接影响工业化进程，而且在经济社会发展上延缓淮北贫困地区脱贫致富的步伐，可能引发某些社会矛盾和问题。总之，将不利于全省小康和现代化目标的实现，广大干部和群众，特别是苏北地区干部和群众要求改变区域差距现状的呼声也日趋强烈，成为每年省人代会、省政协会议关注的焦点之一。

二　区域共同发展战略的实施及其初步成效

进入 20 世纪 90 年代，区域经济发展差距的扩大，受到中共江苏省委、省政府的

---

① 郁冠和李泽中在《促进南北区域经济协调发展》一文中说：关于苏南苏北范围的划分，大体上有三种。一是以长江为界，长江以南为苏南，长江以北为苏北。二是以长江为界为基础，兼顾经济发展水平。20 世纪 80 年代初曾将经济发展水平与苏南地区差不多的南通市划入苏南的行列。三是“七五”期间以新通扬运河为界，以南为苏南地区，以北为苏北地区。这种划法，苏南地区包括苏、锡、常、通、宁、镇、扬（扬州北部的兴化、高邮、宝应三县（市）除外），苏北地区包括徐、淮、盐、连和扬州市的兴化、高邮、宝应三县（市）。1984 年 1 月，全省计划经济工作会议上提出的“积极提高苏南，加快发展苏北”方针中的苏南、苏北，我们是按照第三种划法来理解和表述的。详见江苏省计划与经济委员会、《江苏年鉴》杂志社合编：《江苏的“七五”（1986—1990）》（上册），苏出准印字 JSE—002542，1999 年版，第 405—407 页。

② 苏北 13 个县是丰县、淮阴、沭阳、洪泽、盱眙、灌南、涟水、响水、滨海、阜宁、建湖、东海、灌云。苏南 10 个县（市）是沙洲（后改为张家港）、无锡、江阴、宜兴、武进、常熟、吴江、吴县、昆山、太仓。

③ 张锋等著：《江苏“三大战略”与政策研究》，江苏人民出版社 1998 年版，第 223 页。

高度关注和重视。1992年在加快江苏发展的总体部署中,省人民政府先后发出了《江苏省沿江地区经济发展规划纲要》、《江苏省淮海地区经济发展规划纲要》[①],对沿江7市和苏北4市到2000年(重大问题展望到2010年)经济发展的指导方针和目标,生产力布局,一、二、三产业的发展方向,各市发展方向和重点以及基础设施建设,外向开拓等方面,从各地情况和特点出发,按照分类指导的原则,提出了宏观性、前瞻性的意见,勾画了苏南、苏中和苏北共同发展的蓝图。它表明,江苏经济发展在指导方针上开始由地区倾斜"梯度转移"向产业倾斜和地区倾斜相结合的"优势互补"的方向转变。同年,省委向苏北地区派出第一批扶贫工作队,探索加快苏北地区发展的新途径。

1994年中共江苏省第九次代表大会则进一步把区域共同发展作为全省三大战略之一正式确立。这个战略的确立,一方面是对江苏南北发展不平衡省情特点深入体察和回应,"没有苏北的小康就没有全省的小康,没有苏北的现代化就没有全省的现代化",逐步形成共识;另一方面是从1992年开始,连续3年扶贫工作初显成效和取得的经验,为区域共同发展现实可能性提供了实践依据。省委书记陈焕友在向中共江苏省第九次代表大会所作的报告中对区域共同发展战略特别是加快苏北地区的发展作了这样的表述:"实施分类指导,加大扶贫力度,在继续加快沿江地区发展的同时,重点加快淮北地区开发开放,加速工业化进程,实现由温饱到小康,由小康到基本现代化的奋斗目标,促进全省各地区的共同发展,逐步实现共同富裕。"报告提出从基础设施建设、人才培养和引进、招商引资、滩涂和海洋开发、发展农村经济、部署骨干项目、扶贫等7个方面加强苏北地区的开发和建设,确保5年内实现小康。[②] 省九次党代会关于区域共同发展的战略思想及其实施的要求也在1996年省人代会八届四次会议通过的《纲要》中得到充分的贯彻并进一步具体化。《纲要》提出要通过两个经济区域(沿江经济区域、淮海经济区域)的发展、两项跨世纪工程("海上苏东"工程和"淮北地区致富"工程)的实施,使地区差距扩大的趋势得到缓和。

根据省九次党代会的精神,大力推进《纲要》所确定的区域共同发展方案的实施,在1995年9月至1997年8月的两年间,省里多次召开综合性或专题性省、市、县级领导干部参加的会议,进一步解放思想,统一对加快苏北地区发展的认识,总结交流经验,推广先进典型,理清思路,部署工作。这些会议主要有:1995年9月召开的全省奔小康经验交流会,1996年4月召开的发展海洋经济工作会议,1996年11月召开的

① 两个纲要文件参见1993年《江苏年鉴》,第132—148页。

② 陈焕友:《加快改革开放,加强党的建设,为实现社会主义现代化宏伟目标而努力奋斗》(1994年12月21日在中国共产党江苏省第九次代表大会上的报告)。

全省扶贫工作会议，1997年8月召开的徐连经济带建设工作会议和全省农业产业化经营工作会议等。这些会议时间之密集，规格之高，力度之大，是多年来少有的，充分表明了省委、省政府实施区域共同发展战略，重点促进苏北地区加快发展的坚定决心和努力。

由于指导思想明确，认识统一，工作部署周密，举措务实有力，经过5年的艰苦奋斗，苏北地区经济社会发展活力增强，成效明显。

基础设施建设成绩斐然。“奋战五年，决战苏北”10大交通工程和新长铁路、淮河入海水道、田湾核电站等重大项目，预计对苏北的投资近千亿元。这些项目的建设正如上一节介绍，或者建成，或者加快建设步伐。苏北地区农村公路通达工程已顺利实现。电力供应紧张局面已经缓解，投资11亿元，使淮北339个无电村、99.5万户农民实现通电。邮电、通信建设有了很大发展，程控电话已通到每一个行政村。交通、能源等基础设施的投入，不仅有力地拉动苏北地区的经济增长，而且为改善投资环境，促进经济要素的合理流动和配置，缩小与苏南、苏中地区的差距打下了坚实的基础。

农业、农村经济有了新的发展。苏北是全省商品粮棉的生产基地。20世纪90年代中期，盐城全市的农业总产值相当于苏南地区的总和，苏北的粮食产量和农业总产值稳居全省“半壁江山”。进入“九五”时期，苏北地区高度重视抓好粮食生产，积极实施“科教兴农”。在省里的支持下，投入5.11亿元，帮助改造了532万亩中低产田，建成稳产高产田。面对市场需求变化，苏北地区积极调整农业和农村经济结构，以多种经营和农产品深度加工为突破口，积极建设“菜篮子”、“果园子”、“鱼池子”，因地制宜培育主导产业，发展具有竞争力的优势产品，建成一批规模化的生产基地，农业产业化经营进入一个新的发展阶段。徐连地区的蔬菜、果品基地，沿海滩涂的水产品基地，邳州、新沂的银杏、板栗基地等都已形成相当规模和体系。在农业总产值中，粮经比例不断调整和优化。丰富的农产品为发展加工业提供充足的原料，涌现出如“维维”、“大地”、“森达”等一批有较高知名度和市场占有率的农副产品深加工“龙头”企业。“维维”集团研制的速溶豆奶等名牌产品，发展成为拥有1万多名职工的国内最大的食品生产企业，并于2000年6月以维维股份上市。“森达”集团由牛棚里办起的皮鞋厂成长为年产400多万双中高档皮鞋的“中国鞋王”。农产品加工业的兴盛促进了乡镇工业的发展，通过企业普遍改制注入新的活力。20世纪90年代，苏北乡镇工业总产值年均增长39.5%，速度超过了苏南和苏中。

徐连（徐州至连云港）经济带建设全面启动。所谓徐连经济带是指“以新亚欧大陆桥开通和运营为契机，以东陇海线徐连段为主轴，发挥徐连的‘四省通衢’和‘东桥

徐州维维集团生产总厂车队

头堡’优势,在所辖区域内进行开发、开放和建设,由点、线、面有机结合而形成一个带状经济区。”①根据《徐连经济带建设规划纲要》的安排,争取到2010年把这一经济带建设成为经济实力雄厚、产业结构优化、市场竞争力强,具有较强内聚力和辐射力的发达的带状经济区。徐州和连云港两市认真贯彻执行这一精神,在“九五”时期特别是后3年,开拓奋进,抓启动、打基础。大力推进基础设施建设,徐连高速公路、东陇海线复线、新长铁路、连云港港口建设系列工程以及徐州观音机场、治淮、水资源工程等全面展开,并进展顺利。一批重点工业骨干工程,如连云港3万只集装箱、东海浮法玻璃、徐州工程轮胎、江苏铝厂5万吨电解铝、淮海水泥厂250万吨水泥等项目正在抓紧施工,以火电、核电为龙头的电源建设基地正在形成。煤化工、盐化工、石油化工等研究开发已初见成效,机械、电子、食品、建材等支柱产业在深化企业改革和扩大对外开放中进一步壮大。

作为徐连经济带的“两极”的徐州市、连云港市在加快经济发展的过程中,大力加强城市现代化建设,修编城市规划,完善城市基础设施,丰富城市景观,提升了城市形象,改善了投资环境,“两极”的经济实力、内聚力、辐射力明显增强。“九五”期末,徐、连两市地区生产总值分别达到644.5亿元、291.13亿元,比1995年增长56.9%和72.8%,年均增长速度高于全省平均水平。以徐州为中心的淮海经济区横向交流与合作日益紧密,徐州的商贸都会风貌展现。连云港按照建设国际性港口城市的要求,加快港口建设的步伐,大力开拓国际国内集装箱运输市场,1997年过境集装箱运量已超过西伯利亚大陆桥。连云港正朝着综合性、多功能、集疏运综合配套的大港迈进。

① 中共江苏省委党史工作办公室编:《陈焕友话江苏》,中共党史出版社1998年版,第523页。

新亚欧大陆桥东端起点

以实施百万亩滩涂资源综合开发为突破口，发展海洋产业。发展海洋经济，建设“海上苏东”，作为《纲要》确定的一项跨世纪工程，是立足江苏省情，经济社会发展战略从陆地到海洋的重大延伸和深化。江苏沿黄海岸线长达 954 公里，沿海滩涂面积约 1000 万亩，其中堤外滩涂约 650 万亩，并拥有丰富的海洋资源，资源综合指数列全国第 4 位。苏北连云港、盐城占有全省大部分海洋资源。但 1995 年江苏海洋产业产值仅 120 亿元，占全省地区生产总值的比重低于全国的平均水平。努力把潜在的海洋资源优势转化为现实的海洋经济优势，大力发展海洋经济，这不仅是江苏实现经济社会发展宏伟目标的必然选择，也是实施区域共同发展战略的题中应有之义。早在“八五”时期，沿海一些市县已经开始调整经济发展思路，重视滩涂的开发和海洋资源的利用，同时，国家把连云港海区列为全国海洋三大特殊开发区域之一。国家、省和市县发展海洋经济共同诉求，说明实施向蓝色国土进军战略的时机正在到来。

为了加快发展海洋经济的步伐，省里推出“政府主导，企业运作，社会多元化投资”的新的发展模式，并制定了一系列支持发展海洋经济的政策措施。作为探索和试验的一项重要举措，1995 年冬，省人民政府决定设立江苏省滩涂开发投资有限公司，实行以企业行为实施政府投资的开发运行机制。同时一批内资和中外合资企业加入滩涂开发行列，并逐步居于围垦和综合开发的主导地位。“九五”时期，百万亩(新围滩涂 3.6 万公顷，开发利用滩涂 3.07 万公顷)滩涂开发工程顺利完成，成为发展海洋经济的突破口。沿海地区利用已围滩涂，发展农林牧渔业和海洋产业，建立一批粮食、棉花、林业、畜牧业、水产养殖、盐业等商品生产基地，催生出一批规模化、产业化

经营的加工企业,优化了海洋经济结构,海洋经济外向化水平有了提高。实施科技兴海,建设海洋食品、医药2个开发中心和海珍品养殖等多个基地,拓展了海洋经济的领域。1995年以来,全省海洋产业产值年均递增25%,2000年达到366.21亿元,较1995年增长2倍多。海洋经济发展步伐的加快,为沿海地区特别是苏北的发展培育了新的经济增长点。

加强南北挂钩协作和对贫困地区的财政支持。1991年6月,中共江苏省委、省政府下发了《关于苏南、苏北部分市、县(市)互派干部、对口协作、相互支援的通知》。近10年来,苏南与苏北地区间、企业之间在项目、资金、技术、人才、招商引资、劳务等方面坚持不懈地进行交流与合作。苏南地区大专院校、科研院所到苏北直接指导、技术转让与交流,对苏北经济科技发展直接或间接产生了积极作用。1995年以来,苏南13个县(市、区)①支持对口县兴办各类项目近400个,投入资金2.9亿元,帮助培训各级各类人才7000余名,引进和安排劳动力就业4万余人。②"九五"期间,省财政对苏北贫困地区加强了支持力度。省财政对苏北5市体制补助30.4亿元,其中对困难县、教师工资和外贸出口退税少负担共补助12.7亿元,增值税多留用2.4亿元,财力补助0.6亿元,财政转移支付14.8亿元。省级体制结算补助和各类专项资金补助共达73.8亿元。③

区域共同发展战略的实施,加快了苏北地区脱贫达小康的进程,也缩小了南北区域发展的差距。2000年,苏北5市实现地区生产总值1975.92亿元、财政总收入130.26亿元,比1994年都翻了一番多。④ "九五"期间,地区生产总值平均增幅苏南为11.1%,苏中为10.4%,苏北为11.8%。经济增长速度出现了相对均衡的局面。三区域人均地区生产总值之比由1993年的4.4∶2.1∶1缩小为2000年的3.5∶1.5∶1。⑤ 区域共同发展战略的实施取得了阶段性成果。但是,区域经济发展差距的缩小,并不意味着苏北地区已经消除欠发达状态。据统计,2000年苏北地区生产总值只占全省的23.6%,人均地区生产总值仍然低于全省人均水平,甚至低于全国人均平均水平。⑥ 三次产业中,仍以农业和农村经济为主。出口和外商直接投资分别只占全省的4.1%和7.5%,对外

---

① 13个县(市、区):吴江、吴县、昆山、武进、张家港、太仓、常熟、江阴、无锡、无锡市郊区、宜兴、丹阳、扬中。

② 江苏省扶贫工作领导小组办公室、中共江苏省委党史工作办公室编:《历史性的跨越》,当代中国出版社2001年版,第6—7页。

③ 本书编写组著:《富民强省在江苏》,江苏人民出版社2002年版,第223页。

④ 江苏省扶贫工作领导小组办公室、中共江苏省委党史工作办公室编:《历史性的跨越》,当代中国出版社2001年版,第63页。地区生产总值、财政收入根据2001年《江苏统计年鉴》第387页修正。

⑤ 本书编写组著:《富民强省在江苏》,江苏人民出版社2002年版,第200页。

⑥ 2000年,苏北地区人均地区生产总值6288元,江苏人均地区生产总值11773元,全国人均国内生产总值7078元。

开放水平低。科技进步对经济增长贡献率不高，主要还依赖资源和资金为主导发展经济，同时，资本自我积累、自我扩张能力不强。因此，从总体上看，苏北地区仍处于工业化初期阶段。加快苏北发展仍是一项长期艰巨的历史任务。

三　淮北地区脱贫达小康的艰苦努力[①]

淮北废黄河沿线是一个相对贫困的带状地区，主要包括丰县、睢宁、宿豫、沭阳、泗阳、泗洪、盱眙、淮阴、涟水、灌南、灌云、东海、阜宁、滨海、响水 15 个县，面积达 2.7 万平方公里，人口约 1500 万。新中国成立后，特别是改革开放以来至 20 世纪 90 年代初，随着农业、农村经济的发展，生产生活条件的逐步改善，这个地区的面貌有了较大改变，其中一部分群众已经脱贫，踏上奔小康之路。然而总体上来说，这 15 个县仍属经济薄弱、贫困人口较多的地区，是全省扶贫攻坚的主要工作对象。

1992 年 3 月，中共江苏省委为此成立扶贫与减轻农民负担工作领导小组。省里确定淮北 15 个县，按不同情况，分类享受省定扶贫政策；对其中达小康特别困难的县制定重点帮扶措施。淮北各县把脱贫奔小康作为全部工作的中心，加强领导，落实责任，认真组织实施。从 1992 年起，到 20 世纪末，淮北扶贫攻坚和小康建设大致经历了 3 个阶段：

1992—1994 年为探索试验阶段。1991 年 12 月，中共十三届八中全会决定在全国农村开展社会主义教育。为使这个教育活动务实有效，省委确定把社教同扶贫工作结合起来，自 1992 年起，以沭阳县为重点，对淮北 10 个县农民人均纯收入在 400 元以下的 58 个贫困乡[②]派出“社教与扶贫”工作队，以经济建设为中心，思想教育和组织建设为保证，按照“稳定提高农业，突破多种经营，放手搞活流通，积极发展乡镇企业，大搞劳力输出，强化基础设施建设”的思路，改救济式扶贫为开发式扶贫，即从由外部输入转向以改善和提高贫困地区的造血功能、增强其自身发展能力的区域开发。扶贫战略和思路的改变，在探索试验阶段取得了显著成效。沭阳县是全省人口最多的贫困县。经过 3 年的努力，1994 年全县国内生产总值、财政收入和农民人均纯收入由 1991 年的 12.09 亿元、3845 万元、404.5 元分别上升到 22.88 亿元、7351 万元和 1070 元，增幅分别为 89.2%、91.2%和 164.5%。各项基础设施和社会事业也有了一定的发展。58 个乡贫困面貌同样有了较大改变。沭阳和 58 个乡扶贫的成效，驱散了淮北地区干部和群众心头的阴影，看到了脱贫致富的希望和前景，也为面上扶贫提供了可资借鉴的经验。这一阶段的实践经验，为省委、省政府从战略层面思考和推进全

---

① 本目有关史实、资料参考了江苏省扶贫工作领导小组办公室、中共江苏省委党史工作办公室编：《历史性的跨越》。

② 1991 年国家公布的贫困县标准为以 1990 年农民人均纯收入不少于 300 元，江苏高出 100 元。

省区域共同发展并作出新的决策，提供了依据。这是一个比扶贫取得的具体成果更具深远意义的重大收获。

1995—1997年为脱贫攻坚阶段。1994年国家颁发了《"八五"扶贫攻坚计划》，这个计划对全国贫困县按照"四进七出"的原则进行了调整。[①] 按照这个原则，江苏没有贫困县被列入计划范围。省委、省政府从实施区域共同发展战略要求出发，提高了标准，于1995年1月公布了《江苏省扶贫攻坚计划》。计划要求：到20世纪末实现两步目标，第一步到1997年，重点解决200万人均年纯收入低于500元贫困人员的脱贫问题，基本改变淮北地区经济薄弱的贫困问题[②]；第二步，从1998年到2000年，使淮北地区人民生活达小康。为确保第一步目标的实现，省里采取更加有力的措施：

一是扩大派出扶贫工作队(组)的工作范围。从1995年起由省向丰县、睢宁、泗洪、淮阴、涟水、盱眙、滨海、响水、灌云9县(1997年又增加灌南)派遣扶贫工作队，并向68个乡派遣工作组。工作队(组)在当地党委、政府领导下，进行调查研究，帮助确定发展思路，修建乡村道路，落实农民增收项目，兴办经济社会事业，做了大量实事好事。他们埋头苦干、艰苦奋斗的奉献精神和事迹，得到当地人民群众的好评。

二是实行苏北同苏南、省级机关、部省属企业集团、高等院校和科研院所"五位一体"的对口挂钩扶贫，广泛动员社会各方参与扶贫。省里有关部门、单位，除直接对口帮扶外，还是扶贫工作队的后方单位，从人力、物力、财力上给予很大支持。多数苏南县(市)党政一把手，每年都要到淮北对口县考察协作项目，落实南北帮扶任务。

三是扶贫工作重点到村到户。以农民增收为中心，组织省、市、县、乡四级干部与经济基础特别薄弱的村和生产条件差、生活特别困难的农户挂钩帮扶。帮扶重心下移的作法效果较好，深得人心。

四是加大扶贫资金的投入，支持县属骨干企业扩大生产能力，因地制宜发展乡镇企业，扶持农副产品加工业，同时实施扶贫通电、卫生改水、中低产田改造、公路通达、安居工程等五项工程，进行专项投入。[③] 除卫生改水、安居工程继续进行外，其他三大工程到1997年底基本实现计划目标。经过全省上下3年的努力，到1997年底，《江苏省扶贫攻坚计划》确定的第一步目标基本实现。10个重点扶贫县的地区生产总值

---

① "四进七出"，即1992年农民人均纯收入大于700元的县退出贫困县，少于400元的县纳入贫困县。

② 计划要求：贫困人口集中的县乡基本消除财政倒挂现象，村级集体经济年纯收入最低不少于5万元；目前200万(实为207万，也有208万一说)贫困人口脱贫的主要指标是以村为统计单位，农民人均年收入达到1990年不变价800元，约相当于1997年现价1900元。

③ 五项工程，即扶贫通电，确保当时333个无电村通电；卫生改水，主要解决部分地区饮用高氟、严重污染水问题；中低产田改造，使500多万亩中低产田旱涝保收；通达工程，使贫困地区从乡到村铺成沙石路；安居工程，进行14.83万户危草房改造。

达到 292 亿元，比 1994 年增长 54%，年均递增 15.5%；农民人均年纯收入 2516 元，其中 69 个重点扶贫乡镇达 2380 元，480 个重点贫困村达 2030 元，全部超过省定 1900 元农民脱贫指标。

1999—2000 年为建设小康县阶段。1999 年初，省委、省政府及时作出了巩固脱贫成果、促进小康建设，实施第二步目标的决定，明确既往实施的扶持政策不变、扶持力度不变、帮扶形式不变、派遣工作队不变，继续把工作重点放在村，并对达小康难度最大的 510 个村实行定点包干帮扶（后增加到 1030 个村），继续加大投入，改善生产生活条件。这期间，卫生改水工程继续向前推进。这项工程从 1996 年到 2000 年累计投入 6 亿元，解决了高氟和严重水污染地区 697.6 万人畜卫生饮水问题。实施安居工程，对 1998 年尚存的 14.83 万户草危房中的 12.57 万户改建成简易瓦房。

经过两个阶段的扶贫攻坚和建设，淮北地区 15 个县经济社会面貌发生了巨大变化。15 个县实现地区生产总值 621.2 亿元，比 1994 年增长 118.9%，农民人均年纯收入达 2871 元，比 1994 年增长 150%。同时，基础设施和群众生产生活条件明显改善，教育、文化、卫生等社会事业有了较快发展。根据国家统计局和省定小康指标综合考核，到 2000 年底《江苏省扶贫攻坚计划》第二步目标基本实现，苏北地区以县为单位基本达小康，这是苏北地区在现代化进程中实现了从温饱到总体初步小康的历史性跨越。

四　涌现一批走在全国前列的县级市[①]

县域经济是区域经济的重要基础。江苏特别是苏南地区经济快速、持续地发展，是与县域经济的蓬勃发展分不开的。国家统计局在 20 世纪 90 年代 4 次以县域经济社会综合发展指数为内容的百强县（市）排序中，江苏有一大批县（市）榜上有名。[②] 其

---

① 本目昆山、江阴、张家港、常熟四市有关经济社会发展数字除另有注释外，均引自《江苏年鉴》相关年卷和 2001 年《江苏统计年鉴》。

② 江苏进入第一届（1991 年）全国百强县（市）的有：无锡县[（1）为百强名次排序，下同]、武进县（2）、江阴市（3）、常熟市（5）、吴县（6）、张家港市（7）、宜兴市（13）、吴江市（20）、昆山市（24）、铜山县（32）、太仓市（33）、丹阳市（38）、泰兴市（40）、通州市（41）、启东市（46）、东台市（63）、溧阳市（81）、如皋市（90）、海门市（94）、兴化市（97）、江都市（100），共 21 个。江苏进入第二届（1992 年）百强县（市）的有：无锡县（1）、江阴市（2）、张家港市（4）、常熟市（6）、武进市（7）、太仓县（9）、吴县（9）、昆山市（11）、宜兴市（14）、吴江市（22）、扬中市（27）、丹阳市（33）、靖江市（46）、邗江县（47）、丹徒县（48）、溧阳市（52）、金坛市（54）、泰兴市（55）、通州市（56）、启东市（58）、江宁县（63）、海门市（72）、高邮市（79）、铜山市（93）、泰州市（97）、东台市（100），共 26 个。江苏进入第三届（1994 年）百强县（市）的有：锡山市（1）、张家港市（2）、江阴市（5）、常熟市（6）、吴县市（7）、武进市（8）、昆山市（9）、太仓市（11）、吴江市（13）、靖江市（31）、宜兴市（32）、丹阳市（39）、邗江县（42）、丹徒县（46）、江都市（51）、泰州市（54）、通州市（64）、江宁县（66）、扬中市（68）、金坛市（70）启东市（80）、溧阳市（82）、泰兴市（83）、姜堰市（90）、句容市（97），共 25 个。江苏进入第四届（2000 年）百强县（市）的有：昆山市（3）、江阴市（4）、张家港市（5）、常熟市（6）、太仓市（7）、武进市（13）、吴江市（14）、宜兴市（24）、扬中市（26）、丹阳市（31）、靖江市（65）、海门市（78）、金坛市（82）、通州市（94），共 14 个。

中,连续多次进入前十名、且一直保持县(市)建制的有昆山(2次)、江阴(4次)、张家港(4次)、常熟(4次)。这被人们后来称之为江苏"四小龙"的县(市)高举中国特色社会主义的伟大旗帜,坚持解放思想,勇于开拓,善抓机遇,争创一流,走出一条带有县域特色的发展路子,创造了令人称羡的成就。他们是全省县域经济社会发展的生动样本和成功的典型。

昆山市,1989年撤县建市,市域面积927.68平方公里,2000年末,总人口59.46万人。1985年开始,昆山因自费建设开发区,闯出一条以发展开放型经济促进全市经济社会发展的"昆山之路"而名闻遐迩。进入20世纪90年代以来,昆山紧紧抓住浦东开发开放和昆山经济技术开发区升格为国家级开发区的机遇,不断完善开发区的设施和功能,大力招商引资,开始形成产业集聚的特色,增强对外商的吸引力,对外开放提高到一个新的水平。至2000年末,开发区累计批准外商投资企业2200多个,合同利用外资金额118多亿美元,实际利用外资46多亿美元,在全国经济技术开发区中名列前茅。

与此同时,积极调整所有制结构,加快发展个体私营经济;积极发挥开发区的辐射作用,在乡镇建立配套工业小区,全市形成了以开发区为龙头、产业结构不断优化、覆盖全市的开放型经济的新格局。经济实力的增强为城市化提供强大动力,全市城市化进程大大加快,城市化率由1978年的10.4%提高到2000年的45%以上。开放型经济的发展使昆山从改革开放前的一个农业大县迅速转变为经济繁荣、生活宽裕、环境优美的新兴工商城市。2000年末,全市地区生产总值达200.80亿元,人均地区生产总值33936元,财政收入20.13亿元,外贸进出口额达到37.6亿美元,在岗职工平均工资为10658元,农民年人均纯收入5577元。昆山市还获"国家卫生城市"、"创建全国文明城市先进市"、"中国优秀旅游城市"等称号。

江阴市,1987年撤县建市,市域面积983平方公里,2000年末总人口115.18万人。改革开放以来,江阴是苏南各县市中发展较快的县级市之一,但并不出众。1992年,特别是"九五"以来,江阴充分利用和发挥市场竞争的先发优势,作出一系列正确决策,使江阴经济社会发展跃居苏南各县(市)前列。一是明确提出"三集中"发展方略,推动农民向小城镇集中,节约了大量土地,全市一半以上的镇形成具有初步现代化雏形的城镇,城镇人口在全市人口比重达40.35%,加快了城市化进程;农业向规模经营发展,逐步向现代农业转变,涌现了一批产出高、效益好、劳动生产率高的规模经营单位;工业向园区集中,改变了乡镇企业"多而散"、"小而低"、"村村办厂、处处冒烟"的生产力布局,形成46家国家级、84家省级企业集团和8个全国最大的行业生产基地,产生一大批技术含量、创利水平、劳动生产率较高的行业巨头,如阳光、双良、澄

星、兴澄、申达等。二是实行上市融资，催生"江阴板块"。"九五"期间，江阴把资本运作作为企业扩大规模、实现裂变发展的重要环节。有10家企业上市募集资金20亿元，有力推动了企业技术结构和全市产业结构的优化，引起证券界、经济界的关注。三是推进科技创新，增强企业核心竞争力。在江阴几乎每一家成功的企业都有自己的研发中心，省级以上技术创新机构数、获国家专利数在全省县（市）中名列前茅。特别是围绕以新材料为技术创新主要方向，形成国家新材料产业带，推动了江阴产业结构由低到高的转型。这一系列符合市场化、城市化、现代化方向决策的实施，促进了江阴经济的快速发展。

在江阴经济社会发展的进程中，一直飘扬着一面鲜艳夺目的旗帜——被誉为"天下第一村"的华西村（1994年1月正式成立江苏华西集团）。这个村在中共村委员会书记吴仁宝带领下，建村近40年来，特别是进入20世纪90年代，自我超越，与时俱进，融入市场化、城镇化、现代化的大潮，坚持走共同富裕的道路，不断取得令人惊叹的成就。据报道，2001年，全村固定资产达21亿元，人均产值300万元（1961年为300元），实现工商业开票销售收入45亿元，利税超过5亿元。村民存款最少的40万—50万元，最多的400万—500万元。中共中央和国家领导人江泽民、李鹏赞誉华西村是中国农村的希望所在。①

华西村以及一批先进典型带领全市共同推进江阴实现全面小康的进程。至2000年，江阴地区生产总值达328.03亿元，人均地区生产总值28552元，财政收入25.0亿元，外贸进出口额达10.8亿美元；在岗职工年平均收入10083元，农民人均纯收入5577元，均居全省、全国前列。江阴市获"国家卫生城市"、"国家环保模范城市"等称号，是国家文物局授予"文物保护突出贡献奖"的首家城市。

张家港市，1962年划常熟、江阴部分地区组建成沙洲县，1986年撤县建立张家港市，市域面积999平方公里，2000年底总人口85.50万。较长时期内，这里交通闭塞，经济发展较慢，被称为"苏南的苏北"。1992年以来，张家港实施"以港兴市，以市促港"的发展战略。1992年仅用8个月左右的时间建成并可封关运行的长江内河第一个保税区——张家港保税区；同时，以巨大的勇气和寝食难安的危机感提出了"三超一争"②的奋斗目标。经过两年多的艰苦奋斗，这个目标实现。后来在全国享有盛誉的"团结拼搏，负重前进，自加压力，敢于争先"的张家港精神正是在实现"三超一争"目标的实践中培育和发扬起来的。1995年3月，中共江苏省委、省政府在张家港市召

---

① 引自《新华日报》2002年4月29日。人均产值以本村户籍人口计算。

② "三超一争"，"三超"即工业、外贸、城市建设分别超过当时苏州市最前列的县（市），"一争"即各项工作在苏州市争第一。

开“以经济建设为中心,两个文明一齐抓”的经验交流现场会,张家港市被树为全省县域经济社会发展的先进典型。当年5月,江泽民亲临张家港市视察,对该市的发展给予充分肯定,并亲笔为张家港精神题词。随后,有40多位中共中央和国家领导人来张家港市视察和调研。“九五”期间,张家港市以超越自我的追求提升发展定位,以激励竞争的机制营造发展氛围,培育壮大了一批竞争力较强的如沙钢、国泰等规模企业,扶持了一批就业容量大的民营企业,引进了一批规模档次较高的外资企业,形成了“三足鼎立”的混合经济格局;同时,张家港向国际化商港迈进,临港经济迅猛崛起。在张家港市崛起的过程中,时任中共市委书记秦振华作出了特殊贡献,享誉省内外。

2000年底,张家港市地区生产总值达270亿元,人均地区生产总值31594元,财政收入20.52亿元,外贸进出口总额达19亿美元,在岗职工年平均工资、农民人均年纯收入也分别达到10156元和5510元。张家港市先后荣获首批“国家卫生城市”、首家“全国环境保护模范城市”、“全国创建文明建设工作先进城市”以及科技进步、双拥模范、村民自治等方面先进城市称号。

常熟市是国家历史文化名城,素以历史悠久,人文荟萃著称于世。历史上农业生产基础较好,粮棉年年丰收,因“土壤膏沃,岁无水旱”而得名常熟。新中国成立初,常熟地区(虞山镇)即专设常熟市。2000年市域面积1264平方公里,总人口103.91万人。中共十一届三中全会以来,抓住改革开放的机遇,充分利用和发挥本地优势,经济进入高速增长阶段,1986年地区生产总值比1978年翻两番。1992年以来,特别是进入“九五”时期,遵循强市富民的总体思路,发扬敢想敢闯、求真务实的作风,在深化县属国有企业和乡镇企业改革的过程中,推进经济结构调整,加快工业化进程,经济步入稳步增长的阶段。至2000年,三次产业结构为5.9∶53.8∶40.3。常熟是全国农业现代化试点基点县之一,1996年又被确定为全国农科教综合示范基地。农业科技、农业机械化水平、水利基础设施、农业社会化服务体系建设在全省领先,农业产业化全面推进,形成了一批蔬菜、特种养殖的基地和以隆力奇集团为代表的龙头企业。工业领域重点骨干企业不断壮大,尤其是实施名牌战略取得突破性进展。全市不仅拥有如波司登、梦兰这样的中国驰名商标,还有省级名牌产品27个,16个产品全国“单打冠军”,列全省各县(市)之首位。常熟招商城,2000年成交额达126亿元,带动了服务业的发展。个私经济发展迅速,2000年底占全市GDP比重达17%,成为新的经济增长点和富民工程的重要内容。依托“一港四园”开发区,形成开发开放的新格局。2000年底,累计合同利用外资35亿美元,实际利用18亿美元。海外企业营业额、海外工程合同额居全省各县(市)第一。实行城乡环境综合整治,城乡建设面貌变化巨大,山、水、城融为一体的独特景观更加鲜明,因而先后被命名为国家卫生城市、

园林绿化先进城市、中国优秀旅游城市等。

2000 年底，全市地区生产总值 258 亿元，人均地区生产总值 24820 元，外贸进出口总额为 15.61 亿美元，财政收入 24.36 亿元，在岗职工年平均工资收入 10246 元，农民人均纯收入 5531 元。

第二节　积极推进城市化进程

一　城市化水平快速提高和模式的重大改变

20 世纪 90 年代是江苏省城市化发展速度提高和战略转型的时期，特别是 1992 年以后，城市化进入了快速发展的通道，在全省经济社会发展中的作用日益突出，城市化水平作为衡量社会发展的重要指标被列入发展计划。经过 8 年的快速发展，江苏城市化水平严重滞后于工业化发展的局面明显改善。

1992 年，全省城镇人口 1643.72 万人，城市化水平为 23.8%；2000 年，全省城镇人口达到 3040.81 万人，城市化水平提高到 41.5%，超过规划的 40%的目标。8 年间，城市化水平提高了 17.7 个百分点；城镇人口数量增加了 1397.09 万人，增加的幅度达到 84.99%；平均每年增加 175 万城镇人口。而农村人口，从 1993 年起数量和比例都持续下降，2000 年，全省农村人口下降为 4286.43 万人，比 1992 年减少了 981.05 万人；农村人口占全省总人口的比重从 1992 年的 76.2%下降为 2000 年的 58.5%。自 1997 年起，城市化发展速度高于同期全国平均水平。2000 年高于全国城市化平均水平约 5 个百分点，与 1999 年世界发展中国家城市化平均水平持平，但低于世界城市化平均水平。

表 6—1　1992—2000 年江苏省人口城市化水平变化情况（单位：万人、%）

年　份	总人口	城镇人口	城镇人口比重	农村人口	农村人口比重
1992	6911.20	1643.72	23.8	5267.48	76.2
1993	6967.27	1673.58	24.0	5293.69	76.0
1994	7020.54	1733.01	24.7	5287.53	75.3
1995	7066.02	1929.09	27.3	5136.93	72.7
1996	7110.16	1942.50	27.3	5167.66	72.7
1997	7147.86	2133.64	29.9	5014.22	70.1
1998	7182.46	2262.47	31.5	4919.99	68.5

续表

年　份	总人口	城镇人口	城镇人口比重	农村人口	农村人口比重
1999	7213.13	2520.09	34.9	4693.04	65.1
2000	7327.24	3040.81	41.5	4286.43	58.5

资料来源:2005年《江苏统计年鉴》,第69页。

与此同时,城市的空间范围迅速扩展,全省城市建成区面积明显扩大。1995年全省建成区面积为1109平方公里;2000年,达到1382平方公里。

江苏城市化在这一时期的重要特点是,城市化的动力机制和模式发生重大变化。江苏省曾经以乡镇工业的异军突起极大地带动了农村小城镇的发展,在此基础上形成的"离土不离乡"模式被认为是具有中国特色的、低成本的城市化道路和模式。1992年后,城市的改革开放力度加大,城市化的动力机制因此迅速发生重大改变,主导城市化发展的动力逐步从以农村推动为主转变为以城市拉动为主,各级城市开始了大规模的基础设施建设,大力改善投资环境。大中小城市和小城镇共同发展的局面基本形成。

二　小城镇建设进入新的发展时期

改革开放之初,小城镇的蓬勃发展曾经是江苏城市化的重要特色。进入20世纪90年代,小城镇依然是江苏城市化的重要载体,但小城镇建设进入新的发展时期,从遍地开花转为优先发展重点中心镇。

中共十五届三中全会提出"小城镇,大战略",肯定了小城镇发展在城市化中的独特作用和地位。江苏小城镇经过10多年的建设和发展,在全国处于领先地位,但面临着新的转折。1995年之后,作为小城镇发展内在动力的乡镇企业逐步推进了以产权制度改革为中心的全面改制。针对农村经济发展的新特点,江苏省适时调整了小城镇的建设和发展方针。1999年3月,中共江苏省委、省政府颁发的《关于进一步加快小城镇建设的意见》明确指出,全省小城镇建设要突出重点,着重抓好200个左右的重点中心镇建设。选择一批交通便利,有一定区位优势,镇区建设和人口已有一定规模,乡镇工业相对集中、集市贸易比较发达、经济实力较强、水文地质条件较好,在旅游和历史文化内涵方面有一定特色等条件的小城镇作为重点中心镇,采取切实措施,促进生产要素向重点中心镇聚集;加快供水、道路、电网、通信、环保、广播电视、市政公用等基础设施建设步伐。在规划指导和政策扶持下,经过一段时间的努力,全省形成一批工业主导型、交通枢纽型、文化旅游型、商业贸易型等各具特色的重点中心

镇。1999 年 7 月，省人民政府下发《关于确定近期着重抓好 222 个重点中心镇的通知》，开列了 222 个重点中心镇的名单，要求各地积极促进重点中心镇的经济发展，着重提高重点中心镇的综合水平。①

小城镇户籍制度改革也推动着小城镇的进一步发展。经过改革开放 20 多年来的发展，小城镇集聚了大量从农村转移出来的人口，实际上已经在小城镇定居，且从事非农经济活动，但由于户籍制度障碍，很多人依然是农村户口，1999 年上半年，在镇区登记户口的不足实际居住人口的 40%，这不仅使相当一部分小城镇居民在生产、生活和教育等方面遇到很多困难，而且也限制了小城镇的发展。1999 年，省人民政府决定在全省 382 个小城镇进行户籍制度改革试点工作。试点的小城镇符合以下的条件：国内生产总值、财政收入、人均收入等主要经济指标高于本县（市）乡镇平均水平；规划镇区人口规模 2 万以上或占镇域总人口 50%以上。申请办理小城镇常住户口的人员，须在小城镇有合法固定住所、合法稳定的非农职业或者生活来源，并且在小城镇实际居住。2000 年，小城镇户籍制度改革扩大到全省范围。此项改革工作的意图是，按照市场经济发展的客观要求设立小城镇的人口准入门槛，发挥小城镇在集聚人口、资金以及其他要素方面的作用。但由于小城镇常住户口已经不再向居民提供计划经济时期的福利和社会保障，一些农民在农村还拥有承包地、集体资产、医疗和养老等方面的现实利益，小城镇户籍制度改革启动之后，农民的反应并不积极。经过有关各方面的努力，此项改革才逐步深入。在这个背景下，1999 年和 2000 年的小城镇户籍人口实现了跳跃性增长。1999 年底，全省镇人口为 834.25 万人，比 1998 年增加了 108.83 万人；2000 年又比 1999 年增加了 338.11 万人。

小城镇的发展为全省的城市化发挥了重要作用。1992 年，全省镇人口为 461.13 万人，占全省总人口的比重为 6.7%，到 2000 年底，全省镇人口达到 1172.36 万人，比 1992 年增加了 711.23 万人，增加了 154%；镇人口占全省总人口的比重提高到 16%。建制镇数量迅速增加，1992 年到 2000 年间，是历史上建制镇数量增加最快最多的时期。1992 年，全省建制镇为 743 个，2000 年达 1191 个。小城镇的设施水平明显改善，2000 年，全省建制镇中，自来水受益镇达到 1119 个，有供水设施的镇为 1112 个，用水人口达到 913.2 万人，用水普及率达到 94.15%。道路面积达到 18841.15 万平方米，其中高级次高级道路为 12340.26 万平方米。人均公共绿地面积为 3.44 平方米。②

各地在小城镇建设中，开始突破“以工兴镇”的单一模式，一批基础设施好、交通

① 江苏省人民政府办公厅编：《发展小城镇，构筑新优势——江苏省小城镇建设文件材料汇编》，1999 年 9 月。

② 江苏省建设厅编：《2000 年村镇建设统计年报》。

便利、环境优美、特色鲜明、城镇功能较强的小城镇迅速崛起,特别是苏南地区具有水乡特色和丰富历史文化资源的小城镇,如周庄、同里、角直等名镇,通过有力的保护和积极的开发,成为极具吸引力的旅游名镇。其中,周庄的保护和开发十分突出。早在1986年,就划定0.47平方公里的区域为核心保护区;此后,为了更好地保护周庄的历史文化资源,镇政府又分别于1992年、1994年和1996年对该镇的总体规划作了3次修订。1997年,编制《周庄古镇区保护详细规划》,扩大了保护区范围,保护规划的内容不仅包括文物点的保护、污水处理、建筑物高度控制、挖掘与继承传统民俗文化、发展传统经济,还涉及停车场设置、桥梁包装等方面。此后,周庄镇政府出台《周庄古镇保护暂行条例》,成立了古镇保护委员会。2000年,联合国人居中心将"迪拜国际改善居住环境最佳范例奖"授予周庄。周庄的旅游接待量在1990年代后半期逐年递增,1998年,周庄镇接待游客100万人次;2000年,上升到150万人次。①

三　中心城市快速扩展,大中小城市共同发展

20世纪90年代,是城市化和城市发展理念发生重大转折的时期。城市发展、特别是中心城市的快速发展成为20世纪90年代江苏城市化的主导力量。改革开放之初,对于城市化和城市发展、特别是大城市的发展在经济社会发展中的作用和地位,存在着很多认识误区,更有甚者,认为大城市的发展必然导致无法治理的"城市病"。受认识误区的影响,城市发展,特别是大城市发展长期被限制。90年代中期以后,对于城市化规律及其积极作用的理解逐步达成共识。

2000年7月,江苏召开全省第三次城市工作会议,与1982年全省第二次城市工作会议相隔了18年。这次会议在城市发展理念和城市工作指导方针等基本问题上实现了一系列突破,为江苏未来的城市发展排除了一系列政策性障碍,对于江苏省城市化进程而言,具有重要意义。这次会议在充分认识和正确理解城市化客观规律的基础上,首次正面肯定了特大城市和大城市在社会经济发展中的地位和作用以及城市化的积极意义。会议明确提出,要"大力推进特大城市和大城市建设,积极合理发展中小城市,择优培育重点中心镇,全面提高城镇发展质量"等城市化发展方针。会议还提出要构建南京、苏锡常和徐州三大都市圈,强化三大都市圈的功能,并以此带动全省城市化的快速发展。

20世纪90年代江苏的城市建设和发展取得了突出成绩。2000年,全省城镇密度为123个/万平方公里,其中建制镇116.1个/万平方公里,县城以上城市6.6个/

---

① 《旅行社峰会:古镇周庄面临封杀》,http://www.ben.com.cn/WLZB/20050308,2005年3月8日。

万平方公里。按行政等级分，全省城镇中省辖市 13 个，县级市 28 个，县城 27 个（不包括铜山、盐都和丹徒新区），其他建制镇 1191 个。①

按规模等级分，2000 年全省有特大城市 4 座，南京、无锡、徐州和苏州；大城市 5 座，分别是常州、淮安、镇江、南通和扬州；中等城市 8 座，即连云港、盐城、泰州、张家港、宜兴、常熟、宿迁和江阴；小城市（含县城）51 座，除上述城市之外的县（市）。

在各级规模的城市中，特大城市的优势相当明显。2000 年全省 4 座特大城市，承载着 641.12 万城镇人口，占全省小城市以上城市人口的 32.57%。在各级城市中，特大城市的人均地区生产总值最高，达到 29180 元（中等城市为 25608 元，大城市为 20560 元，小城市为 14792 元）。在城市引力方面，特大城市在各级城市中比重最大。全省城区共有暂住人口 270.44 万人，其中 38.9%集中在特大城市，暂住人口占特大城市总人口的比重为 16.4%。“九五”期间，各特大城市加强了城市基础设施建设的步伐。以南京为例，该市从 1996 年起实施三年城建规划，投入资金 310 亿元，完成 100 多个项目，城市面貌三年大变的目标全面实现，并从 1999 年起实施第二轮三年规划。江苏第一条地铁——总投资达 70.15 亿元的南京地铁南北线一期工程于 2000 年 12 月开工建设。

表 6—2　2000 年江苏城市规模等级结构

规模等级	数量（个）	数量比例（%）	人口（万人）	人口比例（%）
特大城市	4	5.9	641.12	32.57
大城市	5	7.3	354.26	18.00
中等城市	8	11.8	257.35	13.07
小城市（含县城）	51	75.0	715.81	36.36
合　计	68	100	1968.54	100

资料来源：《江苏省城镇发展报告·2000 年》，第 1 页。

大城市的发展水平参差不齐，特别是苏中、苏北的大城市，虽然人口和用地规模扩展较快，但经济社会的总体水平较低，不如苏南的中等城市。城市的产业功能不够强大，特别是服务功能弱，一些经济社会发展指标和人居环境不如中等城市，没有能够发挥大城市作为区域中心的作用。

中等城市主要包括部分苏中、苏北的省辖市和苏南的县级市，表现出良好的发展态势和潜力，经济、社会发展水平甚至高于一些大城市，特别是人居环境条件较好，人

① 《江苏省城镇发展报告·2000 年》，第 1 页。

均住房使用面积和人均道路面积、人均公共绿地面积等指标,是各级城市中最好的,空间条件宽松,经济、社会和环境发展较为协调。

小城市数量最多,主要由县级市和县城构成,总体上经济社会发展水平与特大城市、大城市和中等城市都有明显差距,但其中一些县级市发展潜力巨大,城市规模扩展较快,一些城市,例如丹阳、溧阳、靖江、如皋、昆山、泰兴等市的城区人口已经接近20万人,很快将进入中等城市行列。县级市、特别是苏南地区的县级市,是江苏城市体系中活力较强的一个层次,一大批县级市发展较快,与20世纪90年代初期相比,其人口与建成区规模增加了数倍,并且还将快速成长。

开发区建设成为20世纪90年代江苏城市化和城市发展的一个突出亮点。与浦东的开发开放相呼应,江苏各地都通过开发区的建设,寻求城市产业发展和人口集聚的新空间,特别是苏南地区,城市发展长期受制于城区面积狭小的束缚,开发区的规划面积往往大于现有的老城区面积,城市长期被抑制的发展潜能获得释放。其中,开发区建设对城市拉动作用最为明显的是苏州市、无锡市、常州市和昆山市。

苏州新区和苏州工业园区的开发建设,使苏州作为中心城市在产业、人口、资金和技术等各方面的集聚能力迅速提升,城市建设水平极大提高,一扫以往狭小、拥挤、陈旧的城市面貌,以开阔、新颖、充满现代活力的新形象令人向往。

无锡市也于1992年设立了无锡国家高新技术产业开发区,1995年设立无锡新区,新区与开发区在空间上基本一致,以此对开发区的相对单一的产业功能进行扩展,将产业集聚与城市发展相结合。

日新月异的无锡新区

常州新区与开发区实行"两块牌子、一套班子"的管理体制。常州新区位于常州市城北,北濒长江,南至沪宁铁路。总面积约116平方公里。因新区的开发建设,使

常州市城市现代化提升到新的水平。

迅速崛起的常州新区

昆山在短短的10多年内，从一个城区面积不到4平方公里的小县城，由于昆山经济技术开发区成功建设发展为一个集聚力和竞争力很强的中等城市。

四 行政区划调整，推进城市化发展

20世纪90年代，行政区划调整使全省城市空间拓展，布局趋于合理，促进了城市化发展。

1996年7月，经国务院批准，成立地级宿迁市；下辖宿城区、沭阳县、泗阳县、泗洪县、宿豫县，共125个乡镇、20个国营场圃。全市总人口480万，面积8660平方公里。

1996年8月，经国务院批准，成立地级泰州市；下辖靖江、泰兴、姜堰、兴化4市和海陵区，总面积5793平方公里，总人口496万。

经过调整，全省省辖市从11个增加到13个，改变了原淮阴市和扬州市下辖县（市）过多，"小马拉大车"的城市格局。

泰州东城河风景区

宿迁河滨公园

经过近 20 年的发展,江苏小城镇的建设水平有了极大的提高,但同时,小城镇数量多,规模小、布局不合理、行政管理成本高、重复建设、资源浪费、经济发展缺乏规模效益、小城镇发展空间制约严重、区域发展格局紊乱等问题日益突出,对全省城市化进程和城乡社会发展构成显著障碍。1999 年 7 月,全省面积在 30 平方公里以下的小乡镇有 600 多个,其中面积在 20 平方公里,人口在 1 万左右甚至更少的小乡镇有 200 多个。① 为此,从 1999 年下半年起,在全省范围内进行乡镇撤并。2000 年 3 月,省人民政府在《关于推进小城镇建设加快城镇化进程的意见》中进一步明确了乡镇撤并的具体指导意见,提出着重抓好三种类型的乡镇撤并:(1) 调整县(市)区的行政区划,增强县(市)城区在区域经济中的辐射功能和带动作用,重点调整行政区域面积 30 平方公里以下的县级市政府驻地镇和行政区域面积 20 平方公里以下的县城镇的行政区划。(2) 根据调优、调大、调强的原则,尽快将省人民政府确定的 222 个重点中心镇的规模调整到位。(3) 加快撤并规模偏小的乡镇,重点撤并行政区域面积 30 平方公里以下或乡镇人口 2 万以下的乡镇。

经过调整和撤并,江苏小城镇数量大量减少。1999 年底,全省乡镇数量减少为 1890 个,比 1998 年减少了 81 个;2000 年撤并的力度进一步加大,当年底,全省乡镇数量减少为 1466 个,比上年减少 424 个。

江苏继 1996 年行政区划调整后,2000 年,又经历了一次较大的变更。2000 年 12

① 江苏省民政厅:《合理调整乡镇行政区划,积极推进小城镇建设和发展》;江苏省人民政府办公厅编:《发展小城镇,构筑新优势——江苏省小城镇建设文件材料汇编》,1999 年 9 月。

月，经国务院批准：(1) 苏州市郊区更名为虎丘区；撤销县级吴县市，设立苏州市吴中区、相城区。(2) 撤销邗江县，以原邗江县行政区域设立扬州市邗江区。(3) 撤销江宁县，以原江宁县行政区域设立南京市江宁区。(4) 将地级淮阴市更名为淮安市。撤销县级淮安市，以原淮安市行政区域设立淮安市楚州区。撤销淮阴县，以原淮阴县行政区域设立淮安市淮阴区。(5) 撤销县级锡山市，设立无锡市锡山区、惠山区。撤销马山区，将原马山区的行政区域划入无锡市郊区，将无锡市郊区更名为滨湖区。这次以撤县建区、更名为主要内容的行政区划变更，体现了中共江苏省委、省政府加强和发展中心城市的愿景，扩大了中心城市的人口规模和地域范围，有利于冲破原有行政区域的某些限制，在更大范围内聚集、配置生产要素，科学合理地进行城市规划，带动区域经济社会发展，促进全省城市化进程。

经过这次行政区划的变更，至 2000 年底，全省有 13 个地级市，30 个县，28 个县级市，51 个市辖区(详见表 6—3)。

表 6—3　2000 年末江苏省县级以上行政区划一览表

省辖市	市辖区、县级市、县
南京市	玄武区、白下区、秦淮区、建邺区、鼓楼区、下关区、浦口区、大厂区、栖霞区、雨花台区、江宁区、江浦县、六合县、溧水县、高淳县
无锡市	崇安区、南长区、北塘区、滨湖区、锡山区、惠山区、江阴市、宜兴市
徐州市	鼓楼区、云龙区、九里区、贾汪区、泉山区、丰县、沛县、铜山县、睢宁县、新沂市、邳州市
常州市	天宁区、钟楼区、戚墅堰区、郊区、溧阳市、金坛市、武进市
苏州市	沧浪区、平江区、金阊区、虎丘区、吴中区、相城区、常熟市、张家港市、昆山市、吴江市、太仓市
南通市	崇川区、港闸区、海安县、如东县、启东市、如皋市、通州市、海门市
连云港市	连云区、云台区、新浦区、海州区、赣榆县、东海县、灌云县、灌南县
淮安市	清河区、清浦区、楚州区、淮阴区、涟水县、洪泽县、盱眙县、金湖县
盐城市	城区、响水县、滨海县、阜宁县、射阳县、建湖县、盐都县、东台市、大丰市
扬州市	广陵区、郊区、邗江区、宝应县、仪征市、高邮市、江都市
镇江市	京口区、润州区、丹徒县、丹阳市、扬中市、句容市
泰州市	海陵区、高港区、兴化市、靖江市、姜堰市、泰兴市
宿迁市	宿城区、宿豫县、沭阳县、泗阳县、泗洪县

资料来源：2001 年《江苏年鉴》，第 72 页。

第三节　人口、土地、环境和可持续发展

一　推行计划生育,稳定低生育水平

江苏自1972年推广实施计划生育政策以来,经过近20年的努力,虽然在1986—1990年5年间,受第二次人口生育高峰周期性影响,出现生育小的高峰,但总体上已进入有效控制人口增长的阶段。稳定低生育水平成为20世纪90年代实行计划生育政策的主要任务。

随着市场经济的发展,计划生育工作面临新情况、新问题。中共江苏省委、省政府认真贯彻执行中央指示精神,多次召开计划生育工作会议,分析形势,统一认识,推出新的举措,强化计划生育工作力度,实施人口与计划生育目标管理责任制,逐步形成党政一把手亲自抓、负总责,分管领导具体抓,各部门齐抓共管的新格局。工作重心下移,基层组织同广大适龄青年、育龄夫妇分别签订晚婚、晚育和节育合同。同时,加强以乡镇服务站为重点的县、乡、村计划生育服务网络建设,依靠科技进步,推广和采用节育新技术、新方法,为育龄群众提供优质服务。在农村还积极探索市场经济条件下计划生育工作的新路子,把计划生育工作同发展农村经济、帮助农民勤劳致富奔小康、建设文明幸福家庭结合起来,推行计划生育政务公开,建立和完善计划生育民主监督制度,教育和引导基层干部规范、文明执法,坚决制止各类乱收费、乱罚款,取消各类押金、保证金,切实保护群众合法权益,群众实行计划生育的积极性和自觉性不断提高。人口自然增长率从1992年的8.95‰下降到2000年的2.56‰。1992年后,计划生育率、一孩率、综合避孕率一直稳定在90%左右,全省计划生育工作提高到一个新水平。①

流动人口大量增加是市场经济发展大背景下江苏90年代计划生育工作管理上的一个突出问题。"据1992年人口抽样调查,全省外出人员有300多万,无户口的外来人员有500多万。各地按照国家和省制定的流动人口计划生育管理办法,组织各有关部门,加强管理,并坚持'谁用工谁管理,谁的地段谁管理,谁受益谁管理'的原则,初步改变了'流出地管不着,流入地无人管'的状况,缓解了流动人口对计划生育的冲击。"②

在全省范围内,城乡之间、苏南苏北之间,由于经济、社会发展水平和工作基础的

---

① 《可持续发展中的江苏人口》课题组编著:《可持续发展中的江苏人口》,中国人口出版社2002年版,第172、174—175页。

② 刘定汉主编:《当代江苏简史》,当代中国出版社1999年版,第451页。

差异,计划生育工作亦不平衡。针对这个省情,省里对计划生育工作实行突出重点,分类指导。1990 年底,省委、省政府就计划生育工作召开苏北地区县委书记会议,并把在第四次全国人口普查时出生率在 20‰以上的 33 个县列入重点管理的范围,制定转化标准,提出转化具体要求,限期改变面貌。经过几年努力,这部分县计划生育工作面貌程度不同地有了变化。"九五"时期,继续对 18 个县实行重点管理,苏北地区计划生育工作上了新台阶。在全省范围内,根据不同类型,开展以向育龄群众提供优质服务为宗旨,争创示范县、先进县、合格县的活动,把江苏计划生育工作整体推向前进。90 年代以来,江苏妇女总和生育率从 1991 年开始逐年下降,到 1995 年后稳定在 1.3%左右。这一水平与西欧发达国家如法、意、德等当时的水平相当。同时人口再生产类型实现由传统性向现代型的历史性转变。①

自 20 世纪 70 年代全面推行计划生育以来,江苏控制人口工作取得了巨大成就,1971—2000 年累计少生了 3000 多万人,共节省社会抚养费 7000 亿元左右。② 这一成就不仅在经济上对 1993 年提前 7 年实现人均 GDP 翻两番、2000 年初步达小康,对减轻公共支出,增加资金积累,安排劳动就业、改善人民生活作出了贡献,而且对发展教育事业,提高人口素质,保护妇女、儿童健康,促进社会进步,具有重要意义。

经济和社会事业的发展,人口控制的成效,使江苏人口身体素质和人口结构发生了重大变化。③

人口身体素质方面:人口死亡率,1990、1995、2000 年分别为 6.06‰、6.56‰、6.52‰,已低于发达国家和地区的平均水平;婴儿死亡率,1990、2000 年分别为 17.27‰、15.77‰,10 年来不断降低,说明在加强妇幼保健、提高儿童健康水平等方面取得了明显效果。出生婴儿缺陷"九五"后期有所上升,值得重视。

人口结构方面:总人口性别比,1990、2000 年分别为 103.6(女为 100—以下同)、102.6,基本保持平衡。出生婴儿性别比,1992 年为 114.88。据 1999 年抽样调查,0—4 岁年龄组的性别达到了 119.98。虽然这是抽样调查,存在一定误差,但已出现低年龄组性别比的不正常现象。60 岁及以上老年人口,1990、2000 年分别为 686.53 万人、931.59 万人,占全省总人口分别为 10.24%、12.71%,1990 年至 2000 年老年人口平均增长速度为 3.10%,是总人口年均增长速度的 3.88 倍。人口老龄化呈加速发展的趋势。

---

① 人口再生产传统型,即高出生、高死亡、高增长;现代型即低出生率、低死亡率、低自然增长率,分别低于 20‰、10‰、10‰。

② 《可持续发展中的江苏人口》课题组编著:《可持续发展中的江苏人口》,中国人口出版社 2002 年版,第 25 页。

③ 资料来源于《可持续发展中的江苏人口》一书中人口素质、人口结构两章。

二　土地管理工作全面展开

进入 20 世纪 90 年代,江苏经济建设驶上快车道,非农建设用地量大幅上升。人地矛盾、经济发展与耕地资源的矛盾,使认真贯彻执行“十分珍惜和合理使用每一寸土地,切实保护耕地”的基本国策,加强土地管理工作摆上重要日程。

1990 年前,江苏土地利用处于无规划、无依据的盲目状态。从 1990 年开始着手编制省、市、县、乡土地利用整体规划,历时 4 年多,至 1994 年全部完成,为全省科学合理利用土地提供了框架和依据。1998 年,针对土地利用中的新情况、新问题,按照“切实保护耕地,统筹安排各业用地,促进土地资源节约利用和优化配置”的原则,全面开展了土地利用总体规划的修编工作。1999 年 7 月,国务院批准《1997 年—2010 年江苏省土地利用总体规划》。① 总体规划是各地用地、管地和批地的依据,各地开始对用地计划实行总量控制,分级负责。

《江苏省农田保护条例》、《江苏省村镇规划建设管理条例》实施后,出现小城镇发展规模过大,人均建设用地严重超标等违法问题,省人大常委会通过执法检查,提出改进建议,积极推动基本农田保护区和村镇规划区的划定工作。1996 年底,全省划定一级基本农田保护区 7054.97 万亩,二级基本农田保护区 1431.98 万亩。随后,省人大常委会组织的执法检查中发现,一些地方被划定的基本农田保护区内的部分耕地已挪作他用,基本农田划定的目标没有完全实现。

在为经济、社会发展提供用地的同时,依法治理用地秩序。针对 1992 年兴起的新一轮用地高潮,尤其是少数地方土地管理工作失控、乱占滥用耕地的现象,1993 年 3 月,省人民政府发出《关于进一步加强土地管理依法保护耕地的通知》,要求严格按规划用地、严格按项目用地、严格按计划批地,控制用地总量。同时,对非农业建设用地进行了全面检查、清理。1995 年,全省再次开展土地执法大检查和非农业建设用地清理工作。全省共查出各类违法用地 8.57 万宗,面积 41.6 万亩,其中耕地 31.2 万亩,分别进行了严肃处理。全省开发区的设立、用地规模及管理趋于合理规范,保护了土地资源。1999 年,新《土地管理法》正式实施,全省通过多种形式进行宣传教育,提高对土地基本国策的认识。全国人大常委会和省人大常委会分别进行两次执法检查,促进《土地管理法》的贯彻执行。2000 年 10 月,江苏省人大常委会通过《江苏省土地管理条例》,将于 2001 年 1 月 1 日起施行。

为了增加可利用土地,稳定耕地面积,江苏积极开展土地复垦工作,要求“占一补

---

① 按照总体规划,到 2010 年,江苏省耕地减少量不得超过 205 万亩,基本农田保护区达到 6606 万亩,占全省耕地 87%。

一”，实现总量动态平衡。这一工作任务非常艰巨。从 1992 年以来，省人民政府每年都把土地复垦 15 万亩(其中耕地 10 万亩)作为当年要重点办好的实事之一来抓。为了推动土地复垦工作，开展土地后备资源调查；制订土地复垦规划；多方筹措资金，增加复垦投入(2000 年，成立省以及部分市县土地复垦开发投资公司)，注重科技开发，提高复垦效益；树立典型，以点带面，推动复垦工作开展。1990 年至 2000 年，全省复垦土地 143.3 万亩，其中耕地 83.95 万亩。① 从 1994 年以来，连续 7 年实现全省耕地总量动态平衡，得到全国人大常委会执法检查组和国家有关部门的肯定。

实行土地使用和管理制度的改革，改变土地无偿、无期、无流动使用为有偿、有期、有流动使用，是贯彻土地基本国策的有效手段，也是适应社会主义市场经济发展，为国家提供财源、加快对外开放步伐、引导产业结构调整的重要措施。1989 年 9 月，昆山市首创土地使用权有偿出让的先河。1992 年 8 月，省人民政府发出《关于深化土地使用权改革若干问题的通知》，这项改革随即在全省推开。1995 年 4 月，省人民政府发布《江苏省城镇国有土地使用权出让和转让实施办法》，对国有土地使用权的出让、转让、出租、抵押的管理和土地市场进行了政策规范。随着这项改革的深化，土地出让的范围不断扩大，土地供应的方式也从过去协议为主向拍卖、招标为主的市场化方向发展。到 2000 年，已建立的土地有形市场占应建数的 83%，全省土地市场网络体系基本形成。当年，全省新增用地除法律规定可以实行划拨供地项目外，实行有偿供地面积已达 75%以上。通过招标、拍卖出让的国有土地使用权共 1357 宗，面积 253.4 公顷，收取出让金 15.92 亿元。

三　加强环境保护，环境恶化趋势放缓

新中国成立以来，江苏开展了有计划大规模经济建设，国民经济和社会事业取得重大成就，但与此同时，传统的粗放型经济增长方式使生态和环境承受巨大压力和代价。“50 年代淘米洗菜，60 年代洗衣灌溉，70 年代水质变坏”，就是这一增长方式对水环境造成的严重后果的真实写照。然而，人们对此并没有引起足够的重视，直到中共十一届三中全会以前，江苏的环保工作没有真正系统展开。

1978 年，中国的环保工作步入中央决策层的新时期。次年，江苏省环保局成立。1983 年，第二次全国环保会议召开，环境保护被确定为基本国策，这是中国环境保护事业的一个转折点。江苏的环保事业以此为起点进入新的发展阶段。根据国家“预防为主、防治结合、综合治理”，“谁污染谁治理”的环保政策，开展以防治工业污染为

① 根据历年《江苏年鉴》披露的土地复垦数整理。

重点的城市环境综合治理工作,环保走进了各地经济建设、人民生活的领域。1989年,第三次全国环保会议进一步明确环保责任制,环境影响评价、“三同时”[①]等管理制度。江苏以此为契机,启动第一轮(1989—1992年)省政府与11个省直辖市及常熟、泰州两个市政府主要负责人签订环保目标责任状,把环保的管理、监督的责任放到地方政府主要负责人的肩上,从领导体制上为环保工作的开展提供保证。

进入20世纪90年代,环保工作思路逐渐拓宽,内容日趋丰富,措施更加有力。继续坚持环保责任制。签订两轮(1993—1997年、1998—2002年)环保责任书,内容包括环境综合整治、环境质量、环境管理等,并在此基础上初步建立起纵向到底、横向到边的环保责任体系,力图落实环保政策措施。加强环保法制建设。省人大常委会颁布实施《江苏省环境保护条例》,各地和有关部门陆续出台地方性法规、行政规章和政策措施。据统计,自1980年以来,此类法规文件全省共出台200多件。省人大、省政府组织多次环保执法检查,推动法律、法规的实施。环保的内容拓展和要求提高。通过“九五”环保计划的制定和实施,首次把主要污染物排放总量控制、主要河流与断面水质控制目标作为改进环境质量的重要措施。在重视工业污染防治的同时,把农村生态保护和重要水体保护摆上重要日程。此外,环保工作管理体系、环境监测网络、管理机构体系也基本形成,为实现全省环保目标提供保障和技术支撑。

尽管作了上述努力,但长期形成的“重经济轻环境”、“边治理边污染”的路径依赖一时难以改变,对环境污染和对生态的破坏依然存在。为了从源头上遏制这种势头,1999年,中共江苏省委、省政府发出《关于切实加强环境与发展综合决策的通知》,提出在环境和经济综合决策时必须遵循可持续发展、开发与保护并重、预防为主、实事求是、民主科学五项原则,强调在全省建立起重大决策环境与评价、环境与发展科学咨询、部门联合会审基础设施项目“三同时”等10项制度,为全省实施可持续发展战略提供制度保障。

中共十一届三中全会以来,江苏的环保事业在以下几个方面取得了重要进展,环境恶化的趋势放缓。

(一)工业污染的防治

江苏的环境污染主要来自工业生产的“三废”的污染物。据1976年以来历年调查统计,随工业“三废”排入环境的各种污染均不低于污染物总量的70%。因此,工业污染防治成为江苏环境保护工作的重点。从1979年开始,对重点污染源项目分期分批进行了限期治理。对不同类型的企业,或结合工业布局、结构调整,实行关、停、并、

---

① “三同时”制度,即建设工程与防治污染同时设计、施工、生产。

转和搬迁；或结合企业技术改造，开展综合利用，新增处理“三废”的能力，提高资源能源的利用率，降低“三废”排放量，加强企业的环境管理，减少物料流失。1979—1988年，全省安排治理项目16900个，共投资14亿多元，新增一批处理“三废”能力的项目。1989—1997年，全省共投资37.3亿元，县以上工业企业完成污染源限期治理项目3283个，关、停、并、转污染企业1583个，累计新增治理废气能力3176亿标立方米/时，“三废”综合利用价值79.6亿元。① 1998年，根据污染物总量控制的目标，省环保部门又下达3000家实施总量控制重点排污单位名录，继续加大治理工业污染的力度。为了增加治理污染的经费，苏州市于1979年在全国率先实行排污收费，全省也从1980年开始，对排放污染物的单位征收排污费，对违反环保法规造成污染损害的单位和个人实行罚款，开始运用经济手段治理污染。

在治理老污染源的同时，对新建、改建、扩建项目实行“环境影响报告书(表)审批”、“初步设计审查”、“环境保护设施竣工验收的制度”以及“三同时”制度，努力控制新污染源的产生。从1996年起，还大力推广清洁生产，推进ISO14000认证工作。这说明全省对污染源进行末端治理的同时，正逐步转向工业污染源头控制。

由于多年来对工业污染治理力度逐渐加大，全省环境监测资料显示，1563个重点工业企业年削减水污染物化学耗氧量达50多万吨；全省城市空气中总悬浮颗粒物、二氧化硫日均值分别下降了33%、67%。② 国家要求控制的12项和省要求控制的4项主要污染物排放总量全部达到目标。从20世纪70年代以来城市工业污染恶化的趋势初步得到遏制。

（二）城市环境综合整治

从1979年开始，苏州、扬州等首批国家历史文化名城开始对城市环境进行综合治理，将环境保护纳入城市总体规划，结合城市布局调整和城市建设，对有污染、特别是严重污染的已建企业和在建项目分别实行关、停、并、转、迁，减少城区污染，推行“退二进三”措施，逐步改变工厂与居民住宅区、园林风景混杂的情况。同时，全省各城市采取治污与保护水源、整治河道等措施进行水环境的治理，南京、苏州、南通、连云港4个国家环保重点城市实现了地面水和空气质量达标。烟尘治理、噪声污染控制也在各城市推开。到2000年底，全省13个直辖市全部建成了烟尘控制区和噪声达标区。城市污水集中处理率、垃圾粪便无害化处理率、城市燃气普及率和绿化覆盖率都有了明显提高。继张家港市首先荣获“全国环境保护模范城市”之后，昆山、江

---

① 夏鸣主编:《江苏五十年》，中国统计出版社1999年版，第233页。

② 《江苏人口资源环境与可持续发展》编委会:《江苏人口资源环境与可持续发展》，江苏人民出版社2002年版，第244页。

阴、苏州、常熟、太仓等市也先后进入环保模范城市行列。

(三) 农村生态的保护和改善

为改变长期以来不顾自然生态规律,盲目开发和利用农业自然资源,农业生态遭到破坏的现状,从20世纪80年代以来,江苏逐步加强了对自然生态的保护。首先,发展生态农业。在国家有关部委的支持下,在海安县进行农业生态系统“食物链”和共生关系的研究与试点,形成了几个生态乡,以后逐步扩大试点范围,由乡到县(市)。1995年起,大丰、扬中、姜堰、宝应、江都先后被国家环保总局命名为全国生态示范县(市)。到2000年底,生态示范区建设试点地区扩大到24个市、县(区)。其次,建立自然保护区。全省建有野生动物、森林生态、地质地貌、综合型及国家公园等各类自然保护区21个,面积达58万公顷,占全省土地面积的5.6%,其中盐城沿海滩涂珍禽自然保护区进入国家级自然保护区行列,并加入联合国教科文组织的“人与生物圈”网络。这些自然保护区对保护林木资源、珍稀鸟类,调节气候,保持水土等方面显示出良好作用。再次,加快农村林网化建设。全省有82个县(市、区)已基本达到平原绿化先进县的标准。全省林木覆盖率达10.56%。[①] 第四,把防治乡镇工业污染作为农村生态建设的重点。1992—1995年,全省实施农村环境综合整治“611”工程(即对占乡村企业污染总负荷60%的600个乡镇工业企业实行限期整治,对100个小城镇实行环境综合治理,在100个自然村开展生态环境综合整治),取得一定成效。

盐城丹顶鹤保护区

① 含成片林覆盖率、灌木林地覆盖率、四旁树折合覆盖率。

大丰麋鹿保护区

（四）淮河、太湖和长江江苏段的水质保护

随着经济发展对环境压力的加大，特别是工业污染的加剧，使水环境污染和水资源的问题越来越突出。1996 年，全省发生环境污染事故 168 起，其中水污染事故近一半。淮河江苏段总体水质长期劣于Ⅵ类，受上游大量污水下泄影响，省内淮河干流、支流和石梁河水库等水体频繁发生污染事故，严重危害流域地区的工农业生产和人民生活。太湖的总体水质为Ⅲ类，水质富营养化迅速加剧和局部水域有机污染逐渐加重。长江流域江苏段是江苏境内唯一保持较好水质的主要水体，但沿江工业污染的趋势日益明显。因此，“九五”时期，水污染防治成为江苏环境保护工作的重点，在继续搞好城市环境治理的同时，打响了治理淮河、太湖、长江江苏段污染的“三大战役”。

1996 年，开始淮河江苏段的整治。按照国家统一部署，当年 6 月 30 日前关停了淮河流域 118 家 5000 吨以下小造纸化学制浆设施，9 月 30 日前取缔和关停污染严重的小企业 342 家。1997 年，列入省限期治理的 385 家重点企业，92%实现达标排放，全省淮河流域环境恶化的趋势有所遏制。此后，对淮河流域环境治理继续进行。到 2000 年，“列入淮河流域国家考核的 13 条河流 15 个断面中有 13 个已达到 4 类水要求。”①

1996 年，省人大常委会通过《江苏省太湖水污染防治条例》。1998 年，在对太湖

① 2001 年《江苏年鉴》，《江苏年鉴》杂志社 2001 年编辑出版，第 234 页。

污染状况系统调研的基础上,江苏环太湖各市、县(市)全面启动了工业污染源达标排放、饮食服务业污染源达标排放、城镇污水集中处理、禁磷行动、河道生态清淤工程和生态农业等6大工程,运用“政府领导、部门负责、环保统一监管、公众参与、媒体舆论监督”的工作机制,太湖污染治理工作步伐加快,污水处理厂建设、河道生态清淤工程、控制围网养殖规模和农业面源污染、对进出太湖1.3万条船舶进行防污改造等项目工作进展顺利。有关部门评估,到2000年,“湖体总体水质近2年由重富营养状态降为中富营养化状态。”①

1999年,长江流域的水污染防治战役打响,江苏对统一核查的408家重点污染企业进行治理,用了半年时间实现达标排放。长江江苏段总体水质有所改善,综合污染指数由1996年的4下降到2000年的2.4。

四 可持续发展战略的提出和初步实施

1992年联合国环境与发展大会后,中国采取了一系列的有关可持续发展的重大行动。1992年,中共中央、国务院颁布了《全国环境与发展十大对策》。1994年3月,中国政府在全球率先发布了《中国21世纪议程——中国21世纪人口、环境与发展白皮书》,它意味着计划生育、珍惜耕地、环境保护三项基本国策融为一体,第一次在国家层面上升为可持续发展战略。同年7月,国务院发出通知,要求各地区和各部门认真贯彻和实施《中国21世纪议程》,从而实施可持续发展战略在全国全面展开。

在国务院统一部署下,江苏加大了可持续发展工作的力度。省人民政府成立了江苏21世纪议程领导小组,并对在江苏实施可持续发展战略开展周密系统的调查研究,提出对策,组织、指导和协调各相关部门编制行动计划与方案。在1996年2月省人大会议批准的《纲要》中,第一次将可持续发展列为指导国民经济和社会发展的基本原则之一,而且作为与三大战略同等重要的一个大的问题,专门予以阐述,并提出了具体的工作内容和主要措施。《纲要》所遵循的可持续发展的理念逐步融入每年全省和各地国民经济和社会发展计划与各项宏观规划之中,在全省实现小康和基本现代化的指标体系中也有体现,人均占有量、人民生活质量、社会经济发展综合水平的指标权重加大。1997年5月,中共江苏省委、省政府召开贯彻三项基本国策,坚持可持续发展工作会议,认为江苏是一个人口、资源、环境与经济发展矛盾比较突出的省份,实施可持续发展战略是从江苏省情出发的必然选择,也是实现《纲要》确定的奋斗目标的内在要求。会议提出了实施可持续发展战略的总体目标和关键措施,决定加

① 2001年《江苏年鉴》,《江苏年鉴》杂志社2001年编辑出版,第234页。

大对贯彻三项基本国策、促进可持续发展的投入力度。当年，启动了《〈中国 21 世纪议程〉江苏行动纲要》(以下简称《江苏行动纲要》)的制定工作，经过 1 年多的努力，通过反复研讨与修改，于 1999 年初问世。《江苏行动纲要》充分体现了国家可持续发展战略的基本思想和内容，是《中国 21 世纪议程》在江苏的区域性延伸，确立了江苏“既要金山银山，更要绿水青山”的可持续发展之路，成为江苏实施可持续发展战略的行动指南。1999 年 2 月，在省人大九届二次会议上代省长季允石所作的政府工作报告中，把可持续发展作为与科教兴省、经济国际化、区域共同发展并列为全省四大战略之一，再次强调要“正确处理经济建设与人口、资源、环境的关系，增强经济与社会可持续发展能力。”

在可持续发展战略的指导下，“九五”时期江苏采取行政、法律、经济、科技、教育等方面的措施，促进规划的目标和提出的各项任务的落实。强化各级政府的领导和监督管理责任，重视可持续发展的立法工作，加大执法监督力度，及时发现和查处了各类违纪行为。与此同时，加大投入力度。省政府决定全省环保投入到“九五”期末占 GDP 的比例要达到 1.5%，并建立省、市、县(市、区)污染防治基金，技改资金的 7%用于污染治理。到 2000 年底，全省环保实际投入占 GDP 的比重已经达到 1.75%，超过全国平均水平，苏南地区已超过 2%；计划生育经费达到人均 4 元的标准；注重利用市场力量和经济手段，促进土地等资源的优化配置和环境保护。加强可持续发展能力的建设，依靠科技进步和科技成果的应用，提高贯彻执行三项基本国策的效益和水平。

广泛深入宣传教育，动员公众参与，成为这一时期实施可持续发展战略的一大亮点。各级组织、人事部门完善干部教育计划，在党校和各类干部培训中增设三项基本国策的课程。有关三项基本国策的法律法规列入了“三五”普法教育的内容，新闻媒体宣传了一批贯彻三项基本国策的好典型，也揭露批评了一些违背三项基本国策的错误行为。由于加大了宣传教育的力度，全省上下可持续发展的意识和法制观念不断增强。为了推动公众参与环境保护，“九五”期间还试行环境质量、环境管理程序和企业环境行为信息“三公开”制度。全省重点城市大气环境质量、一些城市的水环境质量、饮用水源地环境质量以及重点污染企业的环境行为等都定期向社会公布，赋予公众以知情权。同时，拓展公众参与，接受公众举报环境问题，听取公众环评意见，促进了公众参与机制的形成。

为了推动经济、社会、人口、资源、环境的协调发展，江苏从 1986 年开始进行实验区示范试点工作，初期侧重科技引导经济社会协调发展，进而提出社会管理体制改革的任务。1999 年，明确把实施可持续发展战略作为实验区的工作目标，全省国家级、

省级两个层次 7 个实验区①更名为“可持续发展实验区”。经过 10 多年的不懈努力，这些实验区在人口控制和人口素质提高、生态环境保护与环境治理、社会建设与管理、资源开发与利用、城镇规划与建设方面取得了显著的成绩。实验区在全省树立了从市到县和乡镇不同层次和区域可持续发展的样板，对全省实施可持续发展战略起到了导向作用。

五　可持续发展面临严峻挑战

自中共十一届三中全会以来，江苏贯彻执行计划生育、保护耕地和环境的基本国策，近几年又从战略层面促进可持续发展，取得显著成绩。但必须看到，江苏正处于工业化、市场化、城市化加速推进的阶段，由于观念、体制，尤其是经济增长方式没有根本转变以及历史欠账等原因，作为一个人口、经济大省，资源消耗总量大，环境压力不断增加，按照可持续发展目标要求，存在很大差距，面临严峻挑战。

(一) 人口方面

江苏人口基数大，2000 年末总人口为 7327.24 万人(常住人口)，居全国各省(区)、市的第 5 位，人口密度每平方公里 714 人，除京、津、沪外，列各省(区)之首。虽然出生率低，但是人口增长的势能还没有释放完毕，每年仍有 20 万—30 万自然增长人口(不含流动增长人口)，人口与资源、环境的矛盾，劳动就业的压力将长期存在。由于生产力水平的差异，社会保障体系不配套，加之传统生育观念的影响，相当一部分群众生育意愿与现行生育政策还有较大差异，全省特别是淮北地区稳定低生育水平的任务还相当艰巨。人口结构上，老年人口数量大，增速快，农村地区更为突出，“未富先老”对老年社会保障事业提出了新的要求。部分地区出生婴儿性别比失调。出生婴儿平均缺陷率偏高。人口素质问题日益浮出水面，提高人口的身体、教育和文明素质的任务繁重。

(二) 资源方面

土地资源:20 世纪 90 年代以来，江苏省耕地面积减少的势头难以遏制。“九五”期间，人均耕地面积逐年减少(见表 6—4)。

表 6—4　“九五”期间江苏省人均占有耕地的变化情况

年　份	总人口(万人)	耕地面积(万亩)	人均耕地(亩/人)
1996	7110.16	7592.55	1.07

① 国家级可持续发展实验区为常州市、太仓市、锡山市华庄镇；省级可持续发展实验区为盐城市、淮安市、丹阳市新桥镇、赣榆县海头镇。其中，常州市被列为国家级《中国 21 世纪议程》试点城市。

续表

年 份	总人口(万人)	耕地面积(万亩)	人均耕地(亩/人)
1997	7147.86	7583.51	1.06
1998	7182.46	7554.81	1.05
1999	7213.13	7536.33	1.04
2000	7327.24	7512.58	1.03

资料来源:2001年《江苏统计年鉴》。

2000年末,江苏省人均耕地仅有1.03亩,是全国的2/3。全省有14个县(市)的人均耕地面积低于联合国粮农组织确定的0.8亩的警戒线。① 近7年,虽然实现了占补总量动态平衡,然而造成耕地减少的各种因素呈加剧发展之势,且占优补劣、盲目过量施用化肥导致耕地质量逐年下降,复垦开发占补平衡难度加大。土地粗放利用的方式,如开发区开而不发,土地闲置荒芜;搞大广场、花园式工厂、别墅式住房、城市建设中某些华而不实的政绩工程等,造成土地资源浪费的现象还普遍存在。

水资源:江苏本地水资源不足,人均占有量仅446立方米,为全国人均占有量的1/5,为世界人均占有量的5%左右。过境水量丰富,但时空分布不均,利用受条件限制,旱涝灾害与水质型缺水同时存在。水资源污染严重,浪费现象普遍存在,加剧了供需矛盾。地下水严重超采,引发地质环境灾害。苏锡常地区形成连片地下水降落漏斗面积达5483平方公里,苏北地区各含水层零星分布的降落漏斗面积达10800平方公里。很多地面沉降中心地段,地面下沉累计达0.5米以上。②

矿产资源:江苏矿产资源种类较多,已发现矿产有120种,但储量不丰富,新增探明矿产储量减少,矿产资源对经济发展的保障程度下降。主要战略矿产资源,如石油、天然气、铁矿石、煤等紧缺。

以煤、石油为例。煤炭探明储量约41亿吨,仅为全国的0.54%,其中可利用的煤炭工业储量为28.4亿吨。石油探明储量1.8亿吨、天然气近2亿立方米。20世纪80年代以来,全省煤炭产量维持在2000万—2500万吨,石油产量由50万吨上升到目前的155万吨。2000年,原煤产量下降到1839.5万吨,而当年全省总能耗折合标

① 《江苏人口资源环境与可持续发展》编委会:《江苏人口资源环境与可持续发展》,江苏人民出版社2002年版,第83页。

② 《江苏人口资源环境与可持续发展》编委会:《江苏人口资源环境与可持续发展》,江苏人民出版社2002年版,第113页。

煤8400万吨,其中原煤消费量9000万吨,油品消费量折合标煤1715万吨。[①] 江苏所需能源大部分依靠从省外或国外购入。随着经济的发展,人民生活的提高,能源消费需求增长与能源短缺的矛盾将日趋尖锐。在能源消费中,以煤、油为主,必然加剧对环境的污染。同时要看到,能源价格波动起伏,利用效率偏低,也直接影响江苏产品的市场竞争力。

森林资源:江苏现有森林面积77.4万公顷,人均拥有林地面积仅0.0135公顷,远低于全国0.103公顷的平均水平。全省森林覆盖率为7.54%,不到全国平均数16.55%的一半。全省活立木蓄积量为4073.18万立方米,人均0.55立方米,远低于全国人均9.7立方米的水平。"八五"以来,江苏相继启动了一批重点林业生态工程,但建设整体速度缓慢,生态环境建设还很艰巨,且林地逆转幅度较大,乱砍滥伐甚至毁林开垦现象时有发生,森林资源保护管理难度大。

海洋资源:江苏海洋资源开发门类少,缺乏优势产业,其产值在全国11个沿海省市中列第7位,沿海地区基础设施建设滞后;还存在对海洋资源保护不够,陆地污染源的排放难以控制,海洋整体环境质量呈下降趋势等问题。

(三)环境方面[②]

环境污染和生态破坏的现状不容乐观。水环境污染仍较严重。2000年,长江干流12个例行监测断面中有4个断面水质处于Ⅳ类,占33.3%;29个主要入江控制断面中,有18个断面不能满足当地政府划定的水域功能类别要求,说明长江干流水质已不能稳定保持Ⅱ类。淮河干流总体水质处于Ⅳ类,14条河流水质目标断面中,一些处于Ⅴ类或劣于Ⅴ类。太湖湖体、入湖河流及行政交界断面水质,超过40%处于富营养化或中—富营养化水平,五里湖水质劣于Ⅴ类标准。梅梁湖、竺山湖等水域在夏季受风力和水流的影响,极易出现大面积蓝藻暴发。全省部分城市饮用水源水质已不能满足国家规定标准。城市河流作为城市生活污水纳污沟的情况普遍存在,城市地下水也不同程度地受到污染,而全省生活废水中化学需氧量的去除率仅为9.58%。

城市空气质量处于中等污染水平。全省中等规模以上城市空气污染正由煤烟型逐步向煤烟、机动车尾气混合型污染转变。全省酸雨发生率为25.4%,降水年均pH值为5.26。酸雨污染呈加重的趋势。

固体废物污染日益突出。2000年,全省工业固体废物产生量3038.2万吨,排放量为7.14万吨;危险废物产生量76.5万吨,排放量为32.5吨。全省城镇生活垃圾

① 《江苏人口资源环境与可持续发展》编委会:《江苏人口资源环境与可持续发展》,江苏人民出版社2002年版,第140—142页。

② 环境方面所持观点和资料主要引自《江苏人口资源环境与可持续发展》,第244—251页。

年生产量达到800万吨，绝大部分靠填埋处理或露天堆放。历年积存的包括垃圾在内的固体废物，产生的二次污染对环境和人民健康构成了威胁。

主要污染物中，1995年至2000年，全省工业废水排放量在20亿至22亿吨之间，总体呈缓慢下降趋势，但下降幅度不大。① 生活废水处理水平较低。工业废气排放总量呈显著上升趋势。② 农业生态问题突出。各类污染物，工业"三废"及城镇生活污水等各类污染物不断向农村聚集，直接导致农村环境恶化和酸雨频繁发生、农业面源污染日益加重。据统计，1998年亩均化肥使用量(折纯)达到50.3公斤，比1990年增长近1倍。全省每年农药使用量(折纯)达2万吨、农膜3万吨，均居全国前列。化肥当季有效利用率不足30%，农药利用率也只有40%左右，对地表水、地下水污染极大。水土流失面积1994年已达104万公顷，占全国水土流失面积的6%。水土流失，导致河道淤塞。同时，农作物病虫害也有日益增加的趋势。上述各种污染成为农业生态和农业可持续发展的严重制约因素。

从20世纪世纪80年代起，江苏对环保投入逐年增加，但因历史欠账太多，而且粗放型经济增长方式仍在延续，远远不能达到改善环境的目的。重经济增长，轻环保指标的片面政绩观和考核机制，环保准入门槛不高，不成熟的环保市场的价格机制使环保形势依然严峻，环境的压力很大。

---

① 工业废水排放量：1995、2000年分别为22.02、21.19亿吨。

② 工业废气排放量：1995、2000年分别为7872.11、9078.20亿标米。

第七章　科教兴省和社会全面进步

20 世纪 90 年代，特别是 1992 年以来，江苏改革开放和现代化建设所取得的巨大成就，是与实施“科教兴省”战略，努力促进经济、科技、教育的紧密结合和社会事业的发展分不开的。科技进步和人才队伍建设为高新技术产业的成长与经济结构的优化提供有力支撑。努力落实教育优先发展的战略地位，各级各类教育呈现新的优势，提高了劳动者素质；文化、卫生、体育、社会人道救助事业的长足发展，生活方式的深刻变迁，推动了人的全面发展和社会进步，也为全省社会主义现代化建设全面迈向 21 世纪准备了重要条件。

第一节　“科教兴省”战略的确立和深入实施

一　从“科技兴省”到“科教兴省”战略的丰富与发展

1988 年，江苏确定“科技兴省”战略，标志着全省在经济工作指导思想上的重大转变。在这个战略中，已经明确把教育作为科技进步和经济发展的基础工程来抓。进入 90 年代，中共江苏省委、省政府在部署“八五”时期科技兴省和教育的发展、改革工作时，进一步要求各级党委、政府强化经济、科技、教育一体化的意识，贯彻“科技兴省，教育为本”的方针。

1994 年 8 月，全省教育工作会议召开。在这次会议上，中共江苏省委、省政府决定将“科技兴省”战略充实为“科教兴省”战略，并对确立“科教兴省”战略的目的及其内涵作了明确的表述：“进一步明确科技、教育在振兴江苏的宏伟实践中的重大战略地位和作用，提高各级党委和政府、社会各方面对科技、教育战略地位和作用的认识，动员江苏全党、全民更加重视、关心和支持科技、教育事业的发展”，“全面实施‘科技兴省’战略，就是要把我省经济建设和社会发展切实转移到依靠科技进步和提高劳动者素质的轨道上来，在推进社会主义现代化建设的过程中，始终坚持科技的先导作用

和教育优先发展的战略地位，进一步形成经济、科技、教育密切结合，相互促进的机制，以先进的科学技术、现代管理以及发达的教育事业和较高的劳动者素质作为我省经济、社会发展和精神文明建设的主要支撑力量。”①同年底，在中共江苏省第九次代表大会上，“科教兴省”战略被列为江苏经济社会发展三大战略之首。从“科技兴省”到“科教兴省”，尽管一字之变，反映了对社会主义现代化建设客观规律认识的深化，其意义和影响是深远的。

1995 年 5 月，中共中央、国务院下发《关于加速科学技术进步的决定》，第一次从国家层面明确提出科教兴国的战略，并召开全国科技大会贯彻上述决定。是年 6 月，中共江苏省委、省政府下发《贯彻中共中央、国务院〈关于加速科学技术进步的决定〉的意见》。在这个意见中把“科教兴省”战略提高到全省经济社会发展战略的主体地位，以“科教兴省”为先导，带动经济国际化和区域共同发展战略的实施。

“九五”时期，“科教兴省”主体战略思想成为推进全省经济社会发展的重要指导原则。在 1996 年开始实施的《江苏省国民经济和社会发展第九个五年计划和 2010 年远景目标纲要》中充分体现和贯彻了“科教兴省”战略的要求。在《纲要》中设立“实施‘科教兴省’战略，提高经济发展水平和国民素质”专节，提出了科学技术和教育两个领域的目标、任务和措施。不仅如此，这个《纲要》还对科教兴农和依靠科技进步培育壮大支柱产业、改造传统产业、发展新兴产业等作出具体规划。《纲要》的实施，使“科教兴省”战略融入全省经济社会的发展之中，对“九五”中后期经济结构的调整发挥了重要作用。

1998 年底，国务院确定江苏为全国科技创新试点省份，进一步推动了“科教兴省”战略的实施。2000 年 3 月，省委、省政府召开全省技术创新大会。这次大会进一步强调从现代化全局的高度，充分认识加强技术创新的重要性和紧迫性，提出把发展高新技术及其产业化作为一个时期全省技术创新的主攻方向，要求大力推进体制创新，尽快形成有利于技术创新的机制和环境。世纪之交召开的这次大会，揭开了全省实施“科教兴省”战略新的一页。

二 形成有利于科技进步的机制和环境

在实施“科技兴省”到“科教兴省”战略的过程中，全省上下从建立、健全工作体系、深化改革、加强法制建设、增加投入等方面不断优化科技进步的机制和环境。

首先，强化对科技工作的领导，引导科技进步。“科技兴省”战略确立后，已经建

① 中共江苏省委、江苏省人民政府《关于〈中国教育改革和发展纲要〉的实施意见》(1994 年 8 月 31 日)。

立了一套工作体系。进入“八五”时期,这一体系得到进一步强化,“第一把手抓第一生产力”蔚然成风。在各级各部门主要负责人示范带动下,层层建立领导责任制、目标管理制和相应的考核制度。进入“九五”时期,省和各市、县都建立了科技领导小组,从工作全局和支撑条件上对战略实施予以保障。全省科技进步统计监测工作制度进一步完善,每年定期发布统计公报和监测报告,系统分析评价全省和各地科技进步状况和工作效果,调动各地、各部门进一步实施“科教兴省”战略的主动性和积极性,从而推动了科教兴市、县工作的开展。自 1988 年至 2000 年,江苏共选派 12 批 300 多名科技人员赴基层担任科技副县(市、区)长,此举有效地促进“科教兴省”战略在县(市、区)的贯彻实施。南京、无锡等 8 个市被科技部授予“1997—1998 年度全国科教兴市先进市”称号,全省有 71 个县(市、区)进入“全国科技工作先进县(市、区)”的行列。

为了调动全社会科技资源,引导科技进步,政府一方面通过中长期规划和年度计划,从不同层次上推动科学技术研究,面向经济建设;另一方面通过发布技术发展纲要、产业技术政策,设立一批与国民经济发展上台阶密切相关的重点项目,攻克一批相关关键技术,建设一批重点研究、开发基地,使全省科技实力大幅度提升。

“八五”期末,全省市以上国有独立科技研究开发机构有 337 个,科技人员 3.55 万多人,其中中科院和国家各部委属科研机构 57 个,科技人员 1.88 万人,这是江苏实施“科教兴省”战略,推进科技创新特别倚重的力量。为了充分发挥这支队伍服务于江苏经济建设和社会发展的作用,提高科技兴省的组织程度,加强科研院所体制改革的统一协调管理,中共江苏省委 1996 年 8 月决定成立中共江苏省科技工作委员会,由省委分管副书记任工委书记。这是江苏推进“科教兴省”战略的一项重要举措,得到了国务院负责同志的肯定。

其次,不断深化改革,促进科技、教育与经济的紧密结合。实施“科教兴省”战略,重要之点在于把全省科研院所、高等院校所拥有的智力优势和人才优势具体转化为经济发展的现实优势。促进这种转化,关键在于深化改革,建立和完善在社会主义市场经济条件下科技、教育与经济相互促进的新机制。

进入 20 世纪 90 年代后,江苏相继出台了《关于进一步解放和发展生产力的通知》、《关于进一步促进科技成果转化和高新技术产业化的若干意见》和《“九五”科技体制改革试点工作实施方案》及其一系列配套政策文件,鼓励企业与高校、科研院所挂钩协作,双向进入,建立长期稳定多方面的合作关系,加强产学研的联合,转化科技成果。通过举办各种交易会、洽谈会、信息发布会等平台,推动成果转让由松散型方式向联合开发和科技经济一体化的紧密型方式转变。新机制培育了一批新的经济增

长点,实施了一批高新技术产业化项目,为企业带来了显著效益。全省开发新产品中,有70%左右是通过产学研联合开发成功的。高校、科研机构60%以上的科技经费也来自这种合作。

新机制的形成有赖于科技体制改革的推进。根据国家“稳住一头,放开一片”的方针,江苏科研机构积极探索、稳步推进科技体制改革。“八五”和“九五”初期,科研机构对科技资源进行纵深配置,在稳住一批精干的科技力量搞研究的基础上,推动大多数科研人员面向经济建设主战场,发展科技第三产业,逐步建立以技术市场为主导、社会化科技服务为主体的科技、教育和经济一体化体系。

“九五”后期,在周密调研和试点的基础上,加大了科研机构体制改革的力度。根据国家统一部署,1999年部属21家科研机构(原国家经贸委所属15家、建设部所属6家)转制为企业,开始建立与市场经济需要和科技发展相适应的现代企业制度。2000年9月,江苏在全省77个省属科研机构中,首批选择了26个应用型科研机构进行企业化改革转制工作,要求从实际出发,自主选择具体转制方式,包括转制为科技型企业或中介服务型企业、进入企业、相互重组为企业等。2000年底前,26家转制科研机构中有25家完成初步方案报批及核准参加劳动保险人数等工作。其他科研机构则实行分类改革,或逐步向企业化转制,或仍作为事业单位,按非营利机构运行和管理。通过改革,扩大了院所生存和发展空间,推动了科技创新,取得了一些经验。在全省经济体制和科技体制改革不断深化的过程中,一大批民营科技企业通过科技先导、知识密集的增长方式迅速崛起,成为科技与经济相结合的一大亮点。2000年,全省民营科技企业2955家,企业总资产达334亿元,总收入433.84亿元。其中,相当部分企业是科研院所科技人员离开原单位创业建立起来的。

第三,加强法制建设,把科技兴省纳入法制化轨道。1992年,江苏省人大常委会在全国率先制定了《江苏科技进步条例》,用地方法规形式把科技进步工作的成熟经验固定下来,规范国家机关、企事业单位、社会团体和公民在科技进步中的权利与义务。随后,连续进行3次执法检查,重点推动省、市、县各级财政落实对科技的投入要求。1996年,为加快形成高新技术为主导的产业结构,江苏省人大常委会制定了《江苏省发展高新技术条例》,规范高新技术工作的内涵、政府、企业责任和有关政策。1997、1998、1999年,省人大常委会分别制定《江苏省企业技术进步条例》、《江苏科学技术普及条例》、《江苏民营科技企业条例》。2000年,省人大常委会通过并颁布实施《江苏省促进科技成果转化条例》,从财政投入、税收优惠、管理体制、工商登记、科技奖励和股权激励等方面为科技成果转化提供了法律依据。这一系列地方性法规以及政府出台的配套政策文件,涉及科技进步的各个方面,不仅强化全社会“科技是第一

生产力"的观念,而且对推动各级党政机关、企业及社会各方面,以主动自觉的行动实施"科教兴省"的战略产生了重要作用。

第四,拓宽经费渠道,增加科技投入。科技投入强弱是影响科技发展的重要因素,也是决定科技项目技术含量的一个重要指标。中国科技投入体系由政府、企业、金融、科研机构等几个方面组成。随着经济体制和科技体制改革的深化,科技投入逐步由政府投入为主向以企业为主的多元投入格局转变。为了从经费投入上保障科技进步,省里除规范对各级政府和企业科技投入的要求外,还实行银行贷款财政贴息,采取对科技成果及其向现实生产力转化进行奖励,建立科技发展基金和风险投资基金等措施;同时鼓励科研机构面向市场,融入产学研体系联合攻关,以及从技术贸易中争取研究经费;鼓励扩大国际科技合作,吸引外来项目资金等等。

上述措施的落实使得"九五"期间科技投入持续增加。2000年,全省科研机构、高校、工业企业用于科技活动经费支出为175.1亿元,研究与发展经费支出56.7亿元,分别比1995年增长46.7%、240.2%。① 同年研发经费占当年全省GDP 0.66%,较1995年的0.46%,提高了0.2个百分点。② 2000年江苏省科技统计公报表明,政府科技拨款12.72亿元,占地方财政支出的2.15%,分别比1995年增长225.5%和0.32个百分点。工业企业科技活动经费支出151.9亿元,其中研究与发展活动经费支出50.15亿元,分别占工业销售收入的2.48%和0.82%。工业企业已经占据全省科技经费投入的主体地位,企业依靠科技促进技术与产品优化升级的主动性和积极性有了较大提高。

但是,总体来说,科技投入仍然偏低,技术创新能力不强。2000年,研究与发展经费虽然创历史新高,但仍未达到1998年全国占GDP0.69%的平均水平,更赶不上上海1.25%的水平。1998年,全省2389家大中型工业企业的研发费用仅占销售收入的0.52%,有1451家企业没有技术开发机构,1015家企业没有科技经费,1781家企业没有研发活动。17个重点企业集团的91%的新产品、新工艺不具有自主知识产权,75.6%的新产品、新工艺没有掌握核心技术,这说明自主创新能力不强。③ 这种情况在"九五"后两年有所改变,但与"科教兴省"战略和技术创新的要求仍有较大差距。

三 落实教育优先发展战略地位的努力

"科教兴省"战略的确立并提升为主体战略,突出了教育在经济、社会发展全局中

---

① 2000年科技活动经费支出、研发费用及其占GDP的比重数据引自江苏省统计局2000年统计公报。

② 2000年较1995年增长幅度是以1995年江苏省科技统计公报公布数据为基数计算得出的。

③ 数据引自回良玉2000年3月25日在全省技术创新大会上的讲话。

的战略地位和基础性作用。“九五”期间，江苏实施“科教兴省”战略，认真落实教育优先发展地位，从理念到实践4个方面开展工作。

首先，进一步落实政府发展教育的责任。中共江苏省委、省政府通过各种会议，不断提高各级领导干部对发展教育的重要性、紧迫性的认识，“忽视教育的领导者，是缺乏远见的、不成熟的领导者”，“对教育的投资是最大的投资”的理念为各级领导干部所理解和接受。在1994年全省教育工作会议之后，各地把教育纳入经济和社会发展的总体规划，在长远规划和年度计划中，从建设布局和投资结构上都对优先发展教育作出安排。各地层层建立和落实教育工作目标责任制，切实加强了对教育事业的领导。对教育事业的投入逐年增加，各级财政预算安排依照“三增长、一优先”①的原则，逐年增加教育拨款，并实行预算单列。1995年，全省教育事业费财政拨款为52.91亿元，2000年达到117.2亿元，增长1.22倍。“九五”期间，江苏设立专项基金，增加专项拨款，用于“两基”教育、职业教育和“211工程”②建设，以及教师住房条件的改善。各地加强教育费附加的征收管理。

全国最大的高校教工家园

① “三增长、一优先”是指省、市、县(市、区)政府用于义务教育的财政拨款的增长应高于财政经常性收入的增长；在校学生人数平均教育费用逐年增长；教育支出占财政支出的比例逐年增长；基建投资的增长部分优先用于教育。

② “两基”是指基本完成九年义务教育和基本扫除青壮年文盲。“211工程”，见本书第356—357页。

其次,深化教育改革,促进教育事业发展。根据实施“科教兴省”战略的要求,“九五”期间,继续优化各级各类教育的结构和布局,加快学科专业结构调整,重视培养全省经济和社会发展急需的应用型、复合型、外向型人才。发挥教育的人才、智力优势,促进高等、中等院校与市、县挂钩,与企业协作,实行科技扶贫,推进产学研联合攻关,开发新技术、新产品,直接为经济建设服务。改变办学体制由政府包揽办学的格局。以高等教育为例,至 2000 年,民办高校从无到有,独立设置了 15 所民办高校(包括筹建),在校生达 1.66 万人,同时还举办了一批采用民办机制运作的普通高校二级学院,社会力量举办的非学历高等教育机构达 75 个,参加高等教育学历文凭考试的机构 21 个。同时,深化投资体制改革,逐步形成以政府财政拨款为主、多渠道筹措办学经费的体制。“九五”期间,全省投入 1000 亿元用于发展教育事业,接近“八五”时期投入 341 亿元的 3 倍。

第三,实施教育现代化和教育促小康工程,促进教育区域共同发展。这是教育战线进入 20 世纪 90 年代实施“科教兴省”战略,为江苏奔小康,推进现代化服务的重要举措。苏南、苏北,城市、农村教育发展水平差距较大。针对这一状况,1993、1994 年省教委经省人民政府批准,分别发出《关于在苏南地区组织实施教育现代化工程的意见》和《关于在苏北地区实施农村教育促小康的意见》两个文件。1996 年,在苏南地区教育现代化试点的基础上,把教育现代化提升为全省“九五”期间教育改革与发展的目标。

江苏教育现代化是一项跨世纪的工程。它的目标是到 2000 年,全民受教育程度和劳动者素质达到小康标准对教育的要求,各级各类教育事业的发展水平居全国前列,部分地区基本实现教育现代化,并建立起江苏特色的社会主义教育体系的框架;到 2010 年,继续保持江苏教育在全国的领先地位。同时,教育思想、教育发展水平、教学体系、办学条件、师资队伍和教育管理等 6 个方面实现现代化。实施这项工程,坚持整体规划、分步实施的原则,以改善办学条件为突破口,从点到面,从南到北,从基础教育到其他教育,边实践、边研究,滚动发展,不断完善。各地尤其苏南地区中共各级党委、政府普遍把它视为总揽全局的重点工程,给予大力支持。1999 年,经过评估,全省有 120 个左右乡镇进入实施教育现代化工程先进乡镇的行列。① 这些乡镇,中小学布局趋于合理,办学规模扩大,办学条件改善,购进大量先进教学设备,包括多媒体技术的运用和教育通信网络的建设;教学领域的改革和教师队伍建设的加强;现代化教育理念得到广泛传播和推广,教学质量和整体教育水平显著提高。是年 10

① 2001 年《江苏教育年鉴》,江苏教育出版社 2002 年版,第 20 页。

月，我国第一家教育现代化实验区在苏州建立。实验区旨在推动苏州教育现代化进程，并以国际通行标准为参照，到 2010 年率先在全国实现教育现代化，达到发达国家教育水平。“九五”期末，在继续推进乡镇教育现代化建设的基础上，县域教育现代化建设已经启动。

在苏北地区实施的教育促小康工程主要目标和任务：一是教育事业发展水平要达到全省小康目标中教育的指标；二是发挥教育的功能和作用，使教育直接有效地为当地经济和社会发展服务，致富于农民。围绕上述目标和任务，苏北各地努力巩固和提高“两基”成果，大力发展以职业教育为主的高中阶段教育，使苏北人口素质快速提高。至 2000 年，苏北 5 市所属 28 个县(市)中有 23 个县(市)农村劳动力平均受教育年限达到或超过 8 年，实现了小康目标规定的指标值。同时，广泛开展各种形式的职业技术教育，提高农村劳动者的科技素质和行业素质。农村中小学普遍开设了劳动和劳动技能课，开展初中后、高中后创业教育，引进适应当地产业结构调整和发展需要的职业技术内容。依托职教中心、职业中学、乡镇成人中心校、劳动实习基地等教育单位，配合进行乡镇企业职工培训、农民技术培训以及智力型、技能型劳务培训，为苏北农村经济发展培养大批初级人才，促进农村劳动力的转移。苏北各级各类教育成为一支推动苏北地区经济文化发展奔小康的重要力量。

第四，加强教育法制建设，推进依法治教。改革开放以来，省人大常委会从江苏实际出发，为推进教育事业的发展，保证“科教兴省”战略的顺利实施，先后审议通过《义务教育法实施办法》、《幼儿教育条例》、《扫除青壮年文盲条例》、《职工教育条例》、《教育法实施办法》等一系列地方性法规。省及各地重视教育法律、法规的宣传和学习，普及教育法律知识。教委系统内部开展干部法制培训，增强依法治教的意识，同时加强执法检查，运用法律武器，确保教育优先发展战略地位的落实；在增加教育投入，解决拖欠教师工资、治理乱办学、乱收费等问题上，依法维护学校、教师和学生的合法权益。为兑现拖欠教师的工资，从 1993 年起，全省每年拨款 7000 万元作为义务教育的专项补助，并逐步建立教师工资发放保障和监督机制。1993 年至 1996 年，省、市拿出近 3 万个指标从民办教师中选招教师，加强义务教育阶段教师队伍建设。1998 年，召开全省第一次教育法制工作会议，全面推进依法治教工作，并把从 1996 年在常州开展的教育执法和监督的试点工作扩大到南京、盐城、锡山、如东等市、县(市)，基本形成了教育执法实体性、程序性制度。1999 年，省人民政府正式下发《关于依法治教工作的意见》，把全省教育法制建设、依法治教提高到一个新水平。

四　加快人才资源开发和利用的步伐

随着江苏现代化的发展，“科教兴省”战略的深入实施，以高新技术产业为先导的

经济结构的调整,全省上下对人才的需求越来越迫切,对人才的重要性的认识日益深化,告别了过去“见物不见人”的时代。人才资源的开发和利用的进程加快,在以往知识分子工作的基础上逐步形成明晰的人才战略,向着建设人才高地目标前进,并成为“科教兴省”战略的重要组成部分。

“八五”时期,江苏在科技兴省工作中重视知识分子工作,办了不少实事,形成尊重知识、尊重人才的良好社会氛围,但人才资源整体开发和利用尚无明确的规划。根据“九五”计划和2010年远景目标规划纲要对人才队伍建设的总体要求,在充分调研的基础上,1997年,第一次制定并实施《江苏省人才资源“九五”计划和2010年目标纲要》。这个纲要明确提出建设高素质社会化专业技术队伍、高素质职业化经营管理者队伍、高素质专业化公务员队伍的3支队伍目标和实现目标的途径、举措。1999年,中共江苏省委、省政府印发《关于加强人才资源开发工作的意见》,这是江苏历史上第一次以省委、省政府名义对人才工作作出的部署。在2000年世纪之交召开的全省技术创新大会上,进一步提出积极实施跨世纪人才工程,大力培养和吸引创新人才,“下很大的决心,进一步强化江苏的科教和人才优势,真正发挥好这种优势,加紧构建江苏新世纪的人才高地。”①会后,有关部门为加强江苏人才高地建设,选择10所高校、10个科研院所、10家企业开展人才引进、开发情况的调查,提出构筑江苏人才高地和六大人才高峰(教育、医药卫生、电子信息、机械汽车、建筑和农业)的方案设想。

在人才资源开发和利用中,高层次人才特别是高层次科技人才的培养是工作的重点。通过扩大高校招生规模,调整优化学科、专业结构,加快培养急需高等人才的同时,1997年开始实施《江苏省跨世纪学术和技术带头人培训工作“九五”计划和2010年规划纲要》。这个纲要要求立足现有人才优势,重点培养30名能进入世界科技前沿,并在国际上具有较高知名度的杰出专家(第一层次),300名在国内学术、技术界具有重大影响的高级专家(第二层次),3000名在省内各学科、各行业成就突出,具有一定声望的学术、技术带头人(第三层次),简称“333工程”。对培养对象实行三年为一个周期,动态管理的办法,省财政拨专项经费对培养对象申请项目进行资助。从1997年开始进行第一轮选拔,共选拔出第一层次对象24名,第二层次163名,第三层次1211名。在此期间,对进入“333工程”的对象进行政治理论培训,还确定4所高校作为培养对象的业务培训基地,接受列人工程对象的培训。这项跨世纪的人才建设工程,是江苏培养高层次人才的重大举措,在科学技术界、学术界产生巨大反响,受到广大学术、技术工作者特别是青年人才的热烈欢迎和拥护。

---

① 回良玉:2000年3月25日在全省技术创新大会上的讲话。

1996年开始，为适应发展高新技术产业的需要，把以往只在高校、科研院所实行的博士后流动站制度延伸到企业，建立企业博士后工作站，延揽有博士学位的高层次技术人才，参与企业的研发工作。1997年1月，春兰集团成立博士后科研工作站，这是江苏省，也是全国机械、家电行业首建工作站的企业。此举得到诺贝尔奖获得者、世界著名物理学家李政道先生的高度赞扬。他说：这种依靠科技进步和智力优势来增强企业竞争力的意识，是国际一流的，这种做法也是符合当今世界经济发展和科技发展的潮流和方向的。① 此后，全省一批立足于科技创新的企业相继建立博士后工作站。到2000年，全省建成博士后科研流动站78个，企业博士后科研工作站18个，当年在站人数980人。在"九五"期间，省有关部门还加强对市、县拔尖人才和乡村优秀科技人才的管理和服务；进一步密切与两院院士的联系，切实为他们办实事。上述一系列举措，对科技人才队伍的全面建设产生了良好的促进作用。

"九五"期间，为加强海外引智工作，扩大国际合作交流，省联合各地多次向海外派出招聘人才团组，通过互联网发布人才需求信息，举办以引智为目的研讨会等方式，引进海外高层次人才来江苏工作或创业。先后与美、日、加、德、法等国有关单位达成培养人才合作协议，拓宽培养短缺、急需人才的渠道。改革公派出境留学办法，公派留学进修人员规模不断扩大。1999年，省人民政府出台《关于加强引进海外高层次留学人员的若干规定》，为引进海外人才提供政策支持。各地尤其是苏南各市纷纷以政策为导向，开辟引进人才"绿色通道"。有些地方和企业以不求所有所在，但求所用所得的人才柔性流动方式，拓展了吸引人才的空间。省内还创办了5个留学人员创业园，直接吸引和为归国人员创业打造平台。

为打破人才部门、单位所有的体制束缚，促进人才合理流动和使用，1992年，江苏成立了全国第一家省级人才市场，开创了通过市场配置人才资源的先河。此后，全省形成了涵盖省、市、县及其以下的多家人才服务网络，建立人才信息库和因特网站点，提供网上人才交流服务。同时举办多种形式的人才交流活动，并扩大到为大中专毕业生就业服务。人们的观念悄然变化，求职找市场已逐渐被社会所接纳。仅2000年，省人才市场举办人才交流活动139次，进场招聘单位达7679多家，参加交流人数约30万人次，达成洽谈意向14.80万人，共吸引各类高新技术人才5000多人。配合人才市场拓展和用人单位需要，普遍开展人事代理工作。至1999年底，全省县以上进入人事代理单位的近1.3万人，人事管理社会化的新机制正在形成。

人才资源的开发和有效利用，要有法律法规的支持。1994年，省人大常委会通

---

① 转引自宋林飞、张步甲主编：《江苏改革与发展20年(1978—1998)》，南京大学出版社1998年版，第175页。

过并颁布《江苏省人才流动管理暂行条例》,省人民政府颁布了实施该条例的细则,从法律上保障了人事有序流动和人才的合法权益。1999年,省人民政府和有关部门出台了《江苏省有突出贡献的中青年专家选拔和管理办法》、《江苏省优秀人才工作实施办法》等文件,对优秀人才的吸纳、管理使用、奖励等作出具体规定,扩大选拔范围,制定优惠政策,提高专家待遇。同年,省政府办公厅印发《江苏省关于鼓励科技成果参与收益分配的暂行规定》,明确可以通过多种形式支付科技人员的报酬,推出了技术股份化的新政策。1999年末2000年初,南京大学率先在全省实施"岗位聘任"和"岗位津贴"的分配方案,最高年岗位津贴达到5万元,大部分教师待遇有较大改善,优秀人才的收入步入高收入水平。在"南大方案"的影响下,省内各高校纷纷效仿,加大分配激励机制与人才贡献挂钩力度。这一举措体现了优才优薪的趋势和方向。

在"科教兴省"战略的推动下,"九五"期间,江苏人才队伍建设取得了较大进展,总量稳步增长,素质不断提高,结构有所改善。据统计,至2000年底,江苏人才资源总量达387.2万人,较1995年增加了100.3万人。各类专业技术人员总数达241.5万人,其中具有中高级专业技术职称的有12万人,较1995年分别增加近60万人和3.8万人。至2000年,国家有突出贡献的中青年专家212人,其中省属单位100人;享受国务院批准的政府津贴的专家有2963人,省级有突出贡献的中青年专家1234人。① 1995年在江苏工作的中国科学院院士42人,中国工程院院士14人;2000年分别为42人、33人,共75人。② 上述各类人才拥有量都居全国前列,为建设人才高地奠定了基础。但是人才队伍建设也存在不少问题,主要是人才专业结构不够合理,传统专业人才比重大,而高新技术产业、新兴行业,尤其是领军型人才缺口较大;地区分布失衡,苏南5市专业人才占全省专业人才总量的一半以上,高层次人才占2/3,而苏中、苏北地区人才相对匮乏;人才流失问题仍然存在,"1998年我省硕士研究生培养数列全国第二,但留在本省的只占二成。上海、广州、深圳的许多大公司和外资企业,从科技骨干到管理骨干,相当一部分来自于我省。"③这反映江苏在机制、环境方面对人才的吸引力不如一些兄弟省市。

---

① 该处有关人才的数字,由江苏省人事厅提供。

② 2000年在江苏工作的中国科学院院士(42人):施雅风、李星学、顾知微、盛金章、李庆逵、陈彪、熊大闰、赵其国、苏定强、业治铮、窦国仁、曲钦岳、魏荣爵、张淑仪、冯端、闵乃本、王业宁、游效曾、程镕时、江元生、任美锷、孙仲秀、朱兆良、郭令智、齐康、周志炎、方成、胡宏纹、冯纯伯、王德滋、孙义燧、戎嘉余、伍荣生、薛禹群、严恺、沈珠江、于天仁、席承藩、徐克勤、时钧、钱钟韩、徐国钧。中国工程院院士(33人):周君亮、薛禹胜、王明庥、唐明述、张直中、李鸿志、黎磊石、吴有生、伦世仪、许居衍、陈清如、钱鸣高、彭司勋、黎介寿、顾冠群、吕志涛、钟训正、吴中如、张齐生、张光义、阮长耿、徐秉汉、薛鸣球、王泽山、宋湛谦、刘大钧、潘君骅、周世宁、沈国荣、蒋士成、李钊、严恺、陈太一。

③ 回良玉:2000年3月25日在全省技术创新大会上的讲话。

第二节　科技进步迈上新台阶

一　科技为经济社会发展提供支撑

在实施“科教兴省”战略的进程中，全省加强整体部署，重点突破，在高新技术产业化与火炬带建设、苏北星火带建设、科教兴农等方面，依靠科技进步，振兴江苏经济取得显著成效。

高新技术产业化与火炬带建设。加强技术创新，发展高新技术产业在经济社会发展中处于关键地位，是实施“科教兴省”战略的根本要求和核心环节。“八五”期间，江苏组织实施59项重点技术攻关项目，解决了国民经济中一批难题，成套成系列的重大装备应用于生产。进入“九五”时期，从1996年起，启动实施275个重大科技攻关项目和重点攻关项目，以后逐年增加项目和课题，解决了国民经济发展和结构调整中的一批影响大、综合性强的重大课题，有力地推进了高新技术及其产业化的进程。

1992年以来，江苏着力启动和全面建设南京、苏州、无锡、常州4个高新技术开发区，一批高新技术企业进入园区创业。1996年，经原国家科委批准，江苏以上述4个国家级高新区为依托，以长江两岸8个省辖市为重点区域，启动和建设沿江火炬带，进一步实施火炬项目计划。1998—2000年，共组织实施省以上火炬计划项目757项，其中80%的项目集中在沿江火炬带。

几年来，江苏的国家、省级高新区和沿江火炬带，在聚集和提升高新技术产业、吸引和引进技术、推进全省产业结构调整等方面积极进行探索，取得实质性进展，涌现出一批在省内外同行中有重要影响的高新技术企业，形成了一批具有国内外先进水平的高新技术研究、开发基地，培养了一批高层次创新人才。“九五”期间，4个国家级高新区实现技工贸总收入、利税、财政收入、出口创汇平均年增长率分别为45.7%、53.5%、55.2%、53.1%。土地面积占全省45.7%的沿江火炬带，2000年实现地区生产总值6428亿元，高新技术产业产值1651亿元，财政收入646亿元，分别占全省的76.5%、93%、74.7%；培育高新技术产品2883个、高新技术企业1060家，形成集成电路、高性能金属材料、新医药、传感器等特色产业基地15个，建成大学科技园、留学人员创业园等各种孵化器32个；聚集各类科技人才132万人，工业技术进步对经济增长的贡献率达42.4%。①

① 以上各类数据引自《富民强省在江苏》，江苏人民出版社2002年版，第247页。

全省贯彻“有限目标,突出重点,加强集成”的方针,实施高新技术产业化重大科技攻关项目,经过多年的培育与发展,初步形成了电子、信息、机电一体化、新材料、生物工程与新医药等新兴支柱产业。2000 年,全省认定高新技术企业达 1223 家,其中国家重点高新技术企业 72 家,占全国总数的 1/5,居各省市之首。2000 年 12 月,江苏软件园成立,规划形成创业孵化、成长示范、规模发展三个区域,这是江苏发展软件产业的一个重要基地。

在大力发展高新技术产业的同时,加快了运用高新技术改造传统产业的步伐。“九五”期间,在制度创新,激发企业依靠科技进步内在动力的基础上,通过引进技术、产学研结合、科技成果转化和企业自身的技术创新等途径,江苏重点对机械、电子、石化、汽车四个支柱产业以及原材料、纺织、医药、轻工、商业、金融等行业进行技术改造,加快了传统产业的信息化、现代化步伐,促进了经济的增长。

实施星火产业带计划,推动苏北地区科技进步。如果说,落实“科教兴省”战略部署,在苏南和沿江地区着力点是发展高新技术产业的话,那么,在苏北欠发达地区与之有所区别的是从实际出发,与当地资源优势产业基础紧密结合,以实施星火计划为重点。1995 年以前,实施这一计划已经取得一定成效。在此基础上,1995 年 9 月,国家科委批准在苏北 5 市实施以培育和建设区域性支柱产业为主要内容的星火产业带计划。几年来,从计划、科技投入、园区建设三方面强化集成,累计投资 85.9 亿元,科技贷款 40 亿元,拨款 1 亿元,落实各类科技计划 1400 多项①,基本上形成以科教为先导和支撑的区域性支柱产业,“一县一业”的格局。如盐都鞋机、灌云棉花、邳州银杏、东台茧丝绸、赣榆海产品养殖与加工、铜山食品加工、淮阴盐化工、沭阳林木花卉、丰县果蔬深加工、东海硅资源深加工、金湖石油化工机械、阜宁电器控制设备、宿豫建材等产业,都达到相当规模,取得良好效益,带动了苏北地区产业结构调整和科技水平的提高,加快了 5 市奔小康的步伐。

科教兴农,提高农业生产技术水平。进入 20 世纪 90 年代,耕地面积急剧减少,以市场为导向的农业结构调整,增强农业综合生产能力的总要求都迫切需要提高农业科技水平,向农业科技寻求新的增长点。科教兴农自然成为科教兴省的重要组成部分和各级党委、政府发展农业和农村经济的重要依靠与抓手。因此,在“八五”计划中对依靠科技、教育兴农提出了具体要求。1996 年,省里召开科教兴农大会,明确提出“九五”期间,农业生产水平、科技水平有突破性进展,粮棉单产增一成和农业增长中科技贡献份额达到 55%的目标;1999 年又一次召开科教兴农工作会议,把科技兴

① 《富民强省在江苏》,江苏人民出版社 2002 年版,第 224 页。

农具体化为实施品种、技术、知识更新三项工程。这都表明，在科教兴农方针的指引下，科技兴农摆上了振兴农业、农村经济的重要日程。围绕“八五”、“九五”计划确定的目标，科技兴农主要抓了两个方面的工作：

一是抓研究和引进，促进良种的更新。“八五”时期，集中省内农业科研院所、高校和农业推广部门的优势，组织两大项目16个课题的联合攻关，取得一批成果，其中“扬麦158号”、“泗棉3号”、双低（低芥酸、低硫苷）油菜的培育成功，对粮棉油的增产发挥了重要作用。与“八五”时期相比，“九五”期间的课题攻关、力量组织、经费投入、成果水平都有较大提高。到2000年，已育成并审定通过97个农作物品种。畜牧业也推出一批地方畜禽良种。适应农业内部结构调整的需要，种植业、畜牧业、林业、园艺业（包括蔬菜、果树、花卉、茶叶等）还引进国内外几十个到数百个新品种或新品种（种质）材料。

泗阳棉花原原种基地

二是抓推广，让新成果落实到田间地头。据统计，至1998年全省良种覆盖率达92%，主要农作物统一供种率达85%。[①] 一批新的农业技术，如种植业方面的稻麦棉高产群体质量栽培技术、水稻肥床旱育技术、抛秧技术、三麦免耕少耕栽培技术、秸秆还田沤制技术等的普及率，到2000年都在80%以上；畜牧业方面的人工授精技术、秸秆处理技术、山羊杂交改良技术等；园艺业方面的设施栽培技术和蔬菜防虫网覆盖技术等都得到普遍的推广，增产效益明显。由于山羊杂交改良技术和饲养管理技术的推广应用，江苏已成为羊业大省。

① 夏鸣主编：《江苏五十年》，中国统计出版社1999年版，第54页。

为使农业科技成果在农村落地,进一步拓展和完善了农业技术推广社会化服务和培训体系。全省县县有农技推广服务中心,乡乡有农技推广站、畜牧兽医站和多种经营技术指导站。以往那种农技推广工作“人散、线断、网破”的状况已不复存在。与此同时,还建设了一批农业综合试验基地和科技示范园区,引进、培育的新品种、新技术先在这里试验、示范,再辐射推广到农民手中。这种推广方式的创新,农民看得见,接受快,加快了科技成果转化的步伐。1998—2000 年,全省培训农村基层干部 1.5 万人,农技人员 3.8 万人,农民骨干 26.8 万人,参加各类农业实用技术培训的人数达 410.2 万人次。

多年来,全省坚持科技兴农的方向,积累了经验,各项工作都取得进展。但总体来看,全省农业科技水平仍然不高,1996 年确定的“九五”时期科技兴农目标没有完全实现;品种更新步伐不快,符合市场需求的优质农产品与名特新产品种类少、产量小、比重低;加工、包装、贮藏技术比较落后;农业科技成果转化率只有 30%左右;农产品质量、安全问题开始显现。因此,科技兴农的潜力有待挖掘,发展的空间很大。

二 科技事业的长足发展

“科教兴省”战略的全面贯彻和实施,使全省科技事业在技术和制度创新双重力量推动下,取得长足的发展,提升了整体实力与水平。

科技实力增强。科技队伍方面,1995 年全省各类专业科技人员达 185.97 万人。全省从事科技活动人员 34.53 万人,其中从事研究与发展活动人员 5.5 万人,占 15.9%。至 2000 年全省各类专业科技人员达 207.11 万人,较 1995 年增长近 12%。全省从事科技活动人员 29.63 万人,虽比 1995 年减少 4.9 万人,但研究与发展人员达 6.91 万人,占从事科技活动人员的 23.32%,较 1995 年提高了 7.42 个百分点。2000 年,全省共有各类科技机构 1841 个,其中国有独立研究与开发机构 377 个,高校研究与开发机构 404 个,大中型工业技术开发机构 1060 个。① 科技机构数和从事科技活动人数比 1995 年有所减少,主要是科技机构体制变动和国企改革过程中调整、重组和人员分流所致。

科技创新及其转化的成果累累。“八五”期间全省科研成果逐年增加、水平不断提高,共获国家及省部级科技成果奖 2024 项,获省优秀新产品“金牛奖”2888 项。这些获奖成果中有相当部分转化为现实生产力,在产品结构调整、解决经济建设重大难题、推进高新技术产业化发展以及农业经济增长中发挥了重要作用。比如,戚墅堰机

---

① 本段 1995、2000 年各类数字引自 1995、2000 年江苏省科技统计公报,分别刊载于 1996、2001 年《江苏科技年鉴》第 41、229 页。

车车辆厂试制成功的东风 11 型内燃机车，成功地进行了时速 160 公里的试验与 3 万公里的运行考核，创造了国内铁路速度的最高记录。大规模集成电路门阵、动态随机存取存贮等产品的研制成功，填补了国内空白，满足了军工、科研和生产的需要。粳稻新品种“武育 3 号”，1994、1995 年每年推广 540 多万亩，平均单产增产 10%。

在“八五”科技创新成果及经验积累的基础上，“九五”期间，工作思路更加明晰，强化研发，促进技术创新源建设，加强科技创新中间环节，建设一批科技成果转化基础设施，加快了高新技术产业化进程，从而无论是基础研究，还是应用技术研究都取得丰硕成果。1996 年至 2000 年，累计获国家科技成果奖 200 项，其中国家自然科学奖 7 项，国家发明奖 17 项，科技进步奖 176 项；获省科技进步奖 1569 项，其中一等奖 54 项。① 这些获奖项目中，有南京大学的“人工准晶体研究”取得突破性进展，使中国在这一领域的研究处于国际领先地位，其研究团队被誉为科研接近世界水平的亚洲少数单位之一；有“网络信息安全产品”、“金融网络综合业务处理”、“8907”新药、光纤预制棒、“新一代电网能量管理系统”、汽车专用漆等一批产品成功研制，促进了具有自主知识产权的高新技术产品群的培育，或填补空白，或打破国外产品垄断的局面；小麦新品种“扬麦 158 号”累计推广达 1.1 亿亩，增产粮食 426.5 万吨；两系法亚种杂交水稻新品种“两优培九”，平均亩产 700 多公斤，被誉为中国的“超级稻”，这一成果荣登 2000 年度中国十大科技新闻榜首。②

知识产权和专利工作是科技创新体系的重要组成部分。江苏自 1985 年实施《中华人民共和国专利法》以来，不断加强知识产权知识的宣传普及工作，开展专利产业化示范工程，加强专利管理和行政执法，加大对侵权、假冒、盗版的打击力度，积极引导企业、科研院所和高校知识产权的自我管理、自我保护，全省专利申请量、授权（批准）量逐年攀升，从一个侧面反映了科技创新的成绩。

表 7—1　1985、1990、1995、2000 年江苏省专利（申请量/授权量）统计表

年　份	累　计		发　明		实用新型		外观设计	
	申请	批准	申请	批准	申请	批准	申请	批准
1985	688	7	240	1	436	6	12	0
1990	2706	1455	384	69	2085	1236	237	150
1995	4078	2413	538	72	2708	1884	832	457
2000	8210	6342	1159	341	4590	4095	2461	1996

① 根据 1996—2000 年江苏省科技统计公报资料整理。

② 2001 年《江苏科技年鉴》，方志出版社 2001 年版，第 33 页。

续表

年份	累计		发明		实用新型		外观设计	
	申请	批准	申请	批准	申请	批准	申请	批准
1985—2000年15年累计	61479	38203	8308	1373	40958	27771	12213	9059

资料来源:2001年《江苏年鉴》,第291页。

从表7—1可以看出,2000年全年申请专利8210件,授权6342件;申请专利量分别比1990、1995年增长2.03倍和1.01倍,授权专利分别比1990、1995年增长3.36倍和1.63倍,专利授权增长速度要快于专利申请量,这表明研发水平和公众专利意识明显提升。在2000年授权专利中,发明专利341件分别是1990年和1995年的4.94倍、4.74倍,授权发明专利在授权专利总量中所占比重也由1995年的2.98%上升到5.38%,专利的科技含量显著提高。统计资料显示,2000年3种专利职务申请中企业、高等院校、科研院所和机关团体申请的比例分别为89.6%、5.7%、3.5%、1.2%,企业已成为专利职务申请的主力军。

科技基础设施和基础建设取得进展。至2000年,已建国家、部和省重点实验室91个,国家和省级工程技术研究中心69个,国家和省级企业技术中心91个,高新技术服务中心19个。① 这些科技基础设施的建设不仅为政府目标导向的基础研究提供了平台,而且成为科技成果的工程化、产业化,持续提供成熟配套的技术工艺、装备和产品的中坚力量。"九五"期间,还建设了11个农业综试基地,35个农业科技示范园,3个科技兴海示范基地。这些基地和园区实施各类农业科技计划项目3343项,在加速农业科技成果转化,促进农业结构调整中发挥了重要作用。②

技术创新服务是促进知识应用扩散的桥梁,是科技成果产业化的中间环节。"九五"后期,在科技工作中,全省加强生产力促进中心、科技咨询机构、信息网络中心和技术市场等科技中介机构建设,不断提高为技术创新及成果转化服务的能力。至2000年底,全省有国家、省级19家科技企业孵化器进驻企业1000家,吸引省内外各类科技人才800余名,其中一批企业已成长为具有较强竞争力的"小巨人"企业。③ "九五"时期,几千家技术贸易机构和技术中介、经纪机构每年组织各类技术交易会100多次;1100家咨询企业和咨询研究机构,仅1999年全省咨询经营额达14.2亿

① 2001年《江苏科技年鉴》,方志出版社2001年版,第230页。

② 2001年《江苏科技年鉴》,方志出版社2001年版,第33页。

③ 2001年《江苏科技年鉴》,方志出版社2001年版,第35页。

元，完成咨询项目数25万项。科技咨询业在全省技术创新中的作用不断增强。①

在推进全省科技事业发展的进程中，各级科学技术协会作出了重要贡献。

江苏省科学技术协会的前身是“江苏科联”、“江苏科普”，前者以学术活动为主，后者以科学技术普及为主；两者互相配合，互相支持，促进了科学技术的普及和提高。1959年9月，两会合并，成立全省统一的科学技术群众团体——江苏省科学技术协会（简称《省科协》），1959年9月至1998年5月召开了6次代表大会。至2000年，全省已拥有122个省级学会，13个省辖市科协、686个市级学会，107个县（市）区科协、2741个县级学会，1382个乡镇科协、301个街道科协，1099个企业科协，38个大专院校科协，4216个农村专业技术协会。庞大的组织体系聚集了全省科技战线各类优秀人才，联系着全省200万科技工作者。

省和各级科协发挥学科齐全、智力密集的优势，围绕江苏省各个时期的发展战略和经济建设、社会发展中的重大问题，广泛开展国内外学术交流，促进了科学技术的繁荣和人才的成长，同时注意把学术交流同决策研究、政策建议相结合，努力为中共江苏省委、省政府的决策提供支持。据统计，仅“九五”时期，共举办各类学术会议1.2万次，交流论文19.3万多篇。② 省科协组织编制的《江苏省1995—2000年高新技术及其产业发展规划》、组织攻关的《城市化进程与城市可持续发展研究》、《江苏农业可持续发展战略研究》等多项软课题成果，为省里决策提供了依据。

科学技术普及是提高人民群众科学文化素质的重要途径，是科技事业发展的标志之一。各级科协组织以开展科普工作为己任，通过丰富多彩的形式，向人民群众广泛宣传科学知识、科学思想和科学方法。1980年代，广泛开展的破除迷信宣传活动和“新技术革命及对策”科普教育取得良好的效果。1989年，省科协举办了第一届科普宣传周，在全国首创全省围绕一个主题、上下左右联动开展大型科普活动的先河，至2000年，这项活动已连续举办12届，平均每届有1500万人次接受教育。1998年，这项活动被列入省人大常委会颁布实施的《江苏省科学技术普及条例》，成为法定项目。1990年以来，各级科协以学会会员为骨干，组织农业科技人员、医疗卫生人员下乡直接面向农民，搞咨询、培训和医疗等服务。有些“科技人员与农民保持密切联系，及时帮助他们解决生产中的技术问题，被农民称为农业科技服务‘110’”。③

---

① 2001年《江苏科技年鉴》，方志出版社2001年版，第36页。

② 根据1996—2000年《江苏年鉴》资料整理。

③ 《江苏省科学技术协会志》，方志出版社1999年8月版，第10页。

第三节 各级各类教育呈现教育大省优势[①]

一 “普九”历史任务率先实现和普通高中教育的调整与发展

江苏在1992年普及九年义务教育小学教育阶段的基础上,继续切实贯彻实施《义务教育法》,加大经费投入,加强教师队伍建设,大力推进初中教育,并取得突破性进展。到1995年底,全省已有102个县(市、区)、2020个乡镇实现了普及九年义务教育的任务,人口覆盖率达95%以上。[②] 1996年10月,原国家教委对江苏普及九年义务教育进行评估验收,给予了很高评价。江苏在全国各省、市、自治区中率先实现了基本“普九”的历史任务。这是江苏经济社会发展中的一件大事,标志着全省基础教育和人力资源开发利用发展到一个新阶段,实现了许多志士仁人和广大人民群众的百年夙愿。为此,中共江苏省委、省政府给原省教委记集体一等功,并在教委院内竖立纪念碑。

从1986年到1996年“普九”10年期间,全省各地、特别是农村地区形成了尊师重教的良好风气,掀起了捐资助学的热潮。“人民教育人民办,办好教育为人民”的口号深入人心。广大人民群众,特别是农民为实现“普九”历史任务作出了重要贡献。

江苏基本实现“普九”历史任务后,经过调研分析,发现仍有17%的小学和15%的初中薄弱学校,随后在1996—2000年期间做了大量巩固提高九年义务教育的工作。对这些薄弱学校,着眼于整体水平提高,从干部、教师队伍、学校管理、办学条件等方面采取措施加强建设。到2000年,共改造中、小学薄弱学校5210所,投入经费31.2亿元。同时,建立义务教育年审制,及时解决有些地方投入不足、挪用教育附加、代课教师过多、拖欠教师工资、初中学生辍学率上升等问题。在巩固提高“普九”成果中,还进行学校布局调整,与城市改造、小城镇建设和初中、高中分设相结合,撤、并、建校。到2000年,小学、初中校数分别由1995年的27062所、4337所减少到19110所、2816所,在校小学、初中学生数分别由1995年的644.77万人、269.04万人上升到718.55万人、293.46万人。校均在校生数有了较大增长,规模效益进一步提高。小学、初中适龄儿童入学率分别达到99.8%和95.4%以上。九年义务教育人口覆盖率达100%,高于全国80%的平均水平。[③]“普九”的成果得到巩固。

---

① 本节参阅了江苏教育史研究课题组编写的《江苏教育史》(征求意见稿,下册)。

② 江苏省统计局:《关于1995年国民经济和社会发展的统计公报》,1996年《江苏年鉴》,第81页。

③ 2000年数字引自2001年《江苏统计年鉴》,第309页。1995年数字引自1996年《江苏教育年鉴》,第378页。

幼儿教育。“八五”期间，幼儿教育继续保持扩大规模快速发展的态势，幼儿园在园学生数由 1991 年的 192 万人，增加到 1995 年的 214.70 万人，城市和农村已分别普及学前三年和学前一年幼儿教育。进入“九五”时期，全省幼儿教育适应城市人口结构变化的趋势，调整幼儿园的布局，数量有所减少，工作重点转向农村。2000 年，全省有幼儿园 13832 所，在园学生数 145.74 万人，其中农村幼儿园（不含县镇）和在园学生数分别占全省幼儿园数和在园学生数的 31.8%和 27.4%。[①] 同时注重办学质量的提高，抓紧示范性实验幼儿园的建设，重视幼儿园园长和教师的培训，推动素质教育在幼儿园广泛开展，取得显著成效。

20 世纪 90 年代，江苏普通高中教育在改革中调整发展。坚持按照标准对省市级重点高中进行评估验收，至 2000 年，累计省级重点高中已达 248 所，占全省普通高中学校数的 28.9%，全省通过国家级示范高中评估的达 49 所。省级重点和国家级示范高中建设，扩大了优质教育资源，促进了教育现代化工程和普通高中教育的发展。

同时，调整学校布局，适当发展学校规模。普通高中学校数由 1990 年的 1017 所减少为 2000 年的 859 所；在校学生数由 1990 年的 40.76 万人上升到 2000 年的 80.18 万人。全省高中阶段升学率由 1995 年的 57%提高到 2000 年的 68.5%，比全国高中阶段学龄人口毛入学率 44%高出 24.5 个百分点。苏南部分县（市）已达 90%，基本达到普及高中阶段教育的要求。

在改革办学体制和学校管理体制上，试行“公办民助”、“公有民办”、“民办公助”、“两权分离”等办学体制。至 2000 年底，全省民办普通高中 72 所，在校学生 22045 人，分别占全省普通高中学校数和学生数的 8.38%和 2.75%。[②]

二　职业教育、成人教育向纵深发展

中等职业技术教育是职业教育的主体。1993—2000 年中等职业技术教育的发展，紧紧与经济发展起伏波动相随而行，经历了两个发展阶段。

第一阶段，1993—1997 年。这一阶段，经济的高速发展，政府的高度关注，社会各方面力量的参与，推动了职业技术教育快速发展。1993 年至 1996 年中等职业学校在校学生数年递增 10 万人，1996 年全省达 77.41 万人，职校生与普通高中生之比为 1∶0.7。1997 年增幅开始放缓，但在校生数仍稳定在 82 万人左右，职校生与普通高中生之比调整为 1∶0.84。[③]

---

① 2001 年《江苏教育年鉴》，江苏教育出版社 2002 年版，第 528 页。

② 2001 年《江苏教育年鉴》，江苏教育出版社 2002 年版，第 529 页。

③ 根据 1994—1999 年《江苏教育年鉴》资料整理。

在量的扩张的同时,教育质量和办学效益的提升是这一阶段的主要特点。在这方面,着重抓了示范性职业学校建设,实施"1122"工程。① 从20世纪80年代起,各地就集中力量办好示范性骨干职业学校,对改变多年来社会不重视职业教育、办学困难的状况,收到一定成效。进入90年代,这项举措得到进一步实施。到1998年,省重点职业高中达到132所,其中33所被认定为国家级重点职业高级中学。中等专业学校中有17所被认定为国家重点。② 这些骨干重点学校发挥了较好的示范、带动作用。为实施"1122"工程,从1994年开始,除财政每年安排职教专项经费外,还由财政贴息,累计向银行贷款11亿元,用于职教中心建设。至2000年底,"1122"工程目标基本实现。

以专业现代化建设为突破口,推动职教的现代化,是这一阶段提升职教水平的又一特点。1996年,首先选择"机电一体化"(23所学校)和"现代农业类"(16所学校)为专业现代化试点,以后又扩大到商贸、服装、旅游、建筑等专业近百所学校。试点以观念更新为先导,抓住教学体系现代化这个核心,深化课程体系的改革,加强师资培训、教材建设和实验、实习基地建设,提高教学设施和专业设备的现代化水平。试点专业是突破口,带动试点学校,现代化水平上了一个台阶。参与"机电一体化"试点的学校拥有"加工中心"和数控机床等现代化水平较高的专业设备128台(套)。参与"现代农业类"试点学校,建有计算机控制的大棚,不少学校建成科技含量较高的种植养殖基地,为发展现代农业和农民致富发挥了样板示范作用。

第二阶段,1998—2000年。这一阶段的特点是规模压缩,在应对挑战中前行。1998年,江苏和全国一样经济发展出现波动,国有企业下岗人员增多,就业压力加大,加上全省初中毕业生人数大幅减少,高校扩招带动普通高中招生大幅增长,各地先后程度不同地出现职校招生难和毕业生就业难的问题,1998年职业教育招生首次出现负增长。面对挑战,各地积极研究对策,加强了就业指导和创业教育,提高职业教育对市场经济的适应能力。但也有少数地方认识上产生动摇,工作上出现疲软。2000年初,省里召开专门会议,分析形势,商讨应对措施,把重点放在发展农村职业教育上,推动教育促小康工程的实施;深化教育教学改革,加强职教执法检查,努力巩固和提高职业教育改革和发展的成果。但由于"千军万马上大学"、用人高消费的现

---

① "1122"工程:中共江苏省委、省政府在《贯彻〈中国教育改革和发展纲要〉实施意见》中提出,到2000年,全省重点建设好100所占地100亩以上、建筑面积2万平方米以上,在校生2000人以上,以就业前中等职业教育为主体的职前、职后沟通、多层次办学,具有多种功能的示范性骨干职教中心。

② 2000年5月11日,教育部发文公布首批国家级重点中等职业学校名单中,江苏共有89所名列其中,占全国总数近1/10,其中专校36所,职业高级中学53所。

象一时难以扭转，职业教育滑坡的趋势仍在发展。2000 年底，中等职业学校在校生数 79.25 万人，比上年减少 13.09 万人，下降 14.18%。这预示着当新一轮经济快速增长时，技能型人才短缺的现象将会出现。

职业教育中值得一提的是江苏高等职业教育。改革开放后，江苏经济快速发展，迫切需要有一类高等院校为其培养"要得到、用得上、留得住"的高层次实用型专门人才，而江苏同时每年有 10 万左右分数较高的高考落榜生迫切希望得到继续深造，以职业大学为主要形式的高等职业教育应运而生。

1980 年南京金陵职业大学首先诞生，1984 年全省职业大学发展到 14 所，占全国职大总数的 15.5%。职业大学的基本特点是地方性、职业性、多样性、灵活性和采取"收费走读，不包分配，择优推荐"的办学方针。江苏的职业大学在创办 10 多年间，始终坚持其办学特色，努力为地方经济社会发展服务。1980 年至 1990 年间，共输送全日制毕业生 21688 人，占同期省属高校输送人才数的 20%。但在发展中也遇到了诸如认识不统一、政策不配套、办学不够规范、教育教学支持体系不完善等问题，以职业大学为主要形式的高等职业教育进一步发展遇到了挑战。"九五"期间，江苏高等职业教育以职业大学为主的格局向多元化方向发展。适应市场经济发展的需要，一批特色鲜明的高等职业技术专业院校顺势而立，至 2000 年达 20 所；一批原有市属职业大学在高校体制改革中进入联合办学行列，仍冠名职业大学的尚有 5 所；同时，至 2000 年全省有 48 所普通高校对口招收中等职业学校毕业生 15800 人进入高等职业专业学习，有 62 所试点学校（其中中专校 54 所）进行 5 年制高职试点，共招生 15000 人。① 江苏的高等职业教育在改革中继续积极稳步前进。

扫盲和农村成人教育。"八五"期间，各级政府继续把扫除青壮年文盲作为重点办好的实事认真落实。据统计，1988 年至 1995 年间，省人民政府和省教育行政部门共下发有关扫盲方面的文件达 45 件之多，其力度之大，可见一斑。针对全省各地扫盲工作进展不平衡的状况，省里采取分类指导的工作方针，把青壮年非文盲率在 90% 以下的 21 个县（市、区）作为重点，明确扫盲责任到乡镇、工作到村。全国第四次人口普查中，灌云县青壮年文盲半文盲近 10 万人，非文盲率仅为 77%，属全省倒数第一。县政府下定决心，县、乡、村三级层层抓落实，经过不到 5 年的持续努力，到 1995 年，非文盲率农村达 96.9%，城镇和企事业单位达 98.9%。由于象灌云县这样对扫盲工作高度重视，工作扎实，加之省、市依法促进，1995 年 12 月江苏通过了原国家教委派出的检查验收组的验收。1996 年 1 月 3 日，省人民政府郑重宣布，"八五"期间，全省

---

① 2001 年《江苏教育年鉴》，江苏教育出版社 2002 年版，第 193—194 页。

扫除文盲177万人，至1995年底，已圆满完成基本扫除青壮年文盲这一历史任务，青壮年非文盲率达98.4%。这是江苏成人教育史上又一件大事。此后，1996—1998年，又使29万青壮年脱盲，继续巩固和发展扫盲成果；并与农村成人教育结合起来，加强初等职业、特别是农村实用技术培训，学以致用致富，提高农村劳动力的科技文化素质。通过实施教育促小康工程，农村劳动力特别是青壮年经过多渠道、多形式、多层次的广泛培训，学文化、学技术，整体素质提高较快，至1998年，江苏农村劳动力平均受教育年限已达8.5年。

职工教育。“八五”时期，职工教育的特点是从以往“双补”①向全员培训方向发展，以岗位培训为重点，突出适应性培训、职业技能培训和岗位能力培训，更加贴近市场经济和企业发展的需要。“九五”时期，在继续坚持岗位培训的同时，加强了继续教育，着眼于全体职工整体素质的提高，走按需办学、自主办学、开放办学、联合办学的路子。10年间全省参加各级各类教育培训的职工累计达2800多万人次（截至1999年），比1980年代增加近1倍，技术工人结构也有所优化，有近百万包括干部在内的社会各方面人员参加外语和计算机培训考核。1998年开始，职工教育的重点转向再就业培训工作。仅1998年为下岗、转岗职工培训达45万人，下岗职工经过培训后的再就业率在60%以上。

随着人口老龄化阶段的到来，老年教育也进入成人教育的范畴。各地按照《江苏省老龄事业“九五”发展计划》的要求，纷纷举办老年学校、老年大学，逐步形成省、市、县、乡老年教育网络体系。苏州市被省列为江苏省终身教育实验区。老年教育的开展扩大了成人教育的空间，为完善终身教育体系迈出了重要性的一步。

成人高(中)等教育。江苏认真贯彻1992年召开的全国成人高等教育工作会议精神，主动适应社会和市场需求，调整优化专业结构，专业种类由1991年的116种增加到“九五”以来的11大类438种(专科目录指南)；加强教学基本建设，规范教学管理；建立激励监控机制，以评促改、促建、促优，改善办学条件，提高办学水平；积极进行以职工大学为主的高职试点，为提高在职从业人员素质、培养高等专门人才搭建平台。大力加强广播电视双学系统建设，夯实县电大这个基础，发挥市电大的枢纽作用，面向农村基层，大规模、多层次、多形式办学，实行教学“五统一”②严格管理，努力打造电大的特色。在全省经济发展牵引和人们日益增长的教育需求推动下，通过这些卓有成效措施的贯彻落实，全省成人高等教育事业迅速发展。至2000年，全省成

① “双补”：青壮年职工完成初中文化和初级技术补课。

② 电大教学“五统一”，即统一教学计划、统一教学大纲、统一教材、统一要求和统一考试。

人高等学校有33所，在校生由1995年的13.29万人增加到21.72万人。[①]“九五”期间，各类成人高校毕业生共23.54万人。高等教育自学考试报名由1995年不足50万人增加到2000年的96万人，向社会开考85个专业(本科26个，专科57个，中专2个)。“九五”期间高等教育自学考试共毕业7.5万人，是“八五”时期的1.87倍。[②] 成人高等教育的发展为全省高等教育向大众化迈进作出了重要贡献。成人中等专业学校经过调整，1998年有248所，在校生17.39万人。2000年，成人中等专业学校缩减为238所，在校生数急剧下降，只有9.85万人，正经历着与中等职业教育相似的挑战。[③]

三 高等教育向大众化阶段的跨越和“211工程”的实施

进入20世纪90年代，为解决高校设置结构上条块分割、小而全、小而散的问题，省人民政府加强了对高等学校的统筹、规划和协调，调整了高校布局结构、类型结构和规模结构，优化高校资源配置。1992年5月，扬州市6所大学联合成立扬州大学，此后又相继将苏州蚕桑高等专科学校、苏州丝绸学院、苏州医学院并入苏州大学，盐城工专和盐城职业大学合并为盐城工学院，淮阴师专和淮阴教育学院合并为淮阴师范学院，南通师专和南通教育学院合并为南通师范学院，盐城师专与盐城教育学院合并为盐城师范学院，南京机械高专和南京电力高专合并为南京工程学院，将南京铁道医学院、南京交能高专并入东南大学等。20世纪90年代后期，根据国务院办公厅转发的教育部、国家计委、财政部《关于调整国务院部门(单位)所属学校管理体制和布局结构实施意见》的精神，江苏先后两次接受部委所属21所高校转制，实行部、省共建，以省为主的管理体制。在实施上述改革和调整中，全省有44所普通高校、28所成人高校、近30所中等专业学校进行了合并、重组和调整。到2000年底，全省有普通高校71所，其中部属院校10所、省属院校47所、市属院校13所、县(市)属院校1所。高校分布较集中的有南京28所、苏州7所、南通6所、徐州、镇江各5所。

1995年，江苏普通高校本专科招生6.75万人，高考录取率只有47%，数万名分数超过其他许多省市的考生，由于招生规模限制而落榜，浪费了大量优质后备人力资源。为适应全省经济发展对人才的大量需求，满足人民日益增长的接受高等教育的需要，中共江苏省委、省政府决定从1996年起，全省高等学校每年扩招10000人。

---

① 2001年《江苏教育年鉴》，江苏教育出版社2002年版，第530页。

② 2000年高等教育自学考试全年累计报名958904人，实考人数为644308人。引自2001年《江苏教育年鉴》，第238页。

③ 2001年《江苏教育年鉴》，江苏教育出版社2002年版，第531页。

1996、1997年克服种种困难,完成了扩招任务。1999年国家决定大幅度扩大高校招生规模,江苏顺势在1999、2000年继续扩大招生规模(见表7—2)。

表7—2 20世纪90年代江苏普通高校基本情况表(单位:万人)

项目＼年份	1990	1995	1999	2000
学校数	70	67	72	71
招生数	4.33	6.75	14.04	17.25
在校学生数	14.69	20.86	35.93	45.18
毕业生数(本专科)	4.34	5.95	7.19	7.57

资料来源:2001年《江苏统计年鉴》,第308页。

从表7—2可以看到,1999、2000年两年招生数分别比1995年增长1.08、1.56倍。2000年在校学生数达到45.18万人,是1995年的2.17倍。当年江苏普通高校招生数、在校学生数均居全国第一。平均每万人中拥有大学生数,由1990年的21.7人增加到1995年的29.5人,至2000年大幅提升到64.8人。

连续5年的扩招和成人高等教育的发展带动了江苏高等教育规模迅速扩张,2000年高考录取率达70%,普通高校校均规模达6200多人(1995年为3100余人)。江苏高等学校毛入学率已达15%,比全国平均水平高出4个百分点,实现了高等教育由精英教育向大众化教育阶段的历史性跨越,确立了江苏高等教育大省的地位。这是实施"科教兴省"战略的一项重要成果。"九五"期间,全省普通高校向社会输送本专科毕业生31.83万人,是"八五"时期23.12万人的1.38倍。① 高等教育跨越式发展的同时也产生了教育环境、师资问题的矛盾、后勤服务压力加大、以及专业与课程调整滞后,难以适应就业市场需求变化等问题。

为贯彻落实"科教兴国"战略,国家决定从1993年起,实施"211工程"。所谓"211工程",即面向21世纪,重点建设100所左右高等学校和一批重点学科。这一跨世纪兴教工程,在江苏高教界引起巨大反响。先后有南京大学、东南大学、南京理工大学等15所高校申请"211工程"。1996年底,有南京大学、东南大学、南京理工大学、南京航空航天大学、河海大学、中国矿业大学、中国药科大学、南京农业大学、无锡轻工业大学、南京师范大学、苏州大学等11所高校通过了有关主管部门的"211工程"建设

---

① "八五"、"九五"时期数字分别引自江苏省计划与经济委员会编《"八五"在江苏(1991—1995)》(上册)第257页和2001年《江苏年鉴》第272页。

的预审，"211 工程"重点建设项目开始全面立项并加快建设。"九五"期间，据不完全统计，江苏地方财政投入"211 工程"建设的专项资金达 15 亿元。中共江苏省委、省政府决定在江苏高校建设一批省级重点学科，共评选出 91 个，并给予经费资助。

"211 工程"的建设，不仅相关学校的教学质量、学科建设、科学研究和人才培养等有了明显提高，而且提升了江苏高等教育的整体水平与实力。全省各高校都突出了改革和建设的主旋律，推进观念更新和机制转换，进行一系列较为系统的管理、教学、科研体制和后勤社会化等方面的改革，出台一系列知识创新、人才培养的措施，提高了整体科研、教学水平。至 2000 年，全省高校有国家重点学科 42 个，省级重点学科 95 个，国家重点实验室 18 个，省级重点实验室 30 个。有国家级工程（技术）研究中心 3 个，省级工程（技术）研究中心 21 个，重点培育和扶持了生命科学、信息科学、环境科学、生化工程学科、机械、电子、化工以及与江苏经济结构优化升级关联度较大的学科。全省高校有两院院士 50 人，从事科技活动人员近 6 万人，其中研发人员 2 万多人。"九五"期间，每年承接上万项研发课题，其中包括一批国家"863"计划项目、"973"计划项目和国家科技攻关项目。这一时期江苏高校教学基本建设普遍得到加强，全省共建成省级优秀课程 414 门，有 22 个师范类本科专业被评为省级示范专业，3 个专科专业被评为国家级示范专业，建成 16 个国家文理科人才培养基地。

改革开放以来，江苏以高校为主的学位与研究生事业取得长足发展。1978 年高校恢复招收研究生，1981 年实施学位制度。至 2000 年，全省有博士学位授予权一级学科 72 个，二级学科博士点 197 个，硕士点 810 个；当年研究生招生 9670 人，比"八五"期末 3703 人，增长 161%；在校研究生达 22943 人，比"八五"期末 10700 人，增长 114%。整个"九五"期间，向社会输送毕业研究生 2.01 万人，比"八五"期间毕业生总数多 1.53 万人。全省高校已形成门类较齐全、具有一定规模、总体质量得到基本保证的学位授权体系和具有较高学术水平的导师队伍。此外，至 2000 年，全省具有招收外国留学生资格的院校达 29 所，共招收外国留学生 3135 名。

四　师资队伍建设的加强

振兴民族的希望在教育，振兴教育的希望在教师。改革开放特别是"科教兴省"战略实施以来，通过贯彻执行《教师法》以及一系列发展各级各类教育事业的政策，尊师重教的观念日益深入人心，教师的社会地位不断提高，在全社会形成了加强教师队伍建设的良好氛围。多年来，江苏出台了多项举措加强教师队伍建设。

（一）着力抓好多层次骨干教师队伍和学科梯队建设。从 1978 年起，开展中小学特级教师评选工作，到 1998 年共评出中小学特级教师 686 名。高校在 1992 年启动优秀青

年骨干教师评选工作的基础上,1995年实施“青蓝工程”,目的是培养和造就一大批跨世纪中青年学术带头人和优秀学科梯队。继“青蓝工程”之后,又推出旨在加强教师职业道德建设的“师表工程”和选拔人才进入省“333”工程。在这些工程的推动下,到1998年,已评选出高校跨世纪学术带头人培养人选188名,优秀青年骨干教师971名,优秀学科带头人102名,优秀师资管理干部51名,优秀学科梯队87个。1998年还启动“名师名校长工程”,旨在培养选拔一批中等及以下学校的名教师、名校长。

(二)全方位、多层次、多渠道加强在职教师的培训进修。长期以来坚持培养、培训两手抓,一方面大力抓好师范教育,积极推进师范教育现代化和布局结构调整,至2000年,全省有高师本科院校7所,师专2所,中等师范27所,源源不断地向各级各类学校输送合格的教师;另一方面,努力办好教师进修学院、教育学院和师资培训基地,举办中小学教师自学考试,对中小学教师进行学历补偿教育,开展学历后继续教育,全面提高中小学教师和管理干部的思想业务水平。对高校教师,从1988年开始实行岗前培训和“省内访问学者”培训制度,促进了新任教师素质的提高和整体结构的优化。

(三)切实加强师资管理。1978年首次职称改革以来,教师专业职务评聘工作日趋规范化、制度化。至1998年,评聘中专校高级讲师5100名,中学高级教师3.5万名,小学高级教师12万名,小中高(小学中学高级教师职称)600名[①];至2000年,在高校专任教师中,评聘教授3026名,副教授9922名。同时,制定了具体的考核办法,全面考核教师的思想、师德和业务实绩等,考核结果作为教师管理的重要依据,并从1996年实行教师资格制度,引入竞争机制,提高了教师教书育人的积极性,促进了教师队伍整体素质的提高。

(四)努力为教师办实事。除前述解决中小学教师“民转公”等问题外,“九五”期间,还大力进行教职工住房建设和高校筒子楼改造。全省共建设教职工住房980万平方米,改善了教职工生活和工作条件。

以上举措对促进江苏各级各类学校规模的扩大,素质结构的优化,产生了重要作用。一支面向21世纪的德才兼备、结构合理、充满生机与活力的教师队伍正在形成。至2000年,江苏普通高校专任教师3.31万人,成人高校专任教师0.59万人,中专专任教师1.37万人,普通高中专任教师5.46万人,普通初中专任教师16.13万人,职业中学专任教师2.06万人,小学教师28.9万人。全省小学、初中、高中教师的学历达标率分别从1995年的89.6%、77%、58.8%提高到2000年的97%、88.9%

① 夏鸣主编:《江苏五十年》,中国统计出版社1999年版,第201—203页。

和 70.3%。

江苏随着“两基”任务的完成，各级各类教育事业的长足发展，教育大省的优势日益明显，带来了全省人口素质“两个增加，两个减少”的重要变化(详见表 7—3)。

一是识字人口大幅度增加，文盲人口大量减少。据第五次全国人口普查资料，在全省人口中，识字人口占总人口的比重为 88.29%，比 1995 年上升 8.37 个百分点。全省文盲人口占总人口的比重为 6.31%，比 1995 年 下降 8.26 个百分点。各种文化程度人口之和占总人口的比重为 86.21%，比 1995 年上升 9.52 个百分点。

二是初中以上文化程度人口增加迅速，小学文化程度人口呈减少趋势。

表 7—3　1995、2000 年江苏各种文化程度人口数统计表

年　份	平均每十万人口中			
	大学文化程度(人)	高中文化程度(人)	初中文化程度(人)	小学文化程度(人)
1995	2642	10594	30813	35868
2000	3917	13039	36372	32881
2000 年比 1995 年增长(%)	48.26	23.08	18.04	−8.33

资料来源：2001 年《江苏年鉴》，第 69 页。

全省人口素质结构的积极变化，对于全省经济发展和社会全面进步将会产生重要和深远的影响。

在充分肯定全省教育事业改革和发展成绩的同时，也要看到教育的发展与经济社会发展的要求仍有不小差距，还存在不少问题与困难。除前面已经指出的以外，主要是：部分地区“两基”重中之重的地位没有得到切实落实，义务教育阶段学生流失的问题继续存在；区域之间教育发展差距在加大；有些地方热衷于窗口学校建设，新的结构失衡现象露头；素质教育蹒跚而行；乱集资、乱收费社会各界特别是学生家长反映强烈；教育投入仍然不足，拖欠教师工资现象还继续存在，到 1999 年底仍拖欠 3 亿元等。总之，落实教育优先发展战略地位的任务仍需继续努力。

第四节　努力建设文化大省

一　建设文化大省目标的提出及其初步实施

建设文化大省是江苏经济社会发展到一定阶段的必然要求。改革开放特别是

“八五”以来,江苏经济发展很快,已经成为在全国位居前列的经济大省。精神文明建设的重要组成部分——科技和教育,在“科教兴省”战略的引领下,同样加快了发展步伐。文化建设也取得了一定成绩:新闻和出版事业发展迅速;文化艺术的一些作品在全国获奖;涌现出一批优秀人才;群众文化在全国有一定影响。但相对于经济、科技、教育的发展,文化事业发展相对滞后。“主要是精神产品的生产,在全国有重大影响的精品力作不多;文化体制改革进展不快,一些艺术表演团体困难较大;对文化事业的投入相对于科技、教育较少,欠账较多;公益性文化设施建设不能适应人民群众的需要,等等。文化建设在精神文明建设中是一个薄弱环节,同时也不能适应经济、社会发展的需要,与江苏这样的经济大省的地位不相称。”①文化是一个城市、地区的灵魂。对于江苏文化建设滞后的状况,社会各界议论较多,表现出一种“文化焦虑”。江苏自古以来就是人文荟萃之地,有着良好的文化基础和悠久的文化传统,历史上文学、艺术大师和科学家辈出,群众受教育程度和文化素质较高。在为实现中共江苏省第九次代表大会确定的奋斗目标,经济社会快速发展的今天,加快文化事业的发展步伐,促进文化事业的繁荣,是回应社会各界“文化焦虑”的正确选择。

1996年10月,为贯彻中共十四届六中全会作出的《关于加强社会主义精神文明建设若干重要问题的决议》精神,在中共江苏省委召开的九届五次全会上,就全省文化建设作出一项重要决策,提出把江苏建设成与经济发展相适应的文化大省的目标。这一重要决策顺应了江苏经济社会发展的客观需要,也是全省文化发展和广大人民群众物质文化生活水平提高的内在要求。同年12月,中共江苏省委、省政府召开全省文化工作会议,省委书记陈焕友、省长郑斯林到会讲话。同时,制定《进一步繁荣文化的若干意见》和《关于进一步加快文化建设若干经济政策规定的通知》,具体部署建设文化大省的工作。

建设文化大省的主要奋斗目标和任务是:推出一批融思想性、艺术性、观赏性于一体的文化精品;造就一批有较高知名度的各类优秀文化专业人才;建设一批具有先进水平的文化设施;全面活跃城乡群众文化;建立充满生机和活力的文化新体制;建立繁荣、健康、有序的文化市场。以后,省里又提出建设社科大省的奋斗目标。这样,文化大省建设的内涵主要包括了文化艺术、新闻出版、广播影视、社科研究等领域。

通过学习贯彻中共十四届六中全会和中共十五大精神,各级党委和政府加深了对文化建设的重要性和紧迫性的认识,提高了建设文化大省的自觉性,纷纷制定规划,落实具体措施,全省出现了重视文化建设,繁荣文化事业的良好势头。

---

① 陈焕友:《把江苏建成文化大省》,《光明日报》1997年1月10日。

增加投入,加强文化设施的建设。各级政府普遍较大幅度增加文化事业必需经费。江苏省文化艺术发展基金会正式注册成立。省财政从1997年起,设立专项资金,每年拨款2000万至3000万元,扶持精品生产。全省开征文化事业建设费,对文化事业继续实行财税优惠政策。文化基础设施建设步伐加快。广播电视方面:在1994年建成的318.15米南京广播电视塔(江苏第一高塔)的基础上,"九五"期间,规划建设江苏彩电二期工程。1997年,完成南京卫星通信地面站的建设和设备的安装调试,当年12月28日,江苏卫星广播电视节目正式开播。至2000年底,江苏卫视在全国22个省会和200多个大中城市入网落地。广播电视光缆传输网建设,在省、市、县联网的基础上,同年底县乡联网率达94%;1998年,广播电视无线实现"村村通"后,推进有线电视通村入户工作取得很快进展。省电视台、电台设备更新和网站建设步伐加快。文博方面:1997年,南京博物院新展厅主体工程及相关设备的安装已经完成,省美术馆业务楼二期工程全面竣工。对全省375个无房、危房乡镇文化站,省里分3年投入3750万元进行建设,到2000年底,已全部完成,站均建筑面积650平方米以上。为在江苏举办中国第六届艺术节(以下简称"六艺节"),省及南京、苏州、无锡、常州、扬州市共投入资金7亿元,新建、改造演出场馆30个,场馆建筑面积达22万平方米。南京国际展览中心、南京文化艺术活动中心、紫金大剧院、南京音乐厅、刘海粟美术馆、江苏科学宫等一批大型文化设施投入使用。周恩来纪念馆、周恩来遗物陈列馆等一批博物馆落成并投入使用。南京图书馆新馆、中国近代史遗址博物馆等标志性文化工程进入规划和设计阶段。

周恩来纪念馆

紫金大剧院

树立精品意识,多出优秀作品。围绕这一目标,1997年,省里连续召开实施精品战略、戏剧精品创作、电视剧优秀新作座谈会,举办影视、戏剧编导研讨班。在理清思路、凝聚共识的基础上,召开全省以多出优秀作品为主旨的工作会议,出台《关于进一步多出优秀作品工作的若干意见》和《1998—2000年重点作品创作生产规划》,把精品战略付诸具体实施,为迎接新中国成立50周年和“六艺节”进行准备。通过规划的实施和滚动立项,一批质量较高、有加工潜力的作品浮出水面,在省艺术咨询委员会指导下加工雕琢,推向全国舞台。同时,省里还举办音乐舞蹈节、锡剧节、淮剧节、扬剧节等,为各类剧种和音乐舞蹈充分展示自己特色搭建舞台,进一步扩大精品创作的基础。从1993年起,中共江苏省委宣传部仿效中宣部精神文明“五个一工程”评比的办法,实施江苏省精神文明建设“五个一工程”,每两年评选一次,为推进全省精品生产创造良好的条件和社会氛围。“九五”期间,省文化部门坚持一手抓精品生产,一手抓普遍繁荣的方针,继续实施创建先进文化县、乡活动、建设边防文化带(长廊)和“蒲公英计划”三大工程,并把工作着力点放到农村,推动农村小康文化建设,全面活跃城乡文化。

积极探索文化体制改革,加强人才队伍建设。“九五”期间,新华日报以提高内部集约化经营为突破口,着手进行集团化改革的准备。省广播电台、电视台初步建立与现代媒体相适应的体制和机制,积极筹建省广电集团。全省县一级电台、电视台经过结构调整,总量下降一半以上。1994年江苏新华发行集团正式组建,对全省市县新华书店资源进行整合,成为省内第一家大型文化企业。以人事分配制度改革为重点内部运行机制改革不断深化,艺术表演团体推行考评上岗制、新进人员公开招聘制、

部分单位实行干部竞争上岗和目标责任制。与精品战略相匹配，人才队伍建设摆上重要日程。“九五”期间，中共江苏省委宣传部和省直宣传文化各单位，通过举办培训班、研讨班、观摩会等形式，提高宣传、文艺创作骨干人员政治和业务水平。选拔拔尖人才进入省“333”跨世纪人才工程。组织机关干部和专业人才到基层、革命老区培养锻炼。省里制定作家、艺术家深入生活和业余作者创作假制度。省文联、省作协还多次组织创作人员深入基层开展采风活动。为优化艺术生产资源配置，对重点项目的创作打破地区部门界限，在全国乃至世界范围内吸纳人才，提高优秀作品创作生产水平。

发展文化产业，加强文化市场管理。进入 20 世纪 90 年代的文化市场随着市场经济的发展和群众文化消费的扩大，内容日趋丰富，多种经营成份并存、经营网络分布广泛。至 2000 年，全省文化产业机构共 15575 个，从业人员 74181 人，其中文化娱乐业经营单位达 9521 个，从业人员 42837 人。多层次、多渠道、多样化的文化市场形成，一方面丰富了群众的文化生活需求，另一方面也对文化市场的管理提出新的挑战。特别是出版和制售非法、色情、反动的书刊和音像及电子出版物，娱乐场所的色情陪侍、赌博行为，一些网吧对青少年的毒害等，严重干扰社会文化生活的健康发展。建设文化大省的目标确立后，江苏继续坚持一手抓繁荣，一手抓管理的方针，加大对文化市场的管理力度，完善管理法律和规章，规范市场运行秩序。建立 800 多人的文化市场稽查队伍，经过培训持证上岗，提高管理水平。针对文化市场中暴露的问题，中共江苏省委、省政府负责人挂帅，各相关部门密切协同，集中专项整治，开展“扫黄”、“打非”、“除赌”、“反法轮功”、“反盗版”等方面的斗争，并与长效管理相结合，遏制违法犯罪行为。据 1998—2000 年的统计，全省每年都要出动 3 万多人次，对 3 万多家书报刊和音像制品生产、经营单位进行检查，共收缴非法图书出版物 125.8 万册，非法电子出版物 366 万盘(盒)，查处案件 2160 多起。

二　文化事业发展的新成果

进入 20 世纪 90 年代，江苏的文学艺术、新闻出版、广播影视、社科研究等各项文化事业成果迭出，向着建设文化大省的目标前进。

(一) 文学艺术创作和表演艺术

队伍不断发展壮大。到 2000 年，全省共有艺术表演团体 133 个，从业演职人员 6230 人；中国作家协会江苏分会有会员 1400 余人，其中中国作协会员 257 人；省文联所属 12 个文艺家协会，有 1.2 万多会员。依靠这支专业和业余相结合的创作和表演队伍，推动着江苏文艺事业的繁荣和发展。至 1998 年，“10 年来江苏作协会员在海内

外发表和出版的长篇小说近 500 部,中短篇小说、报告文学、诗歌、文学评论、散文、杂文、译著等专集约 3000 部,有 600 多人次在省以上各类文学评比中获奖。”[①]戏剧创作方面,每年都有几十台新剧目问世。中宣部和省委宣传部“五个一工程”评比活动,发挥了精品生产的龙头作用,一批佳作在全国产生较大影响。20 世纪 90 年代,先后有《甲申纪事》、《骆驼祥子》、《大江奔流》等戏剧作品,《豫东之战》、《天网》、《双桥故事》、《中国制造》、《草房子》、《人间正道》等一批影视作品,歌曲《永远的江南》入选中宣部“五个一工程”奖。有 29 部(个)戏剧、歌舞、曲艺、小品获国家文化部“文华新剧目奖”、“文华新节目奖”,其中滑稽剧《一二三,起步走》、京剧《骆驼祥子》、舞剧《阿炳》获文华大奖。[②] 这些获奖作品,立足于反映和歌颂时代,赞美人民群众积极奋进的精神风貌,表现江苏悠久的历史文化和特殊的风土人情,达到了较高的思想和艺术水平,在省内外反响较大。一批老表演艺术家和年轻表演艺术人才在全国演出评比活动中施展才华。自 1984 年首届中国戏剧梅花奖评选以来,到 2000 年,江苏先后有昆剧、滑稽剧、京剧、歌剧、梆子剧、锡剧、话剧、淮剧等剧种 22 人次获“梅花奖”。[③] 在第五届全国杂技比赛中,《群钗嬉春——抖空竹》、《绿影婆娑——转碟》获金狮奖,实现江苏杂技艺术金奖零的突破。

美术创作进入 20 世纪 90 年代,在秉承江苏画坛大师优秀传统的基础上演绎着新的辉煌。在 1994 年举办的第八届全国美展中,江苏有 8 件作品获优秀作品奖。1996 年,全国版画展中,江苏有 7 件作品分获一金三银三铜奖,列全国第 1 位。1999 年,江苏举办首届美术节,检阅和展出了江苏美术界的精品佳作,被业内人士称之为与傅抱石 20 世纪 60 年代倡导的二万三千里写生活动相媲美的一件盛事。

随着江苏对外开放步伐的加快,文化对外交流也十分活跃。20 世纪 90 年代,每年有若干批团组(个人)出国出境进行艺术表演、展览或学术交流,同时,也接待海外大批来访团组。对外文化艺术交流,扩大了江苏文化在海外的影响。1999 年,在日本举办了《二十世纪画坛巨匠——傅抱石画展》,引起巨大反响。

(二) 公共文化服务体系

社会文化工作理念开始树立,公共文化服务职能初步体现,覆盖城乡的公共文化服务网络初步形成。

各级群众文化机构在改革中巩固提高,推动群众文化蓬勃发展。到 2000 年,全省有群众艺术馆 14 个、文化馆 107 个,文化站由于撤乡并镇行政区划调整由 1991 年

---

① 夏鸣主编:《江苏五十年》,中国统计出版社 1999 年版,第 219 页。

② 2002 年《江苏文化年鉴》,江苏古籍出版社 2002 年版,第 410—412 页。

③ 2002 年《江苏文化年鉴》,江苏古籍出版社 2002 年版,第 412—413 页。

的2269个减少为1650个，其中乡镇文化站1503个。为了加强文化馆站的建设，发挥其在群众文化活动中的骨干作用，省里在加大投入，改善设施的同时，制定考评定级标准，已对70%以上的馆站定了级。各级群众文化机构，指导群众文艺创作，组织、辅导群众文化活动，为丰富城乡人民业余文化生活发挥了积极作用。同时，校园、企业、社区、城乡广场文化活动蓬勃发展。省里坚持组织戏曲、歌舞、美术、书法、摄影等大赛，举办配合重大节庆的大型演出活动。在国家文化部自1991年起连续举办的十届文艺演唱"群星奖"评比中，江苏前后荣获70多项奖。

海安花鼓方阵参加首都庆祝新中国成立50周年联欢晚会演出

创建先进文化县(市)工程取得显著成绩。至2000年，有7个县(市)区被国家人事部、文化部联合表彰为全国文化先进地区或模范文化地区，有26个县(市)区被文化部评为全国群众文化创建先进单位，总数在全国名列第一。江苏地方特色的文化如书画、歌舞、剪纸、桃雕、刺绣、陶艺、石刻、灯彩、古筝等争奇斗艳，有29个县(市、区)、乡镇被文化部评为全国民间艺术之乡。[1] 睢宁县是国内著名的儿童绘画之乡，该县的儿童绘画"先后30多次参加国内外举办的大型儿童画展，累计有588幅作品获国际大奖，并有8幅作品被选挂在联合国总部大厦内，这在世界各国绝无仅有。"[2]在全国"蒲公英工程"建设中，全省建有13个文化部命名的农村儿童文化园，占全国总

① 2002年《江苏文化年鉴》，江苏古籍出版社2002年版，第14页。

② 《江苏省志・总述》，江苏古籍出版社2001年版，第367页。

数的 1/4。①

观赏电影曾经是群众文化活动的主要方式之一。20 世纪 80 年代末，乡镇影剧院达到 1000 多座，到 2000 年，统计在册的仅有 134 座；各类电影放映单位最多时达到 5000 多个，2000 年，只有 3004 个。影剧院、放映单位总数上的落差折射出群众对文化活动内容和方式的选择与兴趣的巨大变化。

作为社会文化的重要组成部分，公共图书馆在江苏已形成多层次的遍布城乡的网络。全省县(市、区)级以上独立建制的公共图书馆由 1995 年的 94 个增加到 2000 年的 101 个，总藏量达 27077 千册(件)。在省内，除省级图书馆外，苏州、南京、无锡三市总藏量分列一、二、三位。② 根据评估，三级以上的图书馆超过 80%，其中有国家一级图书馆 27 个，位居全国最前列。县(市)图书馆中，常熟市 1995 年率先成为全国实现公共藏书人均超过一册的县(市)，到 1996 年底，该市馆藏书总量达到 110.8 万册。在国家"知识工程"规划指导下，江苏加强了乡镇万册、村千册图书馆(室)的建设，共建成万册乡镇图书馆 647 个。全省有 21 个县(市、区)实现乡镇万册图书馆的目标，是全国最多的省份。此外，各高等学校、中等学校、科研院所、大中型厂矿企业等都设有图书馆、资料室，其中有些也向社会开放。

(三) 文化遗产

江苏是文物大省。1990 年代初查明，全省文物点近万个，馆藏文物 80 余万件，约占全国藏品总量的 1/10 左右。至 1991 年，有全国历史文化名城 7 座：南京、苏州、扬州、镇江、徐州、常熟、淮安(现为淮安市楚州区)，全国重点文物保护单位 28 个，省级文物保护单位 199 处(实际数字)。

进入 20 世纪 90 年代后，江苏坚持"保护为主，抢救第一"的方针，保护文化遗产的意识增强，逐步成为全社会的文化自觉。省、市、县(市)公布了一批新的文物保护单位，加大文化遗产保护力度。1995 年 4 月，江苏公布第四批省级文物单位 115 处(实际有 112 处)。同年公布首批省级历史文化名城高邮、泰州；首批省级历史文化名镇 4 个：东山镇、甪直镇、周庄镇、同里镇。1996 年 11 月第四批全国重点文物保护单位名单公布，江苏有扬州城遗址等 12 处列入全国重点文物保护单位。1997 年 12 月联合国教科文组织将苏州古典园林列为世界文化遗产。③ 至 2000 年，江苏有全国重点

---

① 2002 年《江苏文化年鉴》，江苏古籍出版社 2002 年版，第 414 页。

② 2002 年《江苏文化年鉴》，江苏古籍出版社 2002 年版，第 454 页。

③ 苏州古典园林含拙政园、留园、网师园、环秀山庄。2000 年，沧浪亭、狮子林、艺圃和退思园、耦园增补列入。

文物保护单位 40 处，省级文物保护单位 311 处（实际数字）[1]，此外还有 3000 多处市、县文物保护单位。文物保护管理机构有 58 个。“八五”、“九五”时期，对 100 多处文物保护单位以及一批重要古建筑、纪念建筑、历史遗址、地质遗迹等人文资源进行抢救性维护、修缮和工程性建设。明南京城墙原周长 33.676 公里，长度为世界第一。[2] 因年久失修和城市建设等因素，不少地段的城墙濒临毁圮。中共十一届三中全会前后，开始进行抢修。20 世纪“90 年代中期，南京城垣史博物馆建立，专司南京城墙维修、保护和城垣史的研究”。“至 1997 年，现存 21.35 公里的明南京城墙逐渐得到了保护。”[3]

20 世纪 90 年代，考古发掘工作配合基本建设和科学研究活动，有计划、有重点地进行，取得了令人瞩目的成绩。江苏有 10 项考古发掘成果先后进入“全国十大考古新发现”。这 10 项成果是：1992 年昆山市的赵陵山遗址，1993 年扬州市的扬州唐城遗址、高邮市的龙虬庄遗址，1994 年南京江宁的南京汤山溶洞古人类化石地点，1995 年徐州市的徐州狮子山西汉楚王陵，1998 年南京市东郊的南京六朝家族墓地、常州金坛市的三星村遗址，1999 年江阴市的江阴高城墩良渚文化墓地，2000 年连云港市的连云港藤花落龙山时代城址、南京市的南京钟山六朝坛类建筑遗迹。这些重大发现，对于研究江苏、长江中下游乃至全国某些领域的历史文化极具学术价值。

江阴高城墩新石器时代遗址发掘现场

---

① 2002 年《江苏文化年鉴》，江苏古籍出版社 2002 年版，第 420—434 页。实际数字系指扣除升格为国保单位和拆除单位数。

②③ 引自《江苏省志・总述》，江苏古籍出版社 2001 年版，第 377 页。据《南京晨报》2006 年 2 月 17 日报道：2005 年 11 月 28 日至 2006 年 2 月 4 日，南京文物局联手江苏省测绘局由卫星高空定位摄像测绘，南京城墙总长为 35267 米，比原来的长度 33676 米长出了 1591 米。

江苏是最先实现市市有博物馆的省份。1980年代，江苏全省相继建立了一批专门性、纪念性的博物馆。1990年全省有博物馆51个。进入90年代，博物馆的建设进一步得到加强，博物馆体系日臻丰富。到2000年，江苏博物馆总数达到86个，其中综合性42个；馆藏品总量实际数达830547件，其中一级品2724件。① "南京博物院的文物藏品，从50年代的27万件增加到现在(1999年7月)的42万件(一级藏品1059件)，居全国第二位。"②各地博物馆相继推出一系列特色文物展览和特色文物旅游活动。南京博物馆的《六朝历史文化陈列》(六朝风采)、南京博物院的《艺术陈列馆陈列》、太平天国历史博物馆的《太平天国历史陈列》荣登"全国十大精品陈列"。

以上记述的主要是物质文化遗产保护工作。对于已经扎根江苏经济社会土壤和文化舞台以及长期流传于民间的口述和非物质文化遗产，如民间文学(吴歌等)、民间音乐(江苏丝竹、民歌等)、传统戏剧(昆曲、淮剧等)、曲艺(苏州评弹、扬州评话、徐州琴书等)、传统美术(石雕、玉雕、核雕、灯彩等)、传统手工技艺(南京云锦、蓝印花布印染技术等)、民俗(灯会等)，各地进行了广泛调查、搜集整理、培育扶植，其中有些技艺采取评聘工艺美术大师、师徒传授，设厂批量生产等方式已经形成特色产业，如宜兴陶瓷、苏州刺绣、扬州漆器、惠山泥人、江南园林艺术等，传播远销海内外。这些保护传承工作，在理念、法律、体制、机制上尚不及对物质文化遗产保护那样全面、规范和自觉，但在一定意义上为进入新世纪后对非物质文化遗产的保护、开发和利用奠定了基础。

(四) 新闻出版事业

至2000年，全省共有公开发行的报纸152种，总印数23.34亿份；公开发行的刊物427种，总印数1.1亿册。各种报纸中，中共省、市、县委机关报60多种。各种刊物中，综合性刊物3种，哲学、社会科学刊物91种，自然科学、技术类刊物246种，文化教育类刊物53种，文学艺术类刊物30种，少年儿童类刊物4种。全省已经形成了以党报党刊为主体、品种门类比较齐全、布局结构大体合理的报刊体系。2000年，《新华日报》年发行42万份，《扬子晚报》发行突破168万份，成为全国发行量最大的晚报。中共江苏省委理论刊物《群众》杂志，发行量达4.48万份。1999年《江海学刊》、《译林》、《电子与自动化》获首届国家期刊奖，继1998年《译林》、《警方》入选全国百种重点社科期刊之后，1999年又增加了《江海学刊》和《钟山》。广播电视方面，至2000年，全省拥有无线广播电台14座，中短波广播发射台和转播台21座，广播节目制作335483小时，较1995年增加137690小时；电视台14座，一千瓦以上电视发射

① 2002年《江苏文化年鉴》，江苏古籍出版社2002年版，第470页。

② 夏鸣主编：《江苏五十年》，中国统计出版社1999年版，第221页。

台和转播台76座，电视制作节目42454小时，较1995年增加13666小时。广播人口覆盖率由1995年的86.9%提高到99.61%，电视人口覆盖率由1995年的93.5%提高到99.48%。省电台、省电视台分别设立“新闻网站”、“新新网”，进行网上直播试验。新闻宣传始终坚持团结、稳定、鼓励和正面宣传为主的方针，紧紧围绕经济建设这个中心，服务于中共江苏省委、省政府每个阶段的工作大局，唱响主旋律，打好主动仗，为江苏的改革开放和现代化建设发挥了正确的舆论导向作用。同时，以提高质量和引导水平为中心，积极推进新闻改革，改进版面，创新栏目，形式更趋活泼，内容力求贴近群众和实际，增强了媒体的感召力和吸引力。在全国报纸、广播、电视评比活动中，江苏主要媒体多次获得“中国新闻奖”、“范长江新闻奖”以及其他多种奖项。

出版发行。至2000年，江苏拥有人民、科技、文艺、古籍、教育、美术、少儿、译林等16家出版社，形成了一个分工明确、门类齐全、各具特色的出版体系。当年出版各类图书5127种，其中出版新书2832种，图书总印数34746.10万册；出版音像制品200多种，350万多盘(盒)。发行音像制品3000万盘(盒)，约占全国总量的1/10①；全省共有图书发行网点10776个，形成了以新华发行集团为龙头，国有、集体书店为主体、多种经济成份书店并存的遍布城乡的发行网络。2000年出版系统销售收入65.02亿元，其中江苏版图书发行突破10亿元，成为业界瞩目的出版大省。

出版系统始终把握正确的导向，坚持“二为”方针，把工作重点放在提高图书质量，多出精品图书和“双效益”(社会、经济)上，不断推出在国内有重大影响的优秀出版物。1979年至1998年20年间，有333种图书在全国性图书评奖中获奖。1990年代，《我的经济观》、《爱我中华丛书》、《高科技知识丛书》、《童规》、《早年周恩来》、《草房子》、《南京百年风云》以及《朱自清全集》、《蒙田随笔全集》、《清诗纪事》、《明诗话全编》、《尤利西斯》、《拉贝日记》、《现代汉语方言大词典》、《中国砖铭》、《中华大典》(文学典分典)、《中国民族建筑》、《中国诗性文化》、《世界文化与自然遗产》等图书分获中央宣传部“五个一工程”优秀图书奖、国家图书奖和中国图书奖。《侵华日军南京大屠杀》荣获全国首届电子出版物评奖大奖。

(五) 社会科学研究事业

江苏社会科学事业，经过1970年代末、1980年代的重建与发展，到1990年代进入新的发展阶段，基本形成一支具有一定规模、学科比较齐全、结构趋向合理的科研队伍。这支专业人才队伍大体由三方面组成：省社科院及以中共江苏省委研究室、省政府研究室、中共江苏省委党史工作办公室为代表的省级有关部门的研究人员，高校

---

① 音像出版发行数字系1999年数字。

人文社科专门研究机构中的研究人员，党校和高校的文科教师。2000 年，省社科院设有 11 个研究所(中心)，研究人员 140 多人，基本职能定位以基础理论研究为依托，以宏观性、战略性、前瞻性、应用性研究为重点，为全省经济社会发展决策咨询和两个文明建设服务。中共江苏省委党校在培训领导干部和培养理论骨干的同时，大力开展江苏经济社会发展重大问题研究，现有教研人员 229 人，硕士点 5 个。高校人文社科研究以南京大学、南京师大、苏州大学、东南大学、扬州大学、徐州师大等高校为主要基地，立足江苏，面向全国，着力于理论研究和咨询服务、学科建设和人才培养两个领域发挥作用。全省高校现有社会科学活动人员 14291 人，参加社科研究人员 5467 人，独立设置科研机构 167 个；国家人文社科人才培养和重点研究基地 8 个。江苏省哲学社会科学联合会所属学会、研究会有 130 多个，市级学术团体近 600 个，共有会员 15 万多人。各种学术研究机构和团体涉及的学科领域覆盖了哲学、经济学等八个大类数十个学科。

社科研究坚持以邓小平理论为指导，重视基础理论研究，发挥江苏学科优势，加强应用研究，发展新兴学科，以改革开放和现代化建设中的重大理论问题和实践问题为主攻方向，在 1990 年代取得丰硕成果。每年有千部左右著作问世，万篇论文发表，多学科、多层次、多渠道开展国内国际学术交流与合作。1995、1997、1999 年省哲学社会科学联合会受省人民政府委托分别组织了全省第四次、第五次、第六次哲学社会科学优秀成果评奖活动，共评出荣誉奖 1 项、一等奖 65 项、二等奖 288 项、三等奖 890 项。“九五”期间，全省承担国家社科规划项目 180 项，同时有 29 项作品入选中宣部“五个一工程”奖。这些获奖成果反映了江苏哲学社会科学研究的水平，突出特点是选题围绕江苏改革开放和现代化建设展开，主要有：邓小平理论在江苏的实践、科教兴省、经济国际化、区域共同发展、实现小康和现代化、产业结构调整和高新技术产业化、乡企国企的改革与发展、应对亚洲金融危机挑战、城市化发展、社会保障与劳动就业、工商管理、可持续发展、WTO 与江苏、依法治省、市场经济与精神文明、文化大省建设、富民强省等。这些选题的成果力图从理论与实践结合上进行分析与探讨，提出可操作的对策咨询建议，受到各级党委、政府和企业的重视和欢迎。与上述贴近现实优秀成果问世的同时，在江苏地方史、中共江苏地方史、中国近现代史以及哲学、文学、教育学、伦理学等传统学科领域也取得一批有价值、有影响的成果，对于帮助人们正确认识历史与现实，总结历史文化遗产，建设精神文明产生广泛的影响。

《江苏省志》的编纂工作是改革开放以来江苏文化史上的一项重要工程。全志共 92 卷，约 4000 多万字。自 1986 年启动，至 2000 年底，已出版发行 64 部(篇)。《江苏省志》的全部出版面世，结束了“内地十八省，唯江苏无专志”的历史。

在全省取得的丰硕社科研究成果中，被学术界称之为“世纪之交的规模最大的中国传统思想文化研究工程”——“中国思想家评传丛书”最为引人注目。这套丛书，由已故学者匡亚明主编、南京大学中国思想家研究中心组织编撰、海内外数百名学者共同参与的宏篇巨帙，从众多的历史杰出人物中筛选出 270 位传主，拟出版 200 部。丛书编撰工作 1986 年正式启动，1996 年推出 50 部，1999 年进展过半。丛书对中国思想家采用人物评传的形式，从孔子到孙中山，对中国传统思想文化去粗取精，进行系统总结，展示了中华文明源远流长历史脉络中的思想精髓和底蕴，在当今中国传统文化研究领域应属创举。这项文化建设工程得到了中共和国家领导人、各有关部门，特别是中共江苏省委、省政府的关怀和支持。已出版的上百部丛书得到学术界高度认可，获得国家和省部级多个奖项，同时也引起海外学术界的广泛关注。

这套丛书创意立项、组织研究编撰队伍、确立编撰宗旨和原则，无不凝结着国家古籍整理出版规划小组原组长、南京大学名誉校长匡亚明几十年的心血。丛书首卷——《孔子评传》是他在 80 多岁高龄时寒暑数载完成的。匡亚明，1906 年 3 月 18 日出生，江苏丹阳市人，是中国著名的教育家、资深的马克思主义理论家和政治家。1996 年 11 月 29 日逝世。《中国思想家评传丛书》将给后人留下一笔宝贵的精神财富。

三　第六届中国艺术节和第十一届全国书市的成功举办

2000 年，由江苏举办的第六届中国艺术节和第十一届全国书市是 20 世纪江苏文化发展史上的两件盛事。

举办“六艺节”，中共江苏省委、省政府高度重视，宣传文化部门全力以赴进行筹备工作，把它与建设文化大省紧密结合，一方面加大投入，新建、改建和扩建一批演出展览场地设施，另一方面以参演“六艺节”剧目为实施精品战略的突破口，带动全省艺术作品的生产。迎“六艺节”成为建设文化大省的直接动力，而建设文化大省各项工作的进展也为“六艺节”的成功举办奠定了基础。

“六艺节”于 9 月 28 日至 10 月 13 日，在南京主会场和苏州、无锡、常州、扬州四个分会场举行。历时半个多月，有 105 台风格各异的优秀剧目参加演出，与第五届艺术节相比，参演剧目数量增加 1 倍；艺术品种门类丰富多彩，包括话剧、戏曲、歌剧、舞剧、儿童剧、音乐、舞蹈、曲艺、杂技、木偶等。这些参演剧目大部分是获得中宣部“五个一工程”奖和文化部文华奖的优秀佳作，代表了中国近年来艺术水平和舞台演出水平，从整体上体现了思想性、艺术性、观赏性相统一的要求。250 场舞台演出，平均上座率达 90%，一些特殊优秀剧目上座率达 100%。舞台演出以外，还推出 8 个大型艺术展览，展示的品种齐全，观众十分踊跃。

为了贯彻“艺术的盛会,人民的节日”的宗旨,“六艺节”期间共组织了600多场次群众文化活动,44次下基层演出,观众100多万。专业舞台演出和群众文化活动交相辉映,吸引广大群众热情参与,体现了“六艺节”群众性的要求。

“继往开来,繁荣创新”是“六艺节”的主题。本届艺术节在吸取往届艺术节经验的基础上,积极探索办节新路。“六艺节”第一次设大奖、优秀剧目奖和优秀演出奖,由过去的展示性为主,变为展示性和竞争性相结合,调动了参演单位对剧目精加工的积极性。江苏的《骆驼祥子》等6台剧(节)目获艺术节大奖,有4台剧(节)目获优秀剧目奖,总数列全国第一。“六艺节”采取“政府引导,市场运作”的方式多渠道筹措资金,为今后承办重大艺术活动积累了经验。

“六艺节”还邀请外国、香港、澳门特别行政区、台湾地区9个艺术团体约430人参加演出,18个国家驻华大使、文化参赞和千余名外国文化知名人士、友人,港、澳、台各界代表,外国和港台记者应邀参加艺术节观摩演出。通过数百名记者全方位、大容量的报道,扩大了“六艺节”的影响,宣传了江苏的形象。总之,“六艺节”以其鲜明的时代性、群众性、竞争性和开放性,前所未有的盛大规模、整体水平和人民群众的广泛参与,办得圆满成功,产生了重要影响。

第十一届全国书市,2000年10月12日至22日在新落成的南京国际会展中心举行。本届书市是千年伊始、世纪之交的一次出版盛会。参加书市的有34个出版代表团、1500多家出版发行单位和100多家电子音像、电脑网络单位以及超过3万的代表。书市设916个展位,有12万余种出版物参展,新版图书上架率达100%。为期10天的书市累计成交码洋8.08亿元,图书等零售总额达到3765万元,有250万人次读者参加南京书市的活动。苏版图书计有5300余种(套),其中2500余种(套)为获奖图书和当年新版图书,集成“板块”参展。本届书市首次建立了书市网站,举办了中国出版发展论坛,图书进江苏“馆日”活动使书市文化色彩更浓。无论是规模,还是书市各项成果,都创历届书市新高。

书市期间,江苏同时在全国率先举办首届江苏读书节,组织了多种读书、交流、表演、笔会和万人游书市活动;书市除南京主场外,全省有12个省辖市举办了书市分场,江苏新华发行集团所属81家子公司同时举办图书展销;书市开展“送书到村口,致富有奔头”为主题的农村读物大联展,组委会和县(市)新华书店还组织了包括周恩来故乡淮安市和革命老区仪征市在内的500场次送书下乡活动。这些借书市举办契机而举办的各种活动,在全省高扬了先进文化的旗帜,营造了清新健康的阅读氛围,对于推进文化大省的建设,进一步激发全省出版发行界创造精品,促进繁荣发展产生了积极的影响。

第五节　卫生体育事业在改革中前进

一　卫生事业的改革探索与发展

江苏省卫生事业经过20世纪80年代的恢复和全面发展，进入90年代，迈向改革与发展的新阶段。卫生工作继续贯彻执行“以农村为重点，预防为主，中西医并重，依靠科技与教育，动员全社会参与，为人民健康服务，为社会主义现代化建设服务”新时期卫生工作的方针，紧紧抓住农村卫生工作、预防保健和中医药三大战略重点，以改革为动力，全面推进各项工作。特别是1997年，中共江苏省委、省政府召开了新中国成立后第一次全省卫生工作会议，发出了《贯彻落实〈中共中央、国务院关于卫生工作改革与发展的决定〉的意见》后，全省各地制定和实施区域卫生规划，加强领导，重点突破，整体推进，卫生事业取得了新发展，为迈向新世纪奠定了基础。

卫生服务体系基本形成，医疗技术水平进一步提高，卫生队伍初具规模。1990年前，江苏医疗卫生事业建设始终把建立健全城乡医疗卫生机构作为卫生工作的着力点，在全省范围内已经形成以大中城市医院为依托，由县(市、区)医院、乡镇(社区)卫生院、行政村(居委会)卫生室组成的三级医院卫生保健网。进入90年代，这个医疗卫生保健体系进一步得到巩固和发展(详见表7—4)。

表7—4　1990、1995、2000年全省医疗卫生机构、医院、卫生院数、床位统计表

年份	机构数(个)	县及县以上医院、其他医院(个)	卫生院(个)	诊所、保健所、室(个)		床位(万张)	
				计	其中私人开业	计	其中医院
1990	12366	483	1981	9178		16.45	14.54
1995	12039	490	2012	8784		17.46	15.48
2000	12813	634	1877	9533	2884	17.31	16.18

资料来源：2001年《江苏统计年鉴》；2001年《江苏卫生年鉴》。

从上表可以看到，除1990年代中期医疗卫生机构(主要是村卫生室)总数有所波动外，医疗卫生体系总体上向前发展，特别是医院和病床数，10年间分别增长31.26%和5.23%。2000年末，12813个医疗机构中，属于公立的以诊断治疗为中心的医院、卫生院2511个，以预防和保健为主的卫生防疫机构142个，专科防治机构118个，妇幼保健机构122个；属于私人开业的医院2所，诊所、保健所、医务室2884个。办医主体多元化在“九五”期间有了较大发展。在医院、卫生院中，市及市以上医

院513所,县级医院121所,卫生院1877所。基本形成了全省医疗卫生保健网,入住医院、卫生院治疗的人数持续增加,人民的健康保障能力增强。

在发展和健全医疗卫生体系方面,改革为之注入了活力。"八五"期间,在普遍推行院(所、站)长负责制,扩大卫生机构经营管理自主权的同时,引人注目的是医院按标准评估等级,进行分级管理的改革。1991年至1995年为第一个评审周期,共评出1245所等级医院,其中三级医院25个,二级医院108个,一级医疗卫生机构1112个。从1997年起,进入创建等级医院第二个评估周期。各级医院努力贯彻以病人为中心,以缩短平均住院日为突破口,努力提高服务质量,注重内涵发展,出院者平均住院日由1995年的17天缩短至2000年的13天。同时,全省各地积极推进竞争上岗、按岗聘用的人事制度改革,探索与贡献、绩效挂钩的分配办法,打破平均主义,调动了广大医务工作者的积极性。这一时期,各级医院普遍调整药品价格、医疗收费价格,这一举措,使医院效益提高,收入结构发生变化。"九五"时期,卫生工作改革力度加大。城镇职工医疗保险制度改革逐步扩大范围。卫生管理体制改革启动,镇江、南通、盐城、无锡等地区域卫生规划正式出台实施,着手调整医疗卫生机构,提高卫生资源利用效率;省和各市成立社区卫生服务协调小组,开展社区卫生服务试点工作,至1999年底,全省建立社区卫生服务机构501个。

从"八五"时期开始的等级医院的创建和评估活动,特别是全省卫生工作会议精神贯彻落实后,各级政府逐步增加了对医疗卫生机构的投入,使医疗资源总量迅速增加。全省医疗卫生机构固定资产总值1990年为22.36亿元,到1997年达到80多亿元,增加2.5倍以上,医疗设备显著改善。在三级医院中普遍装备进口X光机、CT、核磁共振、DSA、三维彩超、直线加速器等现代化医疗仪器设备。各级各类医院以分级管理、评估为动力,加强基础、质量和效率的管理,科室不断扩大,临床分支学科不断增加,技术领域不断扩大。省市级医院一般设立各种专科30个左右,县级医院设有专科20个左右。全省各级医院普外科全部可以进行上腹部手术;省级医院和各市综合性医院和部分县级医院,均能开展颅脑外科、肿瘤摘除手术。三级医院在先进医疗设备支持下,影像诊断、微创外科、介入治疗及器官移植等先进技术有较快发展,医疗服务功能进一步增强。省人民医院、省中医院、中国人民解放军南京军区总医院、苏州医学院附属第一医院、南京铁道医学院附属医院、省肿瘤医院等一批三甲医院走在全省医院现代化建设的前列,在急危重症、疑难病症的诊疗,提高医学科技水平,开展适宜技术指导和培训基层卫生人员等方面发挥了重要作用,许多疾病防治项目的研究水平处于国内领先地位。

在各级医疗卫生机构得到迅速发展的同时,医疗保健队伍继续壮大。2000年

末，全省卫生系统有职工32.18万人，其中卫生技术人员25.36万人，较1990年分别增长16.68%和18.78%。卫生技术人员中，有正高专业技术职称的2186人，副高专业技术职称的10025人。① 全省每万人口拥有医生由1990年的14.60人，增加到2000年的15.61人，但全省卫生技术人员中市及市级以上卫生机构占75.82%，县及县以下仅占24.18%。这一分布构成说明大中城市医疗机构占有全省3/4卫生技术人力资源，城乡差距拉大，医疗卫生服务的公平性降低。20世纪90年代，全省医疗资源总量迅速增加，医疗单位的成本支出也随之增长。医疗卫生投入仍然不足，"以药养医"的倾向显现；医疗机构运行体制的改革尚未走出一条在市场经济条件下，坚持医疗机构公共服务性质和特点的路子，出现了医疗机构入不敷出和群众反映看病贵、看病难并存的局面，直接制约医疗保障能力的进一步提高；城镇非职工特别是困难群体的医疗仍缺少保障。②

以实施农村初级卫生保健为主要内容的农村卫生工作取得进展。进入新时期后，农村卫生工作虽然一直被视为重点，但是相对城市而言，由于投入和补偿不足，农村特别是苏北农村卫生基础较差，存在许多薄弱环节，部分乡镇卫生院设备简陋，人才匮乏，生存能力脆弱；农村合作医疗体制处于解体状态，农民因病致贫、返贫的现象比较普遍；苏南农村卫生工作也存在与经济发展水平不相适应的问题。为了逐步改变这一现状，推进农村卫生工作，1989年，省里在金坛等地进行实施农村初级卫生保健（以下简称《初保》）的试点。《初保》主要涵盖卫生服务能力、医疗保障水平以及人民生活质量等方面。1990年，国家卫生部等5部委根据中国政府对国际社会的承诺，联合提出中国农村2000年人人享有初级卫生保健的规划目标。当年卫生部在江苏召开现场会，总结推广金坛经验。江苏根据国家统一要求，结合金坛等地试点经验和本省实际情况，提出江苏《初保》13项指标③和1995、2000年分期达标的要求，并扩大

---

① 正、副高专业技术职称人数为省卫生厅人事处提供。

② 据1998年省卫生厅召开的深化医疗改革调研讨论会上的调研报告提供的背景资料：90年代是全省医疗事业高速发展的时期，固定资产总值从1990年22.36亿元增加到1997年的80多亿元，而人员经费也从1990年人均2900元增加到1997的10500元。通过调整医疗卫生技术服务收费和药品加价，"八五"期间，医院业务收入平均年增长30%左右，而业务支出增长幅度达33%。财政补助在医疗单位补偿结构中的比例逐步降低，导致医疗单位从市场获取补偿成为必然趋势。医疗单位药品收入从1990年的17.6亿元增加到1995年59.4亿元，平均年增幅达47.5%。1997年与1990年相比，全省平均门诊人次收费已由10.8元增加54.6元，每一出院病人平均费用也由399元增到1720元（详见1999年《江苏卫生年鉴》，南京师范大学出版社1999年版，第172—173页）。

③ 2000年江苏农村初级保健13项标准：县、乡（镇）政府把PHC（初级卫生保健英文缩写）纳入政府工作目标和当地经济社会发展规划（100%），县政府卫生事业拨款占当年度财政拨款的比例（8%），健康教育普及率（90%），行政村卫生室覆盖率（100%），集资医疗保健覆盖率（90%），"安全卫生水"普及率（90%），"卫生厕所"普及率（90%），食品卫生合格率（85%），婴儿死亡率（20‰），孕产妇死亡率（0.3‰），儿童"四苗"覆盖率（90%），儿童单苗接种率（95%），法定报告传染病发病率每五年递降百分比（10%），地方病（A、碘缺乏病患病率500/十万，B、地氟患病率1000/十万，C、血吸虫病患病率2000/十万）。

试点范围。1992年,试点工作告一段落,经过考核评估验收,全省有12个县(市)基本达到农村《初保》的标准,主要集中在苏南。1993年,省政府召开全省农村卫生工作会议,对实施农村《初保》规划作出具体部署,要求把工作的着力点放在多数未达标的苏北地区的县(市)。"八五"期间,各地大力加强农村卫生三项建设①,共投入资金10.6亿元,使50%的乡镇卫生院实现了房屋、设备、人员"三配套",农村卫生基础条件有所改善。农村各种形式的合作医疗、医疗保险继续发展,自来水普及率由"七五"期末的33.9%提高到50%左右。1995年末,达到或基本达到农村《初保》合格县标准的县(市)有47个,占全省65个县(市)总数的72.31%。

1997年,全省卫生工作会议进一步提出,搞好农村《初保》是加强农村卫生工作的关键,处于龙头地位,要求将它作为实现小康和现代化目标的重要内容,强化目标管理。这次会议后,各地加大实施农村《初保》工作力度,特别是淮北地区与扶贫工作相结合,措施比较到位,加快了实现《初保》规划目标的进程。经过考核评估,1998年,基本实现中共江苏省委、省政府确定的以县为单位农村《初保》达标的目标。在此基础上,1999年开始创建农村《初保》先进县(市)的活动。

农村《初保》规划的实施和创建《初保》先进县活动,促进了农村三级卫生保健网络的建设,到2000年,全省累计消除农村卫生机构危房面积达60万平方米左右,占全部危房总量的95%;通过继续教育工程,加大对农村卫生机构卫生技术人员和管理人员的培训,开展乡、村保健员证书考试,吸引大、中专专业毕业生到农村工作,使农村卫生队伍的状况有了改善。当年,在72139名乡村医务人员中,有66.4%取得了乡村医生证书,20.7%取得乡村保健员证书,尚有12.9%乡村医务人员未获证书在岗工作。农村合作医疗按照"个人投入为主、集体扶持、政府引导支持"的筹资原则,到2000年,各种形式合作医疗人口覆盖率达60%,其中,合作医疗保险人口覆盖率为25%。全省1499个乡镇中建有卫生院1877所。全省33059个行政村,有27918个建有卫生室,占行政村总数的84.4%。经考核评审,2000年达到《初保》先进县(市)标准累计有35个,占全省县(市)总数的50%以上。②

1990年代,江苏农村卫生工作在实施《初保》规划的推动下,不断向前发展,但与人人享有初级保健的要求仍存在较大差距。一是发展不平衡。1999年统计,全省农村主要集中在苏北地区有近半数乡镇没有达到《初保》标准,农民医疗保障依然严重不足。二是农村合作医疗覆盖面不宽。2000年,仍有占全省农村总人口36.6%的农

---

① 农村卫生三项建设是指县级防疫站、妇幼保健机构和乡镇卫生院的基本设施建设,确保实现"一无三配套"(无危房,房屋、人才、设备配套)。

② 2001年《江苏卫生年鉴》,科学技术文献出版社2001年版,第44—45页。

民完全自费医疗。[①] 三是保障水平低。受财力限制，实行各种合作医疗的地区，仍然是个人投入为主，同时普遍存在最高支付限额和报销的比例偏低的问题，因而未能有效解决因大病致贫、返贫的矛盾。

预防保健工作成效显著。进入1990年代，全省继续贯彻执行卫生工作预防为主的方针，使急性传染病率不断下降。“八五”时期，法定报告传染病年平均发病率比“七五”时期下降26.6%。“九五”时期传染病防治工作以肝炎、霍乱为重点，取得新成绩。法定报告传染病发病率除1998年比上年下降5.3%以外，其他各年都比上年下降12%以上。儿童计划免疫接种率，从“八五”期末以县为单位的95%，提高到“九五”期末以乡镇为单位的95%以上。一些直接危害人民群众身体健康的疾病已消灭或得到有效控制。至2000年，已连续10年以上无白喉报告病例，连续8年无脊髓灰质炎报告病例。“八五”初期，在局部地方出现霍乱疫情，省及有关地区采取紧急防治措施，取得显著成效，已连续7年实现“不死人、不出现二代病例、不发生中高强度流行”的目标。从1994年开始连续7年开展肝炎“压高峰”活动，控制了肝炎发病的流行。1998年，国家卫生部确认江苏以县为单位“基本消灭麻风病”。血吸虫病1980年代死灰复燃，流行区涉及江苏57个县。全省贯彻“综合治理，科学防治”的方针，以消灭钉螺为主，积极查病治病，有效控制了疫情。[②] 到2000年，有35个县(市)达到传播阻断(消灭)标准，有8个县(市)达到传播控制(基本消灭)标准。地方病的防治取得新进展，同年6月，江苏通过国家消除碘缺乏病评估组的评估验收。艾滋病的预防控制工作1997年正式展开，全省艾滋病三级检测机构基本建成，并逐步对特殊人群、高危人群和普通人群进行主动监测。[③] 在预防保健工作中，全省卫生系统应对灾害突发事件的能力增强，尤其是1991、1998年两次特大洪涝灾害之后无大疫，90年代全省几次突发肠道急性传染病疫情得到有效控制，预防保健工作功不可没。与此同时，重视

---

① 2001年《江苏卫生年鉴》，科学技术文献出版社2001年版，第44—45页。

② 血吸虫病是历史上长期危害江苏人民身体健康的疾病。新中国成立后，全省组建庞大的城乡血吸虫病防治工作网络体系，深入持久地开展血吸虫病防治工作，历经20多年的努力，到1976年，全省达到卫生部规定的基本消灭血吸虫病的标准，这是江苏疾病防治工作的一项重要成就。然而，由于对血吸虫病防治工作的长期性、复杂性认识不足，达标后，防治工作没有能继续跟进，而血吸虫病在20世纪80年代又在长江流域流行，钉螺面积逐渐扩大，涉及江苏57个县(市)，血吸虫病防治工作又重新提上疾病预防控制的重要日程。20世纪90年代，全省贯彻执行“综合治理，科学防治”的方针，以灭螺为主攻方向，设立并完成25个专项灭螺项目，投入大量人力物力，狠抓江湖滩的综合治理开发，控制钉螺面积。同时，主动查治病人，保证药品供应，加强门诊急诊诊疗，有效控制了血吸虫病的疫情。

③ 1999年11月29日，江苏省卫生厅首次召开预防控制艾滋病新闻座谈会，正式公布了全省艾滋病疫情。据监测，1997年前，江苏发现感染艾滋病毒者20例，1998年17例，1999年38例；当年4月首次发现艾滋病人2例；2000年发现感染者30例，病人2例；累计发现艾滋病毒感染者105例，艾滋病人4例，已死亡2例。参照全国的估计方法，江苏1999年实际感染人估计为1000人左右。引自2000年《江苏卫生年鉴》，第46页。

做好食品卫生、环境卫生、劳动卫生、放射卫生和高校卫生工作,加强环境卫生监测,注意解决中小企业快速发展所带来的劳动保护、职业病防治等新的卫生问题。在大力防治传染病、血吸虫病、地方病的同时,针对心脑血管病症、糖尿病、肿瘤病等严重危害人民群众健康的疾病,1997 年启动了慢性非传染病社区综合防治示范点建设和基线调查工作,加强了对这类疾病的科学研究工作和先进治疗技术的应用。

妇幼卫生工作紧紧围绕贯彻《中华人民共和国母婴保护法》、《中国妇女发展纲要》、《中国儿童发展纲要》,以创建"爱婴医院"为目标,全面开展母婴保健技术人员培训和执业许可评审工作,加强并规范各项母婴保健技术服务,到 1999 年底,全省 2209 所有接生能力的卫生机构达到"爱婴医院"的标准,提前实现国家规划的目标,居全国前列。大力推进妇幼保健保偿制,其覆盖率以县为单位,1997 年即达到 94%。反映妇女儿童健康状况的主要指标——孕产妇死亡率和 5 岁以下儿童死亡率分别由 1995 年的 33.6%/10 万和 20.96‰,下降为 2000 年的 25.75%/10 万和 11.78‰;孕产妇保健管理率由 1995 年的 82.56%上升为 95.20%;农村新法接生率上升为 99.60%。[①]

城乡爱国卫生运动蓬勃开展。从"八五"时期开始至 2000 年,农村自来水普及率达 75%。结合创建农村《初保》合格县、先进县活动,积极推进农村改厕工作,到 2000 年,全省农村卫生户厕累计达 467.1 万座,普及率为 29.5%,其中无害化户厕 306.9 万座,普及率为 19.4%[②],改厕的任务还相当繁重。城市坚持把卫生除害作为预防、控制疾病,保障人民健康的主要工作内容,从环境整治、清运积存垃圾入手,广泛开展以灭鼠为重点的除"四害"工作,认真清除蟑螂、蚊蝇栖息繁殖场所,进行垃圾无害化处理,降低了"四害"密度;同时新建改建冲水式厕所,改建扩建道路、供水、污水处理等方面的基础设施。1995 年,省人民政府作出《关于开展创建卫生城市的决定》,提出"以城带乡,城乡联动,整体推进"的创建工作思路。城乡爱国卫生运动以创建卫生城市和卫生城镇(村)为载体,列入各级政府工作目标,与精神文明建设、社区建设、环保建设等相互结合和促进,美化净化市容环境,强化城市管理,进一步完善城市基础设施,提升城市整体功能。同时,在城乡广泛开展健康教育,增强城乡人民群众自我保健意识,改变不良生活习惯和不健康行为方式,自觉参与城乡环境综合整治,城乡爱国卫生运动提高到一个新水平。江苏国家卫生城市、全国卫生城市和省级卫生城市、城镇的数量逐年增加。2000 年,江苏有国家卫生城市 10 座,全国卫生城市 3 座,省级卫生城市 17 座。苏州及其所辖 6 个县级市建成全国第一个国家卫生城市群。

中医事业振兴迈出新步伐。江苏在"七五"期末实现"县县有中医院"的目标,中

---

① 2001 年《江苏卫生年鉴》,科学技术文献出版社 2001 年版,第 71 页。

② 2001 年《江苏卫生年鉴》,科学技术文献出版社 2001 年版,第 59 页。

医医疗机构全省基本普及的基础上，20 世纪 90 年代继续贯彻国家“中西医并重”的方针，把振兴中医事业作为卫生工作的战略重点之一，多次召开全省中医工作会议，研究部署中医事业的改革与发展工作。1995 年，省人民政府发出《加快中医事业改革与发展的通知》，省和 6 个市设立中医发展基金。1996 年，编制“九五”中医机构建设规划，推动中医医疗机构的建设由着重普及，向充实内涵，提高水平，强化服务转变。以示范中医院建设为龙头，分级管理为基础，专科建设为突破口，是这一转变的重要标志。中医药行政部门从人才、设备配备、树立技术规范等多方面对 6 所示范医院和 22 个专科建设进行重点扶持，各市、县也积极推进专科建设。县以上中医院按照分级评审标准加强达标建设，参加全省两轮医院分级管理创建活动。到 1997 年全省建成各级各类专科 160 个，其中，南京市中医院的肛肠专科、省中医院的肾病、耳鼻咽喉、急症专科成为全国医疗科研中心或建设单位，建成 6 个省级重点临床专科（建设单位后扩大到 16 个），这些专科的建设使江苏中医药的传统特色优势进一步发展。1997 年底，有 43 所中医院进入全省二级甲等以上医院行列，得到确认的 8 所水平领先的示范医院在全省中医机构中发挥了经验指导、技术辐射的作用。全省卫生工作会议后，示范医院和等级医院建设向着注重质量、效益的内涵发展，发挥中医药特色优势新的目标前进。

农村中医工作纳入农村《初保》创建合格县、先进县的活动。江阴、高邮探索在农村发挥中医药特色优势、为农民提供中医药服务的经验得到卫生部的肯定并在全省推广。为了促进中医事业全面均衡发展，提高整体水平，省里自 1997 年开始，决定对 12 所技术力量薄弱、专业设备总值低、业务总收入少的中医院进行重点帮扶。1997—2000 年累计投入 3003 万元，新购置 400 台（件）医疗仪器设备，建筑 2.3 万平方米医疗用房；同时，实行省三甲中医院“一对一”帮扶，直接开展学术交流，支持专科建设，接受人员进修。经过几年努力，这批被重点帮扶的医院的整体面貌和综合服务功能有了初步改善。

20 世纪 90 年代，中医药人才队伍建设除以院校培养为主，加大继续教育力度外，特别重视传承教育。江苏中医事业源远流长，历代名医辈出。至 1997 年，中医系统拥有全国名中医 128 人，其中 1 人获全国“白求恩奖”。① 为了使老中医药专家宝贵经验得以传承和发扬，1991 年首批 22 位老中医药专家学术经验传承工作启动，31 名继承人经 3 年学习出师圆满完成；1997 年第二批 27 名老中医药专家的 34 名继承人拜师进岗，2000 年通过出师考核。同时，中医药基础理论和文献整理工作成效显著。

---

① 《江苏省志・总述》，江苏古籍出版社 2001 年版，第 353—354 页。

吴门医派、孟河学派的学术经验得到系统挖掘、整理和利用。为加强江苏中医事业的法制建设,1999 年 12 月,省人大常委会审议通过《江苏发展中医条例》。这部法规的颁布和实施,使江苏中医事业依法维权、依法发展有了一个良好的开端。

1990 年代,江苏中医事业虽然有较大发展,质量和水平有新的提升,但中医队伍总量下降不少。1990 年全省中医人员 1.5 万人,1995 年 1.53 万人,以后逐年减少,到 2000 年只有 1.35 万人,中医的影响力在下降。

医学科技教育与卫生事业同步发展。在"科教兴省"战略的指导下,全省各地在卫生工作中重视"科教兴医"的先导作用。从 1987 年至 1997 年,先后建立国家和省级重点实验室 9 个,省级重点临床专科 18 个。2000 年,建成寄生虫生物学重点实验室以及核药学和中药两个省级工程技术研究中心。至 2000 年,全省有医学科研机构 17 所,卫生科研技术人员 1018 人,初步形成比较完善的、医学相结合的科研体系。"八五"、"九五"期间,分别取得省以上科技成果奖 194 项和 223 项。由南京中医药大学主编的《中医方剂大辞典》,历时 12 年,于 1997 年 11 月全部完成,全书收载中医方剂 96592 首,约 2032 万字,为中国医药史上篇幅最大、收方量最多的医学工具书①,获国家科技进步三等奖、国家中医药管理局科技进步一等奖。南京中医药大学《槐耳冲剂治疗肝癌》理论及药物研究取得重要成果,获国家科技进步三等奖。江苏血吸虫病防治研究所的"血吸虫病快速免疫诊断和疗效考核方法的研究",2000 年通过初步鉴定,认为达到同类研究的国际领先水平。② 江苏原子医学研究所研究的国家一类新医 99m 氯—甲氧异腈,广泛应用于诊断心肌缺血、冠心病和心肌梗塞等疾病,1999 年获国家科技进步二等奖。"八五"期间推广医疗卫生科技成果和新技术 397 项,"九五"后 4 年引进新技术约 2900 多项。这些新技术中,有相当数量填补了省内空白乃至国内空白。新技术的应用对提高医疗科技水平和防病治病能力起到了重要作用。

20 世纪 90 年代,江苏的医学教育,在深化体制改革过程中,经历了扩张、整顿、调整和规范的过程,初步形成与卫生事业相适应的、学科门类比较齐全、层次和布局比较合理的教育体系。至 2000 年,有医药卫生院校 81 所,教职员工 9205 人,其中高等医药卫生院校 8 所,设有博士学位授予点 14 个。主要从事继续教育和成人教育的卫生进修学校有 38 所。1999 年,继续教育、成人教育的地区覆盖率达 100%,专业覆盖率 90%以上。继续教育和成人教育的发展,对提升全省医疗卫生队伍整体素质和水平发挥了重要作用。江苏卫生技术总体水平在全国处于前列,但在全国有影响的领先学科和学科带头人很少,在高精尖医学科学方面也缺乏优势。为改变这个状况,江

---

① 《江苏省志·总述》,江苏古籍出版社 2001 年版,第 354 页。

② 2001 年《江苏卫生年鉴》,科学技术文献出版社 2001 年版,第 159、160 页。

苏1999年酝酿、2000年正式启动医学重点学科建设和人才战略工程，简称“135”工程。[1] 该工程的实施，调动了各地的积极性，纷纷出台相应的办法；省卫生行政部门选择在省肿瘤医院等三家单位试点，并建立分析、评估和管理计算机系统，全省上下形成了积极创建医学重点学科，努力培养和引进高层次人才的良好氛围。

随着经济社会事业的发展，全省人民生活水平不断提高，加之医疗卫生、体育工作者的努力，江苏人民的健康水平不断提高。全省城乡居民平均预期寿命，1981年为69.49岁，男性为67.35岁、女性为71.56岁；1990年为71.37岁，男性为69.26岁、女性为73.57岁；2000年为74.13岁，男性为71.88岁、女性为76.47岁。[2] 2000年全省城乡居民平均预期寿命水平与发达国家持平，相当于1949年全省男女性平均预期寿命37岁的2倍多。

二　体育事业的长足进步

进入20世纪90年代，江苏先后制定并实施“八五”、“九五”两个5年体育事业发展规划，坚持体育事业与经济建设、群众体育与竞技体育协调发展，积极推进改革，向建设体育强省目标迈进。

体育设施有较大改善。随着江苏经济的快速发展和经济实力的增强，各级人民政府加大了对体育事业的投入，体育产业的兴起带来自我发展能力的提高，省及各地兴建和整修一大批体育场、体育馆，各类体育项目的训练房、馆（篮球、排球、体操、乒乓球、羽毛球、举重、摔跤、网球、击剑、蹦床等）、基地以及青少年体育运动俱乐部，学校、工矿企事业单位和城市社区也纷纷兴建大量群众体育运动设施和健身工程，为全省群众体育和竞技体育的开展创造了较好的条件。在全省各项运动设施中，南京五台山体育中心是规模最大、设施齐全的综合性运动场所，承担了许多国际国内重要比赛。2000年，为申请承办全国第十届运动会而筹建的江苏新的体育中心（即后来的南京奥体中心）的选址、论证和勘测工作正紧张进行。

群众体育活动蓬勃开展。多年来，江苏在确保完成各类国际、国内体育运动比赛的同时，坚持把群众体育作为优先发展的中心任务认真组织实施。1994、1998年分别在无锡和南京举办了第13届、第14届全省运动会。省运会设立青少年部、高校

---

① “135”工程的近期目标是经过5—6年时间，在全省医疗卫生机构中择优选拔培养100名重点人才，建设30个重点学科和5个重点实验室，使其中20—30人成为所在学科的国家级学科带头人，5—7个重点学科、1—2个重点实验室的学术技术水平处于国内领先，并达到国际先进水平。

② 《可持续发展中的江苏人口》课题组编著：《可持续发展中的江苏人口》，中国人口出版社2002年版，第80页。2000年全省城乡居民平均预期寿命数据引自2003年《江苏统计年鉴》，第25页。

部、职工部,通过在各地的预赛有万余名运动员进入决赛。省运动会的定期举办并贯彻重在参与的方针,有力地促进了学校和职工体育运动的开展。在此期间,还举办了第二届、第三届全省农民运动会,第一届、第二届省级机关运动会,第一届、第二届全省老年运动会,第五届、第六届残疾人运动会。这些特定群体的运动会在项目设置上体现了传统性、趣味性和多样性,注重贴近群众的生活和健身需要,通过比赛吸引和推动了特定群体体育活动的开展。各级各类学校《国家体育锻炼标准》施行面和达标率逐年提高,到 2000 年,施行面和达标率分别达到 100% 和 96.63%。1990 年达到《国家体育锻炼标准》的学生有 656.2 万人,2000 年有 867.94 万人,提高了 32.27%。1995 年开始,江苏在全省范围内有计划、有步骤地组织实施国家《全民健身计划纲要》,连续 6 年举行声势浩大、内容丰富的全民健身宣传周活动,不断增强群众健身意识。同时,全省各类体育设施对社会开放,加强对群众体育活动的指导和推动,城乡各种体育节、传统特色体育比赛、体质测试、健康咨询活动异彩纷呈。每年都有 2000 万人次参加体育活动。全省有 40 个县(市)跨入全国体育先进县(市)行列,59 个乡镇被评为“全国亿万农民全民健身先进乡镇”,1000 多个乡镇被命名为省体育先进乡镇。一大批市、县先后被国家命名为体育之乡。其中,徐州、苏州、锡山、新沂、武进 5 个市、县获全国田径之乡称号,镇江市获全国乒乓球城市称号,沛县、太仓、高淳获全国武术之乡称号,吴县获全国象棋之乡称号,太仓获全国桥牌之乡称号,张家港塘桥镇获全国围棋之乡称号,丹阳获全国篮球之乡称号。

竞技体育取得显著成绩。改革开放以来,江苏贯彻竞技体育适度发展的方针,加快体育训练、竞赛、管理体制改革的步伐,出台了一系列配套激励政策措施,为竞技体育发展创造了较好的环境。经过全省广大体育工作者的辛勤努力和顽强拼搏,全省竞技项目发展到 30 个,并培养一批优秀的教练员、运动员和裁判员。至 2000 年,全省有专职教练员 1281 名;等级运动员 5387 名,其中运动健将 76 名;等级裁判员 2706 名,其中国家(国际)级 30 名。这一时期,国际、国内最高水平的赛事连连,有第 25 届、26 届、27 届奥运会,第 11 届、12 届亚运会,第七届、八届全国运动会综合性大赛,还有国际、亚洲各项单项锦标赛、杯赛。这些盛大赛事活动,为江苏优秀体育健儿展示才华、取得优异成绩提供了竞技舞台,一批新的世界冠军和世界级的运动员涌现出来,优势项目的竞争能力更加明显。从 1979 年至 2000 年 21 年间,江苏在世界大赛中有 70 人在 13 个项目上共获得 229 枚金牌,特别是“九五”期间共夺得 116 枚金牌,创造了蜚声全国体坛的业绩。① 涌现了羽毛球选手葛菲、顾俊、孙俊,举重选手李红

---

① 2000 年《江苏体育年鉴》,人民体育出版社 2000 年版,第 576 页;2001 年《江苏年鉴》,江苏年鉴杂志社 2001 年版,第 328—329 页。

云、唐卫芳、崔文华、陈艳青,游泳选手林莉、王晓红等一批多次夺得世界冠军的优秀运动员。

葛菲、顾俊、张军等 3 人奥运冠军领奖

从中国参加第七届亚运会开始,江苏运动员在历届亚运会上均取得较好成绩。其中,1994 年第 12 届亚运会上,江苏选手 12 人次获 14 枚金牌;1998 年第 13 届亚运会上,江苏选手 36 人次获金牌,总数列全国之首。在 1993 年第七届、1997 年第八届全国运动会上,江苏夺得的金牌数、总分在全国名次逐届提升,金牌总数由第六届的 9 枚第 15 位上升到第八届的 24 枚第 5 位,总分由第 8 位上升到第 6 位。江苏共 12 次获国家体育总局(含前国家体委)颁发的突出贡献奖,并从 1996 年到 1999 年,4 次蝉联第一名。这是对江苏体育事业发展取得的成就和作出的贡献的肯定。

江苏竞技体育取得的成绩是与体育教育、科研和训练体制创新分不开的。经过多年的探索,特别是 20 世纪 90 年代重视推进体育管理、训练、竞赛体制的改革,已基本形成以南京体育学院为龙头,省、市体育运动学校为骨干,体育中学和“三集中”业余体校为基础的体育教育体系和运动员文化教育机制。南京体育学院实行教学、训练、科研“三位一体”的模式,成为培养全省优秀运动员、教练员的基地和摇篮,其经验得到了时任国务院副总理李岚清和国家体育总局的肯定。各市、县根据全省业余训练重点项目布局,逐步形成各自的特色,业余训练已纳入了竞技体育重点项目布局的轨道。全省 12 所体育运动学校,每年招生 1000 人左右的体育苗子,进行初步培养和训练。在训业余运动员队伍不断扩大,2000 年全省达到 1.88 万人。通过参加省和全国的少年比赛,涌现出一批又一批运动成绩好、发展潜力大的优秀体育后备人才。省和有条件的市成立了体育科学研究所,并取得多项科研成果,为全省重点项目不断争创新优势,取得新成绩提供了科技支持。

三　第三届全国城运会的成功举办

随着全省体育设施的改善,优势运动项目影响的扩大,江苏承办国内外重大体育

赛事的能力明显增强,在江苏举办的比赛活动越来越多。1990年确定第三届全国城市运动会(以下简称“城运会”)在南京举行,这是新中国成立以来,江苏第一次承办全国综合性运动会。省、南京及有关市高度重视,抓住机遇,积极推进城市建设和体育事业的发展。一方面,以迎接城运会为契机,大力开展城市群众性体育活动,抓紧项目备战,努力提高训练和竞技水平;另一方面,抓紧城运会竞赛设施的兴建和整修,广泛深入开展“创三优、迎城运”、“向脏话告别,与文明握手”的宣传教育活动,提高文明城市创建水平。

1995年10月22日至30日,第三届全国城运会在南京等城市举行。城运会共设16个比赛项目,其中11个项目的决赛在南京进行,5个项目分别在苏州、无锡、常州、镇江、扬州5个城市进行。有49个代表团、3344名运动员参加决赛,是历届城市运动会参赛人数最多、水平最高的一次体育盛会。共有4人10次超6项世界青年纪录,8人10次超5项亚洲纪录,16人26次超19项亚洲青年纪录,14人16次创8项全国纪录,1人1次平1项全国纪录,37人51次创31项全国青年纪录,一批体育新星脱颖而出。江苏南京、南通、连云港3市体育代表团304名运动员参加城运会,共获得金牌41枚,江苏总分也取得超历届的好成绩。采访这届城运会的中外新闻单位达252家,有1400多人参加新闻宣传工作,发送稿件5000件以上,扩大了城运会及江苏在国内外的影响。第三届城运会的圆满成功,赢得了国家体委和与会各代表团的高度评价。

第六节　社会人道救助事业呈现新局面

一　红十字事业蓬勃发展[①]

红十字会是国际性人道主义救援组织。回溯历史,自1911年辛亥革命爆发,南京、镇江、清江、苏州、无锡、常熟、吴淞、江阴等地成立红十字分会,广泛开展战地救护、赈灾救济、社会服务活动时起,至20世纪末,已经走过89年的历程。

新中国成立后,江阴、无锡、常州、镇江、南京等地红十字分会动员医护人员共341人参加国际医疗队,分批赴朝鲜救护伤病员和救治朝鲜难民。1956年11月7日,江苏省红十字分会正式成立(1957年改称省、市、县红十字会,采取逐级领导体制)。在各级党政及卫生部门的领导下,动员和组织广大群众开展群众性的业余卫生救护工作。“文化大革命”期间,会务活动完全停顿。

---

① 本目有关史实、数字参阅江苏红十字会:《江苏红十字运动八十八年(1911—1999)》,东南大学出版社2001年版。

中共十一届三中全会后，江苏省红十字工作逐渐恢复。全省各地红十字会组织机构陆续恢复或新建，同时大力开展宣传活动，普及红十字知识，参与爱国卫生运动，积极进行卫生医疗、战备救护训练，推动公民义务输血工作，红十字活动重新活跃并迅速发展。在 1991 年抗御特大洪涝灾害中，省红十字会共接受总会下拨款物和境内外团体、个人捐赠的款物折合人民币 6400 余万元，包括：救护车（20 多辆）、粮食、帐篷、净水设备、食品、药品、棉衣被、医疗器材及其他生活用品等在内的物资达 16300 多吨。

1993 年 10 月，《中华人民共和国红十字会法》颁布实施。1996 年 1 月，国务院、中央军委颁布《中国红十字使用办法》（以下简称《两法》）。《两法》的重要之点是实行"两个转变"，即在性质上由人民卫生救护团体转变为人道主义社会救助团体，在组织体制上办事机构由卫生部门代管转变为完全独立设置。以贯彻实施《两法》为标志，江苏红十字组织进入依法办会时期，基层组织发展迅速。至 1998 年底，全省基层组织发展到 12191 个，有会员 257.5 万多人。经过考核，冠名医疗合格单位 168 个。1999 年，全省有 7897 所大、中、小学建有红十字会，共有红十字青少年会员 190 多万人。

全省各级红十字会认真履行《红十字会法》赋予的职责，各项工作蓬勃开展。广泛开展募捐筹资活动。1997 年 1 月，经各方努力，募集专项资金，建成省红十字会备灾救灾中心。至 1999 年，省和各级红十字会募集的基金合计已超过 2200 多万元，同时还募集衣被数 10 万件，增强了应急救灾救助能力。江苏募捐筹资的成绩，得到总会的肯定。全力以赴开展救灾工作。在 1998 年抗洪救灾中，省红十字会争取总会和海内外各界的援助，包括全省各级红十字会共接受抗洪救灾捐赠款物折合人民币 4279.2 万元（其中有近一半支援外省灾区）。不断拓展群众救护培训和网点建设。1994—1999 年 5 年间，在易发生意外伤亡事故的行业职业人群中，开展群众救护培训达 900 多万人次，在全省公路干线共设 500 个救护点。加大社会救助工作的力度，热忱帮助城市特困居民和部分贫困地区困难群众，资助孤儿学习和生活。从 1996 年起，省红十字会大力推行志愿服务。据不完全统计，仅 1999—2000 年两年间，参加各项红十字志愿服务者达 140 多万人次。各级红十字会以多种形式广泛宣传，倡导无偿献血。至 2000 年，全省有 2 个市、3 个县荣获中国红十字会无偿献血先进城市奖，77 人获金杯奖。

红十字会在沟通海峡两岸关系中发挥了特殊作用。1985 年后，台胞、台属查人信件和台胞来大陆探视者迅速增多。仅 1987—1991 年 4 年中，省红十字会就办理查人转信 1 万多件，接待台胞来访 2 万余人次，帮助 1100 多户台胞台属与亲人团聚或

取得联系,同时协助有关部门妥善处理台胞来祖国大陆探亲、旅游、医疗等衍生的有关事项。省红十字会与港澳台地区红十字会保持着良好的联系,在备灾救灾、救护培训、助医助学等多项人道工作方面进行友好合作。国际交流方面,省红十字会同新月会国际联合会、红十字国际委员会,与许多国家红十字会和公益团体人士开展友好交流和往来。同时,对外开展援助灾民活动,人道主义援助架起相互了解和友谊的桥梁。

二　残疾人事业开拓前进[①]

残疾人是最困难的群体。改革开放以来,随着全省经济发展和社会进步,残疾人工作逐步恢复并日趋活跃。各类社会福利企业有较大发展,残疾人就业渠道逐步拓宽。残疾人教育工作和康复工作开辟了一些新的服务领域。残疾人文体活动蓬勃发展。全省先后举办四次全省残疾人运动会,并三次组队参加全国残疾人运动会,都取得较好的成绩。1980 年代,多次组织全省残疾人书画、工艺美术作品展览、文艺调演等,不仅丰富了残疾人的精神生活,也取得了很好的社会效果。

1987 年 4 月,江苏进行了全省 1986 年底总人口 1.4‰的调查。结果表明,全省有残疾人 301 万,占全省总人口的 4.8%,其中 14 岁以下残疾儿童有 30 万,同时基本摸清全省残疾人的人数、地区分布、年龄和残疾情况结构以及致残原因。

1988 年 8 月,召开了江苏省残疾人联合会第一次代表大会,江苏省残疾人联合会(下文简称《省残联》)正式成立。在此之前,全省省辖市及部分县(区)建立了盲人聋哑人协会及其基层分会,还没有残疾人统一的组织。省残联的成立,全省残疾人有了代表自身合法权益、为自己服务,并受政府委托履行管理职责的统一的组织,它的宗旨是弘扬人道主义,发展残疾人事业,保障残疾人平等地充分参与社会生活,共享社会物质文化成果。

20 世纪 90 年代,省人民政府先后批准实施江苏省残疾人事业“八五”、“九五”计划纲要,全省残疾人事业有了长足的发展。

残疾人生活明显改善。通过继续办好福利企业集中就业、执行按比例就业的政策分散就业[②],扶持个体从业等多种渠道,共安置约 27.5 万残疾人就业;同时,对城镇和农村贫困残疾人通过纳入最低生活保障制度,救济、统筹扶助、集中供养等形式保障其基本生活,并采取各种措施,扶持残疾人脱贫。仅 1993—1997 年 5 年中,全省帮

---

① 本目有关资料参考了江苏省残疾人联合会 1—4 次代表大会资料。

② 1996 年 8 月,江苏省人民政府颁发的《江苏省按比例安排残疾人就业办法》规定,“本行政区域内的机关、团体、企事业单位应当按不低于本单位城镇从业人员总数的 1.5%的比例安排残疾人就业”。

助41万贫困残疾人脱困，温饱问题基本解决。各级卫生部门和残联系统不断探索，逐步建立健全以社区康复带动各项康复任务完成的工作模式，扩大了残疾人康复服务的受益面。儿麻矫治、聋儿语训、智残儿童康复训练、低视力康复工作都提前完成了"九五"残疾人事业发展计划纲要规定的任务。白内障复明手术，1988—2000年间完成18.3万多例，超过国家下达的任务要求。2000年，全省特殊教育学校在校学生达3.59万人，较1988年成几倍增长；视力、聋哑、智力残疾儿童少年入学率接近90%，保持全国领先水平。各地针对各类残疾人的不同特点和市场需求，借助社会力量进行职业教育和技能培训。1993—2000年，全省有1172名残疾考生被高校录取，首期盲人大专层次专业证书班46名学员于2000年毕业。

残疾人参与社会活动的程度不断提高。《江苏省实施(残疾人保障法)法》的颁布实施，各级残联强化宣传工作，理解、尊重、关心、帮助残疾人的观念逐步深入人心，推动社会各界广泛开展形式多样的助残活动。从1999年开始，全省推行无障碍设施建设。残疾人发扬自强不息、顽强拼搏的精神，积极参与物质文明和精神文明建设。许多残疾人在各自的岗位上做出突出贡献，被评为"劳动模范"、"自强模范"、"新长征突击手"、"三八红旗手"、"十佳青(少)年"，涌现出一批在全省乃至全国有影响的先进典型。残疾人参加各类文化艺术、体育竞赛、职业技能比赛活动，机会增多、层次提高，成绩喜人。"八五"期间，省和部分市联合组建的残疾人巡回演出，以独特的艺术魅力感染了广大群众，激起强烈社会反响。1990—2000年，江苏残疾人运动员在国内比赛中共夺得奖牌269枚，在国际比赛中共赢得93枚奖牌，在全国处于领先位置，树立了中国残疾人自强不息的形象。①

对照保障残疾人平等地充分参与社会生活，共享社会物质文化成果的要求，江苏残疾人事业还滞后于经济社会的发展，残疾人生存和发展状况与社会平均水平相比存在不小的差距；社会上歧视残疾人合法权益的现象时有发生；残疾人自身素质和参与社会生活之间差距较大。

三　慈善事业方兴未艾

慈善事业是指非政府组织和社会成员出于同情关怀或宗教信仰而对贫弱者施以款物帮助的社会救济活动，是现代社会保障体系的组成部分。

改革开放以来，江苏的慈善事业有一定发展。1994年10月，江苏慈善总会筹备组成立。此后，13个省直辖市相继成立市慈善总会，部分县(市、区)也成立了慈善会

① 根据1991—2000年《江苏年鉴》公布的数字整理。

(分会)。这些慈善组织,吸纳了宗教、书画、文艺、新闻、金融、企业以及各级部门负责人、教师、医生、律师、学者、离退休老干部、外籍友好人士等社会各界人士或单位作为单位会员和个人会员,同时在开展慈善活动中还逐步形成一支志愿者队伍。

慈善事业的发展,离不开社会各界的理解、认知和支持。1994 年以来,各级慈善总会经常组织大型慈善活动,组织志愿者走上街头贴花募捐,新闻媒体加大宣传报道力度,弘扬中华民族乐善好施的美德,宣传如“莫文隋”、“吴铭”等善行义举的典型,着力培育慈善理念和精神,增强全社会的慈善意识。各级慈善组织把募集资金作为慈善事业的主要任务,通过“慈善一日捐”、“慈善一月捐”、“慈善日日捐”等活动,争取社会各界的广泛捐助。这些活动,得到了社会各界和海内外人士的积极响应。无锡市、南通市慈善总会在 1997 年成立后的 3 年多时间内,分别募集款物价值达 5000 多万元和 2700 多万元。

各级慈善组织根据慈善事业的宗旨和捐赠意愿,将募集的款物兴办善事,为困难者送去温暖。主要用于:

1. 赈灾救济。1997 年,张家口地区发生地震,1998 年长江、松花江、嫩江流域遭受特大洪涝灾害后,各级慈善组织发出赈灾募捐倡议,先后支援张家口、武汉、九江、黑龙江、新疆等地灾区款物总值上亿元。省内苏北地区发生龙卷风、特大暴雨灾害后,各市县慈善组织积极发动赈灾募捐,将募集到的物资送到灾区人民手中。

2. 安老助残济困。特困残疾人、孤寡老人是慈善工作的主要对象,每逢助残日、重阳节、春节等节日,慈善组织都会同企事业单位走访慰问,送去钱物。南京市慈善总会 2000 年元旦春节期间,将募集的 212 万元善款,分送到 1000 多户特困家庭。各地对社会上特困病重患者实施救助,南京、无锡、苏州、南通分别开设慈善病区,对特困家庭重病患者给予医疗补助。

3. 慈善助学。无锡市慈善总会对 838 户特困家庭中的品学兼优的在校生发放慈善助学金 123.3 万元。南京慈善总会出资 20 万元设立“扶幼助学金”,帮助在校特困学生坚持学业。

全省各级慈善组织,努力开拓慈善资源,积极开展慈善活动,树立了慈善事业的良好形象。但总体上看,江苏慈善事业起步较晚,省级慈善总会尚未正式成立,全省慈善事业的规模与影响都不大,尚处于初期发展阶段。

第七节　改革开放以来生活方式的变迁

一　劳动生活方式的变化

在江苏农村，劳动生活方式的变化与经济体制改革、农业机械化程度和城市化进程相联系。家庭联产承包责任制使得农民具有自主经营使用土地的权利。过去生产队集体出工、集体分配的方式，被自主支配劳动时间和自主经营所替代。经济发展使得农业机械化程度不断提高，农业机械广泛用于农业生产。过去那种“脸向黄土背朝天”的劳动方式，已被各种个体、集体经营的大中小型现代化机械替代，在播种、收割等最繁重的劳动环节中已基本摆脱了体力劳动，由此也改变了传统的农业劳动生活方式。

乡镇企业的崛起，使得过去祖祖辈辈在家种田的农民，成了离土不离乡亦工亦农的村民。劳动支配时间从围绕季节农时为主转变为遵循现代工业生产的要求进行安排，劳动交往关系从单纯的家庭乡亲邻里之间的联系发展到工友同事老板之间的交往，还有一批农民成为个体工商经营者。亦工亦农成为 20 世纪 80 年代江苏农民特别是苏南农民劳动生活方式的鲜明特色。进入 90 年代，除了进入乡镇企业工作，数百万农民离乡离土到城市打工。非农产业劳动者已经取代农业劳动者成为苏南和部分苏中、苏北农村人口职业选择的趋势。其劳动生产方式已基本与城市居民一样。

在城市中，首先对人们劳动生活方式带来冲击的是 1980 年代劳动制度的改革，之后，就是所有制结构调整。多种经济成份并存带来的劳动关系的变化——人们从对单位的完全依赖中渐渐脱离出来，越来越多的“单位人”成为以合同为基础的“社会人”。这一巨大变化首先在集体和国有企业中实现，到 90 年代已成为普遍现实，事业单位从 90 年代起也在逐步改变铁饭碗的劳动观念和制度。劳动交往关系从过去计划经济体制下以单位之间交往为主，转变为单位与单位、单位与个体、个体与个体之间的多种形式联系。劳动交往的频率大大增加，劳动交往的地域空间更加宽阔。江苏作为沿海发达地区，不仅广泛存在着跨地区、跨省界的劳动交往，跨越国界的经济往来也渐渐成为常态。城市职工劳动生活中的自主择业权、流动迁徙权、劳动合同权等等不断增加，由此打破了计划经济体制下旧的劳动生活方式格局，走向新型的现代劳动生活方式。

二　消费生活方式的变化

随着经济的发展和人民收入的增长，江苏城乡居民货币消费支出金额不断扩大

(详见表7—5)。

表7—5 1978年以来江苏城乡居民货币消费支出情况表

对象 年份	城镇居民人均消费支出(元)	农村居民人均消费支出(元)
1978	276	140.00
1990	1339	787.00
2000	5323	2337.5

资料来源:2001年《江苏统计年鉴》第75页;宋林飞主编:《江苏社会发展50年》,江苏人民出版1999年版,第62页。

货币消费支出成倍增长,加快了人们实物消费更新换代的步伐。20世纪70年代和80年代初,城乡居民追求的手表、自行车、收录机等“老三件”,到80年代中期已经普及,电视机、电冰箱、洗衣机成为新的消费目标。到了90年代,电话、热水器、组合音响等上市并普及,紧接着微波炉、空调、电脑以及之后的手机、上网、住宅装饰又成为新的消费对象,最重量级的消费当数商品房和私家汽车。20世纪70—80年代,江苏农村居民主要是自建住房,城镇居民以租用公房为主。90年代后期,商品房逐渐成为城镇居民家庭的重要消费。2000年,全省商品房销售面积已达1740.93万平方米,住宅占全部商品房的比重达89.38%。[①] 各类私家车到2000年末共有18.94万辆。[②] 实物消费领域的波浪式升级现象更直观地反映出江苏城乡居民消费生活方式的变化。

进入20世纪90年代,江苏开始了迈向小康的进程。消费生活方式的变化,特别是消费结构升级优化全面反映了这一趋向。以南京市居民8大类消费项目比重升降为例:1990年到2000年中,消费比重下降的是:食品消费从60%降为40%;衣着从11.7%降为8.4%;其余6大类的消费比重则均为上升——设备用品服务消费由9.8%升为10.4%;医疗保健消费由0.5%上升为5.4%;交通和通信消费由1.4%上升为7.1%;娱乐文教消费由8.3%上升为13.6%;居住消费由4.9%上升为9.6%;杂项商品和服务消费由3.4%上升为5.5%。[③]

这6升2降,特别是教育、文化、房地产、旅游、医疗保健、餐饮业等服务性的消费增长,最直接表现出人们从生存型消费到发展型、享受型消费的历程。

从吃、穿、住人们日常生活基本需求进行深入分析,可进一步看出消费生活方式

① 江苏省统计局:《统计分析资料》,2005年第87期。江苏统计信息网 http://www.jssb.gov.cn/tjfx/tjfxzl/1200601090020.htm。

②③ 国家统计局 http://www.stats.gov.cn/was40/reldetail.jsp?docid=402268397。

的积极变化和人民生活质量的提高。

首先，吃的方面，正由主食型向营养型转变（详见表 7—6）。

表 7—6　1990、2000 年江苏居民消费肉类等数量变化情况

种类 年份	肉类消费（公斤/年·人）		水产品消费（公斤/年·人）		水果消费（公斤/年·人）	
	城镇	农村	城镇	农村	城镇	农村
1990	20.87	9.5	10.76	4.9	45.32	3.2
2000	21.48	12.4	15.89	7.7	52.81	21.1

资料来源：2001 年《江苏统计年鉴》第 96、101 页。

餐饮方式，也由传统的饮食家庭化方式向多样化、社会化转变，城镇居民 70—80 年代外出就餐的偶见行为变为常见方式。“九五”期间，江苏城镇居民外出用餐支出费用年均增长 12%，方便快捷的冷冻食品、净菜、快餐成为越来越多家庭和个人饮食的组成部分。

其次，穿的方面，20 世纪 70 年代通行的是“新三年、旧三年，缝缝补补又三年”，表现出来的是：“城乡百姓三样衣（干部装、中山装、列宁装），四种颜色盖满地（灰、绿、蓝、白）。”而且是一衣多季、一衣多场合，苏北贫困地区一些家庭甚至是一衣多人穿。进入 80—90 年代后，江苏百姓普遍使用的家用缝纫机渐渐退出历史舞台，民众服装基本成衣化。同时穿衣方式越来越时尚化和个性化。正装与便装，职业装与家居装，运动服与休闲服，以及各种前卫新潮的时装，为人们个性化的穿衣方式提供了广泛的选择空间，形成了风格、品味、层次各不相同的穿衣群体。

再次，居住方面，在改革开放前，人们的居住可以概括为“一拥挤、二简陋”。之后除住房越来越宽敞以外，发生了两大变化：一是住房质量越来越好。据 1978 年对江苏农村住房情况抽样调查：其中 43.3%是草（土）房，55.4%砖瓦房，楼房 1%。1986 年的对比调查显示，草（土）房下降为 6.0%，砖瓦房成为农村住房主体，占 82.5%，楼房的比例上升为 11.2%。① 到 1999 年底，全省城镇住房成套率已达 75%。二是住房装修越来越漂亮，居室环境越来越现代。1999 年底，城镇家庭住宅卫生设备的普及率达到 74%，独用厨房普及率达 94.7%，管道煤气和液化天然气普及率达 87.3%。家庭取暖和降温方式也有明显改善，农村普及了电风扇，每百户拥有量 1990 年为

① 刘英：《当代中国农村家庭——14 省（市）农村家庭协作调查资料汇编》，社会科学文献出版社 1993 年版，第 120 页。

86.2 台,2000 年达 201.4 台。空调机 1990 年城镇每百户家庭为 0.07 台,2000 年达到了 45.9 台。

20 多年来,消费生活方式总体上由过去的配给型消费转为自主选择型消费;由单一式、低水准的消费变为内容丰富、结构多样、群体分层和水准总体提升的消费。农村居民还经历了从自给型消费方式向商品型消费方式的重要转变。需要指出的是,在消费生活方式总体积极健康和市场化、社会化的变化中,也常有“炫耀性”消费、商品豪华包装、公款消费浪费惊人的报道见诸报端,折射出消费生活方式中存在着消极负面的现象。

三　闲暇生活方式的变化

经济收入的提高和闲暇时间的增加,使得江苏民众的闲暇生活的内容也日趋丰富,闲暇生活方式相应发生着变化,闲暇的结构也在发生变化。

从娱乐休闲的视角看,20 世纪 80 年代前,家家户户听广播;80 年代后,看电视成为大多数家庭的主要休闲项目。改革开放初期,家用电视机几乎难见踪影,到 1985 年江苏城镇居民家庭电视机的普及率已达 90%,但每百户家庭只拥有 9 台彩色电视机,到 2000 年每百户家庭有 124.45 台彩电。

除了电视机普及,从过去单一地看电影到看录像磁带、看 VCD、DVD、电脑多媒体;从摄影到摄像;从养花、养鸟到饲养名目繁多的宠物、花卉;从一般的集邮、集火花等到收藏古玩、字画及洋洋大观的各种收藏品;从极少数人能够外出旅游,到越来越多的人能够走出家门特别是跨省市乃至出境游等方面的变化,都反映出人们闲暇生活方式的多彩多姿。但娱乐休闲中也出现了不健康的方式乃至违法行为,如上网成瘾、赌博、色情陪侍等。

从运动休闲的角度看,除了传统的群众体育健身项目外,保龄球、网球等过去被视为“贵族运动”的项目也开始进入一般民众健身活动之中,健身健美操、舞蹈、武术等日趋普及,人们除了参加非经营性场所的体育活动外,也比过去更愿意“花钱买健康”,参加付费的锻炼项目。

从阅读休闲和闲暇学习的角度看,改革开放初期只有少量的党报党刊可以阅读,现在江苏民众能够选择阅读的范围和种类已经到了眼花缭乱、目不暇接的地步。随着社会竞争对从业人员素质要求的提高以及再就业的需要,除了年轻人以外,更多的人用自己的闲暇时间加入到学习文化知识和专业技能的行列中。休闲阅读和学习阅读成为江苏民众闲暇生活的组成部分。

“日不出市、夜不出户”,是过去江苏民众封闭单一的闲暇时光的真实写照。如今

这一状况已被彻底打破。在城镇逛街购物、读书看报、种花养鸟、打牌下棋、收集玩物、桑拿按摩、会友聚餐、美容美发有了越来越多的普通民众加入，人们单调的业余休闲方式已成往事。闲暇生活的内容不断丰富，档次不断提高，使工作不再是唯一的最重要的生活重心，闲暇生活方式成为职业活动之外另一个体现个性、发展自身的方式，成为人们获得生活乐趣和生活满意度的重要领域。

四　交往生活方式的变化

改革开放之前，人们的交往空间相对局限，交往速度缓慢。随着改革开放的进程，人们的交往空间大为扩展，交往关系日趋丰富、交往方式更加多样。

20 世纪 80 年代，开始走向市场化的经济发展打破了城乡隔绝和地域隔绝，开启了广泛的人际交往的时代背景，使得江苏民众的交往生活方式初步具备了开放性、自主性和现实性的特征。人们突破血缘、地缘关系的局限和传统的走亲访友，因经济、文化、社会活动形成的业缘关系交往更加广泛和深入，能更多地按照自己的意愿进行各种交往，交往内容不再以政治生活为重心，而回归到以日常的现实的需要为重心。

进入 20 世纪 90 年代后，城市化进程的加快和城镇就业制度的变革，更大规模地拓展了江苏城乡之间、城乡内部数百万人口的流动与交往。上述特征更加明显，并展现出三大趋向：一是人们的公共关系意识强化，交往动机更倾向于务实及互惠互利，交往行为更趋文明，交往功能与当代中国的现代化、市场化进程相适应、相趋同。二是伴随着交通、通讯的日益现代化，人们的交往更加便捷，交往规模日益扩大。除了公共交通工具和自行车仍是重要的代步工具外，摩托车成为江苏居民首选的自备车。江苏城镇居民 1985 年每百户只拥有摩托车 1 辆，1995 年 1.90 辆，2000 年升为 27.28 辆。农村居民每百户拥有摩托车 1990 年 1.5 辆，2000 年 28.5 辆。私人轿车从 2000 年起也开始进入百姓家庭。作为交往的重要工具，电话用户、移动电话用户、计算机互联网用户普及率迅速提高，成为不可或缺的交往工具。江苏农民用在交通和通讯上的人均费用，1990 年为 10 元，2000 年为 155.5 元。过去逢年过节人们大多上门拜访，现在电话拜年成为江苏民众的新年俗。打电话、发短信消息、电子邮件、网络聊天，成为许多人新的交流交往方式。三是更加尊重个性和隐私。人们在交往中无论对方是怎样的穿着打扮、怎样的婚姻状况、怎样的兴趣爱好、怎样的生活方式等等，都越来越得到包容、理解和尊重。

当然，如同许多事物都有它的负面作用一样，交往方式的多样和交往条件的便捷，也为一些心怀不轨的人提供了违法条件，增加了各种交往中的欺诈风险，如利用手机、互联网进行金融、商业等各种诈骗。

五　婚姻家庭领域中生活方式的变化

生活方式的变化都与社会存在的改变相关。在家庭领域,20 世纪 70 年代末以来,一个重要的社会存在就是基本家庭结构的进一步小型化、核心化。1978 年,江苏省每户平均人口是 4.1 人,之后逐年递减,1980 年 4.03 人,1990 年 3.75 人,2000 年 3.30 人。农村家庭存在同样的趋向。数代同堂的大家族的生活方式已基本上被小家庭取代。20 世纪 90 年代初进行的全国 14 省市(包括江苏)农村家庭调查显示,年青一代结婚后分家的时间在缩短。江苏农村有半数以上的被调查者婚后在 2 年之内就与长辈分开过,有 37.1%的人在 1 年之内就已分开。① 每次人口普查资料都显示,江苏省的家庭规模小于全国平均水平。

家庭结构小型化、核心化直接影响的是代际关系、亲子关系。普遍的社会现象是亲代对子代有极大的付出,而子代对亲代的赡养、照料等家庭功能,随着社会保障制度的出现和社会养老服务业的发展,已越来越多地向社会转移,但也出现子代对亲代不愿赡养甚至虐待老人的现象。

在婚姻领域,婚姻是否自主,是婚姻关系中最基本的因素之一。据调查,江苏城乡在解放初期 95%的婚姻是包办婚姻,甚至还有童养媳制度。新中国成立后制定的婚姻法提倡并施行恋爱自由、婚姻自主和男女平等。在此基础上,1980 年重新修订的《婚姻法》,进一步扩展和深化了这些现代婚姻观念和制度。1991 年进行的江苏省妇女地位调查可以看到,江苏妇女随着年龄的降低,自主婚率在上升,当事人和父母共同商量的半自主婚比例也在上升。所调查妇女 40 岁以上的,包办婚姻占 44.04%,自主婚 42.43%,半自主婚 11.92%;25—39 岁组自主婚已增至 50.72%,包办婚降到 25.85%,半自主婚也占 22.47%;18—24 岁组自主婚达到 59.38%,包办婚进一步降到 14.96%,加上 24.55%的半自主婚,自主和半自主婚占了绝对优势。② 婚姻关系中虽然城乡存在差别,婚姻自主度农村低于城市,但总体来看,自主、半自主婚在江苏农村中也已成为主流,即所谓"婚恋嫁娶,让爱做主"。

择偶的观念和标准体现着时代的变迁。过去婚姻匹配常常表现出妇女的上嫁和男子的下娶,这一取向也在发生着某种变化。1991 年,江苏省妇女地位调查对妻子与丈夫职业身份差别的分析,女性和男性平嫁平娶的比例在 55%—60%,女性的上嫁率为 33.8%,还有 11.05%的女性下嫁③,也就是说,半数以上的妇女选择和自己职业

---

① 《当代中国农村家庭》,社会科学出版社 1993 年版,第 13 页。
② 宋林飞主编:《江苏社会发展 50 年》,江苏人民出版社 1999 年版,第 248 页。
③ 宋林飞主编:《江苏社会发展 50 年》,江苏人民出版社 1999 年版,第 249 页。

层次相当的男性为夫。特别是女性干部，上嫁率为0，女性专业技术人员，上嫁率也相当低。随着改革开放后收入差距的加大，除对职业地位的考虑外，金钱也成为部分女性考虑婚姻的最重要因素，所谓“干得好不如嫁得好”。再加上对人品、家庭背景等等的考虑，人们的择偶取向已有了极大的分化和差异。

另外，家庭生活方式及其伦理关系，呈现出更加多元的内涵及形式。如注重个人隐私的保护，甚至认为夫妻之间也应当保留一定的隐私空间。婚前财产公证作为一种新的家庭生活现象逐渐得到理智地接纳。家庭生活中出现了夫妻采取AA制来支出生活费用的方式。有部分人主动选择了以两人世界为中心的“丁克家庭”。更多的人对此并不赞成但持理解尊重的态度。与此同时，“养儿防老”、“多子多福”等传统生育观念正逐渐弱化。合理生育这一非常重要的现代观念即便在农民群体中也在逐渐形成并日益强化。

未婚同居在20世纪70年代是少量个别现象，并被视为不道德的难以容忍的非法行为，到90年代已经是常见和多发的现象。人们对这一状况采取越来越宽容的态度。不仅年轻人对这一现象有极高的包容，越来越多的中老年人对下一代的未婚同居、婚前性行为这一存在也采取了默许的态度，还有一些丧偶离异的老年人也通过未婚同居的“试婚”方式来寻找合适的伴侣，并得到社会的宽容。表明人们在两性关系中的观念和行为方式较之以往有了很大的变化。

婚姻的稳定性是体现婚姻生活状况的重要指标。改革开放以来，离婚率（每千人中离婚夫妇对数）在经过“文化大革命”时的低谷后（1974、1975年江苏通过法院办理的离婚案件每千人离婚人数仅约0.1人）开始回升，1980年离婚率为0.16对，1990年为0.43对，1995年为0.67对，20世纪末达到2左右。再以当年结离比看，1980年32.88∶1（每32.88对结婚有1对离婚），1985年31∶1，1990年18.36∶1，1997年为10.00∶1。也就是说，无论从绝对数还是相对数来看，离婚人数的不断增加是显而易见的。另外可以看到的一个明显事实是，离婚率与当地经济文化发展水平有较大的关系，南京和苏南地区的离婚率明显高于苏北地区（上海明显高于江苏）。

不仅离婚率在上升，再婚者和再婚家庭也从“另类”到“众多”，成为重要的社会现象。近20多年来，再婚成为并不少见的社会现象，人们对再婚者的眼光和心态也有了更多的平常心。另一个现象是复婚的夫妇人数也呈上升趋势。如江苏省1980年时复婚642对，到1997年已增至2682对，18年间增长了3倍多。① 说明现代人在婚姻关系中更注重感情满足，更注重个性化。

---

① 宋林飞主编：《江苏社会发展50年》，江苏人民出版社1999年版，第251页。

改革开放后婚姻关系中被人们非议最多的是婚外情或第三者现象的明显增加，被称为婚姻家庭关系中的道德失范现象。表现之一是夫妻间的相互忠诚观念受到冲击，性道德观念模糊不清与混乱不一，夫妻关系稳定性下降。

总之，1978年以来的社会发展使得传统婚姻家庭领域的生活方式在思想观念、两性关系、代际关系、行为方式方面都在发生着变化。一方面是更加趋向开放、宽容和理性，另一方面也有着转型期的矛盾与不确定性。

从改革开放以来生活方式5个方面的分析中，可以看到，它是与从传统的计划经济向社会主义市场经济的体制转变，从半封闭、封闭向开放的社会转型，工业化、信息化、城市化不断加快的进程紧密联系相互渗透的。江苏人民同全国人民一起，在推动这一历史进程的同时，也改变着自己，带来自身的发展和变化，迈开了人的全面自由发展新的步伐，这正是社会全面进步的一个侧面和重要表现。

第八章　社会主义现代化建设的思想政治保证

富强、民主、文明是社会主义现代化的目标。现代化建设是经济建设、民主政治建设、精神文明建设相辅相成、互动并进的过程。20 世纪 90 年代，特别是 1992 年以来，江苏在坚持以经济建设为中心的同时，大力加强思想道德建设，发展社会主义民主，壮大爱国统一战线，推进依法治省进程，为全省改革开放和现代化建设提供精神动力和稳定的政治环境。中共江苏各级组织不断加强自身的思想、组织和作风建设，深入开展反腐败斗争，提高执政能力和驾驭全局的领导水平，成为在江苏推进中国特色社会主义事业的坚强核心。江苏地方军事工作适应新形势，投入新军事变革，开创新局面。世纪之交，制定“十五”计划，全省人民正满怀信心，把社会主义现代化建设全面推向 21 世纪。

第一节　大力推进思想道德建设

一　加强对精神文明建设的整体部署和领导

长期以来，两个文明建设中存在一手硬、一手软的问题，除了认识上的原因外，很重要的是把精神文明建设只作为手段和保证，没有作为目标进行规划，游离于社会主义现代化建设总体布局之外。“七五”时期，常熟市率先制定精神文明建设五年规划，试图为解决这个问题探路。中共江苏省委及时总结常熟经验，中宣部向全国转发了《常熟市精神文明建设“七五”规划》。进入“八五”时期，中共江苏省委、省政府从省级层面制定全省精神文明建设五年规划纲要，指导全省精神文明建设。《规划纲要》1992 年 2 月颁布后，全省各地各方面协调行动，狠抓落实，坚持用邓小平建设有中国特色社会主义理论武装思想、指导实践；爱国主义、集体主义、社会主义思想教育广泛开展，思想道德教育的“虚化”、弱化现象有所克服；多种形式的群众性精神文明建设活动吸引了广大群众的参与，基层精神文明建设取得新的进展。

1995年初,中共江苏省委主要负责人带队到张家港市进行调研,系统总结张家港市坚持以经济建设为中心,两手抓,两手硬,两个文明协调发展的经验。为了指导、促进全局工作,特别是推动精神文明建设,中共江苏省委于是年3月在张家港市召开了“以经济建设为中心,两个文明一齐抓”的经验交流现场会,学习、推广张家港市的经验。省、市、县中共三级党委和政府主要负责人、省级机关各部门、单位主要负责人齐聚张家港,听取中共江苏省委书记陈焕友的主题报告,参观考察10多个先进单位。张家港市近几年来经济社会协调发展的形象、城市优美整洁的环境以及艰苦奋斗、奋力拼搏的精神风貌,使代表们耳目一新,为之振奋。张家港“两个文明一齐抓”典型的推出,在全省反响热烈,产生了推动全局、影响深远的效果,也引起中共中央和国务院有关部门的关注。当年10月,中共中央宣传部和国务院办公厅联合在张家港市召开全国精神文明建设经验交流会。会议充分肯定张家港市在精神文明建设上探索、创造的经验:“一把手两手抓”,党政一把手承担精神文明建设的主要责任;把精神文明建设的着力点放在塑造一种精神上,努力培育“四有新人”,为物质文明建设提供强大的精神动力、智力支持和思想保证;以开展群众性精神文明建设活动为主渠道,吸引群众广泛参与,使精神文明建设保持旺盛的生命力;保证精神文明建设的投入,软件、硬件一起抓,为精神文明建设提供必要的物质条件;强化管理,建立完善精神文明建设的领导体制和工作机制,从根本上保证“两手抓”方针的落实。两次张家港会议后,全省、全国各地到张家港市学习、参观的队伍络绎不绝,形成一股热潮。①

为制定“九五”时期精神文明建设规划,江苏1995年开始系统调查研究,历时近两年,几易其稿,提交中共江苏省第九届第五次全委(扩大)会议讨论修改,最终形成《“九五”时期江苏社会主义精神文明建设规划纲要》(以下简称《规划纲要》),并于1997年1月正式公布实施。这个《规划纲要》的鲜明特点是,充分体现了中共十四届六中全会的指导思想和目标要求,反映了从计划经济体制向市场经济体制转变中江苏精神文明建设的实际,突出思想道德建设和文化建设两个重点,不回避文明建设中干部、群众关心的现实问题,比如,党政机关和干部队伍中存在的消极腐败现象、损害群众利益的不正之风、“黄赌毒”等社会丑恶现象、制造传播文化垃圾行为、城市中的脏乱差等,强调在这些问题上,积极参与专项治理,加大工作力度,力求取得实效。《规划纲要》明确“九五”期间全省精神文明建设投入的增长幅度高于财政收入增长幅度的1—2个百分点。根据《规划纲要》的要求,当年从省到各市县(市、区)成立精神文明建设指导委员会,对精神文明建设重点要办的实事进行部署、检查和总结,从领

① “1995年来张家港参观的人数为65万人,1996年为70万人,1997年达到80万人”。引自王霞林主编:《邓小平理论在江苏的成功实践》,江苏人民出版社2000年版,第479页。

导体制上为精神文明建设提供保证；同时，积极筹建“江苏精神文明建设基金”，1997 年已接受各单位和个人捐赠超百万元。这两项措施都具有制度性建设的意义。在《规划纲要》实施过程中，队伍建设、精神文明建设运行机制的完善都创造了一些好的经验。

中共十五大召开后，中共江苏省各级党组织从贯彻执行经济建设、政治建设、文化建设“三位一体”社会主义初级阶段基本纲领的高度，深化对精神文明建设的认识，积极推进“九五”《规划纲要》的实施。2000 年，中共江苏省委召开全省思想政治工作会议，贯彻落实《中共中央关于加强和改进思想政治工作的意见》。中共江苏省委、省辖市委及 14 个主要行业都建立了思想政治工作联席会议制度，形成了省、市、县三级条块结合的工作网络。

二　始终不渝地用邓小平理论教育干部群众

1992 年以来，江苏始终把用邓小平理论武装干部、教育群众放在精神文明建设的首位，紧紧围绕解放思想，实事求是这个精髓，“什么是社会主义，怎样建设社会主义”这个主题，先后形成两次高潮。第一次高潮是从学习邓小平南方谈话和十四大文件开始，接着有计划有步骤地学习《邓小平文选》一至三卷，实施党员干部学理论、学党章(1995—1997)双学活动 3 年规划，学习中共十五大前江泽民在中央党校的重要讲话等。这次理论武装高潮，使广大党员干部对邓小平理论的科学体系有了初步的了解，摆脱姓“资”姓“社”争论的束缚和困扰，坚定以“三个有利于”为判断标准，来决定方针、政策、措施和办法的取舍，解放思想，勇于探索，深化改革，大力发展开放型经济，把全省现代化建设事业推上了新的发展阶段。第二次高潮是中共十五大以后，紧紧围绕高举邓小平理论伟大旗帜，把建设有中国特色社会主义事业全面推向 21 世纪这个十五大的主题，理论武装工作进一步向纵深推进。全省各级党组织认真贯彻中共中央《关于深入学习邓小平理论的通知》精神，把学习邓小平理论同学习十五大文件相结合，对邓小平理论的历史地位、科学体系、精神实质和指导意义有了更新的认识；在实践探索上，进一步解放思想，推动了全省所有制结构和产业结构的调整，加快建设社会主义市场经济体制的步伐。继而又把学习邓小平理论与全省“讲学习、讲政治、讲正气”的集中教育相结合，使学习邓小平理论成为加强党的思想政治建设的强大思想武器，为迈向 21 世纪准备思想政治条件。

在理论武装工作中，中共江苏省委重视总结经验，创新思路和方法。省委认为，理论武装既是党的思想建设的首要任务，也是提高全民思想政治素质的首要任务，在工作中要把它作为一项系统工程来实施。首先是抓好武装各级领导干部特别是县处级以上领导干部这一重点工程。要求他们既要全面学习、掌握邓小平理论的科学体

系和精神实质,更要运用理论指导实践,回答和解决现代化建设中遇到的新情况、新问题,加强思想作风建设,提高领导水平和决策能力,提高自身的思想政治素质。多年来,坚持在自学的基础上,着重抓好党委(党组)中心学习组和党校轮训两个环节。1990年,省委下发建立和完善党委(党组)中心学习组的文件,从省委到市(厅)、县(市、区、局)、乡(镇)都建立了中心学习组,并形成上下沟通、考核监督的整体网络。1996年以来,中共江苏省委宣传部、组织部先后两次召开全省县以上党委中心组理论学习经验交流会,表彰学习先进集体,交流学习和运用理论的经验。1992年以来,县处级以上干部普遍到党校参加轮训1到2次,集中学习邓小平理论。2000年8月,省委、省政府在镇江举办市厅以上主要领导干部学习研讨班,就面临的财政税收,加入WTO、网络经济等带全局性、前瞻性的问题进行学习研讨。自此以后,每年举办领导干部学习会成为一种制度。其次是抓好武装和教育城乡基层党员干部的基础工程。通过农村党员冬训、基层党校轮训等形式,使他们掌握邓小平理论的基本内容,增强贯彻执行党的基本路线的自觉性和坚定性。在实施"双学"活动3年规划中,全省举办培训班5.9万期,有312万党员干部参加了学习。第三是抓好用邓小平理论教育青少年的希望工程。积极开展邓小平理论进课堂、进教材、进入青年头脑的工作。第四是抓好教育群众的普及工程。运用宣传媒体、文化活动等形式,帮助广大群众了解邓小平理论的主要观点,了解党的方针政策。由于整个20世纪90年代,坚持实施上述系统工程,用邓小平理论统一思想,凝聚人心,鼓舞斗志,指导实践,推动了全省奔小康、建设现代化的进程。

2000年初,江泽民提出"三个代表"的重要思想,为新时期党的全面建设指明了方向,对理论武装提出了新要求。是年5月,中共江苏省委下发在全省开展"三个代表"重要思想学习活动的通知,省委常委和各级党委中心组带头学习,在全省干部中掀起了学习"三个代表"重要思想的热潮,同时,与"致富思源、富而思进"教育活动相结合,拓展了理论武装的广度和深度。

三　主题鲜明的思想道德建设

爱国主义、社会主义、集体主义教育是贯穿精神文明思想道德建设的主题。20世纪90年代初,江苏利用自身历史文化积淀深厚和近现代史料丰富的优势,建立起一批思想教育基地,在青少年中开展"两史一情"(近代、现代革命史和基本国情)教育。在直观形象的教育中,激发青少年爱党、爱国、爱江苏的热情。1994年8月,《爱国主义教育实施纲要》印发后,江苏制定并实施《江苏省爱国主义教育三年(1995—1997)规划》,围绕"爱我中华,兴我江苏"这个主题,开展读书竞赛、群众歌咏、《国旗法》宣传教育等丰富多彩

的活动，实施“四个一百”计划：推荐一百种爱国主义图书，一百首爱国主义歌曲，一百部爱国主义影视片，选择命名一百个爱国主义教育基地。这个计划已如期完成。按照“五个有”(教员、教材、教学活动场所、教学计划、教学联系制度)的标准，首批命名了 103 个省级爱国主义教育基地，其中中山陵等 7 处被命名为全国爱国主义教育基地，周恩来纪念馆被评为全国优秀基地。这些基地的建设和完善，为青少年接受爱国主义和革命传统教育创造了条件。20 世纪 90 年代中后期，围绕纪念抗日战争胜利 50 周年、红军长征胜利 60 周年，中国人民解放军建军 70 周年、“五四”运动 80 周年，侵华日军南京大屠杀同胞遇难 60 周年、香港和澳门回归祖国、改革开放 20 周年、新中国成立 50 周年等重大纪念日、重大历史事件和庆祝活动，全省上下广泛开展了声势浩大、生动活泼、形式多样的爱国主义教育。这些活动主题鲜明，内涵深刻，历史感厚重，激发了广大群众爱国热情、报国之志，坚定了建设有中国特色社会主义的信心和信念。同时，各地还根据实际，设置教育主题，把远大理想与本地改革开放发展的任务目标，用精炼、简明的语言概括起来，采取各具特色的形式进行教育，为全省奔小康、推进现代化进程增添精神力量。1998 年抗洪精神的弘扬和宣传教育；1999 年组织抗议以美国为首的北约袭击中国驻南联盟使馆的野蛮行径，学习许杏虎等烈士的高尚爱国品质的活动①；结合揭批“法轮功”，开展崇尚科学，反对迷信和愚昧的宣传教育，进一步拓展了以爱国主义为核心的思想建设的广度和深度。

中山陵

① 1999 年 5 月 8 日，以美国为首的北约对中国驻南联盟使馆野蛮轰炸中，许杏虎和他的夫人朱颖等三位新闻工作者以身殉职，壮烈牺牲。许杏虎，江苏丹阳市河阳镇高甸村人，《光明日报》驻南联盟首席记者，牺牲后被授予革命烈士。

20世纪90年代,以“三德”(社会公德、职业道德、家庭美德)为重点的社会主义道德教育持续进行。全省各地积极探索“三德”教育的途径和方法,通过编写教材、读本,制定守则、公约,举办理论研讨会、培训班、市民学校,借助媒体配合,广泛开展以为人民服务为核心、“五爱”为基本要求的集体主义和社会主义的宣传教育。在实践中,逐步明晰“三德”的规范要求和工作的着力点。社会公德教育,从有益于社会而不妨害他人入手,普遍开展了“文明市民”教育。职业道德教育,从爱岗敬业入手,以与人民群众生产、生活密切相关的“窗口”行业执法部门为重点,制定行业和岗位规范,改善服务态度,提高服务质量,端正行业作风。家庭美德从孝敬父母入手,广泛开展各类文明家庭创建活动。“三德”教育的持续开展,对于提高公民道德素质,促进社会风气好转,起到了潜移默化的作用。

在全省奔小康、推进现代化的进程中,涌现了一批先进集体和个人。他们的事迹和品质体现了时代精神和爱国主义、社会主义、集体主义的主旋律。为了推进全省思想道德建设,1995年以来,省里树立和大力宣传一批先进典型。他们中有受到胡锦涛接见的时传祥式的徐州下水道四班,连云港新浦汽车总站长途服务组(雷锋车),弘扬艰苦创业精神的盱眙县水冲港乡,南通助人为乐不留名的“莫文隋”,一身正气、两袖清风的铜山县法院院长李开华,科技铁人姜德明,洪泽湖船头小学教师阎成米,苏州白求恩式好大夫张惠民,优秀援藏干部任国庆等。① 大力宣传和推广精神文明建设的先进典型,对于在全社会形成崇尚先进、学习先进的风气产生了积极作用。

---

① 徐州市政工程养护管理处下水道四班,28年来担负着“掏阴沟、挖污泥”的城市下水道养护工作,以“辛苦我一人,造福千万家”的崇高精神,以苦为荣,无私奉献,在艰苦的工作岗位出色地完成了下水道养护管理和防汛排涝任务,受到广大群众的赞扬和尊重。1996年10月,中共江苏省委、省政府作出决定,号召全省各行各业学习下水道四班,在全省乃至全国产生了很大影响。全国总工会、建设部党组分别作出表彰和学习的决定。连云港新浦汽车总站长途服务组(雷锋车),35年如一日,始终坚持“宁愿自己千般苦,不让群众一时难”的服务宗旨,学习和弘扬雷锋精神,在平凡的岗位上尽心尽职,无怨无悔,默默奉献,创造了不平凡的业绩。盱眙县水冲港乡是一个自然条件恶劣、贫困闭塞的山区特困乡。他们不等不靠,发动群众,三年治水,五年治山,不仅初步改变贫困落后的面貌,而且在艰苦创业中涌现出一批干部和先进人物,成为全省贫困地区自力更生、脱贫奔小康的一面旗帜。“莫文隋”是南通市助人为乐不留名的社会群体。从1995年开始以化名资助特困学生,带动一大批单位、团体和个人群起效仿。铜山县人民法院院长李开华,面对权与法、钱与法、情与法的较量,以把亲情、金钱、权势置于法律之下的“硬骨头精神”,“不贪不占不怕邪”的高尚人格,“严字当头、敢抓善管”的创新精神,秉公执法,清正廉洁,维护法律尊严,维护人民群众的合法权益,维护党和政府的形象。姜德明是射阳县农技推广服务中心副主任。他身残志坚,长期深入田间地头,攻克农技推广难题,被誉为农技推广战线上的“铁人”。阎成米,洪泽湖上的船头小学教师。他克服身体残疾带来的生活和家庭中的种种困难,多年以船为家,以船头为课堂,把知识和快乐带给湖区的孩子。张惠民,几十年如一日坚持上门为病人治疗,把病人当亲人,以自己的行动诠释了一个“白求恩”式大夫的品质。任国庆,中共无锡市崇安区原区委副书记。1979年5月自愿报名援藏,1994年在中共西藏广电厅党委委员、办公室主任岗位上退休,后被返聘。作为江苏省首批212名援藏干部中留在西藏的最后一人,至2000年,扎根西藏21年,坚持理想信念,执着人生追求,生命不息,奋斗不止,集中展现了共产党人的优秀的政治品格和高尚的精神境界。中共西藏区委和中共江苏省委先后授予他“优秀共产党员”和“优秀援藏干部”的称号。

四　持久弥新的群众性精神文明创建活动

群众性精神文明创建活动是精神文明建设中广泛吸引群众参与、最具活力和生机的重要组成部分，自20世纪80年代兴起以来，到90年代初已经形成城乡一体、上下联动、多层次、系列化群众自我教育和自我管理的活动网络。这个网络包括：(1) 创建文明单位（含农村的文明村镇）活动，由省、市、县（市）区对照标准评选、命名；省级文明单位每两年评定一次，到1992年，这项活动已开展了10年。(2) 以五好家庭、文明户、新风户为主要形式的文明家庭创建活动。(3) 评选文明职工、个体工商户等活动。(4) 以军民、警民共建为主要形式的各种文明共建活动。这种共建形式，通过1990年代创建双拥（拥政爱民、拥军优属）模范城（县）活动的普遍开展，获得了新的载体，充实了新的内容，提升到一个新的水平。从1991年起，每年都有一批符合条件的市、县（市、区）进入全国和省双拥模范城（县）或创建工作先进行列。至2000年，累计有46个市、县（市、区）被授予“全国双拥模范城”的荣誉称号，其中不少市县多次被授荣誉，被授予数列全国第一位。2000年是被授荣誉称号城市最多的一年，这些城市是：徐州、南京、无锡、苏州、镇江、南通、连云港、扬州、常州、张家港、盐城等。

“八五”期间的创建活动强调重在建设，保证质量，讲究实效，强化经常性管理，完善考核、监督、激励和约束机制，使创建活动纳入规范化、制度化轨道；同时，在城市开展优美环境、优良秩序、优质服务“创三优”的竞赛活动，重点治理脏、乱、差现象，促进了创建活动与解决群众普遍关心的实际问题紧密结合。进入“九五”时期，特别是中共十四届六中全会以后，各地在继续开展文明单位、文明家庭、军民、警民共建等创建活动的同时，在总结实践经验的基础上，重点转向文明城市、文明行业、文明村镇三项创建活动，把“创三优”的要求融入其中。1997年，先后召开全省创建文明小区、文明行业、文明村镇工作会议，并分别颁布了三项创建活动的实施意见。创建文明城市，以提高市民素质和城市文明程度为目标，以治理“脏乱差”为突破口，从创建文明小区入手，较快地改变城市面貌和社会治安状况，逐步形成整洁、优美、文明、安定的社会环境。创建文明行业，以服务人民、奉献社会为宗旨，从“窗口”行业和执法部门优质服务入手，改善服务态度，提高服务质量，努力形成对社会负责、为人民服务的行业新风。创建文明村镇，以提高农民素质、奔小康和建设社会主义新农村为目标，从“三提倡三反对”（提倡科学文明，反对封建迷信；提倡艰苦奋斗，勤俭节约，反对铺张浪费，大操大办；提倡民主法制，反对违法乱纪和其他社会丑恶现象）入手，通过扎扎实实的工作，促进农村经济和社会的全面发展。

经过1年多的实践和调查研究，省里在全省城市文明创建工作会议上明确，创建

文明城市在各项创建活动中处于龙头统领地位,要以创建文明城市带动和促进其他创建活动,并简化评选命名方式,今后由省一级统一组织进行,省以下不再层层评选命名。这一工作思路得到中央文明办的肯定,也受到各地的欢迎。适应市场经济发展和城市化进程加快的新形势,在创建文明城市中,各地花大力气加强城市环境建设和管理,加强城市主要窗口地带的建设和整治,着手完善小区配套设施,发展社区服务。全省百万青年志愿者进社区服务尤为人们注目。经过创建活动,全省各个城市建设和管理普遍得到加强,市民素质和城市品位有了提高,城市的魅力凸现促进了良好投资环境的形成。到 1999 年,全省已涌现出苏州、无锡、南京、张家港、江阴、昆山 6 个全国创建文明城市工作先进城市,18 个江苏省文明城市(含县级市)。

文明行业的创建活动与文明城市创建紧密结合、相互促进,取得新的进展。不仅从“窗口”行业、执法部门拓展到各个行业,而且延伸到基层一线、机关内部、小区、个体私营工商户,深入开展全国统一部署的“讲文明、树新风”活动,为民服务渐成风气。全省有 23 个创建文明行业工作先进单位受到中央文明委的表彰。苏州园林虎丘风景区、扬州蜀岗——瘦西湖景区等一批旅游景区被国家旅游局等单位命名为“全国文明风景旅游示范景点”。特别是自 1996 年开始的创建“百城万店无假货”活动,江苏涌现了一批坚守诚信商业道德,摒弃制假售假、商业欺诈行为,维护市场秩序的先进单位,在省内外产生了良好的示范作用。1998 年,南京湖南路等 5 个街道被命名为全国文明示范街。1999 年,中宣部在南京召开“全国学习南京市湖南路示范街经验座谈会”,充分肯定了江苏这一创建活动取得的成效及经验。

苏州园林虎丘风景区——虎丘春晓

创建文明村镇活动是以典型示范带动面上创建的思路开展的。1999 年,省里确定全省 200 个中心镇,每个县(市)重点抓 3—5 个文明镇和一批文明村的建设。这些重点单位与推进城镇化相结合,从科学规划做起,明确目标,分步实施,逐步改变村镇面貌;同时深化文明户、新风户的评选与创建。这一年,全省涌现了 21 个全国创建文

扬州蜀岗—瘦西湖风景名胜区二十四桥景区

明村镇工作先进县(市)、镇、村,99 个省级文明乡(镇),151 个省级文明村,创建工作初显成效。

在全省精神文明建设中,涌现了一批又一批在思想道德建设和精神文明创建活动中的新人新事。自 1997 年经过 30 万群众投票,评选出首届 15 名先进典型,进行了隆重热烈的表彰和形式多样的宣传。这项活动至 2000 年已开展四届,产生了较好的效果。

20 世纪 90 年代以来,坚持以理论武装和思想道德建设为重点的精神文明建设,努力适应改革开放和现代化建设不断向前发展的客观需要和人民群众的精神文化需求,完善领导体制和运行机制,加大工作力度,其成绩不应低估。但是在当今体制深刻变革、社会结构深刻变动、利益格局不断调整、组织形式和生活方式多样化的背景下,面对国内外思想文化激荡、价值观念趋向多样化的新形势,精神文明建设更应开拓创新,与时俱进,应对挑战。精神文明建设仍然是一个任重道远,并不轻松的课题。

第二节　地方各级人民代表大会制度的新发展和基层民主政治建设

一　地方各级人大和地方各级国家机关领导人员的换届选举

根据宪法和法律的规定,按期进行各级人大代表的换届选举工作,是坚持和完善人民代表大会制度,加强社会主义民主政治建设的一件大事。由于各级人大代表任期不同,1992 年下半年到 1993 年上半年,江苏第一次遇到全国人大代表和省、市、县、

乡五级人大代表同期换届选举的情况。很显然,这次换届选举工作涉及面广、工作任务重大。为确保换届选举工作顺利进行,中共江苏省委1992年9月召开专门会议,进行部署;省人大常委会作出有关决定。在中共各级组织领导下,各级人大常委会全力以赴,精心组织,具体实施;各有关方面密切配合,加强合作,使这次换届选举工作于1993年4月底以前圆满结束。据统计,在县、乡两级直接选举中,各地参加提名推荐代表候选人活动的选民占选民总数的70%左右,参加协商确定正式代表候选人活动的选民达80%以上,全省有4693万多名选民参加投票选举,参选率达94.8%以上。这表明,广大选民行使民主权利的意识和热情增强。全省共选出乡、镇人大代表128041名,县(市、区)人大代表30673名,市(设区的市)人大代表6110名,省八届人大代表991名。在1993年1月召开的省七届人大六次会议上,选举沈达人、陈焕友、季允石、唐念慈、曹鸿鸣、吴锡军等137人为第八届全国人大代表。1993年上半年,全省各级由下而上逐级召开新的一届人民代表大会第一次会议。省八届人民代表大会第一次会议于4月15日至23日在南京举行。会议确定了今后五年的主要奋斗目标和所采取的重要措施。在新一届各级人代会第一次会议上,依法选举产生了本级新一届各级国家机关领导人员。省八届人大一次会议选举沈达人为省人大常委会主任,高德正、张耀华等7人为副主任,并选举秘书长和50名常委会委员;选举陈焕友为省长,季允石、俞兴德等6人为副省长;还选举了省高级人民法院院长和省人民检察院检察长。

1995年2月在省八届人大三次会议上,补选郑斯林为江苏省省长。

1997年下半年,全省除泰州、宿迁两市和宿城区外,依照新修改的选举法和地方组织法的要求进行了县以上各级人民代表大会的换届选举。针对市场经济发展中出现的流动人口增加、人户分离等新问题,各地加强组织协调,进行分类指导,及时予以解决;并充分发扬民主,严格依法办事,顺利完成换届选举任务。共选出县以上地方各级人大代表34000多名,选举产生各级人大常委会组成人员以及政府、法院、检察院领导成员。在省八届人大六次会议上,从182名代表候选人中差额选举出席第九届全国人民代表大会代表郑斯林、俞兴德、姜永荣、张品华、金忠青、周桑漪等151名。差额选举方式的运用,是民主发展的体现。省九届人大第一次会议于1998年2月15日至23日在南京举行,出席会议的省九届人大代表共794名。会议选举陈焕友为省人大常委会主任,曹鸿鸣、曲钦岳、王霞林等7人为副主任以及秘书长、50名常委会委员;选举郑斯林为省长,季允石、俞兴德、姜永荣等9人为副省长;选举产生了省高级人民法院院长和省人民检察院检察长。1995年和1998年的下半年,全省还分别进行两次乡、镇人大的换届选举工作,进一步加强了基层政权的建设。

1999年2月在省九届人大二次会议上，选举季允石为江苏省省长。

二　加快地方立法步伐

围绕大局加强地方立法工作，逐步形成与全国社会主义市场经济法律体系框架相配套的地方性法规系列，是省八届、九届人大及其常委会的首要任务和重要贡献。1992年，省七届人大常委会制定地方法规8项。从1993年省八届人大及其常委会依法履行职责以来，加快了地方立法工作的步伐。这一届共制定地方性法规54项，修订16项，批准有权制定地方性法规的南京、无锡、徐州、苏州4市人大常委会制定地方性法规70项。省九届人大常委会1998—2000年3年间，共制定地方性法规41项，批准51项。8年的立法实践，初步积累一些经验，呈现一些特点。主要是：(1) 在深入调查、反复论证的基础上，分别制定了江苏省1993—1997年、1998—2002年地方立法规划。每年还根据规划制定年度计划，保证了立法工作做到瞻前顾后、有计划、有步骤地进行。(2) 突出经济立法这个重点。适应建立社会主义市场经济体制的需要，省八届人大常委会制定和批准76项经济法规，占立法总数的55%；在《江苏省1998—2002年立法规划》中，经济立法项目45项，占立法总数的59.2%。通过经济法规的制定和实施，为建立市场经济体制，维护市场运行秩序，促进经济的持续、快速、健康发展提供了法律保证。(3) 从江苏实际出发，体现江苏特色。省八届人大常委会制定的经济技术开发区管理条例、外资企业劳动管理办法、外资企业土地管理条例、外商投资财产价值鉴定条例、发展高新技术条例、农田保护和村镇规划条例等；省九届人大常委会制定的促进科技成果转化条例、矿产资源管理条例、土地管理条例、节约能源条例、发展中医条例等都体现了江苏开放型经济发展较快、人多地少、资源贫乏的实际情况，适应了全省实施经济国际化、"科教兴省"战略的需要。此外，苏州园林、南京城墙、太湖环境保护和防洪等法规，也反映了江苏自然、地理、人文的特点。(4) 坚持科学、民主立法取向。1995年省人大常委会举办全省立法学习班，培训立法工作人员；1998年，中共江苏省委、省人大、省政府召开改革开放以来第一次全省立法工作会议都是为此目的采取的举措。省人大常委会在立法中坚持从全局利益出发，严格把关，防止和克服部门"利益扩张"倾向；重视深入基层、深入群众进行立法调研；建立立法咨询制度，聘请立法咨询员。与人民群众切身利益直接相关的法规草案还通过新闻媒体向社会公布，广泛征求意见。1999年劳动力市场管理条例等3项法规草案公布后，社会各界共提出意见和建议2900多条；2000年在制定江苏省物业管理条例时，首次举行立法听证会，取得了很好的社会效果。这些举措，使立法的科学性、民主程度显著提高。在总结前几届立法经验的基础上，省九届人大常委会提出了

江苏地方立法的“少而精、不抵触、有特色、可操作”的十二字方针。这十二字方针，符合国家立法体制的统一要求，又适应地方法制建设的需要，有利于提高立法质量和水平。

三　加大监督力度

监督行政、审判、检察机关的工作，保证宪法法律在本行政区域的有效实施，是宪法法律赋予地方各级人大及其常委会的重要职责。每年一次省人大会议听取和审议“一府两院”的工作报告；人代会闭会期间，常委会紧紧抓住全省经济社会发展中的重大问题和人民群众反映的热点、难点问题，听取审议政府的汇报，提出意见和建议，是履行监督职责的重要制度和形式。与此同时，还积极探索其他途径和形式，切实加大监督力度，使法律监督和工作监督取得了新的进展。

加强执法检查。8 年来，省人大常委会围绕全省中心工作和人民群众反映强烈的问题，采取省、市、县三级人大联动的方式，统一部署，集中力量，先后对科技进步条例、价格管理监督条例、环境保护法和省有关条例、太湖水污染防治条例、建筑法和省建筑工程建设管理条例等 20 部法律法规的执行情况进行检查。通过执法检查，纠正了执法中存在的问题，督促省政府及其有关部门处理了一批违法案件，推动国家机关提高依法办事水平，维护群众合法利益。省八届人大常委会 1995、1996 年连续两年对全省基本农田保护条例和村镇规划建设管理条例实施情况进行检查，对一些地方在划定“两区”(基本农田保护区、村镇建设规划区)工作中，小城镇发展规划过大，超标用地、乱占滥用耕地、基本农田保护不落实等问题，督促政府认真检查纠正。对一些需要经过长期过程才能解决的问题，省人大及其常委会坚持反复检查，跟踪监督。比如对环境保护法的执法情况，省八届人大常委会结合“中华环保世纪行”行动，连续 5 年进行执法检查，社会影响比较大。省九届人大常委会 1999 年接着对淮河、太湖、长江流域水污染情况进行执法检查，督促政府加强水污染防治，关、停、并、转一批“15”小企业①，促进了全省环境质量的改善。

拓展评议工作。组织人大代表评议本级“一府两院”工作是人大行使监督权的一项创新。1992 年 8 月，省七届人大常委会以南京市白下区、丹阳市、建湖县作为开展评议公检法机关工作的试点。1993 年 9 月，中共江苏省委批转省八届人大常委会党

---

① “15”小企业是指年产五千吨以下的造纸厂、年产折牛皮三万张以下的制革厂、年产五百吨以下的染料厂，采用“坑式”和“萍乡式”、“天地罐”和“敞开式”等落后方式炼焦、炼硫的企业，土法炼砷、炼汞、炼铅锌、炼油、选金和农药、漂染、电镀以及生产石棉制品、放射性制品等企业。引自《十四大以来重要文献选编》(下)，人民出版社 1999 年版，第 1991 页。

组《关于在全省扩大评议公检法机关试点工作的总结报告》。这项工作，当年在盐城、徐州、连云港、扬州等地市、县两级展开；至 1994 年年底，全省县一级评议公检法工作的活动基本结束，市一级除南京、无锡、苏州、常州外，也都对公检法机关进行了评议。在开展评议活动的地方，约有 90%的市、县人大代表参加了评议活动，许多被评议的公检法机关抓紧查结了一些久拖未决的案件，纠正了某些错案，对极少数违法违纪政法干警，分别作了处理。

1995 年开始，评议工作由市、县一级向上、下两个方向延伸。许多地方的乡镇人大主席团组织人大代表评议“七所八站”[①]的工作，督促与人民生产、生活关系密切的基层单位端正行风，改进服务。省人大常委会确定省高级人民法院为省人大开展评议工作的试点单位。在试点的基础上，从 1996 年开始至 2000 年，先后对省人民检察院和省工商局、省文化厅、省建委、省质量技术监督局、省环保厅等省政府组成部门进行评议。在评议中，坚持把执法情况作为重点，遵循依法评议、实事求是、注重实效、推动工作的原则，既肯定成绩，也明确指出存在的问题和不足，抓好整改这个关键环节。省法院、省检察院对人大代表评议有异议的案件进行复查，有的依法纠正，有的吸取教训；省工商局接受代表提出的查处贩私和市场管理等方面的意见，采取措施加以整改；在评议省建委工作时，针对城乡规划、建筑业发展、建设管理、依法行政等方面存在的问题，提出了 32 条整改意见，并两次督促，逐条落实。从 1999 年开始，省人大常委会对其任命的省政府组成部门负责人有计划地进行述职评议。评议这一新的监督形式，综合体现审议、视察、特定问题调查、质询等监督形式的某些特点，拓宽监督渠道，深化监督内容，为地方各级人大监督工作和代表履行职责注入新的活力，产生了良好的社会反响。

为了加强对司法工作的监督，省九届人大常委会于 1999 年制定了对司法机关个案监督的规定，以立法形式，对个案监督的原则、范围和相关程序作出了明确的规定。依照这个规定，省人大常委会 1999—2000 年选择了 14 件比较典型、人民群众意见较大的案件进行监督，其中 10 件依法予以改判和纠正，促进司法机关提高办案质量。同时，对人民群众的申诉、控告和举报，进行直接督查，或移交有关方面查处、纠正；对人民群众的来信、来访，高度重视，热情接待，认真处理。

四　积极行使重大事项决定权

讨论、决定本行政区域内的重大事项，是省人大常委会的一项法定职权。以往几

① “七所八站”是指供电所、邮电所、粮管所、派出所、工商所、税务所、财政所，农技站、农机站、多管站、食品站、土管站、水利站、广播站、物资站。

届人大常委会积极探索行使这项职权,但未迈出制度化关键一步。1999 年,省九届人大常委在总结实践经验的基础上,制定《江苏省人大常委会讨论、决定重大事项的规定》,明确讨论、决定重大事项的适用对象、具体范围、程序和方法,使常委会行使这一职权走上制度化的轨道。为促使人大对预算审查批准工作的程序性向实质性转变,2000 年省人大常委会作出了加强省级财政预算审查监督的决定,提出必须先预算后支出的原则,实行细化预算、零基预算、提前编制预算和编制部门预算的要求,强化了对预算的审查和监督。针对苏锡常地区过量开采地下水,导致局部沉降、塌陷的问题,同年省人大常委会作出了关于苏锡常地区限期禁止开采地下水的决定,这对于有效控制苏锡常局部地区沉降,保障人民群众生产生活和经济持续发展具有重要意义。

五 切实加强人民代表工作

人大代表是国家权力机关的组成人员,是人民代表大会的主体。1994 年,省人大常委会制定《江苏省实施〈代表法〉办法》,对加强与代表的联系,发挥代表的主体作用,保障和促进代表依法履行职责起到了重要作用。常委会与代表联系渠道拓宽,代表活动形式不断丰富,代表建议的督办力度加大。八届人大常委会履行职责期间,共办理代表议案 20 件,建议、批评和意见 2202 件;处理省人大代表和人民群众来信 22017 件,接待来访 6643 人次。在办理议案和建议中,抓好交办、督办、反馈各个环节,并采取实地调查、代表视察、协商会办、跟踪督办等形式,提高办结率和满意率。通过办理议案和建议,解决或初步解决了一批事关一些地区经济社会发展和群众切身利益的问题,如黄桥老区高沙土综合治理与开发、连云港蔷薇河水污染、高氟地区降氟改水、淮北贫困县通电等,使人民群众的意愿得以实现,代表也从中感受到自己所享有的民主权利。2000 年,省九届人大常委会作出了《关于加强省人大代表工作的决定》,建立和完善国家机关向人大代表通报工作、代表约见国家机关负责人、代表持证视察、代表建议办理工作实行首长负责制、加强常委会与代表的联系、保障代表执行职务等制度,积极拓展代表工作的新渠道、新领域。

1993 年—2000 年间,省人大常委会依法行使人事任免权,共任免国家机关工作人员 673 人次。此外,对外交往不断扩大,接待数百批数千人次各国议会代表团及友好人士,还组团对一些国家进行了友好访问和专题考察。

六 基层民主政治建设的推进

第四次全国人口普查资料表明,1990 年江苏农村人口约占全省总人口的 3/4。

进入20世纪90年代，中共江苏省委、省人大、省政府积极推进农村基层民主政治的建设，把贯彻落实1987年颁布的村委会组织法，推进以民主选举、民主决策、民主管理、民主监督（简称"四个民主"）为主要内容的村民自治作为主要任务来抓。

全省首先形成了省、市、县、乡四级农村基层组织建设网络，为推进村民自治工作提供保证。1994年6月，省人大常委会通过并颁布《江苏省〈村民组织法〉（试行）实施办法》。1995年，中共江苏省委制定《江苏省农村基层组织建设工作三年规划》，并从1996年起，每年下发农村基层组织建设工作要点，进行具体部署。1998年，中共江苏省委贯彻十五大精神，召开农村民主政治建设工作会议，省人民政府召开检查汇报会，进一步加大工作力度。2000年9月，省人大常委会根据新的村委会组织法通过并颁布《江苏省村民委员会选举法》。与此同时，多年来，还大力进行村民自治的普及学习和执法教育，认真抓好乡村干部的学习培训。整个20世纪90年代省里每年都要举办1期示范培训班，为普遍培训乡村干部培养骨干。这一系列举措为加强村民自治工作创造了良好的法制环境和条件，使江苏村民自治工作一直走在全国前列。

村委会民主选举是村民自治的基础。按照村委会组织法的要求，1987年至1999年，全省先后进行了五届村委会选举。选举程序一届比一届规范，选举质量一届比一届高，发扬民主一届比一届广泛。1995年底至1996年初进行的第四届选举，由以往上级或党支部推荐候选人，扩大为可以村民联名提名、村党支部和村其他组织推荐候选人。1998年底至1999年初进行的第五届选举，全省有9939个村（占全省村总数的28.6%），采取"两个直接"，部分村采取"一个直接"选举的办法，选举村委会干部。① 在选举现场设立秘密投票处。这届选举参选率达93.5%，一次选举成功达94.2%。通过选举，一大批带头致富能力强、热心为村民服务的人被选进村委会班子。全省第五届村委会干部平均年龄为40岁，与第四届相比，中共党员所占比例提高了12.7个百分点，达到60.7%；文化素质有了提高，高中以上文化的提高了12个百分点，达到42.1%。②

民主决策、民主管理、民主监督在村民自治中处于不可或缺的地位。江苏在基层民主决策方面，逐步形成两项制度决定村里的重大问题。一是村民会议，多数村一年召开一次，也有些村半年一次；二是民主选举产生的村民代表会议，对村里的重大问题进行讨论决策，目前全省有150多万村民代表在履行职责。省有关部门下发实施细则对其运作进行指导。从1999年开始，江苏实施村的合并调整工作，这是涉及全

---

① "两个直接"的选举办法，即由选民一人一票直接等额提名候选人，按照被提名得票多少确定正式候选人，再由选民对正式候选人直接投票选举。"一个直接"的选举办法，即不先确定候选人由选民直接投票选举村委会干部。

② 凌航主编：《跨世纪的中国民政事业·江苏卷》（1994—2002），中国社会出版社2002年版，第94页。

局并为千百万村民关注的重大问题。因此,各地的调整方案都提交村民会议或村民代表会议讨论,凡是村民不同意的方案都没有强制实施,使这项工作有序、顺利地进行,保持了农村基层的稳定。① 民主管理主要是靠制度安排来保证。各地都制定村委会工作章程、任期目标、年度工作计划,有80%左右的村在以往村规民约基础上制定了村民自治章程。这些制度既是对村民的要求,也是对村干部的约束。民主管理的推行使一些原来的穷村、乱村面貌发生了变化。以财务公开为重点的村务公开是实行民主监督的主要形式。省、市、县对村务公开的内容、时间、形式及监督管理都作了详细规定。宿迁市所属的村在财务公开上坚持"四日"制度(即每月3、5、8、10日,分别为民主理财日、会计组织日、上墙公示日、监督检查日),受到村民的普遍欢迎。锡山市对村务公开实行一票否决制,凡村务公开检查验收不合格的单位和个人都不得评为先进。1998年新的村委会组织法颁布后,江苏逐步建立村委会向村民会议或村民代表会议报告工作的制度,接受民主评议,民主监督又向前推进了一步。当然,这两项制度落实还没有完全到位,做得较好的苏南地区达到80%,而苏北地区能坚持的只有一半左右。

在推进村民自治,加强基层民主政治建设中,村民自治县、乡(镇)、村示范创建活动发挥了引领和带动作用。开展这项活动的目的是积累和摸索经验,树立和推广典型,以点带面,提高村民自治的水平。它始于1990年。1993年太仓成为第一个被省命名的村民自治模范县。至2000年,全省被省命名的县达到34个,其中太仓、昆山、锡山、启东、无锡郊区等5个单位被民政部命名为全国村民自治模范县(市、区)。这些县(市、区)在落实"四个民主"方面做出了比较显著的成绩,他们的经验多次在省或全国介绍推广。同时一大批乡(镇)、村进入村民自治模范的行列。② 江苏村民自治工作取得的成绩也受到国外的关注。美国记者、欧盟专家、联合国开发计划署驻华代表、美国前总统卡特先后到一些村现场考察换届选举,中国推进农村基层民主政治建设给他们留下生动的印象。

根据1989年颁布实施的居委会组织法的规定,城市基层组织管理体制,实行区、街道、居委会垂直领导的模式,居委会是城市社区居民的自治组织。随着经济体制改革和城市化的推进,城市社会结构发生了急剧而深刻的变化。城市人口结构和就业方式的多元化;城市住房商品化,社区成员复杂化;特别是计划经济体制下单位承担

---

① 1999年全省村委会共有34523个,2000年调整为33073个。2001年调整合并工作基本结束,全省村委会共有20219个,比1999年减少41.43%。

② 至2001年,各市先后命名了718个村民自治模范乡(镇),各县先后命名了12764个村民自治模范村(并村前的命名数)。

的许多社会职能的剥离和政府服务职能向社会转移，使得社区服务迅速蓬勃兴起。至 1997 年底，全省城镇建有利民服务网点 16479 个，其中城镇社区服务中心(站)564 个；老年人服务设施 7370 个，残疾人服务设施 2164 个，初步形成以社区服务和社会互助服务为主要形式的社区服务网络。①

社区服务的组织化、社会化程度不断提高，服务内容和对象不断拓展，迫切要求改革原有的城市基层组织管理体制，建立新型社区组织机构，完善社区功能，推进城市基层民主政治建设。在这种形势下，自 1996 年以来，省和各地在建设新型社区方面进行了积极的探索。南京市鼓楼区 1996 年就提出社区建设是城区工作永恒主题的理念，调整城市基层建设工作思路，形成新的社区工作机制。1999 年，国家民政部把南京市鼓楼区、玄武区列为“全国社区建设实验区”。中共江苏省委、省政府 1998—2000 年连续三年把推进社区建设列入着重抓的 20 件实事之一。省民政部门先后确定了全省 13 个社区建设实验区。2000 年 6 月召开了全省第一次社区工作会议，对全面启动全省社区工作做了具体部署。几年来社区建设试点工作以建设环境优美、治安良好、生活便利、人际关系和谐的社会主义新型社区为目标，以提高社区居民综合素质和生活质量为宗旨，在发展社区服务的过程中，把居委会建设与基层民主建设结合起来，调整居委会规模，推进居民自治，整合社区资源，强化社区功能，取得了良好效果。居委会规模一般控制在 1000 户左右，全省由 1994 年的 6799 个居委会调整为 2000 年的 5430 个社区居委会。② 新的社区管理体制初步建立。在建立社区自治组织过程中，采取面向社会公开招聘、民主选举、竞争上岗等办法，选聘社区居委会干部。南京市鼓楼区 2000 年招聘、选举产生的 323 名正副社委会主任，平均年龄 39.9 岁，比改制前居委会干部的平均年龄下降了 11 岁；大专以上学历的占 53.5%，而改制前仅占 9.5%，整体素质增强。

为了加强社区民主政治建设，增强社区居委会自治功能，南京市还从外部环境积极创造条件，如实行市容、环卫统一综合执法，使社区居委会从环卫、城管的具体事务中解脱出来，并代表居民群众进行监督。由以前各部门检查、考核社区居委会，改变为社区居委会和居民群众、驻社区单位评议街道和区各部门。每年拨专款解决社区居委会干部工资、福利和办公经费，告别“亭棚经济”，全身心投入社区建设、提高社区服务的质量和水平。南京鼓楼区、白下区、常州钟楼区、苏州金阊区创造的各具特色的社区建设经验在全国社区建设工作会议上作了介绍。

---

① 至 2001 年，城镇社区服务设施 40825 个，便民利民服务网点 135674 个，社区服务志愿者 302852 人。引自《跨世纪的中国民政事业·江苏卷》(1994—2002)，中国社会出版社 2002 年版，第 366 页。

② 2001 年调整居委会划分社区的工作基本结束，全省社区居委会共有 4754 个。

第三节 加强政协工作，巩固和发展爱国统一战线

一 政协工作在服务大局、弘扬主题中前进

1993年是江苏省、市、县政协同期换届年。按照政协章程的规定，经过充分民主协商，产生新一届省政协委员691人。同年4月13—20日，政协江苏省委员会召开第七届第一次会议，选举孙颔为省政协主席，段绪申、陈邃衡、章臣桓等9人为副主席，其中7人为省各民主党派、工商联主要负责人。各市、县(区)政协换届后，全省各级政协组织达117个，政协委员总数为22260人。1996年适应行政区划调整，泰州市、宿迁市以及宿城区分别召开第一次政协会议，选举产生领导班子。1998年，除泰州、宿迁两市和宿城区外，省、市、县三级进行换届。新一届省政协委员共有688人，同年2月13—19日，政协江苏省召开第八届委员会第一次会议，选举曹克明为主席，胡福明、段绪申、韩文藻等11人为副主席，其中8人为省各民主党派、工商联主要负责人。1998年，全省各级政协组织122个，政协委员总数为24671人。七、八两届政协委员中，非中共委员超过60%。

1992年以来，江苏各级政协组织认真组织和推动政协委员学习邓小平理论、中共十四大、十五大和历次中共中央全会重大决策的精神，学习新时期统一战线、政协工作理论和新修订的政协《章程》，加深对人民政协性质、地位和作用的理解，坚定建设有中国特色社会主义的信念，增强委员履行职能的使命感和责任感，各民主党派、工商联、人民团体、无党派人士和各界代表人士在不断增强和巩固共同政治基础上的团结合作，把政协工作推向前进。

1992—2000年9年间，江苏省政协坚持服从和服务于发展、改革和稳定的大局，紧紧抓住全省现代化建设中的重大问题，积极履行政治协商、民主监督、参政议政的职能。[①] 在此期间召开的9次全委会议都围绕政府工作报告和其他报告就全省大政方针开展政治协商，认真组织各党派、团体、界别小组讨论，共有310人次大会发言(含书面发言)，组织了70个专题座谈会。历次常委会议根据全省、各阶段工作部署确定专题，听取省政府或有关部门经济工作和其他涉及全局工作情况的通报，进行协商讨论。在常委会闭会期间，有计划地安排主席会议对时效性较强的议题重点协商

① 中共中央于1995年1月13日发出通知(中委[1995]13号)，同意政协全国委员会党组提出的《政协全国委员会关于政治协商、民主监督、参政议政的规定》(以下简称《规定》)。1995年1月14日政协第八届全国委员会常务委员会第九次会议通过了该项《规定》。自此，政协的主要职能的提法是政治协商，民主监督，参政议政。

和各专门委员会与党政部门的对口协商讨论活动。经过多年实践，基本形成了全委会、常委会、主席会议、专题协商会议等多层次民主协商的格局。中共江苏省委、省政府重大决策前的协商，逐步摆上日程。1995年制定《"九五"计划和2010年远景目标纲要》以及2000年制定"十五"计划，省政协组织委员就改革开放、经济建设、社会发展中的许多重要问题，开展多方面调研；召开常委会议对省委的建议征求意见稿，省政府计划纲要征求意见稿进行协商。委员们许多意见、建议被中共江苏省委、省政府采纳。

9年里，省政协先后组织了294项专题视察调研活动，累计有6000多人次参加。专题调研活动，绝大多数形成了有情况、有分析、有对策建议的报告，这些报告凝结了广大委员的心血和智慧，体现了政协人才荟萃，"智力库"的优势。报告送达省政府和有关部门后，普遍受到重视和采纳。9年里，省政协还选择一批重点课题进行系统调查和研讨，先后形成了55件常委会、主席会议的建议案。这些建议案紧紧围绕省委、省政府的重大部署和发展战略的实施，致力于研究新情况、回答新问题。建议案涉及经济建设方面的，有推进工业结构调整、推进农业现代化、稳定发展粮棉生产、苏北农村加快发展多种经营、苏南农村推进农业适度规模经营、加快建设徐连经济带、加快实施淮北致富工程、加快农业结构调整、推进全省工业企业技术创新、加快发展医药工业等；涉及改革开放方面的，有乡村集体企业的改革和发展、健全完善企业职工养老保险和失业保险制度、改善外商投资软环境、国有大中型企业的改革与脱困、国有及城镇集体小企业深化改革和发展等；涉及科教兴省方面的，有加快经济欠发达地区普及九年义务教育、加快淮北地区人才建设、推进全省工业企业技术创新、进一步发展风险投资、加快高等教育发展与改革等；涉及精神文明和民主法制建设方面的，有加强社会公德、职业道德、社会主义文化建设，加强社会治安综合治理等。这些建议案由于指导思想正确，选题角度较准，具有较强的针对性、科学性、前瞻性，受到中共江苏省委、省政府的高度重视，对促进决策的民主化、科学化，发挥了重要作用。

随着江苏经济的快速发展，资源、环境的压力愈来愈大，实施可持续发展战略更加紧迫。1999年，省八届政协新设立人口、资源、环境委员会，为促进可持续发展建言献策。当年，针对长江水质污染日趋严重的状况，江苏省政协发起召开长江10省市政协长江流域水环境保护工作座谈会，共同探讨防治污染、加强合作的方式和途径，并向国家有关部门提出建议。时任国务院副总理温家宝对此作出批示。此后，协作研讨会每年举行一次，形成制度。

9年里，省政协委员、省政协各组成单位和专门委员会共提出提案4408件。在省七届政协期间，修订了《提案工作条例》，颁发了《关于加强和改进提案工作的意见》。

贯彻实施这两个文件,提案的质量明显提高,集体提案增加,征集、立案、分类、交办、办理、催办、反馈等环节纳入制度化轨道。省八届政协在采取协商座谈、调研视察、联合办案、现场办案等形式办理提案的同时,实行主席督办的新做法,即每年从提案中选取涉及改革发展稳定的重要问题、群众普遍关心的热点问题为重点,分别由主席、副主席督办,取得较好效果。中共江苏省委、省政府及承办单位对提案办理工作十分重视,把它作为自觉接受民主监督、改进工作的重要环节来抓,因此办结率都达到100%,80%—85%的提案被采纳或准备逐步解决。1995年以来,省政协大力加强反映社情民意工作,并采用简报形式,直接报送中共江苏省委、省政府领导及有关部门。1995—2000年,共编印简报225期,反映了一批群众较关心的热点问题和一些易被忽视的"冷点"问题,进一步疏通了下情上达、发扬民主的渠道。省委、省政府领导对大多数简报作出批示,要求有关部门采取措施解决问题。

民主和团结是政协工作的两大主题。9年来省政协把这两大主题贯彻于政协的各项工作之中,体现于政协履行职能的全过程。一方面,认真贯彻"长期共存,相互监督,肝胆相照,荣辱与共"的方针,尊重和维护民主党派、工商联的权利和职责;担任省政协副主席的各民主党派、工商联的负责人与驻会主席、副主席一道分工,参与分管省政协工作;委员中的中共党员和民主党派、工商联成员、无党派人士相互尊重,加强合作共事。另一方面,注重发挥委员主体作用和政协的整体功能,调动一切积极因素,坚持在各种会议和活动中民主协商,平等议事,鼓励讲真话、报实情,形成团结和谐的良好氛围。同时,广泛发动委员参与政协工作,在制度、组织建设上创造条件开展委员的经常性活动,如建立委员联络小组,开展委员活动日,吸收各界别委员参加专题调研视察活动,帮助委员解决一些实际困难,增强了人民政协的凝聚力。

省政协按照"一国两制,和平统一"的方针和江泽民关于发展两岸关系的谈话精神,积极开展以对台为重点的海外联谊工作。1993—2000年,编印《江苏乡情》59期,向台湾同胞、海外侨胞介绍江苏经济和社会发展情况,很多篇目被台湾江苏同乡会会刊转载;先后接待台湾同胞、海外侨胞3400多人次;多次举办两岸专家、学者参加的各种学术研讨会和座谈会,广交朋友,联络感情,宣传政策,增进相互了解和沟通。省政协认真组织港澳委员返乡视察,鼓励和支持他们对工作提出意见和建议。港澳委员在为实现港澳回归祖国,支持江苏开放型经济发展发挥了积极作用,捐资助学、扶贫济困的善举也赢得广泛的赞誉。省政协积极拓展侨务工作,组织对有关侨务工作进行专题调查,对贯彻侨务政策,维护侨胞合法权益,进一步做好侨务工作提出建议;协助有关部门联系引进海外资金和技术,取得一些成果。

省政协文史资料工作高举爱国主义旗帜,坚持为统一战线服务,为社会主义精神

文明建设服务的方针，加强征集这一基础性工作，不断开拓征集的范围。征集重点由政治、军事转移到工商、经济、科技、文化、教育等方面，征集面逐渐扩大到港澳台及海外，征集时段延伸到新中国成立之后。从1980年恢复出版《江苏文史资料选辑》起，至2000年，共出版138集，约5000多万字。这些资料，绝大部分是由阅历丰富的政协委员和统战人士撰写的“三亲”（亲历、亲见、亲闻）史料，记述了新中国成立前后近一个世纪发生在江苏的重大史事，具有存史、资政、团结、育人的社会功能，同时，文史资料的统战性和“三亲”性，也使其成为人民政协履行职能的特殊方式。1995年，省政协对往年征集或出版的文史资料进行选精拔萃，分类整理，编辑出版了《江苏文史资料集萃丛书》，共10卷，约300万字，具有一定的史料价值和学术价值。2000年，《江苏文史资料选辑》改刊为《钟山风雨》（双月刊），已出试刊号。

为了更好地进行爱国主义教育，加强精神文明建设，1998年中共江苏省委、省政府决定，在原“总统府”遗址的基础上，由省政协负责筹建南京中国近代史遗址博物馆。2000年，完成了博物馆总体规划和第一期工程的立项工作，规划中的“五馆一线”①已全面开放，各方面人士和参观者对遗址原大院的文物保护、遗址恢复，对展出的丰富内容和精美形式给予好评。

2000年11月，中共江苏省委召开了全省政协工作会议。这是江苏省政协成立以来省委召开的第一次全省政协工作会议。中共江苏省委书记回良玉在会上作了题为《围绕中心，服务大局，发挥优势，为我省率先基本实现现代化而努力》的报告。省委还作出了《关于进一步加强人民政协工作的决定》。这次会议的召开和省委的决定对加强和改进中共对政协工作的领导，指导和推动全省各级政协工作，具有重要意义。

二　多党合作事业的新局面

1992年以来，中共江苏省委坚持和完善中国共产党领导的多党合作和政治协商制度，与各民主党派、工商联、无党派人士一道共同推进多党合作事业，巩固和发展爱国统一战线。

全省民主党派、工商联组织不断发展壮大，中共与党外人士的联盟得到巩固。至2000年，民主党派成员已由1979年的4429人发展为34561人，其中省民革2630人，省民盟9078人，省民建4975人，省民进5901人，省农工5995人，省致公党1043人，省九三4937人。江苏省各民主党派时任主委分别是：民革冯健亲、民盟金忠青、民建黄孟复、民进陈凌孚、农工朱兆良、致公周桑漪、九三闵乃本。省工商联会员由1990

① 五馆指两江总督史料展、洪秀全与天朝宫殿史料展、晚清民国史料展、孙中山先生生平事迹展、总统府文物史料陈列；一线指遗址博物馆中轴线。

年的31463人发展到11.1万多人,会长李仁。省各级民主党派负责人中相当一部分担任了省、市、县(市、区)人大常委会副主任、政协副主席。1998年政府换届后,有265名民主党派成员、无党派人士担任了各级政府及其部门和司法机关县处级以上领导职务,其中有副省长1人,省政府部门副(厅)局长13人,省辖市副市长12人,副县(市、区)长105名。民主党派和无党派人士参加国家政权工作的制度安排,为发挥参政党的作用,加强社会主义民主政治建设提供了组织保证。此外,特约人员工作也由司法、纪检监察机关拓展到政府工商、物价等部门,积极探索非中共人士在更大的范围内有序参与国家政治生活,发挥积极作用的新途径。

积极参政议政,发挥民主监督作用。1992年至2000年,中共江苏省委、省政府主要负责人主持召开的、民主党派省委主要负责人和无党派代表人士参加的协商会、座谈会、通报会达17次,内容涉及中共江苏省第九次代表大会、省委主要文件、全省大政方针、"九五"、"十五"国民经济和社会发展及远景目标规划、重要人事安排、政府工作报告、重要情况等。各民主党派省委负责人、无党派代表人士还应邀列席每年两次的省政府组成人员会议。参加这些协商、座谈活动的非中共人士不仅及时了解全省经济社会发展大局和工作重要部署,而且积极建言献策,很多意见和建议得到省委、省政府的重视和采纳。1999年,江苏省省级领导班子中中共党员开展"三讲"活动,省人大常委、省政协常委中的非中共人士直接对中共江苏省委常委和省人大、省政府、省政协中共党员领导干部进行民主评议,反映人民群众意见,发挥监督作用。1992年以来,各民主党派围绕党委和政府工作的重要部署和人民群众关心的热点、难点问题,开展重大课题调研,向省委、省政府和中共中央提出重要意见、建议766条,向省人大、省政协提交集体议案、提案2692件,非中共委员个人提案7338件。①特别是作为政协的主要组成单位的各民主党派、工商联在历次政协全委会、常委会上,以组织名义作大会发言、提出提案,亦已形成制度。多年来,各民主党派、工商联愈来愈重视调查研究。这些调研课题角度选得准,思考深入,形成的发言、提案的质量和水平不断提高,受到中共江苏省委、省政府主要负责人或分管负责人的高度重视。他们在政协全委会上的许多发言被省党政领导当场批示,要求有关部门认真研究采纳或落实。政协中民主党派、工商联的集体提案一般均作为重点提案办理,有的被列为当年一号提案督办。近几年来,许多担任省人大代表、政协委员的民主党派成员、无党派人士参加了全省党政机关和事业单位通信工具清理、预算外资金收支两条线管理、公路和河道"三乱"治理、工程建设治理等专项检查活动,对全省党风廉政建

① 意见和建议、集体和个人提案数统计时段为1992—2003年,数据由中共江苏省委统战部办公室提供。

设发挥了积极作用。

发挥优势，为经济建设和社会发展贡献智慧和力量。多年来，全省各民主党派、工商联响应中共中央、国务院的号召，热情参与"西部大开发"。"民盟省委从1994年起连年在甘肃定西、临洮、临夏等地开展教育支边、扶贫活动。民建省委和爱德基金会合作，在贵州援建教学点，资助贫困儿童重返校园；在陕西扶持农民成立'农民科技协会'，帮助农民进行农业调整"。① 民进江苏省委和云南省委合作，"推动南京市夫子庙小学四(2)班学生与云南红河州元阳县黄茅岭乡戈它小学50名贫困学生结成互助对子。农工党省委组织医卫专家赴贵州兴义、遵义等地帮助提高医疗质量和开发医药卫生资源。致公党江苏、四川省委在四川泸州叙永县开展'致泸合作'。九三学社省委参加'三九合作'四川广元白龙湖银鱼养殖项目以来，已创造经济效益2000余万元"。②工商联非公有制会员企业家到西部地区承担重点工程项目，直接兴办企业，参与建设光彩小学。各民主党派从20世纪80年代兴起的社会咨询、办学等活动一直延续至今。省民革各级组织共办有各类学校19所，各级民盟办学校22所，促进各地特别是苏北地区教育事业的发展。"民建省委与爱德基金会在盐阜老区共同援建的'爱民'井和共同扶持的水藕项目深受当地群众欢迎。此外，民建、民进省委还先后在苏北地区援建了4所希望小学"。③

三　民族宗教工作成绩显著

江苏是一个以汉族为主体的人口大省。1990年第四次人口普查时，少数民族人口为15.28万人，占全省总人口的比重为0.23%。此后十年间，由于婚嫁、经商、求学、工作调动等原因，迁居江苏的少数民族干部和群众愈来愈多，少数民族人口数量大幅增长。2000年第五次人口普查时，全省少数民族人口总数达到24.82万人，占全省总人口的比重上升为0.33%，而且有55个少数民族。少数民族组成结构中，主要是回族、满族和蒙族，其中回族人口最多，有15万多人；10人以下的民族有8个。55个少数民族分布具有大分散、小集中的特点，遍布全省所有县(市、区)，主要散居在城镇，约占68%。南京市最多，有8万多人；全省除高邮市菱塘回族自治乡外，少数民族人口占30%以上的村民委员会有13个，居委会6个，村民小组79个。

进入20世纪90年代，江苏针对少数民族人口数量急剧增加的新趋势和构成、分布的新特点，坚持"团结进步，稳定发展"的主题，不断加强各民族的平等、互助、团结、合作，促进共同繁荣。

---

①②③ 《继往开来的多党合作事业》，《新华日报》2005年8月26日。

政治方面,尊重和保护少数民族享有的与汉族平等的民主权利。1998 年人大、政协换届时,全省少数民族当选县以上各级人大代表和协商产生的政协委员、青联代表共 449 名,其中全国、省人大代表分别为 3 人、16 人,全国和省政协委员分别为 4 人、12 人。[①] 其代表、委员数占少数民族人数比例远远超过汉族的比例。1996 年,省人大常委会审议通过《江苏省少数民族权益保障条例》(以下简称《条例》),对保护少数民族合法权益,积极扶持少数民族经济和社会事业发展,尊重少数民族风俗习惯和宗教习俗作出了明确的规定。这是历时 3 年调研起草,国内第一个除实行民族区域自治制度地区外的地方性法规。《条例》的颁布和实施,把江苏的少数民族工作纳入法制化轨道。2000 年,经省人民政府批准,六合县竹镇镇享受民族乡的待遇。

经济方面,帮助民族乡、村经济发展和对少数民族贫困户进行扶持。省里先后 4 次召开全省少数民族扶贫工作会议或经验交流会,推动这项工作的开展。省人民政府逐年增加扶贫资金,不断加大扶贫力度,到 2000 年达 150 万元,各市、县每年筹集配套资金达 300—400 万元。据统计,有 4.6 万少数民族贫困群众脱贫。农村基础设施建设等方面,省各有关部门都给予大力支持。

文化教育方面,在普及九年义务教育和农村文化建设中,各地对少数民族给予支持和帮助。少数民族学生报考民族大专院校和中等学校时,还享受降低录取分数的待遇。在《条例》实施的第一年的 1997 年,仅南京市就有 1507 名考生享受了该项政策的优惠。江苏还受教育部委托,在常州、南通设立民族中学,为少数民族地区培养人才。由于国家和省重视少数民族人才和干部的培养与选拔,江苏少数民族干部从 1992 年的 7541 人,增加到 2000 年的 8000 多人,有 7000 多人获得专业技术职称,其中高级技术职称 500 多人。

全省贯彻实施《条例》中,尊重和保护回族等 10 个民族土葬的习俗;在有清真饮食习俗的少数民族聚居的城市拨付专项资金扶持清真行业的发展;提供贴息贷款和专项原材料,保证民族贸易和民族生活用品定点企业的生产需要。全省在各民族平等相处,共同繁荣的进程中,涌现了一批民族团结进步的模范集体和个人。1995 年,继 1986 年首次召开全省民族团结进步先进集体和个人表彰大会后,进行第二次表彰;1999 年还有 7 个先进集体和 8 名先进个人受到国务院的表彰。这些表彰活动是全省民族工作成果的展示,也为各民族团结进步,进一步做好民族工作树立了学习的榜样。

江苏现有佛教、道教、伊斯兰教、天主教、基督教等五大宗教,全省信教群众 300

---

① 该数字由中共江苏省委统战部办公室提供。

多万人，各教教职人员5000多人。全省爱国宗教团体205个，其中省级宗教团体11个。江苏天主教有南京、徐州、苏州、海门四个教区。宗教团体所办院校有金陵协和神学院、江苏省基督教圣经专科学校、中国佛学院栖霞山分院、中国佛学院灵岩山分院、中国天主教佘山修院江苏分院等11所。江苏宗教团体的一批上层人士在全国政协、全国爱国宗教团体和院校中担任主要领导职务的有：丁光训主教任全国政协副主席、中国基督教三自爱国运动委员会、中国基督教协会名誉主席、金陵协和神学院院长；韩文藻先生任全国政协常委、中国基督教协会会长；刘元仁主教任全国政协常委、中国天主教主教团主席。担任副职的有佛教茗山法师、基督教陈泽民牧师、季剑虹长老、伊斯兰教伍贻业教授等。

进入20世纪90年代，宗教政策进一步贯彻落实。宗教团体房产的67处历史遗留问题，本着"尊重历史，照顾现实，执行政策，互信互让，协商解决，不留尾巴"的原则，基本上得到了妥善解决，维护了宗教界的合法权益。宗教活动场所由1992年1570处，增加到2000年4125处，满足了信教群众的宗教活动需求。省财政拨款2000多万元为省级爱国宗教团体购置、装修一幢七层办公楼。中断多年的一些宗教仪式和活动恢复。1992年在素有"天下第一戒坛"之称的句容宝华隆昌寺举行已中断35年的传戒大会，来自包括台湾在内的32个省、市、自治区和美国、日本、缅甸、新加坡、香港等国家和地区近千名弟子接受戒礼，盛况空前。重大宗教活动频频举行。1993年，茅山道院举行海峡两岸道教界为在抗日战争中死难同胞超度法会。1998年，中国佛教协会在常州天宁禅寺举办传戒法会，国家宗教局、中国佛教协会在无锡举办佛教传入中国两千年国际学术交流会、纪念法会等。

全省大中城市一大批寺院得到修缮，如法如律、庄严精美，其中先后共有14座寺观被国务院列为全国重点寺观，接待了成千上万的信教群众和游客；还有一些历史有记载、但现已名存实亡的古刹得到重建，它的宗教历史价值和文化价值进一步展现生辉。无锡马山地区的灵山大佛，这座被时任全国政协副主席、中国佛教协会会长赵朴初称之为"东方大佛"，缘起于小灵山唐代祥符禅寺而重新构思、设计、建造，总高88米的铜铸大佛立像，历经三载，于1997年11月15日开光。如今它已不仅是一处佛教胜境，而且是一件佛教文化艺术巨作留驻人间。

承载着传承佛教文化重任的南京金陵刻经处，在省和南京市的大力支持下，于1981年恢复后，共印制300多种、几十万册经书，流通全国各地，满足了各大寺院、大学、研究机构和佛教信众对佛经的需求，并且远销欧美和东南亚地区，在海内外享有盛誉，对佛教事业的发展和中外宗教文化的交流作出了积极的贡献。随着宗教信仰自由政策的落实，全国基督教信徒数量增长很快，但缺乏"圣经"。1998年，爱德基金

会创办爱德印刷有限公司,开始印制"圣经"。到 2000 年底,共印刷"圣经"全本达 2573 万多册,其中包括 6 种外语本 110 万多册、7 种少数民族文字本 4 万多册①,"不仅满足了广大基督教(包括天主教和少数民族及盲人)信徒的宗教生活需要,而且还出口到英国等发达国家和发展中国家,有力粉碎了西方制造的中国没有宗教信仰自由的谎言。"②

依法对宗教事务进行管理。20 世纪 90 年代,江苏五大宗教按照各自章程的规定,按时召开代表会议,进行换届选举,产生新一届领导班子,修订《章程》,制定内部管理办法。省宗教事务工作部门尊重各宗教团体的章程和自主办教的方针,在换届工作中给予积极的协助和服务,并帮助各宗教团体建立健全学习、会议、培训、考核、财务和财产管理等制度,提高管理水平。全面开展宗教活动场所登记工作是依法对宗教事务进行管理的基础性工作。1994 年,根据国务院和国家宗教事务局颁布的有关法规和办法,省人民政府批转下发《关于宗教活动场所登记工作中若干问题的意见》,当年进行试点、准备,1995 年全面实施,对现有宗教活动场所按照符合条件的准予登记、基本符合条件的临时登记、尚存在某些严重问题的暂缓登记、不符合条件的不予登记 4 种情况分别予以处理。这项工作到 1997 年完成。通过实施登记的规范性程序,使宗教活动场所管理纳入法制化轨道,维护宗教活动的正常秩序,保障了信教群众宗教信仰自由的权利;在此基础上,开展创建文明宗教场所活动。同时,依法制止和纠正一些地方乱建寺庙、露天建佛像等现象和外国人违反中国有关法律、法规进行的传教活动,依法取缔一批违法犯罪的邪教组织,惩处了犯罪分子。

积极引导宗教与社会主义社会相适应。这项工作的一个重要方面是利用宗教教义、宗教教规和宗教道德中某些积极因素,为社会主义物质文明和精神文明建设服务。中国共产党各级组织和各级政府倡导宗教团体参与社会公益和慈善事业,得到了各宗教团体的响应。他们利用兴办实体的收益,引进海外资金,动员信教群众积德行善,捐资办学助学、扶贫济困、抗灾救灾。据不完全统计,从 1992 年至 2000 年,各宗教团体累计在省内捐献资金约 1100 万元左右。在为社会主义两个文明建设服务中,宗教界涌现了一批爱国爱教、奉献社会的先进集体和个人,受到中共各级组织和政府的表彰。投身社会服务和公益事业堪称范例的首推爱德基金会。该会是由丁光训、韩文藻等中国基督教高层人士倡议发起,社会各界人士参加的民间社团,总部设在江苏。自 1985 年成立以来,秉持"服务社会,造福人群"的宗旨,在教育、社会福利、医疗卫生、农村发展、扶贫和救灾等领域,做了很多有益的工作,据统计,爱德基金会

① 该数字由爱德基金会提供。

② 周加才:《丁光训主教与爱德基金会》,《挚友》2006 年第 1 期。

项目实施区域遍及全国31个省、市、自治区，200多个县(市、区)。仅1998年在抗洪救灾中就捐赠了2000多万元。① 爱德基金会的工作，向需要帮助的人群提供了无私的支持和关怀，为中国基督教徒参与社会服务提供了新形式。

加强各宗教团体特别是神职人员队伍的思想建设是引导宗教与社会主义社会相适应的重要途径。多年来，省宗教事务工作部门围绕党和政府工作大局，把加强思想政治工作与对宗教事务的管理相结合，采取多种形式，促进宗教界紧随中国特色社会主义伟大事业不断进步。以各宗教团体骨干和神职人员为对象，举办培训班，学习邓小平理论和中共十四大、十五大等中央文件，学习统一战线理论和宗教政策；结合重大纪念、庆祝活动召开座谈会、庆祝会，进行生动的爱国主义教育；组织青年神职人员赴外地参观，安排《普法》学习，增强法制观念；总结交流为两个文明服务的经验体会，增强与社会主义社会相适应的意识。这些举措，对于提高宗教神职人员的素质起到了引领和促进作用。江苏境内的宗教院校，担负着为全省和全国培养神职人员的任务。省宗教事务工作部门积极与主办宗教团体合作，深入院校进行调研、指导，采取措施加强教师队伍建设，进行学校工作评估，帮助院校端正办学方向，树立正确的神学导向。为了推动宗教与社会主义社会相适应，从20世纪90年代中期起，宗教界开始从理论上进行专题研讨，提高认识，明确方向。基督教在丁光训主教带领下，积极推进基督教神学思想建设，先后召开两次专题研讨会，撰写论文145篇。2000年，组织神学思想建设宣讲团，到11个市向3000多名神牧传道人员宣讲。同年5月，省宗教事务工作部门举办宗教界"宗教与社会主义社会相适应"研讨会，省宗教界知名人士积极撰文参加，研究成果颇丰。

随着江苏省对外开放全方位的展开，宗教界与国外、香港、澳门和台湾地区的友好交往日趋活跃。1992—2000年，各宗教团体接待境外宗教团体人士千余批次、万余名人次，其中包括英国坎特伯雷大主教，应江泽民主席邀请、美国总统克林顿提名的美国宗教界代表团；江苏省宗教界出国出境和私人访问也达到百余批次、3000多人次。② 20世纪90年代，海峡两岸宗教团体和人士相互交往频繁。1998年，应台湾地区台北市善导寺住持了中法师提议，经国家有关部门批准，将原供奉在南京灵谷寺的唐代高僧玄奘法师顶骨舍利一粒分赠由了中法师创办的台湾玄奘大学供奉。当年8月23日和10月3日，先后在南京灵谷寺和台湾玄奘大学举行了隆重的迎送法会和安奉法会。这是海峡两岸佛教界友好交往的一件盛事。

---

① 资料来源：《爱德简讯》，2005年第6期(总第70期)。

② 根据1993—2001年《江苏年鉴》披露的数字整理，其中年鉴缺1992、2000年来访、出访数字和1999年接待来访的数字。

在对外友好交往开展的同时,坚持独立自主自办教会的方针。2000年,江苏省天主教对梵蒂冈借“封圣”干涉中国宗教事务的图谋进行了揭露和批判。

第四节 工会、共青团和妇联发挥重要作用

一 工会组织职工发挥主力军作用

中共十一届三中全会以后,江苏省工会组织得到迅速恢复和发展,工会工作进入新的发展阶段。① 从1981年开始,江苏省总工会、共青团江苏省委、江苏省妇女联合会等单位联合组织开展以“五讲四美”为主要内容的文明礼貌活动,对清除“文化大革命”在道德风尚、社会风气等方面所造成的恶劣影响,为经济建设、改革开放营造良好的社会环境,起了积极作用。1983年3月,江苏省实行市领导县的新体制,工会体制也相应变更,11个省辖市及所属的64个县(市)建立总工会,撤销省总工会在各专区设立的办事处。从1984年起,江苏省各级工会用3年多时间进行全面整顿,开展创建“职工之家”活动,进行乡镇企业组建工会的试点工作。从1993年初起,江苏省总工会在全省职工中广泛开展具有工会特色、深受职工欢迎、赢得社会赞誉的“在发展社会主义市场经济中,创企业精神,树主人翁形象”主题教育活动,增强了广大职工改革、竞争意识,焕发起与企业利益与共,同舟共济的主人翁责任感。工会组织的群众化、民主化和基层工会组织、制度建设进一步加强。1978年末,全省有基层工会14001个,会员257.4万人。到2000年,全省基层工会增加到53826个,会员达623.99万人。其中乡镇企业工会13126个,港澳台商企业工会885个,外商投资企业工会1830个,私营企业工会5571个。全省专职工会干部26048人。工会组织在中国共产党的正确领导下,在江苏的政治、经济和社会生活中,发挥着独特的作用,成为一个重要的人民团体。

1. 围绕经济建设,开展群众性劳动竞赛活动

各级工会根据各个时期建设的任务、目标和行业特点,广泛开展多种形式的社会主义劳动竞赛。在竞赛中,组织职工开展以技术革新、技术协作和提合理化建议为主要内容的比、学、赶、帮、超活动。1986年,江苏省总工会直接组织有200个单位、14万多名职工参加的为完成省内13项国家重点项目工程建设的立功竞赛,有1.6万名

---

① 1977年10月20—24日、1982年4月20—24日、1987年12月3—7日、1992年12月21—24日、1997年12月20—23日,先后召开江苏省工会第六、七、八、九、十次代表大会,大会分别选举产生新一届委员会,章瑞英、丁可则、陈斌良、徐锡澄、张艳分别当选江苏省总工会各届委员会主席。

职工立功受奖。从1991年开始，江苏省各级工会组织职工广泛开展以“科技、质量、品种、效益年”和双增双节为主要内容的“八五奉献杯”立功竞赛活动。到1993年，全省有451万多名职工提合理化建议404.9万多条，被采纳的有165.6万多条，付诸实施的有93.8万多条。同时，各级工会还组织537万多名职工参加多种技术比赛，为提高职工技术素质，搞活大中型企业发挥了积极作用，并涌现出一大批先进集体和模范先进人物。① 江苏省总工会会同中共江苏省委组织部、宣传部、江苏省计经委在全省国有、集体企业的厂长、董事长、经理中开展评选百名“依靠职工办企业优秀厂长”活动。1995年5月，省总工会对评选出的百名“最佳主人翁”进行表彰。1996年，全省各级工会发动和组织职工以扭亏增盈为重点，深入开展以“双增双节、提高质量、技术进步、增进效益”为主要内容的“跨世纪奉献杯”立功竞赛活动，在停产、半停产企业组织职工开展群众性的生产自救活动，全省参赛职工达500多万人。从1997年开始，全省各级工会广泛深入开展“降本增效”大讨论。据不完全统计，仅1998年，全省90%以上的企业、400余万名职工参加这一活动，共提合理化建议120万条，采纳实施率达40%。2000年，全省有1.6万家企业、420多万名职工参加各种形式的劳动竞赛。

1978年以来，江苏生产战线涌现出一批又一批劳动模范、先进生产(工作)者。1985—2000年，江苏省有“全国五一劳动奖章”获得者570人；1987—2000年，“江苏省立功奖章”获得者346人。

2. 参政议政，维护职工合法权益

江苏各级和各产业工会都参加同级政府和行政部门涉及职工切身利益的法规、政策的讨论和制定，并运用多种形式反映职工的呼声和要求，努力维护职工合法权益；教育职工顾全大局，维护安定团结的政治局面。全省各级工会还先后参与全国《工会法》、《劳动法》、《劳动争议处理条例》、《富余职工安置办法》、《职工待业保险办法》等法律、法规的讨论和修订。在搞活大中型企业、住房、企业劳动、工资、医疗保险制度改革等方面，江苏各级工会也深入进行调查研究，为中共各级组织和政府科学决策、完善改革方案提出重要意见和建议。为了进一步推动企业的民主管理，在200人以上的企业中普遍建立职工代表大会制度。1991年，各级工会对39万多名职工代表进行比较系统的培训，广泛开展选、树民主管理先进典型活动，提高职工代表参政议政能力，推动了职代会职权的落实。从省总工会到基层工会都成立了女职工委员会，维护女职工的特殊利益。

① 以上数字，根据1992年《江苏年鉴》，南京大学出版社1992年版，第236页；1993年《江苏年鉴》，南京大学出版社1993年版，第182页；1994年《江苏年鉴》，江苏年鉴杂志社1994年版，第68页的数字进行统计而得。

1992年,江苏省有1.7万个单位召开职工代表大会,代表大会在审议提交的16.5万个议案中,否决25866件。有半数单位的职代会民主评议单位领导12.6万多人,其中经民主评议后免职的1086人。1993年,江苏省、市、县工会会同有关部门对职工养老保险制度、待业保险制度实施情况,以及职工医疗保险、工伤保险、困难职工生活状况进行专题调查,提出了政策性的意见和建议。省、市、县工会还积极参与《江苏省实施〈工会法〉办法》、《江苏省贯彻实施〈企业劳动争议处理条例〉办法》等法律法规的制定和修改。是年,江苏省已有102个市、县(市辖区)建立劳动仲裁委员会。江苏各级工会始终把积极参与推动国有企业深化改革、建立现代企业制度作为工作的重点。1998年底,全省已进入实施运作阶段的199家省级以上现代企业制度试点单位中,改制后已召开职代会的193家,占96.98%。1999年,省总工会会同有关部门对厂务公开工作进行指导,把职工的参与度和满意率作为考核工作成效的重要标准。到2000年,国有、集体企业和公有资产占主体的企业初步实行厂务公开的达9203家,推行面达97%。

3. 实施送温暖工程,保障职工基本生活

江苏省各级工会一直把保障职工生活作为工作的重点。在积极开展职工扶贫工作中,各级工会运用资金技术、信息扶助和互助互济等方式扶助贫困职工,拓宽了为职工排忧解难的路子。同时,每年元旦、春节期间,各级党政领导与工会干部走访慰问困难企业,慰问困难职工、劳动模范、离退休人员、病伤和下岗职工,发放慰问金救济困难职工家庭。1996年10月,设立"江苏省职工送温暖工程基金"。此后,"进万家门,知万家情,解万家难,暖万人心"的"送温暖工程"步入经常化、制度化轨道。2000年底,江苏省各级工会积极协助政府和企业行政,筹集送温暖资金2.91亿元,慰问职工家庭30多万户;结对帮扶单亲特困女职工9413名,对3.9万名困难职工子女开展助学活动;此外,全省工会建立送温暖基金940多个,筹集基金9500多万元。

4. 加快新经济组织组建工会步伐

1994年,江苏省总工会根据《江苏省外商投资企业工会条例》,加快外商投资企业组建工会的步伐。1996年,全省外商投资企业组建工会累计达7164家,占同期符合建会条件企业数的98.5%,职工入会率达87.9%。①

1994年,江苏省总工会开始在私营企业进行组建工会试点工作。是年,全省私营企业建立工会72家。1995年初,江苏省总工会会同省工商局、省劳动局联合下发《关于私营企业组建工会工作的通知》,为在私营企业组建工会提供政策依据。是年,

① 1997年《江苏年鉴》第120页。1996年《江苏年鉴》第118页载,1995年江苏省外商投资企业建立工会累计达6482家,此数加上1996年新建工会526家,共7008家,比7164家少156家。如确实如此,其职工入会率也有出入。特此说明。

全省私营企业组建工会192家，累计达258家。① 由于私营企业工会注意维护职工合法权益，加强劳动保护和职工福利，丰富职工文化娱乐生活，很受职工欢迎，组建工会的步伐明显加快。到1997年底，全省私营企业累计组建工会11311家，发展会员11万余人，建会绝对数名列全国第一。

此后，各级工会在党委和政府的领导与支持下，在有关部门的配合下，调整工作思路，由原来按部就班建会，转变为"哪里有职工，那里就要建立工会"，加快了建会步伐。到2000年底，江苏省新建企业累计建会9.16万家，发展工会会员265.7万人。

5. 进一步密切与港澳台工会及国外工会组织的交往

1978年以后，江苏省总工会和南京、苏州等8市总工会先后建立国际联络部、职工对外交流中心、职工旅行社，南京、连云港、南通、镇江、张家港等港口建立国际海员俱乐部。1978—2000年，江苏省总工会邀请和接待欧洲、亚洲等18个国家和港澳台地区工会访问团队660个、13200人次；派出访问团组220个、1760人次赴国外和香港、澳门地区进行友好访问、技术考察或业务培训。通过对外友好访问及外事接待工作，增进了对世界各地工会的了解，加强了与港澳台地区工会的联系，对江苏省工会自身的建设起了积极的作用。

二　共青团组织青年发挥突击队作用

中共十一届三中全会以后，江苏省共青团组织不断发展壮大。截至2000年底，全省共有共青团员3742782人，占14—28周岁青年总数的26.1%；团支部139384个，团总支9876个，基层团委8580个。其间，江苏省举行过5次省共青团代表大会。② 几十年来，一支宏大的朝气蓬勃的先进青年队伍活跃在全省各条战线，为建设祖国，振兴中华，繁荣江苏谱写了新的篇章。

1. 加强思想政治教育，提高青少年思想政治素质

中共十一届三中全会以后，江苏省共青团组织坚持以经济建设为中心活跃团的工作，在改革开放和社会主义现代化建设的实践中，培养"四有"社会主义新人，推动江苏两个文明建设，促进广大青年健康成长，发挥了中国共产党的助手作用。

学雷锋树新风活动在全省常年不断，呈现出经常化、组织化和制度化的特点。在

---

① 1995年《江苏年鉴》第81页载：到1994年底，江苏省已建私营企业工会72家。此数加上1995年组建的192家，是年底全省私营企业工会264家。此数比1996年《江苏年鉴》第118页所说的258家多出6家。特此说明。

② 1978年7月18—23日、1982年8月24—29日、1987年6月25—28日、1992年12月22—23日、1997年12月21—23日，先后召开共青团江苏省第七、八、九、十、十一次代表大会，分别选举产生新一届委员会，徐希珍、孙家正、黄树贤、徐鸣、许津荣分别当选各届团省委书记。

“五讲四美三热爱”活动中，全省有数以万计的学雷锋小组、青年服务队、助耕包户队活跃在城市和乡村，为群众排忧解难。全省相继涌现出入水救人的团干部谢永生和大学生刘才进，勇保国家财产的人民银行青年职工王四海(光荣牺牲)和夏良惠，捐献10万元巨款支援国家经济建设的女青年杜芸芸，舍己救人的少年英雄韩余娟(光荣牺牲)等一批闪耀着共产主义思想光辉的英雄模范人物，成为广大青少年学习的榜样。江苏学雷锋活动的特点是把立足岗位做贡献与面向社会、服务群众结合起来，把学雷锋与培养共产主义人生观、世界观结合起来，从小事做起，从点滴起步。1990年2月，全省有3000万人次的青少年走上社会开展学雷锋便民利民系列服务活动。1991年，在宁高校、南京市、省级机关成立“学雷锋服务总队”常年学雷锋，巩固和扩大了学雷锋活动的效果。在纪念毛泽东等老一辈革命家为雷锋题词发表30周年之际，团省委联合省有关部门对学雷锋先进集体、学雷锋先进个人进行表彰。在整个纪念活动中，江苏各地共青团组织适应新形势，以“学雷锋，树新风，为改革开放创造优美文明的社会环境”为主题，使学雷锋活动的形式和内容不断丰富、创新，呈现出新时代的特征。

共青团江苏省委先后组织世界反法西斯战争和中国抗日战争胜利50周年、中国工农红军长征胜利60周年、喜迎香港和澳门回归、纪念改革开放和中共十一届三中全会召开20周年等庆祝活动。1999年，共青团江苏省委和省有关部门联合举行江苏省纪念五四运动80周年大会暨江苏青少年联欢节，有4000多个江苏各界青年代表参加。通过这些活动，使广大青少年进一步了解了国情和历史，激发团员青年的民族自豪感和使命感，坚定走中国特色社会主义道路的信念。

2000年，为贯彻落实中共中央和中共江苏省委关于加强和改进思想政治工作的意见精神，共青团江苏省委专门召开全省青年思想政治工作会议，制定《关于加强和改进青年思想政治工作的意见》，下发《共青团江苏省委关于在全省团员青年中开展“致富思源、富而思进”教育活动的决定》，表彰一批在青年思想政治工作方面成绩突出的先进集体和先进个人。在大学生中，组织39所高校学生学习《邓小平理论青年读本》，参加“国青杯”全国青年学习邓小平理论知识竞赛等活动。

2. 运用多种形式发挥团员青年在现代化建设中的作用

进入改革开放和社会主义现代化建设新时期后，共青团各级组织在青年中大力开展争当新长征突击手活动。1983年3月至1984年3月，江苏就有100多万名青年参加小发明、小革新、小改造、小设计、小建议的“五小”竞赛活动，共取得3万多项成果，有5位青年获得全国青工“五小智慧杯”一等奖。在“三优”(优秀青年管理小组、优秀青年管理者、优秀青年管理论文)竞赛中，全省涌现出1万多个青年管理小组，有

效地提高了企业管理水平和青年工人的现代化管理素质。

“八五”期间，江苏各级团组织紧紧围绕经济建设这个中心，广泛开展“八五”立功竞赛，创建“青年文明岗”以及“文明经营、优质服务”等活动，收到了建功育人的良好效果。仅1992年，江苏省就有230万青工参加“八五立功责任状”的签状；命名省级青年文明岗200个。1997年，江苏省有国家级青年文明号55个，省级青年文明号635个，市级青年文明号2800个，有13个单位荣获团中央等21个部委授予的“全国青年文明号组织奖”。1998年，通过表彰“青年兴业领头人”和“青工再就业工作先进集体”等多种形式，激励广大下岗青工振奋精神、转变观念，再创新业。同时，全面推行青年文明号申报公示制度，健全评审考核机制，举办争创集体负责人培训班，推动青年文明号创建活动的规范化、系统化和科学化。1999年，青年文明号、青年岗位能手活动进一步拓展到旅游景区、卫生行业。是年，江苏省有26个青年集体、4名个人分别被命名为全国青年文明号、全国青年岗位能手。2000年，全省青年创新创效活动蓬勃开展，有7个单位被命名为中国青年科技创新行动示范基地。

江苏各级团组织坚持把农村青年科技兴农带头人作为培养重点，吸引和带领广大青年投入农业结构调整，促进了农村经济发展。仅1992年全省就培养县以上青年科技兴农带头人4000名，有35人被评为全国星火带头人，推广应用新科技项目300多项。是年，全省有300万乡镇企业青工参加岗位技术培训和岗位练兵活动；在农村还广泛开展“青年水利突击队百日竞赛”活动，3万多支青年水利突击队，数以百万计的农村团员青年参加了水利工程会战；还组织城乡团员青年参加全民义务植树活动等。1995年，根据团中央服务万村行动的总体部署，团省委联合省科委在各地开展科技致富奔小康活动。是年，全省有45名青年科技兴农带头人受到团中央表彰，500名带头人受到省级表彰。此后，农村科技兴农带头人活动不断扩大。1998年，共青团江苏省委围绕江苏农业现代化建设，深入开展“三争三创”①活动。1999年，召开全省“三争三创”活动经验交流会，组织农业方面的专家开展技术指导和政策咨询。全省表彰了166名农村青年科技兴农产业带头人。南京雨润集团总经理祝义才当选为第四届“中国十大杰出青年农民”。

大中专学生社会实践活动和课外科技活动不断深入、扩大。1994—2000年，每年暑假期间都组织10万名左右在校大中专学生志愿者参加文化、科技、卫生“三下乡”社会实践活动，开展科技服务。共青团江苏省委曾获得全国大学生社会实践“三下乡”活动优秀组织奖。2000年还组织15支博士生服务团分赴中国西部地区以及江

---

① “三争三创”，即争当推广农业新科技的带头人，创办项目示范基地；争当带领农民闯市场的带头人，创办营销服务实体；争当发展农业产业化的带头人，创办龙头加工企业。

苏省部分企业开展高层次的专业科技服务活动。

3. 青年志愿者活动蓬勃开展

从1994年起,共青团江苏省委根据共青团中央的统一部署组织的青年志愿者活动,得到全省青年的热烈响应和社会的充分肯定。1995年,为配合第三届全国城市运动会的召开,团省委成立了城运会青年志愿者服务总队。在城运会期间,南京、常州、苏州、无锡、镇江、扬州等地团组织开展了一系列有声有色、卓有成效的活动,特别是南京10万名各行各业的青年志愿者,"服务城运会,展示青春风采",以文明、礼貌、优质的服务为城运会增添了光彩,树立了江苏人的良好形象。从此 ,青年志愿者活动的范围不断扩大。到2000年,青年志愿者除积极参与文明城市、文明社区创建工作外,还积极推行青年志愿者服务日集中志愿服务活动;组织参加第六届中国艺术节青年志愿服务工作。

中国青年志愿者扶贫接力计划(江)苏陕(西)项目已完成第一、二期。首期江苏有20名青年志愿者赴陕从事扶贫工作,第二期为34名。2000年,江苏计划招募第三期48名青年志愿者。青年志愿者主要在教育和医疗卫生方面从事扶贫工作。

4. 参与社会监督和维护青少年权益工作

江苏各级共青团组织在代表和维护青少年切身利益方面,做了大量工作。

《中华人民共和国未成年人保护法》1992年1月1日起施行。为此,在1991年全省各级团组织利用广播、电视、报纸和上街宣讲、举办法律知识竞赛等形式进行宣传,以增强全社会依法保护青少年合法权益的观念,提高广大未成年人遵纪守法和运用法律保护自己的能力。1994年,江苏省人大颁布《江苏省实施〈中华人民共和国未成年人保护法〉办法》后,未成年人保护组织机构逐步健全。到1999年,全省13个省辖市全部建立市级未成年人保护组织机构,县(市、区)级机构建立率达45%,乡(镇)达30%。是年,江苏有4个单位被评为第二届全国"未成年人保护工作先进集体",5人被评为全国"保护未成年人优秀公民";61个单位被评为省级优秀"青少年维权岗",4个单位被命名为全国优秀"青少年维权岗"。

三 妇联组织妇女发挥"半边天"作用

江苏省妇女联合会从1955年1月成立至2000年,召开过9次代表大会。其中,中共十一届三中全会后至2000年,召开过5次代表大会。① 全省城乡妇联组织逐步

① 1979年2月13—18日、1983年12月15—20日、1988年11月27—30日、1993年11月10—12日、1998年9月22—24日,先后召开江苏省妇女第五、六、七、八、九次代表大会,大会分别选举产生新一届执行委员会,秦素萍、秦素萍、胡善瑾、柏苏宁、洪天慧分别当选各届妇联主席(主任)。

健全，各市、县(市、区)、乡(镇)、街道妇联组织相继建立。到 2000 年，江苏省有市、县(市、区)、乡镇(街道)三级妇联组织 2406 个，村妇代会 35125 个，占应建数的 99.86%。全省 13 个省辖市市直机关和市、县机关及科教文卫系统建立妇委会 2014 个。各级妇联围绕经济建设这个中心，动员全省妇女积极投身改革开放，为推进社会主义现代化建设作出了新的贡献。

1. 团结教育妇女，努力提高妇女素质

中共十一届三中全会以后，江苏各级妇联结合农村中心工作、节日活动、抗洪救灾斗争等，有计划、有步骤地对广大妇女进行爱国主义和自力更生、艰苦奋斗的教育。1986 年底，江苏省妇联联合省有关部门在全省妇女中开展思想政治教育，普及文化科技知识、法律常识、科学育儿知识和妇女卫生保健知识的“一教四普及”教育活动。通过办培训班、组织知识竞赛、办家长学校等形式，使 285 万名妇女接受各种实用技术培训，近百万名家长学习了科学育儿知识。1991 年底，省妇联对在“一教四普及”活动中取得显著成绩的 111 个先进集体和 189 名先进个人予以表彰。

从 1979 年开始，江苏省妇联在全省城乡开展五好家庭活动。到 1988 年底，全省有 192 万多户家庭迈进“五好家庭”行列，占总户数的 10.3%。1993 年，省妇联和中共江苏省委宣传部等单位联合开展“五好家庭”标兵户评选活动，共评出省级标兵户 50 户。

从 20 世纪 90 年代开始，各级妇联结合开展“五好家庭”活动，把开展家庭文化活动作为各级妇联工作的重要内容之一。1994 年，全省各级妇联以开展“国际家庭年”活动为契机，以家庭和睦与进步，促进社会文明与发展为主题，深入开展家庭文化建设，先后在“三八”和“六一”儿童节期间掀起了热潮。1997 年，省妇联和中共江苏省委宣传部、省精神文明办公室联合制定全省创建“五好文明家庭”工作意见，并联合表彰 100 户省“五好文明家庭”户和标兵户。到 2000 年，省及部分市县成立“五好文明家庭”创建活动协调小组，加强对活动的组织领导。各地在创建活动中，把“五好文明家庭”创建活动与创建文明小区、文明村镇活动相结合，突出家庭文化、家庭环保两大主题，开展丰富多彩、特色鲜明的“家”字头系列活动，有力地促进了家风、民风和社会风气的好转。

1990 年，由江苏省妇联等 17 个单位联合发起，在全省农村妇女中开展以“科技兴农”为主题的“学文化、学技术、比成绩、比贡献”的“双学双比”竞赛活动，吸引了农村妇女踊跃参加。1990 年，参赛人数占全省农村女劳力的 77%。各地在竞赛活动中，着重抓科技普及、科技示范、科技扶贫，开展“三八”丰产方竞赛。省妇联还会同教育部门按村办学，各地有 171 万余名妇女参加《农村妇女文化技术课本》的学习。1992

年2月,全省有115万名妇女在学习《农村妇女实用技术培训材料》的基础上参加科学种粮知识竞赛,进一步巩固和壮大妇女科技示范队伍,发挥了她们带头学习科技知识,带头应用推广新技术、新品种,带头科技致富的作用。

1991年,江苏省妇联响应全国妇联等12个单位在城镇妇女中开展"做四有四自[①]女性,为'八五'计划建功"活动的号召,与省13个单位联合成立有关这项活动的领导小组,制定了江苏省开展"巾帼建功"活动意见。1992年,全省有近400万城镇职业妇女踊跃参加"巾帼建功、巧手奉献"活动,举办各类培训班近千期。

持续5年的"双学双比"竞赛由阶段性活动转入正常工作。各地紧密围绕组织农村妇女大力发展高产、优质、高效农业的目标,面向市场、突出科技、优质服务、总结成果,不断深化"双学双比"竞赛活动。在全国农村妇女"双学双比"10年成果展览中,江苏展厅荣获"优秀组织奖"、"优秀设计奖"和"优秀制作奖"。2000年,江苏省"双学双比"活动适应农村经济发展的要求,以农民增收为中心,推动妇女建立和发展合作经济组织和专业协会,积极培养女经纪人队伍。

"巾帼建功"活动在广泛发动职业妇女岗位成才、岗位建功的同时,各级工会女职工委员会适应国企改革深化,下岗职工增多的新情况,1996年,在下岗女工中开展"巾帼创新业"活动,在窗口行业和个体工商户中开展"巾帼示范岗"活动,为求职者提供再就业的信息和机会,帮助求职者树立起"下岗不失志,寻岗创新业"的勇气。这项工作在"九五"后期范围不断扩大和延伸。2000年,省妇联在常州召开纪念"巾帼建功"活动10周年现场经验交流会。会上表彰了全省"巾帼建功"十大标兵、先进个人和"巾帼创新业"标兵,同时首次对各市分管市长进行表彰。"巾帼创新业"活动不断深入发展,争创"巾帼示范岗"覆盖了全省城镇主要行业。

2. 维护妇女合法权益

江苏各级妇联密切配合组织人事部门做好培养、选拔和任用女干部的工作。仅1991年,中共江苏省委、各市委组织部和妇联合办中青年女干部培训班8期,培训女干部409人;全省有9个省辖市、78个县(市、区)、23%的乡镇党政领导班子配备女干部。江苏省出席全国八届人大的女代表36名,占26.28%,省八届人大女代表占代表总数的22.3%,均比上届有所提高。到1997年,全省13个省辖市和104个县(市、区)党政领导班子至少配备了1名女干部,其中28个县(市、区)达到党政领导班子各配备1名女干部的目标;乡镇党政领导班子有女干部的达76.6%。到2000年,省、市、县、乡各级女领导干部的配备基本达到《江苏省1996—2000年妇女发展规划》的

① "四有"指有理想、有道德、有文化、有纪律;"四自"指自尊、自信、自立、自强。

要求。

各级妇联积极配合政法部门，参与查处严重侵害妇女权益、打击拐卖妇女儿童犯罪活动、取缔卖淫嫖娼、查禁色情场所等专项斗争，做好预防青少年犯罪和失足妇女帮教工作，促进了社会治安综合治理。据统计，仅1995年5、6两个月中，全省就解救被拐卖妇女、儿童2000多人。1998年在全国率先成立江苏省妇女权益法律援助中心。

1996年5月，《江苏省1996—2000年妇女发展规划》正式颁布实施后，各省辖市、县(市)也陆续制定妇女发展规划，有效地维护了妇女的合法权益，有力地推动了妇女事业的发展。1999年，省妇联联合省公安、司法、劳动等13个部门，召开妇女权益保护工作座谈会，对维护妇女合法权益工作提出了新的要求。2000年，各级妇联以法律援助、妇女权益联席会议、妇联干部特邀陪审员3项制度建设为重点，大力构建法制化、社会化维权工作新格局。是年，省、市及90%的县(市、区)建立了法律援助机构，与信访工作相结合，共接待处理信访案件8411件(次)，为近200名妇女提供法律援助；各级妇联还结合"三五"普法工作，通过送法下乡、"法在万家"等活动，广泛开展多种形式的法制宣传教育活动，并对"三五"普法期间的法制宣传、法律服务工作进行总结表彰，有力地促进了对妇女合法权益的维护。淮阴、常州、扬州、盐城、镇江、无锡等6市还先后出台了关于预防和制止家庭暴力的规定。

3. 依靠社会力量，做好儿童少年工作

1981年中共中央作出加强儿童少年工作的重要指示后，江苏省妇联将"抚养、培养、教育儿童少年健康成长"作为工作方针之一。是年，江苏省成立省儿童少年工作委员会。1984年省儿童福利基金会成立后，和省妇联一起募集资金兴建省妇女儿童活动中心，还资助卫生部门建立了省儿童保健研究中心。1991年，无锡、南通和宿迁市被评为全国儿童工作先进市，受到国务院妇女儿童协调委员会的表彰；无锡、常州两市被列为全国"优生、优育、优教"工程试点城市。1992年5月，省人民政府下发《江苏省儿童少年事业发展"八五"规划纲要》后，儿童少年事业得到进一步发展。1994年，无锡、南通、常州、苏州市被评为全国儿童少年工作先进市。1996年5月，《江苏省儿童少年事业发展"九五"规划》实施后，各省辖市、县(市)也陆续出台了儿童少年事业发展规划，加大儿童少年工作的力度。2000年，在全国第5次儿童工作表彰中，江苏省有17个儿童工作先进集体和个人获得国务院妇儿工委的嘉奖，其中苏州市获得全国儿童工作先进集体标兵称号。

各级妇联和省儿童福利基金会积极推动以资助有困难的女儿童入学为内容的"春蕾计划"的实施。各地先后创办了春蕾小学、春蕾班，建立春蕾基金、春蕾奖学金

和爱心育苗基金等。2000年“六一”儿童节期间,省妇联、省儿童福利基金会联合表彰了一批实施“春蕾计划”的先进集体和个人。

江苏省妇联制定的家庭教育《两规一纲》(《江苏省家长学校工作规程》、《家长日常行为规范》、《江苏省家庭教育工作纲要》)的贯彻实施,使各级各类家长学校迅速发展,办学水平不断提高,其效果亦日益显著。

第五节　推进依法治省,维护社会稳定

一　从普法、依法治理到依法治省的提升

江苏依法治省工作是伴随全省普及法律常识,从基层开始,自下而上依法治理的提升逐步推进的。

从1986年开始,根据中央的部署和全国人大常委的决定,全省实施普及法律常识的第一个五年规划(简称“一五”普法,下文依次称为“二五”、“三五”普法),到1990年,普及了宪法、刑法、刑诉法、民法通则、民诉法、婚姻法、继承法、经济合同法、兵役法、民族区域自治法和社会治安管理处罚条例等“十法一条例”的基本常识,大约有4000万公民参加普法学习。从1991年开始,在全省范围内实施以宪法为核心、以专业法为重点的“二五”普法教育规划。1996年至2000年实施“三五”普法教育规划,其任务是继续开展法制教育,提高全民的法律意识和法制观念,特别是提高广大干部依法行政、依法管理的水平和能力。经过10多年的普法教育,不仅法律知识得到普及,而且人民群众的法制观念也大大增强,各级干部依法决策、依法行政的观念逐步树立,为全省民主法治建设奠定了良好的基础。

依法治理是法制宣传教育工作的重点,也是普法深化的目标。随着普法的深入,法制教育逐渐渗透到法制实践当中,“一五”普法期间,在一些地方提出了依法治村、依法治县(市)的工作目标。1986年,常熟、海安、邳州、新沂等地开始摸索依法治村、依法治乡的工作经验。1988年,依法治理工作正式在全国开展。省内的无锡市、南通市、常熟市、宿迁市、姜堰大仑乡、建湖沿河乡及徐州矿务局、仪征化纤工业公司作为全省依法治市、依法治乡、依法治厂的首批试点单位,先行一步,为全省不同层次、不同类型单位依法治理工作探路。

在“二五”普法中,依法治理工作被提到与普法同等重要的地位。依法治理工作由村、乡、厂、学校等基层单位向上推进到一些县(市、区)和行业。1991年10月,省有关部门在仪征化纤工业公司召开依法治厂经验交流会。1993年5月,中共江苏省委、

省政府在苏州召开全省依法治村、民主管理的经验交流会。南京、无锡、南通3市、全省一半以上的县(市、区)正式出台依法治理的规划,并建立了工作机构。1994年末举行的中共江苏省第九次代表大会把建设"法制健全"的省份列为江苏跨世纪的宏伟目标之一。

从"三五"普法起,依法治理工作从与普法并举转变为居于主导地位,依法治省的目标逐步明确。1996年,中共江苏省委根据中共中央依法治国的指示精神,在同年10月召开的九届五次全会上明确提出"加强民主法制教育,推进依法治省",并把它列入全省社会主义精神文明建设"九五"规划,各地依法治理工作更加具体和丰富,依法治省工作的指导思想和框架内容也逐步清晰。

1997年,中共十五大提出依法治国,建设社会主义法治国家的基本方略,这是中国共产党领导方式和执政方式的重大发展,在中国民主法制建设史上具有里程碑的意义。中共十五大精神的贯彻,不仅使各级党政领导和干部在认识上有了提高,而且在实际工作中,大大促进了全省各地依法治理的工作进程。到1997年底,全省各省辖市,除新成立的泰州、宿迁2市外,都正式提出和实施依法治市的规划方案,全省近60个县(市)、70%的乡(镇)、村和65%大中型企业以及部分行业实施依法治理规划,投入依法治理的实践。这表明,从普法中孕育、拓展起来的依法治理工作已经为依法治省奠定了良好的思想和工作基础。与此同时,1997年,根据中共江苏省委的指示,省人大及有关部门、单位抓紧进行依法治省的调研和论证工作,设立专项研究课题,召开专题研讨会,并组团赴外省学习考察,对依法治省的总体思路、目标、内容、方法及保障措施等形成共识,提出依法治省的规划建议,为省委作出依法治省的决策作了必要的准备。

1997年12月15日,中共江苏省委根据中共中央的依法治国的基本方略,在总结全省各地依法治理实践经验和吸收调研成果的基础上,正式作出了《关于推进依法治省工作的决定》(以下简称《决定》)。这个《决定》提出了明确的指导思想和总体要求:坚持以邓小平理论和依法治国的基本方略为指导,以经济建设为中心,以宪法和法律为依据,以民主法制健全、社会安定文明为基本目标,立足江苏实际,加强立法,严格执法,强化监督,深入普法,在全社会树立起法律权威,做到有法可依,有法必依,执法必严,违法必究,使经济、政治、文化和社会生活的各个领域逐步走上法制化的轨道,为全省本世纪末全面实现小康、部分地区初步实现现代化,到2010年基本实现现代化提供有力的法制保障。《决定》分别提出2000年和2010年依法治省的阶段性目标和总体目标,从立法、执法、监督、普法、法律服务、党的领导等方面阐述了依法治省的具体工作内容和要求。

同年12月29日，江苏省第八届人民代表大会第六次会议通过了《江苏省人民代表大会关于推进依法治省的决议》(以下简称《决议》)，要求各级政府和司法机关、全省人民共同努力，加快推进依法治省的进程，实现中共江苏省委提出的目标。《决定》、《决议》的制定和实施，是江苏民主法制建设的一件大事，标志着依法治理工作全面正式地上升到依法治省的新阶段。

二 依法治省工作全面推进

为贯彻执行《决定》和《决议》，省、市、县都成立了以各级党委主要负责人为组长的依法治省、市、县工作领导小组，省人大常委会、省政府、省高级人民法院、省人民检察院及各市、县都作出相应的具体工作部署。

立法方面：省人大常委会根据《决定》和《决议》的要求，牵头制定了江苏省1998—2002年立法规划，立足江苏实际，把立法与改革发展的重大决策结合起来，继续突出经济立法这个重点，同时重视精神文明建设和社会事业的立法；贯彻“立、改、废”相结合的原则，及时修改、废止与社会主义市场经济不相适应和国家法律法规相抵触的地方性法规、规章。在加快立法步伐的同时，努力提高立法质量，强化对法律实施和工作监督。1998年11月，中共江苏省委、省人大、省政府首次召开全省立法工作会议。这次会议总结交流地方立法经验，进一步提高认识，明确指导思想，研究新形势下加强地方立法工作，为实施好5年立法规划打下思想基础。与省人大常委会的立法规划相协调、配合，省人民政府1998年至2000年向省人大常委会提出38件地方性法规议案，同时针对改革、发展中的突出问题和人民群众反映的热点、难点问题，制定颁布了142件政府规章。为确保法制的统一性和依法行政的严肃性，在全省全面推行政府规章和规范性文件备案审查制度。

行政执法方面：在《决定》、《决议》制定和实施之前，江苏在行政执法、执法监督方面做了大量工作，并取得重要进展。按照国家统一部署，1983、1986年分别组建省审计、监察工作部门并依法开展工作；1989年后，江苏贯彻实施国家行政诉讼法、国家赔偿法、《行政处罚法》和《行政复议条例》等一系列有关行政法律、法规；同时深入进行政府法制宣传教育活动，全省各级国家行政机关人员依法行政的观念逐步树立。进入20世纪90年代，行政执法和执法监督工作的力度加大。一方面，有计划、有重点抓好有关法律、法规实施情况的检查，1992—1997年，全省各级行政监察部门(1993年3月纪检监察两机关合署)，对2382项项目进行执法监察，及时纠正和查处违法行为；另一方面重视行政执法行为监督制度的建立和规范化。1995年，省政府颁布施行《江苏省行政执法监督办法》和《江苏省行政执法证件管理办法》，标志着全

省行政执法监督制度开始建立。这两个办法以及与之配套的一系列制度的建立，对于保证国家法律、法规、规章的有效实施，推进依法行政工作，起了重要作用。1992年以来，全省还逐步建立、健全行政复议制度。至1997年上半年为止，全省各级行政机关共受理行政复议案件6191件，审结6084件①，此类案件以后逐年上升，说明公民、法人和其他组织保护自身合法权益的意识明显增强。

依法行政是依法治省的重要环节，以往虽然取得一定成绩，但与立法工作相比，执法是一个相当薄弱的环节，存在以言代法、以权压法和权钱交易等群众反映强烈的问题，全面落实依法行政的任务还相当繁重。根据《决定》、《决议》的要求，省人民政府于1998年初下发《关于加强依法行政工作的通知》，全省各地、各相关部门普遍推行行政执法责任制，部分县、市在全国率先实行行政公示制、行政执法投诉等制度。1999年，省人民政府首次召开全省依法行政工作会议，要求把依法行政作为事关全局、事关长远的一件大事放在政府工作的重要位置，真正落实到行政活动的各个方面、各个环节。会后，下发《关于全面推进依法行政工作的决定》，从通知到决定，反映了省人民政府对依法行政的重视和决心。1998年至2000年，省人民政府在加强立法工作的同时，进一步加强了行政执法和监督的规范化、制度化建设。1999年，省人民政府印发《江苏省行政处罚监督办法》，对行政执法主体、程序、公示、评议考核和监督检查作出规定，推动行政执法责任制的贯彻落实。为了从源头上防止和纠正乱罚款、乱收费、乱摊派的现象，进行相对集中行政处罚权的试点，实行联合执法和综合执法；同时，在省执法部门依法实施罚缴分离制度。随着《中华人民共和国行政复议法》正式实施，行政复议案件数量快速增长，促进了行政执法监督工作进一步开展。

司法工作方面：进入20世纪90年代，特别是贯彻执行《决定》、《决议》以来，各司法机关以公正司法为主线，深化改革，加强队伍建设，充分发挥各自职能作用。

全省各级人民法院紧紧围绕国家工作大局，结合江苏实际，根据不同时期的工作重点，不断完善和发挥刑事、民事、经济、行政审判职能。1993—1997年，共审结各类案件153.56万件，较上5年上升82.20%，案件审结总数每年递增13.62%，审判工作有了很大进展。人民法院通过依法打击犯罪、维护社会治安和经济秩序，依法保护公民的民主权利和其他合法利益，维护社会稳定，促进经济发展和全省民主与法制的建设。根据依法治省工作的要求，全省各级人民法院坚持抓住严肃执法这个核心问题，促进审判工作进一步规范化，全面实行立审分立、审监分立、审执分立，对案件进行审判流程管理；积极推进审判方式改革，凡依法公开审判的案件，允许公民旁听，允

---

① 中共江苏省委政法委员会、中共江苏省委党史工作办公室编：《新时期江苏民主与法制建设》(1978—1998)，苏出准印字JSE—002266号，第139页。

许新闻记者如实报道;强化庭审功能,话在庭上讲,理在庭上辩,证在庭上举,改变过去与法不符的先查后审、先定后审的做法,并把案件审判权交由合议庭行使。过去那种审者不判、判者不审的妨碍司法公正的现象,逐步得到改变。加强内部审判监督,对违法审判导致错案的,及时予以纠正,追究责任人的责任。仅1998年,全省法院改判、发回重审案件4714件;在86件违法审判案件中,91人受到纪律处分。从2000年开始实行申诉复查听证制度,依法审查当事人的申诉和再审申请,运用审判监督程序,确保司法公正。1999—2000年全省各级人民法院,加大执行工作力度,在解决"执行难"问题上取得一定进展。针对少数久拖不结、拖欠不执的案件,2000年认真开展处理结案工作,对1999年以前受理未结35336件积案已清结33087件,清结率达93.6%。案件审限内结案率达98.10%,审判工作基本实现了收结案的良性循环。

全省各级检察机关认真履行法律监督职能,开展了刑事、经济、法纪、监听、控告申诉、民事、行政等各项业务,打击贪污贿赂、经济、刑事犯罪活动。仅1993—1997年,全省各级检察机关等立案侦查贪污贿赂、渎职等职务犯罪案件18531件,审查批捕各类刑事犯罪嫌疑人156053人,向法院提起公诉被告人162763人,有力地推动了反腐败斗争。在贯彻落实《决定》、《决议》中,检察机关从自身工作性质和特点出发,一方面继续大力打击犯罪,积极探索预防犯罪、尤其是预防职务犯罪的方法和途径,提高检察的效能;另一方面加强和改进法律监督,对诉讼中存在的有罪不究、裁判不公、违法办案、刑讯逼供、超期羁押等问题,加大监督纠正力度。1998—2000年,对应当立案而未立案、监督公安机关立案的达706件;对确有错误的民事(经济)、行政判决、裁定依法提出的抗诉案件达1696件;对刑罚执行中违法问题,向监管改造部门提出纠正意见达1563人次。2000年末,基本解决超期羁押问题。1998年,根据最高人民检察院的部署,全面推行检务公开,把检务公开贯穿到检察业务的各个环节,让人民群众知情,同时接受人民群众的监督。实行主诉(主办)检察官办案责任制。2000年,全省有1126名检察人员被聘为主诉、主办检察官。这样,不仅审查起诉部门,而且审查批捕、反贪、法纪、民事行政检察等业务部门,都实行了检察官办案责任制,为落实责任追究、提高办案质量创造了前提条件。

提高政法队伍素质是依法治省,公正司法的基础。多年来,各司法机关多层次、多渠道、多形式培养政法人员,政法队伍的整体素质、执法能力和专业化水平日益提高。至1997年底,全省法院系统审判人员、检察系统检察人员中,大专以上学历已分别达到70.74%、89.5%。在推进依法治省的过程中,司法系统各部门,认真贯彻中共中央《关于进一步加强干部队伍建设的决定》精神,开展"三讲"集中教育,加强领导班子建设,积极推进干部人事制度改革。法院系统公开选任审判长和独立审判员。检

察、法院、司法行政部门中层干部任用普遍推行竞争上岗的办法，在干警中进行全员培训，实行考核合格上岗双向选择的制度。1998 年以来在司法机关中先后开展以“公正执法、文明执法”为主题的教育和整顿活动，“双争”（争创人民满意的政法单位、争当人民满意的政法干警）活动，涌现出一批先进单位和个人；同时严肃办案纪律，健全内部管理和约束机制，严肃查处违法违纪人员和行为。司法系统干警中违法违纪问题的举报线索明显减少。

法律服务方面律师是主力军。江苏律师服务业于 1980 年逐步恢复以来，有了快速发展。全省律师事务所由 1990 年的 139 家增加到 2000 年的 579 家。律师事务所工作人员由 1990 年的 1696 名发展到 2000 年的 6766 名（其中执业律师 4820 名）。律师业专业化分工有了很大进展，律师队伍素质不断提高，服务领域拓宽，律师的社会地位有了很大提升，每年报考律师的人数迅猛增长。1998 年以来，律师工作以实践依法治省为己任，继续学习贯彻《律师法》，深化国资所改革（全民事业单位改为合伙人制），加强制度建设，建立和完善律师工作监督机制，规范法律咨询服务市场，业务范围由传统的诉讼业务向非诉讼领域拓展。2000 年，全省律师担任常年法律顾问 23355 家，承办刑事案件辩护 17117 件，民事案件诉讼代理 46023 件，经济诉讼代理 41854 件，办理非诉讼法律服务 26746 件，律师工作在全省政治、经济和社会生活各个方面的法律服务作用日益显著。

公证制度是建立稳定的社会经济、民事秩序和开展国际交往的重要法律手段。江苏公证工作自 1980 年公证制度恢复以来有了长足的发展。20 年来，公证工作实现了三个转变：由单纯办理涉外公证向涉外、国内公证并举方向转变；由以民事公证为主向以经济公证为主转变；由简单的证明向为社会提供多样化的法律服务转变。公证活动已渗透到社会生活的各个方面。至 2000 年，全省有公证处 118 个，公证人员 784 名，其中公证员 595 名。是年，共办理国内公证文书 362896 件，涉外公证 107747 件。

在法律服务中，基层法律服务所充分发挥其与乡镇经济建设和人民群众生活“离得近、信息灵、服务勤”的优势，作用越来越大。2000 年，基层法律服务所担任法律顾问 52991 家，代理诉讼和非诉讼事务 156334 件，为当事人挽回经济损失 22 亿元。此外，法律援助机构工作的开展，为保障公民人权、维护社会稳定作出了积极的贡献。

三　社会治安综合治理扎实开展

进入 20 世纪 90 年代，中共江苏各级党委、政府坚持把维护社会政治稳定放在政法工作的首位，加大维护政治稳定的工作力度，完善工作机制，狠抓各项斗争措施的

落实。继续落实完善社会治安综合治理责任制,对发生影响稳定的重大治安防范责任实施查究,实行一票否决制。全省各级公安和国家安全机关以防范敌对分子组党结社和境外渗透为重点,强化控制工作,开展反渗透、反情报、反颠覆斗争,有效地防止和粉碎境内外敌对势力、敌对分子的一系列阴谋活动。在与"法轮功"邪教进行的严肃的政治斗争中,全省各地采取多种形式,把对社会面的控制、打击处理和教育转化工作结合起来,花大力气认真细致耐心地做好"法轮功"人员的教育转化工作,收到显著效果。随着改革的深化、利益格局的调整,特别是下岗职工增多、贫困群体生活困难,部分地区社会集资遗留问题尚未妥善处理,征地拆迁补偿不到位、农民负担重等问题的存在,各类社会矛盾显著增加。据信访部门统计,1995 年省、市、县三级党政信访部门受理来信来访 40.9 万件次,2000 年上升到 57.5 万件次,增加了 40.6%。来信来访内容绝大部分与上述存在的问题有关,而且呈现信访主体多元,越级上访乃至赴京上访和群体性活动增多的特点,其中行为超常、情绪激烈突发事件屡有发生。这一新的动向引起全省各地高度重视,一方面认真解决群众的合理诉求,维护群众的合法权益,坚持为群众办好事、办实事,扩大劳动就业,加强社会保障制度建设;另一方面坚持用民主说服教育、疏通调解、依法裁决的方法,妥善处理面临的矛盾和群体性事件。信访、政法部门重视矛盾、纠纷的排查和调处工作,及时掌握各类社会矛盾和不安全因素的动态信息,提高预警和处置能力,千方百计把矛盾化解在内部,化解在基层。2000 年,信访总量虽然较高,但整个形势已趋向平稳。

由于中国社会结构处于深刻变动之中,诱发违法犯罪的因素大量存在,犯罪分子可资利用的机会不断增多,社会治安形势一直面临严峻的挑战。江苏各地公安、审判、检察部门,相互配合,形成合力,坚持"严打"方针,扭住"破大案、打团伙、追逃犯"不放,始终把斗争的锋芒指向那些对社会危害严重的暴力犯罪、有组织犯罪、毒品犯罪和重大盗窃犯罪等严重犯罪,组织了一波又一波集中打击行动。同时,针对不同时期、不同方面、不同地区的犯罪特点,及时组织开展各种专项性、区域性严打整治行动。先后开展了"打黑除恶"、"治乱除滥"、"禁毒禁赌禁娼"、"围歼车匪路霸"、打击拐卖妇女儿童,打击盗抢机动车辆、反偷渡等专项斗争,集中整治大学、中学和大中型企业周边环境治安和长江、运河、洪泽湖、骆马湖等水域治安,对按摩业、旧货流通业、印刷业、机动车等进行专项治理。通过这一系列专项斗争和治理行动,有效地遏制了一些方面性、苗头性治安问题的发展,改变了一些治安秩序混乱地区的面貌。坚持不懈的集中打击、专项斗争与日常执法活动有机结合,保证了全省社会治安平稳的态势。

在严厉打击严重刑事犯罪的同时,继续加强社会治安综合治理各项基础工作。

不断完善全省社会治安防控体系。至 1998 年底,全省所有乡镇、街道都成立综

合治理办公室，配备专职人员。1999 年，全省有治保会 6.2 万个，治保小组 19 万个，治保人员 80.6 万人，专职联防组织 8533 个，5.2 万多人，还有 20.8 万多兼职、义务联防人员；企事业单位内保科（处）有 8904 个，护厂小分队有 6764 支，经济民警小分队有 1118 支；此外还建立一批保安公司，积极推行保安有偿服务。在全面设防的基础上，各地走科技强警之路，不断加大投入，形成以 110 报警服务台为龙头的快速反应机制，全省基本建立一套动静结合、攻防兼备的社会治安防控体系，防范、控制和打击犯罪的能力明显提高。

社会治安与文明单位创建活动相结合，实行治安与文明共建，范围不断扩大，内涵不断丰富，充分发挥广大群众在治安综合治理中的作用，治标与治本并举方针的贯彻得到深化。

对流动人口实行登记发证和清理整治工作。仅 2000 年全省新登记暂住人口达 253 万人，发证 191 万人，清理遣返"三无"盲流人员 4.7 万余人。通过对流动人口的规范管理，破获刑事案件 9351 起，查获违法犯罪嫌疑人 1.5 万多人。江苏的经验受到国家有关部门的重视。

预防和减少青少年违法犯罪工作不断推出新举措。中小学校普遍配备法制副校长或辅导员，法制教育深入到学校课堂；由离退休老同志组成的各级关心下一代工作委员会参与其中，做了不少工作。

各地贯彻执行中央综治委《刑释解教人员回归社会衔接管理办法》，加强各部门之间的配合，动员全社会关心、支持对刑释解教人员的安置和帮教工作，安置率上升，重新犯罪率逐步下降。

司法行政部门针对市场经济发展中出现的民间矛盾和纠纷增多的情况，牵头协调成立县、乡调解中心，以"防激化"为重点，加强民事、经济纠纷的调解工作。至 2000 年底，全省所有县（市、区）全部建立了重大疑难调解中心，1672 个乡镇（街道）建立司法调解中心，占应建数的 84%，初步形成"大调解"的格局。2000 年，参与人民调解工作的专职司法助理员有 1911 人，人民调解委员会 50509 个，调解人员 786300 人。1990 年代中后期，全省每年调处民间纠纷都在 28 万件左右。通过调解，缓和矛盾，化解纷争，特别是防止一批"民转刑"纠纷的发生，对促进基层社会治安秩序稳定发挥了重要作用。

第六节　中共加强自身组织建设

一　认真抓好各级领导班子和干部队伍建设

中共江苏省委以贯彻执行1989年中共十三届四中全会精神为起点，遵照邓小平“聚精会神抓党建”的要求，全面加强党的思想、组织和作风建设，形成了全党抓党建的良好氛围。1992年以来，中共江苏各级组织全面贯彻中共十四大和十四届四中全会作出的《关于加强党的建设几个重大问题的决定》(以下简称《决定》)的精神，努力把党的建设提高到新的水平。1994年12月召开的中共江苏省第九次代表大会指出，实现江苏省社会主义现代化建设的宏伟目标，是一项伟大而艰巨的任务，关键在于加强党的领导和党的建设。各级党组织必须以邓小平建设有中国特色社会主义理论为指导，坚定不移地贯彻执行党的基本路线；必须全面加强党的思想建设、组织建设、作风建设，坚持民主集中制，不断提高执政水平和领导水平，增强党的战斗力、凝聚力；必须进一步发挥党对各项事业的核心领导作用，努力继承和发扬党的优良传统和作风，坚决惩治腐败，加强党风廉政建设，密切党和人民群众的联系。

中共江苏省委在全面贯彻中央关于加强党的建设部署的过程中，始终把加强党的组织建设尤其是各级领导班子和领导干部队伍建设作为突出环节抓得很紧。

1992年后，为适应改革开放和现代化建设新形势、新任务的需要，全省各级党委及其组织部门，从全党工作的大局出发，贯彻“革命化、年轻化、知识化、专业化”的干部工作方针，以工作实绩和社会公论衡量、评价领导干部，以优化班子结构和增强整体功能的需求调整、配备领导干部，不断加强各级领导班子的建设，干部队伍的素质得到全面提高。在这一进程中，大力培养选拔德才兼备的年轻干部是工作的着力点。随着现代化进程和新老交替步伐的加快，年轻干部偏少、班子成员文化层次和专业水准不高与现代化建设全局不相适应的状况日益凸现。为改变这一状况，中共江苏省委于1992年下发《关于进一步做好选拔培养年轻干部的意见》，要求解放思想，确立新的用人观念，拓宽用人视野和渠道，结合1993年人大、政府、政协换届，选拔一批年轻干部进各级领导班子。通过换届，分别有25名45岁以下和8名40岁以下的干部进市厅级领导班子和担任县(市)党政一把手。

此后，中共江苏省委在贯彻落实《决定》中，把抓紧培养和选拔年轻干部视为“当务之重，当务之急”的一项非常紧迫的重大任务。1995年，中共江苏省委制定并下发了跨世纪领导干部培养选拔规划，提出了培养选拔年轻干部的硬目标、硬任务。全省

各地纷纷制定和实施规划，采取了一系列措施，推进年轻干部的培养和选拔工作：扩大推荐、选才的范围，改进和加强后备干部工作；选送大批后备干部到中央党校、省委党校接受培训，省委 1995 年至 2000 年举办 4 期共 141 人赴美高级管理人才经济研究班，并与有关高校合作举办两期研究生班，各地也加大了学历培训、赴境外培训的力度，为跨世纪领导班子培养、储备人才；省级机关和各市委有计划地把年轻干部放到关键岗位、基层单位任职，以及到艰苦、贫困地区经受考验，同时省委组织部还选拔优秀大学毕业生下派锻炼，让年轻干部在实践中增长才干。这些措施的落实，为年轻干部的成长创造了良好的环境和条件。通过 1998 年人大、政府、政协换届和经常性调整、充实，各级领导班子的年龄、文化结构有了较大改善。据统计，2000 年省级机关厅级领导班子成员平均具有大专以上学历成员占班子成员总数的比例达 97.61%；市、县(市、区)、乡镇党政领导班子分别形成以 50 岁左右、40 岁左右、35 岁以下干部为主体的梯次年龄结构，具有大专以上学历的成员占班子成员总数的比例分别达到 96.15%、96.15%、72.21%。①

抓好民主集中制建设，充分发挥领导班子的整体功能。为了推进县以上各级领导班子思想政治作风建设，1994 年省委对原制定的制度进行梳理，从理论学习、集体领导、反腐倡廉、联系群众、民主生活会、个人重大问题报告等 6 个方面作出明确规定，同时按照从严治党的要求，建立监督制度、民主评议领导干部制度、上级党委派人参加下级领导干部民主生活会制度、同下级领导班子谈话制度等，积极探索从制度上引导和加强领导班子及其成员思想作风建设的途径。中共十四届四中全会《决定》把坚持和健全民主集中制作为加强党的组织建设的一个重大问题提出后，省委针对民主与集中两方面贯彻执行都不够的状况，要求从 4 个方面坚持和完善民主集中制：牢固树立全局观念，自觉维护党的纪律；加强领导班子团结；坚持集体领导和个人负责相结合的制度；加强民主集中制的制度建设。1995 年，省委常委会带头制定议事规则，并下发了《市委工作条例》，各地、省厅局级部门和单位党委(党组)也建立和健全了《党委工作条例》、《集体领导与个人分工负责相结合的制度》等。1996 年，中央对省委、省政府领导班子进行届中考察。以此为契机，省委常委会进一步健全和完善民主集中制的各项制度，改进常委会工作方法，带头严格执行决策的有关程序和制度。重大决策发扬党内外民主，广泛听取各方面包括人大、政协、各民主党派和中共党内老同志的意见，接受专家学者决策咨询，提高决策的民主化、科学化程度。1997 年，省委下发《关于加强领导干部监督管理工作的意见》，促进干部自重、自省、自警、自

① 该数字由中共江苏省委组织部办公室提供。

励，努力提高自身素质。同时，加强对各市委和厅局党组（党委）民主生活会的指导，要求提高民主生活会的质量，认真开展批评与自我批评，自我解决班子中的矛盾与问题，增强班子的凝聚力和战斗力。

在贯彻落实《决定》，加强领导班子和干部队伍建设的过程中，中共江苏各级党委及其组织部门认真贯彻执行中共中央1995年2月下发的《关于党政领导干部选拔任用工作暂行条例》（以下简称《条例》），积极推进干部人事制度改革。各级党委及其组织部门认真学习，开展调研，结合党政机关机构改革和1998年人大、政府、政协换届，在扩大民主、完善考核、推进交流、加强监督等方面，不断推出改革举措，努力建立科学规范党政领导干部选拔制度，形成富有生机与活力的用人机制。扩大民主方面，在全面执行《条例》、民主推荐相关规定的同时，规范和完善面向社会公开选拔领导干部的工作，逐步扩大"一推双考"（民主推荐、考试考核）选用干部的范围和比重；在总结实践经验的基础上，1998年省委下发《江苏省公开选拔领导干部试行办法》，使面向社会选拔领导干部规范化；1998年在省广电厅开展中层干部竞争上岗的试点工作，这一措施于1999年在全省党政机关推行。完善考核方面，在全面贯彻执行《条例》和《关于党政领导干部考核工作暂行规定》的同时，加大届中考核、民主评议的力度，增加每年年终本人小结环节，实行考察报告制度。推进交流方面，继续实行南北干部交流和省级机关干部赴苏北扶贫的制度，同时按照《条例》要求，1998年首先从市、县（市）党政主要领导干部交流开始，逐步扩大到市一级公安局长、市委组织部长实行交流。1999年，省委下发《关于贯彻〈党政领导干部实行交流的暂行规定〉的意见》，除上述职务领导干部实行交流外，还增加新提拔担任市、县纪检监察、审判、检察机关和工商、税务等部门的主要负责人，并要求用3年左右的时间，把应交流的干部基本交流一遍，逐渐形成制度。加强监督方面，从1997年开始，省委组织部每年都要组织对《条例》执行情况进行检查，发现问题，及时纠正或提出改进意见，并在全省建立21个监督管理制度建设联系点，开设选拔任用领导干部问题专线举报电话。在宿迁等市、县实行任职前公示制度试点，接受来自群众的直接监督，防止和克服在用人问题上的不正之风。党政领导干部选拔任用这几个方面改革的举措，在2000年省级机关机构改革中得到全面贯彻实施，并向前推进了一大步。省委决定，首次公开选拔21名副厅级领导干部，变"伯乐相马"为"赛场赛马"，实行职位、条件、程序、考试成绩、结果"五公开"，全方位接受社会监督。省委成立了以省委书记、省长担任正副组长的公选领导小组。这一决定在干部群众中引起强烈反响，得到了各级党组织的积极响应。广大年轻干部踊跃参与，全省有2686名干部报名，平均每个职位报名人数128人，竞争激烈程度堪称"百里挑一"，其中民政厅副厅长一职报名人数高达318人。通过考

试，有105名入围者接受面试和考察，最后有21名干部进入任职前公示和试任期一年的程序。这21名干部全部在45岁以下，平均年龄37.6岁，40岁以下占70%，最小的仅31岁，原来担任正处级职务的10人，副处级职务的11人；大学学历7人，研究生学历14人，其中博士5人。这次公选副厅级领导干部是深化领导干部选拔任用干部制度改革的一次成功尝试，在国内引起关注，同时带动了全省干部选拔任用工作的改革。2000年，南京、无锡、苏州、南通、徐州等市也开展了副处以上干部的公开选拔工作。

二　开展“三讲”教育

1998年11月，中共中央发出《关于在县级以上党政领导班子和领导干部中深入开展以“讲学习、讲政治、讲正气”为主要内容的党性党风教育的意见》，这是中共中央面对新形势和新任务，贯彻十五大精神，深入学习邓小平理论，提高各级领导班子、领导干部素质特别是思想政治素质，推进党的建设这个伟大工程的重要举措。中共江苏省委坚决贯彻中央的指示精神，把“三讲”教育作为党的建设的重中之重和迎接新世纪新任务的重要思想准备和组织准备来对待，作出具体部署，计划用2年左右的时间分期分批在县级以上领导班子和领导干部中开展“三讲”集中教育。首先在镇江市、省级机关工委、省科委和昆山市、盱眙县进行试点。从1999年3月下旬开始，在中共江苏省委、省政府、省人大、省政协、省纪委五套班子及其中共党员领导干部中，历时80天，集中开展“三讲”教育。市、厅级领导班子和领导干部“三讲”教育从8月到12月分两批进行，省委向市厅级单位派出了50个巡视组。2000年，“三讲”教育在全省县(市、区)与高校领导班子、领导干部和省级机关处级领导干部中分批推开，省委先后向开展“三讲”教育的县(市、区)、高校派出104个巡视组。在中共江苏省委领导下，各市、厅局党委(党组)都建立了“三讲”教育工作责任制，党委(党组)书记履行第一责任人的责任，一级抓一级，一级带一级，在深入调研的基础上制定方案，分阶段明确标准和要求，确保集中教育顺利健康进行。如此规模、持续两年多时间的党性党风教育，在新时期党的建设历史上还不多见。

全省“三讲”教育，从省级领导班子和领导干部开始，严格按照中央确定的指导思想、基本原则、步骤和方法进行，体现了整风精神和“四个贯彻始终”的共同特点：坚持把学习贯彻始终，努力掌握理论思想武器；坚持依靠群众贯彻始终，切实开门搞“三讲”；坚持把查摆问题、解剖自己贯彻始终，不断提高解决自身问题的能力；坚持把边整边改贯彻始终，着力推进当前工作。这次“三讲”集中教育，虽然不同层次的班子和干部所处地位和工作特点不同，但普遍感到受益匪浅。一是受到一次深刻的马克思

主义理论教育,对理论学习的重要性认识有所提高,全面贯彻党的基本路线自觉性,加快发展,深化改革,扩大开放的紧迫感有所增强;二是受到一次实实在在党性党风教育,对理想信念、宗旨观念、工作作风、廉洁自律等方面查摆出来的问题,开展批评与自我批评,上升到党性党风高度来认识,既提高了思想境界,也受到党内生活的锻炼;三是受到一次生动的群众路线和群众观点的教育。在第二批县(市、区)"三讲"教育中,全省有1587名领导干部走出机关大门,住进农户家中实行"三同",直接倾听群众呼声,了解群众疾苦,许多干部看到了自身的差距和不足,既产生了愧疚感,更增强了使命感。总之,这次"三讲"集中教育对各级领导干部班子、领导干部思想政治水平的提高,作风的转变,纪律性的增强起到了促进作用。

"三讲"教育成效如何,归根到底要落实到整改上。中共江苏省委在"三讲"教育中,针对存在的突出问题,从8个方面制定了40条整改措施。这8个方面是:进一步加强学习,全面提高思想政治水平,增强解决实际问题和驾驭复杂问题的能力;全面正确地贯彻执行中央关于经济工作的方针政策和决策部署,实现江苏经济持续快速健康发展;进一步解放思想,积极稳妥地推进各项改革;切实加强和改进干部工作,努力建设高素质的干部队伍;坚持不懈加强党的建设,深入开展反腐败斗争;进一步加强精神文明和民主法制建设,加快文化大省建设和依法治省步伐;坚持党的群众路线,切实转变工作作风,大力发扬艰苦奋斗的优良传统;进一步反骄破满,锐意进取,努力开创江苏工作新局面。围绕8个方面40条整改措施,省委、省政府研究制定出台了《关于在农村取消一切脱离实际、要农民出钱出物出工的达标升级活动的通知》、《关于严格控制党政机关新建和装修办公楼的通知》、《关于推进经济结构战略性调整的三年实施纲要》等9个政策性文件。省政府、省人大、省政协、省纪委也都分别制定了整改措施。省级各班子贯彻边整边改的原则,能改的马上改,使群众真切地感受到"三讲"教育的效果。

三　加强基层组织建设

进入20世纪90年代,中共江苏省委把加强基层组织建设视为基础工程,列为工作重点,实行分类指导,抓住关键环节,强化工作落实,农村、企业、机关、高校、街道的组织建设得到加强。

江苏农村中共基层组织数约占全省基层组织总数40%。中共十三届四中全会以来,全省一直积极推动县(市)委党建工作责任制的贯彻落实,坚持以农村党支部建设为核心,不断探索党的建设与经济建设、社会全面进步紧密结合,相互促进的方法和途径,调整工作内容,改进工作方法,涌现了一批抓党建工作的先进县(市)、先进乡

(镇)和村。但是,也出现一些新的情况和问题。这几年经济发展任务重,压力大,一些地方的领导干部对党的建设过问较少,一手硬、一手软的状况显现;全省仍有相当数量的农村党支部软弱涣散,战斗堡垒作用没有得到发挥,甚至还有一批处于“四无”(无人办事、无钱办事、无力办事、无心办事)状态的村和党支部。这些问题引起省委的重视。1994年,中共江苏省委召开全省党建工作先进县(市)委书记座谈会,要求各县(市)委把党建工作摆上重要议事日程,同时制定实施全省3年(1994—1996)整顿后进村的规划,着手对全省村党支部书记进行轮训。1994年,中共中央召开全国农村基层组织建设会议和下发《关于加强农村基层组织建设的通知》后,农村基层组织建设的指导思想、目标任务更加明确。中共江苏省委于1995、1996年两次召开全省农村基层组织工作会议,学习领会中央会议和指示精神,统一各级党委认识,提出紧紧围绕农村基层组织建设的“五个好”(领导班子、干部队伍、发展经济路子,经营机制、管理制度)的目标,坚持突出党支部建设这个重点,着力解决好有人办事、有钱办事两个问题;坚持整体推进,抓好以增强服务功能为重点的经营机制建设,以民主管理为主要内容的工作制度建设的总体工作思路;进一步确定“关键在县,落实在乡,重点在村”的工作格局和对苏南及沿江地区、淮北地区分类指导的原则。在中央和省两级农村基层组织建设会议的推动下,各级党委加强党建工作责任制,普遍实行县、乡领导定点、机关部门挂钩、下派年轻干部一面锻炼一面帮助工作等措施,加大对后进村和经济薄弱村的帮扶力度。省委组织部制定《进一步加强乡党委建设工作的意见》、《关于创建党建工作先进县活动的意见》等文件,加强对县、乡两级党委抓党建工作的检查与考核,同时,在全省范围内树立一批“五好村”、“小康示范村”,发挥先进典型的示范和导向作用。经过两年多的努力,到1996年底,全省3593个后进村中85%面貌有了明显的改变,“四无”问题初步解决。

1997年,中共江苏省委召开专门会议,总结交流前3年后进村党支部整顿转化的经验,制定了1997—1999年第二个3年规划,以巩固成果,进一步提高农村党支部建设水平。同时,全省开展党建工作先进县(市、区)委、“五个好”[①]乡(镇)党委、五好党支部“三级联创”活动,使农村基层组织建设工作在县、乡、村三级互动中进一步落实。

1998年以来,加强农村党的基层组织建设工作紧扣贯彻中央关于村务公开、民主管理和农村基层组织条例两个文件,全面推进以财务公开为主要内容的村务公开,并延伸到乡镇政务公开;在全省基层干部中普遍开展宗旨、政策和法制3项教育活动,宣传落实《中国共产党农村基层组织工作条例》,增强广大基层干部正确执行政

① “五个好”是指领导班子好、党员干部队伍好、工作机制好、小康建设业绩好、农民群众反映好。

策、坚持依法办事、善于做群众工作的素质和能力，支持和保障《村民委员会组织法》的实施，促进基层民主政治建设。结合减轻农民负担工作，1998 年开始，经过近两年的艰苦细致工作，全省精简村干部近 16 万人，由原来每个村平均 9.7 人减为 5.3 人，每年减少支出近 8 亿元。这一举措不仅减轻了农民的负担，改善了干群关系，而且巩固和深化了农村基层组织建设的成果。2000 年 5 月，江泽民视察江苏基层党建工作。省委抓住这一契机，召开全省基层组织建设创新工作交流会，要求一手抓整顿，一手抓创建(五好村党支部、五好乡镇党委、党建工作先进县)，在组织设置、队伍建设、工作制度、领导方式等方面进行改革创新，进一步提高农村党的基层组织建设水平。

企业党组织建设是基层党组织建设的另一个重点。改革开放以后，企业实行从党委一元化领导、党委领导下的厂长(经理)负责制到厂长(经理)负责制的转变，逐步形成企业内部党政关系新的体制。建立社会主义市场经济体制目标确立后，国企改革成为中心环节，任务十分繁重。江苏各级党委及其组织部门根据党章关于国有企业党组织职责的规定和中央有关指示精神，深入国企改革一线调研，多次召开国企党建座谈会。省委先后出台《关于现代企业制度试点企业党的建设的意见》、《关于现代企业制度试点中加强党的工作的意见》、《关于国有企业领导班子建设的意见》等文件，指导国有企业党组织发挥政治核心作用，完善企业领导制度，使企业党的组织建设与企业改革同步发展，同建立现代企业制度统一起来。各级党委及其组织部门抓住领导班子建设这个关键，一方面以提高思想素质和驾驭市场经济能力为目标，加强对企业领导人员的教育培训；另一方面，按照干部"四化"方针和德才兼备的原则以及企业改革发展的特殊要求，逐步对企业领导班子进行调整充实，企业党政领导班子成员"双向进入，交叉任职"的比例逐年提高。为进一步加强对全省国有企业领导班子建设和党组织建设的领导，省委于 2000 年成立中共江苏省委企业工作委员会。

国有企业党组织重视党支部的建设和党员教育，发挥党支部战斗堡垒作用和党员先锋模范作用，把思想政治工作渗透、落实到企业机制改革和生产经营中去；以参与重大问题决策为重点，支持厂长(经理)依法履行职权的同时，积极发挥政治核心作用。各地还十分重视停产、亏损、破产企业党组织的工作，发挥企业党组织在推进改革、维护稳定中的作用。

省委一手抓发展非公有制经济，一手抓这些经济组织的党建工作，在实践中逐步形成非公有制经济组织中党建工作"扩大覆盖面，促进规范化，增强影响力"的工作思路。各地按照"积极稳妥，因地制宜，灵活多样，保证质量"的原则，建立健全非公有制经济组织中党的基层组织，打好基础，理顺关系，不断扩大党建的覆盖面和工作领域，使党的影响力、渗透力在非公有制经济中不断增强。至 2000 年底，全省非公有制经

济组织中有中共党员 52043 人，占从业人员总数的 1.02%；已建党组织 4034 个。

1992 年以来，机关、高校、街道社区等基层单位的党的建设也得到加强。各级机关党组织按照党章、《中国共产党和国家机关基层组织工作条例》的规定，全面履行职责，坚持把思想建设放在首位，认真抓了领导干部廉洁自律各项规定和制度建设，加强对领导机关和领导干部的监督，深入持久地开展“三优三满意”(优质服务、优良作风、优美环境；群众满意、基层满意、省委省政府满意)的创建活动，为各级机关履行职能完成任务提供组织保证。1992 年至 2000 年，省委每年都召开高校党建工作会议，专题研究、检查、部署高校党建工作，使高校基层党组织建设工作走上规范化、制度化轨道。全省街道社区党组织建设，按照“一个居民区建立一个党支部”的要求，抓住领导班子，特别选好配强街道社区党组织书记这个关键环节，推进街道党的组织建设；同时强化街道社区组织的社会管理和服务职能，扩大街道社区党建工作的领域，为推进城市两个文明建设作出了贡献。

2000 年末，中共江苏省委下辖 13 个市委；全省共有 58 个县(市)委，51 个省辖市区委，15 个农村区委，地方政府部门设立的党委 1159 个。全省共有 5814 个基层委员会，9430 个党总支，168366 个党支部，城市街道党(工)委 247 个。①

四　推进党员队伍建设

中共江苏各级党委在加强基层组织建设过程中，始终抓紧党员队伍建设。

首先是以提高素质，增强党性为目标，深入开展党员教育。省委组织部、纪委、宣传部等部门围绕党的中心工作，提出阶段性党员教育的重点和要求，先后有领导、有计划地组织开展以学理论、学党章为主要内容的“双学”教育，以“致富思源、富而思进”为主要内容的党员轮训，对农村党员、干部持续多年的农业实用技术培训等。这些教育学习、培训活动的参与率都在 95%以上。为加强对党员的培训教育，全省建立涵盖各行各业基层党校 4000 多所，它与农村党员每年的冬训、“三会一课”以及丰富多彩的主题教育活动，形成了集中教育与经常性教育相结合，全方位、多层次的教育网络。在党员教育中，还充分运用电化教育等现代化手段，制作《支部党课》、专题片、系列片，深受广大党员的欢迎，提高了教育的效果。这些教育活动，对于广大党员坚定信念，牢记宗旨，增强党的观念，发挥先锋模范作用，起到了促进作用。

其次是改进和加强党员管理。从 1988 年试点，1989 年逐步推开的民主评议党员工作，至 1990 年 12 月第一轮结束，共有 14.5 万个党支部、275 万党员参加民主评议

---

① 中共江苏省委组织部办公室提供。

活动,评出优秀党员 16.1 万名,占参评党员总数的 5.9%;认定和处置不合格党员 3.63 万人,占参评党员总数的 1.4%,其中清理出党的 8505 名,占参评党员总数的 0.03%。① 这是从严治党方针和全面提高党员素质的一项重要举措。根据省委提出的民主评议党员工作制度化的要求,进入 90 年代,这一工作一直坚持进行。省委组织部结合新形势、新任务提出每次开展民主评议党员活动的意见,突出评议重点,充实评议内容,使评议活动常评常新,保证质量。随着市场经济发展,生活方式和就业方式多样化,外出务工经商流动党员、新经济组织中党员、下岗职工中党员、离退休党员增多的新情况、新特点,各级党组织从实际出发,积极探索,大胆创新分类管理的形式和途径,使他们能及时参加党组织活动,接受组织监督。

再次是认真做好发展党员工作。各级党组织认真贯彻"坚持标准、保证质量、改善结构、慎重发展"的方针,严格执行《中国共产党发展党员工作细则(试行)》的规定,重点解决 35 岁以下青年、妇女党员偏少以及企业党员空白班组、一些农村党支部多年不发展党员等问题。各级党组织制定规划,大力培养青年积极分子,党员结构中存在的突出问题逐步缓解,一大批符合党员条件、有文化的优秀青年加入到党的队伍中来,使党员队伍结构改善,基层组织注入了新的活力。到 2000 年底,全省共有党员 3640386 人,占全省人口的比重为 4.97%;党员中初中、高中文化以上程度的分别占 77.8%和 48.1%;25 岁以下青年党员 127400 人,女党员 540093 人。②

第七节 坚持不懈地推进廉政建设和反腐败斗争

一 不断强化对反腐倡廉工作的认识和领导

1992 年以来,全省改革开放和现代化建设进入新阶段,党风廉政建设和反腐败斗争面临着新形势、新课题。为了继续搞好反腐倡廉工作,中共江苏省委高度重视在各级党政领导干部中加强学习,深入进行反腐败是关系党和国家生死存亡的严重政治斗争的教育,引导各级党政领导干部从建设中国特色社会主义全局的高度,从推进党的建设伟大工程的高度,充分认识反腐倡廉的紧迫性和极端重要性,正确认识和处理经济建设、改革开放同反腐败斗争的关系,防止和克服把两者割裂、乃至对立起来的错误认识,防止和克服反腐倡廉工作不主动、不积极、不坚决的现象。这一加强学

① 《中国共产党江苏省组织史资料》,江苏人民出版社 2003 年版,第 5 页。经计算,认定和处置不合格党员应占参评党员总数的 1.32%,清理党员应占参评党员总数的 0.31%。

② 由中共江苏省委组织部办公室提供。

习，提高认识的工作，与贯彻执行中央关于反腐倡廉的工作部署相结合，与党的思想政治作风建设相结合，贯穿于整个20世纪90年代。

在工作部署上，自1993年起，根据中共中央、国务院的决定，认真贯彻"领导干部廉洁自律，查办违纪违法案件和纠正不正之风"三项工作的精神，并结合江苏实际，提出"全面部署，突出重点，狠抓落实，注重实效"的总体工作思路。在深入调研分析的基础上，每年对三项工作不断赋予新内容，确定工作着力点，既树立长期作战的思想，又不放松当前，抓一项，成一项，巩固一项，一个阶段一个阶段地把工作推向前进，不断取得阶段性成果。

在领导体制和工作机制上，江苏多年来强调在党委统一领导下，党政一起努力，全党动手抓，实行标本兼治，建立党风廉政责任制，要求从各级领导机关和领导干部做起，一级带一级，一级抓一级。1993年3月，全省各级纪检监察机关合署办公，完成了党政机关监督体制的一项重大改革，为充分发挥纪检监察机构在反腐倡廉中的职能作用创造了条件。全省纪检监察部门在办案工作中，逐步形成并坚持的"党委统一领导，纪委牵头协调，各执纪执法机关协同配合"的工作机制，使查办大案要案工作取得明显成效。中共十五大在总结包括江苏在内的反腐败斗争实际经验的基础上，完整地提出了"党委统一领导，党政齐抓共管，纪委组织协调，部门各负其责，依靠群众的参与和支持"的反腐败领导体制和工作机制。中共江苏省委对贯彻落实十五大确定的这一体制和机制，态度坚定，贯彻坚决。省委书记陈焕友在省九届七次全委（扩大）会议和省纪委第八次全体会议的讲话中，对各级党委的领导责任、纪委的协调职能，各部门纠风工作的落实以及反腐倡廉的检查考核等都提出明确要求。特别是中共中央、国务院关于党风廉政责任制的规定颁布后，各地各部门制定实施意见或细则，把全年党风廉政建设和反腐败工作任务分解到职能部门和分管领导，明确目标要求和工作责任，实行目标管理，加强考核和责任追究。党风廉政责任制的落实，为形成整体推进反腐败斗争的局面提供了可靠的组织保证。1999年、2000年两年内，全省有797名党政领导干部受到责任追究。

二　党政领导干部廉洁自律

教育和推动党政领导干部廉洁自律是党风廉政建设的重要内容和途径。1992年以来，中共中央、国务院先后颁发了党政领导干部廉洁自律《五条规定》、《三项制度》（领导干部个人收入申报制度、礼品登记制度、国有企业招待费向职代会报告制度）、《中国共产党党员领导干部廉洁从政若干准则（试行）》、《关于党政机关厉行节约制止奢侈浪费行为的若干规定》等一系列重要的党风廉政法规制度，对社会主义市场

经济条件下领导干部廉洁从政行为作了明确规定。根据这些规定，中共江苏省委、省政府结合江苏实际先后对党政机关汽车配备、公务接待、公务出国(境)管理、党政机关新建和装修办公楼、领导住房分配和装修、党政机关举办经济实体等10多个方面作出了明确规定或下发清理通知，使各级领导干部廉洁从政行为规定进一步规范和具体化。从1993年起，全省2400多个县级以上领导班子、1.3万余名县处级以上干部，每年召开两次专题民主生活会；10.2万多名县(市、区)直属机关的科级干部，乡镇领导干部、基层站所负责人，全省5900多家国有企业领导干部，95%以上通过民主生活会对照中央和省的有关规定自查自纠。各级领导干部中一些违反廉洁从政规定的问题和行为，如领导干部经商办企业，在经济实体中兼职，拖欠公款，接受赠送信用卡，违规购房、建房、装修住房，收取折扣、中介费、礼金等，通过自查自纠程度不同地得到清理和纠正，也使大多数党员干部受到实际的党风党纪教育。

1992年至2000年，全省统一部署，先后对一些涉及面广、群众反映强烈突出的问题，集中进行清理纠正或用改革的办法进行解决。据统计，1994年至2000年，全省清理纠正乡镇以上党政机关违反规定配备、更换小汽车884辆，基本上制止了领导干部超标准配备公务车问题。[①] 违规购房、建房、分房、装修住房问题，通过领导干部自查自纠每年都有进展，但并没有彻底解决。随着住房制度改革的深化，又出现了新矛盾、新问题。在以往工作的基础上，1999年，全省统一部署对党政机关、企事业单位干部职工重点是领导干部的住房问题，军转干部和有关人员两处住房问题，集中进行清理。至2000年底，全省有5182人主动纠正了住房违规问题，退出住房4014套，退交补交款1841.9万元，取得了阶段性成果。这项工作目前仍在进行中。从1997年开始，对党政机关、事业单位公款配备的住宅电话、手持机、寻呼机进行清理，并全部折价过户给个人。通过制定公费通信工具管理办法，公费手持机使用实行货币化改革，既为国家节约了大量资金，也较好地解决了公费通信工具滥用的问题。此外，全省1993年至1995年对党政领导干部在经济实体中兼职问题、1996年对领导干部违规使用警车、警灯、警报器和军警车号牌问题、1999年至2000年党政机关违规借用汽车问题、2000年对用公款为领导干部住房配备电脑、传真机问题等，进行了清理纠正。中央规定的“三项制度”普遍执行较好。国有企业领导人员、农村基层干部、城市社区以及基层执法执罚部门的廉洁自律工作也取得积极进展。

在廉洁自律工作中，各级纪检监察部门坚持进行监督检查，严肃纪律。据统计，1995年至2000年，因违反廉洁自律规定而又不主动检查纠正受到党纪、政纪处分的

① 中共江苏省纪委办公厅提供。

领导干部 622 人。[①] 通过廉洁自律工作，各级领导干部的廉政意识明显增强，从政行为得到规范。

三　查办违纪违法案件

1992 年以来，江苏同全国一样，腐败现象在一些地方和领域滋生蔓延，呈多发高发态势，严重危害社会主义现代化建设事业，也成为广大人民群众十分关注的热点。根据中央的统一部署，中共江苏省委、省政府和各级执纪执法部门，把查办案件特别是大案要案作为突破口，不断加大打击力度，推动党风廉政建设和反腐败各项工作。

1994 年着手查处的无锡新兴实业有限公司非法集资 32.15 亿元案，号称“江苏第一大案”，案发时已造成损失 12 亿多元。“在中共中央、中央纪委的高度重视下，……在省委的直接领导下，省纪委牵头，执法机关参加，政府部门配合，协同作战，先后抽调 1512 名干部参加查案，贯彻‘查清问题，减少损失，惩处犯罪，维护稳定，促进发展’的指导思想，严肃办案。”“经过 19 个月的艰苦工作，查清了新兴实业公司从 7 个省、市的 368 个单位和 31 人非法集资，其数额之大，涉案人之多，危害之大为全国所罕见。通过查案，惩处了违纪违法者 182 人，其中追究刑事责任的 99 人，主犯、公司总经理邓斌（女）等 2 人依法判处死刑；给予党纪政纪处分 83 人，其中处分县处级以上干部 46 人。同时积极追讨和组织清退欠款，回收资金 10 亿多元，使资金平均清退率达 94%，经济损失从 12 亿元减至 1.4 亿元。在查案中，又顺藤摸瓜，由浅入深，挖出无锡市原副市长丁浩兴、原市检察长高振家等腐败分子，并揭露出北京市、上海市的一些重大案件，共查处案中案 88 件 97 人。这一案件的成功查处，在全省乃至全国都有较大反响，得到了广大群众和社会各界的称赞，受到中共中央、国务院、中央纪委的表彰。”[②]中央纪委报经中共中央批准给予直接领导无锡新兴实业有限公司非法集资案查处工作的中共江苏省委副书记、纪委书记曹克明记一等功，并号召全国纪检监察部门向曹克明同志学习。中共江苏省委发出了向曹克明学习的通知。这一案件成功查处的实践对于后来全省乃至全国形成反腐败斗争的领导体制和工作机制，形成全省以后赖以贯彻的“查清问题，惩治腐败，挽回损失，维护稳定，促进发展”的 20 字方针创新了思路，积累了经验。

根据中共中央的统一部署和明确要求，江苏的反腐败斗争从 1995 年起，以集中力量查处三机关一部门（党政领导机关、行政执法机关、司法机关、经济管理部门）和县处级以上领导干部的案件为重点，并针对金融、建筑等领域和人事工作、走私骗汇

---

① 中共江苏省纪委办公厅提供。

② 刘定汉主编：《当代江苏简史》，当代中国出版社 1999 年版，第 466—467 页。

等方面案发较多的特点，加大了打击的力度。1995—2000 年，集中查处了一批党政领导干部贪污受贿等利用职权严重违纪违法案件，如南京市原副市长钟裕辉(1995 年①)、常州开发区管委会原主任许和平(1995 年)、盐城市人大常委会原主任祁崇岳(1999 年)、省建设厅原厅长徐其耀(2000 年)等；严肃查处了一批严重违反组织人事纪律案件，如邳州市原市委书记邢党婴(1997 年)、响水县原县委书记李树春(1997 年)、宿迁市原副市长陈子龙(2000 年)等利用干部人事职权收受贿赂案件；严肃查处了一批司法腐败案件，如常州市公安局原局长周顺安(1995 年)等受贿案件；相继查处了一批国有企业领导人员重大经济犯罪案件，如连云港经济联合开发公司原总经理汪锡忠(1995 年)、苏州交通银行原总经理蔡涵刚(1996 年)、省建材总公司原总经理王占成(1998 年)、南京禄口机场原总经理崔学宏(1998 年)、苏州物贸(中心)集团公司原董事长顾衡如(2000 年)等侵吞巨额国有资产案件；深入查处了一批涉及众多群众切身利益的案件，如南京金中富国际期货交易有限公司诈骗案(1995 年)、江苏液化气公司非法融资案(1997 年)等；积极协调查处了一批走私、骗税、骗汇等严重扰乱社会主义市场经济秩序的重大案件，如珠海翡翠宝石首饰有限公司原总经理李少铭诈骗案(1996 年)、深圳"聚集和"公司原总经理邬忠明(1998 年)特大走私案等。

据统计，1993—2000 年，全省纪检监察机关共立案查处党员干部违纪违法案件 83057 件，其中县(处)级干部 1376 人，市(厅)级干部 78 人；给予党纪政纪处分 88459 人，其中开除党籍 16011 人。② 通过查处违纪违法案件特别是查办大案要案，有力地震慑了违纪违法者，腐败现象高发态势有所遏制，属于当年作案时间的在逐年减少，特别是工程建设领域的案件，呈迅速下降的态势，1997—2000 年分别为 42 件、248 件、24 件、12 件。③ 同时教育了广大党员干部，促进了全党的思想作风建设；中国共产党坚决惩处腐败分子，以实际行动取信于民，增强了人民群众对反腐败斗争的信心。

在查办大案要案过程中，各级党委、政府切实加强领导，各级纪检监察部门认真履行职责，各级行政执法部门、检察机关、审判机关各司其职，加强协调配合，形成办案的整体合力。1996 年，中纪委、监察部在江苏召开办案工作经验交流会，江苏的办案经验在会上作了介绍。时任中共中央政治局常委、中央纪委书记尉健行在 1997 年 1 月召开的中纪委第八次全体会议的讲话中，再次要求全国各地借鉴江苏等地办案经验。④ 随着人民群众对反腐败斗争的信心增强，其参与的积极性也日趋高涨，署名

---

① 此年限时间是指执纪执法部门查处案件的起始时间，以下同。

② 中共江苏省纪委办公厅提供。

③ 参见《江苏提前实现十五大提出的反腐五年目标》，《新华日报》2001 年 11 月 1 日。

④ 参见《十四大以来重要文献选编》(下)，人民出版社 1999 年版，第 2264 页。

举报线索越来越多。1992—2000 年，全省纪检监察机关受理群众的来信、来访、举报电话达 991318 件(次)，给予反腐败斗争极大的支持。奖励举报有功人员 14 名(1996—2000 年)。①

四　纠正部门和行业不正之风

1992 年以来，全省继续针对群众反映强烈、涉及群众利益的问题，进行专项整治，使纠正部门和行业不正之风的工作深入开展。

治理乱收费、乱罚款、乱摊派。“三乱”屡禁不绝，直接损害了企业和群众的利益，成为一大“公害”。为治理“三乱”，省里颁布了《江苏省收费管理暂行规定》等 20 多个规章办法，普遍实行收费证、收费员登记制度，将收费纳入物价、财政部门管理范围。从 1993 年下半年起，加大专项治理力度。到 1994 年底，全省累计公布取消了 2324 项乱收费项目，为企业和群众减轻负担 6 亿多元。1995 年，治理“三乱”以治理国道、省道、运河上的“三乱”(乱设站卡、乱罚款、乱摊派)为重点，并逐步拓展为治理全省县、乡道路和河道上的“三乱”。治理中，采取自查自纠、全省大检查、明察暗访、媒体曝光等方法和手段，撤销非法设置的检查、收费站卡，查处各类“三乱”问题 1273 件，400 多人受到党纪政纪处分。到 1996 年底，江苏成为全国首批公路、河道“三无”省份之一。以后，一发现此类问题，立即查处，巩固了这一成果。

进一步清理公费出国(境)旅游。1992 年以来，打着考察、培训等各种旗号，公费出国(境)旅游的不正之风，再度刮起。1993 年，各地各部门严肃纪律，认真查处，到 1995 年基本刹住了这股不正之风。全省先后制止纠正了 890 批共 3100 多人公费出国(境)旅游的问题，同时对 1992 年以来违反规定公费出国(境)问题进行了清理。但 2000 年又出现反弹，当年全省制止公费出国(境)活动 596 批计 3895 人。

持续清理党政机关、政法机关经商办企业。从 1988 年下半年起全省清理整顿公司的工作，经过 3 年多的努力，取得很大成绩。1992 年，全民经商的大潮波及江苏，一些地方的党政机关开始分离部分干部兴办经济实体。“在组建和兴办经济实体中也出现了一些值得注意的问题，如成立政企不分的‘翻牌公司’，以权经商、强买强卖、垄断经营的问题。”②从 1993 年 9 月起，省委、省政府根据中央有关文件的精神③，决定再

---

① 中共江苏省纪委办公厅提供。

② 中共江苏省纪律检查委员会、中共江苏省委党史工作办公室编：《新时期江苏党风廉政建设》(1978—1995)，苏出准印字 JSE—002037，第 648 页。

③ 指中办发(1993)17 号文件：中共中央办公厅、国务院办公厅转发国家经贸委《关于党政机关与所办经济实体脱钩的规定》的通知。

次对党政机关经商办企业进行全面清理,至 1995 年底,全省县级以上党政机关、人大机关、司法机关、经济管理部门所办经济实体 97%已划转或停办,其他国家机关所办经济实体 70%已脱钩,原在企业的兼职干部的去留绝大部分按规定分别作了安排。1996、1997 年,全省各地继续清理党政机关经商办企业问题,注销、划转、脱钩了一批企业。1998 年,江苏认真贯彻中央作出的军队、武警部队和政法机关不再从事经商活动的决定,全省政法机关所办 1456 家企业,全部清理完毕,并与政法机关彻底脱钩,军队、武警部队移交地方的企业,也在当年完成交接,善后处理工作正在落实。清理党政机关经商办企业,历经 10 多年,说明了这一工作的艰巨性和复杂性,其主要原因在于体制不顺、法规不健全、政府职能转变不到位等。只有深化改革,才是根本出路。

工程建设专项治理。1992 年以来,全省经济建设飞速发展,带动了建筑业、房地产业的繁荣。但是建筑市场发育、建设滞后,违规违章问题严重,违纪违法案件迭出,报建率、招投标率很低,造价普遍偏高,工程质量得不到有效保证。1996 年以来,省委、省政府下决心对工程建设进行专项清理。清理整顿建筑施工企业和房地产开发企业资质;对 1994 年下半年至 1995 年底竣工项目进行审计;推广苏州市着力抓好建设工程有形市场的经验,从工程报建、公布招投标信息,到办理招投标、合同鉴证、质量安全监督、施工许可证发放,土地审批监督、工程监理、造价咨询都纳入有形市场,实行"一站式"管理、"一条龙"服务。1998 年 7 月,全国有形建筑市场经验交流会在江苏召开,进一步推动全省建筑有形市场规范化建设。同时大力加强工程项目竣工决算专项审计,1997 年至 2000 年查处违纪违法案件 766 件。通过建设工程专项治理,报建率、招投标率逐年提高。公开招投标率 1997 年为 26.8%, 2000 年达到 97%①,基本上扭转了建筑市场混乱无序的局面,有效地遏制建筑领域腐败现象的滋生蔓延。

开展减轻农民和企业负担工作。农民负担过重是 20 世纪 90 年代后期影响农村发展和稳定的一个突出问题。1998 年开始,全省各地对中共中央、国务院和省委、省政府关于减轻农民负担的方针政策执行情况进行检查,全面执行农民负担预决算、监督卡和专项审计制度,取消纠正了数百项涉农收费项目和加重农民负担的项目(如停止和取消省、市、县、乡各级政府及有关部门出台的 172 项要求农民出钱、出物、出工的达标升级活动项目),积极改革农民负担计提办法,推行"一定 3 年不变"和公平负担,同时狠抓重点县(市)目标管理,严肃查处加重农民负担各类案件。经过近 3 年的努力,减轻农民负担取得一定成效,全省每 10 万人对涉及农民负担的举报,1997 年为

① 《江苏提前实现十五大提出的反腐五年目标》,《新华日报》2001 年 11 月 1 日。

6.55,2000 年下降为 3.94。从 1997 年开始,按照中央有关部署,对涉及企业负担收费项目进行全面清理,全省先后共取消、合并收费项目或降低收费标准 2000 余项,支持了国有企业深化改革和 3 年基本脱困目标的实现。

1992 年至 2000 年间,对中、小学乱收费、对党员、干部超计划生育和计划外生育费、农村财务、干部职工宕欠公款、“小金库”、医药购销中的不正之风等进行专项清理,查处了其中违纪违法案件。通过上述专项治理和纠正部门行业的不正之风,为深化改革,促进发展,保持稳定创造了有利环境,也改善了党和人民群众的关系。

在开展专项治理和纠正不正之风的同时,9 年里还努力加强行风建设。全省先后在公安、卫生、邮电、交通、铁路、工商、税务、教育等 10 多个部门组织群众开展民主评议行风的工作,发挥群众监督的作用,推动这些部门认真治理和纠正行风上存在的突出问题,带动了其他部门和行业作风的建设。

五　坚持标本兼治、综合治理的方针

治标和治本是反腐败斗争相辅相成、相互促进的两个方面,必须坚持标本兼治、综合治理的方针。

全省各级党组织在加强党的思想作风建设中,着眼于不断提高党员干部的思想政治素质,增强拒变防腐能力。中共江苏省纪委会同省委组织部、宣传部坚持不懈地开展以理想信念宗旨、党性党风党纪、勤政廉政为主要内容的党风廉政主题教育,广泛开展学习孔繁森等当代先进模范人物的活动。省内无锡新兴实业有限公司非法集资案、沭阳县原县委书记黄登仁等 4 名县委书记利用干部人事职权收受贿赂等重大案件查处后,中共江苏省委、省纪委及时通报,进行剖析,教育党员干部特别是县(处)级以上领导干部从中吸取教训,引以为戒。各级党组织和有关部门还采取报告会,举办反腐败斗争展览,新闻媒体加强反腐倡廉的宣传报道,形成良好的反腐败舆论氛围。这一切都贯彻了教育为主、预防为主的方针,体现了拒腐防变治本的深刻思考。

20 世纪 90 年代,针对腐败现象高发、蔓延的势头,重视加强制度建设,促进治标与治本的结合。如在开展廉洁自律工作中,根据出现的新情况制定、完善相关的规定,引导、规范党员干部廉洁从政行为;在治理纠正部门和行业不正之风工作中,实行纠建并举,建立健全规章制度,加强行风建设。重视体制、机制和制度创新,探索从源头上治理腐败的有效途径。如前述在工程建设专项治理中,建立和完善公开、公平、公正竞争机制;1997 年,根据中央加强预算外资金管理的规定,首先在公安、检察、法院、工商 4 部门实行“收支两条线”制度;1998 年 5 月,中共江苏省委、省政府决定全省所有行政事业收费和罚没收入全面实行“收支两条线”管理。这是一项治理预算外资

金乱罚滥支的治本之策。至 2000 年,这一制度已从省到乡镇全面推行。政府集中采购工作 1998 年开始在少数地区试行。同时,为加强财务监督,改革了会计管理制度,在国有、集体企业和县、乡(镇)机关推行会计委派制。配合国企改革和基层组织建设,在全省范围内普遍推行政务、村务、厂务等公开制度,加强群众民主监督,防止了一些滥用权力行为的发生。

20 世纪 90 年代,全省党风廉政建设和反腐败斗争取得了明显的成效,但面临的形势依然严峻。有些领域消极腐败现象还没有得到有效遏制,有的腐败分子尚未被揭露和查处,一些深层次问题还没有得到有效解决。腐败问题仍然是影响改革发展稳定,危害党的建设的一个突出问题。反腐败斗争既是一个长期、艰巨的历史课题,也是当前非常紧迫的政治任务。

第八节 新形势下江苏地方军事工作

一 江苏省军区在新时期军事建设和变革中前进

中共十一届三中全会以来,江苏省军区和所属部队高举邓小平理论伟大旗帜,以军委新时期军事战略方针为指导,坚决贯彻落实江泽民“政治合格、军事过硬、作风优良、纪律严明、保障有力”的总要求和回答“打得赢、不变质”的历史性课题,积极投入新军事变革,努力探索新形势下部队和国防后备力量建设规律,坚持质量建军、科技强军,从严治军、勤俭建军,坚持改革,部队革命化、现代化、正规化建设全面加强,协调推进。

加强组织机构建设,坚持党管武装。进入新时期,根据中共中央、中央军委的决策指示,适应形势和任务的变化,省军区组织机构建设不断加强。经南京军区批准,1984 年 9 月 11 日,正式成立中国人民解放军扬州预备役步兵师。① 1986 年 6 月,全省 105 个县(市、区)人武部移交地方建制。为贯彻落实中共中央、中央军委关于县(市、区)人武部收归军队建制的指示,省军区按照“精心组织,周密计划,积极稳妥,分步实施”的要求,1995—1996 年圆满完成全省 108 个县(市、区)人武部收归省军区的工作。1999 年 1 月,经军委总部和南京军区批准,先后组建预备役高炮师、预备役通讯团。省军区隶属南京军区,所属部队几经调整变化,至 2000 年底,设有领导指挥机关,

① 预备役部队是以现役军人为骨干,预备役军官和民兵为基础,按照军队统一的体制编制组成的武装力量,实行军队与地方党委、政府双重领导制度。最大建制是预备役师。组建预备役部队是为了达到“平时少养兵,战时多出兵”的目的,战时是军队强大可靠的后备兵员,平时是我国经济建设不可缺少的生力军。

下辖江苏境内各军分区（警备区）、县（市、区）人武部和海防守备、舟桥、预备役部队等。

党管武装的领导体制进一步完善。按照省军区、军分区（警备区）、县（市、区）人民武装部党委实行军事系统和地方党委双重领导的制度，1978 年以来，黄朝天、王景昆、林有声、甄申、章昭薰、郑炳清、蒋文郁先后任省军区司令员。按照第一书记（政委）制度，时任中共江苏省委书记许家屯、韩培信先后兼任省军区第一政治委员。在一段时期钟国楚任省军区第二政治委员，陈茂辉、汪运祖先后任第三政治委员。罗晴涛、彭勃、岳德旺、魏长安、任朝海先后任省军区政治委员。1986 年 3 月，根据中共中央规定，省、市、县委书记不再兼省军区、军分区（警备区）、县级人武部第一政委，仍兼任党委第一书记。1986 年至 2000 年，时任中共江苏省委书记韩培信、沈达人、陈焕友先后任江苏省军区党委第一书记。

在改革开放新形势下，省、市、县党委继承和发扬党管武装的优良传统，把辖区内的民兵工作列入议事日程，定期议军，研究本地域军事工作的重大问题，还开展党政领导过军事日活动及现场办公，使军事、国防建设同经济工作、中心任务协调进行。20 世纪 90 年代起，中共江苏省委常委会坚持每年召开议军会议，听取省军区工作汇报，就民兵预备役建设、人武部工作与干部培养、国防教育、军事斗争与国防后备力量建设、支持军队改革与发展等问题进行讨论并作出相应的决定，加强民兵和军队建设。按照中共中央、国务院、中央军委的要求，各级军地领导组成人民武装委员会和国防动员委员会，协调军地力量，积极开展相关活动，推动和确保本地区军事和国防建设各项任务的完成。省军区、各军分区和人武部自觉主动地接受地方同级党委和政府的领导，开创国防和军事建设的新局面。按照中央的规定，省军区、军分区（警备区）和人武部有一名主要领导参加地方同级党委，保证在党委统一领导下，围绕党的中心工作，使国防后备力量建设落到实处。

把思想政治建设放在首位，确保军队现代化建设的正确方向。江苏军区部队在坚持根本职能、形势任务、时事政策教育的同时，开展党的基本理论、基本路线、基本纲领教育和各项专题教育。中共十一届三中全会以后，省军区广大指战员积极参加真理标准问题的讨论，普遍进行坚持"四项基本原则"的教育，以中央军委的重要会议精神、文件以及《中国社会主义经济问题》为主要内容，统一广大指战员对一些重大问题的认识，同中共中央在政治上保持高度一致。中共十一届六中全会以后，省军区机关、部队认真学习《关于建国以来党的若干历史问题的决议》，省军区和各师级党委以"决议"为指导，进行思想作风整顿，解决党委和机关在思想政治、工作作风、执行党纪军纪方面存在的问题，进一步振奋精神，增强团结。

进入 20 世纪 90 年代，省军区党委强化中共对军队的绝对领导，加强各级领导班

子思想作风建设。省军区党委率先垂范,坚持党委理论学习中心组的制度,同时运用理论培训班、读书班、师团干部集训、开展系列主题教育等多种形式,认真组织各级领导班子、领导干部和广大官兵学习邓小平理论及其新时期的军事思想,学习中共十四大、十五大精神,学习江泽民讲话和中央军委决策指示,紧密联系部队建设中的问题,把部队革命化建设不断推向前进。1994 年 8 月,省军区党委召开三级党委书记会议,进行专题研讨,提出加强团以上党委和机关思想作风建设的意见。此后,每年结合形势任务和部队建设实际,以团以上党委和机关为重点,突出主题,集中进行教育。如开展“爱国奉献、革命人生观、尊干爱兵、艰苦奋斗”四个教育和民主集中制的再学习再教育(1995 年),“讲政治”的系列学习教育(1996 年),“维护政治纪律,保证军令政令畅通和淡泊名利、乐于奉献、建功立业”专题教育(1997 年),“顾大局、讲奉献,拥护和支持经济体制改革”教育(1998 年),“三讲”集中教育(1999 年),坚定理想信念、拥护和支持改革专题教育(2000 年)等,引导广大官兵正确对待建立社会主义市场经济体制进程中的利益调整,以实际行动维护党的路线、方针政策;促进各级领导班子坚持民主集中制原则,加强廉政建设,成为保持革命化政治本色的领导核心。各级领导班子和领导干部在推进部队现代化建设中顾大局,讲奉献,深入基层,求真务实,主动积极投入新的军事变革实践,推进部队各项建设,维护部队高度集中统一和稳定,保证中共中央、中央军委的决策指示的贯彻落实,保证政令、军令畅通。省军区各级党委还大力加强以党支部为核心的基层建设,通过贯彻落实《军队基层建设纲要》,开展“双争”(争创先进连队和争当优秀士兵)活动和开发、培养、使用优秀士兵的工作,进一步激发基层广大官兵献身国防事业的热情,为部队现代化建设顺利推进注入强大的精神动力。

以军事训练为中心,积极推进军事斗争准备。20 世纪 80 年代开始,根据邓小平关于新时期军队建设的论述和中央军委“要把教育训练提高到战略地位”的指示,省军区部队把军事训练作为中心任务,切实加强领导,坚持议训管训制度,经常分析形势,剖析存在问题,采取有力措施,提高训练质量和管理水平。省军区以集训形式培训团、营、连三级军官,在全区开展“四会”(会讲、会做、会教、会做思想政治工作)教练员的竞赛,培养军事训练的骨干队伍。“冷战”结束后,为贯彻中央军委提出的新时期军事战略方针①,围绕打赢高技术条件下局部战争,做好军事斗争准备的指示,省军区

① 1993 年 1 月,中央军委针对现代战争面貌发生的巨大变化及其表现出的特点,在坚持“积极防御”理论的基础上,确立了新时期军事战略方针:“以毛泽东军事思想、邓小平同志关于新时期军队建设的思想为指导,服从和服务于国家发展战略,立足打赢一场可能发生的现代技术特别是高技术条件下的局部战争,加速我军质量建设,努力提高我军应急作战能力,扬长避短,灵活应变,遏制战争,赢得战争,保卫国家领土主权和海洋权益,维护祖国统一和社会稳定,为改革开放和现代化建设提供强有力的安全保证。”

采取了一系列步骤和措施。从 1993 年起，省军区机关率先开展高科技知识学习，结合作战任务，进行高技术条件下作战问题的研究和演练，并连续组织军、师两级指挥官战役战术集训，有计划地实施实兵实弹检验性演习。注重适应信息化条件下局部战争的要求，积极研究电子对抗、复杂电磁环境下作战等问题，促进部队训练水平的提高，推动部队各项建设。各部队围绕训练这个中心，对部队的训练体制、内容和方法大胆改革，普遍开展“一专多能”训练，得到较好效果。省军区各级党委按照中央军委的部署，强化战备形势教育，狠抓值班部队和作战指挥设施建设，落实战备各项规定，注重全面增强战斗力，提高掌握和处置情况的能力。1997 年，制定颁发《省军区干部学习科技知识三年规划》，把高科技知识学习活动从机关干部延伸至各级干部。1999 年，省军区制定《科技练兵实施方案》，在部队、民兵和预备役部队中掀起党委总揽，主官主抓，干部为重点，群众为主体的科技兴训热潮，按照打赢信息化条件下局部战争的要求，全面严格训练部队。抓好技术战术训练、合成战术训练和战役训练，坚持逐级训练、逐级合成、逐级形成战斗力。扎实开展实兵实装实弹训练和对抗性训练，在近似实战环境下训练部队。在科技兴训中，运用现代化训练方法和手段，发展基地化、网络化、模拟化训练，不断增大军事训练科技含量，着力提高训练的质量和效果。军区首长亲自筹划、组织科技练兵的重大活动，并深入基层抓试点，摸路子，抓改革，求突破，进行现场观摩研讨，组织师团领导干部集训、参谋业务尖子竞赛、教练员比武竞赛，评定考核建制团、营、连军事训练等级，表彰标兵连队、优秀教练员和训练尖子，形成 100 多个优秀教学课目，取得 90 多项革新成果，涌现出一批优秀科技练兵“四会”教练员，把部队科技练兵活动不断引向深入。省军区培养科技练兵“四会”教练员的经验得到南京军区的充分肯定并推广。1999 年，省军区首长、机关研究高技术条件下防卫作战课题，按照敌军研究、理论学习和室内想定作业的步骤，强化战役训练，在防护与抗击、组织与指挥，以及新“三打三防”①等方面取得初步成果。2000 年，省军区、各师旅级单位，以及部分县（市、区）人武部建立机关局域网及数据库，基本实现无纸化办公。

多年来，重视把军事训练与部队管理紧密结合，相互促进，推动部队正规化建设，坚持学习贯彻条令条例，大力加强作风纪律建设，以人员、车辆、武器弹药为重点，结合专项治理，坚持不懈地检查督导，部队的战备秩序、训练秩序、工作秩序、生活秩序进一步正规化，安全管理成效显著。至 2000 年，全区武器装备管理取得连续 12 年，民兵武器装备管理连续 16 年安全无事故。不断加强后勤和装备建设，深化改革，后

① 新“三打三防”指“打隐性飞机、打巡航导弹、打武装直升机，防精确打击、防电子干扰、防侦察监视”。

勤保障社会化进展显著,综合保障能力进一步增强。

着力抓好民兵预备役工作,加强国防后备力量建设。20 世纪 80 年代开始,全省民兵工作贯彻中共中央、中央军委关于"减少数量,提高质量,抓好重点,打好基础"的"十六字方针",调整民兵布局,优化组织结构,改进编组办法,使民兵队伍更加精干,素质不断提高。采取多种形式灵活编组,编组单位从国有企业向民营企业、传统行业向高科技行业拓展,组织结构从以步兵为主向以专业技术队伍为主调整。高炮、地炮、导弹、通信、工兵、防化、侦察、信息等专业技术分队比例提高,初步形成以专业技术分队、对口专业分队为主体,以防空分队、军兵种分队、应急分队为重点的民兵组织建设新格局,保证民兵工作重心从农村向城市、重点地区、交通沿线、城镇适龄人员较多的企业转移。

随着社会主义市场经济的发展,民兵建设特别是城市民兵工作遇到许多新情况、新问题。1994 年起,根据总参谋部等 7 部委《关于企业民兵预备役工作的规定》的要求,省人民政府、省军区决定在连云港、徐州、南京 3 市先行改革试点,并对全省城市民兵工作状况进行全面调研。1997 年,在总结试点经验的基础上,联合发文对党管武装、基层武装机构设置、民兵组织建设、专职人武干部队伍建设等方面作出规定。通过调整改革,强化了党管武装,改进了民兵政治教育,进一步落实了基层武装机构建制和专职人武干部的配备,调整各类民兵组织,新建基层武装部 335 个,使专业技术兵基本实现布局合理、编组科学、结构优化的目的。

进入 20 世纪 90 年代,省军区、各军分区(警备区)和人武部认真贯彻《民兵工作条例》,进一步推动民兵工作的规范化,积极投入科技练兵活动。民兵和人防专业队伍训练改革不断深入。每年初,围绕年度任务,统一下达训练计划,安排时段、任务和内容,并与国防大学、军事科学院、南京陆军指挥学院等单位建立"教员教学协作网",让专家教授走上训练中心讲坛,提高训练质量。依据《民兵军事训练大纲》规定,省军区按照"训战一致、突出重点、分类实施、注重质量"的原则,不断拓展训练思路,改进组训形式,规范训练秩序,增强训练的针对性、科学性和有效性。民兵应急分队训练升级,提高其整体遂行作战任务和应付突发情况的能力。专业技术分队训练由骨干训练为重点转变为成建制进行。连续组织城市民兵防空分队实弹射击。各地重点抓好民兵训练基地建设,通过军地共同努力,全省统筹规划,区分专业,突出重点,全面配套,达到基地食住训一体化,为实现全省民兵预备役训练实现"基地化、网络化、模拟化"打下坚实的基础。2000 年,省政府、省军区组织民兵高炮分队实弹射击考核竞赛和新"三打三防"成果交流与课目演示,检验民兵改革建设的成果。

民兵工作的开展离不开县(市、区)人民武装部的直接组织和指挥。人武部收归

军队建制后，省军区随即组织实施3年正规化建设规划，在严格训练、科学管理、遵章守纪、持久养成上狠下功夫。人武部收归军队任务的完成和正规化建设的推进，为加强民兵和预备役部队建设提供了组织保证。

在加强民兵改革和民兵建设的过程中，一大批曾在全国、全省产生较大影响的先进单位，继续走在全省民兵建设的前列。海安角斜“红旗民兵团”积极探索市场经济条件下加强农村民兵建设的新途径。把军事训练作为创新发展的切入点，努力挖掘自身优势，借助各方力量，加大训练力度，革新训练器材，提高训练科技含量，全面提升团队战斗力，多次代表市、县参加上级组织的军事训练成果汇报表演，圆满完成任务。1996年3月，“红旗民兵团”命名30周年。是年5月，中共江苏省委、省政府、省军区举行隆重纪念大会，中央军委副主席、国务委员兼国防部长迟浩田亲临会议，赞扬该团是“新时期我国民兵建设的先进代表”，总参谋部、总政治部作出在民兵预备役部队中向角斜“红旗民兵团”学习的决定。丹阳市蒋墅镇八姑娘民兵班在新时期坚持弘扬雷锋精神，1964年至1999年她们先后照顾赡养70多位孤寡老人，扶助56名孤儿和失学儿童，帮助50名退伍军人和残疾人解决就业问题，为烈军属、困难户帮工3000多个工日，并资助近万元。该班曾荣获集体二等功1次，受到省、市(地)、县(市)表彰145次。1999年2月8日，省政府、省军区发出通知，授予该班“学雷锋模范民兵班”荣誉称号。宝应县柳堡镇“二妹子”女子民兵班刻苦训练，参加抢险救灾，投身地方社会主义精神文明建设，表现突出，多次受到省、市、县表彰。

做好预备役部队工作是省军区加强国防后备力量建设的一项重要任务。省军区对所有预备役部队，始终着力加强基层建设，高度重视打牢基础工作，制定完善机动方案和保障计划，有针对性加强机动训练和常识教育，提高兵员在位率和快速动员速度。组织对预备役军官的集训，先后两次为预备役军官授衔。预备役部队以机关首长、分队骨干、专业技术人员为重点，以科技练兵为主线，努力突破训练中的重点、难点，确保年度训练任务的完成，在各项竞赛考核和实弹射击中都取得良好的成绩，部队战斗力不断提高。陆军预备役步兵师组建后，在加强思想、业务建设的同时，加强组织建设和教育训练，基本上达到组织落实、装备齐全、训练有素的要求。1994年和1996年省军区连续两次组织陆军预备役步兵师进行师规模实兵实弹演习，提高预备役部队的综合战斗能力。1999年，根据形势发展的需要，进行预备役部队调整改革工作，按编制配齐连、营、团、师各级各类预编人员，通过了军委总部和南京军区的验收。2000年，省军区制定《预备役部队建设发展规划》，进一步明确部队建设的任务、标准和要求，努力把部队建设提高到一个新的水平。

适应国防形势、任务的变化和加强军事斗争准备的需要，国防动员工作被置于更

加突出的位置。1995年,根据中央的指示,江苏省、市、县(市、区)逐级成立国防动员委员会,完善动员工作机构,逐步建立集中统一、结构合理、反应迅速、权威高效的现代国防动员体系。国防动员包含人民武装动员、政治动员、经济动员、人民防空动员、交通战备动员、科技动员、信息动员等。这些工作在原有基础上进一步拓展。

政治动员的基本形式是全民国防教育。1992年6月,省七届人大常委会第28次会议审议通过《江苏省全民国防教育条例》,1997年7月,省八届人大常委会又予以修订,使全民国防教育依法施行,不断深入推进。全省85%的普通高中,95%以上的中等专业学校及技工学校和几乎所有的大专院校都开设了国防教育课,各地少年军警校达1400多所。对社会大众采用媒体设置专版、专栏节目、知识竞赛,利用重要节日、纪念日,结合征兵教育等方式宣传国防知识,增强国防观念和国防安全意识。1996年6月和1998年12月,省全民国防教育委员会两次共命名了40个省级全民国防教育基地。

在加强国防教育的同时,其他动员的任务逐步明确,并采取有力措施,有序展开。1993年6月,省军区下发《江苏省地方与军事专业对口技术人员预备役登记实施办法》,对相关军事专业建立储备区基地。1997年,省内进行国防动员潜力调查统计,开展国防潜力转化为战时实力的研究。1998年,建成军队国防动员信息管理系统,提高国防动员指挥自动化水平。1999、2000年,两次组织海上民船动员演练。2000年,开展科技动员试点,召开会议现场观摩交流经验,全面部署科技动员工作。同时,展开经济动员、交通战备动员、信息动员等调研,为制定《江苏省国防动员发展"十五"计划》进行准备。按照"突出重点、控制规模,统筹整顿、合理布局,平战结合、便于落实"的原则,调整原有的储备区布局和专业技术兵储备种类,抓好技术储备区的建设。

依法开展征兵工作,输送优质兵员。20世纪80年代,为适应改革开放的形势,各级兵役机关结合工作实践,积极探索征兵工作改革的新路子。1983年,省人民政府、省军区在金湖县进行地方向部队送新兵、江浦县组织新兵自行到部队报到的试点,并总结推广他们的经验。1987年,无锡县率先开展"向部队输送优质兵员,协助部队培养优秀战士,开发使用优秀退伍军人"的兵役工作"创三优"活动,省军区、南京军区先后推广他们的经验和做法。为适应市场经济发展的新形势,1995年,省人大常委会颁布《江苏省征兵工作条例》,把征兵工作纳入法制化轨道。全省普遍推行征兵工作责任制,制定和执行各项优惠政策,确保征兵工作依法、规范、廉洁进行。特别是加强国防教育和《兵役法》的宣传,激发社会各界热情支持和广大应征青年参军报国的热情,兵员质量不断提高,顺利完成输送兵员进疆、进藏、驻港部队的任务。1988年以

来，所征新兵的党团员比例提高到50%以上，高中毕业以上文化程度由44%提高到60%，非农户口由21%提高到25%。涌现一批心系国防的先进典型，扬中市八桥镇万福村便是其中的一个代表。近半个世纪来，这个700多户的村庄向部队输送了100多名优质兵员。多届村党支部书记带头送子参军，祖孙三代扛枪当兵，被传为佳话。

深入开展拥政爱民，努力支持地方经济建设。拥政爱民是人民军队的优良传统。进入新时期，省军区部队结合新的实践，继承和发扬了这一光荣传统。从1988年开始，全省深入持久地开展创建“双拥”（拥军优属、拥政爱民）模范城（县、区）活动，省军区、各军分区、人武部和部队在参加地方各级“双拥”领导工作的同时，以模范行动和高度的自觉性，完成年度拥政爱民的实施计划，把全省创建“双拥”模范城活动不断推向前进。

进入20世纪90年代，省军区协调驻苏部队，出动民兵2236个建制单位和预备役部队4641个建制单位，累计32万多人次，积极参加沪宁高速公路、连云港大堤、宁连一级公路、南京禄口机场、南京长江二桥、苏州工业园、望虞河工程、田湾核电站、徐州市三环路、云龙湖故黄河综合治理等657项工程建设，发挥了突击队的作用。

省军区组织广大指战员、民兵和预备役部队，以巨大的政治热情，持续不懈的努力，投入军民共建精神文明活动。从20世纪80年代开展的“五讲四美三热爱”、“文明礼貌月”等活动，到90年代文明单位、乡镇、城市和“双拥”模范城（县）的创建，军民共建始终是全省精神文明建设的有机组成部分。各地各部队从地方实际出发，以军民共建文明村、文明街、文明校、文明运输线、文明社区为主要形式，开展爱国主义教育，弘扬社会主义道德风尚，进行法制宣传，普及科学文化知识等，有10万多个“学雷锋小组”、“帮工解难小组”，数十万人走上社会，数万民兵参加“为烈军属服务日”、“为民服务日”等，为群众做好事30多万件。10多年绵延不断，形式多样，内容丰富的军民共建活动，巩固和发展了“同呼吸、共命运、心连心”的新型军政、军民关系，英雄模范人物和先进集体不断涌现。1988年至2000年，省军区还协助地方维护社会稳定，组织广大民兵战备值勤，保卫重要目标，打击犯罪团伙，协助破案近4000起，成为维护全省社会稳定的一支重要力量。

在抢险救灾中，无论是抗洪抢险、抗旱救灾，还是扑灭火灾、抵御其他自然灾害，部队和民兵都急人民之所急，哪里有危险、有困难，就出现在那里。1981年8月31日至9月2日，南通、盐城、连云港等沿海地区遭受第14号强台风和特大潮汛的袭击，海堤严重险情连连出现，有些地段海潮不时漫过大堤顶部，有些地段处于决堤边缘，有的地方群众被海潮围困，国家和人民生命财产面临严重威胁。省军区驻上述地区的数千名指战员火速奔赴险区，在海堤上顶狂风，冒暴雨，忍饥受渴，不顾个人安危，

连续奋战,加固抢修海堤,抢运眼看就要被潮水吞没的物资财产,抢救被困群众。某守备分队的干部战士在燕尾港海堤决口,潮水迅猛倒灌的危急时刻,冒着被海水卷走的危险,跳下急流,与群众手挽手筑起一道人墙堵住了决口。广大指战员发扬"一不怕苦,二不怕死"的革命精神,为保护人民生命财产安全,夺取抗台风抢险斗争的胜利作出重要贡献,受到当地政府和人民群众的热情赞扬。在1991、1998年江苏两次抗击特大洪灾斗争中,省军区先后协调驻苏部队、军事院校、武警官兵,动员、组织和指挥民兵、预备役部队官兵,投入大量物资、车辆参加抗洪抢险,为夺取全省两次抗洪斗争的胜利作出特殊贡献,有的官兵甚至献出宝贵的生命,赢得人民群众的交口赞誉。

针对江苏驻军多,干部转业安置、随军家属就业、子女就学等实际问题比较多的情况,省军区积极主动与地方政府协调,出台一些政策措施,做了大量富有成效的工作。从20世纪80年代初至1997年,各地还普遍开展以劳养武活动,全省3429个民兵劳武企业,年创利润6212.3万元,用于民兵建设2091.7万元。

省军区所属部队数十年如一日,坚持和发扬拥政爱民的传统,有力地促进部队、民兵队伍革命化建设,同时密切了军政关系,加强了军民团结,谱写出拥政爱民的新篇章。

南京军区司令员陈炳德在省领导陪同下慰问抗洪抢险舟桥部队

预备役部队进行实兵实弹演习

二　江苏武警总队：部队建设与履行职责互动并进

“中国人民武装警察部队是国家武装力量，担负国内安全保卫的武装组织，基本使命是维护国家主权和尊严，维护社会治安，保卫党和国家重要目标，保卫人民生命财产的安全。”①它执行中国人民解放军的条令、条例，享受解放军的同等待遇，同解放军一样，都是人民的子弟兵。中国人民武装警察部队江苏总队（简称江苏武警总队）组建于 1983 年 1 月。它的前身是中国人民边防武装警察部队江苏省总队。江苏武警总队接受中国人民武装警察部队总部、中共江苏省委、省政府和省公安厅党组的领导，下辖支队、大队、中队和站所，驻守全省各市、县（市）。1999 年 1 月，根据中央军委命令，江苏武警总队由正师级升格为副军级。

1980 年代，江苏武警总队组建后，在维护社会治安、抢险救灾，完成看守、看护、看押、警卫和处理各种突发事件中发挥了重要作用，部队建设也取得很大进展。在当时条件下，战备执勤是武警总队的主要任务。进入 1990 年代，中国经济社会各方面处在深刻变革之中，各类突发事件发生的几率大大增加，妥善处理突发事件，对于维护社会稳定，保障改革开放和现代化建设顺利进行至关重要。在这个背景下，执勤和处理突发事件成为武警部队的中心任务。20 世纪 90 年代，江苏武警部队各项工作包括思想政治建设、军事训练、基层建设、后勤保障等等，都是紧紧围绕这个中心展

① 《中国大百科全书・军事》，《中国人民武装警察部队》条目，中国大百科全书・光盘（1.1 版）No. 2。

开的。

江苏武警总队组建以来，一直把思想政治建设放在各项工作的首位，以保证和坚持部队建设的正确方向和中国共产党对武警部队的绝对领导。进入1990年代，江苏武警总队把总队、支队两级党委班子建设作为加强思想政治建设的“龙头工程”来抓，坚决贯彻执行中央军委、武警总部的部署和指示，以学习领会、贯彻邓小平理论和党的基本路线为主题，通过理论学习中心组、办培训班、集训、民主生活会制度等形式学习中共十四大、十五大精神，学习江泽民1992年对江苏武警总队“加强全面建设，永远听党指挥”的题词，进行适应形势和任务需要的、包括“三讲”教育在内的多次专题教育，加强党风廉政制度和民主集中制的建设，开展争当“一对好主官”活动。这些学习活动发扬理论联系实际的学风，重点突出，讲究实效，使各级领导班子思想政治建设不断深入，及时解决面对市场经济发展大环境出现的新情况、新问题，保持旺盛的革命斗志，保持部队的高度集中统一和稳定。在抓“龙头工程”的同时，武警总队高度重视部队基层建设。以党支部建设为重点，树先进典型，帮促后进单位。坚持不懈地贯彻落实“军队基层建设纲要”，广泛深入地开展爱国主义、革命英雄主义、纪律、法制教育，总结基层思想政治工作经验，增强思想政治工作的说服力、感染力。武警总队各支队领导班子面向基层，加强后勤保障能力建设，兴建部队营房、干部住房和医院，努力改善官兵生活环境和条件。1999年，90%以上基层单位生活条件达标。2000年，武警总队驻监狱部队营房建设被总部通报表彰。由于把加强思想政治工作同解决基层官兵实际问题结合起来，激发了广大官兵争当“忠诚卫士”的热情和自觉性，先进中队和模范人物不断涌现。

江苏武警部队贯彻从严治警的方针，贴近战备执勤和处理突发事件的需要，严格军事训练，加强正规化建设，全面提高部队战斗力，较好地完成了赋予武警部队的使命。

在备战执勤方面，坚持从制度建设入手并贯彻始终。1989年至1994年，为全面贯彻《内卫勤务规定》，武警总队连续5年部署对部队执勤进行教育整顿，一方面不断深化对规定的认识，另一方面针对存在问题，规范执勤秩序、执勤动作，锻炼和提高部队组织指挥能力，密切与目标单位的联系，改善执勤设施。1995、1996年，为规范统一执勤的训练，武警总队编写一套教材、教学片，进行教学法培训；围绕执勤的各项任务，通过试点试训开展系统的夜间训练。1996年，在6个支队进行35个课目的训练，有效地提高部队执勤能力和哨兵自我防范能力，其成果得到中国人民解放军总参谋部、武警部队总部有关领导的肯定并在部队推广。1997年，开始实行新的《执勤规定》。总队及时在部队组织学习、骨干培训和全面贯彻，开展争创先进哨所、争当执勤标兵活动，进行执勤等级评定和勤务整顿，依法、文明、正规执勤水平有了明显提高。

2000年，武警部队总部颁发《正规化执勤检查验收标准》。江苏武警总队要求全部队深入理解、熟练掌握标准，检查对照，争取全面达标并在4个支队重点进行考核检查考评，为接受全面检查验收先行一步。整个90年代，武警总队紧紧抓住制度建设这一关键，全面提升部队执勤能力和正规化水平，较好地完成了看护、看守、押解、重要目标守卫和各项重大任务警卫，如多次完成上千名调犯押解任务；为配合"严打"斗争，直接战斗在第一线追捕嫌疑犯；南京长江大桥守桥部队（1968年组建）为保证大桥安全坚守了30多年等等，为维护江苏社会治安稳定作出了重要贡献。

20世纪90年代初，江苏武警部队参与处置突发事件已初试锋芒。1992年7月，参与处置南京"7·31"空难事故①；1993年10月参与处置南京炼油厂"310"储油罐爆炸事故②；同年11月28日，在反劫机事件③中武警部队发挥了突击队的作用。

1994年，武警总队认真学习贯彻武警总部、中共江苏省委、省政府有关指示精神，明确处置突发事件与战备执勤为武警部队的中心任务，及时制订下发处置突发事件预案，并从组织、思想、物资、经费、技术等方面进行准备。总队和支队组建特种部（分）队，按照打造"拳头"、"尖刀"部队的要求，大力加强装备和应急能力的建设。在按纲目教材系统规范训练过程中，特种部（分）队突出侦察业务、情报收集和防爆排查的训练，县（市）中队应急分队开展军事六项（射击、擒敌、攀登、战术、排爆、军事体育）全能竞赛活动，首长机关带兵示范演习，并通过竞赛、考核、紧急拉动等途径和形式，检验军事训练成果，促进教学、训练、实践的有机结合，提高训练质量。通过军事训练，首长机关指挥组织能力提高，部队协同作战能力增强，涌现出一大批训练尖子。1999年，总队组织防爆军事训练成果汇报，展示特种作战、防爆部队处置突发事件时的技术和战术动作。2000年，总队组织代号为"旋风行动"的两级首长机关带领部分实兵处置突发事件演习。这次演习共有16个支队级单位参演，投入兵力千余人，动用车辆百余台，是武警总队紧密结合当时社会治安形势和担负的任务规模最大的一次演习，具有指挥协同好、科技含量高、实践性强的特点，充分展示了江苏武警部队处

---

① 1992年7月31日，由南京飞往厦门的中国通用航空公司雅克-42型2755次航班在起飞滑跑途中，爆炸燃烧，机上126人除20人送医院抢救外，全部遇难。在这次空难抢救中，江苏武警总队出动兵力3700余人次，车辆193台次，历时6天，出色完成抢救、警戒、搬运尸体等任务，受到时任国务院副总理朱镕基的赞扬。

② 1993年10月21日，南京炼油厂"310"储油罐突然爆炸，酿成特大火灾。南京支队部分官兵和总队前线指挥部，25分钟内赶到现场，协助消防官兵扑灭了大火，受到时任国务委员、国务院秘书长罗干的接见。

③ 1992年11月28日15时40分，中国国际航空公司的一架机号为2581的波音737客机，在执行天津至上海E1523航班任务途中，被歹徒劫持，总队部分官兵在省反劫机领导小组的统一指挥下，没动一枪一弹，与公安、民航配合，生擒歹徒，保证了乘客、机组人员和飞机的安全。

置维护社会稳定的坚强意志和作战能力。

练为战,而处置突发事件也检查、锻炼和提升了部队战斗力。据统计,1995—2000年,江苏武警部队参与处置各种突发事件达194次,先后出动部队近10万人次。江苏武警部队正是在军事训练与实际处置突发事件的互动中不断成长壮大。武警总队第一支队特勤中队便是其中的代表。该中队是总队处置突发事件的"拳头"和"尖刀"中队。2000年,该中队军事训练以全优成绩获得武警部队第四名。几年来,他们先后参加抢险救灾6次,处置各类群体性事件12起,参加"严打"斗争9次,协助抓获各类嫌疑犯50余名,为维护江苏特别是南京地区的稳定发挥了重要作用。①

此外,江苏武警部队还参加了抗御各种自然灾害特别是1991、1998年两次抗洪的斗争。他们视灾情为命令,积极行动,战斗在急、难、险、重的位置上,为夺取抗灾斗争作出了贡献。

三 人民防空稳步发展②

进入改革开放新时期,中央确定"全面规划,突出重点,平战结合,质量第一"的人民防空建设方针,并对人防组织体制进行调整。根据这一方针的要求,江苏人防建设缩短工程建设战线,集中力量搞好已建工程的综合治理和维护管理,使人防建设与城市建设、城市防卫相结合。1981年12月,全省各级人防领导小组均改为人防委员会,省人防委员会主任和副主任由省人民政府、省军区主要负责人担任,省及各重点城镇人防办公室为同级人民政府主管人防工作的常设职能机构,由地方和军队干部共同组成,受人民政府、军事部门的双重领导。人防组织体制的调整,为人民防空稳步发展提供了组织保证。在中央关于人防建设新的方针和一系列指示的指引下,"六五"、"七五"时期,江苏人防委员会努力推进人防建设与城市建设结合、平战结合,提高综合效益,在搞好已建工程维护管理的同时,集中财力兴建了一批与城市功能相配套的骨干工程;人防系统企事业单位解放思想,转变观念,积极参与市场竞争。人防工程开发利用的面积已占总面积的50%以上,开办了20多种经营项目,既方便人民生活,服务社会,也提高了人防工程的经济效益。人防业务建设有新的进展。全省各重点城市防空袭预案拟制就绪,通信警报建设有所加强。按照"一专多能,专业对口"的原则,组建、训练防空专业队伍,在部分城市开展化学事故

① 2001年2月1日,武警部队司令员吴双战、第一政治委员贾春旺、政治委员徐永清签发命令,为江苏武警第一支队特勤中队记集体一等功。参见2001年《江苏年鉴》,江苏年鉴杂志社2001年版,第118页。

② 本目有关数字除引自有关年份《江苏年鉴》外,均由江苏省人民防空办公室提供。

应急救援试点。采取多形式、多渠道在初中学生和群众中广泛开展人防知识学习和宣传教育。

“八五”时期，全省人防工作贯彻执行“长期准备，重点建设，平战结合”的方针，迈上新台阶。人防重点工程建设项目共完成129个，面积达22.6万平方米。全省人防工程总面积较“七五”期末增加13.43%，工程完好率提高3.62个百分点。这一时期，人防建设采取了两项重要改革措施：一是从1993年开始，要求新建民用建筑结合建设战时可用于防空的地下室。这一时期防空地下室完工面积占全部人防工程建设总面积的62.8%。二是《江苏省地方人防建设资金筹集规定》出台，使得“八五”时期用于人防建设投资较“七五”时期增长1.1倍，有力支持了人防事业的发展。这一时期，人防通信警报建设水平得到提升。12个重点人防城市人防通信全部实现了程控化，有一半以上城市建立了移动通信。从1995年开始，修订了全省重点人防城市防空袭预案。一半重点市和58个重点单位完成化学救援预案的制定。有5万多名人防专业人员和干部接受培训。人防宣传教育步入规范化、制度化轨道，影响进一步扩大。

“九五”时期，人防工作适应新的形势，全面快速发展。1996年，中共江苏省委、省政府、省军区联合下达《关于加快江苏人防工作改革和发展的意见》，省政府批转有关部门《关于加快发展人防经济的意见》，对“九五”时期全省人防工作的开展，促进人防建设与城市建设、经济建设的有机结合作出部署。是年，明确省人防办公室正式成为省国防动员委员会的办事机构，从而更好地坚持军地双重领导体制，融入国防动员的大格局。《中华人民共和国人民防空法》和《江苏省实施〈中华人民共和国人民防空法〉办法》相继颁布实施，为人防工作依法行政、推进人防建设提供了法律依据。1999年，国际上发生了科索沃战争，北约的大规模空袭为防空作战提供了警示。在这个背景下，省人防系统召开研讨会，以科索沃战争的经验教训为背景，针对高科技局部战争条件下城市防空袭的组织指挥、通信警报、工程保障、人口疏散、重要经济目标的防护等课题进行研讨，产生一批对实战有参考价值的成果。同年10月，省人民政府、省军区召开全省人民防空工作会议，联系国际形势和中国周边安全形势，以人防指挥、通信工作为中心议题，统一认识，明确工作重点，落实关键措施。会后下发《关于加强人民防空指挥、通信工作的意见》。这次会议和会后下达的文件，明确提出全省人防工作要逐步与江苏经济大省地位相适应、与高科技局部战争条件下人民防空要求相适应的新要求。“九五”期间，上述一系列举措，从理念、政策、体制、法律等多个方面，为开创全省人防工作的新局面创造了良好的环境。

人民防空组织指挥建设取得积极进展。根据江苏所处的战略位置,着眼适应高技术局部战争条件下的人民防空组织指挥,省人民政府拨巨款恢复建设省人民防空指挥所。这项工程按战术、技术要求于2000年底完成。全省大多数人防重点城市也建设了指挥所。省、市两级开发人民防空指挥应用软件,建立人防指挥局域网,提高快速反应能力和辅助决策水平。对重要经济目标防护进行调研,着手制定防护方案,逐步落实防护措施。人民防空知识教育在城市初级中学得到了普及。适应新的形势和任务的要求,人防专业队伍进行重组,加强了训练。根据防空袭预案人防系统和部分城市组织实战性演练。2000年10月,南京在方山举行群众防空组织清除敌后空袭后果综合演练。苏州组织群众防空袭演练。这些演练,既加深参演群众对新形势下人防特点的认识,也检验了防空袭预案,提高了指挥机关决策指挥水平,增强了人防专业队伍执行任务的能力。

人民防空通信、警报网络初步形成。到2000年,人民防空通信已经建成了有线与无线相结合的专用通信网,沿江8个城市已建成人防微波通讯网。同时,全省大多数人防重点城市也初步建成人防专用通信网、地方电信网和军队通信网互联互通的指挥网,提高了人防指挥的通信保障能力。全省警报设施建设,随着城市区划的扩大,调整布局,到2000年,全省省辖市市区音响警报覆盖率保持在80%以上,并落实警报的试鸣制度。

人民防空工程建设继续保持快速发展的势头。"九五"期间建成的人防工程总量是"八五"时期的两倍半,是改革开放前28年总和的87%。结合城市基础设施建设,全省建成一批大中型人防工程,如常州市文化宫广场人防工程,南京正洪街人防工程,淮阴市淮海广场人防工程等。这一时期已竣工的防空地下室约占人防工程总量的80%。针对城市发展新的特点,人防工程向三区(城市新区、开发区、新建住宅小区)延伸,并取得实质性进展。

人防工作继续贯彻平战结合的原则,大力发展人防经济,综合效益显著增强。至2000年底,全省人防工程开发利用率保持在60%以上,开发利用项目有40多个,取得了可观的经济效益。

1993年,省政府、省军区确定在全省县级市开展人防工作。至2000年,已有31个县级市和3个县先后建立人防机构,开展人防各项业务建设。这些县(市)中绝大多数制定了防空袭预案,开展人民防空知识宣传教育,安装防空警报设施,编制人防工程建设总体规划,大部分县(市)开始进行人防工程建设。县(市)人防工作的开展,大大提高全省城市的整体防护抗击能力,使全省人民防空工作提升到一个新的水平。

人防地下休闲中心

第九节　现代化建设第二步战略目标的实现和“十五”计划的制定

一　“九五”计划较好地完成

1996年至2000年，是贯彻执行省八届人大四次会议通过的国民经济和社会发展第九个五年计划的时期。这5年，是江苏实现现代化建设第二步战略目标，完成中共江苏省第九次代表大会确定的各项任务，迈向21世纪的关键时期。

2001年2月召开的省九届人大四次全体会议，在关于政府工作报告的决议中，对“九五”计划的执行情况作了总体评价：“‘九五’期间，在邓小平理论和十五大精神指引下，在以江泽民为核心的党中央的领导下，经过全省人民的共同努力，较好地完成了‘九五’计划确定的各项任务。国民经济持续快速健康发展，综合实力显著提高。社会主义市场运行机制初步建立，市场配置资源的基础性作用明显增强。全方位对外开放格局基本形成，开放型经济迅速发展。科学、教育等社会事业全面进步，社会主义精神文明和民主法制建设进一步加强。人民生活实现了由温饱向小康的历史性跨越，苏南和沿江部分地区提前向第三步战略目标前进。”①

从8—1表可以看到，“九五”期间，江苏经济继续保持快速增长的势头，经济综合

① 《新华日报》2001年2月18日。

实力明显增强。2000 年,实现地区生产总值 8582.73 亿元,5 年间年均递增 11.2%;人均地区生产总值达到 11773 元,“九五”期间年均递增 10.5%。这个速度同“八五”相比有了较大回落,但仍然是很快的速度。按当时汇率折算,人均地区生产总值突破 1400 美元。“九五”期间,充分利用了国家积极的财政货币政策,全社会固定资产投资总额达到 12426.23 亿元,年均增长达 12.3%,超过了“九五”的计划指标,为“九五”及以后的经济发展奠定了良好基础。财政收入,2000 年达到 865.13 亿元,年均增长 19.8%,占地区生产总值的比重比 1995 年提高了 3 个百分点,超过了“九五”计划指标要求,这是江苏经济运行质量和效益有所改善的综合反映。

表 8—1 江苏国民经济和社会发展“九五”计划主要指标值与实现值对照表

项　目	单　位	计划指标	实现值	年均增速(%)	备　注
地区生产总值	亿元	9000	8582.73	11.2	计划指标和年均增速按 1995 年价格计算(以下同)
人均地区生产总值	元	12000	11773	10.5	
第三产业占地区生产总值比重	%	36	36.3	12.5	
财政总收入	亿元	610	865.13	19.8	
其中地方财政收入	亿元	300	501.33	23.8	
全社会固定资产五年累计投入	亿元	11000	12426.23	12.3	
科技进步对农业增长贡献率	%	55	53		
科技进步对工业贡献率	%	45	42		
进出口总额	亿美元	340	456.4	22.9	
其中出口总额	亿美元	225	257.70	21.4	
“九五”实际利用外资	亿美元	300	324.8	4.5	
人口自然增长率	‰	6	实际控制在 5‰以内		
城市化率	%	40	41.5		

续表

项　目	单　位	计划指标	实现值	年均增速(%)	备　注
高等教育普及率	%	12	15		对象为18—22岁适龄青年
城镇居民人均生活费收入	元	5570	6800	8.0	
农民人均纯收入	元	3010	3595	7.9	

资料来源:《江苏省国民经济和社会发展第九个五年计划和2010年远景目标纲要》,2001年《江苏统计年鉴》、2001年《江苏科技统计公报》。表中地区生产总值等实现值按现行价计算,增长速度按可比价格计算。

地区生产总值和人均地区生产总值“九五”期末实现值,与“九五”计划指标相比较,有一定差距。从1997年开始,针对宏观经济形势和市场供求关系的变化,江苏把地区生产总值年增速幅度主动下调1—2个百分点,但实现值仍然略高于调整后的指标。实践证明,这是实事求是的决策。适当降低发展速度为经济结构调整创造了较为宽松的环境,有利于经济运行质量的提高。至2000年,三次产业增加值结构为12.0∶51.7∶36.3,结构调整取得了重要进展。农业受自然灾害和播种面积调减的影响,粮食总产下降,但农业综合生产能力稳定增长。在“科教兴农”的支持下单产稳定、品质提高,棉花、油菜籽产量大幅增长,种植效益提升,多种经营势头良好。工业经济中,至2000年,机械、电子、石化、汽车四大支柱产业占全省工业增加值的比重超过50%,高新技术产业增加值所占比重提高。可喜的是工业经济效益明显回升,出现了利润高于利税、利税高于销售、销售高于产值的良好态势。

社会事业发展步伐加快,经济社会发展趋向协调。“九五”期间,“科教兴省”主体战略地位确定。科技进步对工业、农业增长的贡献率,虽未达到计划指标,但比“八五”分别增长1.7和1.6个百分点。各级各类教育事业蓬勃发展,尤其是高校扩招,普通高校在校生人数居全国第一,达到45.19万人,“九五”期间年平均增速为16.7%。文化大省建设积极推进,依法治省力度加大。落实可持续发展的各项政策措施,人口自然增长率从1995年的5.76‰逐年下降,至2000年下降到2.56‰,总体控制在5‰以内。城乡环境综合整治力度加大,生态环境恶化的趋势放缓。

人民生活继续改善。城镇居民人均可支配收入2000年达到6800元,“九五”期间年均增速8%,扣除物价因素实际增长为6.09%。城乡居民消费领域不断拓宽,生

活质量明显提高。2000 年,全省城乡居民恩格尔系数为 42.7%,比 1995 年下降 11.4 个百分点。城镇和农村居民人均住房面积分别达到了 12.15 平方米和 33.7 平方米。一处处新型住宅小区建成,极大地改变了城镇居民的生活环境和条件。但城镇居民中生活困难群体扩大。城镇登记失业人数从 1995 年 42.32 万人上升至 2000 年 59.88 万人;城镇登记失业率 1995 年为 3.4%,虽然 1998—1999 年下降至 3%以下,但 2000 年又上升至 3.4%,劳动力就业形势严峻。据统计,城镇居民年人均可支配收入达到 6800 元的只略超过半数。城镇居民其中最低收入户组(占 10%)年可支配收入仅 2771.10 元,最高收入户组(占 10%)年可支配收入达 14949.09 元,两者相差 4.39 倍,而 1995 年仅为 2.36 倍。城镇居民不同群体之间收入差距的扩大是一个值得高度重视的问题。

苏州市狮林苑小区

南京市月牙湖花园

农民收入增长缓慢是“九五”时期农村工作关注的焦点。由于市场供求关系的巨大变化，大宗农副产品普遍滞销，价格大幅回落，而农本上升，加之乡镇企业改制转型，工资性收入增长乏力，一些地方甚至下降，多种因素叠加使农民增收遇到较大困难。各级党委和政府对这一关系农村发展和稳定的问题高度重视，把促进农民增收作为整个农村工作的中心环节来抓，从结构调整和搞活乡镇企业，发展个私经济，到组织农民外出务工，减轻农民负担等多方面作出努力，千方百计促进农民增收。农民人均年纯入从 1995 年的 2457 元提高到 2000 年的 3595 元，年均增速为 7.9%，实际平均增速为 5.97%。“九五”期间农民人均消费平均增速为 3.8%，其消费结构和消费模式发生积极的变化。1999 年，苏南、苏中、苏北农民恩格尔系数分别为 39.2%、44.8%、50.7%，较 1995 年分别下降 8.5、9.5、11.8 个百分点①，说明生活质量和水平比“八五”时期有了新的提高。但农民收入增长速度仍然是缓慢的（见表 8—2）。

表 8—2　“九五”时期江苏农民年人均纯收入增长情况

年　份	1995	1996	1997	1998	1999	2000
人均纯收入（元）	2457	3029	3270	3377	3495	3595
较上年增长幅度（%）		23.28	7.96	3.27	3.49	2.86

表 8—2 显示，1996 年后，农民收入增幅总体不断下降，虽然 2000 年农民人均纯收入达到 3595 元，但同 1997 年相比，3 年间仅增加 325 元，年均增收 108.3 元。而且还应看到，平均数不能代表大多数。按人均纯收入水平分组调查，当年农民人均纯收入在 2000 元以下的占 20%，而人均纯收入 5000 元以上的亦占到 20%。促进农民增收特别是确保大多数农民收入有较大提高，是农业、农村经济发展和农村工作重要和紧迫的任务。

二　总体上以县为单位实现初步小康

按照国家统计局 1992 年制定的总体小康标准 12 项指标测算，1994 年全省小康综合得分为 92.1 分。根据国家统计局制定的“农村小康综合评价指标体系”的测评，1995 年江苏农村小康综合得分为 91.88 分，基本实现小康（当时 100 分为全面小康，90—100 分为基本实现小康）。然而，当时全省区域经济发展不平衡，地区之间小康实现程度差异较大。苏南与苏北地区，按综合得分比较，1994 年相差 20 分以上，这就是说，虽然全省在总体上已经达小康，然而具体细分到市乃至县，则不能说都实

① 江苏省统计局：《统计分析资料》2000 年第 86 期。

现了小康。为了解决这个现实的矛盾,扎扎实实地推进现代化建设,提高全省各市县达小康的水平,中共江苏省第九次代表大会和《江苏省国民经济和社会发展第九个五年计划和2010年远景目标纲要》明确提出,到2000年,全省以县为单位实现小康。随着"九五"计划较好的完成,全省经济综合实力的增强,作为小康标准的核心指标GDP和人均GDP,分别在1997年和1999年比1980年翻了三番,特别是积极推进区域共同发展战略,加大对农村尤其是淮北地区扶贫、奔小康的支持力度,淮北地区奔小康的进程加快,全省达小康提升到一个新的水平。根据国家统计局提出的新的初步小康指标体系测算,到2000年底,全省每项指标得分都在百分以上(见表8—3)。

表8—3 2000年江苏居民小康进程综合评价表

指标分类	指标名称	计量单位	1980年值	2000年实际值	小康值	权数	实现程度(%)	得分
一、经济水平	1. 经济总体指标							
	人均地区生产总值	元	550.5	7697	2500	10	100.0	10.00
	第三产业比重	%	18.2	36.3	36	6	100.0	6.00
二、物质生活	2. 人均收入水平							
	城镇居民人均可支配收入	元	875.0	3035	2400	6	100.0	6.00
	农民人均纯收入	元	300.0	1656	1200	8	100.0	8.00
	3. 人均居住水平	平方米						
	城镇人均居住面积	平方米	6.4	12.15	8	5	100.0	5.00
二、物质生活	农村人均钢筋砖木结构住房面积	平方米	5.0	24.8	15	7	100.0	7.00
	4. 人均蛋白质日摄入量	克	50.0	75	75	8	100.0	8.00
	5. 城乡交通状况							
	城市人均铺装道路面积	平方米	2.8	10.5	8	4	100.0	4.00
	通公路行政村比重	%	50.0	88	85	4	100.0	4.00

续表

指标分类	指标名称	计量单位	1980年值	2000年实际值	小康值	权数	实现程度(%)	得分
三、人口素质							100.0	
	6. 文化素质状况							
	城市成人识字率	%	83.0	94.5	92	5	100.0	5.00
	农村劳动力文化指数	年	6.0	8.0	8	7	100.0	7.00
	7. 人口平均预期寿命	岁	69.5	72.7	70	6	100.0	6.00
四. 生活服务	8. 文教娱乐及生活服务支出比重	%	4.0	22.5	17	10	100.0	10.0
五、生活环境							100.0	
	9. 城乡环境状况							
	建成区绿化覆盖率	%	10.0	34.0	30	3	100.0	3.00
五、生活环境	农村安全卫生水普及率	%	50.0	92.0	90	4	100.0	4.00
	10. 农村初级卫生保健合格县(市)百分比	%		100.0	100	7	100.0	7.00
合　计	共16项分指标	—	—	—	—	100	—	100.0

资料来源：江苏省社科院2001年《江苏研究报告》。鉴于原表中2000年人均GDP、城乡居民人均年收入三项指标皆为预估值，现表中采用的是按1990年不变价计算得出的实际值。

从表8—3可以看到，无论经济发展水平、人民物质生活水平，还是人口素质、生活服务、生活环境，共16项分指标，都取得了100%的佳绩。在16项分指标中，除人均蛋白质摄入量、农村劳动力文化指数，2000年实现值与小康指标值等值外，其他14项指标，实现值都以较大幅度超过小康值，特别是人均地区生产总值是小康值的3倍。不仅如此，尽管南北差距仍然存在，但全省包括淮北各县(市)小康实现程度综合得分都在90分以上，基本上达到了中共江苏省第九次代表大会和《纲要》确定的以县为单位实现小康的目标。这个从温饱向小康历史性跨越的成就，实现了江苏人民世世代代追求的梦想，具有里程碑的意义，标志着江苏在社会主义现代化建设三步走战略中已经走完了第二步，为全省迈向第三步战略目标奠定了坚实的基础，江苏正站在新的历史起点上。

应该指出,到2000年按小康指标体系测算以县为单位得分都在90分以上,基本实现小康,但苏北得分最低的10个县(市)经济社会发展水平仍较低,导致小康实现程度存在一定差距(见表8—4)。

表8—4 2000年苏北10县(市)居民小康进程评价表

单　位	经济水平	物质生活	人口素质	生活服务	生活环境
睢宁	87.6	93.8	92.2	100.0	85.7
灌南	66.3	93.7	100.0	100.0	85.7
淮阴	72.8	98.4	100.0	100.0	78.6
涟水	76.4	95.2	100.0	100.0	78.6
响水	92.6	91.3	100.0	100.0	78.6
滨海	85.2	93.6	100.0	100.0	78.6
宿豫	70.3	98.4	90.3	100.0	85.7
沭阳	73.6	98.0	90.3	100.0	85.7
泗阳	70.1	97.8	86.4	100.0	85.7
泗洪	77.1	98.4	80.6	100.0	85.7

资料来源:宋林飞主编:2001年蓝皮书《江苏经济社会形势分析与预测》,第506页。

从表8—4可知,10县(市)小康五大类指标中,除生活服务全部得分100和人口素质5个县得分达100以外,经济水平、物质生活、生活环境和5个县的人口素质得分都与小康评级方法规定实现程度最高的100分,不同程度存在着差距。

因此,以县为单位达小康仍然只是就总体而言,具体进行分析仍然有诸多欠缺,缩小乃至消除这种差距是实现第三步战略目标进程中不可忽视的问题。

三　以富民强省总揽全局的“十五”计划

“十五”是江苏跨入新世纪,建设全面小康,为率先基本实现现代化奠定坚实基础的关键时期。中共江苏省委、省政府对制定“十五”计划高度重视。自2000年下半年起,省委组织起草班子,深入调查研究;召开全省领导干部学习研讨会,对“十五”发展思路进行研讨,凝聚共识;多次召开各种座谈会,广泛听取党内外意见,形成了“十五”计划的建议初稿。2000年10月底,中共江苏省委召开第九届第十二次全会,讨论并正式通过《中共江苏省委关于制定江苏省国民经济和社会发展第十个五年计划的建议》(以下简称《建议》)。

《建议》在充分肯定“九五”时期取得成就的基础上，对江苏面临的国内外环境和形势作了全面的分析。《建议》认为，江苏作为外向度较高、加工能力强，而“两头在外”的东部沿海省份，面对国内外宏观环境的大变化和发展的大趋势、大格局，既有较多的发展机遇，受到的挑战和考验也 更为直接和明显。《建议》要求，全省上下一定要有清醒认识，增强紧迫感和忧患意识。

《建议》对江苏经济社会发展中的一些深层次矛盾和问题作了揭示。这些矛盾和问题主要是：市场化程度不够高，所有制结构不够合理；技术创新能力不强，高新技术产业比重和产业集中度不高；区域经济发展差异过大，城市化滞后于工业化；城乡居民收入特别是农民收入增长缓慢，就业和社会保障面临矛盾比较突出；人口、资源、环境压力巨大，尚未从根本上遏制住生态恶化的趋势；文化和法制建设的步伐要加快等。《建议》要求江苏在 21 世纪初必须集中力量解决这些矛盾和问题，以加快经济体制转轨，增强经济发展活力；加快经济结构转型和经济效益根本好转；促进区域共同发展和城乡协调发展；明显提高全省人民生活的质量和富裕程度；促进可持续发展和社会全面进步，推动全省经济和社会发展进入新阶段。

《建议》明确提出：“十五”时期，要以富民强省、争取率先基本实现现代化总揽全局，其主要目标是：“富民强省取得阶段性重大进展，综合竞争力明显提高，初步实现由经济大省向经济强省的转变，人民过上富裕的小康生活，为我省率先基本实现现代化奠定坚实的基础。”

《建议》鲜明地提出要以富民强省总揽全局，并指明江苏新世纪初要以富民强省作为指导思想和奋斗目标，这是江苏改革开放以来发展思路上的重大调整。它不仅顺应了国内外形势的巨大变化，体现了中共中央要求江苏继续走在全国经济社会发展前列的战略要求，而且凝结了对江苏 20 世纪后期走过的发展道路经验教训的总结与思考，特别是对民生问题的反思。

“九五”时期江苏经济总量位居全国前列，但城乡居民收入与消费水平与沿海一些省市相比存在一定差距，尤其是经济发展速度与城乡人民富裕程度存在较大反差（详见表 8—5）。

表 8—5　1990 年代江苏经济增长率与城乡居民收入消费增长率的比较(%)

指　　标	“八五”	“九五”	1993	1994	1995	1996	1997	1998	1999	2000
经济增长率	17.0	11.2	19.80	16.5	15.4	12.2	12.0	11.0	10.1	10.6
城镇居民人均可支配收入增长率	25.9	8.0	29.72	36.24	22.64	11.90	11.17	4.38	8.64	4.01

续表

指　　标	“八五”	“九五”	1993	1994	1995	1996	1997	1998	1999	2000
城镇居民人均消费性支出增长率	23.0	7.0	30.58	33.29	22.49	7.56	11.73	7.85	2.48	6.23
农民人均纯收入增长率	22.7	7.9	19.44	44.57	34.14	23.30	7.94	3.27	3.51	2.86
农民人均生活消费支出增长率	19.8	3.9	11.02	41.75	29.16	24.58	3.04	−6.07	−0.02	1.91

资料来源:本书编写组著:《富民强省在江苏》,江苏人民出版社 2002 年版,第 6 页。

上表反映出“九五”与“八五”相比,经济平均增长率下降了 5.8 个百分点,但是总体上继续保持高位稳定增长,总量规模不断扩大。而全省城乡居民收入与消费增长却出现了明显减弱的趋势。1998、1999、2000 年江苏城乡居民收入消费增长率大幅度低于当年地区生产总值增长率,差距越拉越大。造成人民生活水平提高不快的原因是多方面的:既有经济结构、所有制结构不合理等方面的原因,也有在政策指导思想上,重生产轻生活、重积累轻消费,一度追求过快经济增长,而忽视收入分配的改革等方面的原因。富民强省指导思想和奋斗目标的确立,表明江苏对现实省情有了比较深刻的认识,也集中反映了全省人民的共同愿望。

《建议》在明确指导思想的同时,还提出了“十五”期间经济发展的主要预期调控指标,即地区生产总值年均增长 9%—10%,人均地区生产总值年均增长 8%—9%,城乡居民收入年均增长幅度高于“九五”时期。为了实现富民强省取得阶段性重大进展的目标,《建议》提出“十五”期间必须贯彻以下基本原则,即以加快发展为主题,结构调整为主线,以改革开放和科技进步为主要推动力,立足省情实施五大战略(科教兴省、经济国际化、区域共同发展、可持续发展、城市化),把提高人民生活水平作为根本出发点,坚持“两手抓、两手都要硬”的方针。根据上述指导思想、主要目标和基本指导原则,《建议》对“十五”期间经济社会发展任务从 15 个方面作了系统阐述。

江苏省人民政府根据中共江苏省委的建议,形成了《江苏省国民经济和社会发展第十个五年计划纲要(草案)》。这个草案在 2001 年 2 月召开的省第九届人民代表大会第四次会议上得到批准,成为指导全省“十五”期间经济社会发展的行动纲领。

《江苏省国民经济和社会发展第十个五年计划纲要》(以下简称《纲要》)与以往编制五年计划不同,突出了宏观性、战略性、政策性,对政府应当承担的任务作出承诺,对各类市场主体着重提出指导性意见。指标设置上提出了一些主要预期调控指标,突出与人民群众利益关系密切的指标,尽可能减少了一般数量指标。

《纲要》在提出与《建议》一致的主要预期调控指标后,还列出了经济增长、经济结构、经济效益、社会发展、人口资源环境、人民生活六大类具体指标。经济增长:到2005年,全省地区生产总值达到13400亿元左右(2000年价,下同);人均地区生产总值达到17750元以上;财政收入达到1500亿元左右,占地区生产总值的比重提高到11.5%。经济结构:三次产业增加值比重调整到10∶50∶40,从业人员比重调整到38∶29∶33;高新技术产业增加值占工业增加值比重达到25%左右,信息化综合指数居全国前列;城市化水平达到45%以上;苏南、苏中、苏北地区经济趋于协调发展。经济效益:工业经济效益综合指数超过全国平均水平,资本产出率和全员劳动生产率居全国各省前列,全社会研究和开发经费占国内生产总值的比例提高到1.5%左右。社会发展:省辖市及沿江地区率先普及高中阶段教育,劳动者平均受教育年限达到10年,高等教育毛入学率达到25%左右;城乡文化体育设施比较完备,初步实现人人享有卫生保健,社会公益事业取得较大进展。人口、资源、环境:人口自然增长率控制在5‰以内;自然资源利用趋于合理,并得到有效保护;主要污染物排放总量比2000年减少10%以上,城市空气质量达到二级标准,城市垃圾和污水处理率分别达到96%和70%左右。人民生活:城镇居民人均可支配收入和农民人均纯收入2005年力争分别达到10000元和5100元以上;城镇登记失业率控制在5%以内;基本实现城镇居民每户拥有成套住房,农民住房的质量进一步提高;城镇职工基本养老、基本医疗、失业保险实现全覆盖。

《纲要》还用7章分述了江苏这一时期经济社会发展的7项主要任务。

《建议》和《纲要》提出的"十五"的奋斗目标和任务,必将动员和凝聚全省人民在新世纪新征程上夺取全省社会主义现代化建设的新胜利。

附　录

一　大事记

1978 年

12 月 25 日　中共江苏省委发出电话通知，要求各级党委组织干部、群众深入学习中共十一届三中全会公报。

12 月 30 日　中共江苏省委在南京五台山体育馆召开万人大会，对在南京“一·三事件”中遭受迫害的干部群众和所谓“陈（光）、包（厚昌）、张（志强）案件”宣布平反。并对在“文化大革命”中受到错误批判的原江苏省及南京市的领导干部江渭清等宣布平反，恢复名誉。

1979 年

1 月 3 日　江苏省政协和南京市政协联合举行座谈会，学习讨论全国人大常委会通过的《告台湾同胞书》。在宁的全国人大代表、全国政协委员，省和南京市政协委员，各民主党派负责人，南京部队负责人和台湾同胞、归侨以及其他爱国人士 150 多人出席了座谈会。

1 月 4 日　中共江苏省委发出《关于摘掉右派分子帽子人员安排问题的补充意见》。26 日，又发出《关于错划右派改正工作中若干问题的处理意见》，要求做好错划右派的改正工作。

1 月 6—23 日　中共江苏省委召开工作会议，传达学习和贯彻执行中共十一届三中全会和中央工作会议精神，讨论怎样迅速顺利地把全省工作着重点转移到社会主义现代化建设上来。会议联系江苏的实际，总结了江苏 20 多年来，特别是粉碎“四人帮”后两年多来正反两方面的经验，提出实现工作着重点转移过程中应当注意的问

题，并对省委的工作提出建议和批评。省委常委研究了到会同志的意见和建议后，认为从江苏当前的实际情况出发，要保证顺利实现党的工作着重点的转移，必须善始善终地搞好揭批林彪、“四人帮”的群众运动，认真处理好“文化大革命”中和历史上的遗留问题，以调动干部、群众的积极性，巩固和发展安定团结的政治局面。

2 月 8 日　江苏省革命委员会授予周阿庆等 45 位“劳动英雄”称号的大会在南京举行。

2 月 10—12 日　中共江苏省委召开地、市委书记会议，研究进一步落实中共十一届三中全会和中央工作会议精神，实现工作着重点转移问题。会议认为，要实现全省工作着重点的转移，首先要把农业搞好，决不放松粮食生产，积极发展多种经营。会议提出在今后两三年内，江苏农业要在发展中进行必要的调整，通过调整得到更快的发展。

2 月 18—20 日　江苏省革命委员会召开全体会议。会议根据中共十一届三中全会、中央工作会议精神以及中共江苏省委工作会议的部署，学习和研究工作着重点转移问题。

2 月　中共中央任命惠浴宇、张仲良、包厚昌为中共江苏省委书记。

2—3 月　根据中共中央《关于地、富分子摘帽问题和地、富子女成份问题的决定》，江苏省从 2 月初开始进行摘帽工作，到 3 月底基本结束。

4 月 12—19 日　中共江苏省委宣传部召开全省宣传部长会议。会上传达了邓小平在党的理论工作务虚会上的讲话，讨论了形势和坚持四项基本原则以及思想理论工作问题，并确定在全省开展四项基本原则的宣传教育活动。

4 月 16—29 日　中共江苏省委召开全省党的纪律检查工作会议，传达贯彻中共十一届三中全会、中央纪律检查委员会第一次全会精神，明确纪律检查委员会的基本任务是维护党规党纪，复查、纠正“文化大革命”中的冤、假、错案。

4 月 22 日　为纪念渡江战役胜利和南京解放 30 周年，江苏省革命委员会、南京部队、南京市革命委员会举行“渡江胜利纪念碑”落成典礼。该碑高 23.4 米，碑上刻有毛泽东手书《七律 · 人民解放军占领南京》，正面镌有邓小平“渡江胜利纪念碑”题词。

5 月下旬　中共中央副主席、国务院副总理李先念在扬州视察。

6 月 10 日　《新华日报》报道：中共江苏省委决定组成由省委常委、省革命委员会副主任和有关部、委、办负责人率领的 9 个调查组，分赴江苏各地进行为期 1 个月左右的调查研究，为中共江苏省委制定符合本省实际情况、切实可行的国民经济调整的实施方案作准备。

7月23—29日 政协江苏省第四届第二次会议召开,省政协主席惠浴宇致开幕词。

8月4日 中共江苏省委发出《关于对被定为右倾机会主义分子的平反、改正问题的通知》。

8月15—25日 全省工业交通增产节约工作会议召开。会议要求各地把工作着重点切实转移到经济建设上来,带领广大干部、群众深入开展增产节约运动。

11月10—17日 中共江苏省委召开工作会议。会议强调,要充分发挥江苏人力资源丰富,科学教育文化事业比较发达,社队工业发展较快,掌握专业技能的干部、工人和农民越来越多等优越条件,积极发展一些精密度较高、原材料用量较少、国内外有广阔市场而容纳劳动力又较多的"劳动密集型"行业。

11月19日 江苏省革命委员会发出《批转省劳动局、财政局〈关于改进企业奖励制度的意见〉的通知》。《通知》规定,将现行的与工资挂钩提取奖金的办法改为与利润挂钩提取奖金的办法,同时改进企业内部奖金分配的方法。

12月17—21日 中共江苏省第六届第二次全会在南京举行。全会一致认为,11月省委召开的工作会议,确定了江苏经济发展的方向、建设的方针和调整国民经济的主要措施,是符合中共十一届三中、四中全会精神的,也是符合江苏实际情况的。全会宣布,经中共中央批准,由许家屯、胡宏、储江、惠浴宇、钟国楚、周泽、张仲良、包厚昌8名现任省委书记组成省委书记处。许家屯为第一书记,胡宏为常务书记。

12月23日—1980年1月2日 政协江苏省第四届第三次会议召开。会议同意惠浴宇辞去省政协主席的职务,选举包厚昌为省政协主席。

12月24—30日 江苏省第五届人民代表大会第二次会议在南京举行。会议选举产生江苏省人民代表大会常务委员会,许家屯为主任;决定撤销江苏省革命委员会,恢复江苏省人民政府。选举惠浴宇为省长。

1980年

1月1日 江苏省人民政府恢复办公。

1月18—25日 中共江苏省委、省政府在南京召开全省科技工作会议,传达全国科技工作会议精神,学习邓小平在中国科学院建院30周年大会上的重要讲话。

2月5—7日 江苏省农业先进单位和劳动模范授奖大会在南京召开,出席会议的先进单位代表和劳动模范共2700多人。省委、省政府主要领导到会讲话。

2月12—14日 中共江苏省委召开全省整顿治安工作会议。

3月16—24日 中共江苏省第六届第三次全会在南京召开,会议传达、学习、贯

彻中共十一届五中全会精神。

4月17日 新华社报道：国务院批准江苏省的张家港、南通港和南京港为长江沿岸对外贸易运输港口。

4月21日 应江苏省人民政府的邀请，日本爱知县友好代表团抵达南京。省长惠浴宇会见了日本客人，双方就江苏省与爱知县结为友好省县进行了会谈，签订了结为友好省县的协议书。

4月28日 省人民政府在南京召开授奖大会，嘉奖全省工业、交通、基建、财贸、教育、卫生、科研、宣传、文化、体育、政法战线1366个先进集体、517名劳动模范、80名先进生产者和先进工作者。

5月3日 中共江苏省委发出《关于贯彻执行中共中央〈关于为刘少奇同志举行追悼会的通知〉的意见》。同时批转省委政法委员会《关于做好刘少奇同志冤案受株连案件平反工作的请示报告》，对全省受刘少奇冤案株连的人一律平反纠正。

6月2—4日 中共中央主席、国务院总理华国锋来苏州、无锡、南京等地视察。

6月19—24日 中共中央副主席、全国人大常委会委员长叶剑英在江苏视察。

8月16日 省人民政府批转省商业厅、省供销社《关于扩大商业企业自主权试点工作的报告》。

10月6日 纪念黄桥决战胜利40周年大会在南京召开。纪念会后，在泰兴县黄桥举行了"黄桥战役革命烈士纪念塔"奠基仪式和"黄桥战役纪念展览"开幕式。

11月12日 省人民政府批转省财政厅《关于建立公社财政的请示报告》，要求各地按照实际情况，研究执行。

1981年

1月10日 中共江苏省委在南京五台山体育馆召开大会，传达邓小平1980年12月25日在中央工作会议上的重要讲话：《贯彻调整方针，保证安定团结》。

1月13—28日 中共江苏省第六届第四次全委(扩大)会议在南京举行。会议一致拥护中共中央关于在经济上实行进一步调整、在政治上实行进一步安定的重大方针，并根据江苏实际情况，提出1981年调整工作的总的要求。会议还强调加强党的领导，改善党的工作，进一步整顿好党风。

3月4日 中共江苏省委召开有关部门和单位负责人会议。会议要求响应中共中央的号召，在全省广泛深入地开展以"五讲四美"为主要内容的文明礼貌活动，加强社会主义精神文明建设。

3月30日—4月7日 政协江苏省第四届第四次会议召开，省委书记、省政协主

席包厚昌致开幕词。

3月31日—4月7日 江苏省第五届人民代表大会第三次会议在南京举行。省长惠浴宇作政府工作报告。

7月17—24日 中共江苏省第六届第五次全委(扩大)会议在南京举行,会议传达中共十一届六中全会精神。会议认真学习《关于建国以来党的若干历史问题的决议》,要求统一对毛泽东的历史地位和毛泽东思想科学体系的认识,统一对十一届三中全会以来党的正确路线和方针政策的认识,统一对建国以来历史的基本估计的认识,以及统一对彻底否定"文化大革命"的认识。全会通过了《关于认真学习党的六中全会文件的决议》。31日,中共江苏省委批转了省委宣传部《关于认真学习〈关于建国以来党的若干历史问题的决议〉的部署意见》。

7月21—23日 中共中央政治局常委、国务院总理赵紫阳在江苏视察。

8月16日—9月24日 江苏各地开展纪念鲁迅诞生100周年活动。

8月22—23日 中共江苏省委召开全省思想工作会议。会上传达、学习、讨论了邓小平、胡耀邦关于思想战线问题的讲话,以及全国高校思想政治教育工作会议精神。

9月9日 中共江苏省委、省政府颁发《关于发展城镇集体与个体经济的若干规定》。

9月10日 省人民政府决定对各市、县全面试行财政收入包干和超收分成的办法。

9月28日 《新华日报》报道:省人民政府批准在省内建立宜兴龙池山、吴县光福、句容宝华山、连云港市云台山等4个自然保护区。

12月18日 由纺织工业部和中国国际信托投资公司联合投资组建的仪征化纤工业联合公司正式成立。

1982年

1月7日 经国务院批准,金陵石油化工公司在南京成立。

1月10—15日 中共中央政治局常委、国务院总理赵紫阳在连云港、盐城、南通、常州等地视察。

2月12日 《新华日报》报道:南京工学院讲师韦钰在西德荣获亚琛工业大学工科电子学博士学位和波歇尔奖章。这是中国在电子学方面的第一位女博士。

3月1—12日 中共江苏省代表会议在南京举行。期间3月8日—11日,召开中共江苏省第六届第六次全体会议。会议主要研究讨论江苏省出席中共十二大代表

候选人名单，讨论并原则通过省委的工作报告。代表会议选举江苏省出席中共第十二次全国代表大会的代表57名，候补代表6名。会议要求全省坚持不懈地贯彻执行中央关于经济建设的方针，从江苏实际出发，继续做好国民经济的调整、改革、整顿、提高工作，走出一条速度比较实在、经济效益比较好、人民可以得到更多实惠的新路子。

3月30日—4月7日　政协江苏省第四届第五次会议召开，省政协主席包厚昌致开幕词。

3月31日—4月7日　江苏省第五届人民代表大会第四次会议在南京举行。省长惠浴宇作政府工作报告。

5月6—14日　中共江苏省委在常州召开全省第二次城市工作会议。会议认真讨论了城镇建设的指导思想和方针政策。会议提出要以城市为中心，以小集镇为纽带，以广大农村为基础，组织经济、文化、科学、教育的网络，实现城乡经济的同步发展。

5月23日　省人民政府批转省财政厅《关于执行〈国营企业利改税试行办法〉中若干具体政策的暂行规定》。

6月5—10日　江苏省计划生育工作会议在太仓县召开。会议要求，大力提倡一对夫妇只生一个孩子，把全省的人口出生率迅速降下来。

7月22日　江苏省第五届人大常委会第十五次会议在南京召开。会议接受惠浴宇辞去江苏省省长职务的请求，决定由韩培信代理江苏省省长。

9月1—11日　中共第十二次全国代表大会召开。江苏的许家屯、柳林、韩培信、顾秀莲当选为中央委员；吴文英、周阿庆当选为中央候补委员；康迪当选为中纪委委员；江渭清、惠浴宁、刘顺元、张仲良当选为中顾委委员。

9月19日　中共江苏省委召开省级机关党员处以上干部大会，传达中共十二大精神。25日，省委向在宁的党外知名人士介绍中共十二大情况和主要精神。26日，省委召开地、市、县委书记会议，号召把学习十二大文件作为当前的第一件大事来抓，并对学习、宣传、贯彻十二大精神作了具体部署。

1983年

1月18日　国务院批准江苏省实行市领导县新体制，并调整行政区划。

2月6—9日　中共中央政治局常委、中央顾问委员会主任邓小平来江苏视察。在视察过程中，邓小平指示江苏的经济建设，要走“外引内联”的路子。邓小平回到北京后，在同中央几位领导的谈话中，对江苏经济建设的成就作了赞许，并介绍了江苏

的两点经验。

3月11日 江苏省第五届人大常委会第十八次会议通过《关于农村人民公社有准备、有步骤地实行政社分设的决定》。

4月1日 经中共中央批准,韩培信任中共江苏省委书记,沈达人、顾秀莲(女)、孙颔、周泽任副书记。

4月6—9日 中共江苏省委召开市委书记会议。会议根据全国工交会议精神,结合江苏的实际情况,研究如何在努力提高经济效益的前提下,千方百计地完成和超额完成当年的国民经济计划等问题。

4月20—30日 政协江苏省第五届第一次会议举行。大会通过《同心协力,勇于改革,为全面开创社会主义现代化建设新局面而贡献力量》的决议。选举钱钟韩为省五届政协主席。

4月22—30日 江苏省第六届人民代表大会第一次会议举行。会议审议和批准代省长韩培信作的政府工作报告等。会议选举储江为省人大常委会主任;选举顾秀莲为省长。

4月30日 江苏省省长顾秀莲在江苏省第六届人大常委会第一次会议上汇报省政府所属机构改革问题。省政府工作部门由79个减少到40个,省政府所属各部门机关工作人员编制由5952人减少到4224人。

5月8—19日 江苏省召开"利改税"工作会议。会议要求各地根据国务院《关于国营企业利改税试行办法》的规定,抓紧部署,保证自6月1日起全面开征所得税。

6月29日 中共江苏省委发出通知,要求各市、县和省有关部门,抓紧时间全面清理有关农民负担的政策规定。

8月26日 中共江苏省委发出《关于坚决贯彻执行中共中央关于严厉打击刑事犯罪活动指示的决定》。

9月21日 经省人民政府批准,雨花台烈士陵园建设委员会成立。中共中央政治局常委、中共中央顾问委员会主任、中央军委主席邓小平题写了"雨花台烈士纪念碑"碑名和"雨花台烈士纪念馆"馆名。

9月21—27日 "江苏省小城镇研究"专题讨论会在南京举行。由费孝通担任学术指导的"江苏省小城镇研究",是国家"六五"期间社会科学方面的一个重点研究项目,由中国社会科学院社会学研究所和江苏省社会科学院社会学研究所共同承担。

11月5—15日 中共江苏省第六届第七次全委(扩大)会议在南京召开。韩培信在会上传达了中共十二届二中全会精神。到会同志认真学习二中全会通过的中共中央关于整党的决定,作出了分期分批进行整党的部署。

12 月 22 日 中共江苏省委召开省级机关第一批开展整党的 40 个单位的党员大会，动员、部署整党工作。

1984 年

1 月 10—21 日 省人民政府召开全省计划经济工作会议，传达学习全国计划工作会议精神。会议提出了“积极提高苏南，加快发展苏北”的战略方针。

2 月 7—10 日 中共中央总书记胡耀邦和中央政治局委员杨尚昆、余秋里、张廷发，中共中央书记处候补书记郝建秀等来江苏省视察。10 日下午，胡耀邦、杨尚昆在省级机关和南京部队干部大会上分别就经济建设和整党工作讲了话。

2 月 23—26 日 中共中央政治局委员、全国人大常委会委员长彭真在江苏视察。

3 月 15—29 日 中共江苏省委先后召开市委书记和县委书记会议。会上，认真学习了中共中央《关于 1984 年农村工作的通知》和关于开创社队企业新局面的指示，以及中央领导同志视察江苏时的讲话。韩培信在会上讲话。会议根据中共第十二次全国代表大会提出的宏伟目标，确定江苏在提高经济效益的前提下，以 1980 年为基数，到 1990 年实现并力争提前实现全省工农业总产值翻一番，农民按人口平均年纯收入翻一番的奋斗目标。

4 月 25—27 日 中共江苏省第六届第八次全委(扩大)会议在南京召开。会议通过召开中共江苏省第七次代表大会的决定。

5 月 13 日 中共江苏省委、省政府发出通知，要求各地认真贯彻执行国务院《关于进一步扩大国营工业企业自主权的暂行规定》。

6 月 18—26 日 政协江苏省第五届第二次会议召开。

6 月 20—27 日 江苏省第六届人民代表大会第二次会议在南京举行。大会审议和批准省长顾秀莲作的政府工作报告等。

6 月 江苏省政社分开，建立乡政府的工作完成。

8 月 11 日 中国人民银行江苏省分行从当日起实行政企分开，原省辖市的支行改为市人民银行二级分行，并分设工商银行。

8 月 22 日 中共江苏省委、省政府发出《关于促进科技进步的暂行规定》。

9 月 5—10 日 中共江苏省委召开各市负责人会议，讨论经济体制改革、对外开放、智力开发等工作。

10 月 1 日 按照国务院的规定，江苏省从今日起普遍实行企业“利改税”的第二步改革。

10 月 27 日—11 月 4 日 中共中央总书记胡耀邦在江苏视察。11 月 4 日，他在

徐州召开江苏、河南、安徽 3 省负责人座谈会,听取工作汇报。

11 月 12—17 日 中共江苏省第六届第九次全委(扩大)会议在南京举行。会议传达学习中共十二届三中全会通过的《关于经济体制改革的决定》和胡耀邦视察江苏时的讲话。会议着重讨论了全省经济体制改革和经济翻番问题。

12 月 14—19 日 中国共产党江苏省第七次代表大会在南京举行。大会的主要任务是:认真贯彻中共十二大和十二届三中全会精神,总结经验,明确今后的奋斗目标,动员全省人民开创江苏社会主义现代化建设的新局面。会议一致通过了《关于中共江苏省第六届委员会工作报告的决议》和《关于中共江苏省纪律检查委员会工作报告的决议》。选出中共江苏省第七届委员会正式委员 61 名,候补委员 14 名;中共江苏省顾问委员会委员 27 名;中共江苏省纪律检查委员会委员 42 名。

12 月 20 日 中共江苏省委、省顾委、省纪委分别召开第一次全体会议,经选举并报中共中央批准,省委常务委员会由 11 人组成,韩培信为省委书记,沈达人、顾秀莲、孙颔为副书记,柳林为省顾问委员会主任。

1985 年

1 月 1 日 为加快城市经济体制改革,搞活企业和流通,充分发挥中心城市组织经济的作用,省政府决定将一批省属企业下放给有关市领导管理。

2 月 1—4 日 中共中央政治局常委、中央顾问委员会主任、中央军委主席邓小平到南京视察,同来视察的有中共中央政治局委员王震等。

2 月 28 日 省人民政府发出通知,决定从 1985 年度起,在全省农村取消粮食统购,改为合同定购。

3 月 20 日 中共江苏省委、省政府召开大会,传达全国科技工作会议精神。会议要求"江苏要争取在科技体制的改革中走在全国前列,让科技事业发展得更快一些、水平更高一些。"

4 月 2—6 日 中共江苏省委、省政府在沙洲县召开苏北 13 个县经济发展座谈会,动员、组织苏北 13 个县加快发展经济,并决定由苏南 10 个县进行对口支援。

4 月 29 日 中共江苏省委、省政府制订关于贯彻执行中共中央、国务院《关于进一步活跃农村经济的十项政策》的若干政策。

5 月 6—12 日 政协江苏省第五届第三次会议召开。

5 月 8—13 日 江苏省第六届人民代表大会第三次会议在南京举行。会议审议和批准省长顾秀莲作的政府工作报告等。

6 月 25—30 日 中共江苏省第七届第二次全委(扩大)会议在南京举行。会议传

达了中共中央《关于教育体制改革的决定》和全国教育工作会议精神，讨论并通过贯彻中共中央《关于教育体制改革的决定》的意见。

6 月 26 日 省人民政府决定，全省从 7 月 1 日起，放开猪肉的销售价格，调整农村粮油的销售价格。

8 月 2—7 日 中共江苏省委、省政府召开全省农村工作会议，要求坚定不移地推进农村第二步改革。

8 月 12 日 中共江苏省委、省政府发出通知，批转省委对外开放领导小组《关于加快苏锡常地区对外开放的实施意见》。

9 月 3 日 江苏军民纪念抗日战争和世界反法西斯战争胜利 40 周年。

10 月 18 日 省人民政府发出《江苏省国营企业工资改革实施意见》，要求各级劳动、财政、计经委、体改办、统计、审计、银行和企业主管部门，从全局出发，密切配合，共同把企业工资制度改革工作搞好。

11 月 4—11 日 中共江苏省第七届第三次全委(扩大)会议在南京举行。会议的主要议题是学习贯彻中共全国代表会议和十二届四中全会、五中全会精神，讨论江苏“七五”计划建议和 1986 年工作要点。

12 月 19 日 中共中央政治局常委、国家主席李先念在江苏视察。

12 月 23—26 日 全国人大常委会委员长彭真在常州视察。

1986 年

2 月 1 日 历时七天的全省农村工作座谈会在宁结束。座谈会的中心议题是“如何保持农村经济全面稳定发展的好势头”。

3 月 26 日 江苏 105 个县(市、区)人民武装部改归地方建制的工作，当日起逐步展开。改为地方建制后，人武部的任务不变，实行军队和地方双重领导。

4 月 20—27 日 政协江苏省第五届第四次会议召开。会议期间，政协委员对本省“七五”计划，以及进一步做好政协工作，进行了认真讨论。

4 月 22—29 日 江苏省第六届人民代表大会第四次会议在南京召开。顾秀莲省长在会上作《关于江苏省第七个五年计划的报告》，提出经济体制改革的具体意见。会议通过关于江苏省第七个五年计划等 6 个决议。

6 月 11—15 日 省人民政府在南京召开全省城市经济体制改革工作会议，部署城市经济体制改革工作，着重研究横向经济联合问题。

7 月 3 日 省人民政府制订贯彻执行国务院《关于进一步推动横向经济联合若干问题的规定》实施办法，提出江苏发展经济联合的原则。

7 月 3—7 日 中共江苏省委、省政府召开全省对外开放工作会议。20 日,省委、省政府发布《关于加快我省对外开放步伐的意见》。

7 月 15 日 中共江苏省委、省政府发出关于贯彻中共中央、国务院《关于加强土地管理,制止乱占耕地的通知》的意见,要求各地加强土地管理,切实保护耕地。

9 月 5—12 日 中共江苏省委、省政府召开全省农村工作会议,研究制定新的措施,鼓励和支持农民发展粮棉生产。

9 月 14 日 经国家体制改革委员会和中国人民银行总行批准,江苏省苏州、无锡两市同常州市一样,列为全国金融体制改革试点城市。

10 月 8 日 苏中七战七捷 40 周年纪念大会和苏中七战七捷纪念碑奠基仪式在海安举行。

10 月 16—21 日 中共江苏省第七届第四次全委(扩大)会议在南京举行。会议通过《中共江苏省委贯彻〈中共中央关于社会主义精神文明建设指导方针的决议〉的意见》。

10 月 25—28 日、11 月 14—16 日 中共中央总书记胡耀邦先后两次来江苏考察。

11 月 11 日 省人民政府发布《关于鼓励外商投资的若干规定》。

1987 年

2 月 9 日 中共江苏省委根据中共中央指示精神,结合江苏的实际情况,作出《坚持四项基本原则,开展反对资产阶级自由化的斗争的决定》。

2 月 11 日 中共江苏省委召开工作会议。省委书记韩培信在会议结束时讲话指出,1987 年的工作主要是抓好两件大事,一是在政治思想领域,坚持反对资产阶级自由化;二是在经济上压缩"空气",开展增产节约,增收节支运动。

同日 中共江苏省委、省政府提出《关于在全省开展增产节约,增收节支运动的意见》。

3 月 3 日 省人民政府发出贯彻《国务院关于深化企业改革增强企业活力的若干规定》的通知。

3 月 14—18 日 中共江苏省委在南京召开农村工作会议,要求进一步深化农村改革和稳定发展农村经济。

3 月 16—19 日 省人民政府在南京召开全省乡镇企业工作会议,贯彻落实全国省长会议和省委工作会议精神,研究部署全年的乡镇企业工作。

4 月 14 日 省人民政府发出《关于深化商品流通体制改革,促进商品经济发展的

通知》。

4 月 20—27 日 政协江苏省第五届第五次会议召开。

4 月 22—28 日 江苏省第六届人民代表大会第五次会议在南京召开。会议审议和批准顾秀莲省长作的政府工作报告等。

4 月 29—30 日 中共江苏省第七届第五次全委(扩大)会议召开。会议讨论确定了江苏出席中共十三大代表候选人预备名单。

5 月 9 日 中共江苏省委、省政府发出《关于深化农村改革若干问题的意见》。

6 月 10—15 日 中共江苏省代表会议举行。会议选举产生江苏出席中共十三大的代表,讨论部署 1987 年下半年工作。

7 月 8 日 省人民政府印发《关于在全民所有制工业企业中试行承包经营责任制的办法》的通知。通知指出,推行承包经营责任制,要本着积极稳妥、形式多样、实事求是的精神,有领导、有步骤地进行。

8 月 28 日 苏锡常经济开发区发展外向型经济工作会议在苏州召开。

9 月 8 日 省人民政府发出贯彻执行《国务院关于进一步推进科技体制改革的若干规定》的通知,确定进一步推进江苏科技体制改革的指导思想、原则及具体做法。

10 月 15—17 日 中共江苏省委、省政府在无锡召开社会主义农业现代化试验区工作会议。会议宣布,经国务院批准,无锡、吴县、常熟 3 县(市)为江苏省社会主义农业现代化试验区,重点探索土地规模经营和农业现代化问题。

10 月 25 日—11 月 1 日 中共第十三次全国代表大会召开。江苏的韩培信、顾秀莲、陈玉英当选为中央委员;孙家正、邓鸿勋当选为中央候补委员;曹克明当选为中纪委委员;江渭清、惠浴宇当选为中顾委委员。

11 月 13—18 日 中共江苏省第七届第六次全委(扩大)会议在南京举行。会议传达和学习中共十三大和十二届七中全会、十三届一中全会精神,讨论江苏改革和四化建设中的方向性、战略性问题,研究贯彻落实中共十三大精神和 1988 年的工作。

12 月 1 日 中共江苏省委召开有关部门负责人会议。省委书记韩培信在会议上指出,江苏经济建设必须坚持以农业为基础,在依靠科学技术和发展外向型经济两个方面加快步伐,取得新的突破。

1988 年

1 月 20—29 日 政协江苏省第六届第一次会议举行。会议选举钱钟韩为省六届政协主席。

1 月 22 日—2 月 2 日 江苏省第七届人民代表大会第一次会议在南京举行。会

议审议和批准顾秀莲省长作的政府工作报告等。会议选举韩培信为江苏省人大常委会主任,选举顾秀莲为省长。

2 月 21—28 日 中共江苏省委召开工作会议,研究讨论江苏发展外向型经济和外贸体制改革问题。

3 月 18 日 中共江苏省委、省政府发布《关于加快发展外向型经济若干问题的意见》。

5 月 28 日 中共江苏省委、省政府发出批转省工商局《关于对党政机关和党政干部经商办企业问题的意见》的通知。

同日 中共江苏省委、省政府颁发《关于党政机关保持廉洁作风的若干规定》。

6 月 26 日 江苏省第一个股份制金融企业——无锡资金融通公司成立。

7 月 2 日 江苏省最大的中外合资企业——南京东方化工有限公司成立。

9 月 16 日 根据国务院《关于地方实行财政包干办法的决定》,省政府确定:除常州市区暂时实行原定办法外,对其他各市在 1988 年至 1990 年期间,均实行“收入递增包干”的财政体制。

9 月 24 日 中共江苏省委召开工作会议,传达中央工作会议精神。会议要求全省各级领导干部要尽快把思想统一到中央工作会议精神上来,治理经济环境,整顿经济秩序,切实解决面临的问题,继续把改革和建设推向前进。

10 月 13—20 日 中共江苏省第七届第七次全委(扩大)会议在南京举行。韩培信、顾秀莲分别传达了中央工作会议和中共十三届三中全会精神。

10 月 21—22 日 省人民政府召开全省市、县(区)长会议。会议强调,各级政府要突出工作重点,坚决治理经济环境,大力整顿经济秩序,坚持全面深化改革,认真落实中央决策和省委部署。

11 月 1—18 日 全国政协主席李先念在江苏视察。

11 月 26 日 中共江苏省委召开常委会议,听取省总工会关于中国工会十一大精神和贯彻意见的汇报,对加强工会建设和改革提出意见。

12 月 10—13 日 省人民政府召开市长会议,传达全国计划会议精神,交流治理整顿经验,明确 1989 年经济工作任务。

12 月 16—18 日 中共江苏省委召开政治体制改革工作座谈会。

12 月 19—22 日 中共江苏省委、省政府在南京召开全省乡镇企业工作会议,要求全省乡镇企业坚决贯彻中央的治理、整顿决策,以效益求生存,以效益求发展,以调整为中心,在发展战略上实现根本转变,确保在治理整顿中稳步健康发展。

1989 年

1 月 5 日 中共江苏省委、省政府印发《关于依靠科技进步，振兴江苏经济的决定》。

1 月 30 日—2 月 9 日 国家主席杨尚昆在江苏视察。

2 月 21—24 日 中共江苏省委召开工作会议，研究处理治理整顿中的突出问题，并对加强党的建设以及民主政治建设等方面的工作作了部署。

4 月 15 日 江苏省第七届人大常委会第八次会议接受顾秀莲辞去省长职务的请求，决定任命陈焕友为代省长。

4 月 17—24 日 政协江苏省第六届第二次会议召开。会议同意钱钟韩辞去省政协主席的职务，增选孙颔为省政协主席。

4 月 20—26 日 江苏省第七届人民代表大会第二次会议在南京召开。大会审议和批准代省长陈焕友作的政府工作报告等。大会补选陈焕友为省长。

4 月 27 日 中共江苏省委召开各市和省级机关负责人会议。会议要求各级党委组织广大干部认真学习 4 月 26 日发表的《人民日报》社论《必须旗帜鲜明地反对动乱》，开展反对动乱、维护安定团结的教育。

5 月 20 日 中共江苏省委召开省级机关各部门、各单位负责人大会，号召广大共产党员、干部群众自觉地同中共中央保持一致。

6 月 10 日 中共江苏省委、省政府召开省级机关各部门、各单位负责人会议。会议要求省级机关全体共产党员和工作人员认真学习邓小平的重要讲话，进一步统一思想，提高认识，坚守岗位，搞好各方面工作，为稳定江苏、稳定大局作出贡献。

6 月 29 日—7 月 1 日 中共江苏省第七届第八次全委(扩大)会议在南京召开。会议号召全省各级党组织、全体共产党员和广大干部群众，在中共十三届四中全会精神的指引下，为振兴江苏、振兴中华，继续努力奋斗。

7 月 8 日 中顾委委员、原中共江苏省委书记、省长惠浴宇在宁逝世。

7 月 15—17 日 省人民政府召开全省市长会议。

7 月下旬 中共江苏省委召开常委会，研究部署惩治腐败廉政建设工作。

10 月 5 日 中共江苏省委、省政府作出《贯彻中共中央、国务院〈关于进一步清理整顿公司的决定〉的决定》。

11 月 17—22 日 中共江苏省第七届第九次全委(扩大)会议在南京举行。会议传达了中共十三届五中全会和中央工作会议精神，提出江苏省全面完成治理整顿任务的措施。

11 月 30 日 中共江苏省委、省政府召开电话会议，进一步贯彻落实中共中央有关“扫黄”工作指示和国务院关于打击和查禁取缔“六害”的部署。

12 月 20—25 日 中共江苏省第八次代表大会在南京召开。省委书记韩培信代表中共江苏省第七届委员会作工作报告。大会选举产生中共江苏省第八届委员会。12 月 26 日，省八届一次全会选举沈达人为中共江苏省委书记，陈焕友、邓鸿勋、孙家正、曹鸿鸣为副书记。省顾委、省纪委第一次全会分别选举周泽为省顾委副主任，曹克明为省纪委书记。

1990 年

1 月 7—16 日 中共中央政治局常委宋平在江苏视察。

1 月 19—24 日 中共中央政治局常委、国务院总理李鹏在南京、无锡等地的近 20 家国营和乡镇企业进行调查研究。

2 月 20—27 日 政协江苏省第六届第三次会议召开。

2 月 22—27 日 江苏省第七届人民代表大会第三次会议在南京召开。大会审议和批准省长陈焕友作的政府工作报告等。

4 月 10—14 日 中共江苏省第八届第二次全委(扩大)会议在南京召开。会议传达中共十三届六中全会精神，学习讨论《中共中央关于加强党同人民群众联系的决定》和江泽民在中共十三届六中全会闭幕时的重要讲话，研究贯彻《决定》的实施意见。全会通过了《中共江苏省委关于学习和贯彻执行〈中共中央关于加强党同人民群众联系的决定〉的意见》。

5 月 4—7 日 省人民政府召开全省经济体制改革工作会议，对全省在治理整顿中深化改革工作作出部署。

5 月 14 日 中共江苏省委发出《关于贯彻〈中共中央关于坚持和完善中国共产党领导的多党合作和政治协商制度的意见〉的通知》，要求全省各级党委认真学习和贯彻《意见》。

5 月 21 日 中共江苏省委发出《关于贯彻落实〈中共中央关于加强和改善党对工会、共青团、妇联工作领导的通知〉的通知》。

6 月 27 日—7 月 2 日 中共中央政治局常委乔石在江苏视察。

7 月 17—19 日 淮北地区和里下河北部地区遭受特大暴雨灾害。8 月 3—4 日，该地区再次遭受灾害。灾后，省委、省政府组织工作组赴灾区慰问遭受灾害的群众，指导抗灾。

8 月 21—23 日 中共江苏省委、省政府邀请中共党内部分老同志、省各民主党

派、工商联负责人和经济、科技界的部分专家学者座谈，征求对江苏省经济发展战略问题的意见。

9 月 14 日　中共江苏省省级机关工委召开省级机关党员重新登记工作总结会议。遵照省委的部署，省级机关 127 个厅局单位的党员重新登记工作于 6 月底基本结束。

10 月 8 日　中共江苏省委、省政府发出《关于控制和减轻农民负担的通知》。

11 月 10 日　中国电子行业最大的合资企业华飞彩色系统有限公司正式投产。

11 月 15 日　国内第一套年产 24 万吨磷铵的大型生产装置在南京化学工业公司建成并通过国家级验收。

11 月 18 日　省长陈焕友在全省扩大对外开放、办好外商投资企业经验交流会上指出，江苏在发挥沿海经济优势的同时，应更加关注沿江两岸地带，建立港口城市群体和沿江工业带，推动全省对外开放和经济建设。

12 月 8—11 日　中共江苏省委、省政府召开全省精神文明建设和“扫黄”工作会议。会议结束时，省委书记沈达人到会讲话指出，开展精神文明建设活动和“扫黄”工作要深化认识，加强领导，狠抓落实。

1991 年

1 月 9 日　中共江苏省委召开常委会议，学习中共中央关于党风和廉政建设的指示，总结分析 1990 年江苏省党风和廉政建设工作情况，对 1991 年党风和廉政建设工作提出了要求。

1 月 12 日　中共江苏省委召开省级机关干部大会，省委书记沈达人对省级机关传达学习贯彻中共十三届七中全会精神及抓好当前工作提出了要求。

1 月 26 日　省人民政府发布《江苏省关于鼓励华侨和香港澳门同胞投资的若干规定》、《江苏省关于鼓励台湾同胞投资的若干规定》。

1 月 30 日—2 月 4 日　中共江苏省第八届第三次全委（扩大）会议在南京召开。会议学习了中共十三届七中全会文件，审议通过《中共江苏省委关于制定江苏省国民经济和社会发展十年规划和“八五”计划的建议（草案）》。沈达人在会议结束时讲了话。

2 月 5 日　中共江苏省委、省政府批转省扶贫领导小组《关于加强“八五”期间扶贫工作的请示》。

3 月 8—15 日　政协江苏省第六届第四次会议举行。

3 月 10—16 日　江苏省第七届人民代表大会第四次会议在南京举行。会议审议

和批准陈焕友省长作的政府工作报告等。

4月12—20日 中共中央政治局常委、书记处书记李瑞环在江苏视察。

5月18日 江苏省精神文明建设活动委员会举行首次会议,审议江苏省精神文明建设规划纲要。

5月31日 中共江苏省委、省政府发出《关于进一步搞活大中型企业的若干政策措施的通知》。

6月6日 省人民政府召开建设高新技术开发区(带)动员大会。

6月14日晚 省人民政府召开全省防汛抗灾紧急电话会议,动员全省人民做好抗御大洪大涝灾害的准备。15日,中共江苏省委、省政府联合发出《关于防汛抗灾的紧急通知》。23日,中共江苏省委召开常委会议,指出抗洪救灾,抓好工农业生产是当前全省的中心任务。

6月29日 全省各界人士3000多人集会,庆祝中国共产党成立70周年。

7月9日 中共中央总书记、中央军委主席江泽民亲临江苏抗洪第一线察看灾情,指挥抗洪。他实地考察、了解吴江太浦闸的泄洪情况,并对受灾地区的生产、群众生活问题给以深切的关心。

7月22日 中共中央政治局常委、国务院总理李鹏赶赴遭受严重洪涝灾害的兴化市、常州市察看灾情,看望受灾群众,了解灾民生活、生产情况,并和当地干部、群众商谈进一步做好救灾工作。

7月29—30日 中共江苏省委、省政府召开市委书记、市长会议,研究部署抗洪救灾和恢复生产工作,要求各级领导统一思想,坚定信心,艰苦奋斗,重振江苏经济。

8月6日 中共江苏省委、省政府召开省级机关各部门、各单位负责人会议,要求省级机关工作人员积极投入到抗洪救灾和恢复生产的斗争中去。

9月11—12日 中共江苏省委、省政府在南京召开全省计划生育工作会议,贯彻中共中央、国务院《关于加强计划生育工作,严格控制人口增长的决定》。省政府与各市政府在会上签订了人口与计划生育目标管理责任书。

9月15日 中共江苏省委、省政府发出《关于恢复和发展农村经济的若干意见》。

10月10—13日 朝鲜劳动党中央委员会总书记、朝鲜民主主义人民共和国主席金日成,在中共中央总书记江泽民陪同下,到南京、扬州等地参观访问。

10月14—16日 中共江苏省委召开工作会议,传达贯彻中央工作会议精神,研究如何进一步搞好国有大中型企业问题。

11月11日 中共江苏省委、省政府隆重举行全省抗洪救灾先进集体、先进个人表彰大会,233个先进集体和819名先进个人受到表彰。

12 月 14—20 日 中共江苏省第八届第四次全委(扩大)会议在南京召开。会议传达中共十三届八中全会精神和江泽民总书记在会上的讲话，审议通过《中共江苏省委关于贯彻党的十三届八中全会精神，进一步加强农业和农村工作若干问题的决定》。

1992 年

1 月 6 日 中共江苏省委、省政府在淮安市(现改名为楚州区)隆重举行“周恩来纪念馆”落成典礼。邓小平为纪念馆题写馆名。

1 月 18 日—25 日 中共中央总书记、国家主席、中央军委主席江泽民在徐州、连云港、无锡、常州、镇江、泰州和南京等地视察。

2 月 13 日—16 日 中共江苏省委、省政府召开有市委书记、市长参加的全省科技工作会议，提出把江苏建成科技先导型省份，并讨论了《江苏省“八五”期间“科技兴省”实施方案》。该方案于同年 4 月 17 日下达。

2 月 14 日 中共江苏省委、省政府印发《江苏省社会主义精神文明建设“八五”规划纲要的通知》。

2 月 20 日 邓小平视察南方途中在京沪铁路南京站作短暂停留，接见沈达人、陈焕友。邓小平指示江苏经济发展“应该比全国平均速度快一点”。

3 月 2 日 中共江苏省委发出《关于认真传达学习邓小平同志重要谈话的通知》。

3 月 4—11 日 政协江苏省第六届第五次会议召开。

3 月 6—12 日 江苏省第七届人民代表大会第五次会议举行。会议审议并批准政府工作报告等。

3 月 13 日 中共江苏省第八届第五次全会召开，会议讨论确定江苏省出席中共第十四次全国代表大会候选人预备名单。

3 月 17 日 省人民政府发出《关于加快开发区建设若干问题的通知》。

4 月 15—17 日 中共江苏省委召开工作会议。会议着重讨论加快改革开放和经济发展问题，会议作出《关于加快改革开放和促进经济发展若干问题的决定》。

5 月 3—21 日 陈焕友、韩培信、孙颔、曹克明等省领导率领江苏省学习考察团赴海南、广东、福建三省考察学习。

5 月 21—25 日 中共中央政治局常委、国务院总理李鹏在苏州、常熟、张家港、江阴、无锡等地考察。

5 月 28 日—6 月 10 日 中共江苏省委书记沈达人率江苏学习考察团赴山东考察学习。

6 月 12—20 日 中共中央政治局常委、全国人大常委会委员长乔石在苏州、无锡、常州、镇江、南京等地考察。

6 月 21—22 日 中国共产党江苏省代表会议召开。会议以差额选举方式选举产生江苏省出席中共十四大代表。

7 月 14—17 日 中共江苏省委在苏州召开市委书记、市长座谈会,汇报交流各地贯彻邓小平同志南方重要谈话、中央政治局全体会议精神和省委、省政府《关于加快改革开放和促进经济发展若干问题的决定》的情况和经验,研究部署当前工作。

8 月 22 日 国务院批复江苏省人民政府,同意设立昆山经济技术开发区。

8 月 26—28 日 中共江苏省委、省政府召开农村工作会议,进一步学习贯彻邓小平南方谈话精神,要求落实中共十三届八中全会决定,深化农村改革,发展高产优质高效农业。

10 月 4 日 国务院批复江苏省人民政府,同意设立江苏太湖国家旅游度假区。

10 月 12—18 日 中共第十四次代表大会召开。江苏出席十四大的代表共 69 名。江苏的沈达人、陈焕友、陈玉英当选为中央委员;孙家正、顾浩、姜永荣当选为中央候补委员;曹克明当选为中纪委委员。

10 月 16 日 国务院批复江苏省人民政府,同意设立张家港保税区。

10 月 24 日 中共江苏省委召开常委扩大会议,传达学习中共十四大精神。30 日,发出学习贯彻中共十四大精神的通知。

11 月 16—20 日 中共江苏省第八届第六次全委(扩大)会议举行。会议在回顾总结本年度工作基础上根据十四大精神,研究九十年代的奋斗目标和发展战略,部署 1993 年工作。全会同意省顾问委员会的工作报告和不再设立省顾问委员会的建议。

12 月 1 日 中共江苏省委、省政府发出《关于进一步解放和发展科技生产力的通知》。

1993 年

1 月 1 日 中共江苏省委、省政府召开全省农业和农村工作会议,全面贯彻落实中共中央、国务院保持农业稳定发展的重要指示和措施。

1 月 4—5 日 江苏省第七届人民代表大会第六次会议差额选举江苏省出席第八届全国人民代表大会代表 137 名。

2 月 8 日 江苏省首家外资银行——标准渣打(麦加利)南京分行,经过一个月试营业今起正式开业。

3 月 2—4 日 中共江苏省委、省政府在扬州召开全省农村工作座谈会。会议要

求以粮棉购销体制改革为重点，不断深化农村改革，全面发展农村经济。会议结束后次日，省人民政府发出《关于加快粮食流通体制改革步伐的通知》。全省从 4 月 1 日起粮食、油料购销价格放开。

4 月 8 日　中共江苏省委发出《关于进一步做好选拔培养年轻干部工作的意见》。

4 月 13—20 日　政协江苏省第七届委员会第一次会议在南京举行。会议选举孙颔为省七届政协主席。

4 月 15—23 日　江苏省第八届人民代表大会第一次会议在南京举行，会议审议并批准政府工作报告等。选举沈达人为省第八届人大常委会主任，陈焕友为省长。

4 月 27—29 日　全省扶贫工作会议在盐城召开。

5 月 6—13 日　苏锡常火炬带高新技术产业开发区通过国家科委审定，正式挂牌。

5 月 20 日　中共江苏省委作出《关于表彰农村党建工作先进县(市、区)和先进基层党组织的决定》，授予张家港等 13 个县(市、区)“党建工作先进县(市、区)”称号；授予无锡县前洲镇党委等 108 个基层组织“先进基层党组织”称号。

5 月 21—27 日　国家副主席荣毅仁在江苏考察。

6 月 3—4 日　中共江苏省委、省政府召开全省计划生育工作会议。

8 月 5—7 日　中共江苏省委、省政府召开《全省城区工作会议》。

9 月 2—5 日　中共江苏省委召开工作会议。会议传达了中共中央、国务院关于经济工作的指示，对进一步落实宏观调控措施，解决当前经济工作中的突出问题并对反腐败斗争作出部署。

9 月 8—9 日　全省科技副县长工作经验交流会召开。

9 月 20 日　中共中央决定：陈焕友任中共江苏省委书记。

10 月 18—27 日　受国务院委托，以陈焕友为团长的江苏省人民政府代表团访问新加坡，代表中方和新方会谈苏州工业园区项目并草签协议。26 日，双方签署《关于新加坡政府机构向苏州市提供经济和公共管理软件的备忘录》。

11 月 8 日　中共江苏省委召开省级机关领导干部大会，部署学习《邓小平文选》第 3 卷。此前，省委发出《关于认真学习〈邓小平文选〉第 3 卷的通知》。

11 月 30 日　中共江苏省委召开全省领导班子思想作风建设座谈会，部署进一步加强领导班子思想作风建设工作。

12 月 18—21 日　中共江苏省第八届第七次全委(扩大)会议举行。会议学习贯彻中共十四届三中全会和全国经济工作会议精神，总结 1993 年工作，对 1994 年工作进行部署。

12 月 25 日 江苏省暨南京市隆重纪念毛泽东诞辰 100 周年。

1994 年

2 月 19 日 邓小平乘专列由上海回北京，途经南京在火车站作短暂停留。陈焕友就江苏近几年的发展情况向邓小平作了简要汇报。邓小平说：你们发展经济，能快则快，不要搞快呀慢呀的争论。

2 月 22 日—3 月 1 日 政协江苏省第七届委员会第二次会议在南京举行。

2 月 24 日—3 月 2 日 江苏省第八届人民代表大会第二次会议在南京举行。会议审议并批准政府工作报告等。

2 月 26 日 中国政府和新加坡政府在北京签署关于合作开发建设苏州工业园区的协议，国务院总理李鹏和新加坡总理吴作栋出席签字仪式，李岚清副总理和新加坡资政李光耀分别代表中新两国政府在协议书上签字。

4 月 12—14 日 中共江苏省委、省政府召开市委书记、市长会议，传达贯彻中央农村工作会议精神，分析当前全省经济形势，研究改革、发展和稳定工作。

5 月 17—22 日 中共中央政治局常委、国务院总理李鹏在连云港、淮阴、扬州和镇江的城乡视察。

6 月 28—30 日 全省中共党员教育工作会议召开。中共江苏省委作出《关于表彰优秀党务工作者的决定》，346 名优秀党务工作者受到表彰。

7 月 16—18 日 中共江苏省委、省政府召开全省农业工作会议。会议提出实现水稻亩产超 500 公斤，棉花总产超 50 万吨，农民人均增收超 200 元“三超”的目标。

8 月 4 日 中共江苏省第八届第八次全会召开。会议通过了《中共江苏省第九届委员会、纪律检查委员会组成原则》。

8 月 20—22 日 中共江苏省委、省政府召开全省教育工作会议。会议确定将“科技兴省”战略充实为“科教兴省”战略。

9 月 3 日 江苏省第八届人大常委会第九次会议决定郑斯林为江苏省人民政府代省长。

10 月 6 日 扬中长江大桥建成通车。大桥长 172 米，宽 15 米，是长江上第一座由一个县级市发动群众捐款、地方集资兴建的公路桥。

10 月 17—19 日 中共江苏省第八届第九次全委(扩大)会议举行。全会根据中共十四届四中全会的精神，对全省党的建设工作作了部署。

10 月 25 日 太湖大桥建成通车。大桥全长 4308 米，宽 12 米，是中国内湖第一长桥。

11 月 16—17 日 中共江苏省委召开各市负责人会议，传达学习全国农村基层组织建设工作会议精神，并对在江苏贯彻落实初步进行部署。

11 月 18—19 日 中共江苏省委、省政府召开全省对外开放工作会议。12 月 28 日，省委、省政府发出《关于扩大对外开放的若干意见》。

12 月 7—15 日 中共中央政治局常委、国务院副总理朱镕基在南通、苏州、无锡、常州、南京等地考察。

12 月 16 日 中共江苏省第八届第十次全会召开，为中共江苏省第九次代表大会进行准备。

12 月 21—25 日 中国共产党江苏省第九次代表大会在南京举行。陈焕友代表中共江苏省第八届委员会作题为《加快改革开放，加强党的建设，为实现社会主义现代化宏伟目标而努力奋斗》的报告，提出科教兴省、经济国际化、区域共同发展三大发展战略和到本世纪末以及 2010 年的奋斗目标。大会选举产生中共江苏省第九届委员会委员 54 名，候补委员 9 名；选举产生中共江苏省纪律检查委员会委员 37 名。在 25 日召开的中共江苏省第九届委员会第一次全体会议上选举陈焕友为书记，郑斯林、曹克明、顾浩、许仲林为副书记。

1995 年

1 月 4—6 日 中共江苏省委、省政府召开全省经济工作会议。会议提出采取有力措施控制物价，抑制通货膨胀；巩固和加强农业，促进农村经济全面发展；要以国有企业改革为重点，协调、配套地推进各项改革；进一步扩大对外开放；改善经济运行。

2 月 10—11 日 中共江苏省委召开全省农村基层组织工作会议。会议进一步贯彻落实全国农村组织建设工作会议精神，总结交流各地工作经验。会议要求围绕经济建设目标，以党组织建设为核心，把农村基层组织建设工作提高到新水平。

2 月 19—25 日 政协江苏省第七届第三次会议召开。

2 月 21—27 日 江苏省第八届人民代表大会第三次会议举行。会议补选郑斯林为江苏省省长，审议并批准政府工作报告等。

2 月 28 日 南京禄口机场举行开工典礼。

3 月 1 日 中共中央、国务院正式批准《江苏省党政机构改革方案》。

3 月 26—28 日 中共江苏省委在张家港市召开“以经济建设为中心，两个文明一起抓”的经验交流现场会。

4 月 5 日 江苏省精神文明建设活动委员会全体委员会议召开，要求进一步学习推广张家港的经验。

4 月中旬 中共中央政治局常委、中央军委副主席刘华清考察南京电子工程研究所、南京无线电厂等单位。

5 月 12—13 日 中共中央总书记、国家主席、中央军委主席江泽民在苏州、无锡及吴江、吴县、张家港、昆山等地视察。在张家港视察时,他亲笔题写下 16 个字的张家港精神:团结拼搏、负重奋进、自加压力、敢于争先。

5 月 26 日 中共江苏省委发出关于认真学习《邓小平同志建设有中国特色社会主义理论学习纲要》的通知。

6 月 13—15 日 中共江苏省委、省政府召开科技大会。这次大会明确把“科教兴省”战略提到了主体战略的突出地位,会后制定了实施“科教兴省”战略一系列重要政策措施。

7 月 21—22 日 中共江苏省第九届第二次全会召开。会议总结上半年工作,对下半年工作作了部署。

7 月 26 日 中共江苏省委、省人大、省政府、省政协、南京军区、省军区联合召开全省双拥模范城(县)命名表彰大会,苏州市等 40 个单位获“双拥模范城(县)”称号。

8 月 11 日 中共江苏省委、省政府在南京召开省级党政机关机构改革动员大会。江苏省党政机构改革方案开始实施。

8 月 11—12 日 全省现代企业制度试点工作会议召开。

9 月 2 日 江苏省暨南京市各界人士 1000 多人在南京江东门侵华日军南京大屠杀遇难同胞纪念馆举行仪式,纪念中国人民抗日战争胜利 50 周年,悼念侵华日军南京大屠杀遇难同胞。

9 月 5—8 日 中共江苏省委、省政府在徐州市召开全省奔小康经验交流现场会,深入贯彻中共江苏省第九次代表大会精神,交流各地奔小康经验,推动全省进一步实施区域共同发展战略,加快实现小康、建设现代化的步伐。

9 月 15—20 日 1995 年江苏对外经贸恳谈会在南京举办。这是 1990 年代以来,江苏规模最大的一次全省性“三外”结合的大型经贸活动。

9 月 30 日 中共江苏省委召开党员负责干部会议,传达中共十四届五中全会精神。

10 月 13—16 日 陈焕友、郑斯林率代表团赴上海参观学习。

10 月 18—21 日 中共中央宣传部、国务院办公厅联合在张家港市召开全国精神文明建设经验交流会。

10 月 22—30 日 第三届全国城市运动会在南京举行。

11 月 2—6 日 全国各民主党派、工商联领导人和无党派代表人士费孝通、雷洁

琼、王光英、程思远、钱伟长、万国权等一行 100 多人组成的考察团先后到苏州、张家港、常熟、吴县、吴江、昆山等地，深入苏州工业园区和一些开发区、保税区、企业、农村、学校等单位考察。

11 月 29 日　全省市县乡镇党政机构改革全面展开。

12 月 18—20 日　中共江苏省第九届第三次全委(扩大)会议在南京举行。会议深入学习中共十四届五中全会精神，审议并通过《中共江苏省委关于制定江苏省国民经济和社会发展“九五”计划和 2010 年远景目标的建议》。

12 月 26 日　国家“八五”重大技改项目——扬子石化 30 万吨扩大至 40 万吨乙烯改造工程完成。

12 月 30 日　江苏省首家地方股份制商业银行——南京城市合作商业银行成立。

1996 年

1 月 8—9 日　中共中央政治局常委、全国人大常委会委员长乔石视察苏州工业园区、苏州新区、吴县市太湖大桥和西山岛。

1 月 14—15 日　中共中央政治局常委、国务院总理李鹏和中共中央政治局委员、国务院副总理吴邦国一行考察了南通、苏州。考察中，李鹏要求江苏同浙江、上海和交通部门齐心协力，密切合作，建成上海国际航运中心。

1 月 30 日—2 月 5 日　政协江苏省第七届第四次会议召开。

2 月 1—7 日　江苏省第八届人民代表大会第四次会议在南京举行。大会审议并通过了《政府工作报告》、《江苏省国民经济和社会发展第九个五年计划和 2010 年远景目标纲要》。

2 月 8 日　中共江苏省委、省政府召开全省扶贫工作总结动员大会，141 名扶贫先进工作者受到表彰。要求进一步行动起来，确保淮北部分贫困地区 3 年脱贫、5 年达小康的目标如期实现。

4 月 1—3 日　中共江苏省委在扬州召开贯彻落实中共十四届五中全会精神经验交流会。陈焕友在会上作了《大力推进两个根本性转变，为江苏经济再上一个新台阶而奋斗》的讲话。

4 月 4—5 日　中共江苏省委、省政府召开全省发展海洋经济工作会议，研究部署“九五”和到 2010 年全省发展海洋经济的主要任务。会后发出《关于加快发展江苏海洋经济的若干意见》。

4 月 28—29 日　中共中央政治局常委、国务院总理李鹏在徐州市考察。

5 月 20 日　中共江苏省委、省政府、省军区在海安集会，纪念角斜“红旗民兵团”

命名 30 周年。

5 月 22—24 日 中共江苏省委、省政府在江阴市召开全省乡镇企业工作会议,总结“八五”期间全省乡镇企业发展的经验,分析面临的形势,研究确定“九五”期间进一步加快发展和提高乡镇企业的目标和措施。

6 月 4—6 日 中共中央政治局常委、国务院副总理朱镕基在苏州考察。

7 月 19 日 中共江苏省委、省政府在全省减轻农民负担工作会议上决定对 29 个县(市)实行减轻农民负担目标管理。

7 月 25—26 日 中共江苏省第九届第四次全会在无锡召开。全会总结上半年工作,进一步明确下半年工作重点,动员全省干部群众确保全面完成全年任务。

9 月 15 日 全长 248 公里的沪宁高速公路江苏段建成试运营。11 月 28 日,中共中央政治局常委、国务院总理李鹏视察该段高速公路,并于当日正式通车。

10 月 16—26 日 国家副主席荣毅仁在无锡、扬州两市考察。

10 月 25 日—11 月 3 日 中共中央政治局常委、书记处书记胡锦涛先后考察徐州、苏州、无锡、南京等地农村。在徐州,胡锦涛看望了徐州下水道四班工人。

10 月 25 日 中共江苏省委、省政府作出“挥师北上、加快苏北高速公路建设”的战略决策,广靖高速公路开工建设,拉开了苏北高速公路建设的序幕。

10 月 30 日 中共江苏省第九届第五次全会召开。会议传达学习了中共十四届六中全会文件和江泽民总书记的讲话,结合江苏实际,对今后一段时期精神文明建设作出部署。

11 月 18—20 日 中共中央政治局常委、中央军委副主席刘华清由南京军区和省领导陪同,在无锡市考察。

12 月 22—23 日 中共江苏省委、省政府召开全省文化工作会议,会议根据中共江苏省第九届第五次全会提出的建设与经济发展相适应的文化大省的宏伟目标,明确了文化大省建设的指导思想、主要任务和加强文化建设的政策措施。

1997 年

1 月 4—10 日 中共中央政治局常委、全国人大常委会委员长乔石在江苏考察。

2 月下旬 江苏干部群众以各种方式深切缅怀邓小平,决心化悲痛为力量,高举邓小平理论伟大旗帜,在以江泽民总书记为核心的中共中央坚强领导下,夺取改革开放和现代化建设的新胜利。

3 月 10—11 日 中共江苏省委、省政府召开全省工程建设专项治理工作会议。

3 月 18 日 中共江苏省委、省政府召开全省减轻农民负担工作会议。会议要求

1997 年基本解决部分地区农民负担过重问题，使全省农民负担监管工作基本规范化、法制化。

3 月 24—30 日 政协江苏省第七届第五次会议举行。

3 月 25—31 日 江苏省第八届人民代表大会第五次会议举行。会议审议并批准《政府工作报告》等。

4 月 17 日 中共江苏省委、省政府召开全省卫生工作会议，确定到 2000 年和 2010 年卫生事业发展的目标。

4 月 24 日 省人民政府召开全省对口支援工作会议。到 1996 年底，江苏省在与陕西、拉萨、三峡库区以及广西、新疆的对口支援中签订对口支援合作项目和援助性项目 3731 项，其中已实施 2250 项，支援资金物资 3.4 亿元。

5 月 6 日 中共江苏省委、省政府召开贯彻三项基本国策、坚持可持续发展工作会议，就计划生育、耕地保护、环境保护工作作出部署。

5 月 16 日 中共江苏省第九届第六次全会召开。会议确定江苏出席中共十五大代表候选人预备人选，通过召开省党代表会议的决议。

6 月 1 日 江苏省暨南京市各界群众在南京静海寺隆重举行警世钟落成典礼。

6 月 6—7 日 中共江苏省代表会议在南京举行。会议选举江苏出席中共十五大的代表。陈焕友在会上作题为《紧紧抓住第三次发展机遇，努力实现江苏跨世纪奋斗目标》的讲话。

6 月 24 日 江苏省对外经贸洽谈会在美国纽约世贸中心举行。

6 月 29 日 南京禄口机场举行首航典礼。

7 月 1 日 江苏省暨南京市各界人士举行一系列庆祝活动，庆祝香港回归。

7 月 9 日 江苏省精神文明建设指导委员会召开第一次会议。陈焕友、郑斯林等出席会议并讲话。

7 月 30 日 中共江苏省委、省政府发出《关于贯彻中共中央、国务院关于治理向企业乱收费乱罚款和各种摊派等问题的决定的意见》。31 日，为此召开电视电话会议，进行“三乱”专项治理工作的部署。

8 月 5—7 日 中共江苏省委、省政府在连云港召开徐连经济带建设工作会议。陈焕友、郑斯林在会上讲话。会议期间，召开了全省农业产业化经营工作会议。

8 月 15—16 日 全省农村现代化试验区工作会议在无锡召开。

8 月 18 日 中国目前规模最大的彩色显示管厂——华飞彩色显示管厂在南京建成投产。

9 月 8 日 连云港碱厂年产 60 万吨纯碱工程通过国家级工程竣工验收。

9 月 12—18 日 中共第十五次代表大会召开。江苏十五大代表共 68 名。江苏的陈焕友、郑斯林当选为中央委员;季允石、王武龙、陶建辛当选为中央候补委员;曹克明当选为中央纪委委员。

9 月 24 日 中共江苏省委、省政府召开全省科技成果向生产力转化经验交流和表彰会议。

10 月 7—10 日 中共江苏省第九届第七次全委(扩大)会议召开。陈焕友代表省委常委会作报告。会议学习了中共十五大精神,结合江苏实际,研究贯彻十五大精神的具体部署,进一步明确今后一个时期的基本任务和工作思路。

10 月 20 日 中共江苏省委召开常委(扩大)会议,研究今冬明春水利建设。会议决定,从 1998 年起,用 3 年时间完成江堤达标,5 年左右时间完成海堤重点部位达标,把江海堤防建成高标准的防洪屏障。11 月 4 日,召开全省水利工作会议,对江海堤防建设工作进行部署。

11 月 24—25 日 中共江苏省委、省政府召开全省个体私营经济工作会议。12 月下旬,中共江苏省委、省政府发出《关于进一步加快发展个体、私营经济的意见》。

12 月 17 日 《群众》杂志创刊 60 周年座谈会举行。《群众》创刊于 1937 年 12 月,原是中共中央在国民党统治区公开出版的机关刊物。中共中央和国家领导人江泽民、李鹏、乔石、李瑞环等题词祝贺。

12 月 29—30 日 江苏省第八届人民代表大会第六次会议在南京举行,大会差额选举出席第九届全国人民代表大会代表 151 名。会议通过了《江苏省人民代表大会关于推进依法治省的决议》。

1998 年

1 月 12 日 全省扶贫工作总结表彰大会召开。随着淮北地区 200 万贫困人口基本脱贫,实现了《江苏省扶贫攻坚计划》第一步目标。

1 月中旬 中共中央政治局常委、国务院副总理李岚清出席国家教委在扬州召开的全国高等教育管理体制改革经验交流会。

2 月 13—19 日 政协江苏省第八届委员会第一次会议在南京举行。会议选举曹克明为省第八届政协主席。

2 月 15—23 日 江苏省第九届人民代表大会第一次会议在南京召开。郑斯林作政府工作报告,报告提出了今后 5 年的基本任务。会议选举陈焕友为江苏省第九届人民代表大会常务委员会主任、郑斯林为省长。

2 月 17 日 中共江苏省委、省政府在南京隆重纪念周恩来诞辰 100 周年。16

日，周恩来铜像揭幕暨周恩来遗物陈列馆落成典礼在淮安举行。28日，周恩来童年读书旧址暨周恩来浮雕像揭幕仪式在淮阴举行。

2月 省人民政府召开全省民政工作会议，决定到1998年底，全省所有县（市、区）的城镇和乡村都要实施最低生活保障制度。

4月11—15日 中共中央政治局常委、全国人大常委会委员长李鹏在江苏视察。

4月20—22日 中共中央总书记、国家主席、中央军委主席江泽民到无锡、泰州等地视察乡镇企业。江泽民强调，在我们这样一个农村人口占大多数的国家搞现代化，发展乡镇企业是一项重大战略，是一个长期的根本方针。

4月27日 中德合资扬子巴斯夫苯乙烯系列有限公司投资的目前国内最大的苯乙烯工程项目竣工投产。

5月1日 苏州市区通过国家卫生城市考核鉴定，成为江苏第一个获得国家卫生城市称号的省辖市。

5月8—10日 中共江苏省委、省政府在江阴召开全省乡镇企业工作会议。会议传达江泽民考察江苏乡镇企业时发表的重要讲话，联系江苏实际，总结经验，分析形势，研究部署今后一个时期乡镇企业改革和发展的基本思路和政策措施。

5月26—27日 中共江苏省委、省政府在南京召开国有企业下岗职工基本生活保障和再就业工作会议。会议要求认真贯彻落实中共中央、国务院召开的有关会议精神，全党动手，各方努力，明确责任，落实措施，做好这项工作。

6月11—12日 中共江苏省委、省政府在昆山市召开全省文明城市创建工作会议。

7月3—11日 中共中央政治局常委、中央纪委书记尉健行在江苏考察。他充分肯定江苏加强“收支两条线”管理工作和反腐败斗争取得的成果。

7月上旬 江苏沿江水位全线上涨，防汛抗洪成为全省头等大事，中共江苏省委、省政府及时进行部署。全省120万干部群众紧急动员起来，迎战洪峰。

7月22—23日 全省学习邓小平理论工作会议在南京举行。

7月24—25日 中共江苏省第九届第八次全委（扩大）会议在南京举行。会议要求各级党委和政府坚定信心，奋力拼搏，狠抓落实，确保实现全年经济增长目标。

7月下旬 江泽民总书记、朱镕基总理分别来电，关切地询问江苏长江两岸防汛工作情况，并作重要指示。中共中央政治局委员、国务院副总理温家宝在江苏检查防汛抗洪工作，并发表讲话。中共江苏省委召开常委扩大会议和市、县防汛抗洪紧急电视电话会议，对长江沿线防汛抗洪工作进行再动员、再部署，确保长江防汛抗洪斗争的全面胜利。

8月上旬 长江江苏段水位持续上涨，再加上强热带风暴到达江苏，引发大到暴雨，防汛抗洪形势更加严峻。中共江苏省委、省政府把防汛抗洪斗争作为当前压倒一切的中心工作，多次开会，作出具体部署，动员了几十万大军日夜奋战在堤坝上，抢修险工险段，做到水涨堤高。省领导深入防汛抗洪斗争第一线，指挥抗洪斗争。

9月11日 江苏省第九届人大常委会第五次会议决定季允石为代省长。

9月16日 新长铁路开工典礼暨新长铁路有限责任公司成立大会在淮安市举行。

9月25日 历时13年的国家重点建设项目——徐州铁路枢纽及相关配套工程全面竣工。

10月5日 中共中央总书记、国家主席、中央军委主席江泽民，在昆山市农村视察，了解农业和农村工作情况。

10月24—26日 中共江苏省第九届第九次全委(扩大)会议在南京召开，学习、贯彻中共十五届三中全会精神。会议提出，到2000年，全省全面实现小康，基本实现农业机械化，有条件的地方初步实现农业现代化。

11月6日 纪念淮海战役胜利暨徐州解放50周年大会在徐州举行。

11月25—26日 江苏省立法工作会议召开。

12月13日 "江苏辉煌的20年成就展"开幕。同日，20集大型文献纪录片《高举旗帜前进——江苏改革开放20年》首映式举行。19日，中共江苏省委举行"纪念党的十一届三中全会20周年"大会，省委书记陈焕友发表讲话。23日，中共江苏省委召开常委扩大会议，学习江泽民总书记在全国纪念中共十一届三中全会20周年大会上的讲话。

12月18日 中国人民银行南京分行正式组建挂牌。南京分行辖苏皖两地，履行中央银行职责，按新的机制运作。

1999年

1月11日 全省以"讲学习、讲政治、讲正气"为主要内容的党性党风教育试点工作会议召开。中共江苏省委决定在镇江市及昆山、盱眙二个县(市)和省级机关工委、省科委进行试点。

1月19—21日 中共江苏省委和中共中央文献研究室、中共中央党史研究室在常州联合举行瞿秋白生平和思想研讨会。28日，省委召开纪念瞿秋白诞辰100周年座谈会。

1月31日—2月5日 政协江苏省第八届第二次会议召开。

2 月 1—7 日 江苏省第九届人民代表大会第二次会议举行。大会审议并批准政府工作报告等，选举季允石为江苏省人民政府省长。

3 月 4 日 南京军区原政治委员杜平逝世，享年 91 岁。杜平在“文化大革命”期间曾任江苏省军管会主任、中共江苏省委书记。

3 月 6 日 中共江苏省委、省政府发出《关于进一步扩大内需促进经济增长的意见》、《关于提高我省国有大中型工业企业竞争力的意见》、《关于进一步加快全省小企业改革与发展的意见》、《关于全面推进农业产业化经营加快发展高效农业的意见》、《关于推进高新技术产业化加快经济结构调整的意见》、《关于进一步加快小城镇建设的意见》。

4 月 20 日 经江苏省人民政府、国家新闻出版署批准，全国首家根据现代企业制度建立的以资产为纽带的图书发行集团——江苏新华发行集团在南京成立。

8 月 9—10 日 中共江苏省委、省政府在南京召开全省大中型乡镇企业工作会议，要求进一步统一思想，明确思路，落实措施，加大改革和结构调整的力度，促进全省乡镇企业持续快速健康发展。

8 月 30—31 日 中共江苏省委、省政府在南京召开全省教育工作会议。会后下发了关于贯彻《中共中央、国务院关于深化教育改革全面推进素质教育的决定》的意见，印发了《江苏省教育现代化实施纲要》。

9 月 24—25 日 中共江苏省第九届第十次全委(扩大)会议在南京举行，会议主要任务是传达学习贯彻中共十五届四中全会精神，结合江苏实际，对今后一个时期国有企业改革和发展作出具体部署。

10 月 8—9 日 中共中央政治局常委、国务院副总理李岚清在江苏考察。

12 月 4—6 日 中共中央政治局常委、国家副主席胡锦涛在徐州就加强农村基层组织，特别是农村党支部建设问题进行调研。

12 月 7—10 日、12—15 日 由省领导陈焕友、季允石、曹克明率领的江苏省代表团分别对上海、深圳进行学习考察。

12 月 19 日 江苏省暨南京市各界群众在五台山体育馆隆重集会，热烈庆祝澳门回归祖国。

12 月 30 日 中共中央决定：回良玉任中共江苏省委委员、常委、书记。

2000 年

1 月 1 日 中共江苏省委、省政府印发《〈江苏省经济结构调整三年纲要(2000—2002 年)〉的通知》和《〈江苏省高新技术产业化工作实施意见(2000—2002 年)〉的通知》。

1 月 12 日 诺基亚苏州电信公司落户苏州工业园区，成为亚洲最大的移动通信

系统生产基地。

2月17—23日 政协江苏省第八届第三次会议在南京举行。

2月19—24日 江苏省第九届人民代表大会第三次会议在南京举行,会议审议并批准政府工作报告等。

2月22—25日 中共中央政治局常委、全国人大常委会委员长李鹏先后到江阴、张家港、无锡考察。在张家港市就开展"三讲"教育情况进行调研,并在市领导干部"三讲"教育会议上发表讲话进行动员。

3月17日 中共江苏省委召开常委(扩大)会议,学习江泽民同志在广东高州市领导干部"三讲"教育会议上的重要讲话,对省级领导班子"三讲"教育"回头看"进行动员,同时决定在全省开展"致富思源、富而思进"的教育活动。29日,省委宣传部召开电话会议,对"双思"教育活动进行具体部署。

3月23—26日 中共江苏省委、省政府召开全省技术创新大会。省委书记回良玉、国家科技部长朱丽兰分别向大会作报告。会后下发了《江苏省高新技术产业化工作实施意见》等一系列文件。

4月12—19日 中共中央政治局常委、国务院总理朱镕基在江苏考察地方金融改革、粮食流通体制改革、农村稳定和发展等问题,听取干部群众意见。

5月8—9日 中共中央总书记、国家主席、中央军委主席江泽民在江苏盐城、南京等地考察,并在南京召开乡镇企业党建工作座谈会。

5月12日 省人民政府召开"WTO与江苏经济"专家学者研讨会。

5月27—29日 中国技术创新成果展示暨交易会在苏州举行。

6月9日 经国务院批准,昆山开发区获准在经济技术开发区内设立出口加工区,这是中国第一批试点单位之一。

6月30日 南京扬子巴斯夫一体化石化基地项目合资经营合同,在德国首都柏林正式签署。正在德国进行访问的中国国务院总理朱镕基和德国总理施罗德出席了签字仪式。

7月11—12日 中共江苏省委、省政府召开全省城市工作会议。19日下发《关于进一步加强城市工作的意见》。

9月20—24日 2000年中国国际中小企业商品博览会在常州举行。

10月20日 中共中央总书记、国家主席、中央军委主席江泽民出席润扬长江公路大桥在扬州市举行的开工典礼,并为大桥奠基培土。

10月30日—11月1日 中共江苏省第九届第十二次全委(扩大)会议在南京举行。会议以中共十五届五中全会精神为指导,在总结经验、分析形势、前瞻未来的基

础上，对江苏在新世纪之初的经济社会发展作出了战略部署。会议审议并通过《中共江苏省委关于制定江苏省国民经济和社会发展第十个五年计划的建议》。

11 月 2—3 日 中共江苏省委在南京首次召开全省政协工作会议。

11 月 8 日 中共江苏省委、省政府发出《贯彻〈中共中央、国务院关于加强人口与计划生育工作稳定低生育水平的决定〉的意见》。

同日 中国石化扬子石化股份有限公司乙烯改造工程开工建设。

12 月 19 日 中共江苏省委、省政府在南京召开全省私营个体经济工作会议。

12 月 25 日 全省市县乡机构改革动员大会召开。

二　主要参考文献

1986年《江苏经济年鉴》,江苏人民出版社1986年版。

1987、1988、1989、1990年《江苏经济年鉴》,南京大学出版社1987、1988、1989、1990年版。

1991、1992、1993年《江苏年鉴》,南京大学出版社1991、1992、1993年版。

1994、1995、1996、1997、1998、1999、2000、2001、2002、2003年《江苏年鉴》,《江苏年鉴》杂志社1994、1995、1996、1997、1998、1999、2000、2001、2002、2003年版。

1983、1985年《江苏统计年鉴》,江苏省统计局编,1984、1986年印刷。

1995、1996、1997、1998、1999、2000、2001、2003年《江苏统计年鉴》,中国统计出版社1995、1996、1997、1998、1999、2000、2001、2003年版。

夏鸣主编:《江苏五十年》中国统计出版社1999年版。

江苏省统计局、国家统计局江苏调查总队编:《巨大的变化　辉煌的成就——江苏改革开放30年》,中国统计出版社2008年版。

江苏省教育厅主编:1996、1997、1998、1999、2000、2001年《江苏教育年鉴》,江苏教育出版社1996年、南京师范大学出版社1997年、江苏教育出版社1998年、南京师范大学出版社1999年、江苏教育出版社2001和2002年版。

《江苏科技年鉴》编辑部编:1989、1990、1991、1992年《江苏科技年鉴》,科学技术文献出版社1989、1990、1991、1992年版。

《江苏科技年鉴》编辑部编:1993、1994、1995、1996年《江苏科技年鉴》,江苏科学技术出版社1993、1994、1995、1996年版。

《江苏科技年鉴》编辑部编:1997、1998年《江苏科技年鉴》,中国农业科技出版社1997、1998年版。

《江苏科技年鉴》编辑部编:1999、2000、2001年《江苏科技年鉴》,方志出版社1999、2000、2001年版。

《江苏文化年鉴》编纂委员会编:2002年《江苏文化年鉴》,江苏古籍出版社2002年版。

《江苏卫生年鉴》编委会编:1999、2000年《江苏卫生年鉴》,南京师范大学出版社1999、2000年版。

《江苏卫生年鉴》编委会编:2001年《江苏卫生年鉴》,科学技术文献出版社2001

年版。

江苏省体育局编:2000年《江苏体育年鉴》,人民体育出版社2000年版。

宋林飞主编:1998、1999、2000、2001年蓝皮书《江苏经济社会形势分析与预测》,江苏人民出版社1998、1999、2000、2001年版。

中共江苏省委办公厅秘书三处编:1993、1994、1995年《省情手册》;综合处编:1996、1997、1998、1999、2000、2001年《省情手册》。

江苏省统计局编:1998、1999、2000年《统计分析资料》(合订本上、下册)。

江苏省统计局编:《统计分析课题报告汇编》(2000年度)。

《当代中国的江苏》编委会、江苏省档案局编:《江苏省大事记(1949—1985)》,江苏人民出版社1988年版。

中共江苏省委党史工作委员会、江苏省经济体制改革委员会编:《江苏改革开放纪事(1979—1988)》,中共党史出版社1990年版。

中共江苏省委政法委员会、中共江苏省委党史工作办公室编:《新时期江苏民主与法制建设》(1978—1998),苏出准印字JSE—002266号。

中共江苏省委党史工作办公室编:《五十年探索与辉煌——中共江苏地方史大事记(1949—1999)》,中央文献出版社1999年版。

中共江苏省委组织部、中共江苏省委党史工作办公室编:《中共江苏省组织史资料简本(1921—2001)》,中共党史出版社2001年版。

中共江苏省委党史工作办公室编:《新时期江苏改革发展实录》,江苏人民出版社2008年版。

中共中央文献研究室编:《三中全会以来重要文献选编》(上、下),人民出版社1982年版。

中共中央文献研究室编:《十四大以来重要文献选编》(上),人民出版社1996年版。

中共中央文献研究室编:《十四大以来重要文献选编》(中),人民出版社1997年版。

中共中央文献研究室编:《十四大以来重要文献选编》(下),人民出版社1999年版。

中共中央文献研究室编:《十五大以来重要文献选编》(上),人民出版社2000年版。

中共中央文献研究室编:《十五大以来重要文献选编》(中),人民出版社2001年版。

《江苏省志·地震事业志》,江苏古籍出版社 1994 年版。

《江苏省志·供销合作社志》,江苏人民出版社 1994 年版。

《江苏省志·粮食志》,江苏人民出版社 1994 年版。

《江苏省志·工商行政管理志》,江苏古籍出版社 1995 年版。

《江苏省志·价格志》,江苏人民出版社 1995 年版。

《江苏省志·旅游业志》,江苏古籍出版社 1996 年版。

《江苏省志·财政志》(上、下),江苏古籍出版社 1996 年版。

《江苏省志·农业志》,江苏古籍出版社 1997 年版。

《江苏科学技术志》,科学技术文献出版社 1997 年版。

《江苏省志·对外经济贸易志》,江苏古籍出版社 1997 年版。

《江苏省志·社会科学志》,江苏古籍出版社 1998 年版。

《江苏省志·体育志》,江苏古籍出版社 1998 年版。

《江苏省志·议会　人民代表大会志》,江苏人民出版社 1999 年版。

《江苏省科学技术协会志》,方志出版社 1999 年版。

《江苏省志·人口志》,方志出版社 1999 年版。

《江苏省志·综合经济志》(上、下),江苏古籍出版社 1999 年版。

《江苏省志·计划生育志》,江苏古籍出版社 1999 年版。

《江苏省志·卫生志》(上、下),江苏古籍出版社 1999 年版。

《江苏省志·教育志》(上、下),江苏古籍出版社 2000 年版。

《江苏省志·乡镇工业志》,方志出版社 2000 年版。

《江苏省志·水利志》,江苏古籍出版社 2001 年版。

《江苏省志·总述》,江苏古籍出版社 2001 年版。

《江苏省志·文化艺术志》,江苏古籍出版社 2003 年版。

《江苏省志·文学志》,江苏古籍出版社 2003 年版。

《江苏省志·中共志》,江苏人民出版社 2003 年版。

中共江苏省委组织部:《中国共产党江苏省组织史资料》,江苏人民出版社 2003 年版。

江苏省发展计划委员会编:《“五五”时期的江苏经济(1976—1980)》(上、下册),苏出准印 JSE—0000106,2003 年版。

江苏省发展计划委员会编:《“六五”时期的江苏经济(1981—1985)》(上、下册),苏出准印 JSE—0000025,2003 年版。

江苏省计划与经济委员会、《江苏年鉴》杂志社合编:《江苏的“七五”(1986—1990)》(上、下册),苏出准印字 JSE—002542,1999 年版。

江苏省计划与经济委员会编:《“八五”在江苏(1991—1995)》(上、下册),苏出准印字 JSE—002026,1998 年版。

《邓小平文选》第二卷,人民出版社 1994 年版。

《邓小平文选》第三卷,人民出版社 1993 年版。

《邓小平思想年谱(1975—1997)》,中央文献出版社 2004 年版。

《邓小平年谱(1975—1997)》(上、下),中央文献出版社 2004 年版。

《江泽民论有中国特色社会主义》(专题摘编),中央文献出版社 2002 年版。

中共江苏省委宣传部编:《建国三十五年来的江苏(1949—1984)》,江苏人民出版社 1984 年版。

莫远人主编:《江苏乡镇工业发展史——兼论农村未来的发展》,南京工学院出版社 1987 年版。

陶友之主编:《苏南模式与致富之道》,上海社会科学院出版社 1988 年版。

刘定汉主编:《当代中国的江苏》(上、下册),中国社会科学出版社 1989 年版。

胡福明、李真主编:《无锡市情综合考察》,上海人民出版社 1990 年版。

费孝通、[日]鹤见和子等著:《农村振兴和小城镇问题——中日学者共同研究》,江苏人民出版社 1991 年版。

凌启鸿著:《十年回顾》,江苏人民出版社 1994 年版。

任传俊主编:《全国百家大中型企业调查——仪征化纤》,当代中国出版社 1994 年版。

胡福明等编著:《苏南现代化》,江苏人民出版社 1996 年版。

储东涛等著:《奔向小康与现代化的江苏》,江苏人民出版社 1998 年版。

江苏省社会科学院徐连经济带课题组:《迈向 21 世纪的徐连经济带》,江苏人民出版社 1998 年版。

陈书全主编:《改革开放 20 年时事概览》,天津教育出版社 1998 年版。

中共江苏省委党史工作办公室、中共江苏省委政策研究室、中共江苏省委农村工作部:《中国新时期农村的变革(江苏卷)》,中共党史出版社 1998 年版。

《群众》杂志社编:《世纪之交的辉煌——江苏改革开放 20 年的理性思考》,江苏人民出版社 1998 年版。

中共江苏省委党史工作办公室编:《拨乱反正》(江苏卷),中共党史出版社 1998 年版。

宋林飞、张步甲主编:《江苏改革与发展 20 年(1978—1998)》,南京大学出版社 1998 年版。

张锋等著:《江苏“三大战略”与政策研究》,江苏人民出版社 1998 年版。

中共江苏省委党史工作办公室编:《陈焕友话江苏》,中共党史出版社 1998 年版。

陈惠仁等编著:《苏南人口现代化问题》,江苏人民出版社 1998 年版。

刘定汉主编:《当代江苏简史》,当代中国出版社 1999 年版。

姚志强主编:《20 世纪江苏文化名人》(上、下),江苏文艺出版社 1999 年版。

李富阁主编:《江苏经济 50 年》,江苏人民出版社 1999 年版。

吴群主编:《江苏农村工业 50 年》,江苏人民出版社 1999 年版。

宋林飞主编:《江苏社会发展 50 年》,江苏人民出版社 1999 年版。

周钟通、顾汉初主编:《江苏的国家级开发区》,当代中国出版社 1999 年版。

江苏省扶贫工作领导小组办公室、中共江苏省委党史工作办公室编:《历史性的跨越》,当代中国出版社 2001 年版。

江苏省红十字会编:《江苏红十字运动八十八年(1911—1999)》,东南大学出版社 2001 年版。

王霞林主编:《邓小平理论在江苏的成功实践》,江苏人民出版社 2000 年版。

《可持续发展中的江苏人口》课题组编著:《可持续发展中的江苏人口》,中国人口出版社 2002 年版。

凌航主编:《跨世纪的中国民政事业(1949—2002)》(江苏卷),中国社会出版社 2002 年版。

本书编写组编著:《富民强省在江苏》,江苏人民出版社 2002 年版。

《江苏人口资源环境与可持续发展》编委会编著:《江苏人口资源环境与可持续发展》,江苏人民出版社 2002 年版。

中共中央党史研究室:《走进新世纪——从党的十五大到十六大》,中共党史出版社 2003 年版。

后　记

本卷导论和各章执笔者为：导论，贾轸、唐文起；第一、二、三章，唐文起；第四、五、六、七、八章，贾轸。其中，第六章第二节、第七章第七节，分别由江苏省社会科学院社会学所徐琴、张丽宁执笔；第八章第四节由唐文起执笔；第八章第八节第一目，由江苏省军区史志编辑办公室姚金汝、顾崇华、刘峰执笔。大事记，1978—1991年部分，由唐文起编写；1992—2000年部分，由贾轸编写。全书由贾轸、唐文起共同统稿。需要说明的是，本卷在框架结构设计中，由刘定汉主编的《当代江苏简史》的思路和论述，该书副主编樊发源、徐福基，作者薛家骥、薛金鳌、顾松年等的咨询给予我们不少启示；其中第三章第四节“加强民主政治和精神文明建设，维护安定团结”，第五节“抗御严重自然灾害”；第八章第四节“工会、共青团和妇联发挥重要作用”，是根据该书有关章节编写的，编者只是对个别资料稍作补充。本卷引用《江苏经济年鉴》、《江苏年鉴》、《江苏统计年鉴》的资料和数据，为节省篇幅，未一一注明出处。江苏省档案局为本卷编写人员查阅有关资料提供了方便。江苏省统计局田金龙审核了本卷有关经济和社会事业的统计数据。张小刚对本卷进行了审读，并提出了许多宝贵意见。本卷在写作过程中，还得到中共江苏省委有关部、委、办，省政府有关厅局的大力支持，以及有关部门原负责人王仲岐、柯广坚、周加才、刘洪祺、张锋、姚应才、曹楷、王学东等的帮助，特别是江苏省社会科学院领导和《江苏通史》编委会给予了关心和指导，编辑办公室提供了热情周到的服务。同时，我们也利用了该院的一批科研成果。在此，一并致以衷心的感谢。

这里需要说明的是：中共十一届三中全会以来，中国进入改革开放新的历史时期，整个社会处于深刻的变革和转型之中。改革的举措目不暇接，新事物不断涌现，新问题层出不穷。一切都在探索、创新和发展，构成中国特色社会主义伟大事业生机勃勃的壮丽图景。本卷所面对的正是这样宏伟深刻历史条件下江苏社会主义现代化的进程。我们坚持以马列主义、毛泽东思想、邓小平理论和“三个代表”重要思想为指

导,以科学发展观统领全局,力图实事求是地记录、评述这段历史的方方面面,然而受理论水平和阅历的限制,对诸多问题的提出和分析未必精当,这是一。第二,这段当代江苏史虽然只有22年,但包括政治、经济、科技、教育、文化、军事、社会等诸多领域,内容丰富,资料繁多,受综合驾驭能力的限制,框架结构的安排,资料的取舍,不当之处,在所难免。第三,这段历史距离今天太近,且缺乏专题研究,有些档案资料尚未对外开放,既给我们搜集资料工作带来不少困难,也影响了我们对许多问题进行深层的思考和判断。敬请各位领导、专家和学者批评指正。

还需要说明的是:由于编写《江苏通史》的工作启动较早,本卷下限迄于2000年。2000年以后,全省人民为率先全面建成小康社会、率先基本实现现代化而不懈奋斗的辉煌业绩,未能在本卷中得到体现,只好留待后人去编写了。

本卷的图片主要选自历年《江苏年鉴》、专业年鉴和公开出版的江苏省志。这些图片大多未署原创者姓名。本卷出版后,请原创者与江苏省社会科学院历史所联系,我们将根据有关规定付给稿酬。

著　者

2011年8月

江苏通史

中华人民共和国卷（1949—1978）

JIANGSUTONGSHI

总主编　宋林飞
本卷主编　杨颖奇

凤凰出版社

1961年建成的嶂山闸

1968年南京长江大桥建成通车

1977年建成的江都水利枢纽工程

1958年南京汽车制造厂试制成功跃进牌汽车

1970年金陵船厂建造的410客轮下水

建设中的南京石油化工厂

1976年10月南京军民游行庆祝粉碎“四人帮”

画家傅抱石指导学生作画

前线话剧团演出话剧《霓虹灯下的哨兵》

舍己救人的人民
解放军英雄战士王杰

训练场上的郭兴福

农民科学家陈永康

击剑运动员栾菊杰

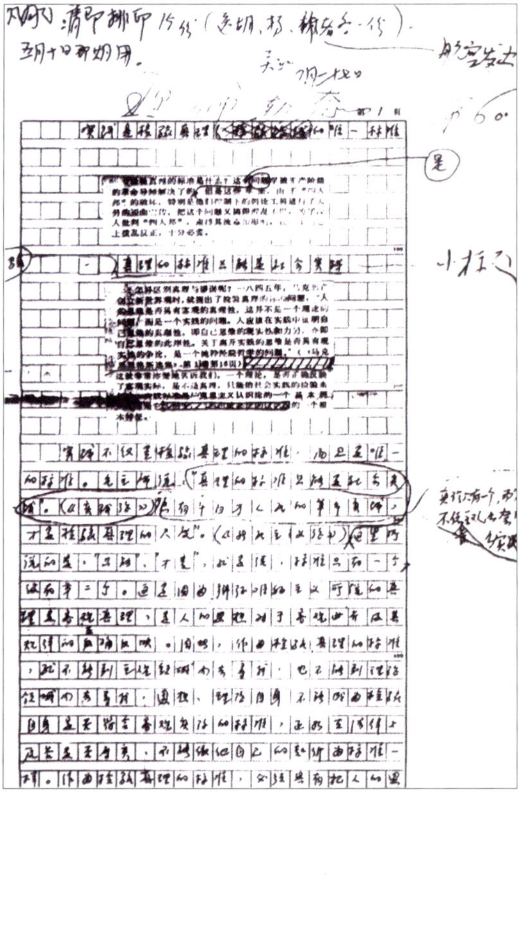

《实践是检验真理的唯一标准》一文修改稿首页

目　录

导　论

本卷为《江苏通史》“中华人民共和国卷”，时间为1949年新中国成立起至1978年止，跨度近30年。在这30年的时间里，依主要任务及其特点的不同，亦划分为几个小的时期，如国民经济恢复和初步发展时期、社会主义三大改造与“一五”计划执行时期、“大跃进”及社会主义全面建设时期、国民经济遭遇严重困难并经济调整时期、“文化大革命”错误发动及开展时期、粉碎“四人帮”后的短暂徘徊时期。

在本历史时期的开始几年，江苏地区在行政建制上是一个比较特殊的时期，即从1949年4月21日成立苏北行政公署、4月26日成立苏南行政公署、5月10日成立南京市政府，到1953年1月1日南京市政府与苏北、苏南行政公署合并成立江苏省人民政府前的3年多时间，是三个省级行政单位在中央人民政府及华东军政委员会领导下，相互独立管辖与施政的时期。在这一时期，苏北、苏南及南京市的党组织与人民政府根据各自地区实际，紧紧依靠人民群众，不断巩固新生的人民民主政权，认真实行各项民主改革，大力进行剿匪反霸肃特；同时积极抢险救灾，稳定市场物价，恢复和发展工农业生产以及各项社会事业，治理原国民党政权留下来的烂摊子，并为此做了大量工作并付出艰巨努力，因而各地均取得显著成绩，最终胜利完成恢复和初步发展国民经济的历史性任务。

在江苏新中国成立初期的这段特殊时期中，因苏北、苏南及南京的人民新政权是伴随着该地区的先后解放而诞生，并顺延至10月1日中华人民共和国成立以后，所以在本卷的撰写中，不完全始自新中国成立之时，而是在一些重要方面对之前的一些重要事件作出必要的叙述，这一方面是历史发展时序的逻辑需要，另一方面也是因为这些重要事件的发展过程本身已延续到新中国成立之后，且存在着密切的因果关系。如果简单地从新中国成立之日起叙述，难免会模糊一些重要事件的发展脉络。当然，在这段时期的撰述中，也尽可能地分清主次，辨别轻重，以尽量避免与前卷的某些重复。

另外，在江苏这段30年的发展历史中，其行政区划有过一些或大或小的变动。

主要有:1953 年,原属江苏省的萧县、砀山、江浦 3 县,从安徽省划回江苏省;原属江苏省的徐州、新海连市及丰县、沛县、邱县、华山、铜北、东海、赣榆 7 县,从山东省划回江苏省。1955 年,萧县、砀山 2 县重新划归安徽省;泗洪、盱眙 2 县则从安徽划归江苏省。1958 年,又先后将嘉定、宝山、上海、川沙、青浦、南汇、松江、奉贤、金山、崇明 10 县划归上海市管辖。根据撰写原则,先曾归属于江苏管辖的一些地区后划入其他省、市,以及先曾归属于其他省管辖的一些地区后又划归江苏的,其在归属江苏管辖期间的这段历史,即在本卷叙述之列;相反,其之前或之后不归属江苏管辖的那段历史,则不在本卷叙述之列。

这 30 年不平凡历史,是江苏人民在中国共产党领导下,经过长期浴血奋战,在推翻国民党反动统治后建立和巩固新生人民政权的历史;是顺应历史发展,从新民主主义社会过渡到社会主义社会并开辟历史发展新篇章的历史;是全面进行社会主义建设,努力发展生产力和提高人民生活水平的历史;是克服困难取得经济和社会事业发展成就,为以后发展前进打下初步基础的历史。同时,也是在中国共产党领导下,在社会主义建设中探索前进并曲折发展的历史。在这段历史中,由于中国共产党曾犯有"左"的方针、政策方面的错误,甚至全局性的在指导思想方面的重大错误,因此必然影响到江苏的工作和发展,并使江苏在各方面的工作中也不可避免地犯有或大或小的错误,如"大跃进"的浮夸风、不尊重客观规律的瞎指挥、反右斗争的严重扩大化、人民公社化时期的共产风、"文化大革命"的严重错误、徘徊时期的思想僵化等。正是由于这些或轻或重错误的存在,给江苏的经济和社会发展带来不利影响甚至严重危害;使本应较快和比较健康发展的国民经济,在一些时期放慢、停滞或倒退,并严重影响到人民生活水平的稳步提高和显著改善,其教训是十分深刻和发人深思的。

鉴于这段历史的复杂性、曲折性,本卷在努力真实反映江苏 30 年发展成就、前进步伐的同时,也力求通过对此时期江苏发展中挫折、错误的叙述,深刻分析它的发生原因、社会背景,并总结其教训,以为后人鉴戒。这里需要指出的是,除了上述所列重大错误之外,在其他一些重要工作中也不同程度地犯过错误,而这些错误大多属于工作中的失误,主要因缺乏经验、方法不当、考虑不周等而导致。对这种情况,本卷在撰述中也作了适当反映和客观分析,以为后人借鉴。当然,这些或大或小的错误、失误,有些因中央已认识、纠正或部分认识、纠正,因而在江苏也被认识、纠正或部分认识、纠正;有些则因江苏能够从本地区的实际出发,在实践中不同程度地限制或降低了中央所犯错误在江苏的影响;当然,也还有一些则是江苏未能深刻理解和全面贯彻中央的正确指示,因而在具体工作中发生缺点和错误,这些也大都因中央的指示而得以纠正或因自己之后认识到而得以纠正。

在这段历史时期中，江苏的经济和社会发展有许多引人注目或影响深远的重大事件：一是新中国成立初期的抢险救灾。1949 年下半年，江苏地区特别是苏北发生了历史罕见的严重水患灾害，随之而来的是严重灾荒。在此困难时期，江苏各地中共组织和人民政府以最大精力，领导人民抢险救灾，涌现出许多可歌可泣的感人事迹，最终战胜灾害，渡过灾荒；二是兴修水利。自 1950 年始，在中共中央、政务院的统一领导和大力支持下，江苏兴起新中国成立后第一次大规模兴修水利的高潮，数百万人民导沂整沭，治理淮河，修堤建闸，基本上消除了长期以来祸及江淮的水患，深得人民的拥护和赞誉。之后，在水利设施方面继续投入大量人力、物力，从事重点工程建设。这些都有效地增强了江苏抗御灾害的能力，并为以后继续大力兴修水利打下坚实基础；三是同心协力共渡难关。在三年国民经济严重困难时期，江苏省和各地政府一方面纠正已认识到的错误，另一方面调整政策，并采取一切尽可能的办法，依靠民众恢复和发展生产，上下同心，终于渡过难关；四是发展社队企业。在计划经济的禁锢以及特别强调国营经济主导地位的情况下，江苏能够比较早地支持和发展社队企业，并使其在艰难曲折中逐步成长起来，为以后江苏民营经济的发展积累了宝贵经验和奠定了一定基础；五是力克时艰，保存生机。在“文化大革命”的非常时期中，江苏的国民经济尽管遭到严重破坏，但各地仍竭力排除干扰，抓住一切可能的机会坚持生产，并在某些方面还有所成就，这使得江苏的国民经济并未走向崩溃或持续严重倒退，为之后拨乱反正和重新迈开发展步伐保存了生机；六是悼念周恩来总理，反对“四人帮”。1976 年春，当“四人帮”活动猖獗并严加阻挠人民群众悼念周总理之时，南京人民奋起反抗“四人帮”的恶行，发动纪念周总理活动，为之后粉碎“四人帮”集团贡献了积极力量；七是深刻思考，开展“真理标准”问题大讨论。当粉碎“四人帮”后“两个凡是”盛行之时，江苏的理论工作者通过深刻思考，勇敢撰文，旗帜鲜明地坚持“实践是检验真理的唯一标准”，从而引发包括江苏在内的全国理论界关于真理标准问题的大讨论，为端正中共的思想路线做出了重要贡献；八是振奋人心，积极进行经济建设。当 1977 至 1978 年的徘徊时期，江苏地区虽然还有思想僵化及“左”的思想的严重干扰，但历经艰难的江苏人民振奋精神，努力排除干扰，积极从事经济建设，并且取得了重要成就，一些大的工程、项目在此时期得以开建和落实，这些都为中共十一届三中全会召开以后江苏经济的发展和腾飞，构筑了前进阵地。

总结江苏历史发展 30 年的经验教训，翻开一页页或光彩或苦涩的历史篇章，回顾一步步艰难曲折的奋进足迹，我们也能从中得到一些深刻的启迪：

第一，执政为民是党和政府的最高宗旨。近代以来，无数先烈先贤锲而不舍，流血奋斗，其志在求民族独立、国家兴盛，而最终目的则为求人民之自由、民主、幸福。所以，

中国共产党和人民政府的至上目标及最高宗旨,就是要让广大的人民过上好日子。人民政权依人民的奋斗而建立,依人民的支持而巩固,又依与人民的水乳交融而存在。没有了人民的支持和信任,政权就成了无源之水、无本之木、无薪之火、无基之屋,故古人云“水能载舟,亦能覆舟”。江苏30年历史的风风雨雨,中国共产党和政府在执政为民的宗旨下,领导江苏人民努力奋斗,总体上使江苏的经济与社会得到或快或慢的发展,但在诸多因素的影响与牵制下,亦曾在一些时期犯过许多或轻或重的错误,在客观上未能使这个宗旨始终如一地得到充分体现和科学实践,这应当是我们记取的沉痛教训。

第二,始终抓住经济建设这个中心不动摇。事实证明,仅仅宣示执政为民是远远不够的。要把执政为民的理念落到实处,真正使人民群众幸福起来,是需要社会财富源源不断地充分涌流。然而财富却并非能从天上掉下来,也并非由别的什么人善施恩赐,而必须依靠自己的智慧和勤劳去创造。因此,这就要求党和政府在领导社会主义事业中,以经济建设为中心,紧紧抓住经济建设不动摇,这样才能集中精力一心一意地搞建设,促发展,创造足够多的财富,以供全体人民分配和享用。江苏30年历史的曲曲折折,由于种种原因,曾几度将太多的时间与主要精力用在搞被实践证明是错误的运动上,结果生产发展受挫、停滞或倒退,物质财富积聚不多。如此情况,人民生活水平难有持续和较大幅度地提高,人民的幸福感难有愉悦的切身体会。所以要奉行执政为民的最高宗旨,就一定要坚持经济建设这个中心不动摇。

第三,必须遵守经济发展的客观规律。要发展生产力,常抓不懈地进行经济建设,创造尽可能多的社会财富以谋人民之幸福,绝非满腔热忱或简单号召就能实现,而必须遵照经济发展的客观规律,否则很可能甚至必然会做出事与愿违、南辕北辙、好心出错的遗憾事情来。江苏30年历史的岁岁年年,许多时候并不是没有强调发展生产,并不是没有重视经济建设,而正是在强调、重视的环境和氛围中,自觉或不自觉地违背了客观规律,以致大跃进变成了大跃退,一大二公变成了共产风,按劳分配变成了平均主义,集体生产变成了大呼隆等等。违背客观规律必然受到客观规律的惩罚,结果非但没有达到更快发展生产力的目的,没有满足更快提升人民生活水平的心愿,反而阻碍、迟滞了生产力的发展,最后遭累受害的还是老百姓,这个教训也是非常沉痛并须时时记取的。

第四,必须坚持实事求是的思想路线。要探索、发现并遵守经济建设的客观规律,必须坚持马克思主义实事求是的思想路线。经济建设的客观规律并不是那么容易被发现和自觉遵守的,而是在马克思主义的思想路线指引下,才可能被认识和自觉地去遵守。这就要求始终以正确的思想路线为指导,坚持实事求是原则,从实际出发,大胆地解放思想,通过深入的以至艰苦的调查研究,去探寻客观事物的发展规律,

揭示客观事物之间的必然联系，然后通过分析、比较做出决策，并通过实践的检验再进行修正和完善。江苏30年历史的坎坎坷坷，在各种因素影响下而违背实事求是的思想路线，并因此导致经济建设及其他工作中重大失误和错误的发生，确应引以为戒。当然，从人们认识客观事物规律的复杂性、艰巨性、长期性方面讲，在工作中不发生失误、错误几乎无法做到，但通过坚持正确的思想路线和科学的方法，尽最大可能发挥人的主观能动性，总可以避免犯一些大的错误，并把犯一般错误的几率降到最低程度，并且力求做到不犯自己或别人已犯过的错误，则是可以期望和可能做到的。

第五，应特别重视建设民主法制的和谐社会。人民政府在通过发展生产力不断满足人民物质需求的同时，还要切实保障人民的民主权利，建设法制社会，实现社会的和谐。在建设社会主义的过程中，需要动员所有社会力量，共同为之奋斗。这里，既有工人、农民，也有知识分子和其他社会主义建设的参加者和拥护者。江苏30年历史的朝朝暮暮，在很多情况下，也是受制于多种因素的影响，或是法律不健全，或是有法而不依。在“文化大革命”的特殊时期，更是践踏了法律，破坏了民主，这是惨痛的教训和历史的悲剧。痛定思痛，健全社会主义法制，保障人民民主权利，实在是至关重要的建设和谐社会的最主要问题之一。这里，作为地方的江苏一方面不但要坚决地使全国性的法律在江苏地区得以施行、落实；另一方面也应根据实际，制定和健全适合江苏本地发展需要的地方性法律法规。只有物质文明和精神文明、政治文明的协调发展和共同推进，只有使人民的物质需求和精神文化方面的需求不断得到满足，这样的社会方可称之为和谐社会，这样的人民生活方可称之为真正意义上的幸福生活，而这也正是中国共产党和人民政府领导全体人民为之奋斗的最高目标。

关于江苏30年历史的思考和认识，可以有很多方面，而以上数点或是最应重视的。如果说上述议论显得有些宽泛，或者不够周全，那么，就可以通过阅读本卷之详细内容，具体感受江苏30年历史发展的不平凡道路，从而得出更深入、更深刻的正确结论来。

30年的江苏历史发展，尽管前进的道路同全国一样有些曲折，有些艰难，但勤劳、勇敢的江苏人民还是在中国共产党和人民政府的领导下，以勇敢精神克服诸多困难，以坦诚态度纠正已发现和认识到的错误，仍然取得了许多显著的成就，奠定了前进的基础。即便是在探索中发生的错误和挫折，经科学总结后也成为江苏人民继续前进的宝贵财富，也成为耳畔警钟时时警示后来人。当此历史时期结束后，即在1978年12月，中国共产党召开了具有伟大历史意义的十一届三中全会，之后，中国进入建设中国特色社会主义的新时期。在此形势下，江苏人民依靠30年已有的建设基础，全面总结历史的经验教训，迈开大步，意气风发、斗志昂扬地走在中国改革开放的前列，并继续满怀信心地向着更为辉煌的社会主义建设目标迈进。

第一章　新生人民政权的巩固和各项社会改革的进行

1949 年 10 月 1 日，随着中华人民共和国的成立，江苏的发展揭开了新的一页。在初期的几年里，江苏人民在各地党和政府的领导下，着力巩固新生的人民政权，同时荡涤旧社会遗留下来的污泥浊水，大力进行各项社会改革。

第一节　苏北、苏南与南京市的行政区划和政府机构设置

一　苏北区的行政区划和政府机构设置

新中国成立前后，由于历史原因和工作需要，江苏地区一段时期（1949—1952）同时存在三个省级行政区域，即苏北行政区、苏南行政区和南京市。

其中的苏北地区，在抗战时期曾为中国共产党所领导的新四军、八路军所开创的苏北抗日根据地，解放战争时期，发展壮大为苏北解放区。自 1948 年下半年起，随着人民解放战争以及淮海战役的胜利进行，获得解放的苏北许多城市和地区，相继建立人民解放军军事管制委员会和人民政权。之后，为了进一步适应苏北地区全面解放的新形势，并加强对这一地区的统一领导，于 1949 年 4 月 21 日，成立了苏北行政公署，由贺希明任主任。其内部机构初设民政处、财政处、税务局、粮食局、教育处、建设处、工商处、公安处、水利局、生产推进社、荣军管理局、中国人民银行苏北分行、邮电管理局等。① 行署设泰州市。在苏北行政公署建立前的 4 月 15 日，已先行成立中共苏北区委员会，由萧望东任书记，赖毅、万众一任副书记。

与苏北行政公署成立同日，中国人民解放军苏北军区成立，由张震东任司令员，区委书记萧望东兼任政治委员。

---

① 中共江苏省委党史工委、江苏省档案馆编：《苏北行政区（1949—1952）》，1994 年内部印行，第 24 页。

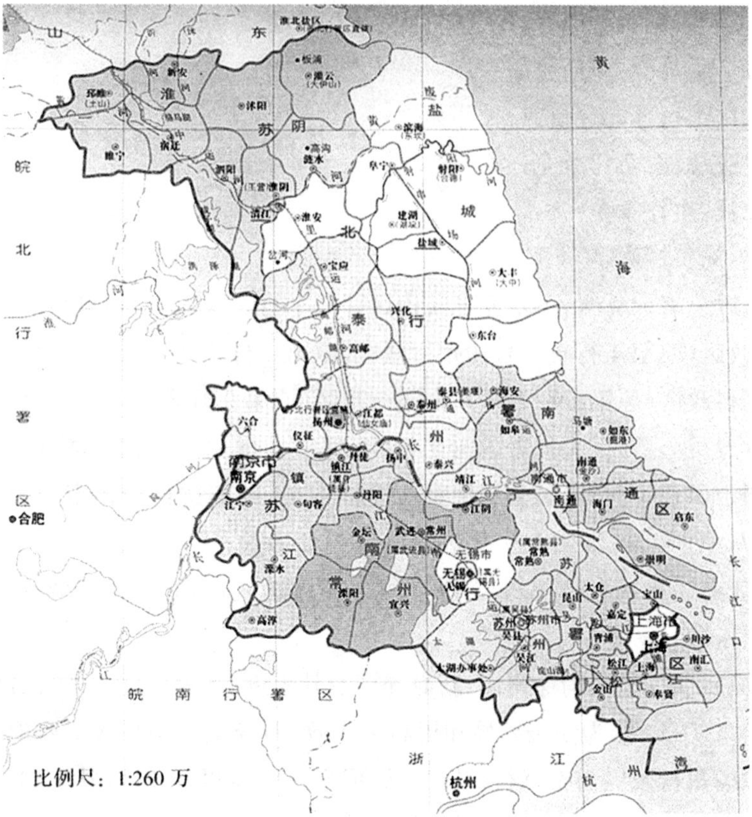

南京市与苏南、苏北行署区图(1949—1951)

苏北行政公署建立后，各政府机构设置根据需要继续调整并逐渐健全，其重要工作机构、直属单位与主要负责人有：

行署：秘书长骆明；

办公厅：主任管文炳；

劳动局：局长韦锡琢；

政治法律委员会：主任惠浴宇；

公安局：局长邵幼和；

人民检察署：署长孙海光；

监察委员会：主任郑平；

人民法院：院长章维仁；

文化教育委员会：主任盛华；

文化事业管理局：局长李俊民；

卫生局：局长刘胜望；

邮电管理局：局长禹光；

电信管理局:局长韩国立;

财政经济委员会:主任惠浴宇;

中国人民银行苏北分行:行长邓克生;

合作推进总社:主任季龙;

合作总社:主任季龙;

水利局:局长计雨亭。①

苏北行政公署建立时,下辖原苏皖边区计5个行政区41个县市。此5个行政区为:泰州行政区(原第1行政区)、扬州行政区(原第2行政区)、盐城行政区(原第5行政区)、淮阴行政区(原第6行政区)、南通行政区(原第9行政区)。② 在这5个行政区中相应成立专员公署,作为行署的派出机构,其中泰州专员公署由黄云祥任专员,张岳侯任泰州市市长;扬州专员公署由杜干全任专员,孙蔚民任扬州市市长;盐城专员公署由陈书同任专员;淮阴专员公署由陈亚昌任专员;南通专员公署由叶胥朝任专员,瞿树滋任南通市市长。另外在县(市)与乡(镇)之间,也设置有区公所,作为县(市)的派出机构。

当时,原属江苏地区的徐州市、新海连市及其附近10县,分属安徽、山东两省。

1950年1月1日,为便于领导和提高工作效率,经呈准中央人民政府同意,苏北行政区将原扬州行政区与泰州行政区合并,成为新的泰州行政区,其下辖县有4个调整到其他区。原扬州行政区建制撤销。③

苏北行政公署颁发的营业执照(1949年)

经此调整,全苏北区共辖4个行政区、35县、3市。即南通行政区:辖1市7县——南通市,崇明、启东、海门、南通、如皋、如东、海安县;泰州行政区:辖2市9县——泰州市、扬州市,泰县、泰兴、靖江、兴化、高邮、宝应、仪征、六合、江都县;盐城行政区:辖9县——盐城、射阳、建阳、阜宁、滨海、涟东、淮安、东台、台北;淮阴行政区:辖10县——淮阴、淮宝、泗阳、沭阳、灌

① 中共江苏省委组织部、江苏省委党史工办编:《中共江苏省组织史资料简本(1921—2001)》,中共党史出版社2001年版,第304—306页。

② 中共江苏省委党史工委、江苏省档案馆编:《苏北行政区(1949—1952)》,1994年内部印行,第24页。

③ 中共江苏省委党史工委、江苏省档案馆编:《苏北行政区(1949—1952)》,1994年内部印行,第90页。

云、宿迁、睢宁、新安、邳睢、涟水。[①]

此时，苏北行署所辖35县、3市中，共有443区、5225乡、470镇、33539村、4336263户、20598587人，面积62200平方公里，水、旱田及一部分熟荒田56041892亩。[②]

1950年1月11日，苏北行署迁驻扬州市。4月15日，苏北行政公署改名为苏北人民行政公署，惠浴宇任主任。

5月，苏北总工会筹备委员会成立，7月，苏北民主妇女联合会成立。

自苏北行政公署成立后，在中共苏北区委和苏北行署的领导下，依靠全区军民的共同努力，各级人民政权不断得到巩固，社会秩序也逐步趋向稳定，这为恢复和发展本区的国民经济，准备了良好的基础条件。

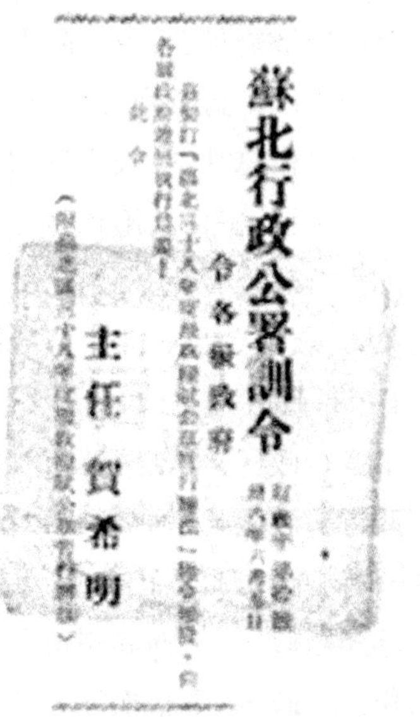

苏北行署颁发的征收粮赋训令(1949年)

二　苏南区的行政区划和政府机构设置

与苏北行政区并立的是苏南行政区。江苏北部地区全面解放后，中国人民解放军于1949年4月发起渡江战役，以摧枯拉朽之势进军苏南地区，打击和歼灭国民党军队，迅速解放重要城镇和广大农村。

随着苏南地区的纷纷解放，各地军管会和政府先后成立，亦要求迅速建立新的统一的行政区领导机关。于是，1949年4月26日，苏南行政公署正式宣布成立，以无锡为行署所在地。主任由苏南军区司令员管文蔚兼任，副主任由刘季平、陈国栋担任。4月28日，中共苏南区委也正式宣布成立，书记由苏南军区政治委员陈丕显兼任。

苏南行政公署成立后，各政府机构设置根据形势发展的需要也不断进行调整和健全，其重要工作机构、直属单位与主要负责人有：

行署：秘书长王东年；

办公厅：主任鲍汉青；

劳动局：局长钟民；

---

① 中共江苏省委党史工委、江苏省档案馆编：《苏北行政区(1949—1952)》，1994年内部印行，第90页。

② 中共江苏省委党史工委、江苏省档案馆编：《苏北行政区(1949—1952)》，1994年内部印行，第91页。

政治法律委员会:主任黄赤波;

公安局:局长黄赤波;

人民检察署:检察长黄赤波;

监察委员会:主任陈光;

人民法院:院长周思德;

文化教育委员会:主任汪海粟;

邮电管理局:局长荣健生;

电信管理局:局长李临川;

财政经济委员会:主任陈丕显;

中国人民银行苏南分行:行长忻元锡;

供销合作总社:社长潘遂初;

合作总社:主任欧阳惠林。①

苏南行政公署成立后,辖1个直属市和4个行政区,1个直属市即无锡市,下辖原无锡第1、第2、第5等3个指导区。

4个行政区是:

镇江行政区,下辖镇江市及江宁、丹阳、扬中、句容、溧水、高淳等6县;

武进行政区,下辖常州市及武进、无锡、江阴、溧阳、金坛、宜兴等6县。5月16日该区改称常州行政区;

苏州行政区,下辖苏州市及吴县、昆山、常熟、太仓、吴江等5县;

松江行政区,下辖松江、奉贤、金山、宝山、南汇、上海、川沙、嘉定、青浦等9县。②

在此4个区,分别成立行政区专员公署。5月15日,经由华东军政委员会宣布,由刘烈人任镇江专员公署专员、张志强任常州专员公署专员,李干臣任苏州专员公署专员,顾复生任松江专员公署专员。

此时期,苏南区所辖的29个县(市),共有1335个乡(镇),人口1250余万,面积2.5万余平方公里。③ 1950年4月15日,苏南行政公署改名为苏南人民行政公署,主任仍由管文蔚担任。

1949年5月2日,中国人民银行苏南分行成立。5月6日,中共苏南区委机关报《苏南日报》创刊。9月,苏南总工会筹委会成立。11月,苏南妇女联合会筹委会成立。

---

① 中共江苏省委组织部、江苏省委党史工办编:《中共江苏省组织史资料简本(1921—2001)》,中共党史出版社2001年版,第316—318页。

② 中共江苏省委党史工委、江苏省档案馆编:《苏南行政区(1949—1952)》,中共党史出版社1993年版,第42、617页。

③ 刘定汉主编:《当代中国的江苏》(上),中国社会科学出版社1989年版,第45页。

8 月 23 日，中共华东局宣布，由陈光任镇江地委书记、吴觉任常州地委书记、张彦任松江地委书记、钟民任无锡市委书记。9 月 17 日，宣布宫维桢任苏州地委书记。①

随着苏南整个地区的陆续解放和各地党的领导机关、军管会、政府机构的先后建立，苏南区人民欢欣鼓舞，积极参加到发展生产和剿匪反霸等各项工作中去，意气风发地为建设新苏南而努力奋斗。

三　南京市的行政区划和政府机构设置

南京市位于苏北、苏南行政区中间，之前为中华民国首都。1949 年 4 月 23 日，在中国人民解放军发动的渡江战役中，南京解放，宣告了国民党统治的结束，象征着中国人民革命的决定性胜利。

南京解放后，渡江战役总前委刘伯承、邓小平、陈毅、粟裕等相继抵达南京，4 月 28 日，中国人民解放军南京市军事管制委员会成立，刘伯承任主任，宋任穷任副主任。

5 月 7 日，中共南京市委成立，刘伯承任书记，宋任穷任副书记。5 月 10 日，南京市人民政府成立，刘伯承兼任市长，柯庆施、张霖之任副市长。下辖 13 个区，人口 103.69 万人。6 月 1 日，各区人民政府同时成立。各区主要负责人任职情况如下：

新中国首任南京市长刘伯承

第一区：区长夏冰流；

第二区：区长卢仁灿；

第三区：区长李广；

第四区：区长贾世珍；

第五区：区长刘玉林；

第六区：区长许海涛；

第七区：区长胥光义；

第八区：区长张亮；

第九区：区长时进；

第十区：区长王贵；

第十一区：区长韩文儒；

第十二区：区长杨钦；

① 中共江苏省委党史工委、江苏省档案馆编：《苏南行政区（1949—1952）》，中共党史出版社 1993 年版，第 620 页。

第十三区:区长刘淮;

此外,还设有中山陵园区:区长谢从周。①

6月,南京市总工会筹委会(主任高骏)、南京市妇女联合会筹委会(主任陈修良)成立。

南京市政府成立后,根据形势发展和工作需要,其工作机构、直属单位及其主要负责人逐步健全、完善和配备到位,主要有:

市政府:秘书长陈同生;

秘书厅:主任朱启銮;

办公厅:主任朱启銮;

调查研究室:主任吴次湘;

人事局:局长邱一涵;

劳动局:局长邸作之;

民政局:局长霍衣茹;

政治法律委员会:主任李乐平;

公安局:局长周兴;

人民检察署:署长陈龙;

人民法院:院长鞠华;

监察委员会:主任任崇高;

文化教育委员会:主任金善宝;

教育局:局长徐平羽;

文化教育局:局长孙叔平;

文物事业管理委员会:主任徐平羽;

文物保管委员会:主任徐平羽;

新闻出版处:处长刘述周;

人民广播电台:台长石西民;

卫生局:局长齐仲桓;

工业局:局长万金培;

企业局:局长万金培;

电信局:局长吴清泉;

电信管理局:局长黄萍;

---

① 中共江苏省委组织部、江苏省委党史工办编:《中共江苏组织史资料简本(1921—2001)》,中共党史出版社2001年版,第333页。

建设局:局长万里;

市政建设委员会:主任李承干;

地政局:局长朱启銮;

房地产管理局:局长朱启銮;

财政经济委员会:主任柯庆施;

财政局:局长万金培;

税务局:局长陈克天;

中国人民银行南京分行:行长顾忱遥;

工商局:局长李斌;

商业局:局长陆慕云;

合作总社:主任蔡长风;

合作事业管理局:局长廖卓之;

粮食局:局长张宝和。①

10月,中华人民共和国成立后,南京市为中央人民政府直辖市。12月,改为华东军政委员会直辖市。当月,中共中央华东局决定,将句容、江宁、六合、当涂、江浦、和县6县划归南京市领导。

1950年5月18日,中共中央决定,唐亮为中共南京市委书记,江渭清为副书记。20日,中央人民政府任命柯庆施为南京市市长,李乐平、金善宝为副市长。

南京的解放,标志着历经沧桑的古城南京获得新生,百万南京人民亦满怀信心地为建设新南京而努力奋斗。

第二节　镇压反革命,稳定社会秩序

一　剿匪除霸,遣返原国民党军散兵游勇

随着苏北、苏南地区及南京市的解放,人民政权的建立,各地区相继开展了镇压反革命运动,以稳定社会秩序,保卫新生的人民政权,保护人民的生命和财产安全,保障各项社会改革和生产建设的进行。

解放前的江苏南北地区,匪患严重,恶霸横行。因此,江苏各地解放后,打击土匪

---

① 中共江苏省委组织部、江苏省委党史工办编:《中共江苏组织史资料简本(1921—2001)》,中共党史出版社2001年版,第329—332页。

恶霸势力,成为各地政府的一项重要政治任务。

当时,江苏地区中因为苏北是老解放区,打击土匪与敌特势力着手较早,已有较大成效,虽然还有匪特存在,剿匪与打击敌特的工作仍在积极进行,但事实上情况已不再严重。南京地区主要是城区,主要任务是清查和打击敌特势力,任务比较单一,几乎不存在土匪活动的严重情况。但是,新解放的苏南地区,土匪、恶霸及与之相勾结的敌特活动情况则很严重,这与这一地区的历史情况、独特的地理环境与社会环境有着密切的联系。

太湖地区位于江苏、浙江两省,为苏南行署所辖之常州、苏州两个分区及浙江省属之湖州分区共 7 个县之边境,广阔的湖面纵横各 500 里,周围汊港山地颇多,湖中有西山、冲山、漫山、大小雷山等岛屿,湖中芦苇茂盛,湖中山上竹木丛生,地形十分复杂,历来为盗匪匿迹出没之处。当地百姓有句俗话称:“拔不完田里的稗草,捉不完太湖里的强盗。”

另外,在国民党统治时期,该地区封建帮会、土匪恶霸势力极为猖獗,频繁骚扰,使太湖湖区很多百姓陷于倾家荡产、民不聊生之境地,百姓不胜其苦,甚至有的人还被迫流落匪帮。更为严峻的是,人民解放军渡江以前,国民党特务曾有计划地以太湖为中心与依托,布置了隐蔽的特务武装,与人民为敌,进行破坏活动。

当人民解放军胜利渡江后,以迅猛雷霆之势横扫长江南岸,国民党主力部队顷刻间土崩瓦解,而未及撤退之残匪及散兵游勇、恶霸分子等则流窜太湖,与惯匪、封建帮会互相勾结,互相利用,狼狈作恶。他们以太湖为基地,有组织、有纲领、有计划地向新生的人民政权进行反扑,不断地进行暗杀、绑架、抢劫、爆炸、策反等活动。据苏南军区不完全统计,“1949 年 8 月份前,被我发现的大小武装土匪就有 200 多股约 14000 余人。”[①]致百姓痛苦加深,急盼人民政府和解放军彻底剿灭这些土匪和敌特势力。

剿匪行动开始存在着一些偏差:如存在“单纯军事进剿,党政工作未能密切配合,造成部队一走,匪特复回窜扰,群众重遭迫害,以致部分地区的群众不敢与我接近;同时我又缺乏全面剿匪部署,使匪特利用空隙与边区,往返窜犯”等情况。[②]

早在 1949 年 5 月 26 日,苏南军区便颁发了剿匪作战第一号命令,指示各地区组织剿匪机构,对土匪进行彻底清剿。6 月 16 日,苏南军区又发布关于剿匪的布告,称自苏南地区解放以来,现还有少数国民党军政人员及特务分子,“至今仍然因循观望,甚至窃踞乡间、手持武器、图谋不轨,或纠合土匪、勒索抢劫、危害人民、扰乱治安。本

---

① 中共江苏省委党史工委、江苏省档案馆编:《苏南行政区(1949—1952)》,中共党史出版社 1993 年版,第 535 页。

② 中共江苏省委党史工委、江苏省档案馆编:《苏南行政区(1949—1952)》,中共党史出版社 1993 年版,第 104 页。

部为保障人民生命财产之安全，维持社会秩序，决定自布告日起调兵进剿，凡胆敢持枪抵抗者，坚决予以消灭，若能及时悔悟、自动投诚、报到交出武器者，本军仍予宽大处理不加追究，给以立功自赎机会。”①之后，苏南军区召开了第一次军事剿匪会议，下达了第二号剿匪作战命令。

1949 年 6 月 17 日，中共苏南区委书记陈丕显在苏南区党委第一次扩大会议上的报告中，一方面肯定“剿匪工作是有成绩的”；另一方面也指出目前匪特活动的严重形势以及在剿匪和打击敌特工作中的偏向，如“一杀即很多，宽大即一个不杀”等。强调剿匪肃特这个问题，“是目前的中心工作之一，我们应该迅速地、毫不犹豫地、有计划地大力执行”。②

1949 年 7 月 13 日，中共苏南区委、行政公署、苏南军区在深入调查研究，进一步分析匪特情势的基础上，作出《关于开展太湖地区肃清残匪发动群众建设政权工作的决定》，全面部署了党政军对太湖地区的剿匪工作。其主要内容有：

关于组织领导与干部配备：

“1. 为统一太湖地区党政军剿匪工作，决定成立太湖区剿匪委员会，以……王治平（时任苏州军分区司令员，编者注）为主任委员，薛永辉为副主任委员，下设太湖区行政特派员办事处，直辖西线、南线两个湖边办事处，由苏南区党委、行署、军区及常州、苏州两地委、专署、军分区各派适当干部参加工作，由王治平同志任特派员，具体掌握太湖地区党政军全面剿匪工作；方志诚同志为南线湖边办事处特派员，朱传保同志为西线湖边办事处特派员。

2. 军事上设太湖剿匪指挥部，下辖南线西线两指挥所，统一剿匪部署与指挥，以王治平为指挥，方志诚、朱传宝为副指挥，方、朱并分兼南线西线指挥所指挥。”③

关于太湖地区剿匪的工作方针：

“1. 肃清匪特、发动群众，团结群众大多数，确保治安、稳定社会秩序，建设与巩固革命政权。

2. 肃清匪特，执行军政并进、剿抚兼施之方针，孤立、镇压与打击罪大恶极坚决顽抗的匪特头子，利用矛盾、各个击破，争取和瓦解其下层。”④

关于太湖地区剿匪的具体部署：

---

① 中共江苏省委党史工委、江苏省档案馆编：《苏南行政区（1949—1952）》，中共党史出版社 1993 年版，第 51 页。

② 中共江苏省委党史工委、江苏省档案馆编：《苏南行政区（1949—1952）》，中共党史出版社 1993 年版，第 67 页。

③ 中共江苏省委党史工委、江苏省档案馆编：《苏南行政区（1949—1952）》，中共党史出版社 1993 年版，第 104—105 页。

④ 中国江苏省委党史工委、江苏省档案馆编：《苏南行政区（1949—1952）》，中共党史出版社 1993 年版，第 105 页。

1. “由湖州、常州、镇江、苏州等分区共抽调11个主力营,5个县总队之大部或全部及沿湖各区队之全部兵力为参加太湖剿匪之武装力量。首先清剿太湖四周地区之匪特,采取山外向内,稳扎稳打、步步为营,求得歼灭大股土匪于陆上,进而占领湖东交错岛屿与港湾,以分割封锁,控制与登记船只,组织船夫、渔民,发动群众,分清匪民、孤立匪船,迫使就歼或西窜。其次肃清太湖西部匪特,最后视匪势变化,压缩聚歼残匪于湖中或陆上。”“配合军事清剿,大力展开政治攻势,宣布政策,号召悔过自新、立功赎罪”等。“对封建帮会,原则上不承认其合法,但不公开与我对抗者,可暂不明令取消,其中匪特,则与一般匪特同样处理,但为了便于剿匪肃特,可依照上述原则,适当进行帮会工作,利用其获得匪特线索,进行争取瓦解等。”①

2. “在部队进剿时,各地参加剿匪工作之党政军干部,应首先向群众进行普遍宣传教育,……动员组织群众,配合部队剿匪,例如组织盘查哨、巡逻队、联防报警,做到匪来敲锣等,造成群众性反匪反特运动,把群众的反匪特斗争成为整个剿匪力量的主要组成部分之一,达到依靠群众肃清匪特之目的。”②

关于剿匪部队的政策与纪律:

要求剿匪部队既做“战斗队”,又做“工作队”,并“成为执行党的政策与纪律的模范,……充分认识太湖地区是在匪特长期统治下,有深厚的社会基础,对太湖地区剿匪工作,是不能操之过急的,必须保持勿骄勿躁之精神,切实组织群众、依靠群众,有计划有步骤地去进行,积小胜为大胜,逐步地达到彻底肃清匪特之目的。”③

之后,大规模清剿匪特的行动在以太湖地区为重点的苏南地区全面展开,在行动上,采取政治军事双管齐下、军事打击与发动群众相结合的方针,部队、公安、地方相互支持,协同作战。在战术上,采取“以分散对分散,以游击对游击,以隐蔽对隐蔽”的策略,同时实行分化瓦解等多种政策手段,陆续打掉作恶多端的大小股匪和敌特势力。对民愤极大、血债累累的首恶分子,依法从速惩办,对一般胁从人员则主要是教育,以使其改邪归正,弃恶从善。

通过一段时间大张旗鼓的剿匪肃特斗争,苏南地区匪患逐渐平息,恶霸势力逐渐被遏止和铲除,湖区匪患被彻底消灭。据统计,经过9月、10月、11月三个月的大清剿,共消灭土匪2471人,俘获大小匪首28名,大体上消灭了武装股匪(主要由国民党

---

① 中共江苏省委党史工委、江苏省档案馆编:《苏南行政区(1949—1952)》,中共党史出版社1993年版,第105—106页。

② 中共江苏省委党史工委、江苏省档案馆编:《苏南行政区(1949—1952)》,中共党史出版社1993年版,第106页。

③ 中共江苏省委党史工委、江苏省档案馆编:《苏南行政区(1949—1952)》,中共党史出版社1993年版,第106—107页。

溃散的军政人员，同封建会道门以及部分惯匪汇集一起组成——编者注），打击了匪特的组织领导和指挥系统，摧毁了匪特的一部分巢穴与社会基础。①

随着剿匪肃特斗争的深入开展，其成果也逐渐扩大。1950 年 9 月 6 日，管文蔚在苏南各界人民代表会议第一届第二次会议上所作的政府工作报告中称："一年来基本上是维持与巩固了革命的社会秩序，保卫了人民的利益，镇压了反动分子。根据不完全的统计，共破获匪特案件 666 起，缴获各种枪支 2315 支、电台 10 架，逮捕匪特分子 5176 人。全区共发生盗案 4946 起，大部都已破获。此外，并建立了各种群众性的防匪自卫与治安组织，计 30 余万人。"②

截止 1950 年 12 月，苏南太湖地区的剿匪肃特斗争，经过党政军民的共同艰苦努力，仅用了近两年的时间，基本肃清了太湖地区的匪特，彻底粉碎了国民党利用匪特破坏人民新生政权的企图，从而有效地保障了人民的生命和财产安全，社会秩序逐渐稳定，人民群众衷心拥护共产党和人民政府，这些为新生政权的建设和社会生产的发展创造了有利条件。

与苏南太湖地区剿匪肃特取得胜利的同时，苏北的剿匪肃特也取得重大胜利。据惠浴宇 1950 年 10 月 11 日在苏北首届人民代表会议上所作的政府工作报告中称：一年来，苏北区公安机关"共破获武装匪特案件 171 件（内包括匪特武装抢劫、暴动、暗杀、情报、伪造人民币等），计逮捕残余匪特人犯 1004 人，缴获长短枪 416 支、弹药 12000 余发、电台 8 部、委令文件条戳钤记等 214 件。另进行了国民党反动党团特人员登记，感训了 1600 余人，经感化自动缴出长短枪 1729 支，弹药 62000 余发，党证团证委令条戳钤记等 440 余件，文件 11 箱"等。③

另外，由于各地迅速解放，也还有一些未来得及逃走或无家可归的国民党军队的散兵游勇，这些人虽与土匪恶霸有所区别，但也存在某些联系。他们因原所在的国民党部队溃败，故大多生活无着，又沾染了许多恶习，因而往往流落街头，甚至成群结伙，抢劫偷窃，这些对社会也造成了许多危害和不安定因素。此种情况在南京尤为严重，其他如镇江、常州、无锡、苏州等新解放城市或城市以外地区，也程度不同地有这种情况发生。

面对这种严重情况，中共南京市委在调查实际的基础上，从实事求是原则出发，

---

① 中共江苏省委党史工委、江苏省档案馆编：《苏南行政区（1949—1952）》，中共党史出版社 1993 年版，第 537—538 页。

② 中共江苏省委党史工委、江苏省档案馆编：《苏南行政区（1949—1952）》，中共党史出版社 1993 年版，第 251 页。

③ 中共江苏省委党史工办编：《城市的接管与社会改造（江苏卷·苏南苏北分册）》，中共党史出版社 1997 年版，第 221 页。

确定和执行“关于以疏散为主,临时救济为辅,大力开展群众性生产自救”的工作方针,既大张旗鼓,又认真扎实地多方面开展整治工作。1949 年 5 月,市军管会即命令成立“南京市流散军人处理委员会”,并在市内不同区域设立收容站,在广泛宣传政策的同时,命令原国民党现役军人在本市无户籍又无正当职业者,就近登记。经过认真扎实工作,这些散兵游勇中的一部分人在接受相关教育后,领取路费回家;另一部分人则由其籍贯所在省份派专人来南京,将他们认领回乡。通过采取这些人性化的政策措施,使这些人都能够有所归宿,生活也有了着落,从而有效地稳定了社会秩序,并获得人民群众的欢迎和拥护。同时,也铲除了敌特分子或土匪势力所可能依赖和利用的土壤,从而更有利于有效打击敌特分子的破坏活动。

与南京市有效疏散国民党散兵游勇的同时,其他有类似情况的苏南城市和地区,也大抵采取了相同措施,在不长时间内解决了战争期间遗留下来的散兵游勇之回乡以及生活出路问题,有效地维护了当地的社会秩序,消除了不安定因素。

二　打击敌特破坏活动

国民党败逃台湾后,潜伏和残留在大陆的敌特分子,继续进行破坏和捣乱活动。

随着江苏全境的解放,打击敌特破坏活动,便摆在各级党委和政府工作面前。同全国其他地区相比,江苏比较特殊。作为江苏地区的中心城市南京,曾是国民党政权的统治中心,所以一直是军、警、宪、特机关林立,帮会社团组织众多的地区。这期间,在国民政府因抗战而迁都后,南京依然是汪伪政府的“首都”,其军、警、宪、特势力也是十分猖獗。另外,国民党政府南逃时也在南京有计划地留下了“敌后情报员”等潜伏特务。据调查,解放前夕南京各派系特务约有 8000 人之多,分别属于国防部保密局、国民党中央调查统计局、国防部第二厅、首都警察厅等单位。在南京以外的江苏其他地区,也大致存在与南京相同或类似的情况。这些人员或聚或散,采取各种手段从事破坏活动,对新生的人民政权以及社会具有极大的危害作用。这期间,苏北、苏南地区打击敌特破坏活动多与剿匪行动结合在一起,即人民政府在剿匪的同时也打击了敌特势力,因为匪、特两股势力往往相互利用,相互支持,所以许多情况下是一损俱损,一灭俱灭。但同时也有大量的敌特分子潜伏在城市,更多地以隐蔽方式进行破坏活动或执行长期潜伏任务,以待时机。

针对这种严重情况,江苏各地政府按照统一部署,以城市为重点,依靠群众,加强公安力量,开展了认真而严厉地打击敌特破坏的活动,成效显著。如南京市,在全市人民的协助下,并经过全市公安人员的努力,通过开展宣传攻势,调查摸底,深究细挖,跟踪追击,在自 1949 年 4 月解放时起至 1950 年 8 月止,“计破获大小特务案件共

1949 年南京市人民法庭公开审判
管森保特务案

214 起，逮捕特务共 770 名，对特务和反动党团分子初步进行登记，破获与没收电台 23.5 台。”①另外还破获刑事案件 14055 件，占发生案件的 86.8%；管制小偷 1400 人；协助收容散兵游勇 8706 人；收缴非法武器及军用器材等多件。② 另截止 1949 年 9 月底，在强大的政策感召和军事政治形势的震慑下，亦有 512 名特务分子自首登记，其中组长以上的特务骨干即有 90 名。

江苏各地解放后，通过有效地打击敌特破坏活动，使大部特务纷纷落入法网，并依法受到制裁、管制，其一度嚣张的反动气焰被有力地刹下去，从而也从一个重要方面使新生的人民政权得到巩固，社会秩序得以安定，人民生命财产得到保障。

三　镇压反革命

江苏各地在解放后，尽管进行了剿匪肃特，且取得很大成效，但随着国际形势的变化，反革命残余势力又蠢蠢欲动并积极活跃起来。

1950 年 6 月，美帝国主义纠集一些仆从国家，打着联合国的旗号侵略朝鲜，中国国内的反革命分子以为“第三次世界大战”即将爆发，已败退台湾的蒋介石集团“反攻大陆”的时机已到，因而其反革命气焰日益嚣张起来。江苏地区的反革命分子活动情况大体上与全国的情况类似，其反革命分子的作恶行动对人民政权、社会秩序、人民生命财产产生危害，同时也影响着国民经济的恢复和发展，因此，镇压反革命已是刻不容缓、必须大力进行的重要工作。

针对这种情况，江苏各地对反革命分子的活动进行了打击，但曾一度产生“宽大无边”的偏向。如南京曾是国民党统治中心，反革命分子有相当数量，但从 1949 年 4 月解放时起至 1950 年 9 月的一年半时间，只处死了极少数反革命分子。由于宽大有余，镇压不够，在客观上助长了形形色色的反革命分子的气焰。

继 1950 年 3 月中共中央发出《关于严厉镇压反革命分子活动的指示》、7 月中央人民政府政务院和最高人民法院联合发布《关于镇压反革命的指示》后，同年 10 月 10

① 南京市档案馆编：《南京解放》，江苏古籍出版社 1990 年版，第 386—387 页。

② 南京市档案馆编：《南京解放》，江苏古籍出版社 1990 年版，第 387 页。

日,中共中央根据实际情况,又发出《关于纠正镇压反革命活动的右倾偏向的指示》。要求各级党委坚决纠正对反革命分子"宽大无边"的偏向,全面贯彻"镇压与宽大相结合",即"首恶者必办,胁从者不问,立功者受奖"的政策,以坚决地维护国家和人民的利益。

江苏各地区党委和政府在接到中共中央指示后,从当年 11 月开始,即大张旗鼓、轰轰烈烈地开展镇压反革命运动。各地通过广泛宣传,积极发动群众检举、揭发反革命分子。同时清理积案,并复查旧案,对已经轻判或逮捕后未经判决的,凡血债多、民愤大的,坚决予以镇压;对新发案件,则抽调力量,加强侦察工作,公检法密切配合,力求尽早破案、定案和宣判。

在镇压反革命运动的过程中,各地掌握政策,如对罪大恶极、怙恶不悛的反革命首要分子,坚决进行镇压,毫不手软。而对那些反动党团骨干和特务分子但凡登记者,则给予悔过自新机会;其中无锡、苏州、镇江、常州、常熟 5 市,有 4427 人登记;并收缴枪 29 支、子弹 1832 发、炸药 8 包,电台、发报机 3 部,反革命证件 1280 件。①

随着镇压反革命运动的进行,为了进一步规范和明确程序、政策,中央人民政府于 1951 年 2 月 21 日,颁布了《中华人民共和国惩治反革命条例》。之后,江苏各地掀起了贯彻执行《惩治反革命条例》的高潮。南京、无锡、扬州等大中城市,曾召开数万人的群众大会,控诉和公审反革命分子。人民群众除控诉、检举外,还自动起来,勇敢地配合公安机关抓捕反革命分子。

1951 年南京镇压反革命大会会场

① 刘定汉主编:《当代江苏简史》,当代中国出版社 1999 年版,第 53 页。

为了进一步扩大镇压反革命成果，1951 年 4 月 27 日，经过周密部署，江苏各地统一行动，在掌握证据的基础上，以迅猛行动逮捕了一批潜藏的反革命分子，这使得反革命分子闻风丧胆，促使其中的一些人主动向我公安机关自首。

1951 年 6 月，江苏各地根据全国第三次公安会议精神，将镇压反革命运动由侦察、逮捕、控诉转向依照法规和政策清理积案。

此时，在各地党委和政府领导下，由公安局、法院、检察院、军队等负责人和民主人士，组成审查委员会，对反革命案件重证据不轻信口供，认真进行审查，重点打击罪大恶极、为人民群众所痛恨的反革命分子，由法院最后宣判，以防止和纠正在镇压反革命高潮中所可能出现的扩大化及冤假错案。在此期间，中共无锡市委组织民主人士参加反革命案件审查委员会的做法，得到中央人民政府主席毛泽东的肯定。1951 年 5 月 19 日，毛泽东在有关情况报告上加的批语中说：使民主人士与闻镇压反革命工作，“无锡实行的结果很好，各地都应仿照办理。”①

各地法院在宣判中，还依法办事，根据不同情况，对捕获收押的反革命分子分别实行杀、缓、关、管、放，这全面体现了人民政府对反革命分子实行“镇压与宽大相结合”、“惩处与教育相结合”的区别对待政策。

1951 年 9 月，江苏各地基本上完成了清理积案工作，至此，为时一年多的大规模镇压反革命运动第一阶段结束之后，各地打击和镇压反革命的运动进入第二阶段（1951. 10—1952. 10），主要是对整个运动调查摸底，找出一些地区和单位在镇反中的薄弱环节，进行重点“补课”，以使镇反运动在所有地区和所有单位都能够得到彻底进行，不使反革命分子漏网。在此阶段，曾重点进行了清理“中层”、“内层”的工作，这是依照中共中央于 1951 年 5 月 21 日发出的《关于清理“中层”、“内层”的指示》而进行的。所谓“中层”，是指隐藏在我军政机关的反革命分子，所谓“内层”，是指隐藏在我党内的反革命分子。通过清理，“江苏各地县市以上的机关共查出反革命分子与有一般历史不纯或嫌疑分子 4661 名，其中属五方面（指土匪、恶霸、特务、反动党团骨干、反动会道门头子——编者注）反革命分子 554 名，在第一、第二期镇反中分别处理了 1110 名，计捕办了 295 名，清洗开除 205 名，调离机要部门的 420 名。”②从而进一步纯洁与巩固了各级党政首脑机关。同时，在文卫、出版、科学研究等机关以及工矿企业中，也清查出了一批反革命分子和有政治历史问题者。各地对清理出来的人，给予慎重处理。其中除对少数证据确凿的反革命分子予以逮捕法办外，一般的均按照中

---

① 中共江苏省委党史工委、江苏省档案馆编：《苏南行政区（1949—1952）》，中共党史出版社 1993 年版，第 339 页。

② 中共江苏省委党史工办编：《历史的探索与回顾（1949—1978）》，江苏省新闻出版局 1998 年准内部印行，第 92 页。

共中央所示“大部不捉，大部不杀，大部不清洗”的原则，分别进行了相关妥善处理。

从1952年11月到1953年12月为镇反的第三阶段。在此阶段，主要工作之一是全面取缔反动会道门。在镇压反革命运动前期，虽然苏北、苏南地区及南京市，曾逮捕惩办了一批罪大恶极的反动道首，但就其整个组织而言，尚未被彻底摧毁。这些反动组织还在或隐蔽或公开地进行活动。所以在镇压反革命运动后期，江苏全省开展了大规模地取缔反动会道门的运动。

1953年1月，取缔反动会道门运动首先从南京开始，随之，徐州及苏南的无锡、苏州等50个市、县也于2月初相继展开。另苏北的扬州、泰州等25个市、县也有重点地进行了“补课”。

由于取缔方法正确，动员群众充分，执行措施有力，政策宣传到位，因而运动开展顺利。经过宣传教育，各地受骗道徒会众纷纷退道退会。取缔行动至当年的5月底即告胜利结束。据统计：“全省共取缔一贯道、九宫道、同善社、一心天道、龙华圣教会等反动会道门23种(化名组织199种)，查封道坛95处，共逮捕道首2212名，判处死刑28名，并从地洞、密室、棺材里挖出潜藏的‘皇帝’、‘大臣’、‘大帅’等重要道首10余名及大批办道物资；未捕宣布管制道首7710名；登记小道首和办道人员19727名；经过捕、管、登记等打击者计22711名，占其总数23538名的91.4%。”这期间，“全省各地公安机关侦破专案51起，其中较大的是遍及镇江、苏州、扬州地区并设有秘密据点与香港、上海、西安、宝鸡、广州等地联系并派人打入我党内部的反动组织‘崇华堂’，共缴获电台1部，长短枪20支，子弹571发，刀剑545把，反动证件3793件，道具38863件，并缴获其诈骗而来的反革命活动经费：黄金804两、银元22397枚、人民币1.3亿余元，粮食和其他物资众多。”①

在第三阶段中，沿海、沿湖、沿江、沿河地区，还结合民船民主改革，开展了水上镇反运动。在先期的调查与侦察中，基本查清全省水上有各类反革命分子4000名。遂通过各种方式坚决打击水上反革命分子的嚣张气焰，运动中“共逮捕隐藏在水上的五方面反革命分子2312名，连同一、二期镇反运动中逮捕1611名，共捕3923名，占水上原有反革命骨干分子数的98%。”②同时，还加紧追捕外逃罪犯，进行管制整顿、健全治安保卫委员会等。

此次镇压反革命运动，在各地解放后不久，人民政权刚刚建立，国际形势变化，社会急需安定，反革命分子气焰嚣张的特殊情况下进行，是必要的也是急需的。它给匪

---

① 中共江苏省委党史工办编：《历史的探索与回顾(1949—1978)》，江苏省新闻出版局1998年准内部印行，第96页。

② 中共江苏省委党史工办编：《历史的探索与回顾(1949—1978)》，江苏省新闻出版局1998年准内部印行，第98—99页。

首、惯匪、特务、恶霸、反动会道门头子和反动党团骨干分子以歼灭性打击，使社会秩序获得安定，支援了抗美援朝斗争，保卫了土地改革和工农业生产的顺利进行，因而获得民众的衷心拥护。

第三节　开展抗美援朝运动

一　广泛开展反帝爱国主义教育

从1950年7月到1953年7月，江苏各地掀起了轰轰烈烈的抗美援朝运动。

美国于1950年6月27日派出军队武装干涉朝鲜内政，悍然扩大朝鲜战争，并派遣第七舰队开入台湾海峡，以武力阻止中国人民解放军解放台湾。9月中旬，美国侵略军直逼朝鲜北方，战火已烧到中国东北边境。

在此严重形势下，为了援助朝鲜人民的正义斗争，保卫祖国的安全，并应朝鲜党和政府的请求，由中国人民的优秀儿女组成的中国人民志愿军赴朝作战，由此在全中国开展了轰轰烈烈的“抗美援朝、保家卫国”运动。

1950年8月1日，华东军区暨南京市各界民众6万人，无锡市、扬州市各界民众与驻无锡部队指战员各10万、4万余人，分别隆重集会，庆祝八一建军节，并游行示威，强烈抗议美帝国主义侵略朝鲜和台湾。

自11月初起，声势浩大的抗美援朝运动在江苏各地广泛展开。11月12日，南京市、苏南区、苏北区先后成立了中国人民保卫世界和平反对美国侵略委员会分会，无锡、扬州、苏州、徐州等城市成立了支会，随之，其他市以及县、区也成立了抗美援朝支会。这些分会、支会，成为各地区抗美援朝运动的组织领导机关。另外，南京、苏南、苏北各民主党派和各人民团体先后发表声明，一致拥护全国各民主党派关于抗美援朝的联合宣言，号召各界人民为抗美援朝、保家卫国而努力。

各级党委和政府积极领导抗美援朝运动，大力开展时事学习和宣传教育，对美帝侵略行径树立“仇视、蔑视、鄙视”思想。各地还开展抗美援朝宣传月活动，通过这些学习、宣传、教育，全江苏有90%的民众受到了抗美援朝的爱国主义和国际主义教育，使广大人民认清了美帝国主义侵略朝鲜的实质，树立了抗美援朝的必胜信心，认识了开展抗美援朝运动的伟大意义。

1951年“五一”国际劳动节，江苏各地抗美援朝的群众集会游行示威达到高潮，参加者共达1200多万人。当年3月下旬，中国人民志愿军归国代表团代表3人抵达江苏。代表们分别在南京、无锡、扬州等地作了几十次报告，各界人民直接听到报告

的达150多万人,听众深受教育和鼓舞,进一步提高了民族自尊心和反侵略斗争必胜的信心。另外,参加中国人民赴朝慰问团的江苏代表,也带着江苏人民的一片深情和抗美援朝的决心,到朝鲜前线慰问中国人民志愿军,回来后又把志愿军的英雄事迹向江苏人民报告,这些又感动了江苏人民,进一步激起他们对美国侵略者的愤恨。

美帝国主义发动侵朝战争后,南京金陵女子文理学院美籍教授费睿思、金陵大学美籍教授芮陶庵、林查理,竟歪曲朝鲜战争真相,公然为美帝国主义侵略行径辩护,并且侮辱中国学生、中国人民和中国政府。

1950年12月6日,南京市15所大、专、中等学校7000余师生,在金陵大学举行“反侮辱、反诽谤”大会,控诉美帝国主义罪行,揭穿其欺骗宣传,克服亲美、崇美、恐美思想。毛泽东主席还亲自作了批示,认为南京反美控诉运动经验很好。其后,金陵大学和金陵女子文理学院学生组成联合代表团,分赴华东各大中城市进行美帝国主义本质的宣传,直接推动了各地学生的反美爱国控诉运动。另外,无锡、苏州、扬州、南通等地学校师生,也热烈响应南京学生的爱国之举,纷纷在各自地区开展控诉运动,与此同时,这种控诉运动也扩展到各地广大的工人、农民及城市居民中,收到良好效果。

此外,江苏各地原来接受美国津贴的学校、医院、慈善机构等,则一方面揭露美帝国主义以文化为掩护的侵略罪行;另一方面贯彻政务院《关于处理接受美国津贴的文化、教育、救济机关及宗教团体的方针的决定》,分别由政府接办和人民自办。这些活动教育了人民,认清了美帝国主义的侵略本质。

二 抗美援朝中的英雄模范人物

在江苏的抗美援朝运动中,涌现出许多英雄模范人物。

杨根思烈士

杨根思,中国人民志愿军第一位特等功臣和特级战斗英雄。泰兴县羊货郎店(今泰兴市根思乡)人,他出身贫苦农民家庭,当过童工。1944年2月参加新四军,1945年11月加入中国共产党。他作战勇敢,屡立战功,被誉为“爆破大王”,被评为“华东一级战斗英雄”,获“华东三级人民英雄”、“全国战斗英雄”称号。1950年9月曾出席第一次全国战斗英雄代表会议,受到毛泽东等中央领导的接见。10月参加中国人民志愿军,11月入朝参战,任志愿军第9兵团第20军58师172团3连连长。当年11月29日,在第二次战役中,他率

领一个排扼守下碣隅里外围1071.1高地东南小高岭，负责切断美军南逃退路。当日，号称“王牌军”的美军陆战第1师开始向小高岭进攻，猛烈的炮火将大部工事摧毁。他带领全排迅速抢修工事，做好战斗准备，待美军抵近时，带领全排突然射击，迅猛打退了美军的第一次进攻。接着，美军组织2个连的兵力，在8辆坦克的掩护下再次发起进攻。他指挥战士奋勇冲入敌群，用刺刀、枪托、铁锹展开拼杀。激战中，又一批美军涌上山顶。他亲率第7、9两个班正面抗击，另指挥第八班从山腰插向敌后，再次将优势美军击退。随后，美军遂以空中和地面炮火对小高岭实施狂轰滥炸，继而再次发起集团冲锋。危急艰险时刻，杨根思率领全排顽强抗击，以“人在阵地在”的英雄气概，接连击退美军8次进攻。这时，全排只剩下两名伤员，所有的弹药全打光了，而增援部队尚在途中，眼看大批美军又要冲上来了，已负伤的杨根思命令尚不愿离开阵地的那两个伤员说：你们带重机枪赶快撤下去，武器不能留给敌人，告诉营首长，有我杨根思在，阵地就一定能守住。当投完手榴弹，射出最后一颗子弹，美军40余人冲了上来。这时，英勇的杨根思，毅然抱起点燃的炸药包，冲入猝不及防的敌群，一声巨响与敌人同归于尽。他以自己的鲜血和生命，为夺取整个战役的胜利赢得了时间，为配合主力部队歼敌，立下了不朽功勋。战后，中国人民志愿军总部为杨根思追记特等功，并追授“特级英雄”称号，命名他生前所在连为“杨根思连”。朝鲜民主主义人民共和国追授他第一位“朝鲜民主主义人民共和国英雄”称号，并授其金星奖章、一级国旗勋章。中国人民志愿军司令员彭德怀亲笔题词：“中国人民志愿军的优秀儿子，国际主义的伟大战士，志愿军的模范指挥员——杨根思烈士永垂不朽！”①为永远纪念杨根思烈士，后来，他所在的乡被命名为根思乡。

志愿军司令员彭德怀为杨根思烈士题词

张振智，志愿军模范，东海县人。1922年出生，1946年参加革命，中国共产党党员，任志愿军工兵第10团第3连连长。在加宽平康一带的公路时，他所在排的任务区坡度大，又全在山阴面，积雪足有1米厚。上级要求四天以内把公路加宽80厘米，削平1米。他带领战士们艰苦奋战，提前半天完成了任务。他还带领战士们连续7次修复37米长

① 中共江苏省委党史工办，江苏省、南京市档案馆编：《抗美援朝运动在江苏》，中国档案出版社1997年版，第6页。

的岩里桥,保证了金刚川上的交通,有力地配合了部队的出击。志愿军总部给他记一等功两次,授二级模范称号,朝鲜民主主义人民共和国授予他二级战士荣誉勋章、二级自由独立勋章。

在抗美援朝战场上,江苏籍的英雄模范人物众多。如兴化市唐刘镇沈学勤,于1951年初赴朝参战,作战中机智勇敢,三次荣立一等功。1956年复员回乡生产,之后一直过着普通农民的生活,从不以功臣自居,当1995年民政部门在调查优抚对象时才发现这位抗美援朝的赫赫功臣。

在抗美援朝的战场上,既有许多知名的英雄模范,也有更多无名的先烈,他们为了祖国的安全,为了人民的利益,也为了维护世界和平,抛洒自己的热血,直至牺牲自己的宝贵生命,他们的英名将永远镌刻在人民共和国的历史丰碑上。

三 大力支援中国人民志愿军

江苏人民热烈拥护志愿军入朝作战,坚决做志愿军的坚强后盾。青年工人、农民、学生,响应号召,踊跃报名参军和参加军事干校,其中有相当多的入伍青年,成为中国人民志愿军战士,直接奔赴抗美援朝第一线,与侵略者浴血奋战。

同时,也有一些人虽不能成为战士持枪杀敌,但却以不同方式和身份支援抗美援朝。在抗美援朝期间,有许多汽车驾驶员、铁路员工,一批又一批赴朝服务,并涌现出许多先进模范人物。如江苏籍机车司炉史宗直,主动请缨支援前线。在一次紧急运输任务中,突遭敌机袭击扫射,一条腿被炸断,鲜血直流。他拖着伤残的身子,坚持和其他工人一起继续工作,终于使机车突破敌人封锁线,胜利完成了运输任务。

1950年南京市民举行反美游行

另外,江苏各地先后派出5批共56个志愿医疗队奔赴战场,医疗队员冒着危险,克服困难,3年中收治伤病员3万余人,施行手术1.5万次,协助中朝部队建立血库8个、精神病院1个,还帮助培训医务人员开展防疫工作,深得志愿军、朝鲜人民军官兵和朝鲜人民的赞许。

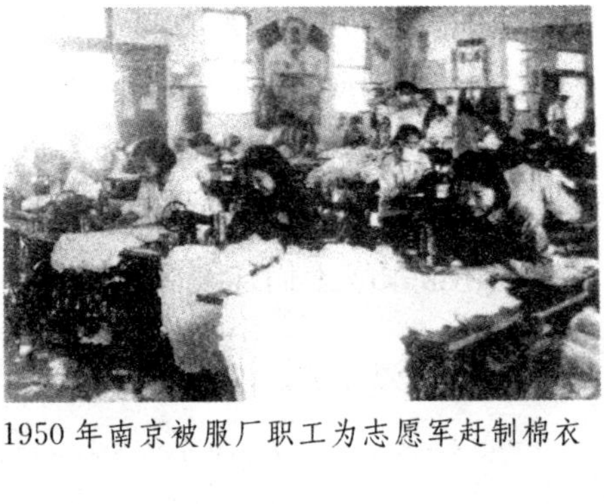

1950年南京被服厂职工为志愿军赶制棉衣

江苏青年踊跃参军支援抗美援朝

为支援志愿军作战，江苏各地热烈开展捐献飞机大炮运动。据统计，1951 年 11 月，各地为捐献飞机大炮共缴款 3923.3 万余元，折合战斗机 262 架，其中苏南捐献战斗机 158 架，苏北捐献战斗机 59 架，南京市捐献 30 架，均分别超过原订计划的 31.6%、60%、51%。另外，为慰问中朝抗美战士和救济朝鲜难民，江苏各界人民捐献慰问金 380 多万元，慰问品 100 多万件，并写慰问信 270 多万封；同时，还派代表到朝鲜战场，慰问志愿军和朝鲜人民军。在捐献运动中，涌现出许多感人事迹。太仓县陆陵区有一位老婆婆，没有劳动力，干部劝她不要捐献了，但她却发自肺腑地说：在新中国我翻了身，爱国保家有我一份。于是，她捐了 10 斤棉花。此外，也有不少家庭妇女，捐出了自己珍爱的订婚或结婚戒指以及其他财产。南京就有一位家庭妇女，把她埋藏了多年的 10 两黄金全都捐了出来。

南京无线电厂职工为抗美援朝捐献首饰

江苏各级政府和百姓,一方面踊跃支援前方,另一方面在后方对志愿军军烈属和残废军人,深入开展优抚工作。农村组织代耕,城市组织就业,大量发放救济粮、救济金和抚恤金,使军烈属和残废军人感到政治上光荣,生活上有保障,也使前线将士更加安心。

江苏各地除了积极支援前线外,工人、农民、知识分子及其他各界人士,都在各条战线上努力生产,勤奋工作,厉行节约,促进国民经济的恢复和发展,促进各项社会改革的顺利进行,以实际行动支援抗美援朝战争。

第四节 查禁鸦片烟毒

一 打击毒贩,查禁烟毒

鸦片烟毒危害巨大,江苏又是受害比较严重的地区。所以江苏解放后,各地政府便开展了大张旗鼓地查禁鸦片烟毒的运动。

在江苏近代史上,帝国主义者侵入后,即大肆贩运和销售鸦片、海洛因等毒品,致使各地烟毒泛滥成灾,成为旧社会遗留下来的一大祸害。它严重地损害了民众的身心健康,严重地败坏了社会风气,也严重地阻碍了社会的进步和发展。它使无数家庭穷困潦倒、倾家荡产,使无数家庭卖儿鬻女、妻离子散,由此而造成了一幕幕人间悲剧。有的吸毒者为弄钱购买毒品,甚至走上邪路,不惜沦为娼妓、盗匪、乞丐,吸毒贩毒已成为盗贼匪霸黑社会滋生的土壤。

江苏全境解放以后,各地人民政府即着手进行禁烟禁毒工作。1949 年 9、10 月间,苏北、苏南行署、南京市公安局分别发布禁止烟毒办法、条例等,通令严禁种植、制造、买卖、贩运鸦片烟毒。各地主要城市也都成立了戒毒所,采用勒令戒除与自觉戒除相结合的办法。其中苏北区因大部地区属于老解放区,边区政府早已重视禁毒,所以烟毒至解放时已基本禁绝。但在沿江北岸各城市及地区,因解放较迟,又曾遭受敌伪长期统治,毒化较深,其中尤以南通、扬州、泰州三地较为严重。因此,苏北区根据当时形势和各地实际情况,颁发查禁烟毒具体计划,分类领导,抓住重点,清除残毒,并有条件地结合游民改造工作一体进行。

南京的情况则更为特殊,作为国民党统治的首都,各色人等云集,信息与交通畅便,不但吸毒人数多,而且成为毒品的秘密交易市场和中转站。鸦片毒源一路主要是经过陇海路、津浦路贩运到南京,另一路则是从四川、云南、湖南、江西等省沿长江东下来宁。海洛因主要是从香港经广东、上海转运到达,之后再向苏南等地批售。这些

新中国成立初期人民政府枪毙毒枭

大毒犯多与铁路、航运、邮政等部门人员勾结进行贩运，猖狂至极。南京解放后，这些毒犯仍旧暗中从事贩毒活动，在他们中还潜藏有大量特务、反动党团骨干分子、敌伪军政警宪人员、反动会道门头子、恶霸地主等。他们结伙成帮，各霸一方，甚至利用金钱美女拉拢我政府部门干部、职工，以求庇护他们的贩毒行动。南京解放初期，市军管会即着手禁毒。当时在各城门要道口设置了 10 个治安检查站，其中检查毒品即为重要任务之一。不久，南京市公安局成立，即组织力量开展了对烟毒犯的查缉工作。1949 年 10 月，市公安局发布《禁止烟毒暂时办法》，责令种、制、运、售毒品者登记，主动交出毒品、烟具，违者按照情节轻重惩处，并没收其非法所得财产；有吸毒嗜好者，限期戒除。从 1949 年 5 月至 12 月，共查破烟毒案件 1500 多起，抓获犯罪分子 400 余名。① 虽经查禁烟毒，打击毒犯，但重点工作一时尚在其他方面，故而未能彻底。

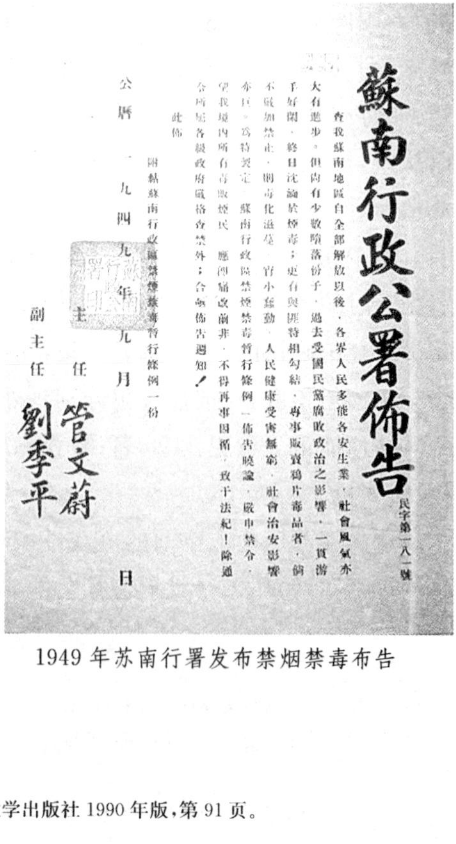

蘇南行政公署佈告

民字第一八一號

查我蘇南地區自全部解放以後，各界人民多能各安生業，社會風氣亦大有進步。但尚有少數墮落份子，過去受國民黨腐敗政治之影響，一貫游手好閑，終日沈湎於煙毒；更有與匪特相勾結，專事販賣鴉片毒品者，倘不嚴加禁止，則毒化滋蔓，宵小蠢動，人民健康受害無窮，社會治安影響不巨。爲特製定蘇南行政區禁煙禁毒暫行條例一佈告曉諭，嚴申禁令，望我境內所有毒販煙民，應即痛改前非，不得再事因循，致干法紀！除通令所屬各級政府嚴格查禁外；合亟佈告週知！

此佈

附蘇南行政區禁煙禁毒暫行條例一份

公曆一九四九年九月 日

主任 管文蔚

副主任 劉季平

1949 年苏南行署发布禁烟禁毒布告

苏南区因解放较迟，所以贩毒分子同样猖獗，在区行署领导下，各城市各地区打击毒犯和戒除烟毒的工作也积极进行。结合剿匪反霸，逮捕和惩处了部分毒犯，毒犯活动受到一定遏制。但总的来讲，包括苏南、南京、苏北在内，因为各地政府重点工作一时尚在其他方面，故而打击毒犯和戒除烟毒的工作还未做到彻底，效果也还未明显达到。

1950 年 2 月 24 日，政务院《严禁鸦片烟毒的通令》发布后，江苏各地进一步加强力量，深入发动群众，广泛开展声势浩大地查禁烟毒工作，并结合镇压反革命，依法处决了一些罪大恶极的大毒品犯。4 月，南京市公安局发布《查禁烟毒办法》，加强了侦缉破案，打击毒犯行动。当月，市公安机关捕获号称南

① 中共南京市委党史办公室编：《春风七年金陵路》，东南大学出版社 1990 年版，第 91 页。

京“四大金刚”之一的大毒犯项福如及其弟项福禄等7人，接着又缉获“湖北帮”大毒犯李玉先。1950年南京共破案1400多起，捕获毒犯2000多名，分别送法院判刑、拘留、长期管教、解回原籍和教育释放。另外，还结合镇压反革命查禁烟毒。这期间还召开公审大会，镇压了反革命分子、大毒犯孔经武、林之洞(栋)。1949年5月到1951年底，仅南京市公安机关就破获烟毒案件3000多起，抓获毒犯3000余名，缴获毒品达2万余两。①

1952年，查禁烟毒工作继续进行。江苏各地根据中共中央《关于肃清毒品流行的指示》，制定了发动群众开展禁毒运动的计划和处理毒犯的政策标准。运动一般分宣传登记、集训审查、定案处理三个阶段，各地区特别是各大中城市，一般都成立了党委领导下，由公安机关等有关机关负责人组成的禁毒领导机构，由主要领导担任主要职务。随之，各地掀起浩大的宣传声势，通过各种形式，将广大群众彻底发动起来。贩毒分子被震慑、孤立，被检举、追查；同时，吸毒者也感到来自社会方方面面的很大压力，心灵受到震撼。

通过宣传，人民政府的禁毒决心和政策基本做到家喻户晓。苏州有群众把人民政府的禁毒政策与国民党的做法进行比较，深有感慨地说：“人民政府禁毒是挖根子，国民党的禁毒是抓孙子。”江苏各地的毒犯陆续登记，并坦白交待自己及同伙的罪行。各地对已登记的毒犯进行集训审查，依其情节分别作出惩处。惩处标准是：制毒犯从严、贩毒犯从宽；主犯、惯犯、大犯从严，从犯、偶犯、小犯从宽；抗拒坦白从严，彻底坦白从宽；今后从严，过去从宽；反革命分子、军警宪特务从严，一般群众从宽。②

至1952年10月，各地大规模查禁烟毒的运动基本结束，并取得决定性的胜利，嚣张一时的各贩毒帮口一个个土崩瓦解，盘根错节的贩毒黑网也冰消雪融。其中，南京市对登记确认的4000余名毒犯，逮捕了其中的1000余名，内有反动身份的400余名。至该年年底，对被捕毒犯分别判处死刑、有期徒刑、管制、免予起诉。③ 苏南、苏北两区共逮捕重大毒犯3499名；缴获毒品数万两、毒具9186件、黄金608两、银元6085枚、长短枪69支。

这次江苏历史上空前的群众性的查禁烟毒运动，严厉地打击了长期以来祸国殃民的烟毒犯，镇压了一批危害社会的罪大恶极的烟毒惯犯、大犯、现行犯，进一步巩固

---

① 中共南京市委党史办公室编：《春风七年金陵路》，东南大学出版社1990年版，第93页。

② 中共江苏省委党史工办编：《城市的接管与社会改造》(江苏卷·苏南苏北分册)，中共党史出版社1997年版，第483页。

③ 中共南京市委党史办公室编：《春风七年金陵路》，东南大学出版社1990年版，第99页。

了社会治安；也使人民群众受到一场深刻而生动的政治教育，从而更加拥护人民政府。

二　多管齐下，帮助吸毒者戒除毒瘾

在查禁烟毒的运动中，对于大毒犯主要是采取打击与惩处方针，而对于吸毒者，则是采取多种方法帮助其戒除毒瘾，吸毒者多是普通民众，他们也是烟毒的受害者。

1950 年 6 月 30 日，苏北行署在关于查禁烟毒的一份报告中就指出："单纯停留于禁毒，不能解决基本问题"，所以"在禁吸禁贩工作中，对有家业堕落吸毒或贩毒图利者，禁除后限其安守职业，对破产失业的吸毒游民或贩毒谋活者戒除后，结合游民改造，帮助转业生产。"①

在禁毒运动末期，为了帮助吸毒者彻底戒除毒瘾，各地依据中央关于"政府管理、群众监督、集中或分散进行戒除，年老体弱者暂缓"的方针，对尚未戒除毒瘾的吸毒者，进行教育、动员，提供药品，并伴以强制措施。这期间，南京市禁毒指挥部就制定了戒毒工作计划，确定由市公安局和民政局、卫生局密切配合，设立数个戒毒所（对外称卫生所），专门负责戒除烟毒工作。其他地区也大体上如此行动。

开始时，许多烟民顾虑很大，一般都不敢主动承认自己吸毒，怕一旦承认吸毒会被紧追毒源，会被公开处理；其次是怕因此失业而影响正常生活，给家庭带来困难。为贯彻"烟民自戒为主"的原则，各地各级组织分别召开群众会、烟民学习会、烟民家属座谈会等，进行广泛的戒毒动员，对部分思想顾虑较大的吸毒者，则进行重点教育。与此同时，还鼓励一些决心大的瘾民带头戒毒，这样做的效果很好。绝大多数吸毒者基本上都是自主戒毒成功，只有极少数瘾民才被强制戒毒，但也做到了当年戒绝。戒绝成功的瘾民及其家属对人民政府的举措和用心均甚感激，他们发自肺腑地说："这一下可把烟毒斩草除根了！""这真是亘古未有的好政府！"

帮助吸毒者戒除毒瘾，各地都有自己的成功经验。如苏州全市曾召开 19 次瘾民会议，苦口婆心地进行戒毒劝导。一些瘾民参加会议之前顾虑较大，怕受处罚，怕丢面子，开完会后了解了政府的政策是为了挽救自己，从而安下心来，用他们自己的话说，就是"愁眉苦脸进来（开会），欢天喜地出去"。大家表示：过去国民党禁烟，捉我们去敲了钱放回来，烟仍旧戒不掉，而贩毒的他们根本不管，现在人民政府禁毒是抓毒

---

① 中共江苏省委党史工办编：《城市的接管与社会改造》（江苏卷 · 苏南苏北分册），中共党史出版社 1997 年版，第 201 页。

贩子,对我们是教育戒烟,我们再吃就对不起政府。[1] 由于广泛宣传到位,工作细致到位,政策落实到位,由此得到吸毒者以及长期吸毒的瘾民的配合,才使得众多吸毒者戒除了烟毒,虽然还有小部分需要继续戒毒和巩固效果,但毕竟祸害江苏人民百年之久的烟毒,已被基本禁绝,从而大大净化了社会风气。

第五节　取缔娼妓,废除封建把头与抄身制

一　封闭妓院,改造妓女

新中国建立初期,大体上与查禁烟毒运动开展的同时,江苏各地还进行了取缔娼妓的行动。

娼妓,是旧中国社会制度遗留下来的毒瘤。新中国建立前的江苏,特别是在大中城市,嫖娼业处于畸形的兴盛中。那时位处苏北的新海连市就有公开的妓院 8 处,另外还有众多的暗娼。在苏南地区,嫖娼卖淫之风甚盛。镇江市 1949 年底前往公安机关登记的妓女有 109 名,无锡市在新中国建立前夕有妓院 117 家。苏州解放初期,据不完全统计,从事卖淫的妓女竟多达 1000 多人。事实上,处在旧社会最底层的妓女,大多数是为贫苦生活所迫而落入娼门的,她们在精神和肉体上备受凌辱和摧残。

随着国民党统治的覆灭,各种反动势力纷纷外逃,妓院随之迅速萧条,数量大为缩减,妓女也急剧减少。虽然如此,娼妓业却并未自动消失。各种妓女、向导女、舞女、跑街等,仍浓妆艳抹,频频出没于茶楼酒店等公共场所,兜售拉客。同时,各地妓院妓主、妓媒,仍多与流氓地痞沆瀣一气,坑蒙拐骗,严重扰乱和败坏了社会风气,而一些妓院甚至成为国民党散兵游勇、土匪敌特活动的藏身之处。对这种情况,民众十分不满,希望政府能够尽快采取措施,消除这种丑恶现象。

但是,当时人民政府尚有其他更重要的工作需要去做,所以暂时难以立即采取系统和有力的措施对娼妓及时予以清除。尽管如此,1949 年新中国建立后的江苏各地,特别是南京及其他一些大中城市,对仍从业的娼妓大体采取了“加强管理,缩小影响,逐步根除”的方针。当时,各地公安部门把妓院作为特种行业加以严格管理,即在数量上只准减少,不准增加;公开宣布废除妓院和妓女间的非法卖身契约,妓女享有人身自由,妓主不得向妓女强收赎身钱。同时,鼓励妓女脱离妓院从良,另谋正当职业生活。这段时期,各地均对娼妓进行登记、摸底排查和掌握情况,并限制妓主对妓

---

① 中共江苏省委党史工办编:《城市的接管与社会改造》(江苏卷·苏南苏北分册),中共党史出版社 1997 年版,第 482 页。

女的剥削，禁止其腐蚀国家工作人员。经过这些举措，各地的妓女数量逐步减少，从而为全面解决娼妓问题准备了条件。

经过一段时期的准备，取缔妓院的条件和时机已经基本成熟。从 1950 年开始，各地先后开始行动，采取断然措施，取缔本地区所有妓院，并依法逮捕一批作恶多端、罪证确凿的妓主，这些人其实大都是恶霸、流氓或特务出身。其中少数罪大恶极者被判处死刑。对一般妓主、妓媒，工作组则责令其老实交代，改邪归正，争取从宽处理。

同时，各地收容一切从业妓女，将她们全部送往妇女教养院集中起来，通过组织她们政治学习，为她们治疗疾病，鼓励和督促她们参加生产劳动。其间，还发动妓女开展吐苦水挖苦根活动，控诉妓主对她们进行残酷剥削和凌辱迫害的罪行。通过这些工作，逐步打消了妓女们的一些顾虑，也化解了她们中某些人的对立抵触情绪。这些妓女由于长期在不良的环境和条件下卖身，所以绝大多数都患有各种形式的性病。人民政府在经济状况还未恢复的困难时期，在抗美援朝战争也需要大批紧缺药品，在国际帝国主义对新中国实行严密封锁的情况下，仍拨出专款设法从国外购买大批盘尼西林，为患有性病的妓女治疗。同时，教养院还通过组织妓女文化学习，为她们中的大部分人摘掉了文盲帽子。经过半年的学习改造，妓女们的思想认识有了很大提高，性病得以治愈，同时也掌握了一定的劳动技能。最后在安排上，政府也根据她们的实际情况，参考她们个人的意愿，让其或回乡，或从良，或改业，或助其择偶成家，对经济困难者还予以适当补助。这样，许多备受凌辱的女性获得重新做人的正当权利，其中有的妓女由于努力改造，勤奋工作，后来还被评为本地区的劳动模范。

由于各级领导重视，方针政策正确，态度认真诚恳，工作扎实细致，使得依附于旧社会肌体上的娼妓制，到 1953 年秋冬，在江苏各地先后被取缔和废除，而众多妓女也从此走上新的人生之路。

二　废除封建把头

封建把头制度是新中国成立前在政治上压迫工人、经济上残酷剥削工人的一种工具。这种情况在搬运、水运、建筑，以及面粉、机米、油饼、纺织、缫丝等行业中表现得尤为严重。因此，把头制度被称为“压在工人头上的又一座大山”。如江岸城市镇江，解放前就有大小 61 个水陆码头被封建把头势力所把持。他们垄断码头搬运业务，而且坑蒙拐骗，巧取豪夺，长期以来残酷压迫和剥削工人。

1949 年江苏各地在新中国成立初期，党和政府就把废除封建把头作为民主改革的一项重要内容，并且取得一定成效。当时，残存的各业把头、包头等封建反动分子，

虽然慑于国家法令和群众力量的威力,其欺诈和剥削工人的气焰稍有收敛,但余威尚存,打骂工人、欺行霸市的现象仍旧发生。

根据中央部署,自 1950 年 7 月起,南京市及苏南、苏北区即陆续展开反封建把头的斗争。其间,各地工会和公安等部门组织工作队(组),深入工厂、码头,广泛发动群众,帮助筹建基层工会组织,揭发、控诉封建把头的恶行,深刻认识封建把头制度的危害。同时,还纷纷成立劳动改造委员会等有关机构,清除混入各级工会的把头分子。经过斗争,在相关行业中逐步废除了封建把头剥削制度,并先后建立、健全了由工人当家做主的民主管理组织和制度,还订立了一批规约。随着新工会的成立,对原有工会的改造,工人的权利得到保障,劳动热情高涨,人均月收入比反把头斗争前一般都有较大幅度增长。

在反封建把头的斗争中,各地也注意掌握政策。主要是集中力量打击首恶,而对一般中小把头,则通过面对面斗争,使其向工人坦白认错,表示悔过,然后视其态度好坏和情节轻重,分别给以恰当处理,同时亦取消其特权。最后,对作恶多端的少数把头,依法予以逮捕法办,另对极少数罪大恶极者,判处死刑。其中,仅南京市就反掉了封建把头 800 多个,并取消陋规数十种。无锡、常州、镇江三市单在搬运行业中,也反掉了 700 多个封建把头。

江苏各地的反把头斗争大体上于 1953 年结束,从而在一个重要方面完成了民主改革。

在反封建把头的斗争中,在纱厂还进行了反“拿摩温”的斗争。“拿摩温”是英文 Numbet One 的谐音,意即“第一号”,这也是旧中国工厂中对工头的别称。原先只用于外资纱厂,以后华资纱厂也沿用此名称。在旧中国的纱厂里,每一个车间都有一个拿摩温。这些拿摩温不参加劳动,却专门监视、管理工人干活。他们具有开除和处罚工人之大权,并且可以随意打骂工人。另外,拿摩温还巧立名目盘剥工人,如每当工人进厂,或逢年过节及拿摩温家有婚丧喜庆诸事,工人们都得向拿摩温送礼孝敬。有的拿摩温在工人工资中捞取回扣,或乘工人之危放高利贷,有的拿摩温还仗势凌辱和奸污女工。新中国成立后,结合反封建把头等民主改革运动,拿摩温制也被废除,个别恶行昭著的还被惩处。同时,各厂民主产生生产小组长,工人积极性也提高了。

三　废止抄身制度

新中国成立后,几乎与废除封建把头制同时,江苏各地的一些工厂还废除了施行数十年的抄身制。

抄身制,也称“检身制”、“搜身制”、“抄纱制”等。它是旧中国多通行于纺织厂的

人身搜查制度。每当工人下工出厂时，都要经过构筑在厂门口的弯弯曲曲的栏杆，每个人被仔细抄身后才能出厂。为了养家糊口，工人们只得忍气吞声地被迫接受。也曾有因抄身而引起工人激烈反抗事件。20世纪30年代，某华商纱厂因工人拒绝抄身而发生厂方下令厂警开枪，结果重伤10余人，轻伤20余人的严重事件。抄身制严重剥夺了工人的人身自由，同时也束缚了工人的生产积极性。

在民主改革中，广大工人强烈要求废除抄身制。工会也进一步领导工人进行诉苦活动，提高阶级觉悟。1950年前后，各有关厂先后废除了抄身制。同时，工会也订立劳动公约，工人保证自觉执行，并遵守劳动纪律，和资方共同搞好生产。原来资方担心废除抄身制后会更多地发生偷盗事件，结果恰恰相反，废除抄身制后厂里每公斤棉花出纱率反倒比以前提高了。

抄身制的废止，工人们欢欣鼓舞。当时常州元中染织厂还印制了工会成立暨废除抄身纪念章。该纪念章为铜质涂蓝、白色漆，规格为2.4厘米。外形为染织厂的纱团，又似蓝天中的祥云，右上方红星高挂，白色中圈如同一轮圆月，圈内绘有纺纱梭子，代表纺织企业。此章设计考究，造型独特，其正面还刻有“中国纺织工会·常州元中染织厂委员会成立纪念”文字，背面铸有“废除抄身纪念”铭文及纪念章编号。这种具有特定内涵的纪念章，是新中国工人当家做主的生动见证，因而具有重要的历史意义。

第六节　坚持宗教自主，驱除帝国主义宗教势力

一　帝国主义势力利用宗教组织进行破坏活动

在新中国成立后的20世纪50年代初期，结合抗美援朝运动的进行，江苏宗教界开展了一场轰轰烈烈的反帝爱国运动。

1949年江苏全境解放后，各地人民政府遵照中共中央和中央人民政府的指示和法令，对宗教实行尊重和保护信仰自由的政策，同时也对宗教职业人员及其上层人士采取团结和教育的正确方针。但是，此时江苏各地仍在西方帝国主义势力控制下的基督教和天主教组织，则对中国人民的民主革命与建设事业抱有敌视态度，并大肆进行各种形式的破坏活动。同时，在佛教、伊斯兰教和道教内，长期传承下来的封建制度和封建特权也还没有被废除。

解放前夕，南京天主教约有教友1200余人(其中大多数为城市贫民)，有3个修会、1个南京主教区，梵蒂冈罗马教廷公使馆就设在南京。当时有7座教堂，外籍传教

人员(神甫、修女)52 人,中国神职人员 432 人。属于天主教举办的各类学校、孤儿院、报馆和印刷机构共 7 处。① 南京基督教则有信徒 7000 余人(其中有一部分知识分子和青年学生),分属于 18 个外国差会控制的 19 个教派,拥有教堂和各种宗教团体 50 余处,外籍传教士 77 人(多为美籍),本国传教人员 248 人。基督教办的神学院,大、中、小学和医院、慈善机构共 104 处,教职人员有 352 人。② 由于历史上天主教、基督教传入中国,主要依仗帝国主义的侵略势力,所以从开始时起,其全部人事、财务和传教大权都操纵在欧美籍的传教士手中,呈现出典型的"洋教"色彩。

南京曾经是中华民国的首都,因而也成了帝国主义在华宗教势力的中心。南京的天主教和基督教,一直为美、英所控制。抗战胜利以后,罗马教廷驻华公使黎培里,首任南京基督教协进会会长、后任美国驻华大使的司徒雷登,都曾积极插手参与支持国民党打内战。直到南京解放前夕,在天主教、基督教内的帝国主义分子,还在进行种种反对人民民主革命的宣传。如基督教内的外籍传教士在南京解放前夕就曾对教会人员作过周密布置,并鼓励中国教会领袖留在南京,"守住地盘,等待时机"。南京解放前夕,黎培里还专门调人到南京来建立天主教内的秘密反动组织"圣母军",妄图与共产党作斗争,以恢复其"基督底神国"。③

事实上,新中国建立前夕的江苏除南京外,其他城市如扬州、苏州、徐州等,外国教会势力的活动都很猖狂。

1949 年,江苏各地虽然相继解放,但帝国主义的宗教势力并未自动退出江苏以及整个中国。1950 年 7 月 17 日,驻华公使黎培里公然向中国全体天主教主教发出"关于教区管理和在特殊情况下的权利延续的规定"训令。7 月 28 日,黎培里竟宣布罗马教廷的再次"警告",禁止中国天主教徒参加中国共产党领导的各种组织。12 月 18 日,黎还向中国的全体主教和神甫发表"请看主"牧函,公开反对天主教内广大教徒的反帝爱国运动。

在新中国成立后的南京以及江苏的其他地区,那些披着宗教外衣的帝国主义分子,利用天主教和基督教的传教活动,肆意煽动教友和神职人员同人民政府对立,甚至极力阻挡青年教徒参军参干。他们如此敌视中国人民、干涉中国内政,以及破坏抗美援朝运动的恶劣行径,一度达到嚣张的地步。

---

① 中共南京市委党史办公室编:《春风七年金陵路》,东南大学出版社 1990 年版,第 307—308 页。

② 中共南京市委党史办公室编:《春风七年金陵路》,东南大学出版社 1990 年版,第 308 页。

③ 中共南京市委党史办公室编:《春风七年金陵路》,东南大学出版社 1990 年版,第 309 页。

二 宗教界开展“三自”革新运动

鉴于1949年新中国成立后江苏宗教界帝国主义分子的猖狂反动活动，江苏宗教界爱国进步人士要求驱除帝国主义宗教势力，进行宗教民主改革。

1950年7月，中国基督教界领袖吴耀宗等40人发表《中国基督教在新中国建设努力的途径》宣言（简称《三自宣言》），提出割断中国基督教同帝国主义的联系，实行“三自”即“自治、自养、自传”的主张。揭开了基督教反帝爱国三自革新运动的序幕，并在江苏各地引起积极反响。

南京中华基督教会总干事邵镜三，是《三自宣言》的发起人之一。在全国第一批签名《三自宣言》的500人中，南京基督教各教会参加签名的即有20余人。在他们的带动和影响下，南京更多的基督徒冲破阻力，纷纷在《三自宣言》上签名，表示拥护和参加基督教的三自革新运动。

基督教三自革新运动一开始，基督教内的帝国主义分子就采取造谣污蔑、威胁利诱等恶劣手段，不断进行干扰、破坏，企图阻止教徒在《三自宣言》上签名，但其目的并未达到。广大教徒信众通过学习讨论，爱国主义觉悟不断提高，签名者日渐增多。至1951年4月，签名者多达2600余人，占全市教徒总数的37%以上。

随着签名运动的更广泛开展，控诉帝国主义罪行的活动也纷纷举行。1951年，结合抗美援朝运动的开展，6月5日至7日，南京市宗教界举行了该市基督教团体控诉帝国主义分子的罪行大会，知名人士吴贻芳、邵镜三等十几人纷纷登台控诉发言。之后，控诉运动进一步开展。

通过控诉运动，广大基督教徒提高了思想认识和政治觉悟，明白要实现三自革新，就必须割断同帝国主义的联系，并肃清其思想毒害和不良影响；清楚了爱国与爱教是一致的，二者不能分割；同时，还认识到共产党和人民政府关于宗教信仰自由的政策，不仅诚恳，而且真正是为信徒过好宗教生活服务的。控诉运动的深入发展，有力地推动了基督教的三自革新爱国运动。

1950年12月28日，政务院发布了《关于管制美国在华财产冻结美国在华存款的命令》。次日，又作出了《关于处理接受美国津贴的文化教育救济机关及外资经营之文化教育救济机关及宗教团体的方针的决定》，并且发布了相应的登记条例。从1951年1月开始，南京市及苏南、苏北各地即遵照中央人民政府决定，相继冲破阻力，依靠广大教众，展开对接受美国或任何外国津贴的教会及文化慈善事业财产的登记工作。

1951年1月，南京市成立了“处理接受外国津贴及外资经营之文化教育机关及宗教团体专门登记处”，专门负责办理本市天主教、基督教及文化慈善事业财产的登记

工作。此项重大举措,就是要从组织上、经济上割断与帝国主义的联系,从而收回教会、学校及文化慈善机构等各项事业主权。截至1952年2月,根据专门登记后的统计数字,南京市仅接受外国津贴的各基督教会、团体、学校、医院和慈善机构共104个,其中44个接受美国津贴。①

继登记工作逐步完成后,教会办的文教及慈善事业便陆续由政府接办,其教会团体房产除一部分留做教会自用外,由房产部门代理经租,作为教会自养的经费,政府在税收政策上也给予照顾,以增强自养能力,从而粉碎了帝国主义对我宗教团体的扼杀阴谋,并为最后摆脱外国教会的控制,独立自办教会打下了物质基础。之后,外国传教士便纷纷离境。

随着控诉帝国主义分子罪行和开展爱国主义教育运动的深入进行,以及专门登记与接收工作的有序开展,首先建立一个自治、自养、自传的基督教会的条件已经成熟。1951年8月,南京市召开了第一届基督教"三自"革新代表会议。会议通过了《南京市基督教三自革新运动促进会章程》,规定本会的宗旨是:"本着爱国爱教的精神,拥护共同纲领,遵守政府政策法令,坚决割断并肃清与帝国主义的一切联系与影响,彻底实现基督教自治、自养、自传的革新运动的目的"。② 会议选举产生了第一届南京市基督教三自革新促进委员会(后改称南京市基督教三自爱国会),陈鹤琴当选为主席,邵镜三、蔡嘉祥当选为副主席。这次会议的成功召开,标志着南京基督教徒反帝斗争取得胜利,也标志着南京基督教的新生。之后,南京基督教"三自爱国会"认真贯彻落实三自革新措施,其全部教职人员均由中国牧师担任,教会行政事务也由中国教徒代表自行管理,教会经济亦为中国教徒自己所控制。同时还通过做工作,结束了内部教派众多、且相互对立的局面。

南京基督教徒反帝爱国斗争的胜利,积极影响和推动着江苏其他地区基督教徒反帝爱国斗争的开展,同南京一样,这些地区的基督教徒也取得了三自革新爱国运动的胜利。

与基督教反帝爱国运动开展的同时,江苏天主教的反帝爱国运动也广泛开展。在开始阶段,主要是开展《反帝爱国宣言》的签名运动。之前就干涉中国内政、支持美国扶蒋反共的梵蒂冈驻华公使黎培里,在新中国成立后仍坚持敌视中国人民的反动立场,继续支持帝国主义分子控制中国天主教会的领导权。其顽固的反动行径,激起了教内爱国教徒的强烈反对。

---

① 中共南京市委党史办公室编:《春风七年金陵路》,东南大学出版社1990年版,第315—316页。

② 中共南京市委党史办公室编:《春风七年金陵路》,东南大学出版社1990年版,第316页。

1951 年 3 月 31 日，以南京教区副主教为首的 783 名神甫、修女和教友签名的南京地区天主教《反帝爱国宣言》在《新华日报》发表，表示要积极行动起来，实行南京天主教自养、自治、自传的三大原则；明确除在宗教信仰上与罗马教廷保持宗教联系外，坚决反对教廷干涉中国内政，坚决割断与教廷在政治、经济上的关系。此《爱国宣言》一发表，立即受到南京市民，各民主党派、基督教会的热烈欢迎。当天，天主教梵蒂冈罗马教廷驻华公使黎培里急忙发表了致全国各教区主教的公开信，反对此《宣言》，且鼓动后进教徒与爱国教徒之间的对立。

黎培里的公开信在报纸上公布后，南京市各民主党派暨各界人民立即予以抗议和声讨，全国其他一些大城市的天主教会也纷纷来电来函声援，要求政府驱逐黎培里出境。于是，南京天主教界开展了一个驱逐黎培里的爱国签名运动。

1951 年 6 月 24 日，《新华日报》发表了以李维光为首的 750 余人（占全市成年教友的 80%）要求驱逐黎培里的签名书。之后，要求驱逐黎培里的斗争进一步开展，其中或举行控诉黎培里罪行大会，或举行游行示威活动等。当年 9 月 4 日，南京市军管会将企图破坏、阻止天主教“三自”革新爱国运动的黎培里驱逐出境。在此之前，扬州天主教徒在市天主教“三自”革新促进会（1951 年 7 月成立）领导下，向帝国主义分子费济时、杨耐安等收回天主教宗教主权，同时，市政府亦根据市民要求，驱逐费济时等帝国主义分子出境。在此前后，徐州、淮安、高邮等地也相继开展了控诉驱逐天主教内帝国主义分子的斗争。至 1953 年底，江苏天主教内的 197 名外籍神甫、修士、修女、教师，除了少数被驱逐出境或限期离境外，多数自动申请离境，只剩下 2 名留在江苏境内。①

1951 年 10 月，南京市军管会及公安局还下令取缔在黎培里直接指使下建立起来的反动组织“圣母军”，逮捕了反革命分子赵洪声。在此前后，江苏其他地区也开展了取缔反动组织“圣母军”的斗争。当时，全江苏地区共有“圣母军”区会 1 个，支会 11 个，试办支会 4 个，还有儿童支会 3 个，有团（会）员约 490 人。②各地除逮捕首恶分子外，还公布了“圣母军”人员登记退会办法，并举办“圣母军”罪行展览会，在天主教会中广泛开展关于取缔“圣母军”的学习和宣传教育。很快，绝大多数“圣母军”成员纷纷办理了登记退会手续。

1951 年 12 月 15 日，南京市天主教召开了第一次代表会议，通过了南京天主教革新运动促进会章程和全市天主教徒爱国公约，正式成立了南京市天主教革新运动促进会（后改称南京市天主教爱国会），选出李维光、孙持方等 23 人为革新运动促进会

---

①② 江苏省地方志编纂委员会编著：《江苏省志・宗教志》，江苏古籍出版社 2001 年版，第 214 页。

委员,孙持方任主席。

李维光等人促进天主教革新运动的爱国爱教行动,遭致梵蒂冈罗马教廷的反对和仇视。1952年2月1日,罗马教廷传信部发布摘除李维光神权的"绝罚"(意为开除出教)命令。之后,李维光发表了"爱国是天职,何罪之有?!'绝罚'无效"的严正声明[①],坚决抵制"绝罚"。1954年,李维光当选为第一届全国人民代表大会代表,中央人民政府主席毛泽东在接见与会代表时,特地询问谁是李维光,并同李亲切握手问候,表达了党和国家领导人对南京天主教反帝爱国斗争的支持和关心。

在1952至1955年间,南京天主教爱国力量还与上海方面的天主教爱国力量相互支持和配合,排除了龚品梅集团对两地天主教反帝爱国运动的破坏和干扰(黎培里被驱逐出境后,梵蒂冈罗马教廷任命上海天主教主教龚品梅兼任南京教区和苏州教区主教,并兼任扬州监牧区教务),从而巩固了反帝爱国运动及三自革新运动的成果。而龚品梅及其在南京的代理人、神甫范伯禄则于1955年分别受到国法惩处。

在"三自"革新运动中,南京等地还举行会议,控诉帝国主义分子借举办"慈善事业"为名,残害中国儿童的罪恶活动,逮捕了犯有罪恶的反动分子。

随着江苏解放后各项社会改革的进行,也随着基督教、天主教三自革新运动的开展,江苏各地区的佛教、道教、伊斯兰教也废除了教内的封建特权和压迫剥削制度,同时也普遍建立了教内的民主制度和管理机构。

新中国成立初期,在中国共产党及各地人民政府的支持和帮助下,江苏各地的基督教、天主教同全国一样,彻底摆脱了外国势力的控制,并结合抗美援朝及反帝爱国运动的开展,清除了帝国主义的流毒和影响,并且从根本上改变了中国天主教、基督教的"洋教"形象,这对于江苏宗教事业的长期健康发展奠定了牢固基础。这期间,在当时由于一些从事宗教工作的干部缺乏经验,在掌握政策方针方面还有简单化的缺点,对相当一部分宗教职业人员和某些教会领袖的团结工作做得不够。以致挫伤了一些教会人员爱国爱教的积极性,一度出现了本可避免的曲折。

第七节　宣传贯彻《婚姻法》

一　落后封建婚姻形态的存在与危害

在中国漫长的封建社会里,江苏同全国其他地区一样,实行的是封建主义的婚姻

① 江苏省地方志编纂委员会编著:《江苏省志·宗教志》,江苏古籍出版社2001年版,第215页。

制度。

新中国成立前及江苏在未实行《婚姻法》前，封建主义及其落后的婚姻形态有十余种，如包办买卖婚姻、领童养媳、指腹亲、重婚纳妾、租妻典妻、早婚（男女十五六岁即结婚）、冲喜、近亲联姻、换亲、抢亲、等郎亲（成年女嫁稚童男）等。

在这十几种封建与落后的婚姻形态中，童养媳制在摧残少女身心健康方面更为惊心。一般是女方因家境窘困或父母早亡，而女未成年，遂被送往男家生活；或男家缺乏劳力，便招一童女，操农作、持家务，俟成年后成婚。据1952年1月苏南人民行政公署在《苏南〈婚姻法〉执行情况报告》中载，当时的童养媳婚姻，一般占到全部婚姻的十分之一到六分之一，有些人家甚至祖孙几代都是童养媳。苏南如此，苏北地区的童养媳婚姻则尤为严重。童养媳在婆家多受歧视，吃剩饭剩菜、干粗活累活不说，稍不如婆家人的意就要挨打受骂，有的还未成年就被未来的丈夫强奸。江苏各地常有被虐待和残害致死童养媳的典型案例，如泗阳县塘沟区有一11岁的童养媳，娘家父亲早亡，母亲改嫁，10岁时送陈姓家童养，因哄小孩时使小孩跌了一跤，加上私吃两只山芋，竟被公婆捆在站柜上毒打致死。①

新中国成立前，在南京东郊地区传唱的"养媳妇歌"，即是童养媳悲惨生活的真实写照，其中有这样一段唱词："从前在家做女儿呀，妈妈帮我把头梳呀，梳梳又摸摸呀啊，唉唉哟，梳梳又摸摸呀啊；自从到人家做媳妇呀，天天忙到五更过呀，披头散发破衣服呀啊；大伯子起来要吃饭呀，小叔子起来要开锅呀，亲丈夫要打我呀啊，唉唉哟，亲丈夫要打我呀啊……"②

这种封建、落后的婚姻制度不知葬送了多少男女的幸福以至生命，而地位低下的妇女则受苦受辱更甚。因此，废除封建的婚姻制度，成为新中国成立后的江苏进行社会民主改革的一项重要内容。

二　大张旗鼓宣传贯彻《婚姻法》

在新民主主义革命时期中国共产党所领导的江苏地区革命根据地内，民主政权刚一建立，就对长期沿袭下来的封建婚姻制度加以改革。1940年，隶属于苏皖区之淮海区专员公署就颁布了《淮海区婚姻暂行条例》；1946年，苏皖边区政府亦制定《苏皖边区婚姻暂行条例》，规定一夫一妻，男女平等，婚姻自由，严禁重婚纳妾、早婚、抢婚、童养媳等封建婚姻陋习。

---

① 江苏省地方志编纂委员会编著：《江苏省志・民政志》，方志出版社2002年版，第744页。

② 《现代快报》2004年3月31日。

新中国成立后，中央人民政府于1950年4月颁布《中华人民共和国婚姻法》，这是新中国颁布的第一部重要法律。随之，江苏各地掀起了一场声势浩大的宣传贯彻《婚姻法》的运动。

《婚姻法》颁布后，江苏大地上相传数千年的封建婚姻制度被彻底废除。这个时期，苏北、苏南人民行政公署和南京市人民政府先后发出各种指示、通报、通令、布告、训令，并利用报纸、电台、黑板报、漫画、文艺等诸多宣传工具和表现形式，在广大群众中广泛宣传贯彻《婚姻法》。

1950年7月，苏北区人民行政公署针对辖区内童养媳问题比较严重的情况，率先发出《关于处理童养媳问题的几点意见》，要求各专署，各县、市政府，各县、市妇联认真贯彻《婚姻法》，在开展废除包办强迫、男尊女卑、漠视子女利益的封建婚姻制度的同时，大力进行禁止童养媳的宣传教育，宣布童养媳制度非法。同时根据慎重负责、区别对待的方针，规定了处理童养媳问题的具体政策。1951年后，苏南、苏北地区的童养媳婚姻有了变化，其中一部分童养媳解除了包办婚姻，如江阴县闸上乡有70%的童养媳解除了婚约，其余部分也不大受婆家虐待。

实际上，在《婚姻法》颁布后的一段时期，虽然已引起重视，对一般百姓也进行了一定的宣传教育，群众对《婚姻法》精神已有了一些基本的理解。如仅苏北区人民法院在一年内按《婚姻法》处理的案件就有1.1万多件，这说明此时期对《婚姻法》的贯彻执行是有不少成绩的；但是，由于各级领导和各有关部门，“对贯彻婚姻法的重要意义认识不足，还没有看作这是对数千年的旧制度所进行的一个严重的长期复杂的斗争。因此，尚未能把它看成为一个有系统的经常的工作，没有进一步组织力量进行更深入的宣传教育和经常的检查督促，以致各地在婚姻问题上所发生的严重现象仍大量存在。仅人民法院一年来受理的因婚姻问题致死的案件就有354件，实际致死未送人民法院处理的，还大大地超过此数。据淮阴专区9个县在4个月内统计，因婚姻而自杀或被打死的妇女就有119人。同时区乡干部，公然违反婚姻法、干涉别人婚姻自由的事件，则更迭次发生。”①

为了克服这些严重阻碍《婚姻法》贯彻落实的不良现象，彻底实行《婚姻法》，从根本上废除封建婚姻制度，1951年9月7日，中共苏北区委员会针对存在的实际问题，发布《关于贯彻执行婚姻法的指示》，其中指出：1. 各级党委对《婚姻法》的贯彻，应引起足够的重视。应认真组织各方面力量予以大力贯彻，并经常检查督促，把它作为党的长期工作之一；2. 加强对干部和党员的教育，正确掌握《婚姻法》的基本精神，反对

① 中共江苏省委党史工委、江苏省档案馆编：《苏北行政区(1949—1952)》，1994年内部印行，第210页。

予以片面理解，而且党员、干部要模范遵守，否则应进行批评甚至党纪制裁；3. 运用多种力量和形式加强对人民群众《婚姻法》的宣传教育，并以典型事例进行通俗具体的解释；4. 各级党委要注意推动人民团体发动群众，协助政府及时地正确处理婚姻纠纷；5. 在对《婚姻法》的贯彻和执行中，要有计划地提倡和建立新的婚姻制度，树立男女平等、婚姻自由、家庭团结、互助劳动的新范例，以形成新的社会风气等。①

苏南区的情况与苏北区类似，自中央政府《婚姻法》颁布后，虽然妇女的社会地位和家庭地位已经得到提高，束缚妇女的封建婚姻制度也开始瓦解，但是贯彻《婚姻法》的思想障碍还是很多："首先是社会各界人士，对婚姻法是国家大法，是土地改革后进一步肃清封建残余思想、移风易俗的社会改革认识不足，所以对婚姻法的贯彻，不够重视。某些行政干部尤其是区乡基层干部，认为贯彻婚姻法妨碍中心工作；他们不知道贯彻了婚姻法不但不会妨碍中心工作，而且会推进中心工作，使享受到婚姻自由的男女，大大的提高生产积极性和政治积极性，还有许多人认为婚姻法是妇女法、是离婚法，宣传婚姻法会弄得天下大乱。……更严重的是：还有人在干涉婚姻自由，实行强迫包办婚姻。据不完全统计，根据三个专区汇报，在(1951 年)8、9、10 三个月中，因婚姻问题被杀与自杀的达 146 件。而松江县一个区土地改革后，有 54 对夫妇中，全是包办婚姻。"②

根据在实际执行《婚姻法》时存在的问题，江苏各地加大了宣传和贯彻《婚姻法》的力度。1951 年 10—11 月间，苏北区、苏南区行政公署根据中央人民政府政务院于同年 9 月 26 日发出的《关于调查〈婚姻法〉执行情况的指示》，配合华东军政委员会，分别组成有多部门和多团体参加的联合检查组，检查本地区宣传贯彻《婚姻法》的情况。其间，检查组把宣传教育、调查研究、检查执行和处理婚姻案件四者紧密结合。如在检查一些典型乡时，一般采取召集各类小型会议，并在数百人的群众会议上结合法院审判案件、控诉等方式，对广大群众现场进行《婚姻法》的全面宣传，从而取得好的宣传效果。11 月 30 日，南京市也召开了学习《婚姻法》动员大会，号召各级干部认真学习宣传《婚姻法》，并且模范执行《婚姻法》。

在宣传贯彻《婚姻法》中，江苏各地司法机关还积极配合各级妇联、民政、文教等部门，通力合作，共同宣传《婚姻法》的基本原则和有关结婚、离婚的法定条件。

因为几千年来根深蒂固的封建婚姻制度的代代相传，也由于贯彻《婚姻法》会牵连到相当一部分家庭的既有婚姻关系或新的家庭的组建，所以，尽管对《婚姻法》的宣

---

① 中共江苏省委党史工委、江苏省档案馆编：《苏北行政区(1949—1952)》，1994 年内部印行，第 210—211 页。

② 中共江苏省委党史工委、江苏省档案馆编：《苏南行政区(1949—1952)》，中共党史出版社 1993 年版，第 425—426 页。

传和贯彻已取得显著成绩,但在1952年,苏北区继续发生干涉婚姻自由、虐杀妇女等严重现象,而对此一些地区的政府及法院却未能做到认真及时的处理和审理;苏南区亦有因对婚姻不满而自杀的妇女197人,自杀未遂的69人,被杀的29人,被杀未遂的15人。①

针对这些问题,苏北行署于1952年9月6日再次发出《关于继续加强贯彻〈婚姻法〉的指示》,要求各级领导机关和广大干部必须把贯彻执行《婚姻法》工作,当作相当长时期内经常性的重大政治任务;对于现在还没有处理的干涉婚姻自由与虐杀妇女案件,必须迅速认真处理;各级人民政府应即责成有关部门配合各群众团体制订关于贯彻《婚姻法》的检查制度。在此前后,苏南区也加大了宣传《婚姻法》的力度。同年7—10月,苏南地区曾组织6个剧团到所属各县区宣传《婚姻法》,巡回演出490场次,观众达227.7万人次。②

1953年1月,新的江苏省人民政府成立。当月17日,中共江苏省委即发出《关于执行〈中央关于贯彻婚姻法指示〉的计划》,强调各级党委必须加强对这一伟大社会改革运动的领导,结合中心任务,做好《婚姻法》的宣传贯彻工作。同月,省人民法院在南京召开首届省司法工作会议,着重讨论和部署宣传贯彻《婚姻法》问题。3月,为全国贯彻《婚姻法》运动月。当月初,江苏省成立贯彻《婚姻法》运动委员会,广泛吸收社会各界有关代表人物参加,并在其下设立办公室,由监察、民政、司法部门及妇联、青年团、工会等有关团体参加,省人民政府委员会副主席管文蔚担任主任委员。从此,全省各地在该委员会的统一领导下,更大规模地展开《婚姻法》的宣传贯彻工作。这次宣传贯彻的鲜明特点是:领导重视、声势浩大,形式多样,针对性强,时间长达数年之久,基本上家喻户晓。妇女群众感受最为深切,其思想也从封建婚姻观念的束缚下解放出来。她们由衷地称赞人民政府的《婚姻法》是"护身法"、"幸福法"。

在新中国成立后的几年时间内,江苏各地通过对《婚姻法》广泛、深入、持久的宣传贯彻,婚姻自由的观念逐步深入人心。过去由父母包办子女婚姻的情况已为广大觉悟青年所反对,男女双方自由恋爱逐步成为进步的时尚新风,寡妇改嫁不再遭受歧视,童养媳陋习也基本消除,其中原有的一部分童养媳解除了婚约,而未解除婚约的也改善了待遇。"据扬州、南通、宝应、高邮、六合等22个县市及淮北、盐特区以及苏北直属单位在1951年1—10月期间统计,离婚的1851对,占同时期结婚、离婚总对数的53.68%。1952年溧阳、溧水、常熟、吴江、奉贤、无锡、苏州等15个县市据不完

① 江苏省地方志编纂委员会编著:《江苏省志·民政志》,方志出版社2002年版,第732页。

② 江苏省地方志编纂委员会编著:《江苏省志·民政志》,方志出版社2002年版,第731—732页。

全统计,离婚的有 10819 对,占同时期结婚离婚总对数的 67.32%。"①

在《婚姻法》的宣传贯彻过程中,民政部门还加强了对婚姻登记的宣传工作。《婚姻法》颁布后初期,由于受传统习俗影响,老百姓对婚姻登记不够理解,故结婚、离婚、复婚者一般不主动到民政机关登记。据苏北区 1951 年统计,全区所辖 32 个县(缺 9 个县不在内)婚姻登记 8847 对,其中结婚登记 4601 对,占 52.01%;离婚登记 4203 对,占 47.51%;复婚登记 43 对,占总数 0.48%。据苏南区 1952 年 15 个县市不完全统计,全区婚姻登记 26888 对,其中结婚登记 15950 对,占 59.32%;离婚登记 10819 对,占 40.24%;复婚登记 119 对,占 0.44%。② 南京市在结婚、离婚、复婚者中,也有相当一部分没有登记。50 年代中期后,经过持续多年的《婚姻法》的宣传教育,人们的观念逐渐转变,婚姻登记逐渐成为老百姓的自觉行为。

1951 年六合县人民政府颁发的结婚证

在《婚姻法》的宣传贯彻中,处理好现役军人的婚姻关系是一项重要内容。江苏各地严格贯彻落实《婚姻法》中对此问题的规定,同时在执行中又根据实际情况将其细化,从而既依法保障了现役军人的婚姻关系,又依法保障了军人配偶的离婚权利。另外,各地还依法处理了一些涉外婚姻与涉华侨、港澳婚姻。

① 江苏省地方志编纂委员会编著:《江苏省志·民政志》,方志出版社 2002 年版,第 732 页。

② 江苏省地方志编纂委员会编著:《江苏省志·民政志》,方志出版社 2002 年版,第 738 页。

第八节　进行司法改革

一　司法工作中的问题与旧制弊端

1949年江苏全境解放以来，苏北、苏南、南京各地区人民法院在土地改革、镇压反革命、“三反”、“五反”等运动中，就保护人民群众利益、巩固新的人民政权和社会秩序、处理和调解人民内部纠纷，以及配合党和政府各时期的中心工作等方面，都做了不少工作，发挥了积极与重大的作用。

同时，司法机关本身也在工作中暴露出了一些值得重视的问题。如在人民法院中存在着一些组织不纯和政治思想不纯的现象。有的人贪赃枉法，敌我不分，欺压劳动人民；有的人照搬旧的“坐堂问案”的审判方法，不调查研究，案件拖延不决或草率判决；有的人对妇女合法权益不予保障，甚至随便拘押群众；有的人强调旧的法律程序，在判决书上套用旧的法律术语等。

苏北行署主任惠浴宇于1950年10月在《苏北一年来政府工作报告》中就曾指出：“一年来的司法工作，在支前、生产救灾、剿匪、肃特、减租、反霸等工作的贯彻上起了一定的配合作用，发挥了人民民主专政的效能。据去年一年的统计，计收民事案件10989件，刑事案件11761件，民刑合计22750件，已结案件占73.6%，积案占26.4%。”但“由于司法机构建立不久，干部数量少，经验缺乏，对区级的调解工作不够重视，存在着办案慢、积案多，对某些案犯假释过早，以及对某些首恶分子镇压不严及不及时等现象。”①

苏南行署主任管文蔚也于1950年9月在苏南《一年来政府工作报告》中指出，苏南区一年来司法工作的主要缺点是：“由于一般司法干部的政治水平与政策修养较差，在处理案件上不能分别轻重缓急，主动结合中心工作，密切有关部门及群众团体的联系，因而对反革命案件及破坏国家经济建设的案件不能及时的予以严厉的镇压，形成过分宽大现象。”②

由于以上问题的存在，给国家和人民的利益造成不应有的损失。这些问题产生的原因：一是在新中国成立初期，由于以国民党六法全书为中心的旧法观点的影响未能得到及时清除，而新的社会制度下之新的法律体系一时又未能完备，使得不少问题

---

① 中共江苏省委党史工委、江苏省档案馆编：《苏北行政区(1949—1952)》，1994年内部印行，第173—174页。

② 中共江苏省委党史工委、江苏省档案馆编：《苏南行政区(1949—1952)》，中共党史出版社1993年版，第252—253页。

的处理缺乏明确的法律规范，于是就在当时的司法干部队伍中存在着思想比较混乱的问题；二是在当时的情况下，人民法院从旧的国民党司法机关中接收下来一批旧的司法工作人员，基本上未来得及对他们进行认真的组织整顿和思想改造，其中确实混进了一些反革命分子、坏分子和蜕化变质分子。

由于组织上和政治思想上的严重不纯，也直接造成了司法干部队伍作风方面的严重不纯。表现在：1. 旧司法人员中有贪赃枉法行为的很多。这在苏南全区和南京市的司法干部队伍中比较明显。一些未经改造的旧司法人员往往利用职权贪赃枉法，敲诈勒索；2. 一些旧司法人员沿袭过去孤立办案、手续繁琐、刁难群众等衙门作风。在审判工作中常借口"程序"等问题为难群众，或者不深入实际调查研究，单纯依靠"坐堂问案"而作审断。也有的对群众耍态度、打官腔、任意训斥或进行恐吓；3. 有的地方则存在着严重的特权思想和违法乱纪的恶劣作风，如司法人员随意拘押当事人、打骂群众、包庇罪犯等。所有这些问题，引起了群众的不满，同时，也在一定程度上损害了党和新生的人民政权的威信。

二　人民司法工作的开展与司法改革的进行

新中国成立后，江苏各地的司法工作即积极开展起来，并且按照中央部署，深入进行了司法改革。

第一，关于司法工作（时含司法行政与司法审判）的开展。

自 1950 年 1 月起，江苏的司法行政工作由南京市、苏北行署人民法院司法科和苏南行署司法处管理。1950 年 2 月和 3 月，苏南区和苏北区曾分别召开司法工作会议，初步确立了在本区内所应实行的诉讼程序制度，明确了按审级管理民事案件的范围，强调审理民事案件要以调解为主的原则。同年 10 月和 11 月，苏南区和苏北区又分别召开司法会议，传达贯彻第一届全国司法工作会议精神，明确了人民法院的性质与任务，划清了新旧法律和新旧司法制度的界限，进一步强调要尽量采用调解的办法审理民事案件，减少民事诉讼，确定了要在办案中实行便利人民、保护人民的审判制度和诉讼程序。①

1951 年 9 月，《中华人民共和国人民法院暂行组织条例》颁布。之后，江苏各地审判机关积极贯彻该《条例》精神，逐步建立和健全了民事审判工作的机构设置，逐步统一了审级制度和民事案件的管辖范围，同时也明确了公开审判、巡回就审、人民陪审和调解、判决、上诉等各项程序和制度。

---

① 江苏省地方志编纂委员会编著：《江苏省志·审判志》，江苏人民出版社 1997 年版，第 88 页。

1953 年 1 月,随着江苏省建制的恢复,江苏省人民法院成立,内设司法行政处,主管全省的司法行政工作。该处的主要任务是:1. 贯彻司法工作的方针、政策;2. 法院组织制度的建设;3. 司法干部的管理、教育和训练;4. 法院和法庭的设置;5. 检查与研究刑、民事案件和政策执行情况;6. 指导调解工作;7. 开展法纪宣传教育;8. 掌管司法业务经费和办理司法统计。①

第二,关于司法改革的进行。

如前所述,基于新中国成立初期江苏各地司法工作中问题的存在,因而为了彻底改造法院工作,纯洁司法干部队伍,革除旧法观点,并形成人民司法工作的新思想、新作风,借以巩固人民民主专政,使司法机关更好地为人民群众和各项建设事业服务,遵照中共中央关于开展司法改革工作的部署,自 1952 年 7 月起,江苏各地相继开展了司法改革。

首先,各地、各级人民法院工作人员学习中央等有关文件,结合检查以往案卷,谈认识,讲体会,检查和批判旧的司法观点和作风,划清新旧法律的原则界限,确立人民司法工作的新思想和新作风。

随之,进行组织整顿,清除隐藏在司法工作队伍内部的反革命分子和恶习甚深、不堪改造的坏分子,并将不适宜做司法工作的人员调离司法工作岗位。与此同时,各地还抽调大批有政治觉悟、有工作能力,比较适合从事司法工作的干部充实司法部门。据统计,苏南、苏北、南京三地区司法改革前共有司法人员 1693 人,在运动中被清洗、调出的有 779 人,占 47%。改革后,陆续调进的干部共 509 人,其中中共党员 274 人,青年团员 157 人,群众 78 人,基本上纯洁了各级司法机关的组织。②

在进行司法队伍组织整顿的同时,各地人民法院还深入发动群众积极进行办案,同时集中力量清理积案,并且许多地区还成立了人民调解委员会,使之成为人民政府和司法机关联系人民群众的纽带。

1952 年底前,江苏各地司法改革运动结束。通过这场司法改革运动,在司法工作人员中树立了新的司法思想和新的司法作风,它对人民司法机关更好地发挥"镇压反动,保护人民"的重要作用,产生了深远的影响。

当然,在司法改革中也存在着一些问题,主要是在否定旧法以后,新法没有及时制定出来,而且遇事就搞群众运动,不够重视依法办事,也没有把依靠群众办案同依法办事密切地结合起来,这在较长时期内产生了一定的消极影响。

---

① 江苏省地方志编纂委员会编著:《江苏省志·司法志》,江苏人民出版社 1997 年版,第 15 页。

② 江苏省地方志编纂委员会编著:《江苏省志·司法志》,江苏人民出版社 1997 年版,第 16 页。

第二章　国民经济的全面恢复和“三反”“五反”运动的进行

江苏全境解放后，各地党和政府即将工作重心放在国民经济的全面恢复上，这既关系到新的人民政权的巩固，也关系到人民生活的保障和提高，而为了实现这个目的，并使国民经济和社会事业健康发展，江苏各地还按照中央统一部署，开展了“三反”、“五反”运动。

第一节　平抑物价与财经工作的统一

一　平抑物价，稳定市场秩序

在江苏国民经济的恢复中，平抑物价与稳定市场秩序是其中的主要任务之一。

1949 年，江苏全境解放初期，各地人民政府立即着手解决对国民经济影响最大的物价暴涨问题，使得物价一时比较平稳，苏北地区还略有下降。但是，由于经历了三年内战，国民经济遭到严重破坏，工业减产，农业受灾，各种物资严重匮乏。

同时，由于国民党政权崩溃前恶性通货膨胀的滞后影响，以及投机资本和不法商人利用新旧政权更替之际，凭借其经济实力，肆意操纵市场，哄抬物价等原因，致使在不到一年的时间里，江苏各地先后发生 3 次物价暴涨。在此情况下，江苏各地人民政府采取有力措施，努力平抑物价，积极稳定市场。

（一）第一次平抑物价

渡江战役胜利，国民党南京政府覆亡，原国民党政府发行的货币，依照有关政策被逐步排除。早在 1949 年 4 月 28 日，南京市军管会就发布了《关于人民币为流通币之布告》，称：“伪‘金圆券’系国民党反动政府和四大家族掠夺人民血汗，损害人民利益，及进行内战之工具，使我全国人民损失极大。”本会为保护人民利益，稳定市场金

融，建立新民主主义经济新秩序起见，特作如下规定：1. 中国人民银行所发行之人民币，为全解放区统一流通之合法货币。自即日起，所有完粮纳税以及一切公私款项收付、物价计算、赈务、债务、票据、契约等，均须以人民币为计算及清算本位；2. 伪"金圆券"自即日起为非法货币。但为照顾人民之困难，在 5 月 8 日以前暂准在市面流通，过期即严禁使用。在暂准流通期间，人民有权自动拒用伪"金圆券"，任何人不得强迫其收受；3. 规定人民币 1 元折伪"金圆券"2500 元，为本市第一次比价；4. 自即日起，本市买卖物价，一律按其原价遵照本市第一次比价，改成人民币计算；5. 凡 4 月 28 日以前之一切债权、债务、契约、合同等，均须按本市第一次比价折成人民币。凡不依规定改订者，在法律上不生效力；6. 为照顾人民困难，责成本市中国人民银行以人民币按牌价收兑一部分伪"金圆券"。① 与南京做法基本相同，江苏其他地区也开展了以人民币为法定货币及排除和禁用金圆券的行动。

但是，由于江苏全境解放不久，社会秩序尚不稳定，投机倒把活动十分猖獗，而且国营(公营)经济力量薄弱，中国人民银行发行的人民币虽规定为法定货币，却未能立即完全占领市场，广大农村依旧盛行以物易物的商品交换形式，而城市则银元充斥，黑市买卖盛行，一时间银元变相成为货物的实际计价单位。

此时，不法资本家和投机商人，见机将工商资本转向银元市场，以高价大量收购银元，扰乱金融秩序，哄抬物价，操纵市场，牟取暴利。如不法商人曾在无锡大量收购银元，然后运到刚刚解放不久的上海高价出售，致使银元价格暴涨，由此而带动其他商品价格也跟着暴涨。

苏南当年 6 月 1 日到 8 日，白粳米上涨 337%，面粉上涨 466%，20 支双鱼纱上涨 226%，12 磅双鱼细布上涨 214%。南京市 7 月份与 5 月 9 日物价指数相比，食物类上涨 496%，燃料类上涨 459%，建筑材料类上涨 537%。苏北物价涨得更加猛烈，一般商品上涨 6—7 倍，粮棉上涨 8 倍。②

于是，在 1949 年的 6、7 月间，解放后的江苏各地形成以银元高价买卖，从而拉动商品价格快速上涨为特征的物价第一次大波动。

不法投机商的猖獗活动，严重危害了新生人民政权的巩固、国民经济的恢复和人民生活的安定与改善。根据中共中央华东局指示，南京市政府、苏南与苏北行署于 6 月中旬采取一致行动，果断封闭银元市场，坚决打击银元贩子和取缔金银买卖，并及时逮捕与制裁了一批大的不法奸商。其中：

---

① 南京市档案馆编：《南京解放》，江苏古籍出版社 1990 年版，第 413—414 页。

② 刘定汉主编：《当代江苏简史》，当代中国出版社 1999 年版，第 37 页。

6月中旬，苏南行署明令禁止银元在市场流通，同时动员群众揭露、声讨投机商人的不法行为。公营建中贸易公司积极组织粮食收购调拨，在人民政府领导下对公教人员、住校学生以低于市价30%的价格配售大米，平抑粮价。这样，依靠人民群众的舆论压力，在加强金融管理、市场管理、抛售物资三个方面的密切配合下，暂时平息了这次物价涨风。

对禁止银元交易工作，南京市首先采取了稳步前进、相机逐步消灭的方针。5月17日，南京市军管会发布《关于不得以银元为流通币之布告》：称有鉴于“市上仍有部分银元贩及少数商人互以银元买、卖或以银元作价支付，价格时涨时落，影响币值，紊乱物价”等情况，特规定：1.“准许人民贮藏银元，但不得以银元计算物价或直接买卖货物”；2.“为照顾银元持有者之实际困难，使货币周转及经商便利，允许人民持银元向人民银行按牌价兑换”；3.“以上两项自布告后三日起实施。所有银元贩应立即设法转向正当营业，但为照顾少数银元贩不能立即转业起见，特准其向本市人民银行登记，登记后，由本市人民银行发给交易证，准予在指定地点进行银元交易。”[①]之后市府组织人员重点宣传，并对银元贩子进行登记，自5月23日起的4天内即登记1400余人，随之将其集中在指定场所进行交易，此外还由银行对银元公开挂牌收兑。这使一般市民对查禁银元之意义有了初步认识，并得到市民的拥护；同时也基本上扫清了沿街倒卖银元情形，商店虽有以银元支付计算，但也明显收敛。6月10日到7月15日，在上海发动对银元宣传攻势及镇压投机活动前后，南京市采取了迅速、坚决严禁的方针，立即转入全面动员和全面查禁的阶段，包括进行广泛的宣传动员，宣布解散银元交易所，分头谈话劝导和帮助转业，银行调整牌价等。据统计，在此期间共“兑进银元123185枚”，较5月17日至6月9日兑进数增加5倍，同时还查获违法买卖银元犯总数达1143人。[②] 由于以上措施，市场上公开买卖银元已告绝迹，人民币的流通比较深入普遍，信用也相对提高，物价回落。

由于人民政府及时采取有力的政治、经济等多种有效措施，使银元价格迅速下跌，并退出市场。到7月中旬，江苏解放后第一次狂涨的物价被平抑下来。

（二）第二次平抑物价

1949年10月1日，新中国虽然成立，但全国还有一些地区尚未解放。为支援还在进行中的解放战争，江苏货物大量外销，市场又出现供应紧张状况，加之全国财政的未能统一，银行又发行了较多货币，这使一些不法商人看到投机机会再次来到，于

① 南京市档案馆编：《南京解放》，江苏古籍出版社1990年版，第415—416页。
② 南京市档案馆编：《南京解放》，江苏古籍出版社1990年版，第419—420页。

是大量囤积物资待价而沽，致使市场物价在10月中旬再次暴涨，到11月下旬达到最高峰。由于全国大部解放而致交通通讯便利，所以这次物价上涨更带有全国性，其程度也更猛烈。苏南地区11月24日与该月初相比，大米上涨260%，棉纱上涨150%。南京市11月24日与10月31日相比，二等面粉上涨210%，中熟米上涨176%，龙头细布上涨203%，豆油上涨210%。① 无锡市10月10日至11月25日，米、面、油、布、煤5种商品价格平均上涨507.8%。② 另外，苏北地区各种商品价格，也平均上涨4倍左右。

此次虽然物价出现巨大波动，但这时中央人民政府已经成立，有了在全国范围内调配力量以平抑物价的新的有利条件。在此情况下，江苏各地各级人民政府在中央的统一领导下，采取了一系列平稳物价的果断措施：一是自11月25日起，各地国营贸易部门大量抛售以粮食、棉纱为主的各种物资；二是冻结各公营企业和机关的现款，停发各项不急需的开支，以紧缩通货；三是加强市场管理，严格取缔投机活动等。

在此期间，南京市工商局根据中央指示，首先管制了大米市场，接着又筹设了纱布市场。另外，市贸易总公司还一面全面抛售物资，一面普遍增设特约代销店，以便直接供给广大市民生活必需品。为了稳定金融市场，南京市人民银行早在10月下旬就组织了汇率委员会，自当月23日起挂牌统一存放利率，11月8日又筹组了银钱业汇款市场，统一了汇率。为了统一贷放，还于11月10日将私营行庄组织起来，成立了联合银团。在实施以上各种有效措施之下，南京市物价自11月25日起开始全面回跌。

同时，苏南、苏北地区亦按照中央部署积极行动，利用各地国营贸易公司和供销合作社已陆续建立的有利条件，在农村建立收购粮食、棉花等基地，还从外地调来大批粮食存库，在11月25日的全国统一行动中，组织各地国营公司大量抛售物资，压低物价，并与加强市场行政管理和金融管理相配合，打击惩办严重的非法投机分子。加之银行停止放贷，抓紧收贷；税务部门开征营业税、地价税等科目，这都迫使不法奸商将囤积的粮食、棉纱等物资纷纷跌价脱手求现。在这一系列措施的综合作用下，各地物价自26日起迅速回落至预定水平。随后国营公司还适当掌控商品吞吐，使物价保持平稳微升的趋势。

在应对第二次物价涨风中，由于江苏各地按照全国统一部署，物资准备充分，时机把握得当，行动果断有力，多种措施配合有效，所以在短短的几天时间里，凶猛的物

① 刘定汉主编：《当代江苏简史》，当代中国出版社1999年版，第38页。

② 中共江苏省委党史工委、江苏省档案馆编：《苏南行政区(1949—1952)》，中共党史出版社1993年版，第11页。

价涨风便很快被遏制住，反击第二次物价狂涨风取得重大胜利。

（三）第三次平抑物价

自1950年1月上中旬起，江苏地区一些不法商人趁大米等货物到货不畅，遂囤积居奇，哄抬粮食、棉纱价格，高价进行黑市交易，形成一时的供求失衡现象。2月6日美蒋飞机对上海电厂疯狂轰炸后，造成许多工厂停工，纱布大减产，投机商人借机大肆抢购，造成工业品价格的全面上涨，粮价又跟着上涨，这就造成了第三次市场物价波动。但此次的物价涨风相比之前的两次物价涨风，来势不算太猛，涨幅也不很大。以无锡市为例：1949年12月31日，无锡市大米每石（150斤）为12万元（旧币，下同），到1950年2月15日（农历除夕）涨到27.6万元。其时，一些投机商人认为看“准”了春节后的行情，预计每石大米价格肯定要跳过35万元，遂更加剧其惜售心理。

此时，已较前有所壮大的国营经济力量已基本上能够控制市场。所以在应对措施中，各地主要采取了一些经济措施：国营公司从四川、安徽等地采购了大批大米，接连在市场抛售。开始一些粮商不惜以高利贷吃进了其中的绝大部分，准备从中狠赚一笔，但他们低估了国营公司掌握的实力和人民政府平抑物价的决心。每石大米价格始终控制在25万元左右。并且国营公司在各城市再次平价配售大米。同时政府工商等部门还不断查获囤米不卖及进行黑市交易的不法米商，并分别予以处罚。于是，意图投机的粮商们因背不起高额的借贷利息而终于认输。经过此番较量，物价在2月底又开始回落。这样，第三次物价涨风便很快被平抑下去。

江苏各地解放后三次大的平抑物价，是中国共产党和人民政府与不法资本家和投机商人进行较量的第一个回合。这场主要体现在经济领域内物价方面控制与反控制的斗争，使一度盛行的投机资本遭到毁灭性的打击，有效抑制了通货膨胀，从而赢得了百姓对党和政府的信任。同时，国营贸易公司和其他财政经济和金融机构，则通过有计划地吞吐物资和加强金融管理，取得了稳定市场物价的主动权，使人民币在流通领域占据了主导地位。所有这些，对加快恢复和发展江苏的国民经济，稳定和逐步改善城乡人民生活，以及巩固新生的人民政权，都发挥了重要作用。

二　统一财政经济工作

新中国成立初期，由于解放战争尚在一些地区继续进行，且各地财政经济未能统一、百废待兴，致国家财政收入不足，赤字严重，财政经济呈现十分困难的严峻局面。江苏虽然是比较富庶的地区，但因为要支援全国其他地区的解放战争，加上也要负担本地区的各项庞大费用，所以在财政上同样入不敷出。

中共中央为克服财政经济困难，于1950年2月召开全国财政会议，重点研究克

服困难的方针、政策和各项重大举措。3月3日,中央人民政府政务院颁布《关于统一国家财政经济工作的决定》,规定统一全国的财政收支、物资调度和现金管理。同时,中共中央也发出通知,要求全党共同努力,坚决克服国家财政经济的困难。

南京市及苏北、苏南地区接到政务院决定和中共中央的通知后,市、区党委和政府立即进行传达,并按中央要求及结合本地区实际情况,主要采取三项措施积极予以贯彻落实。

第一,统一财政收支。首先贯彻节约原则,节省财政支出。3月下旬,南京市、苏北、苏南分别成立编制委员会,党政机关均遵照全国整编方案实施整编,精简机构,同时坚决执行中央规定的各种经费标准和供给制度。5月整编结束,取得明显效果。其次在增加收入方面,主要是整顿税收。其中对私营工商业的征税方法,由原来的"自报实缴"改为"自报公议,民主评定",以减少偷税漏税事件的发生。而对公营企业,同样实行依法纳税制度,并按规定上缴利润和折旧金。经过此番整顿,各地税收显著增加。

第二,统一物资调度。主要措施是将粮食、纱布、重要工业物资集中到国家手中,以便调节供求。加强国营商业专业公司的建设,掌握物资的调度。南京市、苏北、苏南均成立各自地区的仓库物资清理委员会,有领导、有步骤地全面查仓清账清库,做到心中有数,以保证中央政府的统一调拨。

第三,统一现金管理。3—4月间,南京市及苏南、苏北地区先后分别建立金库。其中南京市还建有贸易、财政、铁道、电信等金库。各地区严格执行一切收入归金库的制度,库款按时上解。同时,各地人民银行还对机关、部队、企业现金统一管理,实行转账,并积极推销公债,大量吸收存款,回笼现金,从而大大压缩市场货币流通量,使金融物价日趋稳定。

由于江苏各地坚决贯彻执行了国家的统一财政经济工作的决定,比较快地实现了财政经济工作的统一,由此而扭转了赤字严重的局面,到1950年底,江苏财政收支已接近平衡,财政状况初步得到好转。

第二节 建立国营工业和调整私营工商业政策

一 初步建立国营工业

新中国成立后,江苏的国营工业逐步建立起来。

早在抗日战争和解放战争期间,江苏北部老解放区人民政府为克服困难,发展生

产，保障供给，自力更生地创办了一些粮油加工厂，以及一些小型的毛巾、肥皂、卷烟等日用品工厂。同时，还兴办了一些以生产军用品为主的小型铁工厂。这些工厂虽然规模不大，经营分散，且资金不足，技术落后，但在当时艰苦的战争环境下，对保障军民日常需用，打破敌人的严密封锁，巩固和发展解放区，发挥了重要作用。

至淮海战役取得决定性胜利及苏北全境解放后，上述工厂即陆续从偏远农村迁往城市，并在苏北行署的统一领导与正确引导下，逐步面向市场，实行企业化管理，并合并同类性质的工厂，实行厂长负责制，建立经济核算制度，制定产品质量统一标准等。同时努力扩大生产，积极拓展销售市场。在这一系列综合措施的共同作用下，各工厂的产品数量大量增加，质量明显提高。

为了使这部分在特殊环境下成长起来的公营工业有新的发展，苏北行署曾在1949年中召开区内厂长经理会议，总结已有经验，提出下半年生产目标，制定和完善新的管理制度，整理与改善设备，努力发挥职工的生产积极性。于是，这部分老公营工业比较快地发展起来，表现在工厂的机械化和半机械化程度提高，产量成倍增长，企业管理水平显著改进。新中国成立后，这部分从解放区建立和成长起来的老公营工业，连同苏北解放初期主要从徐州、扬州、连云港、南通等地被接管的少量官僚资本工厂，就成为江苏国营工业的比较重要的组成部分，在江苏经济的发展中发挥着重要作用。据统计，1949年苏北地区的地方国营工厂产值就占到全区工业生产总值的13.93%。①

与苏北地区国营工业的建立有所不同，尽管国民党政府设在江苏的官僚资本企业为数并不算多，但南京、苏南地区国营工业的初步建立，仍有相当部分是从没收原国民党政府的官僚资本而来。

解放前，南京虽然作为国民党政府的首都，但其生产事业的基础非常薄弱，真正的现代化工业严重缺乏，真正的产业工人仅有2万左右。解放后，南京市没收的官僚资本企业也只有27家，职工则不到4000人。另外还没收有军事工业10余家，公用事业也有一些。而“从救济物资”中弄来的一点机器所设的工厂，其中的一些装配工业，绝大部分原料、机件依赖国外；生产规模小而管理机构庞大臃肿；主要是制造特种消费品，非人民生活所必需，这是旧工业发展中的病象。

实行接管后，南京市人民政府首先解决若干与发展生产及市民生活密切相关的工厂的当前困难，不使其陷入停工的危机，然后再清点接收。一般工厂也很快接收完毕，恢复生产，并有计划有步骤地改变生产方向，克服对外国的依赖性。再加上工人

① 中共江苏省委党史工委、江苏省档案馆编：《苏北行政区（1949—1952）》，1994年内部印行，第323页。

的思想觉悟提高,生产情绪普遍高涨,因此一般都超过了生产计划,并取得初步成效。如电厂、自来水厂克服了燃料的缺乏、敌人的破坏等困难,不但未使水、电供给中断,而且供给量也逐渐增加,特别是供给工业的用电有了大量增加。有线电厂解放后3个多月的产量,相当于该厂自1948年开工以来6个月产量的22倍。无线电厂解放前赔累负债,解放后政府以贷款及介绍订货方式帮助其资金周转,产量得以逐渐增加,已能做到保本自给。农业机械公司解放前亏空也很大,且生产盲目,解放后对此不合理现象有计划地加以改造,使其生产了大批农民急需的生产机械,产量超过解放前1倍。电瓷厂、电灯厂、机械厂等产量也都提高。化工厂是国民党政府筹备了2年多而没有能开工的,解放后不到3个月就正式开工了。① 另外,在交通运输方面,5月17日,浦口至蚌埠段铁路通车。5月27日,上海解放,当天沪宁铁路也已全线通车。

解放后,苏南地区没收官僚资本共51家(包括松江地区8家),职工共有1.16万余人,其中规模较大的有戚墅堰机车车辆厂、苏州中丝一厂、丹阳纱厂、无锡鼎昌丝厂等。这些企业尽管数量少,但在电力、交通运输、公用事业和金融方面,占据着绝对优势。

江苏各地解放后,尽管由于全国解放战争仍在进行,帝国主义对解放区仍实行经济封锁,国民党残余势力仍继续进行破坏等原因,致使部分被接管的工厂企业生产发生很大困难;但南京市、苏南、苏北人民政府努力贯彻中共中央关于接管工作的方针,使其工业设备基本得到保全,生产秩序没有打乱,在转变成为社会主义的国营工业后,都能继续生产和运转,并在某些行业形成优势,这成为新中国成立后江苏国营工业初步建立与发展的骨干,以及推动江苏整个国民经济恢复与发展的重要基础。

二　合理调整私营工商业政策

新中国成立后不久,江苏各地按照中央部署,根据实际情况对私营工商业政策进行了合理调整。

1949年江苏各地相继解放,随之经济社会制度发生大的变化,当时许多私营工商业发生了经营上的困难,为此各地已采取了某些措施,以求克服。如根据苏北地区1950年1月的报告,地方政府曾协同资方解决了不少劳资纠纷,公营经济领导并扶助了一些私营工商企业,同时贯彻城乡互助政策,努力促使物资交流。如对南通大生纱厂,就供给原棉22695担,煤炭7000吨,棉饼85万片,大米9000石,推销纱87060件,

① 南京市档案馆编:《南京解放》,江苏古籍出版社1990年版,第158页。

布79000匹等。① 这些在一定程度上缓解了他们的一些困难。

但自1950年春节前后，江苏各地私营工商业同全国一样，在生产与经营上发生了严重困难。

南京市：自1950年春起，社会经济出现新的困难，主要表现是商品滞销，市场萧条，工厂停工，商店歇业，失业增加。1950年1—3月，工业停业35户，商业停业535户；4—6月，工业又停业53户，商业又歇业943户。全市失业半失业工人达5.2万人。② 于是，一些资本家或任意辞退工人，或弃厂弃店而逃。工人因面临失业而情绪波动，劳资纠纷事件一度猛增。

苏北区：自1950年2月中旬至5月中旬，工商业遭遇极为严重的困难局面，工业产品滞销，银行信用紧缩，资金周转呆滞，生产过剩，交易清淡，致使工厂商店停工歇业，倒闭现象频发，许多工人失业，劳资纠纷极度紧张。根据6月底前后的登记材料，“南通、扬州、泰州、泰兴、高邮等20个城镇，原有工商业户19834家，停业与歇业的1814户，未经呈报私自歇业的尚不在其内，……由于工商业的萧条，劳资关系也随之尖锐紧张，失业与半失业工人达93295人，其他失业人员，也大为增加，城市人民普遍感到生活困难。”③

苏南区：私营工商业的生产与经营在此时期同样发生严重困难。据统计，此时期因城乡生意清淡，市场萧条，致全区倒闭的商店达3000余户，约占总数的3%；工厂一度停工的500余家，约占总数的19%，失业人员增加。④

私营工商业所以发生这些困难，主要原因是：

第一，贯彻“公私兼顾”政策有误。某些国营公司在经营范围上对私营商业照顾不够，在零售与批发、地区与地区的差价上未能照顾私营合法经营的利润；在加工订货上对某些私营工厂有要求过高的现象；对私营银钱业有管理过严现象，未能使其发挥应有的积极作用。于是，在大量工商业停业歇业的情况下，就有资本家发牢骚说：“解放好，柜台长青草”。

第二，新旧经济变革过程中所经历的苦痛。由于之前全国财政经济的统一，通货由膨胀到紧缩，物价由暴涨到下跌并趋向平稳，以及国营经济领导地位的确立，致使私营工商业的投机性与盲目性的固有弱点暴露出来，这些都加大了他们在生产与经营中的困难。

---

① 中共江苏省委党史工委、江苏省档案馆编：《苏北行政区(1949—1952)》，1994年内部印行，第67—68页。

② 陆慕云：《本市工商业的维持与改造》，《新华日报》1950年11月13日。

③ 中共江苏省委党史工委、江苏省档案馆编：《苏北行政区(1949—1952)》，1994年内部印行，第117页。

④ 中共江苏省委党史工委、江苏省档案馆编：《苏南行政区(1949—1952)》，中共党史出版社1993年版，第528页。

第三,工商业生产与经营中的结构变化。在物价稳定后,过去那种因通货膨胀而抢购商品形成的虚假繁荣消失了,而那些靠投机倒把赚钱的行业也逐渐被淘汰;同时,由于过去为帝国主义、官僚服务的一些特殊工商业,失去了原来的市场和服务对象,于是,造成有的工厂产品积压,负债累累,生产难以为继,只好停工停产;而即便尚在生产的工厂也是艰难维持,惨淡经营。

第四,一些地区由于遭遇严重自然灾害,致使农民购买力低下,更加重了困难;而一些领导因忙于农村的生产救灾治水,而放松了对城市工作的领导。

江苏以及全国私营工商业所遭遇的严重困难,引起中共中央的密切关注。针对上述情况,1950 年 6 月,中共七届三中全会提出对私营工商业的合理调整政策。毛泽东主席在全会报告中把"现有工商业的合理调整",作为争取国家财政经济状况根本好转的三个条件之一。此后,中共南京市委、苏南、苏北区党委和各级人民政府,即积极展开对私营工商业的调整工作。

一是学习宣传中共中央的有关方针政策。各地从 1950 年 6 月起,积极学习、宣传中共中央有关调整私营工商业的方针政策,领会其重要意义,同时根据各地实际情况,有针对性地及时做出相关决定。另外,各城市还成立了相应的组织领导机构,其中以党政负责同志为主,包括工会、劳动局、金融、贸易、税收、合作、粮食各有关部门负责人,以便统一领导分工合作和有计划地进行。

二是统筹兼顾,适当调整公私关系。一方面加强对工商界的政策教育,使其确立自力更生的观念,积极改善经营方法,提高经营信心。对有利于国计民生的工商业,均采取大力维持争取保本自给,使能继续经营的方针;另一方面根据公私两利、统筹兼顾原则,以及有所不同、一视同仁方针,反对有公无私与不照顾私营利润,以及在加工费用上对私营扣得过紧等办法。同时,对公营交通与私营交通事业,也本着公私兼顾的原则予以调整,凡有条件开班的,批准其一定线路与班次,确有困难的,给予适当照顾。

三是统筹兼顾,适时调整劳资关系。因为工商业生产与经营困难而引发的劳资关系紧张情况,各地从劳资两利、共渡难关的大局出发,正确处理工人与资本家的关系。即:在确认工厂工人的民主权利和正当经济利益的条件下,各工厂先后成立了"劳资协商会议",专职处理劳资双方的关系,如签订集体合同或集体协议等。此时工人在共产党的教育和引导下,也能从发展生产的长远利益出发,主动想方设法帮助厂家商家克服困难;同时也要求资方改善经营方法,适当照顾工人及店员利益,使劳资双方在困难面前同舟共济,维持生产和经营。经过劳资双方的共同努力,劳资争议显著减少。

四是统筹兼顾，适时调整产销关系。加强对私营工商业者生产与经营的指导，积极提供产销信息，努力减少其生产与经营的盲目性，抑制其投机性。与此同时，尽可能地扩大和增加对私营工业的加工订货，适当控制国营零售商店的发展，让出一些地盘给私商，并调整地区与地区间的价格差额、零售与批发的价格差额，兼顾产、运、销三方面利益，以使工商业者能够获得必需的合理的利润。

五是提高政府的服务水平，在金融税收等方面予以扶持。其做法主要有：调整贸易机构，加强工商行政管理；积极增加贷款，并适当降低利率，对象是工业重于商业，但对有前途的商业，本身又具有信用保证者，则给以照顾；适当减少税负，规定工轻于商，日用品轻于奢侈品，对税收过重户，向下进行调整，其多缴税款还可抵缴下期税款等。

由于各地政府切实重视并正确贯彻执行关于工商业的合理调整政策，同时在实践中采取各种行之有效的措施，从1950年下半年开始，私营工商企业总体上停止了停产与歇业风，在此时期不仅有申请复业的，还出现申请新开业的企业，工商业逐渐向好的方向发展，而且势头越来越好。

到1951年，江苏各地工厂开工的数字明显增加，工厂设备的利用率和各种产品的质量和数量，均有显著提高。如苏北当年棉纱的产量，就比上年增加了19.85%，棉布的产量增加了40.5%，其他工业品也均有增加。在商业销售方面，全区也出现了新气象。如南通、泰州、扬州三市，1至8月份的营业额，就比上年同期增加68%。①

苏南区，1951年1月至10月的生产量与上年同期比较，棉纺生产增加32.22%，染织生产增加62.43%，丝织生产增加118.75%，火柴生产增加84.28%，电厂发电量增加32.96%。商业也显著好转，当年10月底共有私营工商业户13.7万余户，比上年年底实增5500余户。上半年营业额比上年同期增加了40.87%。无锡、苏州等5个市的失业工人已由上年的2万余人减至当年12月的7000人左右。②

随着工商业的好转，不但失业人数减少，就业人数增加，而且物价也基本稳定，金融秩序正常。在这一年，工业较为发达的苏南各城市和主要集镇的工商业增加了8000多户，棉纱产量较1949年增加36%。

南京市私营工商业同苏北、苏南地区一样，也有显著的恢复和发展。自1950年5月到9月，私营工业户开业者便逐月增加，到同年10月初，其工商业的生产与经营即

---

① 中共江苏省委党史工办编：《城市的接管与社会改造》（江苏卷・苏南苏北分册），中共党史出版社1997年版，第228页。

② 中共江苏省委党史工办编：《城市的接管与社会改造》（江苏卷・苏南苏北分册），中共党史出版社1997年版，第412—413页。

趋于合理和正常。在此过程中,还重视调整产业结构,在生产与经营方向上积极加以引导,按以销定产原则,工商企业着重生产和经营适销对路的产品和商品。

通过对私营工商业的合理调整,不但为争取国民经济的根本好转创造了有利条件,而且也落实了对私营工商业者的团结政策,促进了社会的稳定,并安定了人民的生活。

第三节　恢复农村经济与完成土地制度改革

一　加强农村工作,恢复农业生产

江苏各地解放后,各地区人民政府在抓好城市工作、积极恢复工业生产的同时,也着力恢复农村经济。

随着江苏全境的先后解放,虽然中共的工作重心逐步由乡村转到城市,但农村工作仍然被重视。尽管当时江苏有比较多的城市,工业相对也比较发达,但农业产值大体仍占到整个工农业产值的80%,因此农业依然是国民经济发展的基础,恢复和发展农村经济依然是关系国计民生的首要大事,依然是各地各级政府不容忽视的重大问题。

1949年4月,中共中央华东局就发出《关于江南新区农村工作的指示》(草案),指出党的工作重心由乡村转移到城市后,但应务必防止忽视和放松农村工作的领导,各级党委应经常注意对农村工作的研究和指导,在党委的分工上,应有专人经常注意主持这部分的工作;在那些没有大中城市的地区,党的领导机关除将所辖的小城镇接管好以外,应以更大的注意力去领导乡村,将工作重点放到乡村;关于农业生产的方针,"一开始就应注意对于生产的领导和号召人民努力生产,我们的各项措施,都应注意保持人民的生产积极性,尽可能的不浪费农民的生产时间,以达到尽可能的维持农业生产的原有水平,不使降低的目的"。①

根据苏南区城市较多,农村又刚解放,以及之前对农村工作注意力有所放松,而城市接管工作已基本结束的实际情况,1949年7月20日,中共苏南区委书记陈丕显在区党政直属机关干部大会上,代表区党委正式宣布苏南党今后一个时期的工作重心,应该放在乡村。加强农村工作,以创造发展城市的前提条件,然后直接发展城市、改造城市,进而真正地做到城市领导乡村。② 为此,苏南区党委和政府迅速抽调万名

---

① 中共中央华东局:《关于江南新区农村工作的指示》(草案),1949年4月,江苏省档案馆藏。

② 中共江苏省委党史工委、江苏省档案馆编:《苏南行政区(1949—1952)》,中共党史出版社1993年版,第108页。

干部，由部、处长带队，下乡开展农村工作。

苏北区的情况与苏南区有所不同，苏北农村虽然大部分是老解放区，相对来说，社会比较稳定，但主要问题是在 1949 年遭遇了特大自然灾害，这给农业生产的恢复和发展带来极大困难。在此情况下，中共苏北区委和政府在以生产建设为中心任务中，尤以恢复和发展农业生产为中心环节，一方面积极领导人民抢险救灾；另一方面采取各种有效办法，努力恢复和发展农业生产，使救灾与农业生产相结合，以此作为解救灾荒的根本办法。

在江苏各地解放后至 1952 年间，各地区党委和政府对恢复和发展农村经济工作紧抓不懈，党政主要负责人常深入农业生产第一线，检查和督促农业生产的各项工作。各地区工作亦各具特点，苏北区曾开展“万组千村”丰产运动，农民生产积极性大为提高；苏南区也开展农业爱国增产竞赛挑战运动，全区有 84 万多农户参加农业爱国增产竞赛。苏北、苏南区曾先后召开农业劳动模范代表大会，评选出先进互助组和模范丰产户。这期间，中央人民政府农业部颁发命令，奖励获 1951 年农业爱国丰产模范光荣称号的单位和个人，获此殊荣的苏南区有陈永康、唐宝铭、吴长寿、邓槐银；苏北区有庄太进、朱方仁、顾龙山、杨庆桂。江阴县西田头村获丰产村光荣称号。其中爱国丰产模范陈永康，[①]40 年代即摸索出“一穗传”水稻选种方法，选育出著名的“老来青”晚粳良种，创亩产 500 公斤纪录。1951 年，又首创全国单季晚稻亩产达 716.5 公斤的惊人佳绩，当时他的水稻丰产经验在全国推广，后中央文化部电影局和上海科技制片厂还实地拍摄了他的丰产经验。

另外，苏南、苏北各地还大搞以水利为中心的农田基本建设，加强对耕作制度、种子改良等农业技术的具体指导。同时，政府和银行亦通过贷种、贷款，努力解决农民生产中的实际困难。

在各地党和人民政府的正确领导下，依靠农民的积极努力，江苏的农业生产在克服严重困难后，比较迅速地得到恢复，并且还有了比较显著的发展。1949 年，江苏农业总产值仅为 42.10 亿元，1950 年便达到 46.24 亿元，比上年增长 9.8%。1951 年农业总产值达到 52.13 亿元，比上年增长 12.7%。1952 年农业总产值跃升至 60.71 亿元，比上年再增长 16.5%。三年增长率为 44.18%，平均年递增率 12.97%。本年粮

---

① 陈永康(1907—1985)：水稻栽培专家，江苏松江(今属上海市)人。先后担任江苏省农科院副院长，省第二、三届科协副主席，省第四、五届农学会副理事长；全国农学会第四届顾问，为国家科技委员会农业组组长和国家农业部技术委员会委员。还先后被选为江苏省第一、二、三、五、六届人大代表，省五届人大常委会委员，中共江苏省第三、六、七届代表大会代表，省六届委员会委员，全国人大第一、二、三、四、六届代表，全国六届人大常委会委员和中共第十一届代表大会代表。

食产量为997.55万吨,比1949年的748.50万吨增长33.27%,全省每人平均占有粮食267公斤,比1949年的人均占有粮食213公斤提高了54公斤;棉花产量也达到9.28万吨,比1949年的2.81万吨增长2.3倍。粮棉产量均超过抗战前1936年江苏省粮棉的总产量。[①]

二 苏北恢复区重新确立农民土地所有权与全区完成土地改革

1949年苏北全境解放后,即开始了重新确立农民土地所有权与开展土地改革的工作。当时苏北区农村主要为三种不同类型:老解放区、恢复区与新解放区。

苏北老解放区、恢复区早在1946年即实行了土地改革,彻底摧毁了封建土地所有制。至苏北全部解放前,全区900余万农业人口中,有400万人口已领得土地证,从而确定了自己的土地所有权。另有约500万人口,当时因忙于打仗和支前,未及领得土地证,其间地权未发生变动,这些地区只是如何及早完成颁发土地证的问题。

国民党政府发动全面内战,占领苏北部分解放区,地主阶级向农民进行倒租夺田等报复行动,许多土改积极分子和分得土地的农民被杀害,许多农民分得的土地又被其强行夺回。地主夺取土地后曾进行盗卖、转典,并在淮海战役后国民党统治大势已去的情况下,将夺取的土地廉价"出卖"或"典出"、"赠送",严重破坏了原来在土改中形成的生产关系,也搞乱了农民之间的地权关系。

当淮海战役人民解放军取得胜利,国民党军队或被歼或败退后,这些重获解放的地区(称为恢复区,约有600万农业人口),就存在着重新确立农民土地所有权的问题,而这又是苏北区全面完成土地改革的主要部分。

依据《中国人民政治协商会议共同纲领》中关于"凡已实行土地改革地区必须保护农民已得的土地所有权"原则,苏北行署于1950年12月16日公布《苏北行政区土地改革具体实施办法》,其中规定"凡地主在敌占期间向农民倒算的土地财产,应一律退还给农民,如倒算的土地财产业已出卖,或用其他方式转移分散者,一律无效,而农民任何一方所蒙受之损失,均应由地主负责赔偿"[②]。

恢复区重新确定农民土地所有权及完成土地改革工作在1950年下半年进行。其工作步骤大体分为四个阶段:

第一阶段主要是宣传土改政策,调查土地权所有情况,培训和组织土改力量;第二阶段着重在划分农村阶级,对复田倒租的恶霸地主开展斗争;第三阶段灵活处理复

① 江苏省地方志编纂委员会编著:《江苏省志·农业志》,江苏古籍出版社1997年版,第7、10、175、529—530页。

② 中共苏北区委农村工作委员会、苏北行署土地改革委员会1952年10月编印:《苏北土地改革文献》,第43页。

杂的地权纠纷，按政策原则调整土地。当时根据地主夺取的土地多数不是自耕，而是转租给其他无田或少田农民耕种的实际情况，因而在执行地主所夺土地“一律退还给农民”这一政策时，在原则性之外做了适当的灵活处理，即采取“原状调整，照顾现状”的变通方法，既坚持政策原则又从实际出发处理地权纠纷和土地调整问题，从而达到有利于农民之间的团结和有利于农村生产的目的；第四阶段填发土地执照，确定地权，发动农民，积极开展农业生产。

与恢复区重新确定农民土地所有权同时，在新解放区也基本同步进行着土地改革工作。苏北新解放区主要分布在大城镇周围和沿江地区，大约有 500 万人口，其特点是人多地少，土地集中度不高。其过程也大体经过了训练干部，典型示范；点面结合，全面展开；结束土地改革等三个大的阶段。时间主要集中在 1950 年下半年至 1951 年春。

苏北区前后经过大约一年左右的时间，进行恢复区重新确定农民土地所有权与新区的土地改革工作，至 1951 年春全区的土地改革已全部完成(之后尚有一段复查期)。苏北土改后，“从全区情况来说，连同过去老区土改在内，没收和征收的土地约占总田亩数 40%到 60%，得益农民约占总人口 60%到 70%。农民一般每人分得一亩到二亩土地。在地多人少的地区，每人最多能分得四亩到六亩土地，即使在地少人多的地区，每人也能分得八分至一亩土地。”①因此，土改后的农民群众在摆脱封建枷锁束缚的同时，成了自己土地的主人，他们的生产积极性大为提高，而其购买力 1952 年就比 1950 年提高 35%，这些都为发展农业经济进而推动国民经济的恢复和发展打下了坚实基础。

三 苏南区全面完成土地制度改革

苏南地区为新解放区，其土地改革的背景情况及其具体实施，相比较苏北老解放区的土地改革，既有相同之处，也有一些比较明显的特点。如土改前，都存在着地主阶级对农民的严重的封建剥削和压迫，在土改中都贯彻执行着中央“依靠贫农、雇农，团结中农，中立富农，有步骤地有分别地消灭封建制度，发展农业生产”的土地改革总路线，而且也都大体经历着相同的土改阶段等。但苏南确实又有着自己的明显特点：

1. 苏南地区位于沪、宁、杭之间，近代以来，工业、商业、交通、文化都比较发达，而且城乡关系密切，互相之间的影响也很大。因此，整个社会呈现出政治、经济、文化各方面错综复杂的情况。

---

① 中共江苏省委党史工委、江苏省档案馆编：《苏北行政区(1949—1952)》，1994 年内部印行，第 250 页。

2. 苏南地区由于封建经济向资本主义转化的过程起步较早，其租佃关系和阶级关系也十分复杂。地主大多数住在城镇，且兼营工业、商业的较多，这部分约占地主总户数的33%。同时，城市知识分子、民主人士中有些人在农村亦拥有土地并出租土地。另外，在许多地方还有不少的特殊土地问题。

3. 苏南地区出现了一批资本主义性质或以资本主义方式经营的农副业项目，有相当多农民的副业、手工业收入，可占其年总收入的30%左右。

因此，苏南区在实行土地改革的时候，一方面按照土地改革的总路线及其政策、法令开展；另一方面又从苏南的具体情况出发，采取"小心谨慎、稳步前进"的方针，有领导、有步骤、有秩序地进行，并特别注意保护工商业，保存富农经济，实行区别对待等政策。

由于苏南区土改前已先行进行了清剿土匪和反对恶霸即地主阶级当权派的斗争，并开展减租减息，同时尽可能地维持农业生产，这就造成了开展土地改革运动和分配土地的先决条件。苏南区的土地改革基本上从1950年春季开始，涉及大约1000万的农业人口。随着土地改革高潮的到来，土地改革工作已成为全区的中心任务，其整个进程大体分为三个阶段。

第一阶段(1950年2月—9月)，为土地改革准备阶段。根据苏南区党委和行署规划，苏南区的2741个乡(镇)，其中除无锡、苏州、常州、镇江4个市郊区34个乡的土改，应依中央规定按郊区土改办法留在最后进行外，其余农村2707个乡(镇)分三批进行。第一批即是在此阶段中进行土改典型示范的乡(镇)。自土改准备阶段开始，主要工作是深入实际，认真进行调查研究，全面摸清土地情况。当时，在苏南区存在着该区有无封建剥削的争议，这关系到苏南土改有无必要的重大原则问题。经调查得知，苏南许多地方尽管存在着管业田(俗称灰肥田)，即地主拥有田底权，农民享有田面权，也叫永佃权①的土地，但是这种田底权与田面权的分离，并没有从根本上改变苏南农村的封建土地关系。另外，据对区内20个县1722个乡的调查，占总户数2.5%的地主，却占有34.2%的耕地；占总户数55.26%的贫农、雇农，却只占有21.3%的耕地。其中在苏州、松江两个专区的有些县，地主占有土地甚至达到65%。在解放以前的苏南农村，曾经流传着这样一首歌谣："农民身上两把刀，租子重，利钱

---

① 永佃权的形成有三种情况：第一种原为地主的荒地，由佃户开垦成熟，佃户有田面使用权；第二种是因农民家庭经济破产，遂将土地低价卖给地主，保留使用权；第三种则系农民向地主缴纳高额押金，取得田面长期使用权。在上述情况中，农民以很大代价得到永佃权，但如不按时给地主缴租，将失去永佃权。

高；农民出路有三条，逃跑、上吊、坐监牢。”①这是对新中国成立前苏南农村地主压榨和剥削农民的真实写照。种种事实证明，苏南农村经济的封建、半封建性质仍然存在，地主阶级对农民的封建剥削仍然存在，这些并没有因为新中国成立而发生根本改变。在辩清大是大非的同时，为使土改能够健康、稳妥地进行，全区还着力整理基层组织，集中训练干部，并在部分乡（镇）先行进行土改，以取得典型示范经验。

第二阶段（1950 年 10 月—1951 年 3 月），为土地改革展开阶段，也是土地改革的高潮阶段。在此阶段，第二批乡（镇）的土地改革工作于 1950 年 10 月先后开始。时值抗美援朝，中共中央主席毛泽东到上海视察工作，根据当时形势发展，对华东地区的土地改革，提出了“放手发动群众，大胆展开运动”的方针，要求加快土地改革步伐，坚决消灭封建势力，彻底摧毁美帝国主义与国民党反动派在新解放区内的社会基础。11 月间，中共中央华东局召开会议，调整土改部署，并将原“谨慎小心，稳步前进”的方针转变为“放手发动群众，大胆展开运动”的方针。同月，苏南行署公布《苏南区土地改革实施办法》。随之，苏南的土改运动深入并加快发展。从 1950 年 12 月中旬起到 1951 年 1 月上旬，苏南各县第三批乡（镇）的土地改革运动相继全面展开，从而在全区范围内掀起了波澜壮阔的土改运动。至 1951 年 3 月，全区大规模的土地改革运动结束，共完成 1976 个乡（镇）的土地改革。至此，包括典型试验和局部推开两个时期完成土地改革的乡在内，全区共完成 2662 个乡（镇）的土地改革，尚余 45 个乡，因情况特殊，留待继续完成。另外，遗留的城市郊区 34 个乡的土地改革，也按照《城市郊区土地改革条例》，于 1951 年 3 月展开，到 4 月亦全部结束。

昆山县一农户祖孙三代在所分田地上同插地界标

第三阶段（1951 年 4 月—1951 年 12 月），为土地改革结束阶段。此阶段的主要工作，一是对全区土地改革进行最后一次全面检查，其中重点查看有无逃亡漏网或逃亡回归的恶霸地主及不法地主未经法办者；土改后地主有无反攻复辟者；有无漏划或错划的阶级成分而未依法改正者；被没收、征收的土地财产有无尚未分配处理者；干部在

① 中共江苏省委党史工委、江苏省档案馆编：《苏南行政区（1949—1952）》，中共党史出版社 1993 年版，第 502—503 页。

土改中有无包庇地主及多得、得好的现象等。二是颁发土地证,即在全面检查的基础上,依照政策规定认真处理全部遗留问题,然后颁发土地证。

土改中的苏南人民喜获土地

苏南区的土地改革运动如同苏北区一样,彻底废除了几千年来地主阶级的封建剥削土地所有制,实行了农民的土地所有制,从根本上改变了农村的封建生产关系,解放了农村的生产力,广大农民成了农村的主人,其生产积极性大为高涨,生活状况得以明显改善,农民购买力 1952 年比 1950 年提高 30%左右,从而有力地促进了农业生产的恢复和发展。据统计,苏南全区共没收、征收土地 1041.85 万亩;没收耕畜 3.37 万头、农具 176.87 万件,粮食 6.16 万吨,多余房屋 71.11 万间。另据对当时 24 个县和两个市郊区的统计,得益农户 152.39 万户,分得土地 836.27 万亩,占没收征收土地的 95.28%。土地改革后,全区贫农、雇农由原来占有土地总数的 21.3%,上升到 47%;地主家庭每一个成员也分得一份土地,共占土地总数的 2%。① 土改期间,苏南区还召开全乡性揭露批判地主罪行的大会 13 万余次,参加农民达 670 余万人

① 中共江苏省委党史工委、江苏省档案馆编:《苏南行政区(1949—1952)》,中共党史出版社 1993 年版,第 519—520 页。

次，并依法逮捕了恶霸地主和不法地主 14413 人，由各级人民法庭分别予以惩治。

苏南区吴江县翻身农民集会庆祝土改胜利

苏南区土地改革所取得的胜利成果，也得到了国家领导人、民主人士的好评。政务院副总理黄炎培，曾于 1951 年 1 月至 2 月间访察苏南土地改革进展情况，回来后在政务会议上报告说，苏南土改基本上是办得好的，好在农民站起来了，准备充分，踊跃完粮，踊跃参军和生产。但问题也有，在一些地区因发生地主阶级破坏土改的种种凶暴不法行为，一度引发群众对地主的乱打乱杀，如“在土改中苏南全区群众打死地主共 55 人：松江专区 50 人，镇江专区 2 人，常州专区江阴县 3 人。”①之后政府立刻派人下乡检查制止，此类现象便不再发生。

江苏地区除苏北、苏南进行的土地改革外，南京市郊区则按照政务院颁布的《城市郊区土地改革条例》规定进行。时间大致是从 1951 年 3 月开始典型试验，然后由点到面，有计划、有步骤地展开，到该年底基本结束。这样，江苏地区在农村彻底消灭封建剥削制度的土地改革运动，就在 1951 年底全部完成。

① 中共江苏省委党史工委、江苏省档案馆编：《苏南行政区（1949—1952）》，中共党史出版社 1993 年版，第 307 页。

第四节　财政经济状况基本好转

一　取缔投机商业活动,继续稳定物价

为了争取财政经济状况基本好转,江苏各地依照1950年6月召开的中共七届三中全会的精神和部署,继续取缔和打击投机商业活动,继续下大力气稳定物价。

1951年3月15日,苏南行署颁布《苏南区取缔投机商业活动暂行办法》。根据苏南情况,具体将14种投机商业活动列入取缔之列,如囤积居奇、拒售商品;抢购物资、强买强卖;掺杂使假、假冒商标;制造谣言、套购物资等。该办法规定,有违犯14种行为之一者,均按其情节轻重,由县市以上人民政府给予警告;没收商品之一部或全部或科以罚金;定期停业或永久停业;情节重大或屡犯不改者送当地司法机关惩办等。[①]这一法令的颁布与实施,使惯于投机的不法商人不敢肆意兴风作浪、哄抬物价与扰乱市场。

1951年3月30日,苏北行署颁布《苏北区加强市场管理取缔投机暂行办法》,其中将9种行为定性为"扰乱市场之投机活动",并确定以5种不同方式,对违反规定及扰乱市场者依情节轻重,分别初犯、屡犯、主犯、从犯等情况,予以惩处。[②] 该办法为打击不法分子的投机活动,保护工商业者的正当经营,提供了有力的法律武器。之后,全区各地工商行政部门进一步加强对少数囤积投机的不法商人,依法予以惩罚与教育,促其悔过自新。不久,苏北各地投机商业活动便日渐减少。

与苏南、苏北严厉打击投机活动、稳定市场物价的同时,南京市人民政府也运用法律武器,动员和组织各方面力量,积极而有力地打击不法商人的投机活动,使市场秩序继续好转。

正是由于全国财政经济的进一步统一,抗美援朝战争的胜利进行,江苏土地改革的最后完成,工商业政策的深入调整,工农业生产的逐步恢复,城乡贸易的大力开展,以及对投机资本的连续打击等综合因素发挥积极作用,因而自1950年中至1952年底,江苏各地的物价水平已基本趋于稳定。

在此时期,江苏物价不但没有出现大的波动,而且还有程度不同的降低。如在1952年4月,南京市百货公司即将1524种商品降低价格,平均降幅为30%左右,最

---

① 中共江苏省委党史工委、中共江苏省委统战部编:《中国资本主义工商业的社会主义改造》(江苏卷·上册),中共党史出版社1992年版,第50—51页。

② 江苏省地方志编纂委员会编著:《江苏省志·商业志》,江苏古籍出版社1997年版,第549—550页。

多的降幅甚至达到36.15%。与此同时，苏南百货公司和各地分公司也连续降低大批商品价格，其中苏南土产公司就把近300种土产品价格予以不同程度的降低。在此时期，苏北的物价走向亦大抵与南京和苏南区相似。

总之，江苏各地物价的基本稳定，既赢得了曾饱尝物价飞涨之苦的百姓的衷心拥护，也使新生的人民政权得到进一步巩固，并且有力地推动了国民经济的恢复和发展，这为以后实现对农业、手工业和资本主义工商业的社会主义改造，创造了有利条件。

二　活跃城乡贸易，推动内外物资交流

为了使江苏地区的国民经济尽快恢复和开始发展，为了进一步加强江苏各地城乡间的经济联系，也为了使江苏境内外物资得以货畅其流，以满足人民群众的日常生产生活所需，1951年春，南京市以及苏北区、苏南区各地政府，均经过有计划地周密安排，大规模地开展了物资交流活动。如苏北区，早在1950年9月就召开城市工作会议，对此予以决定和布置，并且把这项工作看作是调整工商业和调整公私关系的中心环节。

自1951年春至1952年夏秋间，江苏各市、各专区、各县以及一些集镇，纷纷举办了物资交流大会或物产展览会。会期长者达数十天，参观或参加贸易交流的人数多者达数十万人，而展览或交流的工农业产品大品种也有数十种。同时，各地还普遍举办初级市场物资交流会，组织私营商户下乡推销，并进一步推动商品联营销售。

另外，江苏各地政府为推动城乡物资交流进一步发展，一方面加强行政管理和市场管理，大力进行水陆交通建设，为物资交流创造便利条件。同时，还支持银行放贷，以满足商户交易之资金需求。适当调整税收，以照顾私商困难及其合理要求；另一方面积极开拓本地区以外市场，积极发展对外贸易。此间，江苏各地或者邀请、吸引外地代表参加本地区的物资交流大会，或者组织代表团参加上海市、华东地区以及其他省、市、区的物资交流大会，从而恢复了一度不畅甚至中断的与其他地区原有的贸易关系，并建立起新的贸易关系。

在活跃城乡贸易、推动内外物资交流的过程中，江苏各地政府转变一些干部不愿和私商打交道，以及对物资交流重要性认识不足的思想，强调推动物资交流对恢复和发展国民经济、有利人民生产生活的重要意义；而且在推动和组织物资交流中认真贯彻公私兼顾政策，不断总结实践经验，努力克服缺点与不足，并加强计划性、针对性，以求良好效果。

以上有效政策措施的实施，使江苏各地工农业生产发展、城乡贸易活跃、内外交

流畅通,真正是"交流一动,百业俱兴",工人、农民与工商界等各方面都满意。过去一些私营工商业者对于政府支持其合法生产经营的政策有消极怀疑情绪,现在这种情绪被打消了。只要一有交流大会,私商们闻风即到,并大胆吃进,还担心东西不够卖。南通商人曾形象地形容"春天是奄奄一息,交流是起死回生,秋后就要身强力壮了。我们是有机会、有希望、有前途"①。

三 五种经济成分并存,新民主主义经济制度建立

江苏全境解放后,各地便以主要精力投入到恢复国民经济的过程中去,并逐步建立起国营经济领导下的五种经济成分并存的新民主主义经济制度。

第一,国营经济。江苏各地的先后解放和人民政权的建立与巩固,推动江苏的国营经济不断发展壮大。到1952年底,江苏国营企业和地方国营企业已达到355家,职工7.1万人,产值3.29亿元,占工业总产值的17.3%。国营企业在电力等行业中占有优势,在一部分加工工业中也占有一定比例。另外,国营经济还掌握着绝大部分银行业务、对外贸易,以及一半左右的水运和公路运输能力。同时,亦形成商业网,其中领导力量是国营商业,助手是合作社商业,并包括私营商业和个体商业在内。以上情况表明,江苏国营经济在国民经济中的领导地位已经确立。

第二,合作经济。合作经济是新民主主义经济的重要组成部分。几年来,江苏的合作经济逐步建立并有了比较快地发展。到1952年底,江苏工业部门有合作社营工业企业341家,职工2万余人,产值2.18亿元。合作经济在城市中有广泛发展,许多机关和企业都成立了消费合作社,这在很大程度上方便了市民生活。同时,合作经济在广大农村也开始发展,其中供销合作社作为国营经济和个体经济相互沟通的桥梁相继建立起来;作为与农民消费与生产密切相关的信用合作社则有了较大发展;而具有某种社会主义因素的农民生产互助合作也开始兴起。

第三,国家资本主义经济。它是在人民政府管理之下,且同社会主义国营经济相联系并接受工人监督的经济。它产生于江苏各地恢复和发展国民经济的过程中。这部分经济在私营工业中主要有两种表现形式:一是比较普遍的初级形式——加工订货、统购包销;二是数量不多的高级形式——公私合营。据不完全统计,到1952年底,初级形式的加工订货、包销、收购的产值,已占到江苏私营工业总产值的83%;而高级形式的公私合营企业(主要分布在纺织、电力与交通运输等行业),数量已达50家左右,从业职工约2.4万人,产值约1.43亿元。

① 中共江苏省委党史工委、江苏省档案馆编:《苏北行政区(1949—1952)》,1994年内部印行,第293页。

第四，私人资本主义经济。江苏各地解放后，便执行中共的对私人资本主义经济的“利用、限制、改造”政策，使其有利于国计民生的方面得到恢复和发展，而不利于国计民生的方面则受到限制。在此情况下，其内部的经营管理也开始发生变化。1952年底，江苏私营工业中有大小企业10732个，职工约19.6万人，产值约12.1亿元，占全省工业总产值约63.7%，这在国民经济中占有重要地位。

第五，个体经济。个体经济主要分布在农业经济和手工业经济中，它在新民主主义社会各种经济成份中，虽然占有数量上的绝对优势，但已经摆脱了对封建地主经济、资本主义经济的依附，而接受着国营经济的领导。这种领导主要表现在两方面：一是通过市场交易、商业购销来进行联系；二是国家以价格来调节个体经济的生产经营活动。

以上五种经济成分，在新中国成立后的三年多时间里，共同构成了江苏的新民主主义经济制度，基本上适合当时生产力发展的需要。它是新生的人民政权得以巩固和加强的基础，也是国民经济得以恢复和发展的基础，为向社会主义经济制度过渡创造了必要前提。

四　国民经济完全恢复，财政经济状况基本好转

经过三年多的艰苦努力，到1952年底，江苏国民经济已完全恢复，财政经济状况基本好转。

1952年，由于江苏重大水利建设取得成就并发挥效益，又由于经过土改后的广大农民生产积极性大为提高，农业夺得全面丰收。当年农业总产值达31.87亿元，比1949年的22.59亿元增长41%。粮食总产量为997.55万吨，比1949年的748.50万吨增长33.27%，棉花总产量为9.28万吨，比1949年的2.81万吨增长230.25%。粮棉产量不仅远远超过1949年的产量，而且分别比新中国成立前最高年产量的1936年增长15%、35%左右。另外，油料作物为21.68万吨、生猪出栏头数为356.47万头，也各自比1949年的15.94万吨、264.18万头有很大增长。①

农业的全面丰收，农民购买力的显著提高，为江苏工业的恢复和发展提供了原料，开拓了市场。工人阶级则发扬主人翁精神积极生产，工商业者也在国营经济的指导下努力经营，工业生产出现良好态势。1952年底，江苏工业总产值达到25.53亿元，比1949年的15.89亿元增长60.67%。其中一些主要工业产品产量比1949年有很大提高。如：1949年钢产量为0.10万吨，成品钢材为0.03万吨，1952年分别达到

① 江苏省统计局编：《江苏四十年》，中国统计出版社1989年版，第11页。

0.43万吨、0.19万吨;1949年发电量为1.98亿度,原煤产量为81.49万吨,1952年分别达到4.10亿度、113.21万吨;1949年农用化肥(折100%)为0.38万吨、棉纱为(混合数)24.08万件、布(混合数)为2.32亿米,1952年分别达到1.32万吨、40.10万件、6.10亿米;1949年水泥为3.1万吨,1952年则高达36.90万吨。①

1952年,江苏工农业总产值已达57.40亿元,比1949年的38.48亿元增长49%强。其中农业总产值占55.5%,工业总产值占44.5%;地方财政收入6.80亿元,地方财政支出2.10亿元;国民收入总额35.63亿元。②

工农业生产的恢复和发展,也推动了江苏交通运输业和商业的恢复和发展。1952年,公路和内河航运的货运量达1066万吨,比1949年的473万吨增长125.37%;社会商品零售总额为19.20亿元,比1949年的9.15亿元增长109.84%。另外,固定资产投资有了迅猛增长,1949年仅有区区的0.01亿元,1952年则高达1.24亿元。③

三年来国民经济的恢复,财政经济状况的基本好转,人民的物质生活水平有了比较明显的提高。1949年江苏人口为3512万人,人均占有工农业总产值约109.57元,1952年江苏人口为3739万人,人均占有工农业总产值约153.52元。这样,在恢复时期的三年中,人口虽然增长了近6.5%,但人均工农业总产值却增长了40%多,并且人均占有粮食由1949年的213公斤提高到1952年的266.8公斤,人均占有布料(混合数)也由1949年的6.61米提高到1952年的16.31米多。此外,由于工农业产品剪刀差缩小,一度高涨的市场物价已逐步稳定下来等原因,都使广大的人民群众在经济上得到较多实惠,从而更坚定地拥护中国共产党和人民政府的领导,更加积极地投身到经济建设之中去。

第五节　抗洪救灾与兴修水利

一　抗洪救灾

江苏各地解放后,曾遭受数次严重的洪涝灾害,各地党和政府积极领导人民群众抗洪救灾。

1949年夏秋,江苏地区遭遇了历史上罕见的洪水灾害。江苏地区位于长江、淮

① 江苏省统计局编:《江苏四十年》,中国统计出版社1989年版,第11页。
② 江苏省统计局编:《江苏四十年》,中国统计出版社1989年版,第11—12页。
③ 江苏省统计局编:《江苏四十年》,中国统计出版社1989年版,第12页。

河、沂河、沭河、泗水五大河流下游，濒临东海，地势低下，每遇较长时间暴雨汛期，其上中游地区的滚滚洪水，都将由江苏这一“洪水走廊”下泄入海。由于国民政府在水利的设施与管理上久于懈怠，给新生的人民政权留下了一个烂摊子，致使江苏境内水系紊乱，河道淤塞，堤坝残破，苏北地区尤为严重。

1949年长江流域自6月下旬入梅，阴雨连绵。江苏地区也在7月初至8月初连降大雨，沂、沭两河洪水暴涨，先后出现三次洪峰，堤岸决口百余处，淮北平原更是洪水漫流。其间，恰遇6号台风于7月26日过境，又加重了雨情与汛情，致使江水猛涨，海潮倒灌，苏南海塘工程许多段被冲毁，江堤亦遭严重损毁，沿江两岸洼地普遍被淹，南京江心洲几成泽国。在不到两个月的时间里，出现了波及全江苏地区的严重洪水灾害。据不完全统计，在这次罕见的灾情中，江苏被淹农田计2750多万亩，其中成灾面积2420多万亩，倒坍房屋100万间以上，灾情严重的多达20余县。虽经各地积极开展抗洪抢险斗争，并尽可能多地抢救秋熟作物，但至秋收，江苏仍有近千万亩土地受淹并全部失收，灾民约达500万人，逃离家园者则达350多万人。其中：

苏北地区，计有1770多万亩以上农田被淹，占全部耕地1/3强，经抢救后虽大部脱水，但收成大减，全部失收者不下700万亩，损失粮食至少5亿公斤，籽棉约500万公斤。风灾、潮灾致死500人以上，伤者亦达数百人，倒屋超过100万间，缺粮灾民至次年春荒期已高达300多万人，濒于断炊的即近30万人，全苏北几乎无县不灾，灾荒持续有10个月之久。

苏南地区，1949年夏秋间遭受水灾、风灾、虫灾等严重灾荒，发展至1950年3月，灾民已达73万之多，个别地方已发生卖儿女和饿死人的现象，耕牛饿死的也有400余头，一部分灾民以吃草根、挖野菜等为生，甚至个别地区有吃“观音粉”①的现象。② 另据时任中共苏南区委书记的陈丕显于1950年5月28日向毛泽东的报告中所称：苏南区“由于去秋水灾、风灾，殃及18个县（灾区面积占农村田亩总数17%），计海塘缺口148处（长14000余公尺），江堤缺口353处（长5540公尺），内圩破决者，仅高淳一县即有90余处。灾情较重者有南汇、川沙、宝山、吴江、常熟、江阴、扬中、高淳等8县，合计当时淹死4500余人，灾民达42万余人，其中倾家荡产者10万余人。”③

从1949年中至1950年春夏之交的这次江苏灾荒，其范围之广、灾情之重，为时之久，灾民之多，实属罕见。如此严重的灾害灾荒，严重地考验着解放后江苏各地新

---

① 一种风化石土，可制成粉末，人饥饿时有将此和上一点杂粮、野菜或树叶等煮食，过量能致人死亡。因传说其为“观音菩萨”给穷人渡荒所用，故名。

② 中共江苏省委党史工委、江苏省档案馆编：《苏南行政区（1949—1952）》，中共党史出版社1993年版，第175页。

③ 中共江苏省委党史工委、江苏省档案馆编：《苏南行政区（1949—1952）》，中共党史出版社1993年版，第206页。

生的人民政权。对此严重灾害,毛泽东主席、周恩来总理十分关心,曾于1949年秋发电报给苏北区党委和行署,指出共产党和人民政府"对在革命战争中作出重大贡献的苏北人民所遭受的水灾苦难,负有拯救的严重责任";要求"全力组织人民生产自救、以工代赈,兴修水利,消除历史上遗留的祸患"。① 另外,中共中央和华东局也于同年12月先后发出指示,要求实行"以生产为主,结合救灾,以群众自救、社会互济为主,辅之以政府协助"的救灾方针。

当灾害发生之初,南京市及苏北、苏南区党委和人民政府即十分重视,迅速部署,积极领导人民开展了艰巨的抗洪救灾斗争。

1949年6月底前后,南京市军管会水利部即召开防汛会议,专门研究解决防汛中的组织、经费、器材、通讯等问题。之后南京市出动37万多群众和部队官兵,连续抗洪十数天,抢修江堤150多公里,确保了长江两岸人民群众生命和财产安全。苏北、苏南区党委、行署和军区,亦于7月11日、12日分别发出紧急指示,号召党政军民紧急动员起来,全力抢险防汛;并且各地区还建立了各级救灾委员会,明确以"生产救灾"为压倒一切的中心工作。

在抗洪抢险斗争中,涌现出许多可歌可泣的英雄模范人物及其群体:吴县的领导干部冒着狂风暴雨,率船到太湖边,救出避于树梢、房顶和已淹在水中的灾民;扬州田家港江水漫堤,300余农民伏卧堤上挡水保堤;驻江阴的人民海军指战员遇险不退,奋不顾身堵住长江决口处;高邮县数十万群众,数千部水车日夜车水排洪。

各地在抢险救灾中,坚决贯彻救灾方针,并围绕"生产救灾"的中心工作,采取多方面举措,以求尽可能地减少灾害的危害程度,减轻人民群众苦痛和渡过灾荒。

1. 将抢险救灾与农业生产相结合。把搞好农业生产,作为解除灾荒的根本办法;农村抓紧秋耕秋种和冬耕,强调"生产自救,就地坚持",提出"保证不饿死一个人,不荒一亩田"的具体要求,说服百姓不逃荒;城市将生产救灾工作重点放在疏散城市无业、失业、半失业人员方面,期间南京市曾疏散8万余人回乡参加生产。同时,各地还大力组织副业生产,实行"靠山吃山,靠水吃水"办法。

2. 实行以工代赈,治水兴垦,使救灾与国家经济建设相结合。苏北区在1949年冬与1950年春,政府先后发放工赈粮1.54亿公斤,动员民工140余万人(其中灾民约占40%),约计帮助解决灾民民工及其家属276万余人的生活;此时期苏南区发放的工赈粮也达1540万公斤,共兴修江堤、海塘、圩堤等水利工程1700余万土方,各种桩石混凝土工程28200多米。

① 毛泽东、周恩来致苏北区党委、行政公署电。江苏省档案馆藏。

3. 广泛开展社会节约与互济活动。非灾区支援灾区，轻灾区支援重灾区，城市支援乡村，发扬友爱互助。苏北区群众曾通过“一碗粮运动”，捐献互济粮 600 多万公斤、代食品 380 多万公斤；各级党政军机关倡导每人每日节约口粮 1 两，连同个人捐献，计先后捐献节约粮 506 万公斤，并捐献大量旧衣物。苏南区也开展社会互济及机关部队节约捐献等运动，筹集救济粮 1120 余万公斤。

4. 政府拨粮急救。中央政府与华东局前后为苏北区拨发救济粮 3050 万公斤。在苏南区，政府亦拨发救济粮 1500 万公斤，端正政策粮 1100 余万公斤，发放副业贷款 108 万公斤。

5. 各方面大力支援救灾渡荒。银行积极开展借贷，扶助农副业生产；组织供销合作社，解决农副业生产与销路问题；人民解放军官兵积极参加各地的生产救灾与捐助灾区群众运动。

由于救灾方针政策正确，各地党委和政府高度重视，人民群众积极参加生产救灾，社会各方面大力支持，江苏抢险救灾工作取得巨大成绩，已将因灾害所造成的损失尽可能地减到最低程度，并且渡过 1950 年上半年的严重灾荒。

在这场艰巨的抢险救灾战役中，也存在着一些缺点和错误，主要表现：一是某些领导在灾情发生时对其严重性估计不足，布置迟缓，造成了一些原本可以减小或可避免的损失；二是尽管各地努力救灾，但个别地区仍有少数灾民饿死、冻死；三是一些地方曾发生硬摊硬借等现象，亦有分配救济粮不够及时和公平，少数干部徇私舞弊等现象发生；四是一些干部调查研究不够深入，督促检查不够及时，以及缺乏生产知识和经验等，未能因地制宜地解决农副业的生产与销路问题。

二　导沂整沭

1949 年江苏特别是苏北地区严重水灾的发生，使江苏人民痛定思痛，深感要从根本上消除洪水祸患，就要兴修水利，以彻底摆脱灾难。所以，从 1949 年冬，在抢险救灾、安置灾民基本工作告一段落后，治水斗争逐步从临时性的堵口复堤，修复水毁工程，转向集中治理流域性洪水的工程建设。其中主要工程之一，就是导沂整沭——疏导沂河，整治沭河。

位于江苏北部的沂河、沭河，发源于山东省沂蒙山区。每逢该山区连降大雨，便形成洪水向低处漫溢，南下江苏后经淮北平原入海。因其上游河床比降大，下游比降小而平直，因而形成源短流急、洪峰高、历时短的洪水特点。其漫流洪水，常使苏北地区遭灾。故该水成为苏北地区危害最烈的河流，是连年水灾的祸首，影响农业生产和人民生命财产安全很大，其中对淮阴地区的影响则更甚。

1949年夏秋洪灾时,苏北区党委和苏北行署即组织淮阴抗灾治水大队,深入灾区,进行实地调查。9月和10月,苏北行署连开两次会议,讨论和拟定导沂整沭工程方针和计划,决定首先打开洪水出路,使沂河洪水直接出海。11月10日,苏北区党委正式作出《关于导沂兴垦的决定》:开辟新沂河,一期工程从骆马湖东岸嶂山向东至燕尾港,采取"筑堤、束水、漫滩"的方式,排洪入海;两岸各筑大堤,堤距1100—3000米,长144公里;并宣布成立导沂整沭工程司令部。该工程主要由淮阴专区承担。根据华东水利部召开的治理会议的决定,新沂河行洪按3500立方米每秒、新沭河按3800立方米每秒设计,总沭河按2500立方米每秒复堤。

11月13日,苏北区党委、苏北行署、苏北军区司令部和政治部联合发布《苏北治水运动总动员令》,指出治水是苏北今冬明春压倒一切的中心任务,号召全苏北党政军民一致动员起来,为战胜水患,恢复与发展农业生产贡献一切力量。12月6日,导沂工程开工典礼在沭阳举行,苏北区党委书记萧望东到会讲话。开工后,苏北行署主任惠浴宇也亲到工地检查督促。

当时,在国家和地方财政都十分困难的情况下,政府采取"以工代赈,生产自救"的方式予以支持。在施工中,民工和干部踊跃参加,做出了巨大贡献,涌现出一大批劳动模范、治水功臣等先进人物和先进集体。其中著名的导沂特等功臣有王大锹(王兆山)、赵金科、王大筐(王兴业)、尤庆兰(女,干部)等。特别是荣获"十县第一、淮海文明"的沭阳县民工王兆山,他冒着寒风冰冻,起早摸黑挖土方,激励着其他民工的治水热情,人们称赞他:"三锹装满一车土,一人抵上三人挑,扒河模范'王大锹'。"1950年9月,王兆山出席全国劳模大会,被选为主席团成员,授予全国劳动模范称号,并代表江苏治水战线职工参加了国庆观礼。

导沂特等功臣"王大锹"(王兆山)

苏北导沂纪念章

1950年夏秋汛期，导沂整沭工程第一期刚刚结束，新沂河就先后经过了5次洪水考验，并发挥出显著效益，保护了1万多平方公里地区的农田。周恩来总理获知江苏导沂工程取得的胜利，非常高兴。该项工程是新中国成立后江苏治水的第一大仗。

从1950年冬开始至1952年，又连续进行了第二、三、四期工程，继续按原计划导沂整沭。开挖了五图河、沂南小河、黄墩湖小河，疏浚了南、北六塘河等导沂附属工程。经过三年多的艰苦奋斗，“导沂整沭”工程基本结束，共动员民工243万多人次，完成土方1.08亿立方米、石方18万多立方米、混凝土2.5万立方米，国家投资和地方贷款共计4197万元。“导沂整沭”工程的基本完成，从根本上提高了苏北地区的抗洪防灾能力，为苏北以至江苏的经济及社会发展，在长时期中发挥着重要作用。

三　治理淮河

淮河在给苏北地区带来灌溉等便利的同时，也常给其带来严重的洪水灾害。

淮河发源于河南的桐柏山区，向东流经河南、安徽入洪泽湖，然后穿越苏北低洼腹地，再东向归海。历史上黄河曾多次夺淮入海，这使淮河下游水系紊乱，水灾频仍，根治淮河成为苏北人民的强烈愿望和期盼。

1950年汛期，淮河流域再次发生大洪水，灾情严重之时，毛泽东主席即于7月20日批示：“除目前防救外，须考虑根治办法，现在开始准备，秋起即组织大规模导淮工程，期以一年完成导淮，免去明年水患。”①之后，他还多次督促落实。8、9月间，政务院组织召开治淮会议，提出了“蓄泄兼筹，以达根治之目的”的治淮方针；确定豫、皖、苏“三省共保，三省一齐动手”的治淮方案。10月14日，政务院在深入调查研究的基础上作出《关于治理淮河的决定》，要求下游“应即进行开辟入海水道，加强运河堤防，及建筑三河活动坝等工程。入海水道工程浩大，1951年先完成第一期工程，1952年汛期放水（后计划有所变更——作者注）。”②11月，由华东军政委员会和安徽、河南、苏北有关领导人在安徽蚌埠组成治淮委员会，曾山任主任委员，苏北行署主任惠浴宇等任副主任委员。治淮委员会决定把重点放在入江水道疏浚、培修洪泽湖堤和运河堤、兴建运河12个涵洞等6项工程上，并兴建苏北灌溉总渠，结合排泄淮河洪水入海。自此，大规模的治淮序幕在万众期盼中拉开。

1951年5月，毛泽东主席发出“一定要把淮河修好”的号召，鼓舞了治淮大军的斗志。同时，中央人民政府治淮视察团也赴苏北治淮工地视察，并慰问广大民工。11

---

① 中共中央文献研究室编：《建国以来毛泽东文稿》（第1册），中央文献出版社1987年版，第440页。

② 中央人民政府政务院：《关于治理淮河的决定》，江苏省档案馆藏。

月,治淮委员会苏北治淮工程指挥部(后改为苏北治淮总指挥部,迁驻扬州)在淮安成立,惠浴宇兼任总指挥。随之,苏北区党委、苏北行署联合发布《苏北治淮总动员令》,提出首先集中力量建设苏北灌溉总渠,之后兴建三河闸、洪泽湖拦洪蓄水水库、高良涧进水闸、运东分水闸、淮安节制闸等几十项大中型工程。于是,饱受淮河洪水之苦的淮阴、盐城、扬州等地区,共有 18 个县 72 万民工投入治淮施工。时值隆冬,无数民工奋战在治淮工地上,以无比的毅力、豪迈的气概,与风霜、冰冻、淤泥、砂浆作斗争。

毛泽东为治淮工程题词

苏北的治淮工程,主要有以下三大项。

开挖苏北灌溉总渠。此为江苏北部地区的第一期主要治淮工程项目。拟从洪泽湖东岸向东直至黄海边,平地挖土开河,全长 168 公里,河底宽 50—140 米。在灌溉总渠北侧低洼地区,另开挖一条 130 多公里长的平行排水干渠,并在灌溉总渠渠首,兴建洪泽湖高良涧进水闸控制工程,以及其他配套工程。开挖总渠及配套工程从 1951 年 11 月初陆续开工,于 1952 年 7 月全部竣工,计出动民工 140 万人次,完成土方 8200 万立方米。自此一条集排洪、灌溉、航运于一体的灌溉总渠,便横嵌在苏北大地上,发挥着综合性的重要作用。

1951 年冬至 1952 年春,百万人民开挖苏北灌溉总渠

加固洪泽湖、运河大堤。此为江苏北部地区第一期治淮工程的重要组成部分。洪泽湖是中国5大淡水湖之一，地跨苏北5县，承受淮河上游15.82平方公里范围内来水。湖底高出大堤以及里下河地区的平均高度5—9米，被称为“悬湖”。一到洪水期，其高达15米左右的湖面水位，便极大地威胁着里下河等地区的安全。因此，保障洪泽湖和运河大堤的牢固不破极为重要。作为苏北治淮工程的重要组成部分，从1951年8月开始，淮阴等地区的民工即对洪泽湖大堤、运河大堤进行加固和修筑，并疏浚大小河道，整修闸坝。历经一年多时间，洪泽湖的行洪和抗洪能力显著提高，并发挥着良好效益。

兴建三河闸。此为江苏北部地区第二期治淮工程的主要项目。三河闸建在洪泽湖东南侧的蒋坝镇三河头，为洪泽湖大江口门的大型控制闸。设计闸宽697.75米、闸孔63个(单孔净高6.2米)，排洪流量为8000立方米每秒，是治淮重点工程之一。该控制闸于1952年10月动工，次年7月竣工。计完成石方7.8万立方米、土方939.5万立方米，参加工程建设的民工有15.8万人。它的建成，不但为淮河水顺畅入江打开了门户，而且为灵活控制洪泽湖下游流量、免除里下河地区水患、调节灌溉用水，以及保障洪泽湖通航和发展水产养殖，创造了有利条件。

三河闸

新中国成立以来，苏北人民的导沂治淮工程，终将水患变成水利，这是一个伟大的胜利。至1952年9月的三年间，苏北地区曾先后动员了近千万民工，完成土方约4亿立方米。这些辉煌的水利建设成就，不仅使苏北地区减轻了严重水灾的威胁，发挥出灌溉、航运、发电的良好综合效益；而且使苏北地区的广大农村获得丰收，如淮阴专区，1950年产粮6.5亿公斤，1951年就达到11亿公斤。

与苏北导沂治淮各项工程进展的同时,整治长江、太湖及江南运河堤坝,修建沿海挡潮屏障等水利工程,亦在长江两岸及苏南地区展开。以苏南的江阴为例,1950年春季,便完成了沿江71公里长的复堤工程,使沿江29万亩农田免遭水灾;南京市亦用3个半月时间,整修了186公里长的江、河、洲堤岸。所有这些,也都明显提高了沿江及苏南地区的抗洪、防灾、挡潮能力。

第六节　开展“三反”运动

一　干部队伍中腐败行为的发生与“三反”运动的发动

1951年底至1952年中,针对干部队伍中存在的腐败等问题,从加强干部队伍,倡导廉政勤政新风出发,江苏各地进行了“三反”运动。

1949年江苏全境解放后,各级党政机关中的大多数工作人员,能够保持战争年代以来廉洁朴素的工作作风,保持着在艰难困苦中建立起来的同人民群众的密切联系。但是随着人民革命的彻底胜利、干部队伍的迅速扩大,以及掌握着决策与执政的显要权力,一些思想上未经彻底改造并受到封建主义、资产阶级等腐朽思想影响的新旧工作人员,发生了贪污等腐败行为,这些都严重地侵蚀着新生人民政权的肌体。

与此同时,江苏各地也有部分干部,因为工作不负责任,管理不善,讲究排场,浪费现象严重;而一些干部的官僚主义作风恰又成为贪污和浪费的温床和庇护所,这给正经历财政经济困难的政府和人民带来不应有的财产损失和危害,并且也引起人民群众对沾染不良作风干部及其腐败行为的很大不满。

于是,各地人民政权建立后不久,即同干部队伍中的贪污、浪费和官僚主义展开斗争。1949年9月1日,苏北区为了厉行生产节约,养成各级公务人员之廉洁朴素作风,杜绝贪污,整饬纪律,颁布了《苏北区奖励节约惩治贪污暂行条例》。这是江苏地区解放后比较早的惩治贪污、倡行廉政的法律文件。

该《条例》指出:凡利用职权,贪污受贿、盗卖吞没、浮报冒领、克扣截留,或挪用公粮、公款和物资,或盗用战争缴获物资等一切舞弊行为,概以贪污论罪。同时规定:凡贪污杂粮50公斤以下或同等价值之物资及现金者,除勒令赔偿外予以批评、警告、记过等处分;贪污杂粮2500公斤以上或同等价值之物资及现金者,处死刑等。而对那些严重破坏经济制度,或任意浪费公款公物,或因职务上疏忽致使公款公物遭受损失

者，得按情节之轻重，分别予以批评、警告、撤职处分。[①] 当时，苏北、苏南和南京市都依法援例，处理或惩办了一批失职渎职、贪污浪费的典型事件和腐败分子等。

1950 年下半年，江苏各地还按照中共中央和华东局部署，开展了党内整风运动，目的主要是通过自上而下的检查与总结工作，提高干部思想水平，克服领导上的官僚主义与命令主义等不良作风。整风对象重点为党内领导干部。这次整风取得了好的成效，干部领导作风与工作制度有了若干改进，党员干部的工作积极性也较前提高。但是，当时党和政府的主要注意力，放在抗美援朝、土地改革、镇压反革命、生产救济和经济、文化事业的恢复和改造方面，因而尚未能够及时地、系统地清除旧社会遗留下来的污毒，致使干部队伍中的一些腐败现象得以蔓延和发展，对此若不加以遏制和有效纠正，将会给党和人民的事业带来严重危害。

1951 年 12 月 1 日，中共中央根据全国形势与干部队伍中存在的问题，适时作出了《关于实行精兵简政、增产节约、反对贪污、反对浪费和反对官僚主义的决定》。8 日，又发出《关于反贪污斗争必须大张旗鼓地去进行的指示》。随之，苏南、苏北和南京市即按照中共中央和华东局的统一部署，自同年 12 月起，在各自地区领导开展了反对贪污、反对浪费、反对官僚主义的“三反”运动。

二 “三反”运动的开展与廉政勤政新风的形成

江苏“三反”运动的开展经历了四个阶段。

第一阶段，全面发动。“三反”运动在江苏展开后，苏南、苏北及南京市都进行了广泛动员，三地皆以中央文件为指导，首先提高党内外干部的思想认识，纠正轻视运动发展等错误观点；同时，在组织上成立增产节约委员会，以直接掌握运动的正确开展。之后，各地坚决贯彻了“首长带头，层层检查和放手发动群众”的方针。此时，铺张浪费现象首先被大量揭发和受到严肃批判，干部中的官僚主义作风也受到一定程度的打击。

第二阶段，集中打“虎”。1952 年初，苏南、苏北和南京市再次深入发动群众，“三反”斗争锋芒开始转向贪污分子，不久即掀起了检举贪污分子的高潮。于是，在雷厉风行的反贪声势下，在“坦白从宽、抗拒从严”政策的感召下，许多中、小贪污分子纷纷主动向组织坦白交代问题。到 2 月，各地在继续追查中、小贪污分子的同时，又大张旗鼓地开展检举揭发大贪污犯的打“虎”战役（当时称贪污旧币 1000 万元者即被喻为“老虎”），于是“三反”运动掀起高潮。经过艰苦、激烈的斗争，一批大贪污犯相继落网，“三反”运动取

① 《苏北日报》1949 年 9 月 3 日。

得胜利。在此阶段,由于追查贪污分子以群众运动的激烈形式出现,加之法律制度尚未健全,所以在一些地方和单位,为追查贪污犯而发生了一些过火行为,如下指标、派任务、搞逼供信等,但发现后立即予以纠正,未使错误延续和扩大。

第三阶段,甄审定案。1952 年 3 月以后,苏南、苏北和南京市的"三反"运动,便相继转入以甄审定案和追赃处理为主的阶段。根据中央指示和政策,采取严肃与宽大相结合、惩治与改造相结合的方针,遵循实事求是、不枉不纵的精神,认真查证核对贪污案件,在弄清真伪轻重的基础上谨慎定案。之后,视具体情节之轻重与所表现的坦白悔改程度予以分别处理。其中对大多数情节较轻,或能彻底坦白、立功自赎的贪污分子,在追回部分赃款的情况下,一般也予以从宽处理,这体现了党和政府的区别对待方针。

第四阶段,思想建设。1952 年 4 月中旬以后,"三反"运动逐渐转入思想建设和组织建设阶段,以巩固"三反"运动成果和建设具有良好作风的干部队伍。在此阶段,苏南、苏北及南京市一方面对于那些严重丧失立场、违反政策和蜕化变质的思想、行为和作风,进行严肃的斗争和适当的批判;另一方面着重以"三反"运动中揭露出来的具体事实,深刻教育干部和职工,要求其正确运用人民赋予的权力,清廉执政,努力为人民服务,并划清无产阶级思想与资产阶级等非无产阶级思想的界限,切实改造自己的思想。然后在提高思想认识的基础上,结合"三反"进行整党,同时进行组织建设和制度建设,整顿国家工作人员队伍。

江苏各地的"三反"运动,于 1952 年 5 月前后相继结束。在这场运动的进行中,一些地区一度有过一些错误做法,但总的来说是比较健康的。它在革命胜利后的特殊时期和复杂形势下,抓住时机,及时教育了干部,挽救了一批犯有错误的同志,清除了党和政府内部的一些腐化堕落分子,敲响了防止干部队伍中意志薄弱者腐化堕落的警钟。这对抵制旧社会的官场恶习和资产阶级的腐蚀拉拢,加强干部队伍建设,形成廉政勤政的社会风气,以恢复和发展国民经济,有着积极的重要作用。

第七节 开展"五反"运动

一 不法资本家的严重违法活动

江苏各地开展"三反"运动后不久,主要在江苏各大中城市的私营工商业中,开展了反对行贿、反对偷税漏税、反对盗骗国家财产、反对偷工减料、反对盗窃国家经济情报的"五反"运动。

在新中国成立后的国民经济恢复时期,江苏各地同全国一样,根据党的新民主主

义革命总路线，对资本主义工商业采取了“利用、限制、改造”的方针。私营工商业者经营一度出现严重困难时，还调整政策予以积极扶持，帮助其渡过困难。

1951 年，随着国民经济逐步好转，国家向私营工厂的订货增加，加之农业获得丰收，市场趋向活跃，资本主义工商业的利润也随之大增。但在这时，一些资本家竟见利忘义，从事违法经营等不法活动，典型的如贿赂国家干部、偷税漏税、盗骗国家财产、偷工减料、盗窃国家经济情报（称为“五毒”），以追求更高利润，并想方设法反对国家的限制措施。

不法资本家的“五毒”行为，在全国各地都有程度不同的发生，有些地区还很严重。作为资本主义工商业比较发达的江苏地区，不法资本家的“五毒”行为同样存在，其中也不乏特别恶劣者。例如：

在国家对私营企业加工订货过程中，一些私营纱厂以次质棉花调换国家优质棉花；一些粮食加工厂以次等大米冒充优等大米，更有甚者，竟在加工中掺糠拌粉；一些资本家还胆大妄为，在承制志愿军军事订货时，甚至以不合格零件抵充合格零件，也有用潮木板做子弹箱，致使子弹大批生锈。

在纳税方面，在私营工商业中几乎普遍存在偷税漏税现象。据不完全统计，南京市工商户中偷漏税者有 20000 多户，约占其总数的 90.65%；苏南区 1951 年工商户偷漏税款高达 1500 万元以上。

在方式上，不法资本家为了便于进行违法活动，还采用“打进来”、“拉过去”的办法，在政府机关、群众团体内部建立据点，实行里应外合，并且不择手段地腐蚀拉拢政府工作人员，以为其谋取非法利益服务。

不法资本家的“五毒”行为通常是数“毒”兼具，其行为方式也多是诸种并用。这不但会扰乱正常的社会经济运行秩序，侵蚀腐化党政干部队伍，也对私营工商业的健康发展带来不小的危害。

二　开展清除不法资本家“五毒”行为的斗争

不法资本家的“五毒”行为在党政机关和干部中进行“三反”运动时被大量揭露。事实证明，一些干部的贪污腐化与不法资本家的拉拢腐蚀有着密切关系。在此情况下，中共中央于 1952 年 1 月 26 日发出《关于在城市中限期展开大规模的坚决彻底的“五反”斗争的指示》。2 月，江苏各大中城市即按照中央部署，并在各地增产节约委员会的直接领导下，展开了大规模的“五反”斗争。其经过大体如下：

首先是广泛进行宣传动员。“五反”运动之初，江苏各地纷纷召开动员大会，主要在城市中发动广大群众立即行动起来，检举违法资本家的“五毒”行为；同时号召工商

界人士积极参加“五反”运动,主动坦白或检举他人的“五毒”行为。

为有力推动“五反”运动开展,各地还在不同行业中成立指挥部或检查督导组,并及时派出工作组,进一步深入发动工人、店员等群众,具体领导查找和检举“五毒”的斗争。南京市曾在半月时间内,市增产节约委员会就收到检举信 14 万余封。无锡市也在 1 个月时间内,收到工人、店员的检举信 2.4 万余封。

1952 年南京市工商界召开“五反”运动动员大会

1952 年,在“五反”运动中无锡居民检举不法商人

在“五反”运动中，许多私营工商业经营者的家属、连同私营工商企业中的高级职员，也都踊跃参加到斗争中来，这就使不法资本家的“五毒”行为暴露在阳光之下。

其次是坚决的开展斗争。经过前期对群众的广泛发动，到3、4月份，在江苏开展“五反”运动的城市中，通过整顿“五反”斗争队伍，即对不法资本家的“五毒”行为展开坚决斗争。其中，多数不法资本家受到党的政策教育，认识到只有主动坦白才是自新出路，于是纷纷主动交代自己的违法行为。

之后，为了取得“五反”斗争的最后胜利，各地还集中力量，对一些违法的大型工商业户、严重违法户，进一步开展斗争，彻底查清其“五毒”罪行，并迫使他们坦白交代了各自的违法事实。

通过这样大规模坚决的斗争，不法资本家的“五毒”行为基本上查清，这为下一步视其情节轻重进行处理和惩办打下了基础。

三　对私营工商户进行分类、核实定案和退财补税工作

自1952年5月开始，随着江苏各地“五反”运动的基本结束，“五反”运动便进入对不法资本家的分类处理阶段。

在此阶段，江苏各地根据资本家违法程度和在运动中的态度，并参照北京市对工商户的分类处理标准，将他们大致分为守法户、基本守法户、半守法半违法户、严重违法户和完全违法户五类。据南京、无锡、苏州、扬州、徐州等11个城市工商户分类统计，守法户占30.8%，基本守法户占52.5%，半守法半违法户占15%，严重违法户占1.4%，完全违法户占0.3%。

接着在进一步核实定案的基础上，各地成立的“五反”人民法庭按不同类别进行区别处理，其中对已经基本坦白清楚的大批中小工商户，依据“过去从宽，今后从严；多数从宽，少数从严；坦白从宽，抗拒从严”的原则，并按照“团结、教育、改造”的方针，要求他们退财补税，或对其处以罚金。而对那些严重违法户和完全违法户，亦经审判程序予以相应惩处。

为了照顾私营工商业者的生产经营，以及有利于国计民生，还根据有关政策，减免了部分工商户退赃和罚金的数额，并适当放宽了退款时间。其中南京、无锡等11个城市的违法资本家共退赃和交纳罚金1800余万元，不及他们违法所得的1/3。这样既坚持原则又不失灵活的处理方式，一方面有利于清除工商业者的“五毒”，另一方面也有利于团结广大私营工商业者发展生产和经营。各地民主党派积极配合，主动做违法资本家的思想工作，劝导他们如实交代问题，争取主动和守法经营。

江苏各地的“五反”运动于同年6月全部结束。这场运动有力地打击了不法资本

家的严重“五毒”行为,使私营工商业者普遍受到一次守法经营的深刻教育,促使他们按照《共同纲领》的要求合法经营;推动了私营企业中工人监督制度的建立和民主改革的进行,提高了工人阶级的思想政治觉悟,减少了资本家“五毒”行为再次发生的可能性;同时,进一步扩大了国家对私营工商业的加工订货,加强了国营经济对商品产销过程的掌握,也基本摸清了私营工商业者的经营状况,从而确立和加强了国营经济和工人阶级的领导地位。

在这场有广大群众参与其中、斗争形势比较激烈,且当时国家法制尚不健全的情况下,“五反”运动确有扩大化的倾向,如在同不法资本家的“五毒”行为展开斗争时,不同程度地侵犯了一些资本家的合法权益,斗争方式有时也显得不当及过火等,因而挫伤了部分私营工商业者的生产积极性,对国民经济的恢复和发展带来了某些负面影响。

第三章　教育、文化事业的起步和江苏省人民政府的成立

新中国成立后，随着江苏地区各项民主改革的进行、国民经济的恢复以及财政状况的逐步好转，其教育、文化事业也开始起步。并且根据形势发展的需要，江苏省人民政府也适时成立。

第一节　高等院校的院系调整

一　高等院校院系调整的成就和缺憾

1952年，江苏各地对所辖的高等院校按照统一部署，进行了大规模的院系调整。

江苏各地解放以前，南京及苏南地区的高等教育相对比较发达，高等学校数量较多，许多面向全国的高等院校就设在时为中华民国首都的南京，教学与科研力量也相对比较雄厚。1949年，随着江苏各城市的先后解放，南京、无锡、苏州、南通、镇江等城市的军管会，分别依令接管了设在当地的高等院校。

之后，根据中央人民政府的有关指示，南京市及苏南、苏北区政府对原有高等院校的设置，先行作了一些改变与调整，如将南京的原国立中央大学改名为南京大学；将国立政治大学和私立建国法商学院予以解散；将国立戏剧专科学校、国立东方语专科学校及国立边疆学校先后迁往北京，分别并入有关院校。对于其他大部分院校，则基本上采取维持现状、立即开学的办法，原有教职工工作基本上维持不变。

自1952年下半年起，遵照教育部全国一盘棋，统一考虑高等教育布局与系科建设的部署，江苏各地对高等院校有领导、有计划、有步骤地展开了大规模的院系调整，方针是：以培养工业建设人才和师资为重点，发展专门学院，整顿和加强综合大学。

此次调整涉及面广，影响到许多领导及教职工的去留。但广大教职工及领导干

部能够以大局为重,克服诸多困难,以个人利益服从国家利益,服从组织调动。经过两个多月紧张而有序的工作,南京及苏南、苏北的高等院校及系科调整工作便基本结束。

经过此番调整,江苏高等学校共有17所,其中:

综合性大学1所,即南京大学,以南京大学、金陵大学文理学院为主体,并与复旦大学、齐鲁大学、中山大学、浙江大学的部分系科合并组成,校长潘菽。

工科院校5所,即(1) 南京工学院,由南京大学工学院与江南大学、金陵大学的机械、电机系合并成立,院长汪海粟;(2) 华东航空学院,由南京大学、交通大学、浙江大学航空系合并成立(1956年迁西安与其他校合并成立西北工业大学),院长寿松涛;(3) 华东水利学院,由南京大学和交通大学的水利系、同济大学和浙江大学土木系水利组、华东水利专科学校的水工专修科合并组成,院长钱正英;(4) 苏南工业专科学校(1956年迁西安分别并入西安交通大学等高校),校长邓邦逐;(5) 新建南京航空工业专科学校(1956年改为南京航空学院),校长邓永清。

农林院校4所,即(1) 南京农学院,由南京大学农学院、金陵大学农学院及浙江大学农学院畜牧兽医系与农业化学系合并建立,院长金善宝;(2) 华东林学院(不久改名南京林学院),由金陵大学、南京大学农学院森林系合并建立,校长郑万钧;(3) 苏北农学院,由南通学院农科与江南大学农艺系、苏南文教学院农教系合并建立于扬州,院长冯焕文;(4) 苏南蚕桑专科学校,校长郑辟疆。

医药院校3所,即(1) 江苏医学院(1957年由镇江迁南京后改名南京医学院),原建制保留,院长邵象伊;(2) 苏北医学院(1956年改名南通医学院),在南通学院医科基础上建立,院长顾尔钥;(3) 华东药学院,由华东药学专科学校、齐鲁大学药学系、东吴大学药学专修科合并成立,院长江守默。

师范院校3所,即(1) 南京师范学院,由南京大学师范学院、金陵大学教育系、南京市师范专修科数学和理化班、私立上海震旦大学托儿专修科、广州岭南大学社会福利系儿童福利组合并成立,院长陈鹤琴;(2) 苏南师范学院(不久改名江苏师范学院),由苏南文教学院、东吴大学文理学院、江南大学数理系合并成立于苏州,院长吴天石;(3) 新建苏北师范专科学校(1959年扬州师专并入后改名为扬州师范学院),校长孙蔚民。

艺术院校1所,即华东艺术专科学校(1959年改名为南京艺术学院),由山东大学艺术系美术科、音乐科与私立上海、私立苏州美术专科学校合并成立,校长刘海粟。

调整后的江苏高等院校得到了一定发展,表现在数量有了增加,地区布局基本合理,师资力量得到加强,原来规模过小的一些学校得以扩展,而系科纷杂的状况有所

改善，特别是工科、农学、林学、医学及师范类院校得到了明显加强。这些为以后江苏高教事业的发展打下了基础，也为江苏的经济与社会发展做出了重要贡献。因此，这次调整工作的成绩是主要的。

1952 年高校院系调整后的江苏师范学院教育系首届(1953)部分毕业生留影

与此同时，由于当时的历史条件，在调整工作某些方面照搬苏联做法，未能完全从江苏的地区实际以及高校的发展实际出发，致使系科分类过细，加上缺乏宏观把握与前瞻性眼光，以及其他一些客观上的原因，未能充分重视文科，遗憾地将政法、财经、哲学、社会学等专业调出或撤销，造成这些专业在江苏较长时期内成为缺门或弱项，而且全江苏只有南京大学一所主要是面向全国的兼具文、理科的综合性大学。所有这些，对江苏之后一段时期内的国民经济和社会事业发展，产生了某些不利影响。

为了办好高校，中共中央和江苏各地政府先后选派了一批德才兼备的领导干部，担任高校党政部门的领导工作。他们团结广大师生，努力开拓创新，很快取得显著成效，使江苏高教事业的发展出现了生机勃勃的良好局面，不断地为江苏以及国家建设的各行各业培养和输送大量优秀人才。

二　改革课程设置，加强思想政治工作

江苏各地高校大规模院系调整后，主要设于大中城市的高等院校进一步着手改革课程设置，其主要工作：一是积极努力地改变新中国成立前高等教育课程内容庞杂，并且严重脱离实际以及教学一般缺少计划的状况；二是增设了一些与中国革命和国家建设事业有密切联系的新课程。以上课程的必要调整与适当增加，从一个重要方面为高等院校教学带来了新的内容和风气。

与课程设置改革的同时，各高等院校还大力加强思想政治工作，通过已开设的马列主义理论课程，结合国际国内形势发展以及参加革命和建设的社会实践，对广大学生进行反帝爱国教育，使他们认识当代青年所肩负的历史使命，从而焕发出投身江苏以及全国革命与建设事业的热情。

苏南文化教育学院学生在无锡玉祁参加土改时合影

在全国革命与建设热潮的推动和感召下，各高校中一批优秀青年或参加人民军队、或充实干部队伍，而更多的毕业生则以国家建设大局为重，自觉服从组织分配，积极要求到祖国最需要的地方去建功立业。这批人之后成为各地建设事业极可宝贵的专业人才和骨干力量。

经过1952年的调整和革新，江苏的高等教育事业为今后发展奠定了前进基础，并开始步入与国民经济发展相适应的轨道。从比较数字来看，1949年时江苏高校在校学生约为0.72万人，到1952年便增加到1.13万人。另据统计，1952年江苏的高校教师共有1693人，其中教授403人、副教授176人、讲师404人、助教710人。① 这些教师成为新形势下办好高校以及推动其发展的基础和依靠力量。

第二节　基础教育和成人教育的初步发展

一　基础教育的普及和提高

新中国成立后，江苏各地人民政府在进行各项紧张繁忙工作之际，重视基础教

① 江苏省地方志编纂委员会编著:《江苏省志·教育志》(下)，江苏古籍出版社2000年版，第909页。

育,并使之得到初步发展。

江苏的近代教育兴办较早,相对当时全国许多地区还是比较发达一些。但总的来讲,基础教育事业发展仍然缓慢。1949 年,苏南、苏北地区和南京市共有小学 18451 所,在校学生 135.32 万人,教职工只有 4.57 万人,其中专任教师 4.12 万人,学龄儿童入学率仅达到 21.5%。普通中学 345 所,其中完全中学 129 所,在校学生 9.31 万人,平均万人中仅有中学生 26.5 人。

当时问题的严重性还在于,中小学不仅数量少,校舍和教学设施简陋,而且分布不够平衡:有些县没有中学,许多乡甚至还没有小学。由于城乡百姓家庭贫困,生活尚且艰难,大多数城乡百姓子女便上不起学,所以在他们中间文盲、半文盲的比重很大,农村地区这种情况尤为明显。

1949 年江苏全境解放后,各地人民政府接管了国民党政府遗留下来的全部公立中小学校,其中接管的原有公办小学计 9416 所,同时还接收了所有教会学校,并且将私立中小学逐步改制为公立学校。有些私立学校是所有者自愿献给政府的,如由爱国民主人士邵力子和傅学文夫妇创办的南京市私立力学小学,就是由他(她)们自愿献给南京市人民政府的,并更名为"南京市力学小学"。接管及改制工作完成后,各地政府随之积极主动地进行基础教育的普及与提高工作。

(1) 小学教育

在国民经济恢复时期,南京市及苏南、苏北区的大中城市积极筹措资金,新建公立小学,增加班级数量,添置教学设备,扩大招生规模。为解决教师队伍缺乏的问题,对一批失业的知识分子进行培训,以充实教师队伍,从而使城市的小学教育事业首先得到了较快发展。

与城市相比较,由于江苏 80%的人口在农村,所以农村的基础教育工作面临着面广量大,条件差,困难多的局面。但由于各级人民政府高度重视,积极采取措施,加之土改以后农民生活有了改善,其送子女求学的愿望强烈,因而农村的小学教育也得到了较明显的发展。

在国民经济三年恢复时期的 1950 年,江苏在校学生数为 168.40 万人,1951 年为 220.40 万人,1952 年为 335.20 万人,年递增数量显著。据统计,1951 年底,苏南区在校小学生已占全部学龄儿童的 57.2%;1952 年上半年,苏北区在校小学生也已占学龄儿童的 50%,比 1948 年增加了 5 倍,其中工农子女占学生总数的 85%。在小学的课程设置上,江苏各地还根据国家制定的第一个小学教育计划,开设语文、算术、自然、历史、地理、图画、音乐、体育 8 门课程,使小学教育逐渐走上规范化道路。

(2) 中学教育

随着城乡经济的逐步恢复和发展,以及百姓生活的逐步改善,江苏的中学教育事业也开始发展。表现在中学数量有了增加,教师队伍得以整顿和加强,办学形式也多样化,如各地曾从实际情况出发,一些条件较好的中学附设了幼儿师范班,利用自身有利条件培养社会急需的幼儿师范教师等。

三年恢复时期,江苏的工农中学有 7 所,基本都是新办的,在校学生数 1950、1951、1952 年分别为 0.02 万、0.06 万、0.12 万人;普通中学有 347 所,1950、1951、1952 年在校学生数分别为 10.47 万、12.38 万、23.24 万人。而 1949 年的在校学生数仅为 9.31 万人。尽管 1952 年普通中学总数比 1949 年增加不多,这里有多方面的客观因素,但在校学生数却比 1949 年增加了近 1.5 倍,其中初中生增加数大大高于高中生的增加数。

新中国成立后,江苏在发展中小学教育的过程中,各地宣传教育部门还根据《共同纲领》的规定,重视和加强对学生的思想政治教育,其中以“五爱”教育为主题,即教育学生要爱祖国、爱人民、爱劳动、爱科学、爱护公共财物。

通过“五爱”教育,中小学生的思想政治觉悟大大提高。在抗美援朝运动中,各地中学生踊跃报名参军,如在当时的南京大学附中,就有 800 多名学生积极报名,其中被光荣批准入伍的有 250 人之多;泰县姜堰小学的少年儿童,1951 年 6 月初率先在全国提出开展“捐献飞机大炮,支援志愿军打击美帝侵略者”的活动,其倡议书在全国引起很大反响,6 月 5 日、6 日,中央人民广播电台和《人民日报》都予以全文转播或在头版全文刊载;南京市少年儿童把糖果费省下来做慰问袋、写慰问信,积极做抗美援朝宣传工作,还于 1950 年寒假发动了一个全市少年儿童献铁爱国运动,并于 2 月 3 日向毛泽东主席写信,表示:“我们要把这些废铁做成炮弹去保卫边疆,去巩固国防!”决心:“今后要好好学习,锻炼身体,时刻准备着为建设伟大的祖国而努力!”①为此中共中央办公厅代表毛泽东主席回信,表扬他们的爱国精神。

在江苏的中小学教育发展过程中,也涌现出许多献身教育事业的模范教师,其中苏南区溧阳县小学教师史瑞芬就是一个典型。她所在的清水塘小学原为一所单级小学,校舍十分破旧,而且由于灾荒,许多家长无力供孩子上学。在这种困窘情况下,她依靠村农会和村民的支持,想方设法解决教室和课桌问题,并带领学生种瓜、豆、蔬菜渡荒,使 70 名学龄儿童全部入学,那些停学的学生也相继回校。到 1952 年,该校学生由最初的 18 人增加到 120 人。同时她还教成人冬学,积极配合地方的中心工作。

---

① 中共江苏省委党史工办、江苏省档案馆、南京市档案馆编:《抗美援朝运动在江苏(1950—1953)》,中国档案出版社 1997 年版,第 85 页。

鉴于她的感人事迹，苏南行署授予其模范教师称号。1951 年 8 月，她的事迹在第一次全国初等教育会议、全国师范教育会议上被介绍。9 月，教育部奖给她锦旗，教育部部长马叙伦还给她题词——“愿您永远做小学教师的明灯”。11 月，史瑞芬被授予全国模范教师称号。

二　中等专业教育规模的逐步扩大

1949 年，江苏各地人民政府对原中等专业学校（含中技、中师学校）进行接收和改造，之后对中等专业教育规模又加以扩大，以适应经济建设各部门各行业对技术人才的急需，各级、各类基础教育对教师人才的急需。其中由人民教育家陶行知创办，曾被国民党南京政府查封的南京晓庄师范学校，经南京市人民政府积极筹备，于 1951 年 1 月 6 日复校招生。

1949 年时，江苏的中等专业学校仅为 68 所，在校学生数也仅为 1.53 万人，其中中技生、中师生分别为 0.57 万、0.96 万人。到 1950、1951、1952 年，中等专业学校在校学生数分别增加到 1.59 万、2.15 万、4.23 万人，其中中技生分别为 0.77 万、1.15 万、2.38 万人，中师生分别为 0.82 万、1.00 万、1.85 万人。中技生在校学生数比 1949 年增长高达 317.54%，中师生在校学生数也比 1949 年增长 92.70%。1952 年中等专业学校总数为 119 所，亦比 1949 年增长 75%。

三　成人教育的初步发展

新中国成立初期，江苏的成人教育，主要指职工业余教育、干部文化基础教育和农村扫盲。

（1）职工业余教育

南京市及苏南、苏北两区对职工业余教育，采取以文化教育为主、以识字教育为重点的方针，并成立职工业余教育委员会或相应组织机构，具体从事这方面的领导与组织工作。具体工作有：由各市、县派出工作队，协助厂矿企业积极开展职工教育，在宣传职工学文化重要性的同时，实际督促和帮助解决职工教育中的一些难题。这样，广大职工识字学文化逐渐成为一种风气。

（2）干部文化基础教育

与在职工中开展业余教育同时，南京市及苏北、苏南各地党政组织还把提高工农干部的文化科学水平，当作一项重要任务来抓。由于历史原因，大多数工农干部文化水平不高，尽管他们在革命斗争的实践中积累了丰富的工作经验，但远不能适应新时期革命和建设事业发展的需要，客观实际迫切要求他们比较快地提高文化科学水平。

于是从1950年开始，苏南、苏北和南京市相继创办了6所工农速成中学，旨在比较短的时间内和比较有系统地快速提高一些工农干部的文化水平，1952年在校生有1200人，到1954年，在校生最高达到3500名。

除此以外，江苏各地还举办了形式多样的多所干部文化补习学校、数十所机关干部业余文化学校等。前者主要招收具有初步阅读能力的工农干部，施以相当于完全小学程度的教育；后者招收对象为不同文化层次的机关干部，并以文化学习为主，另外还招收文盲或半文盲入学。据不完全统计，1951年江苏各地仅参加机关干部文化学习的人数就接近2万人。这些在特定时期并具有特定对象的成人学校，在不长时间内培养了许多工农干部，使他们在以后的社会主义建设事业中发挥了很好作用，也为他们在今后的工作实践中进一步学习文化等各方面知识，打下了良好基础。

(3) 农村扫盲

新中国成立以前，处于饥寒交迫中的广大农民生活艰难，去正规学校上学读书几无可能，所以他们中绝大多数是文盲。新中国成立后，各地人民政府把扫除文盲作为一件大事来抓，认真贯彻在农村"开展识字教育，逐步扫除文盲"的方针，并比较快地建立起扫盲工作队伍，编写出符合农民实际的识字课本，而且还结合农业生产和土地改革，主要利用冬季农闲时间大力兴办冬学和民校，以满足翻身农民学习文化的需要。许多中小学教师以及农村中的文化人，也积极担当起授课职责，为农村扫盲做出贡献。

扫盲活动很快在农村蓬勃兴起，并取得明显成果。据统计，1951年，苏南、苏北区及南京市的冬学入学人数达414万多人。到1952年9月，苏北区的常年民校入学人数有101.6万余人，比上年增加了230%；而苏南区参加常年民校的农民也高达107万余人，比1950年增加了13倍。

第三节　科技事业初获成就

一　重点科研机构相继成立

新中国成立后，江苏虽然百废待兴，各项工作任务异常繁重，但仍积极努力，克服困难，创造条件，相继成立一些重点研究机构。

1949年江苏各地解放后，有关城市军事管制委员会先后接收了原中央研究院、资源委员会等所属的研究所等科研单位。其中仅在南京一地，就接收了天文、地理、地质、雷达、物理、农业试验等13个科研院、所单位，共有职工460人，其中科技人员262人。

尽管这些科研单位由于社会和历史原因而仪器设备简陋，工作条件较差，科研工作几乎停滞不前，其中有一部分单位后来还迁往北京，但它们却是江苏以至全国科技事业起步和发展的重要基础。同时，这些单位留有一批热爱祖国、热心科技事业、具有丰厚专业知识和出色技能的科学家和工程技术人员，他们是江苏以及全国极其宝贵的专业研究人才和骨干力量。

除了接管的科研单位以外，还新成立了一些重要的科研机构。1950 年，中国科学院南京办事处成立。随之，古生物、土壤、地质研究所和南京中山植物园等科研机构相继成立。与此同时，江苏各地注重充实科技力量，努力改善科研条件。

由于南京的科研基础相对来说比较雄厚，且在全国具有程度不同的领先优势，所以中国科学院确定南京的古生物研究所、土壤研究所、紫金山天文台等研究机构，为全国研究地学、天文学的重点。

二　重大科研成果次第问世

中华人民共和国成立后，江苏的科学研究工作得到各地人民政府的重视，广大科技人员在艰难条件下克服困难，积极创造条件，努力从事科研工作，短短几年时间，就有一批重要的科研成果问世。

1950 年 3 月，南京永利铔厂刘潜阳及庄茂喜等实验制造合成氨触媒剂成功，这为中国化学工业的发展做出重要贡献；4 月，南京电器厂试制电子管成功，为打破国际上敌对国家对中国的经济封锁做出贡献。

1951 年 8 月，国营南京科学仪器厂钳工杜仁昌创制了自动铆钉机，一下子将工效提高了 416 倍，这不但比手工车制节省一半材料，而且使用简便，文化部科学普及局予以通电表扬；南京电瓷厂试制成功中国第一只火花塞；无锡开源机器厂（无锡机床厂前身）设计制造成功一台 2 米立式车床，这是国内第一台 25 吨重的重型机床。

1952 年 5 月，南京电照厂试制成功荧光粉、荧光灯。6 月，该厂又试制成功光亮强、寿命长、节省电的高压水银灯，为中国照明工业做出贡献；6 月，南京中央电影机械厂职工完成了建厂以来第一批国产电影放映机的生产任务；11 月，国营南京电工厂制成无线电交流收音机上用的全套真空管，填补了国内电子工业的一项空白。

在这期间，群众性的发明创造及技术革新活动广泛开展，翻身做了主人的工人、技术人员，怀着炽热的爱国和建设热情，在生产实践中提出了许多合理化建议。同时，各地主要报纸也纷纷开辟科学与技术专栏，普及科学知识，介绍先进经验。对职工和技术人员的发明创造与合理化建议，政府还从精神上、物质上予以奖励。1951 年 10 月，南京市人民政府与南京市协商委员会召开了职工发明创造、合理化颁奖大

会，除为荣获一、二、三等奖的人员和单位授奖外，还对所在工厂生产起较大作用的22件合理化建议给予表扬。

第四节 文化、卫生、体育事业的起步

一 文学艺术走向新生

江苏在国民经济恢复的短短三年时间内，不仅在争取财政经济状况基本好转方面获得重大成就，而且在文化方面取得重要成就。

江苏虽然有着悠久的历史文化遗产，被称为“人文荟萃之地”，但在解放之前，江苏的文化却处于衰落状态。1949 年，全江苏仅有 50 多个专业表演团体，34 个电影院，而且多集中在几个大城市。至于广大农村，几乎没有什么文化设施。另外，许多传统的地方剧种、曲种面临灭绝的局面，不少名艺人流离失所，甚至生活无着，同时还被人歧视。

伴随着江苏全境的解放与新中国的成立，江苏的文学艺术也迎来生机勃勃的春天。在各地人民政府的重视和促进下，南京市、苏北区、苏南区于 1949 年到 1951 年，先后召开本地区的文学艺术工作者代表大会，分别成立文学艺术工作者联合会，徐平羽、李俊民、吴天石分任文联主席。从此，新老解放区的文艺工作者被很好地组织起来，为他们在人民革命和建设的伟大事业中发挥积极作用，提供了有利条件和活动舞台。

在此期间，一些好的文学作品相继问世，其中最有名的是南京军旅作家胡石言的小说《柳堡的故事》(发表于 1950 年南京《文艺》月刊第 3 期)，小说生动真切地反映了部队生活和军民情谊，这篇作品被译为英、德、匈、印等国文字出版；李进(笔名夏阳)创作的解放后江苏第一部长篇小说——《在斗争的路上》(新华书店华东总分店 1950 年版)，则通过小说这一文艺形式生动地反映了一代青年在革命斗争中的成长历程，从一个侧面回答了“中国共产党怎样领导人民进行革命斗争和取得伟大胜利”这样一个重大问题。

同时，曾在老解放区流行的一些优秀剧目如歌剧《白毛女》等，在南京、无锡、苏州等大中城市陆续上演，给当时的戏剧界带来了别样的生气与新风；而一批从旧社会过来的艺人受到各地人民政府的关怀，并尽可能地给予妥善安置，如著名京剧演员新艳秋，解放前夕流落到南京，为生活所迫在夫子庙卖艺糊口，这时就被吸收到苏南大众京剧团并登台演唱，使她重获新生，其程派旦角艺术也得以重放异彩；另有一些优秀的民间曲目被整理、保存，如无锡民间音乐家华彦钧(瞎子阿炳)，其创作的二胡独奏曲《二泉映月》、《听松》、《寒春风曲》和琵琶曲《大浪淘沙》、《龙船》、《昭君出塞》等，被

整理并及时录了音，从而留下了非常宝贵的民族乐曲遗产。

此外，为了贯彻政务院关于戏曲改革工作指示，江苏各地对旧有剧团进行了登记；并且革除了旧剧团内部的封建剥削制度和不良习俗，建立起新的民主管理制度，以激发演艺人员从艺的积极性；组建了不同剧种的剧团，并对昆剧、锡剧、苏剧、淮剧、淮海剧、柳琴戏等原有剧目进行了整理，去除糟粕，并使一批优秀剧目内容得到进一步升华。与此同时，还对苏州评话、苏州弹词、扬州评话、扬州弹词、徐州琴书等曲种的曲目予以整理改编，使其更好地为人民大众服务。

二　图书馆、博物馆和档案事业开始创建和发展

江苏地区特别是苏南地区在历史上曾有一些著名的藏书家与藏书楼。但近代以来江苏的图书馆事业发展趋缓。到 1949 年，全江苏仅有 8 座公共图书馆，藏书仅 200 多万册。

新中国成立后，江苏各地人民政府重视图书馆事业的发展。首先对老馆逐步加以改造，并建立了一些新的图书馆。1950 年 3 月 19 日，原国民党政府筹建的国立中央图书馆改名为国立南京图书馆。1952 年 10 月 1 日，该馆又与江苏省立国学图书馆合并为南京图书馆，由著名历史学家贺昌群担任馆长，馆内藏书有了较大增加，其中保存有许多珍贵的历史文献以及中华民国时期出版的报刊资料，此为国内其他图书馆所不能及。

原国立中央图书馆更名为南京图书馆

新中国成立前,江苏地区有6所博物馆,其中有全国最早建立的南通博物苑,在南京的国立中央博物馆筹备处。新中国成立后,各地首先对馆藏物品初步进行整理。1950年3月,原中央博物馆筹备处改名为国立南京博物院,徐平羽出任首任院长,不久即由著名博物馆学专家曾昭燏担任院长,院内藏品27万件左右。

新中国成立后,江苏档案事业开始发展,重要的档案馆相继建立。1949年11月,国民党中央机关残留在南京的档案被接收,1950年即对此进行整理。同时,各有关机关还对所接收的近50万卷国民党统治时期江苏省政府的档案,及时组织力量进行清理。1951年2月,中国科学院历史研究所第三所南京史料整理处成立,这奠定了中国第二历史档案馆创建的基础。之后该馆成为集中保管中华民国时期各个中央政府机关及其直属机构档案的国家级档案馆。1951年8月,"太平天国史料编纂委员会"在南京成立。

1951年成立的南京史料整理处
(后改名为中国第二历史档案馆)

在此时期,江苏各地人民政府还十分重视群众文化工作,除将解放前就已建立的民众教育馆改建为人民文化馆外,还新建了一批文化馆、站;同时围绕不同时期的中心工作,积极推动群众文化工作广泛开展。

三 南唐二陵的发掘和系列考古发现

新中国成立后,江苏地区有一些重要的考古发现和发掘。

1950年10月,南唐烈祖李昪与皇后宋氏合葬的钦陵、中主李璟与皇后钟氏合葬的顺陵被发现,由此揭开了南唐皇帝陵墓坐落何处的千古之谜。被称为"江南地下宫殿"的南唐二陵相隔百米左右,距南京中华门约23公里,位于江宁县(今南京市江宁区)东善乡祖堂山南。

之后,由南京博物院和南京市文物保管委员会会同江宁县有关部门,并由著名考古学家、时任南京博物院院长的曾昭燏亲自主持进行考古发掘。经过半年多的发掘清理,出土了有价值的历史文物640件,包括哀册68片;各种陶俑136件,其中有持物俑、拱立俑、舞姿俑、人首蛇身俑、人首鱼身俑和人首龙身俑等,这些陶俑形状在江南出土文物中极为罕见;陶器200多件,以及铜、铁、漆、木、玉器多件。

南唐二陵是江南地区最早发掘的帝王陵墓,其考古发现是新中国考古史上的重

大事件，它对于深入研究唐、宋之际的建筑、绘画、雕刻、陶瓷、服饰以及帝王陵寝制度等，都具有十分重要的考古价值和文化价值，现已被列为全国重点文物保护单位。

1950 年在江宁县发掘的南唐钦陵地宫

除此之外，江苏还有一些重要的考古发现。如 1951 年 12 月，在淮安青莲岗发现新石器时代遗址，内有红烧土建筑残迹以及一些石器、陶器等，被全国考古界命名为古文化类型——“青莲岗文化”。此次考古发现，对研究苏北、鲁南地区新石器时代早期历史具有重要意义；1951 年，在高邮城北邵家沟，发现东汉（约东汉末年）村落遗址，保存面积达 750—850 平方米，后经发掘清理出的文物有 857 件；1952 年，在南京堂子街 72 号大厅和二进墙壁上，发现太平天国 18 幅墨迹清晰、色彩艳丽的壁画，其构图严谨，题材广泛，为太平天国时期颇具代表性的艺术作品，对研究太平天国历史有着重要的参考价值。该壁画被发现后，南京市文管会立即进行修缮并加以保护。

四　新闻出版事业的良好开端

江苏全境解放后，苏北、苏南区及南京市党委和政府对新闻、出版工作极为重视，各项重要工作有了良好开端。

出版南京《新华日报》、《苏北日报》、《苏南日报》。《新华日报》曾是抗战期间中共中央在武汉、重庆公开出版的机关报，在国内外具有重要影响。抗日战争胜利后，中共中央华中分局出版过《新华日报》（华中版），1949 年 4 月 23 日南京解放后，中共中央决定将《新华日报》放在南京。4 月 30 日，《新华日报》作为中共南京市委机关报出版，初为对开 4 版，石西民任社长兼总编辑，副社长陈阵。毛泽东主席在 1949 年 9 月为《新华日报》亲题报头，1950 年值南京《新华日报》创刊一周年之际，周恩来总理亦为其亲笔题词：“在人民胜利后的南京，出版新华日报一周年。”1949 年 5 月 1 日，《苏北日报》创刊于泰州，对开 4 版，为中共苏北区委机关报，社长李超然，副社长兼总编辑樊发源，1950 年 1 月迁往扬州。1949 年 5 月 6 日，《苏南日报》创刊于无锡，对开 8 版，为中共苏南区委机关报，其前身为中共华中工委机关报《新华日报》（华中版），社长徐进，副社长秦加林、何若人（兼总编辑）。另外，在江苏全境解放后一段时期，中共苏北、苏南区多数地委也创办过机关报，如《前进日报》（镇江）、《常州日报》、《泰州报》、《江海报》（南通）、《淮海报》（淮阴）、《盐阜大众》（盐城）等。

与此同时,南京、苏南、苏北等人民广播电台相继建立和播音。1949 年 5 月,南京人民广播电台成立,石西民兼任台长,当月南京人民广播电台正式播音,功率 10 千瓦,此后又增设了二台、三台。1950 年 6 月,扬州人民广播电台正式成立并播音,行使苏北区台的职能,1951 年 3 月,该电台改称苏北人民广播电台,张正任台长。1951 年 4 月,苏南人民广播电台正式成立并播音,台址在无锡市,田志强任台长。7 月,苏南人民广播电台经济台成立并开始播音。

在江苏解放后的国民经济恢复时期,各新闻媒体积极宣传党和政府的路线、方针、政策,有力地配合党和政府在各阶段的中心工作和重大任务,并在活跃群众的文化生活,传播科学知识等方面,发挥出重要作用。

此外,苏南人民出版社于 1951 年 1 月在无锡成立,主要领导人为李尊一,并办有《苏南大众》杂志;苏北人民出版社于 1951 年 7 月在扬州成立,李超然任社长(兼),出版《人民苏北》等杂志。两出版社虽然存在时间不长,但在出版图书、刊物方面,都有良好成绩。

五　严重流行病的控制和医疗卫生事业初步发展

江苏全境解放后,苏北、苏南及南京市人民政府的重要议题和经常工作之一,就是努力保护人民群众的身体健康,积极防治严重危害人民健康与生命的重大疾病,以改变旧社会江苏医疗卫生事业落后、广大城乡严重缺医少药、许多烈性传染病时有发生、不少寄生虫病猖獗的局面。其方针为“面向工农兵,预防为主,团结中西医和卫生工作必须与群众运动相结合”。于是,江苏的卫生事业开始起步与发展。

第一,逐步建立医疗卫生机构。首先,各地军管会和人民政府全面接收和整顿旧政权遗留下来的和外国教会举办的医疗卫生单位;同时,对已有的私人医院和众多诊所进行适当改造;之后,逐步建立各级卫生防疫站、妇幼保健所等医疗卫生机构。据统计,至 1951 年底,苏南区各市、县都设立了卫生院;1952 年 9 月,苏北区每个县市至少有 1 个医院、近两个区有 1 个卫生所。另外,从 1952 年起,职工的公费医疗制度和劳保医疗制度也开始实行,这使他们的身体健康开始得到保障。

第二,积极防治严重流行病和地方病。严重流行病和地方病严重危害人民健康与生命,各地政府均十分重视。在严重流行病、地方病中,血吸虫病是江苏流行最广、危害最重的地方病。自 1950 年起,流行区各市、县相继成立了血吸虫病防治所和防治站,并培训、组织城市医务人员深入疫区开展防治工作,不久即取得初步成效。另外,各类性病也曾在一些社会群体中流行。由于医疗卫生部门对社会上性病患者的检查治疗,以及采取封闭妓院、改造妓女等综合措施,到 1952 年,性病在全省被初步

消灭。还有如黑热病①也曾是人们谈之色变的病魔，从 1950 年 6 月起，在黑热病严重流行的淮阴、盐城专区，成立了各级黑热病防治机构，积极进行普查普治工作；另在雅司病②流行地区，也开始全面进行普查普治工作。经过多方的共同努力，黑热病与雅司病得到初步控制。对于天花、霍乱，也从 1950 年起，在各地政府的支持下，医疗卫生部门大力开展预防接种，从而显著地提高了民众的免疫水平。当年，真性霍乱即被消灭；到 1954 年，天花即在江苏绝迹，这比全国、全世界消灭天花分别提早了 12 年、25 年。对于这些严重流行病的控制和对病患者的有效救治，获得了社会各界的纷纷赞扬。

第三，充分重视妇幼身体健康。旧社会，江苏城乡特别是农村严重缺少妇幼医院和病床，妇女分娩基本上靠旧产婆接生，因此产妇产褥热和新生儿破伤风普遍发生，婴儿死亡率达 20%左右，这种情况引起各地政府的高度重视。于是，从 1952 年起，南京及苏南、苏北区成立妇幼卫生工作队，对旧产婆进行教育训练，使她们懂得基本的科学接生知识，同时培训新法接生员，让她们尽快发挥作用。同时，还整顿、调整和发展原有的助产学校，以培养更具科学接生技能的专业人才。经过此番努力，到 1953 年，江苏的新法接生率已逐步提高到 20%，产褥热和新生儿破伤风发病率开始下降。在这期间，各地还多次举办妇幼卫生展览会，宣传妇幼卫生的科学知识。

第四，积极开展爱国卫生运动。1951 年起，为反对美国军队在朝鲜搞细菌战并以此威胁中国，也为提高人民群众的健康水平，江苏各地热烈响应中央政府号召，开展了以反细菌战为中心的全民爱国卫生运动。在这场声势浩大的运动中，各地成立防疫委员会，建立指挥机构，统一协调各方面力量，广泛开展卫生宣传活动；同时动员广大干部群众，彻底打扫卫生，清理街巷环境，并建立健全各项卫生制度，以巩固爱国卫生运动成果。1952 年，各级防疫委员会改组为爱国卫生运动委员会，此时爱国卫生运动以“除四害（苍蝇、老鼠、蚊子、臭虫）、讲卫生、消灭疾病”为中心，继续深入和广泛开展。通过

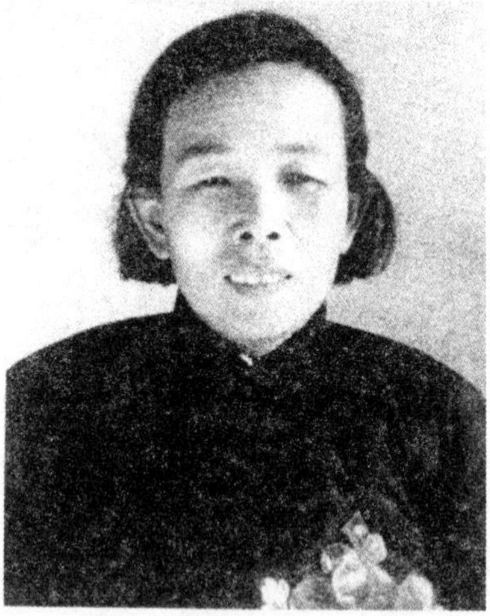
1952 年全国卫生模范鲁大妈
（鲁章兰）

---

① 黑热病：由白蛉传染的一种寄生虫病，病原体是黑热病原虫（旧称利什曼原虫），症状为发烧、鼻和牙龈出血、肝脾肿大、贫血、白血球减少、皮肤变黑等。染病后难自愈，如不及时治疗常因并发症而死亡。

② 雅司病：又称热带莓疮，是一种由苍白密螺旋体极细亚种所致的接触性慢性皮肤传染病。症状为皮肤表面损害，晚期可致皮肤及骨骼的破坏而毁容。

两年左右时间的努力，江苏城乡卫生面貌大为改观，人民健康水平有了新的提高。1952年12月11日，在北京召开的第二届全国卫生会议上，南京市与北京市由于爱国卫生运动取得突出成就，同时被评为“全国乙等(甲等空缺)卫生模范城市”。南京市五老村被评为全国甲等卫生模范单位，该村原来是棚户区，垃圾遍地，污水横流，但经全体居民的整治，已改造成为道路平整、清洁卫生、花草掩映的新居民区；村民鲁章兰(人称鲁大妈)因其在爱国卫生运动中的突出表现和表率作用，亦被评为全国甲等个人卫生模范。

五老村在爱国卫生运动中为井水消毒(左)；登记灭蝇成果(右)

通过以上几方面的共同积极努力，江苏的医疗卫生事业得到初步发展。根据统计，1949年卫生机构仅有259个，到1952年就发展到2896个，增长10倍以上；医院数增加虽不多，但病人床位则由1949年的0.46万张，增加到1952年的1.75万张，增长280%；1950年有医生0.16万人，卫生技术人员0.69万人，到1952年，医生人数增加到2.62万人，卫生技术人员增加到5.24万人，两类人员分别增长15倍和6.5倍以上。①

① 江苏省统计局编：《江苏四十年》，中国统计出版社1989年版，第176页。

六　群众性体育活动的开展和体育人才的培养

江苏的体育事业虽然起步较早，但发展较为缓慢，水平也低。新中国成立后，体育事业开始得到重视，各地人民政府积极推动群众性体育活动的开展。

1950 年 7 月，中华全国体育总会南京市分会筹备委员会成立；1951 年 2 月、7 月，中华全国体育总会苏南区分会筹备委员会、苏北区分会筹备委员会分别在无锡、扬州成立（后随着江苏省建制的恢复，在南京成立中华全总江苏省分会筹备委员会）。从此，江苏各地开始有计划、有步骤地发展体育事业。

1950 年 8 月，南京市五台山体育场开始兴建，其间南京市团市委曾发动青年工人、学生、干部参加义务劳动。

1951 年，为了检阅和推动群众性体育运动的广泛开展，苏南、苏北区以及南京、无锡、扬州等市分别举行人民体育运动大会，参加比赛和表演的人员近 4.5 万人。1952 年，苏南、苏北区先后举行了民族形式体育大会，旨在弘扬民族特点的体育文化。在此期间，有些地区还举行工人运动会、农民运动会、妇女运动会等不同社会界别的运动会，这使群众性的体育运动在更广大的人群中得到推广。同时，为了全面提高人民群众的健康水平，还在厂矿、机关和条件较好的农村普及广播操，一时间，学做广播操成为热潮。

随着群众性体育运动的开展，相关体育研究与体育人才培养积极进行。1950 年 8 月，苏南区举办了苏南体育教师暑期研究班，参加学习的有各市、县代表 50 余人。一年后，在苏州市举办体育夏令营，参加者包括大、中、小学体育教师和中等以上学校学生 300 多人；1951 年 8 月，苏北区也在扬州市举办了“苏北区体育工作者暑期研究会”。为系统和比较快地培养体育教育人才，1952 年，苏南师范学院（后改名江苏师范学院，驻苏州）首先开设了一年制体育班；次年，江苏省体育干部训练班亦在苏州开办。以上体育班和训练班的陆续开办，初步培养了一批急需的中小学体育教师和体育管理人员。

随着群众性体育运动的开展，学校体育也得到充分重视。1951 年 4 月，苏北行署文教处发出关于加强学校体育健康的指示。12 月，苏南区、苏北区和南京市在部分中等以上学校推行《冬季体育锻炼标准》。在这时期，各地学校除上好体育课外，还积极开展多种多样的课外体育活动，以增强学生体质。

第五节　知识分子的学习与思想改造

一　知识分子思想改造学习运动的开展

1952年至1953年上半年，江苏各地组织知识分子进行学习，同时引导他们改变从旧社会带来的不适应新中国建设需要的不正确思想。

新中国成立后，江苏以及全国的社会制度与阶级关系均发生根本性变化。在这种形势下，知识分子如何积极地来适应这种变化，并将自己投入到火热的新中国各项建设中去，就成为一个重要问题，而且这也是江苏各级共产党组织和人民政府所关注和需要解决的重要问题。

解放初期，江苏各地首先对从旧社会过来的知识分子的工作做了妥善安排。同时，按照党对知识分子"团结、教育、改造"的政策，组织他们认真学习马克思主义的基础知识和党的路线、方针、政策，组织他们参加各项社会改革运动，鼓励和推动他们参加国家的经济恢复及其他建设工作。

一般来说，通过初步学习和社会实践，大部分知识分子的思想政治觉悟有了不同程度的提高。一方面他们拥护中国共产党所领导的人民革命，欢迎人民民主专政的新的社会制度；另一方面在他们中间也暴露出不少缺点和错误，如有些人存在着亲美、崇美、恐美的错误观念；有些人对共产党和人民政府的政策心存疑惧、甚至不满等。另外，在比较多的知识分子中，还存在着轻视劳动人民等错误的思想观念。所有这些不良因素，都严重地阻碍着他们的进步，也消退着他们参加新中国建设的热情。因此，有必要帮助他们自觉地采取批评与自我批评的方法，改造旧思想，克服错误观念，树立新思想，掌握唯物史观，从而比较快地转变立场到党和人民方面，以便更好地为人民服务，为新中国建设事业服务。

全国知识分子的思想改造学习运动首先从北京、天津开始。1951年9月，周恩来总理曾受中共中央委托，向北京、天津两市高等学校教师学习会作了《关于知识分子的改造问题》的报告。他勉励知识分子从民族的也即爱国的立场进一步站到人民立场，更进一步站到工人阶级立场，努力为人民服务。10月，毛泽东主席在全国政协一届三次会议的开幕词中，把知识分子的思想改造列为1952年的三大任务之一。11月，中共中央发出《关于在学校中进行思想政治和组织清理工作的指示》，要求在所有大中小学的教职员中和高中学校以上的学生中，普遍地进行初步的思想改造工作。

于是，继北京、天津之后，江苏根据中共中央以及华东局的部署，各地也逐步开展

了知识分子的学习和思想改造运动。其阶段大体划分如下：

第一阶段，成立领导机构。1952 年元旦前后，南京市、苏南、苏北区分别成立了“毛泽东思想学习委员会”，作为运动的领导机构。并分别由柯庆施、汪海粟、俞铭璜担任该市、区学委会主任委员。

第二阶段，试点阶段。自 1952 年 3 月前后起，运动首先在南京大学、金陵大学、东吴大学、无锡师范学校、扬州中学、扬州财经学校等部分高校与少数中等学校和中学中进行试点。这些试点单位，都是由市党委、区党委直接派出工作组，以加强领导，掌握政策。5 月，试点基本结束。

第三阶段，全面展开。通过试点取得经验后，运动随之在各地的其他高校、中等学校、科研单位和试点小学中次第全面展开，至 1953 年春基本结束。在此阶段中，主要是利用 1952 年 7 月至 9 月的暑假及年底寒假，组织教师集中学习。其中各地对中学教师采取集中举办学习会的形式，进行思想改造学习；同时对小学教师则以县、市为单位统一组织学习会等，进行正面的思想政治教育。另外苏南区等地宣传、教育部门，还采取举办“教育研究会”等形式组织学习，也取得了较好效果。在此期间，参加人员在认真学习的基础上，还开展批评与自我批评，深入进行思想检查，自觉交代历史问题，达到划清敌我界限，确立工人阶级立场和为人民服务的观点。之后，在组织清理中，各地贯彻“以批判思想为主，不追不逼，启发自觉，分别对待”的原则，以求达到中央关于“争取团结、教育、改造知识分子”的目的。

伴随着知识分子的思想改造学习，1952 年 5 月至 9 月，江苏文艺界还进行了整风，以解决文艺为人民大众服务的方向问题。一些从事文艺工作的领导干部和文艺界人士，在会议上或报纸上公开进行自我批评，检查自己的不正确观点。这次文艺界整风，推进了江苏的文艺工作，具有积极意义。

二　民主党派人士大力支持和积极参与学习运动

对于知识分子的思想改造学习运动，江苏地区各民主党派予以大力支持并积极参与。

在南京市学习委员会或各级学习委员会分会中，一些民主党派的负责人如潘菽、陈鹤琴、金善宝、陈中凡等，都在其中担任着主要领导职务。在苏南、苏北地区的学委会中，也有一些民主党派组织的负责人在其中担任领导或其他职务的情况。他们要求本民主党派成员积极参加思想改造学习，并且主动地做耐心细致的思想工作，解答学习中的疑难及政策问题，尽可能化解个别成员学习中的思想“疙瘩”。

在此期间，南京大学校长、九三学社南京分社理事会主席潘菽、南京市政协副主

席陈鹤琴等,均带头参加知识分子的思想改造及学习运动。另外,许多民主党派负责人或著名民主人士亦在报纸上发表重要文章,谈思想认识,讲学习体会。这些对知识分子的思想改造学习运动,也都起到了积极的示范作用和推动作用。

三　知识分子思想改造学习运动的成绩与缺点

这次江苏知识分子思想改造学习运动的开展,总的来说是比较成功的。由于各级领导重视,方针、政策正确,广大知识分子对党和政府信赖,所以运动取得显著成绩。这期间,相关单位都组织人员重点学习了中国革命史、社会发展史、已出版的《毛泽东选集》,以及党的有关文件等。参加学习人员通过理论联系实际,并结合个人经历进行学习、讨论,基本明白了中国革命发生和胜利的历史必然性,基本懂得了劳动人民创造历史的客观规律,基本把握了人类社会由低级向高级发展的唯物史观,并且进一步明确了爱国主义在新的历史时期应有的新的内容,因而思想政治觉悟有了很大提高。同时,广大知识分子还批判了资产阶级思想、封建主义思想,更加诚恳、热情地拥护共产党和人民政府,开始树立和进一步坚定了为人民服务、为新中国服务的理念,并且增进了知识分子的团结,纯洁了知识分子队伍。

在肯定知识分子思想改造学习运动的同时,也应指出运动中存在的一些缺点和不足,这主要表现在以下几个方面:

1. 对知识分子思想状况的估计不够准确,过分夸大了其思想中的消极面,而忽视了这一群体思想中进步的主流方面;并且仅把知识分子看作“团结、教育、改造”的对象,而没有看到他们中有相当一部分人还是可以和应该依靠的力量,由此影响到一些单位及领导干部对知识分子采取轻视和不信任态度。

2. 在思想批评中有些问题是非界限不清,如把学术之争与政治问题混淆,把科研中主张采用“国际标准”看作是洋奴买办思想,认为相信摩尔根遗传学说是唯心主义等。

3. 在做法上有要求过高、过急,以及简单、生硬等不适当之处。有的单位违背政策规定,用开批判会方法对待一些参加学习人员,有的单位采取过激方式,对个别学习人员追逼政治历史问题。

这些缺点虽然在运动发展过程中得到不同程度的纠正,但是在感情上确实伤害了一些人,造成了不好影响。并且实践证明,对于知识分子的学习与思想改造采取开展运动的方式是不恰当的,须知思想认识的转变和提高,是一个比较长期的过程,它是不可能在短期内通过集中学习或运用急风暴雨式的方法完全解决的。

第六节　江苏省人民政府的成立

一　恢复江苏省建制的提出

1949 年江苏全境解放后，为适应当时江苏以及全国革命和建设形势发展的需要，南京市、苏北区、苏南区分别在中共中央、政务院和中共中央华东局、华东军政委员会的领导下，领导本地区的工作。

在三年多的时间里，各地区党委和政府坚决执行中央决策，团结和依靠广大群众，恪尽职守，比较顺利和圆满地领导完成了各项社会改革，以及镇压反革命、平抑物价、抢险救灾、支援抗美援朝、恢复国民经济和医治战争创伤等重大历史任务。

1952 年，江苏财政经济状况根本好转，国民经济恢复时期结束，有计划地大规模的经济建设即将开始，实行社会主义改造的任务也已提出。在此新的形势下，客观以及主观上均要求江苏在行政组织和党的领导方面及时实现统一，以便集中江苏全地区力量，更好地领导经济建设和社会主义改造工作；同时，克服之前因分区独立而在客观上带来的江苏全地区发展障碍，去掉已不适合形势发展需要的建制和机构层次，以便更符合党和国家加强政权建设的需要。因此，恢复江苏省的建制便被提上议事日程。

二　恢复江苏省建制的筹备

自 1952 年 9 月开始，恢复江苏省的建制，成立江苏省人民政府的工作便进入实际的筹备阶段。

新中国成立后首任中共江苏省委书记柯庆施

1952 年 9 月 9 日，中共中央华东局发出了经中共中央批准的决定，称："根据中央意图，确定将南京市、苏南、苏北合并为江苏省，所有原属江苏省范围之地区全部划归江苏省；并确定柯庆施为省委第一书记，江渭清为第二书记，萧望东、管文蔚为副书记。"

华东局的决定还要求："柯、江、管、萧等四同志即至南京开始筹备，争取在本年内正式合并完毕。"并指出："合并工作应分期、分部门、有步骤地进行，如先建立办公厅与各地委沟通联系，再将组织与人

事部门合并,以便安排干部及掌握整党建党工作,再合并财政部门以掌握1952年的税收与公粮行政及1953年的财政预算等。"同时告诫:"凡是未实行合并者必须严守岗位、各尽职守,不准发生任何混乱和不守纪律的现象,否则以违纪论。"①

10月18日,中共中央批准中共江苏省委的5名常委中,除4位正副书记外,另增加刘先胜(11月6日,中央军委任命刘为江苏省军区司令员)。11月7日,中共江苏省委在南京举行成立大会,正式宣布中共江苏省委成立。

为适应全省统一的需要,一些重要机构已先行开始合并。11月1日,原南京《新华日报》、《苏北日报》、《苏南日报》合并出版新的《新华日报》,以此作为中共江苏省委的机关报。徐进任社长,樊发源任总编辑。同日,原苏南、苏北、南京人民广播电台合并组建江苏人民广播电台,并于1953年1月1日开始向全省播音(之前曾在南京以"苏南、苏北人民广播电台联合播音"方式对外广播),时李扬任台长。

1952年11月7日新的中共江苏省委成立,图为江苏省委大楼

11月15日,中央人民政府委员会通过了《关于调整省、区建制的决议》,其中第三项规定:"成立江苏省人民政府,并于该省人民政府成立后,撤销苏北人民行政公署、苏南人民行政公署。现属山东、安徽省原为江苏旧辖之地区,均划回江苏省属。江苏省人民政府设于南京。"②这次会议还决定任命谭震林为江苏省人民政府主席,柯庆施、管文蔚、冷遹为副主席。12月17日,根据中央人民政府委员会决议,政务院发布了《关于成立江苏省政府命令》,并决定原属华东军政委员会直辖之南京市,改为江苏省人民政府直辖市。

三　江苏省人民政府的成立及区划调整

经过一段紧张有序的筹备,恢复江苏省建制的时机和条件已经成熟。1953年1月1日至2日,江苏省人民政府在南京举行第一次政府委员会会议,宣布江苏省人民

① 中共江苏省委党史工委、江苏省档案馆编:《苏南行政区(1949—1952)》,中共党史出版社1993年版,第456页。

② 中共江苏省委党史工委、江苏省档案馆编:《苏南行政区(1949—1952)》,中共党史出版社1993年版,第470页。

政府正式成立。谭震林主席在会议报告中提出全省 1953 年应完成和继续进行的六大任务：

首任江苏省人民政府主席谭震林

1. 继续加强抗美援朝工作；

2. 继续完成工业改造，加强基本建设；

3. 开展农业大生产运动，争取更大丰收；

4. 加强民主建政工作，进一步密切政府与人民的关系；

5. 做好财政经济工作；

6. 继续贯彻思想改造运动。

他号召全省人民团结一心，为完成上述任务而奋发努力。会议还听取了前苏南、苏北行署及南京市人民政府的工作情况报告，作出了《关于 1953 年工作任务的决议》，通过了《江苏省人民政府试行组织条例》和省政府所属机构及负责人名单，通过了《关于调整专区及市、县区划》的决议。

1953 年 1 月 1 日，江苏省人民政府委员会第一次会议全体委员合影

江苏省人民政府成立后，已完成历史使命的苏北、苏南行署随即撤销。其行政区划有比较大的调整，原属江苏省的萧县、砀山、江浦 3 县，从安徽省划回江苏省；原属江苏省的徐州、新海连市及丰县、沛县、邳县、华山、铜北、东海、赣榆 7 县，从山东省划回江苏省。这时全省辖徐州、淮阴、盐城、扬州、南通、镇江、苏州、松江 8 个专区；南

京、无锡、徐州、常州、苏州、南通6个省辖市,6个专区辖市及72个县,9783个乡(镇)。共有人口4085万①。

1952年12月,成立江苏省总工会筹备委员会;同月,成立中国新民主义青年团江苏省工作委员会。1953年4月,成立江苏省民主妇女联合会筹委会。

江苏建省工作得到中共中央和毛泽东主席的关怀。1953年2月22日,毛泽东在南京、苏南、苏北合并后第一次来江苏视察。视察中,他在南京接见了江苏省各部、委、厅、局负责干部,以及正在南京开会的地、市、县委书记;听取了中共江苏省委和南京市的工作汇报,指示一定要把南京改造成新型的生产城市;要利用原有工业基础,团结民族资产阶级,进一步恢复和发展生产。他还为《新华日报》题写了新的报头。

江苏省建制的恢复,中共江苏省委和省人民政府的成立,是江苏历史上的重大事件。从此以后,江苏历史揭开了新的一页;从此以后,江苏人民更加意气风发、斗志昂扬,在省委和省政府的统一领导下,开始迈入社会主义改造和社会主义建设的新时期。

① 刘定汉主编:《当代中国的江苏》(上),中国社会科学出版社1989年9月版,第50页。

第四章　“一五”计划的制定和社会主义改造的完成

中国共产党在过渡时期的总路线公布后，江苏掀起了深入宣传过渡时期总路线的热潮，并大力予以贯彻。结合本省实际情况，制定江苏“一五”计划。在全省实施粮食统购统销政策，并在实践中逐步加以完善。与此同时，积极而稳步地推进对农业、手工业、私营工商业的社会主义改造。1955 年夏季后，进一步加快了改造的步伐，并迅速掀起高潮，到 1956 年基本完成了对农业、手工业、私营工商业的社会主义改造。随后，针对高潮后暴露的种种问题和弊端，进行大力调整。

第一节　制定江苏“一五”计划

一　深入宣传和贯彻过渡时期的总路线

随着我国民主革命任务的彻底完成与国民经济恢复的提前实现，1952 年下半年，毛泽东和中共中央开始酝酿提出过渡时期的总路线。1953 年 6 月 15 日，毛泽东在中央政治局会议上第一次对过渡时期的总路线作了较为完整的表述。12 月，由中共中央宣传部编写，经过毛泽东修改和中共中央批准的《为动员一切力量把我国建设成为一个伟大的社会主义国家而奋斗——关于党在过渡时期总路线的学习和宣传提纲》，则对过渡时期总路线作了更为完整的表述：从中华人民共和国成立，到社会主义改造基本完成，这是一个过渡时期。党在这个过渡时期的总路线和总任务，是要在一个相当长的时期内，逐步实现国家的社会主义工业化，并逐步实现国家对农业、对手工业和对资本主义工商业的社会主义改造。

为了宣传过渡时期总路线，并配合实施粮食统购统销，自 1953 年 10 月起，江苏全省掀起了持续一年之久的宣传和贯彻过渡时期总路线的热潮。

1953 年 10 月 24 日到 11 月 9 日，中共江苏省委召开全省第一次区委书记会议，

学习了中共中央华东局第三书记谭震林关于党在过渡时期总路线、总任务的报告，并讨论和部署了粮食统购统销任务和冬春农村工作。11月13日，江苏省暨南京市协商委员会举行报告会，江苏省委第一书记柯庆施作了《党在过渡时期的总路线、总任务》的学习动员报告。14日，江苏省委发出《关于执行“中共中央关于实行粮食的计划收购与计划供应的决议”的指示》，要求按照中央部署，全党动员，全力以赴，各级党委、政府领导人亲自向农民宣讲总路线，宣传社会主义，批判资本主义，以确保统购统销任务的完成。25日，江苏省委召开全体委员会议，听取省委第二书记江渭清传达华东局扩大会议精神，学习和领会过渡时期的总路线。

12月，中共中央批准并转发中央宣传部编写的《为动员一切力量把我国建设成为一个伟大的社会主义国家而奋斗——关于党在过渡时期总路线的学习和宣传提纲》后，江苏各级党委和政府大张旗鼓地进行总路线的宣传教育活动。

从1953年11月中旬开始，全省各县相继召开区、乡干部扩大会议，传达学习党在过渡时期的总路线。到12月底，全省农村共有7.6万多名区、乡干部分批参加集中学习，并向农民进行广泛宣传。与此同时，南京、无锡、常州、徐州、南通、苏州等9个城市也普遍开展党在过渡时期总路线的宣传活动。

1954年，江苏省委和省政府等召开各种会议，继续学习过渡时期总路线，并在实践中进一步贯彻过渡时期总路线。2月11日至3月1日，江苏省委召开第一次组织工作会议，研究了关于统一调配、大胆提拔干部，加强干部管理工作，巩固提高党组织和如何更好地实现党在过渡时期的总路线等问题。2月18日至3月4日，省委召开第二次区委书记会议，总结了前一个时期宣传过渡时期总路线和粮食统购统销工作的主要经验。3月中下旬，省政府召开全省农林工作会议，根据党在过渡时期总路线的精神，提出了当年农业生产的方针任务。3月26日至4月3日，省工商联召开会员代表大会，一致表示拥护中国共产党提出的过渡时期总路线及全国工商联会员代表大会的决议。省委妇女工作委员会也召开全省妇女工作会议，要求在各级党委的统一领导下，继续深入地向妇女宣传党在过渡时期的总路线，动员与教育妇女参加和支援国家的工农业建设和对农业、手工业以及资本主义工商业的社会主义改造。9月21日至10月2日，省委召开代表会议，认真贯彻中共七届四中全会《关于增强党的团结的决议》，开展批评和自我批评，并根据过渡时期总路线的精神，总结检查过去工作，确定今后任务。会议还要求通过宣传贯彻总路线，使广大干部和群众提高对我国社会从新民主主义转变到社会主义的必然性和基本途径的认识，激发广大干部群众为建设社会主义伟大事业而奋斗。

经过一年多广泛而深入的宣传，取得了良好的成效，使江苏城乡人民认识到实现

社会主义工业化和加强工农联盟的重要意义，这为逐步实现对农业、手工业和资本主义工商业的社会主义改造奠定了思想基础。同时，通过一系列会议的部署和安排，也为在江苏贯彻过渡时期总路线做了大量的具体工作。

二 制定江苏“一五”计划

早在1951年2月，中央财经委员会根据中共中央提出的“三年准备，十年计划经济建设”的设想试编了第一个五年计划。由于当时条件限制，这次编制实际上带有做准备工作的性质，只是提出了初步设想。进入1952年下半年，中财委加快了“一五”计划的编制，提出了“一五”计划的轮廓草案。在这期间，苏北行署、苏南行署和南京市财政经济委员会在1952年6月和8月分别编制了各自的“一五”计划纲要、轮廓计划或初步方案。①

1953年1月江苏省建制恢复后，江苏省财政经济委员会负责主持财政经济工作和计划工作。1953年7月国家计划委员会颁布了《1953—1957年五年计划纲要草案表格》及《表格说明、计算规定》。根据1954年2月1日中共中央发出的《关于建立与充实各级计划机构的指示》，江苏省计划委员会在5月成立，并着手编制江苏第一个五年计划。12月22日至29日，江苏省委召开扩大会议，认真学习和贯彻中共中央《关于进一步做好编制地方五年计划纲要的工作指示》，研究了江苏工农业增产关键和具体措施。1955年3月，江苏省计划委员会编制出《江苏省国民经济第一个五年计划草案》。3月31日，中国共产党全国代表会议通过了《关于中华人民共和国发展国民经济的第一个五年计划草案的决议》。同年5月16日至28日，江苏省委召开地、市、县委书记联席会议，学习和贯彻这一决议精神，检查工作，交流经验，提出完成和超额完成全省工农业生产计划和做好其他各项工作任务的要求。7月30日，第一届全国人民代表大会第二次会议通过了《关于发展国民经济的第一个五年计划的决议》。8月20日至9月8日，中共江苏省第二次代表会议召开，提出江苏省第一个五年计划期间的主要任务。在会上，江苏省委副书记刘顺元作了《为完成和超额完成国家第一个五年计划给予江苏省的任务而奋斗》的报告，阐明江苏“一五”计划的指导思想、主要任务和具体措施。11月9日，国务院下达《江苏省第一个五年计划任务》的命令。12月23日至29日，江苏省第一届人民代表大会第三次会议讨论和通过了省长惠浴宇作的《为加速和超额完成国家第一个五年计划给予我省任务而奋斗》的报告。1956年3月，江苏省人民委员会将全省第一个五年计划主要任务分解下达到全省各地区和市。②

①② 江苏省计划与经济委员会编：《“一五”在江苏》(上)，1999年内部发行，第6页。

全国“一五”计划的指导方针和基本任务是:集中主要力量进行以苏联帮助我国设计的156个建设单位为中心的、由限额以上的694个建设单位组成的工业建设,建立我国的社会主义工业化的初步基础;发展部分集体所有制的农业生产合作社,并发展手工业生产合作社,建立对于农业和手工业的社会主义改造的初步基础;基本上把资本主义工商业分别地纳入各种形式的国家资本主义轨道,建立对于私营工商业的社会主义改造的基础。围绕这一基本任务,“一五”计划明确规定十二项具体任务,其中除了集中主要力量发展重工业,实行农业、手工业和资本主义工商业的社会主义改造外,还提出要保证农业生产进一步发展,相应地建设轻工业和发展运输业、邮电业和商业;发展文化教育、科学研究事业,培养建设人才;在提高生产的基础上逐步提高人民物质生活和文化生活水平等要求。

由于当时江苏地处国防前沿的沿海地区,国家统一安排的156个建设单位在江苏境内很少。而江苏的工农业生产,特别是轻纺织业有一定基础,江苏“一五”建设的重点放在农业特别是水利建设和对老企业的改组改造、挖掘潜力、提高水平上。因此,江苏省“一五”计划的基本任务是:坚决贯彻党在过渡时期总任务和国家第一个五年计划的要求,以发展互助合作为中心,大力提高农业生产,增加农副牧业的商品量,以适应国家对粮食、工业原料与出口物资的需要;在全国统一计划下,尽可能地利用和发挥现有工业的潜在力量,以适应农业生产和人民生活的需要;有步骤地进行对私营工商业、交通运输业、手工业的社会主义改造,保证社会主义经济成份的稳步增长,相应地发挥非社会主义经济在国家建设中的作用;在发展生产和进行社会主义改造的基础上,开展经常性的增产节约与劳动竞赛,不断地提高劳动生产率,以达到在人力、物力、财力等方面,大力支援国家的经济建设,并逐步改善人民的物质生活和文化生活。

围绕上述基本任务,江苏“一五”计划分别对发展农业和工业,对农业、资本主义工商业和手工业的社会主义改造,对市场和流通,对交通运输、税收财政和信贷,对科技文教卫生事业、改善人民物质文化生活都提出了具体要求。其主要经济发展指标如下:全省工农业总产值1957年比1952年增长32.48%,平均每年增长5.8%,其中:工业总产值1957年比1952年增长49.65%,平均每年增长8.38%;手工业总产值1957年比1952年增长33.84%,平均每年增长5.97%;农业总产值1957年比1952年增长23.23%,平均每年增长4.21%。社会商品零售总额1957年比1952年增长69.29%,平均每年增长11.04%。①

---

① 江苏省计划与经济委员会编:《“一五”在江苏》(上),1999内部发行,第10—11页。

江苏“一五”计划的制定,使各级党委、政府和城乡人民有了明确的奋斗目标,将建设社会主义祖国的热情,落实到各自的生产、工作和学习的具体行动之中。

第二节 实行粮食统购统销

一 统购统销前江苏的粮食形势

土地改革后,农民的生产积极性大为提高,农业生产恢复较快,在1949—1952年,中国的粮食供求在较低水平上保持着平衡。但是,由于城乡人民消费水平随着经济的恢复和发展而日益提高,同时城市工矿区人口和经济作物区人口也随着工业建设的开展而不断增加,这种建立在低水平上脆弱的供求平衡就难以维持了。

1952年冬,河南经济作物区小麦供应紧张,小麦价格猛涨,随后波及河南全省,带动粮价全面上涨,并“影响到华东、华北、中南甚至西北邻近各省的粮价”。[①] 同样,江苏粮食供应问题也开始显露紧张的苗头。到1952年底,据苏南行署、苏北行署和南京市合计,粮食购销逆差达23.5万吨。

为了改变“五反”运动后资本主义工商业普遍存在的困难,1952年下半年,江苏各地根据中共中央指示对工商业政策进行调整。在调整过程中,有些地方粮食购销的批零差价、地区差价、季节差价扩大过多,一些地方国营粮食公司经营粮食比重下降,粮贩大量增加,有些农民也加入粮食贩运队伍。这些私商和粮贩在粮食市场较为活跃,在一定程度上影响了国营粮食公司和合作社的粮食收购。如苏南地区,投机商利用变相提价、拦路收购等方式争购新稻。1952年10、11月间,个别地方私商收购比重高达90%以上。[②]

进入1953年春,江苏粮食形势依然是销大于购。1953年4月1日,省政府决定调整粮食购销的季节差价、地区差价、批零差价和进销差价,以限制私商投机,有利于国营公司收购。4月10日,省粮食厅又发出《认真做好粮食收购工作,保证收购计划完成的指示》,要求各级粮食部门抓住调整粮食差价的有利时机,发动职工,改进作风,做好收购工作。

1953年4月11日夜,一股强大寒流袭击苏北地区,气温骤降,霜冻严重,使得江苏高邮湖以北地区,特别是淮阴地区的农作物严重受害。加之3月份从东北调入粮

---

① 《中共中央关于粮食问题的指示》附件:《河南省委的报告》,1953年3月16日,江苏省档案馆馆藏档案3011—永久—10。

② 孙业礼、熊亮华:《共和国经济风云中的陈云》,中央文献出版社1996年版,第84—85页。

食的计划未能完成,苏北地区粮食供应突然紧张。灌云县玉米库存仅45万公斤,销售量突然由1天5000公斤增至5万公斤;泗阳县16日粮食已经脱销;新沂县19日脱销。宿迁经常有800人露宿排队购粮。邳县、睢宁4月初平均日销红粮7.5万公斤,13日突然增至15万公斤,17日增至20万公斤,18日脱销。涟水18日脱销。徐州市13日粮食销售突然紧张,上旬平均日销红粮9万公斤,13日则销售了18.5万公斤。盐城、射阳、阜宁、滨海、宝应、泰州等地粮食形势也很紧张。泗阳玉米市价4月16日上午上涨8.7%,下午又涨至11.1%;涟水玉米市价高于国家牌价40%。据了解,在抢购粮食的人中,粮贩子占40%—60%。他们将抢购的粮食掺水或加价出售给农民和城市居民,从中渔利。①

为了保证粮食供应,省粮食厅根据省委和省政府指示,建立了专门的粮食调运机构,在省内外的主要港口设转运机构30处,配备600多名干部,动员2万多工人,组织船只42万吨位、汽车519辆,日夜抢运粮食57.60万吨,同时停止批发业务,制止私商套购,到5月份便把粮食供应形势稳定下来。②

1953年入夏后,各地粮商纷纷进入江苏粮油产区,勾结当地商贩,非法抬价,抢购套购,同国家争夺粮源,而后抬价出售。徐州专区各县1953年黄豆收割时,天津、北京、青岛、广州、无锡、苏州等地粮商蜂拥而至,仅无锡一粮商就抢购了15万公斤黄豆和杂粮。新沂的粮食投机商1953年1—9月抢购套购了黄豆、粮食175万公斤。扬州两个粮商在不到3个月时间里就抢购芝麻9.6万公斤,花生仁、黄豆等6.5万公斤。他们还囤积拒售,以牟取暴利,并制造谣言,散布恐慌情绪,致使国家收购计划和供应工作受到干扰和破坏。农村中也出现余粮户待价而沽,不愿迅速出卖余粮的现象。

为了限制私商收购粮食,江苏省采取行政手段,加强对粮食市场的管理。1953年7月10日,江苏省交通厅、粮食厅、商业厅、供销合作社和南京铁路分局联合发出《关于加强粮食运输管理规定的通知》,规定:不给粮商运输小麦、面粉、大米、稻谷、玉米、红粮、大麦、元麦;公私轮船、汽车以及10吨以上木船不给粮商运粮;火车、轮船、汽车旅客随身携带自用口粮不得超过20公斤;粮食出口须经外贸部门批准;托运粮食须凭托运单或有关批件。8月8日,省政府又发出《关于加强对收购稻谷、大米、玉米、红粮、小麦、黄豆市场管理的指示》,要求粮食部门收购的粮食要占到上市量的90%以上,并规定:国营食品加工厂和机关、部队、学校等单位不得在市场上收购粮食;

① 唐文起:《统购统销前江苏地区粮食形势的回顾及其启示》,《江苏现代经济探讨》1994年第6期。

② 江苏省地方志编纂委员会编著:《江苏省志·粮食志》,江苏人民出版社1994年版,第79页。

省内粮商收购粮食要先将款项存入银行，并核准其收购数量，外省粮商来省内各地采购粮食要经省商业厅核准；银行一律不给粮商贷款购粮，严格执行粮食运输规定。

尽管江苏加强了粮食市场管理，大力限制私商运粮，但是，局面并未根本好转。据9月22日江苏省委向华东局和中共中央报告，江苏粮食形势依然严峻。“最严重的是黄豆收购问题，目前黄豆市价已高出牌价一倍左右，黑市甚至有达两倍者。”早豆收购计划没有完成，很多地方收购量只及上市量的10%左右。同时，自1953年春以来，农村卖青苗的现象也“日见普遍严重”。如宜兴县云阳村125户，卖青苗的有88户，占全村总户数的70%。苏南有些城市私商甚至伸至苏北农村放高利贷，利息最高者春借3万元(旧币)，秋还一担稻。[①]

到10月中旬，江苏“粮食部门的粗粮和稻米已出现‘购少销多’情况，油料作物与油、饼等商品市场亦极为紧张”。部分地区普遍且较严重地存在着商人、小贩、牙行、高利贷等违法抢购活动。而小贩、牙行等大部分又是受大商人的幕后指挥与操纵的；同时私营工厂、作坊、豆腐店等也到处活动，抬价抢购原料；某些跨行业的私商(如南北货、面食、饭馆、五洋、茶馆等类)亦抢购或套购粮食、食油，囤积投机；商贩成群结队，到处活动，抬价抢购；农村中的余粮户也就观望惜售，等待高价，甚至也纷纷购进囤积。[②] 江苏省委认为，这类商贩的投机活动已严重破坏市场稳定，危害人民生活，妨碍国家收购计划的完成，增加国家供应的压力。为了进一步打击私商和粮贩投机的嚣张气焰，江苏省委又进一步加强对粮食市场管理，采取了多种措施。

10月21日，江苏省委向华东局和中央汇报了对粮食问题的讨论情况：根据江苏第三季度的情况，粮食收购计划虽然尚能勉强完成，但销售计划却大大超过，与1952年同期相比，大米超过30%，其他粮食则超过50%。特别是10月份则购少销多，“情况更为恶劣”。当时还发现上海、天津、武汉、广州、西安等地的大粮商，陆续来江苏抢购。新沂县新安镇即有21个外地粮商。无锡一个大粮商到徐州通过当地小贩，在附近20个县收购。私商的投机活动助长了消费者购粮备荒和农民存粮看涨的心理，以致粮食市场日见紧张。徐州专区9月中下旬，粮食收购量与销售量之比为1∶2.2。淮阴专区到10月中旬止，黄豆收购任务只完成16%。很多地方粮食市价高于牌价，出现黑市。据铜山县十段村调查，全村99户，余粮户占一半，吃到明年麦收时，尚有500斤麦子的25户，余存200斤的10户，余存100斤的10户。这些余粮户不但不愿出售余粮，而且有的还千方百计地想买粮储存起来。[③] 这些情况表明，仅仅依靠加强

---

① 江苏省计划与经济委员会编：《“一五”在江苏(1953—1957)》(下)，1999年内部发行，第17页。
② 江苏省计划与经济委员会编：《“一五”在江苏(1953—1957)》(下)，1999年内部发行，第20页。
③ 江苏省计划与经济委员会编：《“一五”在江苏(1953—1957)》(下)，1999年内部发行，第26页。

市场管理的办法,还无法解决粮食问题,必须采取其他有力措施,才能从根本上扭转形势。

与江苏一样,全国各地的粮食供应形势自1953年上半年以来也日见严峻。在这种情况下,中共中央经过多方考虑决定实行粮食统购统销。1953年10月16日,中共中央发出《关于实行粮食的计划收购和计划供应的决议》。11月23日,中央人民政府政务院颁布《关于实行粮食的计划收购和计划供应的命令》,决定在农村对余粮户实行计划收购(简称统购),对城市和农村缺粮人员实行计划供应(简称统销);实行由国家严格控制粮食市场,对私营粮食工商业进行严格管制,并严禁私商自由经营粮食。

二 粮食统购统销的实施和完善

根据中共中央决议和政务院命令,江苏省委于1953年10月19日发出《关于抽调干部,加强农村工作,完成粮食统购任务的决定》。10月24日,省委召开全省第一次区委书记会议,进行动员和作出具体部署。11月11日,省委发出《执行中共中央〈关于实行粮食的计划收购和计划供应的决议〉的指示》,要求各级党委亲自动手,全党动员,全力以赴,紧紧掌握以生产为中心,以总路线为动力,确保统购任务完成。为了贯彻中央关于粮食统购统销的决议,满足全省城乡人民对粮食的基本需要,完成上缴中央任务,江苏全省必须掌握商品粮435.5万吨,除征收农业税外,还必须向农民收购312万吨。在销售方面,江苏全省的销售量应控制在337.35万吨,重点放在城市工矿区,其次是经济作物区、灾区和一般农村中的缺粮人民。①

为了贯彻粮食统购统销政策,江苏省委决定,全力以赴宣传总路线,特别是向农民宣传粮食统购统销政策,提高农民思想觉悟,揭露和打击粮食投机活动。省委还从省、地、县三级机关抽调干部12275人(其中地委级以上干部135人,县委级干部807人),加以训练,派到县、区、乡三级帮助工作,使每个县有一名地委级干部,每个区有一名县委级干部,每个乡有一名区委级干部,以加强运动的领导。11月底前后,各县召开区乡干部扩大会议,区、乡召开党员大会和积极分子会议。然后以乡为单位召开党支部大会和人民代表会议,进行酝酿。全省乡以上主要领导骨干6万多人受到训练,30多万农村党员受到教育。在思想、政策、教育成熟的基础上,从12月中旬起,逐步在全省农村开展统购粮食。

统购之初,江苏省委曾提出"连征带购,分等级累进,按比例收购","颁发控制数字,民主评议","连征带购,结合民主评议"等三种办法。经过试点,各地认为"民主协

① 刘定汉主编:《当代江苏简史》,当代中国出版社1999年版,第101页。

商”较好。1954 年 1 月 20 日，省委正式发出《关于当前粮食统购统销工作中几个问题的指示》，要求各地在统购全面展开时，必须反复耐心地对农民进行总路线和粮食统购的教育，提高其思想认识，要求达到“思想通、具体通、办法通”；依靠党团员、积极分子，正确对待中农，开展民主协商，反对单纯任务观点和强迫命令作风。

由于各地做了大量细致的宣传工作，统购量也不是太大，加上有些农民手中还有 1952 年丰收时的存粮，因而粮食统购进展顺利。到 1954 年 3 月，共征购粮食 364.80 万吨，比上年增加 162 万吨，扭转了购少销多的局面，稳定了粮食局势。① 但是，有些地方因思想工作做得不够深透，工作中存在强迫命令现象。有些地方存在余粮卖过头的情况，有些地方则出现余粮卖不足的现象。

与此同时，统销工作也付诸实施。从 1953 年 10 月开始，南京、苏州、徐州、无锡等城市先后对粮食实行计划供应。其办法是：对居民按照户口人数，核定用粮计划，对集体伙食单位，按参加搭伙人数核定计划。当时，全省城镇人口 496.8 万人，销售正常，粮价平稳，人心安定。到 1954 年 1 月，全省粮食销售比上月减少 12.63%，比 1953 年同期减少 17.98%。但由于粮食供应的数量实行按需自报，供应偏宽，加上城乡人口划分界限不严，致使粮食销量的控制未能取得理想效果。②

针对 1953—1954 年粮食年度统购统销中存在的问题，1954 年 9 月，省政府制定了《江苏省 1954 年粮食计划收购暂行办法（修正草案）》。在统购方面，确定了“多余多购，少余少购，不余不购”的原则，按照实际产量，扣除公粮、种子、口粮和必要的饲料后，划分余缺。余粮 7.5 公斤以上起购，但酌留一定数量的余粮。在统销方面，规定：城镇机关、部队、学校、团体、工矿企业等集体伙食单位，按实有人数，根据实际需要，编制按月需粮计划，经当地粮食部门核准后，凭证至指定供应地点购买。城镇居民，按实有人数，订出分月需粮计划，经过民主评议，由镇人民政府（或居民委员会）核准，发给购粮证，到指定供应点购粮。

1954 年，全国灾情严重，为了安排灾区人口的用粮需要，国家向非灾区多购了 70 多亿斤粮食。当年江苏遭遇特大洪水，25 县受淹，轻重灾民达 650 万人，粮食减产。在确定统购任务时，江苏对灾情估计不足，估产严重偏高，估计全省粮食产量可达 1200 万吨，因而确定了 455 万吨的统购任务。但江苏当年粮食实际产量只有 1034.50 万吨，比 1953 年减产 0.24%。后来，江苏实际完成统购 377 万吨，但这也比上年完成的统购任务增加了 3.30%。③ 为了完成过大的征购任务，各地在评产时一

---

① 江苏省地方志编纂委员会编著：《江苏省志・粮食志》，江苏人民出版社 1994 年版，第 53 页。

② 江苏省地方志编纂委员会编著：《江苏省志・粮食志》，江苏人民出版社 1994 年版，第 80 页。

③ 江苏省地方志编纂委员会编著：《江苏省志・粮食志》，江苏人民出版社 1994 年版，第 54 页。

般偏高,甚至严重偏高,结果就购粮过多,甚至把农民的口粮都挖出来。在统购过程中,不少地方发生了严重的强迫命令。

在统销方面,1954—1955 粮食年度,全省市镇计划供应人口为 506.6 万人,每月人均口粮供应 12.05 公斤。但在城市统销上仍然存在偏松的缺点,机关、部队、工厂、学校和其他城市人民,对粮食爱惜不够,浪费现象较为普遍。在农村统销方面,1954 年灾民众多,加上不少农民被购了过头粮,1955 年春农村各地都反映缺粮,要买统销粮。结果,有些应供应统销粮的没有得到供应或供应不足,而有些不该供应的反倒供应了。

到 1955 年春,由于农民对"统购统销感到无底","感到增产多少,国家收购多少,对自己没有好处";"感到购的数量太多,留的数目太少,不能满足他们自己的需要",因而一些农民对统购统销感到不满,还出现了杀猪宰牛、生产消极等现象,农村形势一度较为紧张。

面对这种形势,中共中央迅速调整粮食统购统销办法。1955 年 3 月 3 日,国务院决定在全国对粮食统购统销实行定产、定购、定销(简称"三定")政策。8 月 25 日,国务院颁布《市镇粮食定量供应暂时办法》和《农村粮食统购统销暂行办法》。9 月 2 日,江苏省人民委员会颁布了《关于执行〈市镇粮食定量供应暂时办法〉和〈农村粮食统购统销暂行办法〉的补充规定》。

在农村统购统销方面,"三定"工作在全省展开。"三定"的具体办法是:1. 农户粮食产量确定,按照地质和自然条件,划片分等,结合经营条件评议,核定单位面积的常年产量,归户计算;2. 确定余粮户的留粮(包括种子、口粮、饲料)标准;3. 对余粮户,以杂粮为主地区统购余粮的 85%—90%,稻谷为主的地区统购余粮的 90%—95%;4. 农场留粮按当地余粮户的标准,口粮增加 30%,种子、饲料增加 10%。5. 缺粮户留粮标准,灾区、产粮区口粮低于余粮户的 5%,经济作物区口粮标准不低于余粮户。结果,全省 9221 个乡,其中以户为单位"三定"的占 88.5%,以农场或农业社为单位进行"三定"的占 11.5%。"三定"的结果是:定产 1160.50 万吨,定购 334.25 万吨,农业人口 3496.8 万人,平均口粮(包括定销)215 公斤,饲料粮 34.15 万吨。实行"三定"后,改变了原来"多余多购,少余少购,不余不购"的办法,使每个农户对该卖多少粮食或能向国家买多少粮食都心中有数,稳定了思想,并提高了农民的生产积极性。1955 年,江苏粮食丰收,总产量达到 1175 万吨,比总定产增加 1.25%。实际统购了 354.50 万吨,超过"三定"定购任务的 6.06%。统购后农村人口平均口粮 236 公斤,比"三定"增加 21 公斤。①

---

① 江苏省地方志编纂委员会编著:《江苏省志·粮食志》,江苏人民出版社 1994 年版,第 55 页。

在城市统销方面，从 1955 年 9 月开始实行“以人定量，按户供应”的办法。具体做法是：根据劳动差别、年龄大小和不同地区的粮食消费习惯，分等级核定了每月供应的标准。全省把城镇人口分为 3 等(体力劳动、脑力劳动、居民)19 级。把每户各人计划供应粮食的数量累计起来，即获得每户应供应的数量。各地在原来“以户定量”的基础上，对居民人口、集体伙食单位、流动户口、熟食行业等进行调查核实，内部测算，建立登记册。在做好充分准备的基础上，南京、无锡、徐州、常州、苏州、南通、镇江、常熟、新海连等 9 个城市从 9 月开始实行“以人定量，按户供应”。其他 1109 个市、镇分别在 10、11 月实行了“以人定量，按户供应”的办法。①

至 1955 年，粮食统购统销制度基本确定下来。后来，只作了一些小的调整。如 1956 年农业合作化实现后，粮食征购交售单位由以农户为主转变为以农业生产合作社集体交售为主。根据“三定”不变原则，1956 年进行了以户归社计算。归社后的定产为 1119 万吨，定购为 344.70 万吨。

江苏粮食统购统销的实施，保证了城乡人民生活和工业生产对粮食的需要，也确保了市场的稳定，还促进了对资本主义工商业与个体农业和手工业的社会主义改造，保证了第一个五年计划的顺利完成。

在实行粮食统购统销后，江苏又根据中央指示和规定对棉花、油料等主要农产品也实行计划收购和计划供应。由此，江苏主要农产品都纳入计划经济的轨道，割断了农民与市场的联系，对江苏农业生产产生了深远的影响。

第三节 对农业的社会主义改造

一 农业互助合作运动的初步发展

江苏农村历来就有“换工”、“伴工”、人工换牛工、合伙搞副业等劳动互助习惯。在抗日战争时期，江苏各抗日根据地从 1942 年开始推广陕甘宁边区发展劳动互助运动的经验，成立变工队、短工队和互助组等多种劳动合作组织。1943 年，淮南根据地路东七县半年就成立了互助组近 8000 个；1944 年盐阜根据地成立换工队、互助组共 9140 个；淮北根据地成立劳动互助组 8000 多个。② 1944—1945 年，苏南抗日根据地也普遍开展了以广泛组织互助组和发展农业生产为主要内容的大生产运动。解放战

---

① 江苏省地方志编纂委员会编著：《江苏省志·粮食志》，江苏人民出版社 1994 年版，第 80—81 页。

② 中共江苏省委党史工作办公室：《中共江苏地方史》，江苏人民出版社 1996 年版，第 432 页。

争时期,苏北一些老解放区也在继续发展互助组。这些互助组大都是临时季节性的,只在农忙互助,互助对象也不固定。这些互助组的建立,不仅调剂了人力、畜力和农具的余缺,还有利于实行"劳武结合",从而促进了抗日根据地和解放区的农业生产发展,并能满足战争时期的特殊需要。

江苏全境解放后,江苏各地继续发展农业互助合作运动。从 1949 年到 1953 年底,是江苏农业互助合作运动的初步发展阶段。在这一阶段,主要是大量发展互助组,同时也开始有计划地少量试办土地入股分红、统一经营的初级社。

江苏全境解放后,一些地方在 1949—1951 年间组织了一些互助组。1949 年江苏各地遭受台风、水患、虫害等严重自然灾害,1950 年春不少地方灾荒严重,并且一些地方男劳动力又在抢修水利。为了"不荒掉一亩田,不饿死一个人",苏北、苏南区党委分别发出指示,号召"组织起来,生产救灾"和"搞好生产,准备土地改革"。到 1950 年底,江苏各地共有互助组 43297 个,参加农户 279482 户,占总农户的 3.44%。①

1951 年 12 月,中共中央发出《关于农业生产互助合作的决议(草案)》后,苏南区、南京市、苏北区开始把发展农业生产互助合作运动当成一件大事来抓。自此,江苏农业互助合作运动正式进入新的发展阶段。到 1951 年底,江苏各地共有互助组 208805 个,参加农户 1498625 户,占总农户数的 18.17%。②

为了发展农业互助合作运动,江苏各地领导都给予高度重视。1952 年初,苏南区、苏北区、南京市先后召开劳动模范代表大会和劳动互助组代表大会,学习开展互助合作运动的意义,评选先进互助组和模范丰产户,并相互交流经验。为了推动互助合作运动的发展,江苏各地采用各种形式加强对互助组的领导,提高互助合作骨干的领导水平。此外,江苏各地还开展了声势浩大的爱国丰产竞赛,在竞赛中进一步推动互助合作运动的发展。1952 年底统计,全省已经组织了 41 万个互助组,组织农户 290 万户,占农业总户数的 39.5%。③

从 1951 年秋起,江苏开始有计划地少量试办初级社。实际上,在 1951 年秋前,江苏少数互助组实际上已经采取了初级社的做法。1951 年夏种时,苏北区沭阳县赵庄赵亚甫互助组(14 户)中的 5 户组员首先打破地界,统一经营,当年冬天又有 3 户组员加入进来。④ 在正式发展农业生产合作社时,赵亚甫农业生产合作社成为江苏地区的第一个初级社。

---

①② 中共江苏省委农村工作部等编:《中国农业合作化》(江苏卷),1999 年内部发行,第 476 页。

③ 中共江苏省委农村工作部等编:《中国农业合作化》(江苏卷),1999 年内部发行,第 45 页。

④ 中国科学院经济研究所农业经济组编:《国民经济恢复时期农业生产合作资料汇编(1949—1952)》(下),科学出版社 1957 年版,第 818 页。

在发展初级社时，最初因为缺乏经验，一度发展过快。据 1952 年 6 月 18 日中共苏南区委《关于农业生产合作社情况的报告》，当时仅苏南区发展起来的农业生产合作社就有 120 个。[①] 为了稳步前进，许多合作社被改组或取消。到 1952 年底，江苏全省共建成 66 个初级社。

1953 年春，江苏省委和有关部门对于发展初级社仍然采取较为慎重的做法。1953 年 1 月 31 日前，江苏各县市试办初级社的计划均由省委直接审批。此后，为了简化手续，才改由省农委直接审批报省委备案。在审批过程中，一般审查较严，控制很紧，指示非常具体翔实。

1952 年秋冬到 1953 年春，江苏互助合作运动也一度出现急躁冒进的情绪。一些地方在组织互助组中采取行政命令，强迫编组。有的地方在宣传中错误提出：“不参加互助组就是走蒋介石、杜鲁门的道路”，并以“不参加互助组不贷款、不救济、不打通行证、不打自产自销证”相威胁。有些地方在互助组内盲目推广复杂、繁琐的记工评分办法。有些互助组盲目地提倡积累公共财产，并规定出组不能带走，甚至有的还要农民拿出小量土地作为全组公田。此外，一些地方农民和基层干部出于种种考虑，先后办了 400 多个“自发社”(即未经批准而建立的初级社)。

针对 1952 年底 1953 年春全国农村互助合作运动出现的急躁冒进倾向，1953 年 3 月后，中共中央和中央农村工作部发出一系列指示，要求各地压低互助合作的发展计划，以避免发生“急躁冒进，贪多贪大，盲目追求高级形式与强迫命令形式主义”[②]，并提醒各地注意，“在组织互助组合作社时，不要忘记从群众的觉悟水平与切身体验出发，从群众的实际需要出发，从小农经济的生产现状出发”。[③] 根据这些指示精神，江苏省委先后召开两次县、市委书记会议，深入学习贯彻中共中央《关于农业生产互助合作决议》和中共中央批转华东局有关互助合作运动若干政策问题的规定。随后，江苏省委认真检查了江苏在互助合作运动中存在的急躁冒进现象，加强了对农业互助合作运动的领导，并从省委、地委机关抽调 125 名县级干部，分赴各县帮助整顿互助合作组织。

经过整顿，克服了农业互助合作运动中存在的急躁冒进情绪，去掉互助合作中的形式主义。到 1953 年底，江苏共有互助组 412974 个，参加农户 3106153 户，占总农

---

① 中共江苏省委农村工作部等编：《中国农业合作化》(江苏卷)，1999 年内部发行，第 449 页。

② 国家农业委员会办公厅编：《农业集体化重要文件汇编(1949—1957)》(上)，中共中央党校出版社 1981 年版，第 104 页。

③ 国家农业委员会办公厅编：《农业集体化重要文件汇编(1949—1957)》(上)，中共中央党校出版社 1981 年版，第 122 页。

户的36.61%,互助组和参加农户的数量均较1952年底有所减少。[①] 但是,保留下来的互助组都较为认真地执行等价互利政策,经营管理上也适应农民的习惯经验和现有水平,因而较前更加巩固。同时,也对初级社进行了整顿,解散了400多个自发社。到1953年秋,江苏全省共有265个初级社。

但是,在反对急躁冒进和强迫命令后,江苏一些地方又滋长了放松领导、怕犯错误、缩手缩脚等放任自流现象。

二 农业互助合作运动的加快发展

为了使粮食等农产品能够满足城乡人民生活改善和工业化迅速发展的需要,1953年秋,毛泽东和中共中央决定加快发展农业合作化的步伐,并将发展初级社作为发展互助合作运动的中心环节。在此前后,过渡时期总路线也正式向全国人民公布,粮食、油料、棉花等主要农产品也先后实行统购统销。由此,江苏农业互助合作运动进入加快发展阶段,在继续大量发展互助组的基础上,着力发展初级社。

1953年10月底到11月上旬,江苏省委召开第一次区委书记会议,贯彻中央第三次互助合作会议的精神,并初步拟定1954年发展互助合作运动的计划。1954年1月16日至18日,江苏省委农村工作部召开各专区互助合作运动座谈会,讨论初级社建立的条件、分配、生产管理等问题,总结办社经验,提出对办社过程中出现问题的解决办法。1954年2月,省委又召开第二次区委书记会议,全面贯彻1954年发展互助合作运动的部署,进一步解决了区委书记以上党内领导骨干的思想问题。

随着过渡时期总路线的深入宣传,农民的社会主义思想觉悟有很大提高,互助合作积极性大为高涨,这给互助合作运动打下良好的思想基础。为了给发展互助合作运动提供可靠保证,还从多方面进行周密的准备。省委连续举办地、县委书记的训练班,总结过去发展互助合作运动的经验,特别是办好农业生产合作社的经验。随后,地、县两级分工分批开办互助合作训练班。到1954年3月,全省共计训练办社骨干(包括区领导骨干、乡领导骨干、驻社干部、办社中的群众骨干)14480人,少数县还训练一部分掌握互助合作运动的基层骨干4592人。[②] 各级党委在总结经验和训练骨干的同时,还注意进行调查研究,对办社对象加以摸底排队。在发展初级社过程中,地、县委一般是首先掌握基点社,先行一步,取得经验以后,训练办社骨干。区委一般是抓住办中心社,以中心社的经验来领导中心社周围所带动的一般社。

7月18日,全省已建成初级社4395个(包括原有的265个老社在内)。全省有

---

① 中共江苏省委农村工作部等编:《中国农业合作化》(江苏卷),1999年内部发行,第476页。

② 中共江苏省委农村工作部等编:《中国农业合作化》(江苏卷),1999年内部发行,第73页。

98%以上的区和30%左右的乡有了社，有9个乡和272个村50%以上的农户入社。全省入社农户107000户，约占全省总农户的1.19%。全省参加互助组的农户，约占全省农户总数的50%左右，其中，常年互助组占总组数的30%左右。① 在取得迅速发展的同时，江苏省委也敏锐地发现了问题：办得较好的初级社约占25%左右，一般的约占60%左右，较差的面临垮台危险的约占15%左右。② 为此，江苏省委发出《关于整顿农业生产互助合作组织和准备秋后建社工作的指示》，要求各地党委必须“整顿现有的4300多个社，并做好秋后发展社的准备工作”。③

尽管江苏省委保持了比较谨慎的态度，但是在全国初级社发展指标不断攀升的情况下，江苏发展初级社的规划也随之不断提高。9月份，江苏省委提出新的规划是：在1955年秋收前，初级社发展到3万个左右（包括老社在内），入社农户达到70—90万户，争取在今冬明春完成总数的70%—80%；参加互助组的农户发展到总农户的60%，其中常年互助组应占互助组数的50%。④

从9月份开始，江苏各地初级社先后进入大量发展阶段。在一些地方，开始产生较为严重的急躁冒进现象。宿迁、赣榆、东海、常熟、溧阳、金坛、涟水等县的部分区乡干部，为了单纯追求办社数字，违反农民自愿原则，对农民施以种种威胁，如说：“不参加社土地要归公”，“统购就统他”，“不发救济粮”，“统销造在计划之外”，“到供销社买不到东西”。⑤ 对此，10月17日，江苏省委发出《关于互助合作运动中强迫命令作风的通报》，指出各地在新建农业生产合作社中的强迫命令现象已经露头，且相当普遍，要求各地“迅速加强对互助合作运动的领导”，“坚持‘积极领导，稳步前进’的方针”，“纠正强迫命令作风”，深入进行思想动员，务使每个要求入社的农民真正懂得办社的意义和好处，自觉自愿地参加合作社。⑥

1954年秋冬到1955年春，由于江苏粮食统购任务过大，一些地方基层干部在统购中存在着比较普遍而严重的强迫命令甚至违法乱纪行为，再加上互助合作运动发展过快并存在严重偏差，因而江苏农村中一度出现了紧张情况。

到1955年1月，江苏初级社已经发展到3万个，连互助组在内，组织起来的农户占总农户的60%。根据中央农村工作部的指示精神，1月17日至22日，江苏省委农村工作部召开有地、县委副书记和生产互助合作部长参加的全省生产互助合作会议。

---

① 中共江苏省委农村工作部等编：《中国农业合作化》（江苏卷），1999年内部发行，第116页。

②③ 中共江苏省委农村工作部等编：《中国农业合作化》（江苏卷），1999年内部发行，第117页。

④ 中共江苏省委农村工作部等编：《中国农业合作化》（江苏卷），1999年内部发行，第144页。

⑤ 中共江苏省委农村工作部等编：《中国农业合作化》（江苏卷），1999年内部发行，第146页。

⑥ 中共江苏省委农村工作部等编：《中国农业合作化》（江苏卷），1999年内部发行，第147页。

鉴于初级社的发展已超过原定计划和社内存在很多问题，会议决定在 1955 年秋收前，“应坚决停止发展，全力整顿和巩固已经建立起来的 3 万多个新老社”，并要求各地在春种以前把全部初级社进行一次普遍的整顿。①

4 月 25 日，江苏省委发出《关于进一步加强整社工作的指示》，要求各地“对现有社进行情况排队，从组织上进行适当的收缩”：对具备办社条件，已经巩固或初步巩固下来的合作社，继续加强巩固工作；对具备办社条件，但存在很多问题，有少数社员闹退社的合作社，予以保留，社员应适当收缩；对不具备条件，建社后处于无人领导，生产不如社外的合作社，应耐心说服他们转为互助组；对严重强迫命令搞起来的合作社，群众为了应付领导而搞起的空名合作社，以及少数完全为坏分子所把持的合作社，应取消其空名或予以解散。②

各地结合春耕生产、夏收预分进行两次整社，全省垮台的有 33 个社(包括自发社 22 个)。③ 大多数初级社经过整顿后，得到巩固和提高。但在整顿中对自发社的处理不够妥当，主要是对批准和承认自发社的条件要求偏于严格，只将 7000 多个自发社中一部分具备条件的自发社转为正式合作社，其余的则转为互助组甚至解体单干了，因而把一些群众愿意办的“自发社”强行转掉了。

三 农业合作化运动的高潮

1955 年 5 月 17 日，毛泽东批评了一些领导在农业合作化问题上存在着“消极”情绪，提出要作好准备，秋后不论新区老区都要大发展，这就完全否定了 1955 年春中央农村工作部关于 1956 年秋前一般停止发展的部署。他还提议江苏要和浙江比赛，湖南、湖北、广东、广西都要放手发展。在这次会议上，江苏省委副书记刘顺元上报江苏 1956 年秋前发展 6.5 万个初级社的计划。

1955 年 7 月 31 日，毛泽东发表《关于农业合作化问题》的报告，严厉批评在农业合作化运动中的“小脚女人”思想，并提出农业合作化发展的新规划。江苏各地迅速逐级传达和学习毛泽东的报告，并向广大干部群众进行了深入广泛的宣传。江苏各级领导机关纷纷检讨和批判“右倾保守”思想，不断调高初级社发展的计划指标。9 月中旬，江苏省最新的规划是：到 1956 年春前发展到 116706 个初级社，入社农户达到总农户的 38%，到 1957 年底，全省初级社发展到 20 万个，入社农户达到总农户的

---

① 中共江苏省委农村工作部等编：《中国农业合作化》(江苏卷)，1999 年内部发行，第 154—155 页。

② 中共江苏省委农村工作部等编：《中国农业合作化》(江苏卷)，1999 年内部发行，第 159—160 页。

③ 中共江苏省委农村工作部等编：《中国农业合作化》(江苏卷)，1999 年内部发行，第 179 页。

64%。[①] 为此,全省还抽调了1.2万多名干部专门下乡办社[②],并训练大量办社骨干。到10月中旬,江苏各县一般都训练了三四批办社骨干,全省共训练262489人。[③]

随着上述一系列措施的采取,全省初级社得到飞速发展。截止到10月15日,江苏省新办合作社85600多个,连同35700多个老社在内,入社农户达到全省总农户的40%,超过了原定的1955年冬到1956年春的发展计划。[④]

1955年10月,毛泽东在中共七届六中全会上作的总结发言中,一面继续批判“右倾保守”思想,同时也强调要关注合作社的质量,要求发展一批合作社之后要及时进行整顿,必要时要“刹车”。根据这一指示,江苏省在10月和11月一度采取了“刹车”政策。

江苏省委书记江渭清和各地委书记在北京参加中共七届六中全会时,已经发现江苏入社农户占总农户的40%。江渭清打电话将毛泽东“要由发展转入巩固”的指示精神告诉省委,省委又用电话转告各地委。但是,这些电话“只是在思想上动员了一下”,并没有采取切实行动。各地委书记从北京回来后,又分别召开县委书记会议进行了贯彻。当时规定,“一般的停止发展,转入巩固,个别发展迟的地方,准备工作跟得上的还可以发展”,因而在各县并没有得到有力的贯彻,车还“刹”不下来。10月底,江苏省委召开第三次区委书记会议,江渭清直接到会向到会人员交代了“全面停止发展,全力转入巩固”,才算是基本“刹”下来了。[⑤]

其实,在10月底至11月上旬召开的江苏省第三次区委书记会议上,“刹车”也有一个逐步发展的过程。10月26日会议开始后,江渭清在26日下午和27日上午,用6个多小时,逐段讲解了毛泽东的《关于农业合作化问题的报告》,并把毛泽东在七届六中全会上的讲话和七届六中全会决议穿插其中,还联系江苏省的具体情况作了说明。他指出:“我省由3.5万个社发展到12万个社,现在就必须考虑社的巩固和提高问题”,“我们江苏的合作化运动的第一个高潮已经过去了,现在要停顿一下进行整顿,不能采取狮子滚绣球的方法一直滚下去。”[⑥]

在江渭清作报告后,许多干部认识到,必须把合作社的发展与巩固结合起来,正确看待数量与质量的关系,发展一批后要有一个休整时间进行整顿巩固。但仍有人对于“暂时停止,全力巩固”有些抵触情绪,有人还想再发展一些。据10月26日和27

① 中共江苏省委农村工作部等编:《中国农业合作化》(江苏卷),1999年内部发行,第181—182页。

②③ 中共江苏省委农村工作部等编:《中国农业合作化》(江苏卷),1999年内部发行,第200页。

④ 中共江苏省委农村工作部等编:《中国农业合作化》(江苏卷),1999年内部发行,第193页。

⑤ 《刘顺元同志在江苏省第三次区委书记会议上的总结》,1955年11月8日,江苏省档案馆馆藏档案3011—永久—65。

⑥ 《江渭清同志在中共江苏省第三次区委书记会议上的报告》,1955年10月26日—27日,江苏省档案馆馆藏档案3011—永久—65。

日的最新统计,江苏省合作社已发展到146789个,入社农户占到49.31%,各专区已经超过原来的发展计划。而各地还计划发展20502个社。在这种情况下,经过江苏省委研究后,10月28日下午,江渭清又召集地、市县负责人开会,宣布省委的决定:“从现在起,在今后两、三个月内要全面刹车,停止发展。如果不停止发展,就要犯错误。”①

由于江苏采取了“刹车”,截止到12月24日,江苏省入社农户才发展到52.7%,②也就是说,在10月底到12月下旬将近2个月时间中,江苏的入社农户增加不超过3%。在“刹车”之后,各地迅速对合作社进行整顿,并取得明显收效。这种做法在当时是相当难能可贵的。

遗憾的是,在1955年11月中旬以后,毛泽东又再次反复强调反对“右倾保守”思想,制定发展指标过高的农业“十七条”,出版《中国农村的社会主义高潮》,因而又掀起农业合作化运动的新一轮高潮。毛泽东不仅再次提高了初级社的发展规划,还大力提倡并社升级,要求发展规模较大、取消土地分红的高级社。

根据毛泽东新的精神和部署,江苏省各级领导不得不检讨自己的“右倾保守”思想,迅速调整初级社的发展规划,随后又改变此前“刹车”的做法。与此同时,又把发展高级社提上主要议程,并不断提高发展高级社的规划指标。于是,江苏农业合作化运动便掀起了全面高潮。

实际上,到1955年秋冬,江苏省建立的高级社为数极少,并不具备发展高级社的条件。1953年,江苏省在滨海县建立了第一个高级社(滨海县康庄农业合作社),1954年发展到9个社,1955年秋前发展到31个社,入社农户2143户。其中,除南京市郊胜利蔬菜社是在初级社基础上农民自发转为高级社外,其余30个都是省里直接在国有土地上组织试办的,没有经过初级社的阶段。31个社共有耕地41463.58亩,其中国有土地39945.38亩,占全部耕地面积96.3%。③

1956年1月中旬,北京市宣布胜利完成资本主义工商业、农业和手工业的社会主义改造,不可避免地对全国农业合作化运动产生重大影响。但是,此时,江苏省委头脑还是比较冷静的,力图尽可能稳健地发展高级社。1月28日,江苏省委曾向各地委、县委发出《关于当前领导办高级社应注意事项的指示》,并报送中共中央。该指示指出,在广大农民办高级社热情高涨的形势下,“必须估计到,各县、区、乡的工作基础

① 《江渭清同志在中共江苏省第三次区委书记会议的地、市县委负责同志会议上的报告》,1955年10月28日下午,江苏省档案馆馆藏档案3011—永久—65。

② 中共江苏省委农村工作部等编:《中国农业合作化》(江苏卷),1999年内部发行,第233页。

③ 中共江苏省委农村工作部第二处:《江苏省试办高级社情况》,1956年1月,江苏省档案馆馆藏档案3062—永久—34。

是不平衡的，各阶层农民的利害和思想情况是不一致的，而且春耕季节已经逼近”。在这种情况下，党的任务就是要正确领导这个运动，“尽可能减少和避免运动中的盲目性和破坏性”。为此，要求各地注意掌握几点：春耕以前一般坚持县区试办，不要下放到乡；试办高级社一般应以一年以上的老社为基础；今年上半年试办的社，一般应该在春耕前建成，以免不利春耕生产；争取在 1957 年全省实现高级形式的合作化，这样的速度符合“四十条”要求，不算慢；如果有的地方，确实是广大农民群众和基层干部坚决要求多办一点，领导上查明真情后，应予以支持，不可泼冷水，但“必须善于把真正的群众要求和少数人脱离群众要求的做法区别开来”。① 然而，在炽热的运动气氛下，当时徐州专区已经高级化了，南通专区已经全面铺开发展高级社，扬州等地区高级社发展也很迅猛。因此，江苏省委关于“县区试办”和在一年以上老社基础上发展高级社的指示实际上并未起作用。②

1956 年江宁县东山高级农业社成立大会

到 1956 年 1 月 29 日，全省加入农业生产合作社的农户达到 730 万户，占总农户的 84%，基本上实现了初级农业合作化。其中，加入高级社的农户占全省总农户的 36.6%。③ 到 1956 年 4 月，全省共有农业生产合作社 47225 个，入社农户 8269287 户，占总农户的 94.57%，其中有初级社 25025 个，入社农户占全省总农户的 18.5%，高级社 22200 个，入社农户占全省总农户的 76.07%。至此，江苏基本上实现高级农

---

① 中共江苏省委农村工作部等编：《中国农业合作化》（江苏卷），1999 年内部发行，第 241—242 页。

② 《扬州地区代表周泽在中共江苏省第三次代表大会上的发言》，江苏省档案馆馆藏档案 3011—长期—263。

③ 中共江苏省委农村工作部等编：《中国农业合作化》（江苏卷），1999 年内部发行，第 466 页。

业合作化。[①]

四　高潮后问题的逐步暴露与整社的开展

在掀起农业合作化运动高潮的同时，江苏也掀起了一股兴修农田水利和积肥运动的生产热潮。到1956年4月20日，全省在1955年冬和1956年春所做的工程达到37800多万方，相当于过去三年中土方总数的2.5倍，打井共6.3万余眼。上工民工最高曾达到300余万人。[②]

但是，由于大举并社升级，办社工作相当粗糙，加上高级社规模普遍过大，因此，在合作化高潮后，农业生产合作社生产管理普遍出现混乱现象。为此，1956年春各地围绕春耕进行整社，大力推行"三包一奖"的农业生产责任制，建立生产秩序，初步克服了生产管理的混乱状态。

但是，在合作化高潮中遗留下不少问题。其后，许多问题和弊端又逐步暴露出来。

1. 未能很好地贯彻自愿互利原则

许多农民抱着能大量增加收入的预期，纷纷加入高级社。但是，他们的自愿加入，是建立在不准确信息的基础之上的，因而带有很大的虚假性和脆弱性。同时，不少农民在当时浓厚政治气氛和从众心理的影响下被卷进高级社。此外，还有少数或一些农民是被各种强迫手段逼迫入社的。

江苏土地改革后，农民占有土地大体上是平均的，但还是存在相当程度的差异，有着多少好坏之别。高级社取消土地报酬，完全实行按劳取酬，势必使土地多、劳力少的农民吃亏，土地少、劳力多的社员沾光，这就在根本上违反了互利原则。加上在大举并社升级中，工作过于匆忙，在处理入社的果园、经济林木、耕畜、农具时，有些没有及时折价或折价偏低。有些虽然折价了，但在1956年分配中未能兑现。

2. 生产管理仍然比较混乱

在1956年春"三包"过程中，一些合作社生产责任制没有建立或者搞得很差，生产管理非常混乱。大多数合作社在"三包"中只是解决了社与队之间的分权问题，而在生产队内部并没有建立责任制。做活时大的"一窝蜂"没有了，小的"一窝蜂"还依然存在。再者，当时为了便于推行"三包"制度，一般采取了简化的办法，对于劳动生产定额和计酬标准，是以县、区或几个乡为单位，统一挂牌，由各社因地制宜参照使用。包产量，用划片定产或以"三定"产量为基础，适当加减的办法。这样匆忙而粗糙

---

① 中共江苏省委农村工作部等编:《中国农业合作化》(江苏卷),1999年内部发行,第243页。

② 中共江苏省委农村工作部等编:《中国农业合作化》(江苏卷),1999年内部发行,第248页。

搞出来的“三包”，当然存在着诸多不合理之处。再加上1956年自然灾害频繁，生产用工发生很大变化，结果相当一部分合作社的“三包”工作虎头蛇尾，在分配时实际上没有执行或者根本无法执行。

3. 高级社规模过大，管理机构庞大

据1956年统计，江苏全省农业社规模较大，平均每社为297户。这些高级社还建立庞大的机构，设立过多的组织层次，干部人数过多。过大的规模和庞大的机构，在实践中逐步暴露出许多弊端。

由于队与队之间的经济基础不平衡，在高级社统一分配的体制下，高产队与低产队之间、穷村与富村之间、经济作物多的队与粮食作物多的队之间的利益难以协调，经常产生很大矛盾。在进行包工包产时，各队为了各自利益，也往往争执不下，屡起纠纷和摩擦。到了分配时候，各队之间矛盾更加尖锐和突出。不少社出现集体瞒产、偷窃私分、拒绝粮食外调等现象，甚至少数队要求分社或分队自负盈亏。

过大的规模和庞大的机构也不利于生产管理。高级社大多地广，情况复杂，短期内难以掌握，特别是在编制生产计划中，不可能做到因地种植。高级社管理层次多，贯彻工作迟缓，难以有效进行生产管理。此外，由于社大，自然条件不同，地区分布太广，群众不易监督，因而难以实行民主办社。

4. 基层干部作风存在严重问题，干群关系日益紧张

因合作社管理机构庞大，干部人员过多，加上合作社层次多，合作社干部主要靠开会和发指示进行领导，许多干部不参加或很少参加生产劳动，但却得到过多的工分补贴，因而引起群众不满。

合作化以后，分散的农户被组织在合作社里，合作社干部直接掌管社里的经济大权，并设立相应的组织机构。干部不仅可以通过组织机构来发号施令，还可以运用经济手段和措施确保其实施。有些干部实行家长式领导，遇事不与群众商量，包办一切，独断专行。他们在布置任务时，不进行说服教育，而是单纯依靠简单的行政命令办事。谁要是不服从他们的决定，就用“扣工分”、“停止劳动”等办法来强迫谁服从。有些干部不关心群众疾苦，不帮助群众解决困难。一些基层干部，甚至还存在打骂社员的现象。此外，还有少数干部特权自私，给自己多记工分，多分粮食，甚至贪污腐化。

早在1956年夏收前后，江苏泰县等少数地方就出现少数社员要求退社现象。①随着上述问题和弊端的逐步暴露，加上1956年江苏遭到强台风袭击和连阴雨影响，

---

① 高化民：《农业合作化运动始末》，中国青年出版社1999年版，第359—360页。

大部分地区农业减产,部分社员收入减少甚至减少很多,因而在1956年秋收前后,江苏相当一部分地区中出现了较大规模的退社风潮。经过整社工作后,是年底,退社风潮逐渐缓和下来。但是,1957年春节后一些地区闹退社和退社现象又呈现上升趋势,到1957年春夏之际形成了一次更大规模的退社风潮。其中,泰县的退社风潮规模最大,有62%的乡和46%的高级社发生集体闹退社现象,先后有6000多社员集体向政府请愿,共有近1万户自动退社。①

面对部分农民要求退社的严峻形势,从1956年秋冬到1957年春,江苏各地针对合作化高潮后逐步暴露出来的问题和弊端,先后多次进行整社,所采取的主要措施如下:

1. 大力贯彻互利政策

在整社中,对耕畜农具作价偏低的,重新作价,根据社的收益情况,到期还款,能还的全部归还,暂时无力归还的,重新约期归还。对已入社的果园、经济林木和柴草地,逐户进行检查,对数量多的,收益大的,入社明显吃亏的,采取收益分成或自愿折价入社的办法,零星的、少量的退还个人经营。②

2. 进一步推行和完善生产责任制

继续大力推行和完善"三包一奖",并针对1956年推行中暴露出来的问题进行调整。进一步在生产队内部建立小组责任制、小班作业、小段作业、小段包工以及社员个人责任制。

3. 调整社队规模,改进管理机构

从1956秋开始,经过1956年冬和1957年春两次整社,对规模较大的高级社进行调整。据1957年8月统计,调整后全省农业社平均每社247户,比1956年的297户有所缩小。

在调整社规模的同时,还减少领导层次,改进生产组织的领导。除了规模过大的社仍保留大队领导外,各地一般都取消大队一级层次。生产队的规模也有所减小。据淮阴、扬州两个专区6737个社统计,原有生产队38171个,每队平均44户。1957年夏调整为54736个队,每队平均27户。

4. 反对强迫命令,实行民主办社

江苏省较早注意纠正强迫命令现象,重视实行民主办社。1956年6月,句容县岗子村社员周德金因生产队长作风粗暴而上吊自杀。事件发生后,句容县委进行深入

① 中共江苏省委农村工作部等编:《中国农业合作化》(江苏卷),199年内部发行,第389页。

② 中共江苏省委农村工作部等编:《中国农业合作化》(江苏卷),199年内部发行,第22页。

检查，并报告江苏省委。省委随即发出通知，要求全省农村党支部，以句容县委关于周德金事件的检查报告为教材，广泛深入地进行民主办社的讨论和教育，通过阅读、漫谈和讨论，启发社干部以自我反省、批评和自我批评的方法，来克服错误的工作作风和方法。

1957年3月15日，中共中央发出《关于民主办社几个事项的通知》，明确提出要按时公布财政收支、社队决定问题要同群众商量、干部要参加劳动等三项具体要求。江苏各地随即在整社过程中大力推行民主办社，取得较好成效：绝大部分社队干部都参加了生产劳动。许多县、区、乡领导干部带头参加生产，并改变区乡干部的领导方法，推动社干部积极参加生产劳动；在民主检查和整社中，干部的强迫命令、特权自私、违法乱纪的行为多数都受到批判和处理，从而促使大多数社队干部在作决定时基本上能同群众商量；财务公开也取得一定进展。

经过多次整社后，在一定程度上贯彻互利政策，有力地提高了农业社的生产管理水平，较大地改善了干群关系，从而逐步缓和与平息了退社风潮，在相当大程度上稳定和巩固了高级社。到1957年秋冬，江苏各地农村又普遍开展社会主义教育运动，运用政治高压进一步把一些农民对高级社的不满强行压制下去。

第四节　对资本主义工商业的社会主义改造

一　资本主义工商业的初步改造

江苏是中国近代资本主义工商业比较发达的地区。新中国成立之初，苏南、苏北和南京市私营工业的产值占全国私营工业总产值的18%左右。苏南、苏北和南京市的私营商业在全国也占有一定地位。苏南、苏北和南京市的私营工商业在江苏整个工商业中更是占据绝对主体地位。

1949年江苏全境解放后，江苏各地实际上已经对私营银钱业实行了社会主义改造，对少量工业企业实行公私合营，并通过加工订货、统购包销等国家资本主义形式对资本主义工商业实行了初步改造。

江苏全境解放后，苏南、南京、苏北各地区私营银行和钱庄相继恢复营业。苏南行政区67家，苏北行政区13家，南京市49家，共计129家。苏南、苏北行政区及南京市在建立起国家银行机构的同时，也大力加强对私营资本主义银钱业的管理和疏导，淘汰了一批资力小、信用差的行庄，引导保留下来的行庄正当经营，并严格取缔和打击其投机活动。1950年统一财经后，随着物价趋于稳定和工商业的改组，私营行

庄陷入困境。规模较小的行庄纷纷倒闭,仅苏南地区就倒闭33家。到1950年底,江苏各地只剩下45家行庄。在各地区人民银行的倡导下,较小的行庄纷纷实行联营。1950年8月后,较小行庄又纷纷实行联营、合并,较大行庄则向国家银行靠拢,纷纷改组为公私合营银行,实行联合经营。1952年5月"五反"运动开始后,私营和合营金融业信用大为降低,存款业务锐减,因而出现普遍亏损。银行业资本家怕长期赔本,迫切要求大联营,由国家直接领导。从1952年下半年开始,根据国家对私营银钱业实行全行业社会主义改造的指示,江苏各地区人民银行根据不同情况,对私营银行分别予以合并或淘汰:资产能抵负债的并入合营银行,取消原名号;资产不能抵负债的,予以淘汰。自愿停业的可以准许。南京、苏南、苏北三地区共撤销21家合营银行,其中南京8家,无锡3家,苏州5家,常州2家,南通、扬州、泰州各1家,并核准南通东源钱庄歇业,仅保留南京新华银行1家。各地人民银行接受合营银行业务及全部人员,职工通过集中学习后分配工作。1952年12月,公私合营银行总管理处在北京成立,并进而成立了统一的公私合营银行,成为中国人民银行领导下的、对私营工商业办理存放款业务的专业银行,实现了国家对金融业的统一管理。金融资本家交出"三权"(经营权、财务权、人事权),按年息5厘拿固定股息。①

从1950年起,为了帮助资本主义工商业解决困难,苏南、苏北和南京市通过采取加工订货、统购包销等国家资本主义形式对私营工业进行扶持。这一措施使得资本主义工业企业迅速克服困难,恢复正常生产。从1950年到1953年,在私营工业企业总产值中,加工订货、统购包销所占比例从35%上升到83%。参见表4—4—1。

表4—4—1 江苏私营工业加工订货变化情况(1949—1953) (单位:万元)

私营工业总产值 \ 年份		1949年	1950年	1951年	1952年	1953年
私营工业总产值		74672	830330	100681	105124	115158
加工、订货、统购、包销部分	总产值	—	28116	55374	85371	95567
	占私营工业总产值的比重	—	35.0	55.0	81.2	83.0
自产自销部分	总产值	74672	52214	45307	19753	19591
	占私营工业总产值的比重	100.0	65.0	45.0	18.8	17.0

资料来源:中共江苏省委党史工作委员会等编:《中国资本主义工商业的社会主义改造》(江苏卷)(上),中共党史出版社1992年版,第422页。

① 江苏省地方志编纂委员会编著:《江苏省志·金融志》,江苏人民出版社2000年版,第806—809页。

实行加工订货和统购包销后，私营工业企业实际上已经得到初步改造。一是国家把私营工业的生产和商品流转初步纳入国家计划的轨道，资本主义的无政府状态受到一定限制；二是通过国家的价格政策（加工货价、批零差价、地区差价等）把工业资本利润的一部分变为国家的积累；三是为了保证完成国家的加工、订货和收购、经销的任务，工人群众在企业中发挥了监督生产的作用；四是国营商业在工业方面控制了私营工业企业生产过程中的原料供应与产品销售两个环节，在商业方面控制了私营商业企业经营过程中的资源与价格两个环节，从而割断或者削弱了资本主义工业同商业之间的联系，割断或削弱了资本主义经济同小生产者之间的联系，使资本主义经济不得不依附于社会主义经济。所有这些，都为进一步改造资本主义工商业创造了有利条件。

与此同时，国家资本主义的高级形式——公私合营在工业方面也有一定的发展。1950年，江苏境内有公私合营企业工厂22个，1951年发展到26个，1952年达到47个。到1953年底，全省共有合营工厂49个，占全省资本主义工业企业数的1.37%，职工数19936人，占10.53%，年产值19007亿元（旧币），占13.83%。在49个工厂中，除了个别较大的工厂主要是为了对其进行社会主义改造而进行合营外，大部分工厂则是由于各种原因而实行公私合营的，其中有些企业中有公股、公产，从维护人民财产出发，经判决没收或代管而实行合营；有些企业面临严重困难，生产无法维持，从照顾职工生活出发，由政府予以支持而实行公私合营；也有一些是从解决机关生产需要或发展当地公共事业，而由政府出资和私营工厂合营或动员资本家与市民合办的一些公用事业而合营等等。总之，大多数合营工厂主要并不是为了进行社会主义改造而实行公私合营的。

在1950年到1953年间，公私合营企业产值也获得迅速增长。如以1950年为100%，则1951年为118.38%，1952年为243.6%，1953年为324.05%。同时，公私合营的产值占全部工业产值的比重也有所增长，1949年占4.55%，1952年上升为7.15%，1953年上升为8.04%。由于公私合营企业的发展，加上国营企业的不断壮大，使得私营企业的产值，虽然在绝对数字上逐年都有增长，但它在整个国民经济中所占的比重则逐步缩小。1950年私营工业的产值占各种经济类型企业总产值的70.58%，1951年占70.16%，1952年占63.7%，1953年占60.92%。

49个工厂实行公私合营后，随即采取了各项改革措施。绝大多数工厂生产上都有发展，产量逐渐增加，质量稳步提高，成本逐步降低，劳动生产率不断增长，盈余逐年增加，职工福利有较大改善，企业获得扩大和发展，资本家收益也明显增多。

与此同时，江苏各地也对资本主义商业进行了初步改造，主要是逐步排挤了一些

私营批发商,大力发展合作社营商业,使一批私营零售商为国营商业经销、代销。

江苏各地解放后,为了平息物价上涨风潮和适应经济建设发展需要,苏南、苏北行政区与南京市均建立了国营粮食、土产、百货、煤建、石油、盐业、畜产公司,并逐渐掌握主要品种的批发阵地。一些私营批发商逐渐被国营批发商所取代,大部分被转业,有些则转为零售,少数停歇。为了保证国家建设对工业原料的需要,国家首先在1951年4月对棉纱实行统购,接着对木材、原钢、牛皮等物资实行严格管理。于是,经营这些物资的批发商就失去存在的基础,被分别转移到工业、零售、手工业上去。如镇江市到1952年底,完成转业的批发商共41户,投向工业的资金达38万元,投向零售、手工业的资金约1万元。① 在"五反"运动后,有一部分私营批发商业已经为国营企业完全代替,或者户数过剩,经营困难较大,于是转移到工业上去。如南京市委和南京市政府根据需要和可能,动员一批经营困难的商店转向工业。到1953年初,南京市商业资本转向工业的有171万多元,新开工厂20余家。② 在此期间,南通市还对土布批发商进行了改造。江苏土布业集中地南通市,1950年有274户土布批发商(占土布商总数的83%),他们掌握土布流通的主要货源,左右市场供求和土布价格。南通市对土布批发商实行限制,并逐步加以代替。从1951年起,引导土布批发商将资金和人员转业,主要转向工业和手工业,开办了草纸厂、黄板纸厂、玻璃瓶厂、热水瓶竹壳、木塞工场、水产加工工场等,有一部分转为土产、百货零售商。到1953年底,南通市只剩下62户土布批发商。③

随着国营商业逐渐掌握批发阵地,一些私营零售商开始为国营商业经销、代销。在1949年到1950年初平抑物价的过程中,为了同粮食投机商作斗争,保证对居民的粮食供应,江苏各地利用一部分私营粮商为国营商业代销粮食。扬州市设立30户特约米店,有计划地供应居民粮食。1950年5月,苏南区共有代销米店118户。与此同时,苏北区、苏南区、南京市还发展私营零售商为国营商业经销。由于私营零售商为国营商业经销、代销,加上国营商业本身零售的增长,国营商业在零售领域也获得长足发展,从1949年占零售业总额的0.30%发展到1952年的14.68%。此外,从1951年开始,合作社在零售领域迅速发展,合作社零售业额占零售业总额的比重从1951年的11.18%发展到1952年的27.45%。

---

① 中共江苏省委党史工作委员会等编:《中国资本主义工商业的社会主义改造》(江苏卷)(下),中共党史出版社1992年版,第667—668页。

② 本书编纂组编:《中国资本主义工商业的社会主义改造》(江苏卷·南京分册),中共党史出版社1991年版,第9页。

③ 中共江苏省委党史工作委员会等编:《中国资本主义工商业的社会主义改造》(江苏卷)(下),中共党史出版社1992年版,第541页。

到1952年底，国营商业已在批发商业上占据主导地位，国营商业、合作社商业和公私合营商业占64.45%，私营商业则只占35.55%。国营商业和合作社商业在零售商业上也占有相当分量，分别占14.68%和27.45%，而私营商业则只占57.81%。详见表4—4—2：

表4—4—2 1949—1952年江苏商业各种经济成分所占比重变化

		1949年	1950年	1951年	1952年
批发商业	总计	100%	100	100	100
	国营	4.24	23.30	39.2	62.37
	合作社营	0.15	0.32	0.59	1.88
	公私合营	—	—	0.20	0.20
	私营	95.61	76.38	60.01	35.55
零售商业	总计	100%	100	100	100
	国营	0.30	9.96	10.34	14.68
	合作社营	2.54	4.73	11.18	27.45
	公私合营	—	—	0.06	0.06
	私营	97.16	85.31	78.42	57.81
批零商业	总计	100%	100	100	100
	国营	1.77	11.25	22.57	35.19
	合作社营	1.64	3	6.7	16.45
	公私合营	—	—	0.11	0.13
	私营	96.58	81.77	70.62	48.23

资料来源：中共江苏省委党史工作委员会等编：《中国资本主义工商业的社会主义改造》（江苏卷）（上），中共党史出版社1992年版，第419页。

二 资本主义工商业改造的稳步进行

1953年过渡时期总路线正式公布后，江苏省资本主义工商业的社会主义改造工作进入了一个自觉的发展阶段。为了加强对全省私营工商业的社会主义改造工作的领导，1953年底，江苏省委决定成立国家资本主义办公室，与省委统战部共同负责对私改造工作，由宫维桢、梅村分任正副主任。

据1953年统计，全省10人以上私营工业有3408户（此外，尚有9人以下企业7116户），占10人以上全部地方工业的82.34%；职工122177人，占47.86%，产值82661万元，占40.66%。大部分分布在沪宁沿线，以纺织工业所占比重最大，其次为

食品工业。主要产品在全国有一定地位,少数产品行销国外。工厂规模、机器设备与技术情况相互悬殊。部分行业设备严重过剩,生产有困难。[1] 另据当时统计,全省私营商业户数:坐商约 24 万户;摊贩、行商约 20 万户;私商中完全经营批发的批发商约 600 户,集中在南京、无锡、苏州、徐州、南通等几个主要城市;但零售兼做小批发者很多,除主要城市外,较大的县城也有一部分。[2]

在过渡时期总路线公布以后,全省进一步加大国营商业对资本主义工业企业的加工订货、统购包销的力度。到 1953 年底,加工订货、统购包销在私营工业总产值中所占的比重由 1952 年的 81%上升到 83%。与此同时,则大力推进公私合营工作。

为了总结经验,树立榜样,巩固和提高原有的公私合营企业,以便进行扩展新的公私合营企业,江苏省首先对公私合营企业进行深入而认真的调查研究,并开展整顿整理工作。在此基础上,开始有计划地扩展公私合营工作。

1954 年是江苏有计划扩展公私合营的第一年。在这一年中,江苏新合营了规模和影响都较大的工厂 65 个。其中有常州大成纺织公司一、二、三厂,南京中国水泥厂、无锡申新纺织厂、苏州纶纱厂。这 65 个工厂数只占江苏私营工业(有 10 个工人以上的)总数的 1.7%;但职工则有 44290 人,占到 22.92%。而产值占的比重更大,按 1953 年产值计算为 41704 万元,占 30.21%。这就是说,1954 年合营的 65 个工厂产值,几乎达到有 10 个工人以上的企业的三分之一。由于放手发动群众,发挥广大职工的积极性,公私合营企业普遍提高了生产效率,成本降低,经营管理得到改善,初步显示出公私合营企业的优越性。

1954 年底,连同在此前合营的企业在内,全省共有合营企业 114 个,占 10 人以上私营工业的 3.19%,职工数 64226 人,占 10 个工人以上私营工业的 44.16%。经过这一年的公私合营后,全省国营、地方国营、合作社营和公私合营工业的产值,已经由 1953 年占全部工业总产值的 45.77%上升为 64.65%,资本主义工业的产值则由 54.23%下降到 35.35%。

实业家刘国钧在公私合营书上签字

① 中共江苏省委统一战线部:《江苏省对资本主义工商业社会主义改造工作资料汇编》,1959 年编印,江苏省档案馆馆藏资料。

② 中共江苏省委党史工作委员会等编:《中国资本主义工商业的社会主义改造》(江苏卷)(上),中共党史出版社 1992 年版,第 110 页。

与此同时，江苏省也把对私营商业的改造提上议事日程。为了配合粮食统购统销的实施，从1953年底开始，全省对粮、油两个行业的私商进行社会主义改造。粮食实行统购统销和取缔私营粮商自由经营粮食后，各地人民政府根据不同情况，分别采取委托经销、代销和转业等形式对私营粮商进行安置。1954年3月统计，全省有私营粮商14928户，从业人员27649人，其中国家委托经销的1069户，代销的739户，占12.11%，转业的6473户，占43.36%，停业的6647户，占44.53%。① 随后，由于国家对油料实行统购统销，因而私营油商除了部分成为国营商业的经销户、代销户外，其余也先后转业或停业。

遵照中共中央、华东局和江苏省委的指示，全省12个城市自1954年7月份开始有计划地对私商进行社会主义改造工作。对私营商业的改造，分别批发商和零售商而采取不同的政策。

按中央指示，江苏对批发商的处理采取以下办法：凡能继续经营者，让其继续经营；凡为国营商业所需要者，可以为国营商业代理批发业务；凡能转业者，辅导转业；经过上述办法仍无法安置者，由国家处理。到1954年10月，经过批准已转业和正在转业的153户，占组织转业的40.9%，主要转向工业（针织、玻璃、制冰）、手工业、农业（畜牧、园艺）、服务业（旅馆、戏院）以及零售商业等。②

从1954年下半年开始，江苏一些地方对土布、绸布、百货等批发商进行较大规模的改造。1954年9月15日棉布实行统购统销，土布批发统一由国营花纱布公司经营，南通市62户土布批发商全部转业。其中转向工业7户、手工业18户、零售商12户、服务业4户、畜牧业1户，其他20户因经营确实困难而自行闭歇。③ 一些地方绸布行业的批发商也大都转业。1954年，常州市34户绸布批发商中，小部分转入染织业，大部分转为零售。南通市大兴昌等8户私营绸布店转向玻璃厂、味精厂、手工业及百货零售业。南京市有16户私营绸棉布批发商转向工业、零售业或歇业。一些地方百货等行业的批发商也进行了改造。1954年，南京市对私营百货批发商的改造工作全面展开。具体方式有4种：一是转业，主要转向工业。李华兴、杨汉记、大康等户转向联华玻璃厂，同泰等户转业艺新针织厂，钟表、药材、旧货、盐业等11户商店转业共同创建江南钟厂；还有些批发户转向针织内衣厂、织袜厂、肥皂厂、火柴厂、金笔厂等。另外，震丰泰、庆丰、荣泰、明星等户转业幸福牧场，李欣泰转营光明旅社；二是转

---

① 江苏省地方志编纂委员会编著：《江苏省志·粮食志》，江苏人民出版社1994年版，第387—388页。

② 《目前城市私商改造情况及今后工作意见》，江苏省档案馆馆藏档案3011—长期—131。

③ 中共江苏省委党工作委员会等编：《中国资本主义工商业的社会主义改造》（江苏卷）（下），中共党史出版社1992年版，第542页。

为代批。史记、同兴、翁荣泰、陈春记等户组成利民百货代批店,代理国营百货公司的小百货批发业务;三是暂时保留。协和祥等 9 户经营小百货批发业务的,因国营百货公司对这些商品掌握的货源尚少,暂不能代替,给予保留,继续经营;四是歇业。少数无法继续经营、又没有条件转业的小批发户,批准歇业,对人员妥善安置。①

在零售商方面,江苏首先对棉布零售商进行社会主义改造。当时私营棉布零售业出现普遍亏本现象,因此,江苏各地对棉布零售业进行全行业的改造。结果,606 户坐商,改造后有 533 户(内 34 户系由 89 户合并而成),其中经销店 310 户,代销户 2 户,凭证供应 166 户。另有 25 户转业,48 户歇业。与此同时,964 户棉布私贩,改造后剩下 692 户。经过改造后,棉布业营业基本上扭转了普遍亏本现象,逐步得到维持。② 其后,江苏各地又对绸布、百货、煤油、茶叶等零售商进行改造。

至 1954 年底,全省共有粮食、绸布、茶叶等 500 多家批发商进行各种形式的改造,6996 户私营零售商通过代销、经销、批购等形式走上国家资本主义道路。

在对资本主义工商业进行改造的同时,江苏省也针对资本主义工商业所面临的困难,对其进行安排和实行照顾。

1954 年上半年国营和合作社商业发展过快,造成许多私营商业出现严重困难。根据中共中央《关于加强市场管理和改造私营商业的指示》和中财委批准商业部《关于 1954 年下半年市场情况的分析和工作部署》等有关文件精神,江苏省采取适当照顾货源分配、合作社限制非社员交易、加强市场管理等措施加以安排,使私商的处境有所改善。③

自 1954 年下半年开始,不少地方私营工业企业出现严重困难。对此,中共中央在 1955 年初提出"统筹兼顾,全面安排"的方针,要求各地帮助解决私营工业企业的困难。江苏省结合本省的具体情况,采取了一系列措施,使私营工业生产逐步地稳定下来,大部分的困难行业得以维持:首先,由公营,主要是地方国营适当地让出一部分生产任务给私营;其次,扩大加工订货和收购包销;第三,根据需要,改制新产品,节约原材料,使用代用品;第四,调整某些产品的收购价格;第五,多方面加强联系,为私营工厂争取生产任务;第六,召开专业会议,促使企业改善经营管理,安排生产任务及研究解决生产中存在的问题。

进入 1955 年后,全省贯彻"统筹兼顾,全面安排"方针,继续推进公私合营工作。3 月 14 日,省委统战部和国家资本主义办公室提出 1955 年进行公私合营的计划,并

---

① 江苏省地方志编纂委员会编著:《江苏省志·商业志》,江苏人民出版社 1999 年版,第 58—59 页。

②③ 《目前城市私商改造情况及今后工作意见》,江苏省档案馆馆藏档案 3011—长期—131。

于5月得到省委批准。根据该计划，1955年全省合营工厂153个，职工18216人，产值15330万元。与1954年不同的是，1955年江苏贯彻“按业改造”的精神，在各个地区都选择了一两个行业作为改造的重点。如南京以机械五金为主，常州是染织业，无锡是缫丝和棉纺，苏州是丝织和染织。与1954年公私合营的都是规模大、条件好的大厂不同，这153个厂中多数是中小企业，不少企业设备陈旧、技术落后、资金缺乏。因此，在合营同时，往往需要结合生产进行改组，一般采取以大带小、以先进带落后，或由地方国营和已合营厂吸收等方式，进行合并合营或联营合营。这样的多厂合并进行公私合营远较1954年的单个工厂公私合营要复杂得多，有关供产销的平衡、厂房的选择、机器的排列、组织的变动、工资福利的调整以及人事的安排、资产的清估等一连串的问题，牵涉到公私劳资各个方面。

经过努力，1955年实际对156个私营工厂实行了公私合营。到1955年底止，全省共有公私合营工厂270个。在这270个工厂中，职工数87147人，产值82426万元。

1955年，在商业方面，江苏各地也对百货、茶叶、新药、猪肉、煤炭等行业采取了不同形式进行改造，纳入国家计划轨道。到1955年9月底，全省已改造为经销、代销及各种合作小组的私商计27508户，占总户数的8.23%，从业人员45430人，占总人数的9.91%，销售额约占私商总额的38%左右。①

三 资本主义工商业改造的高潮及高潮后的调整

到1954年底，较大规模的私营工业实行公私合营后，剩下的私营企业大都规模小、设备落后，产品标准化程度低和批量小。这些企业在原料缺乏、资金紧张的情况下遇到很大困难。为了帮助这些私营企业解决困难，1955年4月，中共中央批转了“关于扩展公私合营工业计划会议和关于召开私营工商业问题座谈会的报告”，提出了对资改造应实行“统筹兼顾，全面安排”的方针。“统筹兼顾，全面安排”就是在合营过程中，应着眼于整个行业，采取以大企业带中小企业，以先进带落后的办法，根据不同情形进行改组、合并，然后再进行公私合营。这种按行业对私营企业进行整体改造、统筹安排的设想，实际上就是后来全行业公私合营的先声。这一设想在1955年江苏省公私合营安排中已经有所体现。

经过1954年和1955年两年有计划地扩展公私合营工作，江苏不少地方已经出现了全行业合营和合并经营的趋势。1955年底，无锡市私营缫丝业的24家工厂合并

---

① 《关于进一步改造私营商业的初步计划(草稿)》，江苏省档案馆馆藏档案30011—永久—66。

为8个,全部实行公私合营。南京市65户私营棉布店和175户私营百货店业分别实行了全行业的公私合营。南京、常州、苏州等地区的机器、染织、纺织等行业的不少工厂也通过以大带小、以先进带落后的办法实行公私合营。

在掀起农业合作化运动高潮后,毛泽东和中共中央又进一步加快了对资本主义工商业改造的步伐。1955年10月,毛泽东邀请全国工商联执委召开座谈会,希望私营工商业者认清社会发展规律,接受社会主义改造,把自己的命运与国家的前途结合起来,掌握自己的命运。随后,全国工商联会议通过了《告全国工商界书》,要求全国各地工商业者响应中共中央号召,积极接受社会主义改造。同年11月,中共中央召开资本主义工商业改造问题座谈会和七届七中全会,确定了实行全行业公私合营的方针、政策和计划。

11月26日,江苏省工商联举行座谈会,省工商联副主委张敬礼传达毛泽东主席在全国工商界人士座谈会上的讲话,刘国钧、陆小波等传达了全国工商联执委会精神和参加全国工商联会议的体会。与会者一致表示要积极参加社会主义改造,争取早日公私合营。①

12月7日至17日,江苏省委召开地、市、县委书记会议,讨论研究全省对资改造工作,传达学习了中共中央对资改造工作会议精神和毛泽东主席关于对资改造的指示。会议一致同意省委提出的在1956年和1957年两年内基本上完成对资本主义工业实行公私合营的规划。会议还讨论了改造资本主义工商业工作的基本做法和贯彻落实的具体措施。为了加强领导,12月上旬,江苏省委决定成立对资本主义工商业改造领导小组,由省委副书记陈光任组长。

从12月下半月到1956年1月,江苏各地迅速行动起来,开展广泛的宣传教育活动。1956年1月14日,省委召开各市委书记及各地委工业部长会议,专门部署当前的对资改造工作。会议明确规定,实行全行业公私合营要分三个步骤进行:第一步是批准公私合营,生产经营照旧,从业人员、规章制度一律不动;第二步是依靠工人、店员和资本家,群策群力,进行清产核资;第三步是进行经济改组和调整商业网点,结合进行人事安排。

随着1956年1月中旬北京市实现私营工商业全行业公私合营的消息传来,《新华日报》于15日发表《加快步伐,把改造私营工商业的运动推向全面高潮》的社论。江苏广大工商业者纷纷要求"快马加鞭,奔向社会主义",申请实现全行业公私合营和

---

① 中共江苏省委党史工作委员会等编:《中国资本主义工商业的社会主义改造》(江苏卷)(上),中共党史出版社1992年版,第402页。

参加合作组织。

全省各级党委和政府吸取北京市经验，组织行业工作委员会开展工作，掀起了全省对私营工商业进行社会主义改造的高潮。南京等12市在1月16—23日的一周时间内先后批准工商业、交通运输业全行业实行公私合营。在春节前后，全省69个县也基本上完成批准合营工作。到2月底，全省4人以上的私营工厂计7142户中，合营或合作的有6360户，占89.85%。全省私营商业户有300644户实行公私合营或组织合作，占原有私商营业户数366036户的82.4%，只有分散在农村和流动串乡的小商小贩未被纳入各种形式的改造之中。[①] 据1956年3月统计，全省原有私营工业8036户，已全部实行公私合营。原有私营商业375378户，已纳入各种改造形式的占89.45%。[②]

1956年1月南京私营工商户积极申请公私合营

在批准公私合营之后，各地随即进行清产核资、经济改组、人事安排等一系列工作。

1. 进行清产核资

江苏遵循国务院的指示，按“公平合理，实事求是”的原则及“从宽处理，尽量了结”的方针，在全省认真进行清产核资工作。具体做法是私方人员自己清点，自己估价，自己填报，职工协助监督，最后经行业工作委员会批准。一般十天左右结束清点工作。据徐州市统计分析，资本家自报实事求是的占44.6%，偏低的占37%，偏高的占17.4%。对于在自报时偏高或偏低的，在审议和评议时都作了实事求是的纠正和调整，基本上做到实事求是，公平合理。

经过清产核资，全省私方人员资金共计29283万元，其中：工业部门的私股资金为23761万元，占全部私股资金的81%以上；商业部门私股资金为3500万元，占

---

① 中共江苏省委党史工作委员会等编：《中国资本主义工商业的社会主义改造》(江苏卷)(上)，中共党史出版社1992年版，第408页。

② 中共江苏省委党史工作委员会等编：《中国资本主义工商业的社会主义改造》(江苏卷)(上)，中共党史出版社1992年版，第331页。

12%;其他业资金 2022 万元,占 7%。[①] 私人投资大多数在 2000 元以内,占总投资人数的 82%,投资在 2000 元以上只有 8894 人,占投资总人数 18%。[②]在江苏,私人投资最多是荣毅仁、刘国钧,分别为 625 万多元、610 万多元。

2. 实行经济改组

在清产核资后接着进行了经济改组工作。初期,由于有些地方干部产生急躁情绪,贪多好大,急于求成,未深入地研究原来的经济结构和协作关系,盲目地进行并厂并店。有些不应该合并的合并起来了,有些可以适当合并的也合并的太大了。

据 1956 年 9、10 月份各地汇报,全省工厂迁并数约占原有工厂数的一半以上。城市比专区、县并得多,工业厅系统比棉纺工业局并得多,小厂比大厂并得多,五金机械行业比其他行业并得多。但是,由于并多、并大,因而某些协作关系被打断,特别是五金机械行业的修配关系表现普遍紧张。[③] 针对这种情况,江苏各地根据中央"以大带小,以先进带落后"的指示,深入调查研究,制定和修改改组计划,分别采取联营、迁并和单独合营等办法。到 1956 年 9 月份,全省工业系统归口改造的合营工厂计 3463 户,其中并入地方国营工厂的 312 户,并入老合营工厂的 206 户,私私联并合营的 1986 户,联营合营的 222 户,单独合营的 463 户,淘汰的 107 户,还有 167 户正在改组中。[④] 经过改组后,平衡了生产设备,集中技术力量,调整劳动组合,调剂资金和原料,从而极大地发挥企业潜力。

在商业方面,一度组织合并太多,统一核算单位过大,不仅造成群众不便,而且导致一些社(组)员收入减少,内部经营上也产生了一系列难以解决的问题。为了纠正盲目并店现象,各地从搞好市场供应和满足群众消费需要出发,重新进行调整。

3. 安排资方人员

全省各地对资方人员采取"包下来"的政策,根据"量才录用,适当照顾"的原则,对新合营的资方人员进行妥善安排,对老合营企业中安排不当的也作了调整,基本上做到了"面面俱到,照顾各方"。据 1956 年 12 月的调查,全省公私合营企业私方安排为科长、股长以上的人员 13899 人,占私方总人数的 22%以上,其中担任专业公司经理的 171 人,担任科、股长的 295 人;安排在工厂企业担任经理、厂长的 1923 人,担任科、股长的 1419 人,担任车间主任、工程师的 1060 人;安排在零售管理处及公私合营

---

①② 中共江苏省委党史工作委员会等编:《中国资本主义工商业的社会主义改造》(江苏卷)(上),中共党史出版社 1992 年版,第 357—358 页。

③ 中共江苏省委党史工作委员会等编:《中国资本主义工商业的社会主义改造》(江苏卷)(上),中共党史出版社 1992 年版,第 349 页。

④ 中共江苏省委党史工作委员会等编:《中国资本主义工商业的社会主义改造》(江苏卷)(上),中共党史出版社 1992 年版,第 339 页。

总店担任主任、经理的 1611 人，担任科、股长的 157 人，担任门市部主任的 7043 人；安排为董事长及董事的 455 人。[①] 实际上，有些合营单位中私方人员有职无权，或未用其长，因而影响其积极性的发挥。与此同时，国家还在政府机构和国家机关对一些有代表性的资方人员作了政治上的安排：安排为各级人民代表的 1342 人，安排各级人民委员的 71 人，安排为各级政协委员的 607 人。另外，还安排副省长 1 人，正厅长 2 人，副市长 7 人，正副局长、科长 78 人，副县长 4 人，副科长 9 人。[②]此后，安排人数又有所增加。

4. 实行定息政策

全行业公私合营后，采取了定息制度。私股的定息，根据中央指示的“从宽从简”的原则，实行定息一律五厘。私方人员的工资高薪不动，低薪逐步提高。1956 年 8 月开始发放当年一、二季度的定息。全省 1956 年上半年发给私方人员定息 700 万元。[③]

在资本主义工商业改造的高潮中，各地领导紧紧抓住生产经营这一中心环节，未因忙于改造和改组而放松对生产经营的领导。在工业方面，许多新合营工厂开展了社会主义劳动竞赛和合理化建议运动，改进生产管理，提高劳动效率，涌现出许多先进生产单位和先进生产者。1956 年新合营工厂上半年的生产总值，比 1955 年同期增长 42.3%。在商业方面，普遍开展了“服务良好月运动”，制定服务公约，改进服务态度，积极组织货源，增加花色品种，组织送货下乡，扩大营业额，有力地支援了农业生产。[④]

第五节 对手工业的社会主义改造

一 手工业改造的初步进行

江苏手工业素来较为发达，从业人员达数十万之多，主要行业有 100 多种。这些行业可以分为三类：第一类是为农业生产和农村经济服务的铁、木、竹等行业，产值约占手工业总产值的 1/4。第二类是为城乡人民生活需要服务的棉针织、缝纫等行业，

---

①② 中共江苏省委党史工作委员会等编：《中国资本主义工商业的社会主义改造》（江苏卷）（上），中共党史出版社 1992 年版，第 359 页。

③ 中共江苏省委党史工作委员会等编：《中国资本主义工商业的社会主义改造》（江苏卷）（上），中共党史出版社 1992 年版，第 410 页。

④ 中共江苏省委党史工作委员会等编：《中国资本主义工商业的社会主义改造》（江苏卷）（上），中共党史出版社 1992 年版，第 331 页。

产值将近占手工业产值的一半;第三类是具有高度艺术价值并被国际市场所赞誉的工艺美术品,有南京云锦、苏州刺绣和檀香扇、扬州生漆、宜兴紫砂陶器、常熟花边等行业。江苏手工业者具有一定的技术水平,他们能根据市场需要,及时而灵活地生产出各种各样的产品。①

江苏全境解放后,为了解决失业工人的生活困难和支援农业生产,苏南、苏北等地合作总社就在铁木、棉针织等行业号召组织手工业生产合作社(组)。1950 年,苏南合作总社指示各地结合生产救灾,解决失业工人的生活困难,着手在棉针织行业中试办手工业合作社,还组成试点工作组分赴无锡玉祁、梅村以及镇江等地进行组社试点工作,以总结经验,指导全面。1951 年苏北合作总社召开首次生产扩大会议,明确要求:为了迎接 1952 年农业生产运动,做好农具肥料供应准备工作,因地制宜地组织和发展手工业生产,并确定各县发展 1—3 个生产社,区中心社组织一个生产组。②1952 年为了支援农业爱国丰产运动,苏南区、苏北区和南京市大力发展铁、木业生产合作社(组),政府还从财政上拨出一批专款予以支持。③

在各地领导的支持下,苏南区、苏北区和南京市的手工业生产合作社(组)相继发展起来。新中国成立前,南汇县生产的袜子行销全国,全县有袜机 3 万多台。解放后生产有了好转,但失业工人未能全部就业,而私营企业利用这个机会,压低工人工价。因此,许多织袜女工纷纷要求组织起来。1950 年南汇县合作社总社响应政府号召,开展生产救灾工作,先后在老港、黄路等重灾区组织 4 个织袜小组,不久就发展成为有名的黄路织袜生产合作社。吴县浒关草席生产合作社也是农村手工业者为了减除私商的中间剥削,在供销合作社大力支持下组织起来的。在此过程中,许多手工业工人齐心协力,千方百计地克服困难,终于使合作社站住脚跟。同时各级政府、国营商业和供销合作社也采取多种措施给予支持。国家在银行贷款、税收和购买原料等方面给予合作社以优惠待遇。国营商业、供销合作社还与手工业社(组)订立结合合同,供给原料和预付一部分定金,并大力协助推销一些远销产品。在 1950 年,江苏各地共有 8137 人参加手工业合作社(组),产值达到 1596 万元。到 1952 年,参加人数增为 39361 人,产值 5641 万元。④

1952 年底 1953 年初,江苏手工业合作社在发展中也暴露出一些严重问题。为此,1953 年春,全省对手工业合作社开展全面整顿。经过整顿,手工业合作社都能比较合理地组织劳动力,试行定额管理,提高劳动生产率,并健全民主机构和加强民主

①② 《江苏省手工业十年史初稿》,江苏省档案馆馆藏档案 3076—永久—34。

③④ 许海涛:《彻底实现我省手工业合作化,总结推广先进经验,努力提高产品质量,做好大工业助手,支援农业增产,为提前完成第一个五年计划而奋斗》,1956 年 3 月 5 日,江苏省档案馆馆藏档案 3076—永久—13。

管理。与此同时，还通过各种专业会议、组织观摩、技术交流、举办展览会等办法，提高产品质量。川沙县社召开各毛巾专业浆纱社员会议，研究各种产品用料标准，创造“正经定料盘”，能正确掌握定料，每件纱可节省 3.2 元。南京市社组织三区织袜社去南汇、上海参观，学习纳夫妥染色法，增加花色品种，提高产品质量。此外，还推行与国营企业、供销合作社的产销结合工作，加强生产计划性。整顿后，社员的收入增加，物质文化生活普遍改善。有些合作社开始办起业余学校、识字班、俱乐部等。①

到 1953 年底，全省已巩固下来的手工业生产合作社和生产供销社共 258 个（比 1952 年增加 38 个），股金 95 亿元（旧币），社员 41075 人，占全省个体手工业者 13.5 万多人的 9.43%，产值为 10122 亿元（旧币），约占全体个体手工业估计总产值的 40969 亿元（旧币）的 24.7%。②

二　手工业改造的稳步进行

1954 年 3 月，在江苏省委农村工作部直接领导下，召开各专区、市县生产科（股）长及典型基层社主任参加的手工业生产会议，贯彻了党在过渡时期的总路线和全国总社第三次生产会议对手工业进行社会主义改造的指示。会议进行了过渡时期总路线的正面教育，澄清了对手工业进行社会主义改造的错误看法，总结检查了三年的工作，研究部署了 1954 年的工作。至此，江苏省手工业社会主义改造的序幕正式拉开。

1953 年中华全国合作社联合总社召开第三次全国手工业生产会议。会议根据几年来对手工业社会主义改造的经验，总结了手工业生产小组、手工业供销生产合作社、手工业生产合作社三种组织形式。1954 年后，江苏省在发展手工业合作社时基本上采取了这三种形式。

手工业生产小组是广泛组织手工业劳动者的一种低级形式，也是手工业劳动者最容易接受的组织形式。它首先从供销方面把手工业劳动者组织起来，有组织地购买原料，推销成品，给供销社和国营企业加工。这种形式条件要求不高，组织简便，三户、五户就可组织，生产可以集中，也可以分散。它既使手工业者避免受资本的控制和剥削，又可以逐渐教育群众和培养骨干，有利于进一步进行手工业改造。

手工业供销生产社是若干个体手工业劳动者或几个手工业生产小组，为解决原料采购和产品推销困难而组织起来的。这种形式适合独立劳动者的要求，特别是从业人员多、产量大、销路广的手工业独立劳动者。它的主要活动是统一购买原料，推

---

① 《江苏省手工业十年史初稿》，江苏省档案馆馆藏档案 3076—永久—34。

② 《江苏省手工业社会主义改造十年史文件汇编》，江苏省档案馆馆藏档案 3076—永久—30。

销成品,承揽加工订货,但生产则分散进行。

手工业生产合作社是手工业合作化的高级形式。它分为两种:一种是主要生产资料尚未完全归社所有,实行工具入股分红,统一经营,收益的一部分采取按劳分配的形式;另一种是生产资料归社所有,实行按劳分配。

江苏省在进行手工业社会主义改造的过程中,根据各种行业的不同情况,采取不同做法,具体、灵活地运用手工业生产小组、手工业供销生产社、手工业生产合作社三种形式。

铁、木、竹等农具手工业是为农业生产服务的,绝大部分分布在农村的大小集镇,有些手工业者还兼种一部分土地,与农业生产有密切关系。这种手工业产品的特点,因农民的使用习惯、耕作方法不同,产值虽小,规格极严,甚至“一乡一样,隔河不同”。对于这类手工业,一般根据人地相宜的原则建立生产小组或生产合作社。

棉针织行业是广大城乡人民生活所需的行业,是当时江苏省手工业中的最大行业。其特点是量大面广,集中在江阴、武进、南通、嘉定、川沙、南汇、松江等地,从业人员众多,产值很大,除在集镇和市郊的一部分专业经营外,其余大部分在农村兼营农业。对于这类手工业,采取从供销入手,通过发原料、收产品、加工订货等办法,组织供销生产社。

特种工艺行业生产艺术性很高,其主要生产过程需要较长时间。一部分半制成品,往往大都分散在家从事副业生产。因生产过程复杂,产品价值昂贵,技术性很强,大部分畅销国外和国内大城市。对于这类手工业,一般情况是由主要生产过程中的专业人员组织生产社,其他半制成品分散到家庭进行副业生产,组织供销生产合作社。上海三菱工艺社做绣花绸衣,设计出样后由农村妇女进行绣花,合作社则集中了23个工人进行缝制。无锡惠山泥人供销生产社则实行设计、喷漆集中,做坯分散。[①]

到1954年底,全省已组织405个生产社、16个供销生产社和788个生产小组,社(组)员达74170人,占全省从业人员的8.6%;产值13111万元,占全省手工业总产值的13.5%;社员股金149万元,公共积累395万元。

随着手工业生产合作组织的不断发展,办得比较好的社(组),已在不同程度上显示出优越性,给手工业者树立了走合作化道路的榜样。但是,也有一些社(组)由于办社经验不足、政治教育工作不深入、生产经营管理不善等等多方面原因,影响了手工业社的巩固和发展。

为了贯彻中央对手工业社会主义改造“积极领导,稳步前进”的方针,在1955年

---

① 《江苏省手工业十年史初稿》,江苏省档案馆馆藏档案3076—永久—34。

以搞好生产为中心，又一次对生产合作组织开展全面整顿。大部分地区采取普遍贯彻，分批整顿，掌握重点，逐步推开的做法。苏州专区每县都掌握一个或两个典型，盐城专区组织专县联合工作组，深入基点，总结经验，指导全面。经过整顿后，手工业合作社的质量有较大提高。截止到 1955 年 6 月份，全省组织起来的生产合作社有 562 个，供销生产社 44 个，生产小组 942 个，社(组)员 109976 人，产值 7831.1 万元，占整个手工业产值的 15%。①

应该指出，在 1955 年 8 月以前，江苏省手工业合作组织的发展基本上正确地贯彻了中央方针。有些时候发展过快，出现较多问题，但随即就开展整顿，基本上解决了存在的问题，把合作社巩固起来。不过，在此期间，也存在一些不足，主要是对发展合作组织规定了较为严格的条件，从而影响了一些手工业者参加合作组织的积极性。

三　手工业改造的高潮与高潮后的调整

在 1955 年秋冬毛泽东掀起农业合作化高潮的影响下，手工业的社会主义改造步伐也迅速加快。12 月 9 日，全国手工业合作总社筹委会召开了全国重点地区手工业组织检查工作座谈会，检查所谓“右倾保守”思想，提出“加快发展，迎接高潮，全面规划，计划平衡”的方针，接着于 12 月 21 日至 28 日召开了第五次全国手工业生产合作社会议。

江苏各地手工业部门在各级党委领导下，对加速完成手工业社会主义改造任务进行全面规划，广泛地开展宣传教育，培训办社骨干，进行大发展前的思想和组织工作。到 1955 年底，手工业合作社(组)员达到 163532 人，产值达到 17871.40 万元。②

在 1956 年 1 月北京市社会主义改造取得决定性胜利的影响下，江苏手工业合作化运动也普遍进入高潮。广大手工业者欢欣鼓舞，成批地涌向政府，申请成立合作社。1 月 16 日，南京市手工业者率先实现手工业合作化。其他城市随即紧跟，也掀起了手工业合作化运动的高潮。其后，在农村，以集镇为中心迅速掀起手工业合作化运动的高潮。

到 1 月底，全省申请加入手工业合作组织的人数已占应改造人数的 70%左右，新建 3255 个生产社(组)，社员、组员达到 346700 余人。到 2 月底，全省已新建社、组 2833 个，社员、组员 245781 人，至此，全省已有社、组 5333 个，社、组员 399460 人。③

---

① 《在省党代表大会上的发言(草稿)》，1956 年 8 月 25 日，江苏省档案馆馆藏档案 3076—永久—4。

②③ 许海涛：《彻底实现我省手工业合作化，总结推广先进经验，努力提高产品质量，做好大工业助手，支援农业增产，为提前完成第一个五年计划而奋斗》，1956 年 3 月 5 日，江苏省档案馆馆藏档案 3076—永久—13。

到4月底统计,已有生产社(组)5460个,社员(组员)445935人,占应改造人数的73.88%。① 到1956年底止,全省申请加入手工业合作组织的人数占应改造人数97.73%,社组员达到587153人,全省12个省辖市和县城主要集镇,基本上实现手工业合作化。②

手工业合作化高潮迅猛到来后,由于未能充分把握手工业的地方性、分散性的特点,不适当地强调集中生产,加上又从便于管理、节省干部出发,因此,有不少合作社办得过大,有30%的社、组集中不当,过多地撤掉了门市部和服务点。③ 据1956年5月对苏州、镇江、南通3个专区的统计,以区建社的有104个,混合不同行业建社或集中过大撤点过多的有240个。这种过分集中生产还往往伴随着不适当地实行统一分配,因此很快带来了诸多弊端。

第一,不方便群众,也不方便社员。不少地区不适当地将手工业社、组集中生产,撤销合并了过去分布面广的门市部、服务点。清江市有20个刻字手工业者原来分布在全市各处,后将20多人集中在一起。群众要刻一个图章,就要跑四五里路。有的社不适当集中后也给社员生产生活带来不便。南京市雨花区铁、木、竹3个社,社员离社远的有几十里,开一次会,社员要停工两天。

第二,管理上有困难。有些社很大,分几处生产,对社员生产很难掌握,无法进行有效管理。还有些社规模大,把缺乏紧密协作关系的几个行业的手工业者集中在一起,因社内行业复杂、产品多、变化大而难以进行管理。

第三,影响社员生产积极性。由于不少社规模过大,又分散多处,因此,许多社员往往对集体不关心,又存在着怕别人沾光、自己吃亏的思想,其生产积极性受到严重影响。还有一些社内有不同的行业,因各行业性质不同,产值高低不一,利润大小不等,工资水平高低悬殊,除了在管理上有很大困难外,也无法充分发挥社员的积极性。

与此同时,由于手工业合作化高潮是在很短时间内一哄而起的,因此绝大多数社在生产、管理和财务等方面都存在严重问题。许多产品质量不稳定,甚至质量低劣。社员不关心产品销售,往往热衷生产需要量大或价值高的产品,不愿意生产百姓需要的小量产品或价值小的产品,因而导致花色品种减少。管理上也普遍较为混乱。

针对前述暴露出来的问题和弊端,江苏各地迅速进行调整。1956年3月召开的江苏省手工业第一次代表大会,根据国务院2月8日颁布的《关于私营工商业和手工业的社会主义改造中若干事项的指示》,要求各地采取措施,对集中不当的手工业合

① 《1956年5月26日黎副局长在市、专手工业座谈会上的总结》,江苏省档案馆馆藏档案3076—永久—11。

② 《江苏省手工业十年史初稿》,江苏省档案馆馆藏档案3076—永久—34。

③ 《1956年手工业工作总结》,1957年3月,江苏省档案馆馆藏档案3076—永久—120。

作组织进行改组工作。随后，各地普遍学习国务院颁布的指示，进一步按行业进行调查研究，通过检查，对集中不适当的社、组进行了改组工作。接着，又在5月召开各专区、市局、处、科长（主任）及重点县社主任手工业座谈会，贯彻中央手工业管理局在3月召开的全国城市、农村手工业社会主义改造工作座谈会精神，着重解决了合作化高潮后的整社和改组问题，对办社中不适当的集中生产和统一核算进行调整。7月，全省又交流整社试点经验，各地改组整社工作大都深入一步，并取得一定成绩。在改组和整社的基础上，各地还普遍开展了以提高产品质量，增加花色品种，降低生产成本为中心的社会主义竞赛或先进生产者运动，把生产向前推进一步。[①] 11月份召开省社的第二次委员会（扩大）会议，肯定了这些成绩，并着重讨论集中生产与分散生产、统一计算盈亏和分别计算盈亏等问题，决心调动一切积极因素，为提前完成国家第一个五年计划而努力奋斗。[②]

经过半年多的改组和整社等调整后，江苏在相当程度上解决了手工业高潮后过分集中生产和不适当实行统一分配的问题。

其一，较好地处理了集中生产和分散生产的问题。

为了较好地处理集中生产和分散生产的问题，江苏实行不同行业不同对待，以保证和发扬手工业在生产经营上便利群众和满足社会需要的优良传统。

在制造业，分别不同行业，进行区别对待：产品不与消费者直接见面，协作关系又大的行业，如棉针织、五金制造、造船、窑业、造纸、印刷、皮革等，除副业生产外，一般适宜集中生产；产品直接和消费者见面，协作关系不大，或者制造兼修理的行业，如铁、木、竹、棕、藤、柳等行业，则宜于小规模集中或部分集中、部分分散；某些行业人数很少，产品又直接与消费者见面，为了便利群众，仍应保持原来分散经营的特点，一般单独建社（组），也可与相近的行业挂钩，分别核算。

在修理服务性行业上，也采取两种不同方式：不论固定与流通，绝大多数行业，如修理钢笔、皮鞋、胶鞋，磨剪刀，补锅碗，铜匠，日用家具修理等，一般均保持原有散布各处、串街走巷、上门服务的特点。对个别人数较多的行业，如服装等，则可在自愿结合的基础上，改变为组织几个人的小组，分点核算。但服装业中为国营商业加工订货的制造部门，则保持集中生产的形式；少数技艺性高，产品与消费者接触面不广，如修理自行车、钟表、无线电和电焊等行业，则适当地进行小集中。

在特种工艺行业上，由于特种工艺品的产区集中，产品一般不与消费者直接联

---

① 《江苏省手工业十年史初稿》，江苏省档案馆馆藏档案3076—永久—34。

② 《1956年手工业工作总结》，1957年3月，江苏省档案馆馆藏档案3076—永久—120。

系,故对专业性的手工业者,一般按不同的生产条件,组织集中生产,而对副业性的特种工艺生产,除有协作关系必须集中的部分可适当集中外,一般则分散生产。

其二,较好地处理了社组的规模与统一核算和分别核算的问题。

在建社或建组的范围上,不论城镇或农村一般不以行业建社或以区建社,也不以行业全市组织大社。在城市和大集镇,除手工业较为集中或人数不多的行业之外,一般是一个行业以地区建几个社(组)。在农村集镇上,一般以行业为单位建社建组,小集镇手工业从业人员不多,以行业建社有困难的,也可以几个性质相近行业综合建社,如小镇无条件建社(组),又与大集镇靠近,采取大镇带小镇统一建社,分别核算。有的小集镇从业人员不够建社条件的,且大镇也带不了,则划给农业社进行改造。

在处理统一核算与分别核算问题时,一般与组织形式相适应。凡集中生产的,则统一计算盈亏;分散生产的,则分别计算盈亏;部分集中、部分分散的合作社,其集中部分统一计算盈亏,对分散生产者则采取发原料、收成品。对分小组(服务点)集中的,一般采取分组(点)计算盈亏。分散生产的修理服务性的生产社、组,应在政治上统一领导,在经济上各计盈亏。

经过大力改组和普遍整社,再加上开展手工业者的生产竞赛运动,在相当大程度上克服了原来存在的诸多弊端,并取得许多积极成效。

首先,初步调整了组织布局,适当增设服务点,便利了群众需要。据启东、松江、高淳等6个县不完全统计,从原有362个社(组)增加到477个社(组),新添服务点176个,改变了过去过分集中现象。徐州市缝纫业在合作化时集中为70个,后调整为188个,这有利于生产,也便利了群众。①

其次,改善经营管理,提高产品质量,增加花色品种。在整社改组后,绝大部分恢复原地生产,保持串街走巷的特点。各地还恢复了名牌店、名牌产品,发挥其经营积极性。一些大社划小后,改变了社员对集体不关心的现象,改善了经营管理。川沙城厢铁木竹业社锯下来的木板摆在外面日晒夜露,也无人过问。经过改组,竹业单独建社,建立原料领发和产品验收制度后,社员把一个竹头和篾黄都利用起来。②各种手工业品产品质量也比高潮前有所提高。花色品种也恢复或增多,如高邮已脱销18年的斑竹器具,南京停产20余年的五彩花绒,苏州久已失传的"双狮图"、"丹云"、"龙凤八塔"等宋锦品种,都在合作化后先后恢复生产。棉布、袜子花色品种更加繁多。南通市1956年下半年试制90多种新花样,300多种不同颜色的色织布。全省缝纫业创

①② 《江苏省手工业十年史初稿》,江苏省档案馆馆藏档案3076—永久—34。

制的时装式样不下四五百种；苏州市有名的刺绣工艺品业试制 20 多种新品种，研究出 6 种新针法。[①]

再次，提高生产效率，增加社员收入。各地通过整社和改组后，激发和推动手工业者的积极性，改进生产，提高产品质量，增加花色品种，对支持农业生产和满足社会需要发挥了很大作用。在提高生产的基础上，社员收入也得到相应的提高。

当然，大多数手工业都具有地方性、分散性的特点，从根本上来说，它是适合个体经营分散经营的。因此，尽管江苏在手工业高潮后采取了诸多努力，但是还是不可避免地对江苏手工业发展带来长期的消极影响。

① 《1956 年手工业工作总结》，1957 年 3 月，江苏省档案馆馆藏档案 3076—永久—120。

第五章 “一五”时期政治、经济和社会事业的发展

“一五”时期，地方各级人民代表大会制度与中国共产党领导下的多党合作和政治协商制度在江苏初步建立起来，从而奠定了当代江苏政治制度的基本格局。随着有计划进行社会主义建设，江苏工业生产快速发展，农业生产也逐步发展，城乡人民生活水平得到明显或一定改善。与此同时，交通邮电、教育、科技、文化、体育、卫生也获得初步或进一步发展。1957 年春夏，江苏开展整风运动，但不久转入“反右派”斗争，并出现扩大化的错误。

第一节 人民代表大会和政治协商制度的初步建立

一 新中国成立后中共江苏省首次代表大会的召开

在中共江苏省第三次代表大会召开之前，江苏省委主要领导人员几经调整。自1952 年 11 月成立江苏省委（柯庆施、江渭清任第一、第二书记，萧望东、管文蔚任副书记）后，到 1953 年 7 月，萧望东因工作调动免职。1954 年 2 月，中共中央任命陈辛仁为江苏省委副书记。8 月，中共中央决定江苏省委不设第一、第二书记，改设书记、副书记，同时调柯庆施到上海工作，另任命江渭清为书记，惠浴宇、陈光为副书记，免去管文蔚副书记职务。9 月，陈辛仁调外交部工作，中央任命刘顺元为江苏省委副书记。1956 年 1 月，中共中央决定江苏省委设立书记处，由江渭清任书记，惠浴宇、刘顺元、陈光、刘先胜（3 月被免职）任副书记。3 月，增补周一峰、宫维桢、韦永义、俞铭璜、高峰、邱一涵、欧阳惠林、许家屯 8 人为常委。①

1956 年 7 月 3 日至 16 日，新中国成立后的中共江苏省首次代表大会在南京召

① 江苏省地方志编纂委员会编著：《江苏省志 · 中共志》，江苏人民出版社 2003 年版，第 58—59 页。

开。在新中国成立前，江苏曾召开过两次党的代表大会。第一次是 1927 年 2 月 11 日至 15 日在上海召开的中共江浙区第一次代表大会。第二次是 1929 年 11 月 18 日至 26 日在上海召开的中共江苏省第二次代表大会。根据中共中央组织部批复，新中国成立后的中共江苏省首次代表大会被定为中共江苏省第三次代表大会。

中共江苏省第三次代表大会是在全省对农业、资本主义工商业和手工业进行社会主义改造取得决定性胜利，工农业生产战线掀起新的生产高潮，其他各项工作也有显著进展，“一五”计划即将提前实现的形势下召开的。出席大会的代表 573 名，代表全省 60 多万党员。

大会由江渭清主持。会议听取了惠浴宇作的《中国共产党江苏省委员会向党的全省第三次代表大会的报告》。该报告全面阐述了当前的工作情况和今后的主要任务，并提出要加强党的领导，为提前完成江苏省第一个五年计划的任务而奋斗。

大会发扬民主，开展批评和自我批评，肯定成绩，揭发和批判各项工作中的主观主义、官僚主义和其他许多缺点和错误，提出许多改进今后工作的意见和要求。这对于发挥江苏党的各级组织、全体党员、全省人民的积极性和创造性，增强党的团结，改进党的领导，努力提前完成江苏省第一个五年计划的任务，都具有重要意义。

大会选举了中共江苏省第三届委员会委员 38 人，候补委员 13 人；选举了江苏省出席党的第八次全国代表大会的代表 63 人，候补代表 7 人。7 月 19 日，中共江苏省第三届委员会举行第一次全体会议，选举江渭清等 14 人为中共江苏省委员会常务委员；选举江渭清、刘顺元、惠浴宇、陈光、许家屯为书记处书记，江渭清为第一书记，其余为书记。其后，1957 年 1 月，江渭清一度休养数月，由刘顺元代理第一书记。

9 月 15 日至 27 日，中国共产党在北京举行第八次全国代表大会。9 月 27 日，中共江苏省委发出通知，要求各级党委加强对中共“八大”文件学习的领导，向基层干部、党员和人民群众宣传召开“八大”的伟大意义、党和全国人民当前的主要任务和实现这一任务的主要政策以及第二个五年计划的规模和远景，以便调动一切积极因素，为超额完成第一个五年计划而努力奋斗。10 月 18 日，江渭清在省级机关干部会议上，传达了“八大”政治报告的精神，并要求大家以身作则，深入钻研文件精神，提高自己的思想水平和政治水平，克服主观主义和官僚主义，切实改进领导作风。

1957 年 11 月 1 日至 12 月 12 日，中共江苏省第三次代表大会第二次会议在南京召开。从 11 月 1 日至 12 月 4 日举行了一个多月的预备会议。12 月 5 日，正式会议开始。参加会议的正式代表 487 人，但各地、市、县、区、乡党委、各科学研究机关、各大专院校以及省级机关各部门列席会议人员高达 2329 人。会议听取和通过了刘顺元作的《江苏全党动员起来，为提前完成〈全国农业发展纲要〉的任务而奋斗》、惠浴宇

作的《关于干部下放问题》、许家屯作的《争取全民整风运动的全面胜利》等报告,确定江苏省在第二、第三两个五年计划期间发展农业的大体规划,提出增产指标,明确城市为农村服务的方向,交流经济建设和全面整风的经验。会议期间,来江苏视察的毛泽东同与会全体代表见面,并作了重要讲话。

二 人民代表大会制度的初步建立

人民代表大会制度是我国的根本政治制度。《中国人民政治协商会议共同纲领》规定:中华人民共和国的国家政权属于人民。人民行使国家政权的机关为各级人民代表大会和各级人民政府。各级人民代表大会由人民用普选方法产生之。各级人民代表大会选举各级人民政府。但是,在新中国成立之初,尚不具备用普选办法产生地方各级人民代表大会的条件。根据《中国人民政治协商会议共同纲领》的相关规定,“在普选的地方人民代表大会召开以前,由地方各界人民代表会议逐步地代行人民代表大会的职权”。到1952年底,苏北、苏南、南京市,由点到面先后普遍召开县以上地方各级的各界人民代表会议和乡各界人民代表会议。

1953年初,随着各地民主建政工作发展到一个新的阶段、三年经济恢复取得重大成就以及其他条件的逐步具备,中央人民政府委员会决定“于1953年召开由人民用普选方法产生的乡、县、省(市)各级人民代表大会,并在此基础上接着召开全国人民代表大会”。同时,颁布《中华人民共和国全国人民代表大会及地方各级人民代表大会选举法》。为了加强对普选工作的领导和检查督促,省人民政府遵照选举法,报经中央批准,在1953年4月成立以江渭清为主席的江苏省选举委员会,并成立办公机构。同时各县、市也相继成立选举委员会及办公机构。

为了搞好新中国成立后的第一次基层直接选举,省人民政府颁布有关选举事宜的工作计划和实施细则,各市、县均根据当地情况,拟订工作计划。各地积极进行各项准备工作,尤其抓紧基层选举的典型试办和集训干部两项工作。

1953年下半年,全省基层选举工作全面展开,到1954年4月结束。据全省81个市、县的统计,共有1986多万选民参加投票选举,参选率达82.58%。全省共选出乡、镇、市辖区和不设区的市的基层人民代表大会代表352129名。① 他们都是各阶层、各民族的代表人物。通过这次规模空前的选举,加强了基层政权建设,密切了政府与人民的联系。

在全省完成基层选举的基础上,从1954年4月中旬开始,各乡、镇、市辖区和不

---

① 中共江苏省委党史工作办公室等编:《江苏建国初期民主政治建设》,1996年内部发行,第12—13页。

设区的市分别召开首届人民代表大会第一次会议，选举产生市、县首届人民代表大会代表。接着，从1954年6月中旬起至7月下旬，各县、市均先后召开首届人民代表大会第一次会议，选举481名出席江苏省首届人民代表大会的代表。

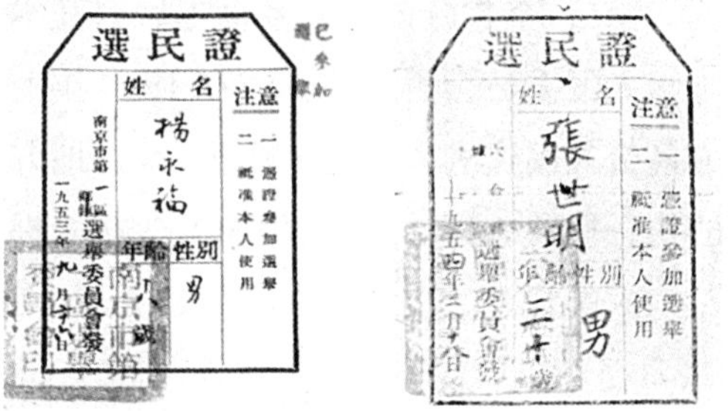

1953年选民证

1954年8月5日至11日，江苏省第一届人民代表大会第一次会议在南京市举行。出席会议代表为445人，省政府各部门负责人列席会议。会议审议和通过省人民政府副主席柯庆施作的《江苏省人民政府一年半以来的工作和全省当前任务的报告》、省协商委员会常务委员陈鹤琴作的《江苏省协商委员会一年半以来的工作报告》。会议听取省宪法草案讨论委员会副主任委员俞铭璜作的《关于宣传讨论〈中华人民共和国宪法草案〉的报告》。代表们对宪法草案提出一些修改意见，并通过《关于拥护〈中华人民共和国宪法草案〉的决议》。此外，还选举王昆仑、史良等67人为江苏省出席第一届全国人民代表大会的代表。

1954年9月，在北京召开的第一届全国人民代表大会第一次会议通过了新中国第一部宪法和《中华人民共和国地方各级人民代表大会和地方各级人民委员会组织法》，这标志着我国的人民民主政权建设开始进入法制化的轨道。

1954年8月，江苏省第一届人民代表大会会场

依照宪法和地方组织法的规定，江苏省第一届人民代表大会第二次会议于1955年2月10日至13日在南京市举行，出席代表417人。会议审议和通过省人民政府副主席管文蔚作的《江苏省人民政府半年来工作和1955年工作任务的报告》和省财政厅长赵桂源作的《江苏省1954年财政预算执行情况和1955年财政预算草案的报告》。会议选举惠浴宇为江苏省省长，刘顺元、管文蔚、冷遹、季方为副省长，包厚昌、江渭清、吴贻芳等47人为江苏省人民委员会委员。① 同时选举刘少侥为江苏省高级人民法院院长，还选举8个专区的中级人民法院院长。

---

① 江苏省建制恢复后到1955年2月，省级行政机构名称为省人民政府委员会(简称省人民政府或省政府)，1955年2月后改为省人民委员会(简称省人委)，一直持续到1967年初。

随后,全省各市、县、乡也先后召开本级首届人民代表大会第二次会议,选举产生本级人民委员会。这项工作在1956年上半年顺利完成。地方各级人民委员会,由地方各级人民代表大会选举产生,既是地方各级人民政府,又是地方各级人民代表大会的执行机关。这样,人民代表大会这一根本制度便在江苏初步建立起来。

人民代表大会制度在江苏建立后,在政治生活中发挥着重要作用。1955年12月23日至29日,江苏省一届人大三次会议在南京召开,出席代表391人。会议审议和通过惠浴宇省长作的《为加速和超额完成国家第一个五年计划给予江苏的任务而奋斗》的报告。该报告回顾了自1953年以来执行国家第一个五年计划给予江苏任务的情况,分析完成任务中的若干问题,提出加速和超额完成国家第一个五年计划给予江苏任务的要求。

1956年8月15日至24日,江苏省一届人大四次会议在南京召开,出席代表357人。会议充分发扬民主,认真严肃地检查了省人民代表大会三次会议以来的政府各项工作。代表们在肯定工作成绩的同时,也对领导机关和领导干部中存在着不同程度的脱离人民群众、脱离实际的主观主义和官僚主义作风提出批评。会议要求各有关部门对代表们提出的批评意见,必须切实予以重视,以认真负责的态度,检查自己的工作。会议增选周一峰、宫维桢、陈书同、韦永义、吴贻芳、刘国钧等6人为副省长。

1957年1月19日至24日,江苏省一届人大五次会议在南京召开,出席代表357人。会议确定,1957年全年工作的方针是团结一切可能团结的力量,调动一切积极因素,贯彻增产节约精神,改进作风,克服困难,争取完成和超额完成1957年的任务,并为迎接国家第二个五年计划给予江苏省的任务作好充分准备。会议要求各级人民代表大会,加强对地方各级政府的监督,贯彻执行人民代表定期视察工作的制度,更广泛地反映人民群众的意见,帮助和监督政府机关改进工作。

1957年5月6日至14日,江苏省一届人大六次会议在南京召开,出席代表375人。会议听取和学习周恩来总理在上海作的《关于正确处理人民内部矛盾的若干问题的解答报告(录音)》,听取和审议陈书同副省长作的《关于江苏省1956年决算和1957年预算草案的报告》、季方副省长作的《关于农业生产和救灾工作情况的报告》和省高级人民法院院长刘少侥作的《关于九个月来人民法院工作的报告》。会议按照毛泽东关于正确处理人民内部矛盾的指示和"百花齐放、百家争鸣"的方针以及中共中央关于进一步扩大民主的精神,除了小组讨论外,还安排两天多的大会讨论。许多代表在发言中,揭露了政府工作中存在的官僚主义、主观主义和宗派主义的缺点和错误。惠浴宇省长在闭幕时的讲话中指出:"代表揭发的这些问题,对改进今后工作是有很大帮助的,但是,按照中共中央关于整风指示的要求,所揭发的问题,还差得很

远。这次会议仅是‘序幕’和‘开端’。”

三　多党合作和政治协商制度的初步确立

在人民代表大会制度在江苏初步建立的同时，中国共产党领导下的多党合作和政治协商制度也在江苏正式建立，这具体表现为政协江苏省委员会（简称省政协）的成立并开展活动。

新中国成立初期，根据《共同纲领》，南京市、苏南区、苏北区在1949年和1950年分别召开各界人民代表会议，代行人民代表大会职权，并各自选举产生了各界人民代表会议协商委员会作为各界人民代表会议的常设机构。江苏省恢复建制后，南京市、苏南区、苏北区各界代表会议协商委员会于1953年1月3日在南京举行联席会议，决定将1市2区的协商委员会合并，成立江苏省协商委员会，代行省各界人民代表会议协商委员会的职权，并推举柯庆施为江苏省协商委员会主席。

1954年8月，江苏省第一届人民代表大会第一次会议召开后，省人民代表大会开始行使地方国家权力机关的职权。从此，江苏省协商委员会职能发生转变，不再具有地方国家权力机关的性质，而是各党派的民主协商机关，是共产党领导下的多党合作和政治协商的具体组织形式。

1955年4月16日，省协商委员会举行扩大会议。会议根据《中国人民政治协商会议章程》，讨论通过中国人民政治协商会议江苏省第一届委员会委员名单。第一届委员会由各党派、各人民团体以及特邀人士等24个单位和界别的代表207人组成。

1955年4月21日至26日，政协江苏省第一届委员会第一次会议在南京举行。会议选举产生政协江苏省第一届委员会常务委员55名，江渭清为主席，陈光等6人为副主席。在1955年—1956年，省辖市南京、无锡、徐州、南通、苏州、新海连市以及45个县和县级市，都先后建立政协组织。

江苏省政协成立后，积极开展活动，参加国家政治生活中重大问题的政治协商。在1955年和1956年两年间，省政协广泛宣传关于推进国家工业化和对农业、资本主义工商业和手工业进行社会主义改造的各项方针政策，使各界人士明确认识，统一思想。同时，还对江苏省开展社会主义三大改造的若干措施进行协商。省政协通过举行常委会和各种座谈会，讨论有关调整私营工商业公私关系的方针政策，并对公私合营中清产核资、经济改组、人事安排等问题，提出许多意见和建议。

1956年，中共中央提出要落实知识分子政策，要贯彻中国共产党与各民主党派“长期共存、互相监督”的方针，广大知识分子和各民主党派倍感鼓舞，政治热情高涨。省政协多次组织传达和学习有关方针和政策，并就如何贯彻进行研究和部署。1956

年3月召开的省政协一届二次会议还开始了提案和提案审查工作,这是政协进行民主监督的一种方式,它对各方面工作起了一定的推动作用。

省政协还积极推动和帮助各界人士进行自我教育和自我改造。随着全面建设社会主义新时期的到来,政协委员、民主党派成员、无党派人士、工商业者和其他各界人士为了赶上时代步伐,迫切要求加强学习和改造思想。为适应这一需要,1955年,省政协建立学习委员会,具体办理学习活动的组织工作以及同各民主党派、人民团体协商有关学习的重要事项,并成立由各界代表人士组成的直属学习组。1956年,又建立业余政治大学、各界人士政治学校、工商界政治学校。通过学习,推动和帮助各界人士进行自我教育和自我改造,以跟上时代的步伐。

四 各民主党派和各人民团体的建立和活动

新中国建立前,江苏有中国国民党革命委员会(简称民革)、中国民主同盟(简称民盟)、中国农工民主党(简称农工)等三个民主党派组织,其成员集中在南京、苏州、常州、徐州等大中城市,共有2000多人。

1949年,各民主党派中央鉴于各地组织系统不统一,领导机构不健全,个别成员严重不纯,决定贯彻"先整顿后发展"的方针。1949年5月,民盟中央派民盟中央常委李相符来南京组织临时工作委员会,负责清理整顿工作;农工党中央派农工党中央执委季方到南京负责华东地区农工党务整理工作;民革中央派党委特派员朱蕴山、周文范来南京成立民革沪宁区临时工作委员会南京办事处,统一整理民联(三民主义联盟)、民促(三民主义促进会)、民革(中国国民党革命委员会)三方面的成员。在中共南京市委和中共苏南区委的配合下,民革、民盟、农工组织重新审查登记成员,把混进的反革命分子和坏分子清理出来,把不属于民主党派发展范围的工、农群众和青年学生转移到工、青、妇等群众组织中去。1950年,经过清理整顿后,江苏民主党派保留下来的成员近500名,并新发展165人。①

1951—1952年,中共南京市委和苏南区委根据中央统战部指示,协助民主党派发展成员。1951年1月27日,九三学社南京分社召开社员大会,宣布正式成立,由潘菽担任主任理事。10月15日,苏北区党委统战部召开各界人士座谈会,对党外人士要求建立民主党派组织表示欢迎,并愿全力提供协助。

1953年江苏省建制恢复后,在中共江苏省委的协助和各民主党派中央的指导下,一些民主党派相继建立省级组织。1954年4月,民建江苏省工作委员会成立,冷

---

① 中共江苏省委统一战线工作部等编著:《江苏统战史》,国家行政学院出版社2007年版,第24—25页。

適担任主委；1955年，民革江苏省分部筹委会成立，任崇高担任召集人；1956年，农工党江苏省委成立，邓昊明担任主委。1956年8月，民盟江苏省委员会成立，陈敏之为主委；1957年，民进江苏省筹委会成立，吴贻芳为主委。另有成立于1951年的九三学社南京分社，在建省后一直作为省级单位，参加省的活动。

此外，1953年1月27日，江苏省工商业联合会筹备处成立，并于1954年4月正式成立江苏省工商业联合会（简称省工商联），由钱孙卿任会长。

在“一五”时期，江苏各民主党派和工商联积极参政议政，发挥着重要作用。1954年，江苏省人民委员会49名委员中，民主党派和无党派人士23人，占46.94%。1956年，省、市、县政协委员中，包括民主党派在内的非中共党员占70%左右。各民主党派还在推动对资本主义工商业的社会主义改造、调动知识分子积极性方面起了重要作用。1956年，中国共产党提出与民主党派“长期共存，互相监督”方针后，江苏各民主党派更为活跃，参政积极性空前高涨。

1950年6月，中央人民政府颁布了《中华人民共和国工会法》，江苏各地各级工会依法开展工作。1952年12月，在筹备恢复江苏省建制的同时，成立了江苏省总工会筹备委员会。1954年7月，江苏省工会第一次代表大会召开，宣布成立省工会联合会（1958年改称为江苏省总工会）。1952年底，中国新民主主义青年团江苏省工作委员会成立。1953年，苏北、苏南和南京市的妇联组织合并组建江苏省民主妇女联合会筹委会。1955年1月，正式召开江苏省首届妇女代表大会，成立江苏省民主妇女联合会。省总工会、省青年团、省妇联等三大群众组织，是江苏省委和省人民政府联系工人阶级和人民群众的纽带和桥梁，是全省广大职工、青年、妇女自己的大学校。他们积极主动、独立自主地开展各项活动，在动员和组织群众参加社会主义建设方面发挥了重要作用。

第二节　国民经济的快速发展

一　工业生产的迅速增长

新中国成立后，江苏的工业基础因其历史原因而相对较好，但因具体行业的不同，在全国所占比重则有高有低。到1952年底，江苏工业总产值25.53亿元，占全国工业总产值的7.32%。江苏工业以轻工业为主，纺织、缫丝、面粉、造纸、水泥制造等基础较好。1952年，全省棉布、机制纸、水泥产量分别占全国总产量的15.9%、6%、12.9%。重工业基础薄弱，1952年重工业产值在全省工业产值中只占6.1%，1952年

钢产量只占全国的0.3%。江苏工业企业主要集中在无锡、南京、苏州、常州、南通、镇江、扬州、徐州等城市,许多县城和广大农村几乎没有工业。除了少数大企业外,众多小企业设备普遍陈旧,技术落后。①

"一五"时期,由于江苏地处东南沿海的国防前沿,国家很少在江苏安排工业重点工程,因而江苏在发展工业上主要通过改组改造,挖掘原有工业潜力,即一方面采取利用、合理发展的方针,集中力量,恢复整顿和改造老企业;另一方面通过对私营工业的利用、限制、改造和城乡手工业合作化,改建扩建原有企业,推行新工艺、新技术以提高劳动生产率。

"一五"时期,国家建设资金有限,江苏省内一些承担"一五"重点任务的老企业(包括军工企业和中央大企业),只能走挖潜改造发展生产的道路。如长江机器制造厂靠中央主管部门技术改造资金发展生产。多数中央部属机械工业企业则通过改扩建,平衡设备,扩大企业规模,把原来只能搞修配和简单装配的企业,逐步发展成为能生产高速轻型、重型内燃机,比较精密车床、电动机和水泵等技术设备的企业。②

江苏地方工业主要是通过整顿改组、改建、扩建原有企业和推行新工艺、新技术以提高生产能力,支援全国重点建设和承担发展任务。在"一五"时期,江苏大部分投资用于原有企业的改建和扩建。5年中投资的413个基建项目,属于改建扩建的就有386个,占93.46%。1953年,江苏地方工业有127个厂矿得到程度不同的扩建和改造。1955年,江苏工业以支援国家重点建设和面向农村为主要任务,以改建(包括平衡设备和技术组织措施)为主,有步骤地对原有的国营企业和正在发展中的公私合营企业进行必要的整顿改造。在1956年工商业社会主义改造的高潮中,江苏各地根据中央"以大带小,以先进带落后"的指示,分别采取联营、迁并等办法进行企业改组。其中也有少数迁并不适当的,但大多数是比较成功的。

通过整顿、改组、迁并、改造结合进行改建和必要的新建,不少企业集中技术力量,调剂资金、原材料和厂房,挖掘生产潜力,提高产品质量和档次,使江苏工业有了显著的发展和提高,形成了一批具有一定规模的骨干企业。机械工业通过改组,把1955年的865家合并为120家,克服了厂点零乱、技术力量分散、设备配置不平衡等弱点,初步形成一批骨干企业。纺织工业基地城市无锡在1956年1月实行纺织业全行业的公私合营后,将252家工厂合并成了83家,使企业规模和技术水平都得到显著扩大和提高。

① 刘定汉主编:《当代江苏简史》,当代中国出版社1999年版,第140—141页。

② 江苏省计划与经济委员会编:《"一五"在江苏(1953—1957)》(上),1999年内部发行,第40页。

与此同时，在“一五”时期，江苏工业企业普遍而持续开展了群众性的增产节约运动和劳动竞赛。1953年10月，江苏省委工业部在全省工业会议上，部署企业围绕节约原材料、提高产品质量，减少废品、次货率和返工现象，减少成品积压和处理呆滞材料，合理使用劳动力等方面，全面开展增产节约竞赛。1954年，江苏又开展以作业计划为中心、推广先进事迹的劳动竞赛。1955年，江苏工业企业根据中共中央“厉行节约，反对浪费”的指示，采取查浪费找漏洞、制定增产节约指标、修订各项技术经济指标并纳入每月的作业计划等步骤开展增产节约运动。1956年，则以提高产品质量、进行技术改造为重点，开展先进生产者运动，有领导、有组织地组织纺织、机械等主要行业开展厂际竞赛，开展同工种、同业务竞赛，开展企业班组竞赛，开展群众性的技术互助，以提高职工的技术操作水平。1957年，还把反浪费和组织生产高潮结合起来，以保证提前完成江苏国民经济第一个五年计划。

通过开展增产节约运动和劳动竞赛，不仅提高产品质量，而且节约原料和降低成本。尤为重要的是，在开展增产节约运动和劳动竞赛中大量推广先进工作法和新技术，从而大大地提高了劳动生产效率。徐州利国铁矿推广苏联“蛇穴爆破法”先进经验后，爆破效率提高近千倍。机械工业推广了科列索夫“多刀车刀法”，劳动效率也大为提高。纺织企业推广郝建秀工作法和“五一”工作法，工人看台能力提高1—4倍。①纺织企业还普遍推广常州仇叔楠创造的细纱吸棉装置和无锡李嘉谋创造的纤维杂质分离机等新技术，改善生产条件，大大地提高生产水平。缫丝行业在公私合营后通过设备革新，普遍推广无锡王阿四创造的自动索绪机等一批新技术。②

在开展增产节约运动和劳动竞赛中，各地涌现出一批劳动模范、先进工作者和先进工作单位。如郭绍江创造“背刀法”，把刀具使用效率提高10—20倍。庄铭耕改进生产工具和操作方法，创造了“高速削切法”、“无针校正法”、“记号测量法”等先进工作方法，提高工效十几倍。徐州夏桥煤矿割煤机手冯景谦，在1951—1955年的5年中连续被评为劳动模范。无锡丽新纱厂李霞影小组，在学习和推广郝建秀工作法中，把人均看锭由400锭提高到800—1000锭。

经过江苏广大工人的不懈努力，“一五”时期江苏工业生产获得迅速增长。到1957年，全省工业，除极少数本来设备过剩或经营极为不善的行业和企业外，均获得很大发展，超额完成国家下达给江苏的第一个五年工业生产计划。1957年工业总值达到41.01亿元，比1952年增长66%，其中轻工业增长49.9%，重工业增长3.13

---

① 中共江苏省委党史工作办公室编：《历史的探索与回顾(1949—1978)》，1998年内部发行，第166—167页。

② 刘定汉主编：《当代江苏简史》，当代中国出版社1999年版，第148页。

倍。[1] 这样一来,不仅为江苏工业化发展奠定了坚实基础,而且为支援国家重点建设和服务农业作出了重要贡献。其主要表现是:

1953年无锡丽新厂李霞影小组讨论向郝建秀小组应战的劳动竞赛条件

1. 初步奠定了江苏支柱产业的基础

在"一五"时期,江苏的纺织、机械、化工、轻工、电子等工业的发展取得显著成就,这为后来江苏工业支柱产业的发展奠定了基础。

纺织工业是江苏发展最早、基础最好的行业。在1949年,江苏纺织工业共有纱锭64万枚,布机8.69万台,在全国占有重要地位。江苏棉纺织业的纱锭约占全国的1/10。但是,设备落后,织布机多数是木机、铁木机,自动织布机只有1900台。在三年国民经济恢复时期,由于得到国家"加工订货,统购包销"的政策扶持,江苏纺织业克服严重困难,并迅速得到恢复和发展。到1952年,全省纺织工业产值达到8.6亿元,占全省工业总产值的41.25%。在"一五"时期,江苏没有新建纺织工厂,而是通过改革,发动技术人员和职工对陈旧设备进行技术革新和改造,改善生产条件,使生产水平有较大提高。随着资本主义工商业改造的完成,纺织企业也得到进一步的改组,从而扩大了企业规模和提高了技术水平。如纺织工业基地城市无锡在1956年1月实行纺织业全行业的公私合营后,原有的252家工厂合并成了83家。到1957年底,江苏纺织工业产值达到12.69亿元,比1952年增长47.56%,占全省工业总产值

① 江苏省统计局编:《江苏四十年(1949—1989)》,中国统计出版社1989年版,第137—138页。

的 36.68%。[①]

江苏机械工业在新中国成立之初还很落后，基本上依附于轻纺企业，往往只是轻纺企业的修配车间而已。大多数企业职工不到 10 人，最多也不过 50 人。经过三年国民经济的恢复和发展，到 1952 年全省机械工业产值达到 5000 万元。在“一五”时期，江苏机械工业通过经济改组，调整工厂和调配劳动力，将 1955 年的 865 家合并为 120 家。这就在很大程度上改变了原来厂点零乱、技术力量分散、设备配置不平衡等状况，形成一批骨干企业。如南京汽轮电机厂、南京压缩机厂、无锡水泵厂等都是由许多小厂合并改组而成的。无锡、常州等地原来只能搞修配和零星制造的企业，已发展成能年生产数万马力的内燃机企业。江苏机械工业，从依附于轻纺工业、以修配为主，转向以制造为主方向发展，也能生产各种中小型农具、柴油机、交流电机和较精密的仿苏车床，并形成了一定的批量生产能力。1957 年，江苏机械工业总产值 2.55 亿元，比 1952 年的 5000 万元增长 4 倍多，职工发展到 3 万余人。[②]

江苏化学工业在 1949 年产值仅 200 多万元，占江苏工业总产值的 0.16%，从业人员也不到 3000 人。在“一五”期间，大多数化工企业都是生产普通化工产品的小工场，只有永利宁厂、南京化工厂、新海连市锦屏磷矿等三家规模稍大。永利宁厂获得国家投资 3700 万元，进行大规模的扩建和技术改造，生产能力大幅提高，1957 年氮肥产量达到 17.3 万吨。南京化工厂在“一五”时期获得国家大量投资，发展成为有机体中间体和橡胶助剂的生产基地，产值和利润大幅增长。[③]

江苏轻工业在 1949 年只有造纸、原盐、日用陶瓷、饮料酒、火柴、肥皂、干电池等行业，产值只有 15.01 亿元(当年价)。在三年国民经济恢复时期，特别是在“一五”时期，江苏的轻工业发展迅速，到 1957 年产值增为 34.78 亿元(当年价)。其中，发展较快的有食品工业、服装工业、造纸工业、塑料工业。食品工业从 1949 年的 4.15 亿元发展到 1957 年的 12.32 亿元，服装工业从 1949 年的 6100 万元发展 1957 年的 1.04 亿元，造纸工业从 1949 年的 800 万元发展到 1957 年的 4800 万元。[④] 这些都为江苏轻工业后来发展成为江苏工业的支柱产业打下基础。

江苏电子工业在解放时仅有国民政府资源委员会下辖的南京三家工厂和一家研究所(全部职工仅 400 余人)，被南京军管会接管后，迅速恢复生产。1949 年实现产值 54.61 万元。这三厂一所后被分别改名为南京电照厂、南京有线电厂、南京无线电厂

---

① 江苏省地方志编纂委员会编著:《江苏省志・纺织工业志》，江苏古籍出版社 1997 年版，第 4 页。

② 江苏省地方志编纂委员会编著:《江苏省志・机械工业志》，江苏人民出版社 1998 年版，第 5 页。

③ 刘定汉主编:《当代江苏简史》，当代中国出版社 1999 年版，第 145—146 页。

④ 刘定汉主编:《当代江苏简史》，当代中国出版社 1999 年版，第 146—147 页。

和华东军区航空处雷达研究所。随后国家又将济南、上海、昆明等地无线电单位的技术人员、工人、设备调集南京,充实各厂,并于1951年以南京电照厂电子管组为基础成立了南京电工厂(后改为南京电子管厂)。从1949到1952年期间,4个工厂和1个研究所生产出全国急需的灯泡、发报机、收讯机、电话机、交换机、战术电台,并整修雷达,有力地支援了抗美援朝战争。到1952年底,4家工厂和1个研究所职工达到2700多人。在"一五"时期,国家将上述5个单位列为重点单位,予以大力扶持,改造挖潜,发展生产。1954年后,在苏联专家的帮助和指导下,先后试制成功了一大批主要电子产品(主要是为军用服务的)。与此同时,还加强对日光灯、收音机等民用产品的开发和生产。1953年,南京无线电厂试制成功国内第一个国产化的红星牌502型5灯收音机。1956年4月,南京无线电厂生产的性能优良的"熊猫"牌601型六灯三波段收音机,很快行销全国,并于1957年率先进入国际市场。到1957年,全省电子工业产值达到5000多万元,职工1.2万人,分别为1952年的10.5和4.5倍。①

1953年南京无线电厂生产的国内第一台国产化红星牌502型五灯收音机

1956年南京无线电厂生产的熊猫牌601型六灯三波段收音机

2. 初步调整了轻重工业结构和地区布局

在"一五"时期,江苏轻工业继续获得很大发展,产值从1952年的23.97亿元增加到1957的34.78亿元。但是,重工业获得更大发展。据统计,1953年到1957年上半年全省工业投资达8.7亿元,其中地方工业完成3.38亿元。"一五"期间全省工业基本建设投资中的重工业投资占77.3%。通过有计划、有目的的建设投资,新建和扩建一批厂矿,较大的有国营望亭电厂、下关电厂、贾汪煤矿、永利宁厂及地方国营的孤山煤矿、苏州炼铁厂等。因此,江苏重工业产值增长更为迅速,其产值从1952年的1.56亿元增加到1957年的6.23亿元。1957年,江苏轻重工业产值在工业总产值中

① 江苏省地方志编纂委员会编著:《江苏省志·电子工业志》,江苏古籍出版社1999年版,第4—6页。

分别占 84.8%和 15.2%，轻重工业的结构得到初步改善。[①] 这就为江苏工业，特别是重工业的进一步发展打下基础。

在“一五”时期，江苏在原来工业很少的苏北地区开始增加新的工业布点。这主要是有针对性地在苏北新建了一批农副产品加工工厂，包括新建 7 个榨油厂，年新增生产能力 11600 吨，改变了苏北大豆、菜籽调往苏南加工，然后再调回成品油的不经济状况。经过五年的建设，原来工业很少的清江、徐州、新海连和扬州等城市的面貌有所改观，为它们打下了进一步发展工业的基础。[②]

3. 江苏工业对支援国家重点建设作出重要贡献

在“一五”时期，江苏省除了将地方财政收入的 61.64%上交中央财政(5 年累计上交 24.07 亿元)外，还抽调大量干部、技术工人和设备支援国家重点建设事业。仅在 1954 年上半年，中共江苏省委就抽调了 2109 名优秀干部支援全国 141 项重点工程建设，其中地委级以上干部 116 名，县委级干部 367 名。江苏还先后从缫丝、纺织、面粉等工业中调动一部分设备和技术人员支援外省区。1954 年，江苏以 10 万张优质蚕种、丝绸厂的全套设备、一批缫丝工人和技术人员支援新疆发展丝绸工业。1956 年上半年，江苏又抽出 2614 名纺织工人和缫丝工人，支援河南、新疆等地新建的纺织、缫丝工厂。1956 年，江苏抽调南京面粉厂、无锡永安面粉厂的整套机器设备和部分技术工人去新疆帮助建立面粉厂。到 1956 年，江苏为国家培训和输出的技术人才达 1.2 万人，分别到东北、江西、新疆等地参加国家建设。

4. 江苏工业为服务农业生产作出一定贡献

江苏工业以轻纺、食品工业为主。1954 年纺织和食品工业产值占全部工业产值的 86%。原料主要来自农村，产品也多数为农村所需要。根据这一实际情况，江苏省大力贯彻地方工业为农村经济服务并与农村经济密切相结合的方针，尤其重视使地方工业为农业生产服务。

1955 年，在全省 7 个专区均设有地专区级拖拉机(农机)修理厂和小农具制造厂。这些工厂自力更生，艰苦奋斗，使企业规模越办越大，生产水平不断提高。此外，江苏首先积极着手扩建改组一批农用机械工业。徐州铁工厂经五六家小型农具修配厂调整合并成可年产 15 万具双铧犁的农机企业。常州柴油机厂是“一五”时期在农机修造的基础上发展起来的，该厂于 1958 年生产出中国第一台手扶拖拉机。

与此同时，江苏的农药、化肥等农用工业也有了初步发展。新中国成立前，江苏大都依靠人工治虫，只使用极少量的外国进口农药。1952 年，镇江私营大新石粉厂

---

① 江苏省统计局编：《江苏四十年(1949—1989)》，中国统计出版社 1989 年版，第 137 页。

② 刘定汉主编：《当代江苏简史》，当代中国出版社 1999 年版，第 143—144 页。

试生产(加工)DDT杀虫药粉剂6.15吨,江苏农药工业开始起步。1953年,在南通建立石灰硫磺合剂厂,生产石灰硫磺合剂。1955年南京气体厂生产粮食薰蒸杀虫剂。1956年,兴建无锡农药厂,加工农药粉剂。[①] 到1957年,江苏化学农药产量已达到200吨。1952年,江苏化肥产量为1.32万吨。随着永利宁厂产量大增,1957年江苏化肥产量增加为3.63万吨。[②]

江苏农业机械、农用化工等围绕农村经济和为农业服务的工业有了较快的发展,除了为其以后的壮大和发展打下最初的基础外,还在一定程度上促进农业生产的发展。

二 农业生产的逐步发展

经过三年恢复时期的发展,到1952年全省主要农产品产量迅速达到和超过历史最高水平。进入"一五"时期后,为了适应城乡人民生活改善和国家大规模建设对工业原料的需要,江苏省委依然把发展农业作为首要任务。为此,江苏省采取了以下措施:

1. 大力兴修水利,改善农业基础条件

虽然江苏在三年恢复时期兴建了一批水利工程,但农村抗御自然灾害的能力仍然薄弱。为了抗御自然灾害,改善农业基础条件,江苏省在"一五"时期把兴修水利作为计划建设的重点。本着中央指示的"必须积极从流域规划入手,采取治标、治本相结合和防洪、防旱兼顾的方针",继续大力治理淮、沂、沭、泗河,积极兴办农田水利,大力举办排涝、灌溉工程。

江苏沿海最北端的赣榆新海堤

在"一五"时期,全省共使用水利费35983.1万元,平均每年7196.6万元,比三年恢复时期每年平均3728.2万元,增长将近一倍。国家的巨大投入,再加上广大农民的劳动积累,五年完成了土石方11.92亿立方米,平均每年2.38亿立方米,比三年恢复时期每年平均1.44亿立方米增长65.6%。[③]

在五年中,江苏各地一面结合抗洪抢险,不断加固培厚江海河湖堤防,同时又续建和新建不少重要工程。如完成了自赣榆县到长江口的沿海海堤新建和加固工程,

① 江苏省地方志编纂委员会编著:《江苏省志·化学工业志》,方志出版社1999年版,第47页。

② 江苏省统计局编:《江苏四十年(1949—1989)》,中国统计出版社1989年版,第141页。

③ 江苏省计划与经济委员会编:《"一五"在江苏(1953—1957)》(上),1999年内部发行,第33页。

新建了射阳河闸和新洋港闸；在新沂河的整治工程上，开始建设骆马湖宿迁控制工程宿迁闸、宿迁船闸、六塘河闸和善后新闸等工程（均于 1958 年竣工）；淮河流域的关键工程三河闸在 1952 年 10 月开工后，于 1953 年 7 月竣工；开工建设了二河闸及灌溉总渠渠北排涝工程等。此外，还加快了机电排灌工程、打井工程和大中型水库建设。建成后又扩建丹阳珥陵电力灌溉工程、建成武进湟里机械灌溉工程、建成了江都县仙女庙电力灌溉站。1955 年冬和 1956 年春，徐淮地区即打井 13.3 万眼，用于抗旱灌溉。①

淮水北调第一关——二河闸

1957 年建成的新洋港闸

① 江苏省计划与经济委员会编：《“一五”在江苏（1953—1957）》（上），1999 年内部发行，第 34—35 页。

经过“一五”时期的大力建设，到“一五”末期，江苏在防洪、排涝、灌溉等方面都已经取得初步成效。在防洪方面，已基本上改变过去汛期洪水漫溢、洪涝并发的被动局面，并经受住1954年特大洪水的严峻考验，基本上保障了广大农村地区的农业生产和城市、铁路、交通安全；在排涝方面，徐淮地区一般已达到三年一遇的标准，里下河地区改善了排水条件，长江两岸涝情也得到明显改善；在灌溉方面，灌溉面积有显著增加，全省有效灌溉面积从1952年的2780.3万亩，扩大到1957年的3461.8万亩。① 由于排水和灌溉条件的改善，不仅使农业生产条件转好，还为徐淮地区和里下河地区实行大规模改制创造了条件。

虽然在“一五”时期农田水利的兴建，还不能完全防御自然灾害，但是这一时期在思想、规划、工程安排和队伍建设等多方面，都为以后江苏继续进行全面规划、综合治理、跨流域调水，从根本上改变江苏的水利面貌创造了条件。

2. 改进耕作技术，改变耕作制度

早在1952年，苏南各县在开展爱国丰产运动中就推广与学习陈永康水稻耕作法的丰产经验，江苏各地互助组在选种、施肥、深耕、密植等方面也取得了明显进步。1955年后，全省各地进一步普遍推广密植、早播等技术，虽然在推行过程中出现一些偏差，但总体上还是比较成功的。

江苏地少人多，扩大耕地面积的潜力有限，因此，“一五”时期，江苏把增加农业生产的重点放到提高土地利用率和单位面积产量方面。在1953—1955年，一些地方根据当地情况已经摸索出一些通过改变耕作制度来提高粮食产量的做法。1955年6、7月份，江苏省农业厅派出了一些工作组和召开一系列的小型专业座谈会，总结兴化沤改旱、昆山籼改粳、金山双季稻等丰产经验，为农业生产全面规划提供了不少资料。1956年2月，江苏省召开全省高额丰产代表会议，确定了全省规模的以生产改制为中心的农业高额丰产布局：以太湖地区为主推广双季稻225万亩，以里下河和镇江山区等地为主推广籼改粳713万亩，在灌溉渠两岸旱改水217万亩，在徐淮等低产杂谷地区改种高产玉米、山芋等663万亩。②

在1956年江苏大规模改变耕作制度中，由于要求过急、步子太大而出现很大偏差，但是总体上还是比较成功的，特别是里下河地区的“沤改旱”和徐淮地区的“旱改水”，为江苏以后进行大规模改变耕作制度作出了有益的探索，对后来江苏农业生产发展作出了重大贡献。

---

① 中共江苏省委党史工作办公室编：《历史的探索与回顾(1949—1978)》，1998年内部发行，第156页。

② 《江苏省农业厅王一香在江苏省第三次党的代表大会上发言》，1956年7月7日，江苏省档案馆馆藏档案3011—长期—262。

里下河地区，地势低洼，历史上洪涝一般发生在立秋以后，以往必须在立秋前收一季早熟籼稻，才能避灾保收；稻收后要及时保沤耕耖，恢复和维持地力。该地虽有满足两熟制要求还有余的热量资源，但一年一熟沤田却不能充分利用；大量肥沃土地，因长期泡水，呈滞水状态，成为低产土壤；早熟籼稻产量甚低，亩产 100 公斤左右；沤田泥脚深，人拉犁耕耖，劳动极度艰苦。新中国成立后，经过三年恢复时期和“一五”时期的水利建设，里下河地区开始在一定程度上控制了洪涝灾害，为大面积沤改旱创造了有利条件。[①] 在“一五”后期，兴化等地开始进行“沤改旱”的试验，即把一年只种一季的水稻沤田，改为一年两季的稻麦两熟田，从而提高了粮食产量。其后，几经反复，里下河地区的“沤改旱”在 20 世纪 70 年代基本完成，从而使里下河地区成为江苏的重要粮食基地。

徐淮地区，水、土和热量资源条件比较好，宜旱宜水种植。但在新中国成立以前，洪涝、旱、碱的灾害频繁，个体农户根本无法抗御，只能消极顺应自然，针对春旱、夏涝、秋旱和地力低下的特点，实行旱作一年一熟、两年三熟和冬休夏耖的耕作制度，选用耐旱、耐涝低产的旱粮杂谷，以避灾保收，低中求稳。沿江高沙土地区热量和水分条件比徐淮地区更加优越，但人多地少，土质差，实行两年五熟旱谷轮作制，产量低，粮食不能自给。[②] 到了“一五”后期，一些地方在大力开展水利建设和平整土地的基础上，因地制宜地改旱作制为水旱轮作制，发展水稻种植，提高粮食产量。1956 年，盐城专区完成“旱改水”59 万亩。其中，阜宁县“旱改水”26 万亩，每亩单产增产 135%，曾获农业部 1956 年全国农业增产模范的光荣称号。到 1957 年，全省完成“旱改水”127.4 万亩。其后，又几经努力，徐淮地区的“水改旱”也在 1975 年基本完成，粮食产量成倍增长，使徐淮地区发展成为江苏的三大粮食基地之一。

3. 建立农业技术推广机构，推广良种，增施肥料

在“一五”时期，江苏逐步建立农业技术推广网络。1954 年，全省建立了 21 处县级农业技术推广站，到 1956 年全省有技术推广站 506 个，技术人员 2225 人。其中，有 29 个县做到区区有农业技术推广站。[③] 这些农业技术推广站的建立，有力地促进了先进农业技术的推广和普及。

在“一五”时期，江苏大力推广应用各种良种。在水稻上，推广应用“南京 1 号”、“老来青”和“桂花黄”等优良品种，特别是推广陈永康水稻高产配套栽培技术，亩产由原来 250 公斤提高到 300 公斤以上。在小麦上，推广应用“华东 6 号”、“矮秆早”等，

---

① 江苏省地方志编纂委员会编著：《江苏省志・农业志》，江苏古籍出版社 1997 年版，第 52—53 页。

② 江苏省地方志编纂委员会编著：《江苏省志・农业志》，江苏古籍出版社 1997 年版，第 51—52 页。

③ 江苏省地方志编纂委员会编著：《江苏省志・农业志》，江苏古籍出版社 1997 年版，第 448 页。

亩产从100公斤提高了150公斤以上。在棉花品种上，鉴于新中国成立前棉花品种混杂退化现象严重、品质差、产量低等情况，江苏从1950年起开始从国外引进“岱字棉15号”，到1955年基本上普及“岱字棉15号”，并全部更换“中棉”和退化的“小洋花”，单产提高了30%—40%。

在“一五”时期，江苏已经施用少量的化学肥料。到1957年，江苏化肥施用量由1952年的0.99万吨增加到12.25万吨，但仍然十分有限。为了发展农业生产，党和政府大力号召农民养猪积肥。为此采取了多种措施，如推行“私有私养公助”的养猪方针，还采取划饲料地、供应商品饲料帮助农民解决养猪饲料困难，并在1956年和1957年两次上调生猪收购价格以调动群众养猪积极性。到1957年底，江苏生猪饲养量为1389.35万头，比1952年的903.72万头增长53%。江苏各地还大力种植绿肥，绿肥面积从1952年的166.95万亩，增加到1957年315.92万亩。① 此外，还采取沤制草塘泥、秸秆还田等措施多方增加肥料。

另外，植物保护工作在“一五”时期也初具规模。省和专区都先后建立了病虫害防治研究所、站，执行“防重于治”的方针，以飞蝗、稻螟、棉虫、地方害虫和麦类黑穗病等主要病虫害为重点。还采取人工预防为主，药剂防治为辅的方法，开展群众性的防治运动。据1950—1956年7月统计，累计防治1.4亿亩。

4. 加强领导，科学指导

在“一五”时期，江苏省委始终坚持抓住农业生产这一农村中心工作，其他工作则围绕农业生产进行。省委主要负责人都亲自抓农业，并规定城市党委要抓好郊区农业，地委、县委更要集中力量抓农业。省委不断调配大批干部加强和充实农业第一线。1957年，省委按照“精简上层，充实基层”的要求，抽调了22488名干部加强基层：省厅级和地、市级干部有81名，其中47人下放到县委担任第一书记；县、区级干部有2948名，到乡党委担任书记；县、区委委员级干部5463人，到农村基层担任党总支书记。

为了更好地发展农业生产，江苏省委还在大量调查研究和总结实践经验的基础上对全省农业生产发展进行科学指导。1955年6月，江苏省首次把全省划分为6个农业自然区域：江南水稻区、沿江棉麦混作区、镇(江)扬(州)丘陵山区、里下河稻麦区、沿海棉垦区和徐淮旱作区，以便分类指导，采取相应的增产措施。为了加强农业科学研究，更好地指导农业生产，1955年7月，在扬州建立江苏省农业综合试验站，对全省各地农业试验站进行技术指导，并兼顾里下河稻麦区及沿江棉麦混作区的试验

① 中共江苏省委党史工作办公室编：《历史的探索与回顾(1949—1978)》，1998年内部发行，第158页。

工作;在徐州旱作区设立徐州试验站,在沿海棉垦区设立新洋农业试验站,在镇扬丘陵山区设立茅山麓试验站,在江南水稻区设望亭试验站。

此外,江苏省委还采取适当调高农产品收购价格、稳定农业税负担等政策,以促进农业生产的发展。在“一五”时期,1957 年全省农产品收购价格,比 1952 年提高 17%,而农村工业品零售价则略有下降,缩小了工农业产品的剪刀差。“一五”时期农业税占全省财政收入的 31.42%,比三年恢复时期 48.92%降低了 17.5%。每年征收的农业税额虽比 1952 年略高,但平均税率则低于 1952 年。①

由于采取上述种种措施,“一五”时期江苏农业生产在多种自然灾害不断侵袭下,依然保持了一丰(1955 年)、二歉(1954 年、1956 年)、二平(1953 年、1957 年)的收成。1957 年主要农产品产量比 1952 年有明显提高:粮食产量从 199.51 亿斤增加到 212.72 亿斤(1955 年丰收时曾达到 235.83 亿斤);棉花从 185.50 万担增加到 300.23 万担;油料从 433.53 万担增加到 501.39 万担;生猪出栏数从 356.47 万头增加到 558.86 万头。② 到 1957 年,每个农业劳动力提供的粮食从 1952 年的 614.5 公斤增加到 721.5 公斤,增长 17.4%。1957 年全省人均占有粮食达到 257 公斤,人均占有棉花 3.7 公斤。每个农业劳动力平均提供的农业总产值 449.5 元(1980 年不变价),比 1952 年的 374 元增长 20.2%。

三 人民生活水平的改善和提高

随着工农业生产的增长,“一五”时期全省社会总产值年平均递增 5.2%,国民收入年平均递增 4.4%,国内生产总值年平均递增 4%。财政收入从 1952 年的 2.7 亿元增加到 1957 年的 4.7 亿元,年平均递增 12.2%。

在“一五”时期,江苏省根据本省的实际情况,比较正确地处理了积累和消费、“吃饭”和“建设”等关系。在全部国民收入总额中,除了提供全国使用的 24.07 亿元(占总额的 10.93%)外,供省内使用总额为 196.19 亿元,其中用于积累部分为 38.24 亿元,积累率为 19.5%。在积累额中,用于生产性积累占 78%,用于非生产性积累占 22%。③

在“一五”时期,江苏省较好地处理了货币供应量与商品供给量之间的平衡,使市场物价基本保持稳定。五年中农产品收购价格提高了 17%,农村工业品零售价格下降 0.30%,市场物价指数上升 6.7%,年平均上升 1.34%。除了粮、油和棉布等实现

① 中共江苏省委党史工作办公室编:《历史的探索与回顾(1949—1978)》,1998 年内部发行,第 159 页。

② 江苏省统计局编:《光辉的三十五年——江苏省国民经济和社会发展统计资料》,1984 年印行,第 30、32、34、37 页。

③ 江苏省计划与经济委员会编:《“一五”在江苏(1949—1957)》(上),1999 年内部发行,第 70 页。

计划分配外,其他商品都能敞开供应,集市贸易比较活跃。

全省消费总额从1952年的27.93亿元增长到1957年的34.48亿元,五年累计达157.95亿元。按可比价格计算,1957年比1952年增长15.3%,平均每年增长2.9%。同期城市居民储蓄也显著增加,1952年为0.58亿元,1957年为1.84亿元,人均储蓄存款从1.55元,增加到4.4元。① 由于党和政府非常关心改善群众生活,"一五"时期广大人民生活有程度不同的改善。

1. 城镇居民生活明显改善

在三年恢复时期,江苏城镇居民生活就逐步得到改善。在"一五"时期,随着工业的快速发展,江苏职工生活在各方面都获得明显改善。

在"一五"时期,广大城镇居民就业机会增多。全民所有制职工从1952年的84.08万人增加到1957年的130.80万人。据城镇居民家庭抽样调查:1957年江苏城镇每户平均就业人口为1.4人,比1951年增加0.3人。每户家庭就业面由1951年的22.2%上升到1957年的34.1%。平均每一就业者负担人口由1951年的4.5人,下降为1957年的2.9人。②

与此同时,"一五"时期,江苏职工工资收入增长较快。1952年全省职工年平均货币工资为421元,1957年增为531元,增长26%,平均每年增长4.8%,剔除同期物价上升的因素,5年中实际工资增长14.9%,平均每年增长2.8%。③

由于就业人数增多和职工平均工资增长,每个家庭可支配收入明显增长,人均生活费用也相应增加。据省统计局1957年对211户的抽样调查,平均每人全年实际收入260.40元,实际支出251.76元,其中生活费用开支219.84元,比1952年的99.60元增长了一倍多。在生活费用中,购买食品的支出占57.1%,购买衣着占10.1%,购买用品占10.4%,购买燃料占3.5%,购买其他商品占1.1%,非商品支出(房租、水电费、文化娱乐费、学杂费、修理服务费)占17.8%。1957年,城镇居民平均每人消费食品数量均比1951年有不同程度增长:粮食从141.6公斤增加到155.6公斤;肉类从3.0公斤增加到9.41公斤;鲜蛋从30个增加到68.88个;食用植物油从3.8公斤增加到3.9公斤;酒从1.25公斤增加到2.14公斤;食糖从1公斤增加到1.54公斤。④

在"一五"时期,职工住房条件也有较大改善。新中国成立初期,全省城市住宅居住面积约2000万平方米,大都简陋破旧。在大中城市留有大量棚户区,南京一处即

① 江苏省计划与经济委员会编:《"一五"在江苏(1949—1957)》(上),1999年内部发行,第73页。

② 江苏省地方志编纂委员会编著:《江苏省志·综合经济志》(下),江苏古籍出版社1999年版,第514页。

③ 江苏省地方志编纂委员会编著:《江苏省志·综合经济志》(下),江苏古籍出版社1999年版,第516页。

④ 江苏省统计局编:《江苏四十年(1949—1989)》,中国统计出版社1989年版,第180页。

有棚户区 309 处，全市有近 1/4、约 20 万人住在棚户区。徐州等城市的厂矿工人和贫民，大部分住在草棚或窑洞里。1952 年结合爱国卫生运动，南京五老村组织群众，依靠自身力量和各方面支持，改造居住环境，使“苦恼村”变成窗明几净的欢乐村。全省在五老村的带动下，大小棚户区都开始进行程度不同的改造。在“一五”时期，各地有计划地成片改造棚户区，兴建厂矿职工住房。各市都集中一批资金兴建职工住宅，并采取“自建公助”的办法鼓励和扶持私人建房，于是陆续建起一批 2—3 层楼砖木结构或砖混结构的新住宅，重点改善棚户区居民和厂矿职工的居住条件。在“一五”时期，全省城市竣工住宅面积为 114 万平方米。此外，随着市政建设的发展，城市居民饮水等生活条件也有了大的改善，相继建造了一批自来水厂，用自来水的居民普及率逐步提高。

1951 年 1 月，政务院公布实行《中华人民共和国劳动保险条例》。江苏各地首先在 100 人以上的企业和铁路、搬运、邮电系统中贯彻实施《劳动保险条例》，对不属以上范围的企业以及季节性企业，由企业（或资方）与工会基层组织双方根据《条例》规定的原则和企业的实际情况，协商签订合同，解决有关劳动保险福利问题。1952 年末，全省实施劳动保险条例的企业有 267 个，职工 12.7 万余人，签订劳动合同的企业 73 个，职工 2.7 万人。1956 年实施劳动保险条例的范围进一步扩大，从原来的工交、基本建设等部门扩大到商业、农林、金融等 13 个产业和部门。①

新中国成立前，职工医疗的费用均由自己负担，无钱医病较为普遍，广大职工健康得不到保障。新中国成立后，各级政府十分重视保护人民群众的健康，在防治严重危害人民的疾病、发展医疗卫生事业的同时，开始建立城乡医疗保险制度。从 1952 年起，根据国家规定对国家机关工作人员和全民事业单位职工以及大学生实行公费医疗制度，治病期间的医疗和医药费用全由国家财政承担。对 16 岁以下的干部子女在定期交纳少量费用之后实行儿童统筹医疗制度，享受免费医疗。对企业单位职工实行劳动保险医疗制度，规定在职职工由企业负担医疗费，企业职工子女实行半费医疗保险。②

新中国成立前，工人劳动的条件差，职业病严重，伤亡事故频繁，身体健康和生命安全得不到保障。从 1950 年开始，江苏各级劳动行政部门和工会建立劳动保护机构，采取领导和群众相结合的办法，进行安全监督。同时，各级政府采取措施为职工创造安全生产的条件与环境。在经济水平还不高的情况下，生产企业普遍建立低标

---

① 江苏省地方志编纂委员会编著：《江苏省志·综合经济志》（下），江苏古籍出版社 1999 年版，第 529 页。

② 江苏省地方志编纂委员会编著：《江苏省志·综合经济志》（下），江苏古籍出版社 1999 年版，第 532 页。

准的免费供应防护用品和保健食品制度。对作业环境差、劳动繁重的行业,采取缩短工时、增加休息时间的办法减轻劳动强度。1952 年 7 月,南京市政府和苏南、苏北行政公署根据国家规定,作出工时改革决定,明确规定一般行业实行八小时工作制,限制加班加点。对女工多的纺织行业,采取切实措施使纺纱织布车间的温湿度达到国家规定的标准,并对有工业毒害的企业分别轻重缓急进行技术改造。1952 年,国家颁发了安全生产"三大规程",即《工人安全卫生规程》、《建筑安装工程安全技术规程》、《职工伤亡事故报告规程》。江苏省政府在执行三大规程中,结合本省实际情况,制订了一系列安全生产规章制度。经过多年实施和宣传教育,使"生产必须安全、安全促进生产"的观念逐步深入人心,从而大大改善了职工工作环境和生产安全。①

2. 农民生活有所改善

1950 年 2 月开始,江苏各地农村全面开展土地改革运动,大大调动农民的生产积极性。农民的生活有显著改善。据统计资料,苏北全区平均每个农民购买力,1951 年较 1950 年增加 26.6%,1952 年又比上年增加 5%。据苏南 18 个县的典型调查,1951 年全年农民购买力比 1950 年增加了 30%。② 到 1952 年,江苏各地农民的生活水平基本上恢复和超过新中国成立前的最高水平。

由于 1952 年江苏农业已经恢复和超过新中国成立前的最高水平,到"一五"时期农业增长速度就不能不放慢下来,并且由于气候变化等原因而时丰时歉。农民收入也随着农业生产的丰歉而有所起伏,但增长不大。据农民家庭收支调查,农民人均收入:1952 年 87.63 元,1953 年 91.27 元,1954 年 90.56 元,1955 年 113.80 元,1956 年 86.37 元,1957 年 94.3 元。③

由于农民收入增长不多,因而农民的生活只能有所改善。据江苏省统计局 1957 年对 766 户农户的抽样调查,平均每个劳动者负担 2.01 人(包括劳动者本人),每户使用房屋 3.07 间,全年平均每人总收入 94.28 元,用于生活支出 83.23 元。其中吃的方面占 71.5%,穿的方面占 7.3%,烧的方面占 9%,住的方面占 1.1%,用的方面占 7.3%,非商品支出占 3.5%。1957 年农民家庭每人全年主要消费品的消费量是:粮食(原粮)228.3 公斤,蔬菜 111.2 公斤,植物油 1.6 公斤,肉类 3.2 公斤,蛋类 0.8 公斤,鱼虾 2.6 公斤,食糖 0.5 公斤,酒 0.5 公斤,棉布 4.8 米,煤炭 10 公斤。④

尽管农民生活改善不多,但是,农民的生活却较以前更为稳定一些。新中国成立

---

① 江苏省地方志编纂委员会编著:《江苏省志·综合经济志》(下),江苏古籍出版社 1999 年版,第 534 页。

② 江苏省地方志编纂委员会编著:《江苏省志·综合经济志》(下),江苏古籍出版社 1999 年版,第 522 页。

③ 江苏省计划与经济委员会编:《"一五"在江苏(1953—1957)》(上),1999 年内部发行,第 73 页。

④ 刘定汉主编:《当代江苏简史》,当代中国出版社 1999 年版,第 152 页。

前一遇较大灾害，灾民就流离失所，甚至会出现饿殍遍地的惨状。在“一五”时期，江苏自然灾害频繁，特别是有两年遭受严重灾害：1954 年遭受特大水灾，受淹减产的 1300 万亩，颗粒无收 680 万亩，倒塌房屋 53 万余间，死伤 3306 人，轻重灾民 650 万人；1956 年，全省受灾面积达到 3143 万亩，其中减产 5 成以上的 1538 万亩，基本无收的 570 万亩，全省轻重灾民 946 万人。在遭受灾害的年份和地区，党和政府全力领导群众生产自救，并拨付大批救灾资金和物资。在 1954—1957 年间，仅财政部门拨付的自然灾害救济费即达 6798.4 万元，使灾民安度灾荒。① 此外，在农业合作化实现以后，农村的鳏寡孤独等弱势群体开始享受“五保”待遇，基本生活得到保障。

需要指出的是，在“一五”时期，江苏城乡人口增长较快，全省人口从 1952 年末的 3739 万人，增加到 1957 年的 4182.71 万人，5 年内增加 443.71 万人，其中农业人口增加 374.05 万人，年均递增 2.3%。由于人口增长过快，这也在一定程度上影响了人民生活的改善。

四 交通邮电事业的初步发展

江苏地处东南沿海，拥有良好的区位优势和较好的经济基础，因而在新中国成立前，江苏的交通邮电事业发展就走在全国全列。新中国成立后，江苏境内的运输、邮电事业得到初步整修，迅速恢复运行。进入“一五”时期后，江苏的交通邮电事业获得进一步的发展。

（一）交通运输业的整修和发展

在三年恢复时期，遭到战争毁坏的江苏铁路、公路、航运等交通运输事业，经过抓紧抢修和初步整治，运输能力和线路状况明显好转。在“一五”时期，为了适应全国重点建设和江苏工农业生产发展的需要，江苏省在对私营和个体运输企业进行社会主义改造的同时，继续整修和扩建运输设施，增添运输工具，加强运输企业的管理，实行计划运输，组织联合运输，开展增产节约运动，推动了运输事业的发展。到 1957 年，全省货物运输量从 1952 年的 1545 万吨扩大到 3885 万吨。②

1. 铁路运输的发展

“一五”时期，江苏境内铁路有南京、徐州两大枢纽和津浦、沪宁、陇海、宁芜铁路的部分区段。全省铁路共有 713 公里。江苏铁路连接长江和京杭大运河，穿越苏南、苏北 20 多个市县，在全省交通运输事业中起着骨干作用。在新中国成立后到“一五”

---

① 江苏省计划与经济委员会编：《“一五”在江苏（1953—1957）》（上），1999 年内部发行，第 73 页。

② 江苏省统计局编：《江苏四十年（1949—1989）》，中国统计出版社 1989 年版，第 146 页。

期间,开始按照国家干线的标准对沪宁线进行整治与初步改造,更新改造线路,清理加固道床,更换损伤旧轨和失效枕木,并对水害严重地段栖霞山至龙潭一线东移改建进行选路设计。同时,着力整顿,加强运输管理,列车严格按运行图行车,开展"满载、超轴、五百公里运动"等劳动竞赛,提高列车运行速度和正点率。对新中国成立前受损严重的津浦线、陇海线、宁芜线的江苏地段,也抓紧进行抢修和整治,改善路况,提高通过能力。1956年在陇海线上还新建沂河大桥。① 1955年,由济南铁路局提出方案,经国家铁道部批准,开始对徐州铁路枢纽进行大规模的改扩建。整个工程分三期,初期工程于1957年竣工。经过改扩建,徐州铁路枢纽的通过能力和改编能力迅速提高。1957年,徐州枢纽实际日均到数达到72.4列,货运量比1952年增长140%,客运量增长52%。② 此外,还改善浦口火车轮渡设施,并开始准备津浦和沪宁路的复线建设和拟议兴建南京长江大桥。

2. 水上航运的发展

江苏水运得天独厚,航运是"一五"时期交通运输的主要力量。新中国航运业是在没收官僚资本的航运业,并对民族资本轮船业和个体船户进行社会主义改造的过程中发展起来的。

江苏恢复省建制后,一面壮大发展国营轮船运输,一面对占水上总运力96.87%、货运量88.38%的个体木帆船进行扶持引导,走组织起来的道路,实行集体经营。到1956年初,基本上完成社会主义改造工作。据1956年3月统计,私营运输业轮船408艘全部实行公私合营,木帆船35274艘实行公私合营和合作化的占89.83%。③与此同时,还加强运输统一管理,建立计划运输制度,统一运输价格,并积极进行运输作业和运输工具的技术改造,推行一系列拖带运输法。

在航道建设方面,针对新中国成立前内河航道大多弯、浅、险、狭,碍航建筑物多,桥梁跨径小、净空低等通航能力差的状况,新中国成立后立即着手航道的清障、疏浚和整治。苏南地区主要整治市河,以改善江河通道为重点;苏北地区则以清除航道中的浅阻淤障为主。随着水利工程的相继实施,航运条件相应得到改善。在"一五"时期,继续疏浚整治主要航道,如排淡河、盐河、串场河的疏浚,方便了盐运;京杭大运河苏北段的整治,改善了通航条件(原来京杭大运河苏北段,只有一半左右能通过轮船)。为加强航道建设,还开展全省航道普查和内河航标设置。水利部门和交通部门

① 江苏省计划与经济委员会编:《"一五"在江苏(1953—1957)》(上),1999年内部发行,第52页。

② 江苏省计划与经济委员会编:《"一五"在江苏(1953—1957)》(上),1999年内部发行,第189—190页。

③ 中共江苏省委党史工作委员会等编:《中国资本主义工商业的社会主义改造》(江苏卷)(上),中共党史出版社1992年版,第331页。

密切配合，统筹规划，在水利建设中有计划地综合利用水资源，便利航运的发展。如1953年建成的三河闸，能有计划调控水位，保证淮河、大运河等重要航道的畅通。在沿江沿海有计划地进行并港建闸，在主要河港上兴建一批船闸，如江阴船闸、淮安船闸、江都船闸、泰州船闸等，方便控水和航运。港口建设在“一五”时期也逐步展开。如南通港、江阴港、镇江港、高港等通过迁移港址、兴建码头、更换设施等措施，改变过去一直依靠驳运接送旅客上下的落后状况；南京港、连云港开始兴建专业货运码头，提高煤炭、石油等货物的装卸力。随着港口设施的建设，吞吐能力有较大的提高。①

3. 公路运输的发展

江苏在20世纪初开始修筑公路，到1937年共有公路5400公里。由于长期战争的破坏，1949年江苏公路通车里程仅有2781公里。新中国成立后抓紧抢修，使通车总里程成倍增加。经过重点整修干线公路，苏北部分路段还加铺碎石路面，苏南则重点对公路桥梁进行整修。到1952年，全省公路通车里程达到4178公里，晴雨通车里程达到1419公里。②

在“一五”时期，江苏在公路建设上采取“改善与新建相结合，以改善为主”的方针。除了修复改善原有公路外，江苏公路建设开始改变原来分布极不合理的状况。占全省面积70%的苏北，在1952年公路里程仅占全省的1/4。因此，在“一五”时期，江苏公路建设的重点是提高苏南路况质量，建设苏北的主要干线。省、市、县开始建立专业养路机构——养路段和养路工区，加强公路的养护管理。同时对宁杭、沪杭、津浦、淮沭新、徐淮、徐丰等公路干线进行全线整修(部分路段为新建)。到1957年底，全省公路通车里程达到6475公里，其中晴雨通车里程为2653公里，较1952年有较大发展。③

1949年江苏全境解放时，江苏交通部门接收国民党统治时期官办的汽车运输企业，其能正常行驶的车辆只有86辆；全省私营运输业只有从事短途客货运的17家，车辆老杂破旧。1956年下半年，私营汽车运输业的705辆客货运实行全行业的公私合营。在此基础上，国营运输企业对全省运力进行较大调整，加强苏北地区的运力。同时加强对运输企业的统一管理和计划管理。此外，还先后开展“安全、四定、车吨月产两千吨公里”和“安全、节约、十万里无大修”等劳动竞赛，有力地推动运输效率的提高，涌现出许多安全、高产、节油、节胎、保修、爱车等方面的先进人物。④

---

① 江苏省计划与经济委员会编：《“一五”在江苏(1953—1957)》(上)，1999年内部发行，第52—53页。

②③ 江苏省统计局编：《光辉的三十五年——江苏省国民经济和社会发展统计资料(1949—1983)》，1984年印行，第56页。

④ 江苏省计划与经济委员会编：《“一五”在江苏(1953—1957)》(上)，1999年内部发行，第53—54页。

4. 民用航空的发展

江苏是中国最早开发民用航空的省份之一,但民航长期停留在低水平发展阶段。新中国成立后,1954年南京曾作为重庆经汉口至上海的导航点。1955年1月,民航上海管理处在南京明故宫机场组建航空站。南京航空站初期只是一个小的经停小站,有两条航线,每周4—5个航班,年完成客运量为358人次,货、邮运量53.8吨。1956年7月,明故宫机场废弃,南京站迁至大校场。该机场实行军民合用,设备和设施均较为先进。随后,又投资建设停机坪,扩建候机楼。自此,江苏民航获得较大发展。到1957年,南京有航线5条,通航里程4599公里,每周飞行9班,通航北京、上海、武汉、宜昌、重庆、济南、西安、兰州8个城市。①

徐州民航始建于1946年,新中国成立前夕因淮海战役爆发而停运。新中国成立后,经中央军委批准将徐州九里山机场借给中国民航使用,组建民航徐州站,并于1955年4月开航。在"一五"时期,徐州民航每天一次航班,加上临时班机,平均每年飞行375个航班,多数为过站客货。由于徐州交通发达,乘坐飞机旅客很少,加上山东省会济南急需开航,1958年徐州航站搬迁到济南,徐州遂停航。②

(二)邮电通信的建设和发展

江苏近代邮政电信事业始于19世纪晚期和20世纪初。新中国成立后,江苏邮电事业是在解放区人民邮电事业的基础上,接管国民政府邮电机构和人员而发展起来的。1951年1月,按照"邮电合一"、"集中领导,专业分工"的方针,江苏邮政管理局和南京电信局合并成立江苏邮电管理局,统一领导城乡邮政、电信工作。经过三年恢复和发展,到1952年全省共有邮电局、邮电所3591处,邮路总长度5.14万公里,电报电路总数91路,长途电话电路总数134路,城市电话交换机总容量1.97万门,农村电话交换机总容量0.41万门,邮电业计费业务总量0.14亿元,邮件达到0.57亿件,包件为111万件,报刊累计发行量0.8亿份,汇票达到224万张。③

为了适应国民经济发展的需要,在"一五"时期,中央和江苏地方财政增加对邮电建设的投入,共计投资1294.46万元,重点投在乡村电话和长途电话方面。④ 邮电部门深入贯彻"人民邮政为人民"、"迅速、准确、安全、方便"的服务方针,各项邮电业务都有很大发展,形成了遍布城乡的邮电网络。

---

① 江苏省计划与经济委员会编:《"一五"在江苏(1953—1957)》(上),1999年内部发行,第55页。

② 徐州市地方志编纂委员会编著:《徐州市志》(上),中华书局1994年版,第883页。

③ 江苏省统计局编:《光辉的三十五年——江苏省国民经济和社会发展统计资料(1949—1983)》,1984年印行,第56页。

④ 江苏省计划与经济委员会编:《"一五"在江苏(1953—1957)》,1999年内部发行,第55—56页。

1954 年，江苏对私营邮政代办所进行整顿改造，由邮局自办或由合作社及企业、机关团体承办或兼办邮政代办所。1957 年，全省邮政局、所达到 3059 处，其中农村有 2655 所，比 1949 年增长 1 倍多。邮路进一步延伸，到 1957 年达到 6.7 万公里，主要发展自行车邮路和汽车邮路，前者达到 3.47 万公里，后者达到 1 万多公里，加快邮件传递速度。邮政的四大主要业务大幅度增长：邮件增到 0.98 亿件，包件增到 180 万件，报刊累计发行量增到 1.62 亿份，汇票增到 353 万张。① 此外，还办理邮局代理储蓄业务（1953 年 9 月 1 日停办）、集邮业务等等。

1949 年 10 月新中国成立时，江苏各地办理电报局、所只有 88 处。新中国成立后为了方便城乡人民使用电报通信，江苏各地积极增办电报业务局、所，特别是加快发展农村局、所。1952 年，江苏各地电报局、所发展到 161 处，其中农村 42 处。1957 年，江苏各地电报局、所发展到 724 处，其中农村局、所达到 432 处。电报通信设备，原以无线传输为主。新中国成立后，为了确保通信机密，改为有线为主。1957 年电报电路达到 128 条，其中省际一级电路有南京至北京、上海、九江、杭州、合肥等 5 条，二级省际电路有 17 条。其余则为二级省内电路与市（县）内电路。1957 年电报电路中电传机从 1949 年 1 条发展到 9 条；电报业务量从 1949 年的 18.4 万份，发展到 1957 年的 53 万份。②

1949 年，江苏各地开办长途电话业务的局、所有 119 处。到 1957 年，江苏各地开办长途电话业务的局、所达到 1052 处，长途电话电路达到 179 条，初步形成了以南京为中心的四级辐射制网络，主要使用磁石交换机和部分共电式交换机。1957 年底，全省有 11 个市县开始兴建明线 12 路载波电话系统。

在三年国民经济恢复时期，南京、苏州两地曾经拆卸电话以支援其他城市。南京电信局拆卸自动电话 2900 门支援武汉，苏州邮政局拆卸市话 1000 门支援兰州。因此，江苏省市内电话用户一度从 2.19 万门减少到 1.97 万门。在“一五”时期，各市县地方人民委员会所在地均新建和扩建人工电话。各市电话也有所发展。到 1957 年市话交换机发展到 2.48 万门。

1952 年，江苏各地乡镇电话共有磁石交换机 4111 门、电话交换点 244 处、电话机 1633 部。在“一五”时期，各县地方电信划归邮电部门统一管理。1956 年，乡镇电话统称“县内电话”。1957 年，全省农村电话共有磁石交换机 18889 门，交换点 512 处，

---

① 江苏省统计局编：《光辉的三十五年——江苏省国民经济和社会发展统计资料（1949—1983）》，1984 年印行，第 56 页。

② 江苏省计划与经济委员会编：《“一五”在江苏（1953—1957）》，1999 年内部发行，第 57 页。

用户装有电话机 5605 部。[1]

第三节　教科文卫事业的全面发展

一　教育事业的发展

1953 年 1 月 2 日,江苏省教育厅成立。1956 年 4 月,江苏省高等教育局成立,分管高等教育和中等专业教育,与江苏省教育厅并列。在"一五"时期,江苏省委和省政府都非常重视发展教育事业,给予较多的资金投入。从 1953 年至 1957 年,江苏教育经费分别为 9054.1 万元、9406.1 万元、8673.1 万元、11884.5 万元、12796.5 万元,除 1955 年略有减少外,其他四年都在不断增加。这五年教育经费共计 51814.3 万元,占五年省财政总支出 178970.9 万元的 29%。[2]

在"一五"时期,江苏教育事业发展始终围绕存在的突出问题而进行相应的调整。针对 1952 年教育事业过快发展带来的诸多问题,1953 年江苏省教育厅贯彻"整顿巩固、重点发展、提高质量、稳步前进"的方针,对师范、初中班和小学进行整顿,纠正某些事业的盲目发展和混乱现象,提高了质量,并开始有计划、有重点地发展教育事业。1954 年,中共中央指出:大力发展高等师范教育是发展中等教育的关键。对此,江苏省加以贯彻,保证重点事业的发展。1955 年,除继续贯彻"整顿巩固,重点发展,提高质量,稳步前进"方针外,还提出以提高质量为重点,有计划有重点地发展,在地区分布上实行合理部署,对公私文教事业加以统筹安排。1956 年,在"全面规划,加强领导"和"又多又快又好又省"的方针指导下,江苏各项教育事业都在加快发展。1957 年,按照"适当收缩、保证重点"的方针,江苏把计划放在既积极而又充分可靠的基础上,纠正对国家、群众需要注意较多而对可能条件重视不够的倾向。[3]

经过广大教育工作者的努力,"一五"时期江苏教育事业得到迅速发展,取得了显著成绩。

1. 全面发展各种教育事业

在小学教育方面,通过统筹兼顾、合理布局,投资新建一批学校,并在部分学校开设二部制,从而为适龄儿童提供更多的上学机会。1956 年,全省学龄儿童入学率达

---

① 江苏省计划与经济委员会编:《"一五"在江苏(1953—1957)》,1999 年内部发行,第 57—58 页。

② 江苏省统计局、江苏省教育厅编:《江苏省历年来教育事业统计资料》,1958 年 8 月印行。

③ 《江苏省教育建设第一个五年计划执行中的主要经验和问题及第二个五年计划的方针和任务》,江苏省档案馆馆藏档案 3094—永久—67。

到63.9%。1957年，全省小学校达到31757所，比1952年的27070所增长17%，1957年在校学生达到412.8万人，比1952年335.20万增长23.2%。1957年，全省有私塾1132个，仅为1952年4237个的26.7%，私塾学生31581人，仅为1952年学生数135679人的23.3%。在幼儿教育方面，1957年，全省共有幼儿园(校)1569个，比1952年的969个增长61.9%，在园幼儿有97611人，比1952年的55763人增长75%。值得一提的是，江苏还开始在城市逐步普及初等教育。1956年南京市学龄儿童入学率达到94.4%。① 此外，在扫盲教育上也收效颇大，共扫除文盲118万人，其中农民92万人，市民和手工业者10万人，职工13万人，干部和机关其他工作人员3万人。②

在中学教育方面，增设一大批中学，原有中学大部分都进行改扩建，扩大规模，增加设施，并形成一批重点中学。1957年，全省中学达到1170所，在校学生人数为51.09万人，比1952年的347所、23.24万人分别增长237.2%、119.8%。1957年，每万人口有中学生的数量，从1952年的62.2人增加到122.1人。③

在中高等教育方面，1957年全省中等专业学校在校学生由1952年的4.23万人增加到5.24万人，高等学校在校学生由1952年的1.13万人增加到2.91万人。

2. 初步调整学校的地区分布

原来中学大都集中在城市里，高中只有少数市县有。到1957年，农村也有了中学，高中基本上每县都有一所以上。原有小学的分布也是不平衡的，1957年基本上村村都有小学。④ 一些基础薄弱的地区中小学教育得到重点扶持和照顾，获得更快发展。1957年全省公立小学较1953年增加26.4%，而徐州地区增长37%。徐州专区在1952年有中学11所，到1957年已经增至48所。东海县1952年一所中学也没有，1957年已经增至5所。此外，还初步改变师范学校设置不平衡的状况。1953年时，25所师范学校有15所在苏南。经过几年的发展和调整，到1957年，34所师范学校有18所在苏北，基本达到初等师资就地培养的要求。⑤

当然，尽管江苏学校在地区分布上已经进行初步调整，但仍然存在一些不尽合理之处。高等师范分布在长江以南的南京、苏州和沿江的扬州三地，面积广大的徐淮盐

①③ 江苏省统计局、江苏省教育厅编:《江苏省历年来教育事业统计资料》，1958年8月印行。

② 《(江苏)省教育厅厅长吴天石在中共江苏省第三次代表大会第二次会议上的发言》(1957年12月)，江苏省档案馆馆藏档案3094—永久—62。

④ 江苏省教育厅:《五年来的教育工作估价及对今后工作的意见》，江苏省档案馆馆藏档案3094—永久—67。

⑤ 《江苏省教育建设第一个五年计划执行中的主要经验和问题及第二个五年计划的方针和任务》，江苏省档案馆馆藏档案3094—永久—67。

地区,每年所需的中等师资都由外地调入。中等以上学校还大部分集中于城镇,在农村则相对较少。全省 686 所中 389 所设在直辖市和其他城镇,城镇各中学的学生数占中学生总数的 77%。苏北一些地区的基础教育仍较为落后,徐州地区还有 3 个县的学龄儿童入学率在 40%左右。①

此外,学生来源也有所变化。“一五”时期,江苏坚持贯彻“向工农开门”的办学方针,来自工人和农民家庭的学生比例逐年增长。从 1953 年到 1956 年,工农学生的比例,高中由 30.6%增长到 47.8%,师范由 42%增长到 62%,初中由 58.2%增至 66%。到 1957 年,江苏各级学校中工农学生的比例,已经达到 60%左右。

3. 尝试发展民办教育

在 1952 年教育大发展中,绝大多数民办学校被政府接办,民办教育事业受到重大挫折。但是,政府主办的教育还不能满足人民的需要。在 1953 年后,民办学校仍然不断涌现。1955 年,江苏省教育厅又有意识地提倡发展民办教育,民办教育得到较快发展。到 1955 年 11 月,江苏全省民办小学学生数达到 21 万余人。在 1956 年教育事业的大发展中,不少民办学校又被政府接办,但同时也涌现出许多由农业生产合作社兴办的民办学校。据 1956 年下半年调查,全省厂矿企业、合作社和群众所办的学校和补习班还非常多:初中补习班 263 处,有学生 46185 人,小学(包括私塾)共 5314 处,有学生 481971 人,其中民办小学学生数占全省小学生总数的 10.5%。②

1957 年 7 月 24 日,江苏省人民委员会公布《江苏省民办教育事业暂行办法》,提倡社会团体、人民群众根据需要、自愿和可能的原则,举办中小学、幼儿教育事业。因此,民办教育事业又有所发展。据 1957 年底调查,全省有民办小学 4276 所,学生约 53 万人,教职员工 13340 人。民办学校的学生占全省小学生总数的 1/10 强。民办教育以扬州专区发展最快。该专区教育水平本来较低,经济水平中等,但由于党和政府的正确引导,该专区民办小学比较多,在 1957 年有学生约 13 万人,占该区小学生总数的 1/5 以上。在 1957 年,民办小学主要有三种形式:一种是社办小学,由合作社负责教师工资和办公经费,学费收入归社,不足之数由社补贴。一种是群众集资办学,教师依靠学费作工资,收入多少完全依靠学费多少来决定,这种学校教师生活还没有可靠保证,因而国家津贴一部分补助费。另一种是公校附设的民办班。民办班附设在公校内,收费略高于公费班,教师生活有保证,教学质量也较高。这三种形式的民办学校,全省共有 12293 个班,以公校附设民办班为最多,计有 7212 班,民办小学次

①② 《江苏省教育建设第一个五年计划执行中的主要经验和问题及第二个五年计划的方针和任务》,江苏省档案馆馆藏档案 3094—永久—67。

之,社办小学最少。① 尽管“一五”时期江苏在发展民办教育上还缺乏自觉性和持续性,但它发展民办教育的尝试还是值得肯定的。

二 科技文化事业的发展

(一) 加强科技事业

在新中国成立后江苏恢复和建立科技机构的基础上,“一五”时期江苏又新建一批科研机构。到 1957 年,江苏科研机构中属于中国科学院系统的有紫金山天文台、古生物研究所、土壤研究所、地理研究所和南京中山植物园等;属于部属的科研机构有华东农业科学研究所、华东蚕桑研究所(所址在镇江)、南京水利试验处(后改南京水利研究所)、南京农业机械化研究所、中央皮肤病研究所等;属于省级的科研机构有省度量衡管理所(1958 年改称计量测管理所)、省中医药研究所、省化工研究所、省血吸虫防治所、省煤田地质勘探所等。据 1956 年统计,这些研究所共有职工 1625 人,业务人员 1246 人,其中研究人员 541 人。广大科技工作者积极开展科技工作,在提高农作物产量、改良土壤、调查土地资源、整治航道、修筑水库以及天文、地质、古生物、植物等方面科研工作中都取得重大进展。

在“一五”时期,江苏高等院校科研工作也有较快发展。以南京大学为例,高校科技工作出现一些新特点:(1) 结合国民经济发展中提出的实际问题进行的研究逐渐增多。1956 年的科研计划中,这类选题有 42 项,接近总数的 20%。(2) 科研上合作逐渐增多。在 1955 年,南京大学青年教师和老教授合作进行的课题 67 个,占总数的 38.4%。到 1956 年,这类课题上升到 119 个,占总课题的比例上升到 55.5%。同厂矿企业、科研机构的合作研究也在逐渐增多,1956 年南京大学就有 25 项与校外合作的科研项目。(3) 大型的科研攻关项目逐渐增多。南京大学气象系与中央气象局合作,在 1955—1957 年间进行关于“中国雨量的长期预告”及“中国的寒潮”两项研究;南京大学天文系与紫金山天文台合作,进行“恒星天文”、“太阳物理”、“地极移动”等 6 方面的科研;南京大学物理系魏荣爵教授接受华东军区政治部委托,设计远距离扬声器;南京大学化学系戴安邦教授接受南京江南汽车公司委托,研究“柴油的净化问题”。1956 年 4 月,高教部批复同意将南京大学“温度控制器”、“全国气象区域的划分”、“全国煤系地层的沉积学的研究”等 17 项研究立项,其中有 6 个课题与其他高校合作。在《1956—1957 年国家重要科学技术研究规划》中,由南京大学牵头或主持的

① 《(江苏)省教育厅厅长吴天石在中共江苏省第三次代表大会第二次会议上的发言》,1957 年 12 月,江苏省档案馆馆藏档案 3094—永久—62。

课题有 6 项,参与研究的重大项目有 12 项。[①]

与此同时,一些厂矿的科技人员积极投入科技创新工作,取得不少国内首创的成果。1953 年,南京无线电厂试制巨型中波广播发射机成功。1954 年,南京教学仪器厂(后为江南光学仪器厂)研制成功生物显微镜;南京机床厂制成国内第一台 1325 型回轮式六角车床及单轴自动车床的系列产品,并开发仪表机床,其中 C112 纵切自动车床是国内第一台全自动车床。1956 年,永利铔厂总工程师姜圣阶、总机械师陈鹤桐带领科技人员,试制成功了工作压力 320 公斤/平方厘米、破裂压力 1.265 公斤/平方厘米的多层包扎式高压容器,达到当时国际水平,使我国能够自己制造化学、石油工业的全套合成设备。无锡橡胶厂研制成功丁腈橡胶辊,并用以代替纺织行业长期使用的牛皮车辊。1957 年,南京电子管厂研制成功国产第一个脉冲磁控器,为生产超高频电子管开辟了道路。[②] 此外,广大工人、技术人员掀起群众性的发明创造和技术革新活动,并提出许多合理化建议。

1955 年 10 月南京机床厂试制成功中国第一台自动车床

随着科研技术队伍不断壮大和科研活动的开展,江苏科技团体也相继成立。1955 年 3 月 13—14 日,中华全国自然科学专门学会联合会南京分会及江苏省科学技术普及协会联合召开第一次会员代表大会,到会代表 240 人。会议正式成立中华全国自然科学专门学会南京分会,由潘菽担任主任委员。会议还成立江苏省科学技术普及协会,由高济宇担任主席。1956 年全国知识分子问题会议召开,发出向科学进

① 王德滋主编:《南京大学百年史》,南京大学出版社 2002 年版,第 321—322 页。

② 南京市地方志编纂办公室编著:《南京简志》,江苏古籍出版社 1986 年版,第 703—704 页。

军的号召，有力地推动江苏科技事业的发展。

（二）发展和繁荣文化事业

1953年1月1日，江苏省人民政府成立，下设主管全省文化、艺术、电影等事业的文化行政机构“文化事业管理局”。1955年，江苏省文化事业管理局改称“江苏省文化局”。

1954年9月，举行江苏省第一届文学艺术工作者代表大会，成立江苏省文学艺术工作者联合会（简称省文联），文联的各协会会员有512人。1956年11月举行第二次文代会，会名改为“江苏省文学艺术界联合会”。在此前后，相继成立戏剧作家协会、音乐家协会等各种文化社团。

在省文化事业管理局（后改称省文化局）的领导下和省文联的具体推动下，江苏省文化事业在“一五”时期取得较大发展，初步展现出繁荣景象。

1. 发展文学和戏剧事业

在“一五”时期，江苏省文学事业已获得初步发展。1953年和1957年，《江苏文艺》和《雨花》等文学月刊先后创立。一些年轻作家开始初露头角。1956年3月，章品镇、张彦平、戴石明、陈鸣树、王鸿、李亚如、李有干、刘国华、陆文夫等9人出席中国作家协会和中国新民主主义青年团联合召开的全国青年文学创作者会议。1956年10月，陆文夫在《萌芽》上发表短篇小说《小巷深处》，引起了强烈的反响。1957年6月，陈椿年、高晓声、叶至诚、方之、陆文夫、梅汝恺、曾华等发起组织“探求者”文学月刊社，并拟定“章程”和“启事”，提出政治见解和艺术主张。遗憾的是，反右运动开始后，“探求者”被定为反党小集团，陈椿年、高晓声等被划为右派，遣送农村劳动。《雨花》上先后刊载的陆文夫的《平原的颂歌》、曾华的《七朵红花》、高晓声的《不幸》、方之的《杨妇道》、梅汝恺的《夜诊》等5篇小说被错误地批判为“反党反社会主义”的毒草。①

在“一五”时期，江苏省戏剧事业获得很大发展。江苏省建制恢复后，继续加大戏剧改革工作力度。1955年1月，省文化事业管理局决定将戏曲审定组改建为戏曲改编室，随后成立江苏省剧目工作委员会。为了丰富上演剧目，1956年起在全省大规模发掘、整理传统剧目。1957年起，省文化局认真贯彻党的“百花齐放，百家争鸣”方针和“两条腿走路”的剧目政策，有计划地在全省组织剧目创作。

从1953年开始组建一批省级国营剧团。1953年，先后成立江苏省话剧团、锡剧团、扬剧团。1955年后，京剧、淮剧、淮海戏、柳琴戏、棒子戏等省级剧团也相继成立。为了抢救濒临绝境的昆剧，江苏省文化厅1956年在苏州举办有苏、沪、杭三地剧团参加的昆剧观摩演出大会。会演结束后，苏州市苏剧团改建为江苏省苏昆剧团。此外，

① 江苏省地方志编纂委员会编著：《江苏省志・文学志》，江苏古籍出版社2003年版，第887页。

还按照文化部《关于民间职业剧团登记管理工作的指示》,从 1954 年 12 月在全省开展民间职业剧团登记工作。经过登记的剧团有 188 个。[①]

1954 年 9 月 25 日至 11 月 6 日,华东戏曲观摩演出大会在上海举行。江苏省派出由锡剧、扬剧、淮剧、淮海戏、柳琴戏、苏剧、京剧 7 个剧种 173 名职业演员组成的江苏省代表团参加会演。江苏省代表团共演出剧目 21 个,其中有 8 个剧目荣获 7 种奖项,有 49 名演员获奖,其中 5 人获一等奖。

1957 年 4 月,江苏省第一届戏曲观摩演出大会在南京举行,会演历时一个月。参加演出的有 17 个剧种的近千名演员,共演出 94 个剧目。淮海戏《拾稻头》、锡剧《红楼梦》、扬剧《恩仇记》、京剧《离魂记》、越剧《南冠草》等 10 个剧目获优秀剧本奖,京剧《虹桥赠珠》、淮剧《借兰衫》等 12 个剧目获优秀演出奖。

此外,一些全国著名艺术家先后多次到江苏演出。梅兰芳在 1953 年、1954 年、1956 年先后到无锡、南京、扬州、泰州等地演出。周信芳、荀慧生等也来到江苏演出。

新中国成立后,江苏的剧场建设有很大发展。除对民国时期建筑的戏院进行修缮或改建外,还建造许多新剧场。1952 年底,全省共有剧场 216 座,其中文化部门 27 座,工会及其他部门 16 座,集体经营 3 座,私营 170 座。到 1955 年底,全省剧场增至 274 座,其中文化部门 72 座,工会及其他部门 24 座,集体经营 12 座,私营 166 座。此后,文化部门和集体经营的剧场逐年增多,私营剧场逐年减少,1957 年文化部门剧场达 148 座。[②] 改建和新建的戏院在声光、舞台工作条件以及防火、卫生等方面都有很大改进。

2. 发展美术、摄影、曲艺、音乐、舞蹈和电影事业

新中国成立后,江苏美术家们满腔热情地反映新生活,表现新时代。他们纷纷深入生活,创作出具有新内容和新形式的作品。1956 年成立的江苏省美术馆为展示各类佳作提供了便利条件。1957 年,成立江苏省国画院筹委会,由吕凤子、胡小石、陈之佛、傅抱石、亚明 5 人组成,吕凤子为主任。筹委会聘请一批全省各地较有影响的画家为画院画师。南京艺术学院、南京师范学院的美术系也集中了一批优秀教师。

1956 年 6 月,江苏省文化局颁布《江苏省曲艺艺人登记管理暂行办法》,要求在江苏演出的曲艺艺人向经常流动演唱的市、县一级文化主管部门申请登记,组建演出团体。1957 年 9 月 25 日,江苏省第一届曲艺观摩演出开始先后在南通、徐州、无锡、扬州、淮阴、苏州、南京 7 个会演区先后举行,至 12 月 22 日结束。35 个曲种和曲艺形式

---

① 江苏省地方志编纂委员会编著:《江苏省志・文化艺术志》,江苏古籍出版社 2003 年版,第 18—19 页。

② 江苏省地方志编纂委员会编著:《江苏省志・文化艺术志》,江苏古籍出版社 2003 年版,第 195 页。

的403名演员，演出了267个传统节目和新创节目。

在“一五”时期，音乐舞蹈的业余活动也越来越繁盛。各地文化宫、群众艺术馆也经常举办各类表演与赛事。1950年，华东野战军文艺工作团在南京改编成华东军区解放军艺术剧院。1953年，前往朝鲜演出慰问中国人民志愿军。1955年，该团被国防部命名为前线歌舞团。① 自1954年开始，南京乐社等业余音乐艺术团先后成立。1956年10月，江苏省歌舞团正式建立，这是江苏省第一个专业歌舞团体。在1957年全国歌舞会演中，该团演出的民间舞蹈《闹花灯》、《花扇舞》、《花香鼓舞》、《段龙》获得一致好评。② 1957年1月，南京市少年之家组织全市中、小学生文艺骨干，利用课余进行文艺培训和演出，取名为小红花艺术团。该艺术团是全国首创的少儿艺术团体。

在“一五”时期，江苏作家也对新中国的电影事业发展作出一定的贡献。胡石言（江苏作家）和黄宗江将胡石言1950年发表的小说《柳堡的故事》改编成电影剧本，并于1957年由八一电影制片厂摄制成电影。该影片描写新四军战士李进与柳堡姑娘二妹子几经曲折的爱情故事，在军事题材影片中具有很强的开拓性。随着“九九艳阳天”的歌声，《柳堡的故事》家喻户晓。与此同时，江苏在电影放映上发展很快。1949年，江苏各地有专业性的电影院30余所，主要集中在大中城市，广大农民在农村根本看不到电影。新中国成立后，开始发展农村电影队，最初只有4个。到1955年，全省每县都有电影队。1952年，江苏各地共有电影院、电影队110个，1957年则增加到390个。

3. 发展图书馆、博物馆和群众文化事业

在1952年，江苏共有12个图书馆和2个博物馆。在“一五”时期，除南京市以外的大部分直辖市也纷纷建立图书馆。到1957年，全省图书馆发展到25个，博物馆也增加到5个。1956年，中共中央发出向科技进军的号召，省内大型公共图书馆随即广辟书源，积极为发展科学技术服务，图书藏量迅速上升。

此外，江苏各地工会组织在创建文化宫、俱乐部的同时，也创办职工图书馆（室）。到1954年底，全省各市、县、区、镇工会和产业工会办的图书馆（室）有1117个，基层工会图书馆（室）1395个，流通图书室（点）1450个，藏书183.39万册。

“一五”时期，江苏进一步加强发展县、市文化馆建设，并大力建立乡镇文化站。1954年7月，江苏省文化事业管理局发出《关于执行中央文化部〈关于整顿和加强文化馆、站工作的指示〉的意见》，要求经过调整，全省设置市县文化馆105个，区（镇）文

① 江苏省地方志编纂委员会编著：《江苏省志·文化艺术志》，江苏古籍出版社2003年版，第174页。

② 江苏省地方志编纂委员会编著：《江苏省志·文化艺术志》，江苏古籍出版社2003年版，第169页。

化站615个,达到一县一馆、一镇一站。

1955年冬季,江苏省文化局提出要把农村俱乐部列为1956年工作重点。1956年2月,省文化局和共青团江苏省委联合发出指示,要求在农业生产合作社普遍建立俱乐部。到1956年底,这一目标基本达到。俱乐部一般内设业余剧团、创作组、读报组等。1956年9月,江苏省群众艺术馆在南京市长江路266号正式成立。

4. 发展新闻出版广播事业

1953年1月,江苏人民出版社在苏北、苏南两个出版社的基础上组建成立。根据国家规定,贯彻"地方化、通俗化、大众化"的出版方针,江苏人民出版社出版一批普及马列主义和毛泽东思想、宣传党的方针政策、传播科学文化知识等方面的通俗读物。

在"一五"时期,江苏广播事业也获得较快发展。江苏人民广播电台于1953年元旦正式开播,揭开江苏人民广播事业新的一页。鉴于解放初期文盲众多,报纸不足,交通不便,无线电广播十分重要而收音机很少,难以充分发挥广播宣传作用的情况,全省城乡各地根据中央新闻总署的决定,积极兴建收音机站。到1956年极盛时,全省建成市、县收音机站85个,区、镇站560个,农渔盐业合作社站455个。①

收音机站在活动过程中,逐渐拓展其功能,终于发生质的变化,由单纯的收音单位转变为广播单位。这就是新的传播媒体——有线广播站。有关部门因势利导,促其发展。1951年3月,镇江市首家建成城市有线广播站。1954年4月,宜兴县首家建成农村有线广播站。其后,发展农村有线广播被列入《全国农业发展纲要(草案)》,发展势头更为迅猛。到1956年底,全省各市县均已建站,全省拥有76000余只喇叭。② 这些有线广播扩大中央台、省台重要节目的传播,又设有自办节目,使县一级有了自己的电子媒体,对于播发当地新闻、政令,报告气象情况,传播农业科技知识,开展群众教育起了很大作用。

(三)大力发展体育事业

在"一五"时期,江苏各地逐步建立和健全各级体育领导机构和体育组织。1954年11月26日—29日,中华全国体育总会江苏省分会召开成立大会,宣布全国体育总会江苏省分会成立,由陶白任主任委员。与此同时,全省各县、市体委或体育分会相继建立。自1956年开始,中国大学生体育运动协会江苏省理事会等一批体育协会先后成立。1957年9月,江苏第一所培养中等体育专业人才的南京体育学校正式开学。

为了加强对高等学校体育运动的领导,1953年成立南京市高等学校体育工作委

---

① 江苏省地方志编纂委员会编著:《江苏省志·广播电视志》,江苏古籍出版社2000年版,第5页。

② 江苏省地方志编纂委员会编著:《江苏省志·广播电视志》,江苏古籍出版社2000年版,第6页。

员会。1955 年 9 月，省体委和教育厅将南京市高等学校体育工作委员会改组为江苏省高等学校体育工作委员会。1956 年，全省各地在各类学校中施行体育教育大纲，在大学和中等专业学校成立体育工作委员会，在普通中小学则成立体育教研组。

在 1952 年，全省中学以上的学校已经推行“两课、两操、两活动”（每周 2 节体育课，每天 1 次早操 1 次课间操，每周 2 次课外活动）制度。在“一五”时期，江苏省又进一步把这一制度推向小学。1954 年 10 月，江苏省体委、省教育厅等部门联合发出通知，“在全省小学推行少年广播体操”。1955 年，省体委、省教育厅等单位联合发出通知，要求各地小学先后在小学低年级推行儿童广播体操。

在 1951—1953 年，江苏少数中学就尝试推行“准备劳动与卫国体育制度”（简称“劳卫制”），并取得明显成效。1954 年 4 月，省体委决定在南京市等开始试行“劳卫制”，确定南京工学院、南京大学、南京航空学院、江苏师范学院、体干班以及四所中学重点试行“劳卫制”，并逐步向全省推广。1954 年，全省有 45 所学校推行了“劳卫制”，226 所学校推行“劳卫制”预备级。1956 年，全省中等以上学校推行“劳卫制”的已达 506 所。与此同时，各校普遍以“劳卫制”为中心，改进体育课和课外体育活动。1957 年，全省已有 404 所中学（占全省中学总数的 52%）推行了“劳卫制”，高等学校经常参加课外体育活动的学生保持在 90%以上。南京、镇江、无锡、常州、苏州、扬州、南通、徐州等 8 个市还开展国防体育活动，开展射击、摩托和航空模型及航海、无线电、跳伞等项目的国防体育活动。①

与此同时，职工体育活动也蓬勃开展起来。1953 年，全省大批职工运动员参加省足球、篮球、排球、网球、羽毛球等比赛活动，还参加 8 月举行的全省人民体育运动大会。10 月 26 日，江苏省政府发出通知，决定自 11 月 1 日起在全省推行“工间操”制度。1954 年 3 月 22 日，省政府再发通知，决定在政府机关中开展工间操和其他体育活动。在 1954—1955 年，仅南京市参加广播体操的职工有 3.1 万多人，占全市职工总数的 11.1%。各专区和县级机关也普遍推行工间操或早操。1955 年 10 月 2—9 日，江苏运动员韦饶玲、刘金蓉、邹俊鹏等参加第一届全国工人体育运动大会。1956 年 1 月，省体委和省总工会联合召开全省职工体育工作会议，部署在厂矿企业单位建立体育协会和推行“劳卫制”。当年底，全省 100 人以上的厂矿企业单位，基本上都建立了体协；部分 100 人以下的单位，也建立了基层联合体协。全省基层体协由 1955 年的 10 个（会员 1200 人）发展到 1956 年的 1568 个（包括机关，会员 215960 人）；全省建立市级产业体协 93 个，省级产业体协 11 个。另外还在 16 个厂矿、企业、机关中推行推行“劳卫制”，增强

① 江苏省地方志编纂委员会编著：《江苏省志·教育志》，江苏古籍出版社 2000 年版，第 298、588 页。

了职工体质,提高了生产效益。[①] 1956 年 6 月 3—7 日,江苏省召开首届职工体育运动大会。893 名运动员参加比赛,49 名运动员打破 22 项省纪录。

此外,农民体育活动也逐渐开展起来。1954 年,全省各县、市体委或体育分会建立后,与各地青年团、民兵组织紧密配合,结合民兵训练,利用农闲时间,推广广播体操、武术、篮球、跑步等项活动。1956 年,江苏第一个农民体育协会在仪征县古都乡成立。当年底,有 61 个高级社建立体育协会。1957 年,农民田间广播体操在泰县、武进、灌云、仪征等县逐步开展起来。宜兴、武进 2 县还举办了农民运动会。[②]

"一五"时期,江苏省先后举办多次体育比赛活动。1953 年 8 月 23—25 日,江苏省首届人民体育运动大会在南京大学体育场举行。622 名运动员参加了田径、体操、游泳、自行车、举重和摔跤等比赛项目。1955 年 10 月 2—4 日,江苏省第二届人民体育运动大会在南京公园路人民体育场举行。466 名运动员参加田径、体操、自行车等项目的比赛。1956 年 4 月 4—8 日,江苏省第一届大学生运动会在南京五台山体育场举行。同年 7 月 18—20 日,江苏省第一届少年运动大会在南京举行,全省 48 个县、市的 272 名运动员参加比赛。大会选出由 69 名运动员组成的江苏省代表队,参加全国第一届少年体育运动大会。1957 年 9 月 1—3 日,江苏省第三届人民体育运动大会在南京五台山体育场举行。906 名运动员参加田径、体操、游泳、举重等项目比赛。同年 10 月 6—10 日,全国田径运动会在南京举行,有 130 名运动员参加比赛。

1953 年,江苏省人民体育运动大会入场式

三　卫生事业的发展

1953 年 1 月江苏省人民政府成立后,省卫生厅也同时成立。在"一五"时期,江苏省大力开展卫生工作,各项卫生事业均获得较快发展,成绩显著。

(一) 继续开展爱国卫生运动

1953 年 1 月 24 日,江苏省第一次卫生工作会议在南京召开,会议决定结合反对美国"细菌战"开展爱国卫生突击活动。2 月 3 日,江苏省人民政府发出《关于开展春季爱国卫生突击运动的指示》。从 2 月 5 日起,全省开展为期一个月的春季突击运

① 江苏省地方志编纂委员会编著:《江苏省志·体育志》,江苏古籍出版社 1998 年版,第 68 页。

② 江苏省地方志编纂委员会编著:《江苏省志·体育志》,江苏古籍出版社 1998 年版,第 75 页。

动，以春节前清扫为预备阶段，春节后运动广泛开展。随后又在5月到9月间开展夏季爱国卫生工作，以饮食卫生行业及消灭病媒昆虫的孳生和繁殖条件、减少肠胃系统传染病为主，重点做好环境卫生。通过1953年的爱国卫生运动，城市卫生面貌有较大变化，除了清除垃圾外，还改良一些水井、新建和改良大量厕所。在较大的市镇，还加强对饮食卫生行业的管理，对从业人员及机关炊事人员进行训练，组织群众进行检查，获得明显收效。在徐州、镇江、南京等市，一般营业户已能做到用具清洁消毒、食品加盖，从业人员都穿围裙、戴口罩、不留指甲。但农村卫生状况改变不明显。①

1953年3月6日，江苏省人民政府第二次政府工作会议决定，成立江苏省爱委会，由副省长管文蔚兼任省爱委会主任委员，冷遹、石西民、盛立任副主任委员。省爱委会下设办公室，由省卫生厅副厅长盛立兼任办公室主任，从省卫生防疫站调10多名工作人员承办具体工作。随后，各地县市也相继成立爱国卫生委员会。

1954年2月27日，省政府发出通知，进一步明确爱国卫生运动的任务和具体要求，强调爱国卫生运动的必要性和长期性，号召人民结合实际，卓有成效地开展卫生运动。据50个县(市)的报告，80%以上的城市和集镇发动群众进行清洁卫生活动，消灭大量蚊蝇，铲除杂草，疏通污水渠，填平坑洼，有效地减少蚊蝇的孳生繁殖。

入夏以后，江苏遭受百年未有的重大水患，受灾地区达65个市、县，其中重灾地区达24个县，受灾人口约661万人。省卫生厅自7月上旬即采取紧急措施，抽派干部到重点地区进行督促检查，并抽调各医疗、防治单位的卫生人员222人组成7个工作队赶赴重灾地区工作。各灾区专署和市、县也先后组织公私医疗机构力量进行治疗工作。除了大量救治受伤民工和患病群众外，各地还通过治疗活动，对群众进行卫生宣传教育，并加强粪便管理和垃圾处理，重视饮水消毒和饮食卫生，从而有效地控制了肠道传染病疫情的发生与发展，改变了历史上水灾之后必有疫病的现象。②

1955年，为了加强对爱国卫生运动的领导，大部分市县爱国卫生委员会进行了组织调整。苏州、仪征等市县改选爱国卫生运动委员会，新海连市、高邮县等正式成立办公室实行专人负责，泗阳、睢宁等县调整和健全基层爱国卫生组织。与此同时，爱国卫生运动在全省范围内得到广泛而深入的开展。这次运动以工厂、城镇、机关、学校、团体、企业等单位为重点，以环境卫生、扑灭蚊蝇、饮食卫生为主要活动内容，在农村则围绕农业互助合作运动这个中心进行宣传教育与开展清扫积肥工作。不少市、县开展短期突击性的爱国卫生活动。南京、丹阳等市县结合端午节消毒除虫等习

---

① 《江苏省1953年爱国卫生运动工作总结报告》，江苏省档案馆馆藏档案3119—永久—2。

② 《江苏省卫生厅1954年工作总结和1955年工作意见(修正稿)》，江苏省档案馆馆藏档案3119—永久—13。

俗,进行一次清洁大扫除。溧水县利用六月初六群众晒衣的习惯进行卫生突击运动。

1955年的爱国卫生运动明显地改善了环境卫生。无锡市属各厂在7月份结合节约运动清理物资,进行较为全面的大扫除工作。仅缫丝二厂就清除垃圾200多吨,使苍蝇大为减少。泰州市泰来面粉厂清除20多年来累积下来的瓦砾垃圾约5万余斤。苏州市取缔露天粪缸96只,对粪缸实行加盖处理的51只,并开辟和疏通污水沟108条。该市还在中区试行垃圾固定收集制,由清洁员按规定时间,在固定地点,以摇铃为号,用垃圾车直接向居民收集垃圾,取消严重影响市容整洁和环境卫生的垃圾箱。与此同时,饮食卫生亦有较大的提高。大部分工厂的炊事房和食堂的卫生状况已逐步改善,有防蝇设备,订立清洁制度,并实行分食制或公筷制。城市与集镇的饮食行业,一般修整炉灶,添置或修补防蝇防尘设备。大部分市县对工厂、机关、学校、企业等单位的炊事人员和饮食行业从业人员进行短期业余卫生训练。南京等市建立群众性卫生相互检查监督制度。吴县、太仓等县并对已训练的炊事人员进行饮食卫生辅导工作。邳县、启东等县有重点地对炊事员进行体格检查。

在1955年爱国卫生运动中,为了爱国卫生运动经常化,不少市县建立和巩固爱国卫生值日制度,并修订爱国卫生公约。无锡市的34家市属工厂中有15家建立了每月一次的爱国卫生活动日,其他工厂也有每月1—2次的定期大扫除或实行分区负责包干制。①

在1956—1957年,全省爱国卫生运动继续开展,并进一步取得成效。

(二)继续加强传染病的管理和防治

在"一五"时期,江苏继续加强对传染病的管理,开展各种预防接种及其他防疫措施,使各种传染病的发病率显著下降。自1953年开始,天花、霍乱在江苏基本被消灭。在徐淮地区严重流行的黑热病,已治愈11万多名患者,该病已接近被消灭。很多传染病发病率明显下降,1957年痢疾发病率比1952年下降48.49%,伤寒及副伤寒下降38.24%,回归热下降95.78%,斑疹伤寒下降68.31%,白喉下降11.02%。②值得一提的是,有些传染性疾病因发现后及时采取控制和治疗措施而未蔓延,并很快被扑灭。1955年6月份以后,江苏省南通专区的如东、南通等县发生脊髓灰质炎散在性流行,崇明县一度发生炭疽病例。江苏省卫生厅对此予以高度重视,在省委和省人委的领导和关怀下,组织力量,调派专家,全力进行防治工作,并请求中央卫生部给予协助。经过各方的努力,终于在10月将脊髓灰质炎、炭疽病扑灭。

1953年江苏省建制恢复后,不断加强血吸虫病防治工作。1953年,苏南血吸虫

① 《江苏省卫生厅1955年卫生工作总结(初稿)》,江苏省档案馆馆藏档案3119—永久—13。

② 《江苏省第一个五年计划期间卫生事业发展情况与"二五"卫生事业规划的意见》,江苏省档案馆馆藏档案3119—永久—34。

病防治所改称江苏省无锡血吸虫病防治所。1954 年，苏北血吸虫病防治所等单位改组为扬州专区血吸虫病防治所。1955 年，江苏省无锡血吸虫病防治所易名为江苏省无锡血吸虫病防治研究所，负责全省血吸虫病的防治、科研和干部培训。1956 年又正式定名为江苏省血吸虫病防治研究所。与此同时，从 1954 年开始，全省血吸虫病流行县市均建立专业血防机构。1955 年 12 月，根据中共中央的有关决定和全国第一次防治血吸虫病会议精神，江苏省委成立防治血吸虫病 7 人领导小组，由省委副书记刘顺元任组长，下设办公室。1956 年 4 月 30 日，省人民委员会成立防治血吸虫病委员会，由副省长管文蔚任主任委员。到 1956 年，江苏血吸虫病流行区乡以上党委相继成立了防治血吸虫病的 3—5 人的领导小组，还在县以上领导小组下设办公室。与此同时，乡以上各级政府都成立防治血吸虫病委员会。① 到 1957 年全省防治血吸虫病的所、站已经建立 47 个，防治血吸虫病的技术干部达 2377 人，培养农村干部脱离生产的防治骨干 5500 多人，加上农业合作社的保健员，组成有效的防治网。②

在 1956—1957 年，省血吸虫病防治研究所在全省进行钉螺和居民血吸虫病感染情况调查，初步确定 41 个县市为血吸虫病流行区。在“一五”时期，江苏共治疗血吸虫病患者 37 万多人。1954—1955 年，扬州专区血防所在高邮、江都运用浙江卫生实验所提出的土埋钉螺缺氧可致死的原理，进行土埋灭螺现场实验，取得较为满意的效果。由于土埋灭螺可以结合兴修水利和农业生产等进行，不需专门设备，群众容易接受，因而在防治中迅速推广开来。1956 年，武进县对 50 条河道、沟渠结合兴修水利灭螺，并结合平整土地开新添旧进行土埋灭螺，取得满意的效果。到 1957 年，全省已在 4 个县、2 个市、31 个乡和 5 个农业社的广大地区基本消灭或接近消灭钉螺。与此同时，江苏省在粪便管理、个人防护及科学研究等方面，也取得一定成绩。如苏州专区常熟县胜利农业生产合作社群众自觉订出“粪便入社、按人折价、分散倒粪、集中管理、定期储存、计划施肥”的办法。

在“一五”时期，全省已经基本摸清血吸虫病的流行情况，并结合生产和水利兴修开展大规模的群众性综合防治运动，取得消灭和预防血吸虫病的基本经验，这为后来江苏全面消灭血吸虫病奠定了坚实基础。

（三）大力开展工业卫生工作

1953 年，省卫生厅开始注意工业卫生工作，重点进行工业卫生情况的调查研究和学习参观，在南京、徐州、无锡等城市协助较大厂矿整顿和建立一些基层卫生组织。

---

① 江苏省地方志编纂委员会编著：《江苏省志・卫生志》(上)，江苏古籍出版社 1999 年版，第 394 页。

② 中共江苏省委党史工作办公室编：《历史的探索与回顾(1949—1978)》，1998 年内部发行，第 183 页。

同时,结合爱国卫生运动,初步改善职工的生活生产环境,并配合工业、劳动等部门,对部分厂矿中的降温、防尘和职业病的情况进行调查和防治。①

1954年,省卫生厅及南京、无锡、徐州、苏州等较大城市卫生行政部门成立工业卫生专管机构,一般市则指定专人负责或由卫生防疫站代管,初步转变了工业卫生工作无人负责的现象。1954年3月,开办在职工业卫生干部和各地区厂矿主要卫生负责人的短期轮训班,两期共培训人员81人,帮助他们掌握卫生工作的方针、政策、组织力量及工作方法,学习厂矿职业病、多发病的防治等课程。

为了总结经验,省卫生厅组织工作组去戚墅堰机车车辆修配厂、苏州市苏纶纺织厂等重点工厂,进行较长时期的帮助工作,同时也组织检查组去南京机床厂、无锡市庆丰纺织厂、淮北盐场等厂矿进行重点摸底调查。经过调查,省卫生厅基本上掌握了各主要厂矿卫生工作情况及存在的基本问题,初步做到心中有数。1954年12月15日至22日,召开江苏省第一届工业卫生会议,传达并讨论第一届全国工业卫生会议决议,检查江苏省工业卫生工作的情况,找出缺点和存在的主要问题,明确1955年工业卫生工作的任务。②

1955年,省卫生厅和各级卫生领导机构基本上已将工业卫生工作统一领导起来,并初步贯彻"积极领导,稳步前进,面向生产,依靠工人,贯彻预防为主"的方针,执行《工矿企业医疗卫生服务机构设置办法》的规定。当年全省有17个较大的厂矿实行车间医师负责制,60多个厂矿改变了卫生工作由总务、秘书、工会、劳保等部门领导的不合理现象。

全省各市综合医院及专科医院,各级卫生防疫站和妇幼保健机构大部分已能面向工矿,直接为工人服务。到1955年,南京工人医院深入厂矿作健康检查13091人,协助各级厂矿卫生部门建立比较完整的病历制度,针对各种疑难疾病进行治疗。南京牙病防治所1954年和1955年两年为厂矿工人16715人进行健康检查,为1250人进行缺点矫正,并作了铅中毒、牙齿酸蚀症等病的检查与防治工作。南通人民医院和大生一厂、苏州工人医院和苏州苏纶纱厂、徐州市立医院和利国铁矿等单位关系比过去更为密切。以无锡妇幼保健院为首的妇幼保健机构有计划地作了8个工厂7676个女工滴虫病的检查,查出患病者2582人,在1955年已经治疗的有1995人。同时通过检查,进行广泛的女工卫生宣传教育,推动各有条件的厂矿对女工卫生进行比较彻底的改革,如申新纱厂和第一缫丝厂女工浴室都将浴缸改换成莲蓬头。

---

① 《江苏省卫生厅1953年工作检查及1954年工作的初步意见(初稿)》,江苏省档案馆馆藏档案3119—永久—13。

② 《江苏省卫生厅1954年工作总结和1955年工作意见(修正稿)》,江苏省档案馆馆藏档案3119—永久—13。

省市级领导与卫生、工会等有关单位还发动群众，对厂矿进行安全卫生大检查。各级医疗卫生部门在各级党委领导下积极配合检查工作的进行，并提出改进意见和建议。省卫生厅对南京化工厂、镇江六六六工厂的化学中毒，镇江骨粉厂和锦屏磁矿等厂矿新建和扩建方面的卫生工作提出比较切实的改进和规划意见。苏州市卫生防疫站作了40个厂矿粉尘和有害气体的检查测定，对生产过程提出改进的具体建议。无锡、常州、徐州卫生防疫站对石英粉厂的粉尘密闭、染织的废水处理、饮食卫生监督、饮水消毒、职工住宅臭虫的杀灭、疟疾防治等方面提出具体的改进措施。

通过采取上述措施，改善了工人生产生活卫生环境，提高了职工健康水平，减少了发病率，提高了出勤率，保证了生产任务的完成。如南京化工厂1955年3月有害氯气浓度超过苏联标准56.5倍，4月降低到26.3倍，5月份又降低到5.2倍。贾汪煤矿职工100%进行了疟疾预防性服药，据夏桥矿的统计，服药后发病率比过去未服药时降低93.25%。常州大成三厂1953年因病缺勤为5.97%，1954年为3.79%，1955年1月至9月为3.04%。①

1956年和1957年，全省工业卫生工作继续稳步推进。到1957年底，已在全省171个较大厂矿中进行职业病、多发病和女工妇女病的调查测定，改善生产和生活设备，加强降温、防暑措施，不少厂矿的矽尘、铅尘、毒气、高温等问题基本获得解决，使职工因病缺勤率由1952年的12%以上降到2%—5%。②

（四）大力发展中医事业

新中国成立前，中医是中国医疗的主要力量，但却屡次遭到卫生行政当局的打压，处境极其艰难。在新中国成立之初的几年中，江苏中医处境有所改善，但在卫生部一些负责同志采取轻视、歧视和排斥中医政策的影响下，江苏中医仍然处境艰难。1954年6月24日，毛泽东发出关于加强中医工作的指示，纠正了卫生部个别领导的错误政策。

全省随即在卫生行政机关干部中和学校、医疗单位传达毛泽东的指示，组织学习和讨论，并进行中医政策的宣传教育工作。1954年7月，省卫生厅会同省委统战部召开了全省中医座谈会，批评了卫生行政部门在中医工作方面的缺点和错误。根据与会代表的一致意见，会议决定成立江苏省中医院和江苏省中医进修学校。1955年2月，全省各级卫生行政部门在各级党委与政府的领导下，在全省范围内掀起了学习毛泽东关于加强中医工作指示的热潮，并利用召开综合性和专业性会议的机会，以及在

---

① 《江苏省卫生厅1955年卫生工作总结（初稿）》，江苏省档案馆馆藏档案3119—永久—13。

② 《江苏省卫生工作第一个五年计划执行的基本情况和1958年工作任务的初步意见》，江苏省档案馆馆藏档案3119—长期—242。

各种医药卫生学校、干部训练班中,对中医政策进行广泛宣传。

随着普遍宣传毛泽东关于加强中医工作的指示,并在实践中予以大力贯彻和执行,全省中医事业获得很大发展。

1. 建立了一批中医医疗机构

1954 年 10 月,省中医院门诊部正式对外门诊。在此前后,南通医学院附属医院、苏北人民医院等部分综合医院也建立了中医科或针灸科。1955 年和 1956 年两年中,又先后成立了盐城县中医联合诊所、无锡市第一联合中医院、南通市联合中医院、南京市中医院、徐州市中医院、苏州市中医诊所、常州北直街联合诊所。至 1957 年底,全省共建立了 7 个中医院,病床 750 张;各市综合医院和县医院成立了 104 个中医科,吸收中医 1371 人参加国家医疗机构或教学、研究等机构工作。①

2. 中医教育获得较大发展

1954 年 10 月 15 日,江苏省中医进修学校成立。1956 年 3 月更名为江苏省中医学校。这是新中国成立后全省第一所中医学校。到 1957 年,该校共培养中医 6026 人,其中函授 4000 人。②1956 年,省卫生厅制订师带徒方案,规定凡具有一技之长的老中医都可以带徒,招收具有初中毕业文化青年,并对学习时间、经费、必修课程和教学方法都做了规定。到 1956 年底,全省共带徒 4970 人。但是,由于学生文化程度太低(小学文化程度占 68.5%),加上带徒过多(最多的 1 人带徒 62 人),影响了带徒质量。鉴此,省卫生厅 1957 年 7 月发出《关于改进中医带徒工作的意见》,对师带徒进行整顿。到 1957 年底,全省师带徒下降到 4000 人,但质量有了提高。此外,1956 年上半年,南京、苏州、无锡、常州、镇江、南通、镇江、扬州、徐州等市卫生局都举办了“西学中(西医学习中医)”学习班。为了解决师资不足,还聘请 51 名中医组成讲师团进行巡回授课和业务指导。到 1957 年底,全省通过进修、函授、巡回教学等方式培养了各类中医 9770 人,中医带徒 4000 人,为江苏传统医学培养了新的继承人才。③

3. 中医逐渐发挥重要作用

在 1955—1956 年,全省为 15000 名中医安排了工作,其中进入公立医院的 1800 人。为了改变过去对中医的轻视、歧视和排斥政策,省卫生厅取消公费医疗对中药不能报销的规定,各地中医药业务量大量增加。苏州市 1956 年 6、7 两月的门诊量为 184801 人次,占同期全市门诊总量的 53.6%。南京市公费医疗办公室自 1956 年 1 月取消了去联合中医诊所看病须由公立医疗单位出具介绍信的规定,并准许去特约

①②③ 《江苏省第一个五年计划期间卫生事业发展情况与“二五”卫生事业规划的意见》,江苏省档案馆馆藏档案 3119—永久—34。

的个人开业的中医诊所看病，医药费予以报销，全市中医业务量增长了 10 余倍。

中医逐渐在医疗中发挥重要作用。省中医院自 1954 年建立后到 1955 年底的一年多时间里，共治疗患者 14500 人，绝大部分病情得到改善。各地医疗单位也开始请中医会诊，并较为尊重中医所提的意见。仅省中医院 1955 年配合南京市各综合专科医院会诊就有 700 余次，遵照中医意见进行了处理，病情得到改善的占 37.84%。① 中医还在医疗预防和地方病防治等方面发挥了重要作用。中医药在治疗晚期血吸虫疾病患者的腹水、乙型脑炎、肝脏病等许多疾病上都取得较好疗效。在 1956 年夏天防治南通脊髓灰质炎流行和 1956 年秋仪征县治疗白喉上，都吸收中医参加工作，并取得较好效果。②

4. 中医的积极性空前高涨，中医的工作环境和社会地位也大为提高。

随着中医政策的贯彻，中医的热情空前高涨，积极性大为提高。许多中医纷纷献出从不外传的秘方验方和秘籍。仅 1955 年一年中，各地中医就献出秘方验方 2000 多张。江阴县马泽人（其祖父是清朝御医）一人就献出秘方验方 170 多张。1956 年，南通民间蛇医季德胜献出蛇药秘方。

中医的工作环境也有较大改善。1954 年丹阳县卫生院把针灸科单独设在靠近厕所的一间茅草棚里，1955 年便把针灸科搬到好房子里。中医的政治地位更是获得明显提高。据统计，1955 年被选为省、市、县人民代表的中医师就有 157 人。③ 到 1957 年，据不完全统计，全省有 600 余名中医已成为各级人民代表和政协委员。

（五）改进医院管理制度，提高医疗效率

1954 年，省卫生厅召开城市医院院长座谈会，专门讨论门诊改革工作，并有组织地介绍到北京、天津市参观及学习本省各地的先进经验，从而掀起医院门诊改革工作的热潮。省卫生厅以南京市为重点，5 月初在市卫生局长带领下，组织门诊改革委员会，以市立第一医院和第一区卫生所为重点，经过一个多月的努力，基本上克服了门诊挂不上号与急重病人住不上院的现象。7 月份，全省召开各市卫生局、科长及医院院长会议，对改进门诊工作进行汇报、总结交流经验。各地都提出许多改进办法，如增加流动服务员，设置颜色指示牌，实行流动挂号法，规定各种预约制，从挂号、治疗、取药到各种化验、爱克斯光检查等进行一系列的改进，使医院门诊工作量得到显著提高。南京人民鼓楼医院，过去每天门诊六七百人，医务人员工作 10 小时，到晚上 7 点

---

①③ 《江苏省卫生厅 1955 年卫生工作总结（初稿）》，江苏省档案馆馆藏档案 3119—永久—13。

② 《江苏省第一个五年计划期间卫生事业发展情况与“二五”卫生事业规划的意见》，江苏省档案馆馆藏档案 3119—永久—34。

还下不了班。经过改进后,每天门诊800多人,下午5点就结束了。[①]

1955年,城市医院和县卫生院,在为工农业生产服务的原则下,进行规章制度的贯彻学习。部分城市医院还推行苏联先进医学经验——保护性医疗制度,重点处理医疗事故,改进医疗作风,提高医疗工作的效能。[②]

(六)继续开展妇幼保健工作

在"一五"时期,全省妇幼保健工作发展很快。1954年,在南京创办儿童医院。创办之初仅有80个床位,到1957年便发展到130个床位。妇幼保健站也由1952年的41所、234个床位,到1957年发展到196所、327个床位。"一五"时期,全省各地进一步推行新法接生。据1954年对79个市县统计,试行新法接生共15万余人。[③]至1957年底,全省新法接生人数达53万人,占新生儿出生率的41.04%,大大超过1952年的6%。在城市,新法接生几乎已经普及,接生人数已达90%。[④]推行新法接生后,大大降低妇婴死亡率。此外,还从1955年开始初步开展避孕节育工作。经过两年多的努力,到1957年全省接受避孕教育的人数已达399万多人,训练宣传骨干9904人,建立避孕指导门诊226处。[⑤]

(七)医疗机构、病床、医疗人员、医疗教育等获得迅速发展

到1957年底,全省共有城乡各类综合性医院和专科性医院152个,比1952年132个增长了15.15%。每个市一般有2—8个医院,每个县均有1个综合性人民医院。到1957年底,区、乡卫生所有543个,比1952年376个增长44.41%;卫生防疫站68个,比1952年4个增长16倍;各种专科防治所、站56个,比1952年增长100%;妇幼保健所、站196个,比1952年41个增长378%。[⑥]至1957年底,全省共有各类病床14056张,比1952年8878张增长58.32%。到1957年底,全省共有各类医务卫生技术人员96961人(包括社会医务人员在内),比1952年58307人增长66.29%。[⑦]

到1957年底,全省共有医学院2所、药学院1所,在校学生2936人,比1952年在校学生1614人增长81.91%,五年中共毕业学生1941人。中等医士、护士、助产士学校11所,在校学生4210人,比1952年在校学生5006人,减少18.91%,五年中毕业

---

① 《江苏省卫生厅1954年工作总结和1955年工作意见(修正稿)》,江苏省档案馆馆藏档案3119—永久—13。

② 《江苏省卫生厅1955年卫生工作总结(初稿)》,江苏省档案馆馆藏档案3119—永久—13。

③ 《江苏省卫生厅1953年工作检查及1954年工作的初步意见(初稿)》,江苏省档案馆馆藏档案3119—永久—13。

④⑥⑦ 《江苏省第一个五年计划期间卫生事业发展情况与"二五"卫生事业规划的意见》,江苏省档案馆馆藏档案3119—永久—34。

⑤ 《江苏省卫生工作第一个五年计划执行的基本情况和1958年工作任务的初步意见》,江苏省档案馆馆藏档案3119—长期—242。

学生 7506 人。五年中举办中医进修班 135 期，进修中医 8100 名，中医学校 1 所，培养中医 6026 人。①

1956 年农业合作化实现后，联合诊所发展很快。至 1957 年底，全省共有联合诊所 4099 个，比 1952 年 1934 个增长 111.94%，参加的社会中西医务人员 23473 人（包括高、中级各类人员）占整个社会医务卫生人员 35819 人（不包括接生员）的 65.53%。②

第四节 整风运动和反右派斗争

一 整风运动的前奏

1956 年社会主义三大改造基本完成后，国内的敌我矛盾已经基本解决，人民内部矛盾日渐显现和突出。在 1956 年秋冬，由于国内社会改造带来急促而深刻的变化，经济建设上还有不少困难和问题未能克服与解决，加上受到国际上东欧波兰和匈牙利事件的影响，国内政治、经济生活中出现一些紧张情况：许多城市粮食、肉类和日用品供应紧张；少数学生、工人和复员转业军人在升学、就业和安置方面遇到不少困难，发生一些工人罢工、学生请愿现象；许多地方发生农民闹退社、闹统销的现象。这些现象在江苏也同样存在。1956 年 9 月，南京航空学院学生为毕业分配事宜自动集会，酝酿罢课，向学校抗议，全校陷入混乱状态。1956 年秋至 1957 年春，在江苏一些地方两度掀起部分农民要求退社的风潮。面对这些新出现的问题和矛盾，部分党员和干部思想上缺乏准备，往往照搬革命时期的经验办事，用类似处理敌我矛盾的办法处理罢工、罢课事件，造成矛盾激化。

为了阐释社会主义改造完成后出现的新的矛盾和问题，摸索正确处理这些矛盾和问题的途径和方法，毛泽东和中共中央进行了探索。1957 年 2 月，毛泽东在最高国务会议第 11 次扩大会议上发表了《关于正确处理人民内部矛盾的问题》的重要讲话，提出关于社会主义矛盾的新学说，系统地阐明正确处理各方面人民内部矛盾的方针和方法。他指出：社会主义社会存在着敌我之间和人民内部两类性质根本不同的矛盾，前者需要用强制的专政的方法去解决，后者只能用民主的、说服教育的、“团结——批评——团结”的方法去解决，决不能用解决敌我矛盾的方法去解决人民内部

①② 《江苏省第一个五年计划期间卫生事业发展情况与“二五”卫生事业规划的意见》，江苏省档案馆馆藏档案 3119—永久—34。

的矛盾。

3月,毛泽东在全国宣传工作会议上亦作了重要讲话,论述了党对知识分子的估计,明确宣布:“百花齐放,百家争鸣,这是一个基本性的同时也是长期性的方针,不是一个暂时性的方针”。他指出,领导我们国家应该采取“放”的方针,要放手让大家提意见,使人们敢于说话,敢于批评,敢于争论。

3月20日,毛泽东在南京市人民大会堂向江苏、安徽两省以及南京军区的党员干部等发表重要讲话。他分析中国社会主义改造基本完成后的形势,明确指出全党全国人民面临一个新的伟大转变,即由阶级斗争转到向自然界作斗争,转到技术革命和文化革命,中心任务是搞经济建设。他指出,要正确处理人民内部的矛盾,统筹兼顾,适当安排,加强思想政治工作,并重申中央的意见是应该坚持“百花齐放,百家争鸣”的方针,应该“放”,而不是“收”。他还强调指出,“高压政策不能解决问题,人民内部的问题不能采取高压政策。”最后,他号召大家“要保持过去革命战争时期的那么一股劲,那么一股革命热情,那么一种拼命精神,把革命工作做到底”。①

4月10日,江苏省委领导人向省级机关干部和南京市各界人士传达毛泽东在最高国务会议第11次扩大会议上的讲话和在全国宣传工作会议上的讲话。4月12日、15日下午,省委两次邀请各民主党派和工商联负责人以及无党派人士座谈毛泽东的两篇重要讲话,讨论在全省进一步贯彻“百花齐放、百家争鸣”方针的问题。与会者认为,“双百”方针在江苏贯彻已看出积极成效。省民盟副主委高一涵、南京大学中文系教授陈中凡等以春秋战国百家争鸣学术繁荣和汉朝罢黜百家独尊儒术影响学术发展为例,说明“双百”方针符合学术发展规律。大家认为,“放”不会乱,关键是要加强党的领导。省委代理第一书记刘顺元在讲话中表示要进一步贯彻“双百”方针,并指出党要克服教条主义、官僚主义,要求民主党派、知识分子在鸣放中要有大无畏精神。② 4月17日,省委负责人和省委统战部、宣传部负责人邀请江苏各民主党派负责人座谈,18日又邀请高校的一批教授进行座谈。4月22日、23日,省委又召开戏剧界人士座谈会,讨论如何在全省进一步贯彻“百花齐放、百家争鸣”的方针。

4月20日至30日,江苏省政协一届三次会议在南京召开。会议传达毛泽东的两篇重要讲话,研究如何正确处理人民内部矛盾的问题。会前,省政协和省委统战部先后召集各方面人士举行8次座谈会。省政协委员也纷纷走访所联系的各界人士,了解情况,听取意见。各民主党派和工商联也分别召开座谈会向各自成员宣传“双百”

① 逄先知、金冲及主编:《毛泽东传(1949—1976)》,中央文献出版社2003年版,第647—650页。

② 中共江苏省委统一战线工作部等编著:《江苏统战史》,国家行政学院出版社2007年版,第74页。

方针，发动成员向党和政府多提意见。在会上，400 多名政协委员和列席会议的代表中有 150 多人作了发言，指出本省工作中存在的诸多问题，提出许多好的意见和建议。在会议闭幕时，省长、省委书记惠浴宇指出，这次会议是贯彻毛泽东关于正确处理人民内部矛盾指示的一个良好开端，并表示大家在会上提出的意见凡是可立即执行的一定无保留地去执行，有些问题比较复杂，要逐步来改进。①

与此同时，在 4 月 20 日至 30 日，省委还召开有 780 人参加的全省宣传工作会议，传达毛泽东的两篇重要讲话，讨论正确处理人民内部矛盾问题，并贯彻“鸣”“放”精神，到会人士纷纷发表意见。

随着毛泽东两篇重要讲话的传达和贯彻，大大调动党内外人士的积极性。特别是以省政协一届三次会议和全省宣传工作会议为标志，1957 年 4 月下旬在江苏各界逐渐掀起“鸣放”热潮。由于传达和贯彻毛泽东讲话的过程，也是揭露和检查处理人民内部矛盾的过程。所以，从党的方面来说，整风运动实际上已经开始。

4 月 29 日，江苏省委向中央呈报《关于学习“正确处理人民内部矛盾的问题”的报告》。报告指出：“毛主席提出关于正确处理人民内部矛盾的问题，使党内外都感到振奋，解决了许多人苦思不解的问题”，“把民族资产阶级划入人民内部，使党外人士吃了定心丸，十分愉快和感激”。经过传达和贯彻，“党和知识分子的关系已经有了一些缓解。他们中大部分人开始讲政治，并能对党提出比较尖锐的批评，包括信任问题、民主问题、老账问题等。这些问题的揭发，表面上看起来关系似乎还是紧张的，实际上却是和缓了。”②

二　整风运动的正式展开

1957 年 4 月 27 日，中共中央正式发出《关于整风运动的指示》，要求在全党进行一次普遍、深入的反对官僚主义、宗派主义和主观主义的整风运动。这次整风运动，应该是一次既严肃认真又和风细雨的思想教育运动，应该是一次恰如其分的批评和自我批评的运动，应该多采取个别谈心或开小型座谈会和小组会的方式，一般不开批评大会或斗争大会。指示还号召各界党外人士向各级党委和党员提出批评意见，帮助共产党整风。

1957 年 5 月 1 日，《新华日报》全文公布中共中央《关于整风运动的指示》。5 月 2 日，江苏省委召开常委会扩大会议，研究贯彻中央整风运动指示，决定立即在全省县

① 中共江苏省委统一战线工作部等编著：《江苏统战史》，国家行政学院出版社 2007 年版，第 75 页。

② 丁群：《刘顺元传》，江苏人民出版社 1997 年版，第 251 页。

级以上党组织、大的厂矿和大专院校的党组织内开展整风运动,并要求分别召开有工人、农民、战士、学生、知识分子、民主党派、少数民族参加的座谈会,倾听群众意见,边整边改,上下结合,使整风运动和正确处理人民内部矛盾联系起来。

5 月 6—15 日,省一届人大六次会议在南京召开。会议根据中共中央关于整风的指示精神,开展批评和自我批评。与会代表尖锐地批评政府工作中的缺点,省人委会有关厅局长到会向代表检查工作中的缺点。

5 月 8—9 日,江苏省委召开第四次全体委员扩大会议,通过了《关于开展整风运动的计划》,要求县级以上的领导干部带头参加整风,并成立由刘顺元、惠浴宇、许家屯、欧阳惠林、高啸平、孙加诺等 6 人组成的全省整风小组,由刘顺元任组长。省委代理第一书记刘顺元在会议总结中代表省委书记处对省级机关各部委、党委负责人对省委及有关部委负责同志提出的尖锐批评表示诚恳接受和衷心感谢,决心改正存在的缺点,要求大家对省委书记、常委多提意见。

为了切实贯彻中央关于党政主要干部参加体力劳动的指示,5 月 10 日,中共江苏省委、南京市委的 100 多位领导同志去南京大学学生宿舍建筑工地和玄武农业社,同工人、农民一起参加体力劳动。5 月 11 日,省级机关召开整风动员大会,刘顺元作动员报告。同日,南京市也召开整风动员大会,中共南京市委书记彭冲作动员报告。为了进一步推动省级机关的整风运动,省委还在 5 月 17 日召开省级机关干部 3000 人大会,进行动员和部署。

5 月 15—22 日,江苏省人委召开全省专员、市、县长会议,讨论和研究省一届人大六次会议上提出的意见和问题。会议以整风的精神讨论党政分工、党内外关系、上下级关系和组织机构等问题,并提出改进政府工作的几项具体办法。

5 月中下旬,江苏省委、省人委及有关部门多次邀请民主党派和无党派人士、高级知识分子、科技界以及工商界人士进行座谈,请他们对省委、省人委以及各部门工作提出批评,帮助共产党整风。江苏省委于 5 月 20 日至 23 日邀请民主党派和无党派人士座谈,24 日又邀请教授、专家进行座谈。省人委于 5 月 24 日邀请工业厅、城建厅、手工业局的工程师座谈。省委统战部于 5 月 21 日邀请省及南京市民主党派及无党派人士座谈,并于 24 日、31 日邀请政协、工商联、政治学校负责人座谈。省卫生厅于 5 月 22 日、24 日分别召开中西医人士座谈会,揭发医疗卫生战线上的官僚主义、宗派主义、主观主义。省委文教部于 23 日召开高校民主党派成员的教师座谈会。省委工业部于 5 月 29 日邀请 52 位公私合营企业中的私方厂长、副厂长进行座谈,又于 6 月 1 日邀请在宁科学家进行座谈。

此间,一些民主党派中央负责人来江苏视察工作,召开座谈会,鼓励成员“鸣放”,

帮助中国共产党整风。5 月 17 日，民建中央主席黄炎培在南京召开江苏省和南京市民建负责人座谈会，鼓励会员大鸣大放。他指出，“放”就是“拆墙”，工商界对“鸣放”有顾虑，是由于对党要求“内”“外”夹攻、彻底整风的精神认识不足。“鸣放”就是相互监督，什么都可以“放”，直到“鸣”完为止。5 月 20 日，民革中央组织部长朱蕴山来南京视察工作，要求成员把问题都说出来。他还指出，帮助共产党整风，才是共产党的好朋友。①

在中共江苏省委和省人委的诚心邀请下和各民主党派中央的推动下，江苏各民主党派和工商联从 5 月中旬到 6 月上旬积极推动成员提意见帮助共产党整风，掀起了“鸣放”高潮。5 月 23 日，民革江苏省筹委会举行扩大会议，决议领导层要带头“鸣放”。省和南京市民盟也召开一系列座谈会进行“鸣放”，并把座谈会发言印发基层，推动鸣放。其他民主党派和工商联也召开座谈会，号召成员“鸣放”。在座谈会上，有关的党组织负责人或代表都到会听取党外人士提出的批评和意见。

与此同时，各地、市、县委和大的厂矿、农场、大专院校也开始整风学习，贯彻执行中央的整风指示和省委的整风计划，召开了一系列座谈会进行“鸣放”。于是，全省一时掀起了“鸣放”高潮。

各种座谈会上“鸣放”出来的意见，绝大多数是拥护中国共产党开展整风运动，诚心帮助党整风，所提意见是善意和诚恳的。其中普遍性的意见有以下两点：一是党群关系即党与非党关系问题，这集中反映在党员领导干部与非党员领导干部的合作共事关系和公私合营企业中的公私合作关系上。存在的问题是某些党员干部对党外领导干部的职权尊重不够，发挥他们的作用不够，许多事党外干部事先不予闻，事中不商量，事后不知道。二是领导与被领导的关系问题，主要反映某些党员领导干部的思想作风问题。有些领导干部与党外人士联系不密切，“君子之交淡如水”，“敬而不亲，亲而不密”，平时见面只说些身体好、天气好、工作忙之类客套话，缺少人情味。有些党员骄傲自满，盛气凌人，看不起党外人士，看不起民主党派。因此，在有些地区、有些单位，党群关系、领导与被领导关系很不正常，甚至相当紧张，影响到发挥党外人士的积极性，影响到工作的开展。对于这些问题，各方面人士的反映各有侧重。知识分子主要反映对他们尊重、信任、合作不够，提供必要工作条件不够；原工商业者主要反映公私关系和工资福利方面的问题；社会人士主要反映生活照顾、工作安排等方面的问题；民主党派人士主要反映对民主党派的组织独立尊重不够，对多党合作、政治协商的作用发挥不够，有人形容“政协是西装上第二排纽扣，装装样子的”。此外，对于

① 中共江苏省委统一战线工作部等编著：《江苏统战史》，国家行政学院出版社 2007 年版，第 78 页。

以党代政、机构庞大和工作上的官僚主义也提出尖锐的批评。①

但是,在座谈会上也出现了少数带有偏激情绪的错误言论。如有人说,民主党派强调服从共产党领导,这就是教条主义,助长了共产党的官僚主义;有人说,共产党整风反官僚主义不够,要反专制主义。在推动成员"鸣放"上,有的民主党派个别人提出了一些不恰当的口号,如说鸣放只讲缺点,不讲成绩,不要怕片面,不要怕不正确,爱怎么说就怎么说,帮助共产党整风不要说好话,要单刀直入,来个大民主也没有关系。甚至错误地说,鸣放无范围,鸣放无原则,鸣放不负责。有的民主党派发动基层组织成员"鸣放",找在历次政治运动中本人或家庭成员挨过批评的人揭发问题,从而在一些基层鸣放中出现向党泄愤甚至谩骂的不正常现象。有的人认为用和风细雨帮助共产党整风不过瘾,要用狂风暴雨替共产党整风。这样一来,由于思想方法上的偏激和立场上的错误,有的人无限夸大了共产党内存在的缺点错误,以致鸣放中出现了某些否定历次政治运动,否定共产党领导,否定社会主义制度的错误言论。② 江苏鸣放中出现的问题同全国形势是紧密联系在一起的,全国出现了极少数右派向党进攻,从而使整个形势发生急剧变化,整风运动不能按原计划进行,出现了曲折。

三 反右派斗争的扩大化

在全国整风运动的"鸣放"高潮中,绝大多数人提出的批评意见,尽管非常尖锐,但都是善意的和诚恳的。但是,在"鸣放"中也出现了复杂的情况,极少数资产阶级右派分子借"鸣放"之机,向中国共产党和新生的社会主义制度发起进攻。他们攻击共产党在国家政治生活中的领导地位,污蔑共产党是产生官僚主义、宗派主义和主观主义的根源,公然提出共产党退出机关、学校,公方代表退出公私合营企业;他们极力抹煞社会主义改造和建设的成绩,根本否定社会主义制度的优越性。这种情况引起了毛泽东和中共中央的注意。5 月 15 日,毛泽东写下了《事情正在起变化》一文,标志着中共中央对于整风的指导思想发生重大变化,由党内整风转向反击右派。6 月 8 日,中共中央发出了《关于组织力量准备反击右派分子进攻的指示》的党内指示。同日,《人民日报》在头版显著位置发表了《这是为什么?》的社论,公开批评整风鸣放以来的错误言论。于是,反右派斗争迅速在全国急风暴雨般猛烈地开展起来。

6 月 10 日,中共江苏省委邀请各民主党派和工商联负责人座谈深入开展整风问题。省委代理第一书记刘顺元在座谈会上表示:这次鸣放对整风帮助是很大的,大家对党的批评绝大多数是好的、善意的,但也有部分意见是值得商榷的,有些意见的错

① 中共江苏省委统一战线工作部等编著:《江苏统战史》,国家行政学院出版社 2007 年版,第 79—80 页。

② 中共江苏省委统一战线工作部等编著:《江苏统战史》,国家行政学院出版社 2007 年版,第 80—81 页。

误性质是严重的。他还指出，“鸣放”对帮助党整风有积极意义，这个办法不能改变。知识分子能“鸣放”，表示他们对党的信任和靠拢，思想工作不能采取教条主义办法，最好的办法是通过争鸣来解决。省委书记惠浴宇也指出，现在还要“大鸣大放”，只有“大鸣大放”，真理才会出现。这次座谈会实际上是贯彻中共中央关于反击右派的指示的一次向党外人士打招呼的会议。[1]

自6月12日起，在全国舆论导向下，江苏的工人、农民、大学生纷纷集会，批判章伯钧、罗隆基、储安平等右派言论。6月11日，南京机床、化工、电机等厂职工举行誓师大会，声讨右派言论。南通市工人们也冒着倾盆大雨举行了誓师大会。据《新华日报》统计，从6月13日到7月4日的20天时间中，报社共收到批评右派言论的来稿达2136件，平均每天来稿100余件。同时，各民主党派也连日开会，纷纷表示拥护《人民日报》的社论，并大力揭批全国有影响的右派的言论。

6月18日，《新华日报》发表《重要的开始》的社论。此后，江苏各地反右派斗争，在继续揭批有全国影响的右派分子的基础上，重点开始转移到反击本省、本地、本单位的右派上来。从6月下旬到8月下旬，反右派斗争主要在省市一级机关、民主党派、大中学校、科研机关和工商界进行。8月24日，根据中共中央指示的“反击右派的斗争，必须继续扩大和深入”的精神，中共江苏省委发出《中共江苏省委关于继续深入反右倾的部署的指示》，明确规定：已经开展反右派斗争的省市机关、民主党派、大专院校、科研单位和工商界，要继续深入；地、县两级和城市区级、民主党派、中小学校、工商界、宗教界，以及在工矿企业的工程技术人员、职员进行的反右派斗争，应该先搞试点，取得领导经验，再分期分批地召开。[2] 于是，反右派斗争一方面在省市机关、民主党派、大专院校、科研单位和工商界等单位深入展开，同时推向地、县两级，推向全省各地区、各界和各部门。

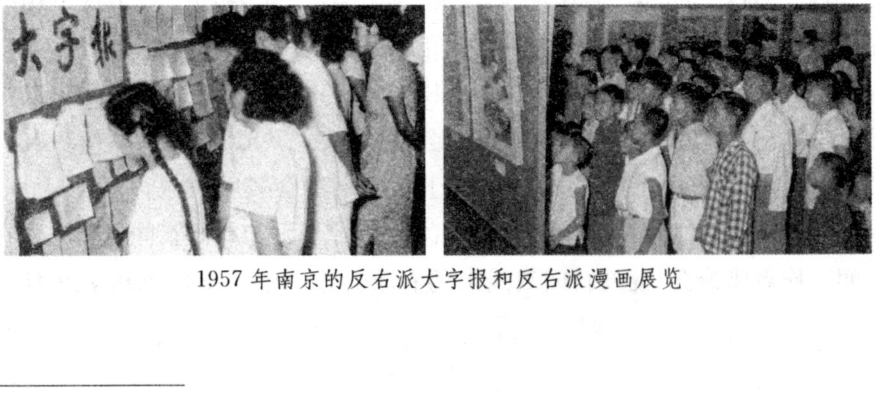

1957年南京的反右派大字报和反右派漫画展览

① 中共江苏省委统一战线工作部等编著：《江苏统战史》，国家行政学院出版社2007年版，第82—83页。

② 刘定汉主编：《当代江苏简史》，当代中国出版社1999年版，第160页。

江苏的反右派斗争是以民主党派和工商联为重点展开的。为了加强对民主党派和工商联反右派斗争的领导,除了各民主党派、工商联各自成立整风工作委员会或领导小组外,省委还抽调了一些厅局级领导干部分别联系各民主党派和工商联,贯彻中央和省委的指示精神。6月18日,省民建、工商联召开联席扩大会议批判省工商联主委、省民建副主委钱孙卿;6月19日,农工省、市委召开联席扩大会议,揭批省、市农工主委邓昊明;6月23日,省九三学社南京分社召开扩大会议批判右派谬论,并从7月上旬批判分社主委高觉敷等人;6月28日和6月30日,省民革筹委会连续召开扩大会议揭批省民革筹委会副召集人李世军;7月4日和6日,省和南京市民盟召开会议,揭批本机关的右派言行;7月22日,民进省筹委会召开会议,成立以吴贻芳任组长的整风领导小组,号召江苏民进各级组织投入反右派斗争。[①] 经过三个月的批斗,到9月中旬,江苏省民主党派和工商联的反右派斗争基本结束。在这期间,由省、市民主党派召开的50人以上的批斗会44次,小型会37次。由民主党派同有关厅局、有关人民团体或高等学校联合召开的大型批斗会20次,小型会19次。全省民主党派成员中被划成右派分子的618人,占当时民主党派成员总数的10%。原工商业者中被划成右派分子的1408人,占当时全省原工商业者总数的2.3%。省和南京市民主党派的领导层(指省、市委员会委员)中被划成右派分子的有53人,占委员总数的14%,而民主党派和工商联的主要领导人(正副主委或召集人)中被划成右派分子的有7人。[②]

从6月下旬开始,全省各高校先后举行大会,批判右派言论。高校反右派着重批判否定教改、肃反和知识分子思想改造,否定共产党领导的右派言论,肯定党能领导教育科技,领导高等院校。据全省15所高校统计,当时高校参加反右派斗争的师生员工共32000余人。

此外,江苏省科研机构、宗教界、新闻界、文艺界、卫生界和中等学校也相继开展反右派斗争。7月19日,华东农业科学研究所揭批右派言论。7月21日,在宁的科技界人士150人集会批判右派言论。8月12日至15日,中科院南京办事处与中华全国自然科学联合会南京分会联合召开座谈会,驳斥关于共产党不能领导科技的谬论。6月22日,由省政协召集的基督教代表人士在南京集会驳斥右派言论。11月6日,天主教神职人员在南京召开座谈会,批判右派言论。9月10日,新闻界209人在南京举行新闻工作者座谈会,批判新闻战线上的右派言论。中等学校也从7、8月份开始

① 中共江苏省党史工作办公室编:《历史的探索与回顾》,1998年内部发行,第230页。

② 中共江苏省委统一战线工作部等编著:《江苏统战史》,国家行政学院出版社2007年版,第84页。

举行反右派斗争，到 9 月底基本结束。[1]

在 9 月份全省反右派斗争取得决定性胜利后，一面继续深入开展反右斗争，一面继续大鸣大放，边整边改。运动发展到 11 月份，转入整风运动的第三个阶段即着重整改阶段，并将原来主要限于党政机关的整风运动发展成为一场全民整风运动。各工矿企业、机关、团体、学校等的群众纷纷召开各种座谈会，张贴大字报，揭露本单位领导的“三风”（主观主义、官僚主义、宗派主义）、“五气”（官气、阔气、暮气、骄气、娇气）和不合理的规章制度，并提出合理化的建议。而在广大农村也运用“大鸣大放”和“大辩论”等形式，开展了一场声势浩大的社会主义教育运动。

11 月 1 日至 12 月 12 日，中共江苏省第三次代表大会第二次会议在南京举行。会议举行了一个多月的预备会议，参加预备会议的正式代表不足 500 人，但各地、市、县、区、乡党委、各科学研究机关、各大专院校以及省级机关各部门列席会议人员高达 2209 人。根据中共八届三中全会精神，预备会议反复动员与会人员帮助省委整风，因而实际上也是一次整风会议。会议经过 12 天“鸣放”，贴出了 1.2 万张大字报。接着用 22 天对统购统销、合作化、党的领导、干部政策、工农关系、城乡关系、军民关系等 7 个方面 22 个问题进行了“大争大辩”，重点批判 194 人，初步认定“右派分子”43 人。[2] 会议转入正式会议后，许家屯代表省委作了《争取整风运动的全面胜利》的报告，总结了全省前一阶段的整风运动并对其进行检查，还对下一阶段的整风运动做出部署，要求全省的整风运动、反右斗争、社会主义教育运动，在 1958 年 5 月 1 日前结束。但实际上，这场整风运动到 1958 年底才结束。

四　深刻的教训

在 1957 年全国整风运动的“鸣放”中确有一股反共反社会主义的思潮，确有极少数资产阶级分子向共产党和社会主义制度发起猖狂进攻。这种右派分子为数很少，但影响不小。在他们掀起的反共反社会主义的思想影响下，民主党派成员、知识分子、原工商业者中不少人思想产生混乱，分不清是非曲直，甚至对右派言论产生共鸣，对共产党产生离心倾向，对中国前途失去信心。如南京大学有位教授说：“过去把中国希望寄托于中国共产党，想不到中国共产党也是一团糟，中国没希望了。”据省工商界政治学校和南京市、苏州市工商界政治学校统计，当时学员有 80%的人同情章乃器、李康年，认为他们是“才子，敢作敢为，代表工商界利益”。民主党派中不少人对“两院制”、“党天下”言论表示赞赏。如九三学社 6 月 11 日召开委员扩大会议，参加

---

① 中共江苏省委统一战线工作部等编著：《江苏统战史》，国家行政学院出版社 2007 年版，第 84—85 页。

② 江苏省地方志编纂委员会编著：《江苏省志 · 中共志》，江苏人民出版社 2003 年版，第 293 页。

会议的30多人绝大多数是高级知识分子,其中只有一人表示完全同意《人民日报》发表的《这是为什么?》的社论,有些人在发言中对"党天下"言论表示赞同或部分赞同。[①]特别严重的是,一些地方社会秩序也受到影响。如泰县有2000多农民到县里请愿。兴化县委书记被大字报丑化弄得无法办公。南京大学的一些学生,因为《新华日报》拒绝报道他们的"民主讲坛",多次涌上街头游行,并且把《新华日报》社围得水泄不通,直接阻塞了南京市中心新街口地区的交通。南京市技工学校学生为了要求分配工作给三级工待遇而罢课,到省人民委员会请愿等等。因此,对极少数右派分子掀起的反共反社会主义的思潮不能等闲视之,在一定范围内,采取适当方式,对某些严重错误言行给予坚决回击,在全体人民中进行坚持共产党领导走社会主义道路的教育是正确和必要的。

江苏省经过反右斗争后,使全省人民在要不要坚持中国共产党领导,要不要坚持走社会主义道路等根本问题上澄清了大是大非,巩固了中国共产党的领导地位,稳定了新建立起来的社会主义制度。

但是,在全国,右派分子只是极少数,由于当时对阶级斗争形势估计得过于严重,把大量人民内部矛盾当作敌我矛盾,结果反右派斗争被严重地扩大化了。江苏在反右派斗争中也犯有严重的扩大化错误,全省最后定为右派分子的共15334名(其中中共党员2014人,占12.9%),另有内定为中右和反党反社会主义分子15000人,这大大地伤害了许多同志和朋友,带来了严重的消极后果。在党外人士中出现了"三多一少"(即多听、多看、多干、少说)的消极情绪,影响了积极性的发挥,不利于社会主义事业的发展。[②] 在党内,把一些在统购统销、合作化、工农关系等方面反映了某些真实情况或提出较为激烈意见的干部划成右派,这就在相当程度上破坏了党内民主,使许多党员干部不愿或不敢反映真实情况或提出不同意见。

在反右派斗争中,党内外的一大批知识分子、革命干部、爱国民主人士受到不应有的打击,长期蒙受冤屈。一些长期与共产党合作共事的有影响的民主党派和工商联的省市领导人、著名学者教授、工商界人士被错划为右派分子。文艺界以"探求者"为代表的一些有才华、肯思考的青年作家被错划成右派分子。高等学校中,一些发表了某些错误言论或被认为是错误言论的教师和学生也被错划为右派分子。新闻、广播、出版、卫生和科技等界,以及工矿企业管理人员、党政机关工作人员中,也错划了一批右派分子。1958年春天,一些县仍按照上级的部署,集中中小学教师在一起"鸣

① 中共江苏省委党史工作办公室编:《历史的探索与回顾(1949—1978)》,1998年内部发行,第236页。
② 中共江苏省委统一战线工作部等编著:《江苏统战史》,国家行政学院出版社2007年版,第89页。

放”，又错划了一批右派分子。在上述被错划为右派分子的人员中，有些既未“鸣放”，也无其他错误，不过是得罪过单位的某些领导人或者人际关系不好而被戴上右派帽子。从 1959 年开始，江苏各地虽然先后分批为一部分“右派分子”摘帽，但后来在“四清”和“文化大革命”中，又有一些人被重新作为右派分子对待。[①] 至 1987 年，全省（包括外地转来）的错划右派 19160 余人以及错定“中右”和“反党反社会主义分子”15000 余人，全部得到改正。

反右斗争的扩大化的主要教训在于对当时阶级斗争形势估计得过于严重，把历史转变时期新出现的大量人民内部矛盾当作了敌我矛盾，伤害了许多同志和朋友，破坏了社会主义民主和法制，并且在开展斗争的方法上有明确的不当之处。所有这些，都是深刻的教训，应该牢牢地记取。

① 刘定汉主编：《当代江苏简史》，当代中国出版社 1999 年版，第 161 页。

第六章 “大跃进”与农村人民公社化运动

1958 年，江苏首先掀起了以大修农田水利为中心的农业生产大跃进运动，随后又开展了以大炼钢铁为中心的工业大跃进运动，并迅速在农村实现人民公社化。1958 年底第一次郑州会议后，江苏一度整顿人民公社，并初步纠正“左”倾错误。1959 年庐山会议后，江苏开展“反右倾”斗争，推行“持续跃进”，而纠“左”则被中断和出现反复。

第一节 工农业生产的大跃进

一 大跃进运动的发动

在 1957 年底到 1958 年上半年，毛泽东和中共中央反复批评 1956 年的“反冒进”，不断提出工农业生产的跃进指标，从而在全国掀起了工农业生产的大跃进运动。江苏同全国其他各省市自治区一样，先后召开多次会议予以贯彻和进行具体部署，使大跃进运动在江苏得以全面发动起来。

1957 年 10 月，毛泽东在中共八届三中全会上开始批评 1956 年的“反冒进”。该全会通过了毛泽东主持制订的《1956 年到 1967 年全国农业发展纲要（修正草案）》。①

① 简称《全国农业发展纲要》，为新中国农业和农村发展的第一个中长期规划，于 1957 年 10 月中共八届三中全会通过其修正草案后公布。1960 年 4 月，经第二届全国人大第二次会议讨论通过。该《纲要》内容和文字先后有所变化和调整，但四十条的主要内容基本未变，因些也称农业“四十条”。《纲要》提出从 1956 年到 1967 年农业生产的具体目标和增产措施。在粮食方面，要求在黄河、秦岭、白龙江、黄河（青海省境内）以北达到 400 斤，在黄河以南、淮河以北达到 500 斤，淮河、秦岭、白龙江以南达到 800 斤（当时简称“四、五、八”）。此外，也提出了农村商业、信贷、交通、邮电、广播以及科学、文教、卫生等方面的发展规划。

11月13日,《人民日报》发表社论——《发动全民,讨论四十条纲要,掀起农业生产的新高潮》,批评有些人“害了右倾保守的毛病,像蜗牛一样爬行得很慢”,提出我们“有条件也有必要在生产战线来一个大的跃进”。与此同时,毛泽东在访问莫斯科时,又提出中国在15年后可以赶上或超过英国。

同年底,在南京召开的中共江苏省第三次代表大会第二次会议上,刘顺元代表省委作了《江苏全党动员起来,为提前完成〈农业发展纲要〉的任务而奋斗》的报告。报告肯定了江苏执行《全国农业发展纲要(草案)》所取得的成绩,认为“在水利、积肥、改制、绿化等方面,都取得了相当大的成就”,但是,“对农业生产建设应该更好些、更快些强调不够,贯彻不够有力”,今后必须克服这种右倾保守思想,“争取一九五八年农业生产大跃进,提前实现五百斤、八百斤的增产目标”,同时又提出兴修水利、发展灌溉、积肥、进行农业改制等六项具体措施。

在1958年1月中下旬中共中央召开的南宁会议上,毛泽东再次严厉地批评了1956年的“反冒进”。2月2日《人民日报》在《我们的行动口号——反浪费,勤俭建国》中提出全面大跃进的口号:“工业建设和工业生产要大跃进,农业生产要大跃进,文教卫生事业也要大跃进”。3月,中共中央在成都召开工作会议,继续不适当地批评1956年的“反冒进”,确定把“鼓足干劲,力争上游,多快好省地建设社会主义”作为党的社会主义建设的总路线。会上,毛泽东提出要破除迷信,解放思想,发扬独创精神。

南宁会议和成都会议后,江苏省先后召开多次会议加以贯彻和进行具体部署。1月17日,召开中共江苏省第三届第六次全体委员会议(扩大),讨论和通过《江苏省农业生产规划(草案)》,并向全省人民提出“学习先进,迎头赶上,苦干五年,提前实现全国农业发展纲要规定的指标,力争三年基本消灭涝灾”的奋斗目标。2月上旬,在南京召开江苏省第二次社会主义农业高额丰产代表大会,讨论春耕准备工作,修订生产规划,并号召把农村大生产运动推向新的高潮。2月中旬,召开中共江苏省三届七次全委(扩大)会议,要求党政机关在“双反”(反浪费、反保守)、“反五气”(反官气、反暮气、反阔气、反骄气、反娇气)基础上进行整改,并提出发展地方工业的大体规划。2月下旬到3月初,又在盐城、苏州、淮阴三地分片召开了地、市、县委书记会议,在水利工程、粮食产量、地方工业、文教卫生等方面提出许多不切实际的高指标。

1958年5月5日至23日,中国共产党在北京举行第八次代表大会第二次会议。会议宣布,中国已进入“一天等于二十年”的“伟大时代”,正式通过了党的社会主义建设的总路线,正式通过了15年赶上和超过英国的口号,提出要提前5年实现全国农业发展纲要,并提出“苦干三年,基本改变面貌”的口号。

江苏省委随即发出《关于学习和宣传中共八大二次会议报告和决议的通知》,要

求在全省范围内大张旗鼓地开展一个学习和宣传党的“鼓足干劲，力争上游，多快好省地建设社会主义”的总路线的运动。通知指出，开展学习和宣传党的社会主义建设总路线运动要与整风运动密切结合起来，在继续整风的前提下，进一步提高干部群众的干劲和劳动热情，以推动工农业生产和各项工作的跃进。

6月9日至13日，中共江苏省三届八次全委(扩大)会议召开，传达党的八大二次会议精神，研究贯彻落实措施。会议根据八大二次会议精神，提出江苏各项跃进指标，要求各行各业都要“大跃进”，破除迷信，提前实现农业发展纲要的指标，自力更生地发展地方工业。

7月12日至21日，江苏省委召开省、地(市)、县三级干部会议，讨论和拟订了保证粮食、钢铁、机械“三大元帅”齐升帐和科学、文化、教育大跃进的规划与措施。

8月在北戴河召开的中共中央政治局扩大会议，除了决定在全国农村建立人民公社外，还提出了1958年全国钢产量要比1957年翻一番，达到1070万吨的过高指标。

9月6日至12日，江苏省委召开常委扩大会，讨论和贯彻中共中央政治局扩大会议(北戴河会议)决议，要求进一步加强党的领导，开展共产主义教育，全面安排劳力，实现钢铁生产“大跃进”，确保秋熟大丰收。

随着全面大力贯彻前述毛泽东的有关指示和相关会议精神，江苏便全面发动大跃进运动，迅速掀起了工农业生产的大跃进，并使大跃进不断出现所谓的“新局面”。

二　大修水利的农业大跃进

江苏大跃进运动首先在农业战线展开，而农业大跃进则是以大修水利拉开帷幕。1957年冬，江苏一些地方已经开始进行较大规模的兴修水利活动。1957年底召开的中共江苏省第三次代表大会二次会议提出，“一定要争取一九五八年农业生产大跃进，打响第二个五年计划的第一炮”，并强调农业增产措施要优先，要“兴修水利，发展灌溉，防治水旱灾害”。会议还提出“以蓄为主、小型为主、社办为主”和“大中小型密切结合”的一整套治水方针，并要求在抓重点整修的同时，切实照顾到全面整修。会后，大修水利运动随即在全省各地兴起。

1958年1月中旬，中共江苏省三届六次全委(扩大)会议召开。会议要求“苦干五年，提前实现五百斤、八百斤！力争今年达到富裕中农的施肥水平，力争三年基本消灭旱涝灾害！”2月下旬到3月初，又在盐城、苏州、淮阴三地分片召开地、市、县委书记会议，把冬春水利工程计划指标从原来的5亿土方猛然提高到35亿土方，并提出：在1958年和1959年两年内，基本完成全省的农田水利工程，第三年扫尾，并和大中型水

利工程相结合，做到全省水利化。

从2月上旬起，全省大中型水利工程先后进入春季施工，水利建设运动进入高潮。从黄海边到洪泽湖，从镇扬山区到徐淮平原，到处呈现出一片紧张而忙碌的景象。在严寒刺骨的风雪中，千百万群众穿梭般地忙碌来往，热火朝天地兴修水利。不少党政干部和技术人员都亲自深入工地，与广大农民一起奋战在水利工地上。

3月下旬，分淮入沂、淮水北调等重大水利工程也正式开工。大量物资器材从四面八方赶运过来，上百万民工直接投入水利工程建设中，把整个冬春水利建设运动推向高潮的顶点。

据当时带有浮夸性质的统计，在1957年冬和1958年春，江苏一共挖了34亿个土石方，增加灌溉面积1400万亩，改善灌溉面积1700万亩，治涝面积3100万亩。到1958年9月底统计，实做的土石方达到43亿(包括农田水利工程)，超过解放以来八年治水成绩总和的一倍半。①

在大修水利的同时，全省还广泛开展大规模积肥、追肥、绿化、保蓄、防冻保麦等生产活动，掀起农业生产的热潮。

为了贯彻中共江苏省第三次代表大会二次会议精神，1958年春天，全省各市县先后召开党代表大会或三级干部大会，掀起了一个“以反浪费、反保守”为中心的农村全面整风运动。其后，又掀起所谓“双比”运动，要求各地在农业生产上比个高低。常熟县23个乡党委首先向全省各乡发出竞赛倡议书，提出“三麦赶水稻，水稻翻一番”的跃进口号。扬中、江阴等县620个乡的乡党委随即向常熟应战，纷纷提出自己的跃进指标。为了批判所谓的“右倾保守思想”，针对部分干部和群众对于“三麦要不要赶水稻，能不能赶水稻”的怀疑和顾虑，在全省3万多个农业社中普遍开展一场“社会主义大辩论”。通过“辩论”，力图使全省农民逐步树立实现“三麦赶水稻，水稻翻一番”这一跃进目标的信心，并要求各地人民向常熟人民看齐，采取“十分指标、十二分措施、二十四分干劲”。随后，全省又投入到紧张的春耕春播中。

1958年夏，江苏夏熟作物获得丰收。据当时声称，全省夏熟作物，总产量达到83.99亿斤，比1957年增长了43.9%。夏熟丰收后，全省广大农村普遍开展社会主义总路线的宣传，并反复组织“鸣放”，批判“稀植论”和“定局论”，掀起一个所谓“以合理密植为中心”的技术革命运动。五、六、七月间，全省各地普遍遭受干旱的威胁，特别是镇扬山区一带一百天不下雨，旱情更为严重。全省人民投入紧张的抗旱斗争，每天出动抗旱的人数高达几百万，最多时超过1000万人。

① 《江苏十年史(1949—1959)》(初稿)，江苏省档案馆馆藏资料。

在夏熟丰收的刺激下,江苏省又进一步提出农业跃进的指标。6月上旬召开的中共江苏省委三届八次全委(扩大)会议提出,要力争在三年内提前实现农业发展纲要规定的各项主要指标,成为粮食每亩单产800斤的省。随后在7月中旬召开的地、市委书记会议上,又提出1958年粮食产量要达到500亿斤,并号召继续"立大志,鼓大劲",发动全党全民,力争实现1958年的跃进目标。与此同时,地、市委书记会议还决定组成万人检查团,进行一次与群众性评比相结合的全面大检查。这次检查的方法主要是"看苗促进,开现场会"。于是,漫山遍野红旗招展,五级干部将近百万人分别会师田头,进行大检查,"以教育和鼓励群众","支持先进和推动落后"。

7月下旬,全省双季早稻开始收割,各地纷纷传来高产的"喜报"。据当时声称,到8月下旬,全省260万亩早稻全部收割登场,总产量高达26.364亿斤,平均亩产竟高达1014斤,比1957年平均单产增长1.4倍。到9月初,全省417.72万亩早玉米也获得丰收,平均单产竟高达793斤。①

应该说,1957年冬与1958年春的大修水利的确取得了巨大成绩。同时,由于1958年上半年在农业上投入大量人力和物力,加上总体上风调雨顺,江苏不少地方的确获得丰收。1958年,全省粮食总产达到225.69亿斤,比1957年的212.72亿斤增长6.1%,但却比丰收的1955年的235.83亿斤总产要少。②

但是,1958年在反对"右倾保守"思想的政治压力下,特别是在过高指标的直接影响下,全国各地都刮起了"浮夸风",夸大粮食产量。这些粮食大增产的虚假成绩,使得中共中央和毛泽东一度认为粮食问题已经解决,进一步错误地作出大炼钢铁、实行人民公社化的决策。

三 大炼钢铁的工业大跃进

1958年1月1日,为了适应农业大跃进的形势,江苏省委提出《城镇工作十八条》,号召全省城市人民立即行动起来,投入有计划的工业生产,掀起一个以全力支援农村、提前实现农业"四十条"的社会主义竞赛运动。

在"农业需要什么就支援什么"的口号下,各地掀起大量试制农用新产品的热潮。很多工厂深入农村,摸索情况,根据农业需要,订出新的规划。仅在一个月时间内,南京、无锡、苏州等11个主要城市,就"试制成功"了几百种新产品。全省手工业者,也在"看谁为农业生产服务得更好"的竞赛中,通过参观访问,上门修配,以简陋的设备

---

① 《江苏十年史(1949—1959)》(初稿),江苏省档案馆馆藏资料。

② 江苏省统计局编:《光辉的三十五年——江苏省国民经济和社会发展统计资料(1949—1983)》,1984年印行,第30页。

制造出大批犁耙、收割、施肥和治水等工具。

1958 年 1 月，毛泽东在杭州会议上提出，在第二个五年计划，“各省地方工业产值比例要超过农业生产”。2 月中旬，中共江苏省委三届七次全委(扩大)会议提出江苏省发展地方工业的方针和任务是：“在认真为农业服务为主，并与农业经济密切结合的方针下，积极发展地方工业”，并要求“书记动手，全党动员，人人重视，县县发展工业，乡乡兴办工业，社社积极参加”。紧接着，又在盐城、苏州、淮阴三地分片召开了地、市、县委书记会议，具体研究各地发展工业的规划，提出“地方工业要赶快上马”，要求新建 4 万个工厂，其中县、乡、社(初级社和高级社)办的工厂占 98%，平均每个乡建厂 10 个以上。工业总产值要求比 1957 年增加五成。此后，各地大力贯彻所谓“大中小结合，以中为主，土洋结合，以土为主”的方针，大搞群众运动，实行全民大办工业，掀起了一个“条条办、块块办、分散办、全面办、到处撒种、遍地开花”的兴办地方工业的高潮。据当时统计，到 3 月为止，全省办起了首批直接为农业生产服务的农具修配厂、土农药、土化肥、土水泥、农副产品加工厂等小型厂 3 万余个。其中，乡社办的占 95%。到 7 月底，全省县、乡、社兴办的工厂竟达到 50 余万个。[①] 此外，还有许多老厂纷纷争办新厂，商业部门、学校、城市居民也大办工厂。

为了帮助各地大办工厂，全省原有的大中型企业，“发扬协作精神”，分别以几个主要城市为中心，划分四个经济协作区。各地的大中型企业不但大量地赶制机器设备，而且还派出人员帮助训练培训大批技术力量，积极地支持县、社办工厂。南京的大工厂，还实行划片分工，包干负责，在技术和设备上帮助邻县发展工业。

夏熟丰收后，随着农业增产指标和措施的一再加码，秋收秋种的工作量和所需的劳动力也要求相应地增长。为了适应这种形势的需要，8 月初，宝应县等 7 县倡议开展社会主义工业高产竞赛，得到全省各地的响应。于是，在全省范围开展了一个所谓“立大志、鼓大劲、夺冠军”的工业高产运动。这次运动以县乡工业为中心，大搞所谓“农具改革”，大力生产所谓“土化肥”、“土农药”和“土水泥”等。据当时声称，到 8 月底，全省基本上实现了所谓的“滚珠轴承化”。到 9 月，实现了所谓“绳索牵引化”。其后，随着人民公社建立，江苏各地公社进一步掀起了大办工业的高潮。

工业上的大跃进，到 1958 年夏季以后逐渐集中到大炼钢铁上。江苏钢铁工业基础很差，1956 年，全省耗用 4.1 万吨钢材和 3.1 万吨生铁，但全省仅产钢 1.24 万吨，钢材产量 1900 吨，还不能产生铁。为了改变长期依靠国家供应钢铁的被动局面，1957 年 5 月省人委批准苏州市兴建苏州钢铁厂，并开始筹建。同年，苏州农业机械厂

① 《江苏十年史(1949—1959)》(初稿)，江苏省档案馆馆藏资料。

和徐州美丰机械修配厂,也先后各建起1座小高炉,当年生产生铁3100吨。①

1957年,苏州农业机械厂8立方米小高炉出铁情景

1957年底,毛泽东提出,在15年内钢铁生产要赶上和超过英国。其后,随着大跃进气氛日益升温,中共中央又进一步提出"以钢为纲"的口号,要求7年、5年以至3年内完成15年内钢产量赶上和超过英国的目标。在此背景下,江苏加快了发展钢铁工业的步伐。1958年春,经国务院批准,南京钢铁厂和徐州钢铁厂先后动工建设。同时,常州市和无锡市也分别筹建常州钢铁厂和无锡钢铁厂。

为了加快发展钢铁工业,1958年6月间,苏州、南京、常州等地就开始采用土法炼铁、炼钢。1958年7月27至29日,江苏省委召开钢铁工业会议,研究了"以钢为纲"高速度发展江苏钢铁工业,带动其他工业一齐跃进的问题。会议提出了"土洋并举,以土为主,以小为主,白手起家,自力更生"的建设原则。为了加强对钢铁工业的领导,省人委成立冶金工业局,省委则成立冶金办公室,由分管工业的省委书记直接领导。②

1958年8月17日至30日,中共中央政治局在北戴河举行扩大会议。在各地粮食大增产的虚假信息误导下,会议认为粮食问题已经解决,农村工作已经有了比较稳固的基础和比较成熟的经验,因此要求全国各地把工作重心转移到工业上来,党委第一书记必须注意领导工业。会议正式提出1958年钢产量的新的指标,要求当年的钢产量比1957年翻一番,达到1070万吨。但是,从1月至8月仅完成400万吨,还有670万吨任务只能在4个月内完成。为此,毛泽东发出书记挂帅,全党全民办钢铁的

① 江苏省地方志编纂委员会编著:《江苏省志·冶金工业志》,江苏古籍出版社1994年版,第3—4页。
② 江苏省地方志编纂委员会编著:《江苏省志·冶金工业志》,江苏古籍出版社1994年版,第4页。

号召，从而在全国掀起了大炼钢铁的运动。

江苏省委积极响应毛泽东的号召，坚决贯彻北戴河会议精神。8 月 23 日至 24 日，江苏省委召开地、市委书记会议，研究加快钢铁生产和建设速度问题，要求 1958 年生铁达到 66 万吨，钢达到 32 万吨。为了完成这一任务，江苏省委要求各级党委书记亲自挂帅，把钢铁生产放到首位。江苏省委还先后组织 200 多名干部和技术人员，分别赴安徽、河南、湖南等地参观和学习钢铁生产大跃进的经验。随后，江苏城乡各地普遍大搞小土炉，投入冶炼中。江苏省委还在扬州召开江苏省土高炉炼铁现场会，推广扬州市所谓“土洋结合，以土为主，中小结合，以小为主”的大办钢铁工业的经验。

江苏大炼钢铁中平地而起的小高炉

为了保证“钢铁元帅”升帐，江苏各个战线都发动群众，积极支援。全省的铁矿、煤矿工人加班加点，采取各种办法提高生产率。在交通运输方面，火车、汽车、轮船以至人力、畜力的运输工具，都尽最大可能抽出力量，日夜赶运钢铁所需的矿石、煤炭和建筑材料。机械工业也将生产任务作了调整，把某些生产项目生产延缓，“暂时停车让路”，集中力量大量赶制冶炼设备。

为了支援大炼钢铁，各地还纷纷抽调大量工人、农民、干部、学生、解放军战士和城市居民组织成支援队，有的奔赴钢铁基地，参加建炉、冶炼工作；有的参加运输大军，突击赶修公路、码头以及装卸物资；有的直接到矿里和矿工一起开采煤矿和铁矿。

1958 年 9 月底，在全国发出国庆节放“钢铁卫星”的号召下，江苏省委要求苦战三

昼夜,大放生铁卫星。此时,各地动员投入炼钢铁的工人、农民、学生、干部和城市居民的人数达到顶峰,为700万人,占当时全省总人口4200多万的1/6。到1958年9月29日,江苏省日产生铁10072.993吨,成为全国9个所谓日产生铁"万吨省"之一。进入10月后,全省普遍开展了群众性的炼钢运动,大搞低温炼钢(即炒钢),同时进行建炉工作。

在10月底,全省小土炉数量达到顶峰,高达44000座。但是,由于建设和生产缺乏科学根据,没有炼出合格产品。不久,这些当时被称为"小土群"的土铁炉即被淘汰,逐步由"小土群"向"小洋群"过渡。到1958年底,全省共建成8立方米到84立方米的小"洋"高炉193座。① 由于铁矿不够,炼不出钢,不少地方动员人民群众把自己家里的铁锅、铁床、铁门等钢铁器具献出来,作为"废钢铁"回炉,将这些"废钢铁"熔化后搅拌一下,就作为"炒"出来的新钢。

在"大炼钢铁"的同时,其他工业也掀起全面跃进。机械工业也是当时的"元帅"之一。早在7月中旬,江苏省委召开省、地(市)、县三级干部会议就曾经讨论和拟订保证粮食、钢铁、机械"三大元帅"齐升帐的规划与措施。7月下旬,江苏省委召开钢铁工业会议,研究"以钢为纲"高速度发展江苏钢铁工业,带动其他工业一齐跃进的问题。在8—10月间的"大炼钢铁"中,机械工业和其他工业一度为钢铁工业"停车让路"。但是,10月份,江苏省委又发出"元帅(钢铁、机械)领先,先行(交通、电力)突出,其他工作跟上"的指示,要求掀起工业的全面跃进。11月份,江苏省委又召开全省机械工作会议,提出机械工业要"以自我武装为中心",要求全年机床生产翻一番。于是,在全省掀起了突击制造机械设备的热潮。与此同时,电力、煤炭工业和交通运输业也被要求紧紧跟上。总之,各行各业都要"大办",企图用这样的措施,形成"一马当先,万马奔腾"的局面。

1958年以"大炼钢铁"为中心的工业大跃进运动,表面上看起来轰轰烈烈,也使江苏钢铁工业和机械工业获得较大发展,但是,它实际上浪费甚多,得不偿失。炼出的钢铁中有很大一部分质量极差,没有使用价值。据当时统计,到1958年底,江苏省共产铁22.52万吨,产钢5.18万吨。但是,实际上合格的铁钢产量分别是12.52万吨、3.26万吨,合格率仅50%稍多一些。当时兴建的4万多座小高炉,花去大量财力、物力、人力,后来基本上报废,只有极少数保留下来,经过再投资进行改造才成为小型钢铁企业,得不偿失。1958年银行向江苏工业放款中用于垫付钢亏损就达7000多万元。在"大炼钢铁"中,为了解决燃料不足的问题,许多地方乱砍滥伐,毁掉很多

① 江苏省地方志编纂委员会编著:《江苏省志·冶金工业志》,江苏古籍出版社1994年版,第4页。

山林。

更为严重的是，以“大炼钢铁”为中心的工业大跃进，导致国民经济发展出现严重的比例失调。大炼钢铁和大办机械工业，而其他工业却未得到相应的发展。在1958年，钢铁工业的基本建设投资由1957年的0.11亿元上升到1.08亿元，机械工业的基本建设投资由1957年0.18亿元增加到1.19亿元，而其他工业的基本建设投资则很少增加。① 尤为严重的是，为了大炼钢铁，调用大量农村青壮劳动力，致使农业生产深受影响。

第二节 农村人民公社化运动

一 农村人民公社化的迅速实现

在1957年冬和1958年春全国各地大搞农田水利基本建设的热潮中，一些地方为了便于调动大量劳动力进行大规模的水利建设，就把一些小社并成大社。由于认为农业生产合作社的规模越大，公有化程度越高，就越能促进生产力发展，因此，又出现了在生产关系上急于向更高级形式过渡的倾向。1958年3月，毛泽东在成都会议上提出把小型的农业生产合作社有计划地适当地合并为大型的农业生产合作社的建议，会议随即通过《中共中央关于把小型的农业合作社适当地合并为大社的意见》。在夏收丰收后，一些地方又企图改变高级社的体制，河南等地实际上已经出现一些公社。

1958年4、5月间，江苏不少地方就把小社并成大社。夏收以后，有些地方进一步把高级社改为农场。单徐州一个专区，在6月内就办起66个农场。截止到1958年7月底，全省已将1957年底前的34367个农业社合并为31763个，并准备进一步合并到9000—10000个。②

1958年8月，毛泽东视察了河南七里营人民公社，随后又发表“还是人民公社好”的谈话。8月中下旬，中共中央政治局在北戴河举行扩大会议，作出《关于在农村建立人民公社的决议》，对公社的组织、建设步骤和若干经济政策问题作出具体规定。决议指出：人民公社“将是建成社会主义和逐步向共产主义过渡的最好的组织形式”。9月初，中共中央召开各省负责同志的电话会议，决定“全国九月都要办好公社”。在

---

① 中江苏省委党史工作办公室编：《历史的探索与回顾（1949—1978）》，1998年内部发行，第243页。

② 江苏省委农村工作部办公室：《合并社的情况》，1958年8月13日，江苏省档案馆馆藏档案3062—短期—201。

这种大背景下,全省农村迅速掀起了人民公社化运动。

8月中下旬后,徐州、淮阴、盐城、扬州4个专区就开始试办人民公社,基本建成的有70个,正在陆续办的有230个。[①] 这些地方经过试点,以原办农场为基础,转办了268个人民公社。9月8日,江苏省委农村工作部召开各地委合作部长会议,商议举办人民公社事宜。省委农村工作部部长在会议总结报告中指出:"发展人民公社是大势所趋,势在必行。……看来迟办不如早办,慢办不如快办,小手小脚不如大刀阔斧的办,零打碎敲不如一气呵成的好。"他提出了办人民公社的具体规划:全省计划建立公社1346个,除8月份已办的248个外,计划9月份办903个,10月再办175个。他还要求,要"放手发动群众,充分进行思想政治工作,做到思想通、政策通、办法通";"号召社员搞好生产,通过办社掀起生产新的高潮";"根据上动下不动的精神,开大会,表决心,搭架子,挂牌子"。"要敲锣打鼓,搞得热火朝天"。[②] 至于如何解决积累和分配中的各项问题、各项生产资料问题、劳动管理、财务管理等,留待第二步再说。随后,江苏省委也明确发出"全党动员,全民办社"的号召。

为了掀起大办人民公社的高潮,各地普遍召开千人以至万人大会,全面进行大办公社的宣传发动工作。徐州专区在8月底前后,各县、市普遍召开五、六千人左右的积极分子代表大会或四级干部会议,通过总结玉米丰收评奖,贯彻大办人民公社的思想发动。丹阳县召开乡、社干部会议和千人以上的社、队干部扩大会议,贯彻宣传教育和思想发动,以逐层贯彻、逐层解决的方法,"澄清"某些乡、社干部中存在的顾虑和"错误"思想。不少乡、社干部从县开会回去后,连夜召开群众大会贯彻发动。

各地还采取多种多样的宣传方法和活动方式,主要有:从上到下召开大会、小会、系统会,围绕当前生产,贯彻办公社教育;运用文字、漫画、大字报、黑板报、墙头标语等进行宣传;还利用业余剧团和文艺组、教师、学生组织街头说唱、放幻灯、相声等进行宣传;组织群众"鸣放"辩论,"以群众教育群众";组织自下而上地报喜,自上而下地贺喜,"扩大影响",鼓舞办社情绪。川沙县还集中训练农业社文书、社长及机关学校、工商界、企事业等单位600多人,组成宣传大军,成立40个宣传队,分工负责,划片包干,全面开展办公社的宣传教育工作。[③]

随着对人民公社"优越性"的强大宣传,许多农民"欢欣鼓舞",到处歌颂人民公社。吴县望亭乡还编起这样一首诗歌:"人民公社办起了,人人干劲冲九霄。工人听

---

① 江苏省委农村工作部办公室:《合并社的情况》,1958年8月13日,江苏省档案馆馆藏档案3062—短期—201。

② 《江苏省委农村工作部部长在地委生产合作部长会议上关于人民公社问题的总结报告》,江苏省档案馆馆藏档案3062—永久—68。

③ 《人民公社化运动情况》第1期,1958年9月8日,江苏省档案馆馆藏档案3062—短期—201。

了信心强，大搞钢铁炉边忙；农民听了喜洋洋，决心亩产万斤粮；单干农民连说好，决心入社打报告；民兵听了雄赳赳，生产治保立功劳；师生听了齐欢笑，勤工俭学办学校；商店职员点头笑，服务态度更加好；干部听了干劲足，不分昼夜工作搞；青年喜得双脚跳，样样工作前面跑；妇女听了齐称赞，摆脱家务生产好；老人听了哈哈笑，共产党想得真周到。男女老少齐歌唱，同心合力生产搞，共产主义眼看到。"①

在强大的政治宣传影响下，大量农民纷纷"要求"加入公社。新海连市郊区在宣传人民公社优越性和政策后，仅五六天时间，除 19 户单干农民外，全部报名申请入社。沛县五段乡临湖社在 2000 多人的群众大会上进行人民公社的宣传教育后，群众迫不及待，当场就要求举办公社。丹阳县五星社社员吴国忠、六合县勤丰社社员朱元生以及新海连市前云社有些社员，"刺破手指写决心书，以表示自己入社的坚决意志"。②

为了贯彻江苏省委农村工作部提出的"办社生产两高涨"的指示，各地普遍提出"搞好生产，迎接办社"的口号。睢宁县睢城人民公社苦战两昼夜，捕捉害虫 7 万余斤向公社献礼。宜兴县伏东乡群众听到要办人民公社时，在一个晚上就有 1.3 万人出勤，突击一夜，积肥达 31 万余担，向人民公社献礼。新沂县有 2.5 万人扎营在 8000 个田头棚里，日夜治虫，追肥除草，把 18 万亩水稻又全部追肥一遍。宜兴县梅园农业社为了迎接办公社，在三天时间中冒雨在深山里修好二条长达 10 华里的公路，实现了所谓的"运输车轮化"。黄童、溪隐等社，在公路两旁栽上上万株的绿竹，以庆贺"人民公社像绿竹一样万古长青"。川沙县江镇乡人民医院工作人员听了大办人民公社的报告后，也提出五项保证：保证 9 月 5 日前实现五无医院；保证做好宣传教育；参加体力劳动；完成支援地方工业 1800 元的储蓄，并在 9 月 5 日前交款，以向公社献礼。江镇中学提出保证养猪 50 头，养兔 30 只，办工厂 25 个和做好宣传工作，以向公社献礼。一些地方则发扬所谓"共产主义的协作精神"，支援外地的建设。如宜兴县唐俊、红塔二乡在大办人民公社高潮中，听到邻近的铜峰乡要兴修水库，立即表示抽出 2000 余人支援。③

但是，在推行人民公社化过程中，一些基层干部中也存在不少顾虑乃至不满。宜兴县有些乡社干部听到全县要办 7 个公社，就大吃一惊，吓了一跳。唐俊、红塔等乡有些干部说：10 天要办起 7 个公社，恐怕有问题，并怀疑办 7 个公社是不是太大了，能否办得好。④有些干部怕乡社合一，干部众多，自己职务不知怎么变。有的说："社愈

① 《人民公社化运动情况》第 4 期，1958 年 9 月 12 日，江苏省档案馆馆藏档案 3062—短期—201。

②③④ 《人民公社化运动情况》第 1 期，1958 年 9 月 8 日，江苏省档案馆馆藏档案 3062—短期—201。

并愈大,官愈做愈小。”宜兴县归径乡下漳社长听说要办公社,就到宜兴城里找工做。一些手脚不大干净的干部顾虑更大,说:“我们有错误,这次一定要让位”,因而在办社中消极应付。一些乡干和企业部门的干部,怕和社员一样拿工资,说:“公社收入总有限,工资标准不会高,要公家发津贴,再干三年未知能办到?”①

各阶层的群众中顾虑思想就更多,并存在程度不同的不满和抵触情绪。一些富裕中农有“五怕”:一怕生产资料和生活资料都归公。南京市郊区农民鲍大发说:“小庄并大庄,拆好房住丑房,我家六间大瓦房,恐怕住不到这么多了。”二怕收入会减少,私人副业不能搞。他们说:“入了公社只能拿几个死工资了。”三怕生活不自由。他们认为公社办了食堂,生活一律,有好的东西不能吃。四怕享受不到社办福利事业。有的说:“公社福利事业办得多,我伲中农总归轮勿到。”② 五怕公社要苦干。特别是听说要实行“三化”,怕与大家一起日夜苦干。他们说:“过去劳动随心意,今后劳动上规矩,要想偷懒挨批评,要想歇工扣工资,只能和大家一起死拼了。”一些贫农下中农也有“三忧”:劳动力强的愁评定工资等级后,多劳不能多得;人多劳少的愁拿工资后生活不能维持,公社没有照顾;年老体弱的愁办公社后吃冷粥冷饭。③ 厂矿职工有“三怕”:一怕改行务农,二怕降低工资,三怕工厂并入公社后权小了。此外,有的手工业者怕入社后不能单独活动搞零用钱。市镇工商业户主要是怕投资、怕改行。六合县瓜埠乡王家木、叶德培等户到处打听是否要投资,在会上表示:“参加公社房子有两间,要投资是没有。”④

一些公共积累多和生产较好的社,对于办公社并不热心,但又感到大势所趋无法抵挡,就想着先把自己社里的积累用掉。有些富社干部认为与穷社合并是“萝卜烧肉”吃了亏。宜兴县大浦乡临化社支书听到要办人民公社,就想用社里公积金买留声机。丹阳运河一社积余5000元,干部打算分掉。产量高的社、队干部不愿与产量差的地区并社,怕自己吃亏,别人沾光。如访仙乡的社并到建山、陵口乡去,社干部就不大高兴,在“会上一言不发”。⑤ 溧水县刘家三社,将积累买了汗衫、毛巾、钢笔等分给干部。宜兴县宜林乡立渎社听说要并社,就把公养的600多只鹅分给社员吃掉。归迳乡南村社砍掉竹子20余担,出售后各户平分。⑥

尽管一些干部和群众存在顾虑和不满,但是,随着强大宣传攻势的展开,人民公社化运动还是不可阻挡地发展起来。至9月5日为止,全省已有邳县、睢宁、泗阳、清江市、南京市郊区、江浦、六合等6个县市实现人民公社化。⑦ 至9月10日,各地已建

---

①②③④⑥ 《人民公社化运动情况》第4期,1958年9月12日,江苏省档案馆馆藏档案3062—短期—201。

⑤⑦ 《人民公社化运动情况》第1期,1958年9月8日,江苏省档案馆馆藏档案3062—短期—201。

成574个公社，入社农户317万户，占总农户的35%。其中，徐州和淮阴专区以及南京市基本实现公社化。[①] 9月13日，全省已建立人民公社676个，入社农户386万户，占总农户42.5%。[②] 到9月22日止，全省已建立人民公社1140个，入社户数达到7453288户，占总农户的82%。其中实现公社化的有徐州、淮阴、盐城、扬州、镇江等5个专区和南京市；苏州、南通2个专区入社农户在40%以上。[③] 到9月28日，全省已建立人民公社1490个，参加的有960万户，其中，农户918万户，占总农户的94%以上，还有市镇居民、工商业者、自由职业者32万户加入了公社。

二 人民公社的基本特点和严重弊端

农村人民公社的基本特点是“一大二公”和“政社合一”。

农村人民公社的“大”表现之一是公社规模比高级社大。1957年底，江苏高级社的平均规模是260户。到9月28日，全省已建立人民公社1490个，参加的有960万户，每社平均6400户，规模相当于原来高级社的几十倍。其中最大的如盐城专区的一个公社达到13820户，扬中全县5万多户还组成一个联社。农村人民公社的“大”表现之二是经营范围比高级社大得多。高级社一般以从事农业生产为主，而人民公社除了农林牧副渔外，还办工业、商业、运输业、金融业。

农村人民公社的“公”表现之一是“消灭生产资料私有制残余”，把社员实际使用的一切土地（包括自留地、宅基地、池塘和成片竹园、林木等）以及社员大型农具、家庭副业甚至家禽家畜等收归公社统一经营。农村人民公社的“公”表现之二是把属于全民所有制的银行、商店和其他企业下放给公社管理，使人民公社集体所有制中渗入全民所有制因素。农村人民公社的“公”表现之三是实行共产主义的“供给制”和社会主义“工资制”相结合的分配制度，大搞“生活集体化”，尤其突出地表现在“供给制”和“公共食堂”上。

所谓“政社合一”，是指人民公社既是生产组织，又是农村基层政权单位。因此，工、农、商、学、兵、党、政、青、工、妇一应俱全。作为政权单位，公社要服从上级的指令，也要从事各种党务、政务和包揽社会福利活动。作为经济单位，公社又要考虑生产、经营、农民生活。人民公社的双重身份，造成党政不分，政社（企）不分，以党代政，以政代社（企）。

农村人民公社的上述基本特征，使得它自成立开始就遭到部分群众的反对和抵

---

① 《人民公社化运动情况》第4期，1958年9月12日，江苏省档案馆馆藏档案3062—短期—201。

② 《人民公社化运动情况》第5期，1958年9月16日，江苏省档案馆馆藏档案3062—短期—201。

③ 《人民公社化运动情况》第8期，1958年9月23日，江苏省档案馆馆藏档案3062—短期—201。

制,并且在生产、分配和生活等诸多方面日益暴露出严重问题和弊端。

为了彻底“消灭生产资料私有制残余”,在成立公社时,社员的自留地等生产资料要上交公社统一经营。许多群众自觉地交出私有的生产资料,还有些社员自动地献出房屋、器材。江宁县2万多亩自留地,一个星期全部交社统一经营。[①] 实现人民公社化后,全省把合作化以来保留下来的412万亩自留田和饲料田基本上收归公社统一经营;原来由社员私有的4%左右的耕畜以及零星果树、成片竹园、奶牛等绝大部分已折价归社;公社化前社员私养生猪占全省生猪总数的43%(达到762万头),社员私养公母猪占总数的45%,在大部分地区都已折价归社,仅苏州、常州2个专区就达到200万头以上。[②]

公社把社员的自留地乃至家畜等实际上无偿地(有些虽然折价,但并未兑现)收归集体统一经营的做法,严重侵犯社员的私有财产,因而引起一些群众不满,甚至遭到抵制。特别是一些拥有奶牛、蜜蜂、经济林木等生产资料的富裕中农,尤为不满,产生很强的抵触情绪。[③] 川沙县滨海社在讨论奶牛入社时,9个有奶牛的富裕中农一起退出会场,表示反对。[④]南汇县陆灶公社有些上中农反映说:“土改改地主,高级社苦富农,办公社搞到我们头上来了。”还有一些群众则进行消极抵制,造成社会财产不必要的损失。为了避免把自己的财物交公,一些群众纷纷出卖小猪、卖家具等,有些群众则大吃大喝,购置衣物。丹阳城镇、司徒、河阳等乡,少数社员拆房子、拆楼板和卖烧草。香草社有一户社员怕办起食堂后粮食要归公,就烤了2斗粮食的饼子。[⑤] 宜兴县南漕乡有人杀死大羊一只,说:“趁现在还是自己的,吃到就是拾到,入公社后连一根羊毛都吃不到了。”[⑥]南新乡三社有人偷偷地砍了2棵大树,还说:“这是我自己种的,死也不给公社。”[⑦]如皋县部分地区卖猪、卖鸡、卖家具、树木的现象比较严重。全县公社化前有生猪42万头,公社化后只剩29万头,减少13万头。小猪也卖掉不少。有些地方,“群众成群结队争着卖鸡,挤不上卖的就急得哭,说是‘再带回去就要归公了’”。“馆子里吃喝的人很多,绒线、套鞋、卫生衣等日用品大量畅销。”[⑧]

人民公社筹建之初,各地按照“上动下不动”的原则,维持生产的正常进行。公社建立后,随即建立组织机构,并实行“组织军事化”。到10月中旬,全省已建立民兵师132个,团1868个,营15461个,连93231个,排287066个,班938433个,计有民兵

---

①⑧ 《人民公社化运动情况》第17期,1958年11月28日,江苏省档案馆馆藏档案3062—短期—201。

②④ 《关于当前农村情况和巩固人民公社的几个意见》,江苏省档案馆馆藏档案3062—永久—65。

③ 《人民公社化运动情况》第8期,1958年9月23日,江苏省档案馆馆藏档案3062—短期—201。

⑤ 《人民公社化运动情况》第1期,1958年9月8日,江苏省档案馆馆藏档案3062—短期—201。

⑥⑦ 《人民公社化运动情况》第4期,1958年9月12日,江苏省档案馆馆藏档案3062—短期—201。

13448104 名，其中基干民兵 5771498 名，普通民兵 7676606 名。① 同时又实行所谓“生产专业化”，建立各种不同的生产组织。如奉贤县生产组织已经全部实行生产专业化、行动军事化，全县 29 万民兵组织了 290 个营，其中工业营 22 个，副业营 22 个，积肥营 90 个，深翻营 70 个，后勤营 86 个，生产任务一律按专业组织分配，限期完成，并实行“吃饭、睡觉、起床、出工、收工”等五统一。②

实行“组织军事化”和“生产专业化”后，打乱了原来高级社时期已经摸索出来的一整套生产管理制度，带来很多问题：一是“形成大呼隆，耕作粗放”。1958 年秋收中收打不干净，秋种中露籽麦多的情况比较严重。在大规模地集中劳力和突击过多的地方，还经常形成窝工浪费，工效不高。江宁县其林大队集中 3000 人深翻，流动作战，因社员不熟悉情况，翻掉了 200 亩花草田，而且工效很低，每人每天只翻 9 厘地；二是缺乏责任心，干活质量差。由于干活只讲时间，没有定额，听号令上工下工，因而工效低、质量差。有些人一听到吹号歇工，不管农活是否干完，就丢掉休息。秋收秋种中还发生很多漏收漏种的情况；三是存在严重的强迫命令现象。许多干部在指挥生产中，容易滋生强迫命令。一开始，强迫命令现象多表现为打骂社员，后经过整顿和教育后有所好转，但在许多地方仍然较为严重，只是形式上与过去有所不同，转而采取“辩论”、“停伙”、“下命令”等方式。许多干部态度生硬，工作简单化。例如要社员让房子，上午开会“辩论”，下午就要社员搬家。新沂县红旗、阿湖等公社，还有打人绑人的情况。③

在公社成立后，为了实现农业生产的更大跃进，就进一步开展所谓的“深翻”运动，大搞所谓“绞关化”。同时，还普遍开展所谓“共产主义大协作、大支援”，让许多社员自带粮草、路费、工具（群众称为“三自带”）步行数十里、上百里支援外地。④ 在公社成立时，正值秋收秋种季节，各地却大量抽调劳动力去“大炼钢铁”。江浦县规定所有公社的副社长、队长都亲自带领社员支援钢铁战线。武进县公社化后，立即抽调 2 万余人大搞钢铁。徐州专区抽调的劳动力更多，占农村劳动力的总数的 30%。在大炼钢铁最紧张的时候，全省从事大炼钢铁的农民共达 500 万人。此外，又过早地大量组织农民上水利工地。由于大量劳动力被外调，许多公社只剩下有限的劳动力。在 1958 年秋冬，吴县斜塘公社全社共 6000 多个劳力，有 4000 多劳力支援外地生产。昆山县正仪公社新建大队 374 个劳力，有 317 个劳力支援外地生产去了。⑤ 这样一来，

①② 《人民公社运动化情况》第 14 期，1958 年 10 月 21 日，江苏省档案馆馆藏档案 3062—短期—201。

③④ 《人民公社化运动情况》第 17 期，1958 年 11 月 28 日，江苏省档案馆馆藏档案 3062—短期—201。

⑤ 《人民公社化运动情况》第 18 期，1958 年 12 月 8 日，江苏省档案馆馆藏档案 3062—短期—201。

"致使当年秋季丰产未能丰收,秋种面积减少了将近 1000 万亩"。①

公社还大办社办工厂。这些工厂大多是直接为农业生产服务的土化肥、土农药、农具等制造厂,还有些是制糖、造纸、酿造、农产品加工、建筑材料等工厂。据统计,1958 年曾办起公社工业企业 3.9 万个,从业人员(也称亦工亦农人员)曾达到 105.94 万人,占公社劳动力总数的 6.28%;其中经常从事工业生产的人员有 79.48 万人。这一年,公社工业产值为 2.98 亿元,占全省工业总产值的 17%。② 大多数公社办起的工厂并不是因地制宜地创办起来的,而是一哄而起办起来的,存在相当严重的盲目性。为了大办工厂,公社无偿地调用生产大队和社员的财物,掀起一股"平调风"和"共产风"。在大办工业中也存在严重的浮夸风和形式主义,许多工厂只是一个空架子,实际并没有生产出产品。结果,花费大量人力、物力,却没有产生多少效益,反而影响农业生产的进行。

人民公社化后,改变了原来高级社按劳取酬的分配制度,实行所谓的共产主义的供给制和社会主义的工资制相结合的分配制度。所谓供给制,就是公社按人免费供应粮食等生活资料,即所谓"吃饭不要钱"。供给范围程度有所不同,大多数社实行口粮供给制,有些实行伙食供给制,有些实行基本生活资料供给制乃至实行全部供给制。所谓工资制,就是将劳动的社员划分工资等级,按月发工资。

在 1958 年,全省只有少数公社,如海安县的 3 个公社和徐州地区灾区的 14 个公社仍然采取高级社按劳取酬的分配方式,绝大部分都采取供给制和工资制相结合的分配制度。这种分配制度又有两种做法:第一种是以公社为单位确定积累和消费标准统一扣留,实行基本生活供给制,其余部分现金则以原来小社(高级社)实行按劳分配,绝大多数公社均按此方法进行的。这种方式是供给制以公社为单位进行分配,工资制则以生产大队(原来的高级社)为分配单位。但由于供给制部分所占比例最大,而工资部分则微不足道,因而这种分配主要是以公社为基本核算单位的。第二种是由公社统一分配,实行供给制和实行基本工资加奖励或技术补贴。徐州专区的少数公社,自夏收夏种后陆续合并的大社,有些生产项目统一经营,劳动力统一调配,特别是经济基础和当年增产情况大体相同,因而采取这种方法。③ 毫无疑问,这些完全或基本上以公社为基本核算单位的分配方法,结果是把生产经营状况不同的生产大队分配平均化,是不折不扣地"吃大锅饭",因而严重影响各个生产大队的生产积极性。

1958 年,全省绝大部分公社都实行供给制,只是供给范围程度有所不同。许多

---

① 中共江苏省委党史工作办公室等编:《六十年代国民经济调整》(江苏卷),中共党史出版社 2000 年版,第 90 页。

② 江苏省地方志编纂委员会编著:《江苏省志·乡镇工业志》,方志出版社 2000 年版,第 5 页。

③ 《人民公社运动化情况》第 14 期,1958 年 10 月 21 日,江苏省档案馆馆藏档案 3062—短期—201。

公社由于供给制范围过宽，标准过高，致使在扣留供给部分后，社里已无钱分配或只有很少的钱可供分配。据 11 月 28 日徐州地委汇报，该区 188 个公社中除了 14 个灾区公社没有实行供给制外，其余的都实行程度不同的供给制：82 个社实行口粮供给制，57 个社实行伙食供给制，19 个社实行基本生活资料供给制，16 个社实行全部供给制。① 有些公社包的项目多，供给制部分过大，工资部分太少。赣榆县朝阳公社社员分配部分为 52 元，实行 15 包后，除去供给部分，每人仅能分到 7 角钱。② 据苏州地区 7 个县 197 个公社统计，有 67 个公社除了供给伙食以外，还供给治病和上学，占总社数的 28.4%。有 39 个公社，占总社数 20%的社，除供给伙食外，还供给治病、上学、穿衣、结婚、丧葬等多样项目。昆山早稻地区 6 个公社的供给部分都偏高，供给部分占分配总额 70%—80%的有 2 个社，供给部分占分配总额 81%—87%的有 4 个社，现金分配每人平均仅能分得 5 元。③实际上，在 1958 年冬和 1959 年春，只有部分公社发了几个月的工资，但很快就难以为继。还有一些公社根本就无钱可发工资。这样一来，劳动多的社员不能多得，劳动少的社员也不少得，这也是典型的“吃大锅饭”，因而严重挫伤社员的劳动积极性。

对于“吃饭不要钱”的供给制，一些社员颇有抵触情绪。武进县有些社员说：实行吃饭不要钱是剥削（劳动力弱的剥削劳力强的），是培养二流子、懒汉，因此有些劳动强的人就采取怠工态度来对抗。有些基层干部也顾虑重重，一是担心担子太重包不下来。如扬中县原来打算在口粮 600 斤中包 530 斤，还有 70 斤要群众花钱买，但常州地委没有同意；二是有些干部怕按劳取酬取消后，影响社员劳动积极性。如南京郊区有些干部说：“实行供给制，劳力强的吃亏了，生产要消极，明年大跃进靠谁来干呢？”④三是怕有些户收入减少，工作难做，话不好讲。⑤

尽管社员和干部有些抵触和顾虑，但是，在强大的政治压力下，各地还是普遍实行供给制，因而引起一些社员的强烈不满。有的社员埋怨说：“实行吃饭不要钱，听听倒开心，实际上是吃粥付了肉价钱。”⑥ 在群众中，还流传着十大不合理的说法：积极劳动的吃亏，懒汉二流子的占便宜；省吃俭用的吃亏，铺张浪费的占便宜；劳多人少的吃亏，劳少人多的占便宜；小孩子少的吃亏，小孩子多的占便宜；大公无私的吃亏，自私自利的占便宜；余钱的户吃亏，缺钱的户占便宜；养猪多的吃亏，养猪少的占便宜；副业多的吃亏，副业少的占便宜；当农民的吃亏，做工人的占便宜；当干部的吃亏，做

---

① 《人民公社化运动情况》第 17 期，1958 年 11 月 28 日，江苏省档案馆馆藏档案 3062—短期—201。

②③⑥ 《人民公社化运动情况》第 18 期，1958 年 12 月 8 日，江苏省档案馆馆藏档案 3062—短期—201。

④ 《人民公社运动化情况》第 14 期，1958 年 10 月 21 日，江苏省档案馆馆藏档案 3062—短期—201。

⑤ 《人民公社化运动情况》第 12 期，1958 年 10 月 8 日，江苏省档案馆馆藏档案 3062—短期—201。

社员的占便宜。①

人民公社建立后,很快就实行"生活集体化",大办公共食堂和幼儿园、幸福院(后改称敬老院)等集体福利事业。到 1958 年 10 月中旬,全省已兴办食堂 339000 多个,入堂户数 847.7 万户,占总农户的 90%左右。已办托儿所 269178 个,入所儿童 3166000 多名,幼儿园 54256 个,入园儿童 1057000 多名。幸福院 4359 个,保健院(站)4388 个。② 当时声称,在生活集体化后,把原来 869 万农村妇女从琐碎的家务劳动解放出来,投入到农业生产和各项活动中去。

江宁县长江人民公社食堂

江浦县上游人民公社食堂

在集体福利事业中,以公共食堂对社员生活影响最大。在 1958 年丰收的报喜声中,各地一度提出"放开肚皮吃饭,鼓足干劲生产",结果许多公社吃粮没有计划,浪费不少粮食。如武进县鸣凤社规定每人 600 斤原粮的口粮标准,但是在 38 天中,就超支成品粮 21 万斤。江宁县在 1958 年下半年中每人平均吃掉 380 斤粮食,占全年口粮的 79%。到 1959 年初,许多公共食堂因办得很差,群众很不满意而难以为继,一些公共食堂因缺粮而停伙。同时,有不少托儿所、幸福院也不得不停办。据 1959 年初统计,全省共有公共食堂 212939 个,社办托儿所 156919 个,幼儿园 62977 个,敬老院 7000 多所。此外,还有 4.4 万个洗衣组和 3.9 万多个缝纫站。

① 《人民公社化运动情况》第 18 期,1958 年 12 月 8 日,江苏省档案馆馆藏档案 3062—短期—201。

② 《人民公社运动化情况》第 14 期,1958 年 10 月 21 日,江苏省档案馆馆藏档案 3062—短期—201。

第三节 初步整社与初步纠“左”

一 初步整顿人民公社

随着大跃进运动和人民公社化运动中诸多问题的暴露，毛泽东和中共中央开始觉察到其中一些错误，并着手进行初步纠正。

1958年11月上旬，中共中央在郑州召开有部分中央领导人和部分地方领导人参加的第一次郑州会议。同年11月下旬，中共中央在武昌召开政治局扩大会议，随后又于11月28日至12月10日在武昌召开中共中央八届六中全会，通过《关于人民公社若干问题的决议》。1959年2月底3月初，中共中央在郑州召开政治局扩大会议（即第二次郑州会议），起草了《关于人民公社管理体制的若干规定》。同年3月底4月初，中共中央在上海召开政治局扩大会议，制定《关于人民公社的十八个问题》的会议纪要，并在随后召开的中共八届七中全会上予以讨论通过。其后，中共中央又先后发出《中共中央关于农业的五条紧急指示》、《中共中央关于人民公社夏收分配的指示》、《中共中央关于分配私人自留地以利发展猪鸡鹅鸭问题的指示》、《中共中央关于社员私养家禽、家畜、自留地等四个问题的指示》等一系列指示。在上述会议和指示中，毛泽东和中共中央明确划清集体所有制同全民所有制的界限、社会主义同共产主义的界限，要求承认商品生产与交换的必要性，明确人民公社集体所有制的性质，并对人民公社的管理体制作出重大调整。这样，就在许多方面开始着手纠正人民公社化运动中的“左”倾错误。

与此同时，鉴于当时人民公社中存在诸多问题，中共中央还提出要整顿人民公社。1958年11月在武昌召开的中共中央政治局扩大会议，提出要在1958年12月到1959年期间整顿人民公社。随后，中共中央在武昌召开的八届六中全会通过《关于人民公社若干问题的决议》，明确要求：为了促进人民公社的巩固，为了保证1959年工业和农业生产的更大跃进，各省、市、自治区应当抓紧1958年12月到1959年4月的五个月时间，紧密结合冬春生产任务，对本地区的人民公社进行一次整顿工作。①

根据中共中央的指示精神，江苏省对人民公社进行了初步整顿。第一次郑州会议后，针对“大跃进”以来工人、农民劳动过于疲劳的问题，1958年11月15日，江苏省

---

① 国家农业委员会办公厅编：《农业集体化重要文件汇编（1958—1981）》（下），中共中央党校出版社1981年版，第125页。

委作出《关于保证工人农民吃好、睡好、休息好的决定》。

在1958年11月上旬华东协作区南京会议后，江苏省委随即召开地、市、县委书记会议，对整顿人民公社工作进行全面部署。1959年1月，中共江苏省第三次代表大会三次会议召开，传达和学习中共八届六中全会决议，并决定：从1958年12月到1959年4月，分批抽调省、地、县三级干部，组成万人检查团，对全省所有公社进行一次深入的整顿工作。这次整顿人民公社工作的部署，大体上分三个阶段进行：第一阶段，从1959年12月到春节为止，以2个月的时间，着重抓思想、抓分配、抓生活，同时紧密结合生产，初步整顿劳动组织，全面地、合理地安排劳动力；第二阶段，春节以后，以1个月时间，结合备耕，集中力量解决经营管理问题，特别是劳动管理问题和财务管理问题；第三个阶段，以1个月时间，结合春耕生产行动，着重整顿公社的组织机构和干部作风。

到1959年1月初，全省各地、市、县机关已抽调16453名干部，经过短期训练投入整社工作。省级机关第一批检查团人员162名干部，由部长、厅长一级干部带领，于1958年12月初分赴各专区帮助试点。第二批检查团人员3000名干部(其中有742名部队干部)，亦由部长、厅长一级干部带领，经过集中训练，于1月4日下乡。这样，全省从县以上党、政、军、群团体机关中一共抽调了19000名干部投入整社工作，平均每个社14人。①

通过对人民公社的普遍整顿，取得一些成效。最大的成绩是在一定程度上改进了人民公社的经营管理。到1959年3月9日，已对规模过大的社、队做了一些调整。据6个专区的统计，公社的平均户数已由整社前的7900户，缩小到7000户左右。淮阴、扬州、南通、常州4个专区的生产队，已从平均71户缩小到63户。② 在整顿公社中，普遍实行“三包一奖”，建立集体生产责任制，并初步加强公社的财务管理。1959年7月20日，江苏省召开田间管理责任制的座谈会，肯定包工到户的办法有4个好处：社员的生产责任更加明确，有利于保证农活的质量；进一步调动社员的积极性和主动性。“定田、定活、定时、定质、定工”到户后，社员干活心中有数；按田亩包工到户后，能够更加明确地体现多劳多得的政策原则；可以减少生产队干部的经常派工和评工记分的事务。③

在整顿人民公社中，针对当时公社中突出存在的社员生活问题也作了一些安排。

---

① 江苏省委农村工作部：《向中央农村工作部第一次电话汇报整社运动情况稿》，1959年1月3日，江苏省档案馆馆藏档案3062—短期—263。

② 《向中央农村工作部的第七次电话汇报》，1959年3月9日，江苏省档案馆馆藏档案3062—短期—263。

③ 《关于田间管理包工到户座谈会的报告》，江苏省档案馆馆藏档案3062—短期—264。

当时许多公社因为分配中缺钱无法给社员发工资，社员普遍缺少零花钱。在一些公社中，吃粮无计划，浪费很大。一些食堂、托儿所过大。对此，各地在整社中以解决社员零用钱和计划用粮为重点，结合整顿集体生活组织。为了解决社员零用钱问题，各地普遍安排大量劳动力从事副业生产。据 1959 年 1 月底统计，全省投入副业生产的劳力占总劳力的 12%以上，淮阴专区更高达 17%。在粮食方面，在全省范围内开展一次大规模的二次秋收运动，把以前未收尽的粮食收回来，同时还建立全年计划、分段安排、按人定量、食堂包干的计划用粮制度。此外，还对一些规模过大的食堂、托儿所进行调整，并解决一些食堂和托儿所缺少饭厅和御寒保暖设备的问题。①

二 初步纠正人民公社化运动中的左倾错误

在整顿人民公社的同时，江苏还进一步采取措施纠正人民公社化运动中出现的左倾错误。

1. 调整人民公社的管理体制

第二次郑州会议起草了《关于人民公社管理体制的若干规定》，规定了整顿和建设人民公社的方针，即："统一领导，队为基础；分级管理，权力下放；三级核算，各计盈亏；分配计划，由社决定；适当积累，合理调剂；物资劳动，等价交换；按劳分配，承认差别。"1959 年 4 月在上海召开的中共八届七中全会讨论通过的《关于人民公社的十八个问题》则对人民公社的体制作了进一步调整。

根据上述规定精神，江苏省委确定了人民公社实行“三级管理、三级核算”的原则，取消了原来在公社范围内的统一核算制度，确定在公社、大队、生产队三级中，一般以大队为基本核算单位，生产队应该有部分的所有制和管理权限。“三级所有，队为基础”方针的贯彻和执行，对于纠正公社化以来的体制混乱，起了积极作用，使生产大队（其规模相当于原来的高级社）有了自主权、所有权，在一定程度上遏制了“共产风”的发展，基本上解决了公社内部各大队之间的平均主义问题。

与此同时，江苏省还赋予包产单位的生产队以部分所有制和管理权。为了强调生产队的部分所有制，江苏省委发出了《关于人民公社经营管理问题的十二条暂行规定》：实行“三包一奖”，超产奖励；粮食包干，多产多吃；耕畜农具，固定到队；养猪养羊，队营为主；零星土地，自行种植；菜地固定，自种自吃；饲料基地，队种队收；小沟小塘，由队放养；小片树木，归队收益；零星副业，队营队有；生活福利，包干到队；队营收

① 江苏省委农村工作部：《向中央农村工作部第四次电话汇报整社运动情况稿》，1959 年 1 月 31 日，江苏省档案馆馆藏档案 3062—短期—263。

益,规定比例。

在1959年3月全省六级干部会议后,随着人民公社权力的下放,生产队的部分所有制已经逐步发展起来。特别是那些副业生产基础较好与靠近城市的地方,生产队部分所有制的生产发展很快。吴县陆墓公社第19大队的19个生产队社员在夏季预分中,由生产队部分所有收入中所获分配部分的占分配总额的12.3%。据南京市郊和吴县、武进、溧阳、江浦、如皋、东台、盐城、涟水、泗阳、盱眙等县59个生产队的调查,估计1959年生产队部分所有制的全年收入,平均可以达到生产队总收入的15%左右。①

鉴于几个月来推行生产队部分所有制取得明显成效,1959年7月,江苏省委农村工作部明确指出,"生产队的部分所有制,是目前公社基础中不可缺少的重要组成部分"。江苏省委农村工作部还总结了生产队部分所有制具有几方面的重要作用:一是可以把生产队的积极性调动起来,充分利用当地的零星资源,"聚芝麻为西瓜",发展生产,增加收入。例如,"十边"、隙地、小沟小塘,过去大家都看不上眼,也不去利用,一下放给生产队,就是一项很大的财富;二是可以迅速增加生产队的生产资料和流动资金,支持农业生产。例如1959年上半年,涟水县东风公社的4个生产队用生产队部分所有制生产的收入,就添置了3头耕牛、12辆小车、12副犁耙,以及40副铁锹、犁头、木锨、粪桶等。另外,还为大集体生产垫支了260元的购买肥料款;三是可以及时解决社员零用钱问题。南京市江东公社棋杆大队的龙门生产队,当年阴历二月分配一次队营副业收入,5户社员缺单衣和3户社员治病的用钱问题就得到及时解决。

但是,当时也有一些公社和大队干部,害怕生产队有了部分所有制,会影响大集体生产发展,会发展"资本主义",因而不坚决执行中央和省委关于人民公社体制下放的指示。据苏州地委检查,当时还有28%的生产大队没有把应该下放给生产队的生产项目完全下放,有的根本没有放。针对此种情况,江苏省委农村工作部明确要求:"应当下放给生产队的生产项目,必须坚决下放"。应该下放的项目主要是养猪、小手工业和农业劳动者兼营的运输业、"十边"隙地、零星水面、小片山柴芦苇、零星菜园、小量果林等。"这些项目,没有下放的,立即下放,下放不足的要补放。对于这个问题,建议各级党委立即进行一次检查督促。"7月28日,江苏省委批转了农村工作部的报告,要求各地贯彻执行。

2. 贯彻自愿参加原则,整顿公共食堂

---

① 中共江苏省委农村工作部:《关于生产队部分所有制的发展情况与今后意见的报告》,江苏省档案馆馆藏档案3062—短期—238。

在 1959 年初，全国许多地方一些公共食堂就因粮食紧张而难以为继，不少农民也对公共食堂颇为不满。在此背景下，1959 年 5 月 26 日，中共中央在《关于人民公社夏收分配的指示》中提出，“要认真整顿公共食堂”。指示要求，对于公共食堂，必须“积极办好，自愿参加”。“既要使参加食堂的社员真正自愿，又不能采取放任自流的态度”。“可以办全体社员参加的食堂，也可以办一部分社员参加的食堂”。食堂可以是常年的，也可以是农忙的。食堂范围过大的，可以缩小。“口粮应该分配到户，分配到社员，以人定量，在公共食堂吃饭的，粮食交给食堂，节约归个人；不在食堂吃饭的，粮食全部分给个人保管使用。”①

江苏省公共食堂同样也面临着诸多问题。1959 年 5 月底，徐州地委书记处书记冯克玉在江苏省委财经工作会议期间，曾经向省委农村工作部反映了一些关于公共食堂问题的情况和意见。他如实反映了各种类型的农民不愿办食堂，并列举今后继续举办食堂存在着诸多困难，如口粮集中保管困难，柴草集中运输不方便，瓜菜等代食品不好调剂，劳动力有浪费等。他建议，发动群众讨论，只要自愿，绝大多数生产队可以实行社员回家做饭吃的办法。省委农村工作部办公室要冯克玉回去后，请徐州地委进行认真研究，向省委写一个报告。② 5 月 28 日，省委农村工作部办公室将这一情况整理后，向省委作了反映。对此，江苏省委经过认真研究后予以肯定。省委第一书记江渭清还提出：通过夏收分配，认真调整公共食堂，既要积极办好，又要自愿参加。各地要按照不同的经济基础，根据社员的自愿，采取以下几种办法：一种是常年的，一种是农忙的。食堂范围过大的，可以适当缩小，自然村较集中的地方多办，居住分散的地方少办，或者自然村集中的多办常年的，居住分散的多办农忙的。粮食按人定量分给社员以后，愿意到食堂吃的就交给食堂，节约归个人；不在食堂吃的则全部交给个人保管使用。③

随着公共食堂政策的松动，一些公共食堂开始停办。1959 年 6 月 24 日，江苏省委农村工作部向上海局汇报，根据淮阴、盐城、扬州、南通、苏州、南京、无锡等 7 个专区、市的统计，原有食堂 172293 个，已经停办的食堂 20548 个，占 11.1%。还在继续办的食堂 151745 个。汇报还预计，“从当前的发展趋势来看，在夏季预分中口粮到户后，还会有一部分食堂要停办。”汇报还谈到对于公共食堂形势的分析和将来的处理

---

① 国家农业委员会办公厅编：《农业集体化重要文件汇编（1958—1981）》（下），中共中央党校出版社 1981 年版，第 221 页。

② 《关于公共食堂的反映》，1959 年 5 月 28 日整理，江苏省档案馆馆藏档案 3062—短期—268。

③ 中共江苏省委党史工作办公室等编：《六十年代国民经济调整》（江苏卷），中共党史出版社 2000 年版，第 12—13 页。

措施:“目前由于夏收夏种季节紧张,社员口粮还没有分配到户,因此,现有食堂一般还未变动。省委打算在夏收结束以后,根据主席指示,把口粮分到户,再按照‘积极办好,自愿参加’的原则,对公共食堂进行一次全面整顿。从现在的物质条件来看,经过整顿之后,食堂的形式将是多种多样的,估计可能有百分之二三十的生产队继续办常年食堂,有百分之三四十的生产队只办农忙食堂,还有百分之三四十的生产队不办食堂。”①

在夏收预分中,各地基本上贯彻“粮食分到户”的政策,随后又大力贯彻“积极办好,自愿参加”的原则,整顿公共食堂。于是,有不少食堂解散了,保留下来的公共食堂数量大为减少,但经过整顿后食堂状况得到较大改善,并采取灵活多样的形式。在8月11日召开的各地、市委农工部长会议上,据各地汇报,全省办公共食堂的生产小队61734个,共办食堂71850个,参加食堂的农户达225.5万户。9月2日,经各地再次统计核实,全省当时办食堂的生产小队有59749个,占生产小队的28.6%,共有食堂64884个,占夏季预分前食堂数的35.2%,参加食堂的户数有182.35万户,占入社户数的21%。最少的南通专区只占2.3%,徐州专区也只占5.7%。每个食堂平均28户,最大的35户,最小的8户(详见表6—3—1)。食堂形式是灵活多样的,在64884个食堂中,常年固定食堂有39744个,占60%左右,农忙食堂有22032个,占35%左右,非劳动力在家自炊,劳动力参加吃饭的食堂有2651个,占4.3%,自由结合,轮流烧饭的食堂有457个,占0.7%(详见表6—3—2)。②

表6—3—1　1959年9月江苏省各专区公共食堂统计表

地 区	生产小队数	有食堂的生产小队数	占小队数的%	现有食堂数	占夏前食堂数%	参加食堂户数(万户)	占入社农户的%
合计	205218	58749	28.6	64884	35.2	182.35	21
徐州	21801	2719	12.4	2719	16.7	7	5.7
淮阴	31855	7339	24	7339	58.6	13.21	10
盐城	20674	4037	19.5	5051	21.2	17.8	19.4
扬州	34420	11114	32	10988	31	38.3	26.6
南通	31000	930	3	1167	5.7	2.13	2.3
镇江	30538	7141	23.4	7269	22.8	17.8	17.8

① 中共江苏省委农工部:《向上海局汇报提纲》,1959年6月24日,江苏省档案馆馆藏档案3062—短期—263。

② 中共江苏省委农工部办公室:《公共食堂情况》,1959年9月5日,江苏省档案馆馆藏档案3062—短期—268。

续表

地 区	生产小队数	有食堂的生产小队数	占小队数的%	现有食堂数	占夏前食堂数%	参加食堂户数(万户)	占入社农户的%
苏州	26018	19622	75.6	22428	77.6	60.44	65.3
南京	2533	760	30	2876	32	8.32	29
无锡	6379	5047	79.1	5047	77.1	17.35	81.3

表 6—3—2　1959 年 9 月江苏省各专区公共食堂形式统计表

地区	现有食堂数	常年固定食堂	农忙食堂	劳动力参加的食堂	自由结合的食堂
合计	64884	39744	22032	2651	457
徐州	2719	1958	201	560	
淮阴	7339	1800	5539		
盐城	5051	1798	3253		
扬州	10988	5968	2929	2091	
南通	1167	862	268		37
镇江	7269	5088	2181		
苏州	22428	18149	3859		420
南京	2876	2013	863		
无锡	5047	2108	2939		

3. 初步调整分配制度

在 1959 年，尽管供给制和公共食堂仍然得到肯定，但还是初步进行了局部调整。1958 年，全国各地公社在分配中供给制普遍占到 70%左右。1959 年 5 月 26 日，中共中央在《关于人民公社夏收分配的指示》中要求调整供给制和工资制的比例，“必须力求做到”工资部分占 60%—70%，供给部分占 30%—40%。在当年夏收分配中，江苏省勉强达到了中央规定的标准，供给部分平均占分配给社员部分的 31.8%。以生产大队为单位统计，供给部分和工资部分占分配给社员部分的比例是：对半开的占 3.1%；四六开的占 15.7%；三七开的占 59.9%；二八开的占 15.8%；一九开的占 1.7%。①

随着供给制在分配中的比例大为降低，夏收以后，全省大多数生产大队（基本核算单位）只能执行部分供给制，甚至有不少大队根本就无力实行供给制。据当时统

① 周彪：《人民公社分配制度的形成》，《社会科学研究》2003 年第 6 期。

计,继续实行供给制的生产大队,约占85%左右,其中实行伙食供给制的仅占3%左右,实行粮食供给制的占9%左右,实行基本口粮供给制的(供给口粮部分的60%—80%)占20%左右。实行半口粮供给制(供给口粮部分的20%—40%)占53%左右。夏季无力实行供给制而完全实行按劳分配的大队约占15%左右。①

随着供给制所占比例缩小和工资制所占比例增加,甚至完全实行按劳分配,分配中的平均主义弊端有所减轻,较前能更多地体现按劳分配的原则,因而在一定程度上刺激了社员的生产积极性。

4. 初步恢复社员的家庭经济

在人民公社化运动中,自留田被取消,给人民生活带来诸多不便。农民私养的猪、鸡、鸭、鹅也大量减少,对积肥、猪肉供应和私人零用钱的取得都是不利的。为此,中共中央于1959年5、6月,连续下发《关于分配私人自留地以利发展猪鸡鹅鸭问题的指示》、《关于社员私养家禽、家畜、自留地等四个问题的指示》,要求各地必须迅速改变上述局面,"按照原高级合作社章程的规定","给社员一定数量的自留地"。②

在贯彻第二次郑州会议精神,实行体制下放的时候,江苏省就着手恢复社员的小私有制,主要是允许社员饲养家畜家禽,允许社员在不妨碍集体劳动的条件下继续经营一些家庭小副业。5月7日,中央关于农业的五条紧急指示下达后,各地在进一步发动社员饲养家畜家禽的同时,开始恢复自留地。6月11日,中央又发出有关恢复社员小私有制的四条指示,各地都用出报告、开广播大会等办法,向群众进行宣传,对家畜家禽、自留田、零星隙地、零星树木、小手工业以及捞鱼、摸虾、打猎、采药等零星副业,进一步地比较全面彻底地下放给社员个人经营。到1959年6月,全省退还社员的自留田已有350万亩,占总耕地的4.5%。不少地方的零星隙地已经交给社员种植。社员饲养家畜家禽也有较大发展。4月底,全省社员私人饲养的生猪为212万头,占全省生猪总圈存量的34%,6月底,已增加到350万头。以私人饲养为主的家禽,6月底圈存量已达3400万只,比1958年底的1900万只增长近80%。③

鉴于实行社员小私有制取得明显成效,江苏省委农村工作部认为,为了充分利用零星分散的资源,利用社员集体劳动以外剩余下来的劳动力,发展各种副业生产,增加社员收入,活跃城乡经济,必须继续做好恢复社员小私有制的工作,力争在秋季分配时,使社员小私有制部分的总收入达到生产大队农副业总收入的20%左右。为此,

---

① 中共江苏省委农工部:《向上海局汇报提纲》,1959年6月24日,江苏省档案馆馆藏档案3062—短期—263。

② 国家农业委员会办公厅编:《农业集体化重要文件汇编(1958—1981)》(下),中共中央党校出版社1981年版,第222—224页。

③ 《关于恢复社员小私有制的情况和意见》,江苏省档案馆馆藏档案3062—短期—238。

江苏省委农村工作部要求，“该放未放的项目，必须坚决彻底地放下去”，并要求“在搞好集体生产的前提下，积极帮助社员搞好这一部分生产”：要使社员有必要的劳动时间和肥料来种好自留田；积极鼓励社员发展家庭养猪；取消一切不准社员私人饲养家畜家禽的禁令；家前屋后的零星竹园，下放社员经营，一户二三分，最多不超过5分；自留田上的桑树、果树，一般都应当在发放自留田的时候一起交给社员经营，收入归社员所有。①

5. 初步进行算账退赔

在人民公社化运动过程中，曾经大刮各种“共产风”，严重地侵犯了社员的财产权。在第一次郑州会议后，毛泽东和中共中央大力批判“共产风”，在一定程度上遏制了“共产风”。但是，在1959年2、3月召开的第二次郑州会议曾规定了旧账一般不算。根据各地整社中群众提出要清算旧账的要求，3月30日，毛泽东在批示山西省委书记陶鲁笳的报告时指出，“旧账一般要算”。②

根据毛泽东的指示，1959年4月中共江苏省委召开全省六级干部会议，坚决贯彻执行第二次郑州会议精神，批判一平二调的“共产风”。接着，各县召开四级干部会议，各公社召开党员大会和社员代表大会，批判“共产风”，开始进行算账退赔。如常熟县到1959年5月中旬，已开好第一批、第二批共22个公社的算账大会，参加会议的有公社、大队、小队三级干部，全体党员、社员代表，共计13884人，每个公社平均630人，每个大队40人，每个小队4人。通过算账，解决了一些问题。如徐市公社从漏估收入、多估支出、仓库积压物资以及国家、公社退款等方面找出应该补分给社员的现金7584元，每户平均14元。③ 但是，由于当时对“共产风”的危害认识不足，强调算作风账，忽视算经济账，加上生产大忙季节的到来，有20%的公社两个代表大会开得很马虎，还有一部分公社根本没有开，因而退赔很不彻底。

三 初步调整经济发展指标

在1958年11月召开的武昌会议上，毛泽东提出要“压缩空气”，要把根据不足的高指标降下来。其后，中共八届六中、七中全会对1958年8月北戴河会议提出的1959年经济发展指标进行两次大的调整。后来，毛泽东和中共中央听取了中财委意见，又一次下调经济发展指标。

---

① 《关于恢复社员小私有制的情况和意见》，江苏省档案馆馆藏档案3062—短期—238。

② 国家农业委员会办公厅编：《农业集体化重要文件汇编（1958—1981）》（下），中共中央党校出版社1981年版，第163页。

③ 王玉贵、娄胜华：《当代中国农村社会经济变迁研究》，群言出版社2006年版，第296页。

1959年初，中共江苏省第三次代表大会三次会议确定全省1959年工农业生产各项指标：粮食660—750亿斤；棉花880万担；年产生铁65万吨，钢30万吨。根据中央精神，江苏省委先后几次调整1959年经济发展指标，最后确定生铁指标由65万吨减至50万吨；钢由30万吨减为9.19万吨；粮食总产量调整为320—340亿斤，棉花指标调整为480—500万担。[①] 同全国一样，江苏对工业生产和基本建设的指标作了大幅下调，尽管还没有彻底摆脱急于求成和盲目“大跃进”的指导思想，但毕竟比原来要接近实际些。但在农业生产上，则“对当时农业生产力的水平仍然估计过高，粮、棉、油的高指标还没有认真下马”。不过，农业生产上的“密植十万穴”、“深翻一尺五”、“并苗移栽”等错误做法还是受到批判和纠正。[②]

在初步“压缩空气”后，江苏省还采取多种相应措施，如控制职工招收和工资调级，控制财政开支和集团购买力，控制银行信贷和货币投放，以及加强企业管理，重建规章制度等。鉴于1958年全省从农村招收劳动力130万人，使全民所有制职工增加了100万人，确定1959年不再增加，进而考虑适当精简。1958年财政收入虽然增长较多，其中相当部分带有平调性质，后来由于注意核实，防止虚收，把预算降了下来。1958年在金融行业普遍发生混乱现象，一度提出“生产需要多少，资金支持多少；收购多少物资，供应多少资金”，此时也有所制止，不再是大撒手。[③]

应该说，在1958年11月第一次郑州会议后，江苏省根据中共中央的指示已经初步纠正了一些“左”倾错误。尽管这种纠正是在肯定大跃进和人民公社的前提下进行的，还很不彻底，但是，它毕竟还是向正确方向迈出了重要一步。遗憾的是，由于不久后庐山会议上风云突变，江苏的纠“左”进程被打乱和中断。

第四节　反“右倾”和持续“跃进”

一　庐山会议后的反“右倾”和持续“跃进”

1959年7月2日，中共中央在庐山召开政治局扩大会议。本来会议主要是要总结经验、吸取教训，研究若干具体政策，进一步纠“左”，完成1959年国民经济计划任务。但是，在7月23日，毛泽东错误地发动了对彭德怀等人的批判，会议主题急剧从纠“左”转为“反右倾”。其后，在8月2日到16日，在庐山召开的中共八届八中全会

---

① 江渭清：《七十年征程——江渭清回忆录》，江苏人民出版社1996年版，第436—437页。

② 中共江苏省委党史工作办公室等编：《六十年代国民经济调整》(江苏卷)，中共党史出版社2000年版，第91页。

③ 刘定汉主编：《当代江苏简史》，当代中国出版社1999年版，第176页。

上，继续错误地批判以彭德怀为首的所谓“右倾机会主义反党集团”，并通过《关于以彭德怀为首的反党集团的决议》等文件。中共八届八中全会认为，“击退右倾机会主义的进攻，已经成为党的当前的主要战斗任务”。这样，全国纠“左”进程不得不中断，致使“左”倾错误得到进一步发展。

为了及时传达和贯彻庐山会议精神，8月1日江苏省委第一书记江渭清从庐山打电话给江苏省委，传达毛泽东关于“反右倾、鼓干劲”的讲话精神。省委随即召开常委会进行讨论，并派常委分赴各地传达毛泽东的指示，要求抓好当前工作，大干八九两个月。8月6日，《人民日报》发表《克服右倾情绪，厉行增产节约》的社论。省委立即召开电话会议，要求各级领导“正确分析和认清形势”，批判和克服“右倾松劲情绪”，掀起群众性生产高潮。

中共江苏省第三届委员会第十次扩大会议会场

庐山会议结束后，江渭清回到南京，曾与一些省委主要领导进行深谈，确定用正面传达庐山会议精神的办法，而不是用“钓鱼”的办法来抓“小彭德怀”。随后，江渭清主持召开中共江苏省三届十次全体委员会议（扩大），正面传达庐山会议精神，因而避免和减轻对干部的误伤。不过，在后来全省开展的“反右倾”斗争中，虽然省委对于属中央和省管理的干部的组织处理比较慎重，提出不在地、厅级（13级以上）干部中划“右倾机会主义分子”，基本上贯彻了团结—批评—团结的方针，但实际上在高校和科研单位仍有个别领导干部被错划成“右倾机会主义分子”。在县以下的“反右倾”和以

后的改造三类社队的工作中，错误地打击了一些实事求是反映情况、对“左”倾错误做法表示不满并有所抵制的干部、群众和知识分子。此外，还把一些干部犯有一般性的个人主义、本位主义、自由主义等等缺点，看成是社会主义和资本主义两条道路的斗争，给他们戴上了“反党、反人民、反社会主义”的帽子。全省县以上单位受到重点批判的有 2000 多人，其中 200 多人错定为右倾机会主义分子。县以下受到错误批判、处理的面更宽，包括群众在内，达 40 余万人。① 这样，就误伤了一批好同志，又一次造成紧张的政治空气，使干部和群众更加不敢说真话、讲实情。

根据庐山会议提出的“反右倾，鼓干劲”、继续搞“大跃进”的要求，中共江苏省三届十次全体委员会议(扩大)研究确定了 1960 到 1962 年三年的全省经济规划，提出争取提前五年实现全国农业发展纲要，到 1962 年，粮、棉、油产量力争在 1957 年基础上增长一倍以上，农业产值达到 80—120 亿元。会议还确定，到 1962 年，铁生产 100—120 万吨，钢 50 万吨，原煤 1300—1400 万吨，工业总产值达到 180 亿元，即比 1959 年翻一番。江渭清在江苏省三届十次全体委员会议(扩大)的闭幕讲话中，强调总路线不能动摇，“以钢为纲、全面跃进”的方针必须坚持。他还重申 1958 年提出的“政治挂帅，以生产为中心，带动各项工作一道前进”的口号，要求“反右倾，鼓干劲”，全党“要以保卫党的总路线作为一切工作的纲”，大力宣传“大跃进”和人民公社的“优越性”。②

江苏各地大搞“反右倾”，实行“持续跃进”。在工业方面，“压缩空气”、下调过高指标被视为“右倾”，1960 年下达的全省计划，定为产钢 22 万吨，煤 700 万吨，电 24 亿度，这些都大大超过了当时的实际生产能力(前两者到 70 年代初才实现，后者到 1965 年才实现)。于是，层层向下压指标，片面追求高产值；不顾条件，不分步骤，大搞技术革新、技术革命；大办地方工业和街道工业，并且在几个主要城市中大办电讯仪表工业。1959 年底，全省社队工业总产值竟达到 3.06 亿元。1960 年则猛增到 4.62 亿元。在基本战线上，各行各业和各个地区，乱争项目，层层加码，出现各个战线齐头并进的局面。在农业上，所定粮棉等农产品的产量指标也依然过高(后来到“四五”计划时期才实现)，并重新提出要像 1958 年那样“争上游，创奇迹”，“竞赛评比打擂台，现场会议插红旗”。各地还掀起了“三超五比”(“三超”即实产超包产、项项超指标、人人超定额，“五比”即比田间管理、比秋收、比秋种、比征购、比分配)的超产运动，盲目地强调连片种植，不顾条件地大搞农业改制，不求实际地大办所谓千头万头养猪场。

---

① 江苏省地方志编纂委员会编著:《江苏省志·总述》,江苏古籍出版社 2001 年版,第 130 页。

② 中共江苏省委党史工作办公室等编:《六十年代国民经济调整》(江苏卷),中共党史出版社 2000 年版,第 15 页。

1960年春，江苏省在“反右倾”和“持续跃进”中还掀起城市人民公社化运动。当年3月，中共中央下发了关于城市人民公社的指示。毛泽东明确指示：全国除北京、上海、天津、武汉和广州五个城市外，其他城市则一律挂上公社的牌子，“以一新耳目，振奋人心”，要求“今年上半年全国城市普遍试点，取得经验，下半年普遍推广。”[①]

根据中共中央和毛泽东的指示，江苏成立江苏省委城市人民公社办公室，专门负责部署和指导全省建立城市人民公社的运动。江苏各种报纸、广播等新闻媒介随即展开声势浩大的宣传，大肆宣传人民公社的“优越性”和“生命力”。同时，还就建立城市人民公社的问题举办“大辩论”，批判各种对城市人民公社的“错误思想”和“反动言论”。

在短短的一个月内，江苏省10个市就“规划建立45个城市人民公社”。根据江苏省委城市人民公社办公室的调查，75%的城市居民积极拥护公社的成立，其中主要是“工人、干部和劳动人民以及他们的家属”。到四、五月两个月，江苏各地纷纷挂牌宣布成立区一级的城市人民公社，随后又在公社下面成立“分社”。城市人民公社大致可以分为三种类型：一种是以街道办事处和居民委员会组成的以街道为中心的人民公社；一种是以国营工厂为支柱建立的人民公社；一种是以南京大学等文教单位分别组建而成的人民公社。[②]

1960年4月南京市白下人民公社成立

城市人民公社成立后，随即大办公共食堂。到4月下旬，仅南京市玄武区就办起各类食堂454个，平均每个居委会有两三个居委会食堂、四五个院落食堂，搭伙人达52927人，占应搭伙人数的72%。截止到4月底，江苏省10个城市共建立了9300多个食堂，就餐人数达到171.5万人。[③]同时，城市人民公社又用简陋条件大办各种工厂，充分发挥“敢想、敢说、敢做”的精神，大搞所谓的“技术革命”，不断创制出所谓“新技术”和“尖端产品”。据当时报道，江苏省社办工厂和街道工厂仅用一个季度就达到产值7亿元。此外，还大办托儿所、幼儿园、

①②③ 高华、黄骏：《1960年持续“跃进”中的江苏城市人民公社》，《浙江学刊》2002年第6期。

服务站、敬老院,实现所谓“家务社会化”,让被“解放”出来的妇女走出家庭,参加各种劳动。①

二 庐山会议后纠“左”的中断和反复

庐山会议后,江苏纠正人民公社化运动中“左”倾错误的进程被打断。1959 年 8 月 11 日到 15 日,省委农村工作部召开地、市委农村工作部长会议。会议认为:当前农村总的形势是很好的,但在一小部分干部中,“右倾”思想又开始抬头和滋长起来。其主要表现是:在农业生产方面,“四十条”不提了,看不到有利条件,过分强调困难条件,见物不见人,忽视人的主观能动性;在整社方面,有人提出“全部农活包工到户,包产到户”,甚至提出“土地分到户,耕牛农具回老家”,“实际上是解散人民公社,恢复单干”。自留田留得过多,生产队部分所有制过大,有些地方甚至把大田当成“十边”放给生产队;公社体制下放过头,有些地方把本来应该属于公社所有的大片林木等,也拆开分给生产大队。还有些地方,把粮食分到户,说成是解散食堂。会议强调,对于上述情况“必须引起警惕”,当前农村工作,必须抓八、九两个月,“反对右倾,鼓足干劲,大力开展增产节约运动”。此后,江苏在人民公社纠“左”的诸多方面出现反复和倒退。

1. 在经营管理上出现反复和倒退

1959 年 8 月 13 日江苏省委农村工作部主持召开座谈会,严厉指责把全部农活包到户和包产到户是“损害集体,走回头路”的做法。会议指出,有些地方在推行田间管理部分农活包到户的工作中,“错误地把全部农活包到户,完全实行个体分散劳动,从根本上取消社会主义集体劳动的这一基本形式”。如大丰县提出:棉田作业,除积肥外,全部农活包工到户,个人搞不了,再组织“协作”,“实质上是提倡分散劳动为主”。有些地方,在全部农活包到户的同时,进一步采取全部作物或一部分作物(如山芋)包产到户的做法,“从集体生产退回到单干”。溧水一个生产队在包工到户的时候,甚至提出“土地还老家,农具归原主”的做法,按照土地证发还土地,按照入社前的情况领回农具,各种各的田。② 随后,江苏省委发出《关于立即纠正把全部农活包到户和包产到户的通知》,严格禁止“分田到户”和“包产到户”。

其后,江苏省委农村工作部又提出:“以专业队为基础,实行专业队、基本建设队、大协作三者结合,是目前人民公社组织的基本形式”,这就直接动摇了生产大队的经营管理权和生产小队的“四固定”。当时省委农村工作部一度把生产小队解释为“农

---

① 高华、黄骏:《1960 年持续“跃进”中的江苏城市人民公社》,《浙江学刊》2002 年第 6 期。

② 江苏省委农村工作部:《座谈会总结提纲》,1959 年 8 月 13 日,江苏省档案馆馆藏档案 3062—永久—71。

业生产专业队”，这样就使小队生产经营单一化，使不少地方在发展林牧渔副各业生产时，不是尽可能地把这些任务包给小队，而是从小队抽调劳动力，成立各种专业队。此外，还提出“公社、大队两级可以抽除百分之三到百分之五的劳动力，组成常年的基本建设队”，这实际上又造成劳动力的“一平二调”。[①]

在1959年底1960年春，一些地方提出要扩大组织规模，主要是扩大小队规模。省委农村工作部当时只看到不少劳动力被调走了，一个小队的劳力太少，因而赞成把小队并大一些。但是，当时江苏省委对此比较慎重，没有同意。后来，江苏省委农村工作部又提出：“小队规模太小，一个队只有一二十户、二十几户，生产上确实困难很大。干部、群众都迫切要求合并，合并以后又确实有利于生产的，可以结合当前生产，在夏种前并好。”但不要搞“并队运动”。于是，各地又进行并队，扩大生产小队规模。但是，个别县和部分公社还是出现了普遍并队的情况。[②]

2. 强行维持和恢复公共食堂

在庐山会议前，在江苏省不少地区，公共食堂已呈现涣散解体之势。但是，庐山会议后，公共食堂又视为“社会主义阵地”，因而必须坚守。于是，难以维持的食堂也必须维持，已经解散的食堂也被强行恢复。到1959年秋收分配前，江苏省公共食堂恢复到9.66万个，参加食堂吃饭户数达207万多户，占入社总农户的24%。1959年11月底统计，全省共有公共食堂133857个，比秋收分配前的9.66万个公共食堂增长了38.6%，参加食堂吃饭的农户共有384.45万户，比秋收分配前的207.84万户增长了9.5%；参加食堂吃饭的农户占入社总农户的比例，由秋收分配前的24%增加到44.3%。在全省食堂中，有常年食堂75526个，农忙食堂58331个。[③] 到1959年底，江苏省的公共食堂增为150404个，参加食堂吃饭的农户增至441.55万户，占入社农户的比例上升到53.66%。[④] 1960年3月，中共中央指示继续推广公共食堂后，江苏各地又大力推行公共食堂“普遍化”。为了普遍兴办公共食堂，各地改变原来“粮食分到户”的做法，转而采取“统一用粮，指标到户，实物到食堂”的做法，使得农民无法弄到粮食单独开伙，不得不参加公共食堂。不久，全省又很快实现公共食堂“普遍化”。

3. 在分配制度上有所后退

1959年底，在全省25087个生产大队中，实行工资制与供给制相结合分配制度的

---

①② 《江苏省委农村工作部部长在中共江苏省三届十三次全会(扩大)上的发言稿》，江苏省档案馆馆藏档案3062—永久—81。

③ 《向中央农村工作部的电话汇报提纲》，1959年12月7日，江苏省档案馆馆藏档案3062—短期—263。

④ 《江苏省农村当前整社、分配、社员生活安排情况》(向中央农村工作部电话汇报稿)，1959年12月28日，江苏省档案馆馆藏档案3062—短期—263。

有 23173 个队,占总队数的 92.4%,这比 1959 年 6 月份的 85%上升 7%,没有条件实行工资制与供给制相结合的分配制度而仍然采取完全按劳分配的有 1914 个队,仅占总队数的 7.6%,这比庐山会议前的 15%要大为降低。在实行工资制和供给制的生产大队中,实行伙食供给制的 167 个队,占总队数的 0.66%,粮食供给制的 1741 个队,占 6.94%;基本口粮供给制的 2410 个队,占 9.8%,半口粮供给制的 14417 个队,占 57.4%,小部分口粮供给制的 4438 个队,占 17.6%。①

此外,由于没有实事求是地核实产量和收入,江苏省委农村工作部对于 1959 年产量和收入估计偏高。1959 年生产大队一级的分配收入,各地上报数字是 35 亿元,分配给社员的部分每人平均 56 元,连同小队、家庭副业收入每人平均 73 元。这个数字本来已经偏高,但是,省委农村工作部却认为"下面报少了","就把大队一级分配收入增加到 38 亿元,社员收入水平'提高'到 89.8 元"。结果影响到许多公社分配不能兑现。②

4. 急于向基本社有制过渡,频频刮起"共产风"

本来,在第二次郑州会议后,人民公社已经由公社所有制退回到生产大队所有制。庐山会议后,一些地方又急于想把生产大队所有制过渡到公社所有制。1959 年 12 月,浙、皖、苏、沪 4 省举行华东协作会议,专门讨论人民公社由基本队有制向基本社有制过渡的问题。座谈会认为,只要每人每年能分配到 200 元左右就具备了由基本队有制向基本社有制过渡的条件。要每人分到 200 元,人民公社的总产值每人平均一般要达到 600—800 元。这要经过一个相当长的时间。上海条件较好,大约需要 3 到 5 年,其他各省则大约要 5 年左右,或者更长一些时间。为了创造条件实现由基本队有制过渡到基本社有制,座谈会提出要积极发展社有经济,特别是发展社办工业,实现公社工业化,并要求采取措施帮助穷队翻身。

在华东协作会议结束后,省委农村工作部立即召集吴县洞庭公社、昆山县蓑葭公社、太仓县浮桥公社、常熟县支塘公社、江阴县周庄公社等 5 个公社的党委书记开座谈会,专门讨论人民公社由基本生产大队所有制过渡到基本公社所有制的问题。同时,还派人到镇江江心洲人民公社、武进县湖塘公社,就人民公社由基本队有制向基本社有制过渡作了典型调查,并开座谈会讨论过渡的条件问题。③

---

① 《向中央农村工作部的电话汇报提纲》,1959 年 12 月 7 日,江苏省档案馆馆藏档案 3062—短期—263。

② 《江苏省委农村工作部部长在中共江苏省三届十三次全会(扩大)上的发言稿》,江苏省档案馆馆藏档案 3062—永久—81。

③ 江苏省委农村工作部:《关于人民公社过渡问题的若干材料》,1959 年 12 月 23 日,江苏省档案馆馆藏档案 3062—永久—69。

1960年2月8日和9日，省委农村工作部又召开地、市委农业书记、农(村)工(作)部长座谈会。会议主要讨论了过渡、穷队翻身、生产条件较差的县的情况、社队规模、农业机械化、平整土地、开荒等7个问题。根据座谈会上的各地反映，各地大约需要5年，即到1964年人民公社可以全面实行基本社有制，少数地方可以快一些，如南京打算4年(到1963年)实现，无锡争取3年(1962年)实现。对于过渡的步骤，座谈会认为，1960年省委控制，地委试点；1961年地委控制，县委试点；1962年再作面的展开。座谈会认为，1960年各个地委要认真试点，同时为了给过渡创造条件还要作好几件工作：1. 各县有意识地选择一、二个条件好的公社，加强领导，给予必要的扶持，大力发展生产，既作为生产上的标兵，又作为将来过渡试点的对象来培养；2. 全省除试点外，每个公社选择一二个大队(主要是穷队)作为直属队，或者所有制不变，加以重点扶持，如苏北地区搞小江南等。3. 积极发展社有经济；4. 扶持穷队翻身。①

1960年2月19日至24日，省委农村工作部在苏州召开地、市委农工部部长现场会议。19日，各地农工部长在苏州听取苏州地委农工部关于人民公社的经营管理、发展社有经济、社队规模问题的汇报和吴县全面整顿人民公社财务的经验介绍。20日、21日，与会人员先后到吴县光福公社和洞庭公社开座谈会，听取光福公社关于社办工业、办好公共食堂和劳动组织等情况介绍，听取洞庭公社、保安公社关于公社办直属队的经验介绍。22日，与会人员返回苏州，进行座谈和讨论。

1960年3月，江苏省召开六级干部大会。省委农村工作部又向省委提出发展公社直属队和国营农场带大队的建议。一开始，省委农村工作部“想一个公社办一个直属队”，后来“看看不行”，又提出“有条件的办直属队”的设想。其后，根据省委指示，改为“今年主要是认真把现有的直属队办好，一般不再发展。有条件发展的，分别经过县委、地委批准”。对于国营农场带大队，省委农村工作部“开始设想”三年“吃”掉5000到7000个大队，占大队总数的20%—30%，1960年带600个到1000个。后来，根据省委指示才确定“1960年一般不再发展，做好巩固工作”。但是，发展公社直属队和国营农场带大队的风已被吹出去了，有些地方已经办起来和带起来了。在这些地方，“共产风”也就“刮得比较厉害”。②

1960年春，为了创造所谓条件向基本社有制过渡，江苏各地又大力发展社有经济。各公社在发展社有经济时，往往无偿地从各大队抽调劳动力、资金和其他物资，

① 《1960年2月8、9日地、市委农业书记、农工部长座谈会记录》，江苏省档案馆馆藏档案3062—永久—76。

② 《江苏省委农村工作部部长在中共江苏省三届十三次全会(扩大)上的发言稿》，江苏省档案馆馆藏档案3062—永久—81。

因而不可避免地刮起了“共产风”。1960年初,江苏省委农村工作部还散发了一大批林牧渔副业基地的材料,如“百里林带”、“百里鱼池”、“万头猪场”等,片面地提倡“大”,使得下面刮起了“共产风”。① 有些地方要求每个公社的养猪场至少养2000头猪,并向万头猪努力。许多公社把原来下放给大队的大片水面、林木又收回,把大队的牧场、林场、果园、鱼池等无偿地归公社所有,甚至有的把大队、生产队的畜禽集中起来办公社的畜牧场,又重新实行“一平二调”,刮起“共产风”。②

据1960年3月江苏省六级干部会议统计,全省社办企业占用的劳动力已占总劳动力5%。而省委农村工作部又提出:“社办企业的劳动力,1960年不得超过全公社劳动力的8%”的标准,并提出“1960年,社有经济发展到占整个人民公社经济的20%左右(不包括直属队)”的要求。这实际上是提倡下面再抽调一部分劳动力来发展社有经济。③

此外,在兴修水利、植树造林等方面,“共产风”也刮得很厉害。如林业部规定,造一亩林投资10元,其中工资可以发6—7元。省林业厅没有按照这个标准付足工资。1960年,省林业厅交给淮阴专区30万亩的造林任务,但只拨给30万元,平均1元1亩。后来淮阴专区实际完成18万亩,一亩平均也只有1.5元。下面为了完成造林任务,就只好“一平二调”。④

---

①③④ 《江苏省委农村工作部部长在中共江苏省三届十三次全会(扩大)上的发言稿》,江苏省档案馆馆藏档案3062—永久—81。

② 中共江苏省委党史工作办公室等编:《六十年代国民经济调整》(江苏卷),中共党史出版社2000年版,第16页。

第七章　国民经济的调整与发展

20世纪50年代末60年代初，在江苏国民经济发生严重困难，人民生活水平也严重倒退的情况下，江苏省各级党组织和人民政府按照中央部署，较大规模地对国民经济进行了全面的调整，并采取一系列重大措施，领导全省人民共渡难关。之后，国民经济逐渐恢复并又开始发展起来。

第一节　贯彻执行“调整、巩固、充实、提高”方针

一　国民经济和人民生活的严重困难

1958年到1960年的三年大跃进，对江苏所造成的经济损失十分严重，国民经济出现了全局性的困难。其主要表现是：

1. 重工业、轻工业和农业的比例严重失调，农业产量大幅度下降

1961年8月9日，中共江苏省委在《关于三级干部会议的情况报告》中说：“根据初步的不完整的统计：1960年与1957年相比，我省重工业的比重由10.89%增加到29.67%，轻工业的比重由42.76%增加到46.36%，农业的比重由46.35%下降为23.95%”。[①] 1960年比1957年，全省工农业总产值增加74.34%，其中工业总产值增加143.08%，农业总产值却下降12.5%。[②]

在农业中，江苏省从1957年到1960年，粮食产量分别为1063.60万吨；1128.45万吨；992.70万吨；959.80万吨。后两年降到了1952年的997.55万吨产量之下。

---

① 中共江苏省委党史工作办公室、江苏省计划与经济委员会编：《六十年代国民经济调整》(江苏卷)，中共党史出版社2000年版，第131页。

② 中共江苏省委党史工作办公室、江苏省计划与经济委员会编：《六十年代国民经济调整》(江苏卷)，中共党史出版社2000年版，第170页。

棉花产量由1957年的15.01万吨下降到1960年的12.43万吨,降幅为17.2%。油料作物产量由1957年的25.07万吨下降到1960年的13.18万吨,降幅为47.4%。生猪的存栏数由1957年的829.56万头下降到1960年的513.80万头,降幅为38.1%。[①] 农业是国民经济的基础,农业产量的大幅度下降,更加凸现了重工业、轻工业、农业的比例严重失调,造成了远超过农业承载能力的畸形结构,导致了整个国民经济发展的严重失调。

2. 工交内部的比例失调

从重工业内部来看,原材料工业落后于加工工业、采掘工业落后于冶炼工业。例如,在大跃进中,江苏省原煤产量年产559万吨,比1957年的189万吨增加了195.77%,即猛增到近原来的3倍。但是,这一增长仍不能满足大炼钢铁的需要。再从工业与交通运输的比例关系来看,大跃进中,需要运输的矿石、煤炭等产量猛增,而交通运输能力增长却很小,远跟不上需要。于是,一方面大挖现有交通工具的潜力,超载多运。另一方面,大量使用农村劳动力进行突击短途运输。当时运输用工占农村用工量的一半以上。即使这样,物资积压现象仍普遍存在。由于超载多运,车船长期失修,破损严重。据统计,人兽力车损坏的达30%—40%;汽车损坏的占20%—30%,船只损坏的占40%以上。[②] 显然,工交内部比例也是严重失调。

3. 积累与消费的比例失调

首先,积累率过高。1958年投资比1957年增加150%;1959年投资比1958年增加32.3%;1960年投资又比1959年增加12.5%。而1958至1960年的国民收入,则分别是增长1.7%、下降2%、增长2.4%。1959年和1960年积累率高达33.2%和32.1%,超过了当年资金和物资的供应能力。其次,生产性投资与非生产性投资比例失调。1958年至1960年生产性投资率均为89.9%,比1957年的78.1%增加11.8%;1958年至1960年非生产性投资率年均为10.1%,比1957年的21.9%下降11.8%。[③]

4. 社会购买力与商品可供量差额巨大

1958年大跃进运动开展后,由于大炼钢铁、职工人数猛增、财政拨款较多等因素,就使社会购买力增长。市场上的商品可供量,由于农业、轻工业减产而减少,出现了社会购买力与商品可供量之间的巨大差额,尤其是吃、穿、用等方面的商品缺口很大,市场供应非常紧张。当时,"从城到乡的所有食品商店里,也是货架空空。尽管实

---

① 中共江苏省委党史工作办公室、江苏省计划与经济委员会编:《六十年代国民经济调整》(江苏卷),中共党史出版社2000年版,第5—6页。

②③ 中共江苏省委党史工作办公室、江苏省计划与经济委员会编:《六十年代国民经济调整》(江苏卷),中共党史出版社2000年版,第7页。

行了粮食、猪肉和各种生活必需品的凭证限量供应，城市的肉铺里也常常只有从仓库里拿出来的咸肉，很少见到新上市的鲜肉。居民们天蒙蒙亮就赶到菜场去排队，站得腰酸腿痛，最后往往只能买到一些粗糙的、不卷心的'飞机包菜'"。①

20 世纪 60 年代南京市发行的面额最小的粮票及日用杂品和副食品购买证

江苏省商业厅系统发放的部分票证

① 丁群:《刘顺元传》,江苏人民出版社 1999 年版,第 311 页。

5. 人民生活水平大幅度下降

由于国民经济各主要门类比例严重的失调,加上自然灾害,前苏联逼债,就使人民生活水平迅速下降,尤其是吃饭穿衣问题,出现了严重的困难。1960 年 11 月 29 日,中共江苏省委书记处书记刘顺元在省委三届十三次全会的报告中说:"去冬今春以来,全省有宝应、兴化、高邮、江都、建湖、江浦、泗洪、海安、宜兴、溧水等十几个县发生了严重的或比较严重的人口疾病、外流和非正常死亡的事件。目前全省患浮肿、清瘦、清紫、子宫下垂等疾病的还有相当大的一个数字,人民群众的体质普遍的下降。不仅农村如此,目前城市的部分工矿、企业、机关、学校,发病人数也有上升,浮肿病已开始出现"。① 1961 年 7 月 27 日,刘顺元在省委常委扩大会上说:"三年来,江苏非正常死亡的人口有四、五十万人"。②

里下河地区,包括兴化、宝应、高邮、建湖 4 县的全部,江都、泰州、泰县、海安、东台、盐城、阜宁、淮安 8 县(市)的一部。1962 年 3 月,时任省委书记处书记的陈光调查里下河地区的情况后指出:

从劳动力来看,该地区人口 1961 年比 1957 年减少 5.5%,劳动力减少 12%。人的体质变弱。据兴化、高邮、宝应、建湖、阜宁、盐城、东台 7 县统计,现有病人 15 万余人,占七县总人口的 4.15%,而且发病人数还在增加。无粮、无钱、无草的困难户,则占总户数的 16.9%。高邮县 1957 年有孤儿 354 人,而 1961 年底达到 1736 人。

从生产资料来看,该地区 1961 年与 1957 年相比,农船减少了 36.5%,脚车减少了 58.5%,耕牛减少了 11.5%。出现了一些无车、无船、无牛的生产队。

从粮食情况来看,该地区粮食产量 1961 年比 1960 年减少 5.5%,比 1957 年减产 29.7%,该地区净征购粮食 3.33 亿公斤,比 1957 年减少了 33.6%。社员平均口粮 1961 年为 154 公斤,比 1957 年减少了 28.4%。③

上述国民经济比例的严重失调,人民群众生产积极性的挫折,人民生活水平的大幅度下降,人口的大量非正常死亡,使江苏省国民经济的发展困难重重。

二 宣传贯彻"八字"方针

严重的困难和挫折使全党逐步地清醒起来。为了摆脱困境,1960 年 11 月,中共中央发出了《关于农村人民公社当前政策问题的紧急指示信》(简称"农村十二条")、

① 《刘顺元文集》,江苏人民出版社 2000 年版,第 391 页。

② 中共江苏省委党史工作办公室、江苏省计划与经济委员会编:《六十年代国民经济调整》(江苏卷),中共党史出版社 2000 年版,第 121 页。

③ 本书编写组:《陈光传》,江苏人民出版社 2004 年版,第 168 页。

《关于彻底纠正“五风”问题的指示》。1961年1月，中共中央召开八届九中全会，正式决定对国民经济实行“调整、巩固、充实、提高”的八字方针。提出从1961年起，在2年至3年内，以调整为中心，贯彻八字方针要切实见效。1961年至1962年，中共中央还召开多次会议，总结1958年以来的教训，要求各地贯彻八字方针。

根据上述中共中央的指示和方针，江苏全省上下结合江苏实际，全面贯彻八字方针。1960年12月上旬，全省各级领导和干部深入农村，向基层干部和农民广泛地宣读讲解了“农业十二条”和纠正“五风”的指示。1961年1月至2月间，省委召开了常委扩大会议，传达贯彻中共中央八届九中全会精神。会议认为，贯彻八字方针最根本的是要把农业放在国民经济的首位。会议确定了精简厂矿企业、文教战线职工和城镇人口，充实农业第一线；合理调整工业布局，坚决按农、轻、重次序安排生产和建设等重大措施。① 为着切实紧密地结合江苏实际贯彻八字方针，1961年春夏，中共江苏省委主要领导带头，各级领导干部深入基层进行调查研究。1961年7月3日至28日，中共江苏省委召开地、市、县三级书记会议。会议传达、学习了中共中央关于调整国民经济的文件和会议精神，检查和总结了大跃进以来的经验教训，省委带头检查1958年以来在工作指导、工作作风、工作方法等方面的错误，并主动地承担了责任。在省委带头检查之后，地、市、县委的领导也检查了有些事情是“自己别出心裁、糊里糊涂干的”错误。② 省委召开地、市、县委书记会议后，各地、市委召开有大队干部参加的四级干部会议。这些会议都要求各级干部学习贯彻中共中央文件精神，总结大跃进以来的教训，统一思想认识，彻底纠正“五风”，清算“一平二调”账，并保证兑现。

这一时期，省、地、市、县各级负责人还分批进各级党校或参加读书班，学习马克思主义哲学、政治经济学和党中央有关文件，要求分清社会主义和共产主义界限，认识商品生产和价值规律的积极作用。在学习中发扬民主，敞开思想，畅所欲言，还结合本地实际进行调查研究，统一思想认识。据统计，1961年至1962年上半年，江苏有32万名公社、大队、生产队的干部参加了培训班。这对提高广大基层干部的政策水平，改进工作作风，起了重要作用。这些为贯彻党的八字方针，进行了思想理论上和组织上的准备。

为了贯彻八字方针，江苏省委还下发了《关于减少城镇人口、精简职工工作中若干具体问题的规定》、《关于当前工业工作的指示》等文件。这些文件为江苏干部群众贯彻落实八字方针提供了政策依据。

---

① 江苏省地方志编纂委员会编著：《江苏省志·中共志》，江苏人民出版社2003年版，第300页。

② 中共江苏省委党史办公室、江苏省计划与经济委员会编：《六十年代国民经济调整》（江苏卷），中共党史出版社2000年版，第131页。

1962年1月,中共中央为着动员全党战胜严重困难、更坚决地执行八字方针,在北京召开扩大的全国县委书记以上领导干部参加的中央工作会议,即七千人大会。同年3月5日至10日,江苏省委召开常委扩大会议,传达七千人大会精神。会议要求各地在深入贯彻七千人大会精神的基础上,集中力量加强农业战线,争取今年有个好的收成;切实安排好城乡人民生活;进一步做好国民经济调整工作,压缩城镇人口,精简全民所有制职工;实行精兵简政,厉行增产节约;进行清仓核资。在此前后,江苏省委还召开了全省宣传文教工作会议、地市委工业书记会议、省委三届十四次扩大会议等会议,全面坚决地贯彻八字方针。

江苏省委在宣传贯彻八字方针中,除了上述坚决的态度,扎实的工作之外,还有以下几个主要特点:

首先,省委领导人带头做自我批评,公开向干部、群众检讨了大跃进以来在实际工作和指导思想上产生的缺点和错误,主动承担1958年以来国民经济发展中出现错误的主要责任。这样做,带动地、市、县委领导做自我批评,有利于全省上下统一思想、战胜困难。

其次,理论性较强。例如,1961年8月9日,江苏省委分析1958年犯急于过渡、刮"共产风"、剥夺农民等错误的原因时指出:"我们也把所有制问题看得太狭隘,看不清所有制问题,不仅是生产资料的所有权的问题,而且还包括生产资料的使用权,生产的管理权,产品的分配权,社员家庭副业的经营权及其产品、收入的所有权,社员个人生活资料、社员自有自用的小农具和工具的所有权等等。如果对这些问题处理不好,都牵涉到所有制问题。现在看来,不仅农村人民公社中有所有制问题,工业、手工业、商业、交通运输业等方面都有所有制问题"。① 这些从错误和教训中总结出的理论观点是正确的和难能可贵的。

再次,紧密结合江苏实际贯彻八字方针,加强调查研究。例如,江苏省委从江苏农业大省的实际出发,把恢复发展农业生产放在贯彻八字方针的第一位。历史证明,这是完全正确的。

此外,需要指出的是,江苏省和全国其他地区一样,是在肯定总路线、大跃进和人民公社的基本方向和主要原则这一"左"的思想指导下贯彻八字方针的,因而不可避免地带有历史的局限性和调整过程中的复杂性。

---

① 中共江苏省委党史工作办公室、江苏省计划与经济委员会编:《六十年代国民经济调整》(江苏卷),中共党史出版社2000年版,第129页。

第二节　调整农业政策，加强农业生产

一　确定以生产队为基本核算单位

生产关系只有适应生产力的状况，才能促进生产力的发展，否则，就会阻碍乃至破坏生产力的发展。在人民公社三级核算单位中，以公社或以生产大队为核算单位都是背离生产力发展水平的，只有以生产队（即生产小队，下同）为基本核算单位，才比较有利于生产力的发展。

由于对人民公社体制理论上认识的错误和思维惯性，江苏和全国绝大多数地区一样，确定以生产队为基本核算单位有一个过渡期。1960 年 12 月 20 日，中共江苏省委《批转省委农工部关于贯彻执行中央〈关于农村人民公社当前政策问题的紧急指示信〉中若干具体问题的意见》，仍坚持基本上以生产大队为核算单位。直到 1961 年 10 月，中共中央发出实行以生产小队（即生产队，下同）为基本核算单位的指示后，江苏才在 86 个生产大队进行以生产小队为核算单位的试点。同年 12 月，中共江苏省委在先后两批试点取得经验的基础上，提出了衡量以生产小队为基本核算单位工作好坏的三个主要标志：有没有做到不损坏一件农具，不死一头耕牛；有没有把广大社员对集体生产的积极性调动起来；有没有推动集体生产的发展。这反映了中共江苏省委重视保护和发展生产力的指导思想。

经过试点和扎实的工作，到 1962 年底，江苏实行以生产小队为基本核算单位的有 30 万个，占全部生产小队的 97.8%，每队平均 31 户 115 人，基本实现了以生产小队为基本核算单位的生产关系的调整。这对江苏农业经济的恢复和发展起到了重要的作用。

二　适当调整农村经济政策

20 世纪 60 年代初，为着恢复和发展农业生产，渡过难关，江苏出台了一系列政策，主要有：从人民公社成立以来，一平二调的账，都要清理退赔，偿付清楚；人民公社制定生产计划，必须以生产"大队和小队根据自己的情况，制定出自己的计划"为依据；发展社有经济向大队抽调的劳动力，不得超过被抽掉生产大队劳动力的总数的 1%到 3%。公社不得向生产大队摊派义务工；包产，实行定面积、包总产，超产奖励以奖现金为主；耕畜、农具、土地、劳动力固定由生产小队调配使用，生产小队有权具体安排本队的小段生产计划，任何人不得瞎指挥；社员自留地，从耕地中划出的部分一般应占生产队耕地面积的 5%至 7%，加上饲料地不得超过 10%；社员家前屋后零星

的竹、木、果树,归社员个人所有,以往收归公有的,退还给社员。鼓励社员利用家前屋后的零星土地,继续种竹、木、果树、谁种谁有;对于不便于集中经营的小手工业者,让他们分散经营;允许农民发展以种植、饲养为主的多种经营,积极地恢复农村集市交易,活跃城乡经济;人民公社的收入分配,要尽力做到90%的社员增加收入;解散公共食堂,恢复农户自炊;减少粮食征购,1962年全省征购比1957年减少26%,减轻了农民的负担。对粮食超出征购部分实行加价和奖励;为着安排好群众生活,组织群众大种蔬菜,大搞代食品,允许一些地方借部分冬闲田给社员种蔬菜和胡萝卜渡荒;同意部分生产队采取包产到户办法恢复和发展生产;据统计,到1962年7月,全省共有5102个生产队"包产到户"或"分田到户",占生产队总数的1.66%。包产到户的形式有单项作物、全部作物、低产田作物、套种作物等4种。分田到户的形式有口粮田分到户和全部耕地分到户。① 上述政策,对调动农民积极性,战胜饥荒,恢复农业生产,都起到了积极的作用。

三 加强对农业和农村的支援

1960年3月,中共江苏省委发出关于《全面开展工业支援农业、城市支援农村的群众运动》的指示。这一指示得到党中央的肯定,并转发全国各地。在贯彻八字方针过程中,这一工作得到进一步加强。在人力支援方面,1963年全省继续动员了城镇人口和知识青年7万多人下乡参加农业劳动。其中,董加耕是江苏和全国知识青年立志务农的榜样,在全国产生了很好的影响。② 到1964年10月,江苏已有18400多名城镇知识青年奔赴农业生产第一线。其中,16000多人到农村插队落户,2400人到国营农、林、渔、牧场参加生产劳动。③ 在财力支援方面,压缩基建项目,将节余资金投入农业,农业增产不增税,并增加农村救济费。提高对于农业、水利和支农工业投资的比重。1963年江苏省财政直接用于农业方面的支出,比上年增加了24.7%。在粮食征购上,全省征购数量稳定在"定产、定购、定销"即"三定"的基础上,增产不增加征购数量,且歉收年减购。与此同时,实行"征购粮食奖售工业品"政策。例如,1963年规定每交售750公斤贸易粮奖售棉布5米、针织品6.67米、胶鞋1双、食糖1.5公斤、

---

① 江苏省地方志编纂委员会编著:《江苏省志·农业志》,江苏人民出版社2002年版,第75—76页。

② 董加耕,江苏盐城人,1961年高中毕业,响应党中央大办农业的号召,放弃被保送北京大学哲学系深造的机会,回乡务农。1964年3月,中共江苏省委发出学习宣传董加耕的决定。《人民日报》、《中国青年报》发文肯定董加耕的壮举,邓小平等中央领导人号召知识青年向董加耕学习。

③ 中共江苏省委党史工作办公室编:《五十年探索与辉煌—中共地方史大事记(1949—1999)》,中央文献出版社1999年版,第168页。

1960 年南京农学院师生支援江浦县兰花人民公社夏收

1964 年南京市欢送知识青年上山下乡

卷烟 12 包、絮棉 400 克。对于多出征购部分，实行超购、议购加价政策。由于征购基数规定合理，稳定了人心，加之超购、议购加价，农民收入增加，生活得到改善，调动了农民的生产积极性。

全省工业、交通运输部门根据农业生产的需要，把支援农业放在首位。1963 年，全省机械工业为机电排灌设备的更新配套提供了柴油机 9.2 万马力，修理各种农业机械 2.36 万台，生产农机配件 2360 万件。电力工业、化学工业、冶金工业为农业提供的电力、化肥、农药、钢材等都有大幅度的增长。交通运输部门优先安排、及时地完成了支农、防汛、救灾物资的调运任务，有力地支援了农业生产。

四　改进领导方法，全党大办农业

1963 年 5 月，为了纠正大跃进以来农业生产中“一刀切”、“瞎指挥”等错误，江苏提出了农业分区、分类指导的思想，成立了省农业区划委员会。该委员会组织了有关厅局、科研单位、大专院校等 37 个单位的领导干部、专家和科技人员共 280 多人，分

设4个专业组,在全面整理、分析调查资料的基础上,根据全省各地自然条件、社会经济基础和农业生产的特点,把全省划分为沿江、沿海、太湖、徐淮、里下河和镇宁扬6个一级农业区和45个二级农业区。农业区划对因地制宜、规划指导农业生产起到了积极的作用。例如:沿海地区扩大棉麦两熟制,太湖地区推行双季稻和三熟制,徐淮地区发展旱田改水田,里下河地区实行沤田改旱田等,使农业大幅度增产。

自1963年9月起,江苏在上述6个一级农业区域分别树立了一批样板。同年10月,在江苏党的四届二次会议决议中,提出"要分别不同地区、不同作物,树立各种高产样板。"此后,农业样板即在全省逐步树立起来。全省基本上按照农业区划在一级农业区内,选一批公社作为样板,由专区直接培养、指导,省里派人帮助。在二级农业区内,分成几个片,选定一批公社或生产大队作为样板,由专区、县和公社分别培养、指导。在生产大队建立样板生产小队,在生产小队建立样板田。这样,形成了"层层设样板,片片设基点,一点带多点,多点带小片,小片带大片,大片带全面"的样板网。

江苏农业战线上运用农业区划、农业样板的工作方法,取得了积极的效果:一是为农业科学技术的发展,建构了较好的平台。全国农业劳动模范、水稻专家陈永康在苏州等地样板点搞示范,传授并推广水稻高产栽培技术和经验;二是促进领导机关和领导干部改进工作作风。通过样板蹲点,领导干部参加农业劳动多了,懂得农业生产知识多了,讲话"灵"了,干群关系也密切了;三是促进了农业生产的发展。

据苏州专区31个县级样板的统计,1964年水稻亩产853斤,比1963年增产24.5%,比邻近社队高出13%,棉花亩产131斤,比1963年增产30%,比邻近社队高出25%。全省其他样板社队的单位农产品的产量也远高于同地区非样板社队。全省以样板为中心,开展比、学、赶、帮运动,带动了全省农业大面积的增产。

江苏全省推行农业区划、农业样板的做法,改进了领导方法,促进了农业的发展。1964年,全国农业区划工作交流会在无锡市召开,总结了以江苏为代表的省级农业区划经验,得到了周恩来总理的好评。《人民日报》为此发表社论,指出:农业区划是因地制宜指导农业生产的基本功。

江苏省委、省人委还把农技服务体系作为恢复和发展农业生产的一项关键措施。1962年,省委、省人委针对人民公社运动中撤区并乡时冲击农技站造成的损害,明确指出"农业技术推广站、种子站、畜牧兽医站的机构必须建立健全,已经撤掉的要恢复,不健全的要充实,已有的要调整、整顿"。到1963年,全省已建成县、区、片、社(人民公社)农技推广站433个,拥有农技干部2825人,形成比较健全的四级农科网络。这一重视科技在恢复发展农业生产中特殊贡献的领导方法,历史证明是成功的。

第三节　调整工业布局，探索经济管理新体制

一　调整国民经济发展计划，降低生产建设过高指标

事物的运动具有惯性，人们的思维方式也具有惯性。早在 1959 年，中共江苏省委发现大跃进中国民经济比例失调问题，就部分地作了些调整。但因庐山会议反右倾，部分调整没有成效，“共产风”等又刮起来。江苏调整国民经济发展计划经历了艰难而曲折的过程。

在 1959 年 8 月底至 9 月中旬，江苏省委召开三届十次会议，传达学习庐山会议精神。会议贯彻“反右倾”精神，研究确定了 1960 年至 1962 年的全省经济规划，要求 1962 年生产生铁 100 万吨到 120 万吨，钢 30 万吨到 50 万吨，原煤 1300 万吨到 1400 万吨，工业总产值 180 亿元，即比 1959 年翻一番。要求到 1962 年，粮、油、棉产量力争在 1957 年的基础上增长一倍以上，农业总产值达到 80 亿元到 120 亿元。由于认识不足，这些指标仍旧沿袭了大跃进中的高指标，都大大超过了当时的江苏省情和生产力水平，是无法实现的。江苏省委候补书记包厚昌在全省计划工作会议上说：“1961 年 1 至 8 月份国民经济计划总的执行情况概括起来是两句话：生产计划大部分指标没有完成；物资计划完成得更差。现在的日子好似天天过年三十，寅吃卯粮，东西少到不可再少，甚至连维持最低限度的需要，也过不过去。”①

1961 年 8 月，省委发现当年计划执行情况很差，就对该年后 4 个月的计划进行调整。确定工业总产值比前 8 个月平均下降 7%；工业品产量除保证支农产品和市场急需的炊事用具等外，其他都降低了计划指标。与此同时，对 1962 年的计划也作了调整：基本建设规模压缩为上年的一半，主要保煤矿建设；工业总产值中，生产资料比上年下降 20%，生活资料比上年下降 12%；工业品产量保证支农和市场急需，其他的下降幅度大于上年。这才初步地降低了前几年以来的高指标，使积累和消费以及重、轻、农的关系有所改善。

1962 年 1 月，中共中央在北京召开的扩大的中央工作会议（即“七千人大会”）结束后，江苏调整国民经济发展计划才逐步地到位。

1962 年 3 月上旬和 4 月中下旬，省委先后召开了省委常委扩大会议和省、地（市）、县三级干部会议，传达贯彻“七千人大会”精神。这些会议的召开，对于统一认

---

① 江苏省地方志编纂委员会编著：《江苏省志 · 农业志》，江苏人民出版社 2002 年版，第 76 页。

识,进一步调整国民经济发展计划起了重要的指导作用。

1962 年 4 月,省委召开了三届十四次全会,讨论拟订了全省恢复和发展农业生产、精兵简政和稳定市场的措施。该会作出以下决定:减轻农民负担,不许征购过头粮,1962 年比 1957 年减少征购粮 26%;对超产单位实行超购加价和奖励;活跃农村市场,开放农村集市贸易;组织全党全民大办农业,大办粮食,发动各行各业支援农业等。① 这些决定的实施,从农业作为国民经济基础产业这一根基上有力地推动了江苏经济的调整。

1962 年,省委鉴于 1958 年大跃进运动以来,江苏基本建设战线过长,使江苏国民经济陷入困境,还采取了果断的措施,大力压缩基本建设战线。基本做法是对所有的基建项目重新审查,区别对待:属于中央安排的基建工程,及时组织施工,坚决完成;除此,不论大、中、小项目,一律立即停止施工;个别在计划以外的项目,以及原来由地方自筹经费兴建的工程,需要继续施工的,必须经省审查后报中央审批;已经具备利用条件的工程也需经过批准,做好收尾工作;地方自筹经费投资的基本建设计划,都要根据农业、轻工业、市场和人民生活等方面的需要,编制地方自筹基建项目建议书,报省批准,未经批准的一律不得施工。地方工业的基建投资,主要用于企业厂房、设备的维修以及必要的"填平补齐"和设备更新。全省 1962 年的基建投资比 1961 年压缩了 50%。② 这些措施抓住了调整国民经济发展计划的重大环节。

1961 年至 1962 年,江苏调整国民经济发展计划除了上述重大调整之外,省委还抓了调整工业布局,精简职工;调整工业与农业以及农、轻、重的比例关系等。由于政策对头,措施有力,江苏国民经济逐步地从 1959 年至 1961 年的困境中走出来。1962 年,江苏的灾情大于 1961 年。但是,除了棉花减产外,粮食总产比 1961 年增产 2.2%,油料作物总产比 1961 年增产 35%,生猪的年末圈存量比 1961 年增加 20%,人民生活得到了一定的改善。

在经济形势逐步好转的过程中,1963 年,中共中央决定从 1963 年起,再用三年的时间,继续进行"调整、巩固、充实、提高"工作。江苏省根据中共中央的部署,结合江苏实际,继续调整江苏国民经济发展计划。从 1963 年至 1965 年,省委主要抓了以下几方面的工作:

第一,充实和加强农业战线,把各行各业和各个部门的工作逐步转移到以农业为基础的轨道上来。第二,进一步全面调整各部门的比例关系,按照吃、穿、用,加强基

① 江苏省地方志编纂委员会编著:《江苏省志·中共志》,江苏人民出版社 2003 年版,第 300 页。
② 江苏省地方志编纂委员会编著:《江苏省志·中共志》,江苏人民出版社 2003 年版,第 302 页。

础工业等项的次序进行安排。其主要是：继续压缩重工业生产；积极增产市场和人民生活需要的轻工业品；突出搞好巩固、充实、提高的工作；改进企业的经营管理。第三，着手试行了某些必要的经济体制改革。主要是试办了"托拉斯"，试行两种劳动制度（即固定工人和亦工亦农两种劳动制度）和两种教育制度（即全日制和半工半读两种教育制度）、调整价格体系和改进物资管理办法等。第四，开始进行社会主义经济协作活动。第五，加强商业工作，促进市场进一步好转和繁荣。第六，逐步开展了"农业学大寨"、"工业学大庆"以及"五反"、"四清"、"备战"等运动。第七，对全省文化、教育、卫生等事业部门也作了大规模的调整。

二　调整工业布局，精简职工和压缩城镇人口

1. 调整工业布局

如前所述，在 1958 年开始的大跃进中，江苏各种事业办得过急、过多、过大，不仅使国民经济各部门之间的比例关系不协调，在各部门内部也发生了比例关系严重不协调的现象。1960 年比 1957 年，全省工业总产值增加 143.8%，农业总产值却下降 12.5%；在工业中，生产资料的产值增加 255.07%，消费资料的产值只增加 90.37%。在重工业内部，原材料生产落后于加工工业，采掘工业落后于冶炼工业；在行业、企业内部，主机和配件、主要设备和辅助设备、制造和维修等之间的比例关系也不平衡。①

针对上述状况，江苏省委、省人委从 1960 年秋季即着手调整工业布局。这一工作分以下三个阶段进行。

第一阶段，从 1960 年秋到 1962 年 8 月。这一阶段，初步地调整了工业布局，减少了重工业的生产任务，加强了轻工业和手工业的生产。在重工业内部，加强了煤炭部门、农业机械、化学工业、采掘工业和为农业生产服务、为市场服务的工业。此外，增加小五金、小百货的生产，增加中小农具和矿山机械设备的修配和制造。② 但是，由于历史的惯性和观念的定式，在这一阶段，江苏工业建设的规模仍然过大，许多工业企业开工不足、人浮于事和亏损严重的状况仍然存在。因此，江苏根据中共中央的有关指示，开始了第二阶段的工业布局调整工作。

第二阶段，从 1962 年 8 月到 1963 年 9 月。这一阶段江苏工业布局调整的指导思想是，把农业放在首位，坚决地贯彻执行中共中央关于以农业为基础，以工业为主

---

① 中共江苏省委党史工作办公室、江苏省计划与经济委员会编：《六十年代国民经济调整》（江苏卷），中共党史出版社 2000 年版，第 170 页。

② 中共江苏省委党史工作办公室、江苏省计划与经济委员会编：《六十年代国民经济调整》（江苏卷），中共党史出版社 2000 年版，第 173 页。

导的发展国民经济的总方针。省委、省人委以发展农业为出发点，根据农业、轻工业的次序来安排工作，认为面向农村、支援人民公社集体经济、支援农业技术改革，是工业发展的方向。① 其具体做法：

一是对于那些今后几年没有生产任务的和技术落后、产品质量低劣而又没有发展前途的企业，分别情况，坚决停产或关闭；对于布点过多的企业，继续予以撤并；对于生产任务不足的企业，根据企业的特点，缩小生产规模或改为季节性生产；对于过去由集体所有制上升不当的企业，坚决改变过来；有些企业的部分产品、部件，或者某一工序、某一车间，适宜于分散生产的，就分散；可以下放给集体所有制企业的就转为集体所有制；可以分散个体生产的，就分散给个体生产。

二是对于生产农业生产资料和生活必需品的企业适当加强，那些必须充实的骨干企业，也予以适当充实。对于县以上全民所有制的工业企业，根据国家给予江苏省的生产任务，考虑到本省的需要，并且在综合平衡的前提下，分别采取不同的方法，进行调整。

三是对原有的社办企业，除了保留为农业生产服务、为社员生活需要服务以及生产传统名牌产品和出口产品的企业以外，其他的企业都停办。社办工业的生产经营方式，尽可能适应农业劳动生产的需要，改为季节性生产。

四是工业、手工业生产所需要的原料、材料、燃料，优先供应给那些产品质量高、品种多、物资消耗少的企业。对于那些产品质次价高、原材料浪费大而长期不能改变的企业，坚决地停止供应原材料。

五是努力增加农业生产资料的生产。进一步增加农业机具的修理和配套备件的生产，增加中小型农具、半机械化农具和农业机械的生产。积极试制和生产小型的排灌设备，以满足丘陵地区和水网地区的排灌需要。积极增加轻工业和手工业生产，特别是增加以非农产品为原料的生活日用品的生产，发展和增加利用化工原料的轻工业产品和化学纤维的生产。

六是积极恢复和发展手工业，在尽可能多地生产小农具、小工具、小杂品、小百货等传统产品的同时，增加新的手工业产品，试制、推广代用农具和改良农具。

七是加强以煤炭为中心的原料、材料、燃料工业的生产。力争煤炭生产稳定提高，更好地支援工农业生产和满足人民群众生活的需要。在努力增产煤炭的同时，还要切实完成钢铁、钢材、有色金属和其他轻工、化学工业的原材料生产任务。

---

① 中共江苏省委党史工作办公室、江苏省计划与经济委员会编：《六十年代国民经济调整》(江苏卷)，中共党史出版社2000年版，第216页。

由于采取以上措施，江苏的工业布局得到初步调整，到1962年年底，全省全民所有制企业已由1961年年底的2948个减少为2175个，共计关、停、并、改了782个企业(其中，关闭224个，停产66个，合并220个，改为集体所有制的224个，由工业生产转为商业经营的28个)，新增9个企业，实际减少了773个企业，比1962年底减少了26.2%，为企业调整规划数的90%。经过调整，较大幅度地缩短了黑色冶金和机械制造等工业战线，合理压缩了以农产品为原料的纺织、油脂、造纸、卷烟等工业生产能力，工业布局较前合理，开始改变了工业战线过长、“架子”过大、与农业基础不相适应的情况。

另外在工业调整改组中，还缩短了重工业战线，适当加强了轻工业战线，重工业和轻工业的比例关系发生了变化。重工业中适当压缩了部分行业的生产能力，如冶金工业保留了有色矿山和有色冶炼的企业，炼铁仅保留苏州、徐州两个点，炼钢转炉已全部停开，电炉只保持铸钢需要，轧钢保留了骨干企业，生铁综合生产能力由1960年的109万吨、1961年底的9万吨进一步压缩为4.5万吨；铁矿石开采能力由1960年的357万吨、1961年的75万吨压缩为35万吨。机械工业中的长线产品和布点重复、能力过剩的行业已经大大压缩，如机床制造厂由1961年的8个减为4个，能力由8000台减为2000台；电机制造厂由1961年的21个减为7个，能力由70万千瓦减为12万千瓦；变压器厂由1961年的4个减为1个，能力由52万千伏安减为10万千伏安。轻纺工业中以农产品为原料的行业，均有较大幅度的压缩。造纸能力，由1960年的13.2万吨、1961年的7.4万吨压缩为5.6万吨；肥皂生产能力由1960年的4.53万吨、1961年的2.6万吨压缩为1.98万吨；卷烟生产能力由1960年的36万箱、1961年的21万箱压缩为11.8万箱；纱锭由92万锭压缩为62万锭等。在调整原材料工业与加工工业之间、修理与制造之间的关系上，注意充实加强了原材料工业，使部分短线原材料工业产品有所加强，如硫酸、电解烧碱、水泥、塑料、染料等。加工工业中，利用工业品为原料的产品也有了增长，如胶鞋、铁锅、保温瓶、搪瓷面盆、塑料制品等。在调整中，既执行了“三统一优”的原则，保留了骨干企业，淘汰了落后企业，基本上扭转了“粥少僧多”、打消耗战的局面，使工业生产趋于正常，又适当地照顾了苏北地区新发展起来的工业企业，使工业的地区布局逐步趋向合理。① 通过调整改组，使全省工业逐步转入以农业为基础的轨道。

第三阶段，从1963年9月至1965年。1963年9月，中共中央召开工作会议，决

① 中共江苏省委党史工作办公室、江苏省计划与经济委员会编：《六十年代国民经济调整》(江苏卷)，中共党史出版社2000年版，第28—30页。

定从1963年起，再用三年时间，继续进行“调整、巩固、充实、提高”的工作。江苏工业布局在前两个阶段调整已取得一定成效的基础上，围绕支援农业这一中心继续进行调整。

1963年，全省机械工业为机电排灌设备的更新配套提供了柴油机9.2万马力，为里下河地区提供了动力绳索牵引机500多台，修理各种农业机械2.36万台，生产农机配件2360多万件。电力工业供应的工业用电，比1962年增长9.9%，完成了排灌线路的整修改造工程1700公里。化学工业部门生产了化肥69.3万吨，比1962年增长29.4%。冶金工业为农业提供了扁丝、扁钢、线材、小型无缝钢管等钢材71种，比1962年增加27种。手工业部门生产的小农具以及建筑材料，工业部门生产的水泥船、砖瓦等，也都比1962年有较大的增加。

1965年，全省新建、扩建、改建小型氮肥厂13个，合成氨生产能力达到5万吨。磷肥厂建成的生产能力达到60万吨。农药增加到14个品种，原药生产能力达到2.2万吨，加工能力达到17万吨。机械化、半机械化农具达到76种，所需要的品种基本上配套成龙。小型水泥厂能力达到45万吨。发电能力增加4.5万千瓦。各项支农产品的生产能力都有大幅度增加，有的是成几倍的增长。1965年是新中国成立以来江苏地方工业支援农业的能力发展最快的一年。交通运输部门优先安排、及时完成了各项支农、防汛、救灾物资的调运任务，有力地支援了农业生产。

在这一阶段，全省还进一步全面调整各部门的比例关系，按照吃、穿、用，加强基础工业等项的次序进行安排：一是继续压缩重工业生产。除徐州重型机械厂外，其他炼钢企业都进行了关、停、并、转。1963年、1964年两年，江苏未生产转炉钢，其设备或封存、或拆除、或报废。直到1965年8月，南京钢铁厂投资69.48万元，修复了三座停产空气侧吹转炉和一座未投产的3吨侧吹转炉，才开始恢复炼钢生产。机械工业在调整、压缩、精简的过程中，按照以农业为基础的要求，全面规划，调整布局，保留了骨干企业，强化了农机制造和维修服务，直接为农业服务的企业占整个机械企业的54%。二是积极增产市场和人民生活需要的轻工业品。1964年，全省轻工业总产值53.65亿元，比1963年的42.46亿元增加10.69亿元，增长25%；1965年达到66.28亿元，比1964年增加12.63亿元，增长23.5%。①

2. 精简职工和压缩城镇人口

精简职工和压缩城镇人口的背景，与调整工业布局的背景基本相同。国民经济

① 中共江苏省委党史工作办公室、江苏省计划与经济委员会编：《六十年代国民经济调整》(江苏卷)，中共党史出版社2000年版，第247—252页。

的发展是一系统工程，有其自身的规律，应当在综合平衡中稳步前进。由于大跃进以来工业和其他方面的发展数量过多，规模过大，造成严重的失衡，农业和原材料等各方面都不能满足过多过大的基本建设的需要。由于大跃进使农民元气大伤，加上自然灾害频发，使农业连续几年减产，农民不可能拿出很多的粮食和农副产品来满足城市居民和工业的需要，所以，必须精简职工、减少城镇人口。只有这样，才能加强农业生产，减轻国家财政负担和农民负担，使国民经济按比例正常协调发展，渡过新中国成立后经济史上最困难的时期。鉴于国民经济比例的严重失调，农业的歉收，城镇人口的急剧膨胀，中共中央决定精简职工和压缩城镇人口。

在大跃进中，由于全省工业、文化、教育等事业办得过多过大，就造成大量的青壮年农民进入工厂，大量的农村人口涌向城市。据统计，1960 年 5 月，全省城镇人口共有 7737800 人，比 1957 年增加了 1825300 人，三年中增加了 31%。其中从农村来的约 145 万人，是新增人口的 79.44%。据估算，1961 年 8 月，全省共有菜农 77 万多人，比 1957 年底增加了 59 万人。四年中增加了约 3.28 倍。这些违反生产力发展水平的农民非农化、农村城镇化，造成了一系列严重的问题。据 1961 年 8 月的统计，全省生产粮食的人口和不生产粮食的人口（包括城镇定量人口和农村常年统销人口）的比例由 1955 年的 6.2∶1，增加到 1960 年的 3.6∶1。[①]

大跃进狂飙中，大量农民进工厂，农村人口涌入城镇比较多。国民经济调整时，精简职工、减少城镇人口则十分艰难。其中存在两大问题：一是思想问题，被精简的职工，下放到农村的城镇人口思想上不愿意；二是实际困难，被精简的职工、下放到农村的城镇人口有的不熟悉农业劳动，有的不习惯农村生活，还有住房、自留地、教育、医疗等问题。对待这一十分艰巨而又复杂的任务，江苏省为此成立领导小组并连续下发了几个文件。江苏省委、省人委以积极慎重和认真负责的态度，坚决贯彻“决心要大、步子要稳、行动要快、工作要细、安排要好”的精神，要求各级国家机关，必须根据实际担负的工作量，实事求是地确定编制定员，调整、裁并机构，合理调整人员，改进领导方法。各级国家机关的人员编制都应该少而精，符合精干、合理、效率高、便于联系群众的原则。

在此过程中，省人委要求各个工作部门，要合并性质相同的单位，只求工作任务归口，不强调上下对口，不强求组织形式一致，人员编制应当重点配备，合理使用。专员公署作为省人民委员会的派出机构，不直接管理企事业单位。除南京市外，其他市

---

① 中共江苏省委党史工作办公室、江苏省计划与经济委员会编：《六十年代国民经济调整》（江苏卷），中共党史出版社 2000 年版，第 136 页。

的编制,以不超过市固定人口的0.4%为原则。为了减少层次,加强领导,便于工作,县以下一般不设区。同时,还要求在完成上述任务时一定要建筑在工作细、步子稳、安排好的基础上,扎扎实实地在群众中做好深入细致的思想工作,切实解决他们生产、生活上的实际问题。

在这次"精兵简政"当中,有些工人要回乡当农民,有些学生要参加农业劳动,有些城里人要下乡,还有一些不能下乡的在城里进行安排,少数人失去了劳动能力和家庭生活特别困难的,给予必要的救济。总之,对精简下来的人员,都要以负责到底的精神,妥善地加以安置。同时,在没有安置好以前,在一定时期内,发给一定的工资,供应必需的口粮。从1960年下半年开始到1963年底,江苏共精简职工34万余人,压缩城镇人口46万人。① 这一工作能够得以稳妥进行,是和中央的正确指导,各级党委和政府以及全体人民的积极努力、共同奋斗分不开的,这直接地有利于江苏省国民经济的恢复和发展。

三 整顿企业秩序,建立与完善规章制度

大跃进不仅造成江苏整个国民经济发展比例的严重失调,企业外部环境的恶化,而且导致企业内部规章制度松弛,管理混乱。

1961年秋,江苏依据中央的有关文件精神,在调整工业布局和精简职工的工作大体告一段落的情况下,逐步地转移到企业内部的整顿方面。其工作可分为以下两个阶段。

第一阶段,1961年10月至1962年10月,这一阶段的主要内容是学习文件和试点。从1961年10月开始,全省全民所有制工业企业普遍组织干部和全体职工学习《国营工业企业条例(草案)》即"工业七十条"。在学习中,将学习"工业七十条"与总结经验吸取教训结合起来,与调整研究企业管理现状结合起来。在此基础上,制定了分批实行"工业七十条"的计划。先在100个企业进行试点,不久,试点单位发展到了513个。②

第二阶段从1962年10月至1962年12月下旬,江苏省人委下发了《关于改进工业计划管理若干问题的暂行规定》、《关于改进工商关系若干问题的暂行办法》、《关于解决工业企业流动资金问题的几项措施》、《关于扭转工业企业亏损的几项规定》等4个文件,这对整顿企业秩序、建立和完善与企业相关的规章制度起了重要的指导

① 刘定汉主编:《当代江苏简史》,当代中国出版社1999年版,第184页。

② 江苏省发展计划委员会编:《"二五"和调整时期的江苏经济(1958—1965)》(上册),2001年内部印行,第510页。

作用。

通过贯彻“工业七十条”、“财政六条”、“银行六条”，江苏地方工业企业进行清仓核资，清理拖欠，并围绕扭转亏损，增加盈利，进行了一系列工作，改进和加强了企业的经营管理：

首先，调整充实了财务机构和经济专业人员的队伍，绝大多数企业都已开始建立了财务管理专门职能科室，加强对财务管理工作的领导。

其次，开始恢复建立了定额管理制度，健全了原始记录，加强了原村料、中间品、产成品的计量工作。不少企业开始建立了生产、技术、经济、设备、劳动等多方面的定额，并定期进行检查、修订，为计划管理和经济核算打下了基础。部分企业开始从“五定”（定产品、定人员、定消耗、定资金、定协作关系）着手，严格实行责任制和经济核算制度。当时，在企业中一般都加强了厂级核算，部分企业还执行了二级或三级核算，有些先进的企业已初步形成了从上到下的经济核算网，摸索了一些经济核算工作的经验。

再次，部分企业还开展了经济活动分析，定期或不定期地分析企业经济活动中的问题，针对矛盾，采取措施，予以解决。

与此同时，在企业中亦贯彻执行党委领导下的厂长负责制，给予厂长组织、指挥生产的相应权力。

所有这些，对于提高企业管理水平、保证计划的完成，起了积极的作用。

四　探索对经济管理体制的某些改革

在贯彻执行“八字方针”取得一定成效、国民经济逐步恢复发展过程中，江苏着手试行经济体制的部分改革。

1. 试办“托拉斯”式企业

1962 年，江苏开始整顿建筑企业，成立“托拉斯”式的江苏省建筑工程总公司，对全省国营企业实行任务统一安排、劳动统一管理、物资统一调度、财务统一核算的“四统一”管理。在企业内部推行“三基工作”（基层建设、基础工作、基本功）为中心的管理建设，出现了许多文明施工现场、文明仓库、文明食堂和五好设备，群众称之为建筑业的“五朵金花”。1964 年，轻工业部召开盐业“托拉斯”座谈会后，江苏对盐业生产作了相应调整，实行产销合一、统一经营的管理制度，从而减少了环节，降低了费用，增加了收入，促进了生产的发展。

2. 试行固定工人和亦工亦农的劳动制度

在试行两种劳动制度中，全省先在轧花、砖瓦、水泥、纺织、食品加工、机电排灌以

及公路养护等系统的60个单位6400多人中进行试点。其中,试行季节工的有48个单位,4657人;轮换制的有5个单位,772人;发包和收购半成品的有7个单位,976人。在试点中,一般都重点抓了季节性生产的行业。许多企业对原有的季节工、临时工、按照亦工亦农的精神,从制度上、办法上加以整顿。经过整顿,全省12万季节工、临时工(占职工总数的9.52%)中,实行亦工亦农的有21800人,占18.2%。例如启东县汇龙、南阳、海复和新港4个棉花加工厂,在推行亦工亦农制度中,根据棉花加工季节性强的特点,逐步减少常年固定工,增加季节工和合同工。这些亦工亦农者,在棉花加工的旺季到工厂做工,在棉花加工的淡季回农村劳动。实行亦工亦农制度后,这4个厂原有的固定工1158人,逐渐减少到290人,季节工、合同工则增加到904人,既发挥了劳动力潜力,节约了国家资金,降低了生产成本,又密切了工农关系,加强了工农联盟,受到了广大农民的欢迎。

3. 推行全日制和半工半读的教育制度

1964年,国家主席刘少奇重新提出实行"两种教育制度、两种劳动制度"后,当年7月间来南京视察时作了重要讲话。根据刘少奇的指示精神,江苏省委制订了《关于发展半工(耕)半读教育的规划(草案)》,中共中央随即批转到各省、市。江苏省专门成立了工读教育局,加强对半工(耕)半读教育工作的领导和管理,因此,全省半工(耕)半读教育有较快发展。1965年,全省高校试行半工半读的有16所,学生2600人。南京大学、南京农学院、南京师范学院、扬州师范学院都在农村办了分校,还创办了江苏劳动大学、南京农学院半农半读专修科、苏北农学院半农半读专修科、东辛农场农业大学等。中等专业学校中试行半工半读的共有232所,学生1.4万人,占学生总数70%以上;农业中学4503所,在校学生26.16万人,全部实行半农半读;耕读小学学生80.84万人,占小学生总数的26.1%。

4. 开展社会主义经济协作运动

江苏是全国较早的开展经济协作的省份之一。经济协作与乡镇企业是一对孪生兄弟,也是江苏经济的一大特点。当时的物资协作,主要是采取以物易物的形式,即用江苏超产的工业品或富余的农副产品,直接到省外换取所需的煤炭、钢材、木材、毛竹等物资。同时也开展一部分劳务协作,如派人到福建、江西、湖南等省帮助砍伐木材、毛竹,打捞沉水木,清理困山材,对方给一定数量的木材、毛竹作为补偿。此外,一些地(市)、县还开始组织"自拉煤"即用自己的交通工具,到产煤省区拉运矿价煤炭,如镇江、南通、扬州等地组织汽车到山西的阳泉、河南的焦作和新乡等地拉煤。1961年,苏州市和华东、华北、西南等地区14个省、市的44个市、县,建立了多种物资供应联系;市内工商之间、厂厂之间在生产供销、产品配套、技术协作、原材料使用等方面,

也建立了纵横交错的协作关系，有效地促进了生产的发展。[①]

5. 工业试行省管和各地管理的体制

在工业管理体制上，江苏原来实行省级工业厅局基本上不直接管理企业的体制，当时中央要求实行“三级管理，以省为主”，省里按照实际情况作了适当的调整，对少数关键性企业（即产品计划由国家或省安排、销售在全国或全省调度）及其主要企业，由省管起来；而对地区性较强又较为分散的行业和企业，仍由各地管理，从而有利于加强对企业的技术指导和领导，也有利于企业自己抓好生产和管理工作。此外，在推行专业化和协作问题上，有关部门先后组成化肥设备制造、汽车和拖拉机、动力机械、电力和电器设备、机床、电子等 6 个系统以及铸造、电镀等工艺协作中心。其中，有的在实践中证明是可行的，符合社会化大生产的客观需要。

第四节　国民经济的恢复和发展

一　调整后城乡经济迅速恢复和开始发展

1961 年至 1962 年，江苏城乡经济经过两年的调整，即制止了国民经济的进一步恶化，使经济发展比例关系渐趋协调。1963 年至 1965 年，按照中共中央的要求，江苏城乡经济又经过三年、前后共计五年的调整，不仅比较快地得到恢复，而且有了新的发展。其主要表现在以下几个方面：

1. 国民经济的比例关系趋向合理

1957 年，江苏工农业总产值的比例为 1∶2，1965 年达到 1.8∶2。这表明工业加强了很多，工农业比例关系趋于合理。在农业内部，林、牧、副、渔业等多种经营的比重，1957 年占 21.7%，1965 年占 24.6%，表明林、牧、副、渔业有所增长。在工业内部，重工业的比重，1957 年占 15.2%，1965 年约占 26.4%，表明重工业也得到了加强。积累和消费占国民收入的比例，1959 年至 1960 年，积累率超过 30%，经过 1961 年至 1962 年的初步调整，下降到 20%以下，又经过三年继续调整后，1965 年积累率为 23.8%，积累和消费的比例大体上比较恰当。

2. 工农业生产有较大幅度的增长

1965 年与 1957 年相比较，农业总产值 1965 年为 57.27 亿元，比 1957 年增长

① 中共江苏省委党史办公室、江苏省计划与经济委员会编：《六十年代国民经济调整》（江苏卷），中共党史出版社 2000 年版，第 44 页。

28.0%;主要农产品产量也大大增加,粮食从1957年的1063.6万吨增加到1965年的1442.75万吨,增长35.6%;棉花从15.01万吨增加到26.44万吨,增长76.1%;生猪存栏头数从829.52万头增加到1223.34万头,增长47.47%。

3. 交通运输业和国内外贸易有较大发展

地方运输的货运量,1965年为5684万吨,比1957年增长86.2%。社会商品零售总额,1965年为44.11亿元,比1957年增长51.2%。出口商品收购总额,1965年为7.53亿元,比1957年增长3倍。

4. 财政收入增加,经济综合实力增强

地方财政收入,1965年为19.4亿元,比1957年增长92.1%。财政上缴部分,"二五"时期每年平均9.6亿元,1963年至1965年每年平均11.1亿元,占全部收入的56%。社会总产值,1965年为168.52亿元,比1957年增长54.6%;国民收入,1965年为74.89亿元,比1957年增长27.2%;后来计算的国内生产总值,1965年为95.1亿元,比1957年增长21.1%。

5. 经济效益有所提高

国民经济调整时期,江苏工业生产的各项技术经济指标大都有所进步。例如工业全员劳动生产率,1963年就比1962年增长25.8%。江苏一些经济效益指标,如产值利润率,以及一些技术经济指标,如产品合格率等的历史最高水平,相当部分是在1965年前后创造的。

二 人民生活逐步改善

人民生活水平在三年困难时期下降很多,到1965年逐步有所改善。全民所有制职工年平均收入,1965年为565元,比1957年略有提高。农民年均收入,1965年为113.9元,比1957年增长36.1%。城乡居民年末储蓄余额,1965年为3.64亿元,比1957年增长约1倍。物价在困难时期大幅度攀升后,逐渐回落并趋于稳定。1965年价格指数国营商业比1962年下降4.4%,集市贸易下降67.6%,其中粮食价格下降84.3%,降价与市价的差距大大缩小。物价稳定和市场供应增加,群众满意,人心安定。

三 为现代化建设奠定初步物质技术基础

1958年至1960年大跃进中,"高指标"、"瞎指挥"之风在全国盛行,江苏省动员和集中了大量的人力,动用了大量的财力和物力来发展生产,付出了很大的代价,有着沉痛的教训。吃一堑,长一智。1961年至1965年,在汲取教训的基础上,认真贯彻执

行“八字方针”，调整了国民经济比例关系，加强了基本建设，兴建了新的产业。江苏这八年的国民经济建设中尽管成本很高，教训颇深，但仍为社会主义现代化建设奠定了初步的物质技术基础。

1. 持续进行水利工程和农田水利建设，农业生产的硬件得到明显改善

江苏地处长江、淮河下游，低洼地和湖泊较多，历史上易受洪涝灾害。如何变水患为水利，是江苏省各级领导经常思考的问题。从1958年开始，全省按各地不同地形的特点，分为4片12类，洪、旱、涝兼治，有重点地兴建骆马湖大控制、入江水道、京杭大运河苏北段、淮沭新河、通榆河、大浦河等大型水利工程。江都水利枢纽是全国南水北调的关键工程，在1961年开工，至1965年建成江都一站和二站。在丘陵地区，兴建水库442座。在不同类型地区67处、约130万亩农田进行河网化的试点。到1965年，全省大、中、小水利工程形成系统，梯级河网，配套成龙，分区分级加以控制，洪涝分开，高低分开，内外分开，因时因地灵活调拨，干旱或需要水的由灌溉渠道输入，洪涝或过剩的水则由入江入海水道或泵站排出，充分地发挥了各类水利设施的调控能力和整体效益。这是江苏省水利建设史上值得大书特书的成就。水利是农业的命脉。实践证明，国民经济调整时期江苏省的水利基本建设，为全省农业的可持续发展打下了坚实的基础，同时也为全省其他产业的发展奠定了重要的基础。

2. 农业机械化和科学种田上新台阶

20世纪50年代中期，农村实现合作化之初，农业生产基本上还是沿袭中国几千年的手工劳动、简单工具、畜力劳动。在国民经济调整时期，江苏机电灌排面积不断扩大，1965年与1957年相比扩大了4倍。农业机械化在此时期真正起步，八年内机耕面积扩大了10倍。支农工业有较大发展，一批小化肥厂相继建立，化肥、农药的供应量逐年增加。与此同时，优良品种的培育、旱改水、沤改旱，提高复种指数等新的耕作技术和耕作制度以及农业劳动模范陈永康等的先进经验逐步得到推广。所有这些，不仅大大地改善了农业生产的条件，也有力地推进了农业生产的恢复与发展。1965年，全省农业总产值为57.27亿元，比1957年增长28%，粮食、棉花、生猪存栏头数等主要农产品产量也都大大增加。糖料、烟草和某些经济作物的生产，基本上是从无到有地发展起来的。徐淮地区废黄河滩上建起大片果园，为江苏的多种经营开辟了新项目，产生了深远的影响。

3. 兴建了一批新的工业企业，开发了若干新产业

江苏冶金工业基础很薄弱，经过调整，大跃进中建立的小高炉被淘汰，南京、无锡、苏州、徐州等地具有规模的钢铁厂拔地而起。到1965年，全省机械工业总产值达10.59亿元，是1957年的3.1倍；全省已有500千瓦以上电厂37个，装机容量51.96

万千瓦,比调整前增长1倍以上。1963年,国家和地方建立的南京炼油厂于1965年投产,从此,江苏有了现代化的炼油企业。江苏化学工业经过调整后,逐步形成了化学矿、化肥、农药、无机化工原料、有机化工、橡胶加工等多种门类的新型产业部门,为小化肥配套的化工装备制造业,为轻纺工业服务的燃料、颜料、氯碱和合成材料等都有所发展。丹阳化肥厂"碳化法"工艺流程为江苏乃至全国生产合成氨制造碳酸氢铵提供了经验。该厂组织编写的碳化法生产氨丛书,成为全国新建化肥厂干部职工必读的培训教材。南京化纤厂于1961年4月动工,1964年4月投产,是江苏化学纤维工业兴起的标志。在此期间,江苏工业企业还生产了一批新品:南京汽车制配厂造出跃进牌CN130型载重汽车、戚墅堰机车车辆修理厂造出建设型5301机车、常州变压器厂试制成功本省第一台1.5万伏大型变压器、苏州电器仪表厂试制成功发电站用的整套电气仪表、南京磷肥厂建成一套年产20万吨的粉肥系统,等等。与此同时,江苏省轻工业部门还开发了日用橡胶、铝制品、牙膏、日用塑料、照相器材等5个新行业,生产出了38种新产品。其中,有经久耐用的解放胶鞋、力士鞋;有适合矿工井下作业穿用的帆布胶面长筒胶鞋;有弯曲15万次不断裂的塑料鞋底,有能够防治龋齿的防龋牙膏;有轻便实用的塑料餐具和铝锅、塑料雨衣等等。所有这些产品,都是填补了江苏该部分轻工业产品的空白。

4. 社队工业开始起步

江苏的社队工业(后称"乡镇企业")就是在这个时期产生的。江苏人多地少,资源相对不足。历史上,江苏沿江一带城乡手工业比较发达,近代城市工业起步较早,对沿江尤其对苏南农村影响较大。在计划经济体制下,农村大量富余劳动力转向非农产业的困难较多,城市新生的劳动力就业机会较小。因此,从20世纪50年代起,不少基层党组织根据群众的要求,创办社队工业。1958年,江苏大办人民公社运动中,全省社队工业企业曾发展到3.9万个。社队工业的发展过多过猛,超过了主、客观的条件。1961年,根据中共八届九中全会制定的对国民经济进行"调整、巩固、充实、提高"的方针,江苏省委对社队工业进行整顿和精简。到1962年底,社队工业企业只有1673个,总产值为0.66亿元。1963年社队工业产值进一步下降为0.34亿元,降到历史的谷底。①

在整顿和精简社队工业后,江苏一些地方农村干部群众因初步尝到了办工业的甜头,仍以集体发展集体副业等形式兴办工业。当时为了精简城市人口,曾经把大量技术工人和城市居民下放到农村,仅无锡一地就接受了59267人。于是,一些地方就

① 江苏省地方志编纂委员会编著:《江苏省志·乡镇工业志》,方志出版社2000年版,第438页。

利用下放的技术工人和城镇居民中有文化、有技术、有经营思想的人悄悄地兴办各种加工企业。1964 年，随着国民经济的逐步好转，全省社队工业又逐渐回升，当年社队工业产值增为 0.46 亿元。在随后的社会主义教育运动（即“四清”运动）中，社队企业又一度被当成资本主义倾向进行批判，丹阳等地把社队企业说成是烂干部的地方。但是，多数地方还是对社队工业采取支持态度。1965 年 6 月，扬州专署手工业管理局发了关于公社办工业的情况和意见，提出：“为了支持农业生产，壮大集体经济，在现有的基础上必须相适应地发展一批社队工业。”同年，无锡县在全省手工业会议提供的一份报告中，提出对社队工业的管理办法。9 月，中共中央、国务院下达的《关于大力发展农村副业生产的指示》指出：要求进一步贯彻执行“以农为主，以副养农，综合经营”的方针，首先要大力发展集体副业。1965 年 11 月，省委组织全省各县市书记参观考察了珠江三角洲的农业、多种经营和集体副业，要求各地重视发展社队工副业。省财办和农办还对兴办社队工业较早的无锡县东亭公社春雷大队进行调查。1965 年 12 月，中共江苏省四届七中全会通过了《关于社队企业的管理规定（草案）》，明确了创办社队企业的一系列方针政策，推动了社队工业的发展。12 月底，无锡县经委在《适当发展社办企业，巩固集体经济的意见》中规定：“发展社办企业，必须贯彻直接为农业生产和农民生活服务的方针”，同时提出了社办企业要坚持“三就地”（就地取材、就地生产、就地销售），实行亦工亦农、民主管理等 7 项原则。这是江苏省对社队工业发展作出详细规定的第一个县级文件。到 1965 年，全省社队工业总产值上升到 3.16 亿元，其中队办工业产值占 76.27%。① 经过调整和整顿，社队工业企业个数虽大大减少，但随着农村经济的恢复和发展以及市场需要，在省委、省政府的大力支持与促进下，江苏社队工业企业又得到恢复和发展，从而为 1978 年之后乡镇企业的“异军突起”奠定了基础。其经济成效显著。

四　积累宝贵经验，培养建设人才

从 1956 年底到 1966 年 5 月，是中国进入社会主义初级阶段之初，全面地、大规模地建设社会主义的开始阶段和探索阶段。江苏与全国基本上一样，经济、政治、文化等建设取得了一定的成就，但是付出的代价是巨大的，成本是很高的，因而教训是颇为深刻的。其主要的教训是：

1. 在理论上，没有搞清楚什么是社会主义，怎样建设社会主义

江苏许多党员干部曾错误地认为生产资料所有制的发展，可以高于生产力的发

---

① 江苏省地方志编纂委员会编著：《江苏省志 · 乡镇工业志》，方志出版社 2000 年版，第 25 页。

展水平,公有制程度越高越纯越好。农业合作化在当时条件下是比较适合生产力发展水平的,对于农业生产的发展起了促进作用,本应很好地维持这种生产关系来推动生产力的发展。但是省领导那时对当时生产力落后的状况认识不足,对于发展生产力的艰巨性、复杂性认识不足,试图由小集体所有制提早过渡到大集体所有制,由大集体所有制提早过渡到全民所有制,甚至要求提早过渡到共产主义社会。其后果是十分严重的。小集体即高级社所有制动摇了,平均主义、“共产风”盛行,挫伤了农民的生产积极性,生产力遭到了破坏,造成了人瘦、牛瘦、地瘦。局部地区大量发生人口外流、浮肿病和非正常死亡。1959 年至 1961 年三年中,江苏非正常死亡的人口有四五十万人。① 这是一个十分沉痛的教训。

2. 在思想方法上,没有坚持实事求是的思想路线,犯了主观主义和瞎指挥等错误

在当时中央“左”的思想指导及影响下,江苏省领导也凭主观愿望、一时的热情干工作。以为有了人的积极性,有了拼命苦干的精神,生产就可以成倍、几倍、几十倍地增长。因而要求各地大办钢铁,大办工业,大办交通,大办水利,大办教育,大办一切事业,并且要求过高过急,企图创造“一天等于二十年的奇迹”。结果,超越了客观可能,欲速则不达,把好事办成坏事,三年大跃进不但没有带来高速度、高效益,反而给国民经济造成严重的比例失调和重大的损失,给人民生活带来了严重的困难。三年跃进,五年调整,教训极深。

3. 在工作方法上,没有坚持耐心地说服教育和典型示范,采取行政手段和强迫命令

人民公社化以后,江苏曾错误地实行了“大兵团作战”,打乱了原来的劳动组织和高级社时期行之有效的一套经营管理制度。在劳动组织、生产指挥、经营管理、基本建设、生产协作等方面都采取了行政手段和强迫命令的工作方法。1959 至 1961 年 7 月,全省直接把农村社队或社员个人的生产资料和生活资料无偿地拿过来,平调账约在 20 亿元左右,差不多对全省农民每人平均平调了 60 元。这是一个很大的数目,伤了农民的心,挫伤了他们的生产积极性。

4. 在工作作风上,没有很好地贯彻执行党的群众路线,在领导经济工作中脱离实际,脱离群众

1958 年至 1961 年,省委对调查研究放松了,往往是走马看花的多,深入蹲点的

① 中共江苏省委党史工作办公室、江苏省计划与经济委员会编:《六十年代国民经济调整》(江苏卷),中共党史出版社 2000 年版,第 121 页。

少；听干部汇报的多，直接听群众意见的少；看第二手、第三手材料的多，掌握第一手材料的少。有些事情没有经过调查研究，情况不明，就轻率地下结论。有些事情虽然做了一些调查研究，但是由于缺乏正确的态度，就不能看清问题的真相，作出正确的判断。[1] 省计划工作委员会的有些处长、主任只跑上海、北京，有些处长甚至三四年不到基层去，成年累月地坐在办公室里编计划、搞方案，有时一个晚上，可以突击搞几套方案。这样搞出来的方案必然脱离群众，脱离实际。当工作中有些主观主义、命令主义的做法推行不开的时候，有些地方，有的部门、单位就错误地采取辩论会、斗争会的方式去压服群众，甚至给群众戴上"富裕中农思想"，"资本主义自发势力"，"死保守"，"死落后"等帽子。这些都是违反党的群众路线的错误做法。其中的教训应该牢记：即使是办理经过充分的调查研究证明确实为群众迫切需要的事，我们也必须通过耐心的说服教育和典型示范，启发大多数群众的充分自觉，根据各地的实际条件，由群众自己动手去办。

需要指出的是，就江苏全省来说，绝大多数党员干部是勤勤恳恳地为党为人民工作的，是团结的，有战斗力的。这些错误的发生，既有客观的，也有主观的原因。在国民经济调整时期，经过党中央的教育，理论的学习，教训的总结，全省广大党员干部逐步地基本纠正了上述已认识到的错误。同时，他们也对江苏社会主义建设的规律有了或深或浅的了解和认识。通过对历史经验与教训的总结，他们在社会主义建设的实践中逐步地成长和成熟起来。

第五节　继续克服困难和发展国民经济

一　中共江苏省第四次代表大会召开

1962年冬，在全省贯彻"调整、巩固、充实、提高"八字方针，江苏经济开始复苏，经济形势初步好转的情况下，中共江苏省第四次代表大会在南京举行。这次会议分为以下两个阶段：

第一阶段，从1962年11月15日到12月9日召开预备会议。到会代表535人，列席114人，还有参加旁听的1376人。在预备会议期间，先以两周时间学习和讨论了毛泽东关于阶级、形势、矛盾问题的指示和党的八届十中全会的各项决议、决定。

---

① 中共江苏省委党史工作办公室、江苏省计划与经济委员会编：《六十年代国民经济调整》（江苏卷），中共党史出版社2000年版，第130页。

着重提高认识,将思想统一到八届十中全会和毛泽东关于阶级、形势、矛盾问题的讲话精神上来。接着,以一周时间学习和讨论《中共中央关于进一步巩固集体经济、发展农业生产的决定》;《农村人民公社工作条例修正草案》;中共中央关于商业工作问题、城市工作若干问题、加强监察委员会、交流干部等决定。同时还结合讨论了省委的有关文件,研究了江苏省如何具体贯彻执行中共中央的各项决议和决定的措施。

第二阶段,从1962年12月10日到15日举行正式会议。中共中央政治局委员、华东局第一书记柯庆施到会讲话,省委第一书记江渭清传达中共八届十中全会精神。省委常务书记刘顺元代表省委作工作报告,省委监委书记辛少波代表省委监委作监察工作报告。接着,各部门、各地区、各单位的代表分别作了全面的、或一个方面或一个专题的发言。大会发言49人,书面发言85人。到会代表审议了省委工作报告和监察工作报告,并通过了相应的决议。12月15日是大会闭幕的一天,毛泽东到会接见了全体代表,勉励大家"团结起来,努力奋斗,克服困难,争取胜利",给与会代表以巨大的鼓舞。

这次会议决议要求全省贯彻执行中共中央和毛泽东提出的以农业为基础、以工业为主导的发展国民经济的总方针,把发展农业放在首位,正确地处理工业和农业的关系,坚决地把工业部门的工作转移到以农业为基础的轨道上来。会议强调加强党的思想建设和组织建设,增强党性锻炼,坚持民主集中制原则,保持密切联系群众的优良传统和作风。会议重视解决当时国民经济发展中存在的突出问题。这些决议,对江苏继续克服困难,恢复国民经济和加强党的建设起了积极的作用。但是,会议认为:"党的八届十中全会的各项决议、决定和毛泽东的指示,不仅是我国当前社会主义革命和社会主义建设的指针,而且对从资本主义过渡到共产主义的整个历史时期,都将产生巨大的、深远的影响。江苏各级党组织和全体党员,应当认真地学习、坚决地执行党的八届十中全会的各项决议、决定和毛泽东同志的指示,把它作为我们进行社会主义革命和社会主义建设的思想武器,指导我们胜利地前进"。① 这对后来,尤其对"文化大革命时期"全省阶级斗争人为地扩大化、绝对化,产生了重要的负面影响。

大会选举产生中共江苏省第四届委员会委员39名,候补委员18名。12月17日,在四届一次全委会上,选举产生了省委常务委员会和书记处。江渭清为第一书记,刘顺元、惠浴宇、陈光、李士英、许家屯为书记,彭冲、包厚昌为候补书记。同时选举产生了省委监察委员会委员29名,候补委员6名,陈光兼任省委监察委员会书记。

---

① 中共江苏省委党史工作办公室、江苏省档案馆编:《中国共产党江苏省历次代表大会文献汇编(1927—1994)》(上册),江苏省新闻出版局准内部印,第511页。

二　地方各级人民代表大会的换届选举和工作开展

在江苏国民经济的调整与发展时期，根据《中华人民共和国地方各级人民代表大会和地方各级人民委员会组织法》规定：省人民代表大会每届任期4年，以及省辖市、县(市)、市辖区和乡、镇的人民代表大会每届任期两年的规定，江苏省地方各级人民代表大会基本上按期进行了换届选举，正常地开展工作，在领导江苏政权建设和经济文化建设等工作中发挥了重要作用。

1958年，江苏省第一届人民代表大会任期届满。同年10月6日至16日，省第二届人民代表大会第一次会议在南京举行，会议代表540名。大会听取并审议了惠浴宇省长代表省人民委员会作的政府工作报告、陈书同副省长作的《江苏省1957年决算和1958年预算的报告》、省高级人民法院副院长曹光清作的《关于法院工作的报告》，并作出相应的决议。

由于这次会议是在"大跃进"的高潮中举行的，所以大会对各项工作提出了一些不切实际的要求。例如，在农业方面，要求江苏省在1959年每人有1000公斤以上的粮食，为着实现这一目标，1958年秋天即在全省掀起一个声势浩大、规模壮阔的农村建设高潮。在教育方面，要求二三年内做到乡乡有高中，三、五年内县县有一所综合性大学。

大会选举丁西林等67人为江苏省出席第二届全国人民代表大会代表；惠浴宇为江苏省省长，许家屯、管文蔚、吴贻芳等8人为江苏省副省长；干铎等44人为省人民委员会委员；陈立平为省高级人民法院院长。会议还选举了苏州、常州、扬州、南通、盐城、淮阴、徐州等7个地区中级人民法院院长。

之后，省二届人大二次会议于1959年12月22日至28日在南京召开。由于这次会议是在继续"跃进"的形势下召开的，所以会议号召全省人民鼓足干劲、力争上游，实现1960年更好、更全面的发展。

省二届人大三次会议于1962年6月5日至19日在南京举行。这次会议传达和贯彻了全国人大二届三次会议的决议和精神，并且在总结经验、肯定成绩的基础上，检查了剥夺农民利益、"一平二调"的共产风、过高过急的要求、工农业生产和基本建设中主观主义、形式主义和瞎指挥等错误。这次会议对于进一步动员江苏人民更好地完成1962年调整国民经济的各项任务起了重大作用。会议补选李士英、包厚昌为副省长，补选王范等11人为省人民委员会委员，选邵幼和为省高级人民法院院长。

1963年9月16日至22日，省二届人大第四次会议在南京召开。会议要求在全省国民经济出现好转的情况下，进一步做好"调整、巩固、充实、提高"的工作；更加坚

决、完善地把工业交通等部门的工作转移到以农业为基础的轨道上来;充分地发扬勤俭建国、自力更生的精神;广泛深入地开展增产节约运动、社会主义教育运动;力争超额完成国家1963年交给江苏的任务,并为1964年整个国民经济进一步全面好转创造更好的条件。

省二届人民代表大会于1964年换届,共选举产生省三届人大代表648名。同年9月21日至27日省第三届人民代表大会第一次会议在南京举行。会议审议了副省长李士英作的政府工作报告、省财政厅厅长梅村作的《江苏省1963年决算和1964年预算草案的报告》、省高级人民法院院长邵幼和作的《关于法院工作报告》。会议要求全省人民继续发扬艰苦奋斗、勤俭建国、自力更生、奋发图强的革命精神;继续贯彻执行以农业为基础,以工业为主导的发展国民经济的总方针,争取国民经济的进一步全面好转。会议选举陆定一、史良、季方、匡亚明等154人为江苏省出席第三届全国人民代表大会代表,惠浴宇为江苏省省长,李士英等10人为江苏省副省长,江渭清等42人为省人民委员会委员,邵幼和为省高级人民法院院长。大会还选举了全省7个地区中级人民法院的院长。

从1953年5月至1966年5月,江苏省各市、县和基层人民代表大会,先后进行了6次选举和换届选举。基层人大代表的直接选举,选民的参选率每次都在80%以上。全省每次选出的市、县人大代表总数为25000名左右,市、县人民委员会组成人员为1900多名;基层人大代表总数一般为20多万名,最多的1963年达39万多名。基层人民委员会(1958年之后,改为公社管理委员会)组成人员34000名左右。通过历次市、县和基层人大代表选举和换届选举以及人大工作的开展,进一步调动了全省广大干部群众参与基层政府管理和社会事务管理的积极性,有效地巩固了基层政权,推动了民主政治的发展,也促进了社会主义建设事业的不断发展。

三　政协组织发挥政治协商作用

1959年12月21日至29日,政协江苏省第二届委员会第一次会议在南京举行。出席会议的委员294名,列席会议的代表14名。省政协第一届委员会主席江渭清主持开幕式,副主席李乐平代表省政协第一届常委会作工作报告。与会委员列席了江苏省二届人大二次会议,听取了惠浴宇省长作的政府工作报告、陈书同副省长作的1958年财政决算和1959年财政预算及其执行情况的报告以及有关部门负责人的发言。委员们分组讨论了省政府工作报告和省政协常委会工作报告。会议通过了政协二届一次全会决议、提案处理情况的报告和提案审查的报告;选举江渭清为主席,陈光、彭冲等9人为副主席,宫维桢为副主席兼秘书长,丁光训等75人为常务委员。

政协江苏省第二届委员会，从1959年12月召开二届一次会议到1964年9月召开省政协三届一次会议之前，历时近5年，先后举行了3次会议。在此期间，省政协在中共江苏省委的领导下，在全国政协指导下，做了大量的工作，取得了显著的成绩：开展爱国主义、国际主义和社会主义思想教育运动；推动各界人士参加政治运动，进行政治协商；加强联络联谊活动；开展文史资料的征集和研究工作；做好对台湾的宣传工作；促进省各民主党派、工商联、无党派人士、政协委员和各界人士，在三年困难时期与共产党团结一致，贯彻落实国民经济调整方针，恢复国民经济，共渡难关；推动市、县政协开展活动。

1964年9月20日至27日，政协江苏省三届一次会议在南京举行。出席会议的委员360人，列席代表23人。中共江苏省委第一书记、省政协第二届委员会主席江渭清主持大会开幕式，省政协副主席李乐平代表省二届政协常委会作工作报告。会议期间，与会人员列席了省三届人大一次会议，听取了李士英副省长所作的政府工作报告。会议举行小组会议和全体会议，讨论了省政协常委会工作报告和省政府工作报告。52名委员和列席人员作了大会发言或书面发言。会议期间，提案审查立案42件。其中，农林水利方面5件，工业交通方面7件，文教卫生方面19件，财贸方面1件，统一战线方面7件，其他方面3件。这些提案对发展江苏的工农业生产、开展思想教育以及进行其他各项工作提出了建设性的建议。会议选举江渭清为省政协主席，陈光、彭冲、李乐平等10人为副主席，叶胥朝为秘书长，丁光训等74人为常务委员。此届政协在团结和推动江苏省各界人士积极参政议政、参加国际友好活动、促进祖国统一、孙中山诞辰百年隆重纪念活动、文史资料的征集和出版、自身建设等方面，做了大量的积极的工作，取得了显著成绩。

四　工会、共青团和妇联组织的发展

江苏省各级工会组织、共产主义青年团组织、妇女联合会在国民经济调整与发展时期继续得到发展。它们在中共江苏省各级组织的领导下，依据各自的性质和特点，围绕党的中心工作，积极主动地开展活动，其桥梁和纽带的作用继续得到发挥。

1. 工会组织的发展

新中国成立后，工人阶级是国家的领导阶级。随着国民经济和社会的发展，江苏省职工队伍迅速壮大，1949年只有48万人，1978年为582万人。工会是“职工之家”、“职工之友”，是职工群众的组织者和忠实代表，在江苏的政治生活、经济建设、文化活动和社会生活中发挥了重要的作用，主要表现为：

首先，组织职工积极投身经济建设。江苏各级工会贯彻“以生产为中心”的工作

方针,组织职工积极投身经济建设。第一个五年计划时期,工会在全省广大职工中开展了社会主义劳动竞赛和创先进生产者、先进工作者活动,激发了工人群众的劳动热情和创造精神,职工中涌现出许多劳动模范。例如,常州戚墅堰机车车辆厂车工庄铭耕创造的切削新技术、新工艺,使该厂"一五"计划的生产任务提前 28 个月完成,被称誉为"庄铭耕工作法",在全国加以推广。南京晨光机器厂工人郭绍江发明了一系列操作法,其中"背刀法"一项,在一个车间应用,每年即可节约刀具费 10 万元。无锡市工人傅海泉研制出刀具 932 把,其中"滚石花刀"提高工效 400 倍。1956 年,全省职工有 11130 人被评为劳动模范、先进生产(工作)者。

第二,在实行干部参加劳动,工人参加管理,改革不合理的规章制度,工人群众、领导干部和技术人员三结合(即"两参一改三结合")中,广大工人还积极参加企业管理,对于推进经济管理体制和企业管理体制的改革,发挥了重要作用。

第三,注重培养、提高职工素质,加强职工的思想政治工作和宣传教育工作,努力提高广大职工的思想道德品质和科学文化水平,要求广大职工树立当家做主的思想。

第四,维护职工权益,发挥工会组织的重要职能。

2. 共青团组织的发展

新中国成立以来,共青团①成为执政的中国共产党领导的先进青年的群众组织。期间,江苏的团组织得到积极发展,并在各项工作中发挥重要作用。

早在建国初期的土改与抗美援朝运动中,江苏的青年团员就积极参加,并表现出了崇高的爱国主义和国际主义精神。1953 年至 1956 年,江苏各级团组织围绕贯彻党在过渡时期的总路线开展工作,通过对青年职工的发动和引导,促进了对农业、手工业和资本主义工商业的社会主义改造,发挥了党的助手和后备军的作用。1958 年 6 月,共青团中央发出了《关于组织广大青年学习马克思列宁主义、学习毛泽东著作的决议》,在全国青年中掀起学习毛泽东著作的群众运动。在这一运动中,江苏全省团员青年中涌现出一批学习毛泽东著作的先进单位和先进个人。1965 年"五四"青年节时,共青团江苏省委表彰了 99 个先进单位,228 名先进个人。1963 年 3 月,由中共中央领导人倡导、团中央发起的学习雷锋活动在全国范围开展起来。江苏各级团组织采取多种方法,生动活泼地开展学习雷锋的活动。

与此同时,青年团员们在经济建设中还发挥突击队作用。1951 年 9 月,团中央根据毛泽东"一定要把淮河修好"的指示,号召青年积极参加治理淮河这一国家级重点

---

① 其前身是 1922 年 5 月成立的中国社会主义青年团。1925 年 1 月改名为中国共产主义青年团。1935 年 11 月改变为中国青年群众的抗日救国组织:青年救国会、青年抗日先锋队、中国民主青年联盟等。1949 年 4 月,中国新民主主义青年团在北京正式成立。1957 年 5 月,中国新民主主义青年团改名为中国共产主义青年团,简称共青团。

工程。江苏团组织带领广大团员青年成为治淮工程中的突击队。团员青年在完成急、难、险、重的任务中发挥了特别能战斗的作用。1955年7月,江苏省治淮团工委召开的青年突击队工作会议上,有15个青年突击队队长作了典型介绍。1955年,团省委要求各级团组织开展以生产优良产品与节约原材料为内容的劳动竞赛运动,全省各级团组织高度重视并切实地领导了这一运动,并把青年作为开展这一运动的突击力量。广大青年工人以主人翁的态度对待公共财物,自觉地监督生产,接受反对浪费、厉行节约、爱护国家资财的教育。在第一个五年计划建设时期,江苏团员、青年掀起了争当社会主义建设积极分子的热潮,涌现出大批青年先进生产者,如多次创造全国纺织业穿箱操作纪录的无锡申新纺织厂青年女工章瑞英,创造满载超轴500公里全国纪录的余国祥,创造华东风镐采煤新纪录的宋玉坤等。

另外,青年团员们亦在丰富多彩的文化体育活动中起着骨干作用。新中国成立之初,在工人、农民中开展扫盲识字教育中,团省委强调青年是扫盲中主要的突击力量,青年团是党在扫盲工作中的"天然助手"。于是,各地团组织在扫盲中积极行动起来,热情地投入到扫盲工作中去。

1956年1月,团省委提出在青年中广泛开展群众性文化活动,开展为广大青年喜闻乐见的文艺、娱乐活动。在青年自愿和为生产服务的原则下,尽可能多组织一些青年球队、剧团和俱乐部。各级团组织发动团员青年订阅书报,观看电影,训练培养故事员、读书报告员,定期开展讲故事、读书报告会等活动。团组织还积极输送优秀团员到各种文艺演出团体中,培养他们成为群众文化活动的骨干。1959年至1964年,共青团江苏省委还领导全省各级团组织先后开展乒乓球运动、田径运动、游泳运动、群众体育运动、军事体育运动。在组织上述活动时,各级团组织既大力做好青少年体育活动的普及工作,又重视积极分子和优秀运动员的培养工作,及时地把在运动中涌现出来的优胜者输送到田径运动队或业余体育学校,以便把他们培养成为全面发展的优秀运动员和开展基层体育运动的骨干。

3. 妇联组织的发展

新中国成立后,江苏妇女继承发扬了光荣的革命传统,妇女群众组织迅速发展。1955年1月,江苏省首次妇女代表大会召开,民主产生了江苏省民主妇女联合会,主席杨祖彤,副主席吴贻芳等。之后,省各级妇联组织紧密围绕党的中心工作,动员团结全省广大妇女致力于社会主义革命和建设事业,维护妇女的合法权益,使妇联成为妇女的"娘家"。其作用主要为:

第一,积极参加经济建设。1958年,全省有951万名妇女参加农业生产,占农村男女劳动力总数的50.6%;有215089名职工从事工业生产,女职工数比1949年增加

5倍多。在经济建设中,妇女们大显身手,涌现了许多劳动模范。与此同时,在全省妇女中开展了勤俭持家活动,家家户户制定勤俭持家的规划。1959年,江苏城乡的妇女普遍地投入巧姑娘、女能手、红旗手、练武比巧等选先进、比先进、赶先进、超先进的社会主义劳动竞赛。其集中地表现为"红、勤、巧、俭"竞赛活动。在"红、勤、巧、俭"活动中,全省妇女中涌现出一大批红旗手、巧姑娘、生产能手和先进标兵。1960年"三八"节,省妇联表彰了3000名(个)在各行各业中作出卓越贡献的先进妇女为"三八"红旗手、先进集体为"三八"红旗集体。

第二,维护妇女权益。维护妇女的合法权益是妇联的基本职能。江苏各级妇联积极关注妇女在政治、经济、文化、社会生活、婚姻家庭等方面的状况及出现的问题,重视做好维护妇女合法权益工作。1953年5月,江苏开展基层普选,全省女选民参加投票的有9470343人,占女选民总数的80.6%,占参选选民总数的50.3%。通过选举,大批优秀妇女被选入政权组织,直接参加国家事务的管理。1957年选举结果,江苏基层人民代表大会中,妇女代表占代表总数的20.24%。在各级人民委员会中,女委员占总人数的14.24%。随着社会主义建设事业的发展,江苏妇女参加国家事务管理的人数日益增多。据1964年的统计,基层人民代表大会中妇女代表有86270人,占代表总数的21.6%。全省人民公社副职以上的女干部占干部总数的17.4%。

1956年,省妇联提出各级妇联要在党委的统一领导下,根据妇女的特点、特长,实行合理的分工分业,对孕妇、产妇、老弱妇女,要加以适当照顾。到1962年,江苏农村大部分地区在农活安排中推行妇女"月经期间调干不调湿,孕期调轻不调重,哺乳期调近不调远";城市工矿企业根据妇女的生理特点,实行妇女劳动力的特殊保护。

第三,努力提高妇女素质。旧中国,广大妇女生活在社会的底层,绝大多数是文盲半文盲。要提高妇女的素质,首先要大抓妇女的文化教育。新中国成立不久,江苏各地就发文要求积极发动妇女利用冬闲时间冬学。1955年江苏省妇联拟定了扫除妇女文盲的规划。1955年冬到1956年4月,全省入学农民730余万,其中青壮年妇女约386万,占总数的52.87%,占青壮年妇女文盲半文盲的66.04%。据1956年底统计,各地已扫盲的青壮年妇女达39万余人,她们分别担任农业社的记工员、记账员、技术员以及冬学、民校的扫盲教师等职务。

新中国成立初期,江苏部分地区妇联组织就将提高妇联干部素质作为重要的工作任务之一。20世纪60年代初,省各级妇联不断加强对妇联干部的政治思想和业务的教育。据不完全统计,到1963年2月,全省仅县以下妇联干部的培训就达到12万人次。长期以来,各级妇联把干部培训作为提高妇联干部队伍素质的一个重要举措。

这从整体上对妇女工作、妇女素质的提升都起了重要的作用。

第四，做好儿童工作和少年工作。培养教育儿童少年，推动儿童少年事业发展，是妇联组织的重要工作内容之一。从建立托幼组织，到建立各类儿童活动阵地，以及推动社会各方面关注、支持儿童事业，全省各级妇联组织开展了大量的工作。

新中国成立前，江苏托幼事业基础很差。1948 年，南京仅有五、六个托幼组织。新中国成立后，省妇联坚持把托幼工作作为主要任务来抓。全省各级各类托儿所、幼儿园的创办，坚持“两条腿走路”的方针，妇联组织依靠社会力量，创办多种形式的园所。1954 年，全省共建立农忙托儿所(组)2274 个，收托儿童 19803 名；工矿企业托儿所 251 个，收托儿童 7510 名；机关托儿组织 34 个，收托儿童 1511 名。到 1958 年 9 月，全省各类托幼组织达到 353452 个，入托入园儿童 422 万名，占学龄前儿童的 70.4%。受“大跃进”的影响，1958 年的托幼工作中脱离生产生活水平、盲目追求高指标的现象十分严重。到 1961 年调整后，城乡托幼组织数量大幅下降。但符合群众意愿、房屋设施较好、保教质量高的托幼园所大多得到巩固。

第六节　政社合一体制与区划调整

一　乡、镇实行政社合一新体制

1958 年 10 月底，全国农村建立了人民公社的管理体制。江苏省和全国一样，按照中央的统一规定，将原来的乡、镇人民代表大会改为人民公社社员代表大会；乡、镇人民委员会改为人民公社管理委员会。人民公社实行政社合一的体制。人民公社既是基层政权机构，又是经济和社会的机构；既行使基层政权的职能，又行使经济社会组织的职能。历史证明，这一体制超越了当时的生产力水平、经济发展规律和社会发展规律，导致了农村中“一平二调”的共产风、干部的浮夸风、瞎指挥、强迫命令、特殊化等歪风的进一步盛行，不仅严重地束缚了农村生产力的发展，也削弱了基层政权建设。它给中国农民带来的是贫穷和落后。①

二　调整行政区划

在 20 世纪 50 年代后期，江苏省的行政区划有较大调整。之前，当苏南行政公署

---

① 1978 年之后，农村实行家庭联产承包责任制等改革的推广和成功，导致了人民公社的解体。1983 年 10 月，中共中央、国务院发出《关于政社分开、建立乡政府的通知》。到 1984 年底，全国各地基本实行了政社分设的体制，改变了人民公社时期的政社合一体制。

成立时,辖有松江专区。1953 年 1 月,江苏省人民政府成立后,松江专区仍归江苏省所属。同年 6 月,该专区所属之嵊泗县(1951 年新设)划归浙江省管辖。

1955 年,萧县、砀山 2 县划归安徽省,泗洪、盱眙 2 县从安徽划归江苏省。

1958 年 1 月,经国务院决定,江苏省原辖之嘉定、宝山、上海 3 县划归上海市管辖。同年 3 月,国务院决定撤销江苏省松江专区。所余 6 县(松江、川沙、南汇、奉贤、金山、青浦)划属江苏的苏州专区。

1958 年 11 月,经国务院决定,原由江苏省苏州专区所辖之川沙、青浦、南汇、松江、奉贤、金山 6 县,与原由江苏省南通专区所辖之崇明县共 7 县划归上海市管辖。在此前后,江苏与浙江省、安徽省毗邻的县,也有部分乡、村区划作了调整。自此以后,江苏省未再与相邻省、市发生大的区划归属调整。

第七节　社会主义教育运动的发动和结束

一　开展社会主义教育运动的宣传动员

中共中央、毛泽东十分重视对农民的社会主义教育问题。早在 1955 年农业合作化运动中,毛泽东就指出“严重的问题是教育农民”。1956 年冬、1957 年春,全国农村不少地区闹“退社”风潮时,中共中央就提出:“向全体农村人口进行一次大规模的社会主义教育”。1961 年 11 月,中共中央又发出《关于在农村进行社会主义教育的指示》。1962 年 9 月,在中共八届十中全会上,毛泽东对国内外政治形势作了严重的估计,强调阶级斗争要年年讲、月月讲、天天讲,提出要在全国城乡进行一次社会主义教育运动,以解决社会主义与资本主义道路谁战胜谁的问题。此后,全国农村逐步开展了整风整社工作。

1963 年 2 月,中共中央决定推广河北保定地区的经验,在农村进行以“清理账目、清理仓库、清理财务、清理工分”为主要内容的社会主义教育运动(简称“四清”运动);在城市开展反对贪污盗窃、反对投机倒把、反对铺张浪费、反对分散主义、反对官僚主义的“五反”运动。同年 5 月,中共中央发出《关于目前农村工作中若干问题的决定(草案)》(即“前十条”)。9 月,中共中央又发出《关于农村社会主义教育运动中一些具体政策的规定(草案)》(即“后十条”)。中共中央连续发出的文件和作出的部署,使社会主义教育运动成为全国性的重点工作而迅速展开。

按照中共中央的统一部署,江苏省开展了社会主义教育运动的宣传动员。这一宣传动员的载体,除了报纸、电台等媒体之外,集中表现在 1962 年 11 月 15 日至 12

月15日在南京召开的中共江苏省第四次代表大会及其他会议上。在省第四次党的代表大会上，省委书记处常务书记刘顺元代表省委所做的报告和省委书记江渭清在闭幕时的讲话，都传达了党的八届十中全会决议和精神，并要求在全党全民中广泛深入学习和宣传八届十中全会的决议和精神。此次大会之后，江苏省各市、县都分别召开干部和群众会议，宣传社会主义教育运动的重要性、必要性及其方针、政策。

二　比较平稳的社会主义教育运动试点

中共江苏省第四次代表大会结束后五天，1962年12月20日，省委即发出《关于在农村中开展社会主义教育和加强人民公社建设工作的指示》，对全省农村社会主义教育作了部署，并决定由省委农村工作部组织工作组到句容县城东公社试点。1963年1月，省委在句容县城东公社进行社会主义教育运动的试点。同年2月中旬，为了及时地指导更广大地区的试点，省委向各地、市、县委转发了《句容县委关于城东公社进行社会主义教育的情况报告》。根据城东公社的经验，省委在批示中进一步明确指出，农村社会主义教育运动着重解决三个问题：一是广泛地进行社会主义方向的教育；二是切实整顿社队干部的思想作风；三是划清若干具体政策界限，特别是不能把正当的家庭副业、正当的集市贸易和政策规定范围内的自留地，当做“资本主义”的事物予以否定，以免造成混乱。省委在批示中还强调，进行社会主义教育必须坚持先党内、后党外的原则；强调运用回忆对比的方法，启发干群进行自我教育；强调社会主义教育的目的是发展农业生产，争取农业丰收，并且社会主义教育必须与当前生产紧密相结合。

1963年7月，江苏省委根据中央“前十条”的规定，在省、地、县三级扩大“四清”运动的试点。全省共组织了7000人的工作队，分赴67个公社，占全省公社总数的3.6%。省委直接在吴县唯亭公社和江都县丁沟公社试点，而江都县花荡公社则作为省委试点的“副点”。在唯亭公社的试点中，工作队注意团结大多数干部和群众；对犯错误的人进行具体分析，贯彻“惩前毖后、治病救人”方针，采取忆苦思甜的方法，教育干部群众，强调用“水磨工夫做思想工作”。到1964年春，全省选择占总数13%的公社开展社教运动。全省先后组织了近3万人的工作队，在434个公社开展“四清”运动。与此同时，城市机关、企事业单位以“五反”运动为主要内容的社会主义教育运动也分期分批的展开。1963年3月，省级机关第一批25个单位开展“五反”运动；4月至5月间，第二批37个单位和全省地、市级机关先后开展“五反”运动。

从1963年1月到1964年6月，江苏省在“四清”运动的试点中，尽管也有某些“左”的、过火的做法，但从总体上讲是比较稳妥的，没有发生大的偏差。运动中省委

及各级机关党委坚持党的实事求是的思想路线，发扬党的优良传统和作风，注重调查研究；注重团结干部群众的绝大多数，对犯错误的人着眼于教育；严格按照党的方针、政策办事；明确“四清”运动的目的是促进社会生产力的发展；“四清”运动在党的统一领导下有计划、有步骤地推进。这些做法是正确的，是行之有效的。

三　社会主义教育运动中的曲折和严重偏差

1964 年 5 月、6 月，毛泽东、刘少奇对当时阶级斗争的形势做出了严重不符合我国实际情况的估计，认为全国 1/3 左右基层单位的领导权在阶级敌人及其同盟者手里。基于对敌情的错误估计，认为过去的“四清”运动没有搞彻底，甚至认为是打了败仗。因此，下一阶段的“四清”运动主要是清查阶级成分，要追查四不清干部在上面的根子，要进行夺权斗争。

为了推进“四清”运动夺权斗争的开展，中共中央采取了一系列措施：1964 年 8 月，刘少奇在北京主持讨论修改“后十条”，9 月 18 日经毛泽东修改后正式发布；9 月初，中共中央转发了河北省委在抚宁县桃园大队搞“四清”运动试点的“桃园经验”，即以土地革命时期对付地主、富农的办法，对付当地的农村基层干部；10 月中旬，中共中央发文肯定甘肃省委、冶金部党组关于夺回白银有色金属公司领导权和天津南郊小站地区夺权斗争的“经验”；10 月下旬，中共中央又发出《关于社会主义教育运动夺权斗争问题的指示》，明确提出夺权是一场政治斗争。这些举措使全国社教运动在“左”的道路上急剧推进。

1964 年 7 月，江苏的社教运动随同全国而开始升温。9 月，省委按照中共中央的要求，对全省社教运动作了新的部署，采取集中力量打歼灭战的办法，以专区为单位，统一组织社教运动工作总团。每个专区集中搞好一个县，全省搞好句容等 7 个县，组织 6 万多人的农村社教工作队和两万人的城市社教工作队。省委还决定设立农村社教运动办公室和城市社教运动办公室，抽调 7 名常委和 65 名部委、厅局以上干部下基层蹲点。① 社教工作队到农村后，先在少数群众中访贫问苦、扎根串联，发动群众揭发干部的“四不清”问题。社教工作队认为基层生产大队、小队的干部都有问题，到处有严重的“敌情”，认为基层党支部领导班子“烂掉了”。几乎令农村生产大队和生产小队的所有干部统统靠边站，生产大队和生产小队的各项工作由社教工作队统一领导和安排。在工作中出现了逼、供、信，高估干部经济问题的严重程度，造成政治空气

---

① 中共江苏省委党史工作办公室编：《五十年探索与辉煌——中共江苏地方史大事记(1949—1999)》，中央文献出版社 1999 年版，第 167 页。

紧张。经济退赔亦不实事求是，以致一度发生一些基层干部自杀事件。这些"左"的做法，一度使当地的群众与干部的关系很紧张，基层干部人心惶惶，埋怨、抵触情绪很大，农民群众对工作队将经济问题政治化、将阶级斗争扩大化等做法也不满，还担心无人领导生产。社教工作队队员也有很多疑惑，对上面精神不理解，但仍在勉力支撑工作。

在此阶段，江苏省社教运动还出现了严重的偏差。这就是江苏省委对受刘少奇批评的涟水县高沟公社社教运动"推倒重来"，造成严重扩大化的错误。1963 年 11 月至 1964 年 3 月底，涟水县高沟公社社教试点运动中，确实揭发暴露出一部分基层干部在思想作风和经济方面的一些问题，有的问题还是比较严重的。当时对少数犯有严重错误的干部给予适当的纪律处分也是必要的。与此同时，该公社基层干部对运动中出现的一些极"左"现象不满而讲了些不同意见，个别基层干部对农民群众在社教运动中提意见有抵触而产生了打击报复行为；该公社党委和社教工作队在对社教运动的一些问题的认识和处理上存在不同意见。1964 年 7 月，刘少奇听取有关汇报后，认为该公社社教运动中出现的问题是一起"反党、反人民、反社会主义性质的现行反革命事件"。[①] 因此，同年 9 月 22 日，江苏省委发出《关于处理涟水县高沟公社反革命事件的报告》。此后，高沟公社社教运动被"推倒重搞"，于是，江苏省委和淮阴地委组成的社教工作队重驻高沟公社，以"夺权"为主要内容，把干部中存在的问题提高到"和平演变"、"建立反革命两面政权"的高度来认识，普遍采取处理敌我矛盾的方法来处理人民内部矛盾。在第二次高沟公社社教运动中，全公社被逮捕 17 人、被判刑 9 人，被定为反革命分子、坏分子交地方监督改造的 5 人。先后受处理的党员干部 296 人，受撤职以上党纪处分 78 人。其中，清除出党 13 人，开除党籍 52 人，留党察看 9 人，党员劝退 91 人，预备党员除名 19 人，党员暂缓登记 52 人。此外，运动中受审查的人员及其亲属自杀的 6 人。[②] 1978 年 12 月中共十一届三中全会后，"高沟事件"予以平反。[③] 江苏社教运动试点中的这一严重扩大化错误的教训是极其深刻的，应永远记取。

---

① 江渭清：《七十年征程——江渭清回忆录》，江苏人民出版社 1996 年版，第 490 页。

② 《孙振华、李仲林在社教工作队集训会上的报告》，1964 年 3 月，淮阴市档案馆存。

③ 1980 年 2 月，经淮阴地委复查、纠正了错捕 12 人，错判 5 人，错定反革命分子、坏分子 2 人，恢复党籍的 20 人，恢复职务的 1 人；给劝退出党、党员不予登记、预备党员除名的 76 人恢复了组织生活；给暂缓登记的 52 名党员全部恢复了组织生活。1980 年 6 月 13 日，江苏省委批准省纪委、淮阴地委关于"高沟事件"的复查报告，正式决定对"高沟事件"政治上予以平反。至此，积压 15 年的受"高沟事件"错误打击的人士得到平反昭雪。见中共江苏省委党史工作办公室编：《拨乱反正》，(江苏卷)，中共党史出版社 1998 年版，第 467 页。

四 对“左”的做法的部分纠正

1964年底至1965年初，中共中央政治局召开工作会议，毛泽东主持制定了《农村社会主义教育运动中目前提出的一些问题》(即“二十三条”)。该文件指出：绝大多数农村基层干部是要走社会主义道路的；对待干部要一分为二，对于那些犯轻微“四不清”的错误，或问题虽多但交代好的干部，要尽可能早地解放出来；社教工作不要神秘化，不要在少数人当中活动，也不搞人海战术；社教要落实在建设上面，增产要成为搞好运动的标准之一。这些规定，对于纠正前一阶段“左”的做法，稳定农村形势起了积极的作用。1965年春节前江苏省委接到“二十三条”后，立即按照中央规定向下传达，并在开展社教运动的社队张贴上墙，受到广大干部和群众的欢迎。春节后，江苏省委认真贯彻“二十三条”精神，强调一定要坚持按照“二十三条”规定的六条标准检查“四清”运动是否达到了要求，尤其强调务必把生产抓得很紧很紧，确保“四清”后农业增产增收；强调要“一分为二”地看干部，对他们的错误要凭事实说话，既不缩小也不扩大，实事求是地具体分析；要顾及干部队伍状况，正确对待有错误的干部，要注重说服教育，不搞压服和打击；要坚持唯物论的反映论，端正思想方法，克服绝对化、片面性、形而上学，有右反右，有“左”反“左”；对前一阶段“四清”运动中出现的缺点和问题，要由省委及其主要领导承担责任。[①] 社教工作队通过学习，逐步掌握中央和省委的要求，向广大干部宣讲“二十三条”；并对前一阶段“四清”定案不实、退赔不实事求是等问题，重新审理，纠正了过去一些“左”的做法，使“四清”运动按照“二十三条”的规定较为稳妥地开展。至1966年12月，中央决定“把社教运动纳入‘文化大革命’中去”，全省社教运动基本结束。

五 指导思想的错误与某些问题的部分解决

“四清”运动是党的八届十中全会提出的阶级斗争扩大化理论在相当大范围内的一次实践。“四清”运动中，自始至终把无产阶级和资产阶级的斗争、社会主义和资本主义两条道路的斗争，作为党的基本理论的基本实践。其斗争的主要对象是农村基层干部；斗争的主要方式是阶级斗争，提出了以“阶级斗争为纲”的口号；把大量不属于阶级斗争的问题看成阶级斗争；斗争的主要内容是夺权，首次提出运动的重点是整党内走资本主义道路的当权派。“四清”运动由早期的清理账目、清理工分、清理财物、清理仓库发展到后期“二十三条”提出的清政治、清经济、清思想、清组织，使阶级

---

① 江渭清：《七十年征程——江渭清回忆录》，江苏人民出版社1996年版，第504—506页。

斗争的对象由抽象到具体，由社会到党内，并指明走资派从地方到中央都有。它进一步地发展了“左”的阶级斗争扩大化的理论，从而为“文化大革命”的发动作了思想上理论上的准备。历史证明，“四清”运动的理论和实践基本上是错误的。

“四清”运动对解决基层干部的作风和经济管理方面存在的问题也起了一定的积极作用。它推动了干部参加集体劳动，转变了作风，在一定程度上改善了干群关系。经过“四清”运动，制定和健全了财务、仓库等各项管理制度，对于加强人民公社、生产大队、生产小队的经营管理、巩固集体经济起了一定的积极作用。“四清”运动还打击了反革命的破坏活动和刑事犯罪活动，维护了社会治安。此外，它在打击巫婆、神汉，禁止封建迷信活动等方面，也起了一定的积极作用。

第八章　科教文卫事业的调整与发展

与国民经济调整与发展的同时，江苏各地对科教文卫事业也进行了调整，力求从实际出发，纠正盲目扩张的错误，以适应国民经济发展的现实状况。经过认真工作和积极努力，科教文卫事业逐渐复苏，并开始新的发展，在许多方面，还取得了显著的成就。

第一节　科教文卫事业的部分成就与盲目扩张

一　中国科学院南京分院与人文学科研究机构的成立

随着江苏国民经济恢复工作的完成及社会主义建设的全面展开，江苏的科学研究事业发展较快。到1957年，江苏省和部属科研机构的数量发展到10个，职工人数达1830人，其中科技人员951人，比解放初期增长了2.6倍。南京拥有一批有造诣、有建树的学术带头人，从而初步地形成了在江苏乃至全国有影响的科研基地。

1958年6月，随着全国“向科学进军”热潮的出现，中国科学院南京分院正式成立。与此同时，江苏省科学工作委员会成立，后改称为江苏省科学技术委员会。各地、市、县科学技术委员会及省有关厅局的科技工作管理部门也相继建立。

历史上，江苏的人文学科有相当雄厚的基础，在高等学校、学术文化部门乃至领导干部中，集中了一批专家和学者。江苏籍著名的社会科学家孙冶方、薛暮桥、钱俊瑞、冯定、吕振羽等在各自的领域都做出了突出的贡献。1958年，中国科学院江苏分院先后成立了历史、经济、文学3个研究所。1959年和1960年又相继成立了教育研究所和哲学研究所。

1958年7月，江苏省哲学社会科学学会联合会筹备委员会，以及南京地区哲学学会、经济学会、教育学会、历史学会的筹备委员会，同时在南京成立。1962年5月，江

苏省哲学社会科学工作者第一次代表大会在南京举行，会上通过了江苏省哲学社会科学联合会章程，正式成立了江苏省哲学社会科学联合会，选举产生了第一届委员会，郭影秋当选为主席。省哲学社会科学联合会的成立，对于整合、组织江苏的哲学社会科学研究力量，推动江苏哲学与社会科学研究的开展和取得丰硕的成果，发挥了很重要的作用。

二 著名国画大师傅抱石与《江山如此多娇》

江苏历史文化悠久，各派风格多样的绘画艺术璀璨夺目。自新中国成立后，江苏的绘画艺术更是硕果累累。

1. 成立江苏省国画院

1960 年 3 月江苏省国画院成立

国画是在江苏历史上具有广泛影响的画种，曾产生过众多具有卓越成就的国画艺术家。新中国成立以来，江苏国画艺术得到更好的发展，不仅人才辈出，而且还成立有专门的国画研究与创作机构。1957 年 2 月筹建的江苏省国画院是全国最早成立的三个国画院之一。另两个是北京国画院和上海国画院。著名国画大师傅抱石任江苏省国画院筹委会委员。1960 年 3 月，江苏省国画院正式成立，傅抱石任院长。省国画院继承和发扬中国书画艺术优秀传统，汲取与融合一切绘画艺术之精华，力图创作出与时代同步的中国画作品。江苏国画院拥有很多优秀的、颇有影响的画家。除傅抱石外，还有陈之佛、吕凤子、亚明、魏紫熙、钱松喦、宋文治等。他们创作了大量反映时代新变化、祖国新风貌、人民新生活，受到广大群众喜爱和高度赞赏的优秀作品。

2. 傅抱石和关山月的合作画——《江山如此多娇》

1960 年 6 月著名画家傅抱石、陈之佛、钱松喦(自左至右)在集体作画

作为省国画院首任院长的傅抱石(1904—1965)，是现代杰出的中国画家、美术教育家。他又名傅中洲、傅瑞麟，字庆远，小名长生，号抱石斋主人。祖籍江西省新余县，出生于江西省南昌市。幼家贫，经邻居资助，1917 年考入江西省第一师范附小，1926 年毕业于江西省第一师范艺术科，留校任教。

1933年,得徐悲鸿相助,公派入日本东京帝国美术学校研究部攻读东方美术史。1935年,傅抱石回国后,长期受聘国立中央大学,任美术教育科美术史教授。1950年,傅抱石在南京大学艺术系任教。1952年,全国大专院校院系调整,南京大学艺术系并入南京师范学院美术系,傅抱石任中国画教研室主任。此后,傅抱石历任江苏国画院院长、江苏美术家协会主席、中国美术家协会副主席等职务。

著名国画《江山如此多娇》是傅抱石和关山月[①]的合作画。傅抱石在绘画风格上,以北方画派的豪放、沉雄著名,而关山月则以岭南画派的细腻、精美见长。他们都热烈拥护中国共产党的领导,欢呼新中国的成立,曾创作了大量赞美祖国锦绣河山和社会主义建设的传世作品,以及歌颂中国共产党领导中国人民进行革命斗争的气壮山河的历史画卷。

1959年初,傅抱石、关山月接国务院通知,到北京为人民大会堂创作巨幅国画。周恩来总理向他们提出了国画创作的设想和要求。周恩来说:"人民大会堂是新中国成立后首都的最大建筑,是全国人民代表大会共商国是的地方,党中央的许多重要会议都将在这里召开,中外人士都是瞩目和关心的,可以说,人民大会堂是新中国的一个象征。请你们二位来画的这幅画将放置在人民大会堂主会场外大厅的正面。这幅画就其画幅的面积来说,将是中国绘画史上的奇迹。总的要求是反映出祖国大好河山的壮丽景色。具体内容上,我和陈毅、郭沫若、吴晗以及其他同志商量了一下,是不是就以毛主席的词《沁园春·雪》为基础。"[②]

傅抱石与关山月合作为北京人民大会堂绘制大幅挂画《江山如此多娇》

傅抱石、关山月都赞成周总理的设想。他们循着这一设想,勾了几幅草图,都觉得不满意。周恩来、陈毅、郭沫若、吴晗等还多次到北京东方饭店,与傅抱石、关山月一起商讨绘画方案。周恩来指出,毛主席的这首词题的是"咏雪",但它不仅限于雪的描写,而是通过咏雪来描写祖国江山的辽阔广大,美姿多娇,并且即景生情,想到英雄人物为她献身,极其完美地表现了中国人民革命乐观主义的

① 关山月(1912—2000),当代中国山水画大师、岭南画派大师,美术教育家。原名关泽沛,广东阳江县人。1933年毕业于广州市立师范。1946年,任广州市立艺专教授,国画系主任。中华人民共和国成立后,历任华南文艺学院教授、美术部副主任;广州美术学院教授兼副院长、国画系主任;广东艺术学校校长;广东画院院长、名誉院长;广东省美术家协会副主席;广东省文联副主席;中国美术家协会常务理事、副主席等职。

② 胡志亮:《傅抱石传》,百花洲文艺出版社1993年版,第438页。

豪迈气概。陈毅、郭沫若也提出了建设性的意见。周恩来等中央领导的指示为二位画家的创作启迪了思想，开阔了思路。然后，在郭沫若的具体指导下，由傅抱石设计小稿，又经过多次推敲，最后定了稿。①

在绘画风格和表现技法上，傅抱石和关山月一致认为，应力求在画面上，把关山月的细致柔和的风格和傅抱石的奔放、深厚浑然一体，而又各具特色。必须画得笔墨淋漓，气势磅礴，绝不能有一点纤弱无力的表现。

在绘制过程中，傅抱石、关山月为了保证画的效果，慎之又慎，每下一笔，都研究再三；对于作品的色彩调子，如何取得统一和谐，也经常细加推敲。

1959 年 8 月，凝聚着中央领导、傅抱石、关山月及工作人员心血和汗水的巨幅国画基本完成。周恩来和其他中央领导人仔细地审视国画后，再次提出了精辟的意见，傅抱石和关山月心悦诚服，再行修改。同年 9 月 27 日，毛泽东亲笔为此画题写了“江山如此多娇”六个大字，工作人员将这六个大字放大后，描绘在画的左上方，使傅、关珠联璧合的画与毛泽东的书又珠联璧合。傅抱石对此极为高兴，刻了“不及万一”、“换了人间”、“当惊世界殊”等印章盖在画上。

傅抱石与关山月合作的国画——《江山如此多娇》

《江山如此多娇》高 5.5 米，宽 9 米。画面上一轮红日映照大地，近景青山绿水，代表祖国的南方，远景是茫茫云海和皑皑白雪，代表祖国的北方，中间以长城、黄河贯

① 胡志亮：《傅抱石传》，百花洲文艺出版社 1993 年版，第 441 页。

穿,使整幅画面连贯起来,成为一个整体,既充分地展现了祖国江山的雄壮、辽阔,又富有时代新意,象征伟大祖国的团结统一、繁荣昌盛。观之令人心旷神怡。《江山如此多娇》气魄之大,意境之新,布局之美,令人称绝。它是中国人民引为骄傲的艺术珍品,是中华民族无与伦比的瑰宝。自 1959 年庆祝中华人民共和国成立十周年前夕挂在人民大会堂宴会厅以来,中外宾客争相在它面前摄影留念。它以中国画中的极品载入中国绘画史和世界美术史的史册。

1962 年省国画院首期国画学习班结业合影

1960 年 9 月,经江苏省委宣传部批准,以省国画院为主体成立了"江苏国画工作团",登上了 23000 公里写生创作的征程。傅抱石、亚明为领队。此举历时 3 月有余,取得了丰硕的成果。1961 年 5 月,"江苏国画工作团"写生作品在北京中国美术馆举办"山河新貌"画展,成为 20 世纪 60 年代中国画坛备受关注的亮点。它标志着江苏新山水画风的形成和"江苏画派"的崛起。为了贯彻"出作品、出人才、出理论"的指导思想,1960 年 9 月,省国画院开办第一期学员班,招收学员 34 名。傅抱石、亚明亲自为学员传授绘画知识和技法。后来,这批学员在江苏乃至全国画坛上颇有成就和建树。傅抱石在江苏省国画院史上具有很重要的地位。

宋文治画作《山川巨变》

亚明画作《江峡云》

魏紫熙画作《天堑通途》

陈之佛创作的工笔画《松龄鹤寿》被制成双面绣悬于人民大会堂江苏厅

钱松嵒画作《红岩》

石鲁、钱松嵒、傅抱石等的合作画《高原秋色》

三　科教文卫事业的盲目扩张

在1958年大跃进浪潮中，江苏的科教文卫事业，也出现了不顾条件、片面追求数量、忽视质量、盲目扩张的问题。

从1958年到1960年，江苏省县以上科研机构猛增至242个，是1957年的24倍，职工人数高达9809人，是1957年的5.36倍。科研机构及其职工如此膨胀，是在财力、物力，尤其是在科技人员严重缺乏的情况下发生的，违背了发展规律，成为科技事业前进道路上的消极因素。

1958年6月，江苏省决定新建16所高等院校，“以适应技术革命和文化大革命的

需要”。两个月后，又重新决定在全省新建高等学校59所。江苏各地、市不管是否具备必要的师资、经费、校舍和设备，几乎都办起了师专、工专、医专和农专，甚至一些工矿企业如南京永利化工厂、江南水泥厂、徐州煤矿等也办起了专科院校。这样，江苏高等学校总数由1957年的15所急剧增加到1958年的74所。一年中猛增了4倍。1958年高校招生人数高达23175人，是1957年的3.2倍。1960年，江苏高等学校规模达到80所，在校学生增加到70295人，比1957年膨胀了1.4倍。1957年江苏高校平均规模近2000人，而1960年各高校平均在校人数不到880人，大大地降低了规模效益。由于急功近利，急于求成，只追求数量而忽视质量，不遵循教育本身的规律，只凭主观热情而不顾客观条件，大大地超过了江苏经济的承受能力，造成比例严重失调，质量明显下降，影响了高等教育事业的健康发展。

在大跃进中，江苏各级各类中小学教育事业也盲目迅猛地发展。到1960年，江苏全省中等专业学校354所，学生12.65万人，是1957年在校学生5.24万人的2.4倍；普通中学1855所，学生81.63万人，是1957年在校学生41.28万人的1.98倍。江苏中小学教育事业发展的速度过快，规模过大，超过了国民经济承担的能力。与此同时，中小学师生也参加大炼钢铁、大种实验田，校外体力劳动过多，教学时间缩短，教育质量严重下降。

江苏的卫生、文化事业也卷进了大跃进的漩涡，存在着脱离实际，不顾条件，片面追求数量、忽视质量等问题。到1960年，江苏卫生机构发展到17684个，是1957年6145个的2.9倍；医院1848个，是1957年的138个的13.4倍；电影院、影剧院、俱乐部83个，是1957年53个的1.6倍。在卫生战线，除了医疗机构脱离经济基础过度发展外，还提出了限期除“四害”、实现“四无”(无苍蝇、蚊子、老鼠、麻雀——后将麻雀改为臭虫)和限期消灭若干种疾病等过高过急的要求。最多时，全省有一二千万人投入除“四害”运动，与工农业生产争劳动力，而过高的要求根本无法完成，挫伤了群众的积极性。在文化领域，围绕“大写文章”、“大唱诗歌”、“多出李白、鲁迅”等方面作了一些宣传报道，助长了浮夸风、共产风的蔓延。

在经过一个时期的调整以后，到1961年底，江苏全民所有制的文教卫生系统职工比1957年底仍然增加41%，规模仍然过大。① 所有这些，不但阻碍江苏科教文卫事业本身的健康发展，也对经济、社会和人民生活产生负面影响。

① 中共江苏省委党史工作办公室等编：《六十年代国民经济调整》(江苏卷)，中共党史出版社2000年版，第187页。

第二节　科教文卫事业的调整

一　知识分子政策及科技事业的调整

从 1961 年贯彻落实中共中央关于“调整、巩固、充实、提高”的八字方针起，江苏省委、省人民委员会，在抓紧调整国民经济的同时，就对知识分子政策及科技事业作了调整。

1962 年 12 月，中共江苏省委在第四届代表大会第一次会议上的报告中，就根据多年来知识分子被轻视、受排斥、甚至打击的情况，要求各级党委尊重知识分子；尽可能地改善知识分子的工作条件，充分调动知识分子进行科学研究工作和技术推广工作的积极性；继续执行“百花齐放、百家争鸣”的方针。这些文件精神的贯彻执行，大大地调动了广大知识分子的积极性。

另外，从 1961 年起，省委、省人委还对江苏的科技事业进行了调整，主要做了以下三项工作：

首先，调整科研机构和管理机构。1962 年，撤销和合并了大跃进中盲目发展起来的因条件太差而无法开展研究工作的科研机构，省、地、市以上科研机构保留 34 个，是 1960 年 242 个的 14%，职工人数为 2006 人，是 1960 年 9809 人的 20%。但是也撤销了一些不应撤销的科研机构。从 1963 年到 1965 年，有些科研单位逐渐恢复；地、市、县科学技术委员会、科学技术协会和省有关厅局科技工作管理机构逐步重建。到 1965 年，全省科研单位增至 57 个，职工人数为 11276 人。其中，科技人员 6756 名，高级、中级、初级人员的比例为 1∶4∶28，结构基本合理。

其次，加强科研机构的内部建设。在调整中，江苏省认真贯彻执行中央批转的国家科委和中国科学院联合制定的《关于自然科学研究机构当前工作的十四条意见（草案）》，调整了科技发展计划中不切实际的高指标；整顿、恢复了科技工作秩序，健全了规章制度；不少科研单位实行定方向、定任务、定人员、定设备、定经费的政策。这些措施使科技工作走上了健康发展的道路，得到了广大科技工作者的热情支持。

第三，调整科技工作重点。1958 年 10 月，江苏省提出了全省科技发展重点研究计划，包括 16 个大类，1866 个课题，其重点是工业。以后逐步增加原子能、无线电、电子、半导体等新兴科学。1962 年以后，经调整，科研工作重点面向生产，并为农业服务。在为农业服务中，集中力量研制生产了急需的钢丝水泥农船、潜水电泵、脱粒机等；开展了江苏省农业区划工作；全省各地普遍开展以农业生产样板田为中心的科学

实验活动。

二　教育方面的调整

从1961年开始,江苏省委、省人委结合江苏实际,切实贯彻中共八届九中全会和"全国高等院校及中等学校调整工作会议"精神,针对前一阶段工作中存在的问题和失误,对教育事业进行了大幅度的调整。其中,也有对江苏教育事业的若干充实、巩固和提高。

高等教育方面的调整,首先是高等院校设置的调整。1961年裁撤9所,使1960年的80所减至71所;1962年又由71所调整为35所,1965年稳定在29所。南京大学、南京工学院、华东水利学院和南京农学院在原来的基础上得到充实提高,被确立为全国重点高等学校。在调整中,一批1958年后新建的高等学校逐步巩固发展,并且开始形成了自己的特色。例如:1958年由南京工学院食品工业系扩建而成的无锡轻工业学院;1959年在南京工学院化工系基础上组建的南京化工学院;1960年以南京工学院农业机械专业和汽车、拖拉机专业为基础筹建起来的镇江农业机械学院;1963年由南京大学气象学院改建为独立建制的南京气象学院等等。它们一方面依托老校扩建而成,在师资力量、经费、设备和办学经验等方面有一定的优势;另一方面,又适应了江苏经济建设中轻纺工业比较发达的特点和农机、化工蓬勃发展的趋势。与此同时,南京铁道医学院、南京中医学院、徐州医学院、南通医学院和苏州丝绸工学院的建成,使江苏的高等医学、药学和丝绸学教育与研究初具规模。

尤其值得提出的是,江苏的高等师范教育在调整时期有许多重大的发展,使之长期走在全国各省、市、自治区高等师范教育的前列。早在1956年10月,江苏省教育厅就增设了高等师范教育处,加强对高等师范的领导。从1958年到1960年,江苏增设了10所高等师范院校,1962年以后裁并了9所。这是调整过头的表现之一。此外,调整后,苏北新建的高校几乎全部停办。1962年春,在国务院讨论高等学校调整方案的一次会议上,周恩来从战略出发,明确地指出:徐州地区辽阔,要有大学。于是,徐州师范学院、徐州医学院遂得以保留并得到充实。周恩来的这一英明决策,改变了江苏淮河以北高等院校空白的局面,为苏北高等师范教育乃至江苏省高师教育的发展提供了重要契机。

在调整期间,南京师范学院、江苏师范学院师资队伍和学科整合,相互支援,分别重建、新建了数学、物理、政教、外语和中文等系。1958年新建的江苏教育学院为提高中学领导素质和中学学科骨干教师水平提供了基地。调整后,南京师范学院、江苏师范学院、扬州师范学院、徐州师范学院和江苏教育学院,在相当长的时间里承担了

培养中学合格师资的重任，成为江苏高等师范教育体系的五根台柱子。

江苏高等学校专业调整工作也取得进展。到 1965 年，全省共设有专业 205 种 232 个点，改变了大跃进以来专业设置过多过细、变动过大、口径过窄、过于重复等现象。原有的学科、专业在保留自己特色的同时得到更新，一批适应科学最新发展方向的专业相继建立，例如南京大学的声学、原子核物理、低温物理、高分子化学、计算机(软、硬件)等。一些适应江苏经济文化发展需要，具有鲜明特色的专业，如南京艺术学院的装潢设计、染织美术专业，苏州丝绸工学院的制丝、丝绸美术设计等专业，也在这时建立起来。

江苏高校教学工作的调整和整顿也取得实效。各高等学校明确教学、科研、生产劳动三结合，应以教学为主，强调教师在教学中的主导作用，纠正了大跃进期间违背教学规律、贪大求快的做法。

江苏省对普通中小学教育事业的调整采取减少学校数量，提高教学质量的方针，主要抓了以下两个方面的工作。其一，调整普通中小学的设置。到 1963 年，普通中学减为 1776 所，学生数为 59.16 万人，比 1960 年减少 27.53%；全省小学调整为 37104 所，在校学生为 418.67 万人，学龄前儿童入学率达 55.3%。1964 年，江苏推行“两种教育制度”(即全日制教育和半工(耕)半读教育制度)，贯彻“两条腿走路”(即国家办学和人民办学相结合)的方针，大办耕读小学和简易小学，到 1965 年底，小学生数增加到 698.68 万人，学龄前儿童入学率上升到 80.2%。全日制中学在校学生达到 67.98 万人。其二，大力提高中小学教育质量。1962 年 1 月，江苏省委召开宣传文教工作会议，着重讨论了在教育专业调整后的全日制中、小学教育工作，提出中、小学教育，既要重视抓文化基础知识的教学，加强基本训练，又要注意思想教育，使学生在德育、智育、体育几方面都取得发展。同年，省教育厅在常州分别召开了中、小学语文、数学、外语教学座谈会，研究如何加强双基教学，副省长吴贻芳、教育厅厅长吴天石作了主题发言，对全省中小学基础教育质量的提高产生了积极的影响。在此期间，江苏还十分重视和推广优秀教师的先进经验。例如全国特级教师、南京师范学院附属小学斯霞把识字、阅读和写话三者结合起来提高了小学语文教学水平的经验。经过调整，全省中、小学教育全面贯彻党的教育方针的思想越来越明

1965 年句容县下蜀农中学生立志又红又专

确,学校教学秩序稳定,教育质量稳步提高。

此外,江苏对中等专业学校也进行了调整,停办了一批中等专业学校,停办了一大批农业中学。到1963年,全省中等专业学校减为60所,学生数为2.02万人,比1960年减少84.03%。

经过三年的调整,江苏省的教育事业贴近江苏社会、经济、文化发展的实际,教育管理规范,符合教育规律,教育质量明显提高。

三 文化、卫生方面的调整

1961年,江苏文化行政机关对在三年大跃进中发展过快、质量又跟不上的一些文化艺术机构进行"填平补齐,成龙配套"的调整。在全省范围内开展第二次大规模的电影放映单位登记、考核工作;对在大跃进和自然灾害中受损的图书馆、文化馆(站)进行适当的调整和充实;对全省专业剧团进行调整,减少国营剧团、集体经营的剧团,改变经济上包下来的管理办法,使其通过社会再分配的方式自给自足。

至1962年底,直属江苏省人民政府文化事业管理局的各类文化事业单位机构调整为28个,计1056人。其中,电影事业机构1个,出版事业2个,艺术事业机构14个,群众文化事业1个,文化事业机构3个(南京博物院、江苏省博物馆、江苏省文管会),文化工业机构2个(江苏省电影机械修配厂、江苏新华印刷厂),艺术教育事业机构4个(南京艺术学院、江苏新闻专科学校、江苏戏曲学校、省文化干部学校),其他文化事业机构1个(省文化局幼儿园)。全省文化部门的文化艺术机构为1542个,从业人员11911人;全省工会、其他部门及集体经营的文化艺术事业机构724个。上述调整,使文化机构适应江苏经济社会发展的实际,文化从业人员更加精干,从而促进了江苏文化事业的稳定有序发展。

在卫生事业方面,江苏省根据中共中央"调整、巩固、充实、提高"的八字方针,也进行了全面的调整。1962年9月,江苏省人委作出决议,撤销全省各地、市、县不具备条件的医院、学校和科研单位;纠正了1960年全省部分专区、市、县撤销卫生防疫站、成立医学科学研究所,并配备专职人员的做法,决定撤销各地、市、县的医学科学研究所,恢复卫生防疫站的建制。1965年全省卫生机构数为12253个,对于1958年的15922个,调整了23%。1965年全省中等卫生学校为11个,对于1958年的80个,调整了86%。

为了使医院工作走上制度化轨道。1962年3月,省卫生厅颁发了《医院十项制度》。这就是:查对制度;查房制度;值班与交接班制度;保护性医疗制度;病案讨论制度;病历书写制度;手术审批制度;急诊抢救制度;消毒隔离制度;中医工作制度。省

内各医院认真执行该十项制度，这对于医务人员改善服务态度，提高医疗质量，起到了很好的推动作用。

1962年8月，江苏省转发国家卫生部《关于调整农村基层卫生组织问题的意见（草案）》，明确农村基层卫生组织以医生集体举办为主要形式，实行看病收费，独立核算，自负盈亏，民主管理，按劳分配。同年8月23日，省卫生厅发布文件，允许医生个人开业；原来由医生集体举办，公社化后由国家或公社接办的，仍改为医生集体举办。公社医疗机构，可称为公社卫生所。区级医疗机构原则上少设或者不设。经过多次调整，全省仅留8所公社卫生院和120所中心卫生院。

1963年11月，省卫生厅下发了《关于县以上综合医院整顿组织设置、人员配置、分工管理和建立工作程序的意见（草案）》，把医院工作划为业务、政务、院务三块，设三个处（科），取消临床科一级层次，各项工作由处直接贯通到基层，以减少医院工作的层次，并决定由点到面逐步推行。经过调整，江苏卫生事业走上了健康发展的道路。

第三节　科教文卫事业的重新发展

一　科技事业重迈发展步伐

经过调整，江苏省的科教文卫事业进入稳步发展时期，并取得喜人的成就。

调整后的江苏科技机构精干，科技工作重点明确，贯彻了为当地生产建设服务、尤其为农业生产服务的方针。科技战线出现了勤奋工作、勇于创新、快出成果、向科学进军、为生产服务的热潮。从1963年到1965年，仅工业方面就取得重要科研成果328项。科技部门对改良低产土壤，作物合理密植，施用化学肥料、防治水稻螟害、试制农机农具的研究等，都取得了一定的成果。科技新产品钢丝网水泥农船、潜水电泵、脱粒机等对农业生产的发展起了较大的作用。1963年5月，江苏省农业区划委员会组织科研机关、高等院校等有关方面的力量，其中有农业科技人员280多人，对全省的自然条件、社会经济条件和农业生产特点进行了系统的调查研究。1964年，编写出《江苏省综合农业区划报告》和各专业报告，为全省各地因地制宜地领导农业生产提供了科学依据。江苏省的这一做法，在全国交流会上得到周恩来总理和与会者的广泛好评。同时，全省各地普遍地开展以农业高产样板田为中心的科学实验活动，优良品种代替传统品种，深耕、旱改水，沤改旱和提高复种指数等新的耕作技术、耕作制度以及农业劳动模范陈永康的水稻先进栽培技术的推广，有力地推动了农业生产

的发展。1965 年 7 月,著名化学家侯得榜等提出的碳氨生产新工艺流程,在丹阳化工厂攻关成功,为江苏乃至全国发展小化肥生产开辟了新路。由丹阳化肥厂组织编写的“碳化法”生产合成氨丛书,成为全国新建化肥厂的管理干部和生产工人必读的培训教材。

这一时期,南京大学,南京工学院,南京航空学院,南京化工学院等院校,承担了国家重点科技项目 50 多项,开展了对超小型数字计算机、半导体材料、激光、原子能等项目的研究,为新兴技术的发展作出了贡献。

二　文化事业出现新气象

经过调整,江苏的文化事业,出现了学术活动较为活跃,文艺作品增长较快,文艺演出逐渐增多的新局面。

1963 年至 1965 年,全省电影、艺术、文物、出版及群众文化事业机构发展到 4488 个,从业人员达 22681 人。出版、戏剧、美术等文化部门遵循百花齐放、推陈出新的方针,出版了一批好书,演出了一批好戏,创作了一些好画。其中,若干成果在全国产生了良好的影响。1964 年 7 月 10 日至 20 日,江苏省举行戏剧现代戏观摩演出会,20 多个新剧目参加了会演。1964 年夏,江苏新编的《耕耘初记》等现代京剧,参加了全国京剧现代戏观摩演出。此后,江苏省还多次举行大规模的戏曲观摩演出活动,对繁荣戏曲创作、提高戏曲表演艺术水平起了重要的促进作用。全省出现了一批才华出众、造诣颇深,为广大观众热爱的戏曲表演艺术家和著名的歌舞演员,造就了一批导演、创作方面的人才。广大戏曲工作者还不畏艰苦,深入工矿、农村,送戏上门,为发展艺术事业和满足广大群众的文化生活做出了积极的贡献。

以姚梅凤为首的吴江县锡剧团长期面向基层,全心全意为农民服务,受到了江苏省和文化部门的表彰。除著名画家傅抱石,钱松嵒,陈之佛,亚明等创作出颇受社会赞誉的新作外,著名画家刘海粟亦融汇中西绘画艺术,自成一家,其中国画、油画作品享誉国内外。

广大文学工作者努力学习马克思列宁主义、毛泽东思想,在“百花齐放,百家争鸣”和“推陈出新”方针的指引下,深入生活,密切与人民群众的联系,努力创作,涌现了一批好作品。这些作品反映了作家对社会生活的严肃思考。许多作品对中国近现代革命斗争风云、对中国从半殖民地半封建社会向社会主义社会的历史性转变,作了颇有广度和深度的反映,热情地歌颂和描绘了人民群众的生活和斗争。1966 年 5 月,江苏省文联各协会会员人数增至 1567 人,比 1954 年增加了两倍多。全省文艺队伍不断发展壮大,并且实现了老、中、青相结合,专业和业余相结合,充满了生机和活力。

三　教育事业取得新成就

经过调整，江苏的教育事业进入了稳定发展、质量不断提高的时期，取得了很多新成就。

1. 幼儿教育

到1965年，全省幼儿园有1760所，比1957年的1415所增加了24.4%；入园儿童为15.49万人，比1957年8.88万人增长了74.4%。江苏的幼教事业不仅在数量上有很大的发展，而且在质量上也不断提高。全省在提高幼儿教育质量方面采取的主要措施是：

第一，组织编写教材和教学参考书。省教育厅会同南京师范学院编写和出版了幼儿园语言、音乐、体育、卫生和管理等一整套教材。例如：《幼儿教育学》、《幼儿卫生》、《幼儿园各科教学法》、《农村幼儿园工作手册》等。

第二，开展群众性的教学研究活动。20世纪60年代，全省各地幼儿园先后开展了空气、冷水、日光的三浴锻炼，开展了劳动教育、学雷锋活动和幼儿园识字、拼音等实验研究。

第三，改善园、所设备条件。江苏省各地坚持自力更生、勤俭办园的原则，采取地方财政拨款、社会和个人捐赠、有关单位集资、工厂挂钩补贴、教育部门支持和家长合理负担等多种渠道筹集经费，分期、分批、有计划地改善幼儿园和托儿所的条件。1966年，入园幼儿中，民办、社办及其他部门办的占总数的68%，比1957年增长了13%。①

第四，提高幼儿师资的素质。提高幼教质量的关键性措施是提高幼儿师资的素质。江苏省通过举办幼儿师范院校班，培养幼儿教师；在师范院校或教师进修学校举办短期培训班，培训幼儿教师；分级加强幼儿教师的在职进修，如开展经常性的业务辅导工作，建立教研组织，健全业务活动制度等，提高幼儿教师的思想素质、文化水平和业务能力。

2. 普通中小学教育

调整后，江苏省中小学教育取得的成就，主要表现在以下几个方面：

一是全面贯彻党的教育方针，办学思想端正。1962年1月，中共江苏省委召开宣传教育工作会议，着重讨论了调整以后的全日制中小学教育工作，强调要特别注意正确体现党的教育方针，既要重视抓文化基础知识的教学，加强基本训练，又要注意思

---

① 中国教育年鉴编辑部编：《〈中国教育年鉴〉地方教育(1949—1984)》，湖南教育出版社1986年版，第471页。

想教育、身体锻炼,使学生在德、智、体几方面都得到发展。1964年上半年,省教育厅、南京市教育局先后六次召开南京市部分中学领导和教师座谈会,研究如何成功地减轻学生负担,提高教学质量,使学生在德、智、体诸方面生动活泼、主动地得到发展。在此期间,全省中小学教育对全面贯彻党的教育方针的思想越来越明确。

二是,中小学教育规模稳步发展,管理规范有序。1963年底,江苏全省小学学龄儿童入学率为55.3%;到1965年底,小学学龄儿童入学率上升到80.2%,比1963年增长了近25%。1965年,江苏普通中学1618所,比1957年的1170所增加了38.3%,在校学生67.98万人,比1957年在校生51.09万增加了33%。1963年初,江苏省经过反复调查和讨论,制订了《江苏省全日制小学工作条例》和《江苏省全日制中学工作条例》(即“小学十四条”和“中学五十条”),下发试行。同年3月,中共中央发出《关于试行全日制中小学工作条例草案和对当前中小学教育工作几个问题的指示》后,江苏省中小学即贯彻执行党中央的这一文件。与此同时,全省在中小学中分别执行《中学生守则》、《小学生守则》,形成全省中小学学生行为规范,中小学教学秩序井然。

三是积极改革教学,提高教学质量。中小学办学思想的端正,办学规模的适度,管理的有序,为中小学教学质量的提高,奠定了重要的基础。调整后,江苏省围绕中小学教学改革和质量的提高,突出地做了两件事:第一件事,即缩短小学学制。1960年11月,省委教育卫生部在扬州召开了全省小学教育改革试点工作会议,部署全省扩大小学教学改革的试点。这次会议,促进了全省小学由六年制改为五年制的试验。到1965年上半年,全省试点小学有41所,1272个班级,61500余名学生。第二件事,即加强基础知识的教学和基本技能的训练,提倡少而精、启发式的教学方法。1962年,省教育厅先后在南京、常州分别召开中小学语文教学座谈会和数学教学座谈会,进一步制定了加强基础知识的教学和基本技能的训练(简称“双基教学”)的措施。副省长吴贻芳、教育厅长吴天石到会作专题讲话。这些研讨和措施,对提高和改革中小学语文、数学两科的教学及外语等其他学科的教学,起了巨大的推动作用。万丈高楼平地起,需要稳固的根基。中小学“双基教学”的加强,大大地提高了中小学教学的质量。

四是加强中小学学生的思想品德教育,开展丰富多彩的活动

20世纪60年代,江苏省中小学结合在校儿童、青年的特点开展思想品德教育。其主体是中小学教育主管部门的领导、老师以及少先队、共青团组织。其形式有课堂教学、歌咏比赛、我们爱科学、学习雷锋、评选“三好学生”等丰富多彩的活动。在学习雷锋活动中,为儿童、青年塑造了美好的心灵,全省中小学涌现出大批“雷锋式的红领

巾”、“雷锋式的团员”、“雷锋式的青年”。生动活泼、形式多样的爱国主义教育和共产主义思想品德教育，使一代有理想、有道德、守纪律、爱学习、爱创新的儿童、青年茁壮地成长，为他们后来的发展奠定了优良的思想素质基石，为国家培养了思想素质高尚的人才。

3. 职业技术教育

1958 年 3 月初，根据教育部关于“大力举办农业中学、工业中学和手工业中学”的指示，江苏省在海安县双楼乡、邗江县施桥乡，率先创办了民办农业中学。不久，中共江苏省委推广了这两个农业中学的经验，在全省办起了农业中学和各种职业学校 6568 所。农业中学的举办，有利于满足广大农村高小毕业生升学的需求。农业中学实行教育与生产劳动相结合，节省国家财政开支，减轻家长负担，是江苏省的一项创举，得到了中共中央宣传部部长陆定一等人的肯定。受大跃进的影响，到 1960 年，江苏全省中等专业学校发展到 281 所，农业职中发展到 1873 所，超过了国民经济负担的能力。经过调整，到 1962 年，江苏的中专院校基本停办，农业中学只保留了 279 所，相当于 1960 年的 1/7，调整的幅度又未免过大。

从 1964 年起，由于国民经济情况好转，群众要求上学的情绪也相应增长。1964 年 8 月，国家主席刘少奇来江苏视察，重新提出实行“两种教育制度，两种劳动制度”。同年 9 月，江苏省委决定成立半工(耕)半读教育领导小组；11 月，省教育厅设置了工读教育局。这些，推进了江苏职业技术教育事业的恢复与发展。到 1965 年，江苏中专学校达到 268 所，其中全日制中专校 23 所，在校生 5.6 万人；农业职中达到 4503 所，在校生 26.46 万人。同时，城市工矿企业和其他有关部门也复办了一部分半工半读职业学校和技工学校。至 1965 年，全省农业中学共输出 40 万毕业生和肄业生。这些学生在农村发展的各个方面，发挥了很大的作用。历史表明，江苏省的职业技术教育，尤其是农业职业技术教育走在全国的前列。尽管大跃进中及其后来走过了较大的曲折道路，教训颇深，但仍为江苏后来的职业技术教育积累了经验，打下了一些基础。

4. 高等教育

调整后，江苏省高等教育的发展进入了一个良好的发展时期。

首先，高校教师心情舒畅地从事教学科研。1962 年，周恩来在广州会议讲话中充分地肯定了新中国成立以来我国知识分子的根本转变和巨大进步，陈毅在会上提出要为知识分子“脱帽加冕”，即脱资产阶级知识分子之帽，加劳动人民知识分子之冕。中共江苏省委及时地传达、贯彻了这一精神，开始纠正高等学校知识分子工作中“左”的错误。南京大学党委书记、校长郭影秋提出要加强“党员与非党员的团结、师生之间的团结、青年教师与老年教师之间的团结”。党和知识分子关系的改善，使全

省高校教师重新振奋精神、心情舒畅地从事教学、科研和管理工作。

其次,教学指导思想日益明确,教学质量显著提高。调整后,全省各高校先后提出"坐下来,钻进去"、"教师教好,学生学好"、"少而精,学到手"等教学上的要求;强调教师在教学中的主导作用。南京大学对文科学生加强阅读、写作、资料查阅、社会调查和工具书使用的训练,对理科学生则加强实验、运算、绘图和基本操作技能的训练。通过这些环节,使学生在基础理论、基本知识和基本技能(简称"三基本")方面有了一个扎实的根基,并在此基础上培养学生独立思考和独立工作的能力。这些措施和做法,有效地提高了高校的教学质量。

再次,高等学校科研成果大量涌现。调整后,江苏省高等学校科研工作缩短战线,保证重点,坚持严肃的态度、严格的要求和严密的方法,出现了三个可喜的变化。其一,由过去分散的、自选的研究,发展成为集中的、有组织、有计划的研究,有的还突破专业和系科的局限,联合攻关;其二,由结合教学、实习指导而进行的科研选题,发展为承担国家重点项目、攻关项目,以取得重大的理论创新或经济效益为目标;其三,由教学、科研的分离,发展为教学与科研的良性互动,既出研究成果,又更新教学内容,加快学科建设。

在此期间,江苏高校的科研成果相继问世,并各具特色——

1964 年,教育部批准南京大学成立声学、化学、非洲经济地理、近现代英美对外关系、欧美文化等 5 个研究室,并陆续配备了 100 多名专职科研人员,科研工作在全面发展的同时开始形成了自己的特色。1965 年,在高等教育部举办的全国高等院校科研成果展览会上,南京大学展出的成果有 20 多项。其中,"偶联剂"、"103 计算机"、"射电望远镜"等在全国均居领先地位。特别引人注目的是,徐克勤、郭令智等教授领导的"华南花岗岩及其成矿规律的研究",冯端教授领导的"金属缺陷研究",仲崇信教授主持的"大米草引种利用研究",化学系"分子筛研究",以及南京大学地学 4 系 10 个专业及南京农学院土壤、畜牧 2 个专业联合进行的"内蒙古草原综合考察"等,不仅具有先进的学术水平,而且具有较大的理论意义和实用价值,被誉为南京大学科学研究的"五朵金花"。

南京工学院在 1963—1966 年期间,有 39 项科研成果被列入国家科技成果公报。1963 年,在南京工学院研制成功的 He—Ne 激光器,揭开了江苏激光技术研究、应用的序幕。无线电系承担了以雷达为中心的大批科研任务,如炮弹测速雷达、长江导航雷达、地对空跟踪雷达等,在任务带动学科的思想指导下,开发微波频段,带动了通信系统新体制、新器件、新工艺的发展。

南京农学院先后进行了 335 项研究,有 110 项取得成果。其中包括邹钟琳教授

关于昆虫种群及数量变动规律的研究，樊庆笙教授关于紫云英北移的试验，以及长江中下游两熟地区小麦品种选育、水稻白叶枯病防治等等。

此外，南京航空学院对无人驾驶飞机的研制，华东水利学院关于"刘家峡混凝土坝抗震设计研究"及"湿润地区洪水预报方法"的研究，苏州医学院对地方病及放射医疗的研究，江苏师范学院今苏州大学"凹面光栅摄谱役"、"棱镜单色仪"的研制等等，都各具特色，颇有价值。

四　文物保护工作得到重视

江苏历史悠久，文物古迹丰富，而且江苏省对文物古迹的保护和维护亦起步较早。1945 年，李一氓任苏皖边区政府主席时，兴化县抗日民主政府就曾主持维修过施耐庵墓。1949 年 11 月，南京市文物保管委员会首先成立。1950 年和 1951 年，又分别在无锡、扬州设立苏南、苏北文物管理委员会。这些机构建立伊始，就保护和修理了中山陵、忠王府、虎丘云岩寺塔、拙政园、东林书院、宗泽墓、言子墓、顾炎武墓、韩世忠墓、栖霞寺等文物古迹。

1954 年 8 月，江苏省文物管理委员会在合并原苏南、苏北文物管理委员会的基础上正式成立。省文物管理委员会成立后，全省文物的管理与保护工作得到进一步的加强。

1956 年 4 月，省文物管理委员会在全省文物全面普查的基础上，拟订了《江苏省文物保护单位第一批目录》初稿，计 216 处。当年 10 月中旬，由江苏省人民委员会审核公布，计 152 处。紧接着第二批目录于当年 12 月完成初稿。次年 8 月 30 日，江苏省人民委员会公布，计 190 处。这些做法，使全省各地的文物得到各级人民政府的有力保护。

为使文物在大规模的经济建设和基本建设工程中不致遭受破坏与损失，江苏省人民政府和省人委先后发布了许多重要文件。例如：《为通知在基本建设工程中做好保护文物工作》（1954 年 5 月 8 日）、《为通知制止乱掘古代墓葬》（1955 年 10 月 24 日）、《关于制发"江苏省保护文物暂行奖惩办法"的通知》（1957 年 10 月 21 日）等。这些文件，对于广大群众懂得保护文物的重要意义、奖励保护文物的有功者、打击损毁和盗卖文物的不法之徒，起了很重要的作用。

1963 年和 1964 年，省文物管理委员会组织南京工学院建筑系学生，对江苏省全国重点文物保护单位南京六朝石刻、栖霞山舍利塔、灵谷寺无梁殿、梅园新村中共代表团办事处、太平天国忠王府大殿进行测绘，为全面建立文物保护单位档案资料做了准备。据统计，20 世纪 50 年代至 80 年代，江苏省共维修全国重点文物保护单位 154

处,国家、省、市用于上述文物保护维修经费累计达 8380 万元。①

领导的重视,组织的有力,政策的正确,技术力量和经费的投入,是江苏文物保护工作走在全国前列的基本经验。

五 倡导计划生育和送医送药到农村

(一) 倡导计划生育

从中华人民共和国成立到 1962 年底,江苏省没有制定统一的人口计划,人口生育处于自发性状态。在此期间,省卫生厅于 1956 年发出《关于开展避孕工作的意见》;1957 年拟定《江苏省关于开展节育工作的初步方案》。1958 年 1 月,省委成立了节育工作委员会。但是,其工作的重点在城市,并局限于一般的宣传及号召,没有硬性的规定。因此,其影响不大,收效甚微。

在 1959 年至 1961 年国民经济三年困难时期,江苏出生人口锐减,死亡人口大增,年均自然增长率为 4‰。其中 1960 年人口自然增长率仅为 0.15‰,与 1957 年人口自然增长率 24‰相比,悬殊巨大。在这中间包含着大量的非正常死亡人数,出现了新中国成立后江苏人口自然增长的低谷。

经过了三年困难时期,随着"调整、巩固、充实、提高"方针的贯彻执行,国民经济逐步好转,人口自然增长迅速回升。为了控制人口的快速增长,江苏省围绕计划生育开展了一系列的工作。

1962 年 12 月,中共江苏省第四次代表大会提出:"在城市和农村对已婚的男女要提倡节制生育,对未婚的青年要提倡晚婚。"次年 1 月,江苏省委、省人委发出《关于贯彻执行中共中央、国务院〈关于认真提倡计划生育〉的通知》。1963 年 7 月,江苏省计划生育委员会成立,发出了《关于认真提倡晚婚和试行计划生育的几项规定》(试行草案),后经修改,发出了《关于认真提倡计划生育的几项规定》(修正草案)。这是江苏省关于计划生育第一个政策性规定的文件。此后,江苏全省计划生育工作由点到面、由城市到农村逐步铺开。1964 年 6 月和次年 1 月,省计划生育委员会分别召开了"全省工厂企业计划生育现场会议"和"全省农村计划生育工作经验交流会",推动了全省城乡计划生育工作的开展。从 1963 年至 1964 年,全省计划生育工作在加强组织领导、开展宣传教育、推广试点经验、加强技术指导和做好药械供应等方面,做出了一定的成绩。至 1965 年上半年,全省已在占总人口 60%的地区开展了计划生育工作。

1966 年下半年开始,由于"文化大革命"的动乱和冲击,全省计划生育管理机构

---

① 江苏省地方志编纂委员会编著:《江苏省·文物志》,江苏古籍出版社 1998 年版,第 584 页。

瘫痪，计划生育工作受到严重干扰，生育处于无政府状态。1969 年，江苏人口出生率高达 32.78‰。直到 1970 年之后，江苏省的计划生育工作才开始恢复，并逐步地向“深、细、实”的方向努力。

（二）送医送药到农村

历史上，农村长期的缺医少药，严重地影响农村人口的健康和寿命。为了改变这一状况，江苏省在 20 世纪 60 年代至 70 年代做了大量的工作，主要采取了以下几项措施：

1. 推广农村合作医疗制度

从 1960 年开始，全省通过大量调查和试点工作，在农村推广了公社社员自愿互助的合作医疗制度。农民参加合作医疗，交纳少量的合作医疗费用，并在生产大队的福利费中给予补贴，患病后的医疗费用在一定的限额内可在合作医疗基金中报销，超过部分可以享受折扣优待。合作医疗制度的推行，对农民及时地就医用药和减轻医药费用起了很好的作用。

2. 构建县、公社、生产大队三级医疗保健网

1965 年开始，江苏对全省农村基层卫生组织进行重组，使其结构优化。首先，加强生产大队卫生室的建设。在大队卫生室已经基本普及的基础上，对原来的卫生员进行整顿，通过三到六个月的培训，使之成为当时所称的“赤脚医生”。每个大队有“赤脚医生”两至三人，原则上不脱产，由大队给予一定的生活补贴，承担本大队农村人口小伤小病的治疗和预防保健任务。第二，调整了公社卫生院的布局。全省各县根据公社的人口、服务半径、地理条件和防病治病任务，确定了公社卫生院的规模和人员编制。1970 年以后，全省推广了在公社卫生员设置由 3—5 名医生组成的医疗预防保健组的经验，使公社卫生院的建设上一新的台阶。第三，设立县人民医院的分院或农村地段医院。鉴于广大农村交通不便，农村人口居住分散，为了加强对危重病人的及时抢救治疗，全省从 1959 年起就开始设立县人民医院的分院或地段医院。以后，逐渐地形成了以相邻的几个公社为一片，在每个县分设若干个中心卫生院，配备一定的医务力量和技术装备，承担附近一般公社卫生院疑难重病的转诊和会诊治疗。这样，全省农村就形成了以县人民医院、卫生防疫站、妇幼保健所为核心，县医院分院、公社卫生院、大队保健室为基础的医疗保健网。

农村基层医疗保健网络式机构的建立和发展，不但使广大农民可以就近得到医疗救助，而且对于农村大量的卫生防疫、妇幼保健和计划生育指导工作，也起了非常重要的作用。

3. 提高农村基层卫生人员的技术水平

1965 年,全省开展了“半农半医”卫生人员的培训,培养农村医生。从 20 世纪 50 年代起,省政府和省卫生主管部门每年从城市医院分批组织医疗队深入血吸虫病严重流行区。这些医疗队一方面与当地医务人员一起搞好血防工作,另一方面负责培训公社、大队的基层医务人员。此外,江苏在天花、霍乱、白喉、疟疾、麻风病等流行性疾病的普查、预防、治疗等过程中,也都重视农村基层卫生人员的培训。这些培训,提高了农村基层卫生人员的技术水平,是改变农村缺医少药状况的一个关键性措施。

4. 免费或低费治疗严重危害人民的流行性疾病

1964 年,江苏从省到县成立了麻风病防治委员会,由民政、公安、卫生、农业等有关部门参加,建立麻风医院和麻风村,对现症病人进行隔离治疗和生产自助,实行免费医疗,并对住院(村)病人给予生活补贴。经过全省 6 次全民普查和反复进行线索调查,到 1977 年麻风病人收治隔离率提高到 91.6%。经过系统治疗,治愈 40370 人,总患病率从 87/10 万下降到 7.3/10 万,下降幅度达 91.6%,达到了卫生部规定的控制指标。

疟疾是江苏的常见病,在各种传染病的发病率中常居首位。1960 年和 1971 年,江苏曾发生了两次疟疾大面积暴发流行,由于采用了全民休止期根治和全民预防服药,才刹住了疫情的发展。对白喉、百日咳、麻疹、卡介苗等疫苗,全省各地都按计划接种,对新生儿实行登记建卡,划片包干,建立预防接种的技术规程和管理制度,推行计划接种日和计划免疫门诊,使发病率逐年大幅度下降。

总之,这一时期江苏省在送医送药到农村的工作中,做出了令人称誉的成绩,为农村人口的医疗保健做出了重要的贡献。

第九章 “文化大革命”的错误开展和持续

“文化大革命”是一场由毛泽东错误发动和领导的、被林彪、江青一伙野心家、阴谋家所利用的、给全党和全国人民造成极大危害的政治运动。在此形势下，一方面江苏自然未能幸免，其所遭受的破坏也是非常巨大的；另一方面江苏广大干部群众亦与“文革”错误进行勇敢抗争，并在艰难的条件下取得国民经济建设中的一些重要成就。

第一节 “文化大革命”的起始和批斗之风的盛行

一 “文化大革命”在江苏的错误发动

“文化大革命”的源头，可以追溯到1965年开始的关于《海瑞罢官》的错误批判。1965年11月，在江青、张春桥等人的指使下，姚文元撰写的《评新编历史剧〈海瑞罢官〉》在上海《文汇报》上公开发表，对《海瑞罢官》及其作者吴晗进行无限上纲的批判，指责其借这个剧目呼应当时社会上的“黑暗风”、“单干风”和“翻案风”。随后北京便开始批判吴晗、邓拓、廖沫沙“三家村”。还要求各地报纸对姚文元的文章进行转载。

中共江苏省委和全省各界群众对此很不理解，因而在贯彻执行有关指示的时候也就显得很不得力。一直到毛泽东指出《海瑞罢官》的“要害是‘罢官’。嘉靖皇帝罢了海瑞的官，五九年我们罢了彭德怀的官。彭德怀也是‘海瑞’”，[①]进一步加重了批判《海瑞罢官》的政治分量，《人民日报》也不得不转载该文以后，《新华日报》才全文转载了这篇文章。不过此后省委也没有认真地组织对该剧的批判。

进入1966年以后，江苏省委特别关注的工作主要有两个。第一是结合江苏省的实际情况，在总结执行前两个五年计划经验的基础上，为全面实现“三五”计划的各项

① 逄先知、金冲及主编：《毛泽东传》，中央文献出版社2003年版，第1401页。

主要目标作了精心的组织和安排。鉴于中央关于“三五”计划的指示精神，省委决定首先继续加强农业这个基础，进一步搞好农业生产，解决城乡人民的生计问题；同时着手调整工业布局，展开“小三线”建设，加强战备工作。为了探索江苏农业发展的新路子，各级党政组织“大兴调查研究之风”，组织干部和农业科技专家深入苏南、苏北农村，发现和总结各地农业增产的经验，并写成《运用样板、推动全盘，是领导农业生产的好方法》一文，在1月28日《人民日报》上发表。第二是按照中央“二十三条”的规定，抓紧搞好农村“四清”工作。在1月的省委书记讨论会上制定的关于“四清”工作的指导方针包括：第一、“四清”要在“好”字当头、质量第一的前提下，适当缩短时间，搞快一些，既不走过场，也不宜拖拉；第二、“四清”工作要密切结合生产，大忙时要以生产为中心，使“精神变物质”。省委书记江渭清还在会议上指出：各地开展学习毛主席著作的活动，一定要讲究实效，反对形式主义。“突出政治”要体现到实际工作之中，否则就是一句空话。应该说，江苏省委上述工作方针和工作重点始终以经济建设为中心，力求把政治工作与经济工作紧密联系起来，“三大革命”一起抓，是完全正确的，也是切合时宜的，但是“文化大革命”的爆发完全打乱了省委的上述部署。

1966年4—5月间，毛泽东在杭州等地召集政治局常委扩大会议，决定撤销旨在尽快结束《海瑞罢官》一剧争论的《二月提纲》，并对“彭、罗、陆、杨”(指彭真、罗瑞卿、陆定一、杨尚昆)的“错误”展开揭发批判。随后中央向全国发出了《五一六通知》，要求“全党必须遵照毛泽东同志的指示，高举无产阶级文化革命的大旗，彻底揭露那批反党反社会主义的所谓‘学术权威’的资产阶级反动立场，彻底批判学术界、教育界、新闻界、文艺界、出版界的资产阶级反动思想，夺取在这些文化领域中的领导权”，“同时批判混进党里、政府里、军队里和文化领域的各界里的资产阶级代表人物”。毛泽东还亲自在《通知》中加入了以下内容：“混进党里、政府里、军队里和各种文化界的资产阶级代表人物，是一批反革命的修正主义分子，一旦时机成熟，他们就会要夺取政权，由无产阶级专政变为资产阶级专政”。他还写道：“这些人物，有些已被我们识破了，有些则还没有被识破，有些正在受到我们信用，被培养为我们的接班人，例如赫鲁晓夫那样的人物，他们现正睡在我们的身旁，各级党委必须充分注意这一点。”①全国范围的“文化大革命”运动由此发轫。

从5月15日至6月6日，江苏省委根据中共中央和华东局的统一部署，召开了有各地、市委书记参加的四届八次全会(扩大)，学习《五一六通知》和中央关于“彭、罗、陆、杨”问题的其他文件，讨论如何在江苏开展“文化大革命”的问题。会议决定成

---

① 逄先知、金冲及主编：《毛泽东传》，中央文献出版社2003年版，第1409页。

立由彭冲、欧阳惠林、郑康、戴为然和高斯组成的江苏省“文化革命五人领导小组”。

在此期间,《人民日报》于6月1日发表了《横扫一切牛鬼蛇神》的社论;6月2日,《人民日报》又发表了经过毛泽东批示的北京大学聂元梓等人的大字报和《人民日报》评论员文章。这对各地“文化大革命”运动的开展起到了极大的推动作用。6月2日当天,华东局召集各省市负责人会议,提出了以下几个要求:一、好好学习《五一六通知》,学习毛主席的“最新指示”;二、运动中不能有“清规戒律”,不要“束缚群众手脚,阻碍革命”;三、要很好区别左中右派,保护“左派”,集中打击“右派”,打倒“资产阶级权威”和“反党反社会主义的人物”;四、掌握好报纸,重大问题按中央统一口径;五、各省市文化革命小组要加强与华东局文化革命小组的联系通气。与会的江苏省委书记江渭清于6月3日向省委作了电话传达。①

在上述背景下,省委于6月7日向中央提交了《关于讨论社会主义文化大革命问题的报告》,表示要“迅速跟上中央、主席的指示,跟上迅速发展的革命形势”,把“文化大革命”放在各项工作的首位。至此,省委的工作重心开始发生转移。不过当时省委主要负责同志还是坚持从正面理解“文化大革命”的动机和意义,指出这场运动的目的是为了坚持社会主义,防止资本主义复辟,消除党内可能出现的腐败现象,保证我们党和国家不变颜色。因此,省委在进行动员的时候,将重点放在改造各级干部的思想,改进党的工作作风方面。同时希望将“四清”和“文化大革命”一起抓,革命和生产一起抓,防止顾此失彼。

二 南京大学校长匡亚明首遭批判和揪斗

在江苏省委根据中央指示逐步改变工作重心的同时,群众运动在极左舆论宣传的鼓动下骤然兴起。南京大学是江苏“文化大革命”群众运动的发源地。

北京大学“造反”的消息于6月2日传到南京大学后,在师生员工中引起了激烈的反响。当时正在溧阳分校进行“半工半读”实践的少数南大文科师生率先贴出几十张言辞激烈的大字报,对党委书记兼校长匡亚明的某些言行提出批评,对学校以往的工作也提出了一些不同看法。匡亚明和学校党委认为,溧阳分校“大字报事件”是少数“右派分子”利用“文化大革命”向党组织发泄不满的表现,是破坏毛主席关于“教育革命”号召的举动,必须坚决制止。于是在6月2日晚上,匡亚明亲临溧阳分校部署“反击”,不少贴大字报的师生受到批判。这就是所谓“六二事件”。

“六二事件”发生后,省委对此十分重视,一方面派人去南大调查事情的经过,另

---

① 江渭清:《七十年征程——江渭清回忆录》,江苏人民出版社1996年版,第514页。

一方面向中央有关部门作了汇报。中央文革小组的康生很快做出指示,指责匡亚明“镇压学生运动”。根据这个指示,省委于6月6日召开常委会议,做出了撤销匡亚明一切职务的决定。随后南京大学于12日召开了全体师生大会,声讨匡亚明的“罪行”,宣布对他“罢官”、“夺权”。16日,《人民日报》在第一版上发表社论——《放手发动群众,彻底打倒反革命黑帮》,将匡亚明的定性升格为“反党反社会主义的反革命黑帮”。与此同时,《新华日报》从13日起,除公开报道对匡亚明的错误处理决定之外,还错误地对省委宣传部副部长陶白、钱静人,省哲学社会科学研究所所长孙叔平等人进行点名批判。

这些错误处理无疑助长了群众中的自发倾向,使事态进一步恶化。在南大“大鸣、大放、大字报、大辩论”带动下,仅6月3日至5日期间,省委宣传部、省哲学社会科学研究所、省文化局、省文联、省教育厅、省卫生厅、省出版社、省广播电台、省委党校等文教单位就普遍贴出了大字报。6月13日,成群结队的学生包围《新华日报》社要求“辩论”,酿成所谓“新华日报事件”。据不完全统计,6月间,南京19所高校共贴出大字报24万余张,被点名批判的人多达5700多人。① 此时还有学生冲到省委哄闹,扬言要揪省委的“黑帮分子”;有的学生则跑到各工厂游说,煽动工人起来造反;亦有部分学生跑到北京、上海,要求中央、华东局派工作组解决省委问题。

三 工作队进驻高校稳定秩序

经林彪、江青一伙煽动起来的各地学生运动,使得全国各地各级学校的党组织受到冲击,大多数学校负责人被揪斗,不能进行工作,正常的教学秩序遭到破坏,学校陷入无政府状态。为了加强党对“文化大革命”的领导,稳定学校秩序,中共中央于1966年6月中旬批转了北京大学文化革命简报(第九号),决定向北京各大中学校派出工作组。当时主持中央工作的刘少奇还明确指出:“哪里出事,哪里派人去”,“各校党组织不但要参加运动,而且要负起领导责任。”在此背景下,江苏省委也做出了派工作队的决定。在南京军区的大力支持下,省委组织了以部队干部为主力的840多人的工作队,分别进驻南京地区各省属高等院校和省级重点文化单位。② 6月15日,由省委常委汪冰石任队长,梁辑卿、杜方平、吴大胜、林克任副队长的省委工作队开进南大,取代校党委领导“文化大革命”运动。不久以后,省委又改派书记处书记彭冲为南京大学工作队队长兼南京大学党委书记,并两次向南京大学增派工作队员,使南大工作

---

① 刘定汉主编:《当代江苏简史》,当代中国出版社1999年版,第214页。

② 江渭清:《七十年征程》,江苏人民出版社1996年版,第517页。

队的规模扩大到 130 人。[①]

各地、市、县委也先后抽调 7800 多名干部，进驻 1155 个单位，其中包括大中专学校、文化单位和其他因领导干部受冲击而陷于瘫痪状态的单位。[②] 省委当时的意图是：适当集中力量，分期分批开展运动，首先把省、市、地党政机关、大专院校、文化单位和正在进行“四清”单位的“文化大革命”抓好，县以下党政机关的“文化大革命”推迟到秋后进行，以确保搞好秋收秋种工作。为了加强对运动的具体领导，省委还决定在省委“文化革命小组”之下设立省级机关组、高等学校组、省级文化单位组和审批组，实行分线领导的办法。

6 月 25 日，中央对各地工作队如何开展工作，如一定要很好地教育提高左派等做出具体指示。江苏省委据此对各单位工作队的工作做出相应部署，一方面支持群众对少数被点名的“黑帮分子”和“反动学术权威”的批判活动，另一方面在斗争中注意掌握政策，强调“文化大革命”要在党的领导下进行，劝说学生们不要把大字报贴到街上，不要搞大规模声讨活动，不要到校外游行，否决了少数师生的过激要求。例如南大少数师生要给匡亚明戴高帽子游街，就遭到工作队的制止。此外，工作队还注意发挥各单位内部现有党团组织的作用，广泛联系那些家庭出身好、个人表现好的党团员和群众积极分子，以他们为骨干，形成一支拥护工作队的群众力量。这些措施对于制约部分青年学生的狂热冲动，缓解学校内部的紧张关系，减轻学生运动对社会的冲击，稳住各单位的局势起到了一定的作用。

四　高校造反派组织的出现

就在各地局势逐步得到控制的时候，江青、康生、陈伯达一伙唯恐天下不乱。他们诬蔑工作组束缚了革命群众的手脚，执行了“资产阶级反动路线”。在听信了江青一伙的诽谤和谗言后，毛泽东于 7 月底 8 月初多次批评了中央派工作队的决定。例如在 7 月 25 日与中央文革小组成员和各大区书记谈话时，毛泽东就说：“学校里的问题，一个叫斗，或者叫批判，一个叫改。工作组一不会斗，二不会改”；“最近一个月，工作组是阻碍群众运动。阻碍革命势力，帮助反革命，帮助黑帮”；“现在到了这么一个阶段，要赶快改变方针了。文化大革命一定要依靠各学校、各单位的基本群众，左派，包括中间派”；“凡阻碍一斗二改者，统统驱逐之。”[③]

在此背景下，全国各地各单位开始掀起了一股反对工作队、驱赶工作队的浪潮。

---

① 王德滋主编：《南京大学百年史》，南京大学出版社 2002 年版，第 377—378 页。

② 江渭清：《七十年征程》，江苏人民出版社 1996 年版，第 517 页。

③ 逄先知、金冲及主编：《毛泽东传》，中央文献出版社 2003 年版，第 1423—1424 页。

江苏也不例外。南京大学是江苏地区反对工作队较早的单位之一。当部分师生由于贴工作队的大字报受到打压之后,其代表人物、政治系青年教师文凤来等人便跑到北京去向中央告状。当时康生等人正在物色“革命群众”反对工作队的典型,他不但很快接见了文凤来等人,而且在 8 月 18 日毛泽东第一次大规模接见红卫兵的时候,他还指示有关部门安排文凤来登上天安门城楼参加接见。第二天,《人民日报》在报道毛泽东接见红卫兵的消息时,还特别提到文凤来的名字。此举对江苏“文革”局势的发展具有重大影响。

从北京回来以后,文凤来等人仿照北京红卫兵的做法,于 8 月 23 日拉起南大和江苏地区第一个造反派组织——“南京大学红色造反队”。随后在 8 月 27 日,另一个造反派组织——“南京大学八二七革命串联会”也宣告成立。数学系青年教师曾邦元被选为该组织负责人。而拥护工作队的学生们则于 8 月 30 日组织了一个“南京大学红旗战斗队”,与上述两个造反派组织相抗衡。此后其他高校和一些厂矿企业也相继出现了类似的群众组织,社会动荡不断加剧,群众派性斗争日趋激烈。

学生造反派组织的出现,与康生、江青一伙的极力挑唆有关,也与毛泽东的大力支持有关。毛泽东之所以支持红卫兵造反运动,是因为他认为一大批资产阶级的代表人物、反革命修正主义分子已经混入党内、政府内和军队里,他们在党中央形成了一个资产阶级的司令部,在各省、市、自治区和中央各部门都有代理人,党权已经被他们控制了,采取以往那种自上而下的方式很难彻底解决问题。因而必须采取“大民主”的方法开展“文化大革命”,彻底改组各级党政领导机构。而林彪、江青一伙则利用毛泽东的上述错误判断和广大青年热情幼稚、容易冲动的特点,鼓动他们起来造反、夺权,扰乱正常的社会秩序和生产秩序,打倒各级领导干部,从而实现其篡党夺权的罪恶目的。

五 红卫兵“大串联”热潮和社会动荡的加剧

鉴于江青等人对工作队的污蔑和毛泽东对工作队问题的批评,工作队已经无法发挥对运动的领导作用,江苏省委于 1966 年 8 月初决定从各高校撤出工作队。但是这个决定的贯彻实施遭到各高校造反派的阻挠。到 8 月下旬以后,一些没有来得及撤出的工作队就成了学生们围攻批斗的对象;一些已经撤出的工作队,又被揪回学校批判。此后学校秩序又一次陷入混乱,社会动荡进一步加剧。

这主要表现在以下几个方面:

一是各单位几乎全陷入无政府状态,许多干部和群众受到红卫兵的错误批判乃至人身攻击。据不完全统计,当时省级机关 65 个单位中有 57 个卷入运动,共贴出大

字报 40 多万张；①省级机关部委厅局负责人、大专院校负责人、各地市委负责人遭到群众批斗者达 64 人以上；②许多科研单位的科技人员被作为“反动权威”或“牛鬼蛇神”受到批判。全省 32 个高等院校全部夺了权，648 所高级中学和中等技校都停课“造反”。其中在南京的 19 所高等院校中，有 404 人受到重点批斗。③ 在南京的 47 所中等学校中，有 1626 人受到点名批判。④ 在批斗的过程中，漫骂、殴打现象十分普遍，不少人受到体罚，如罚站、罚跪、“坐飞机”、剃“阴阳头”、泼黑墨水等等，致使被批斗者身心、人格受到严重摧残。其中最严重的事件，是省教育厅厅长吴天石和其夫人、南京师范学院党委副书记李敬仪，在 8 月 3 日被南京师范学院造反派戴上高帽批斗、游街、殴打，直至迫害致死。他们二人是江苏“文化大革命”期间的第一批牺牲品。

二是出现了红卫兵“大串联”热潮。据不完全统计，在 9—11 月间，江苏共有近百万人次的红卫兵涌入北京。而来江苏南京串联的外地学生人数也有数十万之多。截止 8 月底，仅南京地区中等学校就有 1 万多人外出串联，占中等学校学生总数的 16.6%。机电学校、动力学校外出人数占学生总数的三分之二以上。⑤ 这不但使得各级学校的教育工作完全陷于停顿，而且使得社会各行各业的生产和工作受到严重干扰。

1966 年南航红铁鹰长征二队从雨花台出发串联

① 江渭清：《七十年征程》，江苏人民出版社 1996 年版。第 520 页。

② 江渭清：《七十年征程》，江苏人民出版社 1996 年版。第 534 页。

③ 江渭清：《七十年征程》，江苏人民出版社 1996 年版。第 521 页。

④ 南京市档案馆编：《南京“文化大革命”大事记》(征求意见稿)，第 5 页。

⑤ 南京市委党校李之荣：《十年动乱期间的南京》(未刊稿)。

三是红卫兵杀向社会,掀起“破四旧”运动。有关资料显示,仅在南京地区,就有1.3万户工商界、文艺界人士遭到红卫兵抄家,被抄物资达284万件,其中文物5.6万件,图书20万册,字画3.4万幅。另外被查抄的银行存款和金银外币折款达632万元。其次,全市13处重要宗教活动场所——如鸡鸣寺、毗卢寺、栖霞寺等遭到严重冲击和破坏,具有重要文物价值和史料价值的寺院建筑、佛像、碑刻等损失惨重,许多佛教、伊斯兰教、天主教、基督教神职人员受到批斗、游街和劳动改造等处罚。第三,数千家商业和服务行业的老字号受到冲击,一些老招牌被摘下砸毁,许多商品禁止销售,许多行业遭到取缔。其四,许多地名遭到随意篡改,例如六城区中玄武区改名为要武区,秦淮区改名为遵义区,白下区改名为朝阳区,鼓楼区改名为延安区,下关区改名为东方红区;此外还有1082条街巷和28座桥梁被更名。其五,南京2处国家级文物保护单位,82个省级文物保护单位都程度不同地遭到破坏,其中包括方孝孺墓、杨邦义墓、谭延闿墓、民国航空烈士墓等。原来竖立在新街口广场的孙中山铜像,如果不是省委和南京市委根据周恩来总理的指示加以保护,也将难逃毁灭命运。①

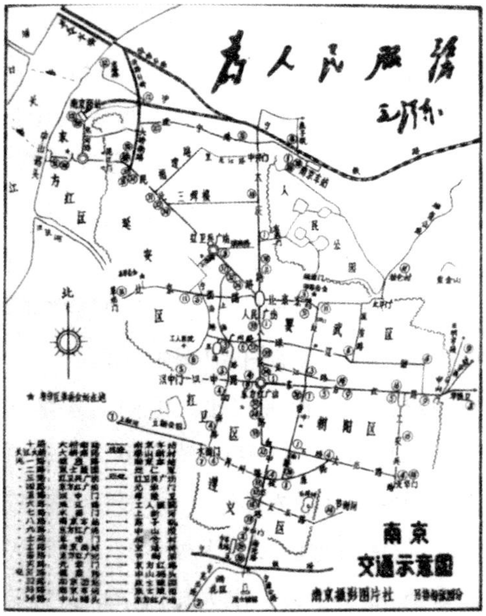

文化大革命初期南京市交通示意图

在省内其他地方也发生了类似的事件。如扬州著名佛教寺院高明寺被当地红卫兵捣毁,著名民族英雄史可法的衣冠冢遭到红卫兵破坏;地处淮安河下镇的吴承恩故居被红卫兵夷为平地;吴江县古镇同里保存的大量古籍被红卫兵焚烧等等。

四是造反派逐渐将斗争矛头指向省委。1966年8月,南京邮电学院有些学生贴出《十问江苏省委》,南京航空学院部分师生贴出《八问江苏省委》和《大胆揭发省委问题》等许多大字报。这些大字报措辞尖锐,无限上纲,对江苏省委各位书记进行了点名批判。9月9日,南京各大中学校造反派组织在南大操场召开大会。会上有人拿出几根死人骨头,声称这是在雨花台烈士陵园里发现的暴露在露天的“烈士遗骨”;还有人声称在南京人民大会堂的阁楼上发现了暗藏的蒋介石“反动画像”。这两个耸人听闻的消息激起了与会群众的愤怒。会后,造反派学生纠集3000多人游行至省委大院

① 李之荣:《十年动乱期间的南京》(未刊稿)。

门口闹事，要求省委主要领导出面对所谓“雨花台事件”和“人民大会堂事件”问题作出解释，承认其“错误”和“罪行”。这个要求遭到省委的拒绝。与此同时，保守派学生则组织大队人马前往保卫省委。双方形成长达3天的对峙。其间有少数造反派学生爬围墙进入省委大院，遭到保卫部门扣押。后来经过大量的说服教育工作，造反派学生才从省委门口撤离。这就是造反派后来大肆渲染的“九九事件”。

针对群众运动逐渐失控，省委为维持社会秩序和生产秩序做出了极大的努力。在中共八届十一中全会期间，江渭清当面向毛泽东反映了造反派冲击省委和各级党委的情况。毛泽东说：对你们要保护。运动中要文斗，不要武斗。毛泽东还同意了江渭清等人提出的“抓革命、促生产”主张。① 周恩来也对江渭清做出了以下具体指示：工作队撤走以后，一定会来个高潮。第一是不可怕，第二是要做好工作。要向群众讲清楚，老干部、老同志碰到了新问题。要告诉青年学生，你们比我们年轻时不同，你们生长在毛泽东时代，要以毛泽东思想武装自己，从实践中学习革命，在革命中采取严肃谨慎的态度，学习党的方针政策，按照党的政策办事。要讲清楚，这样做不是“清规戒律”，不是束缚群众，阻碍革命。该讲的不讲，就会造成不必要的混乱。一定要在全体干部中讲清楚，要敢于发动群众，又要敢于领导；要支持群众，又要善于领导运动。这样做，对广大革命师生有利，对革命事业有利。②

江渭清很快打电话将毛泽东和周恩来的上述指示向省委作了传达。他还强调指出，南京大学和其他大中专学校（包括中学）的工作队要撤出来，但撤销工作队，党委还是要的。要加强党对运动的领导，发挥党支部的作用。要向群众讲清楚党的政策，戴高帽子、打人是不对的。还要防止“学生斗学生”。

8月28日，江渭清特地接见了北京高校红卫兵驻宁联络站人员和南京几个高校的红卫兵代表，发表了如下谈话：你们北京的学生南下串联，介绍经验，我们是欢迎的，但是我们认为搞好“文化大革命”，进行斗批改，主要依靠本地区、本单位的力量，因为只有他们才最熟悉本地区、本单位的情况；你们要了解南京各学校“文化大革命”情况，我们是欢迎的，但是只能平心静气，派代表来座谈，而不是采取哄闹的方法；你们提出问题，以平等的态度民主讨论，我们是欢迎的，但是不能要我们马上“交代”，甚至指定要什么人来“交代”，因为对有些问题我们也要了解情况，进行思考，才能解答；你们觉得南京大专院校的运动有缺点、错误，提出批评和意见，我们是欢迎的，如果提得正确，我们愿意改正，但是在问题还没有搞清楚之前，不要轻易下结论。③ 江渭清的

---

① 江渭清：《七十年征程》，江苏人民出版社1996年版，第528页。

② 江渭清：《七十年征程》，江苏人民出版社1996年版，第525页。

③ 江渭清：《七十年征程》，江苏人民出版社1996年版，第532—533页。

这次谈话有理有节,赢得多数学生代表的赞同,使得少数带头闹事的学生亏了理,失去了市场。

此后,江苏省委对红卫兵运动主要采取了以下立场:一是应该正确理解和认真贯彻《十六条》,牢牢掌握斗争大方向。对领导干部要有分析,不能一概"打倒"。二是敢字当头,省委领导挺身而出,主动与红卫兵群众接触,向他们宣传毛泽东思想,宣讲党的政策。三是坚持抓革命,促生产。四是对于"红卫兵"运动,既不迁就,又积极疏导。五是要求广大干部群众提高政治警惕,防止坏人破坏,特别提醒大家要警惕少数以极"左"面目出现,进行招摇撞骗的"政治扒手"。①

由于省委采取了比较得当的措施,所以到 1966 年 11 月前后,江苏的整个局势尚处在省委的控制之下,工农业生产一直没有中断。是年,江苏全省旱情严重,受旱面积最高时达到 2100 万亩。省委领导广大干部群众奋力抗旱,总共出勤 1000 多万人次,完成各种抗旱工程土石方 2000 多万立方米。100 多万马力的机电设备投入抗旱,抽水灌溉 3300 万亩农田,保证了各项农作物在大旱之年仍比上年增产。② 截至该年底,全省工农业总产值 170.27 亿元,其中农业总产值 66.08 亿元,工业总产值 104.19 亿元。全年国民收入 88.43 亿元,财政收入 22.89 亿元。全年社会商品零售总额 43.89 亿元。③ 各项指标均好于上年。

第二节 "夺权"前后和军管期间的群众派性斗争

一 群众组织对立与南京"一三事件"的发生

为了稳定全国的社会秩序和生产秩序,阻止群众性的造反运动由大中学校向社会各界蔓延,周恩来总理于 1966 年 9 月上旬主持制定了《关于抓革命、促生产的通知》和《关于县以下农村文化大革命的规定》。前一个《通知》指出:工业(包括国防工业)、农业、交通、财贸部门,应当立即加强或组成各级指挥机构,保证生产、建设、科学研究、设计、市场、收购等工作的正常进行,保证革命、生产双胜利;各生产企业、基本建设单位、科学研究、设计和商业、服务行业的职工,都应当坚守岗位。外出串联的职工和科研设计人员,应当迅速返回原工作岗位,积极参加本单位的革命和生产。学校的红卫兵和革命学生不要进入那些工矿企业、科学研究、设计事业单位去串联,干预

① 江渭清:《七十年征程》,江苏人民出版社 1996 年版,第 533—536 页。

② 江苏省档案局编:《江苏省大事记(1949—1985)》,江苏人民出版社 1988 年版,第 281 页。

③ 中共江苏省委党史工作办公室编:《历史的探索与回顾(1949—1978)》,1998 年内部印行,第 391 页。

他们的部署,以免影响生产、建设、科学研究、设计工作的进行。后一个《规定》中要求:县以下各级的文化大革命,仍按原“四清”的部署结合进行,依靠本单位的革命群众和广大干部把革命搞好。北京和外地的学生、红卫兵,除省、地委另有布置外,均不到县以下各级机关和社、队去串联,不参加县以下各级的辩论,县以下各级干部和公社社员,也不要外出串连。这两个文件经毛泽东批示后,于 9 月 14 日以中共中央的名义下发,起到了稳定秩序的作用。然而到 11 月中旬以后,毛泽东的态度发生了变化。他决定把“文化大革命”从文化教育单位和党政机关扩展到工矿企业和农村中去,开展全面的“阶级斗争”,把它看作是巩固社会主义制度、防止资本主义复辟所必需的重要步骤。为此,他指示陈伯达起草一个关于工矿企业如何开展文化大革命运动的文件。毛泽东始终深信抓了“文化大革命”,不但不会妨碍生产,相反还可以促进生产。然而事实上,“文化大革命”进入工矿企业的结果,根本没有像他所想象的那样对生产起推动和促进作用,而是造成大规模的混乱,对生产产生了严重的干扰和破坏。①

在上述背景下,中央原定的领导“文化大革命”运动的稳健方针遭到否定,余秋里、谷牧等人因坚持正确的意见,在 11 月中下旬召开的中央工交座谈会上受到林彪、江青一伙的围攻。12 月中上旬,由陈伯达等人重新起草的《中共中央关于抓革命、促生产的十条规定(草案)》和《中共中央关于农村无产阶级文化大革命的指示(草案)》相继出台。在此前后,“文化大革命”运动迅速向社会各界蔓延,全国范围的群众派性斗争有增无减,社会动荡进一步加剧。

江苏地区跨行业群众派性组织的出现始于 1966 年 9 月。最初是各大中学校的红卫兵组织通过“串联”实现了分派别的跨校联合。拥护省委和各级党委的学生于 9 月 1 日成立了“红卫兵南京大专院校总部”和“中学总部”。由于他们佩戴的红卫兵袖章是红底黑字,所以被社会各界形象地称为“黑字兵”。而反对省委和各级党委的造反派学生则于 9 月 28 日成立“红卫兵南京大专院校司令部”(简称“红二司”)。后来在 11 月 7 日,又有一部分造反派学生成立了“红卫兵南京大专院校革命造反司令部”(简称“红三司”)。

到 11 月初,上海造反派在聂元梓、蒯大富等人的策动下,发起成立跨行业的工人造反派组织“工总司”。中共华东局和上海市委根据中央有关规定拒绝予以承认。其后王洪文等人便在安亭附近拦截京沪线上的火车,制造了轰动一时的“安亭事件”。中央闻讯后十分震惊,一方面给上海各方发去紧急电报,对“工总司”的错误行为提出

① 逄先知、金冲及主编:《毛泽东传》,中央文献出版社 2003 年版,第 1453—1458 页。

批评和劝诫，另一方面派张春桥作为中央代表亲临安亭处理该事件。张春桥出于其个人政治野心，希望利用“工总司”的势力打倒华东局和上海市委，竟然不顾中央的指示精神，擅自同意了“工总司”方面提出的五项无理要求，致使“工总司”的存在合法化。而张春桥的上述处置最后又得到了毛泽东的肯定。这对全国各地的群众运动产生了极大的消极影响。

在“安亭事件”的直接刺激下，江苏造反派先是于11月中旬成立了跨单位的群众组织“江苏省工人红色造反总司令部”(简称“工总”)，其后又出现了“江苏省农民红色造反总司令部”(简称“农总”)、“江苏省文艺界红色造反总司令部”(简称“文总”)、“江苏省省级机关革命造反总司令部”(简称“省革总”)等组织。紧接着，在南京大学“红色造反队”和“八二七革命串联会”头头的宣传鼓动下，上述组织又与“红二司”、“红三司”等学生组织共同成立了跨行业的造反派群众组织“江苏省红色造反总司令部”(简称“红总”)。而与此同时，各单位中的基层干部、党团员骨干、老工人、劳动模范等则于11月19日成立跨行业的保守派群众组织“工人赤卫队”。“赤卫队”和学生组织“黑字兵”共同采取支持省委的立场。以上群众组织的跨行业联合和尖锐对立，最终导致了“一三”大规模武斗事件的发生。

11月27日，南京各造反派组织在五台山体育场召开“江苏省委在文化大革命期间所犯的方向、路线错误检查大会”。省委书记处书记许家屯[①]代表省委在大会上作了“检查”。造反派方面认为这个检查“极不深刻”，遂于会后组成所谓“江苏省革命造反派赴京代表团”，挟持许家屯去北京“告状”。12月5日，中央政治局常委、国务院副总理陶铸接见了造反派代表和许家屯，造反派方面乘机抛出了所谓“八项要求”，其核心内容是要江苏省委向造反派承认错误，停止对造反派的镇压活动，揭开省委内部阶级斗争的盖子等。迫于当时的形势，陶铸原则上同意了造反派的上述要求，不过也对造反派提出了一些规劝，强调要允许省委领导改正错误，同时希望造反派按照《十六条》的基本精神，团结两个95%，搞好“抓革命、促生产”。

造反派代表团返回南京以后，于12月15日在人民大会堂和中山东路体育馆召开大会，故意歪曲中央领导的指示精神，大肆渲染所谓《八项协议》，引起社会各方强烈反应。12月15日和16日两天，“赤卫队”和“红卫兵南京大专院校总部”(“黑字兵”)发动数千人冲进省委大院，要求省委撤销与造反派签订的《八项协议》。21日和22日，“赤卫

---

① 许家屯生于1916年，江苏如皋人。1938年加入中国共产党。“文革”前任中共江苏省委书记处书记、副省长。“文革”初期遭到冲击。1970年任江苏省革命委员会副主任、省委常委。1975年后历任江苏省委书记、第一书记、人大常委会主任。1983年任中共香港工委书记、新华社香港分社社长、香港特别行政区基本法起草委员会副主任委员。1990年叛逃美国。1991年被开除党籍。

队”方面又连续召开了“摧毁江苏省资产阶级反动路线的誓师大会”，要求省委和他们签订与《八项协议》针锋相对的《七项要求》。由于当时“中央文革”已经认定“赤卫队”是“保守组织”，使省委难以表态支持。因而“赤卫队”的几次示威行动均无功而返。25 日，近万名“赤卫队”群众在浦口火车站集结，其后一部分人爬上火车，一部分人步行，准备前往北京“告状”。中央闻讯以后，指示江苏省委设法制止“赤卫队”的北上行动。省委立即派人在安徽滁县火车站截住北上的 7000 多名“赤卫队”群众。后来在南京军区的协助下，这批群众被陆续用军用卡车接回南京。一部分“赤卫队”群众害怕返回单位以后遭到造反派的报复，遂自行前往省委招待所江苏饭店住宿。

造反派方面为了彻底打垮“赤卫队”，谎称全国“赤卫队”的头头在江苏饭店开会，阴谋向造反派发起大规模攻击。随后“红总”方面于 1967 年 1 月 3 日调集了上万人围攻江苏饭店，引发了大规模群众武斗。这就是所谓南京“一三事件”。省、市委闻讯后，曾派出省委书记李士英、张仲良，市委书记岳维藩、公安厅厅长洪沛霖等人亲临现场，对两派群众进行劝阻和教育，但是未能制止武斗。李士英等人还一度遭到造反派的挟持。结果武斗持续了 3 天，造成 1000 多人受伤，47 人重伤。其中“赤卫队”成员受伤近 700 人。[①] “红总”方面为了扩大事态，还阻断了市内交通和长江航运，造成巨大经济损失。

“一三武斗”的消息传到北京以后，引起中央高度重视。周恩来于 1 月 6 日晚两次打电话给江渭清询问有关情况。与此同时，他还于 6、7、8 日连续三次召见两派群众组织在北京的代表，向他们了解“一三武斗”的情况，并表达了中央对江苏南京地区社会秩序和生产秩序的严重担忧。造反派方面为了推卸罪责，故意歪曲事实真相，硬说“一三事件”是省、市委背后挑唆“赤卫队”的结果，还造谣说“赤卫队”在武斗中动用了枪支，打死、打伤造反派数百人。其实，南京“一三事件”是林彪、江青一伙在华东地区进行篡党夺权的一个重要步骤，其目的就是要借此制造罪名搞垮江苏省委。例如在“一三事件”期间，陈伯达、张春桥曾用中央名义打电话给江苏省委和江渭清，指责南京地区的“赤卫队”用毒打、酷刑等手段对付造反派，打死 13 人，打伤 300 多人，制造白色恐怖。还诬蔑省委“袖手旁观”、“幕后操纵”，要为群众武斗事件承担后果。另一方面，张春桥又在事后不打自招地说：“从杭州、上海到南京、蚌埠一线，搞垮工人赤卫队是一场非常大规模的战役，是全线大战。”[②]由此可见，张春桥等人才是南京“一三事件”的背后元凶，是“文化大革命”期间打、砸、抢的罪魁祸首。

---

① 刘定汉主编：《当代江苏简史》，当代中国出版社 1999 年版，第 219 页。

② 刘定汉主编：《当代江苏简史》，当代中国出版社 1999 年版，第 220 页。

省委为了尽快平息事态,恢复长江航运和工农业生产的大局,在康生、张春桥等人的高压下,被迫于1月6日下午与"红总"方面签署了《关于九项问题的协议》,主要内容包括:一、承认省、市委阻止"一三武斗"不力,必须向造反派和其他革命群众公开检讨、认罪;二、"一三武斗"造成的一切经济损失应由省、市委负全部责任;三、承诺追查"一三武斗"的策划者和挑动者,予以严惩;四、要以省、市委名义发出通告,要求外地"赤卫队"队员迅速离开南京;五、要和革命造反派协商,承认其合法地位,并解决其固定办公地点问题等。周恩来听到这个消息后,曾明确表示反对。在江渭清详细陈述了南京的情况和江苏省委的艰难处境后,周恩来才同意印发《九条协议》,并要省委做好群众的工作。根据周恩来的指示,省委于7日召开了书记处会议,决定派李士英、许家屯等人去做造反派群众的工作;派包厚昌等人去做保守派群众的工作;派陈光等人去做机关干部的工作。① 在各方的共同努力下,南京"一三事件"终于平息。

此后不久,南京"赤卫队"和"黑字兵"等群众组织纷纷宣告解散。而造反派的势力则日益增大。不少"赤卫队"成员遭到造反派批斗、拷打、关押。与南京"赤卫队"持相同观点的"扬州主力军"、"无锡工联"等组织都被勒令解散。许多党团员骨干、基层干部、劳动模范被诬蔑为"保皇派"而受到批判,基层党组织的活动被迫停止,工矿企业的生产遭到严重破坏。然而造反派们并不就此罢休,他们在林彪、江青一伙的操纵下,很快便实施了向江苏省委"夺权"的行动。

二 "一·二六夺权"与各级党政机关的基本瘫痪

江苏的"一·二六夺权"发生在1967年"一月风暴"期间。但实际上在林彪、江青一伙的煽动、怂恿下,早在1966年"九九事件"期间,造反派就已经将斗争矛头指向江苏省委。这次尝试失败以后,南京大学"红色造反队"和"八二七革命串联会"于9月下旬组织了数千造反派群众赴北京串联,希望得到中央的支持。

其时林彪、江青一伙正在积极图谋扩大社会动乱,甚至推翻了中央早先制定的"军地有别"方针,企图把军队也搞乱。在此背景下,林彪等人于10月5日抛出了一个《关于军队院校无产阶级文化大革命的紧急指示》,宣称"根据林彪同志的建议,军队院校的文化大革命运动,必须把那些束缚群众运动的框框统统取消,和地方院校一样,完全按照十六条的规定办,要充分发扬民主,要大鸣、大放、大字报、大辩论,在这方面,军队院校要做出好的榜样。"10月6日,"中央文革"领导成员召集"全国在京革

① 江渭清:《七十年征程》,江苏人民出版社1996年版,第543页。

命师生誓师大会”，鼓动造反派“踢开一切绊脚石，扫除一切害人虫”，还扬言对那些“坚持资产阶级反动路线的人，不管他是谁，不管他有多高的职位，多老的资格，多大的‘声望’，如果他顽固不化，死不回头，我们都要跟他拼个你死我活，把他打翻在地，踏上一脚，使他们永世不得翻身！”10月9日至28日，林彪、江青一伙又以中央名义召开了以批判“资产阶级反动路线”为主题的工作会议，要求层层进行对资产阶级反动路线的揭发、批判。这些新动向无疑极大地刺激了造反派的情绪。各地造反派联合行动越来越多，揪斗对象的级别也越来越高。

江苏、南京地区的情况也和全国其他地方一样。10月10日，南大造反派从北京返回后，立即在南京城内贴出了“打倒彭冲”的大字报、大标语。他们还多次组织群众冲击省委，要求省委交出省委书记处书记、省文革小组组长、省委驻南大工作队队长彭冲供造反派批判。10月13日，南大造反派将省委书记处书记、省文革小组副组长张仲良“请”到南大，对其进行批斗。10月31日，彭冲被南大造反派劫持，此后被关押在南大达半月之久。11月2日，南大造反派召开了“火烧彭冲大会”，逼迫其检查“推行修正主义路线的罪行”，揭发省委的错误。甚至还逼迫彭冲在毛泽东画像前下跪请罪。11月19日，南大造反派再次召开“批判彭冲大会”，省委书记处主要成员被“勒令”到会。省委第一书记江渭清在这次大会上因受到体罚导致当场昏厥。11月27日，南京地区造反派在五台山召开“江苏省委在文化大革命期间所犯的方向、路线错误检查大会”。会后造反派挟持省委书记处书记许家屯前往北京，逼迫中央和省委承认他们提出的所谓“八项要求”。进入12月以后，随着群众派性斗争的兴起，针对各级领导干部的批斗更趋激烈。

1967年1月，张春桥、姚文元伙同上海造反派头头王洪文等人夺了上海党、政、财、文大权，其后陈伯达以《红旗》杂志评论员的名义在《红旗》杂志上发表《无产阶级革命派联合起来》一文，将上海的“夺权”活动称作“一月风暴”。毛泽东对上海的“夺权”也表示积极支持。他在1月10日向中央文革小组作出指示：“请你们在二三日内，替中央、国务院和中央军委起草一个致上海各革命造反团体的贺电，指出他们的方针、行动是正确的，号召全国党、政、军、民学习上海的经验，一致行动起来。”[①]1月16日，《人民日报》全文转载《红旗》杂志评论员文章，用黑体字刊出毛泽东所说的：“从党内一小撮走资本主义道路当权派手里夺权，是在无产阶级专政条件下，一个阶级推翻一个阶级的革命，即无产阶级消灭资产阶级的革命。”该文还写到：“上海工人阶级，其他革命群众和革命干部的这一革命行动，标志着我国无产阶级文化大革命到

① 逄先知、金冲及主编：《毛泽东传》，中央文献出版社2003年版，第1466页。

达了一个新的转折点，标志着我国的无产阶级文化大革命开始了一个新的阶段。”①在此背景下，“夺权”风潮便在全国各地迅速蔓延开来。

毗邻上海的南京地区造反派得风气之先，于1月5日召开了各大组织负责人会议，决定成立“南京地区造反派联络总站”。1月9日，南京造反派仿效上海《文汇报》和《解放日报》夺权事件，向江苏省委机关报《新华日报》和省市广播电台“夺权”。1月16日，江苏省暨南京市48个造反派组织在五台山体育场、新街口广场、鼓楼广场、山西路广场等地召开10万人群众大会，揪斗了省委主要负责人江渭清、彭冲等。同日，被造反派把持的《新华日报》发表了《一切权力归革命造反派》的社论，叫嚣“要不惜一切代价把一切权力从党内走资本主义道路当权派手里夺回来”。1月17日，“南京地区造反派联络总站”在南京工学院图书馆二楼举行会议，决定成立“江苏省革命造反联合筹委会”，负责统一各造反派组织的行动。1月18日至19日，“江苏革命造反联合筹委会”决定成立“生产委员会”和“生产监督委员会”，阴谋篡夺省委对工农业生产的领导权。1月21日，南大、南工造反派和公安系统、省级机关造反派联合在南大召开“打倒江苏省委、砸烂书记处大会”，省委负责人江渭清、彭冲、许家屯等人被戴高帽子“示众”。苏州、扬州、徐州等地造反派也相继揪斗地、市党政领导干部。

1月22日，《人民日报》发表了题为《无产阶级革命派大联合，夺走资本主义道路当权派的权》的社论，同时发表了由西安军事电讯工程学院和北京地质学院造反派撰写的文章《一切权力归革命造反派》和《造反就是要夺权》，进一步明确了“夺权”的舆论导向。在此背景下，江苏造反派加紧了全面“夺权”的步伐。1月22日当晚，各造反派组织代表在新街口中苏友好纪念馆召集了有关“夺权”及“大联合”问题的会议。不过由于各造反派组织头头对相互之间的统属关系争论不休，会议不欢而散，根本没有来得及讨论“夺权”问题。1月23日下午，“红总”方面撇开少数造反派组织召开第二次会议。这次会议确定了“自下而上”、“内外结合”，由各造反派组织分工接管财贸、接待、农林水、政法、宣教、工交、计划等“七个口子”权力的“夺权”方案。同时决定成立“江苏省革命造反派联合委员会”，下设“生产委员会”、“夺权委员会”和“文化革命保卫委员会”。

1月25日，《人民日报》发表《山西省无产阶级文化大革命的伟大胜利》一文，对山西造反派的“夺权”行动给予肯定。受到这个消息的鼓舞，江苏“红总”联络了25个本地造反派组织和3个外地造反派驻宁联络站，在南京师范学院设立“夺权指挥部”，并于26日凌晨1时实施“夺权”。届时数万造反派分头行动，将省市委、省市人委和各

---

① 《无产阶级革命派联合起来》，《人民日报》1967年1月16日。

委、办、厅、局的大印拿到手里。26日白天，参加夺权的造反派组织联合召开了“庆功会”。28日，由造反派控制的《新华日报》发表了《江苏省革命造反派联合夺权声明》和三个《通告》，宣布一切权力归“江苏省革命造反派联合委员会筹备委员会”。30日，52个造反派组织下属的30多万群众在五台山体育场等地召开了声势浩大的“江苏省革命造反派大联合、大夺权誓师大会”。2月1日，造反派方面再次召开各组织负责人会议，确定成立“江苏省革命造反派联合委员会筹备组中心组”，全面行使江苏省的各项大权。此后，全省各地、市、县，直至乡镇的各级党政领导机关，也相继被造反派夺权。2月13日，南京地区造反派又宣布成立“文化保卫委员会”，夺取了全省政法系统的大权。至此，江苏的“一・二六夺权”才算是尘埃落定。

“一・二六夺权”以后，南京大学、南京工学院、华东水利学院等高校的造反派成立了“高校驻省委揭盖子战联”，将省委、省人委领导干部关押起来，使他们无法行使正常职权；另一方面，造反派在“夺权”过程中发生分裂，相互之间为了争夺权力，分庭抗礼、互不相让，根本不可能建立有效的权力核心。此外，南京的“夺权”在全省各地引起连锁反应，各级党政领导干部（包括一些基层干部）都被作为“走资派”打倒，各级党政机构彻底瘫痪，因而整个江苏地区陷入一片无政府状态的混乱之中。

三　成立军管会与稳定局势的努力

“一・二六夺权”以后江苏的混乱局势，与造反派内部的派性斗争有着很大的关联。他们之间的明争暗斗由来已久。1966年8月成立的南京大学“红色造反队”和南京大学“八二七革命串联会”是江苏成立较早、影响最大的两个造反派组织，其中“红色造反队”成立得更早，其领袖人物在社会上的影响也更大。但是由于这个组织过于强调组织自身的“纯洁性”，其规模一直很小，鼎盛时期不过七八十名成员。而社会构成较为多元的“八二七革命串联会”自成立之日起便拥有数千成员。因而在1966年10月宣布“校内夺权”以后，南大“八二七”在校内占据主导地位。11月上海“安亭事件”发生以后，各地造反派的跨行业联合已经成为大势所趋，于是在南大居少数地位的“红色造反队”便很快走向社会，与其他行业、部门、单位的造反派共同发起成立了跨行业的群众组织江苏“工总”和江苏“红总”，其头头们也因此成为“工总”和“红总”的领导核心。这种关系格局又引发了“八二七”方面的不满。于是在12月下旬，南大“八二七”也拉起了一个以自己为核心的、跨行业的“南京八二七”，与江苏“红总”分庭抗礼。由此可见，尽管江苏“红总”和“南京八二七”在反对“赤卫队”和“黑字兵”的斗争中还保持着同盟关系，但是其内部的裂痕早已形成。到“一三事件”以后，随着“赤卫队”和“黑字兵”的垮台，群众组织之间的矛盾便迅速地转化为“红总”和“八二七”之间的矛盾。

在“一·二六夺权”之前的几次造反派组织联席会议上，“红总”和“八二七”代表在相互之间统属关系问题上争论不休。其后“红总”遂撇开“八二七”头头，联合多数组织实施“夺权”，并在“夺权”后成立以自己为核心的“江苏省革命造反派联合委员会筹备委员会”及其所谓“核心组”，将“八二七”和支持“八二七”的少数派别排斥在临时权力机构之外。“八二七”方面不甘心大权旁落，于是挑起了一场“‘一·二六夺权’大方向是否正确”的争论。“红总”方面坚持认为“一·二六夺权好得很！”“八二七”方面则宣称“一·二六夺权好个屁！”江苏的造反派由此分裂为“好派”（有些地方称作“支派”）和“屁派”（有些地方称作“踢派”）。

为了尽快稳定江苏政局，恢复社会秩序和生产秩序，周恩来总理于1月底电话指示江苏有关各方组成代表团进京汇报“夺权”情况，准备就江苏“大联合”的机构设置和工作方针等问题进行干预。周恩来在电话指示中还特别强调：代表团要有省委站出来的干部参加，要有南京军区干部参加，要有持不同意见的群众组织代表参加。[①]“红总”方面出于派性利益的考量，组织了一个以自己为多数的“江苏代表团”于2月5日动身赴京，其中包括原省委干部陈光、李士英、包厚昌，南京军区干部杜方平和“八二七”代表袁服武等。“八二七”方面对“红总”的做法严重不满，便另行组织了一个“江苏代表团”前往上海，希望由张春桥、姚文元出面处理江苏问题。周恩来了解到“八二七”方面的动向后非常气愤，立即打电话给有关方面说：这种做法是非常错误的。中央在北京，不在上海，我就是代表中央在解决江苏问题的，我已通知张、姚，要他们不要过问。[②]此后，“八二七”方面将赴沪“代表团”改名为“江苏省赴京控告团”，自行前往北京要求中央领导接见。在这个过程中，江青、张春桥一伙为了其不可告人的目的，在暗中推波助澜，起到了极坏的作用，加剧了两派的对立。

面对这种情况，周恩来和其他中央领导人多次接见江苏两派代表，对他们的派性行为提出严厉批评，要求他们停止关于“夺权”问题的争论，按照中央的统一部署，迅速实现江苏的“大联合”、“三结合”。但是两派头头在江青、康生等人的怂恿下，对周恩来的指示阳奉阴违。于是就出现了“代表团”和“控告团”在北京“文斗”，“红总”和“八二七”下属组织在江苏“武斗”的局面。

2月份发生在南京地区的派性斗争和群众武斗事件主要包括：2月5日，“红总”方面采取统一行动，于夜间在全市的大街小巷里贴满了“一·二六夺权好得很！”“谁反对一·二六夺权就是反革命”的大标语。“南京八二七”和“江苏东方红”等对立组织则于次日发起反击，宣称“一·二六夺权好个屁！”2月12日，“南京八二七”、南大

①② 南京市档案馆编：《南京“文化大革命”大事记》(征求意见稿)，第43页。

“八二七”、南工“东方红”、“江苏东方红”、华水“革联”等“屁派”组织在南大召开“一·二六夺权问题辩论大会”，还发起成立了“炮轰一·二六夺权委员会联络站”。而“好派”方面的华工“革反团”则调集人马前往华东水利学院冲砸“革联”总部，引发两派武斗。2 月 15 日，属于“屁派”的“红三司”下属 13 个组织召开“揭发批判一·二六夺权委员会大会”，属于“好派”的华工“革反团”、南体“一一四”、南工“井冈山”等组织冲击会场，双方发生武斗。2 月 17 日，属于“好派”的南京医学院“六一三”和属于“屁派”的南京五中“八八文革总队”发生武斗。“好派”总部调集南京无线电工业学校“八一二”、南京体育学院“一一四”等组织近万群众围攻五中“八八”。2 月 18 日，“好派”利用“江苏省革命造反派联合委员会筹委会”的名义下令建立“江苏省临时看守所”，准备对“屁派”实行“无产阶级专政”。“南京八二七”、“江苏东方红”等“屁派”组织则在南大召开“制止武斗大会”，制造舆论争取社会各界同情。2 月 22 日，“屁派”借口《新华日报》已经成为“好派”的“派报”，先是在南工大礼堂召开“批判《新华日报》资产阶级反动路线大会”，然后游行前往《新华日报》进行打、砸、抢。如此等等。

另外值得注意的是，张春桥等人的插手对于江苏、南京地区的派性对立和群众武斗产生了极其恶劣的影响。例如在 1967 年 1 月 25 日，张春桥突然通过有关方面告诉“红总”头头说：“江苏工人造反总司令部组织不纯，不是以产业工人为主力军”，因而必须对“工总”进行改组。“红总”头头根据张春桥的指示，借口“工总”领导权被一小撮别有用心的人所把持，堕落到修正主义的边缘，于 1 月 28 日宣布对“工总”进行改组，另外产生了一个以长江机器厂“红旗战斗队”、晨光机器厂“革命职工联合会”、十四所“八八红卫军”等组织为核心的“新工总”。而原“工总”领导层则于 2 月 4 日在玄武湖召开群众大会，指责长江“红旗”搞“宫廷政变”、“分裂省工总”。会后，参加会议的部分人员前往长江机器厂、新联机械厂、《新华日报》进行冲砸。“新工总”则派人捣毁了公交公司“十二三总部”等支持原“工总”的群众组织。此后，新、老“工总”之间的派性武斗不断，如 2 月 13 日双方下属组织在金陵船厂发生了大规模武斗；2 月 23 至 25 日双方下属组织在南京无线电厂发生武斗等等。

上述这些派性武斗事件大大加剧了江苏、南京地区的社会动荡，造成许多企业停工停产，给国家造成了巨大的经济损失。

鉴于江苏政治局势的严重恶化，中央于 3 月初果断决定对江苏实施全面“军管”。3 月 5 日，周恩来总理和中央文革成员康生等人共同出面接见“江苏代表团”和“江苏省赴京控告团”全体成员，宣布了中央的上述决定。随后，中央又对江苏工作做出六条指示：(一) 在军管会下设立两个班子，一个抓革命，一个管生产，把工农业生产和财贸工作抓起来。(二) 公安厅、公安局由军管会接管：1. 不准利用它去抓另一派人；

2. 执行中央转发的《重要通知》;3. 侦破反革命案件,镇压真正的反革命分子;4. 维护交通秩序,抓好消防。(三)由军管会接管报纸,不准用来攻击另一派。如难以出版,即暂出电讯稿。广播电台也接管。(四)重要工厂和轮渡、火车站、邮电部门派军代表。(五)两派革命群众组织,各自检讨自己的缺点和错误,……革命派团结起来,揭露党内一小撮走资本主义道路的当权派。(六)省委负责人,都应该在运动发展和监督工作中考验,经过革命群众同意,有些人可以参加"三结合"。经过一个过程,实现无产阶级革命派大联合,筹备革命的"三结合"。①

根据中央"三五指示",3月10日,由南京军区和江苏省军区首长杜平、张才千、周贯五、赵俊、梁辑卿、傅少甫、刘林、吴大胜、杜方平9人组成的省"军管会"成立,杜平为主任,张才千、周贯五、赵俊、梁辑卿为副主任。军管会下设"革命委员会"、"生产委员会"和办公室等工作机构。3月14日,南京市军管会成立。此后,全省各地、市、县的"军管会"相继成立。省市广播电台、省市公安机关、中国第二历史档案馆等要害部门也实行了军管。

面对当时的复杂形势和重重困难,各级"军管会"做了大量工作。例如在南京地区,南京军区和省"军管会"在中央"三五指示"发布前后,曾多次出动人民解放军制止一些大规模武斗,并果断地于3月9日宣布取缔金陵造船厂"红纵"、延安区土建大队"八三〇指挥部"、红卫林场"红卫军指挥部"、大厂镇"工农红总"、浦口区浦镇土石方大队"东方红红色造反队"等"打、砸、抢"行为比较严重的造反派组织。3月13日,又宣布取缔"省红总"朝阳区总部、新华玻璃纤维厂"红色造反队"等组织。3月14日,又宣布取缔"南京铁路工人革命造反总指挥部"下属的"铁道兵"、南京铁道医学院"毛泽东思想战斗兵团"、遵义区"工人红色造反总部"及其直属纠察队、南京市"工农学革命串联总部"及其所属"飞虎队"等组织。与此同时,派驻各单位的军宣队、军代表还在造反派群众中开办了多期"毛泽东思想学习班",及时宣传中央的各项有关指示。此外在支持生产方面,各地"军管会"也做了不少工作。尤其是在广大农村地区,各级军管会、军代表积极团结那些已经出来工作的地方干部,向农民宣传党的政策,落实各项生产规划,努力协调各方做好种子、化肥、农药等农业生产资料的调配、运输和供应,及时满足了农民的生产需要。上述这些工作对于制止派性冲突、稳定社会秩序、促进工农业生产发展、推动江苏的"大联合"起到了积极作用。

四 武斗不断升级与全面内战的愈演愈烈

如上所述,中央的"三支两军"(指支左、支工、支农、军管、军训)措施,对于社会秩

① 南京市档案馆编:《南京"文化大革命"大事记》(征求意见稿),第49—50页。

序的稳定和生产的恢复发展收到了一些积极的成效。但是在“文化大革命”期间极“左”思潮严重泛滥、无政府主义十分盛行的大背景下，各造反派组织之间的派性斗争是不可能一下子彻底消除的。而林彪、江青一伙出于其篡党夺权的野心，对各地群众运动积极插手，则使得问题变得更加复杂。以江苏、南京地区为例，在中央“三五指示”发布以后，由于各级“军管会”的积极介入和果断措施，群众派性武斗的势头受到及时遏制。从3月初到4月中旬，基本上没有发生武斗事件。然而到4月中旬以后，派性武斗的浪潮再度兴起。这与林彪、江青一伙的极力煽动是分不开的。

在4月2日发表的《人民日报》编辑部文章《正确地对待革命小将》中，提到“如何对待革命小将，是如何看待几个月来两条路线斗争的问题，是如何对待无产阶级文化大革命群众运动的问题，是站在毛主席的无产阶级革命路线一边还是站在资产阶级反动路线一边的阶级立场问题，是要不要培养和造就无产阶级革命事业接班人的重大问题。如果否定革命小将，便是否定无产阶级文化大革命。如果打击革命小将，便是打击无产阶级文化大革命。”该文还提到：“当前，社会上出现了一股资本主义复辟的反革命逆流。党内一小撮走资本主义道路的当权派，对革命小将玩弄阴谋诡计，在革命小将之间搬弄是非，拉一批，打一批，妄图分裂革命小将的队伍，将革命小将引向邪路。同时，他们贼喊捉贼，把那几个资产阶级反动路线的提出者一贯主张的在干部问题上的‘打击一大片，保护一小撮’的反动政策，强加在革命小将头上，攻击革命小将。他们勾结社会上的牛鬼蛇神，抓住革命小将的某些缺点、错误不放，攻其一点，不及其余，全盘否定革命小将的大方向，甚至操纵已垮台的保守派组织进行翻案活动，把一些革命小将重新打成‘反革命’。他们这样做，就是反对毛主席的无产阶级革命路线，就是否定前阶段的无产阶级文化大革命的伟大成果。对于这股逆流，我们必须坚决回击，彻底粉碎！”[①]在4月6日发布的《中央军委十条命令》中规定：“不准任意把群众组织宣布为反动组织，加以取缔。更不准把革命组织宣布为反革命组织”，“对于犯有某些错误的群众组织，要积极进行帮助教育”，“对于过去冲击过军事机关的群众，无论左、中、右，概不追究”，“不能仅仅根据是否冲击过军事机关这一点来划分左、中、右”等。

上述这些说法，显然是将各级“军管会”对群众造反运动和派性斗争的积极干预，与所谓“二月逆流”联系起来，否定了“三支两军”的积极作用。而张春桥、姚文元5月14日在南京地区造反派集会上对南京军区和省“军管会”的批评，与上述说法是一脉相承的。这不但助长了造反派群众的无政府主义倾向和争权夺利的野心，而且在许

---

① 《正确地对待革命小将》，《人民日报》1967年4月2日。

多参加“三支两军”的部队干部战士中造成了极大的思想混乱。有的“支左”人员在工作中缩手缩脚,有的“支左”人员支一派、压一派,使两派斗争更趋激烈。

在上述背景下,江苏、南京地区的派性武斗在4月中旬以后不断升级,全面内战愈演愈烈。有关资料显示,在5月14日至5月24日期间,南京地区共发生武斗37起。5月下旬到6月上旬,平均每天发生武斗18起。[①] 其中较为严重的武斗事件,一次是5月27日发生在南京林业学校的武斗,造成一名学生死亡。另外一次是6月27日发生在南京机电学校的武斗,这次武斗虽然没有造成人员伤亡,但是机电学校的一栋教学大楼被烧毁。另外还发生了数起造反派针对军方和公安机关的行动,例如6月2日,数百“红总”下属组织成员杀向南京铁路公安处,冲砸了在那里举办的“铁道兵总指挥部反革命集团罪行展览”,提出为“铁道兵”组织平反的要求。6月21日,“红总”方面组织300多人冲进已经实施军管的江苏省公安厅,抢走档案材料100余件。十几个肇事者被当场抓获,送交省公安厅军管组。6月24日,“红总”方面又以要求放人为理由,调动近百辆汽车、约4000余人,重重包围省公检法临时委员会,向军管组挑衅,并将军管组长殴打成重伤。他们却伪造军队抓人铐人的照片,作为向“中央文革”小组告状的“证据”。徐州、苏州、常州等地造反派为夺取所谓造反派的“黑材料”,组织静坐、绝食和示威游行等活动,向军管会施加压力。[②]

进入7月份以后,特别是在武汉“七二〇事件”发生以后,江苏、南京地区的派性斗争进一步加剧。有关材料显示,6、7、8三个月是江苏、南京地区武斗事件、全面内乱的高潮。其间共发生武斗和动乱事件91起,占该地区“文革”期间全部武斗动乱事件的80%。共造成死亡33人,占该地区“文革”期间武斗死亡人数的97%。[③] 其中影响较大的武斗事件包括:7月6日发生在南京汽车制造厂的武斗,共造成3人死亡,5人重伤;8月3日发生在南京砖瓦厂的武斗,共造成9人死亡,130余人受伤;9月1日发生在南京化工厂的武斗,共造成9人死亡,数十人受伤。

在此期间,南京以外的武斗冲突以常州、徐州为甚。6月1日凌晨,常州无线电工业学校发生大规模武斗,死亡1人。从此武斗不断。20日,常州市三轮车服务站发生武斗,毁坏房屋52间。7月25日,两大派群众组织在常春饭店、常州柴油机厂发生大规模武斗,死亡8人,重伤4人。9月11日至17日,两派群众组织武斗,共死亡78人,伤115人。武斗造成大批工厂停产,市内交通中断10天,沪宁线被迫中断11天,

---

① 《情况通报》,见1967年6月26日《八·二七战报》特刊(第44—45期)。

② 刘定汉主编:《当代江苏简史》,当代中国出版社1999年版,第226页。

③ 李之荣:《十年动乱期间的南京》(未刊稿)。

邮电通讯中断 15 天。①

8 月 31 日，徐州发生大规模武斗。这次武斗事件是山东军管会负责人及其主要支持者策划指挥的围剿“支派”的统一行动。在这次武斗中，“支派”据点被全部摧毁，许多人流血丧命，大部分厂矿单位停工停产，大约有 5000 余名“支派”成员流落到上海、南京一带。②

另一方面，在林彪、江青一伙提出的“揪军内一小撮”口号的煽动下，江苏、南京地区的造反派还在 8 月前后掀起了一场针对南京军区和许世友的动乱风潮。武汉“七二〇事件”以后，张春桥等人秘密接见了蒯大富，点名诬蔑许世友和其他几个大军区负责人不听中央的话。蒯大富随即派出一二百名“清华井冈山”成员来宁进行“反许乱军”活动。上海同济大学造反派头头也派人来宁，向南京造反派头头传达张春桥的指示：“打倒许世友大方向是对的。”“中央文革”成员林杰也派其亲信何朴在南京和苏南等地活动，积极策动造反派打倒许世友。此外，林彪、江青一伙在南京军区内部的代理人江腾蛟等公开支持造反派反对许世友的活动，对当地局势的混乱起到了推波助澜的作用。

在上述背景下，8 月 1 日，“红总”方面在南京街头贴出了《告全省人民书》，指责南京军区司令员许世友阴谋在南京搞“兵变”。8 月 2 日，南京出现了“一手拿枪，一手拿笔，口诛笔伐许世友”的大字报。8 月 3 日，在“红总”的动员下，包括徐州“支派”在内的许多造反派组织共同向三牌楼南京军区所在地发起冲击，占领了南京军区政治部大楼，威逼南京军区政委、江苏省军管会负责人杜平交出许世友。8 月 15 日，“红总”方面在鼓楼广场举行大规模群众集会，会议期间高呼“打倒许世友”的口号。同日，许世友和杜平的家遭到造反派查抄。8 月 26 日，“红总”方面在南京大学大操场召开“打倒许世友，打倒江渭清，彻底打倒资产阶级反动路线大会”。同日，“揪许火线指挥部”宣告成立，并向许世友发出“勒令书”，勒令其在 9 月 2 日以前交出“认罪书”。8 月 28 日，“揪许火线指挥部”动员南京各造反派组织在南京军区大院门前安营扎寨，宣称“不打倒许世友决不收兵！”

在“反许”高潮期间，南京、无锡、苏州、常州、徐州、连云港、南通、扬州、镇江等地先后发生了造反派袭击军用仓库、抢劫武器弹药的事件。据不完全统计，全省共被抢走各种枪支 5 万支以上。各地造反派手中有了枪支弹药以后，武斗便由长矛大刀升级为枪炮、手榴弹，全省有上百人在武斗中死于非命，几千人致伤致残。京沪铁路在

---

① 江苏省地方志编纂委员会编著：《江苏省志·大事记》(下)，江苏古籍出版社 2001 年版，第 221 页。

② 江苏省地方志编纂委员会编著：《江苏省志·大事记》(下)，江苏古籍出版社 2001 年版，第 223 页。

徐州、常州等地常常被迫停车,中断运行。[①] 后来在中央的强力干预之下,江苏、南京地区造反派的派性武斗和“反许乱军”活动才于9月初得到遏制。

毛泽东在武汉“七二〇事件”之后,逐步意识到林彪、江青一伙反党乱军的企图。他先是在一份下发部队的文件上划掉了“军内一小撮”的提法,然后又于8月18日在上海召见许世友,对南京军区和省军管会表示支持。[②] 8月25日,毛泽东又作出了“拥军爱民”的指示。根据这个最新指示,中共中央、国务院、中央军委、中央文革小组联合发布了一个《关于开展拥军爱民运动的号召》,其中申明:人民解放军和所拥有的各种武器、装备和物资,是不能侵犯的。人民解放军的指挥机关,是不容许外部的人进驻的;除紧急情况,经过中央特许的以外,所有群众组织现有的武器和军用物资一律立即封存,或者上交;人民解放军的全体指战员,一切革命群众组织,必须保持高度警惕,严防坏人挑拨离间,浑水摸鱼。对于现行反革命分子的破坏活动,必须采取专政措施。

周恩来也在8月间向有关方面发来指示,指出南京军区是前线指挥部,不能打乱指挥系统。他还多次反复强调:“许世友是无产阶级司令部的人,中央对许世友同志是要保护的。这不是我个人的意见,这是毛主席的指示精神。”[③]8月15日,中央派出以刘锦平、宋皋为首的调查组来到江苏,制止各地武斗,促进造反派实行大联合。张春桥在得知毛泽东、周恩来对许世友的态度后,也于8月底紧急召见南京造反派头头,告诉他们许世友不能反。

出于上述原因,江苏造反派不得不放弃“反许乱军”的企图。原定于9月2日举行的“10万人批斗许世友大会”流产。9月4日,“红总”、“八二七”和新涌现出来的群众组织“促联”共同达成了《关于坚决制止武斗的协议书》。中央立即批发了这个协议书,并指示将这个协议书和中央的批复一起印发全省。9月10日,设在南京军区门口的“揪许火线指挥部”改为“揪江渭清火线指挥部”。随后,南通、常州、无锡、扬州等地的造反派组织也陆续签订了停止武斗的协议。至此,江苏地区的大规模派性武斗基本得到控制。

① 刘定汉主编:《当代江苏简史》,当代中国出版社1999年版,第227页。

②③ 李文卿:《“文化大革命”中的许世友将军(二)》,《党史纵横》,2002年第12期。

第三节 动乱局面的初步遏制

一 江苏省革命委员会成立

《九四协议》签订以后不久，中央指示江苏各方代表组成江苏省赴京代表团进京谈判。在此前后，中央发出了《大、中、小学校复课闹革命的通知》和“按系统、按部门、按单位实行大联合”的号召，《人民日报》发表了《斗私批修是无产阶级文化大革命的根本方针》、《全国都来办毛泽东思想学习班》等文章，公布了毛泽东“要斗私、批修”的指示。周恩来和“中央文革”小组成员于9月至12月期间多次接见江苏各方代表，转达了毛泽东希望江苏问题迅速解决的愿望，要求造反派群众按照系统、部门、单位实行大联合，并在造反派内部广泛开展以“整顿思想、整顿作风、整顿组织”为主要内容的整风运动，通过“斗私”、“批修”，达到统一思想、统一组织、统一步调，促成安定团结局面的实现。周恩来还特别针对南大造反派头头的许多错误表现提出严厉批评，要求他们克服派性观念，多作自我批评，不要搞垮行业联合，不要插手工厂、农村的群众运动，更不要破坏工厂、农村的正常秩序。

在中央的大力推动下，南京大学“八二七”、“红四联”①和“促联”代表率先于11月21日达成《南京大学实行革命大联合的协议》，主要内容是：一、各派组织自行开展“斗私批修”，迅速实现“革命大联合”。二、双方推派对等人员组成校一级联合指挥部，负责处理本校有关大联合事宜，努力推进本校按系统、按班级、按部门的革命大联合，积极筹备南大革委会。三、全校师生一律回校“复课闹革命”，搞好本单位的斗批改，不要干涉外单位的文化大革命，特别是工人运动。② 中央于12月31日对这个协议作出肯定性批复，并将这个协议与中央批示转发全国各地。此后，南京、无锡、常州、苏州、南通、扬州、镇江等地的造反派群众组织先后达成关于停止武斗和实行大联合的37项协议。南京地区还出现了“南京工人革命大联合委员会”、“南京市财贸系统革命造反派联合委员会”和“南京市大专院校红卫兵革命大联合委员会”等“六大联委”，这就为江苏的大联合奠定了基础。

1968年1月28日，中央首长再次接见江苏赴京代表团，公布了中共中央、国务院、中央军委、中央文革对南京军区党委“检讨报告”的批复，肯定了南京军区和许世

---

① 1967年春，“南大红色造反队”为了对抗数量占优的校内对立派群众组织“南大八二七”，与从“南大八二七”内部分裂出来的“夺权大队”、“一月革命师”和“五一战联”等小组织联合，共同组成“红四联”。

② 《南京大学实现革命大联合的协议》，见《八二七战报》(第84—85期)，1967年12月16日。

友同志在“支左”工作中的成绩,指出当时新出现的极“左”群众组织“捍联”是“破联”,要求大家支持以许世友为核心的过渡权力机构的领导,认真落实已经达成的各项协议。

2月12日,中央指示江苏增派张仲良、许家屯、彭冲(以上三人为书记处书记)、周泽(省委副秘书长)、冒进(《新华日报》副总编)、朱辉(省监委第一书记)、姜祁彤(省财办副主任)、迟明堂(省贫协副主席)等人进京参加“江苏省赴京代表团暨江苏省在京学习班”,共同研究筹建江苏省革命委员会的事宜。与此同时,省军管会和南大军宣队也根据中央的指示,选派了各级干部代表和群众组织代表若干人赴京,参加江苏省革命委员会的筹建工作。

3月20日,中央作出《同意成立江苏省革命委员会的批示》,该批示指出:“江苏成立省革命委员会的条件已经成熟。……中央批准南京军区党委关于江苏省成立革命委员会的请示报告,同意许世友同志为江苏省革命委员会主任和报告中所提的副主任及常委名单。……中央希望:以许世友同志为首的江苏省革命委员会成立后,要更高地举起毛泽东思想伟大红旗,贯彻执行毛主席的无产阶级革命路线,继续发展和巩固无产阶级革命派的革命大联合,继续发展和巩固革命的三结合,深入开展革命的大批判和各本单位的斗、批、改,反对资产阶级、小资产阶级派性,增强无产阶级党性,巩固无产阶级专政,抓革命、促生产、促工作、促战备,把江苏省建成为红彤彤的毛泽东思想大学校。”①

3月23日,江苏省革命委员会成立。许世友被任命为省革委会主任,吴大胜、杨广立、王挺、彭冲被任命为副主任(以后又陆续增补迟明堂、王超柱、华林森、陈和发、赵桂香、蒋科、许家屯等人为副主任)。省革委会下设办事组、政工组、生产指挥组、政法组等工作机构。在此前后,全省各地、市、县革委会也相继成立。例如在省会南京,市革委会与省革委会同时成立,杨广立被任命为主任,滕海清、彭勃、林逸被任命为副主任。此前,该市下属的9个区、26个农村人民公社已经全部实现了“革命大联合”,480多个基层单位建立了革委会。到8月底,江苏7个专区、5个省辖市、60个县全部建立了革委会。

各级革委会的建立,意味着“文革”运动开始由“无序”向“有序”转变。按照“老、中、青”和“军、干、群”两个“三结合”原则建立的各级革委会,吸收了一些此前“靠边”的党政领导干部参加,他们具有丰富的领导工作经验,对于江苏省的经济和社会事业的恢复和发展起到了一定作用。军队干部则在制止动乱和维护社会治安方面做了大

① 《中共中央、国务院、中央军委、中央文革同意成立江苏省革命委员会的批示》,见《新南大》(号外),1968年3月23日。

量工作。不过革委会这种政权组织形式也存在着一些明显的问题：第一，革委会实行高度“一元化”的领导原则，把“文化大革命”前业已存在的党政不分、政企不分的领导体制发展到极致，完全取消了党、政、企事业等领域起码的分工，实现了更大程度的集权，违背了现代政治发展的要求。第二，革委会是“文化大革命”左倾路线的产物，从它成立的第一天起，就将阶级斗争作为自己的主要职能之一。在江苏省、南京市革委会成立之际，张春桥在南京接见省、市革委会全体成员并发表讲话，要求省、市革委会“带领广大群众把斗争矛头始终对准江渭清、陈光，不要动摇”，还极力鼓吹要彻底砸烂旧的公检法机构。王洪文也在南京工人造反派集会上鼓吹“建立文攻武卫，实行群众专政”。在林彪、江青一伙的积极支持下，大批造反派骨干分子在“三结合”的名义下进入各级领导机构，成为国家政治生活和革委会内部长期不安定的因素。第三，在革委会中起主导作用的是军队干部，他们对于地方工作不太熟悉，难免产生决策脱离实际的现象，对于经济和社会事业的发展十分不利。基于上述问题，省革委会成立以后在恢复生产和整顿社会秩序方面并未取得显著效果，而其在错误路线指引下领导的一系列极“左”政治运动，则在很大程度上违背了安定团结的初衷。

二 军宣队、工宣队进驻各级学校

在中央的号召与干预下，江苏各地造反派组织之间很快于 1967 年秋冬达成了关于停止武斗和实行联合的协议。但是在有些地方，群众组织之间的明争暗斗依然存在。各级各类学校的“复课闹革命”也很难开展起来。为了改变这个状况，周恩来在 1967 年 12 月 28 日接见南京大学两派代表的时候，提出了派“军训团”进驻南大的建议。这个建议得到南大两派的热烈拥护。1968 年 1 月初，由南京军区 6483 部队派出的“军训团”进驻南大。此后其他高校和文化单位也陆续派驻了军宣队。进入 1968 年 7 月以后，鉴于北京清华大学两派红卫兵的持续武斗，毛泽东作出了派工宣队进驻清华大学的决定。他还说：“实现无产阶级教育革命，必须有工人阶级领导，必须有工人群众参加，配合解放军战士，同学校的积极分子实现革命的三结合。工人宣传队要在学校中长期留下去，参加学校中全部斗批改任务，并且永远领导学校。”①随后中央向全国发出了派工宣队进驻学校领导“斗批改”的指示。根据这个指示精神，9 月初，省革委会派出由浦镇车辆厂干部职工组成的工宣队进驻南京大学。此后大量工宣队员又陆续进驻全省各大专院校、中等专业学校、城镇中学及报社、电台和科研单位。农村则由“贫下中农管理学校”。据统计，截至 1975 年，南京全市有 817 名工宣队员

① 《工人阶级必须领导一切》，1968 年 8 月 26 日《人民日报》。

进驻120多所中学,373名工宣队员进驻204所小学,有6104名贫下中农参加了农村中小学的管理。①

1968年南京工学院举行欢迎工宣队大会

军宣队、工宣队进驻各级学校以后,在广大师生中大力开办毛泽东思想学习班,为稳定学校的秩序、消除群众派性开展了一些工作。以南京大学为例,从1967年底军宣队进驻到次年3月校革委会成立,共开办干部群众学习班3期,总计办班数量达到501个,全校师生均参加过此类学习班。② 通过反复学习毛泽东的最新指示和中央的指示,开展"斗私批修","两忆三查",广大师生逐步统一思想,加快了南大大联合和三结合的步伐。各地革委会成立以后,各级学校在革委会和军宣队、工宣队的领导下,一方面开展了声势浩大的"斗批改"运动,一方面通过组建各级"红代会"的方法,逐步瓦解了原有的学生派性组织,真正实现了革委会和军宣队、工宣队的垂直领导,对于稳定学校的局势起到了一定的作用。

不过由于军宣队、工宣队进驻各级各类学校的主要任务是搞"斗批改",是服务于"文革"极"左"路线和政策的,其指导思想是十分错误的"两个估计",即"解放十七年,毛主席的无产阶级的教育路线基本上没有得到贯彻执行";原有教师中的大多数"世界观基本上是资产阶级的",十七年是"资产阶级专了无产阶级的政"。这就严重混淆了敌我,混淆了是非,极大地伤害了教育界同人的积极性。当时提出的"复课闹革命"的号召,其着眼点也不是恢复正常的教学秩序,恢复学生的文化课学习,而是在"阶级斗争"观念引导下进行针对广大教师和现行教育制度的"斗批改"。这就注定了军宣队、工宣队的进驻不可能从根本上扭转学校里的动荡局面,而是给教育事业带来更加严重的灾难性打击。发生在南京大学的极端事件"红卫兵考臭教授"就是一个例证。③

---

① 南京市革命委员会办公室编:《南京市各条战线十年成绩资料汇编》,1976年6月。

② 《全面落实毛主席的一系列最新指示,我校出现一派生气勃勃的革命景象》,见《新南大》(创刊号),1968年3月13日。

③ 1967年12月22日,南京大学中文系三年级部分造反派学生为了证明所谓"反动学术权威"、"臭教授"是"草包","不学无术",对该系陈中凡、黄淬伯、钱南扬、王气中、赵瑞蕻、陈瀛等老教授发动突然袭击,要求他们默写指定的毛主席语录、毛主席诗词,列举"革命样板戏"剧目,写出"四个念念不忘"、"四个第一"、"一批二斗三改"等流行语汇的具体内容。老教授们因无法一字不差地交出答卷,受到造反派学生的肆意羞辱、声讨。详见1968年1月1日《八·二七战报》(第89—90期)刊载之《红卫兵考臭教授》。

此外从实际情况看，军宣队、工宣队自身也存在一些问题：其一是有些军宣队、工宣队队员政治素质较差，本来派性观念就很强，因而在工作中就难免发生揪斗不同派别学生的事情。其中比较突出的事例发生在南京一中和南京工学院。其次，军宣队、工宣队队员的文化素质一般较低。以南京林学院工宣队为例，在 143 位工宣队员中，初小、文盲占 82%，其余最多也就是高小、初中程度，个别是中专文化水平。[①] 由这样一批人来领导高校的教学和科研工作，其结果是可想而知的。第三，派驻军宣队和工宣队的决定都是在仓促之间作出的，从中央到地方，各级领导层对于军宣队、工宣队的职责分工以及它们和学校革委会之间的统属关系从来没有进行过认真地考量，因而很快就出现上述三个方面各自为政、互不通气、缺乏统一领导的局面。这对于各项工作的开展也是极为不利的。

三 知识青年上山下乡

知识青年上山下乡并非是“文化大革命”期间涌现出来的“新生事物”。早在 1950 年代中后期和 1960 年代前期，全国就已经有 100 多万知识青年因就业和升学压力被动员上山下乡。“文化大革命”开始后，一方面由于各级各类学校处于停课状态，工厂不招工，商业及服务性行业不断萎缩，另一方面又恰逢建国以来我国人口生育率的第一个高峰期，因此城市里大量初中、高中毕业生既不能升学，又不能安排工作，成为一个很大的社会问题。因此，毛泽东在 1968 年 12 月发出了“知识青年到农村去，接受贫下中农的再教育，很有必要”的指示。[②] 此后在全国范围掀起了一个知识青年上山下乡的热潮。据统计，自 1968 年到 1969 年，全国有 460 万知识青年上山下乡，从 1974 年到 1977 年，全国有 769 万知识青年上山下乡。[③]

江苏省的知识青年上山下乡运动与全国各地的情况呈现出大体相同的态势。据统计，在 1963 至 1979 年间，江苏省共计下放城镇知识青年 86.1 万人。其中在 1966 年以前下放的约为 11.1 万人。1968 年以后城镇知青下放的人数激增，如 1969 年一年就有 14.15 万人下乡。在下乡的知识青年中，74%被安插在农村生产队，21.5%被安插在国营农场，其余则安排在知青农场。[④] 南京地区“文革”期间共下放知识青年 14.7 万多人，超过“文革”前上山下乡人数的 8 倍多。[⑤] 下放地点以苏北淮阴、扬州为

---

① 《驻南京林学院工宣队搞好自身思想革命化的体会》，见《新南大》（第 73 号），1969 年 3 月 30 日。

② 《人民日报》1968 年 12 月 22 日。

③ 江苏省地方志编纂委员会编著：《江苏省志 · 社团志 · 青年团体篇》，方志出版社 2002 年版，第 367 页。

④ 江苏省地方志编纂委员会编著：《江苏省志 · 人口志》，方志出版社 2002 年版，第 167 页。

⑤ 李之荣：《十年动乱期间的南京》（未刊稿）。

主,也有部分知青下放到南京近郊的农村、农场,还有的人去了内蒙古等地。其他地、市也有数目不等的城镇知青下放到周边农村。

知识青年上山下乡,接触农村社会生活,参加农业生产实践,对于培养年轻人吃苦耐劳的品质和艰苦创业的精神不无益处,对于促进城乡交流、帮助农村地区发展经济和普及初等教育等工作也有一定的好处。在江苏地区就曾经出现了董加耕那样的模范人物。但是在极"左"错误路线的指导下,在各种现实困难的压迫下,知识青年上山下乡被作为一项基本国策长期化、固定化,无疑存在严重的后果:第一,它使得许多正值青春年华的青年失去了接受进一步教育的机会,造成了一代青年的知识贫乏和社会人才结构的断裂;第二,它使得大批青年变相失业,给国家、农村和知青家庭增加了经济负担,给知青本人带来了许多现实困难,结果造成许多社会问题;第三,国家对知青的安置经费也是一笔不小的开支。从 1968 年起,国家给每位下乡知青拨付 200 余元的安置费,到 1973 年提高到每人 300 余元,到 1979 年又提高到 600 余元。以每年下放百余万人计,仅知青安置费一项便要支出 5—10 亿元。如果加上农场知青的固定工资、管理和带队干部的开支等,国家每年的财政支出在 10 亿元以上。这在当时是一个不小的数字。① 这还不包括知青探亲报销的路费,口粮及生活困难补助,因重病重伤给予的医疗补助,以及每年举办各级各类知青会议及培训班的支出等等开支。由此可见,知识青年上山下乡运动总体上来说是得不偿失的。

1978 年 1 月 20 日,中共江苏省委知青办中共党组鉴于镇江、扬州、南通、苏州、徐州等地区农业生产遭到严重自然灾害、粮食减产的情况,考虑到广大下乡知识青年尽管坚持参加集体生产劳动,但是仍然有相当一部分知识青年无法解决最基本的生活问题。全省下乡知识青年近 60 万,除去国营农场的 7 万人外,其余 50 多万人中约有 30%—40%的人生活不能自给,省知青办特向省有关部门申请社会救济款 300 万元,以解决知识青年在生活上的困难。②

1978 年 9 月 8 日,江苏省革委会知青办遵照江苏省委的要求,调查了知识青年上山下乡增加农民负担的问题。调查小组分别到江宁县铜井公社和盱眙县马坝公社进行了调查。调查的情况表明,广大下乡知识青年,在农村的"三大革命"斗争中,经受了锻炼,增长了才干,为发展农业生产,建设社会主义新农村,作出了一定的贡献。但是,知识青年上山下乡确实普遍地存在着增加农民负担的问题,集中表现在:增加生产队的开支,主要是知识青年建房,生产队要贴工贴料,造成社员收入减少;知识青年

① 刘文杰:《知青政策大调整纪实》,《党史天地》,1998 年第 2 期。

② 江苏省地方志编纂委员会编著:《江苏省志·社团志·青年团体篇》,方志出版社 2002 年版,第 370 页。

下乡后，使生产队劳动力增多，用工量增大，因而相对降低了工分值，减少了社员收入；增加了地少人多的矛盾，知识青年到农村插队，除建房用地外，一般都划给少量的自留地；影响分配兑现，许多知识青年因病或其他原因出勤少，已婚知识青年生孩子负担重等原因，劳动所得无法解决温饱，年终分配时超支挂账，严重影响了社员群众的分配兑现。这些情况进一步加大了知识青年与农民之间的矛盾。

1978 年 12 月 10 日，中共中央批转了全国知识青年上山下乡工作会议的《会议纪要》和《国务院关于知识青年上山下乡若干问题的试行规定》。这次会议及其形成的文件成为知识青年上山下乡运动的转折点。其主要精神是：上山下乡要逐步缩小范围，有条件安置的城市不再动员下乡，尚需动员下乡的不再插队，要因地制宜举办知青场、队，国家给予优惠政策；已在农村插队的知识青年，要逐步给予解决，老知青问题要限期解决，城镇要积极开辟新领域、新行业，扩大就业门路。

中共十一届三中全会以后，知识青年上山下乡工作开始拨乱反正，工作重心转向解决历史遗留问题。1981 年底，国务院知青办并入国家劳动总局，开始把作为政治运动的上山下乡定位为劳动就业的社会问题。江苏省委省政府根据中央的指示精神，开始逐步安排知识青年返回城市就业。此后，江苏下放知青的问题陆续得到基本解决。

四　南京长江大桥建成通车

“文化大革命”是一场全局性的动乱，它对我国政治、经济、文化和社会发展事业的影响是不言而喻的。但是在“文革”时期十分困难的条件下，在周恩来等中央领导同志的正确领导之下，在广大干部和群众的共同努力之下，我国的建设事业依然取得了一些重大成就。南京长江大桥的建成就是一个例证。

南京长江大桥是我国自行设计、自行施工的特大型铁路、公路双层两用桥梁。它的建设酝酿于 1950 年代中后期，开工于 1960 年代初期，建成于 1968 年。总投资 2.8 亿元。

南京地处长江下游，江宽水深，地质情况复杂，多少年来人们一直渴望在南京修建一座长江大桥，但终因技术难度大，只能望江兴叹。20 世纪初中国建成的沪宁、津浦两条铁路，因长江天堑的阻隔而被一截两段。1933 年 9 月，由英商道门朗和马尔康公司分别承造的浦口、南京两座火车轮渡栈桥和“长江号”火车轮渡建成。南京解放前夕，轮渡设备陈旧，栈桥岌岌可危，双轮航行，每天只能渡 20 渡左右，约 300 多辆货车，且客车不渡，夜间不渡，刮大风、雾天不渡。运输能力十分有限。①

① 江苏省地方志编纂委员会编著：《江苏省志・政府志》，方志出版社 2002 年版，第 608—609 页。

新中国成立以后，长江天堑依然是制约经济和社会发展的瓶颈。由北方开往苏、沪、浙、赣、闽诸省、市的货物列车被迫绕道京广线，造成许多不必要的损失。为此，中央于1950年代中期决定在南京建设一座跨江大桥。根据中央的战略部署，铁道部大桥局于1957年10月组成南京长江大桥筹备小组进驻南京，着手前期准备工作。1958年9月，经国务院批准，南京长江大桥建设委员会成立，江苏省省长惠浴宇任主任委员，南京市市长彭冲、铁道部大桥局局长彭敏、江苏省交通工作部部长王治平等人任副主任委员。1959年5月，经过有关部门和国内众多桥梁专家的共同努力，南京长江大桥的设计方案初步确定。11月，南京长江大桥指挥部成立，铁道部大桥局干部彭敏等人出任指挥部正副总指挥；江苏省委干部周一峰等人出任正副政委。与此同时，负责桥梁施工的铁道部大桥局二处、四处干部职工先后抵达南京。

1960年1月，南京长江大桥9号桥墩钢围笼浮运下水，正式宣告南京长江大桥的开工。在其后的几年中，南京长江大桥的建设在中央和地方政府的大力支持下，在全国人民的大力援助下，在建桥工人和技术人员的共同努力下，克服了三年自然灾害和“三线”建设资金分流等因素所造成的种种困难，始终没有中断。

“文化大革命”爆发后，在林彪、江青一伙的煽动下，部分大桥工地工人也卷入了地方派性冲突，长江大桥的建设一度受到一些影响。在此情况下，中央及时对大桥实施“军管”，使建设工作得以继续，并在1967年8月16日实现了大桥钢架合龙。1968年3月江苏省革委会成立以后，随着社会局势的逐步稳定，省、市革委会对大桥的建设非常重视，动员和组织了大批各行各业的劳动者赴大桥工地劳动，加快了大桥建设的进程。1968年9月30日，铁路桥通车。同年12月29日，公路桥通车。南京长江大桥至此全面建成。

1968年建成通车的南京长江大桥

南京长江大桥全长6772米，为当时国内最长的铁路、公路两用桥。其设计和施工人员在建桥过程中创造了大量的新工艺、新技术，标志着中国的建桥技术达到了世界先进水平。1986年5月中国首次公布国家科技奖时，南京长江大桥建桥新技术荣获国家级科技进步特等奖。大桥的外部装饰——如桥头堡上的雕塑，大桥路灯和桥边栏杆上的浮雕等——不但具有鲜明的民族特色，而且具有强烈的时代特征，充分反映了当时的价值观念和审美情趣。

南京长江大桥的建成，将津浦、沪宁、宁芜三条铁路线联结起来，使南北交通运输效率显著提高，火车过江时间由原先轮渡二小时缩短为 26 分钟，公路桥设计通行能力为每日通过各种汽车 1.2 万辆。建桥投资 2.8 亿元，在大桥通车后三年内即已收回。至今，这座由中国人自己设计、自己制造的大桥依然在国民经济建设中发挥着十分重要的作用。[①]

第四节 整党建党和批林批孔运动

一 中共江苏省第五次代表大会召开[②]

中共江苏省第五次代表大会是在特定的历史条件下召开的。

1969 年 4 月，中共第九次全国代表大会在北京召开。中央召开这次大会的初衷，是要进一步制止社会动乱，重建党的各级领导机构，迅速恢复政治、经济和社会秩序，促成安定团结的政治局面的实现。但是在“文革”错误指导思想的影响下，在林彪、江青一伙的捣乱破坏下，这次大会实际上延续了此前“文革”的极“左”错误。中央对刘少奇等人的错误处理和各地造反派的“打砸抢”行为在林彪所作的政治报告中再次得到肯定。所谓“阶级斗争”、“反修防修”的错误观念得到进一步强化。林彪、江青反革命集团主要成员纷纷进入党中央的核心领导机构。在此后的“整党建党”工作中，许多帮派体系成员受到提拔重用。有些非党员造反派头头也在“纳新”的名义下混进党内，并在地方各级领导机构中担任重要职务。

在上述背景下，1970 年 12 月 19 日至 26 日，中共江苏省第五次代表大会在南京举行。出席大会的代表共计 846 人。许世友代表省革委会党的核心小组向大会作了题为《沿着毛主席的无产阶级革命路线，继续革命，乘胜前进》的工作报告。会议期间选举产生了由 56 名委员、33 名候补委员组成的中共江苏省第五届委员会。在五届一次全体会议上，选出省委常委 9 名。许世友当选为中共江苏省委第一书记，杜平、吴大胜当选为省委书记，彭冲、杨广立当选为省委副书记。

由于这次大会是为贯彻中共第九次全国代表大会精神而召开的，因而也不可避免地带有浓厚的极“左”色彩。例如大会提出了“高举两个阶级、两条道路、两条路线

---

① 江苏省地方志编纂委员会编著：《江苏省志·政府志》，方志出版社 2002 年版，第 610 页。

② 1970 年召开的省党代会，当时称为中共江苏省第三次代表大会，否定了 1956 年召开的第三次代表大会和 1962 年召开的第四次代表大会，这是错误的。1977 年 7 月 27 日江苏省委五届十次全体会议通过的《关于统一省党代表大会次数称呼的说明》已予纠正，指出那次党代会应该称为中共江苏省第五次代表大会。

斗争之纲”的错误口号,作出了继续进行“清理阶级队伍”、“一打三反”和清查“五一六反革命集团”等错误决定,结果都造成了严重的后果。其次,在大会选举产生的省委委员中,军队和群众组织中的党员代表各占35.9%,地方党员干部占28.2%,还把一些靠造反起家、帮派思想严重和有“打砸抢”行为的人选进来,结果造成政治上、组织上的严重不纯。① 第三,按照“九大”通过的党章和建党纲领,在全省进行“开门整党”和“吐故纳新”,有些地方还搞“突击发展”,全省党员数由1965年的92万多人增加到1976年的177万多人,使一些帮派骨干分子和派性严重的人混入党内。② 第四,中共江苏省第五次代表大会后,省委和省革委会在组织上实行一套班子、两个机构的体制和“一把手”负责制原则,因而省委作为省一级地方领导机构的作用并不明显,省委领导班子内部的民主集中制原则也没有得到很好的贯彻实行。此后江苏的许多过火的政治运动和经济建设中的“瞎指挥”都与此有关。

二　清理阶级队伍

“清理阶级队伍”是“文化大革命”中“斗批改”的产物。全国范围的“清理阶级队伍”运动大致始于1968年5月以后,这与毛泽东的几个指示有关。1968年5月19日,毛泽东在一次谈话中对“斗批改”的概念进行了解释,指出:“建立‘三结合’的革命委员会,大批判,清理阶级队伍,整党,精简机构,改革不合理的规章制度,下放科室人员,工厂里的斗批改,大体经历这么几个阶段。”③5月25日,中共中央、中央文革又向全国转发了毛主席关于“北京新华印刷厂军管会发动群众开展对敌斗争的经验”的批示。于是全国各地纷纷掀起了“清理阶级队伍”运动的高潮,其斗争矛头集中指向所谓“叛徒”、“特务”、“走资派”、“现行反革命分子”、“历史反革命分子”和其他各种“阶级异己分子”。

从1968年6月到1969年3月是江苏“清队”运动高潮期。在此期间,从省、市领导机关到每个基层单位,从工业、财贸、文教、城建系统到城镇街道、农村生产队,很多地方、领域受到波及。仅在省会南京,1968年6月间就由6483部队派出2000多人组成626个小组,深入982个单位发动“清队”工作。④ 其他各地、市、县也组成了规模不等的“清队”工作组进驻各单位领导运动。

“清队”运动在做法上主要是大轰大哄,常常召开声势浩大的所谓“宽严大会”,在

---

① 刘定汉主编:《当代江苏简史》,当代中国出版社1999年版,第233页。

② 江苏省地方志编纂委员会编著:《江苏省志·中共志》,方志出版社2002年版,第166、167页。

③ 《紧跟伟大领袖毛主席的战略部署前进》,《人民日报》1968年8月26日。

④ 李之荣:《十年动乱期间的南京》(未刊稿)。

群众中大办所谓“学习班”，鼓励群众搞所谓“大批判、大排查、大揭发、大斗争”。其次，是组织所谓“专案组”，对许多无辜干部群众进行“专案审查”、“群众专政”。结果造成许多冤假错案，许多人受到诬陷、批斗、打骂和非法监禁，有些人被迫害致死。据不完全统计，截至1968年底，南京市共清查出所谓“阶级敌人”9935人，其中“叛徒”492人，“特务”1954人，“历史反革命分子”2343人，“现行反革命分子”1074人，“阶级异己分子”652人，其他各种“坏人”3462人。造成3人被打死，333人被逼自杀。① 再以南京大学为例，截至1968年底，全校共组织学习班9期，组织批斗大会15次，批斗29人，各系自行组织批斗的对象85人，批斗345人次。全校成立了285个专案组，办专案的队伍达1510人，全校被立案审查的对象141人，定案41人。在审查中，不幸死亡者5人。②

从事后复查的情况看，当时对上述各种人的指控绝大多数属于无中生有、捕风捉影的类型，有些则属于恶意歪曲事实真相、“欲加之罪，何患无辞”的产物。例如有些被指称为“特务”、“历史反革命”的人，其实是革命战争年代经党组织批准打入敌人内部从事地下工作，并建立了卓越功勋的革命同志；有些被指称为“叛徒”的人，其实只是曾经遭到敌人逮捕监禁，并没有叛变出卖情节，而后得到党组织营救重新参加党的工作的革命同志；有些所谓“现行反革命分子”，只不过是在读报刊、喊口号时偶尔发生口误而获罪的；有些所谓“阶级异己分子”，仅仅是因为其家庭出身而获罪的。从各种指控罪名的针对性看，所谓“叛徒”、“特务”、“走资派”问题，一般主要是针对各级地方领导干部的；所谓“特务”、“历史反革命”问题，一般主要是针对中老年知识分子的，所谓“阶级异己分子”问题，一般主要是针对那些家庭出身不好的人的；所谓“现行反革命分子”问题，一般是针对那些对“文革”有不同看法的年轻人的。

面对“清队”运动的严重扩大化，毛泽东曾先后多次明确指示加以纠正。根据毛泽东的一系列指示，中央于1968年12月26日发出《关于对敌斗争中应注意掌握政策的通知》，指出“对反革命分子和犯错误的人，必须注意政策”；“在提到敌人的名称时，应遵照中央、中央文革历来文件中所明确规定的用语，如：叛徒、特务、死不改悔的走资派，没有改造好的地、富、反、坏、右分子，现行反革命分子等等，不要采用含糊不清的容易混淆两类矛盾，扩大打击面的词汇。在犯过走资派错误的人们中，死不改悔的是少数，可以接受教育改正错误的是多数，不要一提起‘走资派’，就认为都是坏人”；“在被审查的干部中，须区别是已经定性的叛徒、特务、死不改悔的走资派，或是

---

① 李之荣：《十年动乱期间的南京》（未刊稿）。

② 王德滋主编：《南京大学大事记》，南京大学出版社1989年版，第130—131页。

尚未定性的‘靠边站’的干部,不可把两类人统称之为‘黑帮’、‘牛鬼蛇神’。对后一类尚未定性的人,须一分为二,有一部分是未查清的坏人,有一部分是属于‘犯错误的好人’,要多做教育工作,在他们有了觉悟的时候,及时解放他们。对于反革命分子的子女和犯错误的人子女,也要多做思想教育工作,争取其中的大多数逐步接受工农兵的再教育,使其中少数坚持与人民为敌者孤立起来。即使是反革命分子的子女和死不改悔的走资派的子女,也不要称他们为‘黑帮子女’,而要说他们是属于多数或大多数可以教育好的那些人中间的一部分(简称‘可以教育好的子女’),以示他们与其家庭有所区别。实践结果,会有少数人坚持顽固态度,但多数是肯定可以争取的”。① 此外,中央还批转了驻清华大学工宣队关于《坚决贯彻执行对知识分子“再教育”“给出路”政策》的报告和《北京市北郊木材厂认真落实党对民族资产阶级和小资产阶级的各项政策》等文件。此后全国范围的“清队”运动开始降温。江苏省革委会也作了相应部署,大规模的“清队”运动告一段落。

但是在极“左”思想指导下,各单位的“清队”工作并没有完全停息。据不完全统计,在1969年“清理阶级队伍”中,江苏全省范围被误作“叛徒、特务、现行反革命”等重大问题审查和遭受迫害的有近100万人。② 1970年11月13日,省革委会再次向国家公安部呈递汇报材料称:在全省“清队”中,共挖出各种所谓反革命分子8.319万人,其中“特务”7875人,“叛徒”3.0684万人,“现行反革命分子”4523人,“没有改造好”的地、富、反、坏、右分子2.3622万人,其他1.6486万人。③ 此外还有资料显示,在1969和1970年,南京市每年发生的所谓“政治案件”均在1900起以上,其中所谓“反革命集团”案有201起,涉案人员达到1600多人。而据1979年所做的复查,上述案件中属于冤假错案的达70%以上。④ 中共十一届三中全会以后,这些错案均得到平反和纠正。

三 清查“五一六”分子

紧随“清理阶级队伍”运动而来的是清查“五一六”分子的运动。

所谓“五一六”分子,最初是指1967年春夏在北京出现的一个带有极“左”色彩的红卫兵造反派组织,其全称是“首都五一六红卫兵团”。该组织规模不大,全部成员大约只有50人左右,主要来自北京钢铁学院和北京外交学院,其领袖人物是张建旗。

---

① 《中共中央、中央文革关于对敌斗争中应注意掌握政策的通知》(中发[68]170号)。

② 江苏省地方志编纂委员会编著:《江苏省志·大事记》(下),江苏古籍出版社2001年版,第234页。

③ 江苏省地方志编纂委员会编著:《江苏省志·中共志》,方志出版社2002年版,第318页。

④ 李之荣:《十年动乱期间的南京》(未刊稿)。

他们在“中央文革”小组的支持、怂恿下，在北京街头贴出大字报、大标语，攻击周恩来是“资产阶级反动路线的制定者和执行者之一”，宣称“炮打周恩来是当前运动的大方向”。

“五一六兵团”的上述活动引起首都广大群众的极大愤慨，他们纷纷要求严惩这批动乱分子。1967 年 9 月，毛泽东在审阅《人民日报》的一篇文章时，加写了如下一段话：“现在有一小撮反革命分子也采用这个办法，他们以貌似极‘左’而实质极右的口号，刮起‘怀疑一切’的妖风，炮打无产阶级司令部，挑拨离间，浑水摸鱼，妄想动摇和分裂以毛主席为首的无产阶级司令部，达到其不可告人的罪恶目的，所谓‘五一六’的组织者和操纵者，就是这样一个搞阴谋的反革命组织。应予以彻底揭露。”[①]此后首都公安部门与各群众组织积极配合，很快就将这个反动组织的活动情况调查清楚，其首要分子遭到逮捕法办，问题基本上得到解决。

但是林彪、江青一伙为了打击那些对其极“左”路线有所怀疑和不满的人，借清查“五一六”问题大做文章。在他们的鼓噪之下，中央于 1968 年成立了清查“五一六”专案领导小组，陈伯达任组长，谢富治、吴法宪为领导小组成员。1970 年 1 月，中央发出了《关于打击反革命破坏活动的指示》。3 月，经过毛泽东批示，中央又发出了《关于清查“五一六”反革命阴谋集团的通知》。在此背景下，各省、市、自治区以及下属的地市县革委会纷纷发出文件，成立清查“五一六”领导小组和办事机构。一场在全国范围持续数年的清查运动就此展开。数以百万计的无辜干部、群众被打成所谓“五一六”分子，遭到残酷迫害。

江苏是全国清查“五一六”运动的重灾区之一。当时江苏省的主要领导人基于错误的判断，作出了“破口、围点、扫面、深挖”的清查部署。很快在省、地、市、县各级设立了由军队“支左”人员组成的权力很大的“第二专案办公室”（南京称“三二〇”办公室），简称“二办”，统管清查工作，有权拘留、逮捕、关押、审讯“五一六”涉案人员。从 1970 年春末至 1974 年夏初，在许多地方和许多单位，专案组人员在清查过程中严重混淆了敌我关系和是非界限，造成十分严重的政治后果。据不完全统计，全省共清查出所谓“五一六”分子 13 万多人，其中被折磨致死致残的有 6000 多人。[②] 在省会南京市，有 1083 个区属以上单位开展了所谓“深挖”，占区属以上单位总数的 80%以上，动员群众数量在百万以上。[③] 截至 1972 年底，全市有 2 万多人被打成“五一六”分子，其

---

① 《在革命大批判的高潮中实现革命的大联合》，《人民日报》1967 年 9 月 17 日。

② 刘定汉主编：《当代江苏简史》，当代中国出版社 1999 年版，第 235 页。

③ 中共南京市委：《关于落实清查五·一六政策情况的报告》，1975 年 4 月 18 日。

中300多人被逼死。[①]

在一些所谓"重点单位",清查带来的危害更加严重。例如在华东电子管厂,全厂3800名职工当中,被怀疑为"五一六"分子的人数达到2700多人,最后被正式定为"五一六"分子的有1226人,占职工总数的32%,其中有7人被残害致死。[②] 在南京市市政公司,被打成"五一六"分子的有894人,而上了怀疑名单的有1200多人,占职工总数的59%。[③] 南京大学在1970年春夏的"清查"高潮期间,全校2000多名教职员工当中有1560人受到运动波及,有1154人上了清查"大名单",有108人受到关押,有21人跳楼、自缢、卧轨自杀身亡。[④]

原地方党政机关在"文革"中被称为"旧机关",其工作人员被视为"旧人员"。当时江苏省的主要领导人认为这些"旧人员"中有不少人对"军管"有抵触不满甚至反对情绪,易与"五一六"气味相投,因而也将其列为清查对象。其中原各级地方领导干部成了清查重点,尤其是那些被打成"走资派"、"三反分子"、"叛徒"、"特务"、"假党员"的领导干部,往往被当作"五一六"的"黑后台"、"黑顾问"加以深挖。有不少已经"三结合"进入各级革委会的领导干部也不能幸免。例如在1971年秋冬,省"二办"奉命抓紧对全省地市厅局级以上地方领导干部进行排队摸底,排出了一批涉嫌"五一六"问题的对象。在省级领导干部中占72%,厅局级领导干部中占38%,15个地市领导干部中占41%,地市一把手中占69%。省革委会常委成了清查的重中之重,45人中有25人被打成"五一六",其中有8名军队"支左"干部。其余除吴大胜、杨广立、蒋科三位部队"支左"人员外,都挂上了大名单,作为"五一六"嫌疑分子"背靠背"审查。省革委会领导人之一的彭冲竟也挂上了"大名单"。[⑤]

在南京市的清查运动中,原市级机关160多名部、局长以上干部绝大多数被怀疑为"五一六"。原市委9个部、委、办的负责干部17人,被"密封"、隔离和上了"大名单"的有13人,占76%。原市委常委、副市长以上干部12人,除2人生病休养以外,10人中有9人被列为"五一六",占90%。现任市革委会69名成员中,被隔离、触动、怀疑的有47名,占总数的68%,市革委会常委15人中,被隔离审查11人,占73%。[⑥] 市革委会机关450余人,至1971年底已有107人打成"五一六",加上挂上"大名单"的200余人,打击面也达到70%左右。[⑦]

此外,省"二办"还奉命大整军内涉嫌"五一六"问题的干部材料。据1975年5月3

①④⑤⑦ 潘祝平:《江苏清查"五一六"冤案》,《炎黄春秋》2007年第11期。

② 刘定汉主编:《当代江苏简史》,当代中国出版社1999年版,第235页。

③ 中共南京市委材料组编:《中共南京市委常委(扩大)会议揭发批判材料汇编》,1974年11月20日,第44页。

⑥ 中共南京市委材料组编:《中共南京市委常委(扩大)会议揭发批判材料汇编》,1974年11月20日,第25—26页。

日省委调查研究组的调查报告，在查获的省“二办”秘密档案中发现，被整理材料的军内干部有 298 名，其中军级以上干部 84 名，仅南京军区机关的军级领导干部就有 11 名。①

江苏其他地市清查“五一六”也不甘落后。例如盐城地区原地委常委 13 人，有 6 人被打成“五一六”，4 人挂上“大名单”；中层干部 84 人，有 43 人被打成“五一六”，占 51%。地区公检法机关 500 余干警，有 327 人被打成“五一六”，占 65%。溧水县死亡 36 人，被严刑拷打重伤 100 多人；滨海县死亡 18 人，伤残 60 多人。②

清查“五一六”运动造成如此严重的危害，既与当时中央的极“左”路线有关，也与各单位负责人和专案人员的胡作非为有关。其具体表现包括：

第一，臆造“敌情”，大造“深挖”舆论。如前所述，所谓“五一六”只是北京的一个人数很少的极“左”组织，并没有一个遍布全国的“五一六反革命集团”。而且北京的“五一六”问题在 1967 年夏秋就基本得到解决。但是林彪、江青一伙在江苏的代理人却凭空臆造，胡说什么“江苏是五一六大本营，南京又是江苏的重点”，“数量不少，质量不低”，还说“五一六不仅党内有，军内有，新老干部、工人、贫下中农和学生中都有”，因而要“一个不漏”，“挖地三尺”，把“五一六挖深、挖透、挖彻底”。在运动高潮期间，各地区、各单位多次反复召开千人大会、万人大会、几万人大会，对专案人员和广大群众反复宣传上述错误观点。

第二，对专案人员采取高压政策，迫使他们“拿成果”、“出捷报”。在运动初期，在没有进行任何调查研究的情况下，在没有任何证据的情况下，省、市革委会中的某些人就凭空捏造说某单位“五一六分子不少于一个营”，某单位“既有大鲨鱼，又有肥板油，根子又黑又粗”。有些派驻各单位的军代表、工作组还无中生有地向专案组人员宣布：上面已经掌握了本单位“五一六”分子的大名单和联络图，专案组的任务就是要想方设法让这些人认罪，交代其所知道的各种情况。他们还向下面限时间、压任务，甚至要逐级立下“军令状”。对于那些有不同意见的专案组成员，或者是没有按时完成“深挖”指标的单位，则不断展开所谓“反右倾”斗争，轻则被指责为“心慈手软”、“立场不稳”，加以“批评教育”；重则调离专案组，接受“组织处理”。

第三，对审查对象搞“突然袭击”、“重点突破”，以求达到“杀一儆百”的效果。在运动初期，各单位通常选择三种人作为“突然袭击”、“重点突破”的对象：一种是“文革”初期被打倒的领导干部；一种是有一般历史问题的职工；一种是在“文革”中有某些错误的造反派头头。之所以如此，主要是因为在各单位领导和专案人员看来，这些人反正有辫子可抓，即使搞错了也不要紧。这实际上反映出各级领导在毫无证据的

①② 潘祝平：《江苏清查“五一六”冤案》，《炎黄春秋》2007 年第 11 期。

情况下搞乱揪乱斗的心虚表现。另外对这些“死老虎”搞突然袭击,进行“背对背”的隔离审查,可以制造出一种神秘的紧张气氛,对一般群众造成心理压力。

第四,宣扬“深挖”特殊论,为大搞逼供信、神秘化和排斥异己寻找“合法性”借口。在清查期间,诸多革委会负责人和军代表一再宣称:“深挖”是一场“特殊”的战斗。还说什么“五一六”是一个十分隐秘的反革命组织,其成员“上不告父母,下不告妻子儿女”,“反革命攻守同盟坚固”,而且近来为了躲避“深挖”打击,他们已经实行了战略退却,销毁了大量罪证,准备“隐蔽精干,保留骨干,二十年后再干”。因而惯常的“调查研究”方法不适用于这次“深挖”。各专案组必须“以我为主,以战养战”,从审查对象的口中套取口供,“取之于敌,用之于敌”。还有的地方提出,有没有加入“五一六”组织的手续和相应的组织关系,并不是界定“五一六”分子的唯一标准,查不到“组织关系”就查“反动活动”,查不到“反动活动”就去查“反动言论”,查不到“反动言论”就去查“反动思想”。总之要对审查对象搞“密封式”审查,而且“要强攻猛打,不给敌人以喘息机会”。

在上述指导思想之下,形形色色的逼供信大行其道,许多人因而蒙受不白之冤。例如有的负责人公开说:搞“五一六”没有别的经验,就是通宵达旦地干,几天几夜地干,这叫做“不势逼梁山不会下关东,不卡住脖子不大便”。因而各单位专案组人员对审查对象大搞“车轮战”、“疲劳战”,几天几夜不让审查对象睡觉,还得意地宣称这种经验是“磨战通宵,拂晓取胜”。有的地方甚至采用了过去国民党特务机关对待共产党人和革命志士的种种酷刑。至于罚站、罚跪、打耳光更是家常便饭。还有的地方大玩“指鹿为马”的把戏,把造反派组织的图章说成是“五一六”的图章,把一般图纸说成是“五一六”联络图,对审查对象进行“诱供”、“逼供”。还有的地方利用亲情关系去“打动”审查对象,大搞所谓“政策攻心”,把是否交代问题与是否准许家属探视直接挂钩。还有的地方对审查对象搞“假转移”、“假升级”甚至“假枪毙”,给他们制造强大的精神压力。总之为了逼出口供,不择手段。

当审查对象在种种压力之下承认自己是“五一六”分子时还不行,他还必须交代其“上线”和“下线”,即他加入“五一六”是由谁介绍的,他加入“五一六”以后又发展了哪些人。这样所谓“大名单”、“联络图”越搞越大,涉案人员越来越多。例如南京市城建系统的一个“重点对象”在刑讯逼供之下,不但承认自己是“五一六”分子,而且说自己逛马路、进澡堂洗澡、在外面饭店吃饭时都在发展“五一六”成员。当专案组人员要求他写出这些“五一六”分子的名字时,他根本写不出来。于是专案组人员便启发他:交不出姓名就交模样,交不出模样就交数字。结果他一下子交代出一个3000多人的“五一六”大名单,其中有姓有名者248人,有姓无名者83人,无名无姓者2682人。

另一位“重点对象”在专案人员的诱逼之下，编造说南京市级机关中有“五一六”12个小组、6个联络站、13条线，并画出12张联络图，涉及374人，其中部、局长以上干部57人。① 省内其他地方与省会南京的情况极为相似。当时流传的一个说法是：“‘五一六’，家家有，不是亲，就是友。”

以上这些荒谬做法，一直受到广大干部群众的强烈反对和抵制。有些奉命参加专案组的同志一开始就提出：“打人家五一六有什么证据?”结果遭到上级的严辞训斥，有些甚至被当作“阶级斗争新动向”加以压制。根据原南京市“三二〇”办公室统计，仅在1971年12月，就有570多人因“心慈手软”、“立场不稳”被调离专案组。1972年2月，在一次南京市区、县、局和部分工厂负责人会议上，许多与会同志对“深挖”问题公开提出质疑。1973年11月，南化公司党委负责人刘雪初通过调查研究，认为清查“五一六”运动大搞逼供信，把全厂3000多干部职工打成“五一六”分子，违背了毛主席的指示，于是对此进行了全面复查。当时市委负责人坚持错误，责令该厂停止复查。结果遭到南化党委的坚决抵制。同年12月，南京734厂出现了批判清查“五一六”的大字报。②到1974年3月以后，南京揭发“深挖五一六”问题的大字报以及材料越来越多。新华日报社王晓智、余华明、王春南等人撰写的批判江苏深挖“五一六”问题的系列大字报被广泛传抄，在社会各界引起极大反响。省内其他地方，也不断有死者家属贴出要求“严惩凶手”的大字报。东台、射阳等县曾经有死者家属和一些遭受迫害的人涌到县委门口投诉。滨海县还发生过“十二寡妇赴京告状”事件。

在巨大的社会舆论压力之下，江苏省从1974年夏天开始对所谓“五一六”问题进行复查。8月31日，省委下发了《关于清查“五一六”工作中的一些问题的处理意见》(苏委发[1974]91号)，承认犯了“扩大化”的严重错误，并明确指出应由当时省委主要负责人吴大胜负主要责任。对清查中的问题，提出了6条处理意见：(1) 坚决执行“有反必肃、有错必纠”的方针，严格区别和正确处理两类不同性质的矛盾；(2) 经审查不是“五一六”，又无重大政治问题的，组织上仍应继续信任；(3) 经审查不是“五一六”，又不属敌我矛盾性质的问题，在审查期间被扣发的工资，应予补发；(4) 经审查不是“五一六”，其所有假材料，在善后工作结束时，由组织上统一销毁；(5) 被审查人员的“五一六”问题排除后，审查单位向有关方面提供过材料的，组织上应主动为其消除政治影响；(6) 在审查期间非正常死亡的，应根据问题的性质，作出恰当的结论。②此后不久，绝大多数被打成“五一六”的干部群众得到平反昭雪。到党的十一届三中

---

①② 李之荣：《十年动乱期间的南京》(未刊稿)。

② 江苏省地方志编纂委员会编著：《江苏省志·中共志》，方志出版社2002年版，第320页。

全会以后,这个问题始得到彻底解决。

四 开展“批林批孔”

1971年9月13日,林彪携家人叶群、林立果和少数亲信乘飞机外逃,摔死在蒙古温都尔汗,造成震惊中外的“九一三事件”。周恩来在毛泽东的支持下主持中央工作。他努力促成一批老干部重返各级领导岗位,其中最重要的举措是在1973年恢复了邓小平国务院副总理职务。他还积极支持邓小平等人对各行各业进行整顿,对一些极“左”错误加以局部纠正,使各方面工作有了很大起色。

毛泽东对周恩来、邓小平等人领导的整顿持一种矛盾态度。一方面,整顿带来社会秩序的恢复和工农业生产的发展,得到毛泽东的赞许;另一方面,整顿工作的不断深入,又不可避免地导致对“文化大革命”的全面否定。特别是经过前面几年的动乱,广大干部、群众对“文化大革命”的怀疑和抵制情绪日益增长,一种否定“文革”的社会心理悄然滋长。这是毛泽东不愿意看到的。为了从整体上维护“文化大革命”,巩固“文化大革命”的成果,毛泽东感到有必要开展一场意识形态的斗争。他多次强调指出,林彪问题的实质是“形左实右”。这就为周恩来、邓小平等人的纠“左”设置了巨大的障碍。1974年1月18日,经毛泽东批准,中央转发了北京大学、清华大学大批判组选编的《林彪与孔孟之道》(材料之一)。从此,一场“批林批孔”运动在全国展开。

江青反革命集团出于其篡党夺权的需要,利用毛泽东的判断错误,力图使“批林批孔”运动发展成为反对以周恩来为首的大批党政军领导干部的运动。他们到处煽风点火,把“批林批孔”运动说成是“第二次文革”、“第十一次党内路线斗争”。江青等人还擅自召开在京部队单位、中直机关和国家机关的“批林批孔”动员大会,以个人名义向许多单位写信、送材料,捞取政治资本。他们还指使其直接控制的写作班子“梁效”、“罗思鼎”、“唐晓文”捉笔操刀,撰写文章批“周公”、批“宰相”、批“现代大儒”,将斗争矛头直接指向周恩来。与此同时,大量发表吹捧吕后、武则天的文章,为江青篡党夺权鸣锣开道。全国的社会秩序和工农业生产再一次面临严重干扰和破坏。

在周恩来、邓小平等人领导全国开展整顿工作期间,江苏省也恢复了一批老同志的工作,把他们安排到各级革委会领导班子中,加强对工农业生产等方面工作的领导。这引起江青一伙在江苏的代理人、追随者的极大不满。中央发出“批林批孔”的指示以后,这些人闻风而动,以批判孔子“克己复礼”、“兴灭国,继绝世,举逸民”为名,恶毒攻击前一时期落实干部政策是所谓“复辟回潮”,积极鼓动造反派群众起来揪斗

老干部、“还乡团”。此外，他们还打着反“复辟倒退”的旗号，再一次掀起批判教育界、文化界人士的反动浪潮。在此背景下，社会上一些“反潮流”人物重新活跃起来，擅自成立所谓“联络站”、“上访团”、“控告团”等一类组织，拉山头、打派仗的现象再次抬头。有些人甚至散布“不为错误路线生产”等口号，煽动停工停产。

面对上述新情况、新问题，江苏省委予以审慎的掌握和巧妙的处理。在彭冲等人领导下，省委根据周恩来、李先念等人在当年全国计划工作会议上的指示精神，组织省级机关干部连续召开了12次揭批大会，深入揭发批判林彪反革命集团的罪恶活动。其次，从江苏的实际情况出发，对那些积极追随林彪反革命集团，在“清理阶级队伍”、“一打三反”和清查“五一六”运动中大搞逼供信，制造了大量冤假错案，在广大干部群众中民愤极大的人，进行了重点批判揭发。第三，在分清是非、统一认识的基础上，省委提出了关于清查“五一六”工作中一些问题的处理意见。以上几项措施，把斗争矛头集中指向林彪反革命集团及其在江苏的代理人、追随者，遏制了江青一伙及其追随者把“批孔”与“反周”相挂钩的罪恶企图，最大限度地将“批林批孔”运动限制于意识形态领域，得民心，顺民意，受到全省广大干部群众的热烈拥护，很快在全省各地得到落实。一大批冤假错案得到平反，一些与此直接有关的责任人被调离各级领导岗位。在此期间，全省逐步结束“三支两军”工作，部队“支左”人员陆续离开地方回部队工作。

在“批林批孔”运动期间，毛泽东对江青一伙的篡党夺权阴谋有所觉察，多次对他们提出批评。例如在1974年7月，毛泽东即在政治局会议上批评江青一伙的拉帮结派活动，指出：“不要设两个工厂，一个叫钢铁工厂，一个叫帽子工厂，动不动就给人扣大帽子。”①10月，毛泽东又发表了如下指示：“无产阶级文化大革命，已经八年，现在以安定团结为好。全党全民要团结”，“要把国民经济搞上去。”②毛泽东的上述指示，对江青反革命集团的嚣张气焰是一个遏制。1975年1月，第四届全国人民代表大会顺利召开，再次表明毛泽东对周恩来、邓小平等人的信任。在此背景下，江青一伙不得不改弦易辙，将“批林批孔”运动的重心转向“评法批儒”。

因此到1974年6月以后，所谓“批林批孔”运动已经名存实亡。江苏全省的工农业生产和其他各项工作没有受到严重的干扰和破坏。

---

① 逄先知、金冲及主编：《毛泽东传》，中央文献出版社2003年版，第1693页。

② 逄先知、金冲及主编：《毛泽东传》，中央文献出版社2003年版，第1700页。

第五节 沉痛的教训

一 经济建设严重倒退

“文化大革命”爆发以后，随着各级党政领导机构的瘫痪，政府宏观经济管理职能基本丧失。另一方面在企业内部，无政府主义猖獗，大批领导干部和技术人员被戴上“走资派”和“反动技术权威”的帽子受到打击迫害，许多行之有效的规章制度受到践踏，正常的生产管理被诬蔑为“修正主义”的“管、卡、压”，党委领导下的厂长负责制被诬蔑为“取消党的领导”、“实行资产阶级专政”，企业努力提高经济效益被诬蔑为“利润挂帅”，企业贯彻按劳分配原则被诬蔑为“物质刺激”、“奖金挂帅”等等。这都对工农业生产和国民经济发展造成极大损害。特别是在1966年冬至1967年夏的武斗高潮期间，在林彪、江青一伙的蛊惑与煽动下，工人、农民、学生队伍内部派性恶性膨胀，群众组织之间对立严重，大规模武斗持续不断，造成内外交通阻断，许多工厂停工停产，许多商店关门歇业。这使得第三个五年计划无法正常执行，工农业生产大幅度下降。有关资料显示，1967年全省工农业总产值为145.99亿元，比1966年的170.27亿元减少24.28亿元。其中工业总产值为84.80亿元，比1966年减少19.39亿元，下降18.6%；农业总产值为61.19亿元，比1966年减少4.89亿元，下降7.4%。此后虽然加强了“军管”的力度，并于1968年建立了各级革委会，但是由于派性作祟，各种“斗、批、改”运动层出不穷，社会动荡并没有真正停止，工农业生产依然受到严重影响。1968年全省工业产值与1966年相比下降了16%。①

二 文化事业损失惨重

“文化大革命”是从思想、文化领域开始发动的，当然会对江苏的文化事业造成极大破坏。这主要表现在以下几个方面：

第一，在所谓“破四旧”的运动中，许多宝贵的历史文化遗产受到严重破坏。江苏省会南京是著名的历史文化名城，先后有东吴、东晋、南宋、南齐、南梁、南陈、南唐、明、太平天国、中华民国在此建都，留下许多珍贵历史文物和名胜古迹。但是在“破四旧”的高潮中，据不完全统计，有5.6万件文物、20万册图书、3.4万幅字画被红卫兵

① 中共江苏省委党史工作办公室编：《历史的探索与回顾》，1998年内部印行，第382—383页。

抄走，其中许多稀世珍品不是被随意焚烧、破坏，就是下落不明。① 其次，许多宗教名胜也在劫难逃。有资料显示，“文革”期间，南京全市佛教、伊斯兰教、天主教、基督教共 13 处主要寺院、教堂，加上金陵刻经处、金陵神学院等宗教文化场所，全部遭到冲击和破坏。其中首当其冲的是市区的鸡鸣寺、毗卢寺和东郊的栖霞寺。鸡鸣寺建于南梁大通元年(577)，是南朝四百八十寺的首刹。毗卢寺系禅宗临济宗丛林，也是历史名寺，存有一尊十几米高的桧木佛像。东郊栖霞寺是南京现存寺院中历史最久、规模最大的一个，始建于南齐永明七年(489)，到唐代达到鼎盛，是全国四大丛林之一。佛寺东北侧有一个始建于南朝的千佛岩石窟，共留存下佛龛 294 座，石佛像 515 尊，是我国古代佛教石刻艺术珍品。“破四旧”期间，上述三寺的建筑、祭坛和佛像被红卫兵破坏殆尽，千佛岩石刻也被冲砸得面目全非。位于升州路的净觉寺，是南京最早的一座伊斯兰清真寺，始建于明代洪武二十一年(1388)，是我国八大清真古寺之一，也被红卫兵冲砸一空，大门入口处精美的砖雕牌坊也被砸毁。第三，“文革”前南京有国家级文物保护单位 2 个，省级保护单位 82 个，也在“破四旧”运动中遭到不同程度的损坏。坐落在雨花台的方孝孺、杨邦义墓被挖掉，坐落在中山陵附近的谭延闿墓被开棺焚尸，坐落在太平门外的“航空烈士墓”(主要葬有北伐和抗日战争时期牺牲的航空将士)被炸毁，灵谷寺“无梁殿”中刻有国共合作时期“国民革命阵亡将士之灵位”的姓名碑刻及祭文被水泥涂盖。有些红卫兵甚至提出要砸碎竖立在新街口广场的孙中山先生铜像，后经国务院电令予以保护，省、市人委组织专人于夜间将其迁移到中山陵，才逃过劫难。②

第二，在极左路线的指导下，社会文化生活极不正常。江苏地处长江中下游地区，自古以来经济发达，人民生活富裕，因而文化艺术事业的发展一向为世人瞩目，产生过不计其数的文艺名家和名作。例如中国古代“四大名著”中有三个与江苏有关。其次，江苏幅员辽阔，地跨南北，不同区域的文化在这里交融发展，人们的文化娱乐方式也兼收并蓄、丰富多彩。但是在“文革”期间，许多历史悠久的传统剧目、文学名著和“文革”前涌现出来的许多优秀文艺作品——如小说、电影、戏剧、曲艺等，统统受到批判；另一方面许多文学家、艺术家、人文和社会科学工作者遭到批斗、监禁，根本无法进行新的文学艺术和其他文化作品的创作。除了几个“样板戏”之外，没有多少新的文化艺术作品生产出来，整个文化事业呈现出一派萧条景象。另外，许多健康的大众文化娱乐方式也被看作“封、资、修”的东西遭到无理禁限。这使得“文革”期间人们的文化生活和娱乐方式十分单调，除了读“毛主席语录”、看“革命样板戏”、跳“忠字

①② 李之荣：《十年动乱期间的南京》(未刊稿)。

舞”、写“大批判”文章之外,几乎没有其他文化活动。

三 人才培养断层

教育战线是“文革”的重灾区。“文革”爆发以后,各级各类学校的学生们先是对校长、教师进行批斗、殴打,师道尊严丧失殆尽。然后近一年的时间里,许多学生外出“串联”,学校实际上处于无政府状态。1967 年中央发出“复课闹革命”的号召后,虽然学生们纷纷返回学校,但是在“政治挂帅”的口号下,“学校以教学为中心”的工作方针被说成是“彻头彻尾的修正主义”。正常的教学秩序被说成是“条条框框”,正常的教学管理被指责为对学生的“管、卡、压”,根本无法贯彻执行。教育事业并没有真正实现正常化。

首先,在大学里,“复课”后广大师生将主要精力用于搞所谓“斗批改”,专业基础课教学几乎完全停止。以南京大学为例,中央关于“复课闹革命”的号召发出以后,造反派的报刊一再强调,“复课”不是复“文化理论”之课,而是复“毛泽东思想学习”之课,是复“教育革命”和“斗批改”之课。校革委会成立以后,对“复课闹革命”的基本认识并没有改变。而所谓“斗批改”反映在教学方面,就是大办“毛泽东思想学习班”,大搞“红海洋”,大跳“忠字舞”。外文系将毛泽东诗词翻译成英文做教材,中文系直接用“革命样板戏”《红灯记》剧本作为教材。后来又将主要精力用于“清理阶级队伍”和清查“五一六”,一直到 1970 年底所有在校学生毕业离校为止。在此后的近两三年中,由于没有学生,大学教育完全停顿。中、小学“复课”以后,在“工宣队”、“贫宣队”的领导下,打着所谓“突出毛泽东思想宣传”和“突出无产阶级政治”的旗号,把系统的文化知识教育统统诬蔑为“封、资、修”大杂烩。在教学内容上,除“数学”、“外语”课程得到保留以外,“政治”、“语文”被合并为“政文”课;物理、化学合并为“工业基础知识”,以“三机一泵”(指柴油机、电动机、拖拉机和水泵)和“农药”为主要内容;另设“农业基础知识”,以粮食作物生产为主要内容;“体育课”被改成“军体课”,主要学习队列、队形、射击、刺杀以及“三防”(防化学、防细菌、防原子弹辐射)知识。动植物、生理卫生、历史、地理全部停开。这种“教学改革”片面强调“突出政治”,强调了“理论”与“实践”、“文科”和“理科”的联系,主张“干啥学啥”、“以干代学”,完全破坏了各级教育的科学体系。在教学方法上,循序渐进的系统学习被认为是“脱离实际”的“烦琐哲学”。各级各类学校把所谓“开门办学”推向极端。在“学工、学农、学军”的口号下,学生们把大量时间用于参加工农业生产和军事训练,甚至以体力劳动代替文化课学习。在“工农兵上讲台”的口号下,教师在教学中的主导作用遭到否定,基础教育被一般的政治教育、形势教育、忆苦思甜报告和技能教育所取代。

其次,“文革”期间由于各种原因,各级各类学校的数量不断减少,适龄青少年入学成为一个很大的问题。例如在十年“文革”期间,江苏高等学校数量由30所(1966年解放军炮兵工程学院改为地方性质的理工科大学)减为25所,全面停止招生4年。[①] 再以省会南京市为例,“文革”期间城郊民办中学22所、农业中学20所被撤销或合并,30所职业学校、30所技工学校和各级各类成人教育学校基本被冲垮。25所中等专业学校中,停办、撤销者7所,被迫改为工厂者6所,其余11所也处于停顿状态。在1975至1976年,全市小学数量减少15%,在校学生数量减少21%。1972年全市仅剩幼儿园39所,入园儿童5702人,分别为“文革”前的11.2%和14%。[②] 这种状况是导致知识青年上山下乡运动的重要动因之一。

第三,“文革”期间,不少富有多年教学经验的优秀教师受到打击迫害,无法从事教学工作。这导致教师队伍的结构发生重大变化,师资质量大幅下降,教学质量难以提高。有资料显示,从1966年下半年到1971年,南京全市中小学教师人数由8746人下降到6931人,有1815人受到“处理”,要么下放,要么改行,占教师总数21%,其中三级以上教师占1/3。[③]另一方面,由于教师数量不足,各中小学又从“新三届”初高中毕业生、复员转业军人、工人中吸收了2836人进入教师队伍。[④]从全省范围看,“文革”期间民办教师数量最多时,中学占40.7%,小学占57.7%。[⑤] 这批人普遍文化程度较低,没有受过专业训练,当时又没有教师进修制度和机构,其教学水平可想而知。

进入1970年代以后,特别是在周恩来、邓小平等人领导各行各业进行整顿期间,上述状况有所改变。但是在“四人帮”的宣传鼓动下,不久又掀起了批“资产阶级教育路线复辟回潮”的运动,全国各地先后涌现出一批像张铁生、黄帅那样“头上长角,身上长刺”的“反潮流英雄”。在反对“师道尊严”和“资产阶级教育路线”的口号下,师生关系处于极不正常状态,一些对教学工作抓得紧的教师遭到蔑视和批判,处于“欲教不能,欲罢不忍”的境况。广大教师依然被看作“资产阶级知识分子”,普遍处于“被改造”、“给出路”的地位,很难在教学工作中发挥主导作用。

由于在长达十年的时间里教育工作受到严重干扰,各级各类学校无法正常办学,造成整整一代人失去受教育的机会,其文化基础和专业知识极为匮乏,形成了我国人才培养的巨大断层。以江苏为例,十年动乱期间全省至少为国家少培养高校、中专毕业生各10万人,造成以后相当长一段时间人才上的青黄不接。[⑥]

---

① 江苏省地方志编纂委员会编著:《江苏省志·教育志》,方志出版社2002年版,第471页。

②③④ 李之荣:《十年动乱期间的南京》(未刊稿)。

⑤ 江苏省地方志编纂委员会编著:《江苏省志·教育志》,方志出版社2002年版,第25页。

⑥ 江苏省地方志编纂委员会编著:《江苏省志·教育志》,方志出版社2002年版,第24页。

四　社会道德退步

中国是一个历史悠久的礼仪之邦。个人道德修养和社会和谐稳定始终是人们追求的理想目标。新中国成立以后，党和政府对传统道德观念采取“去其糟粕，取其精华”的方针，很快就在全社会建立起一套新的道德规范。在1950年代至1960年代前期持续不断地学习解放军英雄人物、学习各行各业劳动模范的热潮中，人们的思想观念和精神面貌发生了根本性的变化，许多人——特别是广大青少年们，充满革命英雄主义和革命理想主义情怀，社会风尚一度非常之好。

但是在“文革”期间，搞“打砸抢”的人被看作“革命先锋”、“造反英雄”，循规蹈矩、遵纪守法的人被说成是“奴隶主义”、“革命意志消退”。所谓“阶级路线”、“敌我矛盾”人为地造成人与人关系的疏离，使亲情和友情受到极大威胁。持续不断的派性斗争造成人们关系紧张和相互仇视，甚至导致许多家庭关系破裂。“清队”和清查“五一六”运动中大搞“隔离审查”、“背对背”揭发，造成人们相互之间的猜忌。普遍存在的“逼供信”做法，实际上公然鼓励人们说假话。对那些怀疑和抵制“文革”的人搞所谓“残酷斗争、无情打击”，实际上助长了犬儒主义的倾向。见风使舵、讲假话、出卖亲友成为非常状态下人们自我保护的一种手段。有些人还凭借这些手段捞到好处、飞黄腾达，导致更多人竞相效仿。上述种种现象，无疑都极大地毒化了人们的思想观念和道德情操，造成社会道德的惊人退步。

第十章 “文化大革命”后期的全面整顿与“南京事件”

“九一三事件”发生以后，毛泽东曾试图纠正“文化大革命”的部分错误，陆续启用一批在“文革”前期被打倒的老干部，支持他们对各行各业进行整顿。在此背景下，江苏的整顿工作也在艰难中努力进行。但以江青集团为代表的极“左”势力千方百计地对这些整顿加以阻挠，从而激起人民群众的强烈反对。于是在1976年春，发生了悼念周恩来总理、反对“四人帮”的影响深远的“南京事件”。

第一节 全面整顿的提出与实施

一 江苏各级领导班子的调整

“文化大革命”后期的全面整顿工作取得很大成效主要发生在1975年。不过实际上自1971年“九一三事件”以后，特别是在邓小平等一批老干部复出以后，在毛泽东和周恩来等人的大力支持下，局部整顿工作已经在各地展开。其中对江苏影响较大的一个举措，是1973年底发生的“八大军区司令员对调”。南京军区司令员许世友调离江苏后，江苏省委和省革委会工作改由吴大胜主持。1974年初，根据中共中央和中央军委的部署，在江苏各地参加“支左”工作的部队干部陆续返回部队，地方上各级党政领导班子面临一次重大调整。

1974年4月，江苏南京发生大规模的下放人员要求回城的请愿活动，引起中央高层的严重关注。5月9日中央发出文件，批评中共江苏省委领导人吴大胜大搞“经济主义”，用破坏生产来破坏革命，转移斗争目标，破坏批林批孔。中共江苏省委于5月12日至16日召开地、市委负责人会议，传达了中央上述文件。随后在5月至6月间，省委又召开了省级机关负责人会议和地、市委书记会议，重新部署全省“批林批孔”运

动,决定大张旗鼓地宣传中共中央指示精神,放手发动群众,密切联系江苏阶级斗争、两条路线斗争中的大是大非问题,集中力量彻底揭发批判林彪反党集团在江苏进行的反革命阴谋活动,彻底揭发批判同林彪反党集团阴谋活动有关的人和事。8月,省委召开地、市委书记会议,又一次集中揭发批判了吴大胜在“批陈整风”、“批林整风”运动中的一系列错误。吴大胜先后在省级机关、南京高校以及地、市委书记等会议上,对主持省委工作以来的严重错误做了检查。① 8月31日,中共江苏省委在批判吴大胜等人在清查“五一六”中所犯严重错误的基础上,作出关于清查“五一六”工作中一些问题的六条处理意见。至此,江苏省委和省革委会主要负责人贯彻极“左”路线问题的盖子终于被揭开。11月13日,中共中央召集江苏省党政军负责人在北京开会,宣布吴大胜停职检查,继续接受群众批判,由彭冲任江苏省委第一书记、江苏省革命委员会主任。中央还同意省委有关纠正清查“五一六”工作的错误所采取的措施,以及在运动后期统筹处理下放人员的做法。12月30日,江苏省委和江苏省军区决定:参加“三支两军”的人员陆续离开地方回部队。1975年9月,中共中央决定:许家屯、杨广立任江苏省委书记,王敏生任省委书记、省革委会副主任,胡宏、韩培信任省革委会副主任。这些举措使得江苏省委和省革委会领导班子的结构发生了显著变化。

在此前后,各地、市一级的领导班子也相继进行了调整,许多“文革”前担任各级领导职务的干部纷纷重返领导岗位,充实了各级党政领导班子,加强了对工农业生产的领导力量,对全省各项工作起了积极的作用。

二 整顿铁路运输及工业主要部门

位于江苏西北部的徐州市,地处苏、鲁、豫、皖四省交界处,战略地位十分重要,历来为兵家必争之地。进入近代以后,中国铁路两大动脉——津浦路和陇海路在此交汇,由此徐州又成为全国重要的铁路枢纽之一。而且徐州周边地区蕴含大量煤炭矿藏,是全国著名的煤炭生产基地之一。因此,徐州地区的稳定与发展对于江苏乃至华东地区国民经济建设具有十分重要的意义。

---

① 吴大胜的检查内容主要有:(1) 对中共中央指示和决定,很少进行讨论研究,贯彻不力。省委的工作很少向中央请示报告,特别是有的重大问题没有及时向中共中央请示报告;(2) 大量翻印、发行吹捧林彪及其死党的书籍、报告,举办吹捧林彪的展览会,大力宣扬林彪一伙在江苏树立的典型;(3) 林彪反党集团派人来江苏选“妃子”、找“驸马”的活动长达3年之久,没有向中共中央报告;(4) 同意和支持苏州、无锡市委负责人为林彪修建“行宫”,“批林整风”运动中未及时向中共中央报告;(5) 清查“五一六”工作中违背中共中央指示,破坏省委集体领导原则,搞“以人划线”,犯了严重扩大化的错误,严重伤害了一部分干部和群众。在较长时期内,知错不改,不主动纠正。转引自江苏省地方志编纂委员会编著:《江苏省志·中共志》,方志出版社2002年版,第323页。

然而在“文革”期间，由于林彪、江青一伙的煽风点火，徐州成为江苏省最混乱的城市之一，是江苏的“文革”重灾区。1967 年夏天武斗高潮期间，徐州两大造反派组织“支派”和“踢派”之间曾发生过大规模武斗，造成多人死伤。实行“三支两军”以后，由于“支左”部队统属关系不明确和原有的派性问题作祟，徐州的问题变得更加复杂。尽管先后三次成立（或改组）市革委会，领导班子负责人也换了多任，徐州的稳定并没有实现。当地群众中广泛流传的顺口溜“踢得好，支得对，一年一个革委会，干部乱部队，群众活受罪”，即是对当时混乱局势的生动描述。随后而来的“清理阶级队伍”、“一打三反”和清查“五一六”运动，又在当地造成许多冤假错案。仅在清查“五一六”期间，就有 6000 多干部群众被定为“五一六”分子，其中既有“支派”也有“踢派”。① 其他受到波及的人不计其数。结果闹得天怒人怨，使得徐州的政治局势雪上加霜。

为了扭转徐州的局势，在彭冲等同志的一致努力下，江苏省委于 1974 年初决定派原江苏省计委副主任、省委常委汪冰石担任徐州市委书记和市革委会主任。汪冰石到任以后，在中央有关部门和江苏省委的支持下，将整顿秩序、恢复生产作为第一要务，狠刹派性斗争歪风，一度缓解了徐州的混乱局势。1974 年 11 月 1 日至 8 日，徐州铁路分局日装车 1122 辆，比 10 月份日平均多装 62 辆；日卸车 905 辆，比 10 月份日平均多卸 189 辆。②但是当地造反派头头顾炳华等人在江青一伙的怂恿下，将汪冰石等人的工作诬蔑为“复辟资本主义”，于 1974 年底和 1975 年初再次在当地制造动乱，结果造成徐州铁路分局 119 台机车有 59 台停驶，生产运输处于半瘫痪状态。到 1975 年 2 月，徐州铁路分局已连续 20 个月没有完成运输任务。与此同时，郑州、南昌、长沙、南京等地也发生类似情况，造成津浦、京广、陇海、浙赣 4 条铁路干线严重堵塞，拖了全国经济的后腿。③

针对上述情况，当时主持中央工作的邓小平决定抓住铁路运输这个“牛鼻子”，并将对徐州铁路分局的整顿作为全面整顿工作的突破口。根据邓小平的指示，刚刚上任的铁道部部长万里和国家计委副主任房维中于 2 月中旬共同起草了《中共中央关于加强铁路工作的决定》。2 月 25 日，中央在北京召开全国各省工业书记会议，江苏省委副书记、省革委会副主任许家屯参加了这次会议。2 月 28 日，经过江苏省委与铁道部协商，决定由江苏省委、铁道部及各有关方面组成联合工作组，解决徐州铁路分局和南京铁路分局的问题。其中徐州铁路分局以铁道部为主，江苏省委协助；南京铁路分局以江苏省委为主，铁道部协助。3 月 5 日，邓小平在各省工业书记会议上发表了《全党讲大局，把国民经济搞上去》的讲话。同日，毛泽东圈阅批准了《中共中央关

①②③ 吴雪晴：《邓小平与 1975 年徐州铁路整顿》，《百年潮》2002 年第 6 期。

于加强铁路工作的决定》。该文件随即作为中央 9 号文件下发全国。

3 月上旬,以铁道部部长万里和江苏省委工业书记许家屯为首的联合工作组到达徐州,正式开始对徐州铁路分局的整顿工作。经过周密部署,徐州市公安机关和民兵指挥部于 3 月 10 日将反动派性头头顾炳华抓获。接下来的几天里,又有几个"打砸抢"行为严重的帮派头头受到拘捕审查。此举大大打击了帮派分子的嚣张气焰,为徐州铁路分局的整顿工作开了一个好头,广大干部群众无不拍手称快。其次,在抓捕顾炳华的当天,联合工作组召开了有徐州铁路分局全体职工、家属参加的传达中央 9 号文件的万人大会,由万里亲自传达了中央文件和邓小平的讲话。11 日,联合工作组又召集徐州市委、徐州地委干部大会,由许家屯传达中央文件和中央领导在工业书记会议上的讲话精神,以及省委贯彻中央文件的初步意见,表示了江苏省委"在 3 月份改变徐州、南京两个铁路分局和全省煤炭生产面貌,把问题基本解决"的决心。第三,工作组狠抓徐州铁路分局领导班子的整顿。万里亲自参加分局党委班子的会议,听取他们的学习心得和自我批评。本着多换思想少换人的原则,工作组对个别派性思想严重的干部进行调整。对于群众中意见较大的"五一六"问题,工作组会同江苏省委、徐州市委一起加快平反和善后工作。到 4 月底,这个问题基本处理完毕。与此同时,还恢复建立了各种规章制度,建立健全了岗位责任制、技术操作规程、质量检验制度,还制定了违反规章制度造成事故的处罚办法。

3 月 22 日,邓小平等中央领导人听取了万里关于铁路工作整顿的汇报,对联合工作组的工作表示满意,同意召开群众大会批判顾炳华等帮派分子,并要求江苏省委、徐州市委以此为契机,抓紧解决煤炭生产和其他问题。江苏省委接到指示以后,立即召开常委会议研究部署。随后召开全省煤炭系统党员干部会议,传达中央的指示。此后,铁道部工作组继续在铁路系统开展整顿工作,江苏省委工作组则深入徐州市、徐州地区、连云港市,协助当地党委开展全面整顿工作。

经过整顿,徐州铁路分局、徐海地区的情况发生了显著的变化,生产形势迅速好转,社会治安趋于正常。3 月 20 日,徐州铁路分局列车通过的对数由原来的 38 对增加到 72 对,机车出车台数由原来的 70 台上升到 90 台,日均装车由 200 多辆增加到 1400 多辆。4 月,徐州铁路分局的运输生产形势进一步好转,提前 3 天完成了月度生产计划,结束了连续 21 个月完不成生产计划的混乱状况。① 徐州市经过整顿,所有停产的工矿企业很快全部恢复了生产,4 月份工业产值比上年同期提高 3.2%,5 月上半月比上年同期提高了 36%。徐州矿务局 4 月份日产原煤 2.2 万吨,比 2 月份增加 1.2

① 吴雪晴:《邓小平与 1975 年徐州铁路整顿》,《百年潮》2002 年第 6 期。

万吨。[①]

徐州铁路和徐海地区的整顿取得如此成效，在全国产生了很大影响。6月间，中央批转了江苏省委《关于徐海地区贯彻执行中共中央九号文件的情况报告》，指出其主要经验是：(一) 紧紧抓住解决领导班子问题这个关键，对派性严重的领导干部敢批、敢斗、敢捅“马蜂窝”，限期改正错误，到期不改，采取组织措施；(二) 对群众坚持正面教育，防止互相攻击；(三) 对极少数坏人，抓起来，在群众中批判。中央要求各地参考江苏的经验解决本地区的问题。[②]

江苏省委还指示省内的煤炭、钢铁生产行业及其他部门借鉴徐州经验开展整顿工作，也很快取得了显著成效。据统计，至1975年年底，全省工农业总产值326.94亿元，其中农业产值91.66亿元，工业产值235.28亿元。国内生产总值184.16亿元。全年国民收入151.46亿元。财政收入43.41亿元。全年生产粮食2056.85万吨，棉花45.48万吨，油料29.64万吨，钢42.25万吨，铁56.73万吨，原煤1143.75万吨，布11.68亿米，自行车12.53万辆，手表60.52万只，缝纫机9.47万架。全年社会商品零售总额81.51亿元。[③] 1975年是十年“文革”期间江苏经济发展速度最快、经济效益最好的一年。

1975年江苏整顿铁路运输和主要工业部门的工作是全党上下同心协力，用实际行动纠正“文革”极“左”错误的伟大壮举。虽然这次整顿工作后来由于“四人帮”的干扰破坏而陷于停滞，但它的历史地位和积极作用是不容忽视的。

三 整顿科教文卫事业

“文化大革命”最初是以所谓“文化革命”、“教育革命”的名义发动的，因而科教文卫部门在“文革”期间遭受了巨大的破坏，亟待拨乱反正。

以教育事业为例，1966年夏天“文革”全面爆发以后，在林彪、江青一伙的煽动与鼓噪之下，各级各类学校纷纷“停课闹革命”。学生们先是四出串联，而后又卷入派性冲突。学校教育名存实亡，教育事业全面停顿，高等教育领域受到的破坏更大。进入1967年以后，中央多次发出“大、中、小学复课闹革命”的号召，并采取各种有效措施迫使学生们重返校园。此举对于制止社会动荡、平息武斗恶潮产生了一定的积极作用。但是在极“左”思潮的影响下，学校的各项工作并没有恢复正常。1968年春夏，地处北京的清华大学爆发了闻名全国的“百日大武斗”，引起中央高层的震怒。随后，中央作出了向各级各类学校派驻工宣队的指示。这个举措使得学校内部的派性冲突

---

①② 程中原：《1975：邓小平主持各方面的整顿》，《当代中国史研究》2004年第2期。

③ 江苏省地方志编纂委员会编著：《江苏省志・大事记》(下)，江苏古籍出版社2001年版，第265—266页。

受到进一步遏制,为日后的整顿工作奠定了基础。

1970年3月,根据毛泽东"大学还是要办的"指示,北京大学和清华大学率先向中央提交了《关于招生(试点)的请示报告》。该报告认为,"通过教育革命的实践,初步积累了有关招生、课程设置、教材改革、教学方法以及建立'三结合'教师队伍等方面的经验,建立了部分教学、科研、生产三结合的基地。目前已具备了招生条件",计划于本年下半年开始招生。6月,中共中央对这个报告做出了肯定性的批复,并将它转发全国各地。10月15日,国务院用电报通知各地:1970年的招生工作,按中央批转的北京大学、清华大学上述报告中的意见进行。①

江苏省革委会接到中央上述指示之后,决定选择南京航空学院、南京气象学院、江苏新医学院、江苏革命文艺学校4所院校作为普通高校招生工作的试点单位。按照北大、清华提出的"群众推荐、领导批准、学校复查"的办法,当年这4所院校共录取新生1037名。其中工人、贫下中农出身者占75%,其他劳动人民家庭出身者占25%,只有1人出生于剥削阶级家庭。②

1971年4月至7月间,中央召集各省、市、自治区,国务院有关部委、军委各总部、各军兵种主管教育的同志和198所高等院校(包括军队系统院校)的代表在北京召开全国教育工作会议。根据这次会议的指导意见,江苏省于1972年2月作出部署,指示省内各高校全部进行招生改革试验。这项招生改革试验一直到1976年才宣告结束。其具体做法包括:(一)招收具有两年以上实践经验,政治历史清楚,年龄在20岁左右,身体健康,一般未婚,并具有相当于初中以上文化程度(师范要高中文化程度)的优秀工农兵。有丰富实践经验的工人、贫下中农和革命干部入学,年龄和文化程度可适当放宽。(二)严格实行"自愿报名,群众推荐,领导批准,学校复查"的招生程序,并由地、市委负责审定。(三)学制根据不同专业,暂定为2年或3年。学员毕业以后,一般回原地区、原单位工作。4月下旬,全省24所高等学校从全国各地招收"工农兵学员"9018名。5月2日,南京各高等学校在南京人民大会堂联合举行开学典礼,热烈欢迎来自各省、市、自治区的"工农兵学员"。③

1972年大批"工农兵学员"进校标志着江苏省高等教育的初步恢复。这是"文革"后期整顿科教文卫工作的重大举措之一。其后在1973至1975年全面整顿期间,我省高等教育和其他教育事业得到较好发展,教育投资规模不断扩大,在校学生人数有显著增长。截至1975年底,江苏全省共有普通高等学校25所,在校学生30017

①② 金鱼为:《"文革"期间江苏省围绕高校招生考试等问题进行的斗争》,《教育史研究》2001年第1期。

③ 江苏省地方志编纂委员会编著:《江苏省志·大事记》(下),江苏古籍出版社2001年版,第246—247页。

人。教职工 23436 人，其中专职教师 10100 人。中等专业学校 86 所，在校学生 2.23 万人。教职人员 0.68 万人，其中专职教师 0.30 万人。技工学校 8 所，在校学生 0.34 万人。普通中学 4852 所，在校学生 248 万人。教职工 13.46 万人，其中专职教师 10.51 万人。本年度全省教育事业费支出 25288.90 万元，占全省财政总支出 21.59%。其中，高教支出 3449.80 万元，占全省财政总支出 2.94%；普教支出 21839.10 万元，占全省财政总支出 18.64%。普教系统基本建设完成投资 1577.4 万元，竣工建筑面积 50.06 万平方米；高等师范院校基本建设完成投资 33 万元，竣工建筑面积 5177 平方米。①

不过由于受到江青一伙极“左”势力的捣乱破坏，这个时期江苏教育事业的发展同全国一样，也存在着一些明显的问题。其中最突出的问题，是大学教育质量严重下降。这是由两个方面的因素造成的：

第一是新招收的“工农兵学员”文化知识水平普遍偏低，难以适应高等教育的需要。例如 1972 年招收的 9018 名“工农兵学员”中，高中文化程度仅占 35.7%，初中文化程度占 55.4%，小学文化程度占 8.9%。② 为了改善这种状况，江苏省有关部门曾经试图对招生工作做出一些改进。例如在 1973 年招生期间，江苏教育局和淮阴地区革委会选择泗阳县进行试点，适度加强了对考生文化程度的考查。其具体做法是根据德、智、体全面发展的要求，在群众评议和民主推荐的基础上，由省、地教育局统一命题、统一考试、统一阅卷、统一评分，旨在考查被推荐的考生是否具有初中毕业以上的文化程度。这个积极尝试一度得到中央的肯定。1973 年 6 月 20 日，《人民日报》发表文章介绍了江苏省淮阴地区的招生经验。然而辽宁“张铁生事件”发生后，这项试点工作不幸夭折，这造成大学生源质量的进一步下滑。例如 1974 年江苏全省 25 所高等学校共招收 11000 名工农兵学员，其中具有高中程度的占 46%，具有初中程度的占 51%，另有 30%（金鱼为原文如此。疑为 3%之笔误）相当于小学文化程度。③ 其后，江苏各高校的干部、教师又试图通过为“工农兵学员”开办文化课补习班的方式，帮助文化程度低的学员有重点地补习必要的文化基础知识。可是在后来的“反击右倾翻案风”运动中，这个举措又被作为“资产阶级教育路线复辟回潮”横加批判。

第二是在极“左”错误观念的影响下，一方面有相当一部分老教师因有所谓“政治历史”问题不许上讲台，而另一方面，许多“文革”前不久留校的青年教师由于连续参

① 江苏省地方志编纂委员会编著：《江苏省志·大事记》（下），江苏古籍出版社 2001 年版，第 265 页。

②③ 金鱼为：《“文革”期间江苏省围绕高校招生考试等问题进行的斗争》，《教育史研究》2001 年第 1 期。

加“社教”、“文革”等政治运动,在近十年的时间里根本没有时间和精力从事专业研究和教学工作,因而业务水平不仅没有提高,反而更加荒疏了,没有能力单独开课。这造成高校合格师资的严重短缺。以南京大学中文系为例,该系1971年共有教师170人,其中正副教授21人,中青年教师149人。在21名正副教授中,因政治原因和健康原因不能上课的有11人,占总数的52%;而在149位中青年教师中,有正在搞运动的,有轮流去农场劳动的,有因“五一六”嫌疑接受审查的,几类加起来共计91人,占总数的60%。此外,当时正在上课的50名教师中,有一部分是1963至1965年毕业的,他们教一年级还可以,教二、三年级就有些力不从心了。①

上述情况引起中央和江苏省委的高度重视。1975年邓小平全面主持中央工作以后,提出教育部门要解决“后继无人”的问题。他强调要加强数理化和外语等基础知识的教学。他还特别关心教师地位问题,指出“几百万教员,只是挨骂,怎么调动他们的积极性?”根据这些指示,教育部部长周荣鑫主持起草了《教育工作汇报提纲》,内容涉及如何评价知识分子的问题,如何看待学习文化科学知识的问题,如何加强基础理论研究和理科教育的问题等,对江青一伙散布的极“左”观点进行了有力地批驳。②在此背景下,江苏各高校积极落实知识分子政策,解放了一批教授、副教授。这对于改善高等教育的现况具有重要的意义。

总之,在江苏各高校广大干部、教师和“工农兵学员”的共同努力下,全面整顿期间我省高等教育还是取得了一些积极成果。在1972至1976年间,江苏省共培养了“工农兵学员”43000多人。这些人毕业以后分赴各条战线,对我国的社会主义建设事业发挥了重要的积极影响,而且正在承担着越来越重要的社会责任。

除了高校教育的整顿初见成效之外,1972—1975年整顿期间江苏的科教文卫工作还取得了以下一些突出成就:

1972年9月,南京博物院发掘吴县草鞋山新石器时代遗址,总面积4.4万平方米,文化层厚11米,出土文物1100余件,发现了以几何印纹陶为特征的文化和不同时期的原始文化依次叠压的地层关系。此次发掘为研究太湖地区的古代文化提供了重要资料。

1974年10月,中国科学院南京天文仪器厂研制成Ⅱ型光电等高仪,观测精度高,使我国的测时测纬水平列世界前茅。

1974年12月25日,南京十四所研制的雷达首次探测东方红二级火箭轨道目标

---

① 金鱼为:《“文革”期间江苏省围绕高校招生考试等问题进行的斗争》,《教育史研究》2001年第1期。

② 程中原:《1975:邓小平主持各方面的整顿》,《当代中国史研究》2004年第2期。

成功，并进行跟踪。这是中国第一次用雷达对轨道目标进行的反射式跟踪。

1974年12月，南京无线电厂研制成功熊猫牌CB—47C1型49cm彩色电视机，江苏开始小批量生产彩色电视机。

1975年5月，南京博物院、扬州博物馆发掘扬州唐城遗址，发现唐代金属熔铸和雕刻制骨的手工业作坊遗址。1977—1978年又继续发掘。这些发掘成果证实，唐代扬州的繁荣与文献记录完全符合。

1975年5月，在句容县浮山果园发掘一批土墩墓，出土有陶鼎、鬲、几何印纹陶器、原始瓷器等。此类墓葬在江苏南部有多处发现，这为研究西周时期吴越文化提供了珍贵的资料。

1975年6月10日，南京五台山体育馆建成正式开放。该馆于1973年4月18日开始施工。占地面积35000平方米，建筑总面积17930平方米，主馆外形为长八角形，檐顶梁高25.2米，比赛大厅面积5010平方米，可容纳观众1万人。

1975年落成的南京五台山体育馆

1975年8—10月，江苏省为控制血吸虫病的急性感染，积极组织医疗队伍，建立2300多个医疗组，共收治血吸虫病患者13万人，绝大部分得到治愈。

1975年12月4日，由第四机械工业部下达，以南京无线电厂等为主共150多家单位参加的卫星通信地面接收站大会战任务告捷，中国第一套天线模拟制卫星通信地面站在南京诞生。1982年经国际卫星通信组织验证，性能指标完全合格。这是中国第一座卫星通讯地面接收站。

1975年，南京军区总医院陈刚等和南京化纤厂等单位协作，研制成功二号人工

皮,用于治疗大面积烧伤,是良好的异体皮代用品。

1975年,苏州半导体器件一厂先后开发成功GO系列和3DV系列光电耦合器,并成功应用于中国第一座卫星通信地面接收站。

1975年中国第一个卫星通讯地面站在南京诞生

1975年,南京航空学院研制的“延安二号”直升飞机试飞成功。这是我国第一架自行设计的直升飞机。其后该校研制的“长空一号”亚音速高空靶机又试飞成功。

以上这些成就的取得,特别是1975年以后大批重要科研成果的取得,都与邓小平主持制定的《工业二十条》和《科技工作汇报提纲》的贯彻落实紧密相关,是我省全面整顿科教文卫工作取得重大成就的具体体现。

四 “四人帮”阻挠整顿工作正常开展

“四人帮”出于其不可告人的政治目的,在1973至1975年间对周恩来、邓小平等人主持的各项整顿工作横加阻挠,使整顿工作受到严重干扰。

例如在教育领域,江青一伙在1973至1974年间以批判“修正主义教育路线复辟、回潮”为名,策划、导演了一系列轰动一时的“反潮流”闹剧,产生了极其恶劣的影响,使高校生源质量进一步下降。1974年2月,当河南“马振扶事件”发生后,江苏省不得不在各地组织学校师生检查、揭露所谓“修正主义教育路线回潮、复辟”,一时造成学校领导和教师不敢管学生、不敢抓文化课教学、不敢进行文化课考查,学生纪律松弛,学校教学秩序混乱,教学质量严重下降。

此外他们还利用发生于南京大学的“钟志民退学事件”大做文章,于1974年初在全国范围掀起一场“批走后门”的运动,干扰正在形成的安定团结形势,妄图把一批刚刚复出的老干部再打下去。钟志民出身军队高级干部家庭,初中毕业后曾经被下放到江西农村插队锻炼。不过由于特殊的家庭背景,他很快被批准参军,后来又被部队推荐上大学。1974年1月,正在南京大学政治系二年级就读的钟志民向学校党委递交了一份报告,说明了自己在“参军”和“入学”过程中受到照顾的情况,主动要求退学

回到农村继续锻炼。作为一个带有强烈的理想主义倾向和富于社会正义感的纯真青年，钟志民的上述行动是无可厚非的。当时“工农兵学员”上大学过程中“走后门”现象的普遍存在，的确引起社会民众的普遍反感，构成一大社会问题。但是这种不合理现象的存在，与当时高等院校招生制度本身存在的缺陷紧密相关。要想彻底杜绝这种不合理现象，一个切实可行的办法就是从根本上改变招生制度，做到在“考试面前人人平等”。但是江青一伙出于其篡党夺权的需要，一方面将1972年5月周恩来等人倡导的旨在改革大学招生制度、提高高校生源质量的文件《关于杜绝高等学校招生工作中“走后门”现象的通知》说成“修正主义教育路线复辟回潮”的产物，横加指责；另一方面又通过报刊制造舆论，对钟志民退学事件大加渲染，将“走后门”问题与所谓“政治路线”挂钩，称钟志民的信“反映了工农兵学员向地主资产阶级意识形态展开了新的进攻”，还要求各地“在批林批孔中，要抓现实的阶级斗争和路线斗争，严肃检查、批判和纠正‘走后门’这种背叛马克思主义的不正之风”。其险恶居心昭然若揭。后来由于毛泽东的亲自干预，所谓“批走后门”问题才不了了之。

返回农村插队的钟志民

再在例如在经济领域，江青等人于1974年制造了闻名全国的“风庆轮事件”和“蜗牛事件”，将强调成本核算和经济效益的主张诬蔑为“经济主义”，将合理引进国际先进技术设备的举措说成“洋奴主义”、“买办哲学”。所谓“蜗牛事件”①直接导致江苏引进彩色电视生产技术与设备工作的停顿。

进入1975年以后，随着邓小平领导的全面整顿工作的逐步展开，“四人帮”的捣乱破坏活动也愈演愈烈。他们利用毛泽东关于学习理论的指示，发起一场“反经验主义”的运动，公然宣称“十多年来

① 1973年初，四机部曾向中央提出建议，拟从彩电工业比较发达的国家引进彩电显像管生产线，四机部下属的南京714厂被指定为中方引进单位。中央很快批准了这项建议。四机部遂于同年12月组织考察组赴美国康宁公司考察，并与对方达成合作意向。康宁公司为了表示热情友好，在考察结束时将12只工艺精致、小巧玲珑、栩栩如生的玻璃蜗牛作为礼品送给中方考察团成员。江青知道此事后，于1974年2月大闹四机部，主观臆断地声称“这是美方在污蔑我们”，“说我们爬行”。她还擅自指示四机部领导：“我们绝不能屈服于帝国主义的压力”，“我们要向美国驻京联络处抗议”，“要把蜗牛退回去”，“这条彩电生产线我们不要了。”江青对四机部的无理指责很快在其他部门和单位引起连锁反应，一时间批判“洋奴主义”和“买办哲学”的大字报铺天盖地。明眼人一看就明白，江青显然是希望以此作为突破口，把矛头指向主持经济工作的周恩来。为了制止江青等人的无理取闹，周恩来立即指示外交部对有关情况进行调查核实。外交部在调查核实后上呈报告，认为美方的行为并无恶意，建议对此“蜗牛”礼品不必退回和交涉。周恩来当即批示同意外交部这一报告，并呈毛泽东批示。毛泽东也对周恩来的处理表示同意。此后周恩来主持召开中央政治局会议，宣布江青在四机部的讲话是错误的，不印发，不下达，已印发的立即收回。至此，由江青制造的、喧嚣一时的“蜗牛事件”遂告平息。但上述彩电显像管生产线的引进工作也被搁置下来。

的事实证明,经验主义是修正主义的助手。犯有经验主义错误的人……很容易跟着修正主义路线走”。[①] 在“四人帮”的指挥下,北京、上海两地的主要报纸在3、4月间连篇累牍地发表文章,将矛头指向周恩来、邓小平和其他富有经验的中央领导同志,以及各级党政机构中的老干部。

毛泽东起初对“四人帮”大搞“反经验主义”不以为然。他曾经批评江青说:“我看批判经验主义的人,自己就是经验主义”,“我看江青就是一个小小的经验主义者”。[②]他还在姚文元指使人报送的一份新华社报告上写道:“提法似应提反对修正主义,包括反对经验主义和教条主义,二者都是修正马列主义的,不要只提一项,放过另一项。”[③]这表明毛泽东对周恩来、邓小平等老干部的信任,和对他们主持的全面整顿工作的支持。但是进入1975年9、10月份以后,在“四人帮”的鼓噪之下,毛泽东的看法发生了变化。他明确表示反对邓小平提出的“以三项指示为纲”的口号,说“安定团结不是不要阶级斗争”。随后他同意在全国范围开展“批邓反击右倾翻案风”运动。

在上述背景下,“四人帮”在江苏的爪牙们又开始兴风作浪。他们肆意歪曲、否定1975年的全面整顿,把全面整顿说成是“右倾翻案”,把发展国民经济说成是“以目乱纲”,把整顿“软、懒、散”领导班子说成是打击“新生事物”,攻击在整顿中调配地方干部进入各级领导班子和生产指挥系统是“请隐士”、“举逸民”。他们到处宣扬“走资派还在走”,继续煽动层层批“走资派”。一时间,苏州、徐州、南京、无锡等地派性再度大发作,重新拉起山头。他们妄图以苏州、徐州为据点,控制江苏经济建设的动脉。他们阻挠和破坏国务院在苏州召开的南方水稻现场会议,煽动一些人到南京冲击省级党政机关,唆使帮派分子停工停产。使各级党政机关的工作又一次面临十分困难的境地,造成生产的停滞和下降。

第二节 “南京事件”及其重要影响

一 悼念周恩来与“南京事件”的发生

1976年1月8日,深受人民敬重和爱戴的周恩来总理因病逝世。全国各地的民众得到这个消息以后十分悲痛,纷纷自发地组织悼念活动。

江苏淮安是周恩来的家乡。南京又是周恩来曾经战斗过的地方。1937年和

① 《领导干部要带头学好》,《人民日报》1975年3月21日。

② 逄先知、金冲及主编:《毛泽东传》,中央文献出版社2003年版,第1733页。

③ 逄先知、金冲及主编:《毛泽东传》,中央文献出版社2003年版,第1730页。

1946 年，周恩来曾经两次率中共代表团在南京与国民党政府进行谈判。“文化大革命”爆发以后，周恩来对江苏的政局非常关心，曾经多次亲自召集各有关方面代表讨论“大联合”、“三结合”问题，为制止江苏两派武斗、促成社会稳定殚精竭虑，付出了巨大的心血。因此江苏、南京人民对周恩来有着一份特殊的感情。

周恩来逝世的消息传到南京以后，人们不顾“四人帮”的禁令，纷纷在各单位设立灵堂，召开大规模的追悼会。许多人还自发地组织起来，胸戴白花，臂缠黑纱，抬着花圈前往梅园新村纪念馆，凭吊周恩来的丰功伟绩。据不完全统计，在周恩来逝世以后的 7 天时间里，南京先后有 2500 多个单位的 30 多万人前来梅园新村凭吊。还有许多群众到南京市郊的雨花台革命烈士陵园进行悼念活动，以表达他们的哀思。江苏省和南京市的主要领导对群众的悼念活动是同情的、默许的。当时正值“批邓反击右倾翻案风”运动高潮，王洪文多次打电话给省委书记、省革委会主任彭冲，要他组织召开“批邓反击右倾翻案风”群众大会，企图用批邓运动干扰、冲击群众悼念周恩来的活动，彭冲以各种借口加以回绝。

1976 年 1 月 8 日周恩来逝世后，南京人民深切悼念

3 月 5 日是毛泽东为雷锋同志题词的周年纪念日。在“四人帮”的指使下，上海《文汇报》在转载新华社的一篇纪念文章时，别有用心地删去了周恩来关于学习雷锋的题词。这个事件立即引起南京人民的愤怒。3 月 21 日，南京大学政治系、中文系、历史系的工农兵学员联名写信给《文汇报》，严正指出：“看了你报全段砍去总理的原话，我们不禁要问：你们是站在什么立场上？是谁指使你们砍去的？你们代表了谁的利益？这不是你们一时疏忽，而是代表了一种思潮，就是企图抹杀总理的功绩……我

们将世世代代铭记周总理的功绩,任何人想反敬爱的周总理绝无好下场。”

3月24日,江苏新医学院中医系200多名工农兵学员和部分教职工在党总支的支持下,抬着自制的花圈前往雨花台烈士陵园进行悼念活动,遭到个别工作人员的阻挠。消息传开以后,江苏新医学院、南京大学、南京工学院、南京邮电学院的工农兵学员们酝酿举行更大规模的悼念活动。

1976年清明节,南京人民在雨花台悼念周恩来

3 月 25 日,《文汇报》又刊登了一篇题为《走资派还在走,我们就要和他斗》的文章,其中竟然出现了“党内那个走资派要把被打倒的至今不肯改悔的走资派扶上台”的字句,公开恶毒攻击周恩来和邓小平。这无疑是对群众的愤怒火上浇油。当天下午,南京大学历史系的 50 多位工农兵学员抬着花圈前往梅园新村纪念馆,要求进馆举行悼念活动。纪念馆个别工作人员以没有接到上级指示为由拒绝开门。愤怒的工农兵学员派人翻越院墙进入园内,打开纪念馆大门,然后大队人马在馆内举行了悼念仪式。

3 月 27 日晚,南京大学数学系团总支书记李西宁召开了团总支扩大会议,决定举行大规模的示威游行,揭露“四人帮”反对周恩来的阴谋,冲破他们设下的种种禁令。会议结束后,同学们连夜进行准备。第二天(28 日)上午,李西宁和计算机专业工农兵学员、学生党支部副书记秦峰率领 400 多名学生和教师,抬着周恩来的遗像和学生们自制的大花圈,特意绕道南京市繁华地段新街口,前往梅园新村纪念馆悼念周恩来。此举在南京城内引起轰动。游行队伍所经之处,成千上万群众肃立在人行道两旁,眼中噙着泪水向周总理的遗像表示敬意,向游行队伍投来支持和鼓励的目光。不少市民主动加入游行队伍。在游行队伍经过大行宫十字路口时,交通警察对四个方面开启红灯,制止一切车辆通行,确保游行队伍安全通过。在梅园新村,工作人员按照省委的指示,热情接待了前来悼念的南大师生。

3 月 29 日,南京人民悼念周恩来、反对“四人帮”的斗争进一步发展。南京大学校园内有人将影射攻击周恩来的《文汇报》张贴出来,在一些段落打上标记,然后用红笔在旁边醒目地写上“看一看,想一想”。还有人在校园内打出两条大幅标语:“无数革命先烈和革命老前辈用鲜血打下的江山,我们也要用鲜血来捍卫!”“警惕赫鲁晓夫式的个人野心家、阴谋家篡夺党和国家的各级领导权!”许多市民听到这个消息后,纷纷涌入南京大学校园观看大字报、大标语,对学生们的示威活动表示声援。

为了进一步扩大示威活动的影响,南京大学 11 个系的 800 多名工农兵学员分成 20 多个小组,在闹市街头发表演讲,张贴大字报、大标语。当天晚上,数学系计算机专业的工农兵学员在秦峰的率领下,前往南京火车站,在开往成都和上海的火车上刷上了“文汇报把矛头指向周总理罪该万死!”“警惕赫鲁晓夫式的人物篡夺党和国家的领导权!”这个革命行动得到车站职工的全力支持。火车上的旅客们也纷纷为南京人民的行动拍手叫好。此后,南京邮电学院、南京林学院、南京化工学院、华东水利学院、南京汽轮电机厂“七二一工人大学”等学校的工农兵学员也来到火车站。在 10 个多小时里,他们先后在南来北往的火车上刷了 198 条大标语。

1976 年清明节前后,南京街头张贴的反对“四人帮”标语

3 月 30 日和 31 日,南京人民的斗争达到高潮。南京警备区战士徐同新在新街口、鼓楼、山西路等地张贴传单,歌颂周恩来的光辉一生,并表示“我们深切怀念杨开慧烈士!”南京工学院建筑系的工农兵学员贴出大字报,质问“为什么悼念总理的影片至今不和广大革命群众见面?”“为什么总理逝世后连一个回忆录、一篇纪念性的文章也没有?”南京汽车制造厂的 10 多名职工在殷辉、王运德的带领下,在新街口刷贴了“打倒大野心家、大阴谋家张春桥”和“批周必乱,反周亡国”等巨幅标语。南京电信局的职工精心制作了一个直径两米的大花圈,安放在鼓楼广场附近的食品商店二楼阳台上,花圈的挽联上写着:“心血操尽革命伟业,如巍巍泰山立寰宇;骨灰撒遍祖国山河,似点点春雨润人间。”据不完全统计,截至 3 月底,南京街头引起轰动的大标语已达 400 多条,署名单位超过 30 个。每天到雨花台悼念的人数达 5 万人左右。

二 “南京事件”的重要影响

1976 年春天发生在南京的上述事件并不是一个孤立的历史现象。

其实早在“文革”爆发以后不久,江苏就有不少干部群众出于对党和国家前途的深切忧虑,以大无畏的革命精神,对“文革”提出批评和质疑,公开反对无产阶级专政条件下“造反有理”的口号。苏州市图书馆副馆长陆兰秀是其中的杰出代表。她在 1967 至 1970 年期间先后写了 10 多万字的文章和书信,声讨林彪、江青反革命集团的罪行,指出了“文化大革命”的错误,要求解放刘少奇。她还断言“被颠倒的历史一定会重新颠倒过来”,“十年、二十年后将作出结论”。由于她坚持真理,宁死不屈,于 1970 年 7 月 4 日被以“现行反革命”的罪名处死,英勇牺牲。

随着“文革”动乱的持续发展,更多的干部群众开始逐步地从“文革”初期的迷信

陆兰秀烈士

盲从走向对“文革”的怀疑和反思：为什么我们国家政治生活总是动荡？为什么好人总是挨整？为什么得民心的事情总是挨批？为什么整个世界都在大踏步前进，而我们国家却发生了持续十年的大倒退？大量不争的事实告诉人们，造成这种现象的根源是祸国殃民的林彪、“四人帮”以及他们所推行的那条极“左”路线。特别是在经历了 1972 至 1975 年的多次政治反复以后，广大干部群众越来越深切地意识到这一点。

因此，当“四人帮”掀起所谓“批邓反击右倾翻案风”的恶浪以后，全国各地的抗议反对之声此伏彼起，相互影响，互为声援。据不完全统计，在“南京事件”发生前后，北京、福州、武汉、贵阳、郑州、长沙、厦门、哈尔滨、齐齐哈尔、呼和浩特、徐州、三明、顺德、吴桥、伊通等地不断涌现出许多大无畏的反“四人帮”斗士。他们或者公开贴出大标语、大字报，或者散发传单，发表演讲，公开揭露“四人帮”的罪行。当时流传甚广的有《总理遗言》和《毛主席对七同志的谈话》手抄本，内容后来经查证是不真实的，但是这些手抄本旨在歌颂周恩来的伟大功绩，肯定邓小平的工作成绩，批判“四人帮”的倒行逆施，从一个侧面反映出人民群众的一致心声，因而不胫而走，屡禁不绝。在此背景下，南京大学历史系教师、共产党员姜平曾先后于 1976 年 1 月 18 日和 2 月 12 日两次匿名上书叶剑英和邓小平，表达人民群众的愿望，请求他们采取果断措施，彻底铲除“四人帮”一伙，挽救党和国家于危难之际。后有关方面为了查出这两封匿名信的来源，曾动用省、市公安机关和各单位保卫部门在南京地区展开大规模排查。然而直到“四人帮”垮台，历时 8 个多月的专案侦破工作毫无结果。这充分说明“四人帮”一伙的倒行逆施遭到各阶层干部群众的共同抵制。

“南京事件”发生以后，对全国人民反对“四人帮”的斗争起到了推动作用。3 月底、4 月初，北京各界群众纷纷涌向天安门广场，举行大规模的悼念周总理、反对“四人帮”的示威活动。连受到“四人帮”严密控制的清华大学、北京大学也有人冒着极大的风险，秘密制作了花圈、花篮送到天安门广场。尽管“四人帮”牢牢控制着报刊和广播等媒体，连篇累牍地发表“批邓反击右倾翻案风”的大批判文章，但是这些文章所散布的观点不但得不到民众的支持，反而激起民众更大的义愤。“批邓”的结果是“四人帮”的名声越来越臭，而邓小平的威望越来越高。与“两报一刊”成百上千万的发行量相比，天安门广场上出现的那些诗歌、悼文“发行量”只有一份，但是它们却拥有无数

的读者,很快便传遍了北京的大街小巷,然后又传遍了全国。这个事实充分表明了当时的人心向背。

在南京和北京人民的带领下,全国各地的人们都起来了。

4 月初,在杭州、郑州、西安等城市,成千上万的革命群众走上街头,或献鲜花、写诗词、刷标语、撒传单,表达对周恩来的深切悼念;或举行游行示威活动,抗议“四人帮”的倒行逆施,参加悼念活动。新城广场和钟楼上贴满了悼念周恩来、怒斥“四人帮”的大标语、大字报和诗词。

此外,在太原、遵义、南昌、重庆、青岛、天津、嘉兴、绍兴、泰州、开封、洛阳等城市,人们也利用各种形式,表达对周恩来的哀思和悼念,对“四人帮”的痛恨和鄙视。这是中国人民用花山诗海向“四人帮”发动的一次大讨伐、大示威,是新中国历史上一次声势浩大的民主壮举。

三 江青反革命集团追查“幕后策划人”

以“南京事件”为导火索的全国性的抗议示威活动,极大地震动了江青反革命集团。他们对上述群众运动又怕又恨,随即展开疯狂反扑。

1976 年 3 月 30 日,“四人帮”在江苏省委给中央的报告上批示:“采取有效措施,做好群众工作,防止别有用心的人借机扩大事态,进行捣乱破坏。”王洪文还打电话给《人民日报》负责人,说“南京事件的性质是对着中央的,是转移批邓大方向,他们借着《文汇报》删稿大做文章”,要《人民日报》负责人通过该报派驻南京的记者站收集南京群众运动的情况。王洪文还说:“南京大街上贴出‘打倒张春桥’的大字报,省委说没有办法。不是没有办法,是他们不管”,“南京事件是因为省委有走资派,省委的彭冲、许家屯,南京市的储江、贾世珍。”①

4 月 1 日,中共中央政治局开会讨论南京和其他地区出现的悼念周恩来、反对“四人帮”的活动。“四人帮”在会上极力主张对南京人民的斗争进行镇压。在他们的鼓噪之下,中共中央于当天夜间发出关于“南京事件”的电话通知,说:“最近几天,南京出现了矛头指向中央领导同志的大字报、大标语,这是分裂以毛主席为首的党中央,转移批邓大方向的政治事件。你们必须立即采取有效措施,全部覆盖这类大字报、大标语”,“要警惕别有用心的人借机扩大事态,进行捣乱、破坏”,“对这次政治事件的幕

---

① 吴雪晴:《1976 年“南京事件”始末》,《百年潮》2002 年第 8 期。当时彭冲任中共江苏省委第一书记、省革委会主任,许家屯任江苏省委书记、省革委会副主任,储江任南京市委书记、市革委会主任,贾世珍任南京市委副书记、市革委会副主任。

后策划人，要彻底追查。”①

4月4日，公安部又发出了《关于认真追查所谓总理遗言的反革命谣言的通知》，要求各地公安机关追查“总理遗言”的制造者。

在“南京事件”期间，江苏省委、南京市委主要负责人彭冲、储江对广大群众的悼念活动和反对“四人帮”的斗争持同情、支持态度。但是在“四人帮”以中央名义作出上述指示后，省市委不得不进行贯彻落实。3月31日，南京市委发出通知，表示要“严肃对待和正确处理”最近发生的一些问题。4月2日，江苏省委转发了中央的电话通知，要求各地“把中央电话通知原原本本向广大党员、干部、群众传达”，对大字报、大标语要“立即全部覆盖或洗刷掉”。不过省委同时指出：在追查“幕后策划人”的时候，“要严格区分和正确处理两类不同性质的矛盾”，特别强调“凡由于自己一时认识不清，写了中央电话通知中所指出的那类大字报、大标语的，只要认识了就好。”

“四人帮”的倒行逆施并没有吓倒南京人民，相反却激起南京人民更大的斗志。4月1日，南京铁路中学的师生在校园内贴出了“打倒张春桥，清除隐患，挖出定时炸弹”的大标语。南京720厂一位工人在该厂办公楼墙上写下了一首诗，其中明确发出“全国人民起来，阴谋分子下台”的号召。南京火车站的职工们团结起来，坚决制止了少数人前去火车站冲刷大标语的企图。4月2日，南京大学校园内发现了一首署名“万万千作词，千千万抄写”的《捉妖战歌》，公开点了江青、张春桥等人的名字，形象地刻画了他们乱党乱军、祸国殃民的丑恶嘴脸，在南京城内不胫而走。② 4月3日，有人在山西路至三牌楼一带，以南京邮电学院工农兵学员、工人、农民、解放军战士的名义，刷出15条大标语，号召大家揪出《文汇报》的“黑后台”，并表明了与“野心家决战到底”的决心。另外有资料显示，在中央电话通知发出后的3天内，南京依然有60至70万人参加了悼念和游行活动。其中仅4月3日一天，就有289个单位共14万多人前往雨花台烈士陵园送花圈，比前几天增加了一倍。③

---

① 吴雪晴：《1976年“南京事件”始末》，《百年潮》2002年第8期。

② 《捉妖战歌》全文：“妖风起处，定有妖精；妖为鬼蜮，必显灾情。乱党乱军，祸国殃民，尾巴高翘，始露原形。原名狸精（李进），化名蒋亲（江青），年方六十，实在年轻。奇装异服，迎接外宾，妖态百出，不得人心。攻击总理，手段卑鄙，蒋帮敌特，配合密切。欺骗主席，罪大恶极，狐假虎威，借助钟馗。鬼喊打鬼，贼喊捉贼，当年武斗，它是罪魁。有个同伙，妖法更多，名叫蠢翘（春桥），最会奸笑。两妖合作，收集喽罗，篡权计划，有纲有目。先夺舆论，伪装老左，谈古论今，蛊惑人心。奢谈什么，儒法斗争，儒家法家，根本一家。代表利益，剥削阶级，事过千年，远离现实。为其翻案，是何用意？无非想当，封建皇帝。自己复辟，不须放屁，打击正直，排斥异己。滥用法权，施出诡计，既想遮天，又想盖地。激怒群众，四方奋起，千军万马，口诛笔伐。妖怪惊慌，却能变色，七变八变，本质不变。觉悟群众，岂能愚弄？揪住尾巴，决不放松。众志成城，妖有何能？既取其道，还治其身。学习总理，革命到底！奋不顾身，捍卫总理。总理遗志，定能实现，人心所向，共产主义。”

③ 吴雪晴：《1976年“南京事件”始末》，《百年潮》2002年第8期。

4 月 5 日,北京天安门的群众抗议示威活动遭到“四人帮”武力镇压。随后中央于 4 月 8 日向全国发出通知,要求各省向民众传达中央关于天安门事件的定性和对中央领导层的人事调整决定,并要求各省主要负责人发表“旗帜鲜明”的讲话。

江苏省委虽然按照中央的要求,召开群众大会宣读了中央几个有关决议和江苏省委的表态决定,成立了相应的工作班子追查南京事件的“幕后策划人”和“反革命谣言制造者”,但是由于省、市两级领导对此态度消极,因而追查工作并没有取得什么成效。“四人帮”对此十分恼火。在他们的蛊惑之下,4 月 16 日中央政治局为江苏问题专门在人民大会堂召开会议,江苏省和南京军区负责人彭冲、杨广立、丁盛、廖汉生参加会议。江青等人在会议上说:南京事件同北京天安门事件性质是一样的,都是反革命事件。南京比较早,面比较大,影响全国。他们还指责江苏省委、南京军区在处理南京事件时态度不明确,没有大张旗鼓地广泛发动群众,追查不力。江青还恐吓说:“你们错误再不改,弯子转不过来,江苏乱了,中央就不好替你们讲话了,再出问题就是你们自己的事了。”此时江苏省委内部个别紧跟“四人帮”的帮派人物也乘机发难,一方面向“四人帮”告彭冲的刁状,另一方面鼓动一些人起来贴彭冲的大字报,指责彭冲和省委是“南京事件”的“黑后台”。苏州的造反派头头华林森还组织一批人到南京闹事,声言“要造省委的反”。①

在上述背景下,江苏省委和南京军区党委于 4 月 21 日在南京五台山体育馆等处召开了 15 万党员干部参加的大会,动员进一步追查“南京事件”的“幕后策划人”和“反革命谣言制造者”。随后,在南京市各单位和解放军驻宁部队中进行了大规模清查。据统计,南京市先后有 10 人被逮捕,22 人被拘留,其中包括南京大学教师李西宁、康育义和工农兵学员秦峰,南京警备区战士徐同新,南京邮电学院工农兵学员张夏阳、章勇山,南京汽车制造厂职工王运德等人。全省共逮捕 40 人,拘留 117 人。另外有一批干部群众被停职审查或隔离审查。如南京大学党委副书记章德,就被认为有“幕后策划者”的嫌疑而受到审查。省委机关刊物《工农兵评论》组织撰写了《敬爱的周总理在梅园新村》和《恽代英烈士艰苦奋斗的故事》两篇文章,竟然被张春桥、姚文元诬蔑为“反动文章”,不但不准发表,还批示要列为专案追查背景。②

在此期间,江苏省委、南京市委的主要领导由于组织纪律的约束,不便公开反对“清查”,但是他们仍然做了不同程度的抵制。例如彭冲在一次高校负责人会议上说:“要注意做好学生思想工作,劝阻学生的过激行为,不要造成不必要的牺牲。”他还对省公安厅厅长说:“抓人要慎重,要注意分寸。”而各单位的干部群众也普遍地对“四人

①② 吴雪晴:《1976 年“南京事件”始末》,《百年潮》2002 年第 8 期。

帮”的镇压表示了强烈的不满和抵制。例如在南京第二公交办公室提交的一份“清查”材料中就记载说，该系统下属的142个单位中，有61.3%的单位对清查没有理清楚，有7.7%的单位“思想右倾，斗争不得力”。① 由于各级干部群众的抵制和反对，这次“清查”运动于1976年夏天草草收场。

第三节 国民经济曲折发展

一 “左”的指导思想和政策严重阻碍经济发展

进入1970年代以后，江苏的经济增长随着“文革”运动的曲折发展呈现波浪起伏的走势。②

1970年8月，周恩来总理主持召开了北方农业会议。在这次会议精神的指导下，江苏全省农村进行了较大规模的农田水利基本建设，结果使得1971年工农业生产有所发展，特别是农业生产发展较快，农业产值和粮食产量分别比上一年增长了12%和13.1%。此外，当年全省工农业总产值达到247.05亿元，比上年增长19.5%，工业产值达到167.15亿元，比上年增长23.5%，国民收入达到121.07亿元，比上年增长16.7%，财政收入34.12亿元，比上年增长19.1%。

然而“一打三反”和清查“五一六”运动在全省的开展，造成了一大批冤假错案，极大地挫伤了广大干部群众的生产积极性，结果导致1972年全省工农业生产的增长速度下降。其中工农业生产总值266.62亿元，仅比上年增长7.9%，工业产值183.38亿元，仅比上年增长9.7%，农业产值83.24亿元，仅比上年增长4.1%，国民收入129.29亿元，仅比上年增长6.8%，财政收入37.84亿元，仅比上年增长10.9%。

1975年是邓小平领导的全面整顿工作成效最大的一年。江苏省委和省革委会团结广大干部群众，积极贯彻中央“把国民经济搞上去”的指示精神，一方面抓整顿，一方面抓发展，使得当年江苏全省各项经济指标的增长速度有所加快，其中工农业总产值达到326.94亿元，比1974年增长10.7%，工业产值235.28亿元，比上年增长14.6%，农业产值91.66亿元，比上年增长2%，国民收入151.46亿元，比上年增长7%，财政收入43.41亿元，比上年增加9.8%。

1975年底至1976年秋，江青反革命集团在中央策动所谓“批邓反击右倾翻案

---

① 吴雪晴：《1976年“南京事件”始末》，《百年潮》2002年第8期。

② 本节所引历年各项经济统计数据见江苏省地方志编纂委员会编著：《江苏省志·大事记》(下)，江苏古籍出版社2001年版，第245、250、265、273页。

风”,其在江苏的追随者趁此机会向各级党组织发难。各地造反派的派性再次发作,打砸抢现象时有发生,社会秩序和生产秩序再次遭到破坏。其中尤以徐州、苏州、南京、无锡等地为甚。由于徐州煤矿停产,铁路枢纽运输受阻,使全省30%的工厂因缺煤缺油而时常停产。结果1976年全省工农业生产的增长速度,特别是工业生产的增长速度明显下降,经济效益低下,财政收入减少。其中工农业总产值为348.24亿元,仅比上年增长6.5%,工业产值247.54亿元,仅比上年增长5.2%,农业产值100.7亿元,比上年增长9.9%,国民收入153.87亿元,仅比上年增长1.6%,财政收入44.02亿元,仅比上年增长1.4%。

除了以上统计数据所显示的那些直接影响之外,“文革”对江苏经济的消极影响还表现在以下几个方面:

第一,在当时的极“左”思潮影响下,有些地方不顾现实的生产力水平,任意进行所有制变动,盲目倡导小集体所有制向大集体所有制过渡,集体所有制向全民所有制过渡。结果造成集体所有制企业比重的下降和商业网点的减少。据统计,全省工业企业中,全民所有制企业的比重由1965年的20%提高到1974年的32%;集体所有制企业的比重由1965年的80%下降到1974年的68%。商业网点中,1974年全民所有制商业网点所占比重由1965年的11.6%提高到47.4%,从业人员由25.7%增加到86.6%;1974年集体所有制商业网点所占比重,由1965年的88.4%下降为52.6%,从业人员由74.3%下降为13.4%。所有制的不合理变动,导致生产效率大幅下降,市场商品供应紧张,商业、服务业网点减少,不仅给人民生活带来诸多不便,而且造成城乡失业人员增加。① 有些农村搞“穷过渡”,将生产队核算改为大队核算,把社员家庭经营的自留地和各种副业当作“资本主义尾巴”加以割除,禁止社员饲养母猪,限制饲养家禽家畜,撤销水产专业队,把私人鱼塘收回集体所有,严重挫伤了农民搞好家庭副业发展农村多种经营的积极性。1976年,全省牲畜饲养量比上年减少33.6%,家禽饲养量降到历史上的最低点。②有些地方还大砍乡镇企业,将农村合作商店改为国营商店,将农村供销合作社全部改为国营,城乡集市贸易被强行关闭,个体商贩和手工业者的生产和经营大多遭到取缔。这些做法严重挫伤了农民、小商小贩、手工业劳动者的生产经营积极性,加剧了市场商品供应紧张,给人民生活带来很多不便。

第二,“文化大革命”开始后,许多知识分子被当作“资产阶级反动学术权威”批斗,“知识越多越反动”的错误观念十分盛行。这无疑大大助长了无视客观经济规律

①② 江苏省地方志编纂委员会编著:《江苏省志·综合经济志》,方志出版社2002年版,第150页。

和自然规律、盲目蛮干的错误倾向，造成经济的重大损失和各种资源的极大浪费。1969 年发动的“煤炭大会战”就是一个突出的例子。这项决策事先既没有进行调查研究，又不认真听取专家学者和技术人员的意见，完全是省革委会主要负责人刚愎自用、一意孤行的产物。结果动员了数万人，前后花费了 7 年多时间，耗资 1.2 亿元，在南京周边地区开采煤炭，不仅收效甚微，而且给当地的生态带来严重破坏。① 此外，在 1970 年代的“农业学大寨”运动中，有些地方不顾本地条件，生搬硬套大寨的做法，盲目在丘陵山区搞劈山造田，平原圩区搞围湖造田。在农业生产中，片面强调“以粮为纲”，对“全面发展、多种经营”不予重视，传统的粮食种植业挤占了林、牧、副、渔的发展空间，造就了一大批“粮食产量增加，经济收入减少”的高产穷队。在苏南和沿江地区，不顾条件地推行粮食作物“三熟制”；在徐淮地区和丘陵山区的水资源没有解决之前，过多地进行旱田改水田。这些错误举措不仅浪费了大量的人力、物力和财力，而且还破坏了生态平衡，给农业生产的发展带来了严重后果。

第三，产业结构内部比例严重失调。在发展战略上，忽视了国民经济的内部比例关系，不从江苏原有的经济基础和实际出发，片面强调发展重工业尤其是钢铁工业，而基础较好又具备发展条件的轻纺工业却没有得到应有的重视。轻重工业的投资比重，由 20 世纪 50 年代的 1∶3.5 变成 70 年代的 1∶11，使轻重工业发展速度的差距越来越大。这一时期，重工业每年递增 20.4%，轻工业只有 9.4%。轻工产品远远不能满足国内外市场和人民生活的需求。农业上片面强调发展粮食生产，林牧副渔得不到应有的发展。这一时期，农业产值占农副业总产值 80%以上，牧业产值占 14%，副业(包括队办工业)产值不到 4%。林业和渔业发展更慢，二者产值相加只占 2%。这极大地阻碍了农村经济的发展和农民生活水平的提高。全省 30 万个生产队中，年人均分配不到 40 元的队就有 2.3 万多个。②

第四，片面追求高积累，城乡人民的生活长期得不到改善。在积累和消费的比例上，国民收入分配中积累率过高；在积累基金的分配上，用于生产性投入过多。“一五”计划期间，用于生产性建设资金和非生产性建设资金的比重为 75∶25，“四五”计划期间变为 92∶8，用于非生产性建设资金下降到历史上的最低点。直接影响到城市建设和文教卫生事业的发展，交通拥挤，道路破坏，环境污染，城市居民住房紧张，供水不足，文化娱乐和生活福利设施欠账很多。1974 年，全省 11 个市居民住房面积平均每人不足 4 平方米，缺房无房的人口高达 100 万。职工年平均工资不到 500 元，农

---

① 江苏省地方志编纂委员会编著:《江苏省志・总述》,江苏古籍出版社 2001 年版,第 233—234 页。

② 江苏省地方志编纂委员会编著:《江苏省志・总述》,江苏古籍出版社 2001 年版,第 234 页。

民年分配人均收入仅几十元。[①]

二　艰难曲折中的经济发展及其原因

“文革”期间极“左”思潮对江苏经济的破坏性影响已如上述。不过需要强调的是，由于广大工人、农民、干部、知识分子以及解放军指战员的反对和抵制，“文革”极“左”路线对江苏经济造成的破坏，在不同时期、不同地方和不同单位的程度是不一样的。例如从时间上看，“文革”期间江苏经济遭受迫害较严重的年份是 1967、1971 和 1976 年，其余大部时间尽管存在小动小乱，生产和建设尚能继续进行。其次从空间上看，经常处于动荡状态的主要是城市，特别是那些地处交通要冲、经济比较发达、林彪和“四人帮”一伙插手较深的城市，如南京、苏州、徐州、连云港等地。这些城市中的国营大企业是林彪、江青一伙发展帮派势力和开展派性斗争的主要场所，一般而言乱得早，持续时间长，生产受到的破坏也大。其余大部分市、县，尤其是在广大农村，总体经济形势则相对稳定，遭到破坏的程度较轻。

“文革”十年间，江苏工农业总产值的平均年递增率为 9.2%，其中粮食产量年递增率 3.5%，农业总产值年递增率 2.7%。同时，江苏的煤炭、钢铁等基础工业有所增强，开发和建设了苏北油田，机械、电子、化工、轻纺工业也有新的进展。1969 至 1976 年间，全省共建成投产大中型企业 231 家，其中有一部分企业从国外引进技术，采用比较先进的成套设备和装置。而且在基础设施建设方面，南京长江大桥在 1968 年底建成，具有十分重要的战略意义。期间，绝大多数市、县建立了小化肥厂，还有一部分市、县办了农药厂。另外，在 1973 至 1975 年间，在国家第四机械工业部和江苏省委、省革委会的共同领导下，在省内无线电企业、相关科研单位和高等院校科研、技术人员和广大职工的共同努力下，南京建成了中国第一部国际卫星通信地面接收站。从此，江苏成为中国通信卫星地面接收设备研制开发的重要基地之一。

以上成就，是江苏省委、省革委会和全省广大干部群众顶住“文革”“左”倾错误的压力而艰难取得的。中共十一届三中全会以后江苏经济建设和社会事业发展的成就表明，如果没有“文革”的干扰，江苏政治、经济、文化等各方面的发展无疑要比这里提到的快得多，大得多，而所遭受的损失则要小得多。

---

① 江苏省地方志编纂委员会编著:《江苏省志·总述》，江苏古籍出版社 2001 年版，第 234 页。

第十一章　揭批江青反革命集团，恢复与发展国民经济和社会事业

粉碎江青反革命集团后，江苏通过揭批江青反革命集团，初步肃清其影响和流毒，并摧毁其在江苏的帮派体系。江苏政治逐步走上正轨，省人大、省政协开始恢复活动，恢复和新建一些重要领导机构，并初步平反冤假错案。积极恢复和发展国民经济，使工业、交通运输、农业、商业和外贸都得到较快发展，特别是社队工业在夹缝中艰难地成长起来。与此同时，还初步恢复和发展备遭“文化大革命”摧残的教育、科技、文化、体育、卫生等事业。1978 年 10 月后，全省广泛而深入地开展关于真理标准问题的大讨论，为江苏迈入新的发展时期打下了坚实的思想基础。

第一节　揭批江青反革命集团，初步进行拨乱反正

一　揭批江青反革命集团及其在江苏的帮派体系

1976 年 10 月 6 日，中共中央粉碎江青反革命集团。10 月 7 日，彭冲、许家屯到北京参加中共中央打招呼会议。中共中央主要领导宣布：中共中央已于 10 月 6 日采取果断措施，对王洪文、张春桥、江青、姚文元实行隔离审查，一举粉碎江青反革命集团篡党夺权的阴谋。同时，还宣布中共中央政治局一致通过的华国锋为中共中央主席、中央军委主席的决议。10 日，彭冲、许家屯回到南京后，首先召开省委常委会议，接着于 10 月 12 日至 14 日召开地、市委书记、省级机关厅局以上领导干部参加的打招呼会议，先后传达华国锋和中央其他领导人在中共中央打招呼会上的讲话以及中共中央发[1976]15 号、16 号文件。

14 日，中共中央公布粉碎江青反革命集团的消息。18 日，中共中央向全党正式发出粉碎江青反革命集团的重要通知。10 月 14 日、18 日，在南京分别召开省级机关

科级以上党员干部大会、省级机关和南京市的党员大会。21日,江苏省委、南京军区党委、江苏省军区党委、南京市委联合举行庆祝大会,传达中共中央上述两个文件,庆祝粉碎江青反革命集团的伟大胜利。

21日,江苏省委向全省各级党委、省级机关各厅局党的核心小组发出通知,要求江苏各级党组织立即大张旗鼓地向党员、干部、群众传达中共中央两个文件,有组织、有领导地举行盛大的集会和游行,热烈庆祝粉碎江青反革命集团的伟大胜利,愤怒声讨江青反革命集团的滔天罪行。

消息传开,全省广大干部群众看到祸国殃民的江青反革命集团终于垮台,"文化大革命"终于结束,人心大快,万众欢腾。10月下旬,江苏各地党政军民先后有2000多万人参加庆祝集会和游行。25日,江苏省、南京市和驻宁部队的领导机关,在南京鼓楼广场召开有40万人参加的庆祝大会,热烈欢庆党中央一举粉碎江青反革命集团。党政军领导干部和各界代表纷纷上台发言,坚决拥护中共中央的英明果断措施,愤怒声讨江青反革命集团的滔天罪行。会后,举行了规模盛大的游行。

1976年10月,南京市40万军民上街游行,庆祝粉碎"四人帮"

为了肃清江青反革命集团造成的恶劣影响,江苏省委根据中央的统一部署和下发的关于王洪文、张春桥、江青、姚文元反党集团的三批罪证材料,逐步开展揭发批判江青反革命集团的斗争。这次揭批斗争,从1976年10月开始,到1978年12月基本结束,历经2年多,大体上可分为三个阶段:

第一阶段从 1976 年 10 月开始，到 1977 年 3 月结束，着重揭发批判江青反革命集团篡党夺权和插手江苏的阴谋活动。1976 年 10 月 28 日、11 月 26 日，省委分别召开地、市委书记会议和地、市、县委书记会议，决定放手发动群众，集中力量，揭发批判江青反革命集团篡党夺权及其在江苏的罪恶活动。按照中共中央的部署，采取专案工作与发动群众相结合的方法，清查江青反革命集团插手江苏的罪行。12 月 15 日，江苏省委和省革命委员会召开省市机关干部和党员大会，传达 12 月 10 日中共中央下发的《王洪文、张春桥、江青、姚文元反党集团罪证》(材料之一)，要求全党各级党政领导机关广泛发动各界群众，积极投入揭批江青反革命集团的斗争。

南京人民揭批“四人帮”

第二阶段从 1977 年 3 月开始，到同年 9 月基本结束，着重揭发批判江青反革命集团的罪恶历史。1977 年 3 月 6 日中共中央下发《王洪文、张春桥、江青、姚文元反党集团罪证》(材料之二)后，全省进一步揭发批判江青反革命集团的反革命面目和罪恶历史，使人民群众认识到江青反革命集团披着马克思主义的外衣搞分裂，搞阴谋诡计，妄图篡夺党和国家的最高领导权，是有着深刻的阶级根源和历史根源的。12 月下旬，省委根据中共中央要把江青反革命集团的历史查深、查细的要求，组织 1.1 万多名干部，集中 20 天时间，全面清查民国时期的档案和报刊，发现有关张春桥、江青的反动历史和有关姚文元问题的材料，向中共中央作了报告。

第三阶段从 1977 年 9 月开始，到 1978 年 12 月结束，重点揭发批判江青反革命集团的政治纲领、反动谬论和极“左”路线。1977 年 9 月 23 日中共中央下发《王洪文、张春桥、江青、姚文元反党集团罪证》(材料之三)后，全省集中揭批江青反革命集团炮制的“老干部是‘民主派’，‘民主派’就是‘走资派’”的反革命政治纲领。通过揭发和批判，澄清被他们在思想上、理论上、路线上、政策上、组织上和作风上制造的种种混乱，纠正被他们颠倒的各种是非。

在揭批江青反革命集团的斗争中，为了从理论上肃清江青反革命集团的流毒和影响，江苏省委于 1976 年 11 月中旬至 1977 年 10 月中旬，召开大批判写作会议，参加会议的有省、地、市部分专业理论干部和工人与农民中的知识青年。他们编写《揭

批“四人帮”反动谬论二十五讲》,印发至公社以上单位,供各地系统揭批之用。他们还在11个月里共写出200多篇理论文章,揭批江青反革命集团在经济、政治、教育、文艺等领域的错误思想及罪行。其中,发表68篇,除在《人民日报》发表9篇和在《红旗》杂志发表1篇外,大部分为省内报刊选用。[①] 1977年9月23日,省总工会、省贫协、省妇联和省团委联合组织巡回批判小分队,揭批江青反革命集团及其江苏代理人的罪行。小分队走遍江苏大江南北,召开现场会119场,听众多达200万人次。

与此同时,江苏还紧密联系实际,揭发和批判江青反革命集团在江苏的帮派体系。主要是揭发批判他们跟随江青反革命集团参与“三搞一篡”(搞垮省委、搞乱江苏、搞乱全国、篡夺党和国家的最高领导权)阴谋活动的种种事实:制造混乱,否定邓小平在主持中共中央工作期间江苏的大好形势;借“批邓”转弯子和联系实际为名,阴谋策划层层揪“走资派”;借追查“南京反革命政治事件”策划人为名,妄图把省委主要负责人打成现行反革命;暗中勾结“造反派”头头,指使和支持他们搞串联、拉山头,为他们出谋划策,为江青反革命集团效劳卖命,想把江苏搞瘫痪,弄得省委难以正常工作;秘密研究策划改组省委的方案,伺机篡夺省委和全省各级党政的领导权;积极推行江青反革命集团炮制的反革命政治纲领,诬蔑省、地、县一大批领导人是“资产阶级民主派”,而“民主派”就是“走资派”、“还乡团”。[②]

为了肃清追随江青反革命集团的江苏帮派人物所犯严重错误的影响,省委在报请中共中央同意后,在江苏省召开的党代表大会、人民代表大会和政治协商会议上对他们进行揭发批判。与此同时,还由江苏省总工会等群众团体组成揭批小分队,把错误严重、影响很坏的帮派骨干分子带到全省各地进行巡回批判。对于一般群众中的派性问题则主要通过“三大讲”(大讲在江青反革命集团横行时,党受其害、国受其害、身受其害的深仇大恨;大讲同江青反革命集团针锋相对作斗争的经历;大讲同江青反革命集团作斗争的经验和体会),进行正面教育,最大限度地孤立和分化少数参与江青反革命集团帮派体系的骨干分子,解脱大多数犯了错误的人。[③]

在揭发和批判江青反革命集团在江苏帮派体系的基础上,江苏还大力清查和摧毁江青反革命集团在江苏的帮派体系。为此,江苏省委专门成立材料组。全省各级党委和省级机关各厅局党组,都由一、二把手亲自动手,不少地、市和部门还组织调查组、工作组。随着清查工作的深入,省委还直接抓了南通地区、南通市和苏州市的清查工作。全省清查工作至1978年第一季度基本结束。当年底,省委向中共中央作了

① 中共江苏省委党史工作办公室编:《拨乱反正》(江苏卷),中共党史出版社1998年版,第8—9页。

② 江苏省地方志编纂委员会编著:《江苏省志·中共志》,江苏人民出版社2003年版,第327页。

③ 江苏省地方志编纂委员会编著:《江苏省志·中共志》,江苏人民出版社2003年版,第327—328页。

报告。全省共查出同江青反革命集团篡党夺权阴谋活动有牵连的人 3621 人。在全省 68 个县(市)中,有 64 个县(市)发现有同江青反革命集团篡党夺权阴谋活动有牵连的人和事,其中有 25 个县(市)在常委领导核心中发现了与江青反革命集团阴谋活动有牵连的人。对清查出来的有牵连的人员,属于人民内部矛盾性质的,在问题讲清楚,并取得群众谅解后予以解脱。对需要给予纪律处分或判刑的,都持慎重态度,一般都放到后期作出处理。①

1978 年底,根据中共中央的统一部署,江苏省基本上结束了揭批江青反革命集团的群众运动。

江苏开展揭批江青反革命集团及其帮派体系的斗争取得重大收获,主要表现以下几个方面:

第一,揭发和批判江青反革命集团及其在江苏的帮派体系"搞乱江苏,搞垮省委,篡党夺权"的种种阴谋和罪行,使全省广大干部群众认清江青反革命集团的反革命面目,基本上分清政治是非,提高了思想觉悟。

第二,基本上查清江苏的帮派骨干分子与同林彪、江青两个反革命集团篡党夺权阴谋活动有牵连的人和事,摧毁他们在江苏的帮派体系,纯洁领导队伍。与此同时,还陆续调走"支左"的部队干部,重新起用一部分在"文化大革命"中被"打倒"、"靠边"的久经考验的地方领导干部,初步调整领导班子。

1976 年 10 月下旬,根据中共中央的安排,江苏省委第一书记、省革命委员会主任彭冲调到上海任上海市委第三书记、上海市革命委员会副主任,省委工作由省委书记许家屯主持。其后,江苏省主要领导班子又重新进行调整。1977 年 2 月,中共中央决定:许家屯任中共江苏省委第一书记、省革命委员会主任、省军区第一政委,免去吴大胜省委书记、省革命委员会副主任、省军区政委职务。免去杨广立省委书记、省革命委员会副主任职务,免去蒋科省委常委、省革命委员会副主任职务。5 月,中共中央批准:胡宏、韩培信任中共江苏省委书记;钟国楚任省委常委;周泽任省委委员、常委、省革命委员会副主任;丁则可任省革命委员会副主任;免去迟明堂省革命委员会副主任职务。②

第三,通过揭批江青反革命集团的斗争,激发了全省广大干部群众的政治热情,使国民经济和各项社会事业得到恢复和发展,党内政治生活有了初步改善,全省开始出现安定团结的政治局面。

---

① 江苏省地方志编纂委员会编著:《江苏省志·中共志》,江苏人民出版社 2003 年版,第 328 页。

② 中共江苏省委党史工作办公室编:《五十年探索与辉煌——中共江苏地方史大事记(1949—1999)》,中共中央文献出版社 1999 年版,第 261、264—265 页。

但是,由于"左"的思想的长期束缚,许多人还不能正确地理解毛泽东思想的精髓,还不能正确区分毛泽东的伟大历史功绩和晚年所犯的错误,还不能从"文化大革命"的指导思想——"无产阶级专政下继续革命"的理论中摆脱出来。特别是,当时中央领导人提出"两个凡是"的主张,即"凡是毛主席作出的决策,我们都坚决拥护,凡是毛主席的指示,我们都始终不渝地遵循"。因此,当时揭发和批判江青反革命集团的斗争,是在所谓"抓纲治国"的口号下,坚持"以阶级斗争为纲",以捍卫所谓的"无产阶级专政下继续革命的理论"的名义来进行的,甚至有些地方把江青反革命集团推行的极"左"路线当作"假左真右路线"来批判。因而,在思想上、理论上、路线上、政策上还有许多带有根本性的是非问题有待澄清。

二 政治活动逐渐走上正轨

粉碎江青反革命集团后,全省政治活动逐渐走上正轨。中共江苏省委先后召开了第五届第九、第十次全体(扩大)会议,并顺利召开中共江苏省第六次代表大会。省人大、省政协活动开始恢复,并逐渐走向常轨。与此同时,还恢复和新建一些重要领导机构,初步平反冤假错案。

1. 召开中共江苏省第六次代表大会

1977年1月25日至2月14日,中共江苏省五届九次全体(扩大)会议在南京召开。会议学习了毛泽东《论十大关系》和第二次全国农业学大寨会议的文件,强调要在揭批江青反革命集团罪行的基础上,着手整顿被"文化大革命"搞乱的各条战线,把各方面的工作做好,还讨论和部署了1977年全省的工作。

7月25日至27日,中共江苏省五届十次全体(扩大)会议在南京召开。会议学习中共十届三中全会的精神,号召全省人民更加紧密地团结在中共中央的周围,把揭批江青反革命集团的斗争进行到底。会议还通过在近期内召开中共江苏省第六次代表大会的有关草案。

12月1日至5日,中共江苏省第六次代表大会在南京召开。出席会议代表1049名,代表全省185万名党员。许家屯代表省委向大会作工作报告。会议讨论通过了《中国共产党江苏省第六次代表大会关于工作报告的决议》。大会回顾和总结中共江苏省第五次代表大会以来江苏省各级党组织和广大党员、干部、群众揭发批判江青反革命集团斗争的情况,清查江苏同江青反革命集团篡党夺权阴谋活动有牵连的人和事的情况。会议认为,经过一年多的努力,被江青反革命集团破坏造成的严重困难,已经得到初步克服,形势开始向好的方面发展。会议重申5月全省工业学大庆会议上省委提出的把江苏建设成为社会主义工业省的规划和目标,要求奋战3年,全省建

立比较完整的工业体系；奋战8年，把江苏建成高产稳产的农业基地和农轻重全面协调发展的、具有自己特点的社会主义工业省。这次大会对深入揭批江青反革命集团，克服和扭转江青反革命集团造成的困难局面，促进经济向好的方向发展起了积极作用。但是，由于当时历史条件的限制和两个“凡是”的束缚，会议仍然坚持“以阶级斗争为纲”，强调“抓纲治国”；在规划和部署全省经济建设工作上，会议不适当地强调了经济建设的高速度，对江苏省国民经济持续、健康发展带来一定的消极影响。[①] 会议选举产生中共江苏省第六届委员会委员76名，候补委员47名，同时选举产生中共江苏省委纪律检查委员会委员10名。

12月6日，江苏省委召开六届一次全体会议。会议选举产生常务委员会委员16人，许家屯为省委第一书记，胡宏、王敏生、储江、钟国楚、周泽为省委书记，储江兼任省委纪律检查委员会第一书记。

2. 召开江苏省第五次人民代表大会与恢复江苏省政协活动

在“文化大革命”中，江苏省地方各级人民代表大会制度被迫中断十年。在此期间，江苏省革命委员会第九次全体会议于1974年12月选举丁光训、刘国钧、李执中、陈永康、金逊、彭冲等93人为第四届全国人大代表。粉碎江青反革命集团后，江苏省人民代表大会制度开始逐步恢复。

1977年12月，遵照《中共中央关于召开五届人大的通知》的精神，江苏省召开“文化大革命”后的第一次省人民代表大会。考虑到“文化大革命”这一特定的历史原因，根据中共中央的统一规定，将当时的革命委员会算作一届，即江苏省第四届人民代表大会。1977年12月召开的人民代表大会则为江苏省第五届人民代表大会。由于当时全省各级人民代表大会制度尚未恢复，出席这次大会的代表，是征求各有关方面和群众意见后，由各地、市革命委员会全体委员会议或常委扩大会议协商选举产生的。大会共有代表1515名，实到代表1458人。会议听取许家屯作的《江苏省革命委员会工作报告》、辛少波作的《关于江苏省第五届人民代表大会代表资格的审查报告》，并选举许家屯为省革命委员会主任，胡宏、周泽等14人为省革命委员会副主任，还选举委员156名。这次会议选出了新的省级政权机构，但仍沿用革命委员会的名称。会议选举马国瑞、何冰皓、辛少波、张仲良等131人为第五届全国人大代表。由于这次会议仍然受到“左”的指导思想影响，在经济建设上提出一些不切实际的要求，使江苏经济发展的比例关系继续产生不协调的现象。

在“文化大革命”中，江苏省政协完全停止活动。1977年12月9日至10日，江苏

① 刘定汉主编：《当代江苏简史》，当代中国出版社1999年版，第275—276页。

省政协在历经十年劫难后,召开第三届委员会常务委员会第九次会议,并列席省革命委员会第十一次会议,讨论和决定省政协第四届全体会议的有关事宜。这次会议,标志着江苏政协工作开始恢复。①

1977年12月24日至29日,政协江苏省第四届委员会第一次会议在南京召开。省四届政协委员会由25个界别组成,计委员人数616名,出席会议的有527名委员。政协江苏省第三届委员会副主席宫维桢在会上作会务报告。会议指出,要进一步团结各民主党派、工商联、各人民团体和各界爱国人士,更好地调动建设社会主义的积极性。大会选举许家屯为省第四届政协主席,刘顺元、杨廷宝等18人为副主席,选举常务委员129名。

政协江苏省第四届委员会第一次会议的胜利召开,标志着江苏省政协活动的全面恢复和发展,它对于团结全省各界人士、活跃政治生活、实现新时期的总任务具有重要作用。

3. 恢复和新建一些重要机构

在"文化大革命"中,江苏许多党政领导机构被合并或撤销,致使全省领导机构不健全。从1977年开始,江苏省迅速把"文化大革命"中被撤销或合并的一些机构恢复或重新组建起来,还根据现实需要新建了一批机构。

在"文化大革命"中,党的纪检机关和纪检工作遭到极为严重的破坏。1969年,江苏省各级党委监察委员会被撤销,绝大部分监委领导干部受到冲击。党的纪律检查工作受到严重干扰和破坏,导致各种不正之风和违法乱纪现象泛滥。1977年8月,中共"十一大"决定重新恢复设置党的纪律检查委员会。随之,继中共江苏省六届一次全体会议上选举产生中共江苏省委纪律检查委员会后,江苏各地、市、县(区)党委也逐步建立起纪律检查委员会。

在1957年"反右"运动后,我国检察体系开始受到冲击,在"文化大革命"中更是遭到全面否定。1968年,江苏各级人民检察院被撤销。1978年3月5日,第五届全国人民代表大会第一次会议通过的《中华人民共和国宪法》重新规定国家要设立检察机关。5月24日,中共中央通知各省、自治区、直辖市委,要求各地在当年6月底以前重建地方各级人民检察院,并规定检察长必须专职。在没有召开地方人民代表大会选举检察长以前,先以代理检察长名义行使职权。6月,江苏革命委员会全体委员会议选举韦永义代理江苏省人民检察院检察长,负责筹备江苏省人民检察院,并开展工作。会议任命陈立平、郑士鲁等为江苏省人民检察院副检察长,还任命一批地区分院

① 中共江苏省委统一战线工作部等编著:《江苏统战史》,国家行政学院出版社2007年版,第122页。

检察长。9月5日，江苏省人民检察院在南京宁海路75号正式成立并开始办公。江苏省人民检察院在苏州、镇江、南通、扬州、淮阴、盐城、徐州等7个地区的分院也相继成立并正式办公。至11月中旬，南京、苏州、无锡、南通、徐州、常州等6个省辖市院也全部挂牌并对外办公，68个县(市)院挂牌办公的已达49个。①

在“文化大革命”中，江苏统战工作遭到严重破坏。江苏省各级统战部一度均被撤销，工作陷于瘫痪。1972年11月后，中共江苏省委决定在省委办公室下增设统战组，由陈良任组长。各地、市委办公室也相继设立统战组。统战组设立后，做了一定工作，但并未改变统战工作停滞的局面。

1977年5月9日至19日，江苏省委召开全省统战工作会议。会议交流了统战工作的情况和经验，深刻地认识在社会主义历史阶段革命统一战线的重要性和必要性，提出要进一步发展统一战线工作，调动一切积极因素，为社会主义革命和建设而努力奋斗。会议还研究布置当时统一战线工作中的几项工作：一是切实加强对爱国人士的思想教育，发动他们投入揭批江青反革命集团的斗争，并注意组织他们参加有关政治实践；二是对落实党的统一战线政策的一系列问题提出相应的处理意见；三是开展调查研究，为召开全国五届人大和五届政协、省人大和省政协会议做好准备。会议强调，要加强党对统战工作的领导，加强统战队伍的思想建设，提出要把统战机构建立和健全起来。这次会议的召开，标志江苏统战工作开始启动，对平反冤假错案，落实统战政策起了一定的推动作用。②

1977年6月，江苏省委批准重新成立江苏省委统战部，任命王昭铨担任部长。与此同时，各地统战部门也陆续恢复。1978年3月，在省委统战部召开的地、市委统战部长会议上，省委统战部长王昭铨要求各地市党委把统战部门建立和健全起来，并配备相应的干部，切实加强党对统战部门的领导。9月，省委统战部就建立地、市委统战部的问题请示省委，1979年4月由省委批转各地市委执行。③

与此同时，江苏省革命委员会在1977年、1978年还先后恢复和新建了一系列机构。1977年恢复省统计局、省经济委员会、省劳动局、省基本建设委员会、省水产局，增设县社工业管理局、农业机械局、地震局。将省燃料化工局分设为煤炭工业局和化学工业局，将省商业局内的粮食科撤销，重新组建粮食局。1978年4月至8月间，省革委会决定：将设在省财政局内的税务处改为省税务局，但仍属省财政局领导的处级机构；恢复省供销合作总社；将省轻工业局内的纺织工业管理工作划出，重新组建省

---

① 中共江苏省委党史工作办公室编：《拨乱反正》(江苏卷)，中共党史出版社1998年版，第149页。

② 中共江苏省委统一战线工作部等编著：《江苏统战史》，国家行政学院出版社2007年版，第122页。

③ 中共江苏省委统一战线工作部等编著：《江苏统战史》，国家行政学院出版社2007年版，第123页。

纺织工业局,与省纺织工业公司合署办公;将基本建设局一分为二,分别成立省建筑工程局和省建筑材料工业局;增设省城市建设局。

此外,1978年5月,江苏省委和江苏省革命委员会亦分开办公,初步改变了过去党政不分的情况。

4. 初步平反冤假错案

在“文化大革命”中,林彪、江青反革命集团不仅把大批各级领导干部打成叛徒、特务、走资派、反革命,还在一般干部和群众中“深挖细找反革命”,因而制造了大量冤假错案。粉碎江青反革命集团后,广大干部群众强烈要求拨乱反正,纠正和平反冤假错案。1978年初,在揭批江青反革命集团斗争中,江苏省委把复查和纠正冤假错案工作列入重要议事日程,从上到下成立复查办公室,挑选一批觉悟高、作风好、公道正派、有一定政策水平的党员干部担任复查工作。3月中旬,省委召开地、市委组织部长会议,讨论尽快妥善处理审干遗留问题,进一步落实党的干部政策。各级党委加强对复查工作的领导,并抓住影响大的典型事件大张旗鼓地进行平反。如无锡市第一医院的所谓“国民党地下司令部”案件,被诬陷、迫害的干部、知识分子及其家属有120人,被隔离审查的76人。经过复查,完全是无中生有的冤案。无锡市委召开全市大会,为其平反昭雪。江苏省委为此发出通报,推动了复查工作的进行。苏州造反派头子华林森一伙炮制的所谓“反革命抽血集团案”,有53人被关押审查,有的被打死,有的被逼疯。1978年4月,在省委的督促下,苏州市委成立专门小组进行复查,召开大会宣布平反。①

1978年5月,举国上下开展关于真理标准问题的大讨论,人们的思想开始从“左”的束缚中解脱出来,从而极大地推动了复查平反工作的进行。10月,在南京召开全省人民司法工作会议,传达第八次全国司法工作会议精神。最高人民法院院长江华来宁参加会议并作了重要讲话,要求认真复查处理冤假错案,把落实党的政策工作抓紧抓好。同月,中共江苏省委组织部召开审干复查工作会议,交流了各地审干复查工作中的经验,讨论进一步搞好复查工作的问题。会议要求以更快的步伐、更好的质量,搞好审干复查工作,落实党的干部政策。

11月15日,省委常委决定,宣布1976年清明节前后在南京悼念周恩来总理,反对“四人帮”的所谓“南京反革命事件”,完全是革命行动。与这一事件有关的人员,尚未平反的立即平反,恢复名誉。18日,南京大学和南京邮电学院分别召开授奖大会,授予在“南京事件”中同“四人帮”作斗争的有关人员以英雄战士和模范党员称号,表

① 中共江苏省委党史工作办公室编:《拨乱反正》(江苏卷),中共党史出版社1998年版,第167页。

彰了他们同“四人帮”作斗争的革命精神。至 24 日，“南京事件”及类似事件中的 157 人全部得到平反。11 月 24 日至 12 月 1 日，江苏省委召开会议，贯彻中共中央为全部右派分子摘帽的决定。会后，全省为全部右派分子摘去帽子，并对错划右派分子予以改正。

12 月 30 日，中共江苏省委在南京五台山体育馆召开万人大会，对所谓南京的“一三事件”和“陈、包、张案件”宣布平反，并为在“文化大革命”中受到错误批判的原江苏省及南京的领导干部江渭清、陈光、包厚昌、张志强、洪沛霖、匡亚明、陶白、钱静人、吴天石等宣布平反，恢复名誉。

与此同时，省高级人民法院也采取措施，初步纠正“文化大革命”中一些错判案件。1976 年 10 月，江苏省各级人民法院着手对 1967 年至 1976 年所判处的刑事案件主动复查。在 1977 年、1978 年两年中复查纠正冤假错案 2537 件。①

第二节　恢复与发展国民经济

一　整顿与发展工业交通运输

1976 年江青反革命集团垮台后，全省工业战线上广大干部群众无不欢欣鼓舞，奔走相告，积极响应省委号召，奋战 80 多天，夺回前三个季度的欠产损失，确保 1976 年工业生产计划的完成和工业总产值的继续增长。交通战线职工也加紧奋战，确保运输计划的完成。徐州铁路分局 1976 年提前 16 天完成全年运输计划，货运量比 1975 年增长 24.7%，有 8 项经济技术指标超过历史最好水平。

1977 年、1978 年，根据中共中央的统一部署，江苏省继续开展工业学大庆群众运动，揭批江青反革命集团，初步清理整顿工交战线，使得工业和交通运输业得到恢复和发展。

1. 拨乱反正，工业整顿初见成效

从 1977 年开始，全省工业战线按照中共江苏省五届九次全委扩大会议精神，部署学习《论十大关系》，深入开展揭批江青反革命集团的工作。针对林彪、江青反革命集团在政治与经济、革命与生产的关系上散布的反马列主义的谬论，联系各自的思想和工作实际，进行揭发和批判江青反革命集团用“唯生产力论”大棒来破坏“四化”建设的罪行，使大家从思想上和理论上同江青反革命集团划清界限。与此同时，还继续

① 中共江苏省委党史工作办公室编：《拨乱反正》(江苏卷)，中共党史出版社 1998 年版，第 84—85 页。

平反和解放一批干部,摧毁江青反革命集团在工业战线上的帮派体系,恢复、健全各级领导班子和生产指挥、协调系统,从组织上进行整顿。

全省继续开展工业学大庆运动。1977 年 1 月,江苏省委召开全省工业学大庆座谈会,号召掀起揭批江青反革命集团高潮和“工业学大庆”高潮,掀起抓革命、促生产的新高潮,要求每年有 10%的企业建成大庆式企业。5 月 21 日至 30 日,在南京召开江苏省工业学大庆会议。省委书记胡宏在会上传达全国工业学大庆会议的精神,省委第一书记许家屯作工作报告。大会表彰和奖励 78 个大庆式企业、964 个先进企业、2005 个先进集体、5940 名劳动模范和先进工作者。1978 年 6 月,江苏省委召开全省城市工作会议,宣布江苏省委、省革命委员会命名的 323 个大庆式企业名单。

在 1977 年、1978 年两年中,江苏先后组织 6 批 3000 多人次的团队赴大庆实地参观学习。江苏还选派常州市、南通国棉二厂、南京无线电厂、南京栖霞山化肥厂、武进化肥厂等先进单位分别在全国学大庆会议、石化系统赴大庆现场学习会上,作经验交流、“打擂台”应战。1977 年 5 月,省级机关和全省各地、市、县抽调机关干部 7200 人组成工业学大庆工作队,分赴 745 个工交企业帮助工作。1978 年,全省各级党委组织了由 9521 人参加的 1101 个学大庆工作队(组)到工业企业蹲点工作,帮助企业整顿领导班子,加强业务培训,培养行业标兵,开展学大庆、赶超历史最高水平和国内先进水平的竞赛活动。

尽管工业学大庆运动,还没有摆脱所谓“抓革命,促生产”的窠臼,也仍然沿用过去大搞群众运动的形式,但还是对江苏工业发展产生一定的积极影响。各地在工业学大庆运动中,认真学习马列主义、毛泽东思想,深入揭发批判江青反革命集团的反革命罪行和流毒影响,进一步整顿工业企业的领导班子。各地广泛开展学创大庆式先进企业、先进地区、建设学大庆先进省的群众运动,建设具有“三老四严”革命作风的职工队伍,广泛开展比、学、赶、帮、超各项先进经验和技术水平的增产节约竞赛活动,关心群众生活,从而调动一切积极因素,克服暂时困难,积极恢复和发展工业生产。

此外,江苏省还积极发展集体所有制和社队企业。1977 年 8 月、9 月,江苏省委召开地、市委工业书记会议,要求在充分利用和发展全省现有城市工业的同时,积极发展县、社、队工业。在 1978 年 6 月江苏省委召开的全省城市工作会议上,强调要在全省范围内推广常州市采取全民所有制带集体所有制、帮集体所有制、扶持集体所有制企业发展的经验,推广无锡县围绕农业办工业、办好工业促农业的发展工业的经验。

经过两年的初步整顿,江苏工业得到较快发展。1977 年,全省工业总产值达

297.12 亿元，比 1976 年的 247.59 亿元增长 20%。1978 年达到 337.65 亿元，比 1977 年增长 13.64%。① 多数企业成本降低、亏损减少或利润有所增加。1977 年，南京化工厂开始调整企业内部关系，并进行整顿，实行全面质量管理，取得明显的经济效益。1978 年，该厂有 6 种产品被评为全国同行业之首，防老剂产品约占全国同类产品的一半。1978 年，全省小合成氨生产净盈利 432 万元，实现全行业扭亏为盈，改变了小化肥厂长期亏损的局面。

在这两年中，江苏主要行业都获得较快发展。1978 年，江苏纺织业总产值从 1976 年的 55.85 亿元增加到 71.59 亿元；1978 年，江苏机械工业总产值从 1976 年的 59.44 亿元增加到 81.61 亿元。② 1977 年，全省从事电子工业生产的工厂和车间由 1975 年的 281 个发展到 340 多个，职工人数从 1975 年的 10.7 万人增为 20 多万人。1978 年，电子工业产值从 1975 年的 14.3 亿元增加到 27.1 亿元，初步形成全国电子工业基地；1978 年，化学工业总产值从 1976 年的 28.32 亿元增加 40.89 亿元。③ 1977 年、1978 年，江苏化学农药从 1976 年的 4.29 万吨，分别增为 4.96 万吨、4.92 万吨，合成氨从 1976 年的 47.48 万吨分别增为 63.46 万吨、83.28 万吨，农用化肥从 1976 年的 45.61 万吨分别增为 56.28 万吨、72.18 万吨。④ 石油工业总产值从 1976 年的 6.96 亿元增加到 10.08 亿元。江苏石油开采从 1975 年开始，从无到有，快速发展。到 1976 年，江苏有油气井 11 口，年产油 4.17 万吨。1977 年、1978 年，江苏油气井分别增为 18 口、34 口，年产油分别增为 13.23 万吨、27.07 万吨。江苏炼油能力也不断提高。南京炼油厂经过基建投入和技术改造，1976 年原油加工能力达 550 万吨，一跃成为国内大型炼油厂之一。

江苏煤炭、电力、冶金行业也有所发展。1978 年，煤炭工业产值从 1976 年的 3.47 亿元增加到 4.41 亿元，煤炭产量从 1976 年的 1311 万吨增加为 1707 万吨。⑤ 1978 年，冶金行业总产值从 1976 年的 8.01 亿元增加到 11.08 亿元，钢产量从 1976 年的 40.58 万吨增加到 54.51 万吨，生铁产量从 1976 年的 55.02 万吨增加到 84.03

---

① 江苏省统计局编：《江苏四十年（1949—1989）》，中国统计出版社 1989 年版，第 137 页。

②③ 江苏省统计局编：《光辉的三十五年——江苏国民经济和社会发展统计资料（1949—1983）》，1984 年印行，第 43 页。

④ 江苏省统计局编：《光辉的三十五年——江苏国民经济和社会发展统计资料（1949—1983）》，1984 年印行，第 48 页。

⑤ 江苏省统计局编：《光辉的三十五年——江苏国民经济和社会发展统计资料（1949—1983）》，1984 年印行，第 43、48 页。

万吨。[①] 1978年,江苏发电量从1976年的92.79亿度增加到126.42亿度。[②]

2. 建成、新建、改建、扩建一批骨干工程

粉碎江青反革命集团后,由于"左"倾影响尚未消除,江苏在工业战线上又出现急于求成的倾向,要求工业在五年或更长一些时间内建成一个"大庆"、一个"鞍钢"、一个"开滦"。在这种指导思想的影响下,江苏工业的基本建设又出现过快发展的情况。1977年、1978年,江苏省基本建设投资额从1976年的12.44亿元分别增加到12.75亿元、17.78亿元。[③]

自1975年开始,国家逐步增加对江苏工业固定资产的投资,先后安排了一批重点基本建设和技术改造项目,并通过对老企业的挖潜、革新、改造,扩大生产能力。同时,从1977年起,国家改革对江苏财政和物资的管理体制,试行财政"收入上交和留用固定比例包干"的新体制,江苏财政收入有较多增加,地方支配财力、物力的权限也有所扩大,省级财政预算内用于基本建设的投资从前几年每年3亿元左右增加到5亿多元。省对市、县也实行一定范围内的财政包干体制,使市、县政府可以根据各自的财力,因地制宜地发展各项建设事业,从而调动了各级政府当家理财、增收节支的积极性,为各地筹集建设资金创造条件。

在1977年、1978年两年中,一批骨干工程在江苏建成投产。1977年3月,徐州矿务局所属坨城煤矿建成投产。这是由中国自己设计建造的现代化中型矿井,每年可向国家提供45万吨优质原煤。4月,连云港机械厂在有关单位的协助下,自行设计制造了中国第一台吊重为30.5万吨集装箱龙门起重机,填补了中国港口装卸机械的一项空白。10月,常州供电局用一年多时间,建成了国内第一流的自动控制、全晶体管继电保护装置的22万伏三井变电所,并开始运行。[④] 同月,国内第一个采用自动闪光焊接工艺的船用锚链厂——镇江锚链厂也建成投产。1977年12月和1978年12月,徐州电厂2台12.5万千瓦机组先后正式发电。1978年6月,南京化学工业公司氮肥厂年产6万吨合成氨的二车间经4年多建成投产。该车间全部设备均由中国自行设计、制造和安装。其创造的"烟气法"热处理新工艺,填补了中国大型压力容器现场安装后立式整体热处理工艺的空白。10月,江苏省引进第一套现代化大型化肥生产装置的栖霞山化肥厂,经过4年多建成投产,可年产合成氨30万吨、尿素52万吨。

---

① 江苏省统计局编:《光辉的三十五年——江苏国民经济和社会发展统计资料(1949—1983)》,1984年印行,第43、47页。

② 江苏省统计局编:《光辉的三十五年——江苏国民经济和社会发展统计资料(1949—1983)》,1984年印行,第47页。

③ 江苏省统计局编:《光辉的三十五年——江苏国民经济和社会发展统计资料(1949—1983)》,1984年印行,第58页。

④ 刘定汉主编:《当代江苏简史》,当代中国出版社1999年版,第264页。

11 月，泰州炼油厂兴建的减压蒸馏装置建成投产，使该厂年加工原油能力提高到 15 万吨。12 月，南京化学工业公司磷肥厂建成当时中国利用硫酸生产余热发电的最大发电机组，正式投产发电。

在 1977 年、1978 年两年中，江苏还新建、扩建和改建一批骨干工程。1977 年 12 月，天生港发电厂开始扩建 2 台国产 12.5 万千瓦超高压汽轮发电机组。同年底，南京化工厂经过 30 多次小试和 10 次中试，对苯胺生产落后工艺进行技术改造，建成国内第一套年产 3000 吨加氢法苯胺生产装置，其生产工艺达到国际先进水平。1978 年，谏壁发电厂开始进行第四期扩建工程，建设 2 台 30 万千瓦国产汽轮发电机组。徐州煤矿区进行每年提高产煤能力 165 万吨的扩建，南京钢铁厂进行每年可提高炼钢能力 40 万吨的技术改造，苏州钢铁厂也进行配套建设，武进化肥厂新建油气化合成氨生产系统。南京化学工业公司氮肥厂职工将 3、4、6 号水洗塔分别由筛板塔或填料改为圆缺错流筛板塔，使塔的生产能力提高了 1—1.5 倍。此外，1978 年 6 月，江苏石油化纤总厂筹建领导小组和筹建指挥部成立，开始着手仪征化纤工业公司的筹建工作。

从 1978 年开始，江苏省还利用中国银行外汇贷款 5510 万美元，引进先进适用技术和设备，对苏州、无锡、常州、南通、徐州等 5 个市地的轻工、纺织企业进行技术改造。这些项目投产后，对改变全省纺织工业产品结构，提高轻纺工业的生产水平起了显著作用。

随着一批骨干工程的新建、改建和扩建，不仅有力地推动江苏工业的发展，还为江苏今后工业的发展奠定更加雄厚的基础。

3. 整顿和发展交通运输业

粉碎江青反革命集团后，江苏省加强铁路交通运输的领导，整顿铁路运输秩序，使江苏铁路运输出现新的面貌。1977 年 3 月，江苏省委和南京市委联合召开南京地区党员大会，传达贯彻全国铁路工作会议精神，要求加强党的集中领导，健全必要的规章制度，整顿铁路秩序，同各种破坏行为作斗争，确保运输安全正点，千方百计把全省铁路运输搞上去。1978 年底，沪宁线、津浦线复线工程竣工，使江苏铁路干线由单线改造为复线，并基本上实现了线路长轨化，从而提高了列车的通过能力和行车速度。①

1966 年“文化大革命”爆发，江苏公路建设遭到挫折。直到 1971 年全国计划会议召开后，江苏公路建设才逐渐恢复，并且在曲折中得到发展。在这期间，江苏推广普及沥青路面，在公路桥梁建设中广泛应用双曲拱桥。随着江苏社队工业的崛起和南

① 中共江苏省委宣传部编：《建国三十五年来的江苏（1949—1984）》，江苏人民出版社 1984 年版，第 257 页。

京长江大桥建成通车,跨省区旅客和货物运输陡增,县级运输公司逐步发展壮大,农村公共汽车开始兴起。到 1976 年"文化大革命"结束,江苏公路里程达到 15943 公里,其中沥青路面 2468.46 公里,占全省总里程 16.1%的公路路况得到提高。粉碎江青反革命集团后,江苏公路建设得到进一步发展。1977 年、1978 年,全省公路通车里程分别达到 16806 公里、17721 公里。随着公路建设的发展,许多原来交通闭塞的乡、村修通公路。到 1978 年底,全省 79.5%的乡镇修通公路。

与此同时,江苏还逐步恢复和健全在"文化大革命"中遭到严重破坏的公路交通规章制度,并整顿公路站务工作,制定客运车站站务人员岗位责任制。随着公路建设的发展和公路交通管理的加强,江苏公路运输能力大为提高。1977 年、1978 年,旅客运输量从 1976 年的 13218 万人分别提高到 15260 万人、18694 万人,货物运输量从 1976 年的 3446 万吨分别提高到 3928 万吨、4488 万吨。①

在"文化大革命"初期,江苏水上交通运输受到巨大的冲击。随着 1972 年、1975 年两次对水上交通进行整顿,港航秩序得到一定的恢复,港口、航道建设和船舶修造等都有所发展。到 1976 年,内河航运水道为 23106 公里,可通机动船 13531 公里,旅客运输量为 4104 万人,货物运输量为 5633 万吨。粉碎江青反革命集团后,水上航运又有所发展。1977 年内河航运水道为 23269 公里,可通机动船 13716 公里;旅客运输量为 4242 万人,货物运输量为 6110 万吨。1978 年内河航运水道为 23657 公里,可通机动船 14114 公里;旅客运输量为 4175 万人,货物运输量为 6557 万吨。②

在 20 世纪 70 年代初期和中期,江苏民航运输获得较快发展。自 1971 年开始,随着民航客运票价的不断降低,江苏民航客运量不断上升。1971 年客运 3889 人次,1974 年客运 12560 人次,1976 年客运 16954 人次。与此同时,随着经济发展,江苏民航货运、邮运总量从 1965 年的 668 万吨增加到 1976 年的 1478 吨。粉碎江青反革命集团后,江苏客运量不断上升,1977 年、1978 年分别达 20454 人次、33520 人次,货运、邮运量也不断增加。

二 初步纠"左"和发展农业生产

1976 年 11 月 26 日至 12 月 9 日,江苏省委召开地、市、县委书记会议,传达贯彻全国宣传工作会议和农业学大寨座谈会精神。1977 年 1 月 3 日,江苏省委在南京召

---

① 江苏省统计局编:《光辉的三十五年——江苏国民经济和社会发展统计资料(1949—1983)》,1984 年印行,第 54—55 页。

② 江苏省统计局编:《光辉的三十五年——江苏国民经济和社会发展统计资料(1949—1983)》,1984 年印行,第 53—55 页。

开全省广播大会，组织全省生产队以上干部、国营农场职工收听广播。会议传达并动员学习第二次全国农业学大寨会议精神，号召全省人民动员起来，立即掀起一个学大寨的高潮。1月25日至2月14日，召开中共江苏省五届九次全委（扩大）会议，学习毛泽东《论十大关系》和第二次全国农业学大寨会议精神。

1978年2月，江苏省委召开全省农村工作会议，会议传达了全国普及大寨县工作座谈会和第三次全国农业机械化会议精神，听取省委主要负责人作的《加快普及大寨县，努力实现机械化，为高速发展社会主义农业而奋斗》的报告。7月，中共中央政治局委员、国务院副总理纪登奎、陈永贵等率领广东等12个省、市、自治区县委以上负责人，在江苏参观苏州地区农田基本建设和农副工相结合发展的情况，到扬州地区参观了江都水利枢纽工程。

在1977年和1978年中，江苏初步纠正“文化大革命”时期的极左错误，大搞农田水利建设，大规模推广种植杂交稻，并大力抗击1978年特大旱灾。

1. 初步纠正“文化大革命”时期的极“左”错误

粉碎江青反革命集团后，根据中共中央的指示，江苏省开始初步纠正“文化大革命”时期在农村中推行的极“左”政策：针对“割资本主义尾巴”和“反击右倾翻案风”造成的政策混乱状况，重申和恢复按劳分配、保留社员自留地和家庭副业以及开放农村集市贸易政策；针对加强经营管理是“管、卡、压”的谬论，纠正社队经营管理中的“一平二调”和“穷过渡”等错误做法，规定过渡到大队核算要经地市研究，报经省委批准；进行反贪污、反浪费、反投机倒把斗争，清查工分、账目、钱粮、物资，整顿超支、挪用和欠粮欠款；要求按照坚持勤俭办社、民主办社的方针，严格实行经济核算，千方百计降低生产成本，压缩非生产性开支；针对批判“唯生产力论”和生产搞得好就是“黑样板”的谬论，将江阴华西大队等一批先进单位树立为全省农业战线上的典型；针对帮派势力把持农业生产战线领导权和无政府主义思潮，认真进行清查和批判，重新安排遭受林彪、江青反革命集团迫害的干部回到各级领导岗位，强化农业和农村工作的指挥系统。通过清算和纠正农村经济领域中极“左”错误的影响，使全省农业生产和农村经济迅速出现转机。①

然而，在这一时期，由于长期受到“左”的错误思想影响，特别是受到“两个凡是”的束缚，对农业和农村经济政策中带有根本性的是非问题并未得到彻底的澄清和纠正。其中最为突出的问题是：对以生产队为基本核算单位向大队和公社为基本单位过渡的政策，虽然主张要严格把关，但在理论上和指导思想上依然将其视为“历史前

---

① 中共江苏省委党史工作办公室编：《拨乱反正》（江苏卷），中共党史出版社1998年版，第220—221页。

进的必然”,提出“要继续积极创造条件实行农村所有制的过渡”。不过,由于各地在贯彻这一政策的过程中,大都保持慎重态度,因而全省只有 205 个大队搞了过渡所有制的试点,没有造成新一轮大范围的“穷过渡”折腾。[①] 但是,这一时期对有关具体经济政策的调整,并未触动人民公社经济体制的根本弊端。人民公社“政社合一”的体制仍然束缚着农村生产力的健康发展。

2. 继续进行大规模的农田水利建设

江苏继续坚持不懈地进行规模宏大的水利和农田基本建设。在 1976 年底开始的冬季农田基本建设中,全省动员 670 万人参加治水改土,共完成土石方 8.94 亿立方米,平田整地 336 万亩,修建梯田 13.6 万亩,开挖暗沟、暗墒 400 多万亩。与此同时,全省一批大中型水利骨干工程,包括徐洪河、秦淮河、三阳河、江海河、北凌河等排水灌溉工程,以及谏壁翻水站、司马港、新洋港、川东港、嶂山切岭等全面施工。江都水利枢纽工程是江苏最大的水利骨干工程,受到各方面的充分重视。该工程的第四抽水站从 1973 年 11 月动工,经过 4 年的建设,克服种种困难,终于在 1977 年 12 月 24 日竣工。整个工程由中国自行设计、制造和安装,共装机 33 台套,总容量 4.9 万千瓦,全部抽水能力为 400 立方米每秒,可灌溉农田 1000 万亩,是当时国内最大的抽水站。这项工程的建成,初步实现了江苏省南水北调、引江济淮的规划。[②]

1977 年江都水利枢纽工程建成

① 中共江苏省委党史工作办公室编:《拨乱反正》(江苏卷),中共党史出版社 1998 年版,第 221—222 页。

② 刘定汉主编:《当代江苏简史》,当代中国出版社 1999 年版,第 257 页。

1977 年 3 月,省水利局举办全省农田基本建设规划学习班,总结交流各地农田水利规划和实施的经验,按照山、水、田、林、路统一规划,洪、涝、旱、渍、碱综合治理的要求,研究制订《江苏省农田基本建设规划布局的意见》。在 70 年代期间,各地按照以上治理规划要求,有计划地组织实施,并涌现出一批山、水、田、林、路、村综合治理的样板,以样板典型示范,推动农田水利建设的发展。至 1978 年上半年,全省万亩以上样板发展到 270 多个,面积达到 1500 万亩。1978 年 7 月,国务院召开全国农田基本建设会议,组织南方 12 个省、市、自治区和中央有关部门的代表 420 人,参观苏州地区的 12 个农田水利样板和江都水利枢纽工程。①

为了推动全省农业生产发展和农田基本建设,1978 年 8 月,江苏省农田基本建设和夏熟高产单位授奖大会在南京召开。会议表彰一大批高产地区和单位,并号召全省开展“淮北学沛县,苏中学兴化,苏南学扬中”的高产竞赛活动。为了加快棉花生产,1977 年 8 月初,又在南京召开江苏省棉花生产先进集体、先进个人代表大会。会议总结棉花高产经验,表彰 476 个先进单位。到会妇女代表向全省棉区妇女发出开展银花竞赛的倡议书。

3. 开始大规模推广种植杂交稻

1975 年 9 月,江苏省革命委员会农业局、省农科所和有关地区农业局组成以陈永康为团长的 15 人考察团赴湖南考察大面积杂交稻生产和制种的丰产经验。考察团返省后,向江苏省委提交考察报告,江苏省委负责人迅即批示:“迅速抓起来,迎头赶上去。”1976 年,江苏把从湖南省带回的 500 公斤杂交稻种分配给全省 56 个县市的 276 个示范点,种植 652 亩,亩产获得 550—600 公斤,比常规中稻亩产增 2—3 成。同年 9 月,组织各地区和有关县领导参观练湖农场、武进县杂交水稻生产。同年 12 月,省农业局在六合召开全省水稻生产技术经验交流会议,重点介绍杂交水稻试种情况,交流栽培经验。与此同时,江苏省革委会批准成立江苏省农作物杂种优势利用办公室,专门负责组织海南岛繁殖制种,指导示范田生产,总结交流技术经验,组织各部门、多学科杂交稻协作攻关。1976 年冬季,组织各县去海南岛繁殖制种。②

1977 年全省开始大面积推广杂交稻种,种植面积达到 105.6 万亩,其中示范田达到 81.8 万亩,主要分布于太湖和丘陵稻区。当年杂交稻虽然严重受灾,但仍比同熟期中稻亩产增加 131 公斤。1978 年,全省进一步扩大杂交水稻种植面积,达到 672.25 万亩,其中单季杂交稻示范田达到 610 万亩,平均亩产达到 429.3 公斤,比

---

① 江苏省地方志编纂委员会编著:《江苏省志・水利志》,江苏古籍出版社 2001 年版,第 357—358 页。

② 江苏省地方志编纂委员会编著:《江苏省志・农业志》,江苏古籍出版社 1997 年版,第 130—131 页。

1977年增9.4%;后季杂交稻种植33.68万亩,亩产达到384.35公斤。杂交稻种植分布开始由南向北推移,种植万亩以上的县增到51个。[1]

4. 抗击1978年特大旱灾

1978年,江苏发生特大旱灾。全省从春季起,季季干旱,连续干旱250天。雨量少、水位低、上游来水少、受旱持续时间长,旱情之重为历史上少见。1—9月,平均降雨量只有300—400毫米,比常年少5—7成,个别地区仅50毫米。骆马湖年来水量26.65亿立方米,比常年少6成。洪泽湖年入湖水量30.48亿立方米,仅为常年1/10。长江大通来量长期偏少,其中8—11月月平均流量比常年同期少4成左右。长江南京高潮位7—11月比常年同期低1米以上。洪泽湖水位长期在11.0米死水位以下,6月29日最低为10.27米。骆马湖、微山湖最低水位分别为17.85米和30.55米。中运河运河镇6月30日最低水位18.51米,京杭运河徐州段断航40天。高邮湖水退到湖心,里下河水位很低。盐城地区3800座抽水站有1800多座进水管一度吊空,3.6万条生产河中有1.5万多条一度断流。水库塘坝大部分干涸,有水的也只剩少量底水。

面对特大旱灾,全省人民开展长达250多天的抗旱斗争。当年抗旱分为三个阶段:第一阶段抗春旱,省委、省政府要求各地干群大力引用当地河沟水灌溉,挖井浇苗,抗旱保麦,抗旱春播;第二阶段自5月下旬至10月,抗旱保夏种、保秋熟;第三阶段自10月至年底,抗秋冬旱保秋播、保全苗。在抗旱紧张的时候,全省有7.1万多名干部,带领600万群众奋战在抗旱第一线。

在抗旱斗争中,全省运用当时所有水利设施,采取引、翻、挖、蓄、调相结合,引江济淮,淮沂互济。南京武定门抽水站从5月1日至12月8日开机147天,抽江水4.53亿立方米供秦淮河流域抗旱用水。江都站全年抽引江水62.8亿立方米,淮安站抽水10亿立方米,高良涧越闸临时站抽水3亿立方米北送,江水可直达连云港。8月份沂沭河来水较多,及时进行"引沂济淮",调剂8.8亿立方米沂水给淮水灌区。据统计,全省1—10月,自流和翻引长江水量达215亿立方米,利用洪泽湖、骆马湖等控制工程和1100多座水库、30多万座塘坝以及全省河网共拦蓄水122多亿立方米。抗旱期间,淮北新打机井7200眼,挖土井13万眼,连同原来的5万眼机电井,共抽取地下水25亿立方米。全省通过引、翻、挖、蓄等办法,共解决抗旱水源362亿立方米,占全省灌溉总需水量90%左右。各地区还根据实际情况,宜水则水,宜旱则旱,调整作物布局。与此同时,还利用全省4.2万多座小型抽水站以及分散在生产队的灌排机械

[1] 江苏省地方志编纂委员会编著:《江苏省志·农业志》,江苏古籍出版社1997年版,第131页。

和社会动力,提取骨干河渠水送到田间抗旱。①

在抗旱斗争中,国家支持江苏抗旱经费 1.53 亿元,省、地、县和社队用于抗旱的经费达 4 亿多元。国家和省支持抗旱的设备物资有柴油机 7.4 万余马力(5.4 万多千瓦)、钢材 4450 吨、生铁 3000 吨、木材 2500 立方米、毛竹 17 万支、橡胶 100 吨以及其他大量物资。②

由于采取上述有力措施,在 1976 年—1978 年,江苏农业生产仍有较大发展。1976 年,粮食产量为 2248.45 万吨,棉花产量为 41.43 万吨,油料产量为 21.99 万吨。1978 年,全省虽发生特大旱灾,春夏受旱面积 1666 万亩,秋季受旱面积 5802 万亩。经过长期抗旱,减产面积缩小到 1334 万亩,其中失收 270 万亩。但是,当年全省粮食生产仍然获得丰收,粮食产量达到 2400.65 万吨,棉花 47.54 万吨,均超过历史最高水平,油料产量为 37.44 万吨,也接近历史最高水平。

三　社队工业在夹缝中艰难成长

江苏,尤其是苏南地区是中国乡镇工业的主要发源地。中国乡镇工业的前身社队工业就是在江苏,特别是在苏南地区率先发展起来的。

江苏,特别是苏南社队企业的率先发展,是具有深刻的历史原因和社会基础的。首先,商品性经济和手工业发展具有悠久历史和深厚基础,为发展社队工业提供了良好的商品经济观念和工商人才等方面的基础条件。其次,人多地少,人口压力沉重的省情也是构成发展社队工业冲动的一个重要条件。自明清以来,苏南地区人口稠密,人均耕地面积较少,到 20 世纪 70 年代,苏南地区人均耕地只有 1 亩左右。但是,该地区农业机械化程度较高,农业生产率较高,人地矛盾更加尖锐,大量富余劳动力不得不从非农业上寻找出路。再次,区位条件得天独厚。江苏省位于中国大陆东部沿海中心,临近我国最大的综合性工业城市上海,便捷的水陆交通,使江苏省历史上就与国内外有着广泛的联系。苏州、无锡、常州、南通与上海一带一起成为中国近代民族工业的摇篮和发源地,新中国成立后,上海、苏、锡、常、通等地工业又有较大发展。这就为江苏(特别是苏南)社队工业发展提供了资金、设备、技术、人才、供销等多方面支持。最后,农业基础较为发达。相对发达、稳定的农业使得苏南地区得以完成国家规定的农产品计划,为其在严格计划经济体制下发展社队工业提供了前提条件,同时也为发展社队工业提供了初始的原始积累。

江苏社队企业从 1958 年大跃进运动中兴起,经过几起几落,在计划经济的夹缝

---

① 江苏省地方志编纂委员会编著:《江苏省志·水利志》,江苏古籍出版社 2001 年版,第 497 页。

② 江苏省地方志编纂委员会编著:《江苏省志·水利志》,江苏古籍出版社 2001 年版,第 498 页。

中艰难地成长起来。

在1958年人民公社化运动中,江苏各地掀起了大办工业的群众运动。1958年底,全省共有社队企业3.90万个,从业人员105.94万人,总产值2.98亿元。1959年、1960年全省社队工业总产值为3.06亿元、4.62亿元。由于发展过猛,超过了主客观条件。1961年,江苏省贯彻"调整、巩固、充实、提高"方针,对社队工业进行精简整顿。1963年底,社队工业总产值为0.34亿元,降到历史谷底。随着经济的恢复与好转,江苏社队工业又逐步恢复和发展起来,到1965年总产值上升为3.16亿元。①

1966年"文化大革命"爆发后,特别是在60年代末70年代初,不少城市工业企业停产闹革命,商品供应匮乏,市场供需矛盾很大,这为社队企业的发展提供了较为有利的市场环境。1968年《人民日报》发表毛泽东关于在职干部也应分期分批下放劳动和"知识青年到农村去"的号召。江苏省一大批干部、城镇居民、知识青年下放农村劳动,又为创办社队工业提供了干部和技术人才。1970年12月11日,中共中央转发国务院《关于北方地区农业会议的报告》,要求各地大力发展地方"五小"(指小五金、小煤矿、小化肥、小农药、小农具)工业,建立县社队三级农机修造网,实行大修不出县,中修不出社,小修不出队,这又为社队工业提供了一定的政策支持。

但是,江苏社队工业的兴起,还是遭到党内极"左"思想的严重干扰。1971年8月,江苏省革命委员会某领导人批评农民办工业是不务正业,指责"社队办工厂是阶级敌人的防空洞,是资本主义的大本营,是修正主义的温床,是烂干部的场所,是特殊化的基地",要求采取断然措施:"无农不办,非农即砍"。② 1972年9月,中共扬州地委召开"一打三反"和整顿社队工业座谈会,要求把整顿社队工业作为冬春农村政治运动的重点。与此同时,国务院有关部门如机械工业、纺织和商业部等也发了不少文件限制发展社队工业。③

尽管如此,江苏各地农村广大干部和群众,还是充分利用各种有利因素,以各种方式排除干扰,使得江苏社队工业重新兴起。1970年,全省社队工业总产值7.19亿元,较上年增加50.23%,占全省工业总产值的5.32%。1971年,社队工业总产值增加到9.60亿元④。在1971—1975年,全省的社队工业,特别是江苏南部的苏州、无锡、常州地区发展速度很快。全省平均年增长26.38%,苏南部分县年增长30%以上。在这期间,江苏的社队工业发展速度,不仅大大超过农业,也超过国有和城镇集

① 江苏省地方志编纂委员会编著:《江苏省志·乡镇工业志》,方志出版社2000年版,第438—439页。

② 江苏省地方志编纂委员会编著:《江苏省志·乡镇工业志》,方志出版社2000年版,第510页。

③ 江苏省地方志编纂委员会编著:《江苏省志·乡镇工业志》,方志出版社2000年版,第439—440页。

④ 江苏省地方志编纂委员会编著:《江苏省志·乡镇工业志》,方志出版社2000年版,第439页。

体工业。到1975年，江苏社队工业产值达23.25亿元，比1970年增长2倍多，其占全国社队工业总产值的比重由1971年的11.9%上升为1975年的13.2%。

在江苏社队工业重新兴起中，无锡县在20世纪70年代初就逐渐崭露头角。地处沪宁线上的无锡县，人多地少，到1970年人均耕地不足1亩。从60年代起，无锡县以多种形式发展社队工业。到1970年，全县有社队工厂1114个，职工3.4万人，总产值3900万元，占全县工农业总产值的12%。随后，无锡县在农业学大寨运动中，一手抓农业，建设高产稳产田；另一手积极围绕农业办工业，办好工业促农业，实行"以工补农"，在粮食增产的同时，工副业也得到迅速发展。到1973年，全县社队工业产值达到11933万元，成为全国第一批社队工业产值超亿元的县。①

1975年，江苏省委在派出强大调查组对无锡社队工业进行调查后，肯定了无锡的经验，明确把社队工业作为发展工业生产、改善工业布局的一个重要问题提出来。同年10月，第一次全国农业学大寨会议把无锡列为大寨式县，肯定无锡发展社队工业的做法。国务院副总理华国锋在会上要求：各地党委应当采取积极态度和有力措施，使社队企业更好更快地发展。同时，《红旗》杂志刊登了江苏省革命委员会调查组的文章《大有希望的新生事物——江苏省无锡县发展社队工业的调查报告》，在全国产生了重大影响。

1976年初，江苏省委、省革委会要求省计委、农水和财贸办公室拟订《关于积极发展社队企业的意见》，以草案形式征求各地意见，并要求各地参照执行。6月26日—7月5日，农林部在无锡县召开南方水稻生产现场会，国务院副总理陈永贵到会作报告。无锡县委书记曹鸿鸣在会上做了"围绕农业发展社队工业，在八分半土地上闯革命"的汇报。

粉碎江青反革命集团后，江苏省更加重视发展社队工业。江苏省委于1977年1月召开工业学大庆座谈会，指出："社队工业遍地开花，为加快农业机械化的步伐，壮大集体经济的力量，进而实现公社工业化，找到了路子，大有希望，大有可为。"1977年4月，省革委会转发省计委、农水和财贸办公室《关于积极发展社队企业的意见》，要求各级革委会特别是县社两级革委会要"把发展社队企业摆到重要位置上，全面规划，加强领导，切实抓紧抓好，计划、工业、农业、财贸等部门，都要牢固树立以农业为基础的思想，主动积极地支持社队企业的发展。"5月，江苏省委召开工业学大庆会议，决定在全省推广无锡县发展社队工业实现工农业协调发展的经验。省委主要领导人在大会报告中高度评价了社队工业的发展，认为它"迅速改变了农业生产的面

① 江苏省地方志编纂委员会编著：《江苏省志·乡镇工业志》，方志出版社2000年版，第410页。

貌,迅速壮大了公社、大队两级集体经济的力量,逐步扩大了按需分配的因素,完全符合人民公社的发展方向”。[①] 8月,在省委召开的地市委工业书记会议上,省委书记胡宏在总结报告中要求各地大力推广无锡城乡协作发展社队企业,走工农业协调发展的经验。

为了进一步统一省级经济部门领导对发展社队工业的认识,1977年9、10月间,省委特地组织近十位有关厅局长参加由省委书记胡宏带队的工作组,对无锡县的社队工业进行为期一个多月的深入调查。1978年1月31日,省委印发了调查组《关于无锡县发展社队工业若干问题的调查报告(修订稿)》,进一步肯定无锡县社队工业的发展“壮大了集体经济,促进了生产力的发展”,并指出,“自觉地走工农业直接结合的道路,就能够加速我省农业机械化、公社工业化和建设社会主义工业省的步伐”。在2月中旬召开的省、地(市)、县和公社党委四级干部参加的会议上,省委提出改革农业经济结构,走农副工结合、综合发展的道路。省委主要负责人在会上强调,无锡县提出的农副工业结合综合发展的经验,很为重要,应当引起全省农村工作同志的注意和重视。要统一认识,下决心在领导好农业的同时,切实加强对副业和社队工业的领导。各级领导要解放思想,满腔热情地把社队工业抓起来。[②]

1978年8月,中共中央主席华国锋在听取全国农田基本建设会议领导小组汇报时指出:“大家看了苏州社队企业,很受启发。社队企业非大抓不可。……无锡的经验,包括苏州的经验……走出了一条路子。毛主席讲,农业的根本出路在于机械化。无锡的经验很说明问题,社队工业的产值占全县工业总产值的61%。社队工业发展了,支农力量增强了,农业要搞水利,搞机械化,资金就可解决了。……所以,这条路子非走不可。”与此同时,全国对无锡县农副工综合发展经验的宣传也掀起了高潮。4月4日,《人民日报》发表农林部社队企业局调查组、《人民日报》记者文章《农业高速发展的途径——江苏无锡社队企业调查》。7月3—11日,《新华日报》分8次连续刊登8篇文章,全面阐述无锡县综合发展社队工业的经验。9月27日,《人民日报》发表社论《高速发展农业的一条道路》,指出:“无锡的经验,是适合农业高速度的需要而诞生的,它是在今天新的条件下城乡关系的新发展。”[③]

为了推进社队工业的发展,1978年2月4日,江苏省计委印发了《关于进一步发展社队工业几个问题的规定》,出台一些鼓励发展社队工业的政策措施:新办企业免税从两年延长到三年,徐、淮、盐地区可以适当延长;省从机动财力中每年拿出一定份额,建立扶持社队工业的周转基金,以无息贷款方式,帮助贫穷社队办工业;在计划工

---

①② 江苏省地方志编纂委员会编著:《江苏省志·乡镇工业志》,方志出版社2000年版,第442页。

③ 江苏省地方志编纂委员会编著:《江苏省志·乡镇工业志》,方志出版社2000年版,第443页。

作中统一考虑社队工业发展的要求,纳入各行业的具体规划,物资部门对社队工业所需原材料作必要安排,省级各部门要在自己的专业范围内支持社队工业。城市工业有计划地向社队脱壳、扩散,改变工业布局,协调城乡经济发展;确定全省 7 个地区和 7 个市组成 5 个经济协作区,市委书记任组长,地委书记任副组长。为了加强对社队工业的领导,1978 年 9 月决定成立"江苏省革命委员会县社工业局"。①

在江苏省委的有力领导和广大干部群众的不懈努力下,江苏社队工业在 1976—1978 年出现蓬勃发展的好势头,社队工业总产值年增长率分别为 43.26%、51.81% 和 20.5%。② 到 1978 年底,全省已有 55496 个独立核算的社队企业,职工近 250 万人,年总产值达 62.56 亿元,占全国社队工业总产值的约 1/6,居全国各省、市、自治区的首位。更重要的是,在 1978 年农副工三业总产值中,社队工业产值占 38.2%,副业产值占 11.3%,这是江苏历史上第一次出现社队工业、副业产值总和与农业产值相当的局面,初步改变了长期以来比较单一的农村产业结构。这样,江苏社队企业就在高度集中的计划经济和市场需求的"夹缝"中顽强成长起来了。③

四　调整财政体制,加强税收工作,发展商业和外贸

粉碎江青反革命集团后,江苏大力调整财政体制,加强税收工作,积极发展商业和外贸事业,并取得很大成绩。

1. 调整财政体制,加强税收工作

新中国成立后,江苏的财政体制几经变化。初期由中央财政统收统支,除地方公粮附加、地方零星税收外,收入全部归中央支配,仅对超收部分实行中央和地方分成。在 1951—1976 年间,实行中央统一领导下的分级管理。1976 年底,国家计委决定从 1977 年开始在江苏率先试行固定比例包干的财政体制,即根据江苏历史上地方财政支出占收入的比例,确定一个收入上缴、留用的比例,一定四年不变。当时确定上缴比例为 57%,江苏留用比例为 43%。但因国家财政困难,1977 年按上缴 58%、留用 42%执行,1978 年按上缴 61%、留用 39%执行。④ 尽管如此,这种财政包干的体制,还是改变了长期以来"一年一变"的体制,扩大了省的自主权。随后,省对市、县也实行一定范围内的财政包干体制,使市、县政府可以根据各自的财力,因地制宜地发展各项建设事业,从而调动了各级政府当家理财、增收节支的积极性,增强了地方经济

---

① 江苏省地方志编纂委员会编著:《江苏省志・乡镇工业志》,方志出版社 2000 年版,第 443 页。

② 江苏省地方志编纂委员会编著:《江苏省志・乡镇工业志》,方志出版社 2000 年版,第 444 页。

③ 刘定汉主编:《当代江苏简史》,当代中国出版社 1999 年版,第 261 页。

④ 江苏地方志编纂委员会编著:《江苏省志・财政志》(下),江苏古籍出版社 1996 年版,第 507 页。

的活力。

随着从资金、政策、财务管理等方面促进经济的调整和发展,粉碎江青反革命集团后,江苏省财政收入迅速增长。在1977年、1978年,省财政收入从1976年的44.02亿元,分别增加到51.65亿元、61.09亿元。[①] 但是,当时在财政支出上出现一种不顾实际力量的盲目冒进倾向,基本建设到处铺摊子,影响了对农业支出和文教经费的增加以及职工生活的改善。

1966年"文化大革命"开始以后,江苏税收法纪受到破坏,税务机构受到严重冲击,全省县及县以上各级税务机构被全部撤销。到1972年后,江苏省税务机构才开始逐步恢复。1972年5月,在省财政局下设置税务科。6月,江苏列入国家编制的税务助征员317人。粉碎江青反革命集团后,江苏进一步恢复和充实税务机构。1977年4月,将财政局下设的税务科改为税务处,随后各地、市、县财政(税)局亦陆续设置税政科(股)。同年12月,全省增加税务干部编制1000名。1978年5月,成立省财政局税务局,全省税务干部大体上恢复到"文化大革命"以前的水平。

在1977年、1978年两年中,江苏从有利于农业生产、有利于社员生活、有利于农村各项公共事业发展,繁荣农村经济的角度出发,调整了一系列的税收政策。主要是对农村社队及其所办企业交纳的工商税和所得税,按一定条件,在一定范围内,给予不同程度和期限的减税、免税照顾,这较好地促进了农村经济的发展特别是社队工业的发展。与此同时,江苏还根据中央规定对某些工业产品以及各种合作组织和教育、社会福利部门举办的生产经营单位,分别给予一定的税收照顾,也促进了生产和有关各项事业的发展。由于工农业生产的发展,全省工商税收收入改变了六七十年代多年徘徊在10亿元左右的局面,开始快速增长,1978年全省实现的工商税收收入达32.52亿元。

2. 发展商业和广泛开展物资协作

粉碎江青反革命集团后,江苏省初步调整了商业机构。1977年11月15日,粮食业务从省商业局划出,成立江苏省革命委员会粮食局。1978年5月16日,"文化大革命"前属省供销社的业务从省商业局划出,恢复成立江苏省供销合作社。同时,江苏还对商业进行整顿,加强管理,提高服务质量。因此,在1977年和1978年,江苏省商业获得较快发展,商业从业人员从1976年的58.02万人,分别增加到61.15万人、64.28万人。社会商品零售额,从1976年的86.28亿元,分别增长到90.22亿元、

---

① 江苏省统计局编:《光辉的三十五年——江苏国民经济和社会发展统计资料(1949—1983)》,1984年印行,第66页。

100.16亿元。① 在这两年中，商业、服务业战线出现了许多先进模范人物。如以铁人著称的徐州彭城五交化商店党支部书记韩玉亭，“不挂满客牌子”的江都樊川旅社服务员沈美英，为人民点缀青春光彩的江阴月城理发员陆纪风等。

江苏是一个能源和原料缺乏的省份。早在20世纪50年代中后期到“文化大革命”发生前，江苏省就曾经积极发展跨地区的物资协作。当时主要用江苏超产的工业品或富余的农副产品直接到外省换取所需的煤炭、钢材、木材、毛竹等物资。同时也开展一部分劳务协作，派人到福建、江西、湖南等省帮助砍伐木材、毛竹，打捞沉水木，清理山材等，换取一定数量的木材、毛竹。此外，还派人到山西、河南等地“自拉煤”。

“文化大革命”爆发后，物资协作一度被认为是“冲击国家计划”、“搞资本主义”而受到“批判”和限制。江苏有些地方和部门规定“三不准”，即不准拿计划物资协作，不准与全民所有制单位协作，不准拿生活资料换取生产资料。在“文化大革命”中期后，随着苏南地区社队工业的兴起，能源、原材料的供求矛盾更加突出，一些地方和企业冲破各种条条框框的束缚，坚持开展物资协作。

1977年国务院发布文件对开展物资协作作出明文规定后，物资协作正式获得合法地位。江苏开始恢复建立经济协作机构，大力发展跨地区的物资协作。在完成国家统购和派购任务的前提下，省和市、县用粮食、猪肉、食用油等食品和其他农副产品到山西、河南、内蒙等地协进煤炭、钢材和锡、铜等有色金属，到江西、福建协进木材、毛竹，到贵州、云南等地协进桐油等。还组织省内超计划生产的名、特、优工业品和短线产品，包括手表、自行车、缝纫机、饮料酒、机床、汽车、手扶拖拉机、玻璃、水泥、尿素等，与外省协作，协进燃料和原材料。为了管理、组织协调全省的经济协作工作，1978年成立省物资协作办公室，由省物资局代管。随着江苏物资协作的大发展，在一定程度上冲破高度集中的计划经济体制的束缚，促进了江苏经济的发展。②

3. 加快发展对外贸易。

在新中国成立后相当长的一段时间中，江苏省主要是组织出口商品的生产、收购和调拨，供上海、天津、北京等口岸出口。到1974年1月，江苏才建口岸自营出口，当年出口值7689万美元。其后，出口值逐年有较大幅度增长，到1976年已经达到22765万美元。在1978年前，江苏需要进口的原材料和机械设备，全部通过国家专业进出口总公司进口，江苏不自营代理进口。

粉碎江青反革命集团后，特别是1978年后，江苏加快了外贸的发展。从1978年开始，随着国家对计划管理体制的改革和有关对外开放政策措施逐步下达、落实，江

① 江苏省统计局编：《光辉的三十五年——江苏国民经济和社会发展统计资料(1949—1983)》，1984年印行，第70页。

② 刘定汉主编：《当代江苏简史》，当代中国出版社1999年版，第266页。

苏省把对外贸易工作放到更为重要的地位。1977 年、1978 年,江苏省出口迅速增长,出口创汇分别达到 27579 万美元、41846 万美元。到 1978 年,江苏自营的出口商品增加到 218 个品种,全年出口到 127 个国家和地区。从 1978 年开始,江苏自营代理进口,当年进口值为 903.33 万美元。

从 1978 年开始,江苏省在外资利用方面开始利用了利率低、手续简便的中国银行外汇贷款。该年用了外汇 5510 万美元,投资项目 83 个。这些项目主要分布于苏州、无锡、常州、南通、徐州等 5 个市,重点是引进先进适用技术和设备以加快轻工、纺织企业的技术改造步伐。这些贷款连本息在内总投资共折合人民币 2.3 亿元。这些项目投产后,对改变全省纺织工业产品结构,提高轻纺工业的生产水平起了显著作用。更为重要的是,通过引进,给工业经济带来了活力,使各级领导看到了引进先进技术的作用,促进了思想解放,开辟了一条利用国内的外汇贷款,引进技术设备的渠道。

从 1978 年开始,江苏省在外资利用方面还开始进行补偿贸易。最早的补偿贸易项目为 1978 年 10 月批准的由香港溢达企业有限公司和江苏省纺织品进出口分公司,以及苏州、常州、无锡有关服装厂引进的 12 条服装生产线(无锡 6 条、常州 4 条、苏州 2 条),外资金额为 240 万美元,年产各类服装 65 万打,补偿年限为 3 年。①

第三节　教科文卫事业的恢复与发展

一　教育事业的整顿和恢复

在“文化大革命”中,江苏教育事业遭到严重破坏和摧残。粉碎江青反革命集团后,特别是 1977 年邓小平复出负责抓科技教育工作后,江苏省采取了一系列措施对教育事业进行初步整顿,使教育事业得到恢复和发展。

1. 揭批江青反革命集团,初步肃清其流毒和影响

1977 年 11 月 23 日,江苏省委、南京市委在南京五台山体育馆召开万人大会,省委主要负责人传达中共中央主席华国锋关于教育工作的指示,批判江青反革命集团炮制“两个估计”的罪行。会后,全省教育系统掀起批判“两个估计”的热潮。当然,由于“左”倾错误的指导思想尚未清除,教育领域揭批江青反革命集团的罪行是不可能彻底的。

---

① 江苏地方志编纂委员会编著:《江苏省志 · 对外经济贸易志》,江苏古籍出版社 1997 年版,第 383—384 页。

1978年5月29日,江苏省委召开大会传达全国教育工作会议精神。会议规模空前,省级和南京市级机关干部、在宁高等学校和南京市各类学校的干部、教师和学生代表1万多人参加大会。全省各地、市、县组织收听传达大会实况。会后,全省抓住江青反革命集团在教育上炮制的"两个估计"、"八大精神支柱"、"上、管、改"、"张铁生的答卷"、"反回潮"、"反复辟"、"马振扶事件"、"北京一个小学生的来信和日记"、"朝农现场会"、迟群等人对教育革命的猖狂破坏等,进行认真的清理和批判。①

为了进一步推动全省教育事业的整顿和恢复,1978年10月,在南京召开全省教育工作会议,要求努力办好社会主义教育事业,为实现农业、工业、国防和科学技术现代化培养更多的人才。大会还宣布斯霞、王兰等18名中小学教师为江苏省特级教师。

斯霞老师在备课

斯霞老师与毕业生相聚

2. 恢复学校教学秩序,逐步恢复"文化大革命"前的规章制度

为了恢复学校正常的教学秩序,1976年11月,全省各地进驻大、中、小学的工宣队、贫宣队全部撤出学校。鉴于不少中小学教师在"文化大革命"期间长期被借调在外的情况,1978年2月,省革命委员会发出《关于加强中小学教师队伍管理工作的通知》,明确教师调动工作的手续,要求凡借调在非教育系统的教师,限期于1978年上半年回校工作。省革命委员会还发出《关于坚决贯彻〈国务院批转教育部关于退还被占用校舍的请示报告〉的通知》,要求各地清理和退还在"文化大革命"期间被占用的校舍,并决定成立江苏省退还校舍领导小组,具体落实校舍退还工作。②

在恢复学校正常教学秩序的同时,全省还在课程设置、管理体制、办学模式、修学

---

① 中共江苏省委党史工作办公室编:《拨乱反正》(江苏卷),中共党史出版社1998年版,第234页。

② 刘定汉主编:《当代江苏简史》,当代中国出版社1999年版,第268页。

年限、考试制度等方面初步恢复“文化大革命”前行之有效的规章制度。其中,恢复高考制度之意义和影响最为重大和深远。

1977年8月,邓小平在全国科学和教育工作会议上强调:“今年就要下决心恢复从高中毕业生中直接招考学生,不要搞群众推荐。”9月,全国高等学校招生工作会议决定,高等学校改变“文化大革命”期间所采取的推荐、不考试等做法,采取统一考试、择优录取的办法。11月,江苏省高校招生委员会召开全省招生工作会议,正式宣布恢复“文化大革命”前的高等学校统一招生考试制度。从实际出发,考生年龄适当放宽。“政治审查主要看本人表现”。招生工作到次年3月份结束。全省有31万青年报考,是新中国成立以来到1978年报考人数最多的一次。1978年3月录取新生9556名,紧接着又扩招4896人,共计招生14452人。恢复高考制度后,高校录取新生坚持在成绩面前人人平等,具有公开、公正、公平等特征。高考制度的恢复,使全省高校重新焕发活力,对高校加速培养人才和弥补“文化大革命”造成的损失作出积极贡献。同时,也有效地促进全省基础教育迅速建立正常的教育秩序,并对基础教学质量的提高发挥了无可替代的积极作用。

除恢复高考制度外,江苏省还恢复“文化大革命”前一些行之有效的制度。如1978年8月,省革命委员会教育局决定调整全省中学试行的学制,把过去四年制和五年制并行改为实行五年制(即初中三年、高中两年)。9月,根据教育部《关于部委所属高等学校交接工作的通知》,将原下放给江苏省管理的南京大学等11所大学划归中央有关部委管理。11月,省委决定把“文化大革命”中下放给有关地市领导的江苏农学院、苏州蚕桑专科学校、徐州医学院、江苏师范学院、扬州师范学院和徐州师范学院改为省和地、市双重领导,以省为主的体制。

1977年,江苏青年学子纷纷报名参加高考

3. 开始平反冤假错案,恢复职称评定工作

为了进一步调动广大教师的积极性,全省教育系统开始着手落实知识分子政策,平反冤假错案,并逐渐恢复教师职称评定和提升工作。

1977年11月,在省委的领导下,全省教育系统开始落实政策,为一部分受冤屈的教师平反昭雪,调动了教师的积极性。1978年5月,扬州市举行追悼会,悼念1968年逝世的扬州师范学院院长孙蔚民;8月,徐州师范学院举行追悼会,为1968年5月逝

世的副院长李聪平反昭雪。①

在“文化大革命”中，教师的职称评定与提升工作基本停顿，严重地影响广大教师的积极性。1978 年 3 月，国务院批转《关于高等学校恢复和提升职务问题的请示报告》，明确在国务院没有作出新的规定前，仍执行 1960 年国务院颁布的《关于高等学校教师职务名称及其确定与提升办法的暂行规定》，原来确定和提升的教授、副教授、讲师、助教一律有效，恢复原来的职称，并规定可以越级提升教授和副教授。此后，江苏省高等学校恢复教师的职称，并根据“坚持标准，保证质量，全面考核，择优提升”的原则，在全省高校中分期分批地进行提升与确定教师职称工作。1978 年，全省提升教授 26 人、副教授 32 人。1979 年，提升教授 78 人、副教授 465 人、讲师 5089 人。②

4. 优先建设一批重点中小学和重点大学

为了医治“文化大革命”给教育战线造成的严重创伤，1977 年 5 月，邓小平提出：“要办好重点小学、重点中学、重点大学。要经过严格考试，把最优秀的人才集中到重点中学和大学。”不久，邓小平又进一步强调，“为了加速造就人才和带动整个教育水平的提高，必须考虑集中力量加强重点大学和重点中小学的建设，尽快提高它们的教学水平和教学质量”。此前，江苏省已率先进行试办重点中小学的探索。1977 年 3 月，省革命委员会教育局在“关于办好一批中学的意见”中指出：“办好重点中小学是提高教学质量，提高重点一级学校教育水平，加快培养人才，早出成果，配合各项经济事业和科学技术事业的发展，适应社会主义革命和建设需要的一项强有力的措施。”1978 年 4 月，省革委会教育局确定南师附小、南师附中等 31 所中小学为省属重点中小学。各地市也相继确定一批重点中小学。③ 1978 年 2 月，国务院批转了教育部关于恢复和办好全国重点高等学校的报告，同意全国恢复重点高校 88 所。在这 88 所高校中，江苏有 8 所：南京大学、南京工学院、南京航空学院、华东水利学院、华东工程学院、镇江农业机械学院、南京气象学院、中国矿业学院。

随着上述措施的采取，初步消除了“文化大革命”中极左思潮和江青反革命集团流毒造成的消极影响，有力地调动了广大教职工的积极性，使得全省教育事业得到初步恢复和发展。但是，由于“文化大革命”中江苏教育事业遭到严重破坏，加上“左”倾思想仍未彻底肃清，因此，江苏教育事业仍然存在不少问题。这种成绩和局限并存的情况主要表现在以下几个方面：

其一，初等教育质量有所提高，但仍存在严重问题

---

① 中共江苏省委党史工作办公室编：《拨乱反正》（江苏卷），中共党校出版社 1998 年版，第 234 页。

② 江苏省地方志编纂委员会编著：《江苏省志・教育志》，江苏古籍出版社 2000 年版，第 959 页。

③ 中共江苏省委党史工作办公室编：《拨乱反正》（江苏卷），中共党史出版社 1998 年版，第 237 页。

在“文化大革命”后期,江苏省中小学教育得到较快发展。到1976年,江苏省小学招生数为181.31万人,在校学生数为911.81万人,中学招生数为203.03万人,中学在校学生数为350.36万人。在1977年、1978年两年中,江苏中小学教育主要是提高质量,而发展速度则有所放缓。1977年、1978年小学招生数分别为172.58万人、160.41万人,在校生则分别为896.66万人、868.90万人。1977、1978年中学招生数分别为196.87万人、172.62万人,在校学生数分别为406.96万人、385.85万人。① 但是,这一时期,中小学教育质量仍然存在较大问题,特别是中学教育规模过大,每年招生近200万人,教学质量无法保证。尤其是许多地方采取小学戴帽办初中班的办法招收初中学生,造成全省中学教育严重浮肿。据1978年统计,全省有13632所小学附设初中班,占小学总数1/3,学生人数达到146万人。

其二,中高等教育逐步恢复和发展

从1970年起,各地先后恢复中等专业学校。到1976年,全省已恢复中专学校82所,其中中等专业技术学校59所,中等师范学校23所。1977年,中等专业技术学校增为60所,1978年增加到70所。② 1978年6月6日,国务院批转教育部《关于高等学校和中等专业学校招生工作的意见》规定,中等专业学校一般招收初中毕业生,学习年限3—4年,也可以招收高中毕业生,学习年限可以适当缩短。③

1978年3月,江苏根据教育部《关于办好“七二一”大学的几点意见》的精神,本着积极慎重的态度,对“七二一”大学从布局、专业设置、招生、办学条件等方面进行调查研究,并进行初步整顿。省革委会教育局会同省有关主管业务部门于1974年联合审批续办88所“七二一”大学,在校学生5000余人。其余2000多所一部分合并,一部分改为各类职业学校。学校经过整顿,在办学条件、师资力量上逐步得到充实。④

1978年,根据全国教育工作会议提出的整个教育事业必须同国民经济发展相适应的要求,全省先后恢复和建立53所技工学校。根据江苏省招生办公室发出的《关于1978年技工学校招生问题的通知》,全省技工学校所招新生,在规定的地、市范围内,从大学、中专落榜生中择优选招。⑤

1976年,全省有普通高等学校25所,当年招生数为1.12万人,在校学生数为

---

① 江苏省统计局编:《光辉的三十五年—江苏国民经济和社会发展统计资料(1949—1983)》,1984年印行,第75—76页。

② 江苏省统计局编:《光辉的三十五年——江苏国民经济和社会发展统计资料(1949—1983)》,1984年印行,第74页。

③ 江苏省地方志编纂委员会编著:《江苏省志·教育志》,江苏古籍出版社2000年版,第355页。

④ 江苏省地方志编纂委员会编著:《江苏省志·教育志》,江苏古籍出版社2000年版,第887—888页。

⑤ 江苏省地方志编纂委员会编著:《江苏省志·教育志》,江苏古籍出版社2000年版,第400页。

3.74万人。粉碎江青反革命集团后，江苏高等教育逐步得到发展。1977年，高等学校数增为26所，1978年发展到35所。1977年和1978年招生数分别为1.68万人、3.41万人，在校学生数分别为4.71万人、6.05万人。[①] 特别是随着高考制度的恢复，高等教育质量有较大提高。但是，由于1978年招生人数较多，超过当时高等学校的承受能力，也带来一些问题。

1978年恢复招收研究生，使得在1966—1977年中断12年之久的研究生教育得以恢复。1978年3月，经教育部批准，南京大学、南京工学院、华东水利学院、南京师范大学等19所高校开始招收研究生。当年，全省共录取硕士研究生605人。

1978年12月，省革命委员会教育局、广播事业管理局共同筹办新型成人高等教育机构——江苏省广播电视大学，并于次年正式招生。

其三，师范教育有较大发展，中小学教师质量有所提高

在1972—1976年，全省高师共招生11057人，所招学员原有文化程度参差不齐，学制本专不分，学习年限经常变化，教育质量下降。粉碎江青反革命集团后，江苏开始大力发展师范教育。1976年，省革命委员会先后批准南京师范学院建立淮阴分院，江苏师范学院建立盐城分院，扬州师范学院建立南通分院。1977年，南京师范学院又建立镇江分院。同年12月，上述4所师院分院，恢复为文革前停办的淮阴、盐城、南通、镇江4所师范专科学校，为实施普及初级中学教育的规划提供可靠的保证。

由于十年“文化大革命”的破坏，江苏省中小学教师质量受到很大影响。据1978年统计，全省有小学教师27万余人，其中未达到中师、高中水平的有10.8万人，占40%。由于“文化大革命”期间的多数高中毕业生实际只有初中水平，且大量小学骨干教师被选调到初中任教，因此，小学教师中实际文化水平达到中师、高中水平的估计只占40%左右，其中达到中师水平、受过师范训练的估计不到20%，而骨干教师则不足10%。[②]

为了提高中小学教师质量，在1977—1978年，江苏省开始加强中小学教师的培训工作。1977年，江苏省革命委员会教育局在南通地区召开中小学教师培训工作交流会，接着又转发教育部《关于加强中小学在职教师培训工作的意见》，同时印发本省《关于加强中小学教师进修工作的意见》，提出建立和健全师资培训机构，动员各方面力量，组织好培训教师的队伍，从实际出发采取多种培训形式和制定规划、加强领导等意见，全省各地对教师进修工作进一步重视起来。在小学教师进修方面，主要采取

① 江苏省统计局编：《光辉的三十五年——江苏国民经济和社会发展统计资料(1949—1983)》，1984年印行，第73页。

② 江苏省地方志编纂委员会编著：《江苏省志·教育志》，江苏古籍出版社2000年版，第807页。

中师函授形式。根据国务院(78)1号文件精神，江苏省自1978年开始对民办教师队伍进行整顿工作，各地区相继开始从政治思想、文化知识、业务能力三个方面对民办教师进行考核。① 为了加强对中学教师的培训，各地教师进修学院陆续恢复和建立。南京、无锡等几个城市的教师进修学院还利用城市便于集中的特点，以业余面授的方式组织初中教师系统进修和进行中学教材教法研究。与此同时，1978年7月，南京师范学院、江苏师范学院、扬州师范学院、徐州师范学院还举办高师专科函授教育，划片招收中文、数学、物理、化学4个专业的在职中学教师4万余人。②

随着师范教育的发展和对中小学教师培训工作的加强，江苏各地教师质量有所提高，但是，从总体上来说，江苏教师质量仍然有待进一步提高。

二　科技事业的恢复和发展

在“文化大革命”中，江苏科技事业遭受严重摧残和破坏。粉碎江青反革命集团后，根据中共中央的相关指示精神，江苏开始在科技战线上进行拨乱反正，日益重视发展科学技术，不断加强对科技工作的领导。

1977年5月24日，邓小平强调要“尊重知识、尊重人才”，提出“要实现现代化，关键是科学技术要能上去”。1977年6月25日，江苏省委在南京五台山体育馆召开有2万人参加的大会，传达中央关于科技工作的重要指示。会议号召在全省科技人员中来一个大动员，把劲鼓起来，树雄心，立壮志，尽快把科研工作搞上去，为实现四个现代化和实现社会主义工业省作出贡献。会议鉴于江青反革命集团破坏科研、打击迫害科技人员等情况，要求各级党委一定要把科技工作列入重要议事日程，落实各项科技工作，建立起宏大的科技工作者队伍。

1978年3月，全国科学大会在北京隆重召开。邓小平在会上作了重要讲话，重申了科学技术是生产力、科技人员是工人阶级的一部分的马克思主义观点，从政治上、理论上彻底澄清了林彪、江青反革命集团制造的混乱，为我国科技事业的拨乱反正和改革创新提供了强大的思想武器和精神力量。会议讨论了《1978—1985年全国科学技术发展规划纲要(草案)》，表彰了先进工作者和先进集体。

4月7日，江苏省委在五台山体育馆召开有3万人参加的大会，传达全国科学大会精神。5月中旬，江苏省委在南京召开有2400多名代表参加的全省科学大会。省委主要领导人作了《认真贯彻全国科学大会精神，为实现科学技术现代化而奋斗》的

① 江苏省地方志编纂委员会编著:《江苏省志·教育志》，江苏古籍出版社2000年版，第166页。

② 江苏省地方志编纂委员会编著:《江苏省志·教育志》，江苏古籍出版社2000年版，第820页。

报告。会议指出:我们一定要十分重视发展作为四个现代化关键的科学技术,努力把全省各方面的力量动员起来,组织起来,团结起来,组成浩浩荡荡的队伍,向科学技术进军。为此,全省科学技术战线要抓紧恢复技术职称评定工作,大胆使用和提拔人才,落实知识分子政策,纠正冤假错案,动员全省人民为尽快把科学技术搞上去,为建设社会主义工业省而努力奋斗。会议还讨论了《1978—1985年江苏省科学技术发展规划纲要(草案)》,对全省1228项科技成果进行授奖,表彰了413个先进集体和541名先进个人。

在1977年、1978年两年中,江苏省加强对科技事业的领导,切实建设科技机构队伍,制订和贯彻科学发展规划,落实知识分子政策,努力促进科技工作的发展。

1. 加强领导,逐步建设科技机构队伍

1977年9月12日,为了加强对科技工作的管理和领导,江苏省委正式批准成立江苏省革命委员会科学技术委员会,由"文化大革命"前任省委书记的张仲良任主任和党组书记,甘霖等4人为副主任。在省科学技术委员会的指导下,各地市相继成立科学技术委员会。1978年3月,江苏省科学技术协会成立,并恢复学会活动。

在全省科学大会后,江苏省进一步加强对科技工作机构队伍的建设。1978年5月,恢复和扩建了江苏省科学技术情报研究所,组织协调全省科技情报工作。5月26日,省科委开始下设办公室、政治、计划、农业、工业、科管等处室。以后又相继成立省海水综合利用研究所、省环境保护科学研究所、省微生物研究所、省激光技术研究所、省理化测试中心、徐州煤矸综合利用研究所、省沼气研究所等科研机构。基层科技情报网也相继组建和恢复。11月,经国务院批准,中国科学院在南京设立分院。① 与此同时,江苏省也逐步恢复和建立社会科学研究机构和学术团体组织。1978年3月,江苏省哲学社会科学联合会恢复活动。10月,江苏省哲学社会科学研究所也恢复建制。②

2. 制订科技发展规划,进行科研队伍普查

1977年12月至1978年1月,江苏省科委副主任唐照等15人在北京参加全国科学技术规划会议。为了贯彻和落实全国科学技术规划会议精神,省科委随即于3月在南京召开全省科技规划会议,研究和修订《1978—1985年江苏省科学技术发展规划纲要(草案)》。这一规划在5月全省科学大会上得到讨论和修订。该规划提出重点研究开发的61项科研课题,制定加快发展科技事业的十项政策:加速培养科技人才;建立科技

---

① 中共江苏省委党史工作办公室编:《拨乱反正》(江苏卷),中共党史出版社1998年版,第251页。

② 江苏省地方志编纂委员会编著:《江苏省志・社会科学志》,江苏古籍出版社1998年版,第14页。

人员的进修、考核、晋级制度;加强专业科研机构;积极开展各种专门学会和科普活动;建立现代化的科学实验基地和手段;建立全省科技情报网;保证必要的科研经费;研制仪器设备和保证物资供应;做好科技成果推广工作;加强管理机构的建设。

为了贯彻落实省八年科技发展规划纲要,江苏除加强科技机构队伍建设外,还从科研经费上给予保证和支持,并逐步加大科研经费的投入。从 1978 年起,科技三项费用列入省财政预算,1978 年科技经费为 1800 万元。

为了确切掌握全国自然科学技术队伍的基本情况,以便为加速发展我国科学研究事业、制定科学技术规划提供必要的依据,1978 年 6 月 28 日,中共中央要求在全国统一行动,对各部门、各地区的自然科学技术人员的基本情况进行一次调查。江苏省委随即召开全省自然科学技术人员普查领导小组会议,成立办公室,开始进行普查工作。

经过两个月的调查,基本掌握了全省各类科技人员的数量、水平、分布、使用和增长情况。调查显示,到 1978 年 6 月 30 日,全省全民所有制单位共有科技人员 226100 人,占全省职工总数的 7.7%。其中,从事科技工作的 188800 人,未从事科技工作的 37300 人。集体所有制单位从事科技工作的有 33000 人,占全省职工总数的 0.9%。其中城镇集体所有制单位的科技人员为 23200 人,农村社办集体单位的科技人员为 9800 人。全民所有制单位独立科研机构共 240 个,职工总数约 3 万人,其中科研人员为 10300 人。全省高级职称的科技人员共 1204 人。调查还显示,全省各类自然科技人员中用非所学的总人数约有 4 万余人,占全省科技人员总数的 15%,其中需要调整的约占 30%左右。① 这次调查基本上掌握了全省各类科技人员的数量、水平、分布、使用和增长情况,为制定江苏科学技术发展规划,特别是为江苏制定培养和建设科技队伍的规划,提供了比较可靠的依据。

3. 落实知识分子政策,恢复技术职称评定

在“文化大革命”中,江苏许多科技人员蒙受冤屈,4 万多名科技人员用非所学,科技人员被视为“资产阶级知识分子”,专业技术职称工作未能正常进行。从 1977 年开始,各级党委开始落实知识分子政策,纠正冤假错案,对用非所学的科技人员进行调整归队,恢复科技人员的技术职称的评定。

从 1977 年开始,江苏省开始落实知识分子政策,逐步纠正科技人员的冤假错案。1978 年 5 月,省委主要领导人在全省科学大会上明确指出:对“文化大革命”以来受审查的科技人员,尚未作结论的,要尽快作出实事求是的结论。已经作出结论的,都要

① 中共江苏省委党史工作办公室编:《拨乱反正》(江苏卷),中共党史出版社 1998 年版,第 249—250 页。

重新进行复查。错案必须纠正，冤案必须平反，结论不当的必须重定，一切污蔑不实之词必须统统推倒。所有不符合客观事实的档案材料必须统统剔除，坚决不留尾巴。对已去世的科技人员，也要进行复查，该作结论的要作出明确结论，该昭雪的要由所在单位予以昭雪。到 1980 年底，江苏科技人员中 4 万多名冤假错案得到平反昭雪。

从 1978 年开始，各地开始逐步把用非所学的科技人员调整归队，6 月底，已有 3767 人调整归队。8 月 19 日，省人事局党组向省委组织部和省委报告，建议采取一系列措施，进一步加大对用非所学的科技人员调整归队的力度。①

1978 年，根据中共中央"应当恢复技术职称、建立考核制度、实行技术岗位责任制"的决定和国务院的有关规定，江苏科技人员职称评定工作开始恢复。6 月 4 日，省革命委员会批准紫金山天文台、南京地质古生物研究所、南京土壤研究所、省地理研究所、省植物研究所 37 人晋升为研究员、副研究员。10 月 28 日，省科委发文指出，考虑到国家尚未正式颁发科技人员的职称和提职的政策规定，目前各地科技干部的技术职称和考核、提升，仍可根据单位的具体情况，参照中国科学院的有关文件精神进行。

随着江苏采取上述措施，不仅重新确立科学技术工作在江苏社会经济发展中的重要战略地位，提高广大干部群众对科学技术工作重要性的认识，初步形成"尊重知识，尊重人才"的社会风尚，还初步改善科技人员的社会地位和工作环境，有力地调动科技人员的积极性和创造性。因此，在这两年中，相继涌出一大批成果。1977 年 10 月，无锡缫丝一厂成功研制中国第一台光电选茧机。1978 年 2 月，南京炼油厂建成中国炼油工业第一套分子筛精制煤油装置。3 月，南京江南光学仪器厂研制成功中国第一台电火花机床。4 月，南京钟表材料厂试制成功中国第一台宝石轴承光电计数器。在 1978 年 3 月召开的全国科学大会上，江苏有 580 项科技成果获奖。如南京紫金山天文台有关太阳研究工作所取得的成果，以及南京化学工业公司氮肥厂二车间创造的"烟气法"热处理新工艺，均获全国科学大会奖。在 1978 年 5 月召开的全省科学大会上，有 1228 项优秀科技成果获得奖励。②

三　文化艺术与新闻出版事业的恢复和发展

在"文化大革命"中，江苏文化艺术与新闻出版事业遭到严重破坏。大批领导干部和专业人员受到迫害，或被下放到农村。江苏省的 195 个专业表演团体，先后有

---

① 中共江苏省委党史工作办公室编：《拨乱反正》(江苏卷)，中共党史出版社 1998 年版，第 388 页。

② 刘定汉主编：《当代江苏简史》，当代中国出版社 1999 年版，第 270 页。

136个被砍、改、并，其中114个剧团被撤销。全省22个艺术创作机构，如国画院、剧目工作室等，几乎全部解体。省文联及所属各协会组织，被迫停止一切活动。许多图书馆、博物馆长期关闭，大量图书、文物受到严重毁坏。新闻出版事业也处于停滞状态。

粉碎江青反革命集团后，江苏文化艺术界和新闻出版界纷纷揭发批判江青反革命集团的罪行，清查他们在江苏文化艺术和新闻出版领域的帮派体系，重点批判了“文艺黑线专政论”，肃清江青反革命集团在文化艺术和新闻出版领域的流毒。据统计，粉碎江青反革命集团后4个月，仅省文化系统就举办各种类型学习班39期，轮训干部1114人次；举办各种批判专栏38期，共写大字报、大批判文章637篇；召开各种批判会160场。对与江青反革命集团阴谋活动有牵连的人，分别情况，采取办学习班和小组帮促等形式，进行批判、教育和帮助。①

在揭批江青反革命集团的同时，江苏省逐步恢复在“文化大革命”中解体或撤销的文化艺术事业单位，调回大批下放干部和专业人员，使得江苏文化艺术和新闻出版事业得到恢复和发展。

1. 恢复和发展文学和戏剧事业

粉碎江青反革命集团后，江苏文学事业开始逐步恢复。1978年2月，南京市文联创办了《南京文艺》双月刊(后于1979年改为月刊，并改名为《青春》)。3月，《钟山》(文艺丛刊)创刊。10月，于1975年复刊改名的《江苏文艺》重新恢复原来刊名《雨花》，由中国作家协会江苏分会主办。1978年5月，中国作家协会江苏分会在宁召开扩大会议，宣布正式恢复工作。1978年冬，全国少年儿童读物出版工作座谈会和江苏省少年儿童读物出版工作会议相继召开。会议对解放思想，动员和组织创作队伍，改变儿童文学的落后状况，进一步做好少儿读物的创作和出版工作，起到了积极作用。

与此同时，江苏整个戏剧领域也初步展现出繁荣景象，这主要表现在：

(1) 恢复被砍并的剧团。粉碎江青反革命集团后，江苏各地人民群众出于对地方戏的喜爱，纷纷要求恢复被砍并的地方戏曲剧团。鉴于“文化大革命”对地方戏剧剧种和剧团的破坏非常严重，全部恢复困难很大，省文化局从江苏实际出发，优先恢复和扶持在江苏流行较广、影响较大的剧种。对要求恢复的地方戏曲剧团，则根据全省剧团的布局、各地人口比例、剧种的群众基础及现有剧团人员演出力量等情况进行综合考虑，在力所能及的情况下尽快恢复一些地方戏曲剧团。到1978年底，江苏已

① 中共江苏省委党史工作办公室编:《拨乱反正》(江苏卷)，中共党史出版社1998年版，第266页。

经恢复地方戏曲剧种锡剧、扬剧、苏剧、昆剧、淮海剧、淮剧、柳琴剧、梆子剧、丹剧、越剧、沪剧、吕剧、泗洲戏、黄梅戏等十几个。

（2）大力抓好戏剧创作工作。1976 年 11 月，省文化局召开全省戏剧创作座谈会，中心议题是解放思想，揭批江青反革命集团大搞文化专制主义，重温毛泽东在延安文艺座谈会上的讲话。1977 年 3 月，在南京召开有 200 余名专业和业余戏剧创作人员参加的戏剧创作会议。同年 10 月，在江苏省专业文艺团体创作剧目会演中，演出创作剧目 47 个，剧种有越剧、扬剧、锡剧、淮剧、淮海剧、苏剧、昆剧、徐州梆子、柳琴戏、黄梅戏、京剧、歌剧、话剧等。该年 7 月，还召开第三次戏剧创作座谈会，全省各地、县作者带着剧本来开会，会上研究了 50 多个剧本。这一时期创作的剧目题材广泛，风格多样，体裁大中小结合，以中小为主，生活气息和剧种特点都比较浓郁，既有独特的艺术风格，又便于上山下乡演出。

（3）举办文艺会演。随着剧团和剧目的逐渐恢复，江苏还多次举办专业文艺汇演，并在全国产生积极影响。1977 年 10 月 25 日至 12 月 7 日，举行江苏省专业文艺团体创作剧目会演。第一轮为歌舞会演，第二轮为戏剧会演。会演共演出 11 台 159 个歌舞、音乐、曲艺节目和 22 台 50 个大、中、小型戏剧剧目。1978 年 5 月，在全省会演中脱颖而出的江苏地方小戏淮剧《金色的教鞭》、《双送鞋》、锡剧《老戏迷改戏》、扬剧《最听话的丫头》、黄梅戏《送鹅》以及锡剧《三亲家》，奉文化部选调晋京演出，在 16 天内共演出 11 场，获得领导与观众的好评。中央电视台将这 6 个小戏录像后向全国播映。1978 年 10 月 27 日至 11 月 12 日，江苏省专业文艺团体创作剧目会演大会在南京举行。来自 11 个专区、市的 8 个剧种的 980 名代表参加会演，共演出 17 台大、小型剧目 37 个。①

（4）在“文化大革命”中备受摧残的昆剧重获新生。1977 年 11 月，原属驻南京的江苏省苏昆剧团成员从苏州调回南京，扩建成立江苏省昆剧院。12 月 24 日，省昆剧院在宁上演《十五贯》，这是“文化大革命”后江苏省最早恢复上演的传统剧目。《新华日报》为此发表社论：《祝贺昆剧〈十五贯〉重新上演》，《人民日报》等亦作了醒目报道。1978 年 4 月，省文化局邀请上海、浙江、湖南以及江苏的昆剧工作者、专家 200 多人在南京参加昆曲工作座谈会。座谈会后，省昆剧院接连排演了《西施》、《关汉卿》、《吕后篡国》、《李太白与杨贵妃》、《鉴湖女侠》、《朱买臣休妻》、《牡丹亭》等新编和改编的剧目，同时恢复和新学了《太白醉酒》、《跪池》、《痴诉点香》、《断桥》、《琴挑》、《千里送京娘》、《游殿》、《写状》、《打虎游街》、《偷诗》、《狗洞》、《花荡》等近百出传统折子戏。同

① 江苏省地方志编纂委员会编著：《江苏省志・文化艺术志》，江苏古籍出版社 2003 年版，第 659 页。

年7月,省昆剧院到武汉、长沙、株洲、郴州、衡阳等地巡回演出,受到各地群众的热烈欢迎。①

2. 恢复和发展美术、雕塑、摄影事业

"文化大革命"期间,江苏省国画院被迫解体。1977年4月,江苏省国画院恢复建制,任命钱松喦为院长,亚明、宋文治为副院长。不久,武中奇调任国画院任副院长。画院恢复之初,就接受为毛主席纪念堂绘制巨幅国画的任务。经过画家们的艰辛劳动,钱松喦的《枣园曙光》、宋文治与金志远合作的《韶山朝晖》、亚明与秦剑铭合作的《浪淘沙·北戴河》、魏紫熙的《黄洋界》、伍霖生与尚君砺合作的《遵义颂》5件巨幅山水画,受到中央领导的好评。创作组全体成员受到中共中央领导人的亲切接见和宴请。江苏省国画院"毛主席纪念堂国画创作组"被授予"建设毛主席纪念堂先进集体"。②

1978年12月,南京雨花台烈士群像竣工。该雕塑是征集南京、北京、上海、杭州、广州五地雕塑的设计草稿,由广州、上海、南京的雕塑家合作定稿放大,最后在北京完成石刻,这是一件集体创作的雕塑。作品高10米,宽约12米,花岗岩雕制。人物塑造极为洗练,表现了革命者坚贞不屈,视死如归的英勇气概,荣获全国第一届城市雕塑优秀奖。③

在1977—1978年,江苏摄影艺术也有突出的表现。在1977年11月全国举办摄影艺术作品展览中,江苏入选作品22幅,居全国各省市之首。

美术、摄影等展览活动也逐渐恢复。1977年1月1日,省文化局举办了"江苏省美术书法印章展览"和"江苏省摄影艺术展览"。4月,江苏省美术馆恢复建制,由徐天敏任馆长。5—7月,省文化局为了纪念毛泽东《在延安文艺座谈会上的讲话》发表35周年举办江苏省美术作品展览。8月,省文化局与中国人民解放军驻宁部队在省美术馆联合举办庆祝中国人民解放军建军50周年美术作品展览。11月25日,文化部主办的"全国摄影艺术展览"在省美术馆展出。④

3. 恢复和发展图书馆、博物馆和文化馆事业

"文化大革命"爆发后,江苏图书馆事业遭到严重破坏。扬州、镇江市图书馆改名为"毛泽东思想宣传馆图书组",盐城市图书馆并入工农兵文化宫委员会。许多图书馆、博物馆被长期关闭,专业人员被长期批判或"下放",大量图书、文物被当成"封、

---

① 中共江苏省委党史工作办公室编:《拨乱反正》(江苏卷),中共党史出版社1998年版,第272—273页。

② 江苏省地方志编纂委员会编著:《江苏省志·文化艺术志》,江苏古籍出版社2003年版,第269页。

③ 江苏省地方志编纂委员会编著:《江苏省志·文化艺术志》,江苏古籍出版社2003年版,第286页。

④ 江苏省地方志编纂委员会编著:《江苏省志·文化艺术志》,江苏古籍出版社2003年版,第658页。

资、修”的黑货封存、破坏、毁灭。镇江市图书馆的中外名著复本被当作废纸处理，民间收藏的珍贵古籍被送进废品仓库。全省基层图书馆有的被撤销，有的馆舍被占用。① 图书馆、博物馆内部工作秩序遭到破坏，图书的采购，尤其是外文图书的采购与文物征集工作被中断。这些都给江苏的图书馆和文博事业造成无可估量、难以弥补的损失。据粉碎江青反革命集团后省文管会的一次不完全的统计，中山陵、明孝陵等5处全国重点文物保护单位遭到部分破坏，瞿秋白故居、雨花台烈士墓等8处革命建筑（省级文物保护单位）遭到不同程度破坏，明代先忧后乐碑、周顺昌墓等22处古建筑、古墓葬遭到完全毁坏，公私收藏的文物总计损失1337件，图书三朝北盟汇编、二十四史、地方志等损失11.9万册。②

1977年3月，国家文物局在大庆召开文物、博物、图书馆工作会议，初步纠正了图书文博工作中“左”的路线。1978年3月，“全国古籍善本书总目编辑工作会议”在南京召开，成立了普查及编目工作的协作领导小组。随着大批下放干部的回归，1977年和1978年，江苏各地的图书馆、博物馆、文化馆相继恢复和建立。到1978年，江苏全省共有图书馆78所、文化馆110个、文化站2093个。③ 各地图书馆、博物馆、文化馆的活动渐趋正常。1978年4月，南京博物院、省国画院在南京博物院联合举办“江苏省国画院已故画家作品展览”，展出了傅抱石、陈之佛、余彤甫等10位画师的175件作品。1978年9月，南京大学设立图书馆学专修科（学制3年）。

4. 恢复和发展新闻出版和广播事业

1977年和1978年，江苏新闻事业也有所发展。一些报纸办得颇有特色，受到读者欢迎。1977年，省委负责人带领《新华日报》社等单位负责人去无锡县进行社队工业的调查研究，报纸上及时刊载调查报告，对全省农村经济走上农副工综合发展的路子，起到了积极推动作用。《江苏省农业科技报》是当时全国唯一公开发行的农业科普周报。它立足江苏，面向全国，坚持为发展农业生产、繁荣农村经济服务，被读者称为“发展农村经济的好向导”。④

与此同时，江苏出版事业也有所恢复和发展。江苏人民出版社根据新的形势，对以前积存的稿件进行清理，挑选有价值的书稿出版。1976年11月15日，省革委会决定成立江苏省中外语文词典编写领导小组，由戴为然任领导小组组长，高斯、方菲任副组长。1978年3月，省出版发行局订出《关于1978—1985年出版工作规划的初步

---

① 江苏省地方志编纂委员会编著：《江苏省志・文化艺术志》，江苏古籍出版社2003年版，第430—431页。
② 中共江苏省委党史工作办公室编：《拨乱反正》（江苏卷），中共党史出版社1998年版，第264—265页。
③ 江苏省统计局编：《光辉的三十五年——江苏省国民经济发展统计资料（1949—1983）》，1984年印行，第82页。
④ 刘定汉主编：《当代江苏简史》，当代中国出版社1999年版，第272页。

设想》。5月，建立扬州古籍书店和扬州广陵古籍刻印社。7月，成立江苏科学技术出版社。11月，江苏人民出版社出版的《三打白骨精》，在日本东京由联合国教科文组织亚洲文化中心举办的“野间儿童图书插图比赛”中获插图奖。①

江苏广播事业也逐渐走上正常的发展轨道。宣传报道坚持以经济建设为中心，重视精神文明建设，努力办好各类节目。江苏人民广播电台的农村节目、理论节目、文艺节目都有自己的特点。无锡广播电台1978年恢复《周末生活》节目，把文艺性、新闻性、知识性融为一体，深受广大听众特别是青年的欢迎。江苏有线广播有计划地进行了整顿、巩固和提高，有线广播网的质量、效能明显提高。江苏电视事业的发展也有了一个良好的开端。

四　卫生体育事业的恢复和发展

粉碎江青反革命集团后，江苏各级党委和政府开始肃清江青反革命集团的影响，加强对卫生、计划生育、体育事业的领导，调回一大批在“文化大革命”期间被下放的领导干部和技术人员，使得1977年和1978年江苏卫生防疫、妇幼保健和计划生育、体育工作得到恢复和发展。

1. 恢复和发展卫生防疫事业

粉碎江青反革命集团后，江苏各级党委和政府加强对卫生工作的领导，着手整顿医疗机构的领导班子，调回一大批被下放的卫生技术人员。为了恢复被“文化大革命”打乱的医疗管理体制和医疗秩序，1978年，省卫生局先后颁发《江苏省城市医院规章制度及人员职责》、《江苏省农村医院规章制度及人员职责》、《江苏省医院工作条例》。

在1977年、1978年两年中，江苏卫生战线捷报频传，取得许多重要成果。1977年，无锡市化工研究所研制成功用于治疗烧伤病人的人造皮。苏州医学院第一附属医院与省内6家医院合作，研制出以高三尖杉酯碱为主的HOAP方案，治疗急性非淋巴细胞白血病初治病例，完全缓解率达60%。南京药物研究所、南京大学、江苏省中医研究所、南京制药厂等单位共同研制成功治疗胆道感染新药——假密环菌甲素。1978年，南京、南通、苏州医学院附院，南京市鼓楼医院，无锡市第一人民医院等单位先后在骨科、泌尿科、颅脑外科中引进显微外科技术，明显提高疗效，加快功能的恢复。南京医学院第一附属医院用进口人工机械瓣和上海心血管研究所生产的生物瓣(猪心主动脉瓣)进行二尖瓣瓣膜置换术获得成功。苏州医学院孟阳春、蓝明扬等通

① 江苏省地方志编纂委员会编著:《江苏省志·出版志》，江苏人民出版社1996年版，第608—609页。

过试验证明，革螨具备作为流行性出血热自然传播媒介的生物基础。南京医学院叶炳辉在国内首先建立中华按蚊唾腺染色体图。苏州医学院附一院黄炳然、邵达华等开展同种异体肾移植2例成功。南京药物研究所合成广谱抗蠕虫药——吡喹酮，对治疗血吸虫病具有疗效高、毒性低、适用范围广、使用方便等突出特点，并对多种寄生虫病具有治疗作用。①

在"文化大革命"期间，中医医疗机构被撤并，人员被下放，一些老中医横遭批判，院校停止招生4年，致使中医队伍明显断层，给全省中医事业带来巨大损失。为了振兴中医，1978年9月，中共中央批转卫生部党组《关于认真贯彻党的中医政策，解决中医队伍后继乏人问题的报告》，重申党的中医政策。11月2日，《人民日报》发表《大力加快发展中医中药事业》的社论。1978年12月卫生部、国家劳动总局发出"关于从集体所有制和散在城乡中医中吸收一万名中医药人员充实加强全民所有制中医药机构问题"的通知。江苏省中医院和省中医药研究所被列为重点建设单位，由卫生部拨出专款进行扩建。各地（市）、县中医院也逐步得到恢复和发展。1978年，南京中医学院和南京医学院合编的《中药大辞典》出版，这是继《本草纲目》以后又一部更为完备的中药工具书。该书从1958年开始组织500名专家着手编写，历时19载，全书近800万字，选收全国中草药5776味，绘制插图4500幅，为恢复祖国中医药事业作出了贡献。②

持续进行的"文化大革命"，使得江苏城乡卫生状况急剧下降，环境普遍出现脏乱差，"四害"密度上升，严重影响人民群众的生命健康。在中央爱国卫生运动委员会恢复工作后，江苏省爱国卫生运动委员会及其办事机构于1978年4月12日恢复，由省委书记胡宏兼任主任。随后，各县、市爱国卫生运动委员会组织也相继恢复。省爱国卫生运动委员会于4月12日召开由各地、市领导和卫生局长参加的扩大会议，省委书记胡宏亲自主持会议，对全省爱国卫生运动作出具体部署。随后，在全省掀起几次声势浩大的以除害灭病为中心的爱国卫生运动。在"五一"节前后，全省城乡各行各业、党政军机关、工厂学校等都上街打扫卫生，整治环境，参加人数达到2300万人次，初步扭转了城乡卫生面貌。③ 11月，在金坛县召开全省爱国卫生工作会议。会后，抽调一批医疗卫生技术人员深入基层进行宣传发动，作现场指导。各地新建一批厕所、垃圾箱，修建下水道；拆除市内的违章建筑；修整公共卫生设施，加强粪便垃圾的清运和管理。④

---

① 江苏省地方志编纂委员会编著：《江苏省志・卫生志》（下），江苏古籍出版社1997年版，第1005—1006页。

② 刘定汉主编：《当代江苏简史》，当代中国出版社1999年版，第273页。

③④ 江苏省地方志编纂委员会编著：《江苏省志・卫生志》（下），江苏古籍出版社1997年版，第176页。

粉碎江青反革命集团后，根据中央卫生部陆续颁布的《全国卫生防疫站工作条例》、《各级卫生防疫站组织章程》、《关于加强县卫生防疫站工作的几点意见》等文件精神，全省对卫生防疫机构进行全面的整顿和建设，充实业务技术人才，增添先进的仪器设备，新建扩建一批业务用房，使全省卫生防疫机构在重建中得到加强和发展。

自20世纪60年代初开始，随着脊髓灰质炎疫苗和麻疹减毒活疫苗问世，白喉、百日咳、乙型脑炎、流行性脑脊髓膜炎菌(疫)苗质量提高，供应量增加，全省有重点地开展多种疫苗接种工作。据1978年统计，麻疹、小儿麻痹症、白喉、百日咳的病例数较计划免疫前减少45.6万例，较计划免疫前下降81.74%；死亡减少9679例，下降98.76%。[①] 根据卫生部要求，1978年江苏又全面推行7岁以内儿童实行有计划的“四苗”(即麻疹减毒活疫苗，脊髓灰质炎疫苗，百日咳、白喉、破伤风〈简称百白破〉混合菌苗，卡介苗)基础免疫，建立儿童计划免疫接种卡(册)，将预防接种工作推向一个新阶段。

2. 继续开展妇幼保健和计划生育工作。

在1970—1976年，江苏的妇幼保健、计划生育工作虽然受到很大影响，但还是取得不少成绩，处于全国领先地位。粉碎江青反革命集团后，江苏进一步抓好妇幼保健和计划生育工作，继续保持全国领先地位。

1976年后，在“文化大革命”中下放的妇幼卫生人员陆续返回城市工作，一度造成全省妇幼卫生机构和队伍动荡，城乡妇幼卫生事业都受到一定影响。1978年，省卫生厅建立妇幼卫生处，对全省的妇幼卫生机构进行重建，加强了业务技术建设，全面贯彻执行卫生部颁发的《妇幼卫生工作条例》。

在农村，继续开展妇女保健工作。在20世纪70年代中期以后，江苏农村中有女生产队长负责管理妇女“四期保健”，加上当时赤脚医生队伍比较健全，一般一个大队都有一名女赤脚医生在保健知识上给予指导，妇女保健工作开展得较好。1977年，如东县修订女社员劳动保健制度，实行经期不安排冷湿农活，不开夜工，安排轻活2—3天，推广使用经济、方便、便于洗晒的月经带；怀孕3个月至产后2个月安排轻活，产期休息56天；哺乳期调近工作，上、下午各喂奶半小时，6个月内不做夜工；更年期适当照顾轻活，适当休息；并规定经期、孕期、产期、哺乳期内不安排喷洒农药。[②]

1977年11月，卫生部在如东县召开妇幼卫生工作现场经验交流会。卫生部妇幼卫生局局长林佳楣主持会议，国务院计生办主任栗秀真致开幕词，卫生部副部长钱信

---

① 江苏省地方志编纂委员会编著:《江苏省志·卫生志》(上)，江苏古籍出版社1999年版，第259页。

② 江苏省地方志编纂委员会编著:《江苏省志·卫生志》(上)，江苏古籍出版社1999年版，第451页。

忠到会讲话。190 名与会代表参观了该县 20 多个工作现场。从 1978 年开始，在卫生部的统一部署下，全省还全面开展当时农村妇女痛苦最大的子宫脱垂和尿瘘的免费查治，深受广大农民的欢迎。1978 年 8、9 月，省卫生局先后在如东县和连云港市分别召开了全省农村和城市儿童保健工作经验交流会，全面推行南京地区整顿提高托幼机构保健工作的经验。

1977 年卫生部副部长钱信忠在如东县指导工作

1977 年 6 月 10 日，江苏省委、省革委会在如东召开全省计划生育、妇幼卫生、幼托工作先进集体、先进个人代表大会。省委第一书记许家屯向作出显著成绩的 498 个先进集体、362 名先进个人发了奖旗和奖状。会议强调指出，搞好计划生育工作、妇幼卫生工作和幼托工作，是移风易俗、改造社会、造就一代新人的大事，要把限制人口数量和提高人口素质结合起来。针对全省计划生育工作发展不平衡的情况，会议号召全省开展学如东、赶如东的活动，实行分类指导，促进后进转化。会后，徐州、淮阴、盐城等计划生育任务较重的地区，加强领导，采取有效措施，计划生育工作有了起色。1977 年和 1978 年，全省计划生育率分别达到 60.7%、68.6%，晚婚晚育率也分别达到 85%和 88%，人口自然增长率由 1976 年的 10.02‰分别下降到 9.97‰、9.54‰。

3. 恢复和发展体育事业。

粉碎江青反革命集团后，江苏体育系统的领导得到加强，一部分下放的体育干部、教练员、运动员回到体育岗位，一些运动项目逐步恢复训练和比赛。1978 年 6 月，省革命委员会批准恢复在 1975 年被撤销的南京体育学院，并成立筹备恢复领导小组。为了加强对体育科研工作，在 1978 年 8 月成立江苏省体育科学研究所。根据教育部、国家体委、卫生部《关于加强学校体育、卫生工作的通知》精神，各地体委和教育部门把一部分改行的体育教师调回学校工作，这使得各类学校的体育活动有所恢复和发展。

1978 年 5 月，在南京举行全省第 6 届大学生运动会，有 790 名队员参加比赛。9 月中下旬，在南京五台山体育场举行第 9 届全省运动会，3889 名运动员参加田径、体操、技巧、游泳、篮球、排球、足球、乒乓球、羽毛球、举重、围棋、中国象棋、国际象棋、射击、无线电、航空模型、自行车、武术等项目比赛。

在 1977 年、1978 年两年中，江苏体育健儿取得了新的成绩。1977 年 7 月，江苏

青年选手徐克华在菲律宾马尼拉举行的第一届国际青年举重邀请赛中获得67.5公斤级总成绩第一名。8月,江苏运动员潘辰飞在保加利亚索菲亚举行的第十届世界大学生运动会上,与队友一道获得男子体操团体第三名。1978年3月,在西班牙马德里举行的第29届世界青年击剑锦标赛上,江苏运动员栾菊杰在受伤的情况下,顽强拼搏,获得女子个人亚军。为此,国家体委政治部于4月8日发出通报,予以表彰。5月16日,国家体委作出《关于体育战线学习栾菊杰同志的决定》。《体育报》发表《要有成千上万个栾菊杰》的社论,《人民日报》也发表《扬眉剑出鞘》的报告文学。① 同年12月,在曼谷举行的第八届亚洲运动会上,中国代表团中有江苏运动员9人,江苏运动员共获得4枚金牌、5枚银牌和3枚铜牌。其中,栾菊杰不仅获得女子花剑个人第一名,还与队友一道获得女子花剑团体第一名,潘辰飞与队友共同夺得男子体操团体第一名,赵新民获得男子67.5公斤级挺举第一名。②

第四节　开展关于真理标准问题的大讨论

一　《实践是检验真理的唯一标准》一文的发表

1976年10月粉碎江青反革命集团后,随着拨乱反正的进行,特别是随着邓小平的复出和天安门事件"四五运动"的平反,人民日益要求突破当时"两个凡是"的严重束缚,彻底纠正长期以来的"左"倾错误路线和毛泽东晚年的错误。

邓小平等许多老一辈革命家都坚决要求纠正"文化大革命"的"左"倾错误,恢复中国共产党实事求是的正确思想路线。"两个凡是"错误观点刚刚提出不久,当时还没有获得解放的邓小平就表示不赞成"两个凡是"。1977年4月10日,邓小平在给党中央的信中明确提出:"要用准确的完整的毛泽东思想来指导我们全党、全军和全国人民,把我们党的事业、社会主义的事业和国际共产主义运动的事业推向前进。"5月24日,邓小平在一次谈话中再次明确指出:"两个凡是"不符合马克思主义。7月21日,邓小平在中共十届三中全会上,再一次提出要"完整地准确地理解毛泽东思想"。邓小平对"两个凡是"一系列尖锐的批判,拉开了中国共产党历史上又一次解放思想的序幕。

实际上,在1977年和1978年初就有少数文章开始触及"两个凡是"问题。1977年8月25日,中共中央党校内部刊物《理论动态》第9期刊登《理论工作必须恢复和

---

① 江苏省地方志编纂委员会编著:《江苏省志·体育志》,江苏古籍出版社1998年版,第468页。

② 江苏省地方志编纂委员会编著:《江苏省志·体育志》,江苏古籍出版社1998年版,第315页。

发扬实事求是的作风》文章，就批评了“对待是非，不是以客观实际为准”的倾向。1978 年 3 月 26 日，《人民日报》也发表了一篇《标准只有一个》的短文。但是，由于分量不够，并未产生很大影响。

1977 年 7 月中旬，中共江苏省委宣传部召开了一次经济理论问题讨论会，批判“四人帮”蓄意割裂政治与经济的辩证统一关系，借批评“唯生产力论”之名，反对和破坏发展生产力。在宁大专院校、机关、工厂等 40 个单位 500 多人参加了这次研讨会。在会上，南京大学哲学系青年教师胡福明发言指出，生产力决定生产关系，决定整个社会的发展，这是历史唯物主义的基本原理。“四人帮”批判“唯生产力论”，就是反对历史唯物论。这一发言立即引起轩然大波，当时就有人站出来反驳他、甚至批判他。双方展开激烈争论，会议一度难以继续，主持人只好宣布暂时休会。胡福明的发言也引起了与会的《光明日报》哲学编辑组组长王强华的注意。王强华当即约请胡福明为《光明日报》撰写理论文章，至于写什么、怎么写由胡福明自己确定。几经思考，胡福明毅然选定题目《实践是检验真理的标准》进行撰写，到 1977 年 9 月完稿，并寄给《光明日报》社的王强华。①

胡福明在南京大学哲学系讲课

《光明日报》发表《实践是检验真理的唯一标准》特约评论员文章

与此同时，中共中央党校理论研究室主任吴江、理论研究组组长孙长江开始酝酿撰写《实践是检验路线是非和真理的唯一标准》。在 1978 年 3 月底，孙长江写出了初稿。吴江看后，觉得仍须进一步修改，便让孙长江继续充实。②

1978 年 1 月 14 日，胡福明收到了王强华寄来的《实践是检验真理的标准》小样。根据王强华所提意见，胡福明先后作了 5 次修改，文章正准备正式发表。4 月 10 日，《光明日报》总编辑杨西光在审查“哲学”专刊大样时，看到《实践是检验真理的标准》

① 肖舟：《胡福明解放思想的探路人——访〈实践是检验真理的唯一标准〉原稿作者胡福明》，《廉政瞭望》2008 年第 11 期。

② 马立诚：《孙长江：实事求是难啊》，《同舟共进》2008 年第 12 期。

后感到十分兴奋,觉得文章点出了批判“两个凡是”的关键点,放到理论版发表可惜了,便决定把这篇文章撤下来。同时,为了加强文章的份量和影响,他觉得还需要对文章进行大量修改。当杨西光得知胡福明正好在京开会,同时了解到孙长江、吴江正在撰写同一主题的文章,就在 4 月 13 日把胡福明和孙长江请来报社,与《光明日报》社的马沛文和王强华等共同研究对文章的进一步修改。①

根据大家提出的意见,胡福明对文章继续作了修改,于 4 月 15 日将修改稿给了《光明日报》社。稿子增加了批判“四人帮”的内容,增加了阐述认识不可能一次完成的内容,但文章仍保留了原来的大三段结构,没有充分把 4 月 13 日大家议论的意见反映出来。随后,马沛文、王强华、杨西光又先后作了两次修改(即第七稿和第八稿)。②吴江、孙长江看过第八稿后,觉得文章有基础了,便表示愿意把他们正在撰写的文章放下,集中力量参加对胡福明文章的修改(胡福明当时已经回南京)。文章又由吴江、孙长江进行多次修改,并把题目改为《实践是检验真理的唯一标准》。经过中央党校副校长胡耀邦亲自审定后,5 月 10 日,中央党校内部刊物《理论动态》发表了《实践是检验真理的唯一标准》一文。5 月 11 日,《光明日报》在头版显要位置以“特约评论员”名义公开发表了这篇文章,新华通讯社当天将其转发全国。5 月 12 日《人民日报》和《解放军报》等全文转载,《新华日报》等各省报刊也陆续刊载。

《实践是检验真理的唯一标准》一文,从理论上全面、透彻地阐明检验真理的标准不能是真理本身,而只能是实践,实践是检验真理的唯一标准。任何思想、理论都必须无例外地、永久地、不断地接受实践的检验。躺在马列主义、毛泽东思想的现成条文上,甚至拿现成的公式去限制、宰割、裁剪无限丰富的飞速发展的社会实践,这种态度是错误的。这篇文章在当时还不可能直接点出“两个凡是”,但是,文章实际上揭示了“两个凡是”的反马克思主义实质,击中它的要害,说出了广大干部和群众想说而又不敢说的话,把不少人隐隐约约感到的问题挑明了,因而引起强烈反响。与此同时,文章也受到支持“两个凡是”的一些人的严厉指责,被说成是“砍旗”,犯了方向性的错误。在这种情况下,许多报纸陆续发表文章,全面开展关于真理标准问题的讨论。③

这篇重要文章的发表,本应在江苏引起高度重视,有组织有领导地开展大讨论。但是,由于中央主持工作的领导人指示中央宣传部门对这场讨论“不表态”、“不介入”,江苏省委主要负责人对此事顾虑重重,犹豫观望。他们不仅不积极领导和组织

---

①② 王强华:《杨西光与第一篇“真理标准”文章的发表》,《武汉文史资料》2008 年第 8 期。

③ 中共江苏省委党史工作办公室编:《拨乱反正》(江苏卷),中共党史出版社 1998 年版,第 11 页。

开展关于真理标准的讨论，反而把全省理论界的注意力引向批判江苏人民出版社出版的长篇小说《我们这一代》。在6—8月间，在省报、省刊上连篇累牍地批判这本小说，却很少刊登干部群众讨论真理标准的文章，致使全省关于真理标准的讨论一度处于冷寂状态。①

二　关于真理标准问题大讨论在江苏的开展

邓小平旗帜鲜明地支持关于真理标准问题的讨论。1978年5月30日，邓小平在一次谈话中批评了“两个凡是”，并强调：“毛泽东思想最根本的、最重要的东西就是实事求是。”6月2日，邓小平在《全军政治工作会议上的讲话》中深刻地阐述了实事求是、一切从实际出发的基本观点，尖锐地批判了“两个凡是”的教条主义僵化观点，号召要打破“精神枷锁”，解放思想。随后，中央党、政、军的一些部门，全国一些省、自治区、直辖市和大军区的负责人也纷纷发表文章和谈话，公开支持这场讨论，批判“两个凡是”的观点，强烈要求恢复和发扬实事求是的思想路线。在这种情况下，江苏理论工作者也积极开展关于真理标准问题的讨论。

7、8月份，60多名理论工作者出席省理论工作者会议，先后4次讨论了真理标准问题。大家认为，开展这场讨论具有重大的现实意义和深远的历史意义。它是关系到思想路线、政治路线是否端正，关系到党和国家前途和命运的大问题。这场斗争，不仅涉及理论战线，而且涉及各条战线和各行各业。只有坚持实践是检验真理的唯一标准，才能批透林彪、江青两个反革命集团的反动思想体系，彻底肃清他们反马克思主义思想路线对人们的毒害。

8月11日，江苏省哲学社会科学联合会在南京组织了一次关于“实践是检验真理的唯一标准”的报告会。9月中旬，江苏省哲学社会科学联合会在南京召开有1000多人参加的报告会。会议传达了中国社会科学院负责人的重要讲话，介绍关于理论与实践问题讨论的情况，并就实践是检验的唯一标准问题展开了讨论。与此同时，南京大学哲学系和经济系联合举办了有100多人参加的真理标准问题的讨论会。

10月3日至10日，《新华日报》先后刊登了中共江苏省委党校县以上领导干部读书班和中共南京市委教职员工讨论真理标准问题的报道。报道认为，参加有关真理标准问题的讨论，解放了思想，打开了眼界，澄清了许多长期以来模糊不清的是非界限；开展这次讨论是拨乱反正、正本清源、总结经验、继续前进、加速实现总任务的需要，也是恢复和发扬党的优良传统和作风的需要；只有坚持实践是检验真理的唯一标

① 中共江苏省委党史工作办公室编：《拨乱反正》（江苏卷），中共党史出版社1998年版，第11—12页。

准，才符合马克思主义的认识路线，才是真正高举毛泽东思想的伟大旗帜。①

在江苏各界讨论真理标准问题的过程中，江苏省理论工作部门的一些领导同志和江苏省的原来老领导，也针对理论研究中存在的思想僵化、条条框框束缚的“左”的影响，提出理论工作者要解放思想、勇于思考、大胆争鸣。他们在许多场合提出了不同于“两个凡是”的观点和见解，对全省理论界的思想解放和学术研讨的活跃产生了推动作用。如 1978 年夏，在江苏省委党校举行的经济形势报告会上，省委常委、省革委会副主任汪海粟就表示支持关于真理标准问题的讨论。② 9 月初，原省委常务书记刘顺元，应邀到南京大学作关于真理标准问题的报告，也阐明了这场讨论的重大意义，并联系实际批判“文化大革命”的错误。③

随着关于真理标准问题讨论的不断深入，江苏省委主要领导人也转变了态度。1978 年 10 月 12 日，省委主要负责人在全省教育工作会议上作了题为《实践是认识的唯一来源，实践是检验真理的唯一标准》的讲话。他首先作了“见事迟、顾虑多、认识不足、领导很不认真、很不得力”的自我批评，然后明确肯定支持和赞成关于真理标准问题的讨论。会后，省委又在江苏省委党校举行领导干部读书班，要求领导干部认真学习实践是检验真理的唯一标准的原理，完整地准确地领会和掌握毛泽东思想体系，从理论上、路线上、方针政策上分清大是大非，肃清流毒，解放思想。

江苏省委态度明确后，全省理论界更加积极地开展关于真理标准问题的大讨论。1978 年 11 月，省哲学社会科学研究所和省哲学社会科学联合会召开关于真理标准问题的讨论会。南京大学召开中层以上干部理论讨论会，讨论真理标准问题。与此同时，全省各地、市、县也纷纷开展真理标准问题的学习和讨论。据《新华日报》报道，镇江市委常委在学习讨论中，结合工业发展的问题，坚持以实践为标准，总结正反两方面的经验和教训，强调端正思想路线，改进工作作风。阜宁县委举办领导干部学习班，着重讨论理论与实践的关系、实践是检验真理的唯一标准等问题。淮安县委在开展讨论后认为，要搞好社会主义建设，就一定要坚持实践第一的观点，决不可凭主观愿望和“长官意志”办事。④

随着关于真理标准问题的讨论在全省范围内广泛而深入的开展，不仅极大地把人们思想从“两个凡是”的束缚中解放出来，还直接推动了江苏加快平反冤假错案的步伐，促进了经济政策的进一步调整和知识分子政策的具体落实。

---

① 刘定汉主编:《当代江苏简史》，当代中国出版社 1999 年版，第 279 页。

② 中共江苏省委党史工作办公室编:《拨乱反正》(江苏卷)，中共党史出版社 1998 年版，第 12 页。

③ 刘定汉主编:《当代江苏简史》，当代中国出版社 1999 年版，第 278—279 页。

④ 中共江苏省委党史工作办公室编:《拨乱反正》(江苏卷)，中共党史出版社 1998 年版，第 11—12 页。

1978 年 12 月,在思想解放大潮涌动的江苏大地,强烈期盼拨乱反正的数千万江苏人民,将迎来具有伟大历史转折意义的中共十一届三中全会的召开,同时以改革开放为特色的社会主义建设新时期也即将拉开大幕。在此新的历史时期,江苏人民将浓墨重彩地描画出新的发展篇章。

附　录

一　大事记

1949年

10月1日　中华人民共和国成立。南京市和苏南、苏北区人民纷纷集会、游行；各机关、部队也隆重举行升国旗仪式，热烈庆祝新中国的诞生。

10月9日　苏南行署颁布《禁烟、禁毒暂行条例》(苏北行署已于9月28日颁布类似条例)，严禁种植罂粟花，严禁贩运和吸食鸦片烟、白面等毒品。

10月20日—25日　中共南京市委召开第一次代表会议，正式代表601人，柯庆施、江渭清等在会上作报告。会议决定向群众公开党的组织。

10月25日—31日　苏南行政区在无锡召开首届各界人民代表会议，正式代表485人，陈丕显、管文蔚等在会上作报告。

11月10日　中共苏北区委发布《关于治沂兴垦的决定》，确定开辟新沂河一期工程，自嶂山至燕尾港入海。22日，成立导沂整沭委员会。25日，该工程全面开工。

11月13日　苏北区党、政、军联合发出《苏北治水运动总动员令》，将治水作为苏北今冬明春压倒一切的中心任务，号召全民动员，战胜苏北水患，为恢复和发展农业生产贡献一切力量。

11月23日　中共苏北区委发出《关于取缔封建会道门的指示》，要求对群众广泛进行宣传教育，并令会道门首领在规定期限内向政府登记。

11月24日　中共苏南区委发出《关于平抑目前物价的决定》，要求加强市场管理，紧缩财物支出，并抛售物资以压低物价等。

11月30日　苏北生产救灾委员会成立，萧望东兼任主任委员。

5月—11月 苏南军区剿匪肃特取得显著成绩，共消灭匪“东南人民救国军”等部共180余股，计8111人，俘获大小匪首175名；另配合公安部门破获武装土匪特务案148起，捕获匪特2986名。

12月2日 中共中央华东局决定，将苏南的句容、江宁，苏北的六合，安徽的当涂、江浦、和县划归南京市领导。

12月18日 苏北南通专区各地先后破获“青年救国军苏浙皖突击敢死总队”等武装匪特9股，俘获匪徒107名，缴获枪数十支。28日，再破获匪特“国民党青年救国军第四纵队”，俘获匪特18人。

1950年

1月7日 中央人民政府政务院政法委员会苏北灾区视察组至苏北重灾区视察灾情。苏北区1949年35个县中有28个县受灾，面积达1776万余亩，占总田亩数超31%，损失粮食5亿公斤以上，损失籽棉约500万公斤。

1月9日 苏南行署发出《关于生产救灾工作的指示》，要求贯彻“以生产为主，结合救灾，以群众自救、社会互济为主，政府协助为辅”的方针，积极开展生产救灾运动。

1月30日 中共苏南区委发出《关于减租工作的指示》，要求根据相关政策，广泛宣传和组织群众，开展对地主的斗争，做好减租工作，为秋后实行土地改革准备好条件。

2月28日 苏北行署发布《关于加强生产救灾工作的紧急指示》，要求采取有效措施，开展社会互济，组织灾民以工代赈，积极动员群众组织起来战胜灾荒。

3月2日 苏南行署发出《关于开展合作社工作的指示》，指出合作社是新民主主义经济的主要组成部分，目前必须采取积极稳步的发展方针，有重点、有计划地结合城乡的群众运动与生产救灾工作，整顿组织，培养典型，为进一步发展打下坚实基础。

3月9日、13日 分别接中央文化部通知：前中央博物院改名为南京博物院；前国立中央图书馆改名为南京图书馆。

3月13日 苏北举行导沂水利工程庆功大会，表彰了特等功臣王大锹、王大筐、赵金科、龙庆兰等人。9月，王大锹赴北京出席全国劳动模范大会，并参加国庆典礼。

3月23日 苏南、苏北区党委和南京市财经委员会先后召开会议，传达贯彻政务院《关于统一国家财政经济工作的决定》。

3月31日 南京永利铔厂实验制造合成氨触媒剂成功。

4月7日—16日 苏北首届文学艺术界代表大会在扬州召开，出席代表306人，会议重点讨论了今后苏北文艺工作的发展问题，并成立苏北文学艺术界联合会，李俊

民任主任。

4月8日 苏北行署发出《关于国营、公营工厂建立工厂管理委员会的通令》,要求改革旧时代遗留下来的各种不合理制度,同时必须在各国营、公营工厂建立工厂管理委员会,以实行工厂管理民主化。

4月15日 苏北、苏南行政公署分别改名为苏北、苏南人民行政公署,惠浴宇、管文蔚分别担任行署主任。

4月27日 南京电器厂试制电子管成功,为反对国际敌对势力对中国的经济封锁做出贡献。

5月6日 南京市完成江、河、洲堤修复工程近200公里,使16万亩农田免遭水淹。

5月18日 中共中央决定:唐亮任中共南京市委书记(8月5日由柯庆施继任书记),江渭清任副书记;20日,中央人民政府任命柯庆施为南京市市长,李乐平、金善宝为副市长。

5月20日 苏北导沂整沭第一期工程胜利完工。参加工程的民工约250万人,完成土方约3645多万立方米,使旧沭河泛滥地区及六塘河、柴米河一带3500万亩左右的农田减灾受益。

6月4日 南京市供销合作社通过签订合同,和公、私营企业建立代购代销业务,推动了城乡物资交流,有利于工农业生产的恢复和发展。

6月10日 苏北春季治河水利工程及沿海修堤兴垦工程、长江复堤工程、运河堤整修工程等先后完工,参加民工有100多万人,完成土方5470万立方米、石方46万立方米,使苏北地区700余万亩耕地免除水灾,沿江约2000万亩田地减轻了水灾威胁。

7月12日 苏北区组成农村工作团分赴各地,协助老区进行土地改革结束工作,并协助新区创造土地改革条件。

7月17日 南京市军管会、南京市人民政府颁发布告,要求在码头的封建把头限期办理登记手续。全市码头工人开展的反封建运动至11月基本结束,共反掉封建把头800多个,取消陋规30余种。

7月 高邮县新民乡发生血吸虫病急性感染的严重事件,全乡急性感染者达4000多人,其中有1335人死亡,全家死亡者亦有45户,这引起党和政府的高度重视。次月,中央及苏北防疫大队、苏北防治站等数家单位,先后派出医务人员前往疫区开展血吸虫病防治工作。

8月25日—9月1日 苏南区党委举行第一次代表会议,有正式代表376人出

席。会上，陈丕显作了《为有步骤、有秩序地进行苏南土地改革而斗争》的报告，管文蔚作了《一年来的政府工作报告》。会议确定要为土改运动的开展积极准备条件。

9月2日 无锡市民间音乐家华彦钧（瞎子阿炳）的二胡独奏曲《二泉映月》、《听松》等，琵琶独奏曲《昭君出塞》、《大浪淘沙》等，经文化部派人整理后录了音。

9月2日—5日 苏南区召开第一届农民代表大会，出席会议的正式代表有361人，会议听取了区领导作的关于进行土地改革和农民协会工作的报告，做出了《关于动员全体农民在今冬明春完成土地改革的决议》、《关于今后农民协会工作的决议》。会上成立了苏南农民协会，欧阳惠林任主席。

9月3日 中国民主同盟南京市支部召开第一届盟员大会，选举成立了支部委员会，陈敏之任主任委员。

9月24日—30日 苏北区党委第一次代表会议在扬州市召开，出席、列席代表473人，会议听取了有关报告，决定苏北区今后工作以土改、治水、生产救灾为中心。

9月30日 经政务院财委会核准，南京市江南汽车公司正式宣布公私合营，此为江苏地区第一个公司合营的企业。

本月，苏南无锡与苏北南通等地的纺织厂，废除了侮辱工人人格的沿袭已久的抄身制度。

10月7日—15日 苏北区召开第一届各界人民代表会议，出席会议的正式代表434人。会议听取了有关报告，号召苏北各界人民团结一致，为彻底完成土地改革、生产救灾、治水等主要任务而努力奋斗。会议选举产生苏北第一届各界人民代表会议协商委员会，萧望东当选为主席。

10月8日 南京博物院在江宁县祖堂山开始发掘南唐二陵——李昪、李璟墓。这是新中国成立后首次发掘的帝王陵墓，出土有大量宫廷人物陶俑、神怪动物形象陶器碎片及玉石哀册等珍贵文物。

11月7日 根据政务院所作的《关于治理淮河的决定》，成立治淮委员会。曾山任主任委员，惠浴宇等任副主任委员。

11月10日 南京市及苏南、苏北区各民主党派、各人民团体先后发表声明，一致拥护全国各民主党派关于抗美援朝的联合宣言，号召各界人民团结起来，共同为抗美援朝、保家卫国而努力。

11月18日 中国国民党革命委员会南京分部正式成立。

11月28日 阴谋策划大暴动的西乾道主犯郭敦孝等5人，被依法判处死刑。至此，危害淮阴、盐城地区人民达20余年的反动封建会道门组织西乾道基本瓦解，被骗会众纷纷自动退道。

12 月 21 日 南京市基督教徒举行爱国大集会,强烈反对美帝国主义利用宗教侵略中国,并宣布开展“自养、自传、自治”的爱国“三自”运动。

本年 苏南区共歼土匪 423 股,计 14000 余人,破获重大潜伏特务案件 73 起,破获武装匪特 372 股,缴获电台、枪支、反动证件等若干。另有登记的反动党团特务人员 4400 多名。

本年 江苏工农业总产值(按当年价格)43.27 亿元,其中农业产值 24.27 亿元,工业产值 19.00 亿元。全年生产粮食 849 万吨、棉花 4.12 万吨、油料 16.54 万吨。全年实现社会商品零售总额 11.4 亿元。

1951 年

1 月 6 日 由人民教育家陶行知创办的南京晓庄师范学校(解放前被国民党政府查封),在经过南京市人民政府的积极筹备后宣告复校,并开始正式招生。

1 月 8 日 中国科学院办公厅通知:由近代史研究所接收南京国民政府国史馆并改组为该所史料整理处。26 日,政务院南京办事处档案组并入该处。1965 年 9 月,该史料整理处改称中国第二历史档案馆。

1 月 27 日 九三学社南京分社召开成立大会,潘菽做报告,并当选为第一届理事会主任理事。

2 月 2 日、15 日 苏北行署、苏南区党委分别发布《彻底取缔反动会道门的布告》及《关于取缔一贯道等反动会道门的指示》。

3 月 11 日 南京市协商委员会和各人民团体联合召开大会,纪念在南京沦陷时惨遭侵华日军大屠杀的 30 万同胞,并反对美帝国主义武装日本、侵略朝鲜。

3 月 21 日 苏南区 27 个县基本完成土地改革。

本月,天主教南京教区教徒 793 人发表《关于实行自养、自传、自治的联合宣言》后,罗马教廷驻前国民党政府公使黎培里竟致函中国天主教各教区主教,污蔑和反对中国教徒“三自”革新爱国行动,为此引起南京爱国教徒强烈谴责。同年 9 月 4 日,南京市军管会下令驱除黎培里出境。

4 月 17 日 南京市各界举行控诉大会,揭发帝国主义分子借“慈善事业”为名而进行的罪恶活动。南京慈爱育婴院在 1949 年 1 月—1950 年 6 月间,共收进婴儿 242 名,但死亡数高达 153 名,其余则普遍患有营养不良或其他病症,一些孩子还被当做商品出卖。次日,南京市人民政府依法逮捕了该院院长薛广产。5 月 31 日,南京市人民法院判处抗拒接管该院的白洁贞(法籍)、白安琪(葡萄牙籍)有期徒刑 10 年,并将白淑珍(法籍)等 4 犯驱逐出境。

5月2日 中央人民政府治淮视察团在代理团长邵力子率领下，到皖北、苏北、河南等治淮工地视察，并慰问治淮民工和干部。31日，在扬州市将毛泽东主席题字的“一定要把淮河修好”的锦旗，授予苏北治淮领导机关。

5月8日 苏北区、苏南区与南京市的物产交流展览会先后开幕，商品交易活跃，这对恢复和发展国民经济有积极推动作用。

6月1日 苏北区党委发出《关于结束土地改革工作的指示》，宣布全苏北新区、新恢复区1386个乡，其中有1281个乡的土地分配工作已经完成。尚有主要为重灾区的146个乡未完成土地分配。另老区、老恢复区的3874个乡，其中有2958个乡已颁发土地所有证。要求土改有未了事宜的地区，必须尽快做好结束工作。

8月26日 国营南京科学仪器厂钳工杜仁昌创造成功自动铆钉机，提高生产效率416倍，比手工车制节省一半材料，且使用简便。

9月3日 苏南土改进入结束阶段。其中业已结束土改完成发证的有1171个乡，正在进行发证的有1368个乡，尚未进行发证工作的有207个乡，整个土改计划于9月底基本结束。

9月7日 苏北区党委发出《关于贯彻执行婚姻法的指示》，29日，苏北行署及各人民团体组织检查组赴苏北各地检查婚姻法的执行情况。

9月24日 苏南区党委发出《关于检查苏南地区知识分子政策的执行情况的通知》。

10月10日 南京市军管会宣布取缔天主教下属反动组织“圣母军”，逮捕首恶分子赵鸿生，命令一切“圣母军”组织立即解散，凡参加人员均需按照规定进行登记或办理退出手续。

11月1日—12日 苏北、南京市、苏南区先后召开第一届人民体育大会，参加比赛的运动员分别有580人、1600余人、1850人。

11月10日 治淮委员会苏北工程指挥部成立，惠浴宇兼任指挥。20日，苏北区党委与苏北行署联合发布苏北治淮总动员令。苏北全区共动员了80万民工参加第二期治淮工程。

本月，苏北灌溉总渠工程全面开工。该渠西起洪泽湖，东达东海边，全长168公里。18个县的72万民工共用82个晴天，胜利完成该项工程。

12月3日 苏北区党委召开机关干部党员大会，后又召开区党委扩大会，传达中共中央有关文件，号召苏北区党员和干部迅速行动起来，开展增产节约运动，坚决反贪污、反浪费、反官僚主义（即“三反”）。5日，成立苏北增产（精简）节约委员会，惠浴宇任主任。

12 月 8 日 中共南京市委和南京市人民政府联合召开机关干部大会，动员开展增产节约运动，开展反贪污、反浪费、反官僚主义的“三反”斗争。11 日，江渭清任节约检查委员会主任。

12 月 15 日 苏南行署召开直属机关干部大会，号召全体干部积极行动起来，开展反贪污、反浪费、反官僚主义的“三反”斗争。

12 月 21 日 苏南区松江县长溇乡农民陈永康所种的水稻产量，最高的一亩实收 716.5 公斤，比一般产量翻了一番还多，创华东区水稻单位面积产量最高纪录。

12 月 31 日 南京市、苏南区的爱国捐献运动先后结束。其中南京市捐款 424.1 万元，可购买战斗机 28 架；苏南区捐款 2325 万元，可购买战斗机 155 架。分别超额 40%、30%完成捐献计划。

本月，苏北淮安县发现青莲岗遗址，这是江苏地区首次发现的新石器时代遗址。后经发掘，出土有石斧和大量红陶器等。这对研究苏北及鲁南地区新石器时代早期历史有重要意义。

本年 在高邮城北邵家沟发现东汉村落遗址，出土有各种陶、瓷、漆、铁器等文物 857 件。其中的一些道教遗物，为国内过去出土文物中所罕见。

本年 江苏工农业总产值(按当年价格)49.92 亿元，其中农业产值 27.37 亿元，工业产值 22.55 亿元(内轻工业产值 21.20 亿元，重工业产值 1.35 亿元)全年生产粮食 930.5 万吨、棉花 6.08 万吨、油料 18 万吨。全年实现社会商品零售总额 16.49 亿元。

1952 年

1 月 5 日 南京市毛泽东思想学习委员会召开第一次会议，集中讨论知识分子思想改造和学习问题。主任委员柯庆施阐述了知识分子学习毛泽东思想和进行思想改造的重要意义。

1 月 6 日 南京市工商业联合会筹备委员会召集各行业负责人及工商界学习小组全体学员 3000 余人举行大会，听取柯庆施所做的开展反对行贿、反对偷税漏税、反对盗窃国家财产、反对偷工减料和反对盗窃经济情报的“五反”运动报告。12 日，南京市人民政府依法逮捕售卖假药、对抗“五反”的奸商张立言，并将其全部财产查封。

1 月 10 日 苏北各界人民代表会议协商委员会召开苏北区及扬州市各界人士座谈会，惠浴宇号召工商界迅速行动起来，积极开展“五反”运动。

1 月 18 日 苏南无锡市工商界召开“五反”第一次坦白检举大会，无锡市政府根据违法工商户的情节轻重及坦白程度，宣布了处理决定。

2 月 3 日　南京市军管会宣布取缔反动的“一贯道”。

3 月 18 日　中央农业部颁发命令，奖励 1951 年农业爱国模范，其中有苏南的陈永康，苏北的庄太进等 8 人。苏南区的江阴县西田头村亦获丰产村光荣称号。

4 月 5 日　南京市百货公司降低商品牌价，总共有 1524 项商品降价，幅度达 30%—36%左右。15 日，苏南百货公司等也连续降低大批商品价格。

5 月 6 日　南京市增产节约委员会召开南京市工商户代表座谈会，宣布政府决定对全市绝大多数问题已交代清楚的工商户予以从宽处理，并号召工商户迅速搞好生产经营。15 日，南京市“五反”运动基本结束。

5 月 7 日　南京电照厂试制荧光粉、荧光灯成功。6 月 16 日，又试制成功光亮强、寿命长、节省电的高压水银灯。

5 月 31 日　南京市工商业联合会正式成立，陈邃衡任主任。

6 月 5 日　苏南区党委发出《关于“三反”“五反”结束阶段在干部中进行系统的政治思想教育的指示》，要求巩固“三反”、“五反”运动的成果，树立长期经济建设的思想，明确党对待资产阶级的政策，加强工人阶级思想的教育等。

6 月 19 日　苏南、苏北和南京市先后开始文艺界的整风运动。要求揭发文艺界存在的问题，检查领导思想，整顿文艺组织，以改善领导、改进工作，坚持正确的文艺方向。

6 月　南京堂子街 72 号内大厅和二进墙壁上发现太平天国壁画 18 幅，至 1953 年 1 月，完成全部壁画的清洗工作。

7 月 4 日　在南京市人民法院全体工作人员中，开展反对旧司法观点、旧作风的思想改造学习运动，以巩固“三反”运动成果，彻底改进司法工作，并树立人民司法工作的新思想和新作风。之后，苏北、苏南区在司法系统及工作人员中也开展了除旧布新的司法改革运动。

7 月 25 日　南京市国家工作人员实行公费医疗制度。9 月 9 日，苏南区国家工作人员亦同样行之。

7 月 27 日　苏北区党委直属机关及扬州市各机关开始整党。其目的主要在对党员进行共产主义与共产党员标准 8 项条件的教育，以提高党员的政治觉悟，增强党的战斗力。

8 月 7 日　苏北区中等学校教师思想改造学习班开学，至 9 月 28 日结束。参加学习的有 1700 余人。15 日，苏南区各公、私立中等学校教师思想改造学习开始，至 9 月 26 日结束。参加学习的教师有 3700 名。这期间，南京市也举办了中等学校教职员暑期思想改造学习班。通过学习，教师们表示今后要继续批判资产阶级思想，划清

敌我界限和是非界限;继续学习毛泽东思想,在学校中切实贯彻党和人民政府的教育方针。

9 月 4 日 苏北行署发出《关于进行工厂企业安全卫生大检查的指示》,要求各工厂企业切实保障工人的生命安全和身体健康。以达到安全生产,迎接国家大规模经济建设高潮的到来。12 日,再发补充指示,要求各级党委及工厂企业领导,必须十分重视安全卫生检查工作问题,并切实做好这一工作。本月,南京市工矿企业也进行了安全卫生大检查。

9 月 6 日 苏北行署发出《关于贯彻执行中共中央及华东局〈关于加强老根据地工作的指示〉的指示》,要求各地切实做好老根据地工作。

9 月 9 日 中共中央华东局根据中共中央指示决定:南京市、苏南行政区、苏北行政区合并为江苏省。

10 月 1 日 新中国第二大闸——三河闸正式动工修建。该闸是洪泽湖入江口门的大型控制建筑物,是治淮的重点工程之一,具有很重要的抗灾与灌溉等功能。在 16 万多人参加施工并历时 10 个月后,于 1953 年 7 月 25 日胜利完工。

10 月 11 日—15 日 南京市、苏南区、苏北区的高等学校院系调整工作先后完成,此为江苏高等教育事业今后的发展打下了基础,并为推动和服务于江苏的经济与社会发展发挥重要作用。

10 月 18 日 中共中央批准中共江苏省委员会名单:由柯庆施等 11 人组成江苏省委。其中柯庆施、江渭清、萧望东、管文蔚、刘先胜为常委,并由柯庆施任第一书记,江渭清任第二书记,萧望东、管文蔚任副书记。11 月 6 日,中央军委任命刘先胜为江苏省军区司令员,柯庆施兼政治委员。11 月 7 日,中共江苏省委在南京举行成立大会,柯庆施宣读江苏省委及各部委干部名单。

10 月 19 日 历时 4 个多月的南京市大规模疏河工程结束。市内全长 13500 多米的 18 条主要干河全部疏通,这大大改善了全市的环境卫生及水上交通状况。

本月,苏南、苏北的群众性禁毒运动基本结束。共逮捕制毒、贩毒重犯 3499 名,缴获大量毒品、毒资、毒具等,并收缴长短枪 69 支。

11 月 1 日 《新华日报》、《苏南日报》、《苏北日报》合并出版新的《新华日报》,作为中共江苏省委的机关报。同日,苏南、苏北、南京、徐州人民广播电台合并,建立江苏人民广播电台。

11 月 15 日 中央人民政务委员会第 19 次会议决议,成立江苏省人民政府,并于江苏省人民政府成立后撤销苏南、苏北行署;现属山东、安徽省而原为江苏省旧辖之地区,均划为江苏省属;江苏省人民政府设于南京,南京市亦改由江苏省人民政府直

辖。会议还通过了江苏省人民政府主席、副主席及委员名单：谭震林任主席，柯庆施、管文蔚、冷遹任副主席。

11 月 30 日 国营南京电工厂制造出用于无线电交流收音机上的全套真空管，从而填补了国内该项制造的空白。

12 月 11 日 爱国卫生运动全国卫生模范评奖委员会公布全国卫生模范名单，南京市被评为乙等（甲等空缺）卫生模范单位，南京市五老村被评为全国甲等卫生模范单位，南京市鲁大妈被评为全国甲等个人卫生模范。

12 月 26 日 青年团江苏省工作委员会召开第一次干部扩大会议。会上，团工委书记金湘宣布：中国新民主主义青年团江苏省工作委员会成立。至 9 月份统计，江苏共有团员 54.4 万余人。

本年 江苏国民经济得到恢复和发展，并取得巨大成就：工农业总产值为 57.4 亿元，其中农业产值 31.87 亿元，工业产值 25.53 亿元。全年国民收入 35.63 亿元，财政收入 6.8 亿元。全年社会商品零售总额 19.20 亿元。

1953 年

1 月 1 日 江苏省人民政府正式成立。全省共辖南京、无锡、苏州、南通、常州、徐州 6 个省辖市和镇江、扬州、松江、苏州、淮阴、徐州、南通、盐城 8 个专区，71 个县和 1 个行政办事处及淮北盐区。

1 月 1 日 苏北合作联合社、苏南合作总社、南京合作总社合并，在南京成立江苏省合作总社。1954 年 11 月 1 日，更名为江苏省供销合作社。

1 月 2 日 毛泽东主席复信给金坛县庄阳农业生产合作社，嘉许他们 1952 年取得水稻增产六成的成绩，希望每个社员继续发挥积极性，争取更大增产。

1 月 5 日 苏南区、苏北区和南京市各界人民代表会议协商委员会举行联席会议，决定在江苏省各界人民代表会议召开前，3 个地区委员会合并，成立江苏省协商委员会，代行江苏省各界人民代表会议协商委员会职权，并推选柯庆施任江苏省协商委员会主席。

1 月 5 日—12 日 江苏省人民政府召开第一次专员、市长、县长会议，讨论 1953 年工作任务，批判工作中的官僚主义、命令主义和违法乱纪行为。

2 月 6 日—23 日 中共江苏省委召开县（市）委书记会议，讨论改进领导、改进作风和农业互助合作等问题。

2 月 文化部主办的首届全国农村业余戏曲、音乐、舞蹈会演在江苏宜兴县举行，2400 余名代表参加演出，为时约半个月。

3月3日 中共江苏省委成立江苏省贯彻《婚姻法》运动委员会，并于6日召开江苏省贯彻《婚姻法》运动委员会第一次会议。随后，江苏各地开展大规模的宣传教育活动。

3月6日 江苏省爱国卫生运动委员会成立，管文蔚与冷遹、石西民、盛立分别就任正副主任委员。

3月13日—19日 在南京召开江苏省农业增产劳动模范代表会议，交流互助合作和生产经验，听取报告，参观农业展览会，学习农作物增产技术。陈永康等18个互助组和农业生产合作社，联合发起开展1953年爱国增产运动。

3月21日 中共江苏省委发出《关于在工矿企业中开展反官僚主义、反命令主义、反违法乱纪斗争的指示》。

4月1日 南京市儿童医院建成，并开始门诊和接收住院病人。这是江苏省第一所儿童医院。

4月19日—24日 中国新民主主义青年团江苏省第一次代表大会在南京召开。

5月 中共中央统战部部长李维汉率调查组来江苏南京、无锡等地调查资本主义工商业改造情况，后又结合在上海、武汉的调查，形成向中央的报告，提出了公私合营是改造私营工商业、实行国家资本主义的有效形式。

7月8日—10日 苏南、苏北和南京市文学艺术工作者联合会联合召开江苏省文学艺术工作者联合会筹备会议，决议成立江苏省文学艺术工作者联合会筹备委员会。

8月18日—23日 江苏省第一次学生代表大会在南京召开，正式成立江苏省学生联合会。

8月23日—25日 江苏省首届人民体育运动大会在南京大学运动场召开。

10月24日—11月9日 中共江苏省委召开全省第一次区委书记会议，学习党在过渡时期的总路线、总任务，讨论《中共中央关于实行粮食计划收购与计划供应的决议》，并部署统购统销任务和今冬明春的农村工作。

11月16日—21日 江苏省文化教育工作计划会议在南京召开，并根据"整顿巩固，重点发展，提高质量，稳步前进"的方针，确定了1954年江苏省文教、卫生工作计划。

11月 创办苏北第一个农业生产合作社的农民赵甫亚（沭阳人）前往苏联参观访问，学习集体农庄工作经验。

12月31日 中共江苏省委在滨海县康庄试办全省第一个社会主义性质的农业生产合作社（即高级社）。

12 月 中共江苏省委确定，国家资本主义工作由中共江苏省委统战部负责，成立国家资本主义办公室，作为负责国家资本主义工作的专门机构。

本年 全省工农业总产值 62.12 亿元，其中农业产值 32.31 亿元，工业产值 29.81 亿元。国内生产总值 53.42 亿元。全年国民收入 40.28 亿元，财政收入 7.78 亿元。全年生产粮食 1063.75 万吨，棉花 14.7 万吨，油料 20.38 万吨，钢 0.49 万吨，原煤 117.75 万吨，布 8.16 亿米。全年社会商品零售总额 23.73 亿元。

1954 年

1 月 1 日 按照党在过渡时期总路线的要求，中共江苏省委制订《江苏省 1954 年与 1955 年两年扩展公私合营厂矿的初步计划》。

2 月 11 日—3 月 1 日 中共江苏省委召开组织工作会议，贯彻中共中央第二次组织工作会议精神，研究关于统一调配、大胆大量提拔干部，加强干部管理工作，巩固提高壮大党组织等问题。

2 月 18 日—3 月 4 日 中共江苏省委召开全省第二次区委书记会议，总结前一时期宣传党在过渡时期总路线和粮食统购统销工作的主要经验。

2 月 省商业厅对私改造办公室成立，开始对批发商逐步进行利用、限制、改造，具体负责经销、代销和加工订货合同的管理工作。

3 月 12 日—22 日 江苏省人民政府召开全省农林工作会议，讨论和确定了 1954 年农业生产的方针任务。

3 月 15 日—16 日 毛泽东主席由陈毅、柯庆施陪同，从上海到无锡视察。

3 月 26 日—4 月 3 日 江苏省工商联召开会员代表大会，成立江苏省工商业联合会，并选举该机构的领导成员。

4 月 5 日—8 日 中国民主建国会江苏省工作委员会召开成立大会，宣布中国民主建国会江苏省工作委员会正式成立，并选举领导成员。

4 月 10 日 江苏省基层选举工作全部完成。参加选举的选民占选民总数的 82.58%。各市、县分别举行首次人民代表大会，共选出省人民代表大会代表 481 人。

5 月—8 月 江苏发生特大水灾。全省受涝作物一度达到 3148 万亩，有 2123.65 万亩作物成灾，710.5 万亩无收，损失粮食 24.8 亿斤，灾民 720 万人。

6 月 18 日—7 月 2 日 中共江苏省委召开全省地方工业会议，确定 1954 年江苏工业的工作任务。

6 月 27 日 中国国民党革命委员会江苏分部筹备委员会成立，任崇高为召集人。

6 月 30 日 江苏省人民政府批准 20 家规模较大的私营工厂实行公私合营。

7月1日—9日 江苏省第一届工会会员代表大会召开,决定今后全省工会的工作任务,并正式成立江苏省工会联合会。

7月10日—15日 中共江苏省委统战部、江苏省卫生厅联合召开江苏省第一次中医座谈会,交换了进一步加强中医工作的意见,初步交流了中医的宝贵经验,提出改进卫生工作者协会工作和加强中医政治、业务学习等问题的建议,并成立江苏省中医学术研究筹备委员会。

8月5日—11日 江苏省第一届人民代表大会第一次会议在南京召开。会议讨论和通过了省人民政府副主席柯庆施、省协商委员会常委陈鹤琴、江苏省宪法草案讨论委员会副主任委员俞铭璜分别作的报告,并选出出席全国人民代表大会的江苏代表67名。

9月7日 中共江苏省委发出《关于对初级市场私营商业改造,安排与加强市场管理的指示》,要求采取一面前进、一面安排和前进一行、安排一行的办法,把现存的私营小批发商和私营零售商逐步改造成为各种形式的国家资本主义商业。

9月9日 政务院发布《关于实行棉布计划收购和计划供应的命令》及《关于实行棉花计划收购的命令》。9月15日起,使用江苏省布票和絮棉票,棉花、棉布实行统购统销。

9月10日—14日 江苏省第一届文学艺术工作者代表大会召开,宣布省文联正式成立,由俞铭璜担任主席。

9月21日—10月2日 中共江苏省委召开代表会议,听取了江渭清作的报告和总结,并抽查了前一时期的工作,确定今冬明春的具体任务。

9月25日—11月6日 江苏省派出由7个剧种(锡剧、扬剧、淮剧、淮海戏、柳琴戏、苏剧、京剧)173名演职员组成的江苏省代表团参加在上海举行的华东区戏曲观摩演出大会,演出剧目21个,并有8个剧目荣获7种奖项,有49位演员获奖。

10月4日 江苏省中医院在南京成立。

10月15日 江苏省中医进修学校在南京成立。1956年3月,改名为江苏省中医学校。1958年8月,升格为南京中医学院。

10月25日—11月4日 中共江苏省委召开城市工作会议,要求加强党对工业生产的领导,贯彻增产节约精神,开展劳动竞赛,保证完成和超额完成全年的生产任务。

11月22日 新海连、清江、扬州、泰州、镇江、常熟等6个专区辖市改为省辖市,并仍受原属专署督导。

11月26日—29日 中华全国体育总会江苏省分会召开成立大会,宣布全国体

育总会江苏省分会成立，陶白为主任委员。

12 月 2 日 最高人民检察院通知各级地方人民检察署和专门人民检察署，即日起改称为人民检察院。1955 年 1 月 1 日，江苏省人民检察署改称为江苏省人民检察院。

12 月 11 日 经国务院批准，将原属安徽省的泗洪、盱眙两县划归江苏省，隶属淮阴专区；原属江苏省的萧县、砀山县划归安徽省，隶属宿县专区。

12 月 22 日—29 日 中共江苏省委召开省委扩大会议，传达中共中央《关于进一步做好编制地方经济五年计划纲要工作的指示》，听取江渭清作的报告和总结，并研究了工农业增产关键和具体措施。

12 月 江苏省农业生产合作社进一步发展，全省已有初级农业社 32716 个，入社农户 87.3 万余户，占总农户的 10.17%。

本年 全省工农业总产值 64.11 亿元，其中农业产值 32.45 亿元，工业产值 31.66 亿元。国内生产总值 53.77 亿元。全年国民收入 40.17 亿元，财政收入 8.67 亿元。全年生产粮食 1049.2 万吨，棉花 7.56 万吨，油料 26.07 万吨，钢 1.04 万吨，原煤 135.33 万吨，布 7.49 亿米。全年社会商品零售总额 25.30 亿元。

1955 年

1 月 10 日 中共江苏省委召开扩大会议，部署 1954 年度征兵工作。这次征集是由志愿兵役制度逐步过渡到义务兵役制度的开始，全省共征集新兵 49472 人。

1 月 10 日—15 日 江苏省第一届妇女代表大会召开，并选举产生第一届执行委员会。

1 月 17 日—22 日 中共江苏省委召开地、县委生产合作部长会议，讨论如何在粮食征、购、销运动基本结束的基础上，迅速转入以整顿巩固互助合作为中心的农业增产运动的问题。

2 月 10 日—13 日 江苏省第一届人民代表大会第二次会议在南京召开。会议听取和讨论了省人民政府副主席管文蔚、省财政厅长赵桂源作的工作报告。选举惠浴宇为江苏省省长，选举刘顺元、管文蔚、冷遹、季方为副省长。选出 47 位江苏省人民委员会委员，并选举刘少侬为江苏省高级人民法院院长。

2 月 21 日—25 日 江苏省第一届青年代表大会召开，正式成立江苏省民主青年联合会，由甘霖担任主席。

2 月 23 日 江苏省学术界批判胡适派思想讨论会工作委员会成立，开始在全省学术界中进一步批判胡适派资产阶级唯心论，并向广大人民群众进行唯物论的教育。

3月13日—14日 中华全国自然科学专门学会联合会南京分会及江苏省科学技术普及协会联合召开第一次会员代表大会，正式成立中华全国自然科学专门学会南京分会，并成立江苏省科学技术普及协会。

3月19日—26日 中共江苏省委召开手工业工作者代表会议，部署了1955年手工业合作组织的发展任务及生产任务，并成立江苏省手工业生产合作社联合社筹备委员会。

3月28日—4月6日 中共江苏省委统战部和省人委第六办公室(国家资本主义办公室)联合召开全省公私合营工业干部会议，总结检查工作，交流经验，贯彻全国公私合营会议精神，并通过《关于1955年扩展公私合营工业计划的意见》。

5月16日—28日 中共江苏省委召开地、市、县委书记会议，检查半年来的各项主要工作，总结和交流了经验，提出了完成和超额完成1955年全省工农业生产计划和做好其他各项主要工作任务的要求。

6月3日 全国人民代表大会常务委员会副委员长黄炎培到达南京，6日起在江苏省副省长季方等人陪同下，赴江苏各地视察。

6月13日 在《人民日报》公布3批关于胡风"反革命集团"材料后，江苏省和南京市召开"声讨"所谓胡风反革命集团"罪行"大会，号召在全省开展清查"胡风反革命集团"的斗争。

6月16日 江苏省人民委员会经过研究，把全省划分成6个农业自然区域：江南水稻区、沿江粮棉混作区、镇(江)扬(州)山区、里下河稻麦区、沿海棉垦区和徐淮旱作区。

7月14日 江苏已建立1个省农业综合试验站和4个地方试验站，以加强农业科学研究工作。

8月20日—9月8日 中国共产党江苏省第二次代表会议在南京召开。会议学习了党中央和毛泽东主席关于农业合作化问题的指示，提出全省第一个五年计划的任务，并选出中共江苏省委监察委员会。

8月 江苏省农村粮食统购统销实行定产、定购、定销到户试点工作，在取得经验的基础上广泛开展。到1956年5月，粮食三定(定产、定购、定销)完成了以户归社工作。

9月1日 南京、无锡、徐州、常州、苏州、南通、镇江、常熟、新海连等9个城市开始实行粮食定量供应。

9月2日 江苏省粮食厅发行江苏省地方粮票，并颁布《江苏省地方粮票暂行管理办法》。自11月1日起，全国通用粮票在全省使用。

10月2日—4日 江苏省第二届人民体育运动大会在南京公园路人民体育场举行。

10月26日—11月8日 中共江苏省委召开全省第三次区委书记会议，传达中共中央七届六中全会精神，认真学习毛泽东《关于农业合作化问题》的报告和七届六中全会《关于农业合作化问题的决议》，动员全省各级党组织为圆满实现七届六中全会决议而奋斗。

10月 扬州里下河地区农民将31万亩一熟沤田改为稻麦两熟田。

10月 江苏省农业合作运动进入高潮。各地已建立85721个新的农业生产合作社，连同原有的35773个老社，全省共有121494个农业生产合作社，入社农户占全省总农户的39.88%。

11月21日 中共江苏省委召开有地委书记参加的扩大会议，检查和研究农业合作化运动的情况和问题，确定在1956年内全省基本实现初级农业合作化，同时有步骤地试办高级社，要求1957年全省大部分基础较好的乡都有高级社。

11月22日 南京市开始全行业公私合营试点。全市棉布、百货两个行业共210户零售商先后实行全行业公私合营。

12月7日—17日 中共江苏省委召开地、市、县委书记会议，传达学习中共中央召开的对资改造工作会议精神和毛泽东主席的有关指示，讨论和部署了改造资本主义工商业工作。

12月11日 中国民主同盟江苏省支部筹备委员会成立，陈敏之为主任委员。

12月20日—22日 中共江苏省委召开有地委书记参加的扩大会议，决定在1956年全省基本完成半社会主义合作化的任务，到1958年全省基本实现完全的社会主义农业合作化，并决定从现在开始进一步推行几个社组成联社的办法，有计划地把小社合并成大社，为办高级社创造条件。

12月23日 中共江苏省委成立对资本主义工商业改造领导小组，陈光任组长。

12月23日—29日 江苏省第一届人民代表大会第三次会议在南京召开，并通过《关于为加速和超额完成国家第一个五年计划给予江苏的任务而奋斗的决议》。

12月 中共江苏省委防治血吸虫病7人领导小组成立，省委副书记刘顺元任组长。1956年4月30日，江苏省防治血吸虫病委员会由11人组建成立，副省长管文蔚任主任委员。

本年 全省工农业总产值达68.71亿元，其中农业产值33.22亿元，工业产值35.49亿元。国内生产总值58.96亿元。全年国民收入44.76亿元，财政收入8.47亿元。全年生产粮食1179.15万吨，棉花19.57万吨，油料31.72万吨，钢1.15万

吨,原煤150.35万吨,布6.15亿米。全年社会商品零售总额26.63亿元。

1956年

1月3日—13日 江苏省工商联合会召开执委会扩大会议,传达和学习毛泽东主席在邀集全国工商联合会第一届执行委员会委员座谈会上的讲话和国务院副总理陈云的报告,以及全国工商联第一届执行委员会第二次会议的精神。

1月5日 中共江苏省委召开地、市、县委书记会议,研究了对资本主义工商业进行社会主义改造的工作,确定在1956年和1957年全省基本完成对资本主义工商业实行公私合营的任务。

1月11日 毛泽东主席由陈毅、谭震林、罗瑞卿等陪同来南京,先后视察栖霞区十月农业生产合作社、玄武湖蔬菜社、南京无线电厂等单位,并在市级机关大院接见参加中共南京市第四次代表大会的全体代表。

1月25日 中共中央批准:江渭清、惠浴宇、刘顺元、陈光、刘先胜组成中共江苏省委书记处,江渭清为第一书记。

1月25日—2月7日 中共江苏省委和江苏省人民委员会召开全省农业高额丰产社代表会议,传达和讨论《1956—1967年全国农业发展纲要》(草案),交流总结丰产经验。出席江苏省农业高额丰产会议代表响应全国农业劳动模范李顺达等开展农业增产运动的倡议,发起了全省农业高额丰产竞赛运动。

1月29日 全省基本实现农业合作化,入社农户达到730余万户,占全省总农户的84%,参加高级社的农户占全省总农户的36.6%。

1月31日 全省90%以上的手工业者已经组织起来,基本上实现手工业合作化。

1月 南京、无锡、苏州、常州、南通、徐州等主要城市私营工商业全行业公私合营掀起高潮。到7月底,全省各大、中城市基本完成对资本主义工商业的社会主义改造。

2月3日 中共江苏省委召开地、市委书记会议,检查前一阶段对资改造情况,要求各地抓紧领导生产和经营,结合做好经济改组、调整商业网和人事安排等工作。

2月9日 中共江苏省委统战部作出《关于在公私合营企业及其管理机构中对安排资产阶级分子问题的意见》,提出对资产阶级分子安排的总原则是:把原有资方实职人员全部包下来,量才使用,适当照顾。

2月17日 全省冬修水利工程经240万人3个月的劳动,已完成土方工程1.7亿立方米,超过原订计划的14%,比新中国成立以来水利工程任务最大的1954年全

年完成的数量还多。

2 月 20 日—24 日　中共江苏省委、江苏省人民委员会联合召开全省社会主义建设先进生产者代表会议。

3 月 9 日　江苏省农业科学技术指导委员会成立，组织 5590 人的农业科学技术队伍，加强对农业丰产运动的技术指导。

3 月上旬　盐城专区农民积极进行耕作制度改革，全区旱改水 59 万亩，籼改粳 80 万亩，推行棉麦套作的面积 125 万亩。

3 月 9 日—15 日　中国人民政治协商会议江苏省第一届委员会第二次全体会议在南京召开，传达和学习中国人民政治协商会议第二届全国委员会第二次全体会议的报告和决议，补选李乐平、陆小波为省政协副主席。

3 月 15 日—16 日　中共江苏省委召开有各地委书记和省委、省人民委员会各部门负责人参加的省委扩大会议，检查前一个时期农业生产和整社工作的情况，部署当前的农村工作。

3 月 24 日—28 日　中国农工民主党召开江苏省第一次党员代表大会，总结 3 年来农工民主党江苏省的党务工作，并选出农工民主党江苏省第一届委员会委员。

4 月 4 日—8 日　江苏省第一届大学生运动会在南京五台山体育场举行。

4 月 8 日—14 日　中共江苏省委召开对资改造工作会议，传达学习陈云副总理《在南方 15 省、市私营工商业改造汇报会议上的总结发言》，对前一阶段对私改造工作作了初步总结，并部署了有关工作。

4 月 23 日—5 月 6 日　中共江苏省委召开全省高等学校和科学研究机关党员干部大会，动员党员干部认真执行中共中央关于知识分子问题的指示，全面规划，加强领导，更好地团结群众向科学进军。

5 月 22 日—28 日　中共江苏省委文教部与省教育厅联合召开中、小学教师代表会议，具体讨论 1956 年和 1957 年全省知识分子工作纲要。

6 月 3 日—7 日　江苏省召开首届职工体育运动大会，49 名运动员打破 22 项省纪录。

6 月 16 日—22 日　江苏省文化工作者代表会议在南京召开，传达和讨论了党的“百花齐放、百家争鸣”的方针和党对知识分子的“团结、教育、改造”的政策。在总结文化工作的基础上，充分发扬民主，开展了批评与自我批评。

6 月　全省农村已有 19.29 万户私商小贩（占农村商贩总户数 24.4 万户的 79%）组织各种形式的公私合营、合作商店或合作小组，基本上完成对农村私营商业的社会主义改造。

7月3日—16日 中共江苏省第三次代表大会在南京召开,听取和讨论了惠浴宇作的工作报告,代表们对省委领导及省级各部门提出了许多积极的建议。大会选出新一届省委委员38人和候补委员13人;选出出席党的第八次全国代表大会的代表和候补代表70人。19日,中共江苏省第三届委员会举行第一次全体会议,选出江渭清等14人为省委常委会委员,江渭清、刘顺元、惠浴宇、陈光、许家屯为书记处书记,江渭清为第一书记。

7月18日—20日 江苏省第一届少年体育运动大会在南京举行。

8月15日—24日 江苏省第一届人民代表大会第四次会议在南京召开,听取了副省长冷遹传达第一届全国人民代表大会第三次会议的精神,听取了副省长管文蔚和省高级人民法院院长刘少侻作的报告。会议增选周一峰、宫维桢、陈书同、韦永义、吴贻芳、刘国钧6人为副省长。

8月27日 省人委发出通知,接办全省私立中、小学校。是年暑假共接办私立中学193所,私立小学1997所。

9月22日—30日 为抢救新中国成立前已濒临绝境的昆曲,省文化局和苏州市文化局联合主办的昆曲观摩演出大会在苏州市举行。

10月 连云港对外国籍船舶开放。这是新中国成立后江苏省第一个对外国籍船舶开放的港口。

11月15日—19日 江苏省文学艺术工作者第二届代表大会在南京召开。会议选出省文联第二届委员会委员157人,方光焘为省文联主席。

11月20日—30日 中共江苏省委召开第三届第二次全体委员会议,贯彻中共八届二中全会精神,检查中共江苏省第三次代表大会决议的执行情况,部署了今冬明春的任务,通过了《关于加强集体领导的决定》,增选省委常委委员,并选举产生新的监察委员会。

11月28日 全省普遍建立了农村有线广播网,71个县建立了64座农村、县城有线广播站,安装喇叭1.1万余只。

12月4日 江苏省人民委员会召开农村市场工作会议,研究全省开放国家领导下的自由市场问题。

12月 阜宁县旱改水田26万亩成功,粮食大幅度增产,获"全国丰产模范县"光荣称号,受到国务院表彰,并获国家农业部金质奖章两枚。

本年 全省工农业总产值72.20亿元,其中农业产值33.60亿元,工业产值38.60亿元。国内生产总值61.90亿元。全年国民收入46.36亿元,财政收入9.66亿元。全年生产粮食1081.85万吨,棉花10.09万吨,油料27.94万吨,钢1.25万

吨,原煤 164.8 万吨,布 8.46 亿米。全年社会商品零售总额 29.77 亿元。

1957 年

1 月 14 日 中共中央同意在江渭清休养期间由刘顺元代理中共江苏省委第一书记。

1 月 19 日—24 日 江苏省第一届人民代表大会第五次会议在南京举行,听取和审议副省长管文蔚作的政府工作报告,并讨论通过了相应的决议。

2 月 20 日 江苏省国画院筹委会成立,吕凤子任筹委会主任。1960 年 3 月 16 日,省国画院正式成立,傅抱石任院长。

2 月 25 日—3 月 8 日 中共江苏省委召开全省城市工作会议,传达中共中央关于增产节约的指示,要求调动各方面积极因素,在全省范围内开展一个群众性的增产节约运动。

3 月 20 日 毛泽东主席在南京对江苏、安徽两省和上海市以及南京军区的党员干部发表重要讲话。

4 月 1 日—8 日 中共江苏省委召开第三届第三次全委扩大会议,讨论加强党对经济工作的全面领导问题,研究农村副业生产、专业手工业生产、农业税负担、物价和统筹兼顾、适当安排等问题。

4 月 4 日 全省抽调 19604 名干部下放到县、乡和合作社。

4 月 11 日 刘顺元向省级机关干部和南京市各界人士传达毛泽东主席在最高国务会议上作的《关于正确处理人民内部矛盾的问题》的讲话。会后,全省各地展开了深入的学习和讨论。

4 月 中共江苏省委先后邀请教育界、科技界、文艺界、医务界人士集会,座谈关于正确处理人民内部矛盾的问题和贯彻"百花齐放,百家争鸣"的方针问题。

5 月 2 日 中共江苏省委召开常委扩大会议,决定在全省县级以上党组织、大型厂矿和大专院校的党组织内开展整风运动。

5 月 6 日—14 日 江苏省第一届人民代表大会第六次会议在南京举行。会议听取了周恩来总理在上海所作的关于《正确处理人民内部矛盾的若干问题的解答》报告的录音和副省长陈书同所作的《关于江苏省 1956 年决算和 1957 年预算草案的报告》。与会代表尖锐批评了政府工作中的缺点,省人委会有关厅局长到会向代表检查工作中的缺点。

5 月 7 日—9 日 中共江苏省委召开第三届第四次全委扩大会议,对江苏全党如何开展整风运动问题进行充分讨论,并通过《关于开展整风运动的计划》,决定成立整

风领导小组,由省委书记刘顺元担任组长。

5月11日 江苏省省级机关召开整风动员大会,省委代理第一书记刘顺元在会上作整风动员报告。

5月15日—22日 省人民委员会召开专员、市长、县长会议。会议以整风精神讨论和研究了党政分工、党内外关系、上下关系和组织机构等问题。

5月20日—23日 中共江苏省委邀请省及南京市各民主党派负责人和无党派民主人士举行座谈会,恳切要求对省委进行批评。座谈会还讨论了各民主党派和无党派爱国人士如何帮助有关部门的中共党组进行整风的问题。

6月8日 在中共中央发出《关于组织力量准备反击右派分子进攻的指示》、《人民日报》发表《这是为什么?》、《工人说话了》等社论后,中共江苏省委于6月29日发出《关于坚决打击资产阶级右派分子的指示》。此后,江苏开展了反击右派的斗争,但犯了严重扩大化的错误。

7月16日 省人民委员会公布《农副产品自由市场管理办法》,规定:第一类粮、棉、油料等为国家统购统销物资;第二类黄麻、茶叶等为国营商业和供销社统一收购物资;除一、二类外的第三类物资可进入集市自由买卖。

7月24日 省人民委员会公布《江苏省民办教育事业暂行办法》,提倡社会团体、人民群众根据需要、自愿和可能的原则,举办中小学、幼儿教育事业。

8月5日—21日 中共江苏省委召开地、市、县委书记会议,全面分析了农村形势,着重讨论粮食供应情况,确定了工作任务和方针政策,并且部署了秋收前以粮食统购统销为重点的农村工作,决定在全省农村开展大规模的社会主义教育运动。

9月1日—3日 江苏省第三届人民体育运动大会在五台山体育场举行。

10月6日—10日 全国田径运动会在南京举行。

10月31日 中共江苏省委召开三届五次全委(扩大)会议,研究整风"反右"转入整改阶段的工作。省委提出精简机构、下放干部的工作任务,要求省级机关减员30%—50%,企业干部减员50%,实行干部轮流下放劳动。

12月5日 毛泽东主席来南京视察,并会见了出席中共江苏省第三届代表大会第二次会议的全体代表。

12月5日—12日 中共江苏省第三届代表大会举行第二次会议,听取和讨论了刘顺元、惠浴宇、许家屯分别作的报告,通过了《中共江苏省第三届代表大会第二次会议的决议》,进一步明确了今后工作的方针任务,确定了江苏省第二、第三个五年计划发展农业生产的大体规划。

本年度 全省工农业总产值76.82亿元,其中农业产值36.81亿元,工业产值

40.01亿元。国内生产总值65.11亿元，国民收入48.69亿元，财政收入10.10亿元。全年生产粮食1063.60万吨，棉花15.01万吨，油料作物25.07万吨。主要工业产品产量：钢1.68万吨，生铁0.31万吨，原煤193.11万吨，发电量7.08亿度，棉纱44.68万件，布6.97亿米。全年社会商品零售总额29.18亿元。

1958年

1月17日 中共江苏省委召开三届六次全委（扩大）会议，通过了《江苏省农业生产规划（草案）》，提出“苦干5年，提前实现全国农业发展纲要规定的指标，力争三年基本消灭涝灾”的奋斗目标。

2月1日—10日 江苏省第二次社会主义农业高额丰产代表大会在南京召开，总结农业增产经验，讨论春耕准备工作，修订生产规划。

2月12日—15日 中共江苏省委召开三届七次全委（扩大）会议，要求党政机关在“双反”（反浪费、反保守）、“反五气”（反官气、反暮气、反阔气、反骄气、反娇气）基础上进行整改，讨论发展地方工业的大体规划，要求在以为农业服务为主，并与农业经济密切结合的方针下，积极发展地方工业。

3月8日 江苏省第一所半耕半读学校——海安县双楼农业中学诞生。

4月12日 国务院决定，嘉定、宝山、上海3个县划归上海市管辖。

5月8日 中共江苏省委发出《关于学习和宣传中共八大二次会议报告和决议的通知》，要求在全省范围内大张旗鼓地开展一个学习和宣传党的“鼓足干劲，力争上游，多快好省地建设社会主义”总路线的运动。

6月9日—13日 中共江苏省委召开三届八次全委（扩大）会议，传达党的八大二次会议的精神，提出江苏各项跃进的指标，要求各行各业都要“大跃进”，破除迷信，提前实现农业发展纲要的指标，自力更生地发展地方工业。

6月14日 国家计委批准筹建江苏第一家化纤厂，即南京化纤厂，国家投资7000万元，于1964年建成投产，该厂设计能力为年产5400吨粘胶纤维。

6月15日—23日 江苏省曲艺汇报演出大会在南京举行。

6月30日 江苏省科学工作委员会及中国科学院江苏分院召开成立大会。

7月3日—6日 中共江苏省委召开全省高等学校党委书记会议，传达中央教育工作会议精神，讨论教育为无产阶级政治服务、教育与生产劳动相结合的教育方针和两条腿走路、多快好省地发展大专学校的问题，研究进一步巩固党对学校的领导、加强学生中的思想政治工作等问题。

7月12日—21日 中共江苏省委召开省、地（市）、县三级干部会议，讨论和拟订

保证粮食、钢铁、机械“三大元帅”齐升帐和科学、文化、教育大跃进的规划与措施。

7 月 25 日—29 日 全省第一届中学生运动会在南京举行。

7 月 27 日—29 日 中共江苏省委召开钢铁工业会议,研究了“以钢为纲”高速度发展江苏钢铁工业,带动其他工业一齐跃进的问题。

8 月 20 日—27 日 全省水利会议召开,确定全省分 4 个片 12 类地区制订水利综合治理规划。

9 月 6 日—12 日 中共江苏省委召开常委扩大会,讨论和贯彻中共中央政治局扩大会议(北戴河会议)决议精神。要求进一步加强党的领导,开展共产主义教育,全面安排劳力,实现钢铁生产“大跃进”,确保秋熟大丰收。

9 月 8 日 中共江苏省委农村工作部召开各地委合作部长会议,要求全党动手,办好人民公社。至 9 月 28 日,全省农村已建立人民公社 1490 个,参加人民公社的有 960 万农户,占全省总农户的 94%以上。

9 月 20 日—21 日 毛泽东主席来南京视察,听取中共江苏省委书记处关于工农业生产情况的汇报,还会见了省市机关、解放军驻南京部队、大专院校和主要厂矿的负责同志。

9 月 30 日 江苏省为向国庆献礼,全省城乡约有 700 万人参加 3 万多座土炉和小高炉的炼铁生产,报称一昼夜产铁 10072 吨,放了颗所谓高产“卫星”。

10 月 6 日—14 日 江苏省第二届人民代表大会第一次会议在南京举行,听取和审议了省长惠浴宇作的政府工作报告,选举江苏省出席第二届全国人民代表大会的代表 67 人,选举惠浴宇为省长,许家屯、管文蔚、冷遹、周一峰、陈书同、韦永义、吴贻芳、刘国钧为副省长,于锋等 44 人为委员;补选陈立平为省高级人民法院院长。

10 月 29 日—11 月 4 日 中共江苏省委召开常委扩大会议,着重研究了农村整风整社工作,要求通过试点,在全省农村逐步推开整风整社工作。

11 月 2 日—7 日 江苏省第四届人民体育运动大会在南京举行。

11 月 21 日 国务院决定:江苏的川沙、青浦、南汇、松江、奉贤、金山、崇明 7 个县划归上海市管辖。

11 月 中国科学院江苏分院筹建经济、历史、哲学研究所。1959 年 2 月、10 月和 1960 年 7 月,分别成立中国科学院江苏分院经济、历史、哲学研究所。1961 年 12 月,三所合并成立中国科学院江苏分院哲学社会科学研究所。

12 月 3 日 中共江苏省委决定组织万人检查团,对全省所有的人民公社进行一次深入的整顿,促进人民公社的巩固与提高。

本年 全省工农业总产值 113.96 亿元,其中农业产值 38.74 亿元,工业产值

75.22亿元。国内生产总值75.30亿元，国民收入58.12亿元，财政收入17.82亿元。全年生产粮食1128.45万吨，棉花20.54万吨，油料22.1万吨，钢3.26万吨，铁12.52万吨，原煤355万吨，布8.74亿米。全年社会商品零售总额33.80亿元。

1959年

2月5日 江苏省六大水利工程——淮沭新河、通扬运河、通榆运河、大运河、太浦河、芜沪河先后全面施工，绝大部分是引水灌溉工程，贯通江河湖海，遍及全省范围，标志着江苏省水利建设转入全面治理阶段。

7月30日 南京钢铁厂2号高炉投入生产。这是江苏省第一座现代化生产的中型炼铁高炉，有255立方米的容积，可日产生铁350吨左右。

8月15日 入夏以来，江苏旱情严重，受旱农田1446万余亩，经18万抗旱大军全力奋战，有900万亩得到灌溉。

11月4日 现代化程度较高的连云港市锦屏磷矿全部建成。全年可生产原矿120万吨，精矿30万吨。

11月19日 京杭大运河苏北段由水利和航运部门联合整治，兴建施家桥、邵伯、淮安、淮阴、泗阳、刘山、解台等水利枢纽，建成跨河水闸、船闸20余座。

12月22日—28日 江苏省第二届人民代表大会第二次会议召开，听取和通过了省长惠浴宇作的政府工作报告、副省长陈书同作的1958年决算和1959年预算及其执行情况的报告。

本年 全省工农业总产值133.35亿元，其中农业总产值37.35亿元，工业总产值96亿元。国内生产总值75.30亿元，国民收入60.75亿元，财政收入24.94亿元。全年生产粮食992.1万吨，棉花17.13万吨，油料17.44万吨，钢9.97万吨，铁56.61万吨，原煤540万吨，布10.05亿米。全年社会商品零售总额38.85亿元。

1960年

4月22日 为加速苏北地区石油勘探工作，成立苏北石油勘探指挥部。

7月15日 中共扬州地委就宝应县发生严重人口非正常死亡事件向省委作出报告。中共江苏省委给予宝应县主要负责人以纪律处分。同时，在粮食、物资、资金等方面给予宝应县大力支持，并对群众的生产和生活作了妥善安排。

12月17日 针对全省有1/4的生产大队因受“共产风”、“浮夸风”和自然灾害等影响，大量减产，农民生活十分困难，中共江苏省委决定减免农业税折合原粮34.7万吨，并压缩省、县地方附加税折合原粮4.2万吨，以保证群众的基本生活，维持再生产

必需资金的开支。

12 月 28 日 中共江苏省委发出通知，要求安排好蔬菜代食品供应，认真核实蔬菜代食品的种植面积，执行计划用菜、节约用菜；加强蔬菜、胡萝卜的田间管理；保证冬春吃的需要。

本年 全省工农业总产值 137.08 亿元，其中农业总产值 36.76 亿元，工业总产值 100.32 亿元。国内生产总值 86.80 亿元，国民收入 66.3 亿元，财政收入 26.19 亿元。全年生产粮食 959.8 万吨，棉花 12.43 万吨，油料 13.18 万吨，钢 17.79 万吨，铁 58.90 万吨，原煤 560.19 万吨，布 7.50 亿米。全年社会商品零售总额 40.5 亿元。

1961 年

2 月 24 日 中共江苏省委发出《关于加强县一级计划工作的决定》，强调县一级计划工作应当首先安排好农业经济计划，并据此来安排生产资料、资金、劳动力等。

8 月 12 日 中共江苏省委发出《关于干旱成灾地区补种、改种的通知》，允许部分夏荒田由生产队自行安排种植以及划一些大田给社员(每户 2—3 分田)借种一熟的办法帮助社员渡过春荒。

本年 中共江苏省委、省人委坚持贯彻《关于农村人民公社化若干政策问题的紧急指示信》(农业十二条)和《农村人民公社化工作条例(草案)》(农业六十条)，开始纠正“大跃进”和“人民公社化”以来的错误。

本年 中共江苏省委根据中央“关于国民经济调整、充实、巩固、提高”的八字方针，全省开始全面大规模精简职工，专门成立精简领导小组，从公安、劳动、粮食、计委等部门抽调负责干部组建“精简办公室”，从事精简城镇人口和职工的工作。至 1962 年 7 月，全省精简全民所有制单位职工 30 万人，减去城镇人口和职工 32.2 万人，减少粮食定量供应人口 43.5 万人。

本年 全省工农业总产值 98.23 亿元，其中农业总产值 35.73 亿元，工业总产值 62.5 亿元。全年国民收入 52.32 亿元，财政收入 17.45 亿元。全年生产粮食 903.85 万吨，棉花 13.93 万吨，油料 7.95 万吨，钢 6.15 万吨，铁 11.10 万吨，原煤 524.22 万吨，布 4.03 万米。

1962 年

2 月 7 日 中共中央在北京举行的扩大的中央工作会议结束。会后，中共江苏省委先后在省级机关和各地、市、县委党员领导干部中进行传达学习，并联系江苏实际，认真总结自 1958 年以来工作中的经验教训，发扬民主，开展批评与自我批评，并在此

基础上基本达到统一认识、加强团结和纪律、加强民主集中制、同心同德、奋发努力及克服困难的目的。

3月12日　中共江苏省委发出《关于当前农业生产几个问题的指示》，要求处理好国家计划和生产队作物布局的关系，继续贯彻多种多收和高产多收相结合的方针；各级领导农业生产的同志应深入生产队实际，帮助群众解决实际问题。

4月2日—9日　中共江苏省委召开地、市委分管工业的书记会议，讨论如何进一步减少城镇人口、调整工业布局、清仓核资等问题。

4月16日—24日　中共江苏省委召开三届十四次全会，讨论全省恢复发展农业生产、精兵简政、增产节约和稳定市场等问题，要求在今后三五年内，集中力量，把农业生产恢复到1957年的水平。

5月7日　中共江苏省委决定撤销省委工业部、交通部、财贸部、劳动工资部。省人委保留工办、农办、财办、交办、政法办；重工业厅与农业机械厅合并为省机械厅；地质局、电业局、煤炭局、冶金局改为企业管理机构。

5月8日　中共江苏省委发出《关于恢复和发展农业生产的意见（草案）》，指出：连续三年严重减产，生产水平、生活水平、生产力普遍下降。其原因有刮"共产风"、瞎指挥、大搞群众运动、连续三年遭受严重自然灾害等6大原因。今后要集中力量恢复和发展农业生产，这是今后一段时期内最迫切的中心任务。

5月25日　江苏省哲学社会科学联合会正式成立，郭影秋任主席。

6月22日　中共江苏省委、省人委发出《关于严格执行国家粮食库存统一管理、统一调度的决定》，要求各地坚决服从粮食统一管理、统一调度的原则，严禁自立"小仓库"。

7月5日—12日　中共江苏省委召开全省精简工作会议，强调精简职工和减少城镇人口，是国民经济调整的一个最基本环节。

7月6日　中共江苏省委发出《关于坚决反对干部特殊化作风的指示》，要求各级干部必须自觉遵守党纪、法规，以身作则，警惕资产阶级腐朽思想的侵蚀，并接受群众的监督。

7月6日　中共江苏省委发出《关于甄别工作中几个问题的通知》，要求各级各部门对于在反右斗争中被划为严重右倾和中右分子的，也要进行甄别并不得遗漏。

7月11日　江苏省各级各类学校的调整工作初步结束，其中高校由1961年初的71所调整为26所；中专学校由1961年初的224所调整为53所。高中、初中、小学不作调整。

7月11日　据统计，全省有5102个生产队包产到户或分田到户，占生产队总数

的1.66%。

10月7日 中共江苏省委发出关于组织干部学习中共八届十中全会公报的通知,要求主要是从正面进行阶级教育,提倡独立思考。

12月15日 毛泽东主席来南京视察,在南京期间,接见了出席中共江苏省“四大”的全体代表,勉励大家“团结起来,努力奋斗,克服困难,争取胜利”。省“四大”于本月10日—15日在南京召开,出席代表535人,选举产生新一届省委。在17日举行的四届一次全会上,江渭清当选为省委第一书记。陈光当选为省监委书记。

1963年

1月 根据中共中央关于开展社会主义教育运动的决定,中共江苏省委在句容县城东公社进行社教试点。

2月11日 省委转发《城东公社进行社教的情况报告》,并在所加的批语中指出:“农村社会主义教育必须以全面贯彻《十六条》为中心,着重解决三个问题:一、广泛进行社会主义方向教育;二、切实整顿社队干部思想作风;三、明确划清若干具体政策界限。”

2月26日 中共江苏省委发出《关于加强在职干部学习的指示》,要求各级党员领导干部加强政治、理论、业务和文化学习;逐步提高干部的觉悟水平和政策水平,提高对社会主义革命和建设规律的认识,并改进工作方法和作风。

3月13日 江苏省省级机关第一批25个单位开展反对贪污盗窃、反对投机倒把、反对铺张浪费、反对分散主义、反对官僚主义的“五反”运动(时称新“五反”)。

3月20日 江苏省人委发出《关于加强地方国营工业企业经济核算和财务管理的暂行规定》,称根据中央有关文件精神,明确了企业的资金、成本、财产管理、财务成本计划与会计核算等问题。

4月23日 中共江苏省委、省人委发出《关于加强粮食统一管理问题的决定》,指出:遵照中共中央决定,“从1962年度开始,改变现行的分级包干、差额调拨的办法,实行对粮食统一征购、统一销售、统一调拨”。

4月29日 江苏省人委颁发《关于加强农村粮、油集市贸易管理的暂行规定》,明确农民留够自己必需的消费之后,确实是多余的粮食、油料,可以随时进入市场出售。

4月30日 中共江苏省委决定:在全省74个公社、两个区进行清账目、清仓库、清财物、清工分的“四清”试点。

5月11日 成立江苏省农业区划委员会。之后,该会组织农业部门和科研单位30多位专家学者,对全省的自然条件、社会经济条件和农业生产的自身特点,进行了

系统的调查研究。

7 月 10 日　中共江苏省委、省人委发出《关于认真提倡晚婚和实行计划生育的几项规定(试行草案)》,指出从 1964 年起,职工因生育第四个孩子而增加生活困难的,不增发生活补助费。第四个孩子患病医疗费全部自理。

9 月 23 日　中共江苏省委决定:在全省范围内抽调 1.5 万名机关干部组成工作队,参加各地的农村社会主义教育运动。

9 月 30 日　截至本月底,江苏省 1963 年净减全民所有制职工 13.3 万人,占中央下达任务的 153%;减少城镇人口 41.3 万人,占全年计划减少数的 130%;减少吃商品粮人口 35.2 万人,占全年计划减少数的 120%。

10 月 8 日　台湾情报局派遣的“江苏省反共救国军独立第 18 纵队”武装特务 10 人,在射阳县射阳河口地区偷渡登陆,被当地边防、公安部队和民兵全部活捉。

12 月 27 日　根据统计,江苏全省农业机械制造企业已发展到 140 个,占全部机械企业的 57.8%,比 1957 年增加 2.8 倍。全省范围内农机修配网已初步形成。

本年　南京紫金山天文台与天文仪器厂合作,研制成 43/60/80 厘米折返望远镜。1965 年 4 月安装,用于观测人造卫星。1978 年这一项目获中国科学院重大科技成果奖。

本年　江苏全省工农业总产值为 110.07 亿元,其中农业产值 67.73 亿元,工业产值 42.34 亿元。全年国民收入 56.50 亿元,财政收入 13.70 亿元。全年生产粮食 1114.9 万吨,棉花 18.26 万吨,油料 11.33 万吨,布 3.92 亿米。全年社会商品零售额 34.97 亿元。其中农业产值与粮、棉、油、布产量均有小幅或大幅增长。

1964 年

1 月 20 日—2 月 8 日　中共江苏省委召开城市工作会议,明确了学习解放军、学习大庆油田的基本内容。

7 月 2 日—8 月 8 日　中共江苏省委召开四届四次扩大全会,传达学习中央工作会议精神,讨论城乡社会主义教育运动计划及工交财贸政治工作、军事工作、培养革命接班人等问题,并研究了贯彻执行的部署。会后,省、地、县三级领导干部分期分批到基层蹲点。会议期间,来南京视察的中共中央副主席刘少奇向出席全会的同志及省级机关部分干部,作了关于两种劳动制度、两种教育制度的讲话。

8 月 8 日　中共江苏省委发出《关于继续切实做好知识青年上山下乡工作的通知》,要求把动员知识青年上山下乡的工作,作为各级党委的一项长期的经常的任务。

8 月 15 日　中共江苏省委发布《农村社会主义教育运动部署的意见》,要求领导

干部应分批参加运动,认真蹲点,并且省、地两级须建立运动办公室,在党委统一领导下,负责对运动的具体指导。

8月19日 中共江苏省委发布《关于在城市全民企业中开展社会主义教育运动的意见》,要求从现在开始,再花一年左右时间,集中力量把已经开展"五反"单位的社会主义教育运动搞深搞透搞彻底。

9月7日—13日 中共江苏省委召开四届五次全会,会议学习了中央负责同志关于社会主义教育运动的指示,并对全省城乡社会主义教育运动的部署做了调整,决定从本年秋冬开始,每个专区集中力量搞好1个县,全省搞好7个县。同时,组织起一支6万人左右的农村社会主义教育运动工作队,及一支2万人左右的城市社会主义教育运动工作队。另省委抽调包括4名书记在内的7名常委、65名部委与厅局长以上干部下基层蹲点。

9月16日 中共江苏省委发出《关于组织高等学校文科师生参加农村社会主义教育运动的通知》,决定南京大学、南京师范学院等高校文科高年级学生、研究生和教师,参加今冬明春的农村社教运动,时间约一年到一年半时间。

本年 全省棉花收购量超额完成国家收购计划的110%,比上年增加了91.10%,超过了历史收购量最多的年份;粮食收购提前完成计划,入库粮食比上年同期增加22.5%;食油及油料折油总数超额完成国家收购计划的18.5%,比上年同期增加1倍以上;生猪、烤烟的收购量是新中国成立以来最多的一年。到11月底,全省农产品总收购金额比上年增加60%。

1965年

4月12日—24日 中共江苏省委召开工作会议,传达中共中央关于备战工作和刘少奇、邓小平有关社会主义教育运动的讲话;讨论全省的备战、城乡社会主义教育以及工农业生产问题,要求全省各地搞好社会主义教育,并掀起农业生产新高潮。

6月14日 江苏省人委发出《关于防止血吸虫病集体急性感染的通知》,针对扬中县发现568人严重感染,以及泰兴县1.7万人下滩生产无保护措施的情况,要求有关地区加强对防护工作的领导,以预防大批血吸虫病的急性感染。

6月22日 据《新华日报》报道,全省各地在战胜干旱后夺取了夏季粮食丰收,产量高达379.85万吨,比上年增加40%。

6月28日—7月9日 中共江苏省委召开四届六次全会,学习毛泽东6月在杭州会议上的讲话;同时讨论了全省的备战和"小三线"建设、城乡社会主义教育运动、第三个五年计划、精简机构等工作。

7 月 19 日 著名化学家侯德榜等人提出的一项“碳化流程”的化肥生产新工艺，在丹阳化肥厂取得成功。该流程具有投资少、投产快、生产过程简单以及投产后可节约动力和原料 50%等显著优点。此经验在全国推广。

8 月 30 日 全省 11 个市的 524 名医务人员，已组成 59 个农村巡回医疗队，在 17 个县的农村为农民治病，并为农村培养卫生人员。

9 月 6 日 无锡丝绸印染厂制成中国第一台丝绸印花机。

9 月 23 日 据报道，中共江苏省委近日召开全省农村卫生工作会议，学习中共中央和毛泽东主席关于卫生工作的指示，讨论加强农村卫生工作以及卫生部门、卫生队伍如何实现革命化问题，并要求坚决地、切实地把卫生工作重点放到农村去。

10 月 31 日 解放军驻徐州某部工兵一连班长王杰，在帮助邳县张楼人民公社训练民兵时，为保护 12 名民兵而光荣牺牲。之后，全国广泛开展了学习王杰的活动。

11 月 1 日 中国第一台无芯精磨床在无锡机床厂试制成功，并通过了国家鉴定。

11 月 4 日—12 月 6 日 中共江苏省委召开四届七次扩大会议，传达学习中共中央工作会议精神，总结三年来工作；要求加强团结、加强阶级斗争观念、落实战备措施；提出“工业学大庆、农业学大寨”的号召。

12 月 4 日 南京天文仪器厂制成中国第一台折返射天文望远镜，主要技术指标达到国际水平。

本月，在江青、张春桥策划下，由姚文元炮制的《评新编历史剧〈海瑞罢官〉》在上海《文汇报》发表后，与全国对该剧批判的同时，江苏文艺界、史学界和高等院校也开展了批判该剧的活动。

本年 南京紫金山天文台编纂的《中国天文年历》通过国家鉴定。这项工作 1978 年获全国科学大会奖、中国科学院重大成果奖。

本年 本年度全省工农业总产值达 156.51 亿元，其中农业产值 87.2 亿元、工业产值 69.31 亿元。全年国民收入 74.89 亿元、财政收入 19.40 亿元。全年生产粮食 1442.75 万吨、棉花 26.44 万吨、油料 21.68 万吨、钢 6.53 万吨、布 6.76 万吨。全年社会商品零售总额 44.11 亿元。以上指标除个别项外，均比上年有不同程度的明显增长。

1966 年

5 月 16 日 中共中央发出《五一六通知》。

5 月 15 日—6 月 6 日 中共江苏省委召开四届八次全会，学习中央《五一六通知》，决定成立由彭冲、欧阳惠林、郑康、戴为然和高斯组成的“文化革命领导小组”。

6 月 2 日 南京大学溧阳分校部分师生给校长兼党委书记匡亚明贴大字报，遭到

校方组织的“反击”。省委随即向南京大学派出联络员，对“六二事件”进行调查处理。

6月7日 中共江苏省委向中央提交《关于讨论社会主义文化大革命问题的报告》。

6月12日 南京大学在大操场召开“无产阶级文化大革命动员大会”，匡亚明遭到造反派群众揪斗。

6月15日 中共江苏省委派出以汪冰石为队长的工作队进驻南京大学领导“文革”运动。随后省委又向其他高校和文教部门派驻工作队。

6月16日 《人民日报》发表社论:《放手发动群众，彻底打倒反革命黑帮》，将匡亚明定性为“三反分子”。

7月4日 中共江苏省委决定改由省委副书记彭冲兼任驻南京大学工作队队长，加强党对群众运动的领导。

7月7日 中共江苏省委在五台山体育场召开干部群众大会，省委第一书记江渭清作《高举毛泽东思想伟大红旗，把无产阶级文化大革命更加广阔、更加深入地开展起来》的报告，动员在全省广泛开展“文化大革命”。

8月18日 毛泽东第一次在天安门接见红卫兵。此后全国兴起“大串联”热潮。在随后的几个月里，江苏有近百万人次赴北京串联。

8月23日 南京大学“红色造反队”宣告成立。这是江苏地区第一个高校红卫兵组织。

8月27日 南京大学“八二七革命串联会”成立。

8月30日 南京大学“红旗战斗队”成立。

9月6日 南京市“红卫兵总部”成立。

9月9日 3000多名造反派在省委大门口绝食静坐，逼迫省委就某些事件表态，酿成所谓“九九事件”。

9月28日 “红卫兵南京大专院校司令部”成立。

10月6日 中央领导人在首都群众大会上就工作队问题做出明确指示。此后江苏省委派驻各高校的工作队纷纷返校作“检查”。有些工作队成员遭到造反派群众批斗关押。

11月中旬 在聂元梓、蒯大富等人的策动下，江苏省第一个跨单位、跨行业的造反派群众组织“江苏省红色造反总司令部”(“红总”)成立。

11月19日 中共江苏省委在南京召开“关于在‘文革’中所犯方向错误、路线错误的检查大会”，省委第一书记江渭清到会作“检查”。同日，跨单位的工人群众组织“南京市工矿企业工人赤卫队”成立。

11 月 27 日 南京地区造反派组织在五台山体育场召开“江苏省委在文化大革命期间所犯的方向、路线错误检查大会”，随后造反派以省委“检查不深刻”为借口，挟持省委代表赴北京“告状”。

12 月 5 日 陶铸代表中央接见“江苏省革命造反派赴京代表团”，劝导造反派和省委签订了《八项协议》。

12 月 15 日、16 日 “赤卫队”和“红卫兵南京大专院校总部”发动数千人冲进省委大院，要求省委撤销与造反派签订的《八项协议》。

12 月 20 日 跨行业的“南京八二七革命串联会”成立。

12 月 27 日 南京“赤卫队”数千人集体徒步赴京上访，行至安徽滁县。后经省委派人做工作，陆续返回南京。

12 月 31 日 中共江苏省委在五台山体育场召开群众大会，宣布为所谓“受迫害”、“受压制”的造反派“公开平反”。

1967 年

1 月 3 日 江苏“红总”下属组织围攻驻扎在江苏饭店的“赤卫队”成员，引发“一三武斗事件”。

1 月 5 日 造反派成立“南京地区造反派联络总站”。

1 月 6 日 在中央干预下，省委和两派群众组织达成《九项协议》，“一三事件”得到平息。

1 月 9 日 造反派向《新华日报》和省市电台“夺权”。

1 月 16 日 江苏省暨南京市 48 个造反派组织召开 10 万人大会，揪斗省委主要负责人江渭清、彭冲等。

1 月 21 日 南京各大造反派组织在南京大学召开“打倒江苏省委、砸烂书记处大会”，省委负责人江渭清、彭冲、许家屯等人被戴高帽子示众。

1 月 26 日 造反派宣布向省市委“夺权”。随后造反派发生分裂，形成以“红总”为首的“好派”和以“八二七”为首的“屁派”。

1 月 28 日 由“红总”控制的《新华日报》发表《江苏省革命造反派联合夺权声明》，宣布一切权力归“江苏省革命造反派联合委员会筹备委员会”。

1 月底 中央指示江苏有关各方组成代表团赴京商讨“大联合”问题。

2 月 1 日 “红总”等造反派组织宣布成立“江苏省革命造反派联合委员会筹备组中心组”，代替省委全面行使各项大权。

2 月 5 日 以“红总”为主体的“江苏省赴京代表团”前往北京。随后“八二七”方

面另行组织了一个“江苏省赴京控告团”前往北京。南京地区出现小规模派性武斗事件。

3月5日 中央宣布对江苏实行军管。

3月10日 以南京军区政委杜平为首的江苏省军管会成立。随后军管会对一些“打砸抢”行为严重的造反派组织加以取缔,社会动荡基本得到控制。

4月上旬 《人民日报》发表《正确地对待革命小将》一文,中央又发布了《军委十条命令》,江苏地区的派性冲突死灰复燃,动荡局面愈演愈烈。

4月23日 省军管会根据中央指示,发出《关于坚决制止串联》的通知。

5月14日 张春桥在南京造反派集会上发表讲话,引起各方的思想混乱,加剧了社会动荡。

5月31日 中央批准济南军区部队对徐州铁路分局火车站实行军管。

6月2日 数百“红总”下属造反派成员以要求“平反”的名义,冲砸南京铁路局公安处。

6月19日、21日 “红总”下属造反派成员两次以“销毁黑材料”为名,冲砸江苏省公安厅。

7月6日 “红总”和“八二七”两派下属组织在南京汽车制造厂发生武斗,造成3人死亡,5人重伤。

7月12日 张春桥在北京接见南京地区造反派代表,要求他们“用全部力量向党内最大的走资派发动总攻击”。

7月17日 省军管会领导召见南京两派群众组织负责人,要求他们贯彻执行中央和省军管会关于制止武斗的指示精神。

7月25日 常州发生大规模群众武斗事件,造成8人死亡,4人重伤。

8月3日 “红总”和“八二七”两派下属组织在南京砖瓦厂发生武斗,造成9人死亡,140余人受伤。

8月15日 南京造反派组织在鼓楼广场集会,提出“打倒许世友”的口号。中央派出以刘锦平、宋皋为首的调查团赴江苏各地制止武斗,促进造反派实行大联合。

8月26日 造反派宣布成立“揪许火线指挥部”。

8月31日 徐州发生大规模武斗事件。

9月1日 “红总”和“八二七”两派下属组织在南化公司发生武斗,造成9人死亡。

9月4日 “红总”、“八二七”和“促联”在中央指导下达成《关于坚决制止武斗的协议书》。中央立即对此作出批复。

9 月 11 日　省军管会发出《坚决贯彻执行中央对〈九四协议〉的批示》的号召。此后大规模派性武斗得到控制。

9 月 28 日　周恩来等中央首长在北京接见了江苏各派群众组织代表，指出南京军区主要负责人是无产阶级司令部的人，不能打倒。要求各派群众组织立即停止武斗，实行大联合。

10 月 18 日　省军管会负责人杜平根据中央指示，率领江苏省代表团赴京，向中央汇报江苏省"文化大革命"的情况。

11 月 21 日　南京大学"八二七"、"红四联"、"促联"在北京签署《南京大学实行革命大联合的协议》。

12 月 31 日　中央正式批转《关于南京大学实行革命大联合的协议》。

1968 年

1 月 9 日　南京军区 6483 部队派出军训团进驻南京大学。随后，其他各级各类学校也陆续派驻了军宣队。

1 月 28 日　中央公布对南京军区党委"检讨报告"的批复，肯定了南京军区及其领导人在"支左"工作中的成绩，要求江苏各方支持以许世友为核心的过渡权力机构的领导，尽快实现江苏地区的大联合。

2 月 14 日　省军管会召开"三支两军"部队师以上单位负责人电话会议，要求大家加倍努力，创造条件，尽快成立全省各级革委会。

3 月 13 日　南京大学革委会成立。这是江苏省第一个成立的"三结合"领导班子。

3 月 18 日　省军管会召开群众大会，号召各级组织大办"毛泽东思想学习班"，加快"大联合"、"三结合"的步伐，为尽早成立各级革委会而努力。

3 月 23 日　江苏省暨南京市革委会宣布成立。

4 月 16 日　南京大学召开"向阶级敌人发动猛烈进攻誓师大会"，揭开了江苏"清理阶级队伍"运动的序幕。

4 月 18 日—27 日　省革委会召开第一次会议，会议通过了《江苏省革委会关于当前无产阶级文化大革命的形势和主要任务的决议》。

6 月 12 日—17 日　江苏省暨南京市革委会召开常委联席会议，作出《充分发动群众，向阶级敌人展开更加猛烈的进攻》决议。此后"清队"运动在全省范围全面展开。

8 月 13 日　江苏省、南京市革委会联合召开全委扩大会议，要求团结广大群众

“向阶级敌人发动猛烈进攻,粉碎反省、市革委会的反革命逆流”。

8月29日 省和市革委会联合召开产业工人积极分子大会,要求全面落实毛主席关于“斗、批、改”的指示,迅速掀起“斗、批、改”运动的高潮。

9月30日 南京长江大桥铁路桥建成通车。12月29日公路桥通车,大桥完全建成。

10月 省革委会组织省级机关万余名干部赴金坛农村劳动,“接受再教育”。

11月17日—21日 省革委会政法组召开各地、市、县政法负责人座谈会,学习、研究、部署中央关于“清队”工作的指示。

12月22日 《人民日报》发表毛泽东关于“知识青年到农村去,接受贫下中农再教育,很有必要”的指示。全省随即掀起知识青年“上山下乡”热潮。

1969年

1月15日 省革委会发出整党建党工作座谈会纪要。

2月24日 经南京军区和江苏省革委会研究确定,组建了“江苏生产建设兵团”。

3月20日 省革委会发出组建省“五七干校”的通知。

3月30日 省“五七干校”在句容县桥头镇开办。各地、市、县也先后建立了同样性质的干校。

5月26日 省革委会召开常委会议,研究贯彻落实党的“九大”精神的有关问题。

7月 省革委会设立煤矿建设指挥部。

9月21日 毛泽东在省革委会主任许世友陪同下视察南京长江大桥。

1970年

2月 江苏各地普遍开展“一打三反”。

3月28日 中央决定由许世友、吴大胜、彭冲、杨广立、蒋科组成中共江苏省革委会核心小组。此后,各地各级革委会也相继成立革委会党的核心小组。

4月 全省各地普遍开展清查“五一六”运动。

7月4日 苏州市图书馆副馆长陆兰秀殉难。

11月21日—27日 中共无锡市代表大会召开,选举产生了新的中共无锡市委。此后各市相继召开党的代表大会,选举产生了市委领导班子。

12月19日—26日 中共江苏省第五次代表大会在南京召开。

12月 南京航空学院、南京气象学院、江苏新医学院和江苏革命文艺学校作为普通高校招生工作的试点单位,共招收新生1000多名。

1971 年

2 月 19 日—24 日 中共淮阴地区第一次代表大会召开，选出中共淮阴地区第一届委员会。这是“文革”期间全省第一个召开的地区一级党的代表大会。

2 月 22 日—3 月 21 日 中共江苏省委召开五届二次全会，传达布置中央关于“批陈整风”指示精神。

8 月 25 日—9 月 15 日 全省教育工作、体育工作和出版工作会议在南京举行。

10 月 4 日—8 日 中共江苏省委召开各地、市、县党委常委和省有关部门负责人会议，传达中央有关林彪反党集团的文件。

12 月 11 日 中共江苏省委接到中央发出的《粉碎林陈反党集团反革命政变的斗争》的材料，立即着手部署清查与林彪反革命集团有牵连的人和事。

1972 年

2 月 9 日 省革委会通知，全省高校本年全部恢复招生。

4 月下旬 全省 24 所高等院校从全国各地招收工农兵学员 9000 多人。

7 月 中共江苏省委两次召开干部会议，传达中央批林整风汇报会精神。

1973 年

3 月 10 日 中央决定恢复邓小平的组织生活和国务院副总理职务。江苏也陆续恢复了一批老干部的工作。

6 月 20 日 江苏在淮阴地区进行“工农兵学员”招生办法改革试点的经验在《人民日报》上发表，对于提高“工农兵学员”生源质量具有重要意义。“张铁生事件”发生后，这项试点工作不幸夭折。

6 月 28 日—7 月 3 日 省工会第五次代表大会在南京召开，华林森当选省工会主任。

9 月 6 日—11 日 中共江苏省委召开五届三次全委会议，传达中共“十大”精神。

9 月 26 日 省革委会设置知识青年上山下乡领导小组。

12 月 22 日 中共江苏省委第一书记、省革委会主任、南京军区司令员许世友调广州军区工作，省委和省革委会工作由吴大胜主持。

1974 年

1 月 中共江苏省委根据中央部署，开展“批林批孔”运动。

1 月中下旬 《人民日报》对南京大学工农兵学员钟志民退学事件进行连续报导。随后在全国范围兴起了一股批“走后门”的浪潮。

2 月 中央发出《河南唐河县马振扶公社中学情况简报》,江苏省委提出贯彻意见。

4 月下旬 近万名南京下放人员在南京街头游行请愿,引起中央高度重视。后经省委做工作,事态逐渐平息。

5 月中旬 省委召开地市委负责人会议,批评吴大胜的错误。

8 月 31 日 中共江苏省委作出关于清查“五一六”问题的六条处理意见。

11 月 13 日 中央决定彭冲出任江苏省委第一书记、省革委会主任。

12 月 30 日 中共江苏省委和省军区决定,参加“三支两军”的人员陆续返回部队工作。

1975 年

1 月 27 日—2 月 2 日 中共江苏省委召开五届八次全委会,传达中共十届二中全会和全国四届人大一次会议精神。

3 月 10 日 铁道部和江苏省委联合工作组进驻徐州,对徐州铁路分局进行整顿。这是邓小平领导的 1975 年全面整顿的开端。

6 月 2 日 中央将江苏省委《关于徐海地区贯彻执行中共中央九号文件的情况报告》批转全国,江苏经验成为其他地区学习的样板。

6 月 5 日 国务院和中央军委批准撤销“江苏生产建设兵团”。

9 月 中央决定许家屯、杨广立任江苏省委书记,王敏生任省委书记、省革委会副主任,胡宏、韩培信任省革委会副主任。

1976 年

1 月 8 日 周恩来总理去世。江苏人民冲破“四人帮”禁令,持续进行大规模悼念活动。

3 月 7 日—18 日 中共江苏省委根据中央指示召开常委扩大会议,部署“批邓反击右倾翻案风”。

3 月 5 日 《文汇报》在转载新华社的一篇电讯稿时,别有用心地删去了周恩来总理关于学雷锋的题词。此事在江苏南京引起强烈反响。

3 月 25 日 《文汇报》刊登《走资派还在走,我们就要和他斗》,公然恶毒影射周恩来和邓小平,激起江苏人民的更强烈反应。

3 月 29 日 南京大学数学系 400 多名师生在南京闹市区游行示威，得到社会各方的积极支持。

3 月 30 日—31 日 南京人民反对“四人帮”的斗争达到高潮。

4 月 1 日 中央政治局在“四人帮”的鼓噪之下，向各地发出电话通知，将南京人民反对“四人帮”的斗争定性为“政治事件”。

4 月 2 日 中共江苏省委转发了中央的电话通知，并指示各级组织采取措施，平息事态。

4 月 8 日 中共江苏省委召开地市县负责人和省级机关局以上干部会议，传达中央关于华国锋的任命和对邓小平的处理决定。

4 月 21 日 江苏省委和南京军区党委在五台山等地召开 15 万人干部大会，动员进一步追查南京事件的“幕后策划人”和“反革命谣言制造者”。

5 月 28 日 南京市总工会、市妇联、团市委和南京民兵指挥部召开 10 万人大会，斗争“南京反革命事件”中的“反革命分子”。

7 月 20 日 省市委召开大会，隆重纪念毛泽东“七二一指示”发出 15 周年。

8 月 6 日—24 日 苏州少数帮派分子在华林森的指使下，在南京街头散发攻击省委的传单，并扬言要调集“苏州民兵”占领省委大院，酿成所谓“八六事件”。省委采取得当措施，迫使其无功而返。

9 月 9 日 中共中央主席毛泽东去世。全省人民沉痛哀悼。

10 月 6 日 “四人帮”被粉碎。全省人民衷心拥护，热烈欢庆。

10 月下旬 彭冲调上海工作，省委工作由许家屯主持。

11 月—12 月 中共江苏省委号召放手发动群众，迅速掀起揭批清查“四人帮”反革命罪行的高潮。

1977 年

1 月 3 日 中共江苏省委在南京召开全省广播大会，传达全国第二次农业学大寨会议精神。

1 月 25 日—2 月 14 日 中共江苏省委召开五届九次全委(扩大)会议，学习毛泽东的《论十大关系》和第二次全国农业学大寨会议的文件，号召全省人民努力实现“抓纲治国”的战略决策，坚决完成今年的四项任务，要在深入揭批“四人帮”的基础上，着手整顿被“文化大革命”搞乱的各条战线，把各方面的工作做好。

4 月 21 日 连云港机械厂在有关单位的协助下，自行设计制造成功中国第一台 30.5 万吨集装箱龙门起重机，填补了中国港口装卸机械的一项空白。

4 月 26 日 江苏省革命委员会转发省计划委员会、农水办公室、工交办公室和财贸办公室关于积极发展社队企业的意见，要求各级革委会把发展社队企业摆到重要位置上，全面规划，加强领导，切实抓紧抓好。

5 月 17 日 省级机关和全省各地、市、县抽调机关干部 7200 人组成工业学大庆工作队，分赴 745 个工交企业帮助工作。

5 月 20 日—30 日 江苏全省工业学大庆会议在南京召开，传达和学习了全国工业学大庆会议精神，表彰和奖励了 78 个大庆式企业、964 个先进企业、2005 个先进集体、5940 个劳动模范和先进工作者。

6 月 10 日—17 日 中共江苏省委、省革命委员会在如东召开全省计划生育、妇幼卫生、幼托工作先进集体、先进个人代表会议，表彰了 800 多个先进集体和先进个人，并提出了“学如东，赶如东”的号召。

6 月 22 日 中共江苏省委召开全省科技人员代表大会，传达中共中央负责人关于科技工作的指示，并发出“一定要尽快把全省科学研究搞上去”的号召。

8 月 1 日—6 日 江苏省棉花生产先进集体、先进个人代表大会在南京召开，表彰了先进单位和先进个人，总结了棉花高产经验。到会妇女代表向全省棉区妇女发出“银赛花”的倡议。

8 月 15 日—9 月 10 日 中共江苏省委召开地、市委工业书记会议，要求在充分利用和发展全省现有城市工业的同时，积极发展县、社、队工业；限制发展大中城市，努力发展小城镇和居民点，搞好以小城镇为中心的建设。

9 月 23 日 省总工会、省贫协、省妇联和省团委联合组织巡回批判小分队，揭批江青反革命集团及其江苏代理人的罪行。小分队走遍江苏大江南北，召开现场会 119 场，听众多达 200 万人次。

10 月 15 日 江苏省恢复“文化大革命”前高等学校统一招生考试制度，成立江苏省高校招生委员会。

12 月 1 日—5 日 中共江苏省第六次代表大会在南京召开，回顾和总结江苏省第五次党代表大会以来的政治、经济工作情况，提出了今后一个时期的工作目标。

12 月 6 日 中共江苏省委召开六届一次全体会议，选举许家屯为省委第一书记，胡宏、王敏生、钟国楚、周泽为书记。会议还选举产生中共江苏省委纪律检查委员会，储江为第一书记，辛少波为第二书记，朱辉为第三书记，康迪为常务书记。

12 月 24 日—28 日 江苏省第五届人民代表大会第一次会议在南京召开，听取并审议了省革委会主任许家屯作的工作报告，选举产生新的江苏省革命委员会。

12 月 24 日—29 日 中国人民政治协商会议江苏省第四届委员会第一次会议在

南京举行，听取和审议了宫维桢代表第三届政协常委会所作的工作报告，并选举了政协江苏省第四届委员会129名常务委员和19名主席、副主席。许家屯当选为主席。

本年 全省工农业总产值为386.28亿元，其中农业产值89.16亿元，工业产值297.12亿元。国内生产总值202.40亿元。全省国民收入165.83亿元，财政收入51.65亿元。全年生产粮食1932.6万吨，棉花36.06万吨，油料19.08万吨，钢48.28万吨，铁67.07万吨，原煤1408.44万吨，布13.07亿米。全年社会商品零售总额94.06亿元。

1978年

2月16日—20日 中共江苏省委召开农村工作会议，要求从根本上改革单一的农业经济，实行农副工并举，走农副工综合发展的道路。

3月1日 经教育部批准，南京大学、南京工学院等19所江苏高校，恢复招收1978届研究生，这是自"文化大革命"停止招收研究生以来招收的首届研究生。

3月11日—12日 江苏省革命委员会召开五届二次全委扩大会议，传达全国人大五届一次会议精神，听取了省革委会主任许家屯作的传达报告，号召全省人民团结一致，为实现新时期的总任务开始新的长征。

3月18日 江苏190名代表出席在北京召开的全国科学大会。全省有580项成果在大会上获奖。

4月7日 中共江苏省委在五台山体育馆召开万人大会，传达全国科学大会精神，并动员全党大办科学，向科学技术现代化进军。

5月11日 《光明日报》发表特约评论员文章《实践是检验真理的唯一标准》。该文由南京大学哲学系教师胡福明主撰。

5月11日—16日 江苏省科学大会在南京召开，听取了省委第一书记、省革委会主任许家屯作的《认真贯彻全国科学大会精神，为实现科学技术现代化而奋斗》的报告，表彰了413个先进集体、541名先进个人和1228项科研成果，还讨论了《1978年至1985年江苏省科学技术发展规划纲要(草案)》。

6月12日—27日 中共江苏省委召开全省城市工作会议，传达全国第三次城市工作会议、全国工业学大庆和全国基本建设大会精神，交流了全省城市工作情况和经验，要求在全省推广常州市扶持集体所有制发展和无锡县围绕农业办工业、办好工业促农业、发展工业的经验。

6月28日—30日 江苏省革命委员会举行五届三次全会，听取省革委会主任许家屯作的《关于上半年工作情况和当前工作部署》的报告，并正式恢复建立江苏省人

民检察院。

8月13日—23日 江苏省农田水利基本建设和夏熟高产单位授奖大会在南京召开,号召全省开展淮北学沛县、苏中学兴化、苏南学扬中的高产竞赛活动。

9月16日—23日 江苏省第九届运动会在南京举行。

10月4日 江苏省人民司法工作会议在南京召开,传达第八次全国司法工作会议精神。最高人民法院院长江华到会讲话。

10月10日—24日 中共江苏省委召开全省教育工作会议,听取了省委第一书记许家屯作的《努力办好无产阶级的教育事业,为加速实现四个现代化培养更多的人才》的报告,并宣布作出优异成绩的斯霞、王兰等18名小学教师为江苏省特级教师。

10月15日 中共江苏省委决定:宣布1976年清明节前后在南京悼念周总理、反对“四人帮”的所谓“南京事件”,完全是革命行动。18日,南京大学、南京邮电学院分别召开授奖大会,授予在“南京事件”中同“四人帮”作斗争的有关人员为英雄战士和模范共产党员的称号。至24日,“南京事件”及类似事件中157人全部得到平反。

10月 经江苏省革命委员会批准,省哲学社会科学研究所恢复建制。

12月30日 中共江苏省委在南京五台山体育馆召开万人大会,对1967年发生的所谓南京“一三事件”、“陈、包、张案件”宣布平反。并对“文化大革命”中受到错误批判的原江苏省及南京市的领导干部及知名学者江渭清、陈光、包厚昌、张志强、洪沛霖、匡亚明、陶白、钱静人、吴天石、马莹伯、周邨、李进、吴白匋、孙叔平、陈嘉、陈瘦竹、曹汶、张一之等宣布平反,恢复名誉。

本年 全省工农业总产值为443.52亿元,其中农业产值105.87亿元,工业产值337.65亿元。国内生产总值249.64亿元。全省国民收入208.28亿元,财政收入61.09亿元。全年生产粮食2400.65万吨,棉花47.57万吨,油料37.44万吨,钢54.51万吨,铁84.03万吨,原煤1707.02万吨,布14.06亿米。全年社会商品零售总额106.49亿元。

二　主要参考文献

1. 中共江苏省委党史工委、江苏省档案馆编：《苏北行政区（1949—1952）》，1994年内部印行。

2. 中共江苏省委党史工委、江苏省档案馆编：《苏南行政区（1949—1952）》，中共党史出版社1993年版。

3. 中共江苏省委组织部、党史工办编：《中共江苏省组织史资料简本（1921—2001）》，中共党史出版社2001年版。

4. 中共江苏省委党史工办编：《城市的接管与社会改造》（江苏卷·苏南、苏北分册），中共党史出版社1997年版。

5. 南京市档案馆编：《南京解放》，江苏古籍出版社1990年版。

6. 中共江苏省委党史工办、江苏省、南京市档案馆编：《抗美援朝运动在江苏》，中国档案出版社1997年版。

7. 中共江苏省委党史工办编：《历史的探索与回顾（1949—1978）》，江苏省新闻出版局1998年准内部印行。

8. 中共苏北区委农村工作委员会、苏北行署土地改革委员会编：《苏北土地改革文献》，1952年编印。

9. 中共南京市委党史办公室编：《春风七年金陵路》，东南大学出版社1990年版。

10. 中共江苏省委党史工办、江苏省人大常委会办公厅编：《江苏建国初期民主政治建设（1949—1955）》，苏出准印（96）。

11. 中共江苏省委党史工办编：《江苏农业合作经济史料》（上、下），中共党史出版社2006年版。

12. 中共江苏省委党史工委、中共江苏省委统战部编：《中国资本主义工商业的社会主义改造》（江苏卷上、下分册），中共党史出版社1992年版。

13. 本卷编纂组编：《中国资本主义工商业的社会主义改造》（江苏卷·南京分册），中共党史出版社1991年版。

14. 中共江苏省委党史工办等合编：《治理淮河》，安徽人民出版社1997年版。

15. 中共江苏省委党史工办、江苏省计划与经济委员会：《六十年代国民经济调整》（江苏卷），中共党史出版社2000年版。

16. 中共江苏省委农村工作部等编：《中国农业合作化》（江苏卷），1999年内部

发行。

17. 中国科学院经济研究所农业经济组编:《国民经济恢复时期农业生产合作资料汇编(1949—1952)》(下),科学出版社 1957 年版。

18. 江苏省计划与经济委员会编:《“一五”在江苏》(上、下),1999 年内部出版。

19. 江苏省统计局编:《江苏四十年》,中国统计出版社 1989 年版。

20. 刘定汉主编:《当代中国的江苏》(上、下),中国社会科学出版社 1989 年版。

21. 刘定汉主编:《当代江苏简史》,当代中国出版社 1999 年版。

22. 江苏省档案局等编:《江苏省大事记(1949—1985)》,江苏人民出版社 1988 年版。

23. 中共江苏省委党史工办编:《五十年探索与辉煌——中共江苏地方史大事记(1949—1999)》,中共中央文献出版社 1999 年版。

24. 江苏省发展计划委员会编:《“二五”和调整时期的江苏经济(1958—1965)》(上册),2001 年版。

25. 国家农业委员会办公厅编:《农业集体化重要文件汇编》(上、下),中共中央党校出版社 1981 年版。

26. 江苏省统计局、江苏省教育厅编:《江苏省历年来教育事业统计资料》,1958 年印行。

27. 江苏省统计局:《光辉的三十五年——江苏省国民经济和社会发展统计资料(1949—1983)》,1984 年印行。

28. 南京市档案馆编:《南京“文化大革命”大事记》。

29. 中共南京市委、江苏省委机关报:《新华日报(1949—1978)》。

30. 中共苏北区委机关报:《苏北日报(1949—1952)》。

31. 中共苏南区委机关报:《苏南日报(1949—1952)》。

32. 江苏省地方志编纂委员会编著:《江苏省志·宗教志》,江苏古籍出版社 2001 年版。

33. 江苏省地方志编纂委员会编著:《江苏省志·民政志》,方志出版社 2002 年版。

34. 江苏省地方志编纂委员会编著:《江苏省志·审判志》,江苏人民出版社 1997 年版。

35. 江苏省地方志编纂委员会编著:《江苏省志·司法志》,江苏人民出版社 1997 年版。

36. 江苏省地方志编纂委员会编著:《江苏省志·水利志》,江苏古籍出版社 2001

年版。

37. 江苏省地方志编纂委员会编著:《江苏省志·轻工业志》,江苏科技出版社1996年版。

38. 江苏省地方志编纂委员会编著:《江苏省志·价格志》,江苏人民出版社1995年版。

39. 江苏省地方志编纂委员会编著:《江苏省志·财政志》(上、下),江苏古籍出版社1996年版。

40. 江苏省地方志编纂委员会编著:《江苏省志·军事志》(上、下),军事科学出版社2000年版。

41. 江苏省地方志编纂委员会编著:《江苏省志·议会人民代表大会志》,江苏人民出版社1999年版。

42. 江苏省地方志编纂委员会编著:《江苏省志·政府志》(上、下),江苏人民出版社2005年版。

43. 江苏省地方志编纂委员会编著:《江苏省志·政协志》,江苏人民出版社2003年版。

44. 江苏省地方志编纂委员会编著:《江苏省志·中共志》,江苏人民出版社2003年版。

45. 江苏省地方志编纂委员会编著:《江苏省志·科学技术志》,江苏人民出版社2007年版。

46. 江苏省地方志编纂委员会编著:《江苏省志·社会科学志》,江苏古籍出版社1998年版。

47. 江苏省地方志编纂委员会编著:《江苏省志·报业志》,江苏古籍出版社1999年版。

48. 江苏省地方志编纂委员会编著:《江苏省志·出版志》,江苏人民出版社1996年版。

49. 江苏省地方志编纂委员会编著:《江苏省志·文化艺术志》,江苏古籍出版社2003年版。

50. 江苏省地方志编纂委员会编著:《江苏省志·文学志》,江苏古籍出版社2003年版。

51. 江苏省地方志编纂委员会编著:《江苏省志·民主党派工商联志》,江苏人民出版社2000年版。

52. 江苏省地方志编纂委员会编著:《江苏省志·文物志》,江苏古籍出版社1998

年版。

53. 江苏省地方志编纂委员会编著:《江苏省志·卫生志》(上、下),江苏古籍出版社 1999 年版。

54. 江苏省地方志编纂委员会编著:《江苏省志·体育志》,江苏古籍出版社 1998 年版。

55. 江苏省地方志编纂委员会编著:《江苏省志·民俗志》,江苏人民出版社 2002 年版。

56. 江苏省地方志编纂委员会编著:《江苏省志·政府法制志》,方志出版社 2003 年版。

57. 江苏省地方志编纂委员会编著:《江苏省志·农业志》,江苏古籍出版社 1997 年版。

58. 江苏省地方志编纂委员会编著:《江苏省志·商业志》,江苏古籍出版社 1997 年版。

59. 江苏省地方志编纂委员会编著:《江苏省志·教育志》(上、下),江苏古籍出版社 2000 年版。

60. 江苏省地方志编纂委员会编著:《江苏省志·粮食志》,江苏人民出版社 1994 年版。

61. 江苏省地方志编纂委员会编著:《江苏省志·乡镇工业志》,方志出版社 2000 年版。

62. 江苏省地方志编纂委员会编著:《江苏省志·大事记》(下),江苏古籍出版社 2001 年版。

63. 江苏省地方志编纂委员会编著:《江苏省志·社团志·青年团体篇》,方志出版社 2002 年版。

64. 江苏省地方志编纂委员会编著:《江苏省志·人口志》,方志出版社 1999 年版。

65. 江苏省地方志编纂委员会编著:《江苏省志·总述》,江苏古籍出版社 2001 年版。

66. 中共中央文献研究室编:《建国以来毛泽东文稿》(第 1 册),中央文献出版社 1987 年版。

67. 中共中央文献研究室编:《周恩来年谱(1949—1976)》(上、中、下),中央文献出版社 1997 年版。

68. 逄先知、金冲及主编:《毛泽东传》,中央文献出版社 2003 年版。

69. 惠浴宇:《惠浴宇文存》,江苏人民出版社 2009 年版。

70. 江渭清:《七十年征程——江渭清回忆录》,江苏人民出版社 1996 年版。

71. 丁群:《刘顺元传》,江苏人民出版社 1997 年版。

72. 叶扬兵:《中国农业合作化运动研究》,知识产权出版社 2006 年版。

73. 王德滋主编:《南京大学百年史》,南京大学出版社 2002 年版。

74. 中共江苏省委党史工办:《中共江苏地方史》,江苏人民出版社 1996 年版。

75. 中共江苏省委党史工办编:《拨乱反正》(江苏卷),中共党史出版社 1998 年版。

76. 高化民:《农业合作化运动始末》,中国青年出版社 1999 年版。

77. 中共江苏省委统战部等编:《江苏统战史》,国家行政学院出版社 2007 年版。

78. 中共江苏省委统战部编:《江苏统一战线 60 年》,江苏人民出版社 2010 年版。

79.《江苏省手工业十年史》(初稿),江苏省档案馆馆藏档案。

80.《江苏十年史(1949—1959)》(初稿),江苏省档案馆馆藏档案。

81. 李之荣:《十年动乱期间的南京》(未刊稿)。

82. 中共南京市委党史工办、中共南京市委宣传部编:《南京当代风采(1949—2000)》,中共党史出版社、江苏人民出版社 2001 年版。

后记

本卷自2002年开始酝酿、研讨和拟定撰写提纲，并广泛收集研究资料和调研，组织撰写班子。正式动笔撰写则自2004年开始，初稿完成于2008年底。后经作者反复修改，并就有关内容邀约专家学者进行研讨，后由杨颖奇同志对全部书稿进行统稿和定稿。本卷分工撰写作者如下：杨颖奇（江苏省社会科学院）——导论及第一章、第二章、第三章；叶扬兵（江苏省社会科学院）——第四章、第五章、第六章、第十一章；左用章（南京师范大学）——第七章、第八章；董国强（南京大学）——第九章、第十章；杨颖奇、叶扬兵、董国强——大事记。在撰写过程中，贾轸、张小刚、沈立人、顾纪瑞、唐文起、孙宅巍、姜志良、王卫星等同志提出了许多宝贵意见；中共江苏省委党史工作办公室原副巡视员张衡同志审阅了全部书稿，提出了许多宝贵意见；《江苏通史》编辑办公室工作人员乐康俊同志为本卷的撰写提供了积极服务；江苏省社会科学院图书馆、江苏省档案馆、中共江苏省委党史工作办公室、江苏省地方志办公室、中共南京市委党史工作办公室、南京市地方志办公室，亦为本卷的撰写提供了许多珍贵的文献和档案资料，并提供了部分照片；同时，江苏凤凰出版社领导及本卷责任编辑陈晓清同志亦为本卷的编辑出版付出大量心血。对此，本卷所有作者表示衷心的感谢。本卷所收部分图片选自由中共江苏省委党史工作办公室、江苏省档案馆编著的《征程·中国共产党在江苏》及由中国南京市委党史工作办公室、中共南京市委宣传部编著的《南京当代风采》(1949—2000)两书，在此向其编著者表示诚挚谢意。另尚需说明，本卷所使用之部分照片因未确知拍摄者之联系方式，故未能及时付与稿酬，在此除表示感谢与歉意外，亦望有关拍摄者知悉后与本卷作者联系，以便付与相关稿酬。最后，本卷作者诚挚表示：尽管在撰写过程中努力研究、撰写和反复修改，但仍难免错漏，故敬请诸位专家学者及所有读者批评指正。

著者

2011年3月